Peter-André Alt

Sigmund Freud

Peter-André Alt

Sigmund Freud

Der Arzt der Moderne

Eine Biographie

C.H.Beck

Mit 42 Abbildungen

Satz: Janß GmbH, Pfungstadt
Druck und Bindung: Druckerei C.H.Beck, Nördlingen
Umschlaggestaltung: Rothfos & Gabler, Hamburg
Umschlagabbildung: Portrait um 1921, spätere Kolorierung © akg-images
Gedruckt auf säurefreiem, alterungsbeständigem Papier
(hergestellt aus chlorfrei gebleichtem Zellstoff)
Printed in Germany
ISBN 978 3 406 69688 6

www.chbeck.de

«Auch die Biographik muß unser werden.»

Freud an C. G. Jung, 17. Oktober 1909

Inhaltsverzeichnis

VIERTES KAPITEL
Von der Klinik zur Praxis
(1885–1892)

FÜNFTES KAPITEL
Geburt der Psychoanalyse
(1891–1898)

SECHSTES KAPITEL
Die Dunkelkammer des Traums
(1895–1900)

SIEBENTES KAPITEL

Landschaften im Unbewußten

(1901–1905)

ACHTES KAPITEL

Unerhörte Entdeckungen

(1903–1913)

NEUNTES KAPITEL

Wahn und Methode

(1900–1914)

ZEHNTES KAPITEL

Bewegte Forschung

(1902–1914)

VIERZEHNTES KAPITEL

Letzte Fragen
(1920–1930)

FÜNFZEHNTES KAPITEL

Wissenschaft auf der Weltbühne
(1923–1930)

SECHZEHNTES KAPITEL

Spiegelungen der Lehre
(1924–1933)

SIEBZEHNTES KAPITEL
Endzeit in Wien
(1930–1937)

ACHTZEHNTES KAPITEL
Emigration und Tod
(1938–1939)

Anhang

Vorwort

4. Juni 1938, Wien, Berggasse 19: Sigmund Freud verläßt für immer seine Wohnung, in der er seit 47 Jahren ohne Unterbrechung gelebt hat. Sein Ziel ist London, wo zwei seiner Söhne, die älteste Tochter und ihr Ehemann ihn schon erwarten. Es war höchste Zeit für den Aufbruch, der letzte Moment für den Absprung, ehe sich die Tore noch fester schlossen. Drei Monate zuvor, am 12. März 1938, erfolgte der ‹Anschluß› Österreichs an das Deutsche Reich, organisiert von 65 000 Mann – Polizei und Militär –, die mit schweren Waffen in langen Kolonnen über die Grenzen marschierten. Freud war zwar auf die befürchtete Okkupation innerlich seit langem vorbereitet, jedoch nicht auf eine Flucht ins Ausland. Nur dem Drängen seines Schülers Ernest Jones, der eigens aus London über Prag nach Wien kam, ist es zu verdanken, daß er sich nach wochenlangem Zögern zur Abreise entschloß. Freud brach zunächst mit relativ leichtem Gepäck auf, aber er wußte, daß es eine Fahrt ohne Wiederkehr war. Möbel und Bücher blieben ebenso zurück wie die meisten Stücke der großen Antikensammlung, die das Arbeitszimmer zierten. Gestapelt in großen Kisten, warteten sie darauf, dem Exilanten wenige Wochen später zu folgen. Sie waren die stummen Zeugen für die Geschichte einer bahnbrechenden Wissenschaft, die am Schreibtisch in der Berggasse 19 über nahezu ein halbes Jahrhundert wuchs.

Seinem in London lebenden Sohn Ernst schrieb Freud kurz vor der endgültigen Emigration, im Mai 1938: «Es ist Zeit, daß Ahasver irgendwo zur Ruhe kommt.»[1] Das scheint ein merkwürdiges Selbst-Bild zu sein, wenn man bedenkt, wie seßhaft Freud tatsächlich war. Niemals lebte er als Erwachsener außerhalb Wiens; sein Urlaub führte ihn zumeist in die nähere Umgebung der Stadt, gelegentlich nach Italien, sehr sporadisch nach England. Die Vereinigten Staaten hat er ein einziges Mal besucht, weitere Fernreisen niemals unternommen. Ein Ahasver war er nur im Blick auf seine – allerdings ambivalent begründete – jüdische Identität, die er in wachsendem Lebensalter stärker wahrnahm und kultivierte, weil er begriff, daß sie sein Denken intensiver beherrschte, als er ursprünglich vermutete. Im übrigen bezeichnete das Bild eine tiefe Todessehnsucht, die ihn in den letzten Jahren machtvoll erfaßte. Der ‹Ahasver› Freud war ein jüdischer Gelehrter, der im Alter von 82 Jahren einen Ort suchte, an dem er sterben durfte.

Nahezu ein halbes Jahrhundert hat Freud in der Berggasse 19 gelebt. Im September 1891 zog er hier ein, als niedergelassener Nervenarzt, seit fünf Jahren verheiratet, Vater zweier Söhne und einer Tochter (seine Frau war bereits mit dem vierten Kind schwanger). In den Behandlungsräumen und im daneben gelegenen Arbeitszimmer vollzog sich die Erfindung einer neuen Lehre vom Menschen, die das Verständnis unseres Seelenlebens umfassend und eingreifend veränderte. In den langen Tagen, die Freud als Arzt neben der Couch verbrachte, wuchs das Wissen über das Unbewußte – über Traum und Sexualität, die Kulturleistungen der Sublimierung, die krankheitsbildende Macht der Verdrängung und die Ursprünge des moralischen Kontrollsystems, über Angst und Wahn, Neurosen und Ich-Spaltung, über die Spannung zwischen Ratio und Libido, zwischen Lebens- und Todestrieb. In der Berggasse 19 ereignete sich die innere Geschichte der Psychoanalyse mit ihren zahlreichen Widerständen, Durchbrüchen und Triumphen.

Es war eine zunächst sehr einsame Geschichte, fußend auf der Selbstanalyse des Arztes, der sich in die unvermessenen Gefilde seines eigenen Seelenlebens begab, um daraus neue Einsichten über kindlichen Vaterhaß und erotisch geprägte Mutterliebe, über die infantile Sexualität und die feste Verbindung zwischen Angst und Libido zu gewinnen. Freud hat von diesen Erkundungsreisen bevorzugt mit romantischen Metaphern gesprochen und ihre Exkursionen, heroisierend eingefärbt, als Abstieg in die dunkle Unterwelt des Unbewußten bezeichnet – als Reise ins Innere eines Berges, in dem nicht nur Gold, sondern ebenso Schmutz und Schlamm zu finden waren. Auch wenn solche Metaphern im Zeichen der Verklärung stehen und daher kaum zur Beschreibung der objektiven Leistungen Freuds dienlich sind, besitzen sie einen wahren Kern. Sie spiegeln nämlich das Gefühl der Einsamkeit, das den Vater der Psychoanalyse über viele Jahre begleitete, die Angst vor dem öffentlichen Scheitern und der schroffen Verurteilung durch die gesamte Wissenschaft. Daß Freud zahlreiche seiner Erkenntnisse aus der Selbstanalyse bezog, machte die Last noch drückender. Denn hier begegnete er nicht nur dem Zweifel an seinen Hypothesen, sondern auch den dunklen, verdrängten Seiten seines Inneren. Die Netze der neuen Theorie waren aus dem intimsten persönlichen Erfahrungsmaterial ihres Begründers gewebt. Das rückte sie in die Nähe der Kunst, deren Werke immer auch die subjektive psychische Signatur ihrer Schöpfer tragen. Freuds Wissenschaft bildete gleichermaßen ein geschlossenes System und ein ästhetisches Gebilde, das von den individuellen seelischen Erfahrungen seines Produzenten geprägt wurde.

Es steht außer Frage, daß Freuds Lehre heute in einigen Punkten historisch überholt oder zumindest von der Geschichte konditioniert ist. Ihr Geschlechterbild, ihr Verständnis abweichender sexueller Praktiken, ihr Körpermodell und ihre Kulturtheorie waren stark geprägt von der Epoche des ausgehenden 19. Jahrhunderts. Freuds strenger Dogmatismus und die unerbittliche Konsequenz seiner Lehre lassen sich heute nur nachvollziehen, wenn man den gesellschaftlichen Puritanismus dieses versunkenen Zeitalters berücksichtigt, gegen den sie aufgeboten wurde. George Steiner hat vom «ungeprüften Glauben» gesprochen, der sich «im Herzen der psychoanalytischen Methode» niedergelassen habe.[2] Es ist der Glaube an die direkte Ableitbarkeit des Triebes aus allen Zeichen der Kommunikation und des Alltags, der hier zum Grundsatz der Theorie wird. Dem Gespür für die Ambivalenzen des menschlichen Seelenlebens stand bei Freud ein merkwürdiger Hang zur einseitigen Begründung von Symptomenkomplexen und Heilungsverfahren gegenüber. Das machte seine Wissenschaft, diese *scientia nova* der Seele, anfällig für Irrtümer, Fehleinschätzungen und Dogmen. Trotz der Irrwege, die Freud auch ging, kann man aber die kulturhistorische Leistung nicht leugnen, die seine Lehre als Moment der Moderne, als Instrument ihrer Deutung und ihr Motor zugleich vollbracht hat. In dieser Doppelrolle blieb sie typisch für das 20. Jahrhundert, das sich in Selbstauslegungen kommentiert und vollzieht. Und in dieser Funktion ist sie wegweisend auch für die Postmoderne, in der die Psychologie zur Universalwissenschaft wurde, die Ökonomie und Kultur, Medizin und Medien, Recht und Politik, nicht zuletzt das Sprechen des Menschen über sich selbst, seine Ich-Entwürfe und Rollenmuster wie keine andere Disziplin beherrscht.

Die Psychoanalyse bildete nicht allein die Wissenschaft der Ich-Erforschung, sondern zugleich ein System der verschlungenen Verbindungen und verwirrenden Spiegelungen, dessen labyrinthische Anordnung als Symbol unserer Zeit erscheinen kann. Deren Drang zur Selbsterkundung, zur Untersuchung verborgener Spuren und Zeichen, ihre Lust an der Entlarvung des Geheimen fand in Freuds Lehre eine modellhafte Struktur.

Wer von der Moderne spricht, redet notwendig über die Psychoanalyse; er tut das nicht immer explizit, aber zwangsläufig. Die Moderne zu reflektieren heißt: von der Psychoanalyse begriffen, in ihr eingeschlossen sein. Auch der Kritiker entkommt ihr nicht, weil sie ein mächtiges Schwungrad in Gang hält. Die Diagnose, die sie dem Trieb und dem Unbewußten stellt, erfaßt unsere großen Erzählungen von der Kultur des Menschen. Niemand kann diese Erzählungen mehr anheben lassen, ohne den Deutungsmustern Freuds seinen Tribut zu zollen.

Sämtliche Formen der biographischen Erzählung sind in der Moderne von der Psychoanalyse beherrscht. Die Erkenntnis der frühkindlichen Prägungen, die Einsicht in das Spiel familiärer Einflüsse, die Theorie neurotischer Ängste, die Reflexion über das Verhältnis von Trieb und Kulturleistung bestimmen die Muster, in denen Lebensgeschichten dargestellt werden. Freuds Lehre hat ihre Spuren in den großen Modellen der Biographie und Selbstbiographie hinterlassen. Wie kann man angesichts dessen seinen eigenen Werdegang schildern, ohne sich in Widersprüchen zu verfangen? Die Antwort darauf lautet: man darf die Lebenserzählung nicht gegen die Interpretationsprinzipien der Psychoanalyse anlegen, aber ihnen auch nicht dogmatisch verfallen. Freuds Methode kann schwerlich ignorieren, wer seine persönliche Geschichte deutet; seine Träume, Ängste, Phobien, Obsessionen und Neurosen unterstehen der Herrschaft der von ihm selbst entwickelten Erklärungsmuster. Zugleich sollte man sich ihrem bannenden Zauber keinesfalls blind unterwerfen, denn die Biographie gerät in einen kurzschlüssigen Zirkel, wo sie sich zum bloßen Werkzeug psychoanalytischer Lehrmeinungen macht. Gerade im Fall Freuds wären Trivialitäten die Folge; nichts fataler, als über ihn in den Bahnen seiner eigenen Enthüllungsstrategien zu schreiben. Leben und Wissenschaft gehorchen unterschiedlichen Rhythmen, auch dort, wo beide im Zeichen des Gelingens stehen.

Will man dem Risiko der Vereinfachung entgehen, dann ist die Funktion der Psychoanalyse für den neuzeitlichen Wissenserwerb generell zu untersuchen. Der Analytiker agiert in streng umrissenen Praktiken als Arzt der Moderne, therapeutisch und rituell zugleich. Weitgehend stumm, nur sporadisch fragend und nachfassend, vernimmt er die Patienten-Rede, deren Strom im Behandlungszimmer rauscht. Die Psychoanalyse stiftet durch das Institut des therapeutischen Gesprächs eine neue Form der Erkenntnissicherung, die eine abgewandelte Spielart von Beichte und peinlicher Befragung darstellt. Das Material, das Freud zur folgenreichsten Theorie des modernen Menschen formte, stützt sich nicht auf Laborpräparate, Experimente oder Texte, sondern auf die Leidensgeschichten, die er über Jahre hinweg erfaßt hat. In den *Studien über Hysterie* hieß es 1895, der Therapeut sei ein «Beichthörer, der durch die Fortdauer seiner Teilnahme und seiner Achtung nach abgelegtem Geständnisse gleichsam Absolution erteilt».[3] Das Unbewußte des Arztes solle sich, so schrieb Freud 1912, «auf den Analysierten einstellen wie der Receiver des Telephons zum Teller eingestellt ist. Wie der Receiver die von Schallwellen angeregten elektrischen Schwankungen der Leitung wieder in Schallwellen verwandelt, so ist das Unbewußte des Arztes befähigt, aus den ihm mitgeteilten Abkömmlingen des Unbewußten dieses Unbewußte, welches die Einfälle des Kranken determiniert hat, wiederherzustellen.»[4] Die analytische Arbeit war zunächst ein Hören, ein Hineinfinden in die Schwingungen der fremden Seele, aus der dann die Zusammenhänge des Unbewußten abgleitet wurden. Michel Foucault bezeichnete Freud vor diesem Hintergrund zu Recht als «das berühmteste Ohr unserer Epoche».[5]

Was Freud im therapeutischen Gespräch hörte, überführte er anschließend in das geschriebene Wort. Die Erzählung seines Lebens, die zugleich Reflexion seiner Forschung sein muß, kann daher nur gelingen, wenn sie diesen Transfer zu verstehen sucht. Zu klären bleibt, auf welche Weise aus den Patientengesprächen in der Berggasse und den Selbstanalysen langer Nächte ein folgenreiches Wissen vom Menschen wurde, das seine innere Welt in neues Licht tauchte. Eine Biographie Freuds muß sich der Frage stellen, wie diese Quellen eine Lehre schufen, die heute historisch und aktuell zugleich ist. Sie hat nicht zuletzt die faszinierende Spannung auszumessen, die der Psychoanalyse zwischen Optimismus und Pessimismus, Fortschrittsdenken und Resignation innewohnt.

Indem dieses Buch Freuds Leben in den Horizonten der modernen Ideengeschichte erzählt, schreibt es zugleich die Biographie der Psychoanalyse: ihre von einem einzelnen Gelehrten getragene Entwicklung im großen Spektrum von aufgeklärter Forschung und romantischer Mythologie, öffentlichem Streit und privater Resignation, Krankheit und Erfolg, Zweifel und spätem Ruhm. Freuds einzigartige Leistung bestand darin, daß er aus persönlicher Erfahrung allgemeingültige Einsichten, aus reicher Lektüre neue Entdeckungen gewann. Seine Theorie war keineswegs intellektuell voraussetzungslos, auch wenn er selbst diesen Mythos zuweilen pflegte. Aber sie bildete noch dort, wo sie sich auf die Philosophie des 19. Jahrhunderts, auf die Naturforschung der Moderne, auf die europäische Literatur, die Ethnologie und die Mythendeutung der klassischen Altertumswissenschaften stützte, ein hochgradig originelles System, das unabhängige Urteile über Trieb und Geist, Gesellschaft und Staat, Religion und Kultur ermöglichte.[6] Die Psychoanalyse repräsentiert ein individuell erarbeitetes Gedankengebäude, das in begrifflicher wie methodischer Hinsicht absolutes Neuland eroberte. Auch deshalb gehören die Biographie des Gründers und die Geschichte seiner Wissenschaft unabdingbar zusammen, denn sie bilden eine Einheit des Denkens, die Normen, Konventionen und Dogmen der Vergangenheit souverän hinter sich läßt. Daß allerdings diese bezwingende Dichte des Systems dort, wo es Deutungsspielräume eröffnete, immer neue Anfeindungen und massive Dispute zwischen den Adepten auslöste, hat Freud nicht verhindern können. Am Ende ist die Psychoanalyse, anders als er hoffte, kaum zur Ruhe gekommen – auch sie blieb ein Ahasver, ewig getrieben von den Konflikten der Dogmatiker, im Streit der Meinungen, im Wirbel der Schulstreitigkeiten, Fehden und Polemiken. Was in der Berggasse 19 begann, ist daher bis heute nicht erledigt. Es dauert fort als herausforderndes Vermächtnis der dunkelsten und zugleich hellsichtigsten Wissenschaft vom Menschen, die jemals entworfen wurde.

ERSTES KAPITEL

Familienroman (1856–1873)

Ein schwacher ‹Riesenkerl›

Der Mann, der uns lehrte, die Seele aus den Prägungen der Kindheit zu verstehen, hinterließ im Hinblick auf seine eigene Geschichte viele Rätsel. Über Freuds frühe Jahre existieren kaum Zeugnisse, wofür es zwei Gründe gibt. Zum einen begann sein Leben zu einem Zeitpunkt, da die Dokumente des alltäglichen Daseins – insbesondere in kleinbürgerlichen Familien – noch nicht derart lückenlos aufbewahrt wurden, wie das später der Fall war. Freuds Kindheit und Jugend lagen im Dämmerschein einer Epoche, die für die meisten Menschen durch drückende Not, materielle Enge und mühsamen Existenzkampf bestimmt blieb. Für die Sicherung von Familiengeschichten in Korrespondenzen oder anderen Zeugnissen hatte man in der Regel keine Zeit. Zum anderen liebte es Freud selbst, biographische Spuren zu löschen. In den verschiedensten Phasen seines Lebens hat er ältere Aufzeichnungen vernichtet und Briefe verbrannt. Mit einigem Vergnügen an der Mystifikation sorgte Freud dafür, daß gerade in seiner frühen Vita schwarze Punkte entstanden, die heute kaum aufzuhellen sind. An seine Verlobte Martha Bernays schrieb er am 28. April 1885, er verdunkle seine Jugend bewußt, weil er sie als fernen Kontinent wahrnehme: «Überdies, was hinter dem großen Einschnitt in meinem Leben zu liegen fällt, hinter unserer Liebe und meiner Berufswahl, ist lange tot und soll ihm ein ehrliches Begräbnis nicht vorenthalten sein. Die Biographen aber sollen sich plagen, wir wollen's ihnen nicht zu leicht machen. Jeder soll mit seinen Ansichten über die ‹Entwicklung des Helden› recht behalten, ich freue mich schon, wie die sich irren werden.»[1]

Sigismund Schlomo Freud kam am frühen Abend des 6. Mai 1856 im mährischen Freiberg zur Welt. Siegfried Bernfeld, dem wir wichtige Hinweise auf Freuds frühe Jahre verdanken, hat als erster entdeckt, daß der

Eintrag ins Melderegister den 6. März als Geburtstag notierte.[2] Vermutlich handelte es sich um einen Fehler des zuständigen Beamten, denn der Freiberger Geburtsschein, den der Pfarrer Anton Stojan ausfertigte, enthält ein anderes Datum. Dort ist vermerkt, daß Sigismund Freud, der eheliche Sohn des «Handelsmanns» Jakob Freud und seiner Ehefrau Amalia, am 6. Mai geboren und von Samson Frankel aus Ostrau am 13. Mai beschnitten wurde. Als ‹Beistände› – analog zu den christlichen ‹Paten› – fungierten laut Geburtsregister der Rabbiner Lipe Horowitz und seine Schwester Mina.[3] Das entspricht der Tatsache, daß Freuds Vater in seiner Bibel auf Hebräisch den 6. Mai als Tag der Entbindung und den 13. Mai als Beschneidungstermin festhielt.[4]

Die Eltern des Jungen teilten sich ein kärgliches Zimmer im Haus eines Schlossers, das kaum für ein Leben mit Familie geeignet war. Jakob und Amalia Freud hatten am 25. Juli 1855 geheiratet, Sigismund war ihr erstes gemeinsames Kind. Der schon vierzigjährige Vater, geboren am 18. Dezember 1815, stammte aus Ostgalizien und betrieb einen Wollhandel. Er behauptete gern, am selben Tag wie Bismarck – 1. April 1815 – zur Welt gekommen zu sein, was allerdings auf einer sehr großzügigen Umrechnung des jüdischen Kalenders beruhte. Der Sohn hat diese Zuschreibung des Vaters später übernommen und den 1. April als Geburtsdatum zugrunde gelegt.[5] Die Familie lebte ursprünglich im Rheinland, mußte aber schon Ende des 14. Jahrhunderts aufgrund zunehmender Judenverfolgung in den Osten fliehen.[6] Der Großvater, Schlomo Freud, und die Großmutter, Peppi Hofmann, wuchsen im galizischen Tysmenitz auf. Sie hatten drei Söhne, Jakob war der Älteste.

Jakob Freud wurde jüdisch-orthodox erzogen, lernte Hebräisch, las die Bibel und lebte in Übereinstimmung mit den Regeln des Glaubens. Sein Vater sei, so berichtete Sigmund Freud 1930, «in chassidischem Milieu» großgeworden, habe diese Prägung jedoch in fortgeschrittenem Alter hinter sich gelassen.[7] In Mähren sprach man Deutsch und Tschechisch, je nach Gegenüber und Situation. Sigmund Freud erinnerte sich noch Jahrzehnte später daran, daß er während seiner Kindheit des Tschechischen mächtig war – eine Fähigkeit, die er dann in Wien schnell verlor.[8] Jakob Freud wurde Tuchhändler und heiratete mit knapp 17 Jahren Sally Kanner, mit der er zwei Söhne hatte, Emanuel und Philipp, die über zwanzig Jahre älter als Sigmund waren.[9] Frühzeitig ging er als Kaufmann auf Wanderschaft, bereiste Mähren und ließ sich 1844 mit seiner Familie in Freiberg nieder, wo er bald eine kleine Firma zur Produktion von Stoffen etablierte.[10] Freiberg (Příbor) liegt im Nordosten Mährens, 205 Kilometer von Wien entfernt. In der Mitte des 19. Jahrhunderts war die kleine Stadt mit weniger als 3000 Einwohnern ein Zentrum der vorindustriellen Textilwirtschaft, von der auch Jakob Freud als Tuchhändler und kleiner Fabrikant lebte. Dominierend blieb der katholische Bevölkerungsteil, der das soziale und kulturelle Klima beherrschte. Die Piaristen hatten 1694 das Gymnasium gegründet, und die römisch-katholische Konfession bestimmte – nicht zuletzt durch die 1596 erbaute Kirche des Heiligen Valentin – das Stadtbild.

Obwohl seit 1782 über das Toleranzedikt Josephs II. eine weitgehende Gleichstellung der Juden festgelegt war, sah die Wirklichkeit anders aus. Juden durften zwar formal ihre Religion frei ausüben, jedoch blieb es ihnen untersagt, dieses öffentlich zu tun. In Wien wurde die erste Synagoge im April 1826 – unter Rabbiner Isaak Mannheimer – eingeweiht, während auf dem Land weiter massive Restriktionen herrschten. Die liberale Revolution von 1848 brachte auch für die Juden vorübergehend neue Freiheiten, aber schon bald wurden sie vom Kaiserreich wieder kassiert. In den östlichen Regionen, vor allem in Mähren und Galizien, gab es bereits zu Beginn der 1850er Jahre Übergriffe, die zahlreiche jüdische Familien in die Flucht trieben[11]. Körperliche Bedrohung und schwere Anfeindungen erlebte auch Jakob Freud im Alltag. Seinem zehnjährigen Sohn erzählte er später, wie man ihn auf die Straße gestoßen und ihm die Pelzmütze vom Kopf geschlagen hatte. «‹Jud, herunter vom Trottoir›!» rief der Angreifer dabei. Als Sigmund den Vater fragte, wie er sich gewehrt habe, antwortete der, daß es ihm nicht eingefallen sei, Widerstand zu leisten: er nahm seinen Hut und ging demütig seines Weges. Den Sohn erfüllte dieses Beispiel bereitwilliger Unterwerfung mit Enttäuschung und Wut; «es war nicht heldenhaft von dem großen starken Mann, der mich Kleinen an der Hand führte.»[12] Die für den Jungen typische «Überschätzung» der Eltern, von der Freud 1909 in seinem kurzen Aufsatz *Der Familienroman der Neurotiker* sprach, wandelte sich hier in Desillusionierung.[13] Er selbst schwor sich damals, Provokateuren mutig die Stirn zu bieten, falls er als Erwachsener in eine ähnliche Situation geraten sollte. «Nemo me impune lacessit» – ‹Niemand kränkt mich ungestraft›: dieser Wahlspruch des britischen und italienischen Renaissance-Adels wurde, wie er sich später in einem Brief an C. G. Jung erinnerte, sein Motto.[14] Es fand sich zitiert in Edgar Allan Poes Novelle *The Cask of Amontillado* (1846), wo es zum Auslöser einer grausamen Rachegeschichte im klassizistischen Rom zur Zeit des Karnevals gerät. Die stolze Maxime, die Jahrzehnte später auch Freuds Schülerin Marie Bonaparte in ihrem Buch über Poe berührte, diente dem Heranwachsenden als Leitmotiv für sein künftiges Verhalten.[15] Er wollte nicht, wie sein Vater, das Opfer, sondern im Zweifelsfall der Handelnde sein, der sich gegen Kränkungen zur Wehr setzt. Noch in hohem Alter, als 82jähriger, betonte Freud, es habe nicht an ihm gelegen, daß sich die jüdische Tapferkeit früherer Zeiten in der Geschichte der Assimilation verlor.[16]

Nach dem frühen Tod seiner Frau heiratete Jakob Freud 1855 die zwanzig Jahre jüngere, attraktive Amalia Nathanson. Daß zwischen der ersten und dieser Ehe noch eine weitere mit einer Gattin namens Rebekka lag, die wegen Kinderlosigkeit nach jüdischem Brauch geschieden wurde, scheint aus einem Einwohnerverzeichnis der Stadt Freiberg hervorzugehen.[17] Sollte Freuds Vater tatsächlich, wie es das Register dokumentiert, mit Rebekka verheiratet gewesen sein, so blieb dieses aber nur eine kurze Episode, über die er später Stillschweigen bewahrte. Amalia Nathanson, die neue Ehefrau, kam aus Brody in Ostgalizien, lebte als kleines Kind in Odessa und siedelte dann mit ihrer Familie nach Wien über. Dort hatte Jakob Freud ihren Vater Jakob Nathanson als Geschäftspartner kennengelernt. Die Heirat war vermutlich Teil einer ökonomischen Verabredung; ob Nathanson bei Freud Schulden hatte oder verarmt war, läßt sich nicht mehr klären. In jedem Fall bildete die Eheschließung mit der jungen Amalia, die Jakobs Tochter und die Schwester seiner Söhne hätte sein können, ein eher ungewöhnliches Ereignis. Sigmund nahm den Altersunterschied, der seine Eltern trennte, in frühen Jahren aufmerksam wahr, weil auch sein Halbbruder Philipp im Haushalt wohnte. Er paßte dem Alter nach besser zu Amalia als zu Jakob, der einer anderen Generation entstammte.

Jakob Freud löste sich im Laufe der Jahre, seit seiner Zeit als wandernder Kaufmann, von den alten religiösen Bindungen. Nach der Eheschließung mit Amalia verzichtete er darauf, den traditionellen Kaftan zu tragen, und besuchte nur noch selten die Synagoge. Seinen Vater, Schlomo Freud, dürfte er mit seiner weltlichen Haltung zutiefst verärgert haben. Es ist zu vermuten, daß hier ein starker Konflikt entbrannte – nicht der letzte Generationszwist in dieser Familie. Immerhin hatte Jakob Freud noch perfekt Hebräisch gelernt, weshalb er die Heiligen Schriften im Urtext lesen konnte. Er beherrschte es annähernd so gut wie das Deutsche und verfügte in dieser Sprache über einen eleganten Stil.[18] Eintragungen in die Bibel, mit denen er

Jakob Freud mit dem zehnjährigen Sigmund

wichtige Ereignisse wie Kindergeburten und Beschneidungen notierte, nahm er auf Hebräisch vor. Seinem Sohn vermittelte er solche Kenntnisse nicht systematisch, weil er sie offenbar für nebensächlich hielt.[19] Er las ihm schon früh die Bücher Moses vor, ohne allerdings religiöse Instruktionen damit zu verbinden. Als Sigmund älter war, schenkte er ihm ein Exemplar der *Israelitischen Bibel* in der erstmals 1844 gedruckten Edition von Ludwig Philippson, die neben dem Urtext auch die deutsche Übersetzung Luthers enthielt.[20] Die Rabbiner bevorzugten die Übertragung von Leopold Zunz, deren orthodoxer Charakter dem Vater aber in dieser Lebensphase bereits mißfiel, weshalb er die Philippson-Ausgabe wählte.

Während die weitgehend unfrommen ‹Dreitagesjuden› zumindest Rosch ha-Schana (Neujahr), Pessach (Erinnerung an den Auszug aus Ägypten) und Jom Kippur (Versöhnungstag) feierten, beschränkte man sich im Hause Freud nur auf das Seder-Fest am Vorabend von Pessach. Gelegentlich wurde auch Purim – zum Gedenken an die Befreiung der persischen

Juden – begangen, wie Freuds Brief an den Jugendfreund Emil Fluss vom 17. März 1873 belegt; die jüngeren Geschwister führten dann kleinere Theaterstücke auf und musizierten miteinander.[21] Jakob Freud hatte autodidaktisch ein beträchtliches Wissen über Religionsfragen, Mystik und Geschichte erworben. Sein größter Wunsch war es nach Max Schurs Erinnerung, daß Sigmund ein «Wahrheitssucher» werden möge.[22] Im Alltag verzichtete er jedoch auf jede Form der Unterweisung in den Glauben der Väter, der die Grundlage seiner eigenen Kenntnisse bildete. Statt den Sohn streng religiös zu erziehen, erzählte er ihm biblische Geschichten und jene in Wortspielen wurzelnden jüdischen Witze, die später einen Gegenstand der psychoanalytischen Theorie ausmachen sollten. Von der großen Glaubenstradition blieben so äußerliche Formen und ein Bodensatz, der nichts Ursprüngliches mehr bedeutete. Wenn Freud in der letzten Phase seines Lebens dennoch einen begrenzten Zugang zum Judentum fand, so geschah das im Sinne einer psychologischen Bindung. Sie erschloß ihm die Ahnung, daß er sich der fremdgewordenen Religion nicht entziehen konnte, weil ihre Logik und ihr Stolz, ihre Geschichten und Witze in seinem Inneren fortlebten. Nicht zuletzt waren es familiäre Wurzeln und Traditionen, die Freud mit seiner jüdischen Herkunft verknüpften.[23] Seine Rolle als Jude nahm er vor allem in der Welt seiner persönlichen Erfahrungen, im unmittelbar privaten Sektor wahr, während er für den Zionismus in seinen unterschiedlichen Ausprägungen zwischen Herzl, Buber und Rosenzweig kein größeres Verständnis entwickelte. Wo die Religion in Politik oder Idealismus umschlug, blieb sie ihm fremd; wo sie auf reinem Glauben beruhte, respektierte er sie, ohne ihr zu folgen.

Der Vater war, obwohl er niemals eine höhere Bildungsinstitution durchlaufen hatte, ein Mann mit intellektuellen Fähigkeiten, anregend und überraschend. Das hat Freud trotz eines schwierigen Ablösungsprozesses und mancher Einblicke in wenig erfreuliche väterliche Verhaltensmuster auch als Erwachsener stets anerkannt. Zugleich wirkte er nach außen tatkräftig und vital, war von mächtigem Körperbau und durchaus eindrucksvoller Physis – ein «Riesenkerl», wie der Sohn ihm später bescheinigte.[24] Hinter der Fassade des aktiven, entscheidungsfreudigen Familienoberhaupts lauerten jedoch widersprüchliche Züge, die sich Freud erst im Zuge seiner 1896 – nach dem Tod des Vaters – begonnenen Selbstanalyse erschlossen. Zu den dunklen Zonen, in die sich schwer leuchten ließ, gehörte sein Beruf, über den Ehefrau und Kinder wenig wußten. Jakob Freud lebte von Geschäften, die sich womöglich im Grenzbereich zum Illegalen bewegten. Die Tatsache, daß er seine Familie in die Quellen seines Gelderwerbs nicht einweihte, verrät weniger Diskretion als Angst – wir werden die näheren Hintergründe noch kennenlernen. Hinzu kamen sexuelle Neigungen, die dubiose Züge trugen. Zu den Resultaten seiner Selbstanalyse gehörte es, daß Freud seinen Vater nachträglich zum Päderasten erklärte, der durch versuchten Mißbrauch bei seinen Geschwistern schwere neurotische Störungen ausgelöst habe. Über dem scheinbar friedlichen Familienleben lagen so im Rückblick dunkle Schatten: «Leider ist mein eigener Vater einer von den Perversen gewesen und hat die Hysterie meines Bruders (dessen Zustände sämtlich Identifizierung sind) und einiger jüngerer Schwestern verschuldet.»[25] Freud bewies diese Vermutung niemals; ob sie ein Teil seines Vaterhasses und damit die Kehrseite einer inzestuösen Mutterbeziehung war, muß offen bleiben. Ebensowenig läßt sich klären, inwiefern sie den Verdacht des direkten Mißbrauchs oder lediglich der ehelichen Untreue einschloß.[26] Freud blieb absichtsvoll in der Schwebe und deutete bloß an, daß der Vater sein Sexualleben auf bedenklichste Weise familienöffentlich gemacht habe – sei es durch Zurschaustellung von Intimitäten, den Verkehr mit Dienstmädchen oder die Verführung seiner Kinder. Gerade die Vagheit, mit der er seinen Verdacht formulierte, war typisch für die gesamte Beziehung zum Vater. Das Mißtrauen blieb diffus, es gehörte zu einer zwiespältigen Haltung, in die sich Anklage und Bewunderung gleichermaßen mischten. Der dubiose Patriarch war ein Schein-Riese, den der Sohn bekämpfte, obwohl er sich kaum von ihm bedroht fühlen mußte. «Unsere Einstellung zu Vätern und Lehrern», so formulierte Freud 1930 in seiner Frankfurter Rede zum Empfang des Goethe-Preises, «ist nun einmal eine ambivalente, denn unsere Verehrung für sie deckt regelmäßig eine Komponente von feindseliger Auflehnung.»[27]

Die Mutter und der dunkle Kontinent

1926 bekannte Freud in seiner Studie zur Laienanalyse, daß das weibliche Geschlecht für die Psychologie trotz intensiver Analyse ein «dark continent» geblieben sei.[28] Gegenüber Marie Bonaparte soll er geäußert haben: «‹Die große Frage, die nie beantwortet worden ist und die ich trotz dreißig Jahre langem Forschen in der weiblichen Seele nicht habe beantworten können, ist die: ‹Was will das Weib?›»[29] Freud hat den dunklen Kontinent immer wieder umkreist und vermessen; ausgegangen ist er dabei von seinen frühkindlichen Erfahrungen und seiner erotischen Bindung an die eigene Mutter. Wer von ihr spricht, stößt automatisch auf den persönlichen Ursprung der psychoanalytischen Theorie. Die Mutter ist wie der Vater eine Stifterfigur für Freuds Lehre – eine Rolle, die man von ihrer realen Gestalt kaum trennen kann.

Amalia Nathanson wurde am 18. August 1835 im galizischen Brody, nordöstlich von Lemberg, geboren. Ihre Familie zog später nach Wien um, wo Amalia die Unruhen des Jahres 1848 erlebte. Ihr Enkel Martin erinnerte sich, daß sie von Begegnungen mit den Barrikadenkämpfern erzählte, die den jungen Männern in ihrer Familie Gewehre aufzudrängen suchten, um sie für die Freischärler zu gewinnen.[30] Amalia war, als sie Jakob Freud heiratete, gerade zwanzig Jahre alt, fröhlich und attraktiv, körperlich robust und energisch. Eine Tuberkulose, an der sie später erkrankte, überwand sie nach diversen sommerlichen Kuraufenthalten. Sie zeigte bis ins hohe Alter beste Gesundheit und starb hochbetagt am 12. September 1930 im Alter von 95 Jahren, eine Dekade vor ihrem Sohn, in Wien. Ihre Hartnäckigkeit und Vitalität hoben zahlreiche Familienmitglieder und Bekannte hervor. Als jüdische Mutter entsprach sie allen Klischees des Typus: liebevoll und stur, diktatorisch und fürsorglich steuerte sie die Familie nach ihrem unbeugsamen Willen.

Im Oktober 1857 kam in Freiberg Sigismund Freuds Bruder Julius zur Welt. In einem Brief an Wilhelm Fließ erinnerte sich Freud 1897, daß er ihn «mit bösen Wünschen und echter Kindereifersucht begrüßt» habe. Als der Junge ein halbes Jahr später, am 15. April 1858, starb, blieb daher in ihm «der Keim zu Vorwürfen» zurück.[31] Gegenüber Sándor Ferenczi äußerte Freud im Dezember 1912, seine Neigung zu Ohnmachtsanfällen sei eine Folge der Schuldgefühle, die der Tod des Bruders angesichts seines früheren Hasses auslöste.[32] In einer 1917 publizierten Studie zu Goethes Erinnerungen aus *Dichtung und Wahrheit* ging er diesem Motiv systematischer nach. Die «Erbitterung eines Kindes über das erwartete oder erfolgte Auftreten eines Konkurrenten» könne durch «Akte von Schlimmheit und Zerstörungssucht» zum Ausdruck kommen.[33] Die Vermutung, daß Julius mit zweitem Namen ‹Moses› hieß und aus diesem Umstand Freuds lebenslanges Interesse an der Gestalt des Propheten erklärbar sei, hat sich allerdings kaum erhärten lassen, da die Eintragung ins Geburtsregister nicht mehr auffindbar ist.[34]

Als man den kleinen Sohn in Weißkirchen beerdigte, war die Mutter erneut schwanger. Am Silvestertag des Jahres 1858 kam die erste Tochter, Anna, zur Welt; Freud fand zeitlebens kein enges Verhältnis zu ihr, weil er sie als Konkurrentin um die Gunst der Mutter wahrnahm. Er habe sie «nie mögen» können, schrieb er als 27jähriger an seine Verlobte Martha Bernays.[35] Freuds frühe Kindheit war bestimmt durch eine verwickelte Familiensituation, in der Rollen und Lebensalter nicht zusammenpaßten.[36] Er wuchs in engem Kontakt zu seinem geringfügig älteren Neffen John und zu dessen Schwester Pauline auf. Freud erinnerte sich später daran, daß John und er seit seinem zweiten Lebensjahr «unzertrennlich» waren, sich aber auch oft prügelten und deshalb von den Eltern zur Rede gestellt wurden.[37] Die Halbbrüder Emanuel und Philipp kamen dagegen aus Altersgründen als Spielkameraden nicht in Frage; sie erschienen ihm fern wie Abgesandte einer anderen Generation, während der leibliche Vater als sein Großvater durchgehen konnte. Der 1833 geborene Emanuel hatte bereits einen Sohn, Johann, der ein Jahr vor seinem Onkel zur Welt kam.[38] Philipp war unverheiratet und lebte im Haushalt des Vaters, so daß Sigmund ein vertrautes Verhältnis zu ihm gewann. Es fiel dem Jungen allerdings nicht leicht, sich in den Labyrinthen dieses Familienromans mit seinen unterschiedlichen Rollen und Beziehungsfeldern zu orientieren.[39]

Eine engere Beziehung als zur Mutter entwickelte Sigmund anfangs zu seinem Kindermädchen Monika Zajic, das ihn besonders liebte. Die gläubige Katholikin erzog ihn in einer Mischung aus Strenge und Zärtlichkeit, schürte seine Ängste vor der Strafgewalt Gottes und stimulierte zugleich erste sexuelle Empfindungen, indem sie ihn beim Entkleiden und Baden streichelte. Im Januar 1859 wurde das Kindermädchen von Freuds Halbbruder Philipp bei einem Diebstahl ertappt, den es beging, während die Mutter nach Annas Geburt im Wochenbett lag. Die Zajic mußte für zehn Monate ins Gefängnis – eine angesichts der Geringfügigkeit des Vergehens außerordentlich harte Strafe. Freud erinnerte sich in der *Psychopathologie des Alltagslebens* an den Vorfall, der sich ihm über den Umweg einer Angstphantasie einprägte. Sie verrät ein Zweifaches: eine enge Bindung an das Kindermädchen, das den Knaben durch ausdauernde Zärtlichkeiten erstmals mit seinen erotischen Empfindungen vertraut machte, so daß noch der 41jährige von ihr als «Lehrerin in sexuellen Dingen» träumte; und eine gleichfalls libidinös gefärbte Beziehung zur Mutter, die sich Freud in seiner Selbstanalyse offenbarte.[40] Knapp 39 Jahre nach den Ereignissen, im Oktober 1897, entdeckte er durch Befragung Amalia Freuds den Kern der Angstgefühle, die ihn damals peinigten. Das Kind zeigte panische Furcht vor einem Schrank – in Österreich ‹Kasten› genannt –, den sein älterer Halbbruder öffnete und schloß; es weinte und klagte, ohne daß den Umstehenden klar war, was es bewegte. Freuds Analyse ergab, daß man die Zajic wenige Wochen zuvor nach Hinweisen des Bruders verhaftet hatte. Auf die Fragen des Kindes antwortete Philipp Freud, sie sei nun «‹eingekastelt›».[41] Der Doppelsinn dieses Ausdrucks, den der Knabe nicht auf das Gefängnis, sondern auf den ‹Kasten›, den Schrank bezog, bildete den Ausgangspunkt für die infantile Angstreaktion. Da der Junge zur selben Zeit auch die Mutter vermissen mußte, die mit dem Stillen der neugeborenen Tochter beschäftigt war, fürchtete er den Schrank als Ort des Verschwindens. Die Schreckphantasie wurde in der Erinnerung erst durch den Auftritt der Mutter beruhigt, die «schön und schlank, wie von der Straße zurückkehrend», ins Zimmer trat.[42] Sie erschien nach Geburt und Kindbett gänzlich unverändert und beruhigte den aufgeregten Sohn. Daß Freud sich dieser Szene noch als Erwachsener besinnen konnte, belegt nicht nur die Macht der Angst, die das Kind damals empfand, sondern auch die erotische Note, die sein Verhältnis zur Mutter bestimmte. Sie offenbart sich in der Attributierung ‹schön und schlank›, verbunden mit einem heimlichen Begehren während der Zeit der Schwangerschaft, in der ihr Leib angewachsen und die Eifersucht des Sohnes gegen den Vater gesteigert worden war. Der spätere Freud sollte diese Urszene in der Selbstanalyse nutzen, um eine Grundfigur seiner Lehre zu entfalten: die Theorie des Ödipus-Komplexes. «Uns allen vielleicht war es beschieden, die erste sexuelle Regung auf die Mutter, den ersten Haß und gewalttätigen Wunsch gegen den Vater zu richten; unsere Träume überzeugen uns davon. König Ödipus, der seinen Vater Laios erschlagen und seine Mutter Jokaste geheiratet hat, ist nur die Wunscherfüllung unserer Kindheit.»[43]

In Freiberg lebte der junge Freud in behüteten Verhältnissen. Als 75jähriger erinnerte er sich 1931, daß seine Kindheit ‹glücklich› war, und er erwähnte im selben Atemzug seine ‹jugendliche Mutter›, die ihm einen freien, zwanglosen Alltag ermöglichte.[44] Hier waren sein Neffe John und dessen Schwester, die nahezu gleichaltrige Pauline, regelmäßige Spielgefährten. Die Quälereien, die John und er dem Mädchen zufügten, bildeten, wie Freud Fließ gestehen sollte, im Erwachsenenalter eine Quelle moralischer Schuldgefühle. John nannte er einen «Genossen» seiner «Untaten», die er im

Prozeß seiner Ich-Analyse 1897 als sexuell besetzte Versionen eines kindlichen Sadismus verstehen lernte.[45] Neben die Beschämung, die der Tod des Bruders Julius in ihm verursachte, trat die Erinnerung an diese Spiele; beide «bestimmen nun das Neurotische», so diagnostizierte Freud.[46] Aus dem Selbstvorwurf erwuchs die Angst vor dem Verlust und die Ahnung, daß das eigene Triebleben zu Gewalttätigkeit führen konnte. Solche Impulse bedürfen der Verarbeitung, sollen sie nicht dauerhafte psychische Krankheiten ausbilden. An diesem Punkt beginnen die Sublimierungsprozesse, die Freuds Selbstanalyse erschwerten, zugleich aber Bedingung seiner seelischen Balance waren.

Im Sommer 1859 bereitete Jakob Freud seinen Fortzug aus Freiberg vor – sehr zur Freude seiner Ehefrau, die sich als Städterin im ländlichen Mähren unwohl fühlte. Die eigentlichen Gründe für den plötzlichen Ortswechsel liegen im Dunkel. Ob Jakob Freud in kriminelle geschäftliche Machenschaften verstrickt war oder sein Sohn Philipp eine Affäre mit Amalia hatte, ist nicht zu klären. Auf das eine wie das andere deuten vage Anzeichen, die der Biographik Anlaß zu handfesten Spekulationen gaben. Zumindest wirkte der fluchtartige Aufbruch des Vaters irrational, hatte er sich doch in Freiberg beim Magistrat eine passable Reputation erworben und gute Führungszeugnisse erhalten. Die beiden Halbbrüder Jakobs waren kurz zuvor bereits nach Manchester ausgewandert, um sich dort selbständig zu machen; von Freuds Spielkameraden John verloren sich nach dessen 18. Geburtstag in England alle Spuren. Womit die Brüder nach der Ankunft ihr Geld verdienten, ist unbekannt – auch hier blühen Mutmaßungen über unlautere oder zumindest unseriöse Machenschaften.

Ende Juni 1859 zog der Vater zunächst allein mit den Kindern Sigismund und Anna von Freiberg nach Leipzig um.[47] Die Freuds reisten mit dem Pferdefuhrwerk, das die dürftigen Habseligkeiten der Familie aufnahm. Die Mutter blieb in Freiberg zurück, da sie keinen Reisepaß erhielt, und folgte erst Mitte August 1859. Nach nur wenigen Wochen mußte der Vater seine Pläne ändern, da er als Jude beim Rat der Stadt Leipzig keine dauernde Aufenthaltserlaubnis erhielt. Er entschied sich nun für Wien als neues Ziel, weil er hoffte, im dynamischen Klima der Metropole geschäftlich schneller zum Erfolg zu kommen. Mit der Eisenbahn brach man im Herbst 1859 – vermutlich über die Zwischenstation Freiberg – nach Österreich auf. Die Zugfahrt bot dem dreijährigen Jungen eine Kette prägender Lust- und Angsterfahrungen. Der Anblick der Gaslaternen auf einem Bahnhof vermittelte ihm den Eindruck, hier tanzten «brennende Geister in der Hölle».[48] In seinen 1905 veröffentlichten Studien zur Sexualtheorie sollte Freud die «Eisenbahnangst» des Erwachsenen als Ausdruck einer Hemmung deuten, die den vom Fahrrhythmus stimulierten Trieb, wie ihn Kinder noch ausleben, zu unterdrücken sucht.[49] Die veränderte Affektbesetzung, die hier stattfindet, verwandelt Lust in Unlust, Begierde in Furcht. Die Bahn-Phobie, die Freud bis ins höhere Alter verfolgte, wurde durch eine archetypische Szene hervorgerufen, in der die frühkindliche Angsterfahrung einen sexuellen Auslöser offenbarte.

Bei einer gemeinsamen Übernachtung während der Wien-Reise erblickte Freud, wie er Wilhelm Fließ am 3. Oktober 1897 im Zuge seiner Selbstanalyse berichtete, erstmals seine nackte Mutter («nudam»). Zwischen «2 und 2½ Jahren» habe er gezählt – tatsächlich war er dreieinhalb –, als seine «Libido gegen matrem erwacht» sei.[50] Daß die Mutter damals hochschwanger war – Rosa kam am 21. März 1860 zur Welt –, mag die Affizierung des Knaben, aber auch die Verwirrung seiner Gefühle noch gesteigert haben: der hochgewölbte Leib erschreckte und erregte ihn zugleich. Noch als Erwachsener träumte er, wie er dem Pfarrer Oskar Pfister gestand, vom «Genitale der Mutter».[51] Es handelte sich, so erkannte er nachträglich, um eine sexuelle Urszene, die der Brief an Fließ allein im dezenten Latein – nach dem Vorbild von Krafft-Ebings *Psychopathia sexualis* (1886) – andeuten durfte. Es verwundert nicht, daß Freud später das Reisen als psychischen Initiationsvorgang analysierte, der im Traum ein symbolisches Pendant findet. Bei ihm blieb eine massive «Reiseangst» zurück, die sich in einer starken Furcht vor Bahnhöfen, dem Verpassen von Zügen und dem Nicht-Erreichen des Ziels manifestierte.[52] Seine eigenen Kindheitserinnerungen bestätigten ihm in der Selbstanalyse die sexuelle Unterströmung solcher Gefühle. Von einer Reise nach Mähren übermittelte der 16jährige Freud im September 1872 vorwiegend Eisenbahn-Impressionen, die in charakteristischer Mischung starke Beobachtungslust und Neugierde, aber auch nagende Angst verrieten.[53]

Bei dem Dreijährigen löste der Umzug ein frühes Verlustgefühl aus; Freud hat später nur andeutungsweise darauf hingewiesen, wie schwer ihm der Ortswechsel fiel. Eine spielerisch versteckte Vorstellung davon lieferte er in seiner 1899 publizierten Studie *Über Deckerinnerungen*, in der er, wie Siegfried Bernfeld erstmals erkannte, seine eigene Kindheitserfahrung über die Dokumentation eines Patientenberichts spiegelte.[54] Dieser fiktive

Amalia Freud und Sigmund

Rapport paßte in sämtlichen Details zu Freuds eigener Vita. Er bot genaue Erinnerungen an die Zeit des ersten und zweiten Lebensjahrs vor der Übersiedlung «in eine große Stadt».[55] Die hier praktizierte Haltung des in die Tiefe leuchtenden Inspekteurs der Vergangenheit hat Freud frühzeitig ausgeprägt. Als er im Sommer 1872 seinen nach dem Wien-Umzug ersten und einzigen Besuch in Freiberg bei der befreundeten Familie Fluss abstattete, sprach er mit der Attitüde eines Archäologen von «Enthüllungen» aus der Vorzeit.[56] Die frühe Kindheit erschien schon dem Heranwachsenden im Rückblick als Landschaft, deren einzelne Schichten man mit feinem Werkzeug offenlegen mußte. In der Studie über die Deckerinnerungen wurde der sommerliche Urlaub in Freiberg aus analytischen Gründen zu einer Fiktion umgewandelt – die Selbsterkundung gelang leichter, wenn ihr Material als Erfindung firmierte.

Freud wuchs in einer großen Familie mit fünf jüngeren Schwestern und einem Bruder auf. In nahezu jährlichem Abstand gebar Amalia Kinder, so daß sie ihrem ältesten Sohn in dieser Phase nur wenig Aufmerksamkeit widmen konnte. Zu Anna gesellten sich, nachdem man in Wien ansässig geworden war, Rosa (1860), Maria (1861), Adolfine (1862) und Pauline (1864); 1866 kam Alexander zur Welt, dem Freud als älterer Bruder den Namen geben durfte. Der «kleine Erzschelm», wie er ihn später titulierte, wurde nach Alexander dem Großen benannt, über den der zehnjährige Sigmund seinen Eltern kurz nach der Geburt einen ausführlichen, durch den Schulunterricht inspirierten Vortrag hielt.[57] Unter den Mädchen ragte Anna durch besondere Begabung heraus, sie besuchte die Bürgerschule, ab 1874 das Lehrerinnenseminar der Ursulinen. Daß sie trotz ihrer passablen Ausbildung nicht fehlerfrei schrieb und zu Stilblüten neigte, vermerkte später Freuds Verlobte Martha Bernays mit süffisantem Unterton.[58] Als Attraktivste der sehr unterschiedlich aussehenden Schwestern galt Rosa, die mit der schönen Eleonore Duse verglichen wurde, der berühmtesten Schauspielerin der Epoche.[59] Der Umgang mit den Mädchen prägte Freuds Verhältnis zum anderen Geschlecht und bildete eine Art Phänotyp für künftige Beziehungen; vor allem mit Rosa sei er «so intim» gewesen, erinnerte er sich 1884.[60] Auch als Älterer umgab er sich gern mit Frauengruppen, was eine Verteilung erotischer Sehnsüchte auf mehrere Adressatinnen erlaubte: Martha und Minna Bernays, Marianne Kris und Ruth Mack-Brunswick, Dorothy Burlingham, Helene Deutsch und Eva Rosenfeld. Die Ahnung früher Familienkonstellationen war hier stets präsent, und mit ihr die geheime Macht der Sexualität, die dort, wo sie verboten blieb, umso mächtiger wirkte. «Die Vorzeit des Geschlechtslebens ist vor der Psychoanalyse ebenso übersehen worden, wie auf anderem Gebiete der Hintergrund des bewußten Seelenlebens», so formulierte Freud 1926.[61]

Die Umsiedlung nach Wien bedeutete, daß die Familie Freud inmitten einer verschwindend kleinen jüdischen Minorität leben mußte. 1857 waren von 476 220 Einwohnern lediglich 2617 – 1,3 Prozent – jüdischen Glaubens. Dieser Anteil stieg in den kommenden beiden Jahrzehnten im Zeichen eines gewaltigen Zuzugs erheblich an: 1880 wohnten in Wien bereits 73 222 Juden, bei einer Gesamtbevölkerung von nun 726 105 Menschen waren das zehn Prozent. Nicht nur die Attraktivität der modernen Großstadt, sondern auch das tolerante Klima des Liberalismus bildete ein wesentliches Motiv für den verstärkten Zustrom von Juden aus ländlichen Regionen, wo weithin Ressentiments herrschten. Bis in die Zeit nach dem Ersten Weltkrieg wuchs die Zahl jüdischer Bürger in Wien kontinuierlich an und erreichte 1923 ihren Höhepunkt mit über 200 000 Einwohnern israelitischen Glaubens.[62]

Familie Freud im Jahr 1876; Sigmund: stehend, dritter von links

Nach der Ankunft siedelte sich die Familie zunächst sehr bescheiden in der Leopoldstadt nordöstlich des Zentrums an. An der Weißgärberstraße 3 lag die erste Wohnung, die man 1864 für ein neues Domizil in der Pillersdorfgasse 5 verließ, kurz bevor die letzte Tochter, Pauline, zur Welt kam. Als der jüngste Sohn Alexander geboren wurde, zog man 1866 in die Pfeffergasse 1 um, wenig später in die Glockengasse 30, 1870 schließlich in die Pfeffergasse 5. Die Wohnungen waren zum Leidwesen der Mutter, die aus besseren Verhältnissen kam, klein und unkomfortabel. Zumeist hatte man nur drei Zimmer zur Verfügung, in denen sich die Eltern mit ihren Kindern drängten. Jakob Freud hielt sich selten zu Hause auf, pflegte den Müßiggang, saß stundenlang im Caféhaus und blieb dem Familienleben fern. Er sprach kaum über seine Unternehmungen, verschwand tagsüber regelmäßig und kehrte erst abends zurück, ohne daß Ehefrau und Kinder ihn über sein Tun ausfragten. Bisweilen versuchte er sich als Makler, der neu etablierten Händlern Kontakte verschaffte, arbeitete aber nicht mehr im Tuchgewerbe. Aus welchen Quellen er sich und die Seinen in Wien finanzierte, ist unklar.

Der Sohn, der als talentiert und fleißig galt, genoß bald das Privileg, eine eigene Kammer mit einer Petroleumlampe für sich allein bewohnen zu dürfen, während sich seine Schwestern einen Raum teilen mußten und abends nur Kerzen benutzen durften. Wenn Sigmund seinen Schulstoff laut rezitierte, dabei von Zimmerwand zu Zimmerwand laufend, hatten die übrigen Familienmitglieder Ruhe zu halten, damit er sich konzentrieren konnte. Weil er sich durch Klavierspiel beim Lernen gestört fühlte, setzte er durch, daß zu Hause Musik verboten wurde – ein Indiz für die besondere Stellung, die ihm zufiel.[63] Die Situation im Hause Freud spiegelte schon äußerlich eine bemerkenswerte Differenz der Temperamente wider. Der oft lethargische Vater trieb sich, dubiosen Unternehmungen nachgehend, in der Stadt herum, indessen der ehrgeizige Sohn zu Hause saß und gewissenhaft seine Schulaufgaben erledigte. Wo der Vater zu einem spontanen Leben von Tag zu Tag neigte, verfolgte der Sohn große Pläne: dem intuitiv handelnden Phlegmatiker stand ein innerlich angespannter Projektmacher gegenüber. Für Sigmund Freuds Selbstbild sollte diese Konstellation bald gravierende Folgen zeitigen. Denn die eigene Identität, so erkannte er, beruhte auf einem Gegenentwurf, in dem sich Eifersucht und Haß auf das männliche Familienoberhaupt zu gleichen Teilen mischten.

Neben den Fall der Freiberger Kinderfrau trat in Wien ein anderes Ereignis, das den Jungen nachhaltig beeindruckte. 1865 wurde sein Onkel Josef Freud wegen des Verdachts auf Verbreitung von falschen russischen Rubeln festgenommen und 1866 zu zehn Jahren Haft verurteilt. Es ist nicht auszuschließen, daß die Produktion dieser Blüten in England erfolgte – unter der aktiven Mitwirkung von Emanuel und Philipp Freud. Die durch Marianne Krüll ermittelten Polizeiberichte offenbaren eine Spur, die nach Manchester führt, ohne daß jedoch der Name der Brüder direkt genannt wird.[64] Sollte das kriminelle Unternehmen tatsächlich von mehreren Familienmitgliedern getragen worden sein, dann hatte Freuds Vater darin zumindest die Rolle des Mitwissers, wahrscheinlicher sogar die des Begünstigten inne. Erklären ließe sich so auch, weshalb er trotz fehlender Geschäftsaktivitäten über viele Jahre seine Familie unterhalten konnte und keine finanziellen Sorgen hegte. Der Vater, steht zu vermuten, lebte von falschem Geld, von den Blüten des Bruders. Entsprechend groß dürfte seine Furcht vor Entdeckung und Strafe gewesen sein. Aus Angst vor der Polizei hielt er an seinem bisherigen Lebensstil fest und vermied erhöhte Ausgaben, weil er nicht auffallen wollte. Die Sorge um Josefs Haft ließ Jakob Freud innerhalb kurzer Zeit ergrauen, wie sich der Sohn Ende der 90er Jahre erinnerte. Den Onkel bezeichnete er in einer Mischung aus Mitleid und Zorn als «Schwachkopf», der aber «nie ein schlechter Mensch gewesen» sei.[65]

Bis 1870 saß Josef im Gefängnis – ein für die bürgerliche Familie erheblicher Verlust der Reputation. Sein Neffe empfand solche Degradierungen als bedrohlich, erkannte jedoch bald, daß seine Angst vor eigener Bestrafung ähnlich wie im Fall der unheimlichen Reiseerfahrung mit Lustgefühlen vermischt war. Die Furcht vor der Einbuße der Sicherheiten, die das kleinbürgerliche Leben in Form hielten, kam aus demselben Boden wie die Sehnsucht nach dem Körper einer Frau. Ein genaues Wissen darüber zu gewinnen blieb schwierig, wie Freud später einsah, und gerade die seelisch Verzweifelten, die unter dauernden Ängsten litten, hatten zumeist keine Ahnung von der Herkunft ihrer Leiden. Dazu schrieb er 1898: «Die Ereignisse und Einwirkungen nämlich, welche jeder Psychoneurose zugrunde liegen, gehören nicht der Aktualität an, sondern einer längst vergangenen, sozusagen prähistorischen Lebensepoche, der frühen Kindheit, und darum sind sie auch dem Kranken nicht bekannt.»[66]

Wien in der Epoche des Liberalismus

Die österreichische Metropole war im Jahr 1860 eine aufblühende Stadt, das schnell gewachsene Zentrum einer Vielvölkermonarchie mit moderner Architektur und vielfältigem Kulturleben. Wirtschaftliche Macht, technischer Fortschritt und eine euphorische Gründerstimmung zogen Menschen aus allen Teilen des großen Kaiserreichs an. Als die Familie Jakob Freuds nach Wien umsiedelte, stand die Stadt erst am Beginn eines Gestaltungsprozesses, der sie mit rasantem Tempo in die Moderne führen sollte. Die äußerliche Situation, die von Dynamik und Aufbruchswillen zeugte, verbarg jedoch, daß das Kaiserreich eine krisenhafte Phase durchlief. Seit Dezember 1848 regierte Franz Joseph I. im Zeichen eines Neoabsolutismus, der jegliche parlamentarische Kontrolle ausschloß und die Errungenschaften der Märzrevolution kassierte. Der Deutsche Bund gegen Preußen verkörperte eine immer instabilere Allianz, die 1866 aufgelöst wurde. Außenpolitisch war Österreich in den 1860er Jahren an die Grenzen seiner Expansionsfähigkeit geraten. Die italienische Unabhängigkeitsbewegung und die Niederlage gegen Preußen in der Schlacht von Königgrätz bedeuteten massive Verluste an Gewicht und territorialer Vormacht. Auch innenpolitisch befand sich das Land in geschwächtem Zustand. Franz Josephs

Absolutismus verlor nach 1860 zunehmend den Rückhalt in der Bevölkerung. Das Oktoberdiplom von 1860 schuf mittels eines kaiserlichen Manifests die Basis für eine konstitutionelle Monarchie, zu deren tragenden Elementen der Reichsrat mit hundert Mitgliedern gehörte. Seine Aufgaben erschöpften sich jedoch weitgehend in fiskalischer und juristischer Beratung, ohne daß er politisch Einfluß nehmen konnte. Das Februarpatent von 1861 begründete dann eine Verfassung, welche die Einrichtung eines aus den Landtagen zu wählenden Abgeordnetenhauses vorsah. Damit waren die Fundamente für eine konstitutionelle Monarchie gelegt, die zu innerer Befriedung beitrug und gleichzeitig Österreichs außenpolitische Stellung stärkte. Zwar blieben die Rechte des Parlaments auf Empfehlungen zur Gesetzgebung beschränkt, doch bildete die Öffnung des absolutistischen Systems zumindest formal einen wesentlichen Schritt auf dem Weg zu einer besseren Regierungskontrolle.

Seit Beginn der 1860er Jahre wuchs das Gewicht des österreichischen Liberalismus, der aus den Parlamentswahlen mit erheblichen Stimmgewinnen hervorging. Ab 1860 stellten die Liberalen die Wiener Regierung und den Bürgermeister; in den folgenden Jahrzehnten prägten sie nicht nur die politische Entwicklung der Stadt, sondern auch die dynamische Modernisierung ihrer Architektur.[67] Die alten Festungsanlagen mit den aus dem frühen 14. Jahrhundert stammenden Toren und den um 1545 von italienischen Baumeistern errichteten Mauern waren 1857 gesprengt worden. Damit verlor die Stadt ihre bis zur theresianischen Epoche gewachsene Mantelstruktur, die militärischen Zwecken gedient und ein Bollwerk gegen die drohenden Türkenangriffe gebildet hatte. Am Beginn der 1860er Jahre beauftragte der Kaiser den kompletten Ausbau der Innenstadt. Es entstand die Ringstraße mit ihrem großartigen Bogenschwung, und neben ihr wuchs eine mächtige Architektur schwindelerregend schnell in die Höhe. Nach den Entwürfen Heinrich Ferstels wurde 1873–84 die Universität erbaut, der Däne Theophil Hansen war 1874–83 für die Errichtung des Parlaments zuständig, Gottfried Semper in den Jahren 1871–80 für das naturhistorische und das kunsthistorische Museum sowie die Gestaltung des nördlichen Flügels der Neuen Burg.

Die Anlage der Ringstraße präsentierte ihre nach dem Muster italienischer Renaissance-Palazzi errichteten Prunkbauten wie die Perlen einer Kette in einheitlicher Linie, ohne daß ihre Individualität verlorenging. Neben die repräsentative Architektur traten Privathäuser, die zu günstigen

Konditionen – bei dreißigjähriger Befreiung von der Grundsteuer – erworben werden konnten. Die Schönheit der neuen Prachtstraße zog zahlreiche Anleger an, und die Wiener waren überzeugt, daß ihr Entwurf sie sogar im Wettbewerb mit Paris bestehen ließ. Allerdings tauchten auch Kritiker auf, die, wie der Architekt Camillo Sitte, behaupteten, daß der Ring die glanzvolle österreichische Barocktradition zerstöre und durch einen sterilen Systemzwang im Zeichen des Praktisch-Nützlichen ersetze. Die Architekturdebatte tobte mit großer Verve, angeheizt durch die Traditionalisten vom Schlage Sittes, denen wiederum glühende Verfechter des Modernismus wie Otto Wagner entgegentraten. Wagner hatte seit Beginn des Ring-Projekts eine Vielzahl von Straßen und Gebäuden in der inneren Stadt entworfen und galt als langfristig planender Architekt mit unternehmerischen Talenten. Seine späteren Vorhaben zeigten einen starken Funktionalismus, der mit den konservativeren Arbeiten Sittes allerdings den Hang zum Monumentalen teilte.

In seinen Schriften zum Städtebau beschwor Wagner den Gedanken einer strikt durchgeplanten, geometrisch organisierten Urbanisierung. 1893 veröffentlichte er sein Buch *Die Großstadt*, in dem er die gesamte Anlage des Straßen- und Verkehrssystems schilderte, wie er sie für die Zukunft dachte. Zu Wagners Programm gehörte auch die Modernisierung der Grundrisse und die Verwendung neuer Baustoffe, die er für einen Ausdruck zeitgemäßer Wirtschaftlichkeit hielt.[68] Sitte und Wagner blieben bis zur Jahrhundertwende die führenden Stadtplaner, die Wiens innere Bezirke durch ihre Arbeiten prägten. Über den Wert ihrer Projekte war man sich nicht einig, stritt vielmehr heftig über die ihnen zugrunde liegenden Konzepte. In den Debatten zwischen Traditionalisten und Modernisten spiegelte sich die Spannung der Epoche, die in Wien auch durch die leidenschaftlichen Diskussionen über die Gegenwartskunst und das Theater sichtbar wurde. Bei genauerer Betrachtung unterschieden sich die Standpunkte der beiden jedoch weniger, als es zunächst den Anschein haben mochte. Was sie verband, war der Wille zum großen, die Zeiten überdauernden Entwurf, der die Hauptstadt nach dem Muster des antiken Rom zum Sinnbild von Majestät und Würde machen sollte.

Wien zählte am Beginn der 1870er Jahre eine Million Einwohner. Der spürbare wirtschaftliche Aufschwung war geeignet, die politisch-militärische Schwächung nach den Debakeln der 1850er Jahre auszugleichen. Das Wien des ausgehenden 19. Jahrhunderts wurde bald zu einem Symbol für das wirtschaftlich aufsteigende Bürgertum, für Kunstsinn, Glanz und Repräsentationswillen. In dieser Phase durchlief die Stadt eine kraftvolle Entwicklung, die sie zum Schmelztiegel des innerlich brodelnden, äußerlich jedoch konsolidiert wirkenden Kaiserreichs werden ließ. «Die heroische Moderne von Städten», so schreibt Jürgen Osterhammel, «ist ein flüchtiger Moment von manchmal nur wenigen Jahrzehnten: eine Balance von Ordnung und Chaos, die Verbindung von Immigration und funktionierenden Technostrukturen, Öffnung von Räumen unstrukturierter Öffentlichkeit, Energetisierung in Nischen des Experimentellen.»[69] In diesem Sinne war das späte 19. Jahrhundert Wiens Glanz- und Innovationszeit, eine Phase der beschleunigten Dynamik, des Zuzugs, der Expansion und Kreativität, in der Technik, Wirtschaft und Geist so kraftvoll wie produktiv zusammenwirkten. Robert Musils spöttisches Porträt einer Metropole mit halbem Tempo, träger Bürokratie und falschem Oberflächenglanz galt später nicht dem Wien dieser Phase, sondern der zum steinernen Mythos erstarrenden Stadt am Vorabend des Ersten Weltkriegs.[70]

Zwischen Mai und November 1873 fand die fünfte Weltausstellung in Wien statt, die einem internationalen Publikum die Errungenschaften moderner Stadtplanung im österreichischen Imperium vorführen sollte. Über die breit angelegte Vorbereitung des Ereignisses berichtete der 16jährige Freud im August 1872 seinem Freund Eduard Silberstein: «Die Rotunde wird schon völlig ausgemauert, und ist der Ring derselben schon in der bestimmten Höhe. Die andern Trakte sind schon unter Dach und auch die Gartenanlagen machen ein freundliches Gesicht.»[71] Wien habe sich unter dem Eindruck seiner Leistungsschau enorm verändert, so erzählte er im Frühjahr 1873: «Welch feiner Ton! Wie weltbürgerlich und wie veredelt!»[72] Mit Rücksicht auf die Matura werde er die Ausstellung aber verpassen, schrieb er und fügte ironisch zu, er müsse am Ende vermutlich beides ‹verfehlen›, Abitur wie Ausstellung.[73] Die Tatsache, daß Freud über die Bauten ausführlich berichtete, verriet zwar Interesse an den Wiener Stadtplanungen, darf aber nicht als Ausdruck des Einverständnisses gewertet werden. Wie kritisch er über die Prachtentfaltung der neuen Metropole und das in ihr manifeste Selbstbewußtsein der Staatsmacht urteilte, wird sich noch zeigen.

Bei der Weltausstellung handelte es sich um ein Prestigevorhaben, das vom liberalen Bürgermeister Cajetan Felder, aber auch von Vertretern der Wirtschaft vorangetrieben wurde. Geradezu symbolisch für die populäre

Programmatik der Ausstellung war die Tatsache, daß sie auf dem Gelände des Wiener Praters und damit im öffentlichen Erholungspark der Stadt stattfand. Zum zentralen Gebäude der Schau wurde die neu geschaffene Rotunde, ein gewaltig aufragender Kuppelbau von enormer Pracht; bedeutsame architektonische Elemente bildeten die 800 Meter lange Maschinenhalle und diverse Pavillons – insgesamt mehr als hundert –, die Technik und Kultur eines zunehmend von der Leistungskraft des Bürgertums getragenen Staates dokumentierten. Die Schatten der alten Zeit waren aber auch inmitten moderner Stadtentwicklung zu erkennen. Nur wenige Wochen nach der Eröffnung der Weltausstellung brach eine Choleraepidemie aus, der 3000 Menschen zum Opfer fielen.[74] Die schlechte Beschaffenheit der Kanalisation sorgte dafür, daß bei Donau-Hochwasser Schmutz und Bazillen in die Stadt geschwemmt wurden. Erst mit der neuen Innenanlage stellte man eine hygienische Entsorgung sicher, die derartige Epidemien verhinderte. Auch die Freuds mußten zumindest indirekt unter der Cholera leiden: ein amerikanischer Konsul hatte sich ursprünglich für einen Besuch der Weltausstellung angekündigt und wollte gegen eine nennenswerte Summe ihre Wohnung mieten, blieb aber nun aus Furcht vor der Krankheit fern.[75]

1930 verglich Freud in seiner Studie über *Das Unbehagen in der Kultur* die Stadt Rom mit der Anlage unseres Unbewußten, in dem zahlreiche Alters- und Erfahrungsstufen gleichzeitig nebeneinander bestehen. Im Rom der Gegenwart verbanden sich architektonische Stilepochen und Bauphasen heterogener Herkunft zu einem Tableau des Vielfältigen; dem entspreche, so befand Freud, die Tiefenstruktur der menschlichen Seelenschichten, in denen ein Nebeneinander unterschiedlichster Erlebnisreste gegeben sei. Wien bildete das Gegenmodell zu dieser Parallelität der Formen, denn hier hatte man das Alte unter der Dampframme der Modernisierung zerstört und die Spuren des Gestern getilgt. Wien wollte zur Gründerzeit keine Erinnerung an die Epoche vor 1848 mehr wachhalten, weil die Stadt sich in den offenen Horizont des Möglichen hinein entwarf. Otto Wagners Programm der gegenwartsbezogenen Stadt, das die Abkehr vom Historismus forderte, hinterließ überall seine Spuren. So einheitlich und geschlossen wie die moderne Architektur sollte das Erscheinungsbild der neuen Anlagen wirken. Parks und Gärten, Wege und Straßen entstanden in strenger Ordnung *more geometrico*; selbst die Bäume, die man am Ring pflanzte, entsprachen der Planung mit dem Lineal, denn ihr Abstand war genau festgelegt. Freud, der spätere Meister der Erinnerung, wuchs in einer Metropole mit entschiedenem Modernisierungswillen auf, wo keine Zeit für Andenken und Memorialkultur, für Relikte und Anachronismen blieb. Die Gegenwart, das waren Planung und Projektmacherei, neu errichtete Häuserkomplexe und Straßenanlagen, dauerhafte Provisorien im Zeichen des Entwerfens und Entwickelns. Wer in den 60er und frühen 70er Jahren durch das innere Wien ging, sah eine gigantische Maschinerie urbaner Gestaltung, die nie zur Ruhe kam. Hier gab es allein den Moment in Tätigkeit, den bewegten Augenblick, während die Geschichte der Stadt wie ein verblassender Untergrund unaufhörlich überschichtet wurde. Die Vergangenheit war den Vorstädten vorbehalten, in deren beschaulichem Lebensrhythmus die Zeit stillstand und der Lärm des ewigen Bauens die Gassen noch nicht durchhallte. Freud hat die ländlichen Außenbezirke ähnlich geschätzt wie die Bergdörfer, in denen er später seine Ferien verbrachte: beides liebte er mit der verklärenden Neigung des Großstädters, dem die Natur im Grunde fremdgeworden ist.

Das Denken in patriarchalischen Strukturen gehörte sehr selbstverständlich zum alten Österreich. Daß der Entdecker des Vaterkomplexes ein Untertan des K.u.K.-Staates war, kann nicht überraschen. In Österreich schien der Kaiser als Übervater omnipräsent – in Symbolen und Ritualen gleichermaßen. Es verwunderte kaum, daß Freud die ödipale Grundsituation nicht allein aus seiner biographischen Anschauung ableitete. Auch der Staat zeigte ein paternalistisches Gesicht und bildete folgerichtig für ihn ein Modell, an dem er den Zusammenhang von Macht und Familie, von Ordnung und Psyche, Autorität und Ich studieren konnte. Der Gymnasiast Freud fühlte sich der Monarchie nicht sonderlich verbunden, ja er verspürte innere Distanz zu den Formen der Selbstinszenierung, die das Kaiserreich liebte. Gemeinsam mit seinem Mitschüler Heinrich Braun, der später zu den Köpfen der österreichischen Sozialdemokratie gehörte, diskutierte er über gesellschaftliche Gerechtigkeit, die Arbeiterbewegung und das Parteiensystem. Die beiden teilten ihre kritische Haltung zu Monarchie und zeremoniösem Pomp. Nicht ohne Sarkasmus berichtete der Abiturient Freud am 1. Mai 1873 über die Wiener Feierlichkeiten aus Anlaß des 25jährigen Regierungsjubiläums von Kaiser Franz Joseph I. und erwähnte süffisant, daß ein «demokratischer Regen» die festliche Stimmung gestört habe.[76] Ein Jahr darauf erklärte er abfällig: «Als ob nicht die nutzlosesten Dinge von der Welt in folgender Ordnung wären: Hemdkrägen, Philosophen und Monarchen.»[77] Nation und Staat blieben für ihn abstrakte Kategorien, die ihm nichts bedeuteten. Vermutlich hätte er dem wenige Jahre jüngeren Arthur Schnitzler zugestimmt, der in seinen Memoiren schrieb, Heimat sei ihm «nur Tummelplatz und Kulisse des eigenen Schicksals», das Vaterland ein «Gebild des Zufalls» und «eine völlig gleichgültige, administrative Angelegenheit».[78]

Daß im liberalen Klima der frühen 70er Jahre nicht alles zum Besten stand, zeigte sich zuerst durch die Wirtschaftskrise vom Frühling 1873. Sie offenbarte mit dramatischer Deutlichkeit, daß die Grundfesten der parlamentarischen Monarchie auf der «Emanzipation des Geldes» beruhten, wie Oswald Spengler 1922 formulierte.[79] Wo die sich verselbständigende ökonomische Kraft nachließ und der Expansionsprozeß ins Stocken geriet, drohten auch dem Staat erhebliche Gefahren. Am 5. Mai 1873, einen Tag vor Freuds 17. Geburtstag, verlangte die Franko-Ungarische Bank von ihren österreichischen Geschäftspartnern die Nachzahlung der noch ausstehenden Kapitaleinlagen, was bei diesen aufgrund mangelnder Liquidität zu erheblichen Schwierigkeiten führte. Binnen kurzer Zeit zeichnete sich eine Finanzkrise gewaltigen Ausmaßes ab, die enthüllte, daß zahlreiche Großprojekte im Bausektor, nicht zuletzt diverse Firmen auf schwankendem Boden standen. Viele wirtschaftlich risikoreiche Unternehmungen, die in den Jahren der expandierenden Stadtentwicklung erfolgreich waren, litten unter einer massiven Kapitalunterdeckung. Daß die ökonomische Dynamik der Gründerperiode auf Spekulation beruhte, wurde nun innerhalb weniger Tage sichtbar. Am 9. Mai 1873, eine Woche nach Eröffnung der Weltausstellung, kam es zu einem beispiellosen Börsenkrach, der als ‹schwarzer Freitag› in die österreichische Geschichte eingehen sollte. Die Polizei ließ um 13 Uhr den Aktienhandel schließen, weil das Chaos nicht mehr beherrschbar war. Zahlreiche Firmen mußten Insolvenz anmelden, viele Privatbanken den Geschäftsbetrieb beenden, da sie die finanziellen Verpflichtungen gegenüber ihren Gläubigern nicht erfüllen konnten. Die große Blase der Gründerzeit war geplatzt, hunderte von Unternehmen gingen in den Konkurs, es gab Selbstmorde und Familienkatastrophen, langjährige Prozesse und Verurteilungen. Während der Herbstmonate griff die Krise auch auf das Deutsche Reich und die Vereinigten Staaten über; die Börse in New York blieb vom 19. bis zum 29. September 1873 geschlossen. In den kommenden Jahren wurde in Österreich nahezu die Hälfte aller Aktiengesellschaften aufgelöst, das Investitionsklima kühlte erheblich ab, der

Bau-Boom kam zum Erliegen. Die Menschen verloren zu dieser Zeit ihr Vertrauen in die Selbstheilungskräfte der Märkte und die Effizienz des liberalen *Laissez-faire* – vom Heroismus der Expansionszeit blieb einstweilen nur ein Schreckgespenst zurück.

Auch die soziale Ordnung war während der Gründerperiode, anders als der erste Augenschein andeutete, brüchig und fragil. Das 1867 verabschiedete *Staatsgrundgesetz über die allgemeinen Rechte der Staatsbürger* hatte Juden den ungehinderten Aufenthalt im gesamten Kaiserreich zugestanden. Doch unter der Oberfläche des liberalen Klimas schlummerte im Wien der 60er und 70er Jahre bereits ein aggressiver Judenhaß, der am Ende des Jahrhunderts direkt zum Ausbruch kam. Jakob Freud mußte erkennen, daß er durch den Umzug in die Großstadt den alltäglichen Schikanen entkommen und dennoch kein gleichberechtigter Bürger war. Neben den systematischen Formen der Ausgrenzung, die seit dem Mittelalter vor allem im Bereich der Berufswahl zutage traten, existierten diverse gesellschaftliche Zonen, zu denen Juden keinen Zugang hatten. Und auch wenn auf der Straße der Haß einstweilen nicht offen ausbrach, wußte Jakob Freud, daß ihm Ähnliches wie in Freiberg geschehen und er gedemütigt werden konnte. Noch ehe der Antisemitismus zum politischen Programm geriet, herrschte versteckte Aggression, die im Alltag spürbar blieb, obgleich sie sich nicht direkt artikulierte. Ein österreichischer Nationalismus wäre Anfang der 1870er Jahre, gegen Ende des liberalen Zeitalters, noch nicht hoffähig gewesen. Georg von Schönerer gründete erst 1882 seine deutschnationale Partei, die Österreich mit dem Bismarck-Imperium vereinigen und die osteuropäisch-slawischen Gebiete abstoßen wollte. Die Karriere des Antisemiten und Wiener Bürgermeisters Karl Lueger, den Freud widerwärtig fand, begann in den späten 70er Jahren. Politisch waren die Verhältnisse also relativ ruhig, frei von Ausschreitungen, wie sie in Rußland auf der Tagesordnung standen. Chauvinismus und Ressentiment meldeten sich nur leise, als Untertöne im Wiener Alltag, aber der junge Freud nahm sie durchaus wahr und verspürte gerade in der Schule bisweilen das Gefühl des Ausgeschlossenseins. Vor allem die nationalen Burschenschaften, die an Gymnasien und Universitäten ihr Unwesen trieben, versuchten ihre jüdischen Mitbürger mit Drohgebärden einzuschüchtern. Wer aufmerksam war und die Augen vor den ritualisierten Aggressionen der Verbindungen nicht verschloß, erkannte schnell, daß hier Gefahren für die Zukunft lauerten.

Was blieb, wenn die Wirtschaftskraft des Liberalismus und das Ideal der sozialen Balance sich als zweifelhaft enthüllten? Für den Gymnasiasten Freud boten allein die neuen Naturwissenschaften zuverlässige Wahrheiten. Im letzten Drittel des 19. Jahrhunderts befanden sich Medizin, Biologie, Physik und Chemie in einem dynamischen Wandlungsprozeß. Noch als Greis blickte Freud mit Genugtuung auf diese Epoche zurück und gestand, daß er stolz darauf war, sie als Zeitgenosse erlebt zu haben. 1932 notierte er: «Ein Menschendasein ist sehr kurz im Vergleich zur Dauer der Menschheitsentwicklung, ich mag heute ein sehr alter Mann sein, aber immerhin, ich war schon am Leben, als Ch. Darwin sein Werk über die Entstehung der Arten der Öffentlichkeit übergab.»[80] Der Gymnasiast Freud wurde als geistiges Kind der Zeit geprägt von Darwinismus und Empirismus, vom Glauben an die Macht der Ratio, die Errungenschaften der Technik und die absolute Wahrheit erkenntnisgeleiteter Forschung. Das 19. Jahrhundert, schrieb er später, habe eine «solche Fülle von neuen Entdeckungen, eine so große Beschleunigung des wissenschaftlichen Fortschritts gebracht», daß es Grund genug gebe, «der Zukunft der Wissenschaft mit Zuversicht entgegenzusehen.»[81] Auch nach den Verheerungen des Weltkriegs hielt Freud an seinem Optimismus fest und beschwor den Geist szientifischer Aufklärung, der die Zeiten aus seiner Sicht dynamisch vorantrieb. Die Forschungsleistungen der Epoche, in der er aufwuchs, bildeten nach seiner Überzeugung das Fundament aller späteren Entwicklungen. Die Theorie der Evolution, die Vererbungslehre, die Strukturchemie, die empirisch vorgehende Physiologie, die auf Einheitsgesetze vertrauende Physik und die Erkenntnisse einer am Mikroskop arbeitenden Medizin standen in ihrer überragenden Bedeutung für ihn nicht in Frage.

Primus ohne Prüfungen

«Den ersten Unterricht», so hieß es im Lebenslauf von Freuds Habilitationsgesuch 1885, «empfing ich im väterlichen Hause, besuchte sodann eine Privatvolksschule und trat im Herbst 1865 in das Leopoldstädter Real- und Obergymnasium ein.»[82] Die höhere Lehranstalt, die der Zehnjährige ab dem September 1865 besuchte, lag in der Taborstraße 24, nur wenige Gehminuten von der Wohnung der Familie entfernt. Das frühere *Communale Real- und Obergymnasium* befindet sich heute in einem Neubaukomplex an der Wohlmutstraße und trägt seit 1989 den Namen seines berühmtesten

Absolventen. Es war ein bürgerliches Milieu, das hier vorherrschte; einer von Freuds Mitschülern entstammte der Aristokratie, die übrigen kamen aus dem gehobenen Mittelstand, darunter nur wenige aus jüdischen Häusern.[83] Kein Luxus, kein Adel, keine stolzen Traditionen – das Klima blieb ähnlich nüchtern und unspektakulär wie die Atmosphäre in der Leopoldstadt, wo Händler, Lehrer, Advokaten und Ärzte lebten.

Freud war über die gesamte Schulzeit ein Primus, begabt, wissenshungrig und diszipliniert. Besondere Fähigkeiten zeigte er in den sprachlichen Fächern, in Deutsch und der klassischen Philologie. Freiwillig las er neben dem Unterricht lateinische und griechische Autoren im Original – auch in den Blütezeiten des humanistischen Gymnasiums ungewöhnlich – und blieb daher dem Pensum zumeist voraus.[84] Hinzu kam sein vorzügliches Gedächtnis, das in einem weitgehend auf den Paukbetrieb beschränkten Bildungssystem eine große Hilfe bedeutete. «In meiner Schulknabenzeit», erinnerte er sich 35 Jahre später, «war es mir selbstverständlich, die Seite des Buches, die ich gelesen hatte, auswendig hersagen zu können, und kurz vor der Universität war ich imstande, populäre Vorträge wissenschaftlichen Inhalts unmittelbar nachher fast wortgetreu niederzuschreiben.»[85]

In künftigen Jahren ließ diese Fähigkeit zwar nach, doch Freuds Gedächtnis blieb bis an sein Lebensende weit überdurchschnittlich. Frei wiedergegebene literarische Zitate tauchten in seinen Arbeiten in großer Zahl auf, ebenso Merkprotokolle von Fallgeschichten, Kindheits- und Jugenderinnerungen, Reminiszenzen an symbolische Zahlenkonstellationen oder Gesprächseindrücke. Im Fall fremder wissenschaftlicher Texte wurde diese Begabung für ihn zuweilen gefährlich, weil man ihm vorwarf, er habe sich der Studien anderer bedient, ohne seine Quellen zu nennen. An Freuds absoluter wissenschaftlicher Redlichkeit kann allerdings kein Zweifel bestehen, denn die gelegentlich auftretenden Adaptionen bildeten das Resultat seiner enormen Gedächtniskapazitäten, die es ihm noch als Mann mittleren Alters bei gemeinhin schwindender Erinnerungsfähigkeit erlaubte, Gelesenes nahezu im Wortlaut zu reproduzieren.

In den alten Sprachen, aber auch in Geographie und Mathematik war das Memorieren eine wesentliche, stets wiederholte Übung. Nicht nur Vokabeln, sondern Phrasen, Sentenzen und ganze Versreihen, Klassikerzitate und Maximen mußten auswendig gelernt werden. Mündliches Rezitieren und schriftliche Wiedergabe zu Schulungszwecken bestimmten das Pauksystem in allen Fächern. Noch gab es keine ‹Schülertragödien› aus dem Leiden an Erwartungsdruck und Angst, wie sie Frank Wedekind, Emil Strauß, Hermann Hesse und Rainer Maria Rilke um 1900 in ihren literarischen Texten darstellten. Aber die Rolle des Gymnasiasten bedeutete schon in den 1860er Jahren die Einzwängung in eine strikte Hierarchie, in der die Älteren den Ton angaben. Freud schienen diese Bedingungen weniger als andere zu belasten, denn er war durch den Status des Vorzugsschülers den Repressionen der Lehrer entzogen. 1914 bekannte er in einem Beitrag zum 50. Jubiläum seines Gymnasiums, daß er seine Professoren wie Väter idealisiert habe: «Wir warben um sie oder wandten uns von ihnen ab, imaginierten bei ihnen Sympathien oder Antipathien, die wahrscheinlich nicht bestanden, studierten ihre Charaktere und bildeten oder verbildeten an ihnen unsere eignen.»[86] Daraus resultierte ein ambivalentes Verhältnis, das Liebe und Ablehnung gleichermaßen begründete. Freud empfand weder das eine noch das andere als problematisch – sein Rückblick auf die Schulzeit verriet keine Bitterkeit, sondern nur die Erinnerung an die Beobachtungslust des Heranwachsenden. Die Lehrer waren ein erstes Objekt für das erwachende psychologische Interesse.

Anders als die meisten seiner Mitschüler nahm Freud den traditionsreichen Humanismus, der sich durch alte Sprachen und historisches Wissen vermittelte, als lebensvolle Wissensquelle wahr. Neben dem Schulstoff las er Vorsokratiker wie Empedokles, natürlich Platon und die großen attischen Tragiker. Auch archäologische Studien lernte Freud in der späteren Gymnasialzeit kennen, allen voran Heinrich Schliemanns Troja-Buch aus dem Jahr 1869.[87] Zeitlebens liebte er die Antike, die seine Phantasie anregte und auffrischte. Weit entfernt von einem papiernen Pedantismus, wie ihn das Gymnasium an sich trug, bewunderte er Athen und Rom als Inbegriff einer vollkommenen Zivilisation, während er die düsteren Antikebilder der modernen Literatur im Anschluß an Nietzsche weniger schätzte. Die neuere Philosophie lernte er erst «sehr spät» kennen, wie er 1925 zu Protokoll gab, um zu betonen, daß die Übereinstimmungen zwischen ihrem Skeptizismus und der Psychoanalyse zufällig waren. Gerade Nietzsche, diesen eminenten Psychologen, mied er lange Zeit, weil die verblüffende Gedankenähnlichkeit Befangenheit bei ihm erzeugte.[88] Im letzten Gymnasialjahr kam zu den griechischen und lateinischen Klassikern, durchaus modern, ein Kurs zur Einführung in philosophische Methodik, der Logik und Psychologie umfaßte. Man unterrichtete nach dem Kompendium Gustav Adolf Lindners, dem *Lehrbuch der empirischen Psychologie*, das 1858 in erster Auflage erschienen war.[89] Daß Freud sich auch für Zeitpolitik lebhaft interessierte, weiß seine Schwester Anna zu berichten. Sie erinnert sich, wie in seinem Zimmer während des deutsch-französischen Krieges 1870/71 «große Landkarten mit Fähnchen besteckt» lagen, auf denen er die jeweiligen Gebietsgewinne und -verluste dokumentierte.[90]

Kurz nach dem 13. Geburtstag, im Frühjahr 1869, fand Freuds Bar-Mizwa statt, das Fest zum Eintritt in die religiöse Mündigkeit. Die Gemeinde-Initiation war verbunden mit einem Einweihungsritual in der Synagoge und dem Erlernen eines Bibelstücks. Daß Freud, der sonst über seine Kindheits- und Jugenderlebnisse sehr präzis berichten konnte, die Bar-Mizwa nirgendwo erwähnte, spricht für sich. Es handelte sich offenbar um einen Akt, der, unter den Bedingungen der Assimiliation, mit geringer innerer Beteiligung vollzogen wurde, ähnlich wie ihn später Arthur Schnitzler, Stefan Zweig oder Franz Kafka lust- und interesselos absolvierten. Nicht nur die Bar-Mizwa, sondern auch andere Details seiner religiösen Vergangenheit vergaß Freud als Erwachsener. Er sei «unjüdisch erzogen worden», schrieb der 73jährige im Februar 1930, und daher ganz außerstande, die hebräische Schrift zu lesen.[91] Dabei unterschlug er die Tatsache, daß er im Gymnasiasium über mehrere Jahre fünf Stunden in der Woche Hebräischunterricht nehmen mußte. Wenn der ältere Freud das hier erworbene Wissen, anders als seine Latein- und Griechischkenntnisse, komplett vergaß, so entsprang das offenbar seinem Wunsch, die mit dem Hebräischen verbundenen religiösen Ansprüche aus seinem Gedächtnis zu tilgen. 1926 schrieb er dazu allgemein: «ich war immer ein Ungläubiger, bin ohne Religion erzogen worden, wenn auch nicht ohne Respekt vor den ‹ethisch› genannten Forderungen der menschlichen Kultur.»[92] Die Synagoge hat Freud nach der Bar-Mizwa nie wieder besucht, die hohen Feiertage des Volkes Israel nicht begangen. Die Praktiken des Glaubens erregten sein wissenschaftliches Interesse, ohne daß er sie selbst pflegte. Im Gestus des Aufklärers hielt er sich innerlich von der Religion fern, indem er sie intellektuell erschloß und mit den Mitteln der Vernunft entzauberte.

Schon bald wurden die Lehrer auf den begabten Jungen aufmerksam. Er war nicht nur ehrgeizig und fleißig, sondern auch diszipliniert. Samuel Hammerschlag, der Hebräisch- und Religionsunterricht erteilte, lud ihn zu sich nach Hause ein und entwickelte sich bald zu einem väterlichen Freund des talentierten Schülers.[93] Freud hielt ihm auch nach der Reifeprüfung die Treue und verfaßte, als er im November 1904 gestorben war, für die Wiener

Neue Freie Presse einen Nachruf, in dem er seine glühende Begeisterung für den Humanismus rühmte.[94] Harmonische Beziehungen zu den meist strengen Pädagogen bestimmten Freuds Schulleben – ein Spiegel seines Fleißes und seiner Anlagen. Eine Ausnahme bildete seine offene Rebellion gegen einen «mißliebigen» Deutschlehrer, die er mit einem Mitschüler anzettelte.[95] Ansonsten blieb das Verhältnis zu den Autoritäten ungestört, weil Freud ihre Rolle akzeptierte, ohne sie in Frage zu stellen. Die Konsequenzen waren durchaus erfreulicher Natur; im Gymnasium sei er, so seine spätere Erinnerung, über «sieben Jahre Primus» gewesen, ohne je ernsthaft geprüft zu werden.[96] In dieser Einschätzung schwang eine kritische Selbstwahrnehmung mit, die für Freud zeitlebens charakteristisch war. Seine Fähigkeiten und Kenntnisse pflegte er ohne jede Eitelkeit herunterzuspielen. Wiederholt sprach er davon, daß er kein Talent für die Naturwissenschaften besitze und ihm der systematische Sinn für abstrakte Ordnungen fehle. Einzig stilistische Anlagen gestand er sich zu, auch das allerdings bescheiden und frei von Überheblichkeit. Sein überragendes intellektuelles Kombinationsvermögen, seine rasche Auffassungsgabe und seinen analytischen Scharfsinn lassen solche Selbstbeschreibungen nur erahnen. Freuds Understatement war, was seine geistigen Fertigkeiten betraf, außerordentlich ausgeprägt. Die Eltern dagegen legten mächtigen Stolz an den Tag, weil ihr Sohn sich so glänzend in der Schule machte. Die Mutter dachte ihn sich in einer diplomatischen oder politischen Karriere, der Vater sah einen wissenschaftlichen Werdegang vorgezeichnet. Noch Jahre später erinnerte sich Freud an den auch in seiner Familie verbreiteten Glauben, daß «jeder fleißige Judenknabe» das «Ministerportfeuille in seiner Schultasche» getragen habe.[97] So spöttisch diese Reminiszenz klang, so deutlich zeigte sie doch die Quelle für das, was er später in der *Traumdeutung* seinen übermäßigen «Ehrgeiz» nannte.[98] Selbst wenn der Schüler seine enormen Kenntnisse mit der Leichtigkeit des Hochbegabten sammelte und Erfolge ohne Eitelkeit registrierte, blieb doch ein eiserner Wille die Triebfeder seiner Arbeitskraft. Die Familie erwartete Großes von ihm, und er selbst wollte schon in jungen Jahren in der Welt wirken, durch Tätigkeit Anerkennung finden.

Als älterer Schüler führte Freud nur noch den Namen Sigmund, verzichtete auf ‹Schlomo› und paßte sich damit dem vorwiegend christlichen Milieu des Leopoldstädter Gymnasiums an. Das war ein weiterer Schritt in die Assimilation, der ihm nicht schwerfiel, weil ihn religiöse Traditionen zu dieser Zeit kaum interessierten. Schmerzlich fand er lediglich, daß er, obgleich er sich nicht als Jude fühlte, dennoch isoliert wurde. Erst am Ende des 19. Jahrhunderts wuchs der Anteil jüdischer Gymnasiasten und Studenten in dem Maße, in dem ihre Väter sich als Kaufleute etablierten und den wirtschaftlichen Aufschwung förderten. Die Generation der um 1875 Geborenen zeigte im Bereich der höheren Schulen eine andere Verteilung der Herkunft als die Jahrgänge davor. Jüdische Anwälte, Ärzte und Fabrikanten bestimmten im Wien des *Fin de Siècle* das öffentliche Leben, während zu Freuds Gymnasialzeit der akademische Bildungsweg nur wenigen nichtchristlichen Bürgersöhnen zugänglich blieb.

In der Korrespondenz der frühen 1870er Jahre spiegelte sich das Porträt eines klugen, vor Ideen übersprudelnden jungen Mannes, der über einen scharfen Verstand, Phantasie und außerordentliche Sprachfähigkeiten verfügte. Die Jugendbriefe verraten einen Hang zur Ernsthaftigkeit und Altklugheit, wie er heute befremden mag, aber für diese Zeit bei Gymnasiasten nicht ungewöhnlich war. Der knapp 30jährige Freud attestierte sich in einem Schreiben an seine spätere Ehefrau Martha Bernays, er sei in der Jugend «nicht jung» gewesen und habe aus Angst oder Mißtrauen zumeist einen förmlichen Habitus an den Tag gelegt.[99] Schon in der Pubertät hielt er sich an die strikten Regeln des Lernbetriebs, blieb höflich und korrekt. Nie wäre er auf den Gedanken gekommen, über die Stränge zu schlagen, so wie es manche seiner Mitschüler bereits als 14jährige taten. Am schlimmsten trieben es Richard Olt und Otto Drobil, die in der Leopoldstadt zwielichtige Lokale besuchten und Prostituierte frequentierten. Sie wurden schließlich im Juni 1869 entdeckt, einem strengen Verhör unterzogen und der Schule verwiesen. Freud, dem man unterstellte, er habe von ihren Verfehlungen gewußt, mußte eine Herabsetzung der Zeugnisnote in ‹Betragen› akzeptieren.[100] Franz Werfel hat in seiner fesselnden Novelle *Abituriententag* (1928) eine ähnliche Geschichte geschildert, wirkungssicher zugespitzt zu einem Fall von Schuld, in dem der Anstifter wie durch ein Wunder ungestraft davonkommt.

Die wichtigsten Freunde der Gymnasialzeit waren Emil Fluss und Eduard Silberstein. Wie Freud stammte Fluss aus Freiberg, siedelte aber erst 1878 nach Wien um. Mit seinen Brüdern Richard und Alfred schloß er während seiner letzten Studienphase engere Freundschaft. Der Kontakt zu Emil Fluss beschränkte sich dagegen auf die Korrespondenz und gelegentliche Besuche während der Sommerferien. Freuds nicht vollständig überlieferte

Eduard Silberstein

Briefe an ihn – bevorzugt in der ‹Sie›-Anrede gehalten – verraten eine gewisse Affektiertheit, Lust am Renommieren mit Bildungsschätzen, das Vergnügen an Geheimniskrämerei, Sprachspielen und Andeutungen.[101] Mit Eduard Silberstein kam es wiederum zu einem symbiotischen Verhältnis in, wie Freud 1928 rückblickend feststellte, «brüderlicher Gemeinschaft».[102] «Wir verbrachten eigentlich alle Stunden des Tages, die wir nicht auf den Schulbänken saßen, miteinander», so hieß es im Februar 1884 gegenüber Martha Bernays.[103] Der sieben Monate jüngere Freund, am 27. Dezember 1856 in Jassy geboren, besuchte das Leopoldstädter Gymnasium eine Klassenstufe unter Freud. Die Schwester Anna schloß sich irgendwann den Runden der beiden an, lernte bei Silberstein Stenographie und verliebte sich in ihn, der Charme und Witz besaß.

Mit Silberstein wurde eine fiktive *Academía Castellana* gegründet, die wesentlich dem Zweck diente, phantastische Themen und Vorhaben zu ersinnen. In einer Art Privatissimum gestalteten die Freunde ihre wissenschaftlichen Diskussionen nach dem Muster der athenischen Akademie der Antike. Freud debattierte auch später gern in intimen Zirkeln und bevorzugte zumal während der Etablierungsphase der Psychoanalyse, als die öffentliche Zustimmung noch ausblieb, feste Runden, in denen es kontrovers zuging. Die Korrespondenz mit Silberstein schloß Projekte religiösen

Inhalts ein, wie sie sich im Plan zu einer alttestamentarischen Erzählung oder in der Abfassung einer ‹biblischen Studie› offenbarten.[104] Solche Vorhaben belegen, daß der junge Freud gute Kenntnisse der Heiligen Schrift besaß, die er allerdings nur für literarische Ideen nutzte. Vor allem die Figur des Propheten Moses fesselte den Schüler, weil er ihre Konsequenz, Strenge und Tatkraft bewunderte. Moses war der von seiner Mission überzeugte Pionier, der sein großes Projekt der Religionsgründung mit Herz und Verstand vorantrieb. Seine Entschlossenheit faszinierte den jungen Freud ähnlich wie das Charisma Alexanders, des mächtigen Feldherrn. Viele Jahre später, nachdem er im September 1901 in Rom die Moses-Figur des Michelangelo gesehen hatte, sollte er auf das Thema wieder zurückkommen. Daß noch sein letztes Forschungsvorhaben dem mosaischen Religionsmythos galt, zeugte von jener Beharrlichkeit, mit der Freud alte Fragen über Jahrzehnte verfolgen konnte.

Dem Freund Silberstein schrieb Freud gelegentlich auf Spanisch, das er auch bei gemeinsamen Spaziergängen oder Ausflügen benutzte, ohne je in dieser Sprache unterrichtet worden zu sein. Sein Spanisch zeigt Züge des Phantastischen, geprägt von Entlehnungen aus dem Lateinischen bzw. Französischen, von freien Wortneuschöpfungen und waghalsigen Satzkonstruktionen. Weil dem Briefschreiber die Schulung durch die Redepraxis fehlt, erstarrt der Ausdruck zuweilen in angelesenen Formeln. Zugleich beeindruckt die assoziative Kraft und die Intelligenz der unidiomatischen, aber sprachlogisch stimmigen Ableitungen, die das phantastische Spanisch des Gymnasiasten durchziehen. Häufig taucht in seinen Briefen die Neigung zu Mystifikationen und Namensmythologie auf. So nannte Freud sich selbst Cipión, Silberstein wiederum Berganza – in Anspielung auf die beiden disputierenden Hunde aus Cervantes' 1613 veröffentlichter Novelle *El coloquio de los perros* (Berganza sollte in einer Erzählung des schwarzen Romantikers E. T. A. Hoffmann ein literarisches Nachleben erfahren). Die erst zwölfjährige Gisela Fluss, die Silberstein und er 1871 bei der Fluss-Familie in Freiberg kennenlernten, titulierte er in Anlehnung an eine Figur aus einem komischen Gedicht von Viktor von Scheffel als ‹Ichthyosaura›. Der für Scheffels Stil typische Text, 1854 erschienen, war in einer teils derben, teils gewollt scherzhaften Sprache gehalten, die ihm wie zahlreichen anderen Arbeiten des Autors den Weg in die zeitgenössischen Kommersbücher ebnete.[105]

Die literarische Anspielung klang burschikos und verbarg gerade dadurch, daß Freud sich verliebt hatte. Im Sommer 1872 kam es nach einer gemeinsam mit Silberstein unternommenen Reise in die Steiermark zu einem zweiten Treffen mit den Fluss-Schwestern. 1899 erinnerte sich Freud in einer fiktiven Fallgeschichte, die auf autobiographischen Erfahrungen beruht, an diese Begegnung: «Ich weiß sehr wohl, welche Fülle von Erregungen damals Besitz von mir genommen hat.»[106] Silberstein gestand er steif-altväterlich ein, daß er «Zuneigung zu der Größten namens Gisela gefaßt habe».[107] Die Verliebtheit des 16jährigen wurde begleitet von starken Gefühlen für Giselas Mutter, Eleonore Fluss. In einem Brief an Silberstein erging sich Freud in breiten Lobeshymnen auf ihre Bildung, die, obgleich sie nur eine Gastwirtstochter sei, gegenüber einem «Salondämchen» nicht zurückstehen müsse; er pries ihren Geschäftssinn, die Klugheit ihrer Erziehungsprinzipien und die Ausgeglichenheit ihres Temperaments.[108] Daß sie ihre Kinder auch intellektuell anrege, unterscheide sie, so bekannte er, von seiner eigenen Mutter. Die Eloge hat deutlich erotische Untertöne und damit eine für Freuds emotionale Biographie typische Dimension. Er verliebte sich nur zur Hälfte in die Tochter, spaltete seine Gefühle auf und schwärmte zugleich von der Mutter. Man mag hier an einen verschobenen Fall des später so genannten Ödipus-Komplexes denken, zumal Freuds Mutterbeziehung erotisch aufgeladen war. Wichtiger sind jedoch zwei andere Mechanismen: die Aufteilung bildete das Ergebnis einer Rationalisierung, mit deren Hilfe der Heranwachsende sich allzu starken Leidenschaften entzog, außerdem die Folge eines Umlenkungsprozesses, wie ihn Freud auch in Bezug auf seine Sexualität vollziehen sollte. Die Sublimierung der Libido wurde in der Spaltung des Triebes bereits vorbereitet, die sinnliche Energie selbst geschwächt.

Frühzeitig zeigten sich bei Freud starke literarische Interessen; die Welt der Schrift erwies sich als sicherer Raum, in dem der Schüler sich einschließen und neu erfahren konnte. Der Geschmack, den ihm der Zeitgeist vermittelte, trug die Züge einer heroisierenden Klassikerverehrung. Daß der große Festzug, der im November 1859 zum 100. Geburtstag Schillers in Wien stattfand, nur wenige Meter entfernt am Domizil der frisch umgesiedelten Familie Freud vorbeiführte, wurde dem kleinen Jungen Jahre später immer wieder erzählt.[109] Seine Vorliebe für Schiller blieb während der Gymnasialzeit ungebrochen, und sie mochte durch solche Erinnerungen ihren besonderen Rückhalt finden. Wann immer das Leopoldstädter Realgymnasium öffentliche Theateraufführungen durch Schüler einstudieren ließ, stand Schiller noch vor Shakespeare ganz oben auf der Liste. Am

9. November 1868 durfte der zwölfjährige Freud bei einer Schulveranstaltung zu Ehren von Schillers bevorstehendem Geburtstag die Ballade *Der Ring des Polykrates* rezitieren und im Prolog zur *Jungfrau von Orleans* die Rolle einer der Schwestern der Titelheldin übernehmen – ein Part, der damals an einem Gymnasium zwangsläufig von Jungen versehen werden mußte. Zwei Jahre später führte er mit seinem Halbbruder Emanuel und seinem Neffen John Szenen aus Schillers *Räubern* auf, die er wiederholt im Burgtheater gesehen hatte. Es folgte im Juli 1871 aus Anlaß der Schulfeier vor Beginn der Sommerferien eine öffentliche Darbietung aus Shakespeares *Julius Cäsar,* eine Szene mit Brutus und Cassius, in der Freud erneut auftreten durfte.[110]

Die Lektüren galten in dieser Zeit Historischem wie Aktuellem. Freud faszinierte die römische Geschichte, insbesondere die Episode des punischen Krieges, wobei er jedoch für Hannibal, seinen «Lieblingshelden», gegen das Weltreich Partei ergriff. Hannibal stand, so fand der junge Leser, für die «Zähigkeit des Judentums», das hier gegen ein Imperium kämpfte.[111] Als 13jähriger begann der Gymnasiast begeistert Ludwig Börne zu lesen, dessen Werke er am 6. Mai 1869 in einer Sammelausgabe zum Geburtstag erhielt. Vor allem fesselte ihn eine kleine Abhandlung mit dem Titel *Die Kunst, in drei Tagen ein Originalschriftsteller zu werden* (1823), die Empfehlungen für eine möglichst effiziente Sammlung eigener Gedanken und Einfälle lieferte – Vorschläge, die Freud noch fünf Jahrzehnte danach, als er über das Thema der Ideenassoziation arbeitete, präsent waren, ohne daß er sich an ihre Quelle erinnern konnte.[112] Der Börne-Lektüre folgten bald Heinrich Heines Gedichte und Versepen, deren spöttischen Ton er zeitlebens schätzte. In fortgeschrittenen Gymnasialklassen entdeckte er die Tragödien des Sophokles, ebenso Goethe: Schullektüre, die er bald selbst vertiefte. Die Vorliebe für die deutschen Klassiker kühlte sich später ab und wich anderen Neigungen. Auf eine Anfrage der Wiener *Neuen Blätter für Literatur und Kunst* nach zehn ‹guten Büchern› nannte Freud 1907 weiterhin Shakespeare (mit *Hamlet* und *Macbeth*), aber nicht mehr Schiller, von Goethe nur den *Faust.* Statt dessen führte er Kellers *Leute von Seldwyla,* die *Sketches* Mark Twains, Kiplings *Jungle Book,* ferner Texte von Zola und Anatole France an – Zeitgenössisches gewann hier klar die Oberhand.[113] Ungebrochen blieb dagegen die Sympathie für die Lyrik Heines und die Erzählungen Conrad Ferdinand Meyers, dessen Tod im November 1898 er zum Anlaß nahm, weitere Bücher des Autors zu erwerben.[114]

Die Reifeprüfung an einem österreichischen Gymnasium der Kaiserzeit bedeutete eine Tortur des Auswendiglernens, der sich die Schüler über Monate der Vorbereitung unterziehen mußten. Allein in den alten Sprachen wurden Text- und Vokabelkenntnisse verlangt, die heutige Studierende des Fachs kaum beim Staatsexamen vorweisen können. Freud lernte gemeinsam mit seinem Mitschüler Wilhelm Knöpfmacher, der sich später als renommierter Anwalt in Wien etablieren sollte, die Nächte durch. Man hielt sich bei Kaffee und Weintrauben wach, übte sich durch Wortlisten und Grammatikkompendien.[115] Die gefürchtete Prüfung fand im Juli 1873 statt, und Freud durchlief sie, innerlich angespannt, unter wechselnden Stimmungen «des Hoffens, Schwankens, der Bestürzung, Erheiterung».[116] Die Ergebnisse konnten sich sehen lassen und wiesen einen hochveranlagten Schüler aus. «Der gestrige Tag war interessant genug», schrieb er an Silberstein über das abschließende mündliche Examen, «mein Zeugnis ist brillant.»[117] In sieben Fächern erhielt er die Bestnote, ein ‹Vorzüglich›. Nur wenige Aufgaben der schriftlichen Prüfung überraschten ihn, denn meist kannte er das vorgelegte Material bereits aus dem Selbststudium. In der lateinischen Übersetzung, die einer Stelle aus Vergil galt, war er sogar so leichtfertig, die verfügbare Bearbeitungszeit nicht auszuschöpfen, weil ihm der betreffende Passus schon vertraut war.[118] Auch in der Mathematik erzielte er trotz großer Aufregung zu seiner eigenen Verwunderung ein glänzendes Ergebnis. Der deutsche Aufsatz mit dem Thema *Über die Rücksichten bei der Wahl des Berufes* ragte ebenfalls heraus, wobei der Gymnasialprofessor seinen Stil als gleichermaßen «korrekt und charakteristisch» lobte.[119] In Anlehnung an Herder nannte er ihn, wie Freud am 16. Juni 1873 seinem Freiberger Jugendfreund Emil Fluss lakonisch berichtete, einen «idiotischen Stil», was im ursprünglichen Wortsinn hieß, daß er das Unverwechselbare, absolut Individuelle der deutschen Sprache effektvoll nutzte.[120] Herder hatte die Idiotismen als «Schönheit» definiert, «die uns kein Nachbar durch eine Übersetzung entwenden kann».[121] Der Abiturient ließ hier schon den brillanten Autor ahnen, der regelkonform und doch eigenständig seinen Stil zum Leuchten bringt.

Erfolgreich verlief auch die Übertragung ins Griechische, die 33 Versen aus Sophokles' *König Ödipus* galt. Den Stoff kannte Freud bereits aus einer anderen Quelle, Gustav Schwabs *Sagen des klassischen Altertums* (1838–40), wo zumal die Vorgeschichte – Orakel und Schuld des Laios – in einer ausführlichen Prosaversion dargestellt war.[122] Eine deutsche Ausgabe der

Tragödien des Sophokles, mit der er auch in späteren Jahrzehnten arbeitete, schaffte er sich im Jahr seiner Abiturprüfung an. Es handelte sich um die Übersetzung von Johann Jakob Donner, die 1873 in siebenter Auflage erschienen war. Über seine intensive Lektüre der Quellen berichtete der Gymnasiast dem Freund Fluss: «Ich muß manches von griechischen und lateinischen Klassikern für mich lesen, darunter König Ödipus von Sophokles. Sie verlieren viel Erhebendes, wenn Sie all das nicht lesen können, freilich erhalten Sie sich jene Heiterkeit, die mir an Ihren Briefen wohltut.»[123] Die Tragödie sollte bekanntlich für Freud zu einem Schlüsseltext avancieren, auf den sich ein Vierteljahrhundert später *Die Traumdeutung* zum Zweck der näheren Bestimmung einer ihrer zentralen Befunde stützte. So war bereits im philologischen Handwerk der Matura-Prüfung die künftige Tätigkeit des humanistisch geschulten Arztes und Analytikers zu erahnen.

Der Kommentar zum glanzvoll bestandenen Abitur mündete in eine altkluge, zugleich hellsichtige Aussage über die künftigen Lebensperspektiven, die schon einen psychologisch geschulten Verstand verriet: «Die Großartigkeit der Welt beruht ja auf dieser Mannigfaltigkeit der Möglichkeiten, nur ist's leider kein fester Grund für unsere Selbsterkenntnis.»[124] Die Einsicht, daß die Vielfalt des Lebens Erfahrungen, aber noch nicht notwendig Einblicke in die Strukturen des Ich vermittelt, war fraglos ein Baustein für eine Psychologie der Identität, wie sie Freud später ausarbeitete. Eine ihrer zentralen Gedanken beruhte auf dem Befund, daß die Steuerung des Selbst in keinem direkten Verhältnis zu den realen Tätigkeiten und Eindrücken des Menschen steht. Die Irritation, die vom psychoanalytischen Wissen ausgeht, erwächst gerade aus der Erkenntnis des Störpotentials, das die Spannung zwischen äußerer Erfahrung und seelischer Aktivität freisetzt. Wenn der junge Freud in einer Phase höchsten Glücks und optimistischer Heiterkeit zu derart skeptischen Einsichten fand, so deutete er an, wozu er bald fähig sein würde. Seine intellektuelle Unabhängigkeit stützte sich auf das Vermögen, frei von eigenen Stimmungen über die Arbeit der Psyche und ihr Verhältnis zur Außenwelt nachzudenken.

ZWEITES KAPITEL

Im Labyrinth des Studiums (1873–1881)

Atheistischer Mediziner

Jakob Freud ließ seinem Sohn bei der Wahl eines geeigneten Studienfachs freie Hand. Das entsprach seinem liberalen Selbstverständnis, spiegelte aber auch das Vertrauen, das er in das Arbeitsethos seines Sprößlings setzte.[1] Erwogen wurde unter möglichen Varianten zunächst die Rechtswissenschaft, da sie die Gelegenheit zur selbständigen Tätigkeit eröffnete – eine Option, die angesichts der Tatsache, daß Juden in der Monarchie keinen Zugang zum Staatsdienst hatten, unabdingbar war. Eine gewisse Rolle spielte hier der ältere Mitschüler Heinrich Braun, später einer der Protagonisten der österreichischen Arbeiterbewegung. Durch Braun geriet Freud an gesellschaftskritisches Ideengut und kam auf den Gedanken, ein Jurastudium könne ihm erlauben, sich «sozial» zu «betätigen» – so besagte es eine Erinnerung von 1935.[2] Überliefert ist eine Visitenkarte mit der Aufschrift ‹Sigismund Freud: Student der Rechte›, die der Gymnasiast voller Stolz selbst entworfen hatte.[3]

Im Frühjahr änderte sich allerdings das Bild, Freud entschied sich für das Medizinstudium. Das geschah keineswegs aus Neigung zum ärztlichen Beruf: «Aus frühen Jahren ist mir nichts von einem Bedürfnis, leidenden Menschen zu helfen, bekannt, meine sadistische Veranlagung war nicht sehr groß, so brauchte sich dieser ihrer Abkömmlinge nicht zu entwickeln. Ich habe auch niemals ‹Doktor› gespielt, meine infantile Neugierde ging offenbar andere Wege.»[4] Vorherrschendes Motiv war vielmehr das Interesse an der Naturkunde, insbesondere der Lehre Darwins, die Freud «eine außerordentliche Förderung des Weltverständnisses versprach».[5] Es ging um große Ziele, passend zur Fortschrittsideologie, die das Denken des ausklingenden 19. Jahrhunderts beherrschte. «In den Jugendjahren», so erinnerte er sich 1927, «wurde das Bedürfnis, etwas von den Rätseln dieser

Welt zu verstehen und vielleicht etwas zu ihrer Lösung beizutragen, übermächtig.»[6]

Am 1. Mai 1873 erklärte Freud mit der ihm eigenen Ernsthaftigkeit in einem Brief an den Freund Fluss, er habe das Ziel, «Naturforscher zu werden».[7] Auslöser waren die populärwissenschaftlichen Sonntagsvorlesungen des Wiener Zoologen und Anatomen Carl Brühl, die der ‹schwankende Abiturient› im Frühling 1873 und auch im folgenden Jahr wiederholt besuchte.[8] Hinzu kam ein Vortrag über den Goethe zugeschriebenen, vermutlich aber von dem Schweizer Theologen Georg Christoph Tobler stammenden Aufsatz *Die Natur* (1782), den der Gymnasiast zur selben Zeit hörte. Die Begegnung mit dem hier hymnisch vermittelten Naturbild, in das pantheistisch-spinozistische Gedankenelemente eingingen, lieferte ein Motiv für die Wahl des Studienfachs.[9] Den literarisch veranlagten Freud mußte die Argumentation des Textes ansprechen, da sie auf einen erweiterten Naturbegriff zielte und die Welt der Phantasie in das Modell der Schöpfung einbezog: «Auch das Unnatürlichste ist Natur. Wer sie nicht allenthalben sieht, sieht sie nicht recht.»[10] Die Gründe für die Entscheidung zur Medizin lagen mithin auf stark theoretischem Gebiet und schlossen ein philosophisches Interesse ein. «Vom nächsten ersten Universitätsjahr», schrieb Freud an Silberstein, «kann ich Dir die Nachricht geben, daß ich es ganz und gar auf rein humanistische Studien verwenden werde, die mit meinem Fach noch nichts zu tun haben, mir aber gar nicht unnützlich sein sollen.»[11] Von Beginn an war die Beschäftigung mit Medizin also auf einer systematischen, praxisfernen Ebene angesiedelt, die der junge Freud in den kommenden Jahren nicht mehr verließ. Bezeichnend ist, daß er noch 1899 davon sprach, er habe sich seinerzeit für ein «Studium der Naturwissenschaften» entschieden.[12]

Freud schrieb sich als 17jähriger im Herbst 1873 an der Wiener Universität ein. Die größte Hochschule des Landes besaß zu dieser Zeit einen glänzenden Ruf. Sie galt vor allem in der Medizin als herausragend und innovativ, ebenso in den Naturwissenschaften, während die Philosophie und die Geschichte ihre Blüte noch vor sich hatten. In der Folge der Revolution von 1848 waren durch den liberalen Unterrichtsminister Graf von Thun und Hohenstein auf der Basis der Reformideen Franz Exners die Prinzipien der akademischen Lehr- und Forschungsfreiheit gesetzlich gesichert worden. Neben die juristische, die medizinische und die theologische Fakultät trat 1875 die philosophische Abteilung als eigenständige

Organisationseinheit – ein Ausdruck für die wachsende Reputation der Geisteswissenschaften in der Epoche der Naturforschung. Bis zum Herbst 1848 bildete die Alte Aula den Mittelpunkt der Universität, jedoch beschlagnahmte das Militär das Gebäude nach der Unterdrückung des Oktoberaufstands, weil es als Treffpunkt der liberalen Umstürzler galt. Die Aula wurde später der Akademie der Wissenschaften übergeben, der Unterricht in provisorischen Institutsunterkünften abgehalten. Erst 1877 begann man nach Plänen Heinrich Ferstels mit dem Bau der neuen Universität, deren Haupttrakt nun auf dem großen Areal hinter der Votivkirche lag.

An der Wiener Universität waren Anfang der 1870er Jahre rund 1300 Medizinstudenten immatrikuliert. Der angesehene Chirurg Theodor Billroth schrieb in einer 1875 veröffentlichten Abhandlung über den aktuellen Unterrichtsbetrieb, man benötige einen «Monstre-Lehrkörper», um die zukünftigen Ärzte angemessen ausbilden zu können.[13] Das galt vor allem für die klinischen Disziplinen, in denen es an praktischen Übungen fehlte, aber auch für die Einführungsveranstaltungen. In den Hörsälen drängten sich die Studenten, ohne daß sie zu ihren Professoren persönlichen Kontakt fanden. Im Wien des ausgehenden 19. Jahrhunderts trat also bereits das moderne Phänomen der Massenuniversität mit anonymer Atmosphäre zutage. Für eine Verbesserung der Situation empfahl Billroth keine Aufstockung des Lehrpersonals, sondern die Gründung neuer Medizinfakultäten an anderen Orten – ein Reformprogramm, dessen Umsetzung sich noch lange hinauszögern sollte. Daß der berühmte Operateur im übrigen die meisten seiner Studenten für unbegabt und unfähig hielt, verhehlte er nicht. Die Arroganz des Ordinarius mischte sich hier mit antisemitischen Ansichten. Ausdrücklich sprach Billroth den jüdischen Medizinern die Eignung zu einer wissenschaftlichen Karriere ab – mit der bizarren Erklärung, sie müßten sich ihr Studium in der Regel selbst verdienen und hätten daher keinen «freien Kopf». Apodiktisch erklärte er: «Nach Wien kommen, zumal aus Galizien und Ungarn, junge Leute, meist Israeliten, welche absolut gar nichts haben, und denen man die wahnsinnige Idee beigebracht hat, sie könnten in Wien zugleich Geld erwerben (...) und dabei Medicin studiren.»[14] So dachte zwar nicht die Mehrheit der Fakultätskollegen, aber immerhin eine nennenswerte Minorität. Jüdische Kommilitonen wußten, wenn sie Billroth gelesen hatten, welche unerfreulichen Vorurteile sie an der Wiener Universität erwarteten.

Der Student Freud fühlte sich im ersten Semester isoliert, weil er spürte, daß er als Jude für einen Außenseiter gehalten wurde. Man feindete ihn nicht offen an, grenzte ihn aber aus. Arthur Schnitzler mag diese im Vergleich zum späteren Antisemitismus scheinbar harmloseren Formen der sozialen Ignoranz gemeint haben, wenn er in seiner Autobiographie den Judenhaß als ein Phänomen der Lueger-Zeit beschrieb, das in den 70er und frühen 80er Jahren noch keine politische Rolle spielte.[15] Direkte Aggressionen gab es seltener, jedoch begegneten sie Freud außerhalb der relativ geschützten Zone der Universität, auf der Straße oder während des Reisens. Eine solche Erfahrung schilderte er einige Jahre nach dem Studium in einem Brief an Martha Bernays. Als er im Dezember 1883 mit dem Zug von Wien nach Leipzig fuhr, um dort seine in England lebenden Halbbrüder Emanuel und Philipp zu treffen, geriet er mit Mitreisenden in Streit, die sich darüber ärgerten, daß er das Fenster öffnete. «‹Das ist ein elender Jude›», tönte es ihm entgegen. Freud reagierte anders als sein Vater in der Hut-Episode, deren demütigenden Charakter er zeitlebens nicht vergessen konnte. «Ich hatte keine Furcht vor dem Gesindel, bat den einen, seine allgemeinen Sentenzen für sich zu behalten, da sie mir gar keinen Respekt einflößten, und den andern, sich zu mir zu bemühen und sich die verdiente Antwort bei mir zu holen. Ich war ganz gefaßt, ihn zu erschlagen, aber er kam nicht».[16]

An der Universität wurde Freud zu solchen Proben seines persönlichen Mutes nicht gezwungen. Doch spürte er, daß seine nicht-jüdischen Kommilitonen den Umgang mit ihm mieden. Zahlreiche Mitstudenten waren in farbentragenden Verbindungen organisiert und machten aus ihrer feindseligen Einstellung ihm gegenüber keinen Hehl. 1930 erinnerte er sich in einem Brief an seinen hebräischen Übersetzer Jehuda Dwossis, er habe sich «unter dem Einfluß des deutschen Antisemitismus, dessen neuerlicher Ausbruch in meine Universitätszeit fiel», erstmals als Jude gefühlt.[17] «Eine gewisse Unabhängigkeit des Urteils wurde so vorbereitet», heißt es 1925 lakonisch in der *Selbstdarstellung*.[18] Das klang fast versöhnlich, verriet aber im Kern eine durchaus kämpferische Einstellung. Schon der Student Freud klagte nicht über seinen Status, sondern suchte intellektuell das Beste aus seiner sozialen Isolation zu machen. Ein besonderes Problem mochte allerdings darin liegen, daß er das Judentum nur über Prozesse der Ausgrenzung als Bestandteil seiner Identität wahrnahm, nicht über eine religiöse Bindung – eine Erfahrung, die auch der vier Jahre jüngere Theodor Herzl als Angehöriger der assimilierten Generation teilte. Innere Nähe zu orthodoxen Traditionen bestand bei Freud in keiner Lebensphase, obwohl er in fortgeschrittenem Alter erkannte, daß er selbst als Agnostiker Jude blieb und jüdisch geprägt war. Einen persönlichen Glauben schloß das aber niemals ein; auch in Zeiten schwerer persönlicher Krisen – Anfeindungen, Selbstzweifel, Krankheit, Trauer – lebte und dachte Freud atheistisch.[19] Daß er als «gottloser Mediziner und Empiriker» gelegentlich philosophische Veranstaltungen besuchte, die sich um Religionsfragen drehten, vermerkte er gegenüber Silberstein mit feiner Ironie.[20] Die agnostische Einstellung hielt sich weitaus länger als jener Anflug deutschnationaler Gesinnungen, mit denen die meisten Abiturienten im Wien der 70er Jahre sympathisierten.[21] Sie brachten sogar Freud während der ersten Semester in patriotische Debattierclubs und akademische Verbindungen, ohne daß er sich dort jedoch sonderlich wohl fühlte. Den Besuch dieser Runden gab er nach dem ersten Studienjahr auf, weil ihn die politischen Diskussionen, die man dort führte, langweilten, manchmal sogar abstießen.

Wichtigste intellektuelle Triebfeder für das Medizinstudium blieb ein tiefes Interesse an Fragen der naturwissenschaftlichen Theorie. Materialismus und Darwinismus, Evolution und Artenlehre – diese Themen fesselten den jungen Freud. Die Anspielungen auf das philosophische Nebengebiet durchzogen seine Korrespondenz während der ersten Semester, wohingegen von medizinischen Erfahrungen, den ersten Erkundungen auf den Gebieten der Anatomie, Pathologie und der praktischen Naturwissenschaften keine Rede war. Das überrascht auch deshalb, weil ein Abiturient zur Zeit Freuds nur dürftige physikalische bzw. biologische und kaum chemische Kenntnisse mitbrachte, weshalb die betreffenden Fächer Neuland bedeuteten. Es wäre jedoch falsch, wollte man daraus schließen, daß der Student sich mit den Naturwissenschaften nicht abgab. Im Gegenteil bestand der größere Teil des Tages aus dem Besuch von Vorlesungen, die deren gesamtes Spektrum beleuchteten. Wenn Freud zusätzlich Zeit für die Philosophie fand, so belegte das vor allem seine intellektuelle Energie und seinen außerordentlichen Fleiß.

Die ersten beiden Semester verbrachte Freud nach dem damals üblichen Curriculum mit Grundlagenfächern: Labor-Propädeutik in Chemie – bei Franz Schneider – und Zoologie, dazu ein täglich stattfindendes Kolleg zur Anatomie, ausgedehnte Übungen im Sezieren und Einführung in die Arbeit am Mikroskop. Ab dem dritten Semester nahm er sich die Freiheit, eigenen Interessen zu folgen, was das relativ offene Curriculum auch erlaubte. Er konzentrierte sich auf physiologische Praktika, die bis ins dritte Studienjahr hinein sein bevorzugtes Themengebiet blieben. Hinzu kamen Übungen in Teilgebieten der Physik – Magnetismus und Elektrizitätslehre – sowie durchgehend zoologische Studien. Nach Abschluß der Sezierübungen vernachlässigte Freud in dieser Phase die humanmedizinische Anatomie und Pathologie zugunsten der rein naturwissenschaftlichen Themen, die für die kommenden zwei Jahre im Zentrum seiner Arbeit standen. Am Freitag und Sonnabend gönnte er sich ab dem dritten Semester zudem philosophische Vorlesungen bei Franz von Brentano, die Themen der Logik, der aristotelischen Erkenntnistheorie und des Empirismus behandelten.[22] Neben dem Universitätsbetrieb begann er Helmholtz' Abhandlungen zur physiologischen Optik und Brentanos psychologische Schriften zu lesen.[23] Es war ein starkes Pensum, das sich der noch nicht Zwanzigjährige zumutete. Sein ganzes Leben stand jetzt unter dem Diktat eines großen, nahezu unersättlichen Bildungstriebs, geprägt von heftigen Neigungswechseln, schwankend zwischen Zoologie, Physiologie und Naturphilosophie. Unabhängig vom jeweiligen Thema verinnerlichte Freud in den ersten Semestern den Anspruch auf Genauigkeit und präzise Beweisführung, den er auch künftig als Forscher beibehalten sollte. Noch Jahrzehnte später bemerkte er über sein Lebenswerk: «Ich habe es immer als grobe Ungerechtigkeit empfunden, daß man die Psychoanalyse nicht behandeln wollte wie jede andere Naturwissenschaft.»[24]

Was blieb jenseits des Studiums? «Für gewöhnlich erfahren wir ja, dank ihrer eigenen Diskretion und der Verlogenheit ihrer Biographen von unseren vorbildlich großen Männern wenig Intimes», so sollte Freud im Herbst 1916 seinen Hörern in der psychoanalytischen Einführungsvorlesung erklären.[25] Unterstellt man, daß ‹Intimes› das Triebleben in seinen verschiedenen Facetten umfaßt, dann steht man beim jungen Freud allerdings vor einer großen Leere. Der Wiener Medizinstudent schien ein Wesen ohne Körper zu sein. Mit höchstem Eifer betrieb er seine Laborversuche, hörte Vorlesungen, las die Nächte hindurch. Wenn er an einem Tag nicht arbeitete, fand er sich nutzlos und verspürte Schuldgefühle.[26] Die sinnliche Welt erschloß sich ihm nur über die literarische Phantasie und die theoretische Konstruktion. Die Natur war ein Modell, das er am Leitfaden wissenschaftlicher Vorgaben untersuchte, ohne es haptisch, olfaktorisch oder visuell aufzunehmen. Freud lebte nach asketischen Prinzipien, die er bis zum

30. Lebensjahr befolgte. Von Kneipenbesuchen hört man nichts, ebensowenig von erotischen Schwärmereien, konkreten Liebeserfahrungen, von Sport oder Wanderungen. Alkohol mied er, gutes Essen war ihm im Alltag nicht wichtig; sehr genau achtete er darauf, nicht zu viel Geld auszugeben – Sparsamkeit galt ihm als entscheidende Tugend, die er auch von anderen erwartete. Seine strenge äußere Erscheinung wurde durch den tiefschwarzen Vollbart unterstrichen, den er sich schon im letzten Gymnasialjahr hatte wachsen lassen. Womöglich kaschierte er damit seinen leicht feminin wirkenden Habitus, der aus Unsicherheit, mangelndem Körpergefühl und der Neigung zum Linkischen entstand. Ihn sollten Beobachter noch in späteren Lebensjahren bis zum hohen Alter an ihm wahrnehmen. Sein physisches Bild bot sonst wenig Auffallendes; Freud maß 1,68 Meter, wirkte aber größer, weil er einen schlanken Wuchs hatte. Seine Figur erhielt er sich bis zum 50. Jahr ohne sonderliche Mühe. Erst danach legte er geringfügig an Gewicht zu, weil er nun, zumindest auf Reisen, genußvoller lebte. Aber der junge Mann war ein Asket, der den sinnlichen Seiten des Lebens offenbar wenig abgewann.

Erotische Bedürfnisse spielten im Leben des Studenten keine nennenswerte Rolle. Die unter seinen Kommilitonen üblichen Bordellbesuche scheint Freud vermieden zu haben, jedenfalls existieren keinerlei Andeutungen, die Erfahrungen mit Prostituierten dokumentieren. Daß er sporadisch seit der Pubertät Selbstbefriedigung trieb, wurde ihm mit wachsendem Alter zur Quelle von Schuldgefühlen. Der Sexualtheoretiker Freud erklärte die Masturbation später neben dem *Coitus interruptus* für ein großes Übel, sah er doch in beiden eine Ursache für neurotische Konflikte. Vor allem die Onanie betrachtete er als Methode, die an extreme erotische Phantasien gewöhnte und damit die normale Sexualbefriedigung erschwerte – mit den Resultaten der Impotenz oder der Furcht vor dem Koitus. Allein aus dieser Überzeugung dürfte Freud als Student durchweg enthaltsam gelebt und seine Lust für eine künftige Ehe gespart haben. Die Sublimierung der Libido erfolgte über intellektuelle Wege, weil ihm das Mittel fehlte, das er später gegenüber Oskar Pfister als ‹bequemste Form› der Triebumlenkung bezeichnete: der Glaube, die religiöse Praxis.[27]

Auch sonst gab es in der Universitätszeit keine Exzesse, keine physischen Ausschweifungen. Die unspektakulären Drogen, die sich Freud während des Studiums gönnte, waren der Kaffee und später das Nikotin; beide erhöhten das Konzentrationsvermögen, damit auch die Arbeitsfähigkeit, bildeten mithin keine Rauschmittel, sondern Vehikel für die intellektuelle Existenz. Durchwachte Nächte, Verzicht auf Ruhepausen – das alles diente der Steigerung geistiger Leistungskraft. Die wenigen Lebensexperimente, die sich der junge Mann gönnte, galten der Optimierung von Lesen und Lernen. Die einzigen Grenzen, die er zu überschreiten suchte, waren die seines Wissens. Innere Unruhe, Schlaflosigkeit, Anspannung der Nerven resultierten als direkte Folgen aus diesem Raubbau. Freud verkörperte den nervösen Studenten des späten 19. Jahrhunderts, der seinen Verstand schulte, aber den Leib verachtete. Nietzsches Philosophie leitete aus solchen Haltungen eine christlich geprägte Typologie asketischer Ideale ab; Max Weber führte später den Geist des Kapitalismus auf die calvinistische Fähigkeit zur Triebsublimierung zurück. Daß ausgerechnet Freud, der Entdecker der unbewußten Struktur menschlichen Seelenlebens, in jungen Jahren seine Sinnlichkeit unterdrückte, mag überraschen. Die Erkundung der Sexualität war für ihn aber nur möglich, weil er die Nebenwege genauestens kannte, die sie sich unter den Bedingungen der Zivilisation bahnte.

Obwohl er im persönlichen Kontakt scheu und zurückhaltend blieb, pflegte Freud seine Freundschaften aktiv, nachdem die Beziehung in Gang gekommen war. Im Gespräch gab er spät seine förmliche Distanz auf, aber wem er einmal Vertrauen schenkte, der konnte sich auf ihn verlassen. Mit Vorliebe zog er sich in intime Zirkel zurück, denen er gern – auch noch in künftigen Lebensphasen – den Anstrich des hermetisch Geheimnisvollen gab.[28] Zu seinen engeren Vertrauten gehörten während der frühen Universitätszeit die Medizinstudenten Julius Wagner-Jauregg und Josef Paneth, der das Leopoldstädter Gymnasium eine Klasse unter ihm besucht hatte, außerdem der Archäologe Emanuel Löwy und der hochbegabte, vier Jahre jüngere Indologe Ignaz Schoenberg. Wagner-Jauregg, der aus vermögender Familie stammte, belegte über mehrere Semester dieselben Vorlesungen wie Freud und teilte mit ihm bald das neuroanatomische Interesse. Sein Weg führte später in die Psychiatrie; er wurde Nachfolger Krafft-Ebings in Graz und durchlief eine nahezu atemberaubende wissenschaftliche Karriere, die ihren Höhepunkt 1927 in der Verleihung des Nobelpreises fand. Wagner-Jauregg und Löwy bot Freud nach einigen Wochen anstelle des in studentischen Kreisen selbstverständlichen ‹Sie› das ‹Du› an – ein Vorrecht, das er ab seinem 35. Lebensjahr, wie sich Ernest Jones erinnert, niemandem mehr einräumte.[29]

Carl Claus, der Wiener Ordinarius für Zoologie und vergleichende Anatomie, wurde auf den ehrgeizigen Studenten rasch aufmerksam. Claus war selbst erst 1873 von Göttingen nach Wien berufen worden, nach dem Tod seiner zweiten Ehefrau.[30] Er galt als ernster, strenger Lehrer, dessen diszipliniertes Auftreten sich in einem Hang zur Melancholie brach. Er förderte Freud, indem er ihn als Famulus in sein Laboratorium aufnahm und ihm zwei Reisestipendien für einen Forschungsaufenthalt in Triest zur Verfügung stellte, wo er eine Station für Meereszoologie aufgebaut hatte.[31] Im April und September 1876 nutzte der Student die einmalige Gelegenheit und fuhr gemeinsam mit seinem Kommilitonen Karl Groben nach Norditalien, um in Claus' Labor zu hospitieren. Sehr ausdauernd – «assidue», wie sein Zeugnis bescheinigte – stellte er dort Untersuchungen zur Anatomie der Fische, vorwiegend zum Hoden des Aals, an.[32] Insgesamt sezierte Freud in dieser Zeit 400 Aale, um die histologische Beschaffenheit der Fortpflanzungsorgane besser analysieren zu können. Die Laborarbeit in Triest genoß er in vollen Zügen, weil er hier vorzügliche Mikroskope nutzen und sich ganz auf ein Thema konzentrieren konnte.

Freuds Alltag war äußerlich gleichförmig, Abwechslungen durch Reisen blieben die Ausnahme. Er lebte weiterhin bei seinen Eltern, die seit 1875 in der Kaiser-Josef-Straße 3 wohnten, wo er erneut das Privileg eines eigenen Zimmers besaß. Zumeist blieb der Student in Wien, lernend, lesend, sich auf geistigen Exkursionen durch die naturwissenschaftlichen und philosophischen Systeme des 19. Jahrhunderts bewegend. Immer wieder erkundete er dabei neue Interessengebiete und wechselte die thematischen Vorlieben von Physiologie über Physik bis zur Zoologie. Besorgt erkundigte sich der Freund Silberstein, als Freud ihn um die Beschaffung von Helmholtz' *Handbuch der physiologischen Optik* (1856–66) bat, ob er nicht seine Kräfte zersplittere.[33] Kaum verwunderlich waren Phasen der kompletten Erschöpfung, wie sie ihn etwa im Spätwinter 1875 ereilten.[34] Notorisch unausgeschlafen, überarbeitet und von nervösem Wissenshunger getrieben – so präsentierte sich der junge Mann in seinen ersten Studienjahren. Sein körperlicher Zustand war entsprechend angegriffen und instabil. Schon der 17jährige mußte im Juli 1873 die Erfahrung machen, daß eine Wanderung im Wiener Umland bei ihm Herzrasen («wie ein Schlagwerk») und Schweißausbrüche auslöste.[35] Unter Anstrengung und Streß wurde sein Blutdruck schnell unregelmäßig, was als Symptom in den kommenden Jahren wiederholt auftrat.

Ab dem Wintersemester 1876/77 kam Freud auch mit den klinischen Fächern in Berührung. Durchgehend vom siebenten bis zum elften Semester war Chirurgie verbindlich, begleitet von Vorlesungen zur Pathologie und Allgemeinmedizin. Im Sommer 1877 trat die internistische Ausbildung hinzu, im folgenden Semester die Psychiatrie, die seit Wilhelm Griesingers Programmschrift zur *Pathologie und Therapie der psychischen Krankheiten* (1845) einen eigenen Teilbereich ausmachte. Geburtshilfe, Neurologie und Dermatologie standen ebenso wie die Augenheilkunde und eine Einführung in die Behandlung der Geschlechtskrankheiten erst ganz am Ende des Studiums auf dem Lehrplan.[36] Das Niveau der Vorlesungen war im Wien dieser Zeit, die man als weitere akademische Glanzperiode nach der theresianischen Epoche bezeichnet, außerordentlich hoch und zog Studenten wie Wissenschaftler aus aller Welt an.[37] Der Kopf der ‹zweiten Wiener Schule› war Karl Freiherr von Rokitansky, der als Pathologe die Wende zur empirisch orientierten, die Naturphilosophie hinter sich lassenden Forschung einleitete.[38] Die innere Medizin hatte Josef von Škoda, der bahnbrechende Arbeiten auf dem Feld der Herzerkrankungen publizierte, mit zukunftsweisenden Methoden fortentwickelt. Sein Nachfolger, Adalbert Duchek, verfaßte bedeutende Lehrbücher, galt als glänzender Diagnostiker und Wegbereiter auf dem Sektor der Kreislauferkrankungen. Für die Augenheilkunde war Ferdinand von Arlt zuständig, der das Fach als eigenständige Disziplin begründete. Ferdinand von Hebra wiederum etablierte das Gebiet der Dermatologie und fungierte als Neuerer, der sich vor allem mit der damals verbreiteten ‹Krätze› beschäftigte, welche er, indem er sie auf Parasiten zurückführte, klinisch behandelbar machte. Der Neurologe Moritz Benedikt arbeitete über Techniken zur Bekämpfung nervöser Erkrankungen und, in späteren Jahren, über hypnotische Verfahrensweisen.

Das Ordinariat für Chirurgie versah der schon genannte Theodor Billroth, ein Pionier im Bereich der Bauch- und Kehlkopfoperationen. Er wirkte als herausragender Spezialist, bei dem sich die Aristokratie Europas behandeln ließ. Sein Jahressalär belief sich auf 250 000 Gulden, seine Vorlesungen waren öffentliche Ereignisse. 1876 hatte er seine umfassende Arbeit über den zeitgenössischen medizinischen Lehrbetrieb veröffentlicht, die bald als Standardwerk galt. Freud dürfte sie gelesen haben, allerdings nicht nur zustimmend, denn der Autor vertrat hier extreme deutschnationale Positionen. Es ist anzunehmen, daß seine judenfeindlichen Entgleisungen auch im Kreis der betroffenen Kommilitonen diskutiert wurden. Billroths Bemerkungen über die fehlende Begabung ‹israelitischer› Studenten lösten bei den meisten Fakultätsmitgliedern Entsetzen aus.[39] Nach dem Erscheinen seines Buchs revidierte er seine politischen Auffassungen immerhin und trat 1891 dem Verein zur *Abwehr des Antisemitismus* bei. Freud blieb beeindruckt von der Leistung dieses bedeutenden Arztes, mißtraute aber seinem vermeintlichen Gesinnungswandel. «Beneidenswert, sich nicht überlebt zu haben», schrieb er im Februar 1894 aus Anlaß seines plötzlichen Todes sehr kühl und ohne sonderliche Empathie.[40]

Das klinische Unterrichtspensum des Medizinstudenten war anspruchsvoll, aber auch abwechslungsreich. Bei Duchek hörte Freud Vorlesungen zur Allgemeinen Klinik, bei Billroth Chirurgie, bei Hebra Dermatologie, bei Arlt Augenheilkunde, schließlich Pharmakologie bei August Vogl. Benedikt führte ihn in die Neurologie ein und stellte die damals verbreitete Technik der Elektrotherapie vor, die zur Entspannung gereizter Nervenbahnen führen sollte. Über seine praktischen Erfahrungen berichtete Freud kaum Näheres, obgleich das Niveau der Kollegs bemerkenswert hoch war. Angeregt haben ihn offenbar nur die Vorlesungen des Psychiaters Theodor Meynert, der sich auf dem Gebiet der Hirnatrophie – des abnorm gesteigerten Gewebeschwunds – und der morphologischen Pathologie einen Namen gemacht hatte. Meynert wiederum nahm den wissenschaftlich interessierten Studenten persönlich wahr und wurde ihm einige Jahre später bei der Suche nach einer Anstellung in der inneren Abteilung bei Hermann Nothnagel mit einem Empfehlungsschreiben behilflich. Kaum zufällig endete Freuds unsichere Suche nach der richtigen Bestimmung im Frühsommer 1883 in Meynerts Klinik, wo er das breite Spektrum unterschiedlichster Nervenleiden kennenlernte und den Grundstock für eigene Forschungen auf therapeutischem Feld legte.

Die erste Phase des Medizinstudiums bestand auch zur Zeit Freuds aus einer Vielzahl kleinerer Prüfungen; allein im Wintersemester 1875/76 waren acht Examina zu absolvieren.[41] Jedoch gab es noch kein Physikum, sondern lediglich die Verpflichtung zu drei getrennten Hauptprüfungen, in denen der Stoff der naturwissenschaftlichen Fächer, der Grundlagengebiete (Anatomie, Pathologie, Arzneimittelkunde, Gerichtsmedizin) und der klinischen Disziplinen abgefragt wurde. Wie die meisten Kommilitonen entschied sich Freud, seine drei zentralen Examen erst am Ende *en bloc* abzulegen – allerdings nicht aus Pragmatismus, sondern um mehr Zeit für seine wissenschaftlichen Interessen zu gewinnen. «Die fünf Jahre, die für das medizinische Studium vorgesehen sind, waren wiederum zu wenig für mich», erinnerte er sich später. «Ich arbeitete unbekümmert in weitere Jahre hinein, und im Kreise meiner Bekannten hielt man mich für verbummelt, zweifelte man, daß ich ‹fertig› werden würde.»[42] Der Vater scheint die Sorge der Freunde nicht geteilt zu haben. Er finanzierte aus seinen stets obskuren Geldquellen auch ein verlängertes Studium, weil er sah, daß der Sohn unermüdlich schuftete und die letzten Prüfungen nicht aus Angst, sondern aus Gründlichkeit verzögerte.

Ins Zentrum der Aufmerksamkeit rückte bald die Zoologie. Schon im Juni 1875 träumte Freud davon, in einem kleinen Laboratorium «Histologie und Zoologie allein zu arbeiten.»[43] Seit 1876 forschte er regelmäßig als Aspirant – mit Hoffnung auf eine spätere Assistentur – in Ernst Brückes Physiologischem Institut, wo er sich mit zoologischen Präparaten, zumeist Fischen, beschäftigte. Hier schuf er die Grundlagen für ein nicht nur theoretisches Verständnis des Fachs, wobei das neuroanatomische Feld besondere Bedeutung gewann. Neben der Forschungstätigkeit im Labor von Brücke engagierte sich der Student auch in der experimentellen Pathologie bei Salomon Stricker, unter dessen Anleitung er gemeinsam mit seinem Kommilitonen Wagner-Jauregg erste Tierversuche durchführte.[44]

Freud besuchte tagsüber seine Kollegs, arbeitete aber bevorzugt in den Abendstunden; zwischen 22 und 2 Uhr las er philosophische Texte. Gelegentlich wurde die Lektüre bis 4 Uhr früh ausgedehnt, was ihn dann zumeist den folgenden Tag kostete.[45] Bis in seine Assistentenzeit hinein stand er gern spät auf, weil er die Nacht für Forschungstätigkeit nutzte, was zuweilen Probleme mit dem Dienstplan provozierte. Noch in den Jahren, als er bereits eine eigene Praxis führte, kam er morgens nur schwer aus dem Bett. Nächtliche Lektüre blieb selbst in der Dekade, da er eine Familie gründete, eine liebgewordene Gewohnheit. Das Schreiben seiner wissenschaftlichen Texte begann auch der ältere Freud nach der Ordination, wenn es auf den Straßen der inneren Stadt stillgeworden war. In seinem Arbeitszimmer löschte er das Licht erst in den frühen Morgenstunden, als alle anderen schon schliefen.

Der Student Freud war ein Bücherfresser, er las, wann immer er Zeit hatte. Neben den Lehrwerken der Botanik, den anatomischen Atlanten und zahlreichen philosophischen Texten standen in seinem Zimmer Romane und Sammlungen von Theaterstücken. Bevorzugte Autoren waren

Friedrich Hebbel und Gustav Freytag mit seinen ausladenden *Bildern aus der deutschen Vergangenheit* (1859–67), außerdem Macaulay, dessen Essays auch Thomas Mann und Franz Kafka noch schätzten.[46] Die Vorliebe für Cervantes trat im Studium ein wenig in der Hintergrund, aber Heine gehörte weiterhin zu den Favoriten. Die Goethe-Verehrung wiederum blieb ein Begleiter zeitlebens, wobei Freud in diesem Fall seine eingefleischte Sparsamkeit aufgab und die Werke des Klassikers selbst erwarb. Ähnlich verhielt er sich bei den wichtigsten botanischen Lehrbüchern, die er trotz ihres hohen Preises kaufte. Ihre bunten Tafeln studierte er mit besonderer Freude, sie prägten sich ihm ein, blieben ihm noch Jahrzehnte später im Gedächtnis und verfolgten ihn bis in seine Träume.[47]

Wissenschaft als Weltanschauung

Thomas Mann schrieb 1929, Freud sei «ein echter Sohn» des 19. Jahrhunderts zwischen Schopenhauer und Ibsen.[48] Zu dieser Prägung gehörte allerdings weniger der Einfluß des Pessimismus und der Romantik, den Mann eigens hervorhob. Entscheidender war, daß Freud sich als Mediziner mit Grundsatzfragen der Naturforschung jenseits der reinen Klinik befaßte. Das führte ihn frühzeitig zu methodischen Konflikten, die sich in der Spannung zwischen Theorie und Erfahrungswissen auftaten. Als Mediziner war er prinzipiell Empiriker und nicht ‹Humanist›.[49] Unter seinen Kommilitonen galt er hingegen als Nicht-Praktiker, der gern naturphilosophischen Fragen nachging. Sein bevorzugter Arbeitsort blieb während des gesamten Studiums die Schreibstube, nicht das Hospital. In einem Brief vom 13. August 1874 bekannte er dem Freund Silberstein: «Ich gehöre zu jenen menschlichen Geschöpfen, die man den größten Teil des Tages zwischen zwei Möbeln, einem vertikal ausgebildeten, dem Sessel, und einem horizontal sich erstreckenden, dem Tisch, auffinden kann, und von denen, wie die Kulturhistoriker einig sind, alle Zivilisation zuerst ausging, weil sie mit Recht auf das Prädikat seßhaft oder ‹ansässig› Anspruch machen.»[50]

Als Gustav Klimt im Jahr 1898 den Auftrag erhielt, die neue Aula der Wiener Universität mit einem Deckengemälde zu versehen, das die Philosophie darstellte, erwählte er die Sphinx zur mythologischen Bezugsfigur für eine Weisheitslehre, die nicht Klarheit, sondern Ambivalenz schuf. Die Empörung unter den Professoren war groß und anhaltend, so daß die Fertigung der zwei noch fehlenden Bilder – Medizin und Jurisprudenz – auf Geheiß des Ministeriums einstweilen unterblieb. Wilhelm Anton Neumann, Alttestamentler und Rektor der Universität, wies Klimts Interpretation entschieden zurück. Die Philosophie sei, so erklärte er, eine Disziplin, die sich von den exakten Wissenschaften nicht fundamental abgrenze, denn auch sie suche Erkenntnisse durch strenge Methodik und unter Mithilfe der Naturforschung zu gewinnen. Wer sie «als nebelhaftes, phantastisches Gebilde, als rätselhafte Sphinx» vorführe, verfehle daher ihren eigentlichen Charakter.[51] Die Episode wirft ein bezeichnendes Licht auf das Verständnis der Philosophie im Zeitalter der modernen Naturwissenschaft. Den Anspruch auf präzise Durchdringung ihrer Gegenstände teilte sie mit Physik, Chemie und Medizin, bei denen sie, was die allgemeine empirische Methodik angeht, in die Schule ging. Neumanns Äußerung beleuchtete einen Begriff der Philosophie, wie er die zweite Hälfte des 19. Jahrhunderts vor Nietzsche und Dilthey beherrschte: das System einer Wissenschaft, die Prozesse des menschlichen Denkens, Urteilens und Wahrnehmens mit möglichst großer Genauigkeit zu erfassen suchte.

Der Student Freud folgte dieser Auffassung einer Philosophie als exakter Wissenschaft, ohne daß er sich vollständig auf die Empiriker beschränkte. Zu den Autoritäten, die ihn faszinierten, gehörten Aristoteles, John Stuart Mill, Haeckel, Feuerbach, Stirner, Emil Du Bois-Reymond und Helmholtz, den man den ‹Reichskanzler der Physik› nannte.[52] Das war eine durchaus gemischte Reihe, zusammengesetzt aus den großen Denkern der Antike und den Modernen, die so unterschiedlichen Themen wie den Fragen von Staat und Gesellschaft, der Architektur des menschlichen Wahrnehmungsapparates, der Evolution und dem Phänomen des Urteilsvermögens nachsannen. Freud nutzte ab dem zweiten Universitätsjahr, als sein Pflichtpensum weniger anstrengend wurde, jede Möglichkeit für einen Ausflug in die Gefilde der Geisteswissenschaften. Seit dem dritten Semester hörte er zuweilen mehr philosophische als medizinische Kollegien. Regelmäßig besuchte er die Vorlesungen Franz von Brentanos, dessen Empfehlungen, den philosophischen Kanon betreffend, er sehr ernst nahm – vor allem den in diesem Kreis geschätzten Hume las er später gründlich.[53] Brentano hatte Katholische Theologie studiert, war 1864 Priester geworden und unterrichtete nach seiner Habilitation als philosophischer Extraordinarius an der Universität Würzburg. Aufgrund wachsender Konflikte mit der Kirche legte er 1873 sein geistliches Amt nieder und akzeptierte einen Ruf auf einen Lehrstuhl an der Universität Wien. Freud hörte Brentano in seiner produktivsten Periode, noch bevor sich sein Ruhm über die Metropole hinaus verbreitet hatte. Die deskriptive Psychologie, die er entwickelte, beschränkte sich nicht auf die Analyse der physiologischen Bedingungen des Wahrnehmungsprozesses, sondern untersuchte zusätzlich die Formen der Sinnesverarbeitung im seelischen Apparat. Daraus leitete Brentano eine eigene Lehre der Urteilsbildung und des Bewußtseins ab, die beide auf dem Zusammenspiel von Perzeption und Vernunft beruhten.

Im Herbst 1874 gründete Freud einen privaten Philosophie-Zirkel, dem Josef Paneth und Richard Wahle, ein früherer Klassenkamerad Silbersteins, angehörten. Angeregt durch die Empfehlungen Brentanos las man David Friedrich Strauß' *Das Leben Jesu* (1835/36) und Ludwig Feuerbachs *Das Wesen des Christentums* (1841).[54] Beide Autoren entstammten der Hegel-Schule, deren linken Flügel sie in ihrer Religionskritik vertraten. Freud fühlte sich vor allem durch Feuerbach in seinem Agnostizismus bestärkt, denn bei ihm fand er Argumente für eine rein psychologische Deutung des Glaubens, die sich mit seinem Weltbild gut vertrug. Hier begegnete ihm eine methodische Haltung, die der Konvention keine Zugeständnisse machte und, vorurteilsfrei im besten Sinne, traditionelle Denkgewohnheiten hinterfragte. Sätze wie die folgenden – aus Feuerbachs Vorrede zur zweiten Auflage seiner Religionskritik – blieben Freud über Jahrzehnte im Gedächtnis, weil sie seine eigene wissenschaftliche Überzeugung prägten: «Aber man verlange nicht von einem Schriftsteller, der sich nicht die Gunst der Zeit, sondern nur die Wahrheit, die unverhüllte, nackte Wahrheit zum Ziele setzt, daß er vor einem leeren Scheine Respekt habe und heuchle, um so weniger, als der Gegenstand dieses Scheines an und für sich der Kulminationspunkt der Religion, d. h. der Punkt ist, wo die Religiosität in Irreligiosität umschlägt.»[55]

Für Freud blieb es aber nicht bei der reinen Philosophie, die sich auf theoretische Fragen beschränkte. Es gehörte zum Zeitgeist, daß man über Weltanschauungen im weitesten Sinn des Wortes diskutierte. An Silberstein schrieb Freud am 7. März 1875 mit Anspielungen auf Shakespeares *Hamlet* und Darwin: «Sozialistischen Bestrebungen bin ich übrigens sehr wenig abhold, obwohl ich keine von den Formen kenne, unter denen sie heute auftreten. Es ist wirklich sehr viel faul in diesem ‹Kerker›, Erde genannt, was durch menschliche Einrichtungen zu bessern wäre in Erziehung, Güterverteilung, Form des Struggle for existence u. s. f.»[56] Zu Freuds engsten Freunden zählte in der frühen Studienphase Heinrich Braun, mit dem er Französisch lernte und sozialistische Programmtexte studierte.[57] An der Universität traf er auch Viktor Adler, den späteren Schwager Brauns. Er war vier Jahre älter als er selbst, belegte gleichfalls Medizin und trat in akademischen Zirkeln als geschickter Debattenredner auf. Freud begegnete ihm während eines seiner ersten Semester in einem national orientierten Diskussionskreis, in dem Adler, damals noch Mitglied einer patriotischen Studentenverbindung, das große Wort führte. Freud trat für eine materialistische Weltanschauung ein, mußte sich jedoch von Adler den ironischen Kommentar gefallen lassen, auch er habe «in seiner Jugend die Schweine gehütet und sei dann reuig ins Vaterhaus zurückgekehrt.»[58] Eine freundschaftliche Beziehung entstand nach dieser Begegnung nicht, dazu war Freud zu kränkbar und zu stolz. Die Spuren der beiden kreuzten sich später nur durch Zufall, denn Adler praktizierte Ende der 80er Jahre im Haus Berggasse 19, in dem Freud ab 1891 wohnte.[59] Sympathien für sozialdemokratische Auffassungen bewahrte sich noch der künftige Psychoanalytiker: Freud las die *Arbeiter-Zeitung*, verachtete nationalen Chauvinismus und vertrat einen konsequenten Pazifismus.

Wie stark das wissenschaftliche Interesse in den ersten Studienjahren war, erkennt man daran, daß Freud für das Wintersemester 1875/76 einen Wechsel nach Berlin plante, «um Dubois-Reymond, Helmholtz und Virchow zu hören».[60] Ohne Zweifel ging es dabei auch um die philosophischen Ambitionen, wußte er doch, daß an der Linden-Universität Größen des Fachs wie Hermann Lotze lasen, den er gern erlebt hätte. Im Frühjahr 1875 träumte der knapp 19jährige von einem Doktorat in der Philosophie auf der Grundlage einer zoologischen Arbeit.[61] Eine Konsultation bei Brentano, den er gemeinsam mit Paneth am 15. März 1875 besuchte, ergab dann aber einen abweichenden Rat: Freud wurde empfohlen, eine zweifache Doktorprüfung in Philosophie und Medizin nach dem Beispiel des berühmten Lotze anzustreben, um auf diese Weise fundierte Beiträge zur Naturlehre leisten zu können.[62] Von dem philosophischen Privatissimum, das Brentano ihnen hielt, war Freud zwar beeindruckt, aber er verfolgte den Plan, im fremden Fach zu promovieren, nicht mehr weiter.

In den ersten Jahren an der Universität faszinierten Freud alle Themen aus den Grenzbereichen zwischen Naturwissenschaft und Philosophie. Immer wieder stieß er dabei auf das Problem des Lebensursprungs und erahnte die Beschränkungen eines reinen Materialismus, der auf die Frage nach der Entstehung der Natur keine überzeugenden Antworten bot. Ernst Haeckel hatte 1868 in der anhand seiner Jenaer Vorlesungen publizierten *Natürlichen Schöpfungsgeschichte* die Abstammungstheorien Darwins in der Linie von Alfred Wallace bestätigt, ohne die methodischen Schwierigkeiten zu lösen, die sich aus dem Modell der Evolution ergaben.[63] Sehr klar formulierte Freud in einem Brief vom 11. April 1875 gegenüber Silberstein das ihn «insbesondere» beherrschende Dilemma, daß die Naturforschung atheistische Überzeugungen nahelege, zugleich aber Fragen nach Ursprung und Ende stelle, die in ihrer Radikalität ohne den Beistand einer religiösen Metaphysik nicht beantwortbar seien: «Das Gesetz von der Erhaltung der Kraft, von der Wechselwirkung der Naturkräfte, die wir als die schönsten Früchte der Forschung zu betrachten gewohnt sind, scheinen den Weltanfang wie den Weltuntergang zu involvieren.»[64] In dem Maße, in dem Freud sich mit den Elementarmächten des Lebens beschäftigte, trat jetzt die Philosophie als System von Weltanschauungen in den Hintergrund. Die Entscheidung war gefallen: Lösungen für die drängenden Fragen, die ihn umtrieben, boten sich nur durch die Naturforschung an. Sie mußte theoretisch ausgerichtet sein, um puren Empirismus zu vermeiden; bloß durfte sie nicht in die luftigen Zonen der Abstraktion aufsteigen, weil hier die Gefahr der gelehrten Ödnis und des selbstverliebten Intellektualismus drohte. Die reine Philosophie galt Freud fortan, bis zum Ende seines Lebens, als Sackgasse der Erkenntnis, die Probleme, aber keine Lösungen zeigte. 1926 schrieb er: «Wir wissen genau, wie wenig Licht die Wissenschaft bisher über die Rätsel dieser Welt verbreiten konnte; alles Poltern der Philosophen kann daran nichts ändern, nur geduldige Fortsetzung der Arbeit, die alles der einen Forderung nach Gewißheit unterordnet, kann langsam Wandel schaffen.»[65]

Die Philosophie blieb für den Studenten Freud ein Nebenfeld mit sehr unterschiedlichen Inspirationsquellen. Frei von dogmatischem Anspruch griff er alle möglichen Anregungen auf, die ihm zugetragen wurden, ohne daß es zu einer konsistenten Auswahl von Autoren und Texten kam. Im Sommersemester 1876 besuchte er letztmals die Vorlesungen Brentanos; danach saß er im Auditorium des Altphilologen Theodor Gomperz, der ihn mit dem Werk des Nationalökonomen und Staatsphilosophen John Stuart Mill in Berührung brachte. Gomperz hatte 1869 die erste deutsche Gesamtausgabe seiner Schriften beim Fues-Verlag in Leipzig initiiert und suchte nun einen des Englischen mächtigen Übersetzer, damit er das Vorhaben abschließen konnte. Aufgrund einer Empfehlung Brentanos fragte Gomperz 1879 bei Freud an, ob er bereit sei, die Texte für den zwölften, letzten Band der Edition zu übernehmen. Er versammelte eine Reihe kleinerer Veröffentlichungen Mills, darunter eine Abhandlung *Über Frauenemanzipation*, die der britische Philosoph gemeinsam mit seiner Gattin Harriet Taylor verfaßt hatte. Freud akzeptierte das Angebot, stürzte sich sogleich in die neue Aufgabe und lernte dadurch einige der besten Texte Mills kennen, darunter *Der Socialismus* und *Die Arbeiterfrage*.[66] Eine pragmatische Ethik, die in politische Philosophie mündete, war ihm in den letzten Jahren seines Studiums weitaus genehmer als der Dogmatismus der großen Systembaumeister. Sie entsprach seinem skeptischen Naturell und dem daraus abgeleiteten Anspruch, Fragen des gesellschaftlichen Lebens ausreichend konkret zu untersuchen, ohne die Flucht in große Utopien fern jeder Bodenhaftung anzutreten.

Weltanschauung – das war für den jungen Freud eine Perspektive der Bücher, nicht des Lebens. Während seines Studiums verließ er Wien kaum, aus Geldmangel und fehlender Gelegenheit. Hinzu kam, wie er rückblikkend konstatierte, eine manifeste Reisefurcht aufgrund des Eisenbahnerlebnisses von 1859, als dem Kind der nächtliche Leipziger Bahnhof mit seinen Gaslaternen einem Höllenort zu gleichen schien. Zu den Ausnahmen gehörten die Fahrten nach Großbritannien und Italien, die er noch während des vorklinischen Studienabschnitts riskierte. Im Sommer 1875 besuchte er seine englische Verwandtschaft, die Halbbrüder Emanuel und Philipp, mitsamt ihren Familien in Manchester, wo die beiden sich seit 1859 als Tuchwaren- bzw. Juwelenhändler niedergelassen hatten. Insgeheim, so betonte er später, habe er seine Halbbrüder um ihre Entscheidung zur Emigration beneidet.[67] Dieses Gefühl wurde dadurch genährt, daß Freud sich in England vom ersten Tag an zu Hause fühlte. Das Leben auf der Insel faszinierte ihn schon nach kurzer Zeit, und Silberstein gegenüber bekannte er, er wolle «dort lieber wohnen» als in Wien, «trotz Nebel und Regen, Trunkenheit und Konservatismus.» Als Grund für diese Einschätzung gab er lapidar an: «Viele Eigentümlichkeiten des englischen Charakters und des Landes, die andern Kontinentalen unerträglich sein würden, stimmen mit meiner Natur sehr gut überein.»[68] Zeitlebens bewahrte sich Freud eine Vorliebe für britischen Geschmack und pflegte sie in seinem persönlichen Lebensstil. Er trug Tweed-Anzüge nach der College-Mode, aus gediegenem grauem oder braunem Tuch mit Weste. Jahrelang las er nur englische Literatur, korrespondierte mit seinem Schüler Ernest Jones trotz einiger Anfangsschwierigkeiten in dessen Muttersprache und bewunderte die Pointiertheit der britischen Ironie, die er in seinen Briefen zuweilen nachahmte. Sein Sarkasmus, sein trockener Witz, das Vergnügen an Wortspielen, die höfliche Distanz seines Auftretens und sein skeptischer Pragmatismus wiesen, so bestätigen zahlreiche seiner Freunde, angelsächsische Züge auf.

Ein Jahr nach dem Manchester-Besuch, im April und September 1876, verbrachte Freud, wie schon berichtet, einige Wochen in Triest. Die Impressionen, die seine Briefe vermittelten, waren dicht und farbenfroh. Physiognomische Beobachtungen, genaue Schilderungen der italienischen Frauen, der Straßenkinder und Eßgewohnheiten wechselten mit Eindrücken von Naturstimmungen, Caféhausszenen, Familienfeiern und Verständigungsformen. Freud näherte sich dem fremden Land wie ein Ethnologe, der unbekannte Riten und Gebräuche untersuchte. Seine Berichte an Silberstein wurden durch zahlreiche Skizzen unterlegt, mit denen er seine Beobachtungen veranschaulichte.[69] Ein Ausflug nach Muggia, unweit von Triest, fand wie eine exotische Exkursion ausführliche Schilderung. Es ist nicht zu übersehen, daß solche Reiseaktivitäten Freuds schlummernden Eros weckten. Der asketisch lebende Student verspürte hier den Reiz des Fremden, die erregende Ahnung des Südens, einen Hauch von Unerlaubtem, wie ihn auch die Helden der italienischen Novellen Paul Heyses erfahren – mit amourösen Konsequenzen allerdings, vor denen ihn seine eingeübten seelischen Kontrollmechanismen zuverlässig schützten. Am Ende kehrte Freud daher mit altem Ehrgeiz in die Welt der Bücher zurück, ohne sich auf Abenteuer jenseits der Arbeit einzulassen.

Brückes Labor

Aus welchem Grund Freud im Herbst 1876 das Labor von Claus verließ und zu Brücke wechselte, ist nicht genau zu rekonstruieren. Möglicherweise war Brückes Ausstrahlung größer als die des verschlossenen Claus, dessen Arbeitsgebiet er eigentlich näher stand. Claus befaßte sich mit Fragen der Evolutionstheorie, während Brücke auf mikrologischem Feld tätig war und einem strikt unspekulativen Monismus im Geist des großen Erkenntnisskeptikers Du Bois-Reymond folgte. Der aus einer Stralsunder Künstlerfamilie stammende, 1873 in den Adelsstand gehobene Brücke wurde 1879 als erster Protestant zum Rektor der Wiener Universität gewählt und genoß die Reputation des herausragenden Physiologen seiner Zeit.[70] Sein intellektueller Horizont war weit und beschränkte sich nicht auf das eigene Fachgebiet, wohingegen Claus nur über begrenzte wissenschaftliche Ausstrahlung verfügte. Mit Brücke konnte man auch über soziologische Fragen, die Theorien eines Auguste Comte oder Saint-Simon, über Nationalökonomie und Staatslehren oder die Psychophysik des großen Monisten Ernst Mach diskutieren.[71] Genau diese Offenheit der Denkperspektiven suchte Freud, der stets in Sorge war, durch allzu einseitige Fachstudien den Blick für das Ganze zu verlieren. An Brücke, den in Wien fremd wirkenden Norddeutschen, faszinierte ihn die Geradlinigkeit, die Sicherheit des Urteils und das klare Bekenntnis zu naturwissenschaftlich-empirischen Methoden, die im Gegensatz zu seinen eigenen Wanderungen auf spekulativen Denkbahnen standen.[72] Brücke lebte für seine Arbeit, er wohnte mit seiner chronisch kranken Ehefrau im Souterrain des Anatomischen Instituts und kannte neben der Forschung keine Privatsphäre.[73] Der kleine, ein wenig ungepflegte Mann mit dem durchdringenden Blick galt als penibel, wortkarg und cholerisch, liebte seine Schüler jedoch und stellte sich schützend vor sie, wo immer es nötig schien. Brücke war die erste wissenschaftliche Vaterfigur, die sich Freud suchte, und für den Beginn einer akademischen Laufbahn nicht der schlechteste Mentor. Sein asketischer Lebensstil, sein strenger Ernst und seine präzise Denkkraft paßten sehr gut zu einem jungen Mann, der über ähnliche Qualitäten verfügte.

Als Famulus versuchte Freud bei Brücke naturwissenschaftliche Grundlagenforschung zu betreiben, ohne ganz der Medizin verlorenzugehen. Die neuroanatomische Fachrichtung bot dazu ideale Gelegenheit, denn sie verband das eine mit dem anderen. Die zoologischen Arbeiten dienten dabei als Basis für die erweiterte Erkenntnis neurologischer Strukturen im Bereich der Humanmedizin. Georg Büchner, der seine Dissertation über das Nervensystem der Fische verfaßt hatte, erklärte schon 1836 in seiner Züricher Probevorlesung mit Blick auf den neuen Entwurf einer disziplinenübergreifenden Naturwissenschaft: «Namentlich erfreuten sich die Botanik, die Physiologie und vergleichende Anatomie eines bedeutenden Fortschritts. In einem ungeheuren, durch den Fleiß von Jahrhunderten zusammengeschleppten Material, das kaum unter die Ordnung eines Katalogs gebracht war, bildeten sich einfache, natürliche Gruppen; ein Gewirr seltsamer Formen unter den abenteuerlichsten Namen, löste sich im schönen Ebenmaß auf; eine Masse Dinge,

Ernst Wilhelm Ritter von Brücke

die sonst nur als getrennte, weit auseinander liegende facta das Gedächtnis beschwerten, rückten zusammen, entwickelten sich auseinander oder stellten sich in Gegensätzen einander gegenüber.»[74] Dieses Zusammenspiel der Disziplinen, das auf der Ebene der Neuroanatomie zu Verbindungen und Unterscheidungen gleichermaßen führte, konnte Freud in Brückes Labor lernen. Hier befanden sich die Grundlagenfächer der klassischen Naturforschung und die Medizin nicht in einem feindlichen Verhältnis, sondern ergänzten sich auf überzeugende Weise.

Gemeinsam mit dem später nach Leipzig berufenen Carl Ludwig hatte Brücke das Wiener Physiologische Institut im Geist von Du Bois-Reymond und Helmholtz aufgebaut. Präzise wissenschaftliche Beobachtung, exakte Analyse der Präparate, Verzicht auf Spekulationen, strikte Beweisführung und Klarheit der Methode waren für ihn leitend. Der von Helmholtz ausgehende Grundsatz der konstanten Krafterhaltung bildete die wesentliche Prämisse seiner Forschung. Physiologische Systeme untersuchte er als geschlossene Einheiten, die dafür sorgten, daß die in ihnen zirkulierenden Kräfte möglichst spannungsfrei balanciert wurden. Den gesunden Organismus betrachtete Brücke im Sinne eines kohärenten Gefüges, dessen Elemente in einem ausgewogenen Verhältnis zueinander standen, ohne ihre Gesamtgröße zu verändern.[75] Diese Sichtweise, die gedanklich dem von Helmholtz formulierten Gesetz der Energieerhaltung folgte, hatte nicht nur Konsequenzen für die Erforschung einzelner Zellen und Zellarchitekturen, sondern besaß Bedeutung auch für den evolutionären Prozeß. Die

Parallele zwischen individueller und allgemein-gattungsbezogener Entwicklung ergab sich im Sinne des ganzheitlichen Ansatzes der Helmholtz-Schule zwingend aus dem Prinzip der Einheit der Formen. Die innere Ordnung unseres physiologischen Systems war das Ergebnis einer Evolution der Arten, die nach denselben Regeln ablief wie die des Einzelnen. Daß diese Perspektive zeitlebens auf Freud stark wirkte, verrät ein Satz aus einer Studie von 1913: «In den allerletzten Jahren hat sich die psychoanalytische Arbeit darauf besonnen, daß der Satz ‹die Ontogenie sei eine Wiederholung der Phylogenie› auch auf das Seelenleben anwendbar sein müsse, und daraus ist eine neue Entwicklung des psychoanalytischen Interesses hervorgegangen.»[76]

Brückes physiologische Systematik beeinflußte Freuds Denken vor allem dort, wo es um die Suche nach einem einheitlichen Ursprung organischen Werdens ging. Wie Brücke das Leben der Zellen aus geschlossenen Grundsätzen ableitete, bemühte sich Freud später um eine Erklärung der seelischen Aktivität aus einem durchgreifenden Prinzip. Die finale Ursache psychischer Prozesse zu ermitteln, blieb das Ziel seiner wissenschaftlichen Arbeit – ein Programm, das im Positiven innere Folgerichtigkeit, im Negativen einen Hang zum Dogmatismus hervorbrachte. Freuds Stärken und Schwächen entstammten derselben Quelle, der Suche nach dem Einheitsgrund des seelischen Lebens. Die biologische Herleitung seines Denkens bildete die Voraussetzung seiner theoretischen Konsequenz, auch dort, wo er später über die Probleme der organischen Welt hinausging.

In Brückes Labor untersuchte der Famulus Freud zunächst das Rückenmark von Wirbeltieren des Meeres. Er führte damit die Vorhaben fort, die er bei Claus verfolgte.[77] Die äußeren Bedingungen, unter denen gearbeitet wurde, waren dürftig. Die Labors lagen in feuchten Kellergewölben, entbehrten jeglicher technischer Standards und hatten keine Fenster. Licht warfen Petroleumlampen, Strom fehlte, und im Winter war es ungemütlich kalt. Wer es hier aushalten wollte, mußte wissenschaftlichen Enthusiasmus mitbringen. Für Freud galt diese Voraussetzung ohne Zweifel; sechs Jahre, von 1876 bis 1882, blieb er als schlecht bezahlter Aspirant auf eine Assistentenstelle bei Brücke beschäftigt. Noch während des Studiums begann er zu publizieren: 1877 erschien, angeregt durch Claus, seine histologische Arbeit über die Lappenorgane des Aals, die, kurz zuvor durch eine Untersuchung des polnischen Zoologen Szymon Syrski als männliche Geschlechtsteile ausgewiesen, in der Meeresstation von Triest auf ihre Gewebestruktur analysiert worden waren.[78] Claus verlas die Kernthesen von Freuds Artikel in einer Sitzung der Mathematisch-Naturwissenschaftlichen Klasse der Wiener Akademie. Es wirkt stimmig, daß die Debütschrift des Mannes, der sein gesamtes Leben der Erforschung der menschlichen Sexualität widmete, der Anatomie der Fortpflanzungsorgane galt. Vorerst blieb Freud allerdings auf zoologischem Gebiet aktiv, ohne sich um die Humanmedizin intensiver, als es das Curriculum verlangte, zu kümmern. Noch im selben Jahr, 1877, folgte eine Studie zum Ursprung der Rückenmarksnerven beim Petromyzon, einem kieferlosen, im Meer lebenden Wirbeltier, deren Ergebnisse einige Monate später in einer längeren Abhandlung zum selben Thema nochmals erweitert wurden.[79] Am 6. August 1878 erklärte Freud in einem Brief an den ehemaligen Mitschüler Wilhelm Knoepfmacher, für ihn bestehe nur die Wahl «Tiere schinden oder Menschen quälen», und in diesem Fall entscheide er sich «für das erste Glied der Alternative».[80]

Stolz vermerkte Freud im Januar 1879 gegenüber Silberstein, daß man ihn bereits als Forscher wahrnehme und in anderen Artikeln zitiere.[81] Solche Zeichen der Anerkennung waren auch notwendig, denn die alltägliche Arbeit im Labor blieb monoton. Sie schloß stundenlange Tätigkeit am Mikroskop, an Präparaten und deren feingliedrigem Aufbau ein, forderte Ausdauer und Geduld. Freud erinnerte 1927 in seinem Nachwort zur Diskussion über die Laienanalyse daran, daß die Physiologie der Zeit stark auf histologische Fragen konzentriert war, was ihm die Untersuchung theoretischer Probleme im Rahmen seiner Laboranalysen unmöglich machte.[82] Das Diktat der reinen Empirie, wie es seit der Mitte des 19. Jahrhunderts von den großen naturwissenschaftlichen Schulen eines Du Bois-Reymond und Helmholtz ausging, verpflichtete zur Arbeit am Mikroskop, an Präparaten und mikrologischen Zellstrukturen.

Die Tätigkeit im Institut führte Freud mit Sigmund von Exner und Ernst Fleischl von Marxow, den Assistenten Brückes zusammen. Bei beiden hörte er in früheren Semestern physiologische Vorlesungen, beide bewunderte er für ihr exaktes wissenschaftliches Denken. Der 1846 geborene Exner war seit 1870 in Brückes Labor aktiv, hatte sich 1871 habilitiert und erhielt 1875 eine außerordentliche Professur. Er blieb distanziert und abweisend, galt als humorlos, ehrgeizig und verbissen. Ein engeres Verhältnis entwickelte Freud zu Ernst Fleischl, der die zweite Assistentur wahrnahm. Fleischl, aus einer reichen Familie stammend, charmant und von gewinnenden Um-

Ernst Fleischl von Marxow

gangsformen, war wie Exner zehn Jahre älter als Freud. Er hatte Mathematik, Physik und Chemie studiert, ehe er zur Medizin fand. Auch er blieb ein Theoretiker und fühlte sich daher in der Physiologie gut aufgehoben. Seit seiner 1870 erfolgten Promotion arbeitete er an Brückes Lehrstuhl, publizierte selbständig in unterschiedlichsten Gebieten von der Physik bis zur Physiologie, neigte aber auch dazu, sich zu verzetteln und Experimente in großer Skrupulosität über Monate zu wiederholen, weil er seinen Befunden mißtraute. Durch seine Herkunft ökonomisch unabhängig, im Habitus souverän und von einnehmendem Wesen, bildete Fleischl den Gegenpart zu seinem Lehrer Brücke. Wo dieser streng, ernst und verschlossen war, trat Fleischl offen und gesprächig auf. Freud genoß den Kontakt mit ihm außerordentlich, weil er sich von ihm wissenschaftlich ernstgenommen fühlte und die akademische Hierarchie in ihrem Verhältnis keine Rolle spielte.

In Brückes Labor lernte Freud auch den Arzt Josef Breuer kennen. Breuer war 14 Jahre älter, was, ähnlich wie im Fall Fleischls, angesichts der intellektuellen Fähigkeiten Freuds nicht sonderlich ins Gewicht fiel. Nach einem Medizinstudium in Wien promovierte Breuer 1864 und habilitierte sich nur ein Jahr später mit einer physiologischen Abhandlung. Als sein Lehrer Johann von Oppolzer 1871 an Typhus starb, ließ er sich in einer allgemeinmedizinischen Praxis nieder, gab aber seine wissenschaftliche

Josef Breuer

Tätigkeit nicht auf. Breuer arbeitete über das Atmungssystem und, seit Beginn der 70er Jahre, über die Funktion der Flüssigkeit im Innenohr. 1873 und 1875 veröffentlichte er im *Wiener Medizinischen Jahrbuch* in zwei Teilen seine Studie zum ‹Gleichgewichtsorgan›, die ein neues Verständnis für die Balanceorganisation im Ohr schuf.[83] In Brückes Labor durfte er regelmäßig forschen, ohne daß er jedoch klar erkennbare Schwerpunkte verfolgte.[84] Bis Ende der 70er Jahre konnte er sich zwischen Praxis und Physiologie nicht entscheiden. Erst nachdem er, vermutlich erstmals im Februar 1880, die Technik der Hypnose kennenlernte, fand er ein neues Lebensthema, das ihn andauernd fesselte. Davon und von den Wirkungen dieser Technik auf Freud ist später zu sprechen.[85]

Freuds Verhältnis zu Breuer wurde rasch freundschaftlich, obwohl beide sich in sehr unterschiedlichen Lebensphasen befanden. Breuer war seit 1868 verheiratet, hatte fünf Kinder und betrieb eine florierende Praxis, die von der gehobenen Wiener Gesellschaft frequentiert wurde. Zu seinen Patienten zählten Gelehrte wie Theodor Billroth, Sigmund Exner und Brücke selbst, aber auch der Komponist Johannes Brahms; daß er Friedrich Nietzsche in der letzten Phase seiner Krankheit behandelte, ist allerdings eine literarische Erfindung des Schriftstellers Irvin Yalom.[86] Breuers Ordinationsräume befanden sich in der zentral gelegenen Bäckergasse 7 auf der zweiten Etage eines prachtvollen Renaissancehauses, in dessen drittem Stockwerk er seine große Privatwohnung hatte. Dank seiner beträchtlichen Honorare konnte er sich Hauspersonal, einen Kutscher, beste Anzüge, teure Soupers und exquisite Weine leisten. Im Gegensatz zu Freud, der noch nicht einmal seine Dissertation vorgelegt hatte, war Breuer wissenschaftlich etabliert. Als Privatdozent hielt er allgemeinmedizinische Vorlesungen an der Universität, man akzeptierte in Wiener Fachkreisen sein Urteil und billigte ihm Autorität zu. Er korrespondierte mit naturwissenschaftlichen Koryphäen, aber auch mit Franz von Brentano, der seit 1880 in Wien nur noch als Privatgelehrter wirkte.[87] Zu seinen Vertrauten gehörten Komponisten, Schriftsteller und Architekten, Aristokraten und Schauspieler. So sprachen die beiden Freunde nicht nur über medizinisch-physiologische Themen, sondern auch über Archäologie, Literatur und Theater, über Politik und gesellschaftliches Tagesgeschehen. In Breuers Gegenwart begann Freud im übrigen einem Laster zu verfallen, das er zeitlebens nicht mehr aufgab: dem Rauchen. Gegen Ende seiner Studienzeit, als 24jähriger, fing er zunächst mit Zigaretten an, die wenig später durch Zigarren ersetzt wurden.[88] Zuerst rauchte er nur im Caféhaus, unter guten Bekannten, beim geselligen Gespräch. Bald aber sah er, daß der Nikotingenuß seine Arbeitskraft steigerte, und fortan wurde die Zigarre seine feste Begleiterin beim Auswendiglernen, Lesen, Exzerpieren und Schreiben.

Breuer sah Freuds außerordentliche Fähigkeiten sehr schnell und ignorierte daher, was sie in Alter, Erfahrung und Status trennte. Er suchte den Austausch mit dem Jüngeren, dessen breite kulturelle Bildung er schätzte, und lud ihn regelmäßig nach seinem anstrengenden Praxistag in die Bäckergasse ein. Freud wiederum bewunderte den etablierten Kollegen mit akademischer Reputation, genoß sein perfekt organisiertes Familienleben und spielte liebevoll mit seinen kleinen Kindern. Nicht zuletzt adorierte er Breuers schöne Ehefrau Mathilde, die nicht frei von Koketterie war; seine Neigungen verschwieg der introvertierte Hausfreund allerdings, wie es die Konvention gebot. Trotz des vertrauten Verhältnisses der beiden Ärzte blieb ein Rest von Distanz, der selbst in den kommenden Jahren intensiver Zusammenarbeit nicht überwunden wurde. Man blieb beim förmlichen ‹Sie›, sparte Privates zunächst aus und vermied Gespräche über persönliche Stimmungen. Breuer und Freud ähnelten sich in ihrem steifen, auf Abstand achtenden Habitus, der letzte Vertrautheit ausschloß. Auch als die beiden sich später mit den Abgründen hysterischer Erkrankungen befaßten und von den Patientinnen intimste Details ihres Liebesleben erfuhren, blieb es bei dieser Haltung. Das änderte sich nur vorübergehend in jener Phase, da Freud seine Eheschließung plante und praktischen Rat in erotischen Fragen benötigte – davon wird noch zu sprechen sein.

Nahezu drei Jahre forschte Freud in Brückes Labor, ohne daß sein Medizinstudium nennenswerte Fortschritte machte. Das klinische Curriculum war großzügig und verlangte, anders als der erste Abschnitt, kaum Prüfungen. So blieb dem Famulus genügend Zeit für das Präparieren, Mikroskopieren und Auswerten. Betrachtete man seine Tätigkeit, dann wirkte sie eher wie die eines Forschers, nicht wie das Pflichtpensum eines Studenten. Das Labor war Arbeitsplatz, aber zugleich ein gesellschaftlicher Treffpunkt, wo man Freunde sah und Zeitung las. Daß es an äußerer Bequemlichkeit, gutem Licht und ausreichender Heizung mangelte, störte die jungen Männer, die hier zusammenkamen, nicht. Die Grenzen zwischen Privatem und Wissenschaftlichem verflossen regelmäßig, man hatte Zeit und wenig Druck, ein Vorhaben abzuschließen. In den Räumen des Physiologischen Instituts schien die Uhr stillzustehen, als handele es sich um eine entlegene Insel im tosenden Strom der Stadt. Das Labor blieb ein großes Soziotop wie das Caféhaus, wo Öffentliches und Intimes auf selbstverständliche Weise ineinander spielten, ohne daß irgendein Zwang herrschte, der zur Hektik nötigte.

Nicht enden können

Obgleich das Leben in Brückes Labor sich also für Freud angenehm gestaltete, gab es im dritten Jahr doch Zeichen, die ihn daran erinnerten, daß er hier nur eine provisorische Forscherexistenz führte. Die meisten seiner Kommilitonen hatten mittlerweile ihr Studium beendet, und allmählich sah er ein, daß auch er zum letzten Akt kommen mußte. Im Sommersemester 1879 entschloß sich Freud daher, die beiden praktischen Vorprüfungen in Anatomie und Physiologie anzugehen, die bestanden werden mußten, ehe er sich für die drei großen Abschlußexamina anmelden durfte. Am 17. Juni 1879 bewältigte er den Anatomie-Teil mit der Bestnote ‹Ausgezeichnet›. Am 21. Juli, zum Ende des Sommersemesters, folgte die Physiologie-Prüfung bei Brücke. Der Mentor galt als extrem streng, und entsprechend besorgt war Freud, der sich zwar seinem Ehrgeiz gemäß genauestens vorbereitet hatte, aber entlegene Fragen fürchtete. Dann allerdings machte er eine Erfahrung, wie sie ihm bereits aus der Gymnasialzeit vertraut war. Silberstein berichtete er, daß Brücke ihn in der Physiologie im Gegensatz zu anderen Kandidaten bei der Analyse vorbereiteter Präparate nicht ernsthaft auf die Probe gestellt habe. Er mußte lediglich die Wirkweise eines Mikroskops erklären und eine einfache chemische Reaktion beschreiben, wohingegen seine Kommilitonen schwierigste Aufgaben zu bewältigen hatten.[89] Ähnlich wie im Gymnasium profitierte Freud vom Vorzugsstatus des Primus; der zielstrebige und fleißige Student, als den ihn der autoritäre Brücke kennenlernte, mußte sein Können im Examen nicht wirklich unter Beweis stellen. Während die anderen Kandidaten unter den Wutanfällen des Prüfers litten, der sie anbrüllte, wenn sie sich irrten, stand Freud daneben und schämte sich ein wenig, weil er selbst nicht durchs Feuer zu gehen hatte. Daß er für seinen geringen Einsatz die bestmögliche Note erhielt, war ihm nahezu peinlich.

Den beiden bewältigten Prüfungen folgte eine andere Pflicht, der Dienst als – wie es euphemistisch hieß – ‹Freiwilliger› beim Militär, der allen jungen Männern mit höherer Bildung zwischen Matura und Studium abgefordert wurde. Abiturienten mußten – ein Privileg für die gehobenen Kreise – ein Jahr leisten, für die anderen betrug die Militärzeit drei Jahre. Freud war zuvor bereits zweimal zu kleineren Übungen abkommandiert worden, zunächst, im März 1876 kurz vor der ersten Triest-Reise, in Pettau, dann im Januar 1879 in Bosnien-Herzegowina, wo er mit einer Reserveeinheit einen Gewaltmarsch über Sarajevo bis an die Adria unternahm – eine nicht ganz ungefährliche Aufgabe, hatte man doch österreichische Truppen während des Frühherbsts 1878 in der Herzegowina zusammengezogen, um den Aufruhr unter den muslimischen Bevölkerungsgruppen zu ersticken. Freud sah hier das erste und einzige Mal in seinem Leben die Grauen des Kriegs – Plündereien, Anschläge, Überfälle.[90] In seinen Briefen an Silberstein verzichtete er auf nähere Schilderungen des Erlebten, und auch später hat er über seine Erfahrungen in der Herzegowina weitgehend geschwiegen.

Wegen seines Studiums erhielt Freud nach wenigen Wochen Aufschub, ehe er nun, im Spätsommer 1879, seinen Dienst in einem Wiener Sanitätskorps antreten mußte. Ein Kasernenaufenthalt war für die ‹Einjährigen› nicht vorgesehen, so daß er zu Hause wohnen durfte. Der monotone und mechanische Spitalalltag forderte Freud kaum und ließ Zeit für andere Aufgaben, namentlich die Übersetzung von Mills Platon-Essay für Gomperz' Ausgabe.[91] Nach einigen Monaten gewann er den Eindruck, als nehme man den Dienst nicht sonderlich ernst. Immer häufiger blieb er den Übungen fern, um Zeit für seine wissenschaftliche Arbeit zu gewinnen. Das führte zu unerfreulichen Konsequenzen: Seinen 24. Geburtstag am 6. Mai 1880, der nach damals geltendem Recht das Erreichen der Großjährigkeit bedeutete, verbrachte Freud im Militärgefängnis, weil er sich mehrfach ohne Erlaubnis Urlaub gegönnt hatte.[92] Es war eine paradoxe Konstellation: den Schritt in die Mündigkeit vollzog er, indem er eine Haftstrafe antrat. Die Freiheit kam über den Umweg der Gefangenschaft, und womöglich wurde ihm der Sinn seines neuen Lebensabschnitts auf diese Weise erst klar. Die symbolische Dimension der Zahl ‹24› sollte Freud mehr als zwei Jahrzehnte später in seinen Studien *Zur Psychopathologie des Alltagslebens* noch sehr intensiv beschäftigen.[93]

Nach dem Ende des Freiwilligen-Jahres unterzog sich Freud endlich den drei medizinischen Abschlußprüfungen. Lange genug hatte er diesen Akt hinausgeschoben, weder aus Faulheit noch aus Angst, sondern aus Bildungshunger und Lust an der experimentellen Forschung. Die Familie drängte nicht, und sein Unterhalt war gesichert, so daß es keinen äußeren Zwang gab. Jetzt aber – Freud war immerhin schon im achten Studienjahr – stand der letzte Schritt unwiderruflich an. Am 9. Juni 1880 wurde er in den Grundlagenfächern examiniert, wobei der Freund Fleischl für seinen Chef Brücke den Physiologie-Teil prüfte. Hier, aber auch in Anatomie und Physik erzielte Freud die Bestnote, lediglich in Chemie zeigte er geringfügige Schwächen.[94] Am 22. Juli 1880 folgte das zweite Examen im Bereich der medizinischen Kerndisziplinen, dem am 23. Juni und 7. Juli zwei praktische Testate vorausgingen. Freud überstand den Parforceritt «mit einigen Mühen und sehr großen Ängsten».[95] Seine Anspannung rührte daher, daß er für die Vorbereitung auf die Pharmakologie keine Zeit mehr fand und hier durchzufallen fürchtete. Während ihn in diesem Punkt seine guten botanischen und chemischen Kenntnisse mit einiger Not retteten, überzeugte er in Pathologischer und Allgemeiner Anatomie ebenso wie in Innerer Medizin mit breitem Wissen.[96] Die Gesamtnote lautete nur ‹Genügend›, was für ihn enttäuschend war. Grund zur Beunruhigung gab es freilich nicht, weil die Bewertung am Ende kaum ins Gewicht fiel und allein das Bestehen zählte. Die Sommerpause bot dann Gelegenheit zu einer kurzen Unterbrechung des Arbeitspensums. Das mittlere Rigorosum wurde gefeiert, indem Freud mit seiner vier Jahre jüngeren Lieblingsschwester Rosa und einer Cousine für zwei Tage auf den Semmering fuhr.[97]

Freud ließ sich mit dem endgültigen Abschluß nochmals neun Monate Zeit, die er in Brückes Labor verbrachte, um Untersuchungen am Rückenmark niederer Fischarten vorzunehmen. Die Angst vor dem letzten Schritt war hier mit Händen zu greifen. Freud fürchtete das finale Examen, weil er nicht wußte, welchen Weg er danach einschlagen sollte. So verlängerte er sein Studium künstlich, betrieb seine zoologischen Arbeiten und verdrängte den Gedanken daran, daß eine Entscheidung über seine berufliche Zukunft bald anstand. Wieder waren es die Freunde, die sich um ihn sorgten und vermuteten, er vergeude seine Zeit. Und wieder kamen von den Eltern beruhigende Signale: man trieb ihn nicht an, weil die Familie seine großen Fähigkeiten kannte und überzeugt blieb, daß er sie klug nutzen werde.

Am 30. März 1881 fand, nach drei praktischen Testaten zwischen Ende November und Mitte Dezember 1880, das letzte Rigorosum im Bereich der übrigen klinischen Fächer statt. Freud war ausnahmsweise schlecht vorbereitet, obwohl er hinreichend Zeit für das Lernen hatte. Aber statt sich mit den Kerngebieten der Medizin zu befassen, saß er in Brückes Labor und präparierte Fische. Erst wenige Wochen vor dem Termin machte er sich an die Arbeit und hetzte durch die Lehrbücher – angesichts der Fülle des Lernstoffs eine riskante Strategie, zwischen Selbstsicherheit und Chuzpe. Im Fall der Gerichtsmedizin ging der Plan nicht auf, weil hier empirische Kenntnisse gefordert waren, die allein der Vorlesungsbesuch vermittelt hätte. Freud kassierte ein ‹Ungenügend› – eine für den Ausnahmestudenten gänzlich neue Erfahrung. In späteren Jahren hielt sich bei ihm ein gewisser Widerwille gegen dieses Fach, obwohl es ihm für die psychologische Forschung aufschlußreiches Material bieten konnte.

Vor Schlimmerem bewahrte ihn sein glänzendes Gedächtnis, das es ihm erlaubte, am Tag zuvor rasch gelesene Texte nahezu einwandfrei zu reproduzieren.[98] So bot er in den drei übrigen Prüfungsfächern Augenheilkunde, Chirurgie und Geburtshilfe das gewünschte Handbuchwissen, das er obendrein in druckreifer Sprache und den exakten Formulierungen der schriftlichen Quellen wiedergeben konnte. Noch in künftigen Jahren half ihm diese Fähigkeit, wenn er gesprächsweise vorgetragene Thesen von Freunden oder Schülern speicherte und mit eigenen Ideen verknüpfte. Er besitze einen «entschieden gefälligen Intellekt», schrieb er am 8. Februar 1910 an Sándor Ferenczi, «und neige sehr zum Plagiat.»[99] Kam es zu Übereinstimmungen seiner Texte mit zuvor Gelesenem oder flüchtig Gekanntem, so war das aber keineswegs ein Ergebnis gezielter Adaption. Freud nannte solche Korrespondenzen Jahrzehnte später eine «Leistung der Kryptomnesie», einer nicht gesteuerten Erinnerung.[100] Ihre Quelle war weniger der Verstand als das Unbewußte, jene Instanz, die er wie kein anderer erforschen sollte, ohne ihre Macht selbst brechen zu können.

Schon vor den mündlichen Prüfungen hatte Freud seine Dissertation *Über das Rückenmark niederer Fischarten* abgeschlossen. Sie war keineswegs, wie so oft in der Medizin, eine akademische Fleißübung, sondern als Zeugnis jahrelanger Arbeit wissenschaftlich originell und innovativ. Die Studie stützte sich auf die Forschungstätigkeit in Brückes Labor; sie verfolgte den Bau der Nervenzellen kleinerer Fische, ihre morphologische Struktur und ihre Ursprünge in den jeweiligen Wurzelelementen. Von einzelnen ‹versprengten› Zellen, die Freud unter dem Mikroskop neu entdeckte, wurde auf die Entwicklungsgeschichte zurückgeschlossen – ein Ansatz, der ihn im Blick auf seine Darwin-Lektüre besonders gereizt haben dürfte. Knapp vierzig Jahre später gab er im Rahmen einer Vorlesung eine kurze Zusammenfassung seiner Dissertation und ihrer Entdeckungen an den Nervenwurzeln: «Ich fand, daß die Nervenfasern dieser Wurzeln aus großen Zellen im Hinterhorn der grauen Substanz hervorgehen, was bei anderen Rückenmarktieren nicht mehr der Fall ist. Aber ich entdeckte auch bald darauf, daß solche Nervenzellen sich außerhalb der grauen Substanz an der ganzen Strecke bis zum sogenannten Spinalganglion der hinteren Wurzel vorfinden, woraus ich den Schluß zog, daß die Zellen dieser Ganglienhaufen aus dem Rückenmark in die Wurzelstrecken der Nerven gewandert sind. Dies zeigt auch die Entwicklungsgeschichte; bei diesem kleinen Fisch war aber der ganze Weg der Wanderung durch zurückgebliebene Zellen kenntlich gemacht.»[101] Freud verglich seinen Befund nachträglich mit dem Phänomen der Regression, bei dem infantile Triebelemente als Restbestände im Vorbewußten des Erwachsenen die sexuelle Ausrichtung, erotische Vorlieben und Verhaltensweisen aktiv bestimmen.

Am 31. März 1881, nur einen Tag nach der letzten medizinischen Prüfung, wurde Freud in einer öffentlichen Zeremonie promoviert. Ein weiteres Examen war nicht notwendig, die Vorlage der Dissertation und eine positive Begutachtung reichten aus. Das nüchtern gestaltete Zeugnis – ‹Absolutorium› – bescheinigte einen erfolgreichen Studienabschluß, listete die besuchten Lehrveranstaltungen auf und attestierte am Ende ein einwandfreies ‹akademisches Benehmen›.[102] Übergeben wurde das Zertifikat durch den Dekan der medizinischen Fakultät in Gegenwart des Rektors – das Amt wurde, sicher zu Freuds Genugtuung, seit 1879 von seinem Mentor Brücke versehen. An der öffentlichen Feier für die Doktoren, die in der Aula der alten Universität – damals schon Sitz der Akademie der Wissenschaften – stattfand, nahmen selbstverständlich die stolzen Eltern und seine sechs Geschwister teil. Aus Freiberg reiste die Familie Fluss an, um dem jungen Arzt zu gratulieren.[103] Daß auf diese Weise die angeschwärmte Gisela und ihre Mutter Zeuginnen seines Erfolgs wurden, dürfte Freud befriedigt haben. Obgleich er seit der Gymnasialzeit wenig Sinn für förmliche Rituale hatte, absolvierte er den Festakt in Hochstimmung, wohl wissend, daß er sich seinen Titel durch eine bemerkenswerte Leistung verdient hatte. Der Examenserfolg zeitigte im übrigen Nachwirkungen, die unmittelbar ins Arbeitsgebiet des späteren Psychoanalytikers fielen. Jahrzehntelang wurde Freud von unangenehmen Prüfungsträumen heimgesucht, die sich aber nie auf die Gerichtsmedizin, sondern auf Botanik, Zoologie und Chemie bezogen – Fächer, welche er trotz einiger Nervosität bestens bewältigt hatte.[104] Er lernte auf diese Weise, daß man nur dann vom Durchfallen träumt, wenn man in Wirklichkeit bestanden hat, während das reale Versagen kein Objekt nächtlicher Ängste ist.

Die Dissertation mußte nach österreichischem Universitätsrecht nicht publiziert werden und fand daher, anders als die thematisch verwandten Artikel, die Freud Ende der 70er Jahre veröffentlicht hatte, kein Echo in der Fachwelt. Ihrem Verfasser blieb sie jedoch lange im Gedächtnis, weil sie ihm erstmals die Freuden wissenschaftlicher Pionierarbeit bescherte. Sein physiologischer Zellfund habe ihn, so erinnerte sich Freud 46 Jahre nach der Promotion, «glücklicher» gemacht als andere Entdeckungen, die er bald auf dem Gebiet der Psychologie tat.[105] Anspruch und Detailliertheit der mikroskopischen Ergebnisse lagen deutlich über dem Niveau, das eine medizinische Dissertation zu dieser Zeit generell aufwies. Aber eine endgültige Weichenstellung für eine akademische Karriere verband sich damit noch nicht, da das Thema am Rande der einschlägigen klinischen Felder lag. Weder für die Neurologie noch für die Zoologie empfahl sich Freud durch seine Arbeit auf zwingende Weise. Das Studium war nach acht Jahren und langwierigen Bemühungen um die passenden Forschungsobjekte beendet, ohne daß ihm der Weg in die künftige Berufspraxis klar vorgezeichnet schien.

DRITTES KAPITEL

Arzt auf der Suche (1881–1885)

Martha Bernays, ‹my sweet darling girl›

An einem Sonntag im April 1882 lernte Freud in Wien eine junge Frau kennen, die sein Leben von einem Moment auf den anderen tiefgreifend änderte. Es handelte sich um die zwanzigjährige Martha Bernays, eine enge Vertraute der drei Freud-Schwestern Rosa, Maria und Adolfine. Im Februar 1882 hatte sich der Indologe Ignaz Schoenberg, Freuds Studienfreund, mit Marthas jüngerer Schwester, der erst 16jährigen Minna Bernays verlobt, was genügend Gesprächsstoff für beide Familien bot. Martha und Minna trafen die Freud-Mädchen häufig in der Wohnung an der Kaiser-Josef-Straße, sahen aber den älteren Bruder nicht, weil er Gesellschaft mied und meist allein bei seinen Büchern saß. Eines Abends, als Martha und Minna mit den Schwestern Konversation machten, kehrte Freud von einem Spaziergang nach Hause zurück. Anders als sonst verschwand er nicht sofort in seiner Studierstube, sondern blieb bei den Mädchen stehen, ohne jedoch am Gespräch teilzunehmen. Diese merkwürdige Beobachterposition irritierte Martha offenkundig, wie sie einige Monate später berichtete: «Ich erinnere mich noch genau, es war ganz im Anfang unsrer Bekanntschaft, wir waren am Abend bei Deinen Schwestern, Minna und ich, und Du, anstatt ruhig und anständig und spießbürgerlich bei uns zu sitzen, ranntest, wie ein gefangener Löwe im Käfig, durch Eure gute Stube immerfort auf und ab, bliebst wohl auch ab und zu einmal am Tische stehen, hörtest mit gleichgültigen Ohren auf unser Mädchengeschwätz und schossest dann und wann, so bildete ich mir ein, wütende Blicke auf mich».[1]

Der nervös-angespannte Freud ließ nicht nur Geselligkeit, sondern auch Höflichkeit vermissen; Martha und Minna mußten nachts allein nach Hause gehen, ohne daß er ihnen seine Begleitung anbot. Tatsächlich schien Freud, obwohl er äußerlich zerstreut wirkte, angezogen von der jungen

Frau. Martha war klein und zierlich, wortgewandt und direkt, sie nahm kein Blatt vor den Mund und versprühte einen herben Charme, der dem Studenten spontan gefiel. Sie sei «nicht schön im Sinne der Maler und Bildhauer», so sollte er ihr einige Monate später schreiben, aber sie ersetze das durch einen eigenen «Zauber».[2] In den folgenden Wochen begegnete er Martha wieder, allerdings stets, wie es der Anstand gebot, in Gesellschaft seiner oder ihrer Geschwister. Es fügte sich, daß ihr Bruder Elias (Eli) im April ein tête à tête mit Anna, Freuds ältester Schwester, begonnen hatte, so daß es auf beiden Seiten ein starkes Interesse an regelmäßigen Begegnungen gab.[3] Die kleine Gruppe traf sich in den Wiener Parks und den Prater-Auen, aber erst Ende Mai wagte es Freud, Martha um ein Rendezvous zu zweit zu bitten.

Es dauerte nur wenige Wochen, dann war das Paar heimlich verlobt. Am 14. Juni schickte Freud per Boten Rosen an Martha, am 17. Juni bat er in einem Garten in Mödling «mit sehr leiser Stimme» um ihre Hand; in der Korrespondenz ging man jetzt zum ‹Du› über.[4] Diese Art von Spontaneität war überraschend, verfügte er doch über keinerlei Erfahrungen mit dem anderen Geschlecht. Seit seiner Pubertät zeigte er gern den Habitus des altklugen Gelehrten, der genau plant, rational entscheidet und die Zufälle des Lebens zu beherrschen sucht, indem er sie auf einen Fundus von Lektürekenntnissen bezieht. Gegen die Diktatur des Augenblicks setzte Freud das Regime des Wissens, das auch die empirische Welt streng systematisierte. Doch die neue Liebeserfahrung war nicht wie ein Präparat unter dem Mikroskop oder ein klinischer Fall nach dem Lehrbuch methodisch einzuordnen. Freud wurde von seinen Gefühlen offenbar überwältigt, so daß er anders als sonst reagierte, nämlich spontan und intuitiv. Der raschen Entscheidung für die Verlobung, der Martha ähnlich schnell zustimmte, folgte dann aber der strenge Kontrollzwang. Freud schickte seiner Freundin lange Briefe, in denen er sie zur Idealfrau verklärte, ehe er sie überhaupt näher kennenlernen konnte. Martha wurde, wie so manche Geliebte des 19. Jahrhunderts, erschrieben, erfunden, phantasiert – die Macht der Einbildungskraft beherrschte den Eros der viktorianischen Epoche.

Martha Bernays, geboren am 26. Juli 1861, stammte aus einer frommen jüdischen Familie in Hamburg. Der Großvater Isaak – Jahrgang 1792 – hatte in Würzburg und München alte Sprachen, Orientalistik und Philosophie studiert, dabei auch Schellings Vorlesungen besucht. 1821 wurde er als Rabbiner nach Hamburg berufen, wo er aufgrund seiner als gelehrt

Martha Bernays

geltenden Predigten, zu deren Hörern Heine zählte, bald den Ruf eines zum Esoterisch-Spekulativen neigenden Gelehrten erwarb. Mit seiner Frau Sara, die aus Hannover kam, hatte Isaak acht Kinder. Zwei von ihnen, die Söhne Michael und Jacob, machten ansehnliche akademische Karrieren im philologischen Fach.[5] Marthas Vater Berman Bernays, das dritte Kind der Familie, hatte dagegen im Berufsleben weniger Glück als Jacob und Michael. Er betätigte sich zunächst wie sein jüngerer Bruder Louis in seiner Heimatstadt Hamburg als Kaufmann. Nachdem er einige Jahre für ein Wäscheunternehmen tätig war, verdiente er später sein Geld als Annoncenwerber und betrieb nebenbei riskante Börsenspekulationen mit Wertpapieren. Dabei häufte er erhebliche Schulden an, lieh Geld, verschwieg seinen Gläubigern die eigene Lage, wurde im Dezember 1867 verhaftet und schließlich wegen Insolvenzverschleppung am 15. Juni 1868 zu einem Jahr Gefängnis verurteilt.[6] Nach seiner Freilassung zog er 1869 mit seiner Familie nach Wien um, wo er als Angestellter seiner früheren

Firma, die Wäsche produzierte, ein bescheidenes Dasein fristete. Für ihn, den Vorbestraften, war der Ortswechsel die einzige Möglichkeit, seine zerstörte bürgerliche Reputation wiederherzustellen und die Familie vor übler Nachrede zu schützen. Man wohnte in der Rembrandtgasse 3 im zweiten Wiener Bezirk, insgesamt komfortabler als die Familie Freud, aber keineswegs großbürgerlich. Zur Aufbesserung seines Gehalts übernahm Bernays die Position eines Privatsekretärs bei Lorenz von Stein, einem Deutschnationalen, der seit 1855 eine Professur für Politische Ökonomie an der Universität bekleidete, daneben aber zahlreiche Geschäfte und Unternehmungen organisierte. Nach einiger Zeit versah Berman auch die Aufgaben eines Redaktors für eine von Stein herausgegebene Zeitschrift.

Mit seiner 1830 geborenen Ehefrau Emmeline, die aus der strenggläubigen jüdischen Bankiersfamilie Philipp in Hamburg stammte, hatte Berman sieben Kinder, von denen drei kurz nach der Geburt verstarben. Der älteste Sohn Isaak, der aufgrund einer Hüftfehlstellung gehbehindert war, erlag 16jährig, im Juni 1872, einer Tuberkulose. Genau an seinem zehnten Todestag, dem 14. Juni 1882, schickte Freud Martha erstmals Rosen – eine Koinzidenz, die der Vater der Psychoanalyse später genüßlich ausgedeutet hätte, wenn sie ihm bekannt gewesen wäre: der Bräutigam ersetzte den toten Bruder. Marthas Bezugspersonen waren neben Isaak der eineinhalb Jahre ältere Eli und die vier Jahre jüngere Schwester Minna. Die Lebenssituation der Familie, die sich vorübergehend stabilisiert hatte, verschlechterte sich Ende der 70er Jahre dramatisch. Der Vater wurde von seiner Firma entlassen, weil eine Insolvenz drohte, und auch von Steins Geschäfte gerieten in schwere Turbulenzen. Am 9. Dezember 1879 erlitt Berman Bernays, erst 51jährig, während eines abendlichen Spaziergangs einen Herzschlag. Er wurde in die Wohnung der Familie gebracht, wo er wenig später starb.[7] Weil die Mutter ohne Vermögen war, mußte der 19jährige Elias die Position des Vaters übernehmen und die Stelle des Redaktionssekretärs bei von Stein versehen. Er blieb für acht Jahre, bis 1887, bei ihm beschäftigt, und konnte auf diese Weise die Erziehung der heranwachsenden Schwestern und den Unterhalt der Familie sichern. Zu Marthas Vormund bestimmte man neben der Mutter den Wiener Getreidehändler Sigmund Pappenheim, den Vater Bertha Pappenheims, die wenige Jahre darauf unter der Chiffre ‹Anna O› die berühmteste Hysteriepatientin der Epoche wurde.

Die zwanzigjährige Martha hatte also, anders als Freud, bereits schwerwiegende Verlusterfahrungen gemacht. Sie kannte durch das Schicksal ihres Vaters die Glückswechsel des bürgerlichen Geschäftslebens, die Existenzsorgen und Zukunftsängste der kleinen Kaufleute. Wie in der Familiengeschichte der Freuds gab es auch bei den Bernays dunkle Flecken, Betrügerei, wirtschaftliche Zusammenbrüche und Gefängnisstrafen. Marthas Auftreten verriet solche Hintergründe nicht; sie war neugierig, furchtlos, nicht selten spöttisch, insgesamt von guter Bildung, literatur- und kunstinteressiert, wie es sich für eine höhere Tochter der Zeit gehörte. In ihren Briefen an Freud offenbarte sie einen ganz individuellen Stil, gemischt aus Ernsthaftigkeit und Witz. Die intellektuelle Präsenz der ironisch-geistreichen Korrespondentin paßt nicht zum Klischee der biederen Bürgerstochter, das die Freud-Biographik lange Zeit bedient hat. Martha zeigte mächtigen Wissenshunger und nahm Lektüreempfehlungen geradezu begierig auf. Heine und Jean Paul, Shakespeare und Dickens gehörten bald zu den Referenzen, auf die sie in ihren Briefen an Freud mit Nonchalance anspielte. Das mochte kein Zufall sein, gab es doch einschlägige familiäre Einflüsse und Hintergründe. Jacob Bernays, der älteste Bruder ihres Vaters, war einer der berühmtesten Altphilologen des 19. Jahrhunderts, seit 1866 außerordentlicher Professor für Klassische Philologie und Oberbibliothekar an der renommierten Universität Bonn. Einen Lehrstuhl erhielt er nie, weil er am orthodoxen jüdischen Glauben festhielt. Er blieb zeitlebens unverheiratet und widmete seine Tage allein der Wissenschaft – in Habitus und Auftreten ein typischer Gelehrter der Zeit. Michael Bernays, der zweite Onkel, war Germanist, hatte bei Gervinus in Heidelberg studiert, forschte über Goethe und die Romantik und amtierte seit 1874 als Ordinarius in München. Anders als sein Bruder Jacob war er zum Christentum konvertiert, was damals in Deutschland und Österreich die Voraussetzung für eine Berufung auf einen Lehrstuhl bildete. Der Kontakt zwischen Martha und den beiden Brüdern ihres Vaters blieb oberflächlich, aber man darf davon ausgehen, daß sie stolz auf ihre wissenschaftliche Reputation war. Als Jacob Bernays im Mai 1881 starb, hinterließ er seinen sechs noch lebenden Geschwistern sein gesamtes Vermögen in Höhe von 27 000 Mark. Martha, Eli und Minna erhielten ein Drittel des Sechstels, das auf Bermans Hinterbliebene entfiel, jeder also etwa 1500 Mark.[8] Das Vermächtnis wurde zunächst von Eli verwaltet, der das Geld in Wertpapieren anlegte, ohne seine Geschwister genauer darüber zu informieren.[9] Erst unter erheblichem Druck Freuds stellte er die ganze Summe einige Jahre später voll zur Verfügung, so daß sie dazu dienen konnte, die Aussteuer Marthas zu ergänzen.

Nur wenige Tage nach der heimlichen Verlobung im Juni 1882 verließ Martha Wien, um die kommenden drei Sommermonate in Wandsbeck nahe Hamburg bei Verwandten zu verleben. Zwar handelte es sich um eine lange geplante Reise, aber Freud nahm die Trennung wie einen Affront der mißtrauischen Mutter auf. Das Verhältnis zu ihr war von Beginn an spannungsreich, von Unverständnis und Argwohn geprägt. Freud fand sie kalt und borniert, egozentrisch und arrogant. Auch seine Mutter hatte stark dominante Züge, aber sie verband das mit einem warmen Wesen, während Emmeline Bernays hanseatische Distanz an den Tag legte. «Ihre Herzlichkeit selbst ist Herablassung, sie heischt Anbetung», so schrieb Freud an Martha.[10] Emmeline mißbilligte die Neigungen ihrer Tochter, weil sie auf eine gute Partie gehofft hatte, der junge Mediziner aber aus mittelloser Familie kam. Auch in den folgenden Jahren, in denen sie ihren Widerstand gegen die Verbindung allmählich aufgab, entwickelte sich zwischen beiden kein unverkrampftes Verhältnis.

Im Juli 1882 besuchte Freud die heimliche Verlobte für eine Woche in Hamburg. Die Stadt gefiel ihm gut, und er lobte ausdrücklich das «halbenglische Wesen», das hier herrschte.[11] Gemeinsam besuchte man ein Photostudio und ließ sich als Paar in klassischer Pose aufnehmen – er als der deutlich Größere sitzend, sie neben ihm stehend, die Hand vorsichtig auf seine Schulter gelegt.[12] Bei einem Graveur gab er ein Monogramm für Marthas Briefpapier in Auftrag, das die Anfangsbuchstaben ihrer Vornamen in einer bezeichnenden Verbindung zeigte: das ‹S› umschlang sehr dominant das ‹M›, umwuchs es förmlich wie eine üppige Pflanze. Zu Freuds Überraschung kannte der Hamburger Graveur die Familie Bernays genau und lobte die drei Brüder, Marthas Vater und ihre Onkel, mit geradezu poetischen Worten. Lehrer der großen Dichter seien die beiden älteren, der jüngere aber habe das Leben noch tiefer erschlossen, als es durch Wissenschaft und Kunst möglich sei, nämlich «rein menschlich». Das mochte das Geschwätz eines sentimentalen Herren sein, der sich bei seinem Kunden wichtig machen wollte; aber Freud wertete es gern als ehrendes «Andenken» an den, der ihm Martha «geschenkt» hatte.[13]

Anfang September 1882 kehrte die Verlobte aus Wandsbeck zurück, ohne daß sich Freuds Stimmung wesentlich verbesserte. Man sah sich

Verlobungsbild Sigmund Freud und Martha Bernays

selten allein, höchstens für zwei Stunden, in denen beide nebeneinander spazierengingen und aus Konvenienzgründen Abstand hielten.[14] Zunehmend zeigte Freud Eifersuchtsgefühle gegenüber jungen Männern aus seinem eigenen Freundeskreis, die Martha charmant den Hof machten. Zu ihnen gehörten die Brüder Emil und Fritz Wahle, außerdem Max Mayer, ein komponierender Pianist und Schüler von Liszt. Die Tatsache, daß er sie immer wieder erwähnte und von Martha genaue Berichte über ihre Kontakte verlangte, sprach Bände. Alles andere war ein Versuch der Beschwichtigung: «Gewiß, Max darf Dein Bruder, Schoenberg und Fritz Deine teuern Freunde sein; es macht mich stolz, daß so viele Dich lieben, keiner, ich weiß es, wird an mich heranreichen.»[15] «Die Eifersucht», so sollte Freud 1922 schreiben, «gehört zu den Affektzuständen, die man ähnlich wie die Trauer als normal bezeichnen darf.»[16]

Erst drei Monate nach Marthas Rückkehr aus Wandsbeck, Mitte Dezember 1882, gestand das Paar seine Verlobung. Emmeline Bernays war über die Pläne ihrer Ältesten nicht erbaut, weil eine Eheschließung mit Freud finanzielle Unsicherheit bedeutete. Da sie sich in Wien unglücklich fühlte und Sehnsucht nach der Hamburger Heimat hatte, entschloß sie sich Ende Oktober 1882 über die Köpfe ihrer Töchter hinweg zur Rückkehr in den Norden. Mitte Juni 1883 kam es zur erneuten Trennung der Verlobten, die nun für längere Zeit andauerte. Emmeline Bernays zog mit Martha und Minna nach Wandsbeck, das «Nest», und das Ziel war klar: die beiden Töchter sollten hier ordentlich – das hieß lukrativ – verheiratet werden.[17] Die Verbindung mit Freud galt der Mutter nur als Hirngespinst, als ein Arrangement, das kein größeres Gewicht hatte. Die Trennung währte für die Verlobten eine kleine Ewigkeit. Erst Anfang September 1884, nach einem Jahr und drei Monaten, kam es zu einem Wiedersehen, als Freud zu Martha nach Wandsbeck reiste.

Die Korrespondenz des Paars spiegelte einen gewissen Ernst und eine nur gelegentlich durch Ironie gemilderte Strenge wider. Martha zeigte sich glücklich darüber, daß ihr Bräutigam sich nicht einfach in sie «‹verschaut›», sondern eine tiefe Neigung zu ihr gefaßt habe. Und Freud wiederum erklärte, er wolle kein «Spielpüppchen», vielmehr solle seine künftige Ehefrau «ein guter Kamerad» sein, «der ein kluges Wort noch übrig hat, wenn der gestrenge Herr mit seiner Weisheit zu Ende ist.»[18] Daß diese Art von prosaischer Nüchternheit ihr nicht immer gefiel, verrieten Marthas Briefe an anderen Stellen. Mehrfach erwähnte sie Freuds strikten Habitus, der nicht zu seinem Alter zu passen schien, nannte ihn ‹ungelenk› und ‹unliebenswürdig› – eine Charakteristik, die er selbst ihr nahelegte, wenn er sich einen ‹ungeschickten Mann› schimpfte.[19] In einem Brief an Emmeline Bernays bedankte er sich Ende Oktober 1882 dafür, daß er trotz seines «oft unliebenswürdigen Benehmens» in ihrem Haus so freundlich aufgenommen worden sei.[20] Martha litt offenbar unter dem uncharmanten Zug ihres Verlobten, auch wenn sie seine unbedingte Ehrlichkeit immer wieder lobte. Kamen Klagen über seine allzu unromantischen Briefe, so erwiderte Freud gekränkt: «Wenn Du Dich als Püppchen fühlst und so behandelt werden willst, so sag es nur, ich werde vielleicht sogar nach einiger Zeit wieder zärtliche Briefe schreiben können.»[21]

Schon im Januar 1883 hatten die beiden begonnen, eine *Geheim-Chronik* ihrer Beziehung anzulegen, die sie wechselnd fortführten. Hier wurden kleine Konflikte, Hoffnungen und Erwartungen festgehalten, außerdem Pläne für gemeinsame Lektüren, Verabredungen und Spaziergänge. «Die Romantik liegt hinter uns», so lautete der erste Satz der Chronik, den Martha am 26. Januar 1883 formulierte.[22] Das wirkte wie ein programmatisches Eingeständnis, daß ihr Liebesverhältnis von Realitätssinn und einem Blick für die Forderungen des Tages beherrscht wurde. Am 21. September 1886, eine Woche nach der Heirat, beendete ein Eintrag Freuds die Chronik. Er notierte die Überraschung darüber, daß man im Alltag gut miteinander leben konnte.[23] Diese Aussage nach über 50 Monate währender Bekanntschaft verriet, wie es mit den Verlobten eigentlich stand: man war sich nur aus Briefen vertraut und nicht aus wirklicher Nähe.

Freuds Frauenbild trug fraglos konventionelle Züge. Schon der 19jährige schrieb 1875 an seinen Freund Silberstein: «Der Mann scheint befähigt dazu [zu] sein, Leidenschaften [zu] durchkosten, in wilde Gefühle zu versinken, selbst die Züge der Moral sich zu lockern, denn [in] ihm selbst ruht das Prinzip seiner Handlungen, das Bewußtsein, wann sie gut, wann sie schlecht sind, ein denkender Mensch ist sein eigener Gesetzgeber, Beichtvater und Absolvator. Doch die Frau, und gar das Mädchen, hat den Maßstab der Ethik nicht in sich, sie kann nur recht handeln, wenn sie die Grenze der Sitte einhält, das beobachtet, was die Gesellschaft als geziemend anerkannt hat.»[24] Diese Unterscheidung taugte durchaus dazu, eine misogyne Philosophie der Geschlechter zu begründen, wie sie wenig später Nietzsche und nach ihm Otto Weininger formulieren sollten. Während der Mann, so fand Freud, das rationale und damit auch ethisch gesteuerte Wesen repräsentiert, verfügt die Frau nur über ein Handlungswissen jenseits von Prinzipien. Zwar hatte er 1880 für Gomperz' Edition Mills Essay zur Emanzipation übersetzt, doch verhehlte er Martha nicht, daß er die hier vorgetragenen Ideen zur weiblichen Gleichstellung für wenig sinnvoll hielt. «Es ist auch ein gar zu lebensunfähiger Gedanke, die Frauen genauso in den Kampf ums Dasein zu schicken wie die Männer.»[25] Der junge Freud offenbarte ein höchst traditionelles Geschlechterbild, das dem ‹Weib› allein «Schönheit, Liebreiz und Güte», aber keine eigene Berufskarriere zubilligte.[26]

Die strenge Trennung der Rollen blieb für Freud zwingend, auch wenn er im Laufe der Jahre durch seine analytische Arbeit lernte, daß Frauen zu denselben intellektuellen Höchstleistungen wie Männer fähig waren. Seine eigene Lehre wurde nach dem Ersten Weltkrieg zunehmend, gerade in Frankreich, England und Rußland, durch Ärztinnen oder Pädagoginnen befördert und weiterentwickelt. Der junge Mediziner aber hielt noch an den Konventionen seiner Zeit fest, wenn er in seinen Briefen an die Verlobte weibliche Tugenden predigte. Für ihn war es ausgemacht, daß Martha ihre moralische Erziehung durch ihn, den künftigen Ehemann, erhalten mußte.

Dozierte er hier weitschweifig, so verriet das seinen Anspruch, die Verlobte auf sittliche Normen einzustimmen, die sie nach seiner Auffassung noch nicht verinnerlicht hatte. Dabei stand es für ihn außerhalb jeder Diskussion, daß diese Normen nicht durch die Religion definiert werden durften. Marthas Nähe zu jüdischen Glaubenstraditionen, in deren Geist sie aufgewachsen war, blieb ihm ein Gräuel. Koschere Speisen, Feiertagsbräuche, Gebete und Schweigegelübde wollte er aus seinem künftigen Familienleben fernhalten. Auf religiöse Fragen und Erörterungen ließ er sich nicht ein, weil er den Glauben als irrationale Erscheinungsform betrachtete, die keine sachliche Debatte erlaubte. Statt dessen erklärte er Martha ausführlich die Grundlagen des moralischen Gewissens, die Erfordernis unbedingter Ehrlichkeit und das Prinzip der Offenheit – Werte, die er durch die Gesetze der jüdischen Religion nur formal, aber nicht mit ausreichendem Nachdruck vertreten sah.

In seinen Briefen nach Hamburg berichtete Freud über seine Arbeit im Labor, erzählte von seinen wissenschaftlichen Debattenrunden und stellte seine bevorzugten Autoren vor, zumal Calderón, Cervantes und Shakespeare. Das alles mutete wie ein abgespultes Pensum mit dem Hang zum Pedantischen an, nicht unbedingt wie ein spontaner Ausdruck der Zuneigung. Auch dort, wo es um das Befinden und die Stimmungen, um den mangelnden Appetit und die sporadischen Krankheiten seiner Braut ging, zeigte sich Freud wenig einfühlsam. Die regelmäßigen Fragen nach Marthas Gesundheit hatten nichts Liebenswürdiges, sondern trugen den Charakter von Kontrollzwang und neurotischer Fürsorge. Schnelle Erregbarkeit, apodiktisches Urteil, rasch entzündbare Eifersucht, Neigung zu schulmeisterlicher Belehrung, Pedanterie und Prinzipienreiterei ließen den Bräutigam häufig zum ‹Tyrannen› werden.[27] Manche seiner Briefe erinnern in ihrem Impetus an die uncharmanten Schreiben, die Heinrich von Kleist achtzig Jahre zuvor seiner Verlobten Wilhelmine von Zenge schickte – in beiden Fällen beherrschte ein obsessiver Überwachungszwang das Bild, nicht aber die direkte Äußerung der Liebe.

Martha hätte auf Freuds bisweilen quälende Briefe verärgert reagieren können, blieb jedoch ruhig und souverän. Während sie sich im ersten Jahr ihrer Korrespondenz, wie sie ihm später gestand, ein wenig vor ihm fürchtete, legte sie nun die «Feiertagskleider» ab und widersprach ihm, wenn sie es für nötig hielt.[28] Selbst während der langen Trennung zwischen Juni 1883 und September 1884 ließ sie sich nicht von Freuds beharrlicher Kontrollsucht beirren. Mit Ausdauer und Witz antwortete sie ihm auch auf pedantische Fragen; seine heftigen Ausbrüche verunsicherten sie nicht, und sogar seine Eifersuchtsanfälle ertrug sie ruhig. Sie erzählte ihm freimütig ihre nächtlichen Träume, fügte aber spöttisch hinzu, er solle sie «ja nicht» deuten.[29] Martha war Freud treu, das stand außer Frage, nur wollte sie sich in Hamburg nicht einsperren lassen, sondern andere Menschen treffen. Durch die lange Wartezeit werde sie keineswegs zur «Trauerweide», erklärte sie spitz, und er, der «Tyrann», müsse das akzeptieren, selbst wenn er sich über ihre gesellschaftlichen Kontakte ärgere.[30] Ohne falsche Höflichkeit kritisierte sie seine Lektüreempfehlungen und meldete damit Zweifel an seinem persönlichen Kanon an. Den *Don Quixote* lese sie nur «ihm zu Gefallen», weil er ihr zu derb sei; ihre eigenen Vorlieben galten einer psychologisch realistischen Novellistik, wie sie Paul Heyse meisterhaft und routiniert bediente.[31] Ging Freud in seinen Anklagen zu weit, so schritt sie ein: «Sigi, Geliebter, ich beschwöre Dich, laß den Ton, die ewigen Vorwürfe».[32] Wie selbstbewußt Martha in der Rolle der Verlobten agierte, zeigt die Ironie, mit der sie ihre Briefe würzte. Aus dem Sommerurlaub in Düsternbrook schrieb sie am 17. Juli 1883, die Studenten der Universität Kiel seien außerordentlich «fesch», liefen aber mit «zerfetzten Gesichtern» herum, weil sie sich ständig um junge Mädchen schlagen müßten. Und ein halbes Jahr später erwähnte sie, daß sie bloß zufällig in Wandsbeck «nicht als Abenteuerin bekannt geworden» sei – eine Formulierung, die sich keineswegs auf ihren lockeren Lebensstil, sondern allein auf den Puritanismus der Hanseaten bezog.[33] Freud, der in solchen Dingen wenig Spaß verstand, antwortete auf Marthas Spott meist mißmutig und ernst. «Ich lasse keine Lücke in der Welt, ich kann's nicht ertragen, daß Du Dich so mittelmäßig benimmst.»[34] Der Anspruch war hoch, die Grenze der Toleranz schnell erreicht. Aber Freud konnte ahnen, daß eine junge Frau, die derart entspannt mit seiner leicht entflammbaren Eifersucht umging, die richtige Partnerin für sein weiteres Leben war.

Freuds Liebesbeziehung zu Martha wurde gewissermaßen gespiegelt durch die Verbindung, die sein Freund Schoenberg mit der erst 16jährigen Minna Bernays eingegangen war, und durch Elis Verlobung mit Anna Freud, der ältesten der Schwestern. Marthas Bruder blieb Freud suspekt, er hielt ihn für unberechenbar und leichtsinnig. Auch äußerlich mißfiel ihm Eli, der wenig einnehmende Gesichtszüge hatte. Zwischen ihm und seiner Schwester bestehe eine so «geringe Familienähnlichkeit», schrieb Freud, daß es seinem Auge «weh» tue.[35] Als Geschäftsmann agierte Eli in Wien durchaus erfolgreich, aber Freud traute ihm nicht, weil er ihn als notorischen Lügner ansah. Mehrfach schaltete er sich in seine Unternehmungen ein und versuchte ihm Vorschriften zu machen, was Martha wiederum verärgerte. Der Streit über und um Eli war neben dem schwierigen Verhältnis zu Emmeline Bernays das zentrale Konfliktfeld, das Freuds Beziehung zu Martha belastete. Als Eli seine Verlobung mit Anna aus Angst vor seiner eigenen Zukunft zu Beginn des Jahres 1883 vorübergehend löste, mißfiel ihm das außerordentlich – hier schien eine Unstetigkeit sichtbar zu werden, die Freud an anderen Menschen verachtete. Im Juli 1883 schrieb er Martha, ihr Bruder bleibe für ihn der Inbegriff eines Menschen, der «einer Reife und Besserung überhaupt niemals verdächtig» sei.[36] Wo Unzuverlässigkeit, Sprunghaftigkeit und prinzipienloses Verhalten sichtbar wurden, zeigte der junge Freud eine bemerkenswerte Härte des Urteils. Daß er Martha schonungslos und fast penetrant auf Elis Charaktermängel verwies, gefiel der Verlobten wenig, bildete aber auch in Zukunft einen Bestandteil seiner pädagogischen Strategie.

Die zweite Parallele ergab sich im Verhältnis zu Freuds Freund Schoenberg, der sich im Februar 1882 nahezu überstürzt mit Minna Bernays verlobt hatte. Freud konstatierte eine bemerkenswerte Temperamentsdifferenz: Schoenberg und Martha verkörperten die ruhigen, Minna und er die heftigen Charaktere der Runde. Minnas Beziehung zu Schoenberg gestaltete sich unglücklich, weil der junge Mann mittellos, dabei vollständig in seine Wissenschaft versenkt und bis zur Verbohrtheit starrsinnig war; sie selbst nannte ihn im Mai 1884 in einem Brief an Freud ‹ihren geliebten Pedanten›.[37] Obwohl er schon im Frühjahr 1883 schwer an Tuberkulose erkrankte, blieb er arbeitsfähig und schloß zwölf Monate später seine indologische Dissertation bei Georg Bühler mit der Bestnote ab. Freud traf ihn während dieser Zeit regelmäßig im Caféhaus, zum Schachspiel und zu gelehrten Plaudereien. Im Sommer 1884 ging er, nach einem kürzeren Aufenthalt auf der Isle of Wight, als Assistent des Sanskrit-Forschers Monier Williams nach Oxford. Obwohl seine Krankheit rapide fortschritt, weigerte er sich, Großbritannien zu verlassen und ein Sanatorium in Italien aufzusuchen. Sein Starrsinn entsprang der Furcht, sich für eine Kur hoch zu verschulden, aber auch dem Ehrgeiz des Gelehrten, der seine akademischen Aussichten in England nicht zerstören wollte. Statt in den Süden zu reisen, arbeitete er in schlecht geheizten Zimmern, ertrug die feuchte

Kälte des englischen Winters und hielt Mittelhochdeutsch-Vorlesungen an einem Mädcheninternat.[38] Im Frühjahr 1885 teilte er seiner Verlobten mit, sie möge ihm keine Briefe mehr nach England senden. Am 18. Juni 1885, Minnas 20. Geburtstag, erschien Schoenberg zur Überraschung der Familie unangekündigt in Wandsbeck. Er befand sich in einem beklagenswerten Zustand, war kaum gehfähig und konnte nur für wenige Stunden das Bett verlassen. Dringend bat er Minna, angesichts seiner hoffnungslosen Lage in eine Lösung des Verlobungsverhältnisses einzuwilligen. Als er vier Tage später nach Oxford zurückfuhr, war allen Familienmitgliedern klar, daß die Verbindung keine Zukunft haben würde. Auf Marthas Rat brach Minna schweren Herzens den Kontakt mit ihm ab, während Freud sie bestürmte, ihm die Treue zu halten und ihn in England zu pflegen.[39] Erst nachdem Schoenberg im August 1885 wieder in Wien erschien, erkannte Freud, daß der Todkranke innerlich längst mit Minna gebrochen hatte. Nun bestärkte auch er Minna in ihrer Einstellung und riet ihr, den Kontakt mit ihm zu meiden. Ein halbes Jahr darauf, am 2. Februar 1886, starb Schoenberg vereinsamt in Wien. Minna blieb nach diesem Intermezzo ein Leben lang ungebunden, offenbar traumatisiert und auch nicht willens, ihr Glück in kurzen Affären zu suchen. Zu Beginn der 90er Jahre übernahm sie eine Position als Gesellschafterin im böhmischen Strakonitz bei den Familien Fürth und Dub, ehe sie einige Zeit später nach Wien zurückkehrte.

Von Beginn an fühlte sich Freud von Minna, die reifer als Martha wirkte, außerordentlich stark angezogen. Daß Marthas jüngere Schwester ihn adorierte, genoß er aus vollen Zügen. Die sehr persönlichen Schreiben, die sie wechselten, könnten als Liebesbriefe durchgehen. Sie waren keine «Lückenbüßer», wie Minna am 2. Januar 1883 notierte, sondern entstanden «aus freiem Antrieb».[40] Weil ihr Verhältnis formal scheinbar geregelt war, bot es Freiräume für entspanntes Gespräch, ironische Beobachtungen und Gesellschaftsklatsch. «Mein geliebter Sigi», titulierte ihn Minna; er nannte sie «liebes Schwesterchen», sendete ihr kleine Geschenke und machte ihr Komplimente für ihren Ordnungssinn und ihre Lektüren.[41] Im Sommer 1884 schickte er ihr auf ihren Wunsch sein photographisches Porträt, das er als Bildnis eines ‹besitzlosen großen Herrn› charakterisierte.[42] Daß sie wie er selbst über ein glänzendes Gedächtnis verfügte, literarische Zitate leicht auswendig lernen konnte und das Englische sicher beherrschte, ließ ihn eine Art geistiger Wahlverwandtschaft spüren. Minnas freundschaftliches Verhältnis zu seiner Schwester Anna unterstützte er sehr, auch wenn er

Sigmund Freud 1884

schnell bemerkte, wie sehr sich die Familien unterschieden. Während die Freud-Schwestern überschwänglich, laut und redselig waren, blieben die Bernays-Mädchen hanseatisch-kühl und spröde.

Minna war also die Schattengeliebte neben Martha, eine zweite Phantasiegestalt, die nach seinen Wünschen entworfen und mit Briefen unterhalten wurde. Nicht selten antworteten ihm die beiden Mädchen im Duett, mit wechselnden Stimmen und leicht koketten Rollenspielen, in denen sie den Part der künftigen Ehefrau und Schwägerin einübten. Das alles aber blieb eine Sache von Papier und Tinte, beschränkt auf Worte und Literaturzitate, jenseits von direkter sinnlicher Liebe. Das streng geregelte Leben des jungen, mittellosen Mediziners ließ für leidenschaftliche Ausbrüche keine Zeit, weder im Verhältnis zur Verlobten noch auf verbotenen Nebenwegen. Im Herbst 1883 sollte es noch volle drei Jahre bis zur Heirat dauern – eine Zeit, in der Briefe zwischen Wien und Hamburg das Gespräch der Liebenden ersetzen mußten. Freud wiederum wußte, daß er sich die Ehe durch Leistung verdienen, durch berufliche Etablierung erkämpfen mußte. «Martha doch mein teures Mädchen, und wenn meine Arbeit von Erfolg gekrönt ist, mein süßes Weib», so notierte er schon am Abend des 12. Juni

1882 unter dem Eindruck des ersten ungestörten Rendezvous in seinem Tagebuch.[43]

Erst Physiologe, dann Chirurg

Nach der Promotion Ende März 1881 blieb Freud für weitere 15 Monate an Brückes Institut. Er übernahm die Rolle eines Demonstrators, der in den Vorlesungen und Übungen physiologische Präparate für fortgeschrittenene Studenten vorführte. Täglich mehr als zehn Stunden arbeitete er am Mikroskop, untersuchte die Struktur von Nervenfasern und zeichnete Skizzen morphologischer Befunde. Sein Chef schätzte seine Genauigkeit und Ausdauer, ärgerte sich aber über die Neigung seines Schülers, in der Frühe verspätet im Labor zu erscheinen. Noch Jahre danach erinnerte sich Freud, wie Brücke ihn eines Morgens abgepaßt, mit knappen, aber bestimmten Worten ermahnt und aus seinen «fürchterlichen blauen Augen» angeblickt habe, bis er fast in den Boden sank.[44] Es bedurfte in solchen Situationen keiner langen Strafpredigten, denn Brückes Zorn war berüchtigt. Der ‹Meister›, wie ihn Freud zeitlebens titulierte, besaß natürliche Autorität und beherrschte sein Labor wie ein General. Die Rollen lagen fest, die Hierarchie blieb unantastbar: über den Demonstratoren, die gerade ihre Doktorarbeit abgeschlossen hatten, standen die Assistenten, darüber die Oberassistenten, gefolgt von den habilitierten Privatdozenten. Jedem oblagen spezifische Pflichten, die strikt getrennt waren, und der Aufstieg in den jeweils höheren Rang dauerte Jahre.

Die Labortätigkeit bot nur bescheidene finanzielle Möglichkeiten, zumal es kaum Aussichten auf eine Gehaltsverbesserung gab. Selbst die festangestellten Assistenten bezogen nicht mehr als 20 Gulden im Monat – für einen jungen Mann, der eine Familie gründen wollte, reichte das keinesfalls aus. Freud nahm daher parallel eine zweite Beschäftigung am chemischen Institut von Carl Ludwig an, den man im Volksmund unter Bezug auf seine gewagten Experimente den ‹Magier› nannte. Bei Ludwig arbeitete er auf dem Gebiet der Gasanalyse, für Brücke befaßte er sich in der Tradition Ernst Haeckels, der 25 Jahre zuvor über dasselbe Thema geforscht hatte, mit einer Untersuchung über den Bau der Nervenzellen und Nervenfasern beim Flußkrebs. Im Dezember 1881 berichtete er während einer Akademiesitzung aus seinem Projekt; die im Januar 1882 veröffentlichte Abhandlung, die ein differenziertes Netzwerk von Nervenzellen aufdeckt, sollte Freuds letzter Beitrag zum Bereich der Zoologie sein, ehe er sich ganz auf die Neurologie konzentrierte.[45] Typisch für ihn war die Zersplitterung der Projekte zwischen Naturforschung und Grundlagenmedizin, in der sich das Dilemma des Studenten fortsetzte. Die zwölf Monate nach der Promotion bildeten eine Phase ohne größere wissenschaftliche Erfolge und standen im Zeichen der Stagnation. Freud mußte den Anstrengungen Tribut zollen, die er in den letzten acht Jahren auf sich genommen hatte. Seine Kräfte waren nur vorübergehend erschöpft, aber er befürchtete in diesem Moment, daß es sich um eine ernsthaftere Krise seiner intellektuellen Kreativität handelte.

Brücke entging die schwierige Lage seines Schülers nicht. Im Sommer 1882 schlug er Freud vor, er solle sich auf die Praxis einlassen, um Geld zu verdienen, da er sich in seiner «armseligen materiellen Situation eine theoretische Laufbahn» nicht leisten könne.[46] Brückes Rat bezog sich auf die Tatsache, daß die beiden Assistenzen im Labor langfristig mit Fleischl und Exner besetzt waren und eine spätere Habilitation als formelle Bedingung für die akademische Karriere notwendig materielle Risiken einschloß. Ein habilitierter Privatdozent lebte von Kolleggeldern seiner Hörer, mußte sich aber ansonsten, da er keine feste Anstellung hatte, selbst finanzieren. Die Position des mit einem Dienstvertrag versehenen Assistenten gab es im damaligen Universitätssystem kaum, so daß der Weg in eine wissenschaftliche Laufbahn mit großen Geldopfern verbunden war. Nur wer von Hause aus genügend Vermögen besaß, um nach der Habilitation seinen Lebensunterhalt bestreiten zu können, durfte eine akademische Karriere wagen – das galt für Fleischl und Exner, aber auch für Freuds früheren Kommilitonen Wagner-Jauregg, der über Jahre zu einem Hungerlohn in Salomon Strickers Labor arbeitete, während sein wohlsituierter Vater ihn unterstützte. Noch 1919 erklärte Max Weber angesichts der weiterhin schwierigen Situation des wissenschaftlichen Nachwuchses in Deutschland und Österreich, auf eine Professur zu setzen heiße, «Hazard» zu spielen. «Gewiß: nicht nur der Zufall herrscht, aber er herrscht doch in ungewöhnlich hohem Grade.»[47]

Für Freud bedeutete das Gespräch mit Brücke eine tiefe Enttäuschung, denn er hatte seit Beginn seines Studiums eine akademische Karriere geplant. Den rational nachvollziehbaren Argumenten seines Förderers konnte er sich aber nicht entziehen, zumal sie durch Fürsorge begründet waren und keinen Zweifel an seiner wissenschaftlichen Befähigung einschlossen. Eine Rolle mögen auch Freuds Heiratspläne gespielt haben, war ihm doch bewußt, daß er die Voraussetzungen für die Eheschließung mit Martha nur durch eine eigene Praxis schaffen konnte. Den ersten Schritt in diese Richtung bildete die Tätigkeit in der Klinik, zu der sein Mentor riet. Auch Breuer empfahl den Abschied vom Labor und tröstete den Freund mit dem Hinweis darauf, daß er als niedergelassener Arzt, wie sein eigenes Beispiel zeigte, weiterhin wissenschaftlich arbeiten könne. So gab Freud im Juli 1882 seine Stelle bei Brücke auf, um sich ganz der medizinischen Praxis zu widmen. Sein Nachfolger wurde der Freund Josef Paneth, auch er eine philosophisch-naturwissenschaftliche Doppelbegabung, an Zellforschung und Nietzsche gleichermaßen interessiert. Paneth, der aus vermögender Familie stammte, gelang allerdings trotz großen Fleißes keine akademische Karriere. Über Jahre wartete er vergebens auf die Möglichkeit des Aufstiegs, weil die ranghöheren Positionen bei Brücke bereits besetzt waren. Im Mai 1884 heiratete er, konnte aber seine Frau und sich nur mit Hilfe seines Vaters finanziell unterhalten. Nachträglich dürfte sich Freud zu seiner Entscheidung beglückwünscht haben, denn ein Verbleib im Labor hätte auch für ihn, wie schon Brücke prognostizierte, Stillstand bedeutet. Der begabte Paneth resignierte allmählich, erkrankte schwer und starb am 4. Januar 1890 an Tuberkulose. Er hinterließ einen zweijährigen Sohn, der später eine bemerkenswerte Laufbahn als Chemiker machte.[48] Der große Durchbruch blieb Paneth stets verwehrt, und Freud empfand es als besondere Tragödie, daß er, den er für äußerst qualifiziert hielt, letzthin an den Folgen einer blockierten Karriere zugrunde gehen mußte. Nach Paneths Tod träumte er mehrfach von dessen wissenschaftlichen Leistungen, aber auch von seinen eigenen Konkurrenzgefühlen gegenüber dem hochintelligenten Freund.[49]

Am 31. Juli 1882 meldete sich Freud nicht ohne Sorge und Skepsis zur Tätigkeit im Wiener Allgemeinen Krankenhaus. Das Universitätsklinikum war 1686 nach der zweiten Türkenbelagerung durch Johann Franckh gegründet und im späten 18. Jahrhundert unter seinem Direktor Joseph Quarin auf Anweisung des Kaisers nach dem Vorbild des *Hôtel-Dieu de Paris* zu einem modernen Spital mit Gebärstation und Armenabteilung ausgebaut worden. Die gesamte Anlage glich in der zweiten Hälfte des 19. Jahrhunderts einer kleinen Stadt mit 22 Abteilungen in zehn Höfen, ausgedehnten Gebäude- und Wohnkomplexen, Forschungsinstituten und Labors. Freuds Ziel war es, im klinischen Sektor Kenntnisse zu erwerben, die ihm später den Aufbau einer eigenen Praxis ermöglichen sollten. Er trat zunächst in die unter der Leitung Billroths stehende chirurgische Abteilung ein – eine

Wahl, die nicht unbedingt präzisen Erwartungen, sondern der vagen Ahnung höherer «Verantwortlichkeit» geschuldet war, wie er in einem Brief an Martha andeutete.[50] Freud wußte, daß er manuell ungeschickt war, weshalb er seinen neuen Aufgaben mit Sorge entgegensah. Im Studium hatte er praktische Anforderungen mehr schlecht als recht bewältigt, und nun sollte er sein Handwerk erstmals selbständig ausüben. Das belastete ihn innerlich, weil er sich hier auf ungesichertem Feld bewegte. Freud hielt jedoch prinzipiell an seinen einmal gefaßten Entscheidungen fest und zögerte daher nicht, den Schritt in die harte Realität mit voller Konsequenz zu gehen.

Die Tätigkeit des Assistenzarztes – in Österreich als ‹Aspirant› bezeichnet – war schlecht bezahlt, aber nicht sonderlich anstrengend. Der Tag begann früh am Morgen, was den Spätaufsteher Freud zwang, seinen bevorzugten Lebensrhythmus aufzugeben und die Nächte dem Schlaf zu widmen. Zwischen acht und zehn Uhr fand die Visite statt, danach folgten zwei Stunden für das Studium der Krankenberichte im ärztlichen Lesezimmer, nach der Mittagspause war Bereitschaftsdienst, von vier bis sechs Uhr am Nachmittag wieder Visite.[51] Die technische Ausstattung der Klinik entsprach den zeittypischen Standards; es gab kein elektrisches Licht, Operationen fanden oft noch bei Kerzenschein oder unter Petroleumlampen statt. Die Kranken lagen in großen, schlecht durchlüfteten Zimmern, bedroht von ständiger Ansteckungsgefahr. Auf den Fluren standen provisorische Feldbetten, in denen Patienten, während der Tagesbetrieb lief, notversorgt wurden. Die hygienischen Bedingungen waren dürftig, die aseptischen Vorkehrungen oft mangelhaft.

Nach einigen Tagen übernahm Freud erste kleinere Operationen, legte Gipsverbände an und führte, voller Angst vor einem tödlichen Kunstfehler, die Chloroformnarkose durch.[52] Die Abende verbrachte er oft mit Fleischl, zuweilen auch mit Breuer, dem er über seine ersten praktischen Erfahrungen berichtete. Diese Runden waren jetzt, anders als in früheren Jahren, «intim persönlich und sehr vertraut»; sie schlossen Themen ein, die Martha auf Anraten des verheirateten Breuer erst nach der Heirat eröffnet werden sollten – vermutlich ging es um Möglichkeiten der Verhütung und um sexualhygienische Fragen.[53] Der ältere Kollege führte ein mustergültiges Privatleben, wie Freud selbst es sich erträumte. Er hatte eine anziehende Ehefrau, eine große Kinderschar, arbeitete viel, aber fand doch stets Zeit für seine Sprößlinge. Freud folgte später dem Vorbild der Breuers und organisierte seine eigene Familie auf ganz ähnliche Weise, in einer Mischung aus Toleranz und Humor, Liberalität und Autorität. Breuer blieb nicht nur ein wichtiger Gesprächspartner, sondern unterstützte den Jüngeren auch finanziell. In den ersten drei Jahren seiner Krankenhaustätigkeit stiegen Freuds Schulden beim Freund auf über 1000 Gulden, und nach der Niederlassung in eigener Praxis wuchs dieser Betrag nochmals erheblich an.[54] In ähnlicher Weise half Paneth, der mit einem reichen Elternhaus gesegnet war, Freud bei finanziellen Engpässen bisweilen aus. Er versuchte ihn sogar zu ermutigen, Martha so früh wie möglich zu heiraten, und bot ihm an, er könne dabei auf die Zinsen aus seinem fest angelegten Vermögen von 1500 Gulden zurückgreifen – ein Schritt, den Freud nicht wagte, weil er langjährige materielle Abhängigkeit fürchtete.[55]

Die Chirurgie verlangte ein Routinepensum mit praktischen Herausforderungen, denen Freud nach Möglichkeit aus dem Weg ging. Im großen Kreis junger Assistenzärzte fielen einige durch übertriebenen Ehrgeiz auf, während die meisten eine spätere Niederlassung planten und Dienst nach Vorschrift betrieben. Fast immer blieb neben den klinischen Pflichten Gelegenheit für ein privates Gespräch, ein Kartenspiel oder eine Schachpartie. Der Anteil jüdischer Ärzte war hoch, und es gab keine Anzeichen dafür, daß man ihnen mit Reserven begegnete. Trotz des überschaubaren Arbeitsfeldes fühlte sich Freud im Alltag zumeist deplaziert, weil sich bestätigte, wie sehr ihm für die Praxis das manuelle Geschick fehlte. Da er kein Vertrauen in die eigenen Fähigkeiten hatte, steigerten sich in den Wochen der chirurgischen Tätigkeit seine Minderwertigkeitsgefühle. Martha gegenüber erklärte er im Herbst 1882, er schwanke in offiziellen Situationen zwischen ‹Zittrigkeit› und entschlossenem «‹Kampf›».[56] Im Klinik-Alltag fehlte die natürliche Motivation, da er spürte, daß er sich nicht an der richtigen Stelle befand. Das Leben war erneut an eine Weggabelung gelangt, und noch schien offen, was es weiter bieten würde für den unpraktischen Mediziner mit brennendem Ehrgeiz, gewaltigen Arbeitskapazitäten und enormer theoretischer Neugierde.

Krankenhaus-Tristesse

Die Tätigkeit in der Chirurgie bot Freud, wie er nach wenigen Wochen erkannte, keine Zukunft. Im Herbst 1882 entschied er sich daher für eine Bewerbung um eine Aspirantenstelle in der inneren Abteilung, die seit wenigen Wochen durch den hochrenommierten Hermann Nothnagel geleitet wurde. Nothnagel hatte sich vor allem auf dem Gebiet der Darmerkrankungen, aber auch im Bereich der Gehirntumoren einen Namen gemacht – die Grenzen des Fachs waren damals noch offen. Er kam aus Jena, wo er seit 1874 ein Ordinariat bekleidete und sehr erfolgreich die Krankenversorgung organisierte. Seine Berufung geschah auf Vorschlag des Pathologen Heinrich Bamberger, der ihn als idealen Kandidaten für die Nachfolge des am 2. März 1882 verstorbenen Adalbert Duchek empfahl. Nothnagel war nicht nur Chef der Internistischen Abteilung, sondern auch Vorstand der zweiten Medizinischen Klinik, also ein extrem mächtiger Mann mit großem Wirkungskreis. Freuds Bewerbung begleitete ein Empfehlungsschreiben des einflußreichen Meynert, der ihn durch den Besuch seiner Vorlesungen kannte. Meynert hatte 1870 die erste psychiatrische Abteilung im Wiener Allgemeinen Krankenhaus aufgebaut, der 1875 eine zweite folgte; wie Nothnagel galt er als wissenschaftliche Koryphäe mit Einfluß, Tatkraft und Aura. Zu seinen berühmtesten Schülern gehörten der Schweizer Psychiater Auguste Forel, Heinrich Obersteiner und Carl Wernicke.

Über den Besuch in Nothnagels repräsentativem, für den Neuankömmling aus Jena frisch hergerichtetem Domizil, wo auch die Privatpraxis untergebracht war, berichtete Freud am 5. Oktober 1882 ausführlich an Martha: «Nein, der Mann ist keiner unserer Rasse. Ein germanischer Waldmensch. Ganz blondes Haar, Kopf, Wangen, Hals, Augenbrauen ganz unter Haar gesetzt und zwischen dem Haar und dem Fleisch kaum ein Farbenunterschied. Zwei mächtige Warzen an der Wange und an der Nasenwurzel; nichts von Schönheit, aber gewiß etwas Besonderes.»[57] Seine eigene Vorstellung fiel knapp und bescheiden aus: «‹Ich war zuerst Zoologe, wurde dann Physiologe, und bin in der Histologie als Arbeiter aufgetreten.›»[58] Zum Nachweis seiner wissenschaftlichen Befähigung übergab er dem Chef seine drei zoologisch-neurologischen Artikel aus den Sitzungsberichten der Akademie und seine Studie über den Flußkrebs. Nothnagel reagierte zurückhaltend auf die Bewerbung des Aspiranten Freud, weil er die Klinik-Konstellationen in Wien, wie er einräumte, noch nicht überschauen konnte. Der junge Mann machte ihm immerhin deutlich, daß er eine Universitätskarriere ernsthaft anstrebte. Nothnagel versprach ihm, die mitgebrachten Textproben innerhalb von vier Wochen zu prüfen. Er gelangte jedoch schneller als angekündigt zu einem positiven Urteil und stellte

Freud noch vor Wochenfrist, ab 12. Oktober, in seiner Klinik ein. Am 16. Oktober hielt Nothnagel seine Antrittsvorlesung, die seine Erwartungen an die Ärzteschaft und sein Idealbild eines verantwortungsbewußten Klinikers prägnant formulierte. Freud begriff jetzt, daß er sich angesichts seines ehrgeizigen und ambitionierten Chefs auf eine anspruchsvolle Aufgabe eingelassen hatte.

Nothnagel war eine unbedingte Autorität, ein charismatischer Mediziner, der sich selbst und seinen Assistenten außerordentliche Arbeitsleistungen abverlangte. Das enorme Spektrum seiner Forschungsgebiete reichte von der Behandlung des Gehirntumors über Lungentherapie bis zu Darmerkrankungen. In sämtlichen dieser Bereiche publizierte er wichtige Abhandlungen: *Über die Diagnose und Actiologie der einseitigen Lungenschrumpfung* (1874), *Topische Diagnostik der Gehirnkrankheiten* (1879), *Beiträge zur Physiologie und Pathologie des Darms* (1884). Seine Vorlesungen waren bald überlaufen, unter seinen Schülern befanden sich Studenten und junge Mediziner aus ganz Europa. In der Inneren Abteilung warteten auf Freud erheblich vielfältigere Aufgaben als in der Chirurgie, denn Nothnagel offenbarte sich als hyperaktiver Chef: «Der Mann fährt wie ein Wirbelwind durch die Fakultät, alles wird erneuert, verändert, auf eine höhere Stufe gehoben.»[59] Das Spektrum der Fälle war riesig und reichte von Tumoren über Infektionen, Abszesse, Magen-Darmerkrankungen, Lungenentzündungen bis zu Gicht und Rheuma. Der ungeübte Assistenzarzt sah sich mit erheblichen Erwartungen konfrontiert, war ständig im Einsatz und hatte keine einzige freie Minute mehr. Er fühlte sich in der Rolle des grauen Herrn, der, wie es Chamissos Märchengeschichte von 1813 erzählt, beliebige Schätze aus seiner Tasche ziehen muß, um allen möglichen Wünschen zu entsprechen.[60] Freud versuchte sich in seine neuen Funktionen zu finden, konnte aber den eigenen Ansprüchen kaum genügen. Auch wenn die klinische Arbeit sich besser als in der Chirurgie mit theoretischen Fragen verbinden ließ, verspürte er große Unzufriedenheit. Wieder mußte er erkennen, daß er zur Tätigkeit am Krankenbett nicht die erforderlichen Voraussetzungen mitbrachte. Weder praktisch noch fachlich fühlte er sich seinem Dienst gewachsen. Ihm fehlte eine geschickte Hand, das diagnostische Interesse, aber auch der caritative Antrieb, der es erlaubte, über die Mühsal der quälenden Alltagseindrücke in einer Klinik mit zahlreichen hoffnungslosen Fällen und hoher Mortalitätsrate hinwegzukommen. Zudem vermißte Freud schmerzlich die

Möglichkeit zur eigenen Forschung, für die unter einer Flut von Ordinationsaufgaben keine Zeit blieb.

Nach einem halben Jahr bot sich eine dritte Chance für einen Neuanfang, jetzt in der psychiatrischen Klinik Meynerts, die einen vorzüglichen Ruf genoß. Einer der jungen Ärzte hatte hier kurzfristig seine Position aufgegeben, so daß eine Vakanz entstand. Freud, der von der freien Stelle hörte, stattete dem Chef einen Besuch ab, um sein Interesse an einem Wechsel zu bekunden. Er wurde akzeptiert und trat nach der Bestätigung durch das Direktorium zum 1. Mai 1883 bei Meynert ein. Das bedeutete allein formal einen Aufstieg, denn er war nun nicht mehr Aspirant, sondern Sekundararzt mit einem Monatsgehalt von 30 Gulden und kleiner Wohnung in der weitläufigen Krankenhausanlage. Neben den psychiatrischen Pflichten sollte Freud auch im Labor forschen dürfen, was ihm die Chance eröffnete, seine auf zoologischem Gebiet begonnenen Arbeiten im Bereich der Humanmedizin fortzuführen. Schon am Tag seines Wechsels zog er in das bescheidene Zimmer, das Meynerts Klinik ihm bot, denn seine Familie benötigte zu Hause dringend Platz für die erwachsenen, noch unverheirateten Schwestern. Martha schenkte ihm aus diesem Anlaß ein modisches Türschild mit einem Abrißblock, auf dem Besucher ihre Mitteilungen an den abwesenden Bewohner notieren konnten.[61] Zunächst tat Freud Dienst auf der Allgemeinstation, wo er einen Psychiatrie-Schnellkurs mit bald ernüchternden Eindrücken durchlief. Zu seinen Patienten gehörten als unheilbar geltende Geistesgestörte, vornehmlich Demente und Paranoide, aber auch Epileptiker und Gelähmte. Noch immer wurde Ende des 19. Jahrhunderts mit Zwangsjacken und Elektroschock-Therapie gearbeitet, wenn wütende Kranke schreiend außer Rand und Band gerieten. Ärzte und Pfleger benötigten eiserne Nerven, wollten sie die alltäglichen Herausforderungen bewältigen; da es lindernde Pharmaka noch nicht gab, mußten sie sehr handfest zupacken, um die Patienten ruhigzustellen. An extremen Krankheitsbildern mit aggressiven Verhaltensausprägungen mangelte es nicht, und entsprechend wild ging es bisweilen zu. «Meine Narren sind furchtbar toll», so meldete Freud im August 1883 an Minna.[62] Die innere Anspannung suchte der junge Arzt wie viele seiner Kollegen durch demonstrative Kühle und Abgeklärtheit zu überspielen. «Die Psychiatrie hat eigentlich mein Interesse nicht mehr, da ich das Grobe und gleichzeitig Wichtige weg habe», schrieb er schon Anfang Juli 1883, zwei Monate nach dem Eintritt bei Meynert.[63] Im Grunde verbargen solche großsprecherischen Aussagen nur, daß er sich überfordert und unglücklich fühlte.

Zum 1. Oktober 1883 versetzte das Direktorium Freud in die Abteilung für syphilitische Erkrankungen, die nach der Pensionierung des langjährigen Chefs Hermann Zeissl kommissarisch von Abraham Anscherlik geleitet wurde. Insgesamt nahm man hier im Jahr 1883 knapp 1000 Patienten auf, die meisten wegen Tripper, Syphilis oder Geschwüren im Genitalbereich (Helkosen).[64] Sehr bedrückend war die hohe Quote hoffnungsloser Fälle, die Vielzahl von Menschen mit schrecklichen Entstellungen und grauenhaften Symptomen. Etliche befanden sich im letzten Stadium ihres Leidens, gezeichnet von schwersten Störungen wie chronischer Hirnentzündung, Rückenmarksläsionen, Knochen- und Gelenkschäden. Selten konnte man dauerhaft helfen, und die Sterberate erreichte enorme Höhen. Der klinische Alltag bot Freud ein Gruselkabinett der Geschlechtskrankheiten, das man nur mit größter Abstumpfung ertragen konnte. In ihm spiegelte sich die Doppelmoral der Zeit, die außer- oder voreheliche Sexualität allein im geheimen Sektor der Prostitution zuließ, wo Ansteckungen aller Art drohten.

Bis 19 Uhr am Abend war der Assistenzarzt mit seinen Patienten beschäftigt, danach begab er sich ins Labor Meynerts, um hirnanatomische Studien an Präparaten zu treiben. Unter dem Druck dieser Doppelbelastung wünschte sich Freud den Einsatz in einem Bereich, der es ihm erlaubte, seine theoretischen Arbeiten enger mit der klinischen Tätigkeit zu verbinden. Zum 1. Januar 1884 wechselte er daher in die von Franz Scholz geleitete neurologische Abteilung, wo allgemeine Nervenleiden wie Lähmungen, Kopfschmerz und Wahrnehmungsstörungen behandelt wurden. Hier war er am richtigen Platz, weil seine manuellen Defizite – «erbärmlich ungeschickt» – weniger auffielen.[65] Der kurz vor der Pensionierung stehende Chef hatte in früheren Jahren innovative Beiträge zur Schmerztherapie vorgelegt, konzentrierte sich aber mittlerweile auf Fragen des Klinikmanagements und der Administration. Zu Freuds Mentoren gehörte der fünf Jahre ältere Robert Steiner von Pfungen, der sich 1883 für das Gebiet der Neuropathologie habilitiert hatte. Pfungen vertrat Meynert im akademischen Unterricht und bot mit seinen brillanten Vorträgen sogar für die ihm assistierenden Sekundarärzte wichtige neue Einsichten.

Das tägliche Pensum belastete Freud jedoch weiterhin, zumal die Zahl der hoffnungslosen Fälle mit tödlichem Ausgang auch bei Scholz erheblich war. «Das Leben ist schwer, aber ich betäube mich durch Arbeit», hieß es am 28. Januar 1884 gegenüber Martha.[66] Meynert selbst riet ihm bald dazu, sich endgültig und dauerhaft mit Fragen der Gehirnanatomie zu befassen. Das war sein eigenes Spezialgebiet, auf dem er versuchte, ein besseres Verständnis seelischer Anlagen und Erkrankungen zu erreichen. Ähnlich wie Carl Wernicke in Breslau bemühte sich Meynert um einen neuroanatomischen Zugang zu psychischen Störungen. Jährlich wurden in seinem Labor bis zu 1800 Gehirne seziert, mit modernen Methoden unter dem Mikroskop analysiert und gleichsam kartographiert.[67] Sollte sich der junge Assistent für die Hirnanatomie entscheiden, so werde er ihm, kündigte Meynert an, seine Vorlesung übertragen, weil er selbst in diesem Bereich nicht mehr auf der Höhe der Forschung stehe – ein Ansinnen, das Freud ‹erschrocken› ablehnte.[68] Dennoch akzeptierte er den Rat des Lehrers, der durch den Freund Fleischl bekräftigt wurde, und näherte sich, allerdings über Umwege, seinem neuen Thema. In Meynerts Labor erforschte er die Markscheidenbildung (‹Medulla Oblangata›) des menschlichen Hirnstamms, die der elektrischen Isolierung im Nervensystem dient. «Sonst Vormittag Klinik, nachmittags Herumprobieren im Laboratorium», wurde an Martha berichtet.[69]

Zwischen 1878 und 1883 publizierte Freud lediglich eine Arbeit, die noch bei Brücke entstandene Studie zu Nervenfasern und -zellen des Flußkrebses. Erst 1883 kam seine Veröffentlichungstätigkeit allmählich wieder in Gang. Die Themen, die er behandelte, waren bunt gemischt, mit einem Schwerpunkt in Meynerts Spezialgebiet. Es ging um klinische Fragen wie Hirnblutung und Syphilis-Bazillen, aber auch um methodisch Übergreifendes wie den Faserverlauf im zentralen Nervensystem und die Funktion einzelner Hirnnerven. Die neuroanatomischen Versuche dieser Phase nannte Freud im Rückblick ‹kasuistisch›.[70] Sie entsprachen exakt Meynerts Schule, deren psychiatrisch-therapeutische Grenzen ihm erst allmählich deutlich wurden. Hinzu kamen zahlreiche Besprechungen für die *Wiener Medizinische Wochenschrift*; 1883 veröffentlichte Freud sieben, 1884 sogar 29 Rezensionen von Arbeiten über unterschiedlichste medizinische Themen aus dem internistischen und neurologischen Bereich.[71] Seine wissenschaftliche Tätigkeit wurde dadurch begünstigt, daß Meynert Forscher aus aller Welt anzog, die sich bei ihm auf dem Gebiet der Hirnanatomie ausbilden ließen. Unter ihnen waren Liweri Darkschewitsch, ein Russe, den Freud zweieinhalb Jahre später in Paris wiedertreffen sollte, und der sozialpolitisch engagierte Alexander Holländer, ein bereits habilitierter Psychiater, mit dem er im Labor eng kooperierte. Erstmals lernte er hier auch einen amerikanischen Kollegen kennen, den jungen Bernard Sachs; er hatte in Harvard studiert und in ganz Europa bei den besten Ärzten hospitiert – bei Friedrich Goltz, Adolf Kußmaul und Rudolf Virchow. Intensiver befreundete sich Freud mit Leopold Königstein, einem Schüler Ferdinand von Arlts, der Augenheilkunde betrieb, aber an neurologischen Fragen interessiert war. Mit Königstein traf er sich regelmäßig zum Kartenspiel, in einer Runde, die ausschließlich aus Medizinern bestand. Wäre er länger Assistent bei Meynert geblieben, hätte er dort 1886 einen jüngeren Kollegen kennenlernen können, der noch im Studium ein Praktikum an der Psychiatrischen Klinik absolvierte und ähnlich fleißig Rezensionen schrieb wie er selbst; sein Name lautete Arthur Schnitzler.

Im Labor beschäftigte sich Freud überwiegend mit hirnanatomischen Präparaten, deren Anschaulichkeit er durch eine neue Methode verbesserte. Er stellte Gewebeproben sicher, legte sie in eine Goldchloridlösung und behandelte sie mit Ätznatron nach, damit sie durchsichtig wurden. Für die kleineren Kinderhirne verwendete er ein gesondertes Verfahren, indem er die Schnitte reinigte und unter Filterpapier trocknete, bis sie Transparenz entwickelten. Seine Technik beschrieb er in einem Text für das *Centralblatt der medicinischen Wissenschaften* näher, dessen Langversion er parallel im *Archiv für Anatomie und physiologische Medicin* drucken ließ. Bernard Sachs übersetzte ihn kurz danach ins Englische, so daß er auch in einem angelsächsischen Journal erscheinen konnte, was zugleich Freuds erste internationale Publikation bedeutete.[72] Der strenge Meynert beobachtete die Arbeit seines Schülers zumeist kommentarlos, er lobte «eigentlich nie», zeigte sich aber offenbar mit den Resultaten einverstanden.[73] Freud selbst hegte wachsende Skepsis gegenüber dem Gebiet der Neuroanatomie, weil er es für unübersichtlich und kaum beherrschbar hielt. Mit einigem Befremden betrachtete er seine Präparate und blickte ratlos auf die Windungen von Mark und Gewebe, die Stränge und Verbindungen. Im Grunde zweifelte er, ob die Arbeit an mikroskopischen Analysen den Königsweg zur Erkenntnis menschlicher Nervenkrankheiten eröffnete. Da er jedoch wußte, wie begrenzt seine klinischen Fähigkeiten waren, blieben wenig Alternativen. Die Entscheidung für die Neuroanatomie entsprang letzthin der Einsicht in seine limitierte diagnostische Begabung. Wo immer die Ebene des unmittelbaren körperlichen Leidens sichtbar wurde, fühlte er sich unsicher und inkompetent. Noch der spätere Analytiker Freud neigte dazu, physische Symptome zu übersehen oder allein auf psychische Ursachen zurückzuführen.

Weder als Laborforscher, der Hirnanatomie trieb, noch als Praktiker mit zahlreichen schwierigen Fällen fühlte sich Freud am richtigen Platz. Meynert wiederum hätte Zweifel bei den Sekundarärzten nicht akzeptiert, weil er das, was er ihnen vorlebte, für absolut richtig hielt. Der Chef sah seine Assistenten als Mitglieder einer großen Familie, schätzte es, wenn sie in der Klinik wohnten, feierte mit ihnen Weihnachten und agierte wie ein Über-Vater, der seine Schüler liebevoll-streng unterwies. Zu dieser Haltung gehörte auch der autoritäre Anspruch, daß die Adepten den von ihm vorbezeichneten Weg nicht verließen. Meynert betrachtete daher in späteren Jahren Freuds Abkehr von der Hirnanatomie und sein wachsendes Interesse an der Hysterieforschung des französischen Pioniers Charcot mit Ablehnung. Er zögerte nicht, seine Meinung öffentlich zu machen, indem er Freud angriff und seine damals neu entstandenen Arbeiten kritisierte. Die Aggressivität, mit der er dabei vorging, konnte ihm der frühere Schüler nicht verzeihen. Als Meynert am 31. Mai 1892 starb, erhielt Freud von der Familie die Erlaubnis, einzelne Bücher aus der wissenschaftlichen Bibliothek des Lehrers in seinen Besitz zu nehmen. Nachdem er gewählt und eine Reihe von Lehrwerken ausgesucht hatte, verglich er sich mit einem ‹Wilden›, der «aus dem Schädel des Feindes Mut trinkt.»[74]

Kokain

Es war keine glückliche Zeit für Freud: die räumliche Trennung von Martha belastete ihn, die praktische Arbeit quälte sein Gemüt, die wissenschaftliche Karriere schien ungesicherter denn je. Aber er sah auch, daß es ihm im Vergleich mit anderen gut ging. Zu denen, die ihm diese Einsicht bescherten, gehörte sein älterer Freund Fleischl. In den ersten Jahren ihrer Bekanntschaft beneidete Freud ihn, denn er stammte aus begütertem Haus, bewohnte ein luxuriöses Apartment und stand vor einer großen akademischen Karriere. Plötzlich jedoch wendete sich das Schicksal und machte aus dem begabten Gelehrten mit Charme einen tragischen Fall. Nach seiner Assistentur war Fleischl Mitarbeiter am Anatomischen Institut der Universität Wien unter dem berühmten Carl von Rokitansky geworden. Dort zog er sich bei einer unsachgemäß durchgeführten Leichensektion eine Infektion im Daumen zu, die eine Amputation des letzten Glieds erzwang. Der Stumpf zeigte sich extrem nervenempfindlich, und es entstanden Geschwulstbildungen, so daß Theodor Billroth ihn mehrfach nachoperierte. Um seine Dauerschmerzen zu betäuben, nahm Fleischl regelmäßig Chloral, später auch Morphium, von dem er sich bald nicht mehr lösen konnte. Er verlor sein Konzentrationsvermögen, benötigte für Laboranalysen das Dreifache der Zeit, die er früher aufwenden mußte, brach mit seiner Verlobten und durchlief Phasen tiefer Depression mit Selbstmordgedanken. Allein die Tatsache, daß seine Eltern noch lebten und ihre ganze Hoffnung in seine Karriere setzten, ließ ihn vor einem Suizid zurückschrecken. Der schwer drogenabhängige Fleischl verfiel zusehends, weshalb Freud bereits Ende Oktober 1883 prophezeite, binnen eines Jahres werde er seine Arbeit als Mediziner aufgeben müssen.[75] In einem Brief an die Wiener Bankierstochter Franziska von Wertheimstein beklagte Josef Breuer «das Abbröckeln einer so glänzenden Persönlichkeit», die sich durch ihre «Neigung zum Chloralexzeß» ruiniere.[76]

Da offenbarte sich wie aus heiterem Himmel ein Weg, der eine Überwindung der fatalen Sucht versprach. Anfang April 1884 stieß Freud auf eine Rezension im *Centralblatt für die medicinischen Wissenschaften*, die einem kurzen Artikel von Theodor Aschenbrandt galt. Er war vier Monate zuvor in der *Deutschen Medicinischen Wochenschrift* erschienen und stellte einen in Europa noch relativ unbekannten Wirkstoff vor. Am 21. April 1884 schrieb Freud an Martha: «Mit einem Projekt und einer Hoffnung trage ich mich jetzt auch, die ich Dir mitteilen will; vielleicht wird's ja auch nichts weiter. Es ist ein therapeutischer Versuch. Ich lese von dem Kokain, dem wirksamen Bestandteil der Kokablätter, welche manche Indianerstämme kauen, um sich kräftig für Entbehrungen und Strapazen zu machen. Ein Deutscher hat nun dieses Mittel bei Soldaten versucht und wirklich angegeben, daß es wunderbar kräftig und leistungsfähig mache. Ich will mir nun das Mittel kommen lassen und auf Grund naheliegender Erwägungen es bei Herzkrankheiten, ferner bei nervösen Schwächezuständen, insbesondere bei dem elenden Zustande der Morphiumentziehung (wie bei Dr. Fleischl) versuchen.»[77] Die Erwartung, von der Freuds Kokain-Experimente ausgingen, war bemerkenswert optimistisch. Der Reigen möglicher Anwendungsgebiete umfaßte nicht ausschließlich neurologische, sondern auch kardiologische Bereiche. Freuds Hoffnung richtete sich auf eine breite klinische Wirksamkeit des Kokains, was die Annahme einschloß, daß man mit seiner Hilfe die Abhängigkeit von anderen Drogen gefahrlos überwinden könne.

Cocasträucher waren in Europa als Export aus Südamerika seit der Mitte des 18. Jahrhunderts bekannt. Erst hundert Jahre später entdeckte man jedoch seine Wirkung; 1858 gelang Friedrich Gaedecke in Rostock die Isolierung des Wirkstoffs Kokain aus der Coca-Pflanze, 1859 wiederholte Friedrich Wöhler diese Analyse. 1879 versuchte sich der Schweizer Psychiater Robert Binswanger erstmals an einer Therapie, bei der er Morphium durch Kokain zu ersetzen suchte, um eine dauerhafte Abhängigkeit zu überwinden. Fast parallel entdeckten Mediziner an der Universität Würzburg die schmerzlindernde Wirkung des Kokains. Als Mittel der Lokalanästhesie wurde es jedoch zu dieser Zeit noch nicht verwendet, weil die Ergebnisse der chemischen Analysen allzu disparat und ungesichert blieben. Theodor Aschenbrandts kurze Studie wiederum belegte die leistungssteigernden Effekte des Kokains, das er einzelnen Soldaten im September 1883 während des Herbstmanövers eines bayerischen Armeekorps verabreicht hatte.

Freud war entschlossen, sich gründlich mit der noch weitgehend unbekannten Droge auseinanderzusetzen. Das bedeutete, daß er sie an sich selbst erproben mußte, ehe er sie bei anderen verwendete. Eine relativ geringe Menge des teuren Stoffs – ein Gramm – bestellte er am 24. April 1884 über die Wiener Engelapotheke bei der Arzneimittelfirma Merck in Darmstadt. Die Sendung kostete ihn drei Gulden und 33 Kreuzer, zehn Prozent seines Monatseinkommens – eine hohe Investition, die ihm, dem Sparsamen, zunächst Sorgen bereitete.[78] Am 30. April nahm er eine erste kleinere Dosis über die Nase zu sich und bemerkte schnell eine starke Wirkung. Sein Puls verlangsamte sich von 88 auf 72 Schläge in der Minute, er fühlte sich entspannt und zugleich tatkräftig. Unter dem Einfluß des ersten Kokainexperiments schrieb er Martha am Abend einen Brief und erkannte, daß seine Handschrift dynamischer wurde.[79] Bei wiederholten Versuchen spürte er, wie sehr das Kokain seine Arbeitsenergie erhöhte, sein Selbstvertrauen stabilisierte und ihn im persönlichen Umgang mit Menschen aus seiner Verkrampfung löste. Im Labor von Salomon Stricker, der eine Professur für experimentelle Pathologie innehatte, ging er nun an die nähere Untersuchung des Kokains.[80] Er nahm Messungen der Dosierung, Wirkstoffanalysen und Versuche im Hinblick auf mögliche körperliche Risiken vor. Schon nach wenigen Wochen glaubte er zu wissen, daß er ein absolut gefahrenloses Allheilmittel mit wunderbarsten Effekten vor sich hatte. Martha meldete er nach Wandsbeck, man könne «was Anständiges» von seinen Analysen erwarten. Die Verlobte wiederum zeigte sich besorgt, er werde die «Wirksamkeit des Kokain an Ort und Stelle, nämlich an den Indianern selbst» überprüfen; für diesen Fall, so kündigte sie scherzhaft an, müsse sie sich von ihm ‹lossagen›, weil sie «kein Geld für so teures Porto» habe.[81]

Anfang Mai 1884 begann Freud eine Kokain-Therapie bei seinem Freund Fleischl, die ihn dauerhaft vom Morphium befreien sollte. Die alltägliche Dosis, die er injizierte, bewirkte schon nach wenigen Tagen völlige Schmerzlosigkeit. Der Patient verzichtete auf sein Morphinpräparat, verspürte leichtes Frieren und eine Magenverstimmung, ohne daß es zu den sonst üblichen Entzugsreaktionen mit gesteigerter nervöser Empfindlichkeit und Bewußtseinsstörungen kam.[82] Freud nahm den schnellen Erfolg voller Enthusiasmus auf, weil er nicht ahnen konnte, welche Gefahren sich bald offenbaren sollten. «Ich fühle mich jetzt erst als Arzt», schrieb er begeistert an Minna Bernays.[83] Nach wenigen Tagen war allerdings die schmerzhemmende Wirkung rückläufig, so daß höhere Dosierungen erforderlich wurden. Bei Fleischl trat eine neue Abhängigkeit an den Platz der alten; er benötigte größere Mengen Kokain, um sein Leiden ertragen zu können. Freud erkannte das Problem nicht, weil er durch seine Selbstversuche von der Ungefährlichkeit der Droge überzeugt war. Die erhoffte Linderung blieb bei Fleischl aus, stattdessen kam es zu Schlaflosigkeit, verbunden mit heftigen Erregungszuständen. Freud war nicht in der Lage, darin einen verhängnisvollen Effekt des Kokains zu sehen, und ignorierte die dramatischen Nebenwirkungen seiner Therapie. Er selbst nutzte die Droge seit Mai 1884 kontinuierlich, um seine Konzentrationsfähigkeit zu steigern. Gefahren waren für ihn nicht erkennbar, weshalb er auch bei Fleischl keine Risiken sah.

Daß sich durch Rauschmittel jeder Art unterschiedlichste Formen körperlicher und seelischer Abhängigkeit ergaben, war Freud zu diesem Zeitpunkt nicht bewußt. Für ihn wurde die Einnahme von Kokain ein fast alltäglicher Vorgang, den er bedenkenlos wiederholte. Am 2. Juni 1884 schrieb er an Martha: «Wehe, Prinzeßchen, wenn ich komme. Ich küß Dich ganz wohl und füttere Dich ganz dick, und wenn Du unartig bist, wirst Du sehen, wer stärker ist, ein kleines, sanftes Mädchen, das nicht ißt, oder ein großer wilder Mann, der Cocain im Leib hat. In meiner letzten schweren

Verstimmung habe ich wieder Coca genommen und mich mit einer Kleinigkeit wunderbar auf die Höhe gehoben. Ich bin eben beschäftigt, für das Loblied auf dieses Zaubermittel Literatur zu sammeln.»[84] Martha beantworte Freuds Selbstversuche zunächst mit Skepsis und mildem Spott, erkundigte sich nach den Gründen für seinen hochfliegenden Optimismus und versicherte, er benötige das «Giftzeug» nicht, sobald sie seine Frau sei.[85] Bald überwog jedoch die Neugierde, weil der Enthusiasmus, der die Wiener Berichte durchzog, ansteckend wirkte. Im Juli 1884 schickte Freud ihr erstmals per Post eine geringfügige Kokain-Dosis zur Verwendung gegen Verdauungsbeschwerden und Migräne, die allerdings beim Versand feucht wurde und nicht benutzbar war.[86] Am 13. August testete Martha eine weitere, intakt gebliebene Probe – «kostet 40 Kreuzer» – und berichtete über die «angenehme, erfrischende Wirkung danach».[87] Zwei Jahre lang nutzte sie nun das Mittel bei kleineren Unpäßlichkeiten und Beschwerden als Narkotikum, ohne sich Gedanken über Nebeneffekte zu machen. Sie geriet nie in seelische Abhängigkeit vom Kokain, vermutlich, weil ihr stabiles Naturell sie entsprechend schützte. Martha war keine Neurotikerin, wie die meisten anderen Frauen, denen Freud in der Klinik begegnete; und sie überstand die schlimme therapeutische Fehleinschätzung ihres künftigen Mannes, der die Droge für ungefährlich hielt, ohne irgendwelche Schäden. Während sie die Einnahme nach zwei Jahren aufgab, verwendete er das Kokain bei Hals- und Nasenschmerzen, aber auch gegen seine Herzrhythmusstörungen, Reiseübelkeit und allgemeine seelische Verstimmungen noch bis 1896 in niedrigen Dosen.[88] Die daraus entstandene allmähliche Abhängigkeit verursachte im Herbst 1895 schwere psychische Spannungen, die nochmals durch den vorübergehenden Verzicht auf das Rauchen – aufgrund akuter Herzprobleme – gesteigert wurden. Trotz solcher Warnsignale empfahl Freud Patienten und Freunden mehrfach die Einnahme des Rauschmittels, weil er es für ein universelles Therapeutikum hielt. So glaubte er daran, daß Kokain bei Magenschleimhautentzündungen und Augenreizungen, aber auch gegen Kopfschmerz – etwa nach Alkoholmißbrauch – helfe.[89]

Anfang Juni 1884 begann Freud mit den Vorbereitungen zu einer Publikation über die Kokain-Therapie. Der Pharmakologe August Vogl, bei dem er vier Jahre zuvor den mittleren Teil seines Abschlußexamens absolviert hatte, stellte ihm eigene Notizen über die Struktur der Coca-Pflanze zur Verfügung.[90] Er entlieh aus der Universitätsbibliothek medizinhistorische

Schriften und Reisebeschreibungen, um die geschichtlichen Grundlagen des Themas zu studieren. Dazu notierte er seine Versuche bei Patienten und resümierte seine Beobachtungen. «Die Kokainliteratur habe ich jetzt im Zimmer und muß wie ein gejagtes Wild arbeiten», schrieb er Martha am 14. Juni 1884. In nur zwei Wochen vollendete er seine 25 Seiten umfassende Abhandlung, die am 1. Juli im *Zentralblatt für die gesamte Therapie* erschien.[91] Die schnelle Entstehung des Textes belegt Freuds erstaunliche Leistungskapazitäten, die in dieser Lebensphase pikanterweise durch die Einnahme von Kokain noch gesteigert wurden. Allerdings sorgte die überstürzte Produktion für sachliche Fehler und Ungenauigkeiten; Namen wurden falsch geschrieben, die chemische Formel für das Kokain war in der Summenverteilung der einzelnen Elemente inkorrekt, manche Quellen zitierte Freud nur aus zweiter Hand.[92]

Eine medizinische Wirkung löste die Schrift im Bereich der Augenheilkunde aus. Durch Freud waren sein Freund Leopold Königstein und dessen Kollege Carl Koller, beide Augenärzte am Allgemeinen Krankenhaus, auf das Mittel aufmerksam geworden. Während eines Gesprächs in einer Dienstpause empfahl Freud den Einsatz geringer Mengen von Kokain gegen Zahnschmerz. Königstein riet er, wie er sich Jahrzehnte danach in einem Brief an Fritz Wittels erinnerte, das «Mittel am Auge zu versuchen» und dort als Narkotikum einzusetzen.[93] Der Freund arbeitete jedoch unsauber, weshalb die sedierende Wirkung ausblieb, und verwarf die Methode schnell wieder. Koller dagegen griff Freuds Überlegungen mit größerem Erfolg in der Praxis auf, indem er Kokain für lokalanästhetische Anwendungen bei Augenoperationen nutzte. Später wurde Kollers Verfahren von Pharmakologen und weiteren Augenärzten übernommen, ohne daß man mögliche Urheberrechte bedachte. An dem unerfreulichen Streit über die Priorität der Entdeckung, der zwischen Königstein und Koller entbrannte, beteiligte sich Freud nicht. Allerdings beklagte er gegenüber seiner Braut und ihrer Schwester, daß er von der Verwertung der eigenen Studie akademisch nicht ausreichend profitieren durfte. Am 29. Oktober 1884 schrieb er Minna bereits resigniert: «Die Kokageschichte hat mir allerdings viel Ehre eingebracht, aber doch den Löwenanteil anderen.»[94] Wie sehr ihm diese Ungerechtigkeit nachging, beweist ein Passus aus der *Traumdeutung*. Es handelt sich um den Traum von der botanischen Monographie, den Freud so zusammenfaßte: «Ich habe eine Monographie über eine gewisse Pflanze geschrieben. Das Buch liegt vor mir, ich blättere eben eine eingeschlagene farbige Tafel um. Jedem Exemplar ist ein getrocknetes Spezimen der Pflanze beigebunden, ähnlich wie aus einem Herbarium.»[95] Freud kommentierte das als Reflex einer «Tagesphantasie» über Kollers klinische Studie, in deren Verlauf er sich vorgestellt habe, wie er sich verhalten würde, wenn ihn ein Augenarzt einestags selbst mit Kokain betäubte.[96] Der Traum griff das auf und illustrierte das Gefühl einer ungerechten Zurücksetzung: Obwohl der Träumer das betreffende Buch geschrieben hat, scheint niemand außer ihm selbst davon Notiz zu nehmen, denn nur er blättert es durch.

Freud begann seine Coca-Abhandlung mit einem kulturhistorischen Einstieg ins Thema. Die Verwendung der Coca-Pflanze bei den Indianern in Peru und Bolivien behandelte er mit einer erzählerischen Stil-Qualität, die, in späteren Jahren verfestigt, hier erstmals sichtbar wird. Er zeigte, wie die Eingeborenen Kokain einsetzen, um schwere körperliche Arbeit zu ertragen, und ihre Leistungskraft durch die Droge steigern, ohne in Formen der Abhängigkeit zu geraten. Freud beschränkte sich nicht auf menschliche Anwendungen, sondern berichtete auch über die «Cocawirkung bei Tieren», die überwiegend toxisch ist, mit Lähmungserscheinungen einhergeht und die Gefahren des Mittels anzeigt.[97] Entscheidend aber blieb die Selbsterfahrung, die am Ende als Beleg aufgeboten wurde, um mögliche Zweifel zu zerstreuen. Kokain nimmt maßgeblich Einfluß auf Ausdauer und seelisch-körperliche Belastbarkeit, wie Freud betonte: «Ich habe diese gegen Hunger, Schlaf und Ermüdung schützende und zur geistigen Arbeit stählende Wirkung der Coca etwa ein dutzendmal an mir selbst erprobt; zur physischen Arbeitsleistung hatte ich keine Gelegenheit.»[98]

Unter den klinischen Anwendungsgebieten, die Freud anführte, war die Behandlung von Magenbeschwerden zentral. Außerdem erwähnte er die Rekonvaleszenz nach Fieberperioden, die durch Kokain befördert werde, heilende Effekte bei Asthma, die erotisch stimulierende Wirkung und den Entzug bei Alkohol- und Morphiumabhängigkeit. Den Fall Fleischls benutzte er als Beispiel für eine glückende Behandlung, ohne daß er jedoch über entsprechende Langzeitbefunde verfügte – ein sträflich leichtsinniges Argument: «Ich hatte Gelegenheit, eine plötzliche Morphiumentziehung unter Cocagebrauch bei einem Manne zu beobachten, der bei einer früheren Entziehungskur unter den schwersten Abstinenzerscheinungen gelitten hatte.»[99]

Auch in späteren Publikationen blieb Freud zunächst bei seiner These, daß das Kokain keine Abhängigkeit verursache. Im Januar 1885 veröffentlichte die *Wiener medizinische Wochenschrift* seinen *Beitrag zur Kenntnis der Cocawirkung*, der anhand einer Versuchsfolge die Zunahme körperlicher Kraft, motorischer Beweglichkeit und Reaktionsfähigkeit nach Kokaingenuß dokumentierte.[100] Bei einem Vortrag im *Wiener psychiatrischen Verein* griff Freud am 5. März 1885 diese Beobachtungen auf: «Denn solange die Cocawirkung anhält, kann man geistige und physische Arbeit mit größerer Ausdauer verrichten und sind die sonst gebieterisch auftretenden Bedürfnisse nach Ruhe, Nahrung und Schlaf wie weggewischt.»[101] Durch Verabreichung von 0,03–0,05 Gramm pro Dosis ließen sich bereits größere Wirkungen erzielen, so versicherte Freud – auch hier gab es für ihn keinen Zweifel daran, daß das Mittel harmlos war. Im April 1885 schrieb er für eine in Detroit ansässige Pharma-Firma ein mit 60 Gulden honoriertes Gutachten über die Qualität der von ihr vertriebenen Kokain-Präparate.[102] Offenkundig galt er jetzt international als Experte auf diesem Gebiet, obwohl er kaum über klinische Erfahrungen verfügte.

Im Juli 1885 meldete sich erstmals eine skeptische Stimme gegen das Kokain zu Wort. Der Koblenzer Psychiater Albrecht Erlenmayer stellte im *Zentralblatt für Nervenheilkunde* die Frage, ob das Mittel wirklich so harmlos sei, wie seine Anhänger behaupteten. Zehn Monate danach, im Mai 1886, verschärfte er seine Kritik und erklärte: «Gelingt die Substituierung des Morphiums durch Cocain, so hat man den Teufel mit Beelzebub vertrieben.»[103] Neben Alkohol und Morphin sei Kokain die «dritte Geißel» der Menschheit.[104] Freud antwortete ein Jahr später auf diesen Vorstoß und gestand zumindest ein, daß bei entsprechender Disposition die Verabreichung von Kokain zu identischen Abhängigkeiten wie beim Morphiumgebrauch führe. Die Substitutionsthese wurde damit vom Tisch genommen und ohne weitere Erklärung preisgegeben. Bezeichnenderweise benutzte Freud nun dieselbe Formulierung wie Erlenmeyer, wenn er schrieb, der Einsatz von Kokain bedeute bisweilen den Versuch, «den Teufel durch Beelzebub auszutreiben.»[105] Im Hinblick auf die Verwendung durch seelisch Gesunde betonte er jedoch, daß eine generelle Abhängigkeitsgefahr nicht bestehe. Die Differenz, die hier zutage trete, resultiere aus je besonderen Anlagen des Nervensystems. «Der Grund für die Unregelmäßigkeit der Cocawirkung liegt in der individuell verschiedenen Erregbarkeit und in der Verschiedenheit der Zustände in den Gefäßnerven, auf welche das Cocain wirkt.»[106]

Solche Irrtümer, wie Freud sie hier unterliefen, sind typisch in der Geschichte der Arzneimittelkunde. Auch im Fall von Cannabis, Opium und

Morphium unterlag die Wissenschaft für geraume Zeit dem Glauben, daß Heilwirkungen ohne gleichzeitige Abhängigkeit erzeugt werden könnten. Freud allerdings mußte seinen Fehler auf besonders schmerzliche Weise erkennen, denn im Fall Fleischls waren die Konsequenzen seiner Therapie fatal. Das Kokain trat an die Stelle des Morphiums, ohne daß Grad und Auswirkungen der Sucht sich änderten. Der Freund erholte sich von den Folgen seiner Drogenabhängigkeit nicht mehr und starb, erst 45jährig, am 22. Oktober 1891 in Wien. Freud wußte, daß er medizinisch dafür keine Verantwortung trug, denn die Abhängigkeit vom Morphium hätte Fleischl auf dieselbe Weise zugrunde gerichtet wie jene vom Kokain. Vergessen mochte er den unglücklichen Freund auch in späteren Jahren nicht; seine Photographie hängte er ins Wartezimmer seiner Praxis, wo zukünftig nur die Porträts engster Vertrauter Platz fanden.

Trotz allem peinigten Freud Schuldgefühle, die er niemals vollständig verarbeitete. Das verrät ein zweiter aufschlußreicher Passus aus der *Traumdeutung*, in dem er seine Rolle im Fall Fleischls indirekt kommentierte. Freud schilderte hier seinen Schlüsseltraum von ‹Irmas Injektion›, den er Bild für Bild minutiös als Ausdruck einer Wunscherfüllung interpretierte. Das ihm zugrunde liegende Gefühl ist das der Furcht, er könne sich bei der Behandlung seiner Patientin Irma geirrt haben. Der Traum entlastet ihn davon, weil er die Verantwortung für die Fehlbehandlung seinem Freund Otto zuschreibt, hinter dem sich Freuds Kollege, der Arzt Oscar Rie verbirgt. Im Traum ist es Rie, der Irma eine Injektion verabreicht, die aufgrund einer unsauberen Nadel zur Infektion führt. Freud assoziierte das mit dem Fall Fleischls: «Die Injektionen erinnern mich wieder an den unglücklichen Freund, der sich mit Kokain vergiftet hat. Ich hatte ihm das Mittel nur zur internen Anwendung während der Morphiumentziehung geraten; er machte sich aber unverzüglich Kokaininjektionen.»[107] Die Behauptung, daß Fleischl gegen Freuds Empfehlung zur Spritze gegriffen habe, entsprach freilich nicht den Fakten. Freud selbst bevorzugte die Kokain-Einnahme durch Nase oder Mund, behandelte jedoch Fleischl mit Injektionen. Wenn er diese Tatsache knapp vier Jahre nach dem Tod des Freundes leugnete, so verriet das eine ausgeprägte Fähigkeit zur Verdrängung. Vergleichbare Akte nachträglicher Zensur kamen auch in anderen Fällen ärztlicher Fehlleistung bei Freud vor. Daß er den Mechanismus der Verdrängung in der *Traumdeutung* als erster entdeckte, schützte ihn nicht davor, selbst unter seinen Einfluß zu geraten.[108]

Diktatur der Enthaltsamkeit

Während der Verlobungsjahre verzichtete Freud, wie schon als Student, zunächst strikt auf sexuelle Kontakte. Mit Martha traf er sich bis zum Sommer 1883, ehe sie nach Wandsbeck übersiedelte, nur an öffentlichen Plätzen, und mehr als ein Kuß hinter Bäumen im Park war nicht erlaubt. Die zeitgenössische Doppelmoral gestattete jungen Männern üblicherweise Freiräume für erotische Erfahrungen, die er allerdings nicht nutzte. Weder Bordellbesuche noch schnelle Abenteuer mit Dienstmädchen oder Verkäuferinnen, von denen Arthur Schnitzler oder Stefan Zweig in ihren Memoiren berichteten, waren nach seinem Geschmack.[109] Freud blieb zeitlebens überzeugt, daß Geschlechtsverkehr primär durch die Zeugung von Nachwuchs gerechtfertigt sei. Auch in der Ehe konnte, so glaubte er, ein befriedigender Koitus nur möglich sein, wenn das Paar den Wunsch nach Kindern hegte. Jegliche Art der Empfängnisverhütung sei triebhemmend und lustmindernd: «denn alle Mittel, die sich bisher zur Verhütung der Konzeption ergeben haben, verkümmern den sexuellen Genuß, stören die feinere Empfindlichkeit beider Teile oder wirken direkt krankmachend; mit der Angst vor den Folgen des Geschlechtsverkehrs schwindet zuerst die körperliche Zuneigung der Ehegatten füreinander, in weiterer Folge auch die seelische Zuneigung, die bestimmt war, das Erbe der anfänglichen stürmischen Leidenschaft zu übernehmen.»[110] Das ließ keine Zweifel zu: Enthaltsamkeit war besser als jede Verhütung und bot zudem Gelegenheit, die psychische Sensibilität zu steigern.[111] Der Verzicht auf erotische Aktivität blieb nicht nur Last, sondern eröffnete auch Chancen für geistige Wirksamkeit. In seiner 1908 veröffentlichten Studie *Die ‹kulturelle› Sexualmoral und die moderne Nervosität* bemerkte Freud: «Ein abstinenter Künstler ist kaum recht möglich, ein abstinenter Gelehrter gewiß keine Seltenheit.»[112]

Ungewöhnlich pointiert beschrieb Freud am 29. August 1883 in einem Brief an Martha das, was er künftig ‹Sublimierung› nennen sollte, als Privileg der gebildeten Klasse: «Das Gesindel lebt sich aus und wir entbehren. Wir entbehren, um unsere Integrität zu erhalten, wir sparen mit unserer Gesundheit, unserer Genußfähigkeit, unseren Erregungen, wir heben uns für etwas auf, wissen selbst nicht für was – und diese Gewohnheit der beständigen Unterdrückung natürlicher Triebe gibt uns den Charakter der Verfeinerung.»[113] Martha ging diese Erklärung der Askese erheblich zu weit, sie beschwerte sich über den «Ton» seiner Überlegungen und unterstellte ihm, er sei «ernstlich krank».[114] Die kühle Hanseatin mochte keusch und genußfern leben, aber keine Theorien über die kulturellen Hintergründe dieses Rollenentwurfs hören. Mit gleicher Konsequenz verschloß sich die Ehefrau Martha später sämtlichen psychoanalytischen Themen, mit denen ihr Mann umging. Selbst die verdrängte Sexualität war eine Sache, über die man zu schweigen hatte.

In einem Aufsatz über Spielarten der Neurose notierte Freud 1898, daß geistige Tätigkeit ein «Schutzmittel gegen neurasthenische Erkrankung» darstelle.[115] Die damals schon verbreitete These von der pathologischen Wirkung einseitiger intellektueller Anstrengung ließ er nicht gelten. Durchweg arbeitete er lange und ausdauernd, mit großer Konzentration und Aufmerksamkeit. Erst nach der Heirat, in der Zeit der Familiengründung, begann er, seinen Lebensrhythmus umzustellen und Perioden der Entspannung einzubauen. Der Sonnabend beim Kartenspiel mit Freunden, der Sonntagvormittag mit den Kindern, der Nachmittag mit der Mutter, die ausgedehnte Sommerfrische – das waren nun heilige Güter, die Freud entschieden verteidigte. Aber der junge, ehrgeizige Mediziner kannte solche Phasen der Ruhe noch nicht und peitschte sich mit eisernem Willen durch ein dichtes Arbeitspensum.

Das Gebot der Monogamie und der Verzicht auf das weite Spektrum dessen, was Ende des 19. Jahrhunderts als ‹pervers› galt, gehörten für Freud zum Programm einer gesunden Sexualität, dem er sich unterwarf. Das schloß in späteren Jahren wissenschaftliche Toleranz gegenüber anderen Formen der erotischen Praxis ein, bedeutete aber für ihn persönlich ein striktes Lebensprinzip, das er nicht durchbrach. Zur Triebabfuhr suchte er sich keine der allgemein akzeptierten Lösungen mit Dienstmädchen oder Prostituierten – ein Grundsatz, den er auch deshalb befolgen konnte, weil seine biologische Disposition in diesem Punkt schwach entwickelt war. Seine Libido, so bekannte der 54jährige gegenüber C. G. Jung, sei gering und rege sich nur selten.[116] Die lange Enthaltsamkeit während der Verlobungszeit bildete nur den Auftakt zu ähnlich ausgedehnten Phasen seiner Ehe, in denen er asexuell lebte. Hinzu kam müheloser Verzicht auf einem anderen Gebiet: Freud trank kaum Alkohol; jede Spur davon mache ihn «ganz dumm», schrieb er 1896, und der knapp 72jährige erklärte rückblickend, er sei stets «sehr mäßig, fast abstinent» gewesen.[117]

Dennoch war Freud nicht ausschließlich Asket, sondern auch Abhängiger, denn er besaß eine Sucht: die Arbeit. Ohne Forschung und ärztliche Praxis konnte er nicht glücklich sein, ohne sie fühlte er seine Vitalität versiegen. Damit verband sich das einzige sinnliche Laster, das er lebenslang pflegte. Er rauchte seit seiner Examenszeit stark und konsumierte, zumeist am Schreibtisch, mehr als 20 Zigarren täglich – eine Quelle für zunehmende Schuldgefühle, die der Einsicht entsprangen, daß er seine Gesundheit durch die massive Nikotinsucht erheblich schädigte. Wissenschaftliches Studium und Rauchen gehörten jedoch für Freud zusammen, denn nur mit der Zigarre gewann er seine volle geistige Konzentrationsfähigkeit. Anders als bei Breuer, der allein aus konventionellen Gründen rauchte, handelte es sich bei ihm um eine echte Sucht.[118] Für Freud galt, daß die Zigarre kein Ersatz für sexuelle Erfüllung, sondern ein Mittel zur Steigerung geistiger Belastbarkeit war. Zwar schrieb er Martha zuweilen nach Wandsbeck, er benötige das Nikotin als «Narkose», weil die Verlobte fern sei, aber das entsprach schwerlich der Wahrheit.[119] Freud rauchte nicht, um den Eros zu ersetzen, sondern um seiner eigentlichen Geliebten, der Arbeit, besser dienen zu können. In späteren Jahren zeigte ihn kaum ein Porträtphoto ohne seine «bräunliche Schöne», wie es 1924 in Thomas Manns *Zauberberg*-Roman heißen sollte; ähnlich hielten es passionierte Raucher vom Schlage eines Mark Twain, Winston Churchill, Samuel Fischer oder Bertolt Brecht, die sich bevorzugt mit Zigarre ablichten ließen.[120]

1910 formulierte Freud unzweideutig: «Die Wissenschaft ist eben die vollkommenste Lossagung vom Lustprinzip, die unserer psychischen Arbeit möglich ist.»[121] Die Konstellation, die sich hier offenbarte, war merkwürdig genug. Wenn Freud später die Erkenntnis der menschlichen Sexualität zum Zentrum seines wissenschaftlichen Denkens erhob, adelte er seine eigene Triebunterdrückung, indem er die Libido in den Rang eines gelehrten Objekts versetzte. Über Jahrzehnte analysierte er Patienten, deren sexuelle Geschichte er ausführlich und mit unermüdlicher Energie untersuchte. Als Therapeut erklärte er eine ungezwungene, nicht durch Hemmungen, Abwehr oder Verdrängung entstellte Erotik im Rahmen der Monogamie zur wesentlichen Bedingung einer persönlichen Existenz ohne Neurosen. Für ihn, der privat die Askese bevorzugte, war die Sexualität das wissenschaftliche Schlüsselthema, mit dem er sich tagtäglich intensiv befaßte. Wie verhalten sich diese beiden Einstellungen zueinander? Es ist offenkundig, daß Freud zum Analytiker der Sexualität nur werden konnte, weil er selbst kein ausschweifendes Liebesleben führte. Da er seinen erotischen Trieb bis auf wenige Phasen unterdrückte, war er in der Lage, dessen Allgegenwart in Kultur und Gesellschaft, Mythos und Kunst rational zu erfassen. Seine Sexualtheorie wäre nicht entstanden ohne den persönlichen Willen zur Enthaltsamkeit, der es erlaubte, die libidinösen Kräfte aus der Distanz zu beobachten und damit intellektuell zu bannen. Insofern erprobte Freud in seiner asketischen Verlobungszeit bereits das Grundmodell seiner späteren Gelehrtenrolle. Noch 1912 schrieb er in *Totem und Tabu*, daß der Mann sich seit Urzeiten sexuell beschränke, wenn er «mit schwierigen oder verantwortlichen Arbeiten» befaßt sei.[122]

Während der langen Trennung, die Marthas Umzug nach Wandsbeck im Juni 1883 erzwang, führte Freud ein spartanisches Privatleben. Er ließ den Bart wuchern, trug seine ältesten Anzüge und blieb, wenn er keinen Dienst hatte, zumeist lesend in seinem Zimmer.[123] Die Mittagsmahlzeiten nahm er im Gasthaus Spechter in der Wickenburggasse 8 ein, das die Speisen während der Wintermonate, um Heizkosten zu sparen, direkt an die benachbarte Klinik lieferte.[124] Nur selten gönnte er sich einen Opernabend, so Ende Juli 1883, als er mit Breuer Bizets *Carmen* sah (daß der Stoff einer Novelle Mérimées entstammte, war ihm damals noch neu).[125] Ansonsten verbrachte er die freie Zeit meist mit Lektüre, bevorzugt wissenschaftlicher Publikationen aus neurologischem Gebiet. Auf Breuers Empfehlung versuchte er sich an Gottfried Keller und französischen Novellen; immer wieder griff er zu englischen Autoren, darunter Charles Dickens (*Bleak House*, 1852/53) und Henry Fielding, dessen breit angelegter Roman *Tom Jones* (1749) ihm jedoch «Kopfschmerzen» bereitete.[126] Im Sommer 1883 las er Flauberts *Versuchung des Heiligen Antonius* – das Programm eines schwierigen asketischen Lebensentwurfs, der, anders als sein eigener, religiös motiviert war.[127] Seine gesellschaftlichen Kontakte konzentrierte Freud neben der Familie auf den Austausch mit Fleischl und Breuer, hinzu kamen Kollegen wie Josef Brust, Leopold Königstein, Sigmund Lustgarten, Ignaz Rosanes und der junge Albert Hammerschlag, der sich noch im klinischen Studienabschnitt befand. Man spielte im Caféhaus Schach oder Tarock miteinander, sprach zumeist über Medizinisches, selten über Politik, wobei sich Freud als Kritiker der Monarchie und des Bismarck-Systems hervortat.[128] Zu den exotischen Themen der Runde gehörten Fragen von Spiritismus und Okkultismus, wie sie seit Ende der 1870er Jahren im Rahmen der zeitgenössischen Esoterik-Mode durch die Arbeiten Helena Blavatskys aufgekommen waren – ein Feld, das Freud zeitlebens trotz großer Skepsis interessiert beobachtete. Manchmal fand sich auch der Jugendfreund Silberstein hier ein, inzwischen promovierter Jurist und Bankier mit bourgeoiser Attitüde. Zum weiteren Zirkel gehörte Nathan Weiss, der, fünf Jahre älter als Freud, eine neurologische Abteilung im Allgemeinen Krankenhaus leitete. Er galt als extrem ehrgeizig, existierte nur für seine Arbeit und die Forschung, ohne sich Zeit für Privates zu nehmen. An seinem Beispiel sollte Freud bald lernen, wie gefährlich es war, alles nur auf die Karte des Erfolgs zu setzen und die wichtigen Entscheidungen jenseits des Berufs gedankenlos zu treffen.

Weiss wohnte seit Jahren wie Freud in der Klinik und mied jeden Kontakt mit dem anderen Geschlecht. Endlich beschloß er, eine ihm nur oberflächlich bekannte Frau zu heiraten, weil er das für seine weitere Karriere erforderlich fand. Die Verbindung blieb jedoch unglücklich, die Ehe wurde nie vollzogen. Im September 1883 nahm sich Weiss das Leben, da er die massive Zurückweisung seiner Gattin nicht ertrug. Unter dem unmittelbaren Eindruck der Beerdigung schrieb Freud einen zehn Seiten umfassenden Brief an Martha, in dem er die familiären Hintergründe des Freundes, seine sozialen Prägungen, seine seelischen und geistigen Anlagen schilderte. Er erwähnte die psychischen Besonderheiten der Braut, ihre Angst vor der endgültigen Bindung und die Kälte, mit der sie in die Ehe ging. Zugleich charakterisierte er Weiss als monomanischen, überehrgeizigen Mediziner, dessen Inneres auch für seine Freunde unzugänglich blieb. Es war die erste Fallbeschreibung, die Freud überhaupt entwarf, und daneben eine Einübung in die psychologische Anamnese, wie er sie bald praktizieren sollte. Martha zeigte sich über den Bericht tief berührt und gestand, daß sie Weiss, den sie aus Wien kannte, stets «unheimlich» gefunden habe.[129]

Freuds Leben ging in seiner Arbeit auf, die zwischen Klinik und Forschung verteilt wurde. Auch den kurzen Herbsturlaub verbrachte er Ende September 1883 zumeist mit der Lektüre medizinischer Fachliteratur, in die er sich nach Jahren rein naturwissenschaftlicher Studien erst einfinden mußte. Das Äußerste des Luxus war späteres Aufstehen am Morgen, der Genuß zahlreicher Zigarren und Zigaretten, ausgiebiges Zeitunglesen, zuweilen einige Tage in Baden außerhalb der Stadt.[130] Abends saß er gern im Caféhaus und spielte mit den Medizinerfreunden Schach. Er tat das so konzentriert, daß er sich einestags eine vom Kellner angezündete Zigarre mit dem brennenden Ende in den Mund steckte, weil er die Augen nicht «vom

Schlachtfeld» abwendete.[131] In einem Brief an Martha nannte er einen solchen Zustand der Abwesenheit mit einer schönen Wendung ‹geistesverreist›.[132]

Der Assistenzarzt Freud hatte einen großen Freundeskreis, der mit Ausnahme des Indologen Ignaz Schoenberg ausschließlich aus Medizinern bestand. Dieser Zirkel ersetzte ihm alles, die Universität, das Kolloquium, den Beichtstuhl und das Gespräch über Intimes, das er mit seiner Verlobten noch nicht führen durfte. Frauen spielten in Freuds Welt neben der Klinik nur eine Nebenrolle. Er sah seine Schwestern regelmäßig, zuweilen die Mütter seiner Freunde, ansonsten beschränkte er sich auf den Austausch mit Männern. Offenes Interesse an unverheirateten Frauen bekundete er nie; nur Anna Hammerschlag, die schöne Schwester Alberts, bildete eine Ausnahme – über sie sprach er in höchsten Tönen des Lobes, die deutliche Spuren der Zuneigung verrieten.[133] Seit dem 1. Mai 1883 wohnte Freud, wie berichtet, nicht mehr bei den Eltern, sondern äußerst bescheiden in einem der beengten Zimmer, die das Krankenhaus für unverheiratete Sekundarärzte bereithielt. Das Gemeinschaftsbad befand sich auf dem Flur, und am Morgen richtete eine Bedienstete das Frühstück. In einer Skizze zeichnete er für Martha den kleinen Raum mit einer «vegetativen Seite», an der Bett, Waschtisch und Schrank standen, und einer «animalischen Seite» mit Schreibtisch und Bücherregalen.[134] Beim Arbeiten blickte er auf Bilder Kaulbachs und ein Porträt des bewunderten Helmholtz, beim Schlafen auf ein kleines Buch, das die amerikanische Unabhängigkeitserklärung enthielt. Das Zimmer passe «wie ein Schneckenhaus der Schnecke» und sei eine kleine «Hütte» in großer Enge. Es schien in der Tat geschaffen für die Sehnsucht des einsamen Verlobten, der sich ‹animalisch› fühlte, wenn er nachdachte, und ‹vegetativ›, wenn er schlief.[135]

Am 14. Oktober 1883 heiratete Eli Bernays Freuds Schwester Anna. Die Zeremonie erstreckte sich über den ganzen Tag und endete in einer großen Feier. Freud verpaßte wegen seiner dienstlichen Verpflichtungen die Trauung in der Synagoge an der Schiffgasse, was ihm angesichts seines Widerwillens gegen religiöse Rituale und seiner Antipathie gegen den künftigen Schwager nicht unangenehm gewesen sein dürfte. Eli hatte drei Tage zuvor aus Anlaß von Jom Kippur der Familie seiner Braut einen Besuch abgestattet und um «Verzeihung» für mögliche Kränkungen gebeten. Freud kommentierte diese Geste seines ungeliebten neuen Verwandten abfällig: «Wenn die Menschen gut sein wollen, sollen sie's alle Tage sein, ich hasse, die nur an Feiertagen gut und schön sind.»[136] Minna schrieb er, die Hochzeit könne ihn keineswegs vergessen lassen, daß Eli sich schlecht benommen habe. Für ihn sei nichts «abgeschlossen», und es werde mit Sicherheit nicht «eitel Glück folgen», wie ihre Mutter es erwartete.[137] Im übrigen mißfiel ihm der rituelle Aufwand, den das Paar trieb, weil er es peinlich fand, wenn Eheleute sich selbst feiern ließen. «So ein Menschenfresserzeremoniell halten wir uns auch vom Leib», kündigte er Martha an.[138] Die Verlobte fand das kaum überraschend, denn sie wußte bereits, daß Freud eine betont unfestliche Hochzeit in aller Stille wünschte. Weniger gut vorbereitet war sie, als er ihr im November 1883 gestand, er habe mit seinen Freunden aus finanziellen Gründen beschlossen «nach Amerika auszuwandern»: «Mein Marthchen als Lady muß so prächtig sein.»[139] Emigrationspläne ähnlicher Art sollte er auch in späteren Jahren hegen, wenn ihn materielle Sorgen drückten.

Freuds schwieriges Verhältnis zu Eli war durch einen gewissen Neid geprägt, denn die geschäftlichen Unternehmungen des Schwagers, der sich als Börsenagent und Makler betätigte, liefen erfolgreich und ermöglichten ihm einen gediegenen Lebensstil. Anna genoß es, in der Rembrandtgasse, wo man im früheren Domizil von Emmeline Bernays geräumig wohnte, einen großbürgerlichen Haushalt zu führen und Gäste aus gehobenen Kreisen zu Teestunden oder Diners zu empfangen.[140] Das Glück der ersten Jahre verflog allerdings rasch, als Eli sich verspekulierte und Kredite aufnehmen mußte. Es gingen Gerüchte, daß er mehrere Geliebte und auch außereheliche Kinder finanziere. Im August 1891 ließ er seine Familie nach einem Konkurs ohne eigene Mittel in Wien zurück und reiste in die Vereinigten Staaten, wo er seine Geschäftschancen sondierte. Erst im Oktober kehrte er für kurze Zeit zurück, da er sich im amerikanischen Getreidehandel schnell etabliert hatte; im November zog Anna mit Eli und dem kleinen, erst einjährigen Sohn nach New York, die beiden älteren Töchter folgten ihnen wenig später.[141] Vor der Überfahrt sammelte Freud, der plötzlich Mitleid mit seinem Schwager empfand, Geld für das ‹ganz verarmte Paar›, indem er seine Freunde ‹brandschatzte›.[142] In den Staaten baute Eli dann ein erfolgreiches Unternehmen im Getreidehandel auf, das ihn materiell unabhängig machte. Auch in Zukunft blieb jedoch das Verhältnis, das schon während der vorübergehenden Trennung von Anna im Frühjahr 1883 gelitten hatte, nachhaltig gestört. Freud konnte Eli nicht verzeihen, daß er auf die Hilfsbereitschaft seiner Verwandten setzte, obwohl diese selbst mittellos waren. Als der vermögend gewordene Schwager im Frühjahr 1920 in New York mit Millionenspenden ein Kindergenesungsheim finanzierte, kommentierte Freud, der in das Leitungskomitee berufen wurde, diese mäzenatische Handlung gegenüber seinem englischen Neffen Sam lakonisch mit der Formel «a nice way of paying back his debts to friends when he left Vienna as a bankrupt.»[143]

Die Zeit der Trennung bedeutete für die Brautleute zunehmend eine Geduldprobe, deren Ende auf sich warten ließ, weil die materiellen Voraussetzungen für eine Heirat noch nicht gegeben waren. Mit seinem Salär als Sekundararzt hätte Freud, wie er durch das Beispiel anderer wußte, seine Ehefrau kaum standesgemäß ernähren können. Wenn er nicht mit Arbeit beschäftigt sei, so berichtete er, denke er über Chancen zur Verbesserung seiner finanziellen Lage nach.[144] Im August 1883 stellte er der Verlobten in Wandsbeck eine düstere Prognose: mit Rücksicht auf seine fehlenden Geldmittel und die unsichere Perspektive einer künftigen Praxis erwarte er, daß eine Hochzeit frühestens in drei Jahren möglich sei.[145] Martha mochte das insgeheim als skeptische Übertreibung einstufen, aber Freud sollte Recht behalten; die Heirat erfolgte keinen einzigen Monat früher, als er es vorausgesagt hatte.

Zwischen Sommer 1883 und Frühherbst 1884 blieben die Verlobten getrennt, eingesponnen in ihre Vorstellungen, Wünsche, Erwartungen. Das Liebesverhältnis beschränkte sich auf eine sehr ausführliche Korrespondenz, in der die beiden detailliert über ihren Alltag berichteten und sich so authentisch wie möglich Einblick in ihre jeweiligen Stimmungen verschafften. Allein in der zweiten Hälfte des Jahres 1883 wurden zwischen ihnen 277 Briefe gewechselt – ein «Roman in Fortsetzungen», wie Martha bemerkte, «leider nur interessant für die beiden Autoren».[146] Es war fast zwangsläufig, daß diese Situation immer wieder kleine Dispute und Mißverständnisse, Klärungen und Versöhnungen herbeiführte. Nie kam es zu gewaltigen Eruptionen, Trennungsdrohungen oder Tragödien, aber der pedantische Streit über Stimmungsfacetten, Launen und Befindlichkeiten stand auf der Tagesordnung. Der Blick nach innen, dieser eigentümliche Impressionismus der erotischen Distanz, führte Ende des Jahres 1883 zu Spannungen und Gereiztheiten aller Art. Daß Minna Bernays sich mehrfach im Monat mit eigenen Briefen aus Wandsbeck meldete, machte die Lage nicht einfacher. Zwar durfte Freud hier direkter sein, aber er wußte auch, wie schnell seine kleinen Geständnisse von der Schwester zu seiner

Braut gelangten. Minna blieb eine andere Martha, kein kompletter Gegenentwurf, und nur unter dieser Bedingung konnte er die Korrespondenz mit ihr vor seinem Gewissen vertreten.

Zu Weihnachten 1883 fuhr Freud nach Leipzig, um dort seine Halbbrüder Emanuel und Philipp aus Manchester zu treffen, verzichtete aber auf die ursprünglich geplante Reise nach Hamburg, weil ihm dazu angeblich das Geld fehlte. Obwohl die Briefe Marthas große Gereiztheit offenbarten, hielt er es nicht für nötig, in Wandsbeck zu erscheinen. Das Sparprogramm, das die Grundlage der geplanten Hochzeit bildete, war ihm wichtiger als die Sehnsucht der Braut. An diesem Punkt fiel es Martha schwer, die hanseatische Contenance zu wahren. Sie war merklich fassungslos über die Prioritäten, die ihr Verlobter setzte («es hat mich ein paar recht schlechte Tage gekostet»).[147] Zu Sylvester schickte Freud nun, statt in den Norden zu reisen, ein selbstverfaßtes Bänkellied an Martha, in dem er sich als ‹armen Prasser› beschrieb, der ihr mit ‹ernster Liebe› bis in den Tod zugetan sei.[148] Romantische Bekenntnisse sahen anders aus, aber diesen Mangel wußte die Verlobte in der Regel zu verkraften.

Ab dem Frühjahr 1884 klangen Freuds Briefe an Martha ruhiger und liebevoller. Der Überwachungszwang schwand, es meldete sich ein zarter Ton, der zuweilen poetische Schwingungen vermittelte. Die «Starre und Abgeschlossenheit», die ihn früher oft beherrschte, sei, so berichtete er am 30. Juni 1884, durch «Heiterkeit» und «Selbstvertrauen» ersetzt worden.[149] Während des Sommers schrieb sich Freud in eine nahezu enthusiastische Stimmung, die vermutlich durch die Verwendung des Kokains gesteigert wurde. Erst Anfang September 1884 jedoch, nach fünfzehnmonatiger Trennung, besuchte er Martha wieder, jetzt für 26 Tage. Um die Reise besser finanzieren zu können, begann er schon im Mai einem vermögenden Medizinstudenten aus Triest Nachhilfestunden in Physiologie zu geben. Später kamen hirnanatomische Privatlektionen hinzu, die gleichfalls gut honoriert wurden. Ein Angebot Breuers, der ihm vorschlug, einen Geisteskranken für mehrere Monate gegen ein monatliches Honorar von 300 Gulden – das Zehnfache seines ärztlichen Salärs – auf Reisen zu begleiten, lehnte er dagegen ab, weil er den Besuch bei der Verlobten nicht noch länger verschieben wollte.[150] Fast wäre der geplante Termin für den Urlaub geplatzt, als Freud ab Mitte Juli den amtierenden Abteilungsleiter vertreten mußte, der wegen der drohenden Choleragefahr nach Montenegro abkommandiert wurde. Schließlich aber hatte der Direktor Scholz ein Einsehen und genehmigte seinem überanstrengten Sekundararzt Ende August die ersehnten Ferien.

Am frühen Morgen des 2. September, kurz vor sechs Uhr, kam Freud in Hamburg an, eine Stunde später konnte ihn Martha in Wandsbeck begrüßen. Man mußte sich aneinander gewöhnen nach so langer Zeit, nach den vielen Briefen ohne echte Nähe. Der Kontakt war streng reguliert, und die Konvention bot nur wenig Raum für Intimes. Freud wohnte in einem ärmlich möblierten Zimmer, wohin Martha ihm zuweilen warmes Essen bringen ließ. Erlaubt waren bestenfalls gemeinsame Theaterabende; schon bei Spaziergängen im Park sorgte die bürgerlich denkende Mutter für eine Begleitung des Paars. Den Besuch von Tanzfesten und Bällen versagten sich die Verlobten, was zu ihrem puristischen Naturell paßte. Martha verachtete jede Art von «Getöse» solcher Art, und Freud fühlte sich in fremder Gesellschaft weiterhin unsicher.[151] Man trank keinen Alkohol, nahm nur Tee und Kaffee zu sich. Für sinnliche Exzesse und Rauschzustände blieb in dieser hanseatisch-wienerischen Liebesbeziehung kein Platz. Weder Sexualität noch Trunkenheit waren zugelassen in ihrer Welt, die zusammengesetzt schien aus wissenschaftlicher Nüchternheit und spätem Biedermeier, aus Empfindsamkeit und Geistesfuror, Askese und vernünftiger Lebensplanung. Das einzige Genußmittel, das sich die Verlobten gönnten, ohne daß sie seine möglichen Folgen erahnten, war das Kokain. Sie nahmen es getrennt ein, niemals gemeinsam. In ihren Briefen berichteten sie einander von den Effekten, freuten sich über die Konzentrationssteigerung, die es bewirkte, waren aber weit davon entfernt, die Droge mit sexuellen Genüssen in Verbindung zu bringen. Der Eros des Kokains war für Freud und Martha so staubig und trocken wie der pulvrige Aggregatzustand, in dem es konsumiert wurde.

VIERTES KAPITEL

Von der Klinik zur Praxis (1885–1892)

Privatdozent für Nerven-Pathologie

Freud arbeitete seit dem Eintritt bei Meynert, ab der Mitte des Jahres 1883, an neuroanatomischen und erstmals auch an klinischen Themen. Am 14. Februar 1884 hielt er im *Verein für Psychiatrie und Neurologie* einen Grundsatzvortrag zur Struktur der Nervenbahnen, den er Anfang des Sommers publizierte. Im selben Jahr veröffentlichte er, wie schon berichtet, Ausführungen über seine mit Goldchlorid hergestellten Laborpräparate zum Faserverlauf im zentralen Nervensystem, die er in zwei verschiedenen Zeitschriften sowie in einer englischen Übersetzung erscheinen ließ. Dem folgten ein Beitrag zu den spezifischen Verletzungen, die Hirnblutungen auslösen, und ein Artikel zum Syphilisbazillus, den er gemeinsam mit Maximilian Zeissl, dem Sohn des früheren Chefs der Abteilung für Geschlechtskrankheiten verfaßte.[1] Als Kliniker fühlte sich Freud jedoch weiterhin unsicher, weil es ihm in der Praxis schwerfiel, zwischen objektiven und eingebildeten Symptomen zu unterscheiden. Diese Schwäche machte sich auch dort bemerkbar, wo er in seiner Funktion als Sekundararzt Gasthörern und Fachleuten aus dem Ausland Fälle vorstellen mußte. Für sechs hospitierende amerikanische Mediziner hielt er Mitte November 1884 einen Kursus in Neurologie, der nicht nur am unbeholfenen Pidgin-Englisch des jungen Dozenten, sondern gleichfalls an der schwankenden Qualität seiner Diagnosen litt. So interpretierte er einen Fall von neurotischer Schmerzsuggestion als Meningitis – ein Befund, den die anwesenden Kliniker mit Entsetzen zurückwiesen.[2] In späteren Jahren mißtraute Freud seinen praktischen Urteilen aus guten Gründen und berichtete mit überraschender Freimütigkeit über seine klinischen Fehlschläge.[3]

Im zweiten Jahr seiner Beschäftigung gehörte Freud nun zu den fester etablierten Sekundarärzten. Ende Januar 1884 erhielt er eine größere

Wohnung mit zwei Zimmern, in denen seine «wenigen Habseligkeiten» gänzlich verschwanden.[4] Meynert nahm ihn als jüngeren Kollegen ernst und schwärmte von seinen «wertvollen Präparaten» schwer erkennbarer Nervenstränge in Geweben, die er den beeindruckten Studenten vorführte.[5] Gleichzeitig litt er unter den Aufgaben im Spital, den quälenden Nachtdiensten und der Durchschnittlichkeit seines direkten Vorgesetzten Franz Scholz. Die Klinik, so zeigte sich erneut, eröffnete ihm keine wirklichen Zukunftsaussichten. Ende Mai 1884 bat er daher seinen früheren Chef Nothnagel um Rat, ob er ihm eine Habilitation im neuropathologischen Fach empfehlen könne. Nothnagel hielt eine Zulassung für denkbar, sofern neben den theoretischen Arbeiten auch praktische Studien vorlagen, warnte aber vor zu hohen Erwartungen. Bei einem zweiten Gespräch, das eine Woche später nach einem Vortrag im *Wiener medizinischen Club* stattfand, wurde Nothnagel noch deutlicher. Er selbst habe als Privatdozent in Breslau nur vier Hörer angezogen, so daß auch Freud schwerlich darauf rechnen dürfe, mit seiner akademischen Tätigkeit eine Familie zu ernähren.[6] Solche Einwände konnten den ehrgeizigen Kandidaten, der die formalen Bedingungen für eine Habilitation bestens erfüllte, nicht abschrecken. Martha verriet er, daß er durch eine Dozentur auch im Fall einer künftigen Niederlassung zu profitieren hoffe, weil er dann mehr Privatpatienten erwarten könne. Er gedenke, so schrieb er ihr, «die Wissenschaft auszubeuten, anstatt mich zu ihren Gunsten ausbeuten zu lassen.»[7]

Trotz der kritischen Einwände Nothnagels blieb Freud also entschlossen, den Weg der akademischen Karriere zu wagen. Am 21. Januar 1885 stellte er an das ‹Löbliche Professoren-Kollegium der Wiener medizinischen Fakultät› sein Habilitationsgesuch, dem er seinen Lebenslauf, einen Lehrplan und ein neun Titel umfassendes Schriftenverzeichnis hinzufügte.[8] Am 24. Januar wurde vom Dekan, dem Pharmakologen August Vogl – der ihn viereinhalb Jahre zuvor im Rigorosum geprüft und später seine Kokain-Arbeit gefördert hatte –, ein Komitee gebildet, das aus Brücke, Meynert und Nothnagel bestand. Da alle Mitglieder den Antrag unterstützten, konnte das Verfahren eröffnet werden. Am 28. Februar legte Brücke ein befürwortendes Gutachten vor, das Meynert und Nothnagel gegenzeichneten. Nach sehr gründlicher Würdigung der von Freud eingereichten Studien, unter denen die systematischen Abhandlungen besondere Beachtung fanden, kam Brücke zu einer abschließenden Einschätzung: «Herr

Dr. Freud ist ein Mann von guter Allgemeinbildung, ruhigem, ernsten Charakter, ein vortrefflicher Arbeiter auf nervenanatomischem Gebiete, von feiner Geschicklichkeit, klarem Blicke, umfassender Literaturkenntnis und besonnener Schlußweise, wohlgeformter schriftlicher Darstellungsgabe, seine Arbeiten erfreuen sich der Anerkennung und Bestätigung, seine Vortragsweise ist durchsichtig und sicher.»[9]

Am Tag, an dem Brückes Gutachten einging, fand eine Sitzung des Professoriums statt. Der Antrag auf Zulassung zum Colloquium wurde mit 21 Ja-Stimmen bei einer Gegenstimme angenommen. Am 13. Juni mußte Freud vor den Professoren der Fakultät kurz referieren und Fragen der direkten Fachkollegen Brücke und Meynert beantworten. Danach entschieden sich 19 Mitglieder für die Zulassung zur Probevorlesung, bei nunmehr drei Gegenstimmen, die Zweifel an den klinischen Fähigkeiten des theoretisch hochspezialisierten Kandidaten verrieten. Der Vortrag fand am 27. Juni mittags im Hörsaal von Brückes Institut statt und galt einem physiologischen Thema: *Über die Zeit des Weißwerdens der Markfasern*. Er befaßte sich mit der Verarbeitung von äußeren Eindrücken im Gehirn, die durch bestimmte Fasermassen verknüpft wurden, welche angeblich während ihrer Aktivierung eine weiße Farbe annahmen. Der Kandidat führte seine Überlegungen kenntnisreich aus und begründete seine Position überzeugend. Daß er sie nur sechs Jahre später in einer Studie über Sprachstörungen erheblich revidieren würde, konnte er zu diesem Zeitpunkt noch nicht ahnen.[10] Die älteren Kollegen zeigten sich von Freuds Leistung angetan, und in seiner Sitzung am 18. Juli empfahl ihn das Professorium einstimmig zur Habilitation. Was folgte, waren Formalitäten: ein polizeiliches Führungszeugnis mußte beantragt werden, das Erziehungsministerium der Zulassung zur Privatdozentur zustimmen. Am 9. September 1885 erhielt Freud durch den Prodekan, den Gynäkologen Gustav Braun, die Nachricht, daß er nunmehr «als Privatdocent für Nervenpathologie an der medicinischen Facultät der Wiener Universität bestätigt» worden sei.[11]

Um seine Lehrbefugnis zu sichern, mußte Freud fortan in jedem Semester ein Kolleg anbieten. Er beschränkte sich dabei auf sein Fach, mied jegliche Art von Fakultätspolitik und interessierte sich nicht für akademische Intrigen. In seinem Lehrplan für das ihn habilitierende Kollegium hatte er im Januar 1885 «die Abhaltung von Vorlesungen und Kursen über die Anatomie und Physiologie des Nervensystems» angekündigt.[12] Übungen mit praktischer Arbeit an Patienten führte Freud an der Universität nicht durch. Er konzentrierte sich auf das klassische Genre und hielt bis zum Jahr 1918 in 26 Semestern Vorlesungen vor zumeist sehr kleinem Publikum. Er nahm seine Aufgabe ernst, bereitete sich gründlich vor, sprach frei, aber gut gegliedert und ließ keine Veranstaltung ausfallen; stets habe er «brav doziert», so wird er im Juni 1924 Oskar Pfister schreiben.[13] In den ersten Jahren seiner Vorlesungstätigkeit referierte er über Fragen der Neuroanatomie, später folgten Kollegs über Nervenerkrankungen beim Kind, zu Neuropathologie und Neurosenlehre, ab 1900 dann auch Veranstaltungen zu den zentralen Feldern der Psychoanalyse, zu Traum, Adoleszenz und Sexualität. Weil Freuds Themen spezifischer Natur waren und das Gebiet der Neurologie ohnehin nicht im Zentrum der klinischen Ausbildung stand, blieb die Zahl seiner Hörer begrenzt. Das Kolleggeld belief sich auf fünf Gulden pro Person, was keine Kleinigkeit war, aber angesichts der niedrigen Anmeldequoten in Freuds Etat nicht nennenswert zu Buche schlug. Das Lehren blieb 15 Jahre lang eine brotlose Kunst, die er vor allem deshalb betrieb, weil sich seine Gedanken über ein Thema während des freien Vortrags besser ordneten. So war zumindest ein wissenschaftlicher Ertrag für den Privatdozenten Freud erkennbar, auch wenn materielle Vorteile ausblieben. Erst 1902 wurde ihm der Rang eines außerordentlichen Professors zuteil – eine späte Anerkennung, über deren Vorgeschichte noch zu sprechen ist.

Das wissenschaftliche Bild, das Freuds Œuvre zum Zeitpunkt seiner Habilitation aufwies, war noch sehr unklar, schwankend zwischen zoologischen, hirnanatomischen und klinischen Themen. Seit 1885 intensivierte sich seine Forschungstätigkeit mit Arbeiten zu Muskelverletzungen, zur Polyneuritis (Nervenentzündung) und zum Hörnerv. 1886 untersuchte er erstmals in einer Publikation das Thema der Hysterie, am Beispiel einer Sehstörung bei einem erblich ‹belasteten› Patienten.[14] Dieses genetische Erklärungsmuster war bezeichnend für die Hysterieforschung der 1880er Jahre, wie sie in Wien und Paris gleichermaßen betrieben wurde. Freud löste sich nur langsam von der Vorstellung, daß die familiäre Veranlagung prägend für das Krankheitsbild sei. Der Weg zu einer freieren Sichtweise sollte allerdings mühsam und voller Abirrungen sein.

Freud war extrem ehrgeizig, bisweilen fast besessen von der Sehnsucht nach akademischem Erfolg und wissenschaftlicher Anerkennung. Autoritäten wie Brücke, Nothnagel und Meynert bewunderte er grenzenlos, was bis zur Nachahmung ihres Habitus führte. Für genial halte er sich nicht, so erklärte er fast beiläufig, vielmehr sei er ein hartnäckiger Arbeiter, und das bilde die beste Voraussetzung einer guten Gelehrtenlaufbahn.[15] In einem Brief an Martha erwähnte er am 7. Januar 1885 als Triebkraft seines Lebens das «Jagen nach Geld, Stellung und Namen».[16] Dem entsprach das Gefühl, daß er nur aus ständiger Tätigkeit seine Existenzberechtigung beziehen konnte. Soziale Reputation, akademische Anerkennung und wissenschaftlichen Ruhm wollte er unbedingt erlangen, aber er war auch bereit, dafür Opfer zu bringen. Der Leistungsethiker Freud blieb über Jahrzehnte ein Mensch, der nur für seine Wissenschaft zu leben schien. Noch in der *Traumdeutung* gestand er seinen starken Ehrgeiz ein, der ihn gerade in jüngeren Jahren beherrscht habe.[17] Freuds unstete Suche nach neuen Erprobungsfeldern, die seit Beginn seines Studiums unübersehbar war, entsprang diesem mächtigen Antrieb.

Im Juni 1885 vertrat Freud für kurze Zeit eine Assistenzarztstelle am privaten Nervensanatorium in Oberdöbling. Obwohl ihm die vornehmen Patienten und die förmliche Atmosphäre des Hauses fremd waren, empfand er die Aufgabe als reizvoll. Der Tagesablauf ließ genug Zeit für wissenschaftliches Arbeiten, die Bezahlung war gut, und die ruhige, stadtferne Lage bot Gelegenheit zur Kontemplation.[18] Ernsthaft fragte er bei Martha an, ob sie sich das Leben einer Ehefrau an der Seite eines Sanatoriumsarztes vorstellen konnte. Detailliert malte er sich bereits seine Zukunft aus, als plötzlich eine unerwartete neue Option auftauchte. Nur wenige Tage nach dem erfolgreichen Bestehen des Habilitationskolloquiums erhielt Freud das Angebot eines Reisestipendiums für Nachwuchsmediziner, um das er sich Monate zuvor beworben hatte. Das Votum der Auswahlkommission fiel denkbar knapp aus, und am Ende war vor allem der engagierte Einsatz Brückes entscheidend für seinen Erfolg. Ihm wurde eine sechsmonatige Beurlaubung avisiert, hinzu kam eine finanzielle Unterstützung in Höhe von sechshundert Gulden – das war mehr, als der Sekundararzt Freud in einem halben Jahr verdiente.

Freud ahnte auch während der Wochen in Oberdöbling, daß seine künftigen Karriereaussichten auf theoretischem Gebiet lagen. Die klinische Praxis reizte ihn nur dann, wenn Randgebiete die Möglichkeit zu systematischer Grundsatzarbeit boten. So sah er sich gezwungen, wissenschaftliche Vorbilder zu suchen, die solche Felder erschlossen. In Europa gab es bloß einen Ort, an dem die neurologische Forschung nach modernsten Methoden stattfand: die Klinik Jean-Martin Charcots am Pariser Hospiz der Salpêtrière. Schnell war der Plan gefaßt, das Stipendium für einen mehrmonatigen Aufenthalt genau dort, beim Papst der Nervenheilkunde, zu nutzen. Die Braut in Wandsbeck mußte weiter auf einen konkreten Hochzeitstermin warten, die Forschung ging vor. Mitte Oktober 1885 machte sich Freud reisefertig und verließ Wien.

Charcots großes Seelentheater

In seinem zu Ostern 1886 abgefaßten Bericht über die Pariser Studienhospitanz begründete Freud die Wahl des Forschungsortes nachträglich mit dem Argument, daß man nur an der Salpêtrière die Neuropathologie in ihrem avanciertesten Stadium kennenlernen könne. Ein wesentliches Motiv war die akademische Reputation der Einrichtung und die Vielzahl der Fälle, die man hier behandelte. Der einzige Profit, den er erhoffte, bestand im individuellen wissenschaftlichen Fortschritt, während er von seinen klinischen Arbeitsmöglichkeiten wenig erwartete.[19] Nach der Ankunft in Paris am 11. Oktober 1885 suchte sich Freud zuerst eine Unterkunft und fand schon am folgenden Tag eine bescheidene Wohnung im Hôtel de la Paix, nördlich vom Montparnasse, nahe dem Jardin du Luxembourg. Obwohl der Einzug rasch erledigt war, hatte er es mit einem Besuch in der Klinik nicht eilig. Die Vorlesungen begannen erst Ende des Monats, so daß er sich Zeit für eine bequeme Akklimatisierung gönnen durfte. Mehr als eine Woche lang genoß er, für ihn untypisch, sein «Faulleben» und erkundete in aller Ruhe die Stadt.[20] Zwei Cousins Marthas aus der mütterlichen Linie wohnten zu dieser Zeit in Paris, der spätere Maler John Philipp und der etwas ältere Julius Philipp, der sich ‹Jules› nannte. Beide empfahlen sich als Cicerone und erboten sich, ihren zukünftigen Verwandten durch die Metropole zu führen. Freud, auf Reisen furchtsam, nahm diese Offerte gern an. Marthas Cousins handelten dabei nicht ganz uneigennützig, denn sie hatten offenbar den Auftrag, sein Privatleben zu überwachen und ihn von den als leichtlebig geltenden Französinnen fernzuhalten.[21] Tagsüber streifte Freud durch das noch immer warme Paris, abends besuchte er das Theater, bevorzugt die Comédie-Française, wo er mehrere Stücke von Molière, darunter den *Tartuffe*, sah. Da die Aufführungen sich zumeist bis nach Mitternacht erstreckten, begann er den nächsten Tag erschöpft und angestrengt. Paris war laut, hektisch und abweisend, wie Freud ein wenig unleidlich an Martha berichtete.[22] Der Service in Bars, Cafés und Restaurants ließ zu wünschen übrig, die Kellner verhielten sich arrogant, man betrog gern beim Wechselgeld, kaschierte jedoch die Unfreundlichkeit durch äußerlich polierte Manieren: «Alles ist höflich, aber feindselig.»[23] Hinzu kamen die hohen Kosten für Essen, Barbier und Verkehrsmittel, die dem Gast zu schaffen machten. Erst kurz vor Reiseantritt hatte er erfahren, daß er bloß die Hälfte seines Stipendiums – 300 Gulden – verausgaben dürfe und man den Rest nach Einreichen seines Abschlußberichts auszahlen werde. Zwar half ihm der Freund Paneth mit einem Darlehen, aber Freud mußte extrem sparsam sein, um sich in Paris über Wasser halten zu können.

Das geplante Besuchsprogramm ließ sich nur unvollständig verwirklichen, weil die Stadt in ihrer schieren Größe überwältigend wirkte. Einen ganzen Tag kostete ihn der Gang zu den Ministerien am Quai d'Orsay, zum Invalidendom und zur Champs-Elysées. Allein für die Antikensammlung im Louvre – «eine Welt wie im Traum» – benötigte er etliche Stunden, und am Abend fühlte er sich unzufrieden, da er sein Pensum nicht bewältigt hatte.[24] Die Folge war eine heftige Migräne – ein Indiz dafür, daß Freud sich zwischen touristischen und akademischen Pflichten zerrissen sah. Die «brennenden Farben» der ägyptischen Basreliefs und ihrer Figuren blieben trotz großen Zeitdrucks in seiner Erinnerung zurück; daraus wurde eine lebenslange Faszination, die seine spätere Sammelleidenschaft begründete und ihn zu einem echten Experten in Fragen antiker Kunst machte.[25] Seine Nervosität wuchs angesichts der urbanen Hektik von Tag zu Tag, zumal er einen persönlichen Gesprächspartner schmerzlich vermißte. Eine Visite beim Kulturphilosophen und Charcot-Schüler Max Nordau, dessen im selben Jahr erschienene *Paradoxe* er schon in Wien gelesen hatte, verlief unerfreulich, weil Freud sich von der Arroganz seines Gastgebers abgestoßen fühlte.[26] Die Stimmung wurde immer schlechter, ihm fehlte eine ernsthafte Arbeit, und der Mangel an ordentlicher Zeiteinteilung begann ihn zu bedrücken. Nach acht Tagen plagten ihn quälende Selbstvorwürfe, so daß er beschloß, sich endlich bei Charcot vorzustellen.

Am Morgen des 19. Oktober 1885 besuchte Freud erstmals die Salpêtrière. Der Kliniktrakt erinnerte ihn an das Wiener Allgemeine Krankenhaus, jedoch war die Anlage der düsteren, «verwittert» wirkenden Gebäude erheblich weitläufiger.[27] Das ausgedehnte Areal mit einer eigenen Kirche im Zentrum bot auf einer Fläche von 275 000 Quadratmetern immerhin Plätze für mehr als 5000 Kranke – bis zum Juni 1881 ausschließlich Frauen.[28]

Jean-Martin Charcot

Hinzu kamen eine Augen- und Ohrenabteilung, ein ‹pathologisches Museum›, Laboratorien für anatomische und physiologische Forschung, Institute für elektro- und hydrotherapeutische Arbeiten, außerdem ein eigenes Photo-Atelier, das der Dokumentation der Fallstudien diente. Freud meldete sich im Büro des Klinikchefs und wurde in die Ambulanz geschickt, wo gerade die *consultation externe* beginnen sollte. Er überreichte einem der anwesenden Assistenten seine Karte und nahm auf einem der freien Stühle Platz, um gemeinsam mit anderen internationalen Gästen aus Belgien, Großbritannien und Rußland die Untersuchung der im Nebenzimmer wartenden Patienten zu verfolgen. Gegen zehn Uhr erschien Charcot, «ein großer Mann von achtundfünfzig Jahren, Zylinder auf dem Kopfe, mit dunkeln, eigentümlich weichen Augen (das heißt einem, das [andere] ist ausdruckslos und schielt nach innen), langen, hinter die Ohren gesteckten Haarresten, im Gesicht rasiert, sehr ausdrucksvollen Zügen, vollen, abstehenden Lippen, kurz wie ein Weltgeistlicher, von dem man sich viel Witz und Verständnis für das gute Leben erwartet.»[29] Daß man das Alter des Meisters nur gerüchteweise kannte – tatsächlich stand er kurz vor seinem 60. Geburtstag –, zeigte die Aura an, die ihn umgab.

Es blieb jedoch keine Zeit für ehrfürchtige Erstarrung oder die Bekundung förmlichen Respekts. Charcot ließ sich in schnellem Tempo die einzelnen Patienten präsentieren, nahm die Anamnese vor und diskutierte die Befunde mit seinen Assistenten. In einer knappen Stunde war die Konsultation beendet, und der Chef fragte nach dem jungen Gast aus Wien. Er begrüßte Freud liebenswürdig – «charmé de vous voir» – und kündigte ihm an, daß er ihn selbst durch den gewaltigen Gebäudekomplex führen werde. Geduldig zeigte er ihm mehrere Stunden Labore und Hörsaal, lieferte detaillierte Erklärungen zur Klinikorganisation und korrigierte sogar das ‹elende Französisch› seines Besuchers mit großer Freundlichkeit.[30] Sehr beeindruckt war Freud über die Nonchalance, mit der sein neuer Chef ihm beim Gang durch die einzelnen Abteilungen die Namen der Erkrankungen nannte, die vorwiegend «von ihm selbst herrührten»[31]. Er verbarg die Freude nicht, die es ihm bereitete, ein Pionier der Psychiatrie zu sein und damit verantwortlich für das Neuland, das man unter seiner Leitung betrat. Freud mußte «an den Mythus von Adam denken, der jenen von Charcot gepriesenen intellektuellen Genuß im höchsten Ausmaß erlebt haben mochte, als ihm Gott die Lebewesen des Paradieses zur Sonderung und Benennung vorführte.»[32]

Charcots charmantes Auftreten stach von dem Bild ab, das die psychiatrischen Abteilungen vermittelten. Der riesige Gebäudekomplex repräsentierte die Hölle einer Klinik, die den Wahnsinn ins Asyl verbannte und einsperrte. Die Salpêtrière bot Unterbringungsverhältnisse, die eher an einen Kerker als an ein Spital erinnerten, mit Techniken der Wegschließung, Schockbehandlung, Züchtigung und Disziplinierung, wie sie für die Psychiatrie des gesamten 19. Jahrhunderts typisch waren. Wer hier interniert wurde, lebte unter den Bedingungen des Gefängnisses, in einer Bastille der Seele. Pro Jahr starben bisweilen 250 Insassinnen, die Heilungsrate blieb bei unter zehn Prozent verschwindend gering.[33] Daß im Hörsaal ein Porträt des Reformpsychiaters Philippe Pinel hing, der 1794 an die Spitze der Klinik getreten war und für eine menschenwürdige Behandlung der Patienten gekämpft hatte, mutete fast wie Hohn an.[34]

Während die Kranken unter katastrophalen Umständen kaserniert wurden, stand die akademische Reputation der Salpêtrière außer Frage. Charcot, seit 1872 Professor, zunächst für pathologische Anatomie, ab 1882 Inhaber eines Lehrstuhls für Krankheiten des Nervensystems, hatte die Klinik zu internationalem Ruhm gebracht. Unter seiner Leitung avancierte das Krankenhaus, das aus einer Pulverfabrik des 17. Jahrhunderts entstanden war, zu einer Lehr- und Forschungsstätte von internationaler Strahlkraft. Mediziner aus aller Welt pilgerten zur Salpêtrière, um sich hier fortzubilden. Charcot befand sich zum Zeitpunkt, da Freud ihn besuchte, auf dem Höhepunkt seines Erfolgs. Er war Mitglied der *Académie française*, hielt Vorträge in ganz Europa, fungierte als medizinischer Berater des Innenministers, des russischen Zarenhauses und des Bay von Tunis. Täglich empfing er renommierte Ärzte, speiste im Kreis der Politik, des Adels und der Großfinanz.

Als Neurologe hatte er seinen Ruf nicht durch die Behandlung der Hysterie, sondern durch bahnbrechende Entdeckungen anderer Art begründet. So erforschte er degenerative Erkrankungen des motorischen Nervensystems wie die Lateralsklerose, die Multiple Sklerose und den Morbus Parkinson. Als Klinikdirektor war Charcot vom Ehrgeiz getrieben, eine möglichst große Zahl unterschiedlichster neurodegenerativer und psychiatrischer Fälle für seine Arbeit zu gewinnen. Aus diesem Grund wuchs die Zahl der Insassen unter seiner Leitung kontinuierlich, auch wenn die medizinischen Diagnosen bei neuen Unterbringungen manchmal uneindeutig schienen. Interniert wurden Prostituierte, Alkoholiker, Libertins, Somnambule, Melancholiker; der Generalbefund ‹Hysterie› bot den Freibrief für willkürlich anmutende Einweisungen. Wer immer aus dem Rahmen des psychischen Normalmaßes fiel, mußte damit rechnen, hinter die Mauern der Salpêtrière zu geraten. Vor allem waren es Frauen, die dieses Los traf, im Sinne jener Rollenideologie, wie sie sich in der zeitgenössischen Sexuallehre eines Nordau, Möbius, Krafft-Ebing oder Lombroso spiegelte. Das Weib, so schrieb Otto Weininger, der klügste und zugleich widerwärtigste unter den misogynen Geschlechtertheoretikern des *Fin de siècle*, sei «zerlegbar», es zerfalle in unterschiedlichste Haltungen, Attitüden und Charaktermerkmale; die Hysterie bilde nur das Grundmuster einer frauenspezifischen Anlage zur multiplen Aufspaltung der Persönlichkeit.[35]

Die Methoden, die Charcot verwendete, um bei Hysterikerinnen Anfälle zu stimulieren und deren Ablauf besser beobachten zu können, waren von außerordentlicher Rücksichtslosigkeit: Pressung der Eierstöcke, elektrische Schockbehandlungen und Suggestion gehörten zu diesem Programm ebenso wie das morgendliche Vorführen nackter Patientinnen und ihre voyeuristische Präsentation im Hörsaal. Sehr wirkungssicher nutzte Charcot hypnotische Verfahren, um die Kranken in Trance zu versetzen, damit sie im Zustand verminderter Bewußtheit ihre hysterischen Symptome offenbarten. Große Delirien mit ihren schweren Krämpfen wurden massenhaft photographisch dokumentiert und nachträglich ausgewertet. Optische Vermessungsinstrumente sorgten dafür, daß man die Augenbewegungen der Kranken während eines Anfalls genau aufzeichnen konnte.[36] Jedes Detail der abweichenden Verhaltensformen mußte beobachtet, registriert und aufgeschrieben werden. Der Anatom Paul Richer, Charcots Assistent, hielt die jeweiligen Krankheitsbilder in künstlerisch eindrucksvollen Skizzen fest – 68 unterschiedliche Figuren hysterischer Anfälle umfaßte seine Sammlung. Das alles gehörte zu einer Behandlungspraxis, die auf männlicher Macht beruhte und weibliche Ohnmacht begründete.[37] Daß ihr Heilungserfolg marginal blieb, verschärfte den Gegensatz zwischen ärztlichem Anspruch und klinischer Wirklichkeit. Im ‹mechanistischen Zeitalter› der Medizin, das große Fortschritte auf dem Feld der Krankheitstherapien machte, entzog sich gerade die Funktionswelt der Psyche als Schlüsselbereich des menschlichen Lebens jedem Verständnis.[38] Auch wenn Charcot immer wieder behauptete, daß er die mittelalterliche Stigmatisierung der Besessenen kenne und ihre furchtbaren Konsequenzen überwinden wolle, blieb die Praxis seiner Klinik von den alten Mustern nicht weit entfernt. Zwischen der Wissenschaft, die er trieb, um die Spielarten der Hysterie so genau wie möglich zu erschließen, und der Einsperrung der Kranken, die dahinsiechten wie in den Spitälern vergangener Epochen, klaffte ein bemerkenswerter Widerspruch.

Charcots Führung durch die Salpêtrière währte mehrere Stunden, die für Freud wie im Flug vergingen. Von den Eindrücken, die sich ihm boten, war er nahezu gelähmt. Noch nie hatte er eine derart riesige Klinik, noch nie so unterschiedliche Krankheitsbilder gesehen. Es erleichterte ihn, als sich Charcot endlich verabschiedete und ihn seinem Schicksal überließ. Nach einem Besuch bei der Verwaltung erhielt er einen Schrankplatz im Labor und die nötige Schutzkleidung. An ausreichenden Arbeitsmöglichkeiten und den nötigen Präparaten mangelte es aber, so daß er sein ursprünglich geplantes anatomisches Forschungsprogramm zur Reifung im Hirnmark schnell ändern mußte. Da man ihm die in Aussicht gestellten «Kindergehirne» nicht stellen konnte, beschränkte er sich auf Untersuchungen am verlängerten Hirnmark bei Erwachsenen, dem Hinterstrangkern, die er ein Jahr später im *Neurologischen Zentralblatt* publizierte.[39] Schon nach dem ersten Besuch im Labor erkannte Freud, daß er auf dem Gebiet der hirnanatomischen Forschung nicht sonderlich weit kommen würde. Er suchte daher regelmäßige Kontakte mit dem Direktor und seinem Stab, um zumindest auf therapeutischem Feld zu profitieren. In den ersten Tagen begleitete er Charcot im Reigen seiner Hospitanten und Assistenten – an der Spitze Richer – durch die Klinik. Nach einer Woche traf er in diesem Kreis seinen russischen Kollegen Liweri Darkschewitsch wieder, der bis zum Herbst 1884 in Meynerts Labor tätig war, und verabredete sich mit ihm zum Tee, um weiteren einsamen Abenden zu entgehen.

Zu den wenigen Gesprächspartnern, die er außerhalb der Salpêtrière fand, gehörten ab Mitte November der italienische Neurologe Giacomo Ricchetti mit seiner deutschen Frau Luise. Der vermögende Arzt stammte aus Friaul im Grenzgebiet zu Slowenien, hatte in Venedig mit seiner Praxis glänzend verdient und war Freud erstmals im August 1885 in Wien begegnet. Ricchetti lud den jungen Kollegen regelmäßig zu opulenten Abendessen und ins Theater ein, weil er wußte, daß er mit seinem knappen Reisestipendium sparen mußte. Freud nahm diese großzügigen Offerten gern an, auch wenn der Gesprächsstoff bald erschöpft war und die gemeinsamen Abende sich in die Länge zogen. Umgekehrt schien der 23 Jahre ältere Ricchetti die Verabredungen mit dem Wiener Gast außerordentlich zu schätzen; er zeigte nicht nur Interesse an Freuds wissenschaftlichen Projekten, sondern auch an seinen Heiratsplänen. Als er Paris Anfang des Jahres 1886 wieder verließ, schlug er ihm eine Hochzeitsreise nach Venedig vor, wo Braut und Bräutigam dann in seinem luxuriösen Palazzo übernachten könnten – eine Einladung, die Freud niemals annahm, weil er fürchtete, sie könnte ihn in ungebührliche Dankesschuld stürzen.[40]

Da die Konsultationen im Spital ähnlich unergiebig blieben wie das Arbeiten mit Präparaten, richtete Freud sein Programm ganz auf den Besuch von Charcots Unterrichtsstunden aus. Als akademischer Lehrer war er charismatisch, und seine Vormittagsvorlesungen trugen die Züge einer kunstvollen Aufführung. Begleitet von einer stattlichen Schar seiner Assistenten durchschritt er um zehn Uhr den Hörsaal, in der Attitüde des Feldherrn, der seine Truppen kommandiert. Nach einer systematischen Einleitung, deren Befunde er durch ausgiebige Tafelskizzen veranschaulichte, ließ er seine Fälle auftreten wie auf einer Bühne. Patientinnen wurden mit modischen Hüten in den Saal geführt, damit man an den Bewegungen ihrer Federspitzen erkennen konnte, daß sie sich im hysterischen Tremor schüttelten. Vor seinem Auditorium zeigte der Meister die Symptome seelischer Störungen, indem er mit verteilten Rollen sprach, Stimmen imitierte und die Kranken inquisitorisch befragte. Am Montag hielt Charcot seine öffentlichen Vorlesungen, während er seine Fallstudien auf die Dienstagsvorträge legte. Die Freitagsvorlesung war wiederum einem medizinisch gebildeten Hörerkreis zugedacht und konzentrierte sich auf methodische Überlegungen ohne empirisches Material. Am Dienstag ließ sich Charcot im Auditorium Patienten vorführen, die er zuvor noch nicht gesehen hatte, um an ihnen seine therapeutischen Fähigkeiten zu erproben. Das Publikum konnte am Prozeß der Diagnose teilhaben und genau beobachten, wie Hypothesen entwickelt, geprüft und verworfen oder bestätigt wurden. Charcot ging dabei anders als seine deutschen Kollegen nicht von physiologischen Annahmen aus, sondern von typologischen Krankheitsbildern (*entités morbides*), die es empirisch zu erkennen galt. Anatomie und Pathologie betrachtete er als technische Hilfsmittel, während er die Physiologie nur für ein theoretisches System hielt, das bei der Entdeckung von psychischen Defekten versagte.

Um seine Mutmaßungen besser absichern zu können, versetzte Charcot seine Patienten häufig in Hypnose, oder er beauftragte seine Assistenten, diesen Part an seiner Stelle zu übernehmen. Das Verfahren ging zurück auf die seit 1784 von Marquis de Puységur erarbeiteten und von Franz Anton Mesmer am Beginn des 19. Jahrhunderts verfeinerten Techniken, mit denen bei Nervenkranken bewußtseinsferne, intuitive Trancestadien erzeugt werden sollten.[41] Denkbar war das Bestreichen der Stirn mit der Hand, die Suggestion durch die Rede, die Fixierung mit den Augen oder auch das Vorführen einer gleichmäßig tickenden Uhr, die den Patienten in Schlaf fallen ließ.[42] Was er im Dämmer sprach, nannte man den ‹Rapport›. In ihm offenbarte sich eine tiefere seelische Welt, auf die während des Wachzustands kein Licht fiel. Bedingung der Aufklärung war also gerade die Abwesenheit des Bewußtseins, das Moment der Trance. Das rationale Ziel der Erkenntnis seelischer Prozesse wurde durch irrationale Formen der Suggestion erreicht. Arthur Schnitzler schilderte das Verfahren 1895 in der *Wiener medizinischen Rundschau* mit bestechend klaren Worten: «Der Patient erhält den Auftrag, sich zu erinnern, wann, wo, unter welchen Umständen das Symptom sich zu zeigen begann. Wo die Erinnerungsspur erlischt, liegt jenes Vorstellungsgebiet, auf das der Patient seine Aufmerksamkeit nicht lenkt. Man fordert den Kranken auf weiterzuforschen und erklärt, es werde ihm etwas einfallen, sobald man auf seine Stirne drückt. So wird die volle Aufmerksamkeit auf das Wesentliche gelenkt.»[43]

Freud kannte die hypnotische Technik durch Breuer, ohne daß er sie selbst schon verwendete. Im Februar 1880 hatte er eine öffentliche Vorstellung des Magnetiseurs Carl Hansen erlebt, die ihn außerordentlich beeindruckte. Die Versuchsperson auf der Bühne war durch Hansens Suggestion in eine «kataleptische Starre» geraten, aus der sie erst nach dem Ende der Séance erwachte.[44] Freud wurde dieser Besuch unvergeßlich, und als Breuer mit hypnotischen Methoden zu arbeiten begann, ließ er sich detailliert von den Wirkungen berichten, die sie bei seinen Patientinnen – unter anderem Bertha Pappenheim – auslösten. Das Verfahren verfolgte zwei verschiedene Ziele: unter hypnotischer Einwirkung sollten die Kranken ihr Leiden ‹gestehen›, indem sie Einblicke in dessen Ursprünge boten; und durch gezielte Stimulation konnte sich die ganz individuelle Ausprägung des Anfalls offenbaren. Die Hypnose diente der Inszenierung eines Ausbruchs und der Zurschaustellung der seelischen Krankheit; in diesem Sinne war sie ein experimenteller, noch kein therapeutischer Akt.[45] Sie führte direkt zur pathologischen Disposition, denn nur die Hystera war ihr unumschränkt ausgeliefert, indem sie auf jedes Element der hypnotischen Steuerung mit überreizter Sensibilität reagierte. Die Hypnose suchte die Erregung zu provozieren, wobei sich dem Publikum im Hörsaal die Möglichkeit bieten sollte, den Anfall in seiner Entstehung zu erkennen und seine Verlaufskurve zu erfassen.[46] Zu diesem Zweck versetzte auch Charcot seine Patientinnen in Trance, damit die Wissenschaft das eigentlich Unsichtbare sehen und die Verbiegungen der Seele an den Konvulsionen des Körpers ablesen konnte. Daß es sich um eine Methode mit begrenztem Wirkungskreis handelte, war Charcot durchaus klar. Der Berliner Nervenarzt und Sexualforscher Albert Moll, der wenige Monate nach Freud an der Salpêtrière hospitiert hatte, schränkte die Verwendung hypnotischer Techniken einige Jahre später ausdrücklich auf die Therapie hysterischer Patienten ein.[47]

«Die Hypnose», schrieb Freud 1905 bilanzierend, «ist aber keineswegs ein Schlaf wie unser nächtliches Schlafen oder wie der künstliche durch Schlafmittel erzeugte. Es treten Veränderungen in ihr auf, und es zeigen sich seelische Leistungen bei ihr erhalten, die dem natürlichen Schlafe fehlen.»[48] Die Hypnose gründete auf einer Machtbeziehung, die klare Rollen festlegte. Freud betonte, daß der Hypnotiseur seinen Patienten so behandle wie ein Vater sein Kind, indem er Herrschaft ausübe und Gefügigkeit verlange. Umgekehrt war der Kranke dem Arzt ‹gehorsam›, wenn er willenlos seinen Befehlen folgte.[49] Jedoch spiegelte sich in dieser hierarchischen Beziehung nicht allein die Dominanz des Hypnotiseurs. Sein Wort löste eine eigene Welt der Reaktionen aus und brachte das Innere des Menschen in physischen Formen zur Anschauung. An diesem Punkt fiel der Hypnotiseur selbst in eine dienende Aufgabe zurück, insofern er nur als Werkzeug fungierte, das der Idee des leibseelischen Zusammenhangs eigene Geltung verschaffte.[50]

Die Hypnose stand, anders als der schnell wachsende Mythos besagte, nicht allein im Mittelpunkt von Charcots Vorlesungen. Es ging um den offenen diagnostischen Prozeß, der mit größter Präzision durchgeführt wurde. Regelmäßig unterbrach Charcot seine Gedankenketten, stellte Fragen, erbat «Einwürfe von seiten der Schüler» und streute Beispiele ein: «Dann lauschte man, von der Kunst des Erzählers nicht minder als von dem Scharfsinn des Beobachters gefesselt, jenen kleinen Geschichten, die dartun, wie sich aus einem ärztlichen Erlebnis eine neue Erkenntnis ergeben hat».[51] Nicht selten sprach Charcot mit wechselnder Modulation und Betonung, spielte nacheinander den Arzt und den Patienten im fiktiven Dialog. Als Systematiker und spontaner Therapeut, als Rhetor und Forscher überzeugte er sein Publikum gleichermaßen. Freud fand ihn «genial» und doch ‹nüchtern›; er konnte in seinem Vortragsstil weder, wie manche Kritiker, einen Hang zum Dunklen noch Lust an eitler Selbstdarstellung finden, was sicherlich auch Ausdruck seiner eigenen Ernsthaftigkeit war, die Gefallssucht als Motiv für akademische Arbeit ausschloß. Die Wirkung war gewaltig und berührte, für den Verstandesmenschen Freud ungewöhnlich, eine durchaus irrationale Zone: «Nach manchen Vorlesungen gehe ich fort wie aus Notre-Dame, mit neuen Empfindungen vom Vollkommenen.»[52] Ein wenig lakonischer erläuterte er Minna Bernays, er lasse sich am Morgen durch Charcot «anregen» und versuche sich dann am Nachmittag wieder «auszuregen».[53] Zu den wichtigsten Entspannungen gehörte anschließend der Besuch der wirklichen Notre-Dame, das Heraufsteigen auf die Besucherplattform mit freiem Blick auf Paris und der Möglichkeit, «zwischen den Ungetümen und Teufelsfratzen dort herumzuklettern.»[54]

Andere Besucher sahen Charcot skeptischer, betonten die schauspielerischen Talente des Vortragenden und machten ihm den «Vorwurf des Theatralischen», wie Freud berichtete.[55] Es hing offenkundig vom Standpunkt des Betrachters ab, ob man seinen Unterrichtsstil als ästhetische Inszenierung mit Sensationseffekten oder als originelle Spielart psychiatrischer Therapie auffaßte. Gerade der Klerus, konservative Intellektuelle und die Vertreter älterer Medizin-Schulen der Neuropathologie hielten Distanz zu Charcot. Auch die Kritiker aber fühlten sich angezogen von der Aura des Meisters; es gehörte zum Selbstverständnis der Pariser Gesellschaft, daß man in seinen Hörsaal pilgerte und sich einen Eindruck von seiner Methodik verschaffte. Im überfüllten Auditorium saßen zur Zeit von Freuds Aufenthalt nicht nur Medizinstudenten und Assistenzärzte, sondern auch Aristokraten, Schriftsteller, Journalisten, Schauspieler und Maler. Zu Charcots Hörern zählten Alphonse Daudet, Edmond de Goncourt, Guy de Maupassant, August Strindberg und Bram Stoker, der Erfinder der Dracula-Figur.

Nach einem sechswöchigen Intermezzo im Labor, das ihm kaum Arbeitsfortschritte brachte, weil es an Hirnpräparaten fehlte, konzentrierte sich Freud erneut auf den Besuch von Charcots Vorlesungen. Ab Januar 1886 besuchte er zusätzlich das Kolleg Brouardels in der Gerichtsmedizin. In Wien hatte er das Fach geschwänzt, weil er es überflüssig fand – mit dem Ergebnis, daß er die hier geforderte Abschlußprüfung als einzige nicht bestand. An der Salpêtrière aber lohnte sich die Teilnahme, denn vorgeführt wurde das «Leichenmaterial der Morgue», das auch für den Psychiater höchst Wissenswertes offenbarte.[56] Die Gegenstände des Kollegs waren «minder für zarte Nerven geeignet» und fanden sich nicht selten als ‹Moritaten› auch in den Pariser Zeitungen beschrieben.[57] Freud sah bei Brouardel verstümmelte Verbrechensopfer, junge Mädchen, die von ihren Vätern vergewaltigt worden waren, erwürgte Prostituierte, verweste Wasserleichen, die Leiber der Selbstmörder. Die hier gewonnenen Einsichten machten ihm deutlich, wie häufig sexueller Mißbrauch gerade im engsten Familienkreis war. Ein solches Wissen konnte ihm das herkömmliche Medizinstudium nicht erschließen, so daß er Brouardels Vorträgen mit höchster Aufmerksamkeit folgte. Für seine spätere Praxis sollten sich die bei ihm erworbenen Kenntnisse als sehr nützlich erweisen, da sie ihn immer wieder mit Mißbrauchsfällen konfrontierte. Obwohl er bald einsehen mußte, daß nicht jede Beschreibung seiner Patientinnen auf objektiven Tatsachen beruhte, blieb ihm seit seinen Erfahrungen an der Salpêtrière bewußt, wie erschreckend hoch die Quote der jungen Frauen war, die von ihren Verwandten zu sexuellen Handlungen gezwungen wurden.

Brouardels Kolleg verblaßte am Ende jedoch neben den Eindrücken, die der Magier Charcot bot. In seinem Bericht über den Pariser Studienaufenthalt würdigte Freud seine Leistungen als Pioniertaten. Sie bestanden darin, daß er sich von allen traditionellen Bereichen der Neuroanatomie abgewendet und ausschließlich auf das Feld der Neurosen konzentriert hatte. Die Hysterie war vor ihm «nur durch negative Merkmale gekennzeichnet», denn die unter ihr Leidenden wurden meist als Simulanten denunziert, so wie sie in früheren Jahrhunderten «als Besessene» galten.[58] Bis tief in die Neuzeit hatte man die Hysterie als Krankheitsphänomen kaum greifen können, weil eine konstante Symptomatik fehlte. Im Gegensatz zur Melancholie schien sie so vielgestaltig, daß jede Beschreibung vage blieb. Michel Foucault hat daran erinnert, wie unsicher sich das Zeitalter der Vernunft gegenüber ihren Erscheinungsformen verhielt: «Die Hysterie ist entweder beweglich oder unbeweglich, flüssig oder schwer, unregelmäßigen Vibrationen ausgesetzt oder durch stagnierende Säfte schwer geworden. Man ist nicht dazu gekommen, den ihren Bewegungen eigenen Stil zu entdecken.»[59] Die Folge dieser irritierenden Symptome war eine medizinische Praxis, die Formen des Strafvollzugs glich. Therapeutische Mängel vertuschten die Ärzte durch eine rigorose Behandlung der kranken Frauen, durch Maßnahmen der Einsperrung und Ausgrenzung. Weil man ihre Schmerzen für vorgetäuscht und ihre Erregung für ein Produkt teuflischer Einflüsse hielt, verbannte man sie hinter gefängnisähnliche Mauern, ohne ihnen helfen zu können.

Erst Charcot vermochte die somatischen Ausprägungen der Hysterie und die Verlaufsformen ihrer Anfälle genau zu beschreiben. Freud lobte ausdrücklich, daß er, anders als seine Vorgänger, Schritte unternahm, um den psychischen Ursachen für hysterische Erkrankungen – ihrer Ätiologie – auf die Spur zu kommen. Charcot hatte bereits 1882, unterstützt durch die im selben Jahr erscheinende Dissertation seines Schülers Max Nordau (*De la castration de la femme*), in einer Reihe von Vorlesungen nachweisen können, wie wenig Substanz die alte These von der Verengung der Eierstöcke als Auslöser der Hysterie besaß. Im Vordergrund standen für ihn erbliche (‹hereditäre›) Veranlagungen, die das Krankheitsbild förderten und kaum umkehrbar festlegten. Als erster durchschaute Charcot daneben das Zusammenwirken von traumatischer Erfahrung – durch Mißbrauch oder Vergewaltigung – und Hysterie, das er allerdings nur unsystematisch, vage und ohne breite empirische Basis beschrieb. Freud setzte später an diesem Punkt an, wenn er beklagte, daß echte Ursachenforschung auch bei Charcot unterbleibe und gerade die Verbindung mit sexuellen Prägungen von ihm nicht erkannt werde. Der Schwerpunkt seiner Arbeit richtete sich auf die Entwicklung einer Typologie des hysterischen Anfalls, für die Charcot vier Phasen unterschied: die epiliptoide, durch Krämpfe geprägte (1), die der großen Bewegungen (2), die der mächtigen Affekte, der ‹attitudes passionelles› (3) und die des abschließenden Deliriums (4). Freud sollte, ihm folgend, noch 1909 davon sprechen, daß hysterische Anfälle «ins Motorische übersetzte, auf die Motilität projizierte, pantomimisch dargestellte Phantasien» seien.[60]

Eine Frucht der Pariser Hospitanz waren zwei Übersetzungen von Texten Charcots, die Freud mit Erlaubnis des Verfassers anfertigen durfte. Es handelte sich um eine Fallstudie über männliche Hysterie, die er in der *Wiener medizinischen Wochenschrift* unterbrachte, und zwei Vorlesungen über Hysterie, deren Übertragung im Sommer 1886 beim Wiener Verlagshaus Deuticke erschien. Die Arbeit trug Freud ein Honorar von 300 Gulden ein, das in seiner notorisch schwierigen Finanzsituation höchst willkommen war. Dazu steuerte er ein knappes Vorwort bei, das seine Bewunderung für Charcot zum Ausdruck brachte und dafür warb, alte klinische Vorurteile über Bord zu werfen. «Den Kern des Buches bilden die meisterhaften und grundlegenden Vorlesungen über Hysterie, von denen man mit dem Verfasser die Herbeiführung einer neuen Epoche in der Würdigung der wenig gekannten und dafür arg verleumdeten Neurose erwarten darf.»[61] Etliche Jahre nach seinem Parisbesuch veröffentlichte Freud eine dritte und letzte Übersetzung Charcotscher Arbeiten. Zwischen 1892 und 1894 publizierte er in mehreren Folgen eine deutsche Fassung seiner Dienstagsvorlesungen – *Leçons du mardi de la Salpêtrière* –, die er nun allerdings mit zahlreichen kritischen Anmerkungen versah. Er wolle, erklärte Freud im Vorwort, seine eigenen Auffassungen nicht über die «des gefeierten Meisters» stellen, müsse aber punktuell seinen Widerspruch anmelden.[62] Es ging vornehmlich um eine methodische Gewichtung: während Charcot die Neigung zur Hysterie pauschal auf erbliche Vorbelastungen zurückführte und sich primär mit dem Ablauf des Anfalls selbst befaßte, suchte Freud ab 1890 verstärkt nach den Ursachen der Krankheit, die er wiederum in verschütteten sexuellen Erinnerungen antraf. Charcots Theorie der familiären Prägung lehnte Freud zu dem Zeitpunkt, da seine letzte Übersetzung erschien, bereits entschieden ab. Für ihn war durch die Zusammenarbeit mit Breuer die Funktion der verdrängten Erinnerung ins Zentrum seiner Studien gerückt. Die ersten Elemente eines neuen Erklärungssystems offenbarten sich, und mit ihnen veränderte Gewichtungen der hysterischen Symptome. Die Ursachen der Krankheit lagen in der Vergangenheit, aber nicht im Sinne der Vererbungslehre, sondern auf dem Grund der individuellen Entwicklungsgeschichte des Patienten.

Als Charcot 1893 starb, bekundete Freud in einem Nachruf seinen tiefen Respekt vor dessen außerordentlicher Lebensleistung. Zu seinen besonderen Verdiensten zählte er die Entdeckung der traumatisch ausgelösten Neurosen, die Verfeinerung des hypnotischen Verfahrens nach Einzelstufen der Trance-Intensität und die Untergliederung des hysterischen Anfalls in verschiedene Phasen. Sachlich, aber ohne Zustimmung schilderte Freud die Auffassung Charcots, daß die Hysterie durchweg erblich bestimmt sei.[63] An keiner Stelle offenbarte er, wie er selbst mittlerweile zum Problem der Ursachen stand. Seine Skepsis gegenüber der Annahme, daß seelische Erkrankungen aufgrund von familiären Prägungen auftraten, war inzwischen erheblich. Nur zwei Jahre später sollte er in einem Wiener Vortrag betonen, daß die einseitige Betrachtung vermeintlicher Erbanlagen das Problem der Hysterie nur unzureichend erfasse, weil dabei ihre komplexe Symptomatik aus dem Blick gerate.[64] Diesen kritischen Einwand verschwieg die postume Würdigung Charcots aus guten Gründen. So verriet der Nachruf ebenso viel über den Verfasser wie über den Verstorbenen. Er enthüllte Freuds Fähigkeit, wissenschaftliche Autorität zu akzeptieren, ohne in blinde Verehrung zu verfallen: eine Unabhängigkeit des Geistes, die ihn stets auszeichnete. Daß er Charcot, wie sein künftiger Schüler Ernest Jones unterstellte, über Gebühr bewunderte, ist unzutreffend.[65] Einen Heiland benötigte Freud nicht, und auch keinen orthodoxen Lehrer.

Pariser Leben

In seiner Phantasie kannte Freud das Paris Börnes und Heines, deren Schriften er seit Schultagen immer wieder gelesen hatte: das republikanische Zentrum, die Metropole der Caféhäuser und Zeitungen, der Theater und Varietés, durchpulst von Stimmengewirr und Flaneuren, von Gerüchten und politischen Debatten, ein Ort der schwelenden Rebellion und des Liberalismus. Die wirkliche Stadt, die er im Herbst 1885 entdeckte, zeigte ihm aber ein anderes Bild jenseits der literarischen Porträts aus der Epoche der Julirevolution. Es war geprägt von gewaltiger Größe, riesigen Straßen, moderner Hektik und niemals zum Erliegen kommenden Verkehr. Wo immer man spazieren gehe, sei man umgeben von hunderttausend anderen Menschen, so schrieb er Minna am 18. Oktober 1885. Man halte auf gute Kleidung, die Herren präsentierten sich stets in Zylinder und weißen Handschuhen, die Damen nach der neuesten Mode.[66] Als Kulturmetropole bot Paris Kunst für jeden Geschmack, klassisches Theater, Oper, Cabaret und Café chantant, Museum und Galerie. Freud ging regelmäßig in die Comédie-Française, obwohl er die Länge der Aufführungen anstrengend fand: «Und nun die elende Großmannssucht der Franzosen, einem durch viereinhalb Stunden Theater zu geben, sowie beim Essen durchaus fünf oder sechs Gänge.»[67] Freud, der ein «Ding rasch durchgenießen» wollte, ohne dabei Zeit zu verlieren, litt unter den ausgiebigen Zwischenakten und der Hitze, die auf den für ihn erschwinglichen schlechten Plätzen herrschte.[68] Besonders faszinierte ihn Sarah Bernhardt, die er in Victorien Sardous *Théodora* sah: «Ein merkwürdiges Wesen, und ich kann mir denken, daß sie im Leben gar nicht anders zu sein braucht als auf der Bühne.»[69] Besser als die langwierigen Molière-Inszenierungen der puristischen *Comédie* gefiel ihm im Januar 1886 eine Aufführung von Beaumarchais' *Figaros Hochzeit*, in die ihn Marthas Cousin Jules Philipp begleitete. Danach war er so beschwingt, daß er gegen seine sonstigen Gewohnheiten bis zwei Uhr früh in einer Brasserie beim Bier sitzenblieb.

Paris verglich Freud, mythologisch wenig stilsicher, «mit einer riesigen, geputzten Sphinx, welche alle Fremden frißt, die ihre Rätsel nicht lösen können».[70] Sensationsgierig und betriebsam, unterhaltungslüstern und neugierig, lärmend und unstet, so kamen ihm die Stadtbewohner vor. «Man schimpft, aber man ist gefesselt», so faßte er Mitte November 1885 in einem Brief an Minna die Eindrücke des ersten Monats zusammen.[71] Die Stadt steigerte an manchen Tagen die Nervosität, die in ihm steckte; ebenso konnte es geschehen, daß er sich entspannte, sein Tempo drosselte und eine unbekannte Lust am Müßiggang verspürte. «Mein Ehrgeiz», schrieb er Martha am 24. November 1885, «bescheidet sich, in einem langen Leben etwas von der Welt verstehen zu lernen, und meine Pläne für die Zukunft sind, daß wir heiraten, uns lieben und arbeiten, um mitsammen genießen zu können, anstatt daß ich mit Anspannung aller Kräfte wie ein Rennpferd das Ziel zu erreichen suche, das heißt, mir ein Haus bauen, bei welcher Arbeit und Entbehrung ich meiner geistigen Gesundheit gerade noch zwei oder drei Jahre geben möchte.»[72]

Zum Unterhaltungspensum gehörten neben den Opernabenden auch Kneipen- und Barbesuche. Exzesse versagte sich Freud jedoch; ebenso wie in Wien mied er den Kontakt zu Prostituierten, aus Ansteckungsfurcht und Prinzipientreue gleichermaßen. Obgleich es an Freudenhäusern für jeden Geldbeutel nicht mangelte und die käuflichen Frauen ganze Straßenzüge bevölkerten, folgte er konsequent seinem asketischen Programm. Sein Herz, das «deutsch-kleinstädtisch» bleibe, sei nicht in Paris angekommen, so gab er zu.[73] Trotz gelegentlicher Ausflüge ins Nachtleben blieb er einsam. Seine gesellschaftlichen Kontakte beschränkten sich auf Arbeitsgespräche in der Klinik. Unter den jüngeren Kollegen hatte er kaum Bekannte, die Abende verbrachte er meist allein. Nur Darkschewisch, mit dem er seine Studie zum Hirnstrangkern vorbereitete, lud er bisweilen auf einen Tee in seine kleine Wohnung. Freud hielt sich auch deshalb von geselligem Verkehr fern, weil er nicht genügend Französisch sprach. Noch nach drei Monaten fand er seine diesbezüglichen Fähigkeiten beklagenswert. Um einen «Kipfel zum Kaffee» zu erhalten, müsse er schon kämpfen, so schrieb er, denn man verstehe ihn nicht.[74] Daß Freud über ein ausgedehntes Vokabular verfügte, konnte man an seinen Briefen und Übersetzungen erkennen, aber im mündlichen Verkehr versagte er, weil er zu langsam begriff, was man sagte, und selbst schlecht prononcierte. So erleichterte es ihn, wenn er in internationaler Gesellschaft zuweilen das Englische nutzen durfte, in dem er sich sicherer fühlte. Als er am 22. Dezember nach Wandsbeck zum Weihnachtsbesuch bei Martha fuhr, war er froh, seinem Sprachexil für einige Zeit zu entkommen. Zum Fest hatte er sich ausgestattet mit für seine Verhältnisse kostspieligen Geschenken, auch für die künftige Schwiegermutter, die sich allmählich an ihn gewöhnte.

Nach der Rückkehr zu Beginn des Jahres 1886 gelang es Freud ein wenig besser, sich in das Pariser Leben einzufinden, auch wenn er es bevorzugte, an den Abenden allein zu bleiben. Charcot besaß ein prachtvolles Haus und gab gern Empfänge für Aristokraten, Künstler und Kollegen. Am 17. Januar durfte Freud den Meister erstmals in seinem Arbeitszimmer besuchen, um mit ihm die seit Anfang Dezember geplante Übersetzung seiner Vorlesungen abzustimmen. Allein der Studiertrakt des ‹Zauberschlosses›, so berichtete er einige Tage später nach Wandsbeck, sei so groß wie eine Wohnung. Eine prächtige Bibliothek, ein mächtiger Schreibtisch, Gobelins, Kamin, asiatische Kunstschätze, bemalte Fenster, die den Blick auf einen parkähnlichen Garten freigaben – Freud geriet ins Schwärmen, als er Martha vom Charcotschen Ambiente berichtete.[75] Das gesamte Haus mit seinen Antiquitäten- und Bildersammlungen, seinen verschwenderisch ausliegenden Teppichen und üppigen Dekors, den Renaissancemöbeln und Porzellan-Vitrinen glich eher einem Museum als einem privaten Domizil. Der Reichtum, der hier aufdringlich zur Schau gestellt wurde, stammte von Charcots Frau, die etliche Millionen in die Ehe eingebracht hatte.

Am 19. Januar war Freud zu Charcots Salon geladen, was angesichts seiner untergeordneten Stellung eine bemerkenswerte Anerkennung bedeutete. Er bereitete sich ausführlich auf den Abend vor, kaufte sich einen Frack, ein neues Hemd, weiße Krawatte und Handschuhe, ging zum Friseur und nahm eine kräftige Dosis Kokain, um die Einladung mit der gebotenen Eloquenz und Energie zu bestehen. Er war auf sozialem Terrain nicht mehr so ungeschickt wie als Student, verachtete jedoch eine bloß förmliche Konversation. Das führte dazu, daß er sich in fremder Gesellschaft nur zurückhaltend am Gespräch beteiligte und das oberflächliche Geplänkel, wie es in bestimmten Salons üblich war, mit Verachtung strafte. Die übrigen Gäste des Abends stammten aus verschiedenen akademisch-künstlerischen Kreisen; unter ihnen waren Charcots gerichtsmedizinischer Kollege Brouardel, bei dem Freud bald Vorlesungen hören sollte, Alphonse Daudets Sohn Léon, ein italienischer Maler, ein norwegischer Astronom, Mitglieder der Universität. Das Kokain tat seine Wirkung, und der Wiener Besucher fand seine Rolle: er parlierte flüssig, trank Kaffee und Bier, «dampfte wie ein Schornstein» und bemerkte zu seiner Überraschung, daß die Stimmung entspannter war, als er vorher vermutet hatte. Am Ende des Abends lobte man sogar sein Französisch, was Freud besonders schmeichelte und seine Nervosität endgültig besiegte.[76]

Der private Besuch bei Charcot sollte seine positiven Wirkungen zeitigen: Freud wurde jetzt auch im Kolleg und bei der Visite vom Meister wahrgenommen, um sein diagnostisches Urteil gebeten, von den Assistenten zum Frühstück eingeladen und stärker in den Spitaldienst einbezogen. Obgleich sich ihm allmählich die Türen öffneten, war er jedoch weiter unzufrieden mit seiner Situation. Für jeden Erfolg und jede Anerkennung müsse er, so klagte er Martha, heftig kämpfen. Wo andere leichtes Spiel hätten und mit Charme zum Zuge kämen, bleibe es seine Rolle, durch Leistungen zu überzeugen. Neue Bekannte neigten dazu ihn zu unterschätzen, und nur wenn er energisch auftrete, werde er ernsthaft wahrgenommen.[77] Solche

Klagen waren keineswegs vorgeschoben oder misanthropischen Charakters, sie beruhten auf Tatsachen: der junge Freud besaß kein gewinnendes Wesen, sein Ernst stieß manche ab, seine Nachdrücklichkeit wirkte anstrengend. Umgekehrt bedeutete es für ihn eine erhebliche Mühsal, sich immer wieder auf die Anforderungen des Pariser Gesellschaftslebens einzustellen. Die Ursachen für die Distanz, die er schuf, sah Freud in dem Gefühl, niemals ganz bei sich zu sein und die eigene Rolle noch nicht gefunden zu haben: «Ich glaube, man merkt mir was Fremdartiges an, und das hat seinen letzten Grund darin, daß ich in der Jugend nicht jung war, und jetzt, wo das reife Alter beginnt, nicht recht altern kann.»[78] Die meisten Menschen befinden sich nur in einer einzigen Phase ihres Lebens in vollem Einklang mit dem Entwicklungsstadium, das sie gerade erreicht haben. Freuds Zeit sollte noch kommen: erst in seinen mittleren Jahren gelangte er auf die Höhe seiner Möglichkeiten, denn jetzt zeigten sich Würde und Ernst, Klugheit und Charisma passend zu der Rolle, die er als Familienoberhaupt und Gründer einer wissenschaftlichen Schule spielte. Freud war ein Vater, kein Sohn, und er mußte im Alter voranschreiten, um bei sich selbst anzukommen.

Eine zweite Einladung im Hause Charcots absolvierte Freud wie eine lästige Pflicht, präpariert durch Kokain, aber nicht so erfolgreich wie am ersten Abend. Er traf keine Bekannten mehr an, litt darunter, daß die Gäste neu gemischt waren und man permanent wechselnde Gesprächsthemen finden mußte. Charcots Frau schien ihn mäßig unterhaltsam zu finden, sie begrüßte ihn nur knapp und verwies ihn dann an ihren Mann. Die politischen Themen, die an diesem Tag angeschlagen wurden, mied Freud, auch deshalb, weil er sich seiner Rolle als österreichischer Jude bewußt war und nationalistische Stereotypen befremdlich fand. Der dritte und letzte Abend bei Charcot, am 9. Februar, ließ sich dagegen besser an. Freud, der zu früh kam, fand einige Minuten Zeit, mit dem Meister allein zu sprechen, der eben aus der Klinik nach Hause zurückgekehrt war. Amüsiert bemerkte er, daß Charcot Probleme hatte, seine Abendkrawatte zu binden und dabei die Hilfe seiner Frau benötigte – er selbst tat sich ähnlich schwer mit seiner Gesellschaftstoilette. Da die übrigen Gäste überwiegend aus der Welt der Wissenschaft kamen, fiel ihm die Konversation leichter. Bei Tisch wurde ihm das Privileg zuteil, neben der Tochter des Hauses zu sitzen. Er versuchte mit ihr Englisch zu sprechen, nachdem sie ihre Vorliebe für Großbritannien bekundet hatte, nahm davon aber schnell Abstand, weil er erkannte, daß sie es nahezu perfekt beherrschte und ihn mit ihrer flüssigen Diktion unbeholfen aussehen ließ.[79]

Nachdem Freud am kommenden Tag noch einen amerikanischen Augenarzt kennenlernte, der seine Kokain-Arbeiten gelesen hatte, fühlte er sich halbwegs versöhnt mit seinen gesellschaftlichen Verpflichtungen. Insgesamt war er in Paris selbstbewußter geworden, auch genußfähiger und eher als früher bereit, sich auf die reizvollen Seiten des Lebens zu besinnen. Dennoch entschied er sich in dieser Situation, seine Wohnung Ende Februar zu kündigen, die Koffer zu packen und Frankreich den Rücken zu kehren. Es gab keinen Grund für diese plötzliche Entscheidung, denn die Salpêtrière hätte ihm vermutlich eine bezahlte Hospitanz angeboten. Aber die Sehnsucht überwog am Ende, weil die Verlobte in Wandsbeck wartete und die Heirat in Wien vorbereitet werden mußte. Daß ihm die Entscheidung zur Rückkehr gerade im Ausgang des Winters schwerfiel, sprach Freud offen aus, ohne etwas an seinem Plan zu ändern: «was ich doch für ein Esel bin, von Paris wegzugehen, jetzt wo das Frühjahr kommt, Notre-Dame so schön im Sonnenlicht dasteht, und ich Charcot nur ein Wort zu sagen brauche, um mit den Kranken zu machen, was ich will.»[80]

Niederlassung und Heirat

Am 28. Februar 1886 verließ Freud Paris, melancholisch angesichts des zu frühen Abschieds, aber auch energiegeladen nach erfolgreich überstandenem Abenteuer in der Fremde. Die Erinnerungen an vier aufregende Monate in der Salpêtrière würden ihn, so ahnte er, fortan begleiten. Im Gepäck trug er die ersten Stücke seiner Charcot-Übersetzung und eine Photographie des Meisters mit einer persönlichen Widmung, die er am 24. Februar erhalten hatte. Die französische Metropole sollte er nur zweimal wiedersehen, zuerst drei Jahre später auf der Rückreise von einem Kongreß in Nancy und schließlich am Ende seines Lebens, von den Nationalsozialisten aus Wien vertrieben, für die Dauer von knapp zwölf Stunden, ehe man zur Fähre nach Calais weiterfuhr. 1921 schrieb er Max Eitingon, daß seine Reminiszenzen an die Zeit bei Charcot für ihn selbst historisch geworden seien: «Grüßen Sie mir von Paris nur die Teufel von Notre Dame und das Louvre. Sonst ist die Stadt für mich tot.»[81]

Nach der Rückkehr aus Paris fuhr Freud Anfang März 1886 für zwei Tage nach Wandsbeck, um Martha zu sehen. Den folgenden Monat hielt er sich in Berlin auf, wo er vier Wochen in der Abteilung für Nerven- und Geisteskrankheiten der Charité bei Hermann Oppenheim – später ein erbitterter Gegner der Psychoanalyse – hospitierte und gastweise die von Adolf Baginsky geleitete Kaiser-Friedrich-Klinik für Kinderkrankheiten besuchte. Da er während dieser Zeit nichts verdiente, mußte er das Honorar für die Charcot-Übertragung – immerhin 300 Gulden – zum Lebensunterhalt einsetzen. In Paris war ihm bewußt geworden, daß er sich für die Niederlassung würde entscheiden müssen. Unklar schien ihm zu diesem Zeitpunkt nur das Fachgebiet; die Kinderheilkunde gefiel ihm gut, weshalb er ernsthaft erwog, für sie die Neurologie aufzugeben und ganz umzusatteln.[82] Nach wenigen Wochen brachen jedoch die alten Neigungen durch und der Plan wurde zu den Akten gelegt. In Berlin führte Freud für kurze Zeit sein Pariser Leben fort; er arbeitete viel, ging aber auch in die Museen, flanierte auf den Prachtstraßen, ließ sich aufwendig frisieren und rasieren, besuchte Kaffeehäuser und Restaurants. Direkt von Paris nach Wien zu fahren, sei ihm unmöglich gewesen, so gestand er Martha am 19. März 1886, denn allzu provinziell wäre ihm die Heimatstadt mit ihrer Ruhe und Gemächlichkeit vorgekommen.[83]

Am 4. April 1886 kehrte er nach Wien zurück, «verdorben» für praktische Arbeit, wie sein auf Charcot eifersüchtiger Lehrer Meynert maliziös bemerkte, und begeistert für die Hypnose.[84] Einige Wochen hospitierte Freud zunächst am Institut für Kinderkrankheiten, das von Max Kassowitz geleitet wurde, wobei er die Abende im neuropathologischen Labor verbrachte. Es handelte sich um den letzten Versuch mit der Klinik, den Freud unternahm. Da ihn die Berliner Erfahrungen in der Pediatrie ermutigt hatten, wollte er es auf ein weiteres Experiment ankommen lassen. Kassowitz bot dafür beste Möglichkeiten, denn die Vielzahl seiner Patienten lieferte Freud auch neurologisch ergiebige Fälle. Hier erschloß sich ein noch unbekanntes Terrain, das wissenschaftlich produktiv zu werden versprach. Aber schon bald befielen ihn die alten Zweifel angesichts der Hoffnungslosigkeit zahlreicher Krankengeschichten. Er behandelte todgeweihte Kinder mit Hirn- und Rückenmarktumoren oder Meningitis, deren Leben nur noch wenige Wochen währen sollte; und er litt unter der Angst der Eltern, die mit ihren Sorgen zu ihm kamen und allzu oft ohne Trost gehen mußten. Nach einem knappen Monat beendete Freud das Intermezzo bei Kassowitz, um den Sprung in die Selbständigkeit zu wagen. Er mietete eine Zweieinhalbzimmerwohnung an der Rathausstraße 7 und eröffnete eine eigene Praxis als Arzt für Nervenkrankheiten. Das Türschild für das neue Domizil steuerte Mathilde Breuer bei; zur gemeinsamen Einweihungsfeier gab es Kuchen von der Konditorei Dehmel, Wein und beste Zigarren. Beginn der Ordination war Ostersonntag, der 25. April 1886 – das christliche Fest ignorierte Freud geflissentlich. Noch Jahrzehnte später erinnerte er sich regelmäßig an das Jubiläum seiner Praxis-Premiere und vermerkte es akribisch in Briefen oder Tagebüchern.[85]

Martha erhielt einen Abschlag des ersten Honorars, das er bezog, mit der Aufforderung, davon Hutschmuck und eine Flasche Wein für eine persönliche Feier zu kaufen.[86] Emmeline gratulierte aus der Ferne und prognostizierte in milde gewordenem Spott, man werde das Haus bald mit einer Gedenktafel schmücken: «Hier wohnte der große Professor Freud, der Wohltäter der leidenden Menschheit», mit dem Zusatz «für seine alte Schwiegermutter konnte er nichts tun, da sie seine Medikamente nicht vertrug.»[87] Durch Vermittlung Meynerts und Breuers, der im Sommer lange Urlaub machte und Freud seit 1883 einzelne Fälle übertragen hatte, stellten sich erste Patienten ein. Die Honorare legte er meist zurück, um die von ihm errechnete Summe zur Haushaltsgründung – 1200 Gulden für Möbel, Bettwäsche, Geschirr – ansparen zu können. Auf Wunsch von Max Kassowitz organisierte er ab Mai 1886 neben seiner Praxis den Aufbau der neurologischen Ambulanz des Kinderkrankenhauses. Formal blieb er bis 1896 deren Vorstand und hielt an drei Tagen in der Woche Sprechstunden, ohne daß ihm diese Aufgabe jedoch nennenswerte Vergütungen einbrachte, da es kaum Privatpatienten gab. Im Kassowitz-Institut lernte er bald Oscar Rie kennen, einen sieben Jahre jüngeren Kollegen, mit dem er eine enge, über viele Dekaden währende Freundschaft einging. Wenn Freud seine spätere Sexualtheorie wesentlich auf Beobachtungen infantiler und pubertärer Veränderungsprozesse gründete, so war das kein Zufall. Die pädiatrische Klinik bildete den Nährboden für seine Hypothesen und lieferte ihm Anschauungsmaterial von unschätzbarer Bedeutung. Neben seiner Praxis sammelte er zehn Jahre lang Erfahrungen als Kinderneurologe, die ihm bei der Entwicklung der Psychoanalyse beste Dienste leisteten.

Am 6. Mai feierte Freud seinen 30. Geburtstag in großer Familienrunde, mit von der Mutter bereiteter Sachertorte und üppigem Blumenschmuck. Es schien so, als sei der Weg zur Hochzeit nun weitgehend geebnet, aber im Juni zeigte sich ein neues Hindernis. Es stellte sich heraus, daß Eli das ihm anvertraute Erbe aus dem Vermögen des verstorbenen Onkels Jacob Bernays – immerhin 4500 Goldmark – wiederholt in Papieren angelegt hatte, ohne Freud und Martha davon in Kenntnis zu setzen. Er spielte offenkundig mit dem Geld an der Börse, verheimlichte seine Spekulationen und verschleierte den tatsächlichen Kontostand. Freuds Recherchen ergaben, daß Eli außerdem von einem subalternen Angestellten betrogen wurde, der Teile der betreffenden Summe unterschlagen hatte. Daraus resultierte die peinliche Situation, daß Marthas Erbe, das für die Mitgift vorgesehen war, nicht zur Verfügung stand. Eli sei, so polterte Freud, «ein unreifer, dummer, maßlos eingebildeter und feiger Junge», der eigentlich die «Rute» verdiene, aber in seiner Familie als ‹großer Mann› gefeiert werde.[88] Es entzündete sich ein heftiger Streit, weil Freud eine unverzügliche Rückzahlung der Gelder forderte. Martha sollte, so seine Erwartung, ihren Erbanteil vom Bruder sofort verlangen, was sie jedoch, um einen Konflikt zu vermeiden, verweigerte. Eli wiederum erklärte sich zunächst außerstande, die Mittel zu erstatten, da sie fest in Aktien angelegt seien. Jetzt zeigte Freud äußerste Konsequenz und zwang Eli unter Androhung juristischer Schritte, die Summe aus seinem eigenen Budget zu begleichen – eine Forderung, die das ohnehin schlechte Verhältnis der beiden weiter eintrübte.

Nach dem Gewitter, das der Streit über das Erbe ausgelöst hatte, kam im Juli eine neue Hiobsbotschaft. Freud erreichte die offizielle Nachricht, daß er sich für eine einmonatige Reservistenübung bei der k.k.-Landwehr in Olmütz einzufinden habe. Die Praxis wurde ab dem 9. August für vier Wochen geschlossen, die Hochzeit zwangsläufig verschoben; die offizielle Entlassung aus dem Heeresdienst erfolgte erst 28 Monate später, zum 31. Dezember 1887.[89] In Olmütz, «dem Saunest», litt Freud unter ödem Dienst, mußte «Vorlesungen über das Sanitätswesen im Felde» halten, in aller Frühe kurz nach vier Uhr aufstehen und an absurden Schlacht-Inszenierungen teilnehmen.[90] Die körperlichen Anstrengungen versuchte er durch die Einnahme von Kokain zu bewältigen, wie er Minna gestand.[91] «Wir spielen immer Krieg, einmal sogar Festungsbelagerung, und ich spiele dabei Sanität und teile Zettel aus, auf denen greuliche Verwundungen verzeichnet sind.»[92] Im Caféhaus, wo es immerhin gutes Eis und Gebäck gab, traf er auch die höheren Offiziere, deren Uniformen ihn «an Papageien» erinnerten, denn «Säugetiere pflegen sich sonst nicht in solchen Farben zu kleiden».[93] Breuer bekannte er, wie befremdlich er das Diktat der Kommandos und Hierarchien fand, bei dem sich der Wert des Menschen aus dem Dienstgrad ergab, den er einnahm. Andererseits konnte er beobachten, daß die Tätigkeit in frischer Luft seine Nervosität beseitigte und ihn auf überraschende Weise entspannte. Innerhalb einer Woche waren seine neurasthenischen Zustände verflogen, weil er sich von den Lasten des Alltags befreit fühlte. In einer akademischen Rede an der Heidelberger Universität empfahl der Psychiater Wilhelm Erb einige Jahre später den Militärdienst allen Ernstes als «treffliches Erholungsmittel für das Nervensystem.»[94] So weit wäre Freud sicher nie gegangen, denn die negativen Eindrücke des geistlosen Lagerlebens überwogen die erfreulichen Nebenwirkungen eindeutig.

Nach der Rückkehr aus Olmütz waren die letzten Hürden überwunden, und am Ende akzeptierte sogar Marthas Mutter den vorgesehenen Hochzeitstermin. Bereits während des zurückliegenden Jahres hatte sie ihren Kampf verlorengegeben und Freud gedanklich schon in die Familie aufgenommen, wie die Briefe zeigten, die sie ihm in spöttisch-freundschaftlichem Ton nach Paris schrieb.[95] Ihre Vorbehalte gegen die schlechten materiellen Aussichten des künftigen Schwiegersohns zerstreuten sich, nachdem es dem Paar gelang, Hilfe von außen zu mobilisieren. Martha erhielt Zuschüsse zur Mitgift von entfernten Verwandten aus London und einer großzügigen Tante, Freud wurde durch eine Schenkung seines Freundes Josef Paneth unterstützt. Hinzu kam das Erbe aus dem Vermögen des Onkels Jacob Bernays, das Eli endlich unter Mühen zurückgezahlt hatte. So gelangte man zu einem finanziellen Grundstock, der den entscheidenden Schritt ermöglichte. Freud machte sich nun auf die Suche nach einer geeigneten Wohnung, produzierte dabei aber eine bemerkenswerte Fehlleistung. Das erste, in der Ferstelgasse gelegene Domizil, das er Martha beschrieb, bot drei Zimmer, die er für Ordination, Wohnen und die Unterbringung der Dienstboten nutzen wollte – das Schlafzimmer vergaß er in seiner Aufzählung, wie Martha spöttisch anmerkte.[96] Der sexuelle Bereich blieb beim Bräutigam Freud ein unerschlossener Kontinent; nicht nur Martha, sondern auch er selbst ging erotisch völlig unerfahren in die Ehe.

Die Hochzeit fand am 14. September 1886 in Wandsbeck statt, 50 Monate nach der ersten Begegnung. Es wurde eine stille Feier, wie es Freud schon drei Jahre zuvor, im August 1883, vorgeschlagen hatte.[97] Das Festessen fiel gediegen bürgerlich aus, mit Suppe, Pasteten, Rinderfilet und Gänsebraten; am Dessert wurde jedoch gespart – Kuchen und Süßspeisen galten im Norden, anders als in Wien, als verzichtbarer Luxus.[98] Die beiden Trauzeugen bei der standesamtlichen Heirat im Wandsbecker Rathaus waren ein Nachbar, der Privatier Gustav Malschafsky, und Marthas Onkel Elias Philipp, der ältere Bruder Emmelines. Gegen Freuds innere Überzeugung mußte der zweite Teil der Trauung in der Synagoge unter dem Baldachin, der Chuppa, stattfinden. Das Mitsprechen der Gebete, der Tausch der Ringe und das Zertreten eines Glases gehörten zum Ritus, bedeuteten dem atheistischen Bräutigam aber nichts. Er akzeptierte diese Zeremonie nur, weil ohne sie die Eheschließung in Österreich nicht gültig gewesen wäre. In den Ablauf weihten ihn am Tag zuvor der Rabbiner und Elias Philipp ein, der, anders als Freud, nach dem Glauben der Väter lebte wie die meisten Mitglieder der Familie Marthas.[99]

Die Flitterwochen verbrachte man in Travemünde. Freud notierte in der *Geheimen Chronik* am 21. September 1886 – es wurde der letzte Eintrag –, daß Martha und er nach einer Woche Ehe «überrascht» waren, «wie gut sie» im Alltag zusammenleben konnten.[100] Nach der Übersiedlung Anfang Oktober wurde in Wien die erste gemeinsame Wohnung bezogen, in der ein Raum der Ordination vorbehalten blieb. Sie lag an der Maria-Theresien-Straße 8, dem sogenannten ‹Sühnhaus›, gegenüber dem nördlichen Abschnitt des Schottenrings. Es handelte sich um einen Großkomplex, der Anfang der 80er Jahre dort errichtet wurde, wo früher das alte Theater stand. Am 8. Dezember 1881 hatte eine Feuersbrunst, der 600 Menschen zum Opfer fielen, das gesamte Hausmassiv vernichtet; der Name des neuen Gebäudes erinnerte an diese Katastrophe. Das bescheidene Erbe des Onkels Jacob Bernays, von Eli unter Schwierigkeiten zurückerstattet, diente der Anschaffung der ersten Möbel.[101] Daß die Schwiegermutter das junge Paar in Ruhe ließ, nahm Freud als gutes Zeichen. Sein Verhältnis zu Emmeline Bernays besserte sich zwar geringfügig, litt jedoch unter wechselseitigem Mißtrauen. Marthas wiederholten Aufforderungen, sich in Wien niederzulassen, folgte Emmeline nicht. Sie blieb stattdessen bis zum Ende ihres Lebens – sie starb 1910 – im fernen Norden, was Freud das Leben leichter machte. 25 Jahre nach seiner Heirat schrieb er dazu in *Totem und Tabu* grundsätzlich: «Es ist bekannt, daß das Verhältnis zwischen Schwiegersohn und Schwiegermutter auch bei den zivilisierten Völkern zu den heikeln Seiten der Familienorganisation gehört.»[102]

Freud verhielt sich wie zuvor schon in der Zeit der Verlobung – er regelte seine privaten und beruflichen Beziehungen mit patriarchalischer Strenge. Die Ehefrau und die jüngeren Schüler, Patienten und Kollegen betrachtete er aus der Perspektive des Vaters. Er war der Vordenker, der Vorsorge für die ihm Anvertrauten traf, für sie plante und entschied. An diesem Rollenbild hielt Freud nicht diktatorisch, jedoch mit klarem Führungsanspruch fest. Sein wissenschaftlich geschulter Verstand wollte keine blinde Unterwerfung, sondern offene Beweisführung und klare Argumentation; am Ende freilich war er von fremden Positionen nur schwer zu überzeugen und von eigenen Prinzipien kaum abzubringen. Das galt für seine Forschung und die Grundsätze, die er auf methodischem Gebiet vertrat; es betraf aber auch die Familie, ihre Alltagsroutinen und Werte. Ein typisches Beispiel boten Fragen der Religion, die Freud generell suspekt waren. Als Atheist konnte er sich ein Leben, das den Zyklen des jüdischen Kalenders folgte, nicht vorstellen. Martha, die gläubig erzogen war, mußte sich in diesem Punkt seinen Auffassungen unterwerfen. Jede Form religiöser Praxis wurde aus dem Haushalt verbannt; koscheres Essen, Kerzen zum Sabbat, Ungesäuertes zu Pessach, Schweigegebote, Feier der jüdischen Festtage – das existierte fortan in der Welt der jungen Ehefrau nicht mehr. Auch wenn sie es niemals offen eingestand, schmerzte sie dieses Verbot religiöser Rituale zutiefst, denn es bedeutete für sie einen Verlust innerer Heimat, den sie schwer verwand. In späteren Jahren, als die Kinderschar gewachsen war, beging man wie die meisten Assimilierten anstelle der jüdischen Feste Weihnachten und Ostern. Geschenke gab es für Martha vor allem zu Neujahr – Stickereien, Medaillons oder Perlenketten, die sie besonders liebte.

Freuds Praxis entwickelte sich nur langsam, und ganze Tage verbrachte der junge Arzt mit wissenschaftlicher Arbeit, da das Wartezimmer leer blieb. Um einen größeren Patientenkreis zu gewinnen, machte er in der ersten Zeit Hausbesuche, die allerdings enorme Zeit kosteten und zudem Miete für einen Wagen erforderten.[103] An einen eigenen Kutscher, wie Breuer ihn sich zu diesem Zweck leistete, war nicht zu denken. Die Not wurde dadurch gesteigert, daß Freud aus den knappen Honoraren, die er einnahm, auch noch den Unterhalt für seine Eltern und Schwestern zu bestreiten hatte, weil die geschäftlichen Aktivitäten des Vaters nichts mehr einbrachten. Jakob Freud war jetzt 71 Jahre alt und beschränkte sich ganz auf sein Leben im Caféhaus, auf jenen Müßiggang, für den er, anders als sein fleißiger Sohn, durchaus begabt war. An aktuellen Makleraufträgen fehlte es, seine Mittel hatte er aufgebraucht, und weitere Reserven standen nicht mehr zur Verfügung. Der Vater sei, so schrieb Freud schon im Juni 1884 an Martha, «in eine glückliche Bedürfnis- und Bedeutungslosigkeit» hineingeraten, ohne daß er den Ehrgeiz besitze, seine Lage zu ändern.[104]

Allein durch die regelmäßige Hilfe des Sohnes konnten sich die Eltern finanziell über Wasser halten; Ende August 1885 zogen sie immerhin in eine bessere Wohnung an der Grünentorgasse 14, die mehr Komfort als das alte Domizil bot.

Häufig mußte Freud nun am Monatsende ins Pfandleihhaus gehen und Erbstücke oder Schmuck versetzen. Im Oktober 1886 wanderte sogar seine goldene Uhr dorthin, aber der Ertrag sicherte das Paar nur für wenige Tage. Immer wieder bat man Mitglieder der Bernaysschen Familie um Hilfe, und selbst die nahezu mittellose Minna erhielt einen flehenden Brief, in dem der junge Ehemann sein Elend schilderte und um Unterstützung ersuchte.[105] Ohne die Hilfe Breuers, der Freud regelmäßig Fälle überwies, wäre die Lage noch schwieriger geworden. Breuers Praxis lief glänzend, und unter denen, die er behandelte, waren insbesondere Angehörige der Oberschicht. Das machte ihn zu einem Großverdiener, der anders als Freud von seiner Ordination bestens leben konnte. Für ihn war nicht der Mangel an Geld, sondern die fehlende Forschungszeit das Problem, und so lag es nahe, daß er dem befreundeten Kollegen regelmäßig eigene Fälle zuführte. Die neu sich einstellenden Patienten nannte Freud «Neger, die mein Mittelzimmer bevölkern» – eine Anspielung auf eine Karikatur in den *Fliegenden Blättern*, die einen Löwen zeigte, der klagt: «12 Uhr, und kein Neger».[106]

Der glücklichen Stimmung, in der das junge Paar seit der Eheschließung lebte, konnte die materielle Not keinen Abbruch tun. Ende Oktober 1886 verglich sich Freud mit dem Armenadvokaten Siebenkäs aus Jean Pauls gleichnamigem Roman (1796), der sein Elend mit Humor erträgt und aus dem Mangel eine Idylle zu machen sucht.[107] Für den Fall, daß die Praxis länger als drei Monate keinen Gewinn abwerfen sollte, nahm er sich allerdings vor, gemeinsam mit Martha nach Amerika auszuwandern – ein Plan, der nicht ganz aus der Luft gegriffen war, hatten doch zahlreiche Wiener Juden in der Neuen Welt Geschäftsglück und Reichtum gefunden.[108] Trotz finanzieller Unsicherheiten fühlte sich auch die junge Ehefrau in ihrer veränderten Rolle wohl. Martha sei, berichtete Freud an seine Schwägerin, «nur etwa 15 Minuten am Tag verzweifelt», weil die Praxis nichts einbringe. Ansonsten esse sie unaufhörlich und habe sich an ihre Umgebung bestens angepaßt: «Ich glaube, sie wird bald verwienert sein und bald so dick werden, daß sie in Hamburg Aufsehen erregen würde.»[109] Martha erkundete die Märkte der Umgebung – manchmal begleitete Freud sie beim frühmorgendlichen Einkauf – und genoß ihre neue Rolle sichtbar. Zur inneren

Zufriedenheit trug die freundliche Aufnahme durch ihre Schwägerinnen und die Nachbarschaft ihres Bruders wesentlich bei. Martha kannte Wien zur Genüge, um sich hier heimisch zu fühlen, in dichten familiären Netzen bestens aufgehoben. Während sie in Wandsbeck häufig kränkelte, unter Migräne und Magenverstimmungen litt, war sie in Wien gesund und kräftig. Man kann das auch als Indiz dafür werten, daß der Übergang in den Ehestatus für Martha zur seelischen wie körperlichen Entspannung beitrug. Für höhere Töchter war die sexuelle Initiation nach der Hochzeit, auf die sie niemand vorbereitet hatte, häufig eine Qual – Freuds eigene Arbeiten sollten dieses Thema in den kommenden 15 Jahren ausführlich behandeln. Im Fall Marthas gab es offenbar keine Konflikte, die Spuren in der Psyche hätten hinterlassen können. Ob das an der Feinfühligkeit des Ehemanns oder an ihren niedrigen Erwartungen lag, läßt sich nicht genau feststellen. Daß der Wechsel von der strengen Enthaltsamkeit zur praktizierten Sexualität problemlos geschah, war immerhin ein kleines Wunder, das die erotisch völlig unerfahrenen Partner dankbar wie ein Geschenk annahmen.

Im Februar 1886 schrieb Martha Freud nach Paris, sie habe nachts davon geträumt, drei Kinder mit ihm großzuziehen.[110] Diese Zahl erreichte sie schon innerhalb von viereinhalb Ehejahren, klaglos eine Schwangerschaft nach der anderen durchstehend. Noch Ende Dezember 1886 erklärte Freud seiner Schwiegermutter, daß sie keine «Chance» hätten, ihre «Einsamkeit zu zweien verändert zu sehen.»[111] Das bezog sich auf die schwierige finanzielle Lage, blieb aber nur eine kurzfristige Momentaufnahme. Im Spätwinter 1887 begannen sich Breuers Überweisungen auszuzahlen, neue Patienten kamen in die Praxis, und laufende Rechnungen konnten beglichen werden, ohne daß das Pfandleihhaus aushelfen mußte. Selbst während der gefürchteten und von Breuer in düsteren Farben ausgemalten Sommerpause dauerte der Betrieb nahezu unvermindert fort.[112] Da Freuds unverheiratete Schwestern Adolfine und Pauline zu Beginn des Jahres 1887 Stellen als Hauslehrerinnen angenommen hatten, verringerte sich gleichzeitig die Last der monatlichen Unterstützung für seine weitere Familie. Voller Überschwang versprach er Minna Ende April 1887, sie könne, sofern sie in den nächsten Jahren nicht heirate, ein Studium beginnen, für das er, wie sie zwischen den Zeilen lesen konnte, auch aufkommen werde.[113] Solche zuversichtlichen Ankündigungen verrieten ein gesteigertes Selbstbewußtsein, das Freud seiner endlich laufenden Praxis verdankte. Der Beweis, daß er nicht nur zur Forschung taugte, sondern auch sein Handwerk beherrschte, schien erbracht. Er war für die materielle Sicherheit bedeutsam, aber ebenso für Freuds Rollenverständnis als Arzt, das stets durch Zweifel an seinen praktischen Fähigkeiten geprägt blieb.

Kaum zeigten sich im Haushalt des jungen Ehepaars erste Anzeichen der finanziellen Sicherheit, da wurde Martha schwanger. Am Sonntag, dem 16. Oktober 1887, 13 Monate nach der Hochzeit, kam die Tochter Mathilde zur Welt. Als Patin fungierte die Ehefrau Breuers, deren Vorname wie jener des Mädchens lautete. Freud verbeugte sich auf diese Weise vor seinem Mentor und Kollegen, ohne dessen vielfältige Hilfe weder seine Heirat noch die Praxis möglich gewesen wären. Daß er zum bürgerlichen Familienvater werden durfte, verdankte er auch den Patienten-Überweisungen Breuers, und so bildete die Namenspatenschaft ein angemessenes Zeichen der Verbundenheit – abgesehen von der darin anklingenden Reverenz an seine Ehefrau, für die er stets eine Schwäche hatte.

Als sich die Wehen lange hinzogen, rief Freud seinen Kollegen Gustav Lott um Hilfe, einen habilitierten Gynäkologen und Privatdozenten an der Wiener Universität. Obwohl Lott die Zange einsetzen mußte, zeigte sich Martha tapfer und ausdauernd. Freud, der während der in der Wohnung stattfindenden Entbindung anwesend war, fühlte sich am Ende erschöpfter als die junge Mutter. In der Nacht nach der Geburt schrieb er an Emmeline Bernays und die Schwägerin Minna: «Ihr wißt schon durch Telegramm, daß wir ein Töchterchen haben. Es wiegt dreitausendvierhundert Gramm, was sehr anständig ist, ist furchtbar häßlich, lutscht von seinem ersten Moment ab an seiner rechten Hand, scheint sonst sehr gutmütig und benimmt sich, als ob es wirklich zu Hause wäre. Trotz seiner prachtvollen Stimme schreit es wenig, schaut sehr vergnügt drein, liegt behaglich in seinem prächtigen Wagen und macht gar nicht den Eindruck, über sein großes Abenteuer unglücklich zu sein. Es heißt natürlich Mathilde nach Frau Dr. Breuer.»[114] Einige Tage später berichtete der stolze Vater seiner Schwiegermutter, daß das Mädchen prächtig gedieh. «Denn ich tue Euch feierlich kund: Mathilde lutscht zwar an den Fingern, aber sie sieht mir auffallend ähnlich – nach allgemeinem Urteil, ja, einige Personen zeigen auf die Lücken in meinem Gesicht, aus denen das Kleine herausgeschnitten ist.»[115] Mathilde war das erste Kind, das im ‹Sühnhaus› geboren wurde, und der Kaiser ließ den Eltern nebst einem kleinen Geschenk seine Glückwünsche übersenden.

Die Eltern ließen das kleine Mädchen von einer Amme und später von einer Kinderfrau betreuen. Daneben beschäftigte man eine Dienstmagd, die für die Wäsche, das Kochen und den Empfang der Patienten zuständig war. Die weibliche Dominanz im Haushalt wurde aber bald gebrochen, das Geschlechterverhältnis in der jungen Familie wieder ausgewogener. Zwei Jahre nach Mathilde, am 6. Dezember 1889, kam Jean Martin – benannt nach Charcot –, am 19. Februar 1891 sein Bruder Oliver – nach Cromwell – zur Welt. Für das Paar bedeutete dieser schnell wachsende Kindersegen eine beträchtliche Herausforderung. Doch Martha erwies sich als äußerst organisationstüchtig, alltagsklug und rationell; mit ausgeprägtem Ordnungssinn achtete sie auf System und Regelmaß im Tagesablauf. Sie instruierte die Dienstboten, verteilte die Aufgaben und sorgte dafür, daß Freud trotz wachsender Kinderschar, Lautstärke und Hektik ruhig arbeiten konnte. Er wiederum legte Wert darauf, in der Wohnung nicht übertriebene Ordnung zu halten, damit Platz für Spontaneität und Bequemlichkeit blieb. Eine Hausfrau, die Möbel und Geschirr so pflegte, daß ihr «Gebrauch und Genuß» nahezu «unmöglich» gemacht wurde, war nicht in seinem Sinne – er nannte solche Formen der Zwanghaftigkeit eine ‹Psychose›.[116]

Während seiner Verlobungszeit hatte Freud enthaltsam gelebt, und auch in der Ehe pflegte er stets längere Phasen der Abstinenz. Intimer Verkehr mit seiner Frau war für ihn nur zum Zweck des Zeugungsvorgangs gerechtfertigt und erfolgte allein aus diesem Grund. Da der *Coitus interruptus* nach seiner Überzeugung schwere Neurosen freisetzte, schied er als Mittel der Empfängnisverhütung aus. Eine Sexualität, die allein der Lustbefriedigung galt, fand er unnatürlich. Martha Freud scheint sich seinen Vorstellungen bereitwillig unterworfen zu haben – mit dem Ergebnis regelmäßiger Schwangerschaften in der ersten Phase nach der Hochzeit und dauernder Abstinenz nach der Geburt des letzten Kindes im Dezember 1895. Allein zwischen 1886 und 1895 vollzogen die Freuds also die Ehe; in den folgenden 44 Jahren blieb ihre Beziehung asexuell, ohne daß es deshalb zu äußerlich sichtbaren Störungen ihres Verhältnisses kam. Zumindest Freud mußte die Enthaltsamkeit freilich mit nervösen Spannungszuständen und körperlichen Beschwerden bezahlen, wie sich gerade in den ersten Jahren nach Marthas letzter Schwangerschaft zeigte. Aber es gab Mittel und Wege, den unerfüllten Trieb durch eine starke Droge zu unterdrücken – sie hieß Arbeit.[117]

Im Behandlungszimmer

Freuds beruflicher Alltag teilte sich seit Mitte der 80er Jahre in drei Felder auf: seine Praxis, die Forschung und die Vorlesungstätigkeit des Privatdozenten. Im Idealfall wirkten diese Bereiche reibungsfrei zusammen, allerdings stellte sich in der ersten Zeit die gewünschte Balance nur selten ein. Freud wußte sehr genau, daß die Qualität seiner wissenschaftlichen Versuche vom Anschauungsmaterial abhing, das ihm die Ordination bot. Er war kein Kliniker mehr und mußte dankbar für jegliche Studienmöglichkeit sein. Als niedergelassener Arzt erschloß er sich neue Behandlungsformen, die er mit einiger Neugierde ausprobierte. In den ersten Jahren nutzte er häufig das Verfahren der Elektrotherapie, bei dem den Patienten durch Stromzufuhr über die Haut Spannungszustände genommen und Lähmungen überwunden werden sollten. Seine entsprechenden Kenntnisse bezog er aus dem umfassenden Lehrbuch des Leipziger Neurologen Wilhelm Erb, das die Methodik ausführlich beschrieb.[118] Nach einem Jahr griff er verstärkt auf die Hypnose-Technik zurück, die dasselbe Ziel verfolgte, den Abbau von nervlicher Erregung durch externe Beeinflussung. Gelernt hatte Freud die hypnotische Praxis über Breuer und Charcots Vorlesungen, jedoch bewegte er sich hier auf unsicherem Grund. Später gab er zu, daß ihm das Verfahren stets unheimlich geblieben sei. Nicht selten nahm er hypnotische Versuche mit widerwilligen Patienten als eine «Art von Tierbändigertum» wahr – es bleibe «eine schwere und anstrengende Arbeit».[119]

Freud setzte die Hypnose trotz solcher Mühen in seiner ersten Praxiszeit häufig ein. Er schaffte sich eine schmale Couch an, auf die sich die Kranken legen mußten, um die Prozedur möglichst entspannt zu beginnen. Anfang der 90er Jahre schenkte ihm eine dankbare Patientin, die verwitwete Marianne Benvenisti, ein komfortableres und breiteres Sofa, das er fortan für die Behandlung verwendete.[120] Erfolgreich nutzte er das Verfahren bei Elise Gomperz, der Ehefrau seines Philosophielehrers Theodor Gomperz, die 1892 mit einer Gesichtslähmung zu ihm kam. Durch die Hypnose gelang es ihm, die Kranke, deren Mann ursprünglich für eine Therapie bei Charcot votiert hatte, von ihrem Leiden zu befreien.[121] Im selben Jahr berichtete Freud in einem Artikel vom Fall einer jungen Mutter, die mit Symptomen gesteigerter Abscheu auf die Erwartung reagierte, sie möge ihr Kind stillen. Gegen die Ekelschübe und phobischen Muster, mit denen die Frau die ihr zugemutete Rolle ablehnte, setzte Freud eine hypnotische Suggestion. Er beförderte die Patientin in Heilschlaf und beschwor sie, das Kind zu stillen. Der Erfolg stellte sich erst kurzzeitig, dann dauerhaft ein. Freud beschrieb seinen Fall als Muster dessen, was Charcot ‹hystérique d'occasion› nannte, als eine gelegenheitsbedingte Hysterie, die aus der Analyse des Anlasses therapiert werden konnte.[122] Die Behandlung reichte zu dieser Zeit allerdings noch nicht in die Tiefe der genauen Ursachenforschung. Die Gründe, die zur Abwehrreaktion der jungen Mutter führten, kamen kaum zur Sprache. Mit der sexuellen Kausalität solcher und anderer Hysteriefälle befaßte sich Freud erst einige Jahre danach.

Vorwiegend fanden sich Hysterische und Zwangsneurotiker in seiner Praxis ein. Zumeist waren es Frauen der gehobenen Gesellschaftsschichten, unter denen sich Freuds Name bald wie eine Geheimempfehlung verbreitete. Was er von seinen Patientinnen hörte, war oft seltsam genug: Wiederholungsrituale, merkwürdige sprachliche Gewohnheiten, Ticks aller Art, Hemmungen, fixe Ideen und Ängste vor banal scheinenden Auslösern bildeten ein schwer durchdringbares Ganzes. Drei Jahrzehnte später noch redete Freud davon, daß es selbst «der ausschweifendsten psychiatrischen Phantasie» nicht gelungen wäre, ein derart «tolles Leiden» wie die Hysterie zu erfinden.[123] Die Passionsgeschichten des Alltags ersetzten dem jungen Arzt klinische Erfahrungen und sorgten für eine Konzentration auf das Thema der Neurosen. Weil Freud in der Ordination keine Psychotiker mit massiven Wahnvorstellungen, sondern nur minderschwere Fälle sah, entstanden seine ersten Theorien aus dem Material der neurotischen Erkrankungen.

Freuds Praxis lief über etliche Jahre trotz mancher diskreter Empfehlung nur sehr schleppend. Das hatte Gründe auch in der engen fachlichen Spezialisierung seines Behandlungsgebiets. Am 29. August 1888 schrieb er an Wilhelm Fließ: «Ich habe nicht genug gelernt, um Mediziner zu sein, in meiner medizinischen Entwicklung gab es einen Riß, der später mühsam geknüpft worden ist. Ich konnte gerade noch so viel lernen, daß ich Neuropatholog wurde.»[124] Das war nicht nur Koketterie im Hinblick auf die seit dem Studium dominanten wissenschaftlichen Neigungen, sondern auch eine ernsthafte Analyse seiner Defizite als Praktiker. Freud bewunderte den handfesten Universalismus vieler Kollegen, der ihm aufgrund seiner zeitaufwendigen theoretischen Arbeit abging. Schmerzhaft erkannte er, daß seine eingeschränkten ärztlichen Kompetenzen für das schwache Patientenaufkommen verantwortlich waren. Dabei benötigte er dringend materielle Sicherheiten, um seine wachsende Familie zu alimentieren. Zu seinen eigenen Ausgaben mußte er die 500 Gulden rechnen, die für die Unterstützung seiner Eltern anfielen. Er war in diesem Punkt außerordentlich großzügig, auch wenn er in den ersten Praxisjahren nur über geringfügige Einnahmen verfügte. Finanzielle Fragen wurden im Haushalt Freuds ständig besprochen. «Mein Ehrgeiz geht leider auf Geld», gestand er Minna im August 1889.[125] Das war eine Selbstcharakteristik, die sich nicht allein auf die materiellen Verpflichtungen des mehrfachen Familienvaters bezog. Freuds finanzielle Ambitionen entsprangen auch psychologischen Gründen, weil er in früheren Jahren «die hilflose Armut kennengelernt» hatte.[126]

Es dauerte mehr als eine Dekade, bis Freud von seiner Ordination komfortabel leben konnte. Noch im Juli 1891, fünf Jahre nach Eröffnung der Praxis, spottete er, er plane, ein photographisches Selbstporträt im Wartezimmer aufzuhängen, mit dem Zusatz «‹Enfin seul›» – ‹endlich allein›.[127] Da Freuds wissenschaftliche Arbeit an praktische Beispiele gebunden war, bedeutete der Patientenmangel, unter dem die Ordination litt, auch für seine Forschung eine Schwierigkeit: zu schmal war die empirische Grundlage seiner neurologischen Studien, und oft mußte er improvisieren, um dieses Problem zu verstecken. Seine öffentlichen Auftritte als Vortragender waren in diesen Jahren rar und selten erfolgreich. Sie krankten daran, daß er auf frühere Beobachtungen zurückgriff, die nicht mehr aktuell wirkten. Die Stagnation der Praxis hemmte auch den Wissenschaftler, der begierig war, in seinem Fach vorwärtszukommen.

Am 15. Oktober und am 26. November 1886 hielt Freud zwei Referate vor der Wiener *Gesellschaft der Ärzte*, deren Vortragsabende im 150 Plätze umfassenden Senatssitzungssaal der alten Universität stattfanden. Seine Ausführungen zeigten sich von Charcots Hypothesen beeinflußt, erzeugten deshalb allerdings ein zwiespältiges Echo. Der erste Vortrag bezog sich auf Zustände männlicher Hysterie und stieß wegen seines Themas, aber auch, weil er klinische Beispiele mied, auf fast einhellige Ablehnung bei der konservativen Zuhörerschaft. Meynert meldete sich als einer der ersten zu Wort, erklärte die geschilderten Symptome ernsthaft zu einem Spezifikum französischer Dekadenz, bemängelte die fehlende hirnanatomische Lokalisierung und verlangte konkretere Fälle als Beleg. Ein älterer Chirurg, der sich kaum beherrschen mochte, rief empört aus: «‹Aber Herr

Kollege, wie können Sie solchen Unsinn reden! Hysteron (sic!) heißt doch der Uterus. Wie kann denn ein Mann hysterisch sein?›»[128] Freud war angesichts der heftigen Reaktionen wie vor den Kopf gestoßen. Er hatte sich ausführlich auf sein Referat vorbereitet, weil er wußte, daß er vor annähernd 140 qualifizierten Zuhörern sprechen mußte – darunter die renommiertesten Kliniker Wiens. Einsam ging er an diesem Abend nach Hause, denn selbst seine Freunde Breuer und Fleischl hatten das Auditorium schnell verlassen. Er fühlte sich wie stigmatisiert, aber er war fest entschlossen, einen tragfähigen Beweis für die Existenz männlicher Hysterie zu erbringen.

Der zweite Vortrag stützte sich, Meynerts Forderung folgend, auf eine Fallgeschichte und wurde daher positiver aufgenommen. Freud stellte den 29jährigen Ziseleur August P. vor, der, bedingt durch erbliche Vorbelastung, wie suggeriert wurde, an hysterischen Symptomen litt. Er war ihm durch den Kehlkopfspezialisten Julius von Beregszászy überwiesen worden, der am 15. Oktober seinen Vortrag gehört hatte und seine These durch ein passendes Beispiel stützen wollte, das er selbst jedoch im Blick auf die Befundlage nicht gänzlich durchschaute. Das Krankheitsbild des Patienten äußerte sich in Krämpfen, Kopfschmerz und Angstzuständen, Bewegungsstörungen und Taubheit der Extremitäten. Freud legte seinen Vortrag als klinische Studie an und bemühte sich merkbar, seine diagnostische Sachkunde unter Beweis zu stellen.[129] Während das erste Referat unter einem Mangel an Empirie litt, fehlte es jedoch im zweiten an überzeugenden theoretischen Schlußfolgerungen. Freud führte lediglich eine Symptomenreihe vor, ohne über deren Auslöser mehr als Andeutungen zu verlieren. Im Gegensatz zu Charcot war er nicht fähig, seine empirische Untersuchung so zu gliedern, daß das Publikum am Aufbau seiner Gedankenketten teilhaben konnte. Genauere Ursachenforschung unterblieb, Details wucherten, eine klare Argumentation zeichnete sich bloß in Umrissen ab. Im Blick auf die medizinische Kausalität beschränkte sich Freud darauf, die erbliche Vorbelastung seines Patienten zu erwähnen, dessen Vater Trinker war, obgleich er einem solchen Ansatz eigentlich mißtraute. Der Referent befand sich noch nicht auf einem methodischen Niveau, das es ihm erlaubte, Fallstudie und verallgemeinernde Folgerung sinnvoll aufeinander zu beziehen. Vor allem aber fehlte es ihm an praktischen Erfahrungen, die eine genauere Untersuchung der Hysterie-Ursachen erlaubt hätten.

Zwar war die Wirkung des zweiten Vortrags nicht ungünstig, aber es gab dennoch systematische Vorbehalte. So lehnte Freuds früherer Chef Meynert die an der französischen Schule orientierte Vorgehensweise grundsätzlich ab. Er betrachtete die Hysterie allein unter einem anatomischen Gesichtspunkt, was Freud wiederum für abwegig hielt. Meynerts Widerstand gegen die Hypnose machte er seinerseits verantwortlich für die erheblichen Mängel, die das neurologische Studium in Wien aufwies. Wenn Freud 1887 in einer kurzen Rezension von Heinrich Averbecks Neurasthenie-Schrift betonte, daß die gegenwärtige klinische Ausbildung den Neurologen nur unzureichend auf die Praxis vorbereite, bezog sich das auch auf seine eigenen Defizite.[130] Die Ordination konnte nicht ersetzen, was ihm an empirischer Anschauung aus der Klinik fehlte. Noch deutlicher erklärte sich Freud zwei Jahre später in einer Besprechung von Auguste Forels Hypnose-Studien, die auf einer längeren Hospitanz an französischen Krankenhäusern beruhten. Er gestand Meynert zwar generelle fachliche Autorität zu, hielt ihm aber zugleich massive Vorurteile gegenüber den neuen Behandlungsmethoden vor.[131] Als niedergelassener Arzt, der sich in dieser Phase nur wenig Hoffnungen auf eine akademische Karriere machte, glaubte Freud seine Meinung frei artikulieren zu dürfen. Auch auf der anderen Seite ging man keineswegs zimperlich zur Sache. Meynert hatte zu selben Zeit in einer Rezension von Freuds Charcot-Übersetzung moniert, daß er sich mit der Annäherung an die Hypnose auf einem Irrweg befinde. Als «physiologisch exakt geschulter Arzt» habe er Wien 1885 verlassen, aber durch die Bekanntschaft mit Charcot sei er in Paris ein Anwalt spekulativer Methoden geworden.[132] Sein kritisches Urteil über den Schüler korrigierte Meynert erst auf dem Totenbett. Als Freud den Sterbenden im Mai 1892 besuchte, gestand der ihm: «‹Sie wissen, ich war immer einer der schönsten Fälle von männlicher Hysterie.›»[133] Diese Selbstdeutung half Freud allerdings wenig, denn nur eine öffentliche Erklärung hätte seine Position als Forscher rehabilitiert.

Enttäuschungen auf wissenschaftlichem Feld gehören durchaus zu den Merkmalen einer akademischen Karriere. Freud benötigte als junger Mediziner ein besonderes Maß an Aufmunterung, weil er sich schnell unverstanden fühlte. Allerdings gab es auch Gelegenheit zum Trost, denn sein gesellschaftliches Leben war zu dieser Zeit trotz aller beruflichen Anstrengungen noch intakt. Die freundschaftlichen Beziehungen zu Fleischl, Rie und Wagner-Jauregg bedeuteten eine Inspirationsquelle und ein gewisses

Maß an sozialer Sicherheit; Breuer sah er regelmäßig, tauschte sich mit ihm über gemeinsame Patienten aus und diskutierte klinische Befunde. Freud benötigte klar geregelte private Verhältnisse – einen inneren Zirkel –, um von hier aus seine großen Ziele mit dem Gefühl der Sicherheit in Angriff zu nehmen. Zur Freundschaftsfähigkeit kam eine mit dem Älterwerden wachsende Begabung, sich trotz gewaltigen Fleißes regelmäßig zu entspannen. Während der Student Freud sich noch bei nächtlicher Lektüre wachhielt und der Assistenzarzt zwanzig Stunden durcharbeitete, lernte der 30jährige trotz aller Existenzangst die Kontemplation im Freundeskreis allmählich schätzen.

Als noch unerfahrener Praktiker suchte Freud nach der richtigen Technik, um seine Patienten in ein Stadium der Entspannung zu versetzen. Er selbst fühlte sich unsicher, wenn er hypnotische Methoden verwendete, weil er keine Kontrolle über die möglichen Wirkungen hatte. Aus diesem Grund bevorzugte er seit dem Ende der 80er Jahre das Verfahren der Suggestion, das keinen medizinischen Heilschlaf erzeugte, sondern einen Wachzustand mit großer seelischer Sensibilisierung. Angeregt wurde Freud dabei durch die Arbeiten von Bernheim und Liébault aus Nancy, die Hypnose und Suggestion als Behandlungsformen unterschieden. Beide kritisierten Charcots ungenaue Verwendung des Hypnosekonzepts, indem sie nachzuweisen suchten, daß jeder Mensch für äußere Manipulation empfänglich sei und im Fall hysterischer Erkrankungen, anders als etwa Krafft-Ebing annahm, lediglich eine besondere Beeinflußbarkeit vorliege. Die hypnotische Therapie wurde von ihnen als Element eines übergreifenden Systems der Suggestion betrachtet und in ihren Wirkungen deutlich relativiert. Freud übersetzte zwei Studien Bernheims aus dem Französischen: 1888 die 24 Monate zuvor publizierte Arbeit *De la suggestion et de ses applications à la thérapeutique* (auf der Grundlage der zweite Auflage von 1887) und 1892 *Hypnotisme, suggestions et psychothérapie: études nouvelles* (erstmals 1891 in Paris erschienen). Als Verleger fungierte wie im Fall der Charcot-Übertragungen Franz Deuticke in Wien, ein aufstrebender junger Unternehmer, der sich auf medizinische Fachpublikationen spezialisiert hatte.

Im Juli 1889 reiste Freud nach Nancy, um dort Bernheim und seinen älteren Kollegen Liébault persönlich zu treffen. Eingeführt durch ein Empfehlungsschreiben Auguste Forels, erhielt er die Erlaubnis, bei beiden zu hospitieren, die jeweiligen Krankenprotokolle zu studieren und sogar ihren hypnotischen Behandlungen beizuwohnen. Um die Effizienz der von den Franzosen angewendeten Technik zu prüfen, ließ Freud eine seiner Patientinnen nach Nancy kommen. Vermutlich handelte es sich um Fanny von Sulzer-Wart, die Witwe eines millionenschweren Schweizer Uhrenfabrikanten, die sich seit Mai bei ihm in Therapie befand. Vier Jahrzehnte später beschrieb er sie rückblickend als «vornehme, genial begabte Hysterika», die man ihm überwiesen hatte, «weil man nichts mit ihr anzufangen wußte.»[134] Bernheim versuchte die Kranke in Trance zu versetzen, scheiterte aber mehrfach. Fanny von Sulzer-Wart reiste enttäuscht wieder ab, und der französische Spezialist stand entzaubert da. In einem abschließenden Gespräch bekannte Bernheim, daß sich seine therapeutischen Erfolge durch Suggestion auf wenige Fälle beschränkten, während die Behandlung gerade im privateren Umfeld seiner Praxis in der Regel fehlschlug. Nach mehrwöchiger Hospitanz mußte Freud einsehen, wie wenig die hypnotische Technik bei Krämpfen, Lähmungen und neuralgischen Störungen auf Dauer ausrichtete. Sie mochte zu kurzzeitigen Effekten führen, versagte aber, wo es um permanente Heilung ging.

Die Rückfahrt von Nancy unterbrach Freud Ende August in Paris, um am ersten *Internationalen Kongreß für experimentelle und therapeutische Hypnose* teilzunehmen. Er stieg im Hotel Byron in der Rue Laffitte ab und nutzte die Gelegenheit, neben dem akademischen Pflichtprogramm auch die wohlvertraute Metropole wieder zu erkunden. Den Zeitpunkt für die Konferenz hatten die Veranstalter klug gewählt, denn in Paris fand seit dem 6. Mai (bis zum 31. Oktober) die zehnte Weltausstellung statt, zu deren Eröffnung der Eiffelturm vollendet worden war. Freud besuchte nicht nur die Schaustätten der Technik-Euphorie, sondern ließ sich auch auf das Kulturleben der Stadt weitaus offener ein, als er es drei Jahre zuvor getan hatte. Besonders beeindruckte ihn ein Konzert der Diseuse Yvette Guilbert, die als rothaariger Vamp, von den Künstlern der Epoche gefeiert, zur Kultfigur der Chantants und Cabarets aufgestiegen war. Sogar der berühmte Toulouse-Lautrec hatte sie porträtiert, und ganze Heerscharen von Schriftstellern und Komponisten lagen ihr förmlich zu Füßen. Für Freud sollte der Konzertbesuch so unvergeßlich werden, daß er noch mehrere Dekaden später, alt und krank, einen Wiener Auftritt der nun schon über 60jährigen nutzte, um in den Genuß ihrer Kunst zu kommen.

Zur Zeit des Pariser Kongresses war Freud von den Heilmöglichkeiten der Hypnose noch vollauf überzeugt. Das verrieten zwei Rezensionen von pädagogischen Studien Oswald Berkhans zur Behandlung Taubstummer und zu Heinrich Obersteiners klinischer Arbeit über therapeutische Effekte, die in den beiden Jahren zuvor erschienen. Auch sein Vorwort zur Bernheim-Übersetzung bekundete eine positive Einschätzung der Hypnose in der ärztlichen Praxis. Allerdings verwendete er hier bereits eine nuancierte Spielart des Konzepts, die auf Bernheims Ansatz zurückging. Es sei dessen Leistung, so hob Freud hervor, daß er das hypnotische Verfahren in eine absolute und eine relative Methode gliedere. Während im ersten Fall volle Abwesenheit des Bewußtseins, analog zum Schlaf, angestrebt wurde, zielte der zweite Weg – die Suggestion – auf eine partielle Absenz, ein Stadium der Entrücktheit, das nicht vollends das Ausschalten des Verstandes bedeutete.[135] Da nach Bernheim jeder Mensch durch Suggestion zu bestimmten körperlichen Reizreaktionen kommen konnte, bestand nun allerdings die Gefahr, daß hysterische Symptome nur als Reflex verstärkter Empfänglichkeit für äußere Einflüsse aufgefaßt wurden. Eine klinische Grundlage der Hysterie entfiel dann, weil ihre Erscheinungsformen bloß der Ausdruck von erhöhter Suggestibilität wären. Freud betonte jedoch, daß eine derart weite Auslegung der Suggestionstheorie falsch sein müsse. Für ihn gab es keinen Zweifel an der Evidenz einer körperlichen Symptomatologie hysterischer Erkrankungen und an deren psychosomatischer Beschaffenheit. In dieser Einschätzung bestätigte ihn sogar Richard von Krafft-Ebing, der zum Wintersemester 1889/90 in Wien die Nachfolge Maximilian Leidesdorfs als Chef der Ersten Psychiatrischen Klinik übernahm (auf seinen vakanten Lehrstuhl in Graz folgte dann Wagner-Jauregg, der langjährige Assistent Leidesdorfs). Freud besuchte den berühmten Sexualforscher im Frühherbst 1889, noch ehe er seine Antrittsvorlesung hielt, und berichtete ihm von seinen Erfahrungen in Nancy. Obwohl Krafft-Ebing die Hysterie für eine vereinzelte Spielart der neurotischen Störung hielt, was den Annahmen Bernheims widersprach, hörte er sich den Rapport mit Interesse an und unterstrich seinerseits die Bedeutung der Suggestionstechnik.

Zu den wesentlichen Einsichten des Besuchs bei Bernheim gehörte es, daß Freud endgültig erkannte, wie wenig er zur Anwendung der Hypnose befähigt war. Allein eine suggestive Behandlung schien ihm möglich, während er beim Versuch, Patienten in längere Trance zu versetzen, versagte.[136] An Bernheims Beiträgen schätzte Freud die Ausweitung des Hypnosebegriffs und die Möglichkeit einer differenzierteren Betrachtung der jeweiligen Verfahren im Hinblick auf ihre seelischen wie körperlichen

Wirkungen. In einer Rezension zu Forels *Hypnotismus*-Studien, die 1889 in der *Wiener medizinischen Wochenschrift* erschien, lobte Freud daher auch, daß sie «auf dem Boden» der von Bernheim und Liébault entwickelten Suggestionstheorie stünden.[137] Skeptisch kommentierte er dagegen ein Kapitel in Forels Arbeit, das sich mit den Risiken der Suggestion durch kriminellen Mißbrauch beschäftigte. Zwar sei es grundsätzlich denkbar, daß die suggestive Methode zur Steuerung von Straftaten verwendet werde; im «Laboratorium» könne man einen «guten Somnambulen» dazu bewegen, ein «Scheinverbrechen» zu begehen. Aber über die tatsächlichen Formen der Manipulation und deren Ausweitung sei noch nichts bekannt, weil es an empirischem Material fehle. Generell fand Freud hier eher den «Romanschreiber» als den Arzt, das Experiment und nicht das normale Leben betroffen.[138] Die bald anwachsende Literatur, die hypnotische Phänomene behandelte, hat ihn, sieht man von den Arbeiten Schnitzlers ab, nicht interessiert. Moderne Autoren wie Maupassant, Stoker oder Ewers waren kaum nach seinem Geschmack – gerade das psychologisch Extreme, das seine eigene Praxis bestätigte, stieß ihn an der zeitgenössischen Literatur ab (während es ihm bei Shakespeare gefiel). Daß zwei Jahrzehnte später auch der Film das Motiv der hypnotischen Manipulation aufgriff, ist ihm nicht entgangen, ohne daß er es jedoch für buchenswert hielt.

Am 27. April und am 4. Mai 1892 sprach Freud vor dem *Wiener medizinischen Club* über Hypnose und Suggestion. Der in zwei Folgen gehaltene Vortrag ist durch einen detaillierten Bericht der *Internationalen klinischen Rundschau* überliefert. Im ersten, nur sehr knapp wiedergegebenen Teil beschrieb Freud die neuere Forschung zu den beiden Leitkategorien, im zweiten Teil zog er Beispiele aus der Praxis heran. Anders als früher bewertete er nun den Unterschied zwischen Hypnose und Suggestion allein graduell; Hypnose sei «Anwendung der Suggestion», so lautete die Formel.[139] Der therapeutische Teil des Vortrags begann mit einer überraschenden Verteidigung der Laienmedizin, worunter Freud die Naturheilkunde Kneipps und die Homöopathie faßte. Ihre unbestreitbaren Erfolge resultierten daraus, so hieß es, daß sie den seelischen Einfluß auf den menschlichen Körper akzeptiere. Auch die Schulmedizin müsse daher mit psychologischen Faktoren rechnen und sie in ihre Diagnostik einbeziehen. Dazu gehörte für Freud nicht nur die Psychosomatik, sondern schon die Einsicht in die Rolle des Arztes selbst. Er nämlich wirke durch seine Autorität auf den um seinen

Zustand besorgten, emotional verunsicherten Patienten immer mit einer gewissen Suggestivität.

Während Bernheim die von ihm entwickelte Methodik in seiner Klinik mit großem Erfolg verwendete, sei die positive Wirkung, so bekannte Freud, im Bereich einer Privatpraxis deutlich geringer. Für diesen Eindruck, den ihm sein Besuch in Nancy drei Jahre zuvor bestätigt hatte, fand er mehrere Gründe: gelingende Hypnose wirke sich auf andere Patienten durch «psychische Infektion» positiv aus, und die klinische Verwahrung schaffe Hierarchien, die es dem Arzt leichter machten, seine charismatische Autorität auszuspielen.[140] Inwiefern die Hypnose wirklich authentische Symptome erzeugt oder nur Täuschungen gebiert, wurde in der damaligen Forschung kontrovers diskutiert. Trotz wachsender Distanz schloß sich Freud am Ende seines Vortrags der Meinung Charcots an und betonte, gegen die Schule Bernheims, die klinische Evidenz von in Hypnose freigesetzten Krankheitserscheinungen. Im übrigen gehe es hier, wie bei allen anderen Therapieformen auch, um Regelmaß und Ausdauer. Nur wer Patienten kontinuierlich mit hypnotischen Verfahren behandle, könne eine Heilung herbeiführen. Obwohl er selbst auf diesem Feld nicht sonderlich erfolgreich war, verteidigte Freud also die wissenschaftliche Seriosität suggestiver Techniken. 1891 bemerkte er in seinem letzten Lexikonartikel zum Thema: «Alles, was über die großen Gefahren der Hypnose gesagt und geschrieben wurde, gehört ins Reich der Fabel.»[141]

FÜNFTES KAPITEL

Geburt der Psychoanalyse (1891–1898)

Geheimnisse mit Fließ

Im Herbst 1887 besuchte ein Berliner Arzt, der sich zu Forschungszwecken in Wien aufhielt, Freuds neuroanatomische Vorlesung.[1] Der von Breuer angekündigte Kollege solle, schrieb Freud vor der ersten Begegnung erwartungsvoll an Minna, «ein sehr bedeutender Mann sein».[2] Es handelte sich um Wilhelm Fließ, der Spezialist für Hals- und Nasenkrankheiten war und trotz seines jugendlichen Alters – er zählte 29 Jahre – bereits eine erhebliche wissenschaftliche Reputation besaß. Er betrieb in der Wichmannstraße 4 im Berliner Tiergarten eine ausgedehnte, finanziell auskömmliche Praxis, publizierte aber auch intensiv und verfolgte eigenwillige theoretische Ideen. Seine Forschung ging von der Annahme aus, daß Erkrankungen der Nase Auslöser zahlreicher anderer Symptome seien. Muskelverspannungen, Migräne, Herzinsuffizienz, Verdauungsprobleme und Schwangerschaftskomplikationen betrachtete Fließ als Resultate pathogener Veränderungen der Nase. Diese transportiere, so seine Auffassung, Krankheitskeime in den Körper, übertrage Defekte aber zugleich auf motorischem Wege über das Nervensystem. Die Behandlung der Nasenscheidewand heile daher oftmals nervöse Magenbeschwerden oder Herzkrankheiten – ein therapeutischer Ansatz, den er im Laufe der Jahre zu einem universellen Deutungsgefüge ausbaute und 1897 in einer größeren Studie darlegte.[3] Das Interesse an der Neurologie führte Fließ während eines mehrwöchigen Wiener Forschungsaufenthalts mit Breuer zusammen, der ihn auf Freud aufmerksam machte.

Nach dem ersten persönlichen Kontakt schrieb man sich Briefe, die allerdings zunächst förmlich blieben. Die Korrespondenz trug einige Jahre lang oberflächlichen Charakter und wurde erst ab 1892 intensiver. Im Juni 1892 feierte Fließ seine Verlobung mit Ida Bondy, einer zehn Jahre jüngeren Wienerin aus vermögender Familie. Freud nahm an einem Abendessen des Paares und der österreichischen Schwiegereltern teil; hier schlug er als Älterer vor, zum vertraulichen ‹Du› überzugehen, das die künftige Ehefrau jedoch nicht einschloß.[4] Das luxuriöse Hochzeitsfest mit Champagner, teuersten Menüs und großem Tanzorchester folgte Anfang September auf dem Landsitz der Familie Bondy in Mödling südlich von Wien. Die neue Freundschaft kam für Freud zur rechten Zeit, denn er befand sich in einer Phase wachsender Vereinsamung. Meynert lehnte seine Hysteriearbeiten ab, Fleischl war schwer krank, Rie hatte als Praktiker kaum Interesse an seinen Themen, und Breuer unterstützte ihn zwar persönlich, blieb aber als der Erfahrenere in der Rolle des wissenschaftlichen Mentors. In diesem Moment bot der Kontakt zu Fließ die Gelegenheit zur gleichberechtigten Diskussion über psychologische, psychosomatische und psychopathologische Phänomene. Im Austausch mit ihm entwickelte Freud eine ähnliche Intensität des Projektierens, pedantischen Nachfragens, Analysierens und Schlußfolgerns wie im Briefwechsel mit Martha zwischen 1882 und 1885. Als Korrespondenzpartner war Freud gründlich, neugierig und oft witzig-pointiert, wenn es um theoretische Modelle, akademische Konflikte oder politische Zeitgeschichte ging.[5] Er schrieb seine Briefe in fester, fast kalligraphischer Handschrift, zumeist in den Nachtstunden, nach Praxis und wissenschaftlicher Arbeit. Mit nahezu pedantischer Ordnungsliebe erfüllte er seine diesbezüglichen Verpflichtungen, ließ nie lange auf Antwort warten und forderte von Kollegen oder Freunden selbst pünktliche Berichte. Freud nahm die Korrespondenz so ernst wie die Forschung, denn sie bot die Chance zur Erprobung neuer Ideen und Konzepte – das zeigte nicht nur der Briefwechsel mit Fließ, sondern bald auch das Verhältnis zu C. G. Jung, Karl Abraham, Sándor Ferenczi, Ernest Jones, Ludwig Binswanger, Oskar Pfister und Max Eitingon, das sich jeweils über den schriftlichen Dialog bestimmte.

In Fließ sah Freud einen Pionier, der mit großer Entschlossenheit für seine unter Kollegen umstrittenen Lehren eintrat; für ihn war er ein «neuer Kepler», dem sich «die ehernen Regeln des biologischen Getriebes enthüllen» sollten.[6] Die starke Neigung, die er schnell zu ihm faßte, bezog sich auf sein intellektuelles Charisma und seine persönliche Ausstrahlung, aber auch auf die Ähnlichkeit der Lebensentwürfe, die er hier erkannte. Wie Freud war Fließ der Sohn eines jüdischen Kaufmanns, und auch er mußte hart und lange kämpfen, ehe er sich wissenschaftlich Gehör verschaffen konnte. Zwar entwickelte sich Fließ' Praxis glänzend, was auf seinen guten Ruf als Operateur zurückging, doch blieb er wie Freud in wissenschaftlichen Fachkreisen ein Außenseiter, weil seine Arbeiten in Berlin und Wien als spekulativ, partiell sogar als unseriös galten. Auch äußerlich gab es Berührungspunkte: Fließ war nach seiner Hochzeit bald in einer vergleichbaren familiären Situation wie Freud, mit wachsender Kinderzahl – Robert, Pauline und Conrad wurden zwischen 1895 und 1899 geboren –, allerdings, dank besser laufender Praxis, in der komfortablen (und von Martha Freud beneideten) Lage, eine Wirtschafterin, eine Köchin und eine Nanny beschäftigen zu können.[7] Die Sorge um die Familie – Krankheiten der Kinder, Unpäßlichkeiten der Ehefrauen – bestimmten beide in diesen Jahren zu erheblichen Teilen.

Freud verehrte den charismatischen Fließ mit einem – von ihm selbst eingestandenen – erotischen Zug, ohne daß er aus seiner Haltung einen Hehl machte.[8] In seinen Briefen nannte er ihn abwechselnd ‹Mein Teurer›, ‹Liebster Freund› und ‹Zauberer›. Fließ' Photographie stand später auf seinem Schreibtisch, und selbst nach dem 1902 erfolgten Bruch stellte er sie zuweilen bei analytischen Debattenrunden vor sich, wenn Theorien erörtert wurden, die mit seiner Arbeit zusammenhingen. Die wissenschaftliche Leistung des Freundes bewegte sich für Freud in den ersten Jahren ihres Kontakts jenseits jeder Kritik. Seine Diagnosen galten ihm als unumstößlich, obgleich sie häufig spekulativ waren. Sogar die von Fließ vertretene Zahlenmystik akzeptierte er, indem er Beweise für ihre Bestätigung zu liefern und sie auf seine eigene Alltagswelt zu beziehen suchte – etwa bei der Berechnung von Geburts- und Todesdaten. Die psychosomatische Grundlegung der Nasenreflex-Theorie nahm er lange Zeit ohne Einschränkung ernst; erst ab dem Ende der 90er Jahre begann er Zweifel an ihr zu hegen, weil er ihre physiologische Basis für allzu vage hielt. Obwohl Fließ der Jüngere war, erschien Freud ständig in der Rolle des Werbenden, der um die Gunst des anderen buhlte. Die Bewunderung für den Freund war so groß, daß er eine entsprechende Namensreverenz bei seinen Kindern erwog. «Der Bub an Sophies Stelle hätte Wilhelm geheißen», schrieb er am 17. April 1893 an Minna Bernays.[9] Und zweieinhalb Jahre später, als Martha ein letztes Mal schwanger war, verkündete er, der Sohn werde «Wilhelm» genannt.[10] An seiner Stelle kam dann eine Tochter zur Welt, die das Erbe ihres Vaters weiterführen sollte – Anna Freud.

Das Verhältnis der Freunde unterlag jedoch äußerst komplexen Entwicklungen und Veränderungen. Am Anfang stand Freuds Neigung, Fließ zu verklären und zum Ideal seiner selbst zu erheben. In den ersten Jahren der Korrespondenz zeigte er seine Sympathien vorbehaltlos, eröffnete dem Freund gegenüber seine innersten Geheimnisse, ließ ihn teilhaben an Versagensängsten, Obsessionen und Projektionen. Je länger die Beziehung dauerte, desto stärker gewann die Erfahrung der Distanz die Überhand. Freud sah in Fließ nicht mehr das bessere Ich, sondern einen Fremden, der es ihm erlaubte, seine eigenen dunklen Seiten wahrzunehmen.[11] Trotz zahlreicher Ausflüge ins Persönliche konzentrierte sich die Korrespondenz auf den wissenschaftlichen Austausch, und die vielfach geplanten Begegnungen wurden nur selten verwirklicht. Zumeist traf man sich einmal im Jahr, um private ‹Kongresse› – so die bewußt gewählte Bezeichnung – abzuhalten und wissenschaftlichen Austausch zu pflegen. Im August 1890 wurde Salzburg aufgrund der schönen Umgebung und des guten Klimas als erster Ort für einen solchen Kongreß ausgewählt. Hier entstand auch eine gemeinsame Photographie, die Freud und Fließ nebeneinander zeigt, mit leicht zur Seite gedrehtem Kopf an der Kamera vorbeiblickend: zwei Männer in der Mitte ihrer dreißiger Jahre, die ihre Gesichter nach zeittypischer Mode hinter dichten schwarzen Bärten verbargen und sich auf diese Weise den Anstrich von distinguierter Würde gaben.

Fließ' geräumige und, wie Freud anerkennend vermerkte, sehr geschmackvoll eingerichtete Wohnung in der Tiergartener von-der-Heydt-Straße diente erstmals zu Ostern 1893 als Treffpunkt.[12] Hier fehlte es an keinem Luxus, und nur die Tatsache, daß man nicht rauchen durfte, verbuchte der Gast als Manko. Freud nutzte für seine künftigen Berlin-Reisen meist den Nachtzug am Samstagabend und kehrte dann am Montagmorgen wieder nach Wien zurück.[13] In späteren Jahren suchte man Orte für die Zusammenkunft aus, die von Wien und Berlin gut erreichbar waren: München, Dresden, Salzburg, Nürnberg, Breslau und Innsbruck. Ein wesentliches Kriterium für die Wahl der Stadt bestand darin, daß sie nicht allzu unruhig und unterhaltsam ein durfte, damit die Ablenkung vom wissenschaftlichen Arbeiten sich in Grenzen hielt. Deshalb wurden Prag und Venedig als denkbare Reiseziele ausgeschlossen – hier drohte eine Zerstreuung, die der Konzentration abträglich gewesen wäre.[14]

Freud genoß den freimütigen Gedankenaustausch, bei dem beide Partner gleichberechtigt waren. «Man hat immer noch Platz für einen Freund»,

Freud und Wilhelm Fließ

schrieb er Minna, «der nicht wie Breuer zu viel Mitleid in seine Zuneigung mengt.»[15] Unumwunden offenbarte er Fließ seine Gedanken zum Zusammenhang von Neurosenbildung und sexuellen Störungen; er ermunterte ihn sogar, von seinen Hypothesen Gebrauch zu machen und sie in die eben entstehenden Abhandlungen über die nervösen Leiden im Nasenbereich zu integrieren.[16] Er, der in künftigen Jahren sehr empfindlich reagieren konnte, wenn er den Eindruck gewann, man habe sich seines geistigen Eigentums bedient, ohne ihn zu erwähnen, vertraute Fließ freimütig seine Ideen und Vorhaben an – das «Getue in meinem Kopf».[17] Vor allem zwischen 1895 und 1896 fügte er seinen Briefen regelmäßig Fallstudien und Projektskizzen hinzu, um sie mit Fließ zu diskutieren. Zum Ostertreffen in Dresden brachte Freud 1896 erste Bruchstücke seiner Traumtheorie und seine Überlegungen zur ‹Abwehrneurose› mit; ähnlich hielt er es noch im September 1897, als er Fließ kurz vor dem Beginn der heißen Phase seiner Selbstanalyse in Berlin besuchte.[18]

Freuds Interesse an Fließ' Arbeiten war naheliegend, spielten doch psychosomatische Themen in ihnen eine wesentliche Rolle. Nasenbeschaffenheit und Sexualzyklus standen für Fließ in einem engen Verhältnis zueinander. Empfindliche Störungen der Nase, die er als «Reflexneurose» bezeichnete, beruhten nach seiner Überzeugung auf sexuellen Fehlhaltungen und Nervenzerrüttung.[19] Er fand es zweifellos, daß Triebkonflikte sich in klinischen Krankheitsbildern niederschlugen. Die umfangreichen Ergebnisse seiner Forschungen publizierte Fließ 1897 in der

Studie *Die Beziehungen zwischen Nase und weiblichen Geschlechtsorganen*. Dabei ging es um den Einfluß, den Menstruation und Geburt auf die anatomische Disposition der Nase nehmen. Fließ entwickelte hier eine Zyklustheorie, nach der die Nase der Frau durch die Monatsblutung verändert wurde. Aus ihr leitete er ein Periodenmodell ab, das den gesamten menschlichen Lebensrhythmus zu erfassen suchte. Jeder Mensch, so behauptete Fließ, unterlag einem 23tägigen bzw. 28tägigem Zyklus, wobei Frauen in der Tendenz – nicht generell – dem zweiten Muster gehorchten. Nach der Schwangerschaft gab die Mutter ihren biologischen Rhythmus an ihr Neugeborenes weiter, wie er vermutete. Im Rahmen seiner Theorie der sexuellen Latenz des älteren Kindes sollte Freud später auf diese Hypothese zurückgreifen. Die universale Annahme eines Zyklus, dessen Prinzipien erstmals Jules Michelet 1860 entdeckt hatte, fand er zunächst plausibel, entsprach sie doch im Kern seiner noch vagen Idee der Verbindung zwischen Sexualität und allgemeinem Lebensgesetz.[20] Daß er sich durch Fließ' Spekulation anfangs auch auf Abwege führen ließ, verriet seine eigene Mutmaßung, der 28tägige Zyklus sei das Indiz einer moralisch begründeten Regelhaftigkeit, während der 23tägige Zyklus für die ‹dunklen› Abweichungen im Triebbereich stehe.[21] Trotz eines entschiedenen Respekts vor der wissenschaftlichen Leistung des Freundes begann er langsam zu erkennen, daß dessen Denkmodelle häufig irrational und ungenau waren. Fließ sei ein «größerer Phantast» als er selbst, behauptete Freud im Oktober 1895 offenherzig.[22]

Fließ' Zyklus-Theorie traf Freuds eigene Neigung zum Spekulativen, die sich in seiner obsessiven Furcht vor magischen Zahlen manifestierte und bis zur Ahnung seines vermeintlichen Todes führte.[23] Als ihm 1899 die Telefonnummer ‹14362› zugeteilt wurde, deutete er das als Hinweis auf sein aktuelles Lebensalter – 43 Jahre – und auf die Tatsache, daß er mit 62 Jahren sterben müsse.[24] Solche Ängste steigerten sich durch Fließ' offenbar ansteckenden Glauben an Okkultismus und Esoterik erheblich. Das Themenfeld war seit dem Ende der 1880er Jahre *en vogue*: Philosophen wie Gustav Theodor Fechner und Carl du Prel entwickelten Theorien für die Erklärung übersinnlicher Phänomene, die zahlreiche Schriftsteller aufgriffen – darunter Theodor Storm in seiner Novelle *Ein Bekenntniß* (1887), Richard Dehmel in seinem Lyrikband *Erlösungen* (1891) und Stanislaw Przybyszewski in seiner Erzählung *De profundis* (1895).[25] Freud, der sich schon als Assistenzarzt für Spiritismus und Hellseherei interessierte, nahm die Vorlieben des

Freundes ernst und suchte sie durch geeignetes Material zu befördern.[26] Mit nicht ermüdender Energie lieferte er in seinen Briefen immer wieder neue Beispiele für zahlenmystische Andeutungen – manche davon griff er 1901 in der *Psychopathologie des Alltagslebens* auf. Es erstaunt, in welchem Grade ein vom Szientismus des 19. Jahrhunderts geprägter Gelehrter wie Freud, zu dessen großen Vorbildern Du Bois-Reymond und Helmholtz zählten, derartige Auswüchse phantastischer Spekulationen an den Tag legen konnte. In der Fließ-Korrespondenz steigerte sich die Sympathie für das Irrationale bisweilen zu einem bizarr anmutenden Wettkampf der aberwitzigen Ideen. Eine gewisse Schwäche für den Bereich der numerologischen Mutmaßungen bewahrte sich Freud aber auch nach dieser Periode. Im Herbst 1910 berichtete ihm ein Patient vom Besuch bei einer Wahrsagerin, deren zahlenmystische Prognosekunst ihn sehr beeindruckte. «Vielleicht gehe ich wirklich in München zur Hofastrologin», schrieb er Sándor Ferenczi einige Wochen danach.[27] Als er sich Ende Dezember 1910 mit seinem Schweizer Kollegen Eugen Bleuler im Münchner Parkhotel traf, erwog er ernsthaft einen Besuch bei ihr, traute dann aber der eigenen Courage nicht.[28] Noch im August 1924 warnte er Karl Abraham, der das Thema gerade in einem Aufsatz behandelt hatte: «Mit Zahlen lassen sich tolle Dinge anstellen! Vorsicht!»[29]

In der Phase der mittleren 90er Jahre avancierte Fließ für Freud zum wichtigsten Berater. Er vertraute ihm seine Selbstzweifel und Versagensängste an, offenbarte ihm Details seines Sexuallebens und berichtete ihm über sein körperliches Befinden. Ein wesentliches Thema waren die Herzprobleme, die Freud seit Beginn der 90er Jahre bedrückten. Symptome der Atembeklemmung erschienen erstmals zu Beginn des Studiums, dann wieder im Sommer 1891, in Folge einer ausgedehnten Klettertour auf den Dachstein.[30] Nach einer kurzen Pause kehrten sie, gesteigert zu Flimmern, Brennen und Rhythmusstörungen, im Frühjahr 1894 verstärkt zurück. Freud vermutete ebenso wie Breuer eine durch verschleppte Influenza ausgelöste Herzmuskelentzündung (Myocarditis), während Fließ von einer Nikotinunverträglichkeit ausging und absolute Rauchabstinenz empfahl. Der naheliegende Gedanke, daß es sich um eine Herzneurose mit Symptomen der Hypochondrie und Phobie handelte, scheint weder Fließ noch Freud selbst gekommen zu sein.[31]

Freud folgte nach einigem Zögern Fließ' Empfehlung und entschloß sich, das Rauchen aufzugeben. Der Verzicht auf das Nikotin und das

‹Warme zwischen den Lippen› bereitete ihm größte Schwierigkeiten, weil er konzentrierte Arbeit nahezu unmöglich machte.[32] Seit dem 24. Lebensjahr war er an ausgedehnten Zigarrenkonsum während des Lesens und Schreibens gewöhnt, so daß die Abstinenz nun dramatische Einbußen seiner geistigen Leistungsfähigkeit zur Folge hatte.[33] Das Rauchen – bis zu 25 Havannas am Tag – schuf jenes seelische Gleichgewicht, das gewagtere Unternehmungen auf intellektuellem Feld überhaupt erst erlaubte. Der ‹psychische Kerl›, berichtete er Fließ, müsse gut behandelt werden, «sonst arbeitet er mir nichts».[34] Nach quälenden Wochen ohne Zigarre konstatierte Freud im April 1894 deprimiert, daß er nur zwei Verhaltensmuster sehe, die seine wissenschaftliche Produktivität aber gleichermaßen behinderten: entweder verzichtete er im Sinne von Fließ fortwährend auf das Nikotin, was jede Schreibtätigkeit ausschloß, oder er akzeptierte Breuers Befund, begann neuerlich zu rauchen und fand seine Konzentration wieder, nahm aber dauerhafte Herzprobleme in Kauf.[35] Schon im Juni 1894 kehrte Freud kurzzeitig zur Zigarre zurück, weil er hoffte, daß weder die Breuersche noch die Fließsche Diagnose zutrafen. Seine Symptome reduzierten sich vorübergehend auf Rhythmusstörungen nach dem Mittagessen, kamen aber einige Wochen später wieder.[36]

Die Gedanken an den Tod begleiteten Freud in dieser Phase täglich, und er nahm an, daß ihm höchstens noch 15 Jahre Lebensdauer zugemessen waren. Als im Sommer 1894 der Physiker August Adolf Kundt, der Nachfolger des berühmten Helmholtz in Berlin, 54jährig starb, zog Freud sofort Rückschlüsse auf seine eigene Situation und spekulierte über sein bevorstehendes Ende. Die Erwartung des baldigen Todes durchzog die kommenden Monate wie ein schwarzes Leitmotiv. «Heute vormittag wollte ich wieder (relativ) jung sterben», hieß es im Krankenbericht an Fließ vom 4. März 1895.[37] In ausgedehnter Selbstbeobachtung untersuchte Freud seit dem Sommer 1894 seine körperliche Verfassung. Fließ erhielt genaue Bulletins, in denen Herzzustand, Arbeitsvermögen und Gesamtbefinden analysiert wurden. Die Rhythmusstörungen blieben in diesen Monaten ein regelmäßiger Begleiter seines Alltags, hinzu kamen Blutungen, Erkältungen und grippale Infekte. Seit dem Frühjahr 1894 nahm Freud fast täglich zum Kokain Zuflucht, um den Schmerz zu bekämpfen, den ihm seine eiternde Nase bereitete.[38] Daß er dabei Ursache und Wirkung verwechselte, war ihm vermutlich nicht bewußt: die zerstörte Nasenscheidewand bildete gerade ein Resultat des jahrelangen Kokainkonsums, mit dem Freud seit Mitte der

80er Jahre seine Arbeitsfähigkeit zu steigern suchte. Im September 1895 unterzog er sich bei Fließ einer ersten Operation, die vorübergehend Abhilfe schuf und die Eiterung unterband. Zugleich erwartete er von diesem Eingriff, ganz im Sinne der Theorie des Freundes, daß sie ihm seine Konzentrationsfähigkeit zurückerstattete und von nervösen Spannungen befreite.

Bis zum Beginn des Jahres 1895 steckte Freud in einer schweren körperlichen Krise, quälte sich gleichermaßen mit Rauchabstinenz und Herzinsuffizienz, ohne daß er die Quellen seines Zustands erkannte. Er fühlte sich matt und stimmungslos, permanent müde und überfordert. Bis zum Frühsommer verzichtete er weitgehend auf das Rauchen. Im Juni 1895 nahm er nach 14monatiger, nicht ganz konsequent gehandhabter Unterbrechung den Zigarrenkonsum wieder auf, ohne daß sich sein physischer Zustand verschlechterte. Er bemühte sich allerdings, weniger als früher zu rauchen, und griff zu den leichteren Trabuccos anstelle der starken Havannas. Nur Anfang November 1895 wagte er einen Nikotinexzeß aus Freude darüber, daß der Kaiser sich zum wiederholten Male geweigert hatte, die Wahl des Antisemiten Karl Lueger zum Wiener Bürgermeister zu bestätigen.[39] Solche Ereignisse mußten gefeiert werden, und Freud kannte kein besseres Mittel dafür als das Rauchen. Parallel zur Zigarre konsumierte er weiterhin Kokain, wie er Fließ im Juni 1895 gestand.[40] Erst Ende des Jahres gab er die Einnahme der Droge endgültig auf, offenbar aus Sorge vor dauerhafter seelischer Abhängigkeit.

Vermutlich waren die Herzprobleme durch Angstzustände und eine neurotische Grundbefindlichkeit ausgelöst, wie Jones vermutet.[41] Gesteigert wurden sie durch die Tatsache, daß Freud nach der Geburt Sophies, des fünften Kindes, im Frühjahr 1893 den Geschlechtsverkehr aufgab. Merkwürdigerweise ignorierte der Freund in Berlin diese naheliegende Ursache der nervösen Erkrankungen ebenso wie Freud selbst. Erst als er zu Beginn des Jahres 1895 wieder ein aktives Sexualleben führte, lösten sich die Spannungen allmählich. Die Konsequenz war, daß Martha nach wenigen Wochen erneut schwanger wurde. In den folgenden Monaten verzichtete Freud, anders als sonst, auf Enthaltsamkeit. Nach der Geburt Annas im Dezember 1895 mied er die eheliche Sexualität allerdings ganz, aus Furcht vor weiteren Schwangerschaften. Da er Präservative verabscheute und dem *Coitus interruptus* eine neurosenbildende Macht zuschrieb, die er für stärker hielt als die seelischen Zwänge der Askese, gab es keine andere Entscheidung. Die Abstinenz verteidigte er mit dem lakonischen Hinweis darauf, daß seine erotischen Aktivitäten nach sechs Kindern gleichsam stillgelegt werden dürften. «Auch die sexuelle Erregung», schrieb er am 31. Oktober 1897 an Fließ, «ist für einen wie mich nicht mehr zu brauchen.»[42] Wie Martha dieses Arrangement sah, wissen wir nicht. Daß sie keinen weiteren Nachwuchs wünschte, steht außer Zweifel; ob sie über Verhütungsmethoden ernsthaft nachdachte, läßt sich nicht klären. Selbst nachdem sie die Menopause erreicht hatte und das Schwangerschaftsrisiko entfiel, verzichtete Freud auf den Geschlechtsverkehr. Bereitwillig unterwarf sich Martha dem asketischen Lebensplan ihres Mannes wie in den Jahren vor der Ehe, ohne dem einen eigenen Anspruch auf erfüllte Sexualität entgegenzusetzen.

Unbestreitbar legten sich die nervösen Konflikte zur Jahreswende 1894/95, weil Freud die sexuelle Abstinenz aufgab. Die wichtigste Quelle für seine Spannungszustände war damit verschlossen. Gleichzeitig zeigte sich aber, daß seine Ängste nicht nur einem unerfüllten Triebleben entstiegen. Die Gründe für die Herzneurose, die psychosomatischen Erkrankungen der Zeit seit 1893 und die Schübe von Furcht, die ihn beherrschten, lagen tiefer. Freud begriff nur langsam, daß er genauer in die eigene seelische Befindlichkeit dringen mußte, um die Ursachen seiner Erkrankung zu erkennen. Die fehlende Balance seines Lebens und die mangelnde Harmonie seiner psychischen Existenz verlangten nach Aufklärung. Die Selbstanalyse, die er in den folgenden Jahren begann, entsprang auch der Einsicht in den Teufelskreis, den Angst und Sexualität, Rauchen und Arbeit bildeten.

Kunstfehler und verdrängte Liebe

Die theoretische Autorität des Arztes Fließ galt Freud als unantastbar, sogar auf einem spekulativen Gebiet wie dem des mystisch Okkulten. Daß er auch der praktischen Heilkunst seines Freundes blind vertraute, zeigte eine ganz besondere Krankengeschichte, die fast in der Katastrophe endete. Freud behandelte seit dem Herbst 1892 eine junge Frau namens Emma Eckstein, die unter schweren neurotischen Störungen mit somatischen Konsequenzen – darunter Magen- und Verdauungsbeschwerden sowie vaginale Blutungen – litt. Die Kranke war 27 Jahre alt, stammte aus einer großen Fabrikantenfamilie und verfügte über weitläufige Bildung,

Emma Eckstein

schriftstellerische Talente und politisches Interesse; gemeinsam mit ihrer älteren Schwester Therese besuchte sie Veranstaltungen der Wiener Sozialdemokratie und setzte sich für das Frauenwahlrecht ein.[43] Emma Eckstein erwies sich für Freud als schwieriger Fall: die Therapie zeigte nach mehr als einem Jahr keinerlei Fortschritte, die Symptome dauerten beharrlich an. Fließ, den er im Dezember 1894 um Rat fragte, vertrat die Auffassung, daß der schlechte Zustand der Patientin von einer Verengung der Nasenscheidewand herrührte. Auf Bitten Freuds reiste er daher nach Wien und nahm am 20. Februar 1895 im Sanatorium Loew in der Mariannengasse eine Operation vor, bei der einzelne Knochenteile am Septum der Kranken entfernt wurden.

Die Folgen dieser Intervention waren jedoch verheerend; nur wenige Tage nach dem Eingriff bildete sich eine massive Schwellung der Nase, verbunden mit Blutungen, Eiterung, Schmerzen. Freud, der Emma Eckstein täglich in der Praxis sah, zog die Wiener Spezialisten Gersuny und Rosanes – letzteren kannte er aus gemeinsamen Studienzeiten – zur Behandlung hinzu. Nachdem mehrfach eine Drainierung vorgenommen worden war, die zum Abfluß des Eiters führen sollte, kam es am 7. März zu einer schweren Krise. Die Patientin meldete sich am frühen Morgen bei Freud, weil sie unaufhörlich aus der Nase blutete, worauf dieser seinen Kollegen Rosanes um Hilfe rief. Der reinigte die Wunde und förderte dabei ein

50 Zentimeter langes Gaze-Stück zutage, das Fließ offenbar während der Operation beim Tamponieren, ohne es zu bemerken, im Nasengang zurückgelassen hatte. Kurz nach dem Eingriff, der eine halbe Stunde dauerte, kollabierte Emma Eckstein unter dem hohen Blutverlust. Freud wurde übel, taumelte ins Nachbarzimmer und mußte durch ein Glas Kognak stabilisiert werden. Die aus der Ohnmacht erwachte Patientin begrüßte ihren kreidebleichen Arzt mit der spöttischen Feststellung: «‹Das ist das starke Geschlecht.›»[44] Die Kranke wurde über Nacht erneut in das Sanatorium Loew gebracht, wo Rosanes und Gersuny am nächsten Tag gemeinsam die Reste des Fremdkörpers entfernten und die Wunde versorgten. So endete die Episode für Freud mit einem doppelten Fiasko: medizinisch hatte Fließ versagt, als zumindest moralischer Helfer er selbst. Daß Rosanes übrigens in der Rolle des Operateurs nicht immer erfolgreich war, mußte Freud zehn Jahre später erleben, als dieser bei seiner Tochter Mathilde den Blinddarm entfernte, ein neues Verfahren zum Abklemmen der Blutgefäße erprobte und die junge Patientin dabei fast umbrachte.[45]

Fließ' Kunstfehler führte in den kommenden Wochen mehrfach zu lebensbedrohlichen Situationen, da Emma Eckstein auch nach der Entfernung der Gaze weiter unter schweren Blutungen litt. Mitte März traten erneut Schwellungen und Schmerzen mit hohem Fieber auf, so daß Freud einräumte, er habe die Kranke «in Gedanken verloren gegeben». Gersuny und der Chirurg Karl Gussenbauer – der eben berufene Nachfolger auf Billroths Lehrstuhl – erwogen eine weitreichende Operation, um für den nötigen Eiterabfluß zu sorgen. Auf den großen «Schnitt von außen», der eine dauerhafte Entstellung der Patientin bedeutet hätte, verzichtete man schließlich, weil ein Abtasten der Nasenhöhle keine bedenklichen Befunde zutage förderte.[46] Noch am 11. April 1895, sechs Wochen nach der Operation, herrschte jedoch höchste Gefahr, da die Blutung nicht dauerhaft gestillt werden konnte. Obgleich es offen zutage lag, wer der Schuldige war, bemühte sich Freud um Rechtfertigungen für Fließ. Der Fehler bestand aus seiner Sicht darin, daß er ihn gegen seinen Willen in die Sache gezogen und damit überfordert habe; niemand nehme ihm etwas übel, auch die Patientin nicht, die ihn «mit großer Achtung» erwähne.[47] Schilderte er den Fortgang der Krankengeschichte, so betonte er stets, er wolle Fließ keine Vorwürfe machen, sondern nur über die Schwierigkeit der Behandlung klagen. Es mutete befremdlich an, daß Freud nirgends Kritik vorbrachte und in blinder Loyalität zu seinem Freund einen schweren Kunstfehler deckte.

Und es steigerte diesen Eindruck, wenn er für die Leidende selbst an keiner Stelle Worte der Anteilnahme fand. Gänzlich außer acht ließ er die Frage, inwiefern der Fließsche Befund überhaupt zutreffend war. Die Tatsache, daß Emma Eckstein nach der Heilung von den Folgen der Operation weiterhin an ihren nervösen Störungen litt, zeigte deutlich, wie wenig der radikale Eingriff mit der Entfernung von Knochenteilen in der Nase den Ablauf der neurotischen Erkrankung beeinflußte. Die Diagnose war offenkundig falsch, aber Freud mochte nicht akzeptieren, daß die therapeutischen Fähigkeiten seines Freundes sichtbaren Grenzen unterlagen. Fließ wiederum wußte genau, was er durch seinen operativen Fehler hätte anrichten können. Von Freud verlangte er, Gersuny solle ihm eine Entlastungserklärung ausstellen, die er im Fall einer standesrechtlichen Auseinandersetzung hätte vorweisen können. Der Wiener Kollege weigerte sich jedoch, diesen Schritt zu tun, da er Fließ' Versagen nicht beschönigen wollte. Freud wiederum fand ein solches «Zeugnis» zur «Rehabilitierung» überflüssig, denn Fließ sei in jedem Fall ein Arzt, «dem man vertrauensvoll sein Leben und das der Seinigen in die Hände legt.»[48]

Emma Eckstein nahm ihre Schmerzen und die peinigenden Untersuchungen klaglos hin. Von Vorwürfen gegenüber dem Operateur hören wir jedenfalls nichts – die Kranke schien sich in ihr Schicksal zu fügen. Erst ab dem Frühsommer 1895 kam es zu einer langsamen Verbesserung ihres körperlichen, schließlich auch ihres seelischen Zustands. Anfang des Jahres 1896 beendete Freud seine Behandlung, da er die Patientin für geheilt hielt. Woran aber litt Emma Eckstein wirklich? Gab es organische Ursachen für ihre Störungen, oder handelte es sich um eine rein neurologische Angelegenheit? Die Interpretationen, die Freud in den Monaten nach der ersten Operation vorschlug, machten die Sache nicht klarer. Weil die klinischen Befunde, von denen Fließ ausging, unzuverlässig waren, blieb für ihn als einzige Erklärung, daß die Patientin sich ihre Symptome eingebildet hatte. Im Mai 1896 behauptete er rückblickend, Emma Eckstein habe «aus Sehnsucht geblutet» – eine Formulierung, die den psychosomatischen Anteil der Krankheit betonte und andeutete, daß der Fließsche Eingriff überflüssig war.[49] So richtig die Annahme einer schwerwiegenden Neurose schien, so problematisch blieb die monokausale Begründung, die Freud hier bevorzugte. Es kam ihm nicht in den Sinn, daß das Nervenleiden der Patientin das Auftreten objektiver klinischer Symptome keineswegs ausschloß. Weil er nach der gescheiterten Operation allein auf seine eigene

Diagnose setzte, zeigte er sich blind für die vielfältigen Ursachen der körperlichen Leiden, von denen die Eckstein befallen war.

Zwölf Jahre nach dem Ende der Therapie wurde bei der ehemaligen Patientin, die inzwischen als Kinderbuchautorin und Journalistin für die sozialdemokratische Presse arbeitete, eine gutartige Geschwulst im Uterus entdeckt. Mit der Entfernung der Gebärmutter blieben auch ihre Zwischenblutungen aus, die also eine organische und keine psychische Ursache hatten. Freud erfuhr von diesem Eingriff und berichtete Jahrzehnte später, daß er schwere seelische Komplikationen ausgelöst habe, weil sich die Patientin in ihren Operateur «verliebte».[50] Indirekt deutete er das als Auslöser der nachfolgenden Krankengeschichte – Emma Eckstein wurde psychisch «nicht mehr normal», umging eine erneute analytische Behandlung und starb 1924 an einem Hirnschlag.[51] Es verwundert, daß Freud selbst nachträglich nicht fähig war, seine eigene Fehldiagnose und die somatischen Ursachen der Blutungen zuzugeben.

Weder Fließ' Annahme einer in der Nasenscheidewand sich offenbarenden sexuellen Fehlsteuerung noch Freuds Generalverdacht einer durch Hysterie ausgelösten Symptomatik trafen die Befundlage. Ähnlich wie schon im tragischen Fall Fleischls war Freud nicht bereit, seine monokausale Diagnostik aufzugeben. Seelisches Leiden bildete nach seiner Auffassung die alleinige Quelle körperlicher Symptome – die Möglichkeit, daß physische und psychische Faktoren gleichberechtigt zusammenwirkten, schied für ihn offenbar aus. Der Preis für die wachsende Einsicht in die Macht seelischer Kräfte bestand in Freuds klinischer Indolenz. Daß er aus ihr allmählich die Konsequenz zog, sich von pathologisch ernsthaften Fällen fernzuhalten, war das Äußerste, wozu er sich durchringen konnte. Nicht immer gelang ihm das jedoch, weil er die eigentlichen Symptome eines Krankheitsbildes übersah. Robert Gaupp, ein Schüler des Heidelberger Psychiatrie-Papstes Emil Kraepelin, berichtete Eugen Bleuler noch 1910, Freud habe eine junge, demente Epileptikerin über Jahre täglich behandelt, ohne zu erkennen, woran sie litt, und sei offenbar kaum irritiert gewesen, daß sie fast durchgehend schwieg.[52] Der Mangel an praktischer klinischer Erfahrung war ihm später selbst bewußt; so bemerkte er in einem Brief vom 24. September 1917 gegenüber Ferenczi: «Mein Gedächtnis ist für alles Ärztliche, was nicht mit meinen analytischen Patienten zusammenhängt, sehr schlecht.»[53] Auch offiziell legte Freud größten Wert darauf, daß er Nervenarzt und kein Psychiater war, folglich für schwere Wahnerkrankungen oder Hirnstörungen aus fachlichen Gründen nicht zuständig sein konnte. Zeitlebens betonte er seine Funktion als Neurologe; noch im Dezember 1938, wenige Monate vor seinem Tod, nannte er sich in einem englischsprachigen Radio-Porträt für die BBC wahrheitsgemäß ‹Neurologist›.

Der Fall Emma Eckstein zeitigte im übrigen Spätwirkungen, die bis heute unbekannt geblieben sind. Man ging lange davon aus, daß Freud nach dem Ende der Behandlung im Jahr 1896 keinen persönlichen Kontakt zu seiner Patientin mehr pflegte. Das war jedoch nicht zutreffend, denn die beiden sahen sich weiterhin, telefonierten miteinander und wechselten Briefe. Die Korrespondenz dauerte bis weit über die Jahrhundertwende fort und endete vermutlich erst im Jahr 1910.[54] 14 bisher unveröffentlichte Schreiben Freuds finden sich im Archiv der Library of Congress in Washington, und sie erzählen uns eine eigene Geschichte von Nähe und Enttäuschung, Vertrauen und Zweifel. Emma Eckstein erkundigte sich regelmäßig bei ihrem früheren Arzt nach dem Befinden seiner Kinder, ihren Schulleistungen und ihrer Entwicklung. Freud wiederum, der sie «Mein sehr liebes u gutes Fräulein» oder «liebe Emma» nannte, beriet sie in schriftstellerischen Fragen, las und kritisierte ihre Feuilletons und kündigte Rezensionen ihrer Texte an, die er aber nie zu Papier brachte.[55] Er gab ihr Reiseempfehlungen und ermunterte sie sogar zu Rendezvous mit jungen Männern – das alles in freundschaftlich-vertrautem Ton, ohne jede Form der Anzüglichkeit.[56]

Ende des Jahres 1904 schien sich Emma nochmals um eine Therapie bei Freud bemüht zu haben. Jedoch erwartete sie, daß er auf ein Honorar verzichtete, was er mit dem Hinweis ablehnte, er müsse ebenso wie sie, die freiberufliche Jornalistin, seinen Lebensunterhalt sichern und könne nicht umsonst arbeiten. Emma antwortete gekränkt und unterstellte Freud, er fände sie unattraktiv und weise sie daher ab. Er reagierte auf diese Behauptung am 30. Januar 1905 in einer widersprüchlich wirkenden Mischung aus Verärgerung, Frustration und Sympathie. Sie kenne, so schrieb er ihr, seine medizinischen Regeln und wisse daher, «daß in unserer Beziehung Liebe nicht zum Vorschein kam.» Er begreife nicht, wie sie «die Redefreiheit in der Kur so mißverstehen» könne, obwohl ihr doch deren Grundsätze vertraut seien. Er müsse an ihre «Wahrheitsliebe» appellieren und sie erinnern, daß die Zuneigung der Patientin ein nicht seltener Effekt der Therapie sei. Als Arzt habe er aber Formen von Eitelkeit und Sehnsucht aus der Behandlung auszuschließen, auch wenn er trotz aller Verärgerung über ihren Ausbruch

Respekt vor ihren Gefühlen und dem ‹elementar-Frauenzimmerlichen› an ihr hege.[57]

Was hier zu Gesicht kam, war ein typischer Konflikt zwischen Arzt und verliebter Patientin. Emma Eckstein hegte offenkundig tiefe Zuneigung zu Freud, sie hatte ihm Fließ' Versagen verziehen und sehnte sich nach regelmäßigen Zusammenkünften mit ihm. Freud reagierte auf die Offenbarung ihrer Sympathien professionell-distanziert, ohne daß es ihm gelang, seine eigenen Gefühle vollends zu kontrollieren. Daß auch er Emma in sein Herz geschlossen hatte, ist seiner zwischen unterschiedlichsten Affektlagen schwankenden Antwort deutlich zu entnehmen. Wir wissen nicht, ob hier unterdrückte Liebe oder ein schlechtes Gewissen dominierten. Immerhin gelang es Freud mit seinem Brief, der die Spielregeln der Analyse in Erinnerung rief, seine frühere Patientin auf Distanz zu halten. Daß sie sich fortan nicht wieder in eine Therapie wagte, gehörte allerdings zu den unerwünschten Nebenwirkungen seiner Strategie. Noch gelang es ihm nicht, die Zuneigung einer Kranken im Rahmen der Behandlung für die Heilung produktiv zu machen. Die verdrängte Leidenschaft war einstweilen für ihn eine Komplikation im medizinischen Prozeß, eine Gefahr, die man vorübergehend bannen, nicht aber nutzbringend einsetzen konnte. Der bisher unvollständig erschlossene Fall der Emma Eckstein bleibt das erste Beispiel, das die Verstrickung von Arzt und Patientin dokumentierte. Es sollten noch zahlreiche folgen, und allmählich gewann Freud auch die wissenschaftlichen Mittel, um sie analytisch in seinen eigenen Kategorien zu beschreiben.

Über Sprachstörungen

Am Beginn der 90er Jahre trieb Freud mit, wie er sagte, «größerer Wärme» Studien über Aphasie und Lähmung.[58] Zum Gebiet der Lähmungserscheinungen waren ab den 70er Jahren wichtige Beiträge von Adolf Kußmaul, Ludwig Lichtheim und Carl Wernicke erschienen. Die Bedeutung, die derartige Störungen zumal für die Hysterie besaßen, erahnte man bereits seit geraumer Zeit. Charcots Vorlesungen hatten die psychosomatische Dimension des Themas erörtert; sein Schüler Pierre Janet, der 1889 an die Salpêtrière gekommen war, beschrieb sie in einer längeren Abhandlung, die 1892 parallel zu Freuds Arbeiten entstand.[59] Den Einstieg bildete hier das Feld der Symptomatologie, wo es um das Problem ging, wie paralysierende körperliche Wirkungen eines Anfalls erklärbar waren. Auch für Freuds Überlegungen zum Thema blieb die Frage zentral, weshalb Störungen der Hirnfunktion gerade bei Hysterie-Patienten auftraten.

Freud befaßte sich seit seiner Rückkehr aus Paris im Spätwinter 1886 verstärkt mit der Aphasie, dem Gebiet der Sprachstörungen. 1888 veröffentlichte er zu diesem Thema seinen ersten Artikel, einen Lexikonbeitrag für Villarets *Handwörterbuch der gesamten Medizin*, in dem er auch mit Texten zur Hysterie und zu Kinderlähmungen vertreten war. In den folgenden Jahren arbeitete er weiter auf diesem Feld, allerdings ausschließlich theoretisch, da er in seiner Praxis kaum Patienten mit entsprechenden Symptomen sah. Zwischen 1890 und 1891 bilanzierte er seine Überlegungen in einem Buch *Zur Auffassung der Aphasien*, das mit mehr als 150 Seiten die längste Studie darstellte, die er bis dahin publiziert hatte. Sie erschien im Juni 1891 bei Franz Deuticke in Wien, der auch künftig die großen Arbeiten Freuds veröffentlichen sollte. Deuticke hatte 1878 als 28jähriger mit seinem Kompagnon Stanislaus Toeplitz eine Buchhandlung in der Schottengasse 6 etabliert und gleichsam im Nebengeschäft einen wissenschaftlichen Verlag gegründet. Seit 1886 betrieb er sein Unternehmen allein, wobei naturwissenschaftliche Publikationen zum Schwerpunkt seines Programms avancierten.

Zwei Jahre nach dem Aphasie-Buch veröffentlichte Freud, gleichfalls bei Deuticke, eine zweite Abhandlung zu einem verwandten Thema, nämlich zu Lähmungserscheinungen bei Kindern.[60] Es handelte sich um eine der wenigen klinischen Studien, die er überhaupt publizierte. Sie stützte sich auf eine Vorarbeit von 1891, an der auch der Kinderarzt Oscar Rie beteiligt war. Rie, seit 1886 mit Fließ' Schwägerin Melanie Bondy, einer Schwester Idas, verheiratet, gehörte zu dieser Zeit zu Freuds engsten Vertrauten. Das Thema verwies natürlich zurück auf die in Paris gesammelten Erfahrungen mit den paralytischen Zuständen von Charcots Hysterie-Patientinnen. Eine der Fragen, die Freud hier beschäftigten, galt dem Problem, inwiefern epileptische Anfälle allein als Produkt hysterischer Dispositionen oder als organisch bedingt anzusehen waren.[61] Freud wahrte an diesem Punkt, vermutlich belehrt durch den Kliniker Rie, große Vorsicht und verzichtete auf ein klares Urteil. Ihm ging es vornehmlich um die Sicherung einer möglichst vielfältigen Symptomatik und deren genaue Anamnese. Einen direkten Bezug zur Hysterieforschung sucht man vergebens, so daß der Ertrag für spätere Arbeiten gering blieb.

Im Fall der Aphasie-Studie verhielt sich das gänzlich anders. Sie offenbarte, wie stark Freuds Denken zu diesem Zeitpunkt noch von naturwissenschaftlichen Prämissen beherrscht wurde, zeigte aber zugleich das methodische Geschick des Autors, der schwierige Sachfragen elegant darzustellen vermochte. Erregung und Gegenkraft, Spannung und Widerstand im Nervensystem bildeten den Hauptgegenstand seiner Untersuchungen, die sich, wie man sehen kann, direkt auf die Therapie der Hysterie übertragen ließen. Die rein materiellen Kategorien der Wärmelehre dienten laut Freud auch zur Erklärung des psychischen Apparates. Denn im Kern bezeichneten sie energetische wie ökonomische Faktoren, die Körper- und Seelenleben beeinflussen. Mit der Möglichkeit des Transfers auf die innere Welt des Menschen boten die Leitbegriffe der Aphasie-Studie den besten Anknüpfungspunkt für eine Psychologie, die durch die Schule der Naturwissenschaften gehen mußte, um ihr methodisches Zentrum zu finden.

In der Forschung zur Aphasie gab es zwei Positionen, die Sprachstörungen aus verschiedenen Defekten im Nervenapparat des Gehirns ableiteten. Die eine Auffassung betonte, daß eine Verletzung der Nervenzentren oder ihrer Leitungsbahnen ursächlich für die Aphasie sei; die andere sah die Symptomatik durch ein neuronal geschädigtes Verhältnis zwischen den Sprachzentren begründet. Beiden Ansichten gemeinsam war, daß sie die Störung aus der Lokalisation des Defekts in der Hirnanatomie, also räumlich erklärten.[62] Freuds Studie unternahm es nun, diese Lokalisationstheorie in Frage zu stellen. Die meisten Befunde bei Sprachstörungen machten nicht einsichtig, weshalb eine Schädigung an einer bestimmten Stelle für die Symptomatik verantwortlich sei. Freud führte daher an, daß es sich hier um eine Störung von Funktionen handeln müsse, die den mangelhaften Transport von Reizen und damit die defizitäre Sprachleistung bewirke. Anders als die physiologisch argumentierende Forschung – an der Spitze Lichtheim und Wernicke – sah er es als Fehler an, psychologische Phänomene physisch erklären zu wollen. «Ist es gerechtfertigt», so fragte er, «eine Nervenfaser, die über die ganze Strecke ihres Verlaufes bloß ein physiologisches Gebilde und physiologischen Modifikationen unterworfen war, mit ihrem Ende ins Psychische einzutauchen und dieses Ende mit einer Vorstellung oder einem Erinnerungsbild auszustatten?»[63] Das traf ins Zentrum der bisherigen Forschung, denn es zog ihren Grundsatz in Zweifel, daß jedes neuronale Ereignis allein physiologisch zu deuten sei. Freud betonte dagegen die Funktion der Nervenzelle, auf die es primär ankomme. Nicht der Reiz, sondern die Reizübertragung war wesentlich, wenn es um eine Erklärung von Störungen ging.

Freud wies damit das physiologische Auslegungsmodell zurück und empfahl, daß man sich ganz auf die Darstellung der nervlichen Funktionen konzentrieren solle, um den Prozeß der Sprachbildung beschreiben zu können. Er berief sich an diesem Punkt auf den englischen Mediziner John Hughlings Jackson, der wichtige Beiträge zur Erforschung von Epilepsie und Aphasie geleistet hatte. Jackson leugnete wie Freud die Möglichkeit einer eindeutig lokalen Zuordnung des Sprachvermögens und betonte demgegenüber die Rolle der Hirnfunktionen für das Sprechen sowie die Motorik. Freud erklärte in der Linie Jacksons, abweichend von den Positionen seiner Probevorlesung im Juni 1885: «An jeder Rindenstelle, welche der Sprachfunktion dient, werden ähnliche funktionelle Vorgänge vorauszusetzen sein, und wir haben es nicht nötig, weiße Fasermassen heranzuziehen, denen die Assoziation der in der Rinde befindlichen Vorstellungen übertragen ist.»[64] Dieser Ansatz ermöglichte es Freud, die Sprachzentren im Gehirn außerhalb einer spezifisch lokalen Zuordnung zu definieren. Der Mensch lernt auch nach schweren Hirnverletzungen das Sprechen neu, weil er in der Lage ist, diese Aufgabe anderen Nervenzellen zu übertragen.[65] Damit zeigte Freud hellsichtig den Weg von der Neuroanatomie zur modernen Neurologie, ohne starr am mechanistischen Denkmodell seiner Zeit festzuhalten. Daß auf diese Weise auch der frühere Lehrer Meynert mit seiner «Auffassung des Gehirnbaus» zum Vertreter einer überholten Theorie gestempelt wurde, gehörte zu den besonderen Pointen der Schrift.[66] Meynert, der im Mai 1892 starb, nahm Freuds Text noch zur Kenntnis, ohne ihn öffentlich zu kommentieren. Daß er seinen Schüler für einen Irrgänger hielt, der auf verhängnisvolle Weise unter Charcots Einfluß geraten war und dabei die solide Physiologie aufgegeben hatte, betonte er jedoch allenthalben.

Freuds Ansatz erlaubte es, die Aphasien als Resultat einer funktionalen Störung im Nervenapparat zu beschreiben. Genauer betrachtet entstehen sie durch Unterbrechungen der Assoziationsprozesse, die im Gehirn stattfinden. Das Sprachvermögen wird durch eine solche Unterbrechung in Wortwahl, Grammatik und verbaler Verknüpfungsfähigkeit – also paradigmatisch und syntagmatisch – begrenzt. Das Wort erreiche seine Bedeutung, so schrieb Freud, durch die Verbindung mit einer «‹Objektvorstellung›», und diese finde sich über neuronale Assoziationen hergestellt.[67] Wo deren Leistung eingeschränkt sei, drohe die Gefahr des Sprachverlusts, zumindest aber der Sprachstörung. Bei der analytischen Aufbereitung dieses Phänomens müsse deshalb, erklärte Freud in einem nüchternen Schlußplädoyer, «den Funktionsbedingungen des Sprachapparates» mehr Rechnung getragen werden.[68] Das war zweifellos die Position eines Theoretikers, und die klinische Erprobung des Ansatzes schien fern. Aber Freud zeigte mit seiner Studie, daß Fragen der Bedeutungskonstitution auf eine neurologisch intelligente Weise angegangen werden konnten, ohne daß man auf die traditionelle Hirnanatomie setzen mußte. So vermittelt die Arbeit auch im 21. Jahrhundert noch bemerkenswerte methodische Anregungen, denn sie immunisiert gegen einen neurowissenschaftlichen Reduktionismus, dem sich aktuelle Forschungsansätze zuweilen ausliefern. Und zugleich zeigt sie, daß der Versuch der späteren Psychoanalyse, das komplexe seelische ‹Denken› in seinen unterschiedlichen Bewußtseinsgraden zu erfassen, keinen Widerspruch zu neurologischen Sichtweisen bilden muß.

Freud war stolz darauf, daß seine Aphasie-Studie in den akademischen Buchhandlungen Wiens auslag, und er erwartete gespannt die Resonanz der medizinischen Fachwelt. Die ersten Reaktionen auf sein Buch enttäuschten ihn jedoch außerordentlich, wie er Minna Bernays am 13. Juli 1891 schrieb. Vor allem Breuer, der eines der ersten Belegstücke erhielt, habe sich «merkwürdig» geäußert: «Kaum gedankt und sehr verlegen gewesen und lauter unbegreiflich schlechte Sachen darüber gesagt, nichts Gutes im Gedächtnis behalten und am Schluß zur Besänftigung ein Kompliment, es sei ausgezeichnet geschrieben.»[69] Der angesehene Schweizer Psychiater Eugen Bleuler erwähnte Freuds Monographie immerhin in einem eigenen Artikel anerkennend, ohne daß es zu weiterer Resonanz in der internationalen Fachwelt kam.[70] Nach neun Jahren hatte Deuticke von 850 gedruckten Exemplaren lediglich 257 verkauft, der Rest wurde eingestampft.[71] Das war für den Autor zwar desillusionierend, aber die Studie hatte dennoch positive Auswirkungen auf seine künftige Arbeit. Von erheblicher Bedeutung blieb die Erkenntnis der neuronalen Funktionen, die sich nicht auf lokale – physiologische – Prozesse beschränken ließen, sondern primär in Transportleistungen bestanden, die im Nervensystem erfolgten. Auch die Psychologie, so erkannte Freud, mußte über Funktionen begründet werden, und das wiederum bildete den Auftakt für eine theoretisch ambitionierte Forschungsplanung, mit der er sich in den kommenden Jahren beschäftigte.

Im Frühjahr 1895 begann Freud einen naturwissenschaftlich fundierten *Entwurf einer Psychologie* zu erarbeiten, der ihm als Programmskizze für weitere Ziele galt. Es handelte sich um eine Art Supertheorie der neurologischen Aktivitäten, die, fast ohne klinische Beispiele, zu erklären suchte, wie Reize über die Nerven transportiert, Wahrnehmungsimpulse vermittelt und Kräfte des Unbewußten auf das motorische System übertragen werden. Der Text zeigt einen Hang zu methodischer Formalisierung und allgemeinen Herleitungen, der ihn schwer zugänglich macht. Freud schrieb ihn nachts nieder, nach der Praxis, oftmals bis in die frühen Morgenstunden, nicht selten unter Herzrasen und Kopfschmerz leidend. Am 27. April gestand er Fließ, er habe sich in sein Thema förmlich «verrannt».[72] Sein Ziel sei es, so betonte er einen Monat später, «eine Art Ökonomik der Nervenkraft» einzuführen und zugleich den Gewinn nachzuweisen, den die «normale Psychologie» aus der Psychopathologie ziehe.[73] Am 20. Oktober 1895 meldete er Fließ begeistert: «In einer fleißigen Nacht der verflossenen Woche, bei jenem Grad der Schmerzbelastung, der für meine Hirntätigkeit das Optimum herstellt, haben sich plötzlich die Schranken gehoben, die Hüllen gesenkt, und man konnte durchschauen vom Neurosendetail bis zu den Bedingungen des Bewußtseins.»[74]

Der *Entwurf* zielte auf eine «naturwissenschaftliche Psychologie», die das Nervensystem anhand allgemeiner Prinzipien beschreibt.[75] Die Bausteine des Modells entstammten der Physik, der Energielehre und den Gesetzen der Thermodynamik. Hinzu kamen Elemente der Biologie, wenn Freud die Strukturen des Nervenbaus – der ‹Neuronen› – auf Reizimpulse zurückführt. Aktuelle Forschung erwähnte er nicht, obwohl die Psychologie Franz von Brentanos und die Wahrnehmungstheorie der Leipziger Schule Wilhelm Wundts hier im Hintergrund präsent waren. Freud unterschied zwei Systeme von Neuronen, ein undurchlässiges, das extern nicht steuerbar ist, und ein durchlässiges, das über Sinnesimpulse beeinflußt wird. Aufschlußreich bleibt, daß er auch die Triebunterdrückung unter dem Gesichtspunkt der Reizlehre betrachtete, nämlich als Hemmung, die psychische Vorgänge niederhält.[76] In diesem Sinne erscheint dann der Traum als Stadium der «Ichentladung», in dem sich die ursprünglichen seelischen Konfigurationen zeigen.[77] Hier trat ein an Du Bois-Reymond und Helmholtz geschultes, durch die moderne Neurologie fortentwickeltes Denken in Kausalitäten zutage, das Freud auch künftig bestimmte. Gerade die Passagen über den Traum zeigten, wie sehr er zur Zeit der Abfassung nach einem universellen Erklärungsmodell suchte, das die Aktivitäten des seelischen Apparates verständlich machen sollte. Abgesehen von solchen Anklängen späterer Theorien bleibt der *Entwurf* gerade in seinen Partien über Denk- und Erinnerungsvorgänge der Reflex einer naturwissenschaftlichen Methodik, auf die Freud fortan verzichtete. Nachdem er Fließ zum Neujahr 1896 ausführlich über die letzte Bearbeitung informiert hatte, ließ er den Text unbeachtet liegen. Erst 1950, elf Jahre nach seinem Tod, kam das Manuskript zum Druck.

Die kathartische Technik

Mitte Oktober 1882 erfuhr Freud aus Breuers Mund die Geschichte der Bertha Pappenheim, mit deren Familie Martha und er locker bekannt waren.[78] Bei der Behandlung des Falls – eine schwere, durch inzestuöse Vaterbindung zugespitzte Hysterie nebst körperlichen Lähmungssymptomen – benutzte Breuer eine Technik, die zur künstlichen Steigerung der Erregungskurve mit dem Zweck der plötzlichen Affektabfuhr führen sollte. Damit verlagerte er den Schwerpunkt der hypnotischen Methode von der experimentellen zur therapeutischen Seite.[79] Es dauerte jedoch noch mehrere Jahre, ehe das Verfahren ausgereift und methodisch genauer reflektiert worden war. In einem Vortrag, den er am 11. Januar 1893 bei einer Sitzung des *Wiener medizinischen Clubs* hielt, formulierte Freud erstmals öffentlich den Gedanken, daß eine Reproduktion der traumatischen Urerfahrung in der Hypnose die Möglichkeit biete, sie «zu vervollständigen». Über den Hypnotiseur heißt es dort: «Er entledigt sich nun des Affekts der Vorstellung, der früher sozusagen eingeklemmt war, und damit ist die Wirkung dieser Vorstellung aufgehoben. Also wir heilen nicht die Hysterie, aber einzelne Symptome derselben dadurch, daß wir die unerledigte Reaktion vollziehen lassen.»[80] Das hier beschriebene Verfahren, das durch Einsatz von suggestiven, im engeren Sinne hypnotischen Techniken den hysterischen Anfall provoziert, damit sich seine Kräfte entladen, nannten Freud und Breuer die ‹kathartische Methode›.[81]

Als Freud im September 1909 an der amerikanischen Clark University auf Einladung ihres Rektors Stanley Hall erstmals öffentlich über die Geschichte der Psychoanalyse sprach, schrieb er Breuer die Rolle des Urhebers seiner Theorie zu. Er nämlich habe durch den Einsatz der kathartischen Behandlungsmethode, die er seit dem Herbst 1880 bei Bertha Pappenheim anwendete, die Grundlage für eine neue Therapie von sexuellen Traumatisierungen geschaffen.[82] Fünf Jahre später korrigierte Freud sein Urteil wieder, indem er daran erinnerte, daß Breuer das Verfahren zwar kurzzeitig erprobt, aber erst breiter genutzt habe, nachdem er selbst ihm im Frühjahr 1886 von der Hysteriebehandlung Charcots berichtete.[83] 1916/17 kehrte er dann zu seiner früheren Position zurück und erklärte im dritten Teil seiner großen psychoanalytischen Einführungsvorlesung Breuer zum eigentlichen Entdecker der kathartischen Methode.[84] Freuds schwankende Einschätzung hatte gute Gründe, denn wie so oft in der Geschichte der Wissenschaften gab es keinen eindeutigen Urheber, der seine Rechte auf die alleinige Pionierrolle hätte geltend machen dürfen. Es war das Zusammenspiel Freuds und Breuers, das die kathartische Praxis hervorbrachte und als Grundstock der künftigen Neurosenbehandlung etablierte.

Auch wenn Freud selbst die individuellen Anteile der Partner nicht klar gewichten konnte, besteht kein Zweifel, daß der kathartischen Methode eine Schlüsselfunktion für die Entwicklung der Psychoanalyse zufällt. Dabei sind zwei zentrale Impulse zu nennen, die das Verständnis der Ursachen seelischer Erkrankungen neu bestimmten. Zum einen ging die kathartische Verfahrensweise von der Annahme aus, daß Zwangshandlungen und hysterische Symptome aus früheren, zumeist vergessenen Erlebnissen resultieren, in denen die Unterdrückung oder Fehlleitung sexueller Wünsche eine entscheidende Rolle spielen. Zum zweiten banden Breuer und Freud das therapeutische Verfahren, das sie verwendeten, an die Wiederholung dieser Erlebnisse mit dem Zweck der Reinigung durch Bewußtwerdung.

Die gemeinsam mit Breuer verfaßten Hysterie-Studien beschrieben 1895 den hysterischen Anfall als Reproduktion einer Urszene, deren sexueller Erfahrungsgehalt unterdrückt und damit neurotisch besetzt war.[85] Das spezifische Kennzeichen dieser Reproduktion lag darin, daß sie ihren Auslöser nur über assoziative Umwege anzeigte, was eine direkte Analyse der Krankheitsursache erschwerte. Das therapeutische Verfahren zielte darauf, die am Ursprung der Hysterie stehende Erfahrung zu wiederholen und die sie bestimmenden Elemente zugänglich zu machen. Letzten Endes handelte es sich hier um eine Form der «Metapsychologie» – der Begriff tauchte erstmals in einem Brief an Fließ vom 13. Februar 1896 auf –, bei der eine beobachtende Position eingenommen wurde.[86] Indem die Therapie am Ursprung des Symptoms ansetzte, führte sie zu einer theoretischen Erkenntnis der Krankheitsgenese. Die Analyse zielte auf die Sicherung kausaler Zusammenhänge, denn sie zergliederte die äußeren Erscheinungen so lange, bis ihre Ursachen offenlagen. Im Zentrum der Metapsychologie stand später die Entdeckung des Unbewußten als Auslöser seelischer Erkrankungen und produktiv-chaotisches Störfeld menschlichen Lebens.

Im Rückblick benannte Freud 1914 als zentrale Bausteine der kathartischen Methode «die Grundtatsache, daß die Symptome der Hysterischen von eindrucksvollen, aber vergessenen Szenen ihres Lebens (Traumen) abhängen, die darauf gegründete Therapie, sie diese Erlebnisse in der Hypnose zu erinnern und reproduzieren zu lassen (Katharsis) und das daraus folgende Stückchen Theorie, daß diese Symptome einer abnormen Verwendung von nicht erledigten Erregungsgrößen entsprechen (Konversion).»[87] Die kathartische Behandlungstechnik provozierte eine Erregung, die zur Ausschüttung emotionaler Energien führen sollte. Sie erzeugte einen künstlichen Anfall, um auf diesem Weg die auslösenden Ursachen der Krankheit hervorzutreiben. «Wir lenkten», so erinnerte sich Freud, «die Aufmerksamkeit des Kranken direkt auf die traumatische Szene, in welcher das Symptom entstanden war, suchten in dieser den Konflikt zu erraten und den unterdrückten Affekt frei zu machen.»[88] Im *Kurzen Abriß der Psychoanalyse* sprach er 1928 noch genauer davon, daß das kathartische Verfahren auf die «Auffrischung» des traumatischen Erlebnisses und die «Befreiung vom eingeklemmten Affekt» – also seine Abspaltung – zielte.[89] Im Kern war der hysterische Anfall jedoch, wie es schon in einem Brief an Fließ vom Dezember 1896 hieß, keine einfache «Entladung», sondern eine «Aktion», die als «Mittel zur Lust» fungieren konnte.[90] Das mußte deshalb betont werden, weil die ältere Forschung der Charcot-Schule gerade den Entladungscharakter der Hysterie hervorgehoben und ihre sexuelle Bedeutung unterschätzt hatte. Daraus resultierte eine therapeutische Praxis, die sich, wie Freud 1928 schrieb, «in der Verabreichung von Arzneimitteln und in meist sehr unzweckmäßigen, unfreundlich ausgeführten Versuchen zur seelischen Beeinflussung» erschöpfte.[91]

Die Hysterie-Studien, die Freud und Breuer 1895 publizierten, beschrieben in ihrer methodologischen Einleitung die kathartische Methode als ein symptomenbezogenes Vorgehen, das spekulative Annahmen jenseits des empirischen Materials vermied.[92] Die Therapie vollzog stattdessen eine

Annäherung an das Krankheitsbild selbst, aus der dann erst medizinische Konsequenzen abgeleitet werden konnten. Die Behandlung provozierte den Anfall, um die traumatische Erfahrung durch deren Reproduktion aus ihrer psychischen Sperre zu befreien, gegenwärtig zu machen und ‹abzureagieren›. Als ‹artefizielle Hysterie› bedeutete sie eine Simulation des pathogenen Geschehens, das auf die Übertragung (Konversion) der Affekte zielte: «Sie hebt die Wirkung der ursprünglich nicht abreagierten Vorstellung dadurch auf, daß sie dem eingeklemmten Affekte derselben den Ablauf durch die Rede gestattet, und bringt sie zur assoziativen Korrektur, indem sie dieselbe ins normale Bewußtsein zieht (in leichterer Hypnose) oder durch ärztliche Suggestion aufhebt, wie es im Somnambulismus mit Amnesie geschieht.»[93] Zweck der «Kur» war es schließlich, die Zustände der Entrückung zu überwinden, um auf diese Weise zum Grund des unterdrückten Affekts vorstoßen zu können.[94] In einer Beilage zu einem Brief an Fließ vom 1. Januar 1896 hieß es: «Die Heilung der Zwangsneurose erfolgt, indem man alle vorgefundenen Substitutionen und Affektverwandlungen rückgängig macht, bis der Primärvorwurf und dessen Erlebnis freigelegt und dem bewußten Ich zur neuerlichen Beurteilung vorgelegt werden können.»[95] Dieser Vorgang ähnelte einem körperlichen Einschnitt, wie Freud selbst mit klaren Worten betonte: «Ich habe bei mir häufig die kathartische Psychotherapie mit chirurgischen Eingriffen verglichen, meine Kuren als psychotherapeutische Operationen bezeichnet, die Analogien mit Eröffnung einer eitergefüllten Höhle, der Auskratzung einer kariös erkrankten Stelle u. dgl. verfolgt.»[96]

Für die therapeutische Praxis hatte die kathartische Behandlungstechnik eine wichtige Konsequenz. Die Hypnose wurde allmählich ersetzt durch die Befragung; die Patientin lag weiterhin auf einer Couch, verblieb jedoch, anders als bei Charcot und Bernheim, im Wachzustand. Die *Studien* nannten zwar die Hypnose noch als gleichberechtigtes Verfahren neben der ‹ärztlichen Suggestion›, jedoch konzentrierte sich Freud seit der Mitte der 90er Jahre verstärkt auf die Gesprächstechnik. Ihr Ziel war es, Assoziationen zu stimulieren, die den Weg zu verdrängten traumatisierenden Erfahrungen ebneten.[97] Wie die Hypnose ging das neue Verfahren von der Annahme aus, daß diese Erfahrungen im Prozeß der Therapie wiederholt und ans Licht gebracht werden konnten. Allerdings trat nun an die Stelle der hypnotischen Überwältigung die ruhige, im Detail insistierende Befragung; «nach dem Verzicht auf die Hypnose drängte sich die Aufgabe vor, aus den freien Einfällen des Analysierten zu erraten, was er zu erinnern versagte.»[98] Der Vorteil dieser Technik bestand darin, daß sie den Ablauf der Kur genauer steuern konnte und in weitaus geringerem Maße als die Hypnose der individuellen Empfänglichkeit für externe Reize unterworfen war. Am Schluß der Hysterie-Studien betonte Freud, das kathartische Verfahren sei aus diesem Grund «mühselig und zeitraubend», verlange vom Arzt außerordentliche «Teilnahme», vom Patienten «Intelligenz» und Bereitschaft zur genauen Befassung mit der eigenen Geschichte.[99] Wesentlich war auch, daß es gelang, den Kranken, wie es 1923 hieß, «zum Verzicht auf alle seine kritischen Einstellungen zu erziehen».[100] Diese Unterwerfung unter ein Konzept bildete den Rest des hierarchischen Verhältnisses, das in der Hypnosebehandlung angelegt war. Die Differenzierung der therapeutischen Ansatzpunkte ermöglichte ganz neue Heilverläufe, weil die Ursachenforschung zielgerichteter ausfiel als im hypnotischen Verfahren. Während die Hypnose einem «Experiment» glich, suchte das Gespräch «ein Stück realen Lebens» ans Licht zu bringen.[101]

Das kathartische Verfahren der Hysteriebehandlung griff einen seit der Antike bekannten Zusammenhang zwischen Erregung und Gesundung auf, der schon im Zentrum der von Aristoteles entwickelten Tragödienlehre stand. Die Tragödie setzt beim Zuschauer Jammer und Schauder (*eleos* und *phobos*) frei, bewirkt aber am Ende eine reinigende Befreiung von ‹derartigen Erregungszuständen›, die Aristoteles als ‹Katharsis› bezeichnet.[102] Eine der instruktivsten Deutungen dieser Wirkungsformel hatte der Altphilologe Jacob Bernays vorgelegt, der Onkel von Freuds Ehefrau Martha, der ihr nach seinem Tod, wie erinnerlich, einen Teil seines Vermögens hinterließ. Daß er damit die Basis des gemeinsamen Hausstands schuf, war für Freud noch 50 Jahre später ein Grund für große Dankbarkeit – und ein Anlaß, die Drucklegung seiner nachgelassenen Briefe mit 1000 Mark zu finanzieren.[103] Nicht nur der biographische Hintergrund, sondern auch die Sache selbst offenbarte eine Spur zu Freuds und Breuers Hysterie-Studien. Bernays war der erste, der überhaupt auf die medizinisch-reinigende Bedeutung des aristotelischen Katharsiskonzepts verwies und damit eine Neuinterpretation des Tragödiensatzes auslöste, deren Impulse allerdings sehr spät aufgegriffen wurden.[104] In einer längeren, 1857 veröffentlichten Schrift, die Freud kannte, betonte Bernays prinzipiell, daß Affekte durch Zurückdrängung gesteigert werden, während sie im direkten Ausbruch zu Entladung und anschließender Entspannung kommen.[105] Die reinigende

Leistung der durch die Tragödie erzeugten Katharsis lag analog dazu in der befreienden Wirkung, die eine derartige Affektmobilisierung herbeiführte; Bernays sprach in diesem Zusammenhang vom «Lustgefühl», das sie wecke.[106] Zum Vergleich zog Bernays hier den Katharsisbegriff der aristotelischen *Politik* heran, die im achten Buch die lösende Wirkung der Musik auf das Gemüt des Menschen schilderte.[107] Kathartisch sei, so Bernays, jener Ablauf zu nennen, der von der Anspannung über die Erregung («Verzückung») zur «Besänftigung» führe, wie es Aristoteles im Hinblick auf die Wirkungen der Musik dargestellt habe.[108] Man müsse den gesamten Prozeß, gemäß der aristotelischen Argumentation, mit einer ärztlichen Kur vergleichen, die durch «erleichternde Mittel» eine «Hebung oder Linderung der Krankheit» bewirke.[109] Sehr genau entspricht der Bernaysschen Definition eine Aussage Freuds, nach der die kathartische Therapie darauf ziele, «den unterdrückten Affekt frei zu machen.»[110]

Bernays Kommentar zur aristotelischen Katharsis lieferte eine wesentliche Anregung für das zentrale Konzept der Hysteriebehandlung; die reinigende Wirkung der Tragödie und die therapeutisch erzwungene Wiederholung der traumatisierenden Erfahrung bezwecken gleichermaßen die Überführung von überschüssigen Kräften in geregelte Ordnungen. Eine bedeutende Resonanz fand Bernays zudem in Nietzsches Debütschrift über *Die Geburt der Tragödie* (1872), die seinen Katharsisansatz, allerdings ohne explizite Erwähnung, in ihrem Konzept der dramaturgischen Inszenierung emotionaler Erregung durch den Chor aufgriff.[111] Daß Freud diese aufschlußreiche Rezeptionsspur selbst verfolgte, ist kaum anzunehmen. Er erwarb die Werke Nietzsches in der 1898 begonnenen, 15 Bände umfassenden «Kleinoktavausgabe» erst im Januar 1900, wie ein Brief an Fließ verriet. «Ich habe mir», schrieb er, «jetzt den Nietzsche beigelegt, in dem ich die Worte für vieles, was in mir stumm bleibt, zu finden hoffe, aber ihn noch nicht aufgeschlagen. Vorläufig zu träge.»[112] Zu einer näheren Lektüre kam es auch später nicht, weil er fürchtete, durch sie «in der Verarbeitung der psychoanalytischen Eindrücke» beeinträchtigt zu werden.[113] Zitierte Freud Nietzsche, dann tat er das zumeist aus zweiter Hand, ohne den Text genauer zu prüfen; so geschah es in der fünften Auflage der *Traumdeutung*, die ein kompiliertes Diktum aus zwei völlig unterschiedlichen Passagen des Konvoluts *Menschliches, Allzumenschliches* bot, offenbar aus einer Rezension Eduard Hitschmanns übernommen, nicht im Original nachgelesen.[114] Die Beziehung zu Nietzsche blieb schwierig, beherrscht von jener «Doppelgänger-Scheu», die Freud auch im Fall Schnitzlers geltend machte.[115] Das begründete eine Vermeidungsstrategie, die er selbst dort aufrechterhielt, wo eine genauere Lektüre für ihn lohnend gewesen wäre. An Arnold Zweig schrieb er am 12. Mai 1934 über Nietzsche, er interessiere sich für seine Krankengeschichte, sei aber nicht sicher, ob man sie je vollständig «erraten oder konstruieren» könne.[116] Selbst in späteren Jahren dürfte Freud also die Nachwirkungen der Bernaysschen Katharsislehre bei Nietzsche nicht mehr überprüft haben. Seine eigene Theorie der Hysterie hielt er von ihren möglichen philosophischen Resonanzräumen fern, aus Furcht vor denkbaren Zweifeln an ihrer Originalität und aus Skepsis gegenüber den geisteswissenschaftlichen Weiterungen, die sie erlaubt hätte.

Die gräzistische Zunft des ausgehenden 19. Jahrhunderts hat Bernays' Katharsislehre, sieht man von Nietzsche ab, weitgehend ignoriert. Eine eigentliche Wirkung erlebte seine Studie knapp vierzig Jahre nach ihrer Entstehung nicht auf dem Feld der Philologie, sondern eben in Freuds und Breuers Hysterietherapie. Diesen Zusammenhang bekräftigte ein Text des Philosophen Alfred von Berger, der 1897 als Kommentar zu einer Aristoteles-Übersetzung des Altphilologen Theodor Gomperz – einst Auftraggeber für Freuds Mill-Projekt – erschienen war.[117] Berger, der als Privatdozent an der Wiener Universität kunsttheoretische Kollegs hielt, hatte bereits am 2. Februar 1896 unter dem treffenden Titel *Seelenchirurgie* in der *Neuen Freien Presse* eine Rezension der Hysterie-Studien veröffentlicht und dabei die literarisch-psychologische Dimension der Fallberichte aus ästhetischer Perspektive gewürdigt. Freud kannte diese ‹feinsinnige› Besprechung und lobte sie gegenüber Fließ, obwohl sie dem ärztlichen Anspruch der Untersuchungen nur geringe Aufmerksamkeit widmete.[118] Ein Jahr später brachte Berger die Therapiepraxis der frühen Psychoanalyse in eine Verbindung mit der von Bernays vorgetragenen medizinhistorischen Deutung: «Die kathartische Behandlung der Hysterie, welche die Ärzte Dr. Josef Breuer und Dr. Sigmund Freud beschrieben haben, ist sehr geeignet, die kathartische Wirkung der Tragödie verständlich zu machen.»[119] Breuers und Freuds Theorie der Katharsis als Entladung verdrängter Erfahrungsgehalte entsprach in der Tat dem durch Berger von Bernays übernommenen Modell. Das psychoanalytische Heilkonzept machte sich die hier erstmals betonte Einsicht in die medizinische Bedeutung des Katharsisbegriffs zunutze, indem es auf die enthemmende und zugleich entkrampfende Entfaltung der Affekte in der Simulation ihrer Erregung setzte. «Die kathartische Methode», resümierte Freud 1928, «ist der unmittelbare Vorläufer der Psychoanalyse und trotz aller Erweiterungen der Erfahrung und aller Modifikationen der Theorie immer noch als Kern in ihr enthalten.»[120]

Hysterie-Studien

In einem Artikel für Villarets *Handwörterbuch der gesamten Medizin* schrieb Freud 1888 über die Hysterie, sie sei eine Neurose im strengen Sinn, durch die «anatomischen Techniken» weder diagnostizier- noch behandelbar und von einer reichen, fast unübersichtlichen Symptomatik begleitet.[121] Er übernahm Charcots Phasenlehre, die er allerdings vereinfacht zusammenfaßte, wenn er den hysterischen Anfall in drei statt vier Stufen gliederte. Wie der Lehrer gab er als Beginn eine epilepsieähnliche Periode an, die in «Bewegungen von großem Umfang» übergehe. Während Charcot dem die ‹attitudes passionelles› und ein abschließendes Delirium folgen sah, benannte Freud lediglich eine «halluzinatorische Phase», die oftmals von schweren körperlichen Verletzungen bestimmt sei.[122] Sehr triftig geriet seine Darstellung der hysterischen Symptome, die er in verschiedene Störungen der Sinneswahrnehmung, Sensibilität und Motorik untergliederte. Verstärktes Augenmerk galt den Lähmungen, die einzelne Muskeln, aber auch ganze Muskelgruppen betreffen konnten. Unter den therapeutischen Verfahren nannte Freud die Mastkur, wie sie der amerikanische Psychiater Mitchell empfahl, die Hydrotherapie und Gymnastik. Im Fall der Mastkur blieb er skeptisch, weil er ihr keinen systematischen Stellenwert bescheinigen konnte. Mitchells Ansatz ging von der aus heutiger Sicht richtigen Beobachtung aus, daß zahlreiche Patientinnen unter massiven Eßstörungen litten und daher entsprechend therapiert werden mußten. Allerdings waren seine Verfahren unausgereift, und sie ersetzten das nicht, was Freud fieberhaft betrieb: echte Ursachenforschung.

Über die technische Seite der Hysteriebehandlung äußerte sich Freuds Lexikonartikel wenig erschöpfend. Das spiegelte die ungesicherte Situation, die durch die Suche nach passenden Verfahren geprägt war. Charcots hypnotischer Ansatz galt als problematisch, weil sein Erfolg von der Suggestibilität der Behandelten abhing. Wie dringlich der Einsatz einer neuen Methodik für die Therapie der Hysterie war, zeigten Arbeiten mit neurasthenischen Patientinnen, bei denen Freud seit dem Ende der 1880er Jahre keine Hypnose mehr verwendete, zugleich aber die kathartische

Technik noch vermied. Den Weg zur Gesprächstherapie bahnten grundsätzliche Vermutungen über den hysterischen Anfall, die gemeinsam mit Breuer entwickelt wurden. Ihre methodischen Grundlagen umriß Freud Ende Juni 1892 in einer kurzen Notiz. Dort nannte er die Kernelemente für das Verständnis der Hysterie: «a) Der Satz von der Konstanz der Erregungssumme. b) Die Theorie der Erinnerung. c) Der Satz, dass der Inhalt verschiedener Bewusstseinszustände nicht miteinander assoziiert wird.»[123] Jeder dieser Bausteine des Lehrgebäudes bezeichnete eine methodisch selbständige Ebene des Ansatzes. Die Überzeugung, daß psychische Zustände nach dem Prinzip konstanter Erregung funktionieren, begründete die Einsicht in die energetische Dimension des Seelenlebens. Die Spielarten der psychischen Existenz mögen sich verändern, aber die Kraft, die sie treibt, bleibt gleich. Der Hinweis auf die Rolle der Erinnerung hat wiederum Schlüsselcharakter für die Verankerung seelischer Erkrankungen in früheren Erfahrungen – eine Einsicht, die Freud später für die Traumdeutung und seine Auffassung vom Unbewußten, für die Theorie der infantilen Sexualität und die Neurosenlehre gleichermaßen nutzbar machen sollte. Weniger klar wirkte auf den ersten Blick der Satz über die fehlende Verbindung verschiedener Bewußtseinszustände; er verwies auf die pathologische Seite der Hysterie, die Trennung parallel aufgebauter seelischer Welten und die Fähigkeit der Kranken, den direkten Auslöser für eine Triebhemmung von allem, was sie taten, strikt fernzuhalten. Vergleichbar hatte schon Max Dessoir im Anschluß an Überlegungen des äußerst produktiven Pierre Janet 1890 mit einer Studie über *Das Doppel-Ich* die zwei Seiten des Subjekts beleuchtet und erklärt, daß sie als ‹Ober- und Unterbewußtsein› voneinander getrennt seien.[124] Freuds Skizze nahm auf Dessoir keinen Bezug, legte jedoch eine ähnliche psychodynamische Konstellation zugrunde, wenn sie die Energie des Seelenlebens als Auslöser für seine permanent wechselnden Erscheinungsformen beschrieb.

Die drei Kernelemente fanden Eingang in ein Manuskript, das 1893 unter dem Titel *Ueber den psychischen Mechanismus hysterischer Phänomene* als *Vorläufige Mitteilung* veröffentlicht wurde. Freud und Breuer kritisierten hier die Lehre Charcots, die den hysterischen Anfall schematisch in vier Phasen eingeteilt und darauf die Behandlung ausgerichtet hatte. Wichtiger als eine solche Gliederung, so lautete die Gegenthese, sei die Frage nach der Herkunft des Anfalls selbst. Seine Genese vermuteten die Autoren in einem seelischen Erinnerungsvorgang, der angstbesetzte traumatische Erfahrungen plötzlich ans Tageslicht bringt.[125] Das wesentliche Moment dieser Erinnerung ist die Tatsache, daß sie unbewußt bleibt, mithin nicht rational gesteuert werden kann. Vergegenwärtigt sind frühere Schichten in Form einer Umarbeitung, die als Konversionshysterie firmiert: die seelische Behandlung der ursprünglichen Affekte zielt auf Abwehr und Umbau, was zumeist zu körperlichen Effekten wie Kopfschmerz, motorischen Störungen, Aphasien oder Absencen führen kann. 1908 hieß es dazu knapp: «Die hysterischen Symptome sind nichts anderes als die durch ‹Konversion› zur Darstellung gebrachten unbewußten Phantasien, und insofern es somatische Symptome sind, werden sie häufig genug aus dem Kreise der nämlichen Sexualempfindungen und motorischen Innervationen entnommen, welche ursprünglich die damals noch bewußte Phantasie begleitet haben.»[126] Die Hysterie führt in ihren Symptomen etwas vor, was die Kranken eigentlich von sich fernhalten möchten. Im Effekt erreichen sie aber nur eine Umwandlung, niemals die Vernichtung der störenden Affekte. Ihr Grund ist stets ein sexueller: der unterdrückte und im Ablauf des Anfalls partiell neu befriedigte, über die «Wiederkehr der autoerotischen Befriedigung» erfüllte Trieb.[127] Mit dieser Einschätzung betraten Freud und Breuer wirkliches Neuland; die Behandlung der Hysterie konnte fortan von der Untersuchung der unbewußten, verdrängten Affekte, die sie auslösten, nicht getrennt werden. Sie wandelte sich von einer symptomenbezogenen Therapie, wie sie die Charcot-Schule praktizierte, zu Ursachenforschung und Tiefenanalyse.

Die ersten Annäherungen an eine eigene Theorie der Hysterie trug Freud noch vor der Publikation der mit Breuer verfaßten *Mitteilung* am 11. Januar 1893 auf einer Sitzung des *Wiener medizinischen Clubs* vor. Es handelte sich um eine Zusammenfassung der Gemeinschaftsarbeit, jedoch mit einer stärkeren Akzentuierung des Charcotschen Gedankenguts. Freud wiederholte zunächst Charcots These, daß die Lähmungen hysterischer Patienten durch traumatische Erfahrungen hervorgerufen werden. Die Hypnose reproduziere nun diese Lähmung, indem sie durch Suggestion bewirkt, was sonst über das Trauma zustandekommt. Freud ersetzte allerdings Charcots Auffassung, daß die Hysterie stets traumatischen Ursprungs sei, durch eine neue Theorie: die Krankheit nehme ihren Ausgang niemals von einer einzigen Erfahrung, sondern von einer großen Leidensgeschichte. Pathologische Wirkung zeitigt dabei der Umstand, daß Hysteriker ihre seelischen Erfahrungen nicht auszudrücken und abzuführen vermögen. «Wir können also sagen, der Hysterische leidet an unvollständig abreagierten Traumen.»[128] An diesem Punkt hatte die kathartische Methode zu greifen, die den ‹eingeklemmten› Affekt löst und durch Wiederholung des Traumas abführt. Sie wiederum bildete die wesentliche Keimzelle des psychoanalytischen Verfahrens, das durch suggestive Befragung die neurotische Sperre aufsprengen und das Innere der Krankheit sichtbar machen will.

Schon 1892 hatte Freud in einer kritischen Fußnote zu seiner Übersetzung von Charcots Dienstagsvorlesungen bemerkt, daß er das Emporsteigen einer verschütteten Erinnerung für die eigentliche Ursache des hysterischen Anfalls halte.[129] Bezogen waren solche Erinnerungen, wie ihn seine eigenen Behandlungserfahrungen lehrten, zumeist auf Sexuelles. In den Hysterie-Studien beschrieb Freud nun die Schlüsselfunktion der Sexualität für die Entstehung jeglicher Neurosen und systematisierte damit die Entdeckungen, die er seit Beginn der 90er Jahre in der Praxis gemacht hatte. Am 18. Dezember 1892 schickte er Fließ eine Liste mit sieben Fragen und acht Thesen, die den Ursachen neurasthenischer Erkrankungen galten. Im Zentrum stand der Satz: «Es gibt keine Neurasthenie oder analoge Neurose ohne Störung der Sexualfunktion.» Und wenige Wochen später, im Februar 1893, folgte die dogmatisch zugespitzte Ergänzung: «jede Neurasthenie soll eine sexuelle sein.»[130] Anfang Januar 1895 hieß es in einem Konvolut zum selben Thema, das gestörte Triebleben mancher Frauen resultiere daraus, daß sie «so häufig ohne Liebe, d. h. mit geringer somatischer Sexualerregung zum Geschlechtsakt schreiten».[131] Hier lag der wesentliche Unterschied, der Freuds Methodik von jener Breuers trennte; die Erinnerung ersetzte bei ihm die Physiologie, die Sexualität den allgemeineren Begriff des Traumas.

Fast jede Patientin Freuds gab an, in früheren Jahren von ihrem Vater verführt worden zu sein. Er schenkte diesen Berichten Glauben und suchte seine theoretischen Erkenntnisse auf sie abzustimmen. Die hysterische Erkrankung schien ihm in den ersten Jahren auf ein gestörtes Triebleben, veranlaßt durch frühe Mißbrauchserfahrungen, zurückzuweisen. Seit seiner Zeit an der Salpêtrière wußte Freud, daß Kinder, insbesondere Mädchen, häufig durch ihre Eltern oder nahe Verwandte zu sexuellen Handlungen gezwungen wurden.[132] Das anderweitig tabuisierte Thema bildete den Gegenstand von Vorlesungen, die, wie berichtet, der Gerichtsmediziner Paul Brouardel in Paris abhielt. Durch ihn war Freud bekannt, daß verbrecherische Fälle dieser Art milieuübergreifend auftraten.[133] Am Abend des 21. April 1896 hielt er vor dem *Verein für Psychiatrie und Neurologie* in Wien einen Vortrag zu Erscheinungsformen der Hysterie, der die Bedeutung infantiler Mißbrauchserfahrungen hervorhob. Freud stieß dabei auf den massiven Widerstand des Auditoriums, das sein Mißfallen durch Pfeifen und Zischen zum Ausdruck brachte. Selbst der aufgeschlossene Krafft-Ebing, Autor der 1886 erschienenen *Psychopathia sexualis*, sprach in der anschließenden Debatte von ‹wissenschaftlichen Märchen›. Auch das Fiasko, das Freud zehn Jahre zuvor mit seinen Vorträgen zur männlichen Hysterie in der *Gesellschaft der Ärzte* erlitten hatte, war mit diesem Debakel nicht vergleichbar. «Sie können mich alle gern haben», erklärte er wenige Tage später im Rapport an Fließ.[134]

Im Fall der Mißbrauchsthese kam es bald zu einer wichtigen Modifikation, die, anders als später behauptet, keine Reaktion auf die massive Ablehnung im Kollegenkreis, sondern das Ergebnis empirischer Prüfung bildete. Mit wachsender praktischer Erfahrung gelangte Freud zur Vermutung, daß diverse Berichte seiner Patientinnen «unwahr seien» und auf Wunschphantasie beruhten.[135] In einem Brief an Fließ schrieb er am 21. September 1897, kurz nach der Rückkehr aus dem Sommerurlaub: «Ich glaube an meine Neurotica nicht mehr.»[136] Er nehme an, die Frauen hätten ihre Schilderungen von sexuellem Mißbrauch durch den Vater oftmals nur erfunden. Im Unbewußten existiere keine Unterscheidung zwischen Wahrem und Falschem, was das Fingieren von Erfahrung begünstige. Es müsse daher vermutet werden, daß «die sexuelle Phantasie sich regelmäßig des Themas der Eltern bemächtige».[137] In einer Studie über *Die Sexualität in der Ätiologie der Neurosen* erklärte Freud 1898 vorsichtiger, daß frühkindliche Mißbrauchserfahrungen erst im Erwachsenenalter als solche wahrgenommen und gedeutet werden.[138] Die psychische Verarbeitung konnte dabei, so glaubte er, gleichermaßen Wunschbildern oder realen Erlebnissen gelten, weil im Unbewußten keine Differenz zwischen beiden besteht. Ob es sich um Phantasien oder um Erinnerungen handelte, war wiederum für die Leistung des psychischen Apparates und ihre Erkenntnis sekundär.

Die Einsicht in den imaginären Charakter der ihm berichteten Vorfälle habe ihn, so hieß es in der späteren *Selbstdarstellung* von 1925, zunächst tief erschüttert, da sie seine diagnostische Methodik untergrub: «Als ich dann doch erkennen mußte, diese Verführungsszenen seien niemals vorgefallen, seien nur Phantasien, die meine Patienten erdichtet, die ich ihnen vielleicht selbst aufgedrängt hatte, war ich eine Zeitlang ratlos. Mein Vertrauen in meine Technik wie in ihre Ergebnisse erlitt einen harten Stoß; ich hatte doch diese Szenen auf einem technischen Wege, den ich für korrekt hielt, gewonnen und ihr Inhalt stand in unverkennbarer Beziehung zu den Symptomen, von denen meine Untersuchung ausgegangen war.»[139] Die Folgerung, die Freud aus seiner Beobachtung zog, hatte bahnbrechende Konsequenzen für die allgemeine Fundierung der Psychoanalyse. Wenn «Wunschphantasien» und nicht «wirkliche Erlebnisse» im Mittelpunkt der Krankengeschichte standen, dann besaß die «psychische Realität» für die Neurosen eine größere Bedeutung als die «materielle».[140] Der Vorrang der imaginären gegenüber der unmittelbaren Erfahrung bildete einen Baustein für sämtliche weiteren Schritte, die Freud auf dem Weg zur Begründung des Ödipus-Komplexes und der Theorie der infantilen Sexualität unternahm.

Für die Stimmigkeit dieses Revisionsakts war es zweitrangig, ob Freuds Aussage, daß die von seinen Patientinnen berichteten Verführungsszenen erfunden seien, in ihrem verallgemeinernden Charakter zutraf. Jeffrey Mousaieff Masson hat die – erstmals im August 1981 von der *New York Times* kolportierte – Vermutung vertreten, Freud sei aus rein taktischen Motiven von der Verführungstheorie abgewichen, um sich möglichen öffentlichen Anfeindungen aufgrund des skandalisierenden Gehalts seiner Befunde zu entziehen.[141] Masson, der mit seiner Intervention den Widerstand der orthodoxen Psychoanalyse provozierte und ihretwegen auf Drängen Kurt Eisslers seine Position als Leiter des Freud-Archivs aufgeben mußte, wiederholte seine reißerischen Behauptungen drei Jahre später in der Studie *The Assault on Truth*.[142] Schon biographisch überzeugten sie kaum: konventionell begründete Kritik an seinen Methoden verunsicherte Freud in der Regel nicht, sondern bestärkte ihn in seinen wissenschaftlichen Absichten; daß er seine Thesen revidiert hätte, um älteren Kollegen zu gefallen, widersprach komplett seinem Selbstverständnis. Vor allem aber verfehlte Massons methodischer Ansatzpunkt den Kern von Freuds Diagnose, weil er die Verlagerung von der materiellen zur imaginären Bezugsebene der frühkindlichen Sexualität rückgängig zu machen suchte. Das allgemeine Referenzfeld war falsch, denn der Kritiker verkannte die Funktion, die dem Phantasma in Freuds Theorie zufiel. Die Einsicht, daß nicht die reale, sondern die vorgestellte Erfahrung das Ich prägte, gehörte zu den wesentlichen Erkenntnissen seiner Lehre – wobei es ihm selbst nicht leicht fiel, den fiktiven Charakter vieler Geständnisse einzuräumen, weil dieser seine ursprünglichen Annahmen widerlegte und eine differenziertere Untersuchung der frühkindlichen Triebentwicklung verlangte.[143] Die Revision der Verführungshypothese bildete fortan ein Kernelement der Neurosenlehre und im weiteren Sinn der Sexualtheorie, für die Operationen der Phantasie großes Gewicht besaßen. Die mögliche Tatsache, daß einzelne Patientinnen *de facto* von ihren Vätern verführt worden waren, änderte nichts an der wegweisenden Rolle, die Freuds Einsicht in die Priorität der imaginären vor der wirklichen Erfahrung zukam. Die «Bedeutung der Triebe für das Vorstellungsleben», die eine kleine Studie aus dem Jahr 1910 hervorhob, stand im Zentrum der analytischen Lehre und verschaffte der Einbildungskraft eine herausgehobene Position in Freuds Anthropologie.[144]

Daß Freud die tatsächliche Verführung Minderjähriger im Alltag durchaus für möglich hielt, auch wenn er nicht jedem Bericht darüber traute, belegte seine 1907 begonnene Korrespondenz mit Karl Abraham. Hier ging es immer wieder um infantile Traumen und um das Verdrängen von Erinnerungen an Übergriffe durch Erwachsene. Wenn Kinder solche Erfahrungen systematisch ins Vergessen schieben, dann geschieht das, weil sie mit unerlaubter Lust oder mit Ekel besetzt sind.[145] Freud hat entsprechende Einsichten in seine Behandlungspraxis einbezogen, so daß von einer strategischen Motivation seiner Revision keine Rede sein kann. Selbst wenn Verführungserfahrungen oft erfunden waren, änderte das für ihn nichts an der Existenz faktischer Mißbrauchsfälle. 1917 erklärte er dazu in seiner Einführungsvorlesung unzweideutig: «Glauben Sie übrigens nicht, daß sexueller Mißbrauch des Kindes durch die nächsten männlichen Verwandten durchaus dem Reich der Phantasie angehört. Die meisten Analytiker werden Fälle behandelt haben, in denen solche Beziehungen real waren und einwandfrei festgestellt werden konnten».[146]

Wesentliche theoretische Bausteine der Hysterielehre stammten zweifellos von Breuer, der seine Begründung des Krankheitsbildes aus einer strikt physiologischen Methode ableitete.[147] Die gesamte psychische Symptomatik wurde hier durch ein energetisches Modell fundiert – ein Denkmuster, das Breuer aus seiner Tätigkeit bei Brücke gewann. Dieser Ansatz war prinzipiell mit Freuds Auffassung der sexuellen Traumatisierung vereinbar, aber Breuer zeigte sich skeptisch, ob Unlust der einzige Grund für die eingesperrten Affekte und deren hysterische Übertragung war. Im von Breuer verfaßten Theorie-Kapitel der Studien ging es zunächst um allgemeine Fragen des neuronalen Systems, aus denen sich dann Überlegungen zur Kausalität von Störungen ergaben. Hysterische Erkrankungen bilden, wie Breuer ausführte, ein Resultat bestimmter Ungleichgewichte im seelischen Apparat. Ihr Auslöser sind gleichsam physikalische Prozesse, über die es heißt: «Wir hätten uns eine zerebrale Leitungsbahn nicht wie einen Telephondraht vorzustellen, der nur dann elektrisch erregt ist, wenn er fungieren, d. h. hier: ein Zeichen übertragen soll; sondern wie eine jener Telephonleitungen, durch welche konstant ein galvanischer Strom fließt und welche unerregbar werden, wenn dieser schwindet.»[148] Die Ursachen für Verschiebungen im seelischen Apparat lagen also in Störungen des energetischen Gleichgewichts begründet. Breuer betrachtete sie als *causa finalis*, ohne die keine Neurose zu erklären war. Die Rolle der Sexualität konnte vor diesem Hintergrund nur eine nachgeordnete sein, eine zweitrangige Kraft in einem System der elektrisch erzeugten neuronalen Spannungen. Allerdings stellte Breuer ihre Bedeutung nicht prinzipiell in Frage, wie der Fortgang des Theorie-Kapitels zeigte.

Nach der Einleitung, die ein allgemeines Verständnis nervöser Erregung umriß, erörterte Breuer ein Schlüsselthema der Hysterieforschung, nämlich die ideogenen, also durch Vorstellungen herbeigeführten Anfälle. Pathologische Verstimmungen und «Angstzustände» seien die Folge von sexuellen Spannungen, denen es an Möglichkeiten zur Abfuhr fehle.[149] Breuer bestätigte damit Freuds Annahme, daß die Hysterie auf einen Befriedigungsstau aufgrund verdrängter Sexualität zurückgehe. Er erweiterte den Wirkungsradius dieser Hypothese sogar, indem er den unbewußten Charakter eines solchen Triebstaus betonte. Was Breuer «bewußtseinsunfähige Vorstellungen» nannte, entsprach Freuds Einsichten in die Macht des Triebs und seiner Bedeutung für die Erzeugung hysterischer Symptome.[150] Aber nicht nur verdrängte, sondern auch unvollkommen befriedigte Sexualität löst Hysterie aus, wie Breuer betonte. In diesem Sinne behauptete er, die «große Mehrzahl der schweren Neurosen bei Frauen entstamme dem Ehebett.»[151] Damit hatte Breuer die Bedeutung der Sexualität für die Pathogenese im Kern anerkannt, auch wenn er von anderen theoretischen Prinzipien bei der Analyse des Krankheitsbildes ausging. Wie originell der Ansatz war, zeigt der Vergleich mit Pierre Janets einflußreicher Studie über den Geisteszustand hysterischer Patienten, deren deutsche Ausgabe 1894 erschien – hier spielte die sexuelle Dimension nur eine sehr untergeordnete Rolle.[152]

Auch wenn Freud im Mai 1895 enthusiastisch verkündete, Breuer habe sich nun zu seiner Sexualtheorie bekannt, blieben auf der Seite des Älteren einige Zweifel, die sich bald nach der Veröffentlichung der Hysterie-Studien vernehmbar melden sollten.[153] In seinen Briefen an Fließ zeigte Breuer ein hohes Maß an Übereinstimmung mit zeitgenössischen Hypothesen, was Masturbation und Triebentfaltung betraf. Neurasthenische Spannungen wurden auf exzessive Selbstbefriedigung zurückgeführt, während die Frage der unterdrückten Sexualität keine Rolle spielte.[154] Breuer wagte sich über die Grenzlinie der Konvention, die seine eigene Hysterielehre in Frage stellte, offenbar nicht hinweg. Als Ko-Autor Freuds riskierte er größere Offenheit in diesem Punkt, ohne der Hypothese von den krankheitserregenden Wirkungen unbewußter sexueller Traumatisierungen vollauf zu trauen.

Breuers Verhältnis zum Komplex der Triebtheorie blieb widersprüchlich und extrem sprunghaft. Am 4. November 1895 erklärte er zu Beginn einer Diskussion mit Doktoranden der medizinischen Fakultät nach einem Zyklus von drei Hysterie-Vorträgen Freuds, er teile die hier vertretene Interpretation der Sexualität und ihrer Schlüsselrolle für die Krankheitsbildung ohne Einschränkung. In einem Bericht der *Wiener medizinischen Presse* hieß es: «J. Breuer bemerkte einleitend, daß, wenn er auch den Grundstein zu dem von Freud aufgeführten Gebäude gelegt habe, das Gebäude selbst ausschließlich das geistige Eigentum Freuds sei; ja, er sei anfangs der Entwicklung der Lehren und Theorien Freuds mit Bedenken und Zweifeln gegenübergestanden. Allerdings sei er mit seinen Bedenken Schritt für Schritt zurückgedrängt worden, und er sei heute bekehrt und überzeugt.»[155] Als Freud sich nach der Veranstaltung bei Breuer für seine freundlichen Worte bedankte, erwiderte dieser überraschend: «‹Ich glaub' es ja doch nicht.›»[156] Nicht nur wissenschaftlicher Dissens, sondern auch Eifersucht spielte hier eine Rolle. Die Dynamik, mit der Freud methodische Neuerungen vorantrieb, löste Irritationen und Mißtrauen bei dem überaus ehrgeizigen Breuer aus. Im Juli 1895 schrieb er unleidlich an Fließ: «Freud ist in vollstem Schwunge; ich schaue ihm schon nach, wie die Henne dem Falken.»[157] In späteren Jahren räumte er gegenüber seinem Schweizer Kollegen Auguste Forel immerhin ein, daß das «Eintauchen ins Sexuale in Theorie u. Praxis» zwar nicht sein «Geschmack» sei, aber dieses keine Rolle für die Bewertung von Freuds Lehre spiele. Denn seine Leistung entscheide sich an der Frage «was ist?», also am Status der Befunde und der Triftigkeit der vorgeschlagenen Lösungen.[158] Die zwischen beiden wachsende Distanz ergab sich auch daraus, daß Breuer, wie Freud sich 1932 in einem Brief an Stefan Zweig erinnerte, nur begrenzten Mut zum intellektuellen Risiko besaß. Anders als er selbst, der in das Innere der Welt leuchten wollte, hatte Breuer, so schrieb er rückblickend, «bei allen seinen großen Geistesgaben nichts Faustisches» – und das erklärte die wachsende Entfremdung, die sie voneinander schied.[159]

Krankengeschichten als Novellen

Die Schilderung hysterischer Leiden, bemerkte Freud in den *Studien*, verlange einen Stil, der «des ernsten Gepräges der Wissenschaftlichkeit entbehren» müsse.[160] Sie fordere im Grunde eine literarische Darstellungskunst, weil allein durch sie die befremdenden Tendenzen der Erkrankung mit ihren blühenden, manchmal selbst poetischen Einbildungen sichtbar werden könnten. Noch zwölf Jahre später war von den «Wahndichtungen der Paranoiker» und den vergleichbar kreativen Phantasien der Hysteriker die Rede.[161] Gegenüber Fließ hieß es 1893, man könne sich, wenn man über Sexuelles handle, nur wie «ein literarischer Geschäftsmann gebärden.»[162] Grundsätzlich war Freud jeder Anflug von dichterischen oder essayistischen Formen im Blick auf seine wissenschaftlichen Bemühungen verdächtig, weil sie seinem strengen Methodenverständnis widersprachen. Er pflegte an seinen Studien stilistisch zu feilen, um größere Klarheit, keinesfalls aber ästhetische Effekte zu erzeugen. Nichts wurde hier dem Zufall überlassen, jeder Begriff präzis definiert, jeder Satz genau gewogen. Sein Ziel blieb es, Sachverhalte so exakt wie möglich und so nachvollziehbar wie irgend denkbar zu beschreiben. Es berührte ihn daher als Neuropathologen, der durch «Lokaldiagnosen» und «Elektroprognosen» erzogen war, überaus merkwürdig, Fallgeschichten zu schreiben, die «wie Novellen zu lesen sind».[163] Jedoch bildete die möglichst detaillierte Schilderung der Krankenhistorie die einzige Form, die seine Hysterieforschung methodisch zuverlässig begründen konnte. Nur wer sich auf die verwirrenden Windungen und Dunkelzonen der kranken Psyche unmittelbar einließ, durfte systematische Erkenntnis erhoffen. Daß sich aus der exakten Darstellung des bizarren Materials zuweilen dichterische Effekte ergaben, war dabei schwer zu vermeiden, wie auch Freuds Ko-Autor ahnte. Unter Berufung auf das Bonmot eines Freundes erklärte Breuer im Theorie-Kapitel, «die Hysterischen seien die Blüte der Menschheit, freilich so steril, aber auch so schön wie die gefüllten Blumen.»[164]

Den Berichten Breuers und Freuds Vergleichbares lieferte die zeitgenössische Literatur von Jens Peter Jacobsens Roman *Niels Lyhne* (1880) über die Prosa Paul Bourgets bis zu den frühen Novellen Arthur Schnitzlers und der Lyrik Felix Dörmanns. Psychische Zustände stellte sie allerdings, wie ein Essay Hugo von Hofmannsthal 1893 vermerkte, nicht mehr über Inhalte, sondern über Formen dar – «das Sichdurchkreuzen, das Aufflackern und Abirren der Gedanken, die Unlogik, das Brodeln und Wallen der Seele.»[165] Die literarischen Krankengeschichten des *Fin de siècle* ergänzten so das Material, das die Wiener Mediziner erschlossen, indem sie es in eigene ästhetische Strukturen gossen. Vorbilder oder Muster waren sie jedoch nicht, eher ein paralleles Phänomen, das weder Freud noch Breuer wirklich wahrnahmen. Daß umgekehrt die kathartische Methode der Nervenärzte auf die Literatur der Zeit einwirkte, zeigte besonders eindrucksvoll Hofmannsthals *Elektra*-Drama, das die Titelheldin in der Rolle der Hysterikerin mit enger Vaterbindung, unterdrückter Libido und neurasthenischen Spannungen aller Art bis zu Tremor und Trancezuständen inszenierte. Das Stück wurde selbst zu einer Fallstudie, die Hofmannsthal mit den Mitteln des Theaters vorführte. Wie stark dabei die kathartische Technik Freuds und Breuers die Anlage des Dramas beeinflußte, legte Hermann Bahrs Aufführungsrezension von 1905 offen. Die *Elektra*-Tragödie suche, so hieß es dort, «den ganzen Inhalt der Mythen, in welchen sich das Furchtbare der Vergangenheiten zusammengedrängt erhält, ‹abzureagieren›, wie die Psychiater heute sagen, indem sie ihn aus der Dämmerung verstörender Ahnungen an den Tag glänzender Feste bringt».[166] Hofmannsthals Drama übersetzte die kathartische Methode zurück auf die Bühne, wenn es die Neurose in den Mythos verwandelte – ein Verfahren, das Freud selbst wenig erbaulich fand, weil es seinem strengen Wissenschaftsverständnis und seiner Rolle als Arzt widersprach. Denn die Nervenkrankheit war kein ‹glänzendes Fest›, sondern oft genug eine dunkle Qual, die schwere Bürden bedeutete.

Die fünf Fallgeschichten der *Studien*, die unter der Überschrift *Beobachtung* im zweiten Hauptkapitel geschildert wurden, dürfen als Gründungserzählungen der frühen Psychoanalyse gelten. Novellistisch im eigentlichen Sinn war der Aufbau der Berichte mit ihrer Zuspitzung in einem prägnanten Ereignis, das die Krankheit je nach Anlage plötzlich beseitigen oder in gesteigerter Intensität fortführen konnte. Und nicht zuletzt korrespondierte die Beschreibung des hysterischen Anfalls dem Modell einer Novelle, denn sie leistete, was nach Goethes berühmter Definition das entscheidende Merkmal der Gattung bildete: die Schilderung einer ‹unerhörten Begebenheit›.[167] Die Krankheit kam also in der Darstellungskunst der *Studien* als unglaubliches, extrem anmutendes Ereignis zum Vorschein. Sie fand ihre Entsprechung in einer Erzählstruktur, die auf ein einzigartiges Geschehen zulief. Damit glichen die Berichte Freuds und Breuers tatsächlich den großen Novellen des 19. Jahrhunderts, die von Kleist und Brentano, Keller und Meyer, Storm und Fontane stammten. Sie traten das Erbe der Literatur an, ohne selbst ästhetische Ambitionen zu verfolgen. Ihre novellistische Anlage bildete das Resultat einer Krankheit, die ihrerseits ‹unerhörte Begebenheiten› hervorrief. Die Patientinnen wurden, wie Steve Marcus pointiert bemerkte, selbst zum Text, den der Therapeut lesen, verstehen und deuten mußte.[168] Die Novelle geriet auf diese Weise zum Objekt und zur Form der Fallgeschichte gleichermaßen, denn in ihr manifestierte sich das große Ereignis der Krankheit und ebenso die Struktur, in der es erzählt werden konnte.

Vier der Berichte, deren Patientinnen aus Gründen der Diskretion erfundene Namen trugen, verfaßte Freud: jene zu Frau Emmy v. N., Frl. Lucie R., Katharina und Elisabeth v. R. Breuer wiederum steuerte den bald berühmtesten – und zugleich ältesten – Fall bei, die Geschichte der Anna O., hinter der sich Bertha Pappenheim verbarg; das Pseudonym entstand durch eine Rückverschiebung der ursprünglichen Initialen um einen Platz im Alphabet. Die Chronologie der Behandlungen sah anders aus als ihre Beschreibungsfolge in den *Studien*. Die Schweizerin Fanny von Sulzer-Wart – in der Publikation Emmy von N. – war eine von Freuds frühen Patientinnen, deren Untersuchung er am 1. Mai 1889 begonnen und ein Jahr später abgeschlossen hatte; sie gehörte seit dem Tod ihres Mannes im Oktober 1874 zu den vermögendsten Frauen Europas und hatte wohl im Hochsommer 1889 auf sein Geheiß die weite Reise nach Nancy gemacht, um sich dort von Bernheim behandeln zu lassen.[169] Die Ungarin Ilona Weiß – Fräulein Elisabeth v. R. – kam im Herbst 1892 in Freuds Praxis und unterzog sich einer so gründlichen Therapie, daß er den Fall nachträglich als seine erste vollständige Hysteriebehandlung einstufte.[170] Lucy R., eine englische Gouvernante, folgte als Patientin Ende des Jahres 1892, Katharina – alias Aurelia Kronich – im Sommer 1893.[171]

Im gemeinsamen Vorwort zur ersten Auflage verwiesen die Autoren darauf, daß sie ihre Fallgeschichten mit größter Dezenz darzustellen gesucht hätten. «Unsere Erfahrungen entstammen der Privatpraxis in einer gebildeten und lesenden Gesellschaftsklasse, und ihr Inhalt berührt vielfach das intimste Leben und Geschick unserer Kranken.» Aus diesem Grund müsse man auf «die stark sexualen Beobachtungen» verzichten, die sich aus der Behandlung ergaben.[172] Diese Rücksichtnahme war auch dafür verantwortlich, daß Freud seinen «schwersten und lehrreichsten Fall», der ihn am längsten beschäftigte, nicht in die *Studien* einbezog: den der Baroneß Anna von Lieben, die in Korrespondenz und Texten unter ‹Cäcilie M.› firmierte.[173] Gegenüber Fließ sprach er am 8. Februar 1897 davon, sie sei seine eigentliche «Lehrmeisterin» auf dem Gebiet der Hysterieforschung gewesen.[174] Die um ihren Ruf besorgte Baroneß bestand jedoch darauf, daß ihre Geschichte nicht publik wurde, weshalb Freud extreme Diskretion üben mußte.

Breuers Patientin Bertha Pappenheim bot den eindrucksvollsten Fall in der Reihe der Studien. Seine Darstellung regte auch die Literatur der Zeit intensiv an, wie neben Hofmannsthals *Elektra*-Tragödie zumal Richard Beer-Hofmanns Roman *Der Tod Georgs* (1900) und Hermann Bahrs Drama *Sanna* (1905) zeigten (wobei Freud den sprunghaften Bahr für den «typischen Wiener Narren» hielt).[175] Breuer offenbarte in seiner Untersuchung stilistische Fähigkeiten, die denen Freuds kaum nachstanden. Auch er nutzte Techniken der Spannungssteigerung, der Reihung wie der Klimaxbildung; auf dem Feld der medizinischen Symptombeschreibung neigte er jedoch stärker als Freud zur begrifflichen Abstraktion, was zumal im Theorie-Kapitel sichtbar wurde. Breuer offenbarte hier eine gründliche wissenschaftliche Schulung, die für einen Praktiker keineswegs selbstverständlich war. Methodisch zeigten sich Freud und er auf derselben Höhe, so daß Fallbeschreibungen und analytische Auswertungen bemerkenswert einheitlich wirkten.

Bertha Pappenheim war in einer orthodoxen jüdischen Familie unter materiell sicheren Umständen aufgewachsen, hatte die Schule mit 16 Jahren trotz herausragender Begabungen verlassen müssen und lebte seitdem in ihrem Elternhaus, auf Alltagspflichten und Repräsentationsaufgaben beschränkt. Unausgelastet und intellektuell nicht ausreichend gefordert, war-

Bertha Pappenheim

tete sie auf eine Zukunft, die gemäß bürgerlichen Konventionen Heirat und Kinder gebracht hätte. Den Bruder beneidete sie um das Privileg, das Gymnasium besuchen zu dürfen. So schienen schon in der Grundkonstellation Konflikte angelegt, die bald zum Ausbruch kommen sollten. Die eigentliche Krise begann 1880, als Bertha 21 Jahre alt war und ihr Vater während der Sommerfrische auf dem Land an einer fiebrigen Brustfellentzündung erkrankte.[176] Jetzt zeigten sich bei ihr erste psychische Symptome wie Halluzinationen und Trancezustände, verbunden mit Lähmungen, Seh- und Hörstörungen, Einschränkung des Gleichgewichtssinns, Appetitlosigkeit und Verlust der Sprachfähigkeit. Die Delirien der Patientin verliefen zumeist auf ähnliche Weise – einem verdämmerten Nachmittag folgte am Abend gesteigerte Reizbarkeit mit halluzinatorischen Stadien, Krampfanfällen und Bewußtseinseintrübungen. Nachdem Bertha ihren Vater zunächst noch aufopferungsvoll gepflegt hatte, mußte sie ab Dezember selbst das Bett hüten, weil sie unter massiver Beeinträchtigung ihrer Sinneswahrnehmung und ihres Sprachvermögens litt.

Wenige Wochen zuvor hatte Breuer, der mit der Familie befreundet war, die Behandlung übernommen. Er lernte eine hochintelligente junge Frau kennen, die sich beharrlich der Hypnose entzog, in der Regel äußerst rational zu argumentieren wußte, ihrerseits vom Arzt klare Aussagen verlangte, mehrere Sprachen fließend beherrschte und über eine blühende literarische wie bildnerische Phantasie verfügte. Während der ersten Phase ihrer Erkrankung zog sich die Patientin immer mehr zurück, redete nur noch Englisch und verlor schließlich ihre gesamte Artikulationsfähigkeit. Die «tiefe, funktionelle Desorganisation der Sprache», die Breuer diagnostizierte, vollzog sich in Schüben, blieb zuerst auf die Grammatik und die Syntax bezogen, erstreckte sich dann auf die Wortwahl und führte am Ende über die komplette Reduktion des Satzbaus und den Ausfall einzelner Satzteile zum völligen Verstummen.[177] Breuer gelang es im März 1881, diesen Prozeß umzukehren, indem er die von ihr nur noch durch Laute signalisierten Absichten zu erkennen suchte und ihr gegenüber offen thematisierte. Das führte nach wenigen Tagen dazu, daß sich das Redevermögen wiederherstellte und die schwere Aphasie überwunden wurde. Die Patientin verständigte sich nun wieder mit ihrer Umgebung, durchweg allerdings auf Englisch, ohne Rücksicht auf die überforderte Dienerschaft. Die Lähmungen an den Extremen besserten sich in dieser Phase, und insgesamt schien eine Wende zum Guten bevorzustehen.

Am 5. April 1881 starb jedoch der Vater, Sigmund Pappenheim, was «das schwerste psychische Trauma» darstellte, das Bertha «treffen konnte.»[178] Das Krankheitsbild verschlechterte sich rapide, so daß ein weiterer Spezialist zugezogen wurde. Hinzu kamen Indizien für eine zunehmende Abhängigkeit vom Morphium, das man ihr leichtsinnigerweise zur Beruhigung der Nerven verschrieben hatte. Die Patientin verfiel regelmäßig am Abend in einen Starrezustand und geriet danach in eine tiefe Hypnose. In diesen Stunden kommunizierte sie mit Breuer, indem sie ihm märchenähnliche Geschichten erzählte, die den Charakter «freier poetischer Schöpfung», zuweilen aber auch «furchtbarer, schreckhafter Hallucinationen» trugen.[179] Der Arzt konnte so das somnambule Stadium der Anfälle durchbrechen und zu Bertha Pappenheims Innerem vordringen. Diese Art der Verständigung behielt er auch bei, nachdem sie im Juni in ein Landhaus bei Wien gebracht worden war. Die Patientin nahm nun die Behandlung an, sie ließ sich von Breuer hypnotisieren und nannte das gesamte Verfahren eine ‹talking cure› (Redekur) zum Zweck des ‹chimney sweeping› (Kaminfegens). Das zweite Stichwort erschloß über seinen obszönen Anspielungscharakter eine sexuelle Ebene, die im sonstigen Verhalten der Kranken niemals sichtbar war. Ging Breuer bei seiner Patientin zunächst von schwach ausgeprägten Triebwünschen aus, so offenbarte die Kur nun eine dezidiert inzestuöse Vaterbindung. Jedes einzelne Element ihres Deliriums bedeutete eine Wiederholung ihrer Beziehung zum Vater; das abendliche Dämmern erinnerte an die Pflege am Bett, die Halluzinationen riefen ihr das Krankenzimmer ins Gedächtnis, eingebildete Geräusche gemahnten sie an das Eintreffen des Arztes auf dem Land. Mit Hilfe von hypnotischen Impulsen gelang es Breuer, eine Gesprächsebene zu etablieren, auf der Bertha in der Lage war, ihre Phantasien frei auszudrücken. Das «habituelle Wachträumen», das ein «‹Privattheater›» schuf, offenbarte eine ungebundene psychische Energie, die sich in keiner vernünftigen Tätigkeit entfalten durfte.[180] Eine wesentliche Quelle für die Krankheit war die unangemessene häusliche Situation, in der Bertha als begabte junge Frau lebte. Die Lähmung, von der sie befallen wurde, spiegelte die Beschränkung der Möglichkeiten, der sie unterlag.

Breuer vermochte es mit Hilfe der kathartischen Methode, seine Patientin in einen Zustand zu versetzen, der es ihr erlaubte, über ihre Vorstellungen und Phobien zu sprechen. Was Charcot und Janet als zu Wahn und Delirium gesteigerte Hysterie beschrieben, zeigte sich im Fall der Bertha Pappenheim als Form der Persönlichkeitsspaltung. Der Irrsinn, den sie an den Tag legte, hatte insofern strenge Regeln, als er nach festen Mustern zum Ausdruck kam. Die exakte Dramaturgie der Anfälle, die genaue Beziehung zu vergangenen Erfahrungen, die rituelle Wiederholung traumatischer Erlebnisse deuteten auf ein geschlossenes System der Verrücktheit, das selbst einer verbindlichen Grammatik und Logik gehorchte. Die Tremor- und Stupor-Anfälle, Delirien, Halluzinationen und Absencen, die körperlichen Lähmungserscheinungen und Hemmungen offenbarten ein anderes, ursprünglich unterdrücktes Ich, das sich eine eigene Sprache suchte, um zur Erscheinung zu kommen. Zwar gelang es Breuer durch seine Behandlung, daß die physischen Symptome zurücktraten und der wilde Stoff der Phantasie eingedämmt wurde, aber die Gespenster des Wahns waren damit nicht vertrieben. Die Erinnerungen an die dunklen Seiten der Seele kapselten sich nun im Bewußtsein ein, und es wurde sichtbar, daß die Überwindung der vermeintlichen Hysterie einen hohen Preis hatte: den Eintritt in die Psychose. Fortan lebte Bertha Pappenheim mit einer potentiellen Persönlichkeitsspaltung, im Stadium einer unterschwellig präsenten ‹condition seconde›.

Breuer erkannte in dieser Phase zu spät, daß die Behandlung an einen

Abgrund geraten war. In wachsendem Maße litt die Therapie unter Projektionen, Wünschen und Rollenspielen der Kranken und des Arztes. Daß sich die beiden ineinander verliebt hatten, war nun offenkundig; Bertha suchte immer häufiger Körperkontakt mit dem Arzt, legte ihren Kopf in seinen Schoß und phantasierte ungeschützt, ohne daß er imstande schien, die nötigen Grenzen zu ziehen. Breuer selbst sah in ihr nicht nur die begehrenswerte junge Frau, sondern auch die Versorgerin und Gebärende, trug sie doch denselben Vornamen wie seine früh verstorbene Mutter. Mathilde Breuer entging diese Entwicklung nicht, denn ihr Mann sprach immer häufiger vom Fall Berthas und stand sichtbar im Bann seiner Patientin. Sie drängte jetzt mit Nachdruck darauf, daß er ihre Behandlung beendete, weil sie um ihre Ehe fürchtete. Breuer folgte ihren Wünschen aber erst, als er begriff, wie weit ihm Bertha medizinisch entglitten war.[181] Eine Episode, an die Freud 50 Jahre danach in einem Brief an Stefan Zweig erinnerte, scheint den letzten Anlaß für den Abbruch der Therapie geliefert zu haben. Eines Abends besuchte der Arzt die Kranke und traf sie im Bett liegend an, gekrümmt vor «Unterleibskrämpfen».[182] Zur Erklärung gab sie an, sie liege in den Wehen, und der Vater des Kindes, das sie gebäre, sei er selbst, Doktor Breuer. Die Hysterie hatte den Schauplatz geräumt – an ihre Stelle war die Spaltung der Persönlichkeit getreten. Am 12. Juli 1882 wurde Bertha Pappenheim in das Kreuzlinger Privatsanatorium Bellevue überwiesen, das der Schweizer Psychiater Robert Binswanger leitete. Nach dreieinhalb Monaten gab sie die Therapie auf, verließ die Klinik und begann eine Ausbildung zur Krankenpflegerin, obgleich ihre Absencen und Wahnzustände keineswegs überwunden waren.[183]

Bertha Pappenheim versuchte nun ein halbwegs normales Leben zu führen, engagierte sich später in der Frauenrechtsbewegung und arbeitete caritativ; privat blieb sie alleinstehend – «der armen Bertha ist nie ein anderer Mann nähergetreten als ihr jeweiliger Arzt», schrieb Martha Bernays am 2. November 1883.[184] Ihren psychotischen Schüben war sie weiterhin ausgesetzt, so daß sie regelmäßig in Kliniken eingewiesen werden mußte. Wenn Sándor Ferenczi rückblickend erklärte, der Fall der Anna O habe die kathartische Methode als «gemeinsame Entdeckung einer genialen Kranken und eines verständnisvollen Arztes» ans Licht gebracht, so unterschlug diese Charakteristik einen Teil der Wahrheit, nämlich die Erfolglosigkeit der Therapie.[185] Im August 1883 erhielt Freud durch Breuer die Nachricht, Bertha befinde sich erneut in einem Sanatorium – Inzersdorf bei Wien –, und er habe jede Hoffnung auf dauerhafte Heilung fahrenlassen. Er, so schrieb Freud an Martha, «wünscht ihr den Tod, damit die Arme von ihrem Leiden erlöst werde.»[186] Die ‹talking cure› hatte die Krankheit bloß offenbart, nicht jedoch beseitigt. Wie begrenzt die therapeutische Wirkung hier blieb, erfuhr man erst später. Martha, die mit Berthas Cousine Emma Pappenheim bekannt war, berichtete am 31. Mai 1887 an ihre Mutter, die frühere Patientin sei deutlich gealtert, habe graues Haar und leide immer wieder unter ihren ‹Zuständen›, die sie abends «ganz unbrauchbar» machten.[187] Zu Berthas Krankheitsbild gehörten nicht nur neurotische Anfälle, sondern auch psychotische Schübe. Ihr Fall demonstrierte damit die Möglichkeiten und Grenzen des kathartischen Verfahrens, das zwar seelische Symptome zugänglich machte, aber schwere Störungen kaum behob. Wie die Psychoanalyse, die aus ihm hervorging, stieß es dort auf Beschränkungen, wo der Wahnsinn seine ganze Wut und Kraft zeigte. Freud war sich daher auch in künftigen Jahren bewußt, daß seine Methode an Neurosen erfolgreich erprobt, nur auf psychotische Erkrankungen nicht angewendet werden konnte.

Freuds Darstellungskunst trug nicht allein novellistische Züge, sie bezog weitere literarische Gattungen ein.[188] Seine Fall-Geschichten lassen sich als Familienromane oder *detective stories*, als Erzählungen aus dem Schattenreich der Seele, aber auch als Lese-Tragödien einer kathartischen Dramaturgie charakterisieren. 1932 unterstrich er in einem Vorlesungszyklus das narrative Verfahren ausdrücklich durch eine klassische Eröffnungsformel: «Hören Sie also die Geschichte einer meiner Patientinnen».[189] In den Hysterie-Studien verwendete Freud diese Technik noch nicht derart explizit und selbstsicher, wie seine fast erschrockene Bemerkung über den Durchbruch des Novellistischen verriet. Trotz solcher Momente der Selbstdistanz blieb das Bekenntnis zum literarischen Stil aber ernstgemeint, weil Freud wußte, daß ihm die Beschreibung seiner Fälle keine andere Wahl ließ als die, zum Erzähler zu werden. Die narrative Haltung war nur scheinbar frei, in Wahrheit ergab sie sich zwangsläufig aus dem heiklen Stoff – der Geschichte der versteckten Sexualität.

Gleichzeitig wehrte sich Freud zeitlebens gegen die Unterstellung, seine Arbeit sei nicht naturwissenschaftlich fundiert. Das war keineswegs, wie Jürgen Habermas meinte, ein «Selbstmißverständnis»,[190] sondern die berechtigte Legitimation eines Verfahrens, dessen Wurzeln im Bereich der Physiologie lagen. Habermas täuschte sich, wenn er Freuds Rückgriff auf das physiologische Energiekonzept für einen rein taktischen Versuch hielt, seine Hypothesen nachträglich zu objektivieren.[191] Richtig ist, daß die naturwissenschaftliche Fundierung der neuen Behandlungstechnik schon dort erfolgte, wo die Studien das hysterische Krankheitsbild nach dem Muster eines physiologischen Reiz-Reaktion-Modells im Sinne von Du Bois-Reymond beschrieben. Der seelische Apparat gehorchte einem Harmoniegrundsatz, der im Fall der psychischen Erkrankung gestört und auch energetisch aus dem Gleichgewicht geraten war. Die Erkenntnis dieses Zusammenhangs schuf den medizinischen Anspruch der Hysterie-Behandlung. Am Ende des Buchs schrieb Freud: «Man wirkt, so gut man kann, als Aufklärer, wo die Ignoranz eine Scheu erzeugt hat, als Lehrer, als Vertreter einer freieren oder überlegenen Weltauffassung, als Beichthörer, der durch die Fortdauer seiner Teilnahme und seiner Achtung nach abgelegtem Geständnisse gleichsam Absolution erteilt; man sucht dem Kranken menschlich etwas zu leisten, soweit der Umfang der eigenen Persönlichkeit und das Maß von Sympathie, das man für den betreffenden Fall aufbringen kann, dies gestatten.»[192] Hier trat die rationale und damit zugleich die soziale Ebene der Therapie hervor. Sie suchte das Individuum zu heilen, indem sie es zum Sprechen brachte, seine unterdrückten Affekte löste und kathartische Entladung ermöglichte. Im Zentrum der novellistischen Erzählungen stand nicht die bizarre Attraktivität der Krankheit, wie sie die Dekadenzgeschichten eines Bourget oder Jacobsen beleuchteten, sondern das Experiment einer aufklärenden Rede-Kur.

Formen der Neurose zwischen Trieb und Angst

In einem Vortrag, den er am 2. Mai 1896 im *Verein für Psychiatrie und Neurologie* hielt, verglich Freud die analytische Arbeit mit einem archäologischen Verfahren – eine Metapher, auf die er als passionierter Altertumskenner immer wieder zurückkommen sollte. Die psychische Erkrankung erschien als «Trümmerfeld mit Mauerresten», das mit «Hacken, Schaufeln und Spaten» freizuräumen ist, weil nur so «von den sichtbaren Resten aus das Vergrabene» aufgedeckt werden kann.[193] In der Tiefe offenbarte sich das Relikt eines «Palastes oder Schatzhauses», aber ebenso «ein Tempel», an dessen Wänden sich mehrsprachige Inschriften finden, «deren Entzifferung und Übersetzung ungeahnte Aufschlüsse über die Ereignisse der Vorzeit» vermittelten.[194] Die Entdeckung war eine Rekonstruktion, die Bruchstücke zum Ganzen zusammenfügte. Sie stand dabei in der Gefahr, daß die Grabung in der Tiefe keine einheitlichen Strukturen, sondern nur versprengte Fragmente zutage förderte. Insofern mußte der Archäologe selbst in die dunklen Zonen des Erdreichs herabsteigen, um in ihnen die verschütteten Reste eines einstmals Ganzen zusammenzusuchen. Die aufschlußreiche Allegorie, die an die Darstellung eines Initiationsrituals und nicht an einen wissenschaftlichen Forschungsprozeß erinnert, bezeichnete den Weg des Analytikers Freud als ‹descensus ad inferos›, als Abstieg in die Tiefe. Auch in späteren Jahren blieb die Archäologie das Bezugsfeld, das Freud gern anführte, wenn er seine wissenschaftliche Leistung beschrieb. Daß er solche Vergleiche nicht ohne Grund benutzte, lag auf der Hand, kannte er sich doch auf altertumskundlichem Gebiet seit der Gymnasialzeit gut aus. Neben der Lektüre der Arbeiten Schliemanns über die Grabungen in Ilios und Troja spielte für ihn das Werk Emanuel Löwys eine besondere Rolle, dem er erstmals während der gemeinsamen Studienphase in Wien begegnete. Löwy, der ein Jahr jünger war, hatte seit 1891 eine Professur für Archäologie in Rom inne und besuchte Freud regelmäßig in Wien. Ein «ebenso gründlicher als ehrlicher Kopf und braver Mensch», so charakterisierte ihn im November 1897 ein Brief an Fließ.[195] Wenn Freud von archäologischen Entsprechungen in seinem analytischen Verfahren ausging, bedeutete das für ihn insgeheim eine Nobilitierung seiner eigenen Wissenschaft, denn nichts schätzte er höher als die Altertumskunde.

Freuds Untersuchungen zur Hysterie führten ihn auf das übergreifende Feld der Neurosenbehandlung. Eine entscheidende Aufgabe, die er sich ab Mitte der 90er Jahre stellte, bestand darin, die Grenzen zwischen Hysterie und Neurose strenger zu ziehen, als es Charcot und Janet getan hatten. Wichtigste Bedingung war dabei die Einsicht in die Sexualverdrängung als Prämisse der psychischen Erkrankung. Bei mehreren seiner Patientinnen entdeckte Freud erstmals das Zusammenwirken von Trieb und Triebunterdrückung, das ein Drittes, nämlich Angst erzeugt. Phobien sind angstbesetzte Seiten einer nicht akzeptierten oder, im Fall des Kindes, neu entdeckten Sexualität, deren freie Entfaltung jeweils mit Verboten kollidiert. 1932 beschrieb Freud im Rückblick genau diese Erkenntnis als Herzstück seiner in den 90er Jahren entwickelten Neurosenlehre.[196] Schon in einem 1894 – noch vor den Hysterie-Studien – veröffentlichten Aufsatz schilderte er Prozesse der Abwehr von sexuellen Empfindungen als Ausgangspunkte der Neuropsychose.[197] Dabei standen Überlegungen zur Kausalität der jeweiligen Verdrängungsakte im Vordergrund. Wie Freud durch eine systematischere Auswertung der hysterischen Symptome zu seiner neuen Theorie der Sexualität und der Triebverarbeitung fand, läßt sich hier beispielhaft erkennen. Während er sich bei frühen Fallbeschreibungen meist mit der Untersuchung des hysterischen Anfalls, der Prüfung erblicher Vorbelastung und der hypnotischen Therapie begnügte, ging er ab Mitte der 90er Jahre den Gründen für die jeweilige Erkrankung mit wachsender Akribie nach. Auf diesem Wege lernte er, weshalb die Hysterie zumeist aus verdrängten Triebregungen resultierte, die wiederum im Modus der Angst zurückkehren. Das führte ihn zur Einsicht, «daß die Zwangsvorstellung einen Ersatz oder ein Surrogat der unverträglichen sexuellen Vorstellung darstellt und sie im Bewußtsein abgelöst hat.»[198] Verdrängung und Übertragung des Triebs auf andere Objekte bilden, wie es 1894 in einer Studie zu *Neurasthenie und Angstneurose* hieß, die entscheidenden Kräfte, durch deren Zusammenwirken die hysterische Erkrankung entsteht. Als Spielart der Neurose ist die Hysterie ausschließlich psychisch – über eine Umlenkung der Sexualität – motiviert, während die Neurasthenie – die ‹Nervenschwäche› – eine generelle somatische Dimension aufweist, also auch durch frühere körperliche Einschränkungen ausgelöst werden kann.[199] Drei Jahrzehnte später brachte Freud diese Einsicht auf die Formel: «Die Neurose wäre einer traumatischen Erkrankung gleichzusetzen und entstünde durch die Unfähigkeit, ein überstark affektbetontes Erlebnis zu erledigen.»[200]

Freuds Einsicht in die Ursachen neurotischer Erkrankungen ging einher mit einer sehr präzisen Beschreibung sexueller Handlungsmuster. Ihre Erscheinungsformen erschlossen sich über einen Seitenstrang der Argumentation. Themen wie masturbatorische Praktiken, *Coitus interruptus* und Impotenz bildeten Teile einer Untersuchung, die zunächst mit anderem, nämlich der Analyse des neurotischen Verhaltens im Symptomenkomplex der Hysterie begann. Indem Freud den Spuren der Krankheitsgenese nachging, gelangte er zur Sexualität als Objekt der Forschung. Die Psyche, so formulierte er, «gerät in die Neurose der Angst, wenn sie sich unfähig merkt, die endogen entstandene (Sexual-)Erregung auszugleichen.»[201] In den Ursachen der Angst fand Freud auch den Anfangspunkt der Verdrängung, der ihn wiederum zur Erforschung der sexuellen Triebe und ihrer Umlenkungen führte. Die «Zwangsvorstellung» resultiert aus einem zweifachen Verschiebungsvorgang: «erstens, indem etwas Aktuelles an die Stelle des Vergangenen gesetzt ist, zweitens, indem das Sexuelle durch

Analoges, nicht Sexuelles, substituiert wird.»[202] Im Umfeld der Hysterie-Studien, in einer 1895 erschienenen Arbeit zu den Angstneurosen, verwendete Freud erstmals den Begriff der Libido, der gleichzeitig auch in der Fließ-Korrespondenz auftauchte.[203] Er gewann noch keine programmatische Bedeutung, sondern zeigte sich nur am Rande, ohne theoretische Funktion. Der Berliner Psychiater Albert Moll griff den Terminus, der punktuell schon in Beiträgen Meynerts, Krafft-Ebings und Eulenburgs erschien, in einer 1897 publizierten Abhandlung systematisch auf.[204] Eine verbindliche Definition gab Freud erst in den Vorlesungen von 1916/17, wo es hieß: «Libido soll, durchaus dem Hunger analog, die Kraft benennen, mit welcher der Trieb, hier der Sexualtrieb, wie beim Hunger der Ernährungstrieb, sich äußert.»[205]

Die Untersuchung der Abwehrneurosen erschloß eine dichte Reihe von Verhaltensformen: Sammeltrieb, religiöse Zwangsvorstellungen, Aberglauben und Pedanterie gehörten zu den wesentlichen Erscheinungstypen.[206] In dieser frühen Phase war Freud noch davon überzeugt, daß wahnhafte Erkrankungen wie die Paranoia gleichsam eine «Abwehrpsychose» seien und demselben Verdrängungsmechanismus wie die Hysterie entsprängen.[207] Seine Auffassung korrigierte er später, weil er die Weitläufigkeit der Psychosen und die Begrenztheit seines therapeutischen Instrumentariums gegenüber ihren Symptomen erkannte.[208] Die These, daß die Hysterie ihre Verdrängungsarbeit ins Körperinnere verschiebe, während die Zwangsneurose dasselbe durch Ersetzung von ihr obsessiv erfahrener Gegenstände vollziehe, hielt Freud jedoch zeitlebens aufrecht. Zwar konnte die Hysterie gleichfalls zur Fixierung auf bestimmte Objekte führen, nur vollzog sie keine Verlagerung; die Gegenstände, die hysterische Reaktionen auslösen, sind dieselben, die eine sexuelle Prägung aufweisen. Freud ergänzte diese Einsicht schon 1898 um den Hinweis darauf, daß akute Neurasthenie – meist organische Formen der Erkrankung wie Kopfschmerz – direkte Auslöser (z. B. exzessive Masturbation), neurotische Symptome dagegen in der Kindheit gelegene Ursachen hätten.[209] Im Fall psychotischer Störungen – Paranoia, schwerer Manie – wechselten wiederum die Objekte selbst, durch Akte von Tausch, Ersetzung oder Überlagerung. Erst später weitete Freud diese Erkenntnis aus, indem er betonte, daß die Psychosen Spaltungsprozesse im Ich herbeiführten, die auch ihre Behandlung unter analytischem Gesichtspunkt erschwerten. Wo das Ich keine Geschlossenheit mehr aufwies und verschiedene Erscheinungsebenen ausprägte, konnte Freuds Therapie nicht erfolgreich arbeiten.

Ende April 1896 hielt Freud im Wiener *Verein für Psychiatrie und Neurologie* den schon erwähnten Vortrag zum Thema *Ätiologie der Hysterie*, in dem er nach Genese und Formen der Krankheit fragte. Bedeutsam an diesem Referat bleibt bis heute die ausführliche Erörterung der frühkindlichen Sexualität. Die Schwierigkeit der Therapie bestand laut Freud darin, daß die Ursachen der hysterischen oder neurotischen Konfliktbildung in der Regel nicht klar erkennbar waren. Das traumatische Ereignis, das nach Charcot und Breuer kausal für die Entstehung der Krankheit schien, kann durch vorgelagerte Erinnerungen oder (Selbst-) Täuschungen verborgen werden.[210] Freud legte dabei die wesentliche Entdeckung früherer Behandlungen zugrunde, derzufolge «der Hysterische» überwiegend «an Reminiszenzen» leide.[211] Die Schwierigkeit dieser Beobachtung beruhte jedoch darin, daß die Erinnerungen nicht unverstellt, sondern in zensierter Form zutage traten. Sie erschließen noch nicht das Material der hysterischen Prägung bzw. der Neurose, sondern nur Formen der Verschiebung; sie richten den Blick auf Nebenschauplätze, lenken ab, verzerren das Ur-Bild. Jahre später, in einer 1908 veröffentlichten Studie, hat Freud die verschiedenen Spielarten solcher Verschiebung aufgelistet. Demnach kann die hysterische Symptomatik auf die Erfüllung eines unerlaubten sexuellen Wunsches, die rituelle Wiederholung eines traumatischen Erlebnisses wiederum auf erfahrene oder imaginierte Triebbefriedigung zielen. In manchen Fällen tritt sogar eine Doppelung der Geschlechtermodelle auf, insofern die hysterische Phantasie männliche und weibliche Rollenmuster – etwa Verführer und Verführte – gleichermaßen ausprägt.

Das besondere Problem der analytischen Untersuchung lag darin, daß Anzeichen und Symptome niemals direkt deutbar waren. Ähnlich wie im Fall der Verdrängung ging Freud sein Thema daher über einen Umweg an. Den Ausgangspunkt bildete jeweils die – von Charcot unbefriedigend beantwortete – Frage nach dem Auslöser der Hysterie bzw. der Zwangsneurose. Die Traumatisierung, die hier im Hintergrund stand, war für Freud keine letztgültige Instanz. Er überprüfte ihre eigenen Ursachen und stieß auf verdrängte Sexualität im Allgemeinen und frühkindliche Erlebnisse mit Lustregungen im Besonderen. Wenn sexuelle Antriebe nicht auf natürliche Weise ausgelebt und befriedigt werden, können sie eine negative Prägung erfahren. Das galt dann auch für Reminiszenzen an jene infantilen Erlebnisse, die libidinöse Dimensionen aufwiesen. So wie Freuds Beschreibung einer unterdrückten sexuellen Welt in der Studie über die Abwehr-Neurosen zu einer für damalige Verhältnisse skandalös offenen Darstellung von ehelichen Praktiken und Problemen führte, mündete seine Suche nach dem Auslöser hysterischer Angstbesetzungen im Wiener Vortrag in eine die Hörer schockierende Beschreibung der infantilen Triebwelt. «Sexuelle Erfahrungen der Kindheit, die in Reizungen der Genitalien, koitusähnlichen Handlungen usw. bestehen, sollen also in letzter Analyse als jene Traumen anerkannt werden, von denen die hysterische Reaktion gegen Pubertätserlebnisse und die Entwicklung hysterischer Symptome ausgeht.»[212]

Im Detail arbeitete Freud drei Formen kindlicher Sexualität heraus: die Mißbrauchsfälle unterschied er von den ‹förmlichen› Liebesverhältnissen mit älteren Erwachsenen – eine aus heutiger Sicht problematische Charakterisierung – und den Intimkontakten unter Gleichaltrigen.[213] Erhalten bleiben sie in den Erinnerungen der Erwachsenen, wobei traumatische Erfahrungen durch sexuelle Gewalt oder verbotene Erlebnisse wie im zweiten Typus zumeist verdrängt werden. Jegliche Abwehr erzeugt hysterische oder genereller: neurotische Störungen, die wiederum ihre eigene Symptomatik über den Umweg von Ersatzobjekten entfaltet. Bemerkenswert war das Kausalitätsverständnis, das Freud hier an den Tag legte, wenn er die finalen Auslöser der Abwehrprozesse durchleuchtete. Die verdeckte Ursache des Krankheitsbildes wurde nicht nur wie bei Bernheim, Liébault und Janet generell benannt, sondern eigenständig beschrieben und ohne Rücksicht auf Denkkonventionen systematisiert. Auch wenn gerade Mißbrauchserfahrungen in der Erinnerung des Patienten angstbesetzt blieben, mußten sie analysiert werden, damit die jeweilige Zielrichtung der Abwehrreaktionen hervortreten konnte.[214] Die wissenschaftliche Notwendigkeit, Kausalität überhaupt zu erforschen, erzwang die weitere Notwendigkeit, unbestechlich und rücksichtslos auf die letzten Gründe des Trieblebens zuzusteuern. Dabei war Kausalität niemals direkt gegeben, sondern über den Umweg der Abwehrreaktion; der eigentliche Auslöser der Hysterie, der in der traumatischen Erfahrung verstellt ist, manifestiert sich über Ersatzgegenstände und verschobene Objektfixierungen. Ursachen sind nicht im einfachen Rückgriff vom Resultat auf den Ausgangspunkt zu erfassen, weil sie verdrängt wurden und daher bloß vermittelt zur Erscheinung kommen. «Die Morphologie der Neurosen» müsse, so lautete die Formel, in «Ätiologie» übersetzt werden; anders gesagt: die Formen der Krankheit erklären sich aus ihren Ursprüngen und der tieferen – sexuellen – Bedeutung, die ihnen innewohnt.[215]

Eine entscheidende Bedingung, mit der Freud über Breuers Auffassung des Traumas hinausging, trat an diesem Punkt hinzu. Die Verdrängung sexueller Erinnerungen geschah nur unter der Voraussetzung, daß diese unbewußt waren.[216] Die Arbeit der Verdrängung begann also dort, wo die Objekte selbst unterhalb des Bewußtseins lagen – eine Annahme, die Breuer im Theorie-Kapitel explizit unterstützt, aber selbst nicht therapeutisch aufgegriffen hatte. Die Vergegenwärtigung des Absenten erfolgte über Stellvertretungsakte, die ihrerseits in der Umbesetzung des Triebobjekts vonstatten gingen. Es handelte sich um das, was Breuer die «‹bewußtseinsunfähigen› Denkvorgänge» nannte, also ein Material der vorbewußten Sphäre, die nur verschoben, über die Verdrängung auftauchte.[217] Diesen indirekten Mechanismus, der dem Abwesenden durch Abwehr und Umlenkung Bedeutung verschaffte, suchte Freud einige Jahre später in seiner Traumtheorie, geschult durch seine Hysteriebeobachtungen, weiter zu erforschen. Erst dann gelang es ihm, das Verhältnis von Bewußtem und Unbewußtem, von Ich und Trieb genauer zu klären. Während der voranalytischen Phase erschien das Ich nur, wie Anna Freud 1936 resümieren sollte, als «Störung», weil es den Einblick in die Arbeit der Verdrängung erschwerte.[218] Der Arzt mußte es durch Suggestion stillstellen, damit das Unbewußte zur Sprache kam, konnte es aber nicht aktiv in den Heilungsprozeß einbeziehen. Eine Dekade nach den Hysterie-Studien fand die Psychoanalyse dann zu einem Verfahren, bei dem das Ich direkt an der Aufdeckung seiner verdrängten Zonen beteiligt wurde.

Im Laufe des Jahres 1895 hielt Freud mehrere Vorträge, die Themen der Hysterie-Studien variierten. Am 15. Januar 1895 sprach er im *Verein für Psychiatrie und Neurologie* über den *Mechanismus der Zwangsvorstellung und Phobien*. Freud unterschied zwischen traumatischen Störungen, Obsessionen und Phobien, wobei den drei Formen gemeinsam sei, daß sie jeweils auf Verdrängtes zurückgingen.[219] Während die Obsessionen wechselnde affektive Störungen einschließen, ist die Phobie durch eine gewisse Gleichmäßigkeit und Monotonie geprägt. In beiden Fällen aber müsse nach den Auslösern gefahndet werden, ohne die eine Heilung undenkbar sei. Als es zur Diskussion dieser Thesen kam, unterstützte der renommierte Krafft-Ebing die Differenzierung Freuds aus klinischer Sicht, verwies aber ergänzend auf die Bedeutung religiöser Zwangsvorstellungen, hinter denen häufig eine sexuelle Besetzung erkennbar sei.[220]

Am 4., 21. und 28. Oktober 1895 hielt Freud vor dem medizinischen Doktorenkollegium der Wiener Universität ein dreiteiliges Referat *Über Hysterie.* Dem folgte am 4. und 11. November noch eine Diskussion mit den Hörern, die Breuer trotz seiner Distanz zu sexualtheoretischen Fragen höchst freundlich eröffnete.[221] An Fließ berichtete Freud Ende Oktober 1895, seine Vorträge seien «sehr frech» gewesen, und er verspüre jetzt «Lust zur Arroganz».[222] Vermutlich meinte er damit seine Gedanken über die Bedeutung frühkindlicher Sexualtraumen, deren Einfluß auf die Hysterie er ausführlich beleuchtete. Der Zyklus wurde niemals publiziert, fand aber ein Echo in zwei Zusammenfassungen der *Wiener medizinischen Presse* und der *Wiener klinischen Rundschau.* Für die letztgenannte, sehr renommierte Zeitschrift arbeitete regelmäßig Arthur Schnitzler, dessen Vater Johann das Journal 1887 unter dem Titel *Internationale klinische Rundschau* gegründet hatte.[223] Aus der Feder Schnitzlers, der hier mehr als 70 Beiträge veröffentlichte, stammte mit großer Wahrscheinlichkeit auch die erste Besprechung von Freuds Vortrag. Sein Artikel faßte ebenso genau wie fachkundig zusammen, was im Oktober 1895 im Doktorenkollegium vorgestellt wurde.[224] Er hob die systematische Unterscheidung der Erkrankungsformen hervor, die sich in Hysterie, Neurasthenie (nervöse Erschöpfung), Angst- und Zwangsneurosen gliederten. Über die von Freud beschriebene Unterdrückung der Libido als Quelle neurotischer Prägung hieß es: «Die Angstneurose wurzelt bei früher gesunden Männern in der Abstinenz. Wo starke sexuelle Erregungen gar nicht oder nur durch Blicke und Betasten befriedigt werden, entwickelt sich gern diese Angstneurose. Frauen fallen ihr zumeist durch den Coitus interruptus anheim.»[225] Im zweiten Vortrag ging es um die Verdrängung, im dritten um die frühkindliche Traumatisierung – das war der Kernbereich, den Freud meinte, wenn er gegenüber Fließ von einer ‹frechen› Argumentation sprach. Die Aufgabe des Arztes bestehe darin, die Verdrängung «aufzuspüren», wie der Rezensent notierte. Hypnose sei dazu nicht erforderlich, denn es genüge, die Stirn des Patienten zu bestreichen und ihn zu bitten, seine Erinnerungslücken zu schließen. Zwischen den gespeicherten Reminiszenzen lägen die Schlüsselzonen der Traumatisierung, so betonte Schnitzler, und sie müßten durch suggestive Befragung erkundet werden «Man bekommt den Eindruck eines Dämons, der sich sträubt, ans Licht zu kommen, weil er weiß, daß dies sein Ende sei.»[226]

Der zweite Bericht über Freuds Vortrag bot eine überraschend ähnliche Gewichtung der Argumente, betonte aber, anders als Schnitzlers Referat, die Rolle der infantilen Sexualität. Hier lag nach Ansicht des Rezensenten der Grund für die Annahme möglicher Heilungschancen. Wenn es gelinge, «die erste Verdrängung aufzufinden und rückgängig zu machen», dann sei es auch möglich, «die Quelle für weitere Erscheinungen dauernd zu verstopfen.»[227] Während Schnitzler das Verdrängte als ‹dämonisch› und damit medizinisch kaum bewältigbar charakterisierte, fand das zweite Vortragsreferat den Weg zu einer praktischen Therapieform durch die suggestive Befragung vorgezeichnet. Beide Rezensenten waren sich aber einig in der Einschätzung, daß Freuds Hypothese der verdrängten Sexualität zutraf und einen zentralen Bereich der Neurosenbildung aufhellte. Ähnlich äußerte sich Eugen Bleuler 1898 in einer Besprechung der *Studien* für die *Münchener Medicinische Wochenschrift*, indem er die Schlüsselrolle anerkannte, die Breuer und Freud dem Triebleben im Hinblick auf die Genese der Hysterie zuschrieben.[228] Das bedeutete höchstes Lob einer klinischen Autorität, aber ein dauerhafter Verbündeter war damit noch nicht gewonnen; der intellektuell unabhängige Bleuler bewahrte sich künftig eine distanzierte Position gegenüber der Sexualtheorie Freuds.

Die Mehrheit der Mediziner und interessierten Laien betrachtete die Trieblehre der *Studien* mit Skepsis. Typisch blieb hier die Haltung des Erlanger Internisten und Neurologen Adolf von Strümpell, der den Autoren in einer Rezension Indiskretion und mangelndes Gespür für intime Details vorhielt.[229] Angesichts der viktorianischen Moral der Zeit kostete es erheblichen Mut, das Feld der Sexualität für die wissenschaftliche Betrachtung zu öffnen. Courage war aber auch gegenüber den Patienten erforderlich, die sich, vermittelt durch Breuer, in Freuds Praxis einfanden. Er selbst rechtfertigte das Gebot der Freimütigkeit und der unvoreingenommen Befragung aus rein medizinischer Sicht. So wie sich eine Frau dem Gynäkologen nackt zeige, damit man sie behandeln könne, so sei es auch im Therapiegespräch zwingend, daß das sexuelle Intimleben als Quelle seelischer Krankheiten erörtert werde. Eine «unverständige Prüderie, als Scham am unrechten Ort», behindere die Heilung und sei medizinisch verwerflich.[230] Im übrigen betonte Freud 1898 in einer Studie zur sexuellen Ätiologie der Neurose, daß die meisten Patientinnen in Gegenwart des Arztes freimütig aussprächen, was sie sonst aus Gründen der Konvention unterdrückten. Diese Konvention, so formulierte er rigoros, habe sich als massive Barriere für die therapeutische Tätigkeit erwiesen: «Gegenwärtig sind wir in Sachen der Sexualität samt und sonders Heuchler, Kranke wie Gesunde.»[231] Freud forderte, es müsse «in der öffentlichen Meinung Raum geschaffen werden für die Diskussion der Probleme des Sexuallebens».[232] Nur so gelinge es, Ehepaare zu einer erfüllten Erotik zu führen und Neurosen zu meiden. An diesem Punkt wurde der allgemeine Richtwert sichtbar, an dem sich Freuds Heilungskonzept orientierte. Es ging um einen in sich gerundeten Selbstentwurf, der Sexualität einschließt, aber Extreme vermeidet. Wer wiederum die Bedeutung des Trieblebens verkannte, konnte auch die Neurosen nicht therapieren. Als Freud im März 1898 Janets neue Arbeit über *Névroses et idées fixes* zur Hand nahm, stellte er fest, daß genau diese Dimension fehlte. «Er ahnt den Schlüssel nicht», wurde mit einer Mischung aus Tadel und Befriedigung an Fließ gemeldet.[233]

Freud ließ keinen Zweifel, daß er seine Offenheit im Punkt der Sexualität nicht mit einer Lizenz zur Zügellosigkeit verwechselt sehen wollte. Er vertrat einen strikten Standpunkt gegenüber allen von der Norm abweichenden sexuellen Praktiken und beurteilte die Masturbation als Quelle neurasthenischer Übel, weil er der Ansicht war, daß sie obsessive Phantasien steigerte und von der erotischen Realität entfernte. Als Grund für diese Einschätzung galt ihm ein prinzipielles Verständnis körperlich-seelischer Balance, für deren Sicherung weder der Exzeß noch die erzwungene Enthaltsamkeit taugten. Ausgedehnte Masturbation lehnte er ab, weil sie Phantasien an die Stelle gemeinschaftlich ausgeübter Sexualität setzte.[234] Damit wich Freud von der Linie der im 19. Jahrhundert verbreiteten medizinischen Kritik der Onanie an einem wesentlichen Punkt ab. Seit Tissots *Dissertation sur les maladies produits par la masturbation* (1760) – und bis zu Autoren wie Krafft-Ebing oder Moll – galt es als *opinio communis*, daß Selbstbefriedigung zu organischen Schädigungen des Rückenmarks und des Gehirns führte. Freud setzte dagegen ein rein quantitatives Argument, wenn er die Masturbation des Kindes als normalen Weg zur Entdeckung der eigenen erogenen Zonen betrachtete, aber vor Ausschweifungen generell warnte. Sexuelle Befriedigung war zwar ein ‹natürliches Bedürfnis›, jedoch nicht in exzessiver Form zuträglich. Der Kampf gegen übertriebene Masturbation ließ sich allerdings, so betonte er, nur führen, wenn man ihre Antriebsquelle kannte. Im Gegensatz zu den viktorianischen Tugendwächtern von Heinrich Ellinger über Julius Rosenbaum bis zu Wilhelm Siegert, die nicht müde wurden, denkbare körperliche Folgen der Onanie aufzulisten, verfolgte Freud das Ziel der Ursachenforschung, das ihm ebenso wichtig wie das Prinzip des Maßhaltens war. Dessen Befolgung genügte nicht moralischem Selbstzweck, sondern ausdrücklich medizinischen Maximen: dem Grundsatz einer Harmonie der Kräfte und dem Muster einer balancierten Lebenspraxis. Die Maxime «Schädlich ist alles, was das Zustandekommen der Befriedigung hindert» galt also nicht uneingeschränkt, sondern allein unter den Bedingungen der ehelichen Verbindung.[235]

Ein wesentlicher Ertrag der Hysterie-Analysen bestand darin, daß Freud die trügerischen Seiten der menschlichen Erinnerung durchschaute. Was das Gedächtnis überliefert, ist oft täuschend, weil es auf Entstellungen oder Auslassungen beruht. Charakteristisch trat dieser Mechanismus in den ‹Deckerinnerungen› auf, die Freud in einem Aufsatz von 1899 als Folgen einer mit Angstgefühlen belegten Reminiszenz beschrieb. Unter ‹Deckerinnerung› verstand er, was nicht für sich selbst steht, sondern aus der «Beziehung zu einem anderen, unterdrückten Inhalt» resultiert; das ging deutlich über die physiologisch begründete Analyse der Neurasthenie hinaus, die Du Bois-Reymond im Anschluß an Ernst Remak und François Magendie ermöglicht hatte.[236] Hier war ein Vorgang erkannt, der später auch für die Beschreibung der Traumtätigkeit eine wesentliche Rolle spielen sollte. Die Gegenstände der Erinnerung unterliegen dort, wo Abwehrmechanismen ihre direkte Vergegenwärtigung verhindern, einer Zensur, die sie erträglich machen und die Quelle der Unlust verdecken soll. Freud schilderte diesen Prozeß mit Hilfe eines bemerkenswerten Vergleichs: «Die Behauptung, daß sich eine psychische Intensität von einer Vorstellung her, die dann verlassen bleibt, auf eine andere verschieben kann, welche nun die psychologische Rolle der ersteren weiterspielt, wirkt auf uns ähnlich befremdend, wie etwa gewisse Züge des griechischen Mythus, wenn z. B. Götter einen Menschen mit Schönheit wie mit einer Hülle überkleiden, wo wir nur die Verklärung durch verändertes Mienenspiel kennen.»[237]

Mit den Hysterie-Studien und den Untersuchungen zur sexuellen Genese der Neurosen war das Fundament der Psychoanalyse errichtet: die Einsicht in die Arbeit der Triebverdrängung, die krankheitsbildende Konsequenz der Umlenkung von libidinösen Kräften, das Auftreten sexueller Regungen in der Kindheit und die Verlagerung der Objektbesetzung auf körperliche Befunde (Hysterie) oder seelische Symptome (Neurose) schufen die Grundlagen einer neuen Lehre, die in den folgenden Jahren zu einer Theorie des Unbewußten und der menschlichen Sexualität ausgebaut wurde. Damit verband sich die Verschiebung der therapeutischen Praxis von der im Sinne Bernheims und Liébaults gedachten Hypnose auf das Gespräch, das die kathartische Methode gegen eine Rede-Kur austauschte. Der Begriff ‹Psychoanalyse›, der dieses Verfahren summiert, tauchte erstmals in zwei Aufsätzen auf, die Freud im Umfeld der Hysterie-Studien veröffentlichte. Die früheste Verwendung ist durch einen in französischer Sprache verfaßten Beitrag belegt, der den Titel *L'hérédité et l'étiologie des névroses* trug und am 30. März 1896 in der *Revue Neurologique* erschien; Freud redete hier von einem «cours d'une psychoanalyse d'hystérie».[238] Im Deutschen begegnet uns der Begriff erstmals sechs Wochen später in dem thematisch verwandten Aufsatz *Weitere Bemerkungen über die Abwehr-Neuropsychosen*, der am 15. Mai 1896 im *Neurologischen Zentralblatt* publiziert wurde. Die einzige Methode, so hieß es dort, die den Krankheitsursachen bei Neurosen zuverlässig nachgehe, sei die «Psychoanalyse zur Bewußtmachung des bisher Unbewußten».[239] Freud hatte übrigens beide Essays nahezu parallel verfaßt, wie er an Fließ schrieb, und am 5. Februar 1896 zeitgleich an die Zeitschriften verschickt: die deutsch-französische Geburtsstunde des Begriffs ‹Psychoanalyse› war genau berechnet und vorausgeplant.[240]

In seiner 1898 publizierten Studie zur sexuellen Dimension der Neurosen erläuterte Freud, wie die psychoanalytische aus der kathartischen Methode hervorging, und beschrieb ihre wesentlichen Bedingungen. Er schloß Kinder, debile und kriminelle Patienten aus dem Wirkungskreis des neuen Verfahrens aus, betonte, daß die Kranken im Moment der Behandlung anfallfrei sein müßten, und erinnerte an die Voraussetzung eines gewissen Einverständnisses mit der Therapieform selbst. Daraus ergaben sich Einschränkungen eigener Art: «Mein Material sind eben chronisch Nervöse der gebildeteren Stände.»[241] Eine zentrale Prämisse für den medizinischen Erfolg, die übrigens schon Krafft-Ebing kannte, erwähnte Freud am Schluß seiner Abhandlung: jede kurzzeitige Heilung sei bei Psychoneurosen unwahrscheinlich, das Versprechen dauerhafter Wiederherstellung unseriös. Auch sporadische Linderung durch ein Zurückdrängen akuter Krankheitseinflüsse könne täuschend sein, wenn die wahren Ursachen des Leidens ungeklärt blieben. Freud betonte damit als entscheidenden Antrieb seiner ärztlichen Tätigkeit die unbestechliche, beharrliche Suche nach den Hintergründen seelischer Erkrankungen. Die diffuse Ansicht, die eine leidende Psyche bot, konnte nur durch äußerste Präzision der Untersuchung erschlossen und erklärt werden. Mit Nachdruck die Ketten der Kausalität bis an ihren Ursprung zu verfolgen, war ein unverzichtbarer Anspruch der jungen Forschungsrichtung. Die Genauigkeit des Urteils und die Festigkeit, die in der Suche nach den Einzelgliedern der Neurose vorwaltet, begründeten nicht nur das Ethos des Arztes Freud, sondern auch seine wissenschaftliche Haltung.

Ein sanfter Patriarch

Die Wohnung im Sühnhaus war zu klein geworden für die fünfköpfige Familie. Im Sommer 1891 suchten Freud und Martha wochenlang nach einer größeren Unterkunft, aber erst eine zufällige Entdeckung während eines Spaziergangs Mitte Juli brachte die gewünschte Lösung: eine geräumige Wohnung in einem neu erbauten Mietshaus an der Berggasse 19 im neunten Bezirk nahe dem Tandelmarkt, nur wenige Gehminuten von den Eltern in der Grünentorgasse entfernt. Das in der ersten Etage gelegene Domizil mit Parkett und hohen Stuckdecken bot Platz für die Privatzimmer und die Ordinationsräume. Vom Erdgeschoß führte eine mit Milchglasscheiben verkleidete Tür in den von Bäumen beschatteten Innenhof, wo eine einsam wirkende Bank stand. Die Ausstattung der neuen Wohnung war moderner als im ‹Sühnhaus›, ohne daß man sie luxuriös nennen konnte.[242] Lediglich die Lage bedeutete eine Verschlechterung gegenüber der alten Unterkunft. Die Berggasse befand sich zwar recht zentral unweit von Ring, Schottentor und Volksgarten, aber die Umgebung hatte wenig Herrschaftliches. Kleine Geschäfte, Fleischer, Gerber und ein naher Altwarenmarkt für Antiquitäten und Trödel bildeten das Umfeld. Eleganz und Großbürgertum fehlten gänzlich, statt dessen regierte ein glanzloser, arbeitsamer Mittelstand. Martha, die Statusbewußtsein und gesellschaftlichen Ehrgeiz besaß, mißfiel das, doch fügte sie sich in die Situation, wie es ihrer nüchternen Art entsprach.[243] Es gab zahlreiche Arztpraxen in der Nachbarschaft, was Freud für die Wohnung sehr einnahm. Die kurze Entfernung zur Universität erwies sich außerdem als Vorteil, da er zu seinen Vorlesungen bequem laufen konnte. Ende Juli unterschrieb er den Mietvertrag und verabredete mit dem Hausmeister den Umzug für den übernächsten Monat. Freud und Martha unterbrachen während der kommenden Wochen ihren Urlaub in Reichenau mehrfach, um in Wien Mobiliar und Lampen für die neue Wohnung zu kaufen.[244] Mitte September 1891 fand der

Umzug von der Maria-Theresien-Straße 8 in die Berggasse 19 statt, am 15. des Monats besichtigte der Freund Fließ erstmals die eben eingerichteten Zimmer.[245]

Die Familie Freuds wuchs nach der Übersiedlung bald weiter, und zu Mathilde, Martin und Oliver gesellten sich schnell drei neue Geschwister. Am 6. April 1892 kam Ernst zur Welt, dessen Ankunft Freud seiner Schwägerin sehr charmant mitteilte: «Seine erste Frage heute früh war: Wo ist Tante Minna?»[246] Nur ein Jahr darauf – am 12. April 1893 – wurde Sophie geboren und schließlich Anna als letztes – offenbar ungeplantes Kind – am 3. Dezember 1895. Martha akzeptierte das Los nahezu permanenter Schwangerschaften klaglos, zumindest «mit wenig Sträuben», wie sich Freud drei Jahrzehnte später erinnerte.[247] Im Alltag leistete sie Außergewöhnliches, indem sie die große Familie umsichtig organisierte, das Personal lenkte und das Durcheinander ordnete, ohne jemals die Ruhe zu verlieren. Wie eng Praxis und Privates waren, zeigt die Rolle der Patinnen in Freuds Familienroman. Im Fall Mathildes war Breuers Ehefrau die Patin, bei Sophie wurde es Sophie Paneth, die Witwe des früh verstorbenen Kommilitonen Josef Paneth, bei Anna wiederum Anna Lichtheim, die Schwester des Medizinerkollegen Albert Hammerschlag. Die beiden Letztgenannten befanden sich auch in Freuds Behandlung und vertrauten ihm ihre Sexualnöte an. Karl Abraham gegenüber gestand er im Januar 1908 die schwierige Dimension dieser Beziehung: «die drei Frauen, Mathilde, Sophie, Anna, sind die drei Patinnen meiner Töchter, und ich habe sie alle! Für die Witwenschaft gäbe es natürlich eine einfache Therapie. Allerlei Intima natürlich.»[248]

Eine große Familie hatten Freud und Martha bewußt angestrebt, aber die dichte Frequenz der Geburten bedeutete eine Belastung, die über Jahre den Alltag prägte. Als Martha im Frühjahr 1895 zum sechsten Mal schwanger wurde, war sie zunächst bedrückt – immerhin zählten die jüngeren Geschwister gerade zwei, drei und vier Jahre. Nachdem Freud sich mit der Lage abgefunden hatte, erhoffte er nichts sehnlicher als einen Jungen als Jüngsten, mit dem sich der Kinderreigen schließen sollte. Die Erwartung war groß, umso mächtiger dann die Desillusionierung, als ein Mädchen zur Welt kam. Enttäuscht schrieb Freud am 3. Dezember 1895, dem Tag der Geburt Annas, an Fließ: «Wenn es ein Sohn gewesen wäre, hätte ich Dir telegraphische Nachricht gegeben, denn er – hätte Deinen Namen getragen.»[249] Aus Wilhelm Freud wurde nun Anna – der Name erinnerte an

Freuds ungeliebte Schwester und seine eigene Eifersucht auf sie –, aber die Stimmung hob sich bald, weil die kleine Tochter das Gefallen des Vaters erregte. In den Vorlesungen des Winters 1915/16 hieß es über solche Konstellationen: «Wie viele Mütter, die ihre Kinder heute zärtlich, vielleicht überzärtlich lieben, haben sie doch ungerne empfangen, und damals gewünscht, das Leben in ihnen möge sich nicht weiterentwickeln; ja sie haben auch diesen Wunsch in verschiedene, zum Glück unschädliche Handlungen umgesetzt.»[250] Das galt ähnlich für Martha, die ihre sechste Schwangerschaft durchlitt, weil sie durch Zahnschmerz und Entzündungen erheblich beeinträchtigt war. Nach der Entbindung durchlief sie die Phase einer «Schreiblähmung», wie Freud am 7. März 1896 Fließ berichtete.[251] Sie resultierte, so wurde ihm unschwer klar, aus einer neurotischen Störung, die sich als Ausdruck der Furcht vor jeglicher Kommunikation, auch mit dem Ehemann, deuten ließ. In einer dreißig Jahre später publizierten Studie über *Hemmung, Symptom und Angst* gab Freud der Sache eine sexuelle Konnotation, indem er die Schreibhemmung mit der Furcht vor der unerlaubten Aktivierung des an einen Phallus gemahnenden Stifts in Verbindung brachte. Sie entspringe der Furcht, die «verbotene sexuelle Handlung» auszuführen – was auf Martha bezogen geheißen hätte, daß ihre motorische Störung eine erotische verdeckte.[252] Im Frühjahr 1896 hatte Freud jedoch für Marthas Leiden und seine unbewußten Gründe keinen Sinn, weil er zu sehr mit sich selbst beschäftigt war.[253]

Auch dem Vater bedeutete das sechste Kind zuerst nur eine Last, bald aber wuchs es ihm in besonderem Maße ans Herz. Frühzeitig fühlte Freud eine starke Neigung zu Anna. In seinen Briefen an Fließ berichtete er nahezu ausschließlich von ihr, aber kaum von Mathilde und Sophie; die Jungen wiederum kamen nur im Kollektiv vor, als fröhlich-wilde Kobolde. Stolz vermerkte Freud über die Jüngste: «Das Kind entwickelt sich reizend».[254] Von der anderthalbjährigen Anna erzählte er aus dem Urlaub in Aussee, sie habe schlechte Erdbeeren gegessen und sich den Magen verdorben, weshalb sie einen Tag nüchtern bleiben mußte. In der Nacht sprach sie dann im Schlaf: «‹Erdbeer, Hochbeer, Eierpeis, Papp.›»[255] In der Kette der Wünsche, die der Traum des Kindes manifestierte, verkörperte der Vater die letzte Stufe. Die Tochter begehrte ihn wie die süße Eierspeise, die man ihr aus diätetischen Gründen verweigerte. Freud führte die Episode später als Exempel in der *Traumdeutung* an, jedoch diente sie nur zur Illustration der Wunschphantasie im Schlaf, ohne daß ihr inzestuöser Charakter berücksichtigt wurde.[256] Zeitlebens weigerte er sich, das Verhältnis von Töchtern zu ihren Vätern ähnlich ausführlich wie das von Söhnen zu ihren Müttern zu untersuchen, obgleich er in der Praxis zahlreiche Fälle kennenlernte, die sein Interesse hätten wecken müssen. Die Worte aus Annas Inzesttraum blieben übrigens in der Familie gegenwärtig und wurden künftig gern zitiert, wo es um kulinarische Gelüste, insbesondere die Sehnsucht nach Süßspeisen ging.[257]

Auch die Wohnung in der Berggasse war nun für acht Personen und das Dienstpersonal erheblich zu klein. Das enge Zusammenleben der Kinder führte immer wieder zu Ansteckung bei infektiösen Krankheiten, so daß sich die Familie über Monate hinweg wie in einem Lazarett fühlte. Außerdem war der Praxisbetrieb störend, denn die Grenze zwischen Privatem und Beruflichem ließ sich kaum ziehen. Da bot sich unverhofft eine ideale Gelegenheit, die leidigen Platzprobleme zu lösen, ohne daß man umziehen mußte. Im November 1896 wurde die Dreizimmerwohnung im darunterliegenden Halbgeschoß – dem Mezzanin – verfügbar, wo zuvor ein Uhrmacher lebte; im Sommer hatte sich hier eine Gasexplosion ereignet, deren Druckwellen der Mieter nur entkommen konnte, indem er aus dem Fenster sprang.[258] Nachdem er unter dem Schock dieses Ereignisses seinen Vertrag gekündigt hatte, nutzte Freud die Chance und sicherte sich die Räume zusätzlich, um hier – in ähnlicher Konstellation wie der einstmals bewunderte Breuer – seine Praxis betreiben zu können.[259] Er brachte dort seine Ordination mit Warte- und Behandlungsbereich unter, daneben, durch eine Schiebetür abgetrennt, sein Arbeitszimmer mit der Fachbibliothek, was es ihm erlaubte, bei großer Ruhe, fern von der lauten Familie, zu lesen und zu schreiben. Erst spät in der Nacht stieg er fortan die Treppen zur Privatwohnung empor, um sich, oft noch im Bann seiner Lektüren, schlafen zu legen.[260]

Beide Wohnungen umfaßten jetzt zusammen 17 Zimmer, meist recht gediegen mit damastbespannten Wänden und Stuckdecken versehen. Die technische Ausstattung blieb dagegen sehr bescheiden und bot wenig Komfort. Die schlecht isolierten Fenster ließen Wind und Kälte durch, zerbrachen häufiger bei Gewittern oder Sturm, die Heizleistung der Öfen war begrenzt, das Badezimmer ermöglichte trotz seiner großen Wanne keinen Luxus.[261] Die Privaträume hatte Martha nach zeitgenössischem Geschmack sehr konventionell möbliert, mit Sofas, Sesseln, Eichenschränken, Standuhren, Anrichten und Vitrinen: eine Nippeswelt, in der die Zeit stillzustehen schien und das Tableau der toten Dinge eine für die bürgerliche Epoche typische Starre erzeugte. Lediglich das Telefon, das man 1895 anschaffte – seit 1880 gab es in Wien ein Netz –, fiel als Element des modernen Lebens aus dem Rahmen der klassizistisch-biedermeierlichen Möblierung. Der Apparat war in Stuhlhöhe an der Wand installiert, so daß man sich setzen mußte, um ihn zu verwenden, wie es Heimito von Doderer in seinem Roman *Die Strudlhofstiege* als Merkmal der Wiener Wohnungen der 1880er Jahre beschrieb.[262] Freud mochte das neue Medium nicht und vermied es, wenn möglich, das Gerät zu nutzen.[263] Für ihn bedeutete Verständigung, dem Anderen in die Augen zu blicken, ihn physisch zu erleben. Freud, der große Zuhörer, mochte auf diese Formen der Präsenz nicht verzichten, wenn es um Austausch und Gespräch ging.

Der Familienalltag entsprach ganz dem Ideal, das Freud bei Breuer kennengelernt hatte. Kehrte er mittags aus der Praxis in die Wohnung zurück, dann herrschten hier Lärm und Unruhe – solche Zeichen der Vitalität liebte er als Kontrast zur Stille seiner Arbeitsklause. Im Haushalt lebten neben den Eltern und den sechs Kindern das Dienstmädchen, das auf dem Flur schlief, und eine Köchin. Als Nanny für die kleine Anna wurde im Dezember 1895 Josefine Cihlarz eingestellt, die sich ausschließlich um das Wohlergehen der Nachzüglerin kümmerte.[264] Anfang des Jahres 1896 zog, da Martha mit der großen Kinderschar überfordert war, auch die Schwägerin, Minna Bernays, bei den Freuds ein. Nach dem Tod ihres Verlobten Ignaz Schoenberg hatte sie weiterhin bei ihrer Mutter in Wandsbeck gelebt, danach im böhmischen Strakonitz bei der Fabrikantenfamilie Fürth die Rolle der Gesellschafterin übernommen. Später wurde sie Vorleserin bei Moritz Dub, einem Prokuristen des Bankhauses Rothschild, und seiner Ehefrau Emma.[265] Freud hatte mit Martha schon früher über die Möglichkeit eines Einzugs seiner Schwägerin gesprochen, aber Minna schien zu zögern, ob sie sich derart fest an die Familie ihrer Schwester binden sollte. Noch immer träumte sie von einem Studium in Wien, wie es ihr Freud in früheren Jahren ausgemalt hatte. Gleichzeitig litt sie im Hause Dub unter einem monotonen, intellektuell unerfüllten Leben, das von immergleichen förmlichen Pflichten bestimmt war. Die Zukunft konnte nur Besseres bieten, und daher nahm sie das neue Angebot ihres Schwagers zum Jahresende 1895, kurz nach der Geburt Annas, ohne weitere Bedenken an. Minna versah bald wichtige Rollen in der Familie: sie war für die Kinder zuständig, brachte in ihren Alltag jene emotionale Wärme, die Martha nie ausstrahlte, und spielte, wovon noch zu berichten ist, die Rolle der vertrauten Freundin, der Freud seine Arbeitsnöte offenbarte.

Nachdem Freud sein neues Arbeitszimmer im Mezzanin bezogen hatte, begann er auf seinem Schreibtisch Gipsabgüsse von Florentiner Statuen zu plazieren, die er anfänglich in Wiener Antiquitätengeschäften erwarb. Das war der Ausgangspunkt einer bald wachsenden Sammlung antiker Exponate, mit der er auch sein großes Vorbild Charcot nachahmte, in dessen Pariser Domizil er solche Stücke erstmals in großer Zahl sah.[266] Die Schar der Figuren expandierte stetig, so daß bald der ganze Schreibtisch von ihnen besiedelt war. Zu den Lieblingswerken gehörte das römische Relief der Gradiva, die Nachgestaltung einer griechischen Frauenfigur aus dem 4. Jahrhundert v. Chr., die in einer seiner Studien noch eine Hauptrolle spielen sollte. Freud besaß eine geradezu erotisch besetzte Sammellust, die sich in früheren Jahren vor allem auf Briefmarken und Feuerzeuge beschränkt hatte. Auf seinen Reisen erwarb er immer wieder neue Figuren und Vasen, bestellte bei Händlern in Wien während verlängerter Mittagspausen, was ihm gefiel. In die Sommerfrische wurden die besonderen Lieblinge unter den Objekten mitgenommen, weil er ihren Anblick nicht missen wollte. Als er 1938 Österreich verließ, kostete allein die Verpackung der insgesamt 3000 Exponate mehrere Tage. Über vier Jahrzehnte waren viele von ihnen der schweigende Hintergrund der analytischen Arbeit, die in seiner Praxis vonstatten ging.

Das Leben Freuds war streng zwischen «Kinderstube und Ordinationszimmer» geteilt, wie es im März 1899 hieß.[267] Er begann seine Konsultationen morgens um acht Uhr nach kurzem Frühstück, Zeitungslektüre und einer Rasur durch den Barbier, der später sogar direkt in die Praxisräume kam.[268] Zwischen 13 und 14 Uhr wurde das Mittagessen gemeinsam mit den Kindern in den oberen Räumen eingenommen – ein wichtiger Termin, den Freud nie versäumte. «In unserer Gesellschaft», so schrieb er später, «einigt die Mahlzeit die Mitglieder der Familie».[269] Die Kinder suchte er in ihren Zimmern auf, so oft er Zeit hatte. «Die Fratzen sind prächtig», heißt es im August 1896.[270] Nicht selten wurden hier Theaterstücke vorgeführt; die Anregung der Phantasie durch Vorlesen, Spielen, durch das, was man ‹ästhetische Erziehung› nennen kann, bildete ein wesentliches Element der Pädagogik, die Freud vertrat.[271] Lediglich die Musik spielte keine wesentliche Rolle in diesem Konzept. Freud war selbst nicht musikalisch, besuchte niemals Konzerte, mied die Oper und hielt daher das Erlernen eines Instruments für verzichtbar.

Freud und seine Kinder 1898

Das Zusammensein mit der Familie war keine störende Pflicht, sondern bedeutete für Freud Entspannung. «Die Kinder wollen, daß ich heute das große Ratespiel ‹100 Reisen durch Europa› mit ihnen spiele», schrieb er im April 1898 an Fließ. «Ich werde es tun, denn auch die Lust zur Arbeit ist nicht immer vorhanden.»[272] Gegenüber einem älteren Kollegen bemerkte er, die gute Balance von drei Mädchen und drei Jungen sei sein «Stolz» und «Reichtum».[273] Immer wieder ist in Briefen vom Vergnügen die Rede, das ihm die Spiele der Kinder bereiteten. Martins witzige Gedichte, die Zeichenversuche Olivers, Mathildes Geschicklichkeit – das alles machte ihm Freude. Dagegen hielt er, der in der Praxis ständig seelische Konflikte erörtern mußte, sich von den alltäglichen Familienquerelen absichtlich fern. Dispute zwischen seinen Sprößlingen ignorierte er; mit Martha wiederum gab es niemals offene Auseinandersetzungen – er sparte seine Streitlust für wissenschaftliche Kontroversen auf. Nur selten begrenzte Freud die Freiräume der Kinder, mischte sich bloß dann ein, wenn es ihm unabdingbar schien. In späteren Jahren, als die Pubertät kam, erzog er sie zu Selbständigkeit und Verantwortungsgefühl. Daß das nicht immer vollauf gelang, lag auch an der mächtigen Autorität, die der gelehrte Vater für seine Sprößlinge darstellte.

Die gemeinsame Mittagsmahlzeit bot Gelegenheit zum Gespräch, wobei die Eltern den Nachwuchs in zumeist witzig-spielerischem Ton über seine Erlebnisse und die anstehenden Aufgaben befragten. Auf jüdische Traditionen wurde kein Wert gelegt, also auch nicht koscher gekocht. Bevorzugt kamen Rinderbraten, Schnitzel oder Kotelett, Blutwurst, Geselchtes und Knödel auf den Tisch, zum Nachtisch Mehlspeisen. Das Essen selbst zählte für Freud in jüngeren Jahren wenig; er machte sich nichts aus gehobener Küche, lud selten zu Diners und war bekannt dafür, daß ihm die Qualität der Mahlzeiten relativ gleichgültig blieb. Das änderte sich erst nach 1900, unter dem Eindruck der Italienreisen und der dort zu entdeckenden kulinarischen Köstlichkeiten – Artischocken, Tomaten, Erdbeeren zumal. Fortan besserte sich das Niveau der Küche im Hause Freuds, was auch durch die solidere finanzielle Lage begünstigt wurde, in der er sich nach der Jahrhundertwende befand. Bis 15 Uhr ließ Freud seine Praxis ruhen, ging spazieren, machte Besorgungen und sammelte neue Kraft für die analytische Arbeit. Die Ordination hielt ihn danach für mindestens vier Stunden beschäftigt; nicht selten wurde der letzte Patient erst um 22 Uhr entlassen. Da er auch am Sonnabend behandelte und danach im Hörsaal stand, blieb für die Erholung nur ein einziger Tag. Während er in den ersten Praxisjahren noch Gelegenheit zu abendlichen Caféhausbesuchen mit Paneth oder Breuer fand, beschränkte sich die Freizeit nun auf seltene Momente.

Samstagabend spielte Freud mit seinen Freunden bei wüstem Zigarrenkonsum Karten (sein «Tarockexzeß»).[274] Die Mitglieder der Runde waren durchweg Mediziner, standen aber der Psychoanalyse fern: Oscar Rie, mit der Schwester von Fließ' Ehefrau verheiratet, und sein Schwager Ludwig Rosenberg praktizierten als Kinderärzte, Leopold Königstein hatte sich in der Augenheilkunde einen Namen gemacht, Julius Schnitzler, der Bruder des Dichters, war Chirurg. In späteren Jahren beteiligten sich die Kinder am Tarock und ersetzten immer häufiger die alten Freunde. Während Minna und Anna als Mitspielerinnen am Tisch geduldet wurden, akzeptierte Freud die Teilnahme anderer Frauen nicht, weil er hier im intimsten Zirkel bleiben wollte.[275] Die Kartenrunde fand bei Rosenberg oder in der Berggasse statt, zuweilen auch im Café Central oder im Café Landtmann am Universitätsring neben dem Burgtheater.

Nach dem Tarock-Abend blieb für den Sonntag ausgiebige Zeitungslektüre und ein längeres Mittagessen. Regelmäßig besuchte Freud seine Eltern in der Grünen Thorgasse 14, wo man gemeinsam in großer Familienrunde speiste. Umgekehrt kam auch Amalia häufiger zum sonntäglichen Essen in die Berggasse, während Jakob sein unvermeidliches Caféhaus frequentierte. Bis Mitte der 90er Jahre wohnten Freuds Schwestern Rosa und Adolfine («Dolfi») bei den Eltern und sahen so auch ihren Bruder regelmäßig. Nach Anna, die seit 1892 mit Eli in New York lebte, hatte Maria geheiratet. Mit ihrem Mann, dem frommen Chassid Moritz Freud, einem Cousin zweiten Grades, war sie 1886 nach Berlin gezogen. Sie gebar dort Zwillingssöhne, von denen einer wenig später starb, und drei Töchter. Pauline hatte sich mit dem Juristen Valentin Winternitz vermählt und war nach der Geburt einer Tochter ebenfalls nach New York emigriert. Rosa heiratete erst 1896, 36jährig, den angesehenen Anwalt Heinrich Graf, mit dem sie einen Sohn und eine Tochter hatte. Bis 1908 wohnten sie und ihre Familie im selben Haus an der Berggasse 19 auf der Etage gegenüber von Freud. Adolfine blieb als einzige der Schwestern ungebunden und führte nach dem Tod von Jakob Freud im Herbst 1897 ihrer Mutter den Haushalt. So bot sich für große Familienrunden in den 90er Jahren genügend Gelegenheit, und Freud genoß die regelmäßigen Zusammenkünfte, weil sie Formen jener geregelten Turbulenz boten, die er liebte: es wurde laut debattiert, gelacht, gespielt.

Die freie Zeit war knapp eingeteilt, und Arbeit dominierte die Wochen in Wien. Eine mehrtägige Unterbrechung im Praxisrhythmus schien Freud aus Gründen der therapeutischen Folgen für seine Patienten nicht sinnvoll. Hinzu kamen ökonomische Erwägungen: da er ungefähr 2000 Gulden pro Monat für den Unterhalt der Familie und deren «Löwenhunger» benötigte, mußte er sechs Tage in der Woche praktizieren.[276] Sein ideales Soll an «Arbeit und Erwerb» seien zehn Stunden und 100 Gulden am Tag, so schrieb er Fließ im Dezember 1896.[277] Liege der Schnitt aber über dieser Grenze – bei zwölf Stunden –, dann falle er abends um «wie vom Holzhacken», so erklärte er nachdrücklich.[278] Zuweilen kam es vor, daß er während der Analyse in den Nachmittagsstunden einschlief.[279] Oftmals fühlte er sich abends nach der Praxis «sprachlos»; statt «liebenswürdig (...), überlegen, witzig, originell» aufzutreten, wie er es von sich selbst verlangte, mußte er sich erschöpft zurückziehen, weil ihn das therapeutische Alltagsgeschäft entkräftete.[280] Der gesamte Jahresrhythmus mit intensiver Arbeit zwischen Herbst und Sommer war der Ordination unterworfen. «Der Hausvater, der seine mühsam erworbenen 16–17 Mille voll aufbraucht», hatte sich auch bei seinen Urlaubsplanungen nach den Wünschen der Patienten zu richten.[281] Kürzere Abwesenheiten außerhalb der Sommerpause für Treffen in Berlin, wie sie Fließ häufig anmeldete, waren vollkommen unmöglich.

Allerdings gab es neben Phasen regen Ordinationsbetriebs auch erhebliche Durststrecken. Freuds medizinische Praxis entwickelte sich nur langsam und auf schwankendem Niveau, was ihn auch deshalb belastete, weil seine Eltern und Schwestern weiterhin auf finanzielle Unterstützung durch ihn angewiesen waren. Noch im Frühjahr 1895 klagte er darüber, daß sich zu wenig Patienten bei ihm einstellten und er deshalb in eine ‹unbrauchbare Stimmung› gerate.[282] Im Mai 1896 konstatierte er einen gänzlichen Stillstand der Ordination – eine prekäre Lage, die noch einige Jahre regelmäßig wiederkehrte, ehe es nach 1900 zu einer stärkeren Praxisfrequenz bei gleichzeitig erhöhten Honoraren kam.[283] Wäre nicht Breuer regelmäßig finanziell eingesprungen, hätte der junge Mediziner seine wachsende Familie in den 90er Jahren kaum ernähren können. Diese Hilfe war existentiell, aber er empfand sie zugleich als belastend, im Grunde als kränkend. Wenn er fortan mit manchmal verletzender Heftigkeit darauf bestand, seine Schulden zu begleichen, reagierte Breuer wiederum abweisend, weil er das als überflüssig betrachtete. So kam es zu einem Ringkampf der Anständigkeit, bei dem niemand nachgeben wollte. «Es ist echter Breuer», schrieb Freud im Januar 1898 nach dem letzten dieser Scharmützel: «Man kommt dazu, für Wohltaten undankbar zu sein.»[284] Daß Breuer nach dem endgültigen Bruch verbreiten ließ, Freud sei unfähig, ordentlich mit Geld umzugehen, löste bei diesem Empörung und zugleich Ratlosigkeit aus.[285] Wenn man sich in späteren Jahren auf den Straßen Wiens zufällig begegnete, blickte Freud, der von sich selbst sagte, er sei «nachtragend», durch Breuer hindurch.[286] Er war unversöhnlich und nicht bereit, den persönlichen Kontakt wiederaufleben zu lassen.[287] Andererseits leugnete er nie, daß der frühere Freund erheblichen Anteil an der Entwicklung seiner Verdrängungstheorie hatte.

Um seine Lehrbefugnis aufrechtzuerhalten, bot Freud regelmäßig Universitätsvorlesungen an. Sie fanden mit Rücksicht auf seine Praxiszeiten am Sonnabend von 19 bis 21 Uhr statt, in wechselnden Hörsälen. Die Resonanz blieb, wegen des ungünstigen Termins und der für die meisten Medizinstudenten entlegenen Gebiete, äußerst gering. Damit überhaupt die erforderliche Mindestzahl von drei Zuhörern erreicht wurde – ‹tres sunt collegium› lautete der mittelalterliche Grundsatz –, schrieben sich befreundete Ärzte wie Königstein oder Rie in Freuds Vorlesung ein.[288] Die Themen drehten sich zumeist um Neuropathologie und Neurosenlehre – mit einem Schwerpunkt im Bereich der Hysterie –, gemäß seinen eigenen Forschungsschwerpunkten. Ein Abarbeiten des Schulkanons im ganzen Fach der Neurologie hätte ihn kaum interessiert, denn nur die Engführung mit der eigenen Forschung machte das Dozieren für ihn attraktiv. Das akademische Alltagsgeschäft blieb für Freud mühselig, weil er regelmäßig um die Benutzung der damals noch *ad personam* zugeordneten Hörsäle ersuchen mußte. Anfangs dozierte er in Meynerts Auditorium, später wechselte er häufig den Ort, ab Ende der 90er Jahre sprach er meist in den Räumen seines früheren Kommilitonen Wagner-Jauregg, der es innerhalb kurzer Zeit vom Nachfolger Krafft-Ebings in Graz bis zum Ordinarius der Psychiatrie in Wien gebracht hatte.[289] Breuer unterstützte Freud nicht nur durch die Einschreibung, sondern trat auch als Referent in seinen Vorlesungen auf. Allerdings war er als Redner nervös und fahrig, so daß man bald auf seine Mitwirkung verzichtete.[290] Sehr langsam gab es Anzeichen einer gewissen Resonanz; im Frühjahr 1897 stellte sich ein noch jugendlich wirkender Kollege in Freuds Praxis ein, der bat, er möge ihn in seine therapeutischen Techniken einweisen. Es handelte sich um den 27jährigen Felix Gattel, einen Berliner Arzt, der von der neuen Lehre gehört hatte und sie nun selbst kennenlernen wollte: der erste Schüler war gefunden.

Die Zeit um 1895 war eine produktive, aber zugleich kraftraubende Lebensphase. Die *vita activa* beherrschte den jungen Mediziner und gab den Takt des Alltags vor. Immer wieder trieb sich Freud zum Schreiben, auch in Phasen der Ermüdung; oftmals nach mehrstündiger Praxis notierte er seine Beobachtungen und Hypothesen, die ihrerseits Bausteine für die wissenschaftliche Untersuchung bildeten. Nicht selten arbeitete er 18 Stunden am Tag, oftmals bis zwei oder drei Uhr morgens, fand danach kaum Ruhe und verlor seinen natürlichen Lebensrhythmus. Litten er oder Martha unter Erkältungen, dann zog er zum Schlafen in sein Studierzimmer, wo er aber ebenfalls keine Entspannung fand.[291] Stimmungen der Niedergeschlagenheit oder fehlenden Inspiration («Ich merke, daß ein blöder Tag begonnen hat») suchte Freud massiv zu verdrängen.[292] Die Auswirkungen solcher Anstrengungen waren bald unübersehbar. Krankheitsschübe häuften sich; Migräne, Herzrhythmusstörungen, Abszesse und Infektionen standen auf der Tagesordnung. Sorgen machte auch die permanente Influenza der Kinder, die selbst in der geräumigen Wohnung nicht voneinander isoliert werden konnten, so daß sie sich regelmäßig ansteckten. Er sei «rasch grau geworden», schrieb der 39jährige Freud im Februar 1896. Und drei Monate später hieß es mit Blick auf die zahlreichen Krankheitsfälle in der Familie: «Dies Jahr hat meine moralische Kraft aufgezehrt.»[293]

Die Übergänge von der Ordination zur wissenschaftlichen Arbeit gestalteten sich im Alltag oftmals schwierig. In produktiven Phasen setzte sich Freud nach einem kurzen Nachtmahl, das er allein, mit seiner Frau oder seiner Schwägerin einnahm, noch bis ein Uhr an den Schreibtisch. Die eigentliche wissenschaftliche Aktivität fand also in den Abendstunden nach der Praxis statt. Während der Behandlungszeit standen die «Narren» im Mittelpunkt, und die Niederschrift gelehrter Abhandlungen hatte zurückzutreten.[294] Allein in den Nachtstunden, wenn die Kinder schliefen und die Gassen des inneren Bezirks still geworden waren, fand Freud zur nötigen Konzentration für die Lektüre wissenschaftlicher Artikel oder die Niederschrift eigener Studien. Im Februar 1896 sprach er gegenüber Fließ von seinem «Quartalsschreibertum», das anfallweise auftrat und spontan genutzt werden mußte.[295]

Therapeutische Praxis und abendliche wissenschaftliche Tätigkeit ergaben eine Doppelbelastung, die Freud außerordentlich anstrengte. Auch wenn die Zahl der Patienten in manchen Wochen gering blieb, war doch der seelische Aufwand, den die Arbeit mit ihnen erforderte, erheblich. Was er hier hörte, kam aus den schwarzen Nächten des Seelenlebens: Geschichten von Schuld und Angst, von Bedrückung und Trauer, von Besessenheit und Wahn. Das Zusammenspiel zwischen Praxis und Forschung konnte in solchen Phasen gelingen, weil die Eindrücke aus der Behandlung abends direkt in den schriftlichen Text wanderten. Zugleich aber bedeutete es für Freud eine enorme Bürde, Schreiben und Therapiestunden zu verbinden; er arbeite, hieß es im März 1898, «wie ein Comfortableroß», eingespannt in doppelte Zwänge.[296] Je weiter das Jahr fortschritt, desto schwerer wurde es ihm, den selbstgesetzten Ansprüchen zu genügen. Im Frühling schon pflegte er zumeist über versiegende Ideen zu klagen; mehr als acht Monate Analyse im Jahr erschienen ihm unzumutbar. In der Phase der «Sommerschlaffheit», die er schon als junger Assistenzarzt kannte, entstanden kaum größere Texte, weil seine Energien versiegt waren und tiefe «Schreibunlust» herrschte.[297] Die Praxis ‹verwüste› ihn und erschöpfe seine Kräfte, klagte er gegenüber Fließ.[298] Andererseits bedurfte es eines gewissen Drucks, damit

Freud wissenschaftlich arbeiten konnte. Zwar wollte der ‹psychische Kerl› bei Laune gehalten werden, aber zu große Ruhe wirkte kontraproduktiv. Entspanntere Atmosphäre mache ihn geistig faul und sorge für intellektuelle Ungenauigkeit, behauptete er: «ich muß etwas elend sein, um schön zu schreiben.»[299]

Bewältigen konnte Freud sein Alltagspensum nur, wenn er im Sommer eine längere Pause einlegte – ein Luxus, den er sich ab Mitte der 90er Jahre unabhängig von der Frequenz der Ordination gönnte. Der Herbst – mit der Praxiseröffnung um den 1. Oktober – und der Winter ermöglichten ihm danach konzentrierte Arbeit, ehe sich in den Monaten ab Februar deutliche Konzentrationsschwächen zeigten. Mit wachsender Familiengröße erhielt der sommerliche Urlaub daher den Charakter eines Rituals, das dringend nötig war, damit Freud seine Leistungsfähigkeit wiederherstellen konnte. Spätestens Mitte Juli brach er in die Ferien auf, um sich mit der Familie, die zumeist schon im Juni vorgereist war, zu erholen. Die Ruhe der Urlaubswochen mit Spielen, Wanderungen und Pilzsammeln genoß er in vollen Zügen; «Kegelschieben und Schwämmesuchen» sei, so hieß es im August 1895, «viel gesünder» als stetig Psychologie zu treiben.[300] Für die warmen Monate des Jahres galt: «Grund- und bodenlose Faulheit, intellektueller Stillstand, Sommeröde, vegetatives Wohlbefinden».[301] Die Familienreisen dauerten bis tief in den September, ab 1900 sogar bis Anfang Oktober, der «Schwelle» zum neuen Arbeitszyklus.[302] Während der vorangehenden acht Wochen blieb die Praxis Freuds geschlossen, so daß er auch keine Einkünfte hatte. Diesen Preis zahlte er jedoch bereitwillig für die Möglichkeit, den Kopf von den «Obsessionen medizinischer Gedankengänge» zu befreien und auf angestrengte analytische Aktivität zu verzichten.[303] Daß er Patienten in den Urlaub nachkommen ließ, um sie weiterzubehandeln, war eine absolute Ausnahme.[304] Lediglich die Lektüre von besonders ergiebigen theoretischen Artikeln und zuweilen das Abfassen von Vorworten oder die Redaktion von Druckfahnen gestattete sich Freud in der Sommerfrische. Und selbstverständlich betrieb er in den Ferienwochen auch seine ausgedehnte Korrespondenz weiter; Post wurde ihm nachgeschickt, gegen einen geringen Aufpreis für den Boten, der die Sendungen täglich ablieferte.[305] Im Laufe der Jahre gelang es ihm immer besser, im Urlaub ganz auf wissenschaftliche Tätigkeit zu verzichten. Die Rückkehr in den Alltag fiel danach nicht leicht, weil Berge von Rechnungen zu bewältigen waren, die therapeutische Arbeit die Stimmung drückte und die Stadt wie ein steinerner

Koloß auf ihn wirkte. Im September 1898 bemerkte er: «ich bin aber kaum drei Tage hier, und schon hat mich der ganze Mißmut des Wienertums ergriffen.»[306]

Als die Kinder noch klein waren, reiste Freud bevorzugt in die Berge, zwischen 1891 bis 1894 nach Reichenau am Semmering, später nach Salzburg und Aussee. Ausgedehnte Wanderungen und Bergtouren gehörten für ihn zum Urlaub; er schwamm in den Seen und kletterte unerschrocken selbst in hohen Lagen. Im August 1891 bestieg er allein den Dachstein, von der Südseite, immerhin einen Gipfel von 3000 Metern Höhe, ohne sonderliches Aufheben um dieses Abenteuer zu machen.[307] Der Semmering und das Salzkammergut blieben, während die Kinder klein waren, ideale Urlaubsorte mit idyllischem Charakter. Entferntere Ziele vermied Freud in diesen Jahren, vermutlich aus jener alten «Reiseangst» und «Eisenbahnphobie», die ihn seit Kindertagen quälte.[308] Er sei, schrieb schon der Zwanzigjährige an Silberstein, «ein Freund von Auf-der-Eisenbahn-Erwarten», während die Reisetätigkeit selbst ihm lange Zeit unheimlich blieb.[309] Als er mit Fließ im August 1890 einen Ausflug ins Umland unternahm, ereilte ihn auf dem Bahnhof in Berchtesgaden eine Attacke akuter Angst.[310] Geradezu panische Furcht hatte er vor Zugunfällen, wie er dem Freund noch im September 1897 vertraulich gestand; die Familie sollte von seiner Phobie nichts erfahren, weil das seine Rolle als couragierter Vater und Ehemann in Frage gestellt hätte.[311] Verstärkt wurde seine Abneigung gegenüber weiten Reisen durch einen schlechten Orientierungssinn, der dazu führte, daß sich Freud in fremden Städten notorisch verlief. Einen späteren Reflex solcher Erfahrungen bot der Aufsatz über *Das Unheimliche* (1919), der beschrieb, wie er sich in einer italienischen Stadt verirrte und immer wieder, vermeintlich gegen seinen Willen, in ein Bordellviertel zurückkehrte, das er eigentlich hatte verlassen wollen.[312]

Erst nach 1895 überwand Freud seine Furcht und wagte sich an entlegenere Urlaubsorte. Seine Italienreisen – verteilt über die folgenden Jahrzehnte wurden es rund 25 –, schließlich sogar eine Überfahrt nach Amerika zeugten von der Fähigkeit, die alten Phobien hinter sich zu lassen. Allerdings bedurfte er dabei der Unterstützung von außen. Es war kein Zufall, daß er sich im Spätsommer 1895 zu einem ersten Venedigbesuch nur entscheiden konnte, weil sein jüngerer Bruder Alexander ihn begleitete. Alexander, der eine Professur an der Wiener Exportakademie bekleidete, durfte als Reiseexperte gelten, war er doch Spezialist für das Tarifsystem der österreichischen Eisenbahn; im übrigen besaß er die Qualitäten eines Alleinunterhalters, erzählte gern Anekdoten und Witze, ahmte Dialekte nach und versah die Rolle des Familienclowns.[313] Freud, sonst mutig und energisch, benötigte in diesen Jahren noch den Beistand eines sicheren Cicerone, um sich ins Ausland zu wagen.[314] Venedig blieb unter allen Orten Italiens neben Rom sein Lieblingsziel; insgesamt unternahm er sechs Reisen dorthin, die letzte 1923 mit seiner Tochter Anna.

Im September 1897 brach Freud erstmals mit Martha nach Venedig auf; den zweiten Teil, der nach Florenz führte, unternahm er ohne sie, gemeinsam mit dem Bruder und seinem Schüler Felix Gattel. Man machte auch einen Abstecher nach Assisi, wo man im selben Hotel wie die bewunderte Eleonore Duse wohnte.[315] Im September 1898 reiste er mit Martha nach Triest, Brescia, Mailand und Bergamo. Im August 1900 begleitete sie ihn nur bis Meran, kehrte dann aber nach Wien zurück, indessen er nach Venedig weiterfuhr. Martha litt in diesen Jahren unter extremen Menstruationsbeschwerden, die sie, wie Freud im Juli 1900 an Fließ schrieb, «nicht genußfähig» sein ließen.[316] Bald verzichtete sie auf die touristischen Strapazen von Auslandsreisen in heiße Gefilde, so daß Freud sich für seine Italienfahrten eigene Begleitung suchen mußte. Zumeist fiel die Wahl dann auf den Bruder oder die Schwägerin, die hier robuster als Martha war. Diese Form der Reiseplanung wurde in den kommenden Jahren beibehalten: in den Bergen war die Familie vereint, die Auslandsreisen unternahm Freud mit Alexander oder Minna, später mit seinem Schüler Sándor Ferenczi. Der zu Hause bleibenden Ehefrau, die er gern als «Geliebte Alte» titulierte, berichtete er in Briefen und Postkarten minuziös von seinen Erlebnissen.[317]

In den Ferien war Freud, seinem Naturell gemäß, nicht völlig untätig. Pure Faulenzerei lag ihm kaum, permanente Aktivität blieb für ihn ein Elixier; erst jenseits der Lebensmitte lernte er Entspannung und Ruhe kennen, dann auch über lange Urlaubszeiten hinweg. Er ging gern baden, allein mit den älteren Jungen, da Martha nicht schwimmen konnte. Eine große Leidenschaft war das Pilzsammeln; die ihn begleitenden Kinder erhielten eine Münze zur Belohnung, wenn sie einen Pilz gefunden hatten. Jede Wanderung, jede Exkursion wurde mit einem Spiel verbunden und in eine Erzählung oder einen Wettkampf eingebunden.[318] Eine ausgeprägte Phantasie war das wesentliche Elixier von Freuds Pädagogik, wie seine erwachsenen Kinder später übereinstimmend hervorhoben. Die regelmäßigen Ausflüge und Bergwanderungen blieben – ebenso wie im Alltag die nachmittäglichen Spaziergänge – unbedingt nötig, damit der erschöpfte Familienvater sein inneres Gleichgewicht erhalten konnte. Tempo und Energie bestimmten seinen Laufstil, wohingegen er das Radfahren haßte.[319] Freud war bekannt dafür, daß er mit großer Geschwindigkeit ausschritt, wobei selbst Jüngere kaum nachkamen.[320] Im August 1899 berichtete er mit einer bezeichnenden Formulierung aus Berchtesgaden, er sei «spazieren gerannt».[321] Sehr selbstverständlich setzte sich Freud bei Gruppenwanderungen an die Spitze und übernahm die Führung. Er besaß eine natürliche Autorität, die in solchen Situationen durchschlug. Er war nicht anmaßend, beanspruchte aber eine Leitfunktion, wo immer er auftrat. In Konfliktfällen empfanden seine Gegner das notwendigerweise als Ärgernis, während seine Freunde an ihm die Klarheit und Entschiedenheit seines Naturells lobten.

Inmitten der Familie war Freud mit Sicherheit kein absoluter Herrscher, sondern ein ausgeglichener Vater, der zuzuhören verstand, für jeden Interesse zeigte und seine Zuneigung gerecht verteilte. Körperliche Züchtigungen, wie sie zur schwarzen Pädagogik der Zeit gehörten, gab es für die Kinder nicht; allerdings hielt sich Freud auch mit physischen Zärtlichkeiten zurück und mied diese Ebene des Kontakts weitgehend.[322] Seine Toleranz gegenüber den kleinen Untaten oder Schwächen seiner Kinder war ausgeprägt. Obgleich gerade die Jungen – an der Spitze der rauflustige Martin – zuweilen «schlimm» waren, verzichtete Freud auf harte Sanktionen. Er fand seine Kinder zumeist «drollig», nannte sie «amüsantes Gesindel» und führte als Vater ein mildes Regiment: exakt beobachtend, mitfühlend und gerecht.[323] Das entsprach keineswegs dem zeitgenössischen Erziehungsstil mit seinem Beharren auf strikten Regeln und Bestrafung bei Verfehlungen. Daß er die autoritäre Praxis des k.u.k.-Unterrichtssystems im Kern für krankheitsbildend hielt, verrieten seine Bemerkungen zur Pädagogik der Epoche. Im Rahmen einer von Alfred Adler angeregten Diskussionsveranstaltung der *Wiener Psychoanalytischen Vereinigung* über den Schülerselbstmord erklärte er 1910: «Die Schule darf niemals vergessen, daß sie es mit noch unreifen Individuen zu tun hat, denen ein Recht auf Verweilen in gewissen, selbst unerfreulichen Entwicklungsstadien nicht abzusprechen ist.»[324] Mit großer Vorsicht ging Freud daher an die Wahl der für die Kinder geeigneten Erziehungsinstitute. Mathilde, die älteste Tochter, besuchte einige Jahre lang die Volksschule.[325] Nach einer längeren Krankheitsphase, die durch ihre zweite schwere Diphterieerkrankung im Alter von neun Jahren bedingt wurde, meldete man sie ab und ließ sie durch Hauslehrer unterrichten; später schickte man sie auf eine private Mädchenschule.[326] Für die drei Söhne und Sophie beschäftigte Freud in den ersten Jahren eigene Privatlehrer, weil er den öffentlichen Schulen nach den Erfahrungen mit der Ältesten wenig zutraute. Martin, Oliver und Ernst besuchten erst ab der fünften Klasse die Volksschule, danach das humanistische Maximilians-Gymnasium.[327] Weil alle Kinder bis auf Mathilde stark lispelten, engagierte Freud einen Logopäden, der dieses Problem geduldig behob.[328]

Freud hielt sich im Alltag mit pädagogische Direktiven zurück und schaltete sich nur ein, wenn es Konflikte gab. Für die praktische Erziehung war Martha zuständig, die ihren Sprößlingen sehr konsequent gute Tischsitten, gepflegte Sprache und Höflichkeit nahebrachte. Er sei kein harter Vater gewesen, so bemerkte Freud 1910.[329] Als ihm Emma Jung 1911 vorschlug, er solle auch die eigenen Kinder analysieren, protestierte er entschieden. Er müsse, lautete sein Credo, Geld verdienen, damit sie weiter träumen könnten.[330] Eine Therapie der Kinder schloß er zu diesem Zeitpunkt noch aus; später hat er sich an seine Überzeugung im Fall Annas, der jüngsten Tochter, nicht mehr gehalten. Aber das ist ein eigenes Kapitel ihrer gemeinsamen Biographie.

SECHSTES KAPITEL

Die Dunkelkammer des Traums (1895–1900)

Sich selbst analysieren

Im Juni 1896 zeigten sich bei Freuds Vater Symptome einer schweren Krankheit. Die klinische Diagnose ergab, daß er sich im fortgeschrittenen Stadium eines Darmkarzinoms mit Blasen- und Mastdarmlähmung befand. Freud nahm die Nachrichten über seinen hoffnungslosen Zustand ohne emotionale Reaktion zur Kenntnis und meldete Fließ mit erschrekkender Nüchternheit: «das einzig Interessante dieser zwei Wochen».[1] Obwohl er durch seinen geistigen Horizont, die berufliche Laufbahn und die eigene Stellung als Familienoberhaupt längst aus dem Schatten seines Vaters getreten war, konnte er seine Konkurrenzgefühle nicht unterdrükken. Die Härte, mit der er die Agonie Jakob Freuds kommentierte, erlaubt keine andere Deutung: hier gab es einen Wettstreit um die Rolle des patriarchalischen Herrschers, die erst mit dem Tod des ‹Alten› endgültig frei-wurde. Die Pflege des Sterbenden überließ Freud seiner unverheirateten Schwester Adolphine, ohne sich bei ihm zu zeigen. Zwar konstatierte er schon Mitte Juli eine geistige Euphorie, die nach seiner von Fließ übernommenen Auffassung ein Vorzeichen des Todes war, doch die anstehende Sommerreise sagte er deshalb nicht ab.[2] Von Ende Juli bis Ende August blieb er in Aussee, bis Mitte September fuhr er mit seinem Bruder in die Toskana, danach absolvierte er einen Patientenbesuch im böhmischen Oderberg. Bei seiner Rückkehr war der Zustand des Kranken deutlich verschlechtert. Als Jakob Freud am 23. Oktober 1896 von seinem Leiden erlöst wurde, schrieb der Sohn ungerührt an Fließ, es sei «ein eigentlich leichter Tod» gewesen – eine angesichts der Qualen des von Koliken und Fieberschüben gepeinigten Vaters zweifelhafte Aussage. «Er hatte sich wacker gehalten bis zum Ende, wie er überhaupt ein nicht gewöhnlicher Mensch war.»[3]

Die auf Freuds Wunsch, gegen den Willen seiner Mutter und Schwestern schmucklos gestaltete Beerdigungszeremonie fand am 25. Oktober statt. Die Familie versammelte sich zuvor in der Grünentorgasse, um gemeinsam zur Trauerfeier zu gehen. Freud kam an diesem Morgen peinlicherweise zu spät, weil er bei seinem Barbier, den er täglich besuchte, länger hatte warten müssen. In der Nacht danach verarbeitete er seine Nachlässigkeit in einem Traum, der ihn daran erinnerte, daß er seine Schuldigkeit gegenüber dem Verstorbenen nicht angemessen erfüllt hatte. Eine Woche nach dem Begräbnis berichtete er Fließ ausführlich von diesem Traum. Er habe sich in einem «Lokal» befunden, das er als «Friseurladen» identifizierte und vor dem eine Tafel mit einer offenkundig auf den Tod des Vaters anspielenden Aufschrift stand: «Es wird gebeten / die Augen zuzudrücken».[4] Nur zwei Jahre danach konnte er seinen Traum nicht mehr richtig zuordnen, denn nun datierte er ihn auf die Nacht vor der Beerdigung. Die eigentliche Unterlassung – das verspätete Erscheinen bei seiner trauernden Mutter – wurde verdrängt und die objektive Schuld zu einem vorauseilenden, sachlich unbegründeten Schuldgefühl verklärt. In seiner anschließenden Interpretation betonte Freud eine im Fließ-Bericht noch fehlende Ambivalenz der Traumbotschaft, wenn er die Aufforderung der Tafel nicht nur als Bild des Todes – dem Verstorbenen die ‹Augen zudrücken› –, sondern auch als Appell zur Toleranz (‹ein Auge zudrücken›) deutete. Damit verschob er den Inhalt endgültig, indem er ihn auf eine vorsorgliche Reflexion möglicher Schuld und den Wunsch nach einem verständnisvollen Umgang mit seiner eigenen Unfähigkeit zur Trauer zurückführte.[5]

Auch wenn Freud sich befremdlich kalt gegenüber dem sterbenden Vater verhielt, blieb sein Tod ein Geschehen, das ihn innerlich tief berührte. Jetzt, da er sich als Familienoberhaupt fühlen konnte, lastete die Erwartung der Angehörigen schwer auf ihm. Er mußte erkennen, daß er sich in weitaus stärkerem Maße, als er es wahrhaben mochte, auf die zentrale Rolle seines Vaters fixiert hatte. Nun entstand eine Leerstelle dort, wo früher eine patriarchalische Autorität herrschte. Im Jahr 1908 sollte er den Tod des Vaters mit einer berühmtgewordenen Formulierung als «das bedeutendste Ereignis, den einschneidendsten Verlust im Leben eines Mannes» bezeichnen.[6] Aber nicht allein durch diese persönliche Erfahrung der Trennung und des Abschieds, die er innerlich zunächst blockiert hatte, geriet Freud in eine langanhaltende Phase der Niedergeschlagenheit. Seit Mitte des Jahres

1895 fühlte er sich auch wissenschaftlich und sozial vollkommen abgestorben. Er befand sich, wie er 1913 über die Zeit seines 40. Geburtstags schrieb, «auf dem Gipfel der Verlassenheit, hatte alle alten Freunde verloren, noch keine neuen erworben».[7] In der Tat waren die früheren Gefährten wie Fleischl, Paneth oder Schoenberg tot, andere wie Breuer oder Wagner-Jauregg ihm entfremdet – Freuds Vereinsamung ließ sich mit Händen greifen. Seine privaten Kontakte beschränkten sich auf die Mitglieder der Tarockrunde, auf Rie, Rosenberg, Königstein und Schnitzler. In der Familie lebte er zuweilen wie ein Fremder, abends lange am Schreibtisch sitzend, brütend, lesend, ohne Schwung und Ideen. Die Praxis warf mit knapper Not das Erforderliche ab, entwickelte sich aber zu seinem Leidwesen nicht weiter. Seelische Spannungszustände, Krankheiten, dauernde Müdigkeit, Nervosität und Unzufriedenheit beherrschten ihn. Der ganze Mensch war aus der Balance, die psychischen Mächte befanden sich in Gärung. Freud, so schien es, steckte in einer Lebenskrise, und es gab nur einen, der ihm aus den Bedrängnissen helfen konnte: er selbst.

Erst im Juli 1897, neun Monate nach dem Tod des Vaters, kam es zu einer Wende, die allerdings mit Furcht und Zweifel einherging. Nach Jahren der intellektuellen Stagnation begann Freud eine Analyse der eigenen Persönlichkeit, die ihn auf das zentrale Feld der frühkindlichen Beziehung zur Mutter führte. Sein wissenschaftliches Lebensprojekt setzte er damit auf die ungewöhnlichste Weise fort, denn Subjekt und Objekt der Beobachtung waren hier identisch. Am 22. Juni 1897 schrieb er über die Inkubation des Prozesses: «Ich glaube, ich bin in einer Puppenhülle, weiß Gott, was für [ein] Vieh da herauskriecht.»[8] Wie in Trance steuerte er in den Sommermonaten auf eine Serie erregender Entdeckungen zu. «Der Hauptpatient, der mich beschäftigt, bin ich selbst», hieß es am 14. August 1897, in der heißesten Phase der Untersuchung.[9] Und vier Monate später stellte er fest: «Seitdem ich das Unbewußte studiere, bin ich mir selbst so interessant geworden.»[10]

Über die Konsequenzen seines Verfahrens schrieb Freud acht Jahre danach im *Bruchstück einer Hysterie-Analyse*: «Wer wie ich die bösesten Dämonen, die unvollkommen gebändigt in einer menschlichen Brust wohnen, aufweckt, um sie zu bekämpfen, muß darauf gefaßt sein, daß er in diesem Ringen selbst nicht unbeschädigt bleibe.»[11] Die analytische Arbeit führte nach diesem Selbstverständnis zur Konfrontation mit den Mächten der Finsternis, auf den Grund einer Tiefenlandschaft ohne klare Konturen.

Freuds Bildsprache variierte hier die romantische Mythologie des Berges, die man aus Romanen, Erzählungen und Märchen von Novalis, Tieck, E. T.A. Hoffmann und Hauff kennt. Nimmt man den Topos ernst, so besagt er, daß die Psychologie eine gefährliche Wissenschaft, zumindest aber, wie es im Sommer 1895 hieß, ein bedrohlicher ‹Tyrann› ist.[12] Jede therapeutische Behandlung bedeutete einen riskanten Abstieg in die Unterwelt, wobei dem Arzt die Rolle des magischen Künstlers zufiel, der sich an die Geheimnisse einer schattigen Sphäre verliert. Als Kämpfender – ein Bild, das Freud gern nutzte – blieb er den dämonischen Mächten der Seele wie übermenschlichen Gewalten im Märchen ausgeliefert.[13] Aufdeckung und Verstrickung lagen jetzt eng nebeneinander, denn der Arzt war Kranker, der Kranke zugleich Arzt. Die dualistische Logik von Licht und Dunkelheit, von Vernunft und Trieb wurde hier aufgehoben. Durch Freuds neue Methodik gerieten die Mauern des abendländischen Denkens ins Wanken, und alle Versuche, sie wieder zu befestigen, mußten fortan zum Scheitern verurteilt sein.

Damit der Analytiker bei seinen Patienten die verschütteten Schichten des Unbewußten freilegen kann wie der Archäologe Schliemann, der das «für sagenhaft gehaltene Troja» ausgräbt, muß er zunächst als Selbsttherapeut in die Untiefen seines Ich herabsteigen.[14] Der Arzt ist ein ehemals Kranker, der seine Heilung aus eigener Kraft betreibt und die Geheimnisse der seelischen Welt durch intimste Erfahrung kennt. Die romantische Tradition des Bergtopos wird über eine aufgeklärte Perspektive gebrochen und damit ihrer dämonischen Bedeutung entkleidet. In sehr typischer Weise steht bereits der Ausgangspunkt des psychoanalytischen Projekts im doppelten Vorzeichen von Rationalität und Mythologie. Nichts existiert ohne das andere; daß beide, Tag wie Nacht, miteinander überraschend verbunden sind, gehörte zu den aufregendsten Einsichten der noch jungen Wissenschaft.

Im Fall der Sexualität kannte Freud die Kräfte, die es zu kontrollieren und umzulenken galt. Was er jedoch in der Selbstanalyse erschloß, besaß eine andere Dimension. Der Ödipus-Komplex, den er dabei ans Licht förderte, bildete ein durchgreifendes und unbeherrschbares Element seiner Biographie. Die Sehnsucht nach der Mutter, das auf sie bezogene sexuelle Begehren waren Antriebe, die ihn massiv bestimmten. Hier ging es nicht allein um die Libido, sondern um das inzestuöse Ziel, das sie steuerte. Am 15. Oktober 1897 schrieb er an Fließ: «Ich habe die Verliebtheit in die Mutter und die Eifersucht gegen den Vater auch bei mir gefunden und halte sie jetzt für ein allgemeines Ereignis früher Kindheit, wenn auch nicht immer so früh wie bei den hysterisch gemachten Kindern.»[15] Freuds Selbstanalyse führte an diesem Punkt in die Tiefen einer verwickelten Seelengeschichte. Eine Entkoppelung von Ich und Objekt, wie sie im Fall der künftigen Sexualtheorie gut gelang, war hier nicht denkbar. Der Widerspruch, der dabei aufklaffte, blieb ein prinzipielles Problem, denn «eigentliche Selbstanalyse ist unmöglich, sonst gäbe es keine Krankheit.»[16]

Letzthin ging es um die Frage, inwiefern die Untersuchung verallgemeinerbare Befunde liefern konnte, obwohl sie sich im Kreislauf ein und derselben Persönlichkeit bewegte. Erst später begriff Freud, weshalb sein Experiment nur einen Extremfall einer generellen Konstellation betraf, die bei jeder therapeutischen Arbeit auftrat. Denn das Dilemma, daß das psychische System gleichzeitig als Gegenstand und als Urteilsinstanz der Behandlungssituation diente, existierte auch, wenn Arzt und Patient nicht eine Person waren. Wenige Monate vor seinem Tod schrieb Freud über dieses Problem in seiner letzten Studie so einfach wie zwingend: «Alle Wissenschaften ruhen auf Beobachtungen und Erfahrungen, die unser psychischer Apparat vermittelt. Da aber unsere Wissenschaft diesen Apparat selbst zum Objekt hat, findet hier die Analogie ein Ende. Wir machen unsere Beobachtungen mittels desselben Wahrnehmungsapparats, gerade mit Hilfe der Lücken im Psychischen, indem wir das Ausgelassene durch naheliegende Schlussfolgerungen ergänzen und es in bewusstes Material übersetzen.»[17] Auf diese wichtige Selbstbeschreibung, die den Widersprüchen der therapeutischen Arbeit galt, ist an späterer Stelle noch einmal zurückzukommen.

Freuds Ich-Experiment durchlief in den wesentlichen Jahren zwischen 1895 und 1898 verschiedenste Stadien. Perioden analytischer Klarheit wurden abgelöst von Zeiten der Dumpfheit und Depression; Entdeckungen folgten Stockungen und Irrungen, wie umgekehrt Irrtümer, Versehen und wüste Spekulationen sich mit klaren Befunden abwechselten. Nach einer Phase außerordentlicher Erkenntnisintensität traten nicht selten Zweifel und Erstarrung ein. Parallel zu diesem Schwanken verlief der Zyklus von Schreiblust und Schreibhemmung, der, wie die Briefe an Fließ berichteten, Tage großer Arbeitsfreude neben Momenten der Resignation brachte. Gerade die belasteten Zeiten, in denen die Konzentration ausfiel, erwiesen sich jedoch letzthin als notwendiges Element der Selbstanalyse. So hieß es im Juni 1897, kurz vor dem Eintritt in die dichteste Phase der Untersuchung: «Ich habe übrigens irgendetwas Neurotisches durchgemacht, komische Zustände, die dem Bewußtsein nicht faßbar sind. Dämmergedanken, Schleierzweifel, kaum hie und da ein Lichtstrahl.»[18] Auffallend häuften sich 1895 und 1898, am Beginn und auf dem Höhepunkt der Selbstanalyse, die Klagen über Müdigkeit und Abgespanntheit. Während der nachmittäglichen Sprechstunde schlafe er ein, erklärte Freud im März 1898.[19] Gleichzeitig gab es Perioden, die von hellstem Bewußtsein und extremer Konzentrationsfähigkeit geprägt waren. Solche Rhythmen schienen notwendig, weil nur so die Verarbeitung von Eindrücken aus dem Vorbewußten gelingen konnte. Freuds Selbstanalyse vollzog sich in Schüben, und er ahnte allmählich, daß seine wachsende Einsicht in die Wirkung des Unbewußten ihn immer häufiger auch dessen ureigensten Kräften auslieferte. Bei taghellem Bewußtsein ließ sich sein Geheimnis nicht erkunden, denn das Objekt mischte sich aktiv in den Prozeß der Erkenntnis ein. Nach Jahren der Anspannung geriet Freud nun in eine Phase somnambuler Zustände – eine Mischung aus Konzentration und Schlaf, die den Zugang zum eigenen Unbewußten ermöglichte.

Freuds Selbstanalyse wurde durch den Umstand befördert, daß seine Praxis im Herbst 1897 extrem schleppend lief. Die enge Zusammenarbeit mit Breuer hatte ihm seit Beginn der 90er Jahre eine auskömmliche Zahl an Patienten verschafft. Mittlerweile verzichtete der frühere Freund aber auf Empfehlungen oder Überweisungen, weil sein innerer Zweifel an Freuds Triebauffassung gewachsen war. Gegenüber Ludwig Binswanger äußerte Breuer einige Jahre später, sein Kollege sei «derart auf wissenschaftliche Abwege geraten», daß man «besser nicht von ihm spräche.»[20] Diese Verweigerung war für Freud äußerst schmerzhaft, denn sie bewirkte über mehrere Jahre eine Stagnation der Praxis. Im Januar 1898 notierte er, er habe an drei Tagen nur zwei Kranke empfangen.[21] Sarkastisch vermerkte er, die schwierige materielle Lage, in der er stecke, werde durch die Selbstuntersuchung nicht verbessert – als Patient bringe er schließlich kein Geld ein.[22] Da der Alltag mit sechs Kindern teuer war, wuchsen Freuds Sorgen, wie er die kommenden Wochen überstehen sollte. Vor allem aber mußte ihn verbittern, daß seine wissenschaftliche Leistung nicht anerkannt wurde und die Praxis von seiner Forschung kaum profitierte. So blieb ihm nichts, als im leeren Behandlungszimmer zu warten und sich selbst auf die Couch zu legen.

Ein aufschlußreicher Baustein der Selbstanalyse kam in dem 1899 veröffentlichten Artikel über Deckerinnerungen ans Licht, in dem er seine frühen Jugendreminiszenzen reflektierte.[23] Freud beschrieb sich hier als Hysteriker, dessen Handlungshemmung nach dem Muster Hamlets, wie es der Brief an Fließ vom 15. Oktober 1897 betonte, auf seine geheimen Wünsche zurückdeutete. Hamlet kann den Mord an seinem Vater nicht sühnen und dessen Mörder Claudius nicht töten, weil dieser, als er den Beischlaf mit seiner Mutter vollzog, tat, was er selbst ersehnte. Sein «unbewußtes Schuldbewußtsein» hindert ihn, den Auftrag des Vaters auszuführen.[24] Der Blick auf das Verbrechen des Claudius enthüllt ihm seine verborgenen Wünsche. Freud wußte, wovon er schrieb: die Hamlet-Konstellation entsprach seiner eigenen neurotischen Prägung. Das literarische Motiv des Schuldgefühls, das aus gewünschtem oder praktiziertem Inzest stammte, beschäftigte ihn auch später noch. In einer Studie von 1915 sollte er Ibsens *Rosmersholm* (1886) als Drama des Tabubruchs deuten und daraus die prinzipielle Aussage ableiten, daß nicht nur Hemmungen und Bestrafungsphantasien, sondern sogar schwere Verbrechen aus der unbewältigten Liebe zur Mutter resultieren. Schon in *Also sprach Zarathustra* (1886) hat Nietzsche die niemals vernünftig erschließbare Beziehung von Straftat, Phantasie und Angst beschrieben. Freud erinnerte an die Analyse des Philosophen, ohne sich detaillierter auf sie einzulassen – eine Vorsichtsmaßnahme, die der Furcht vor allzu großer intellektueller Nähe entsprang.[25] Die prägende Rolle der Inzestschuld, sei es als Angst vor der Tat oder als Gewissensnot nach erfolgtem Fehltritt, blieb für ihn ganz im Sinne des von Nietzsche beschworenen Irrationalismus ein in letzter Instanz dunkles Element der Psyche. Seine späteren Erfahrungen in der Praxis lieferten ihm zahlreiche Beispiele für diesen Komplex, und stets nahm er die Beklommenheit wahr, die ihn hier erfaßte. Die Macht des Selbsterlebten hielt den Arzt an diesem Punkt gefangen, sie begründete seine Theorie, machte ihren Dogmatismus verständlich, zugleich aber die Behandlung schwer, denn Freuds eigener psychischer Haushalt spiegelte sich in seinen Fallgeschichten. Die Instrumente, die wir ersinnnen, um die seelischen Leiden des Menschen zu lindern, entstammen nicht selten denselben Krankheitsquellen, gegen die sie eingesetzt werden.

Seit dem Herbst 1897 war Freud klar, daß er unter einer neurotischen Mutterbindung litt. Er selbst sprach fortan in seinen Briefen an Fließ von einer ‹Hysterie›. Zugleich wurde ihm die Schlüsselrolle seiner Kinderfrau

Monika Zajic bewußt. Ein Brief an Fließ notierte am 3. Oktober 1897 einen Traum, in dem die Zajic ihm als «Lehrerin in sexuellen Dingen» erschien, die ihn beschimpfte, weil er «nichts gekonnt habe».[26] Die Nanny verkörperte die Forderungen der Sexualität, denen das Kind ambivalent, zwischen Lust und Angst schwankend, gegenüberstand. Sie verlockte den Knaben, indem sie ihn berührte, und sie erschreckte ihn, indem sie ihm die Kastration androhte. Freud erkannte rückblickend die erotische Aufladung der Beziehung, an die er sich durch seine Träume erinnerte. Typisch war, daß die frühe Erfahrung der Sexualität mit Schuldgefühlen verbunden blieb. Die Angst vor der durch die Kinderfrau angekündigten Kastration bildete ein Leitmotiv der sexuellen Prägung, das sich in den Neurosen männlicher Patienten, die Freud behandelte, vielfach wiederfand. Durch diese Beobachtung fühlte er sich berechtigt, die eigene Erfahrung zu verallgemeinern, wie er es auch im Fall der inzestuösen Mutterbeziehung tat. Das individuelle Erleben war der Steinbruch der Theorie, aus dem die unterschiedlichen Bruchstücke des Ganzen zusammengesetzt wurden.

Die Korrespondenz mit Fließ erreichte ab dem Frühjahr 1895 ihre höchste Intensität. In der Zeit zwischen März 1895 und November 1899 verfaßte Freud 165 Briefe an den Freund in Berlin: das waren im Monat durchschnittlich drei. Janet Malcolm nannte die Schreiben an Fließ grobe Skizzen für ein eindrucksvolles Gedicht, das aus tastenden Anfängen und Fehlversuchen entstehe.[27] Jedes wissenschaftliche System, so erklärte Freud 1915, beginne bei der bloßen Beobachtung und entwickle sich über die Schilderung der Phänomene langsam zu einem Ganzen, das die Unbestimmtheit des Anfangs zudecke.[28] Die Fließ-Korrespondenz bot ihm die Möglichkeit des ‹Durcharbeitens›, zu dem die tastenden Versuche der Selbstanalyse mit ihren intimen Details ebenso gehörten wie Zweifel an den ersten Diagnosen. In Freuds Briefe war die Geschichte seiner Ängste, seiner Hypochondrie, seiner vergeblichen Kämpfe gegen Aberglaube und Todesfurcht eingeschrieben.[29] Fließ wurde in der Phase der Selbstanalyse zum «Vor- und Mitspinner», wie Hans Blumenberg ihn nannte.[30] Regelmäßig fügte Freud seinen Briefen gesonderte Manuskripte bei, die nicht selten Unausgegorenes und Halbfertiges enthielten. Sie lieferten gewagte Überlegungen zur Hysterie und zur Neurosenbildung, zuweilen wilde Skizzen, die Fließ' Zyklustheorie aufgriffen. Aus den Schemen der Selbstanalyse erwuchs in dieser Zeit aber auch ein Forschungsprojekt, das bald alles andere überragte. Unter seinen sonstigen Versuchen schien es ihm, schrieb Freud im

Juli 1897, das «Gefestigste», obgleich «rings herum», wie er ahnte, «massenweise starrende Rätsel» lagen.[31] Was ihm hier widerfuhr, kann man das Glück der schmutzigen Erkenntnis nennen. Es bestand darin, daß der Fortschritt des eigenen Wissens durch die Selbstanalyse offenbar unsystematisch und zufällig, zugleich aber überraschend kontinuierlich erfolgte. Die Frucht dieses merkwürdigen Prozesses war ein Jahrhundertwerk, wie es seinesgleichen suchte.

Erschriebenes Denken

Während des Sommers 1897 litt Freud unter seinen zahlreichen Verpflichtungen, die ihn von einem größeren wissenschaftlichen Vorhaben abhielten. Er war unzufrieden mit seiner Hysterievorlesung, verkroch sich nach seinem Kolleg im Caféhaus, um über den Wert seiner Forschung zu grübeln, aß wenig und wirkte abwesend. Diese Situation der Verkrampfung erzeugte die ihm bereits bekannten körperlichen Sympome, Herzrhythmusstörungen, Entzündungen, Furunkel, Zahnschmerz. Aber wie durch ein Wunder legte sich die Spannung nach dem Sommeraufenthalt. Im Herbst 1897 wurde konzipiert, gesammelt, exzerpiert, ausgewertet, so daß sich das Magazin der Ideen langsam füllte. Ab Januar 1898 arbeitete Freud konzentriert an einem neuen Buchprojekt, das, wie er erst später merkte, die Ergebnisse seiner Selbstanalyse zusammenfassen würde: an einer Studie zu Techniken der Traumdeutung. Nach Monaten des Stockens fand er sich nun «glänzend aufgelegt», wie es in seltener Zufriedenheit hieß.[32] «Stimmung» oder «geistige Klarheit» seien zum Gelingen des Schreibprozesses notwendig, erklärte er im April 1898, und in dieser Hinsicht standen die Vorzeichen endlich günstig.[33]

Ohne Mühe schaffte Freud es jetzt, Praxis, Niederschrift und Vorlesungen nebeneinander zu bewältigen. Am Ende des Wintersemesters mußte das Kolleg wegen des Streiks der deutschen Couleur-Studenten, denen das Farbentragen auf dem Campus der österreichischen Universitäten untersagt wurde, privat «beim Bierkrug und bei der Zigarre» stattfinden, jedoch war die Resonanz ausnahmsweise gut und der Zulauf nennenswert.[34] Zu diesem Zeitpunkt hatte Freud das zweite Kapitel des Buchs – die exemplarische Vorstellung der «Methode der Traumdeutung» – bereits abgeschlossen, durchaus zu seiner Befriedigung, da er die Disposition für gelungen, ja für unübertrefflich hielt. Lediglich der Widerwillen vor dem noch anstehenden Forschungsbericht, dessen Abfassung er so weit wie möglich verschob, um seinen eigenen Standpunkt festigen zu können, trübte die gute Laune. Als Fließ ihm im März 1898 bestätigte, daß das Kapitel wohlgelungen sei, reagierte Freud fast selbstgefällig, so sehr war er davon überzeugt, einen großen Wurf gelandet zu haben.[35] Nie wieder werden wir ihn derart stolz und vorbehaltlos über eine eigene Arbeit sprechen hören wie hier. Das dritte Kapitel, das er im Mai 1898 abschloß, stellte ihn schon weniger zufrieden, ohne daß er jedoch einschneidende Korrekturen vornehmen mußte.[36] In den folgenden zwölf Monaten hielt das extrem hohe Schreibtempo neben unverminderten Praxis- und Alltagslasten weiter an. Mit Deuticke verabredete Freud im Frühjahr 1899 die Veröffentlichung der Studie, wenngleich er Zweifel hegte, ob der Verleger das Nötige für ihre Verbreitung tun würde. Es gehörte zu seiner Fairness, daß er ihm trotz solcher Bedenken die Treue bewahrte und nicht nach besseren Angeboten suchte. Im Herbst 1899 beschleunigte er dann die letzten Korrekturschritte, weil er fürchtete, daß der Erzähler und Psychologe Christoph Ruths, wie ein Jahr zuvor angekündigt, eine Arbeit zum Traum publizieren werde. Um ihm zuvorzukommen, stellte er jede Art von Vortragstätigkeit im Kreis der Wiener Ärzteschaft ein und konzentrierte sich ganz auf das Hauptgeschäft; das von Ruths avisierte Buch, dem Freud noch 1904 «mit größter Spannung» entgegensah, erschien übrigens niemals.[37]

Im Frühsommer 1899 war das Manuskript bis auf das finale Kapitel abgeschlossen, und schon am 27. Juni 1899 meldete Freud, daß der erste Bogen in den Druck gegangen sei.[38] Während des achtwöchigen Urlaubs in Berchtesgaden arbeitete er ab Ende Juli an letzten Umstellungen und Korrekturen, die insbesondere der Eingliederung seiner Beispiele, aber auch der Forschungsdokumentation dienten. Im September verfaßte er das letzte Kapitel, indessen frühere Abschnitte in kontinuierlichem Rhythmus an den Verlag in Wien und danach zur Durchsicht an Fließ in Berlin gingen. Freud saß in einem «großen, ruhigen Parterreraum mit Bergaussicht», nutzte seine aus Wien mitgebrachten «alten und dreckigen» Götterskulpturen als Beschwerer für die Manuskriptstapel und genoß das Gefühl, die umfangreichste Studie seines Forscherlebens zu einem gelungenen Abschluß zu bringen.[39] Lediglich mit seinem Stil war er unzufrieden, wie er wiederholt betonte. Den «Formmangel» und den vermeintlichen Verzicht auf sprachliche Brillanz sah er als Indiz «fehlender Stoffbeherrschung» – er habe in «stoltzierenden» Sätzen seinen Gedanken nachgeschrieben, ohne sie wirklich zu erfassen.[40] Freud gestand damit ein, daß sich das theoretische Gebäude unter der Hand entwickelt und frei entfaltet hatte, mit allen Nachteilen, die aus diesem kreativen Fluß für Disposition und Ausführung resultierten. Hier verriet sich eine Unsicherheit, die ihn auch in den kommenden Jahrzehnten begleitete: seine Arbeit gehorchte in hohem Grad intuitiven Impulsen, die er nicht steuern konnte. Entsprechend schwankend fielen seine Urteile über die Qualität des Geleisteten aus; zu einer sicheren Einschätzung seiner Produktion war er nur selten in der Lage.[41]

Gleichzeitig verband sich Freuds Anspruch, exakt zu denken, mit höchsten Anforderungen an den eigenen Stil. Auch «medizinische Autoren» dürften keinesfalls vergessen, bemerkte er 1895 in einer Rezension von Möbius' Studie über Migräne, «daß Fachbildung nicht von allgemeiner Bildung dispensiert und nicht die Anforderungen aufhebt, welche eine Nation an die in ihrer Sprache schriftstellernden Personen stellen darf.»[42] Ästhetische Fragen spielten in diesem Zusammenhang eine gewisse Rolle und beeinflußten die Arbeit an der äußeren Gestalt seiner Texte. «Es steckt auch in mir irgendwo ein Stück Formgefühl, eine Schätzung der Schönheit als einer Art der Vollkommenheit», so schrieb Freud am 21. September 1899 an Fließ über seinen Ehrgeiz als Autor.[43] Sein Stil wirkte dabei keineswegs perfekt, er zeigte zuweilen syntaktische Brüche und Wortwiederholungen, bewahrte sich den Duktus des Mündlichen und eine Tendenz zum Improvisiert-Unfertigen. Es ging nicht um brillante Effekte oder Oberflächenreize, sondern um die präzise und zugleich einnehmende Wiedergabe wissenschaftlicher Erkenntnisse. Freuds Ideal war eine Darstellungskunst, die nüchtern blieb, die Argumentation transparent hielt und vom «Ernst des gründlich prüfenden Arztes» getragen wurde, wie er 1889 in seiner Besprechung von Forels Hypnotismus-Studien formulierte.[44] 1904 hieß es in der *Psychopathologie des Alltagslebens*: «Eine klare und unzweideutige Ausdrucksweise belehrt uns, daß der Autor hier mit sich einig ist, und wo wir gezwungenen und gewundenen Ausdruck finden, der, wie so richtig gesagt wird, nach mehr als einem Scheine schielt, da können wir den Anteil eines nicht genugsam erledigten, komplizierenden Gedankens erkennen oder die erstickte Stimme der Selbstkritik des Autors heraushören.»[45]

Zum Prinzip der exakten Diktion gehörte es auch, den «Ton von Überschwenglichkeit» zu meiden, «der einer wissenschaftlichen Untersuchung so übel ansteht.»[46] Unpathetisch und nüchtern blieb Freuds Stil zeitlebens; Fritz Wittels redete 1924 von der «herben Knappheit» seiner Darstellungsweise, die an antike Vorbilder erinnere.[47] In der Tat ist dieser Vergleich zutreffend, hatte Freud sich doch frühzeitig, seit der Gymnasialzeit, an Autoren wie Cicero und Horaz geschult. Trotz ihres akademischen Duktus ist seine Sprache aber niemals distanziert oder unpersönlich. Immer wieder bietet Freud den Lesern überraschende Einblicke in sein Inneres, seine Ängste und Zweifel. Dieser subjektive Einsatz ist schon in den Arbeiten zur Hysterie zu erkennen und bestimmt ihren besonderen Ton. Auch die Fähigkeit, von sich selbst zu sprechen, ohne geschwätzig zu sein, gehört zur Ausrichtung am antiken Ideal, in dem er Klarheit und Individualität vereint fand. Nietzsche hat dieses Vermögen in einem Aphorismus aus dem zweiten Band von *Menschliches, Allzumenschliches* (1886) als besondere Kunst beschrieben, «das Gefühl auf seinem Wege anzuhalten», damit es weder pathetisch übertrieben noch unterdrückt werde.[48]

Freud legte größten Wert darauf, seine Gedanken zu kontrollieren, die eigene Position in voller Konsequenz bewußt zu entfalten und seine Einfälle zu bändigen. Nichts haßte er so sehr wie Improvisation und zufällige Resultate, assoziative Sprunghaftigkeit und affektiv gesteuerte Urteile. Geriet er beim Schreiben in eine Sackgasse, so warf er den Bogen weg und begann auf einem neuem Blatt von vorn. Seine Manuskripte weisen daher kaum Korrekturspuren auf und wirken meist wie eine zweite Reinschrift, die auf der Grundlage eines ersten Entwurfs entstand. Umso beunruhigter war Freud, daß sein großes Werk ihm nun in einem durchaus produktiven Sinn über den Kopf wuchs und sich mit eigener, vom ihm kaum kontrollierbarer Dynamik entfaltete. Die autobiographische Triebkraft, die es steuerte, ließ sich nicht dauerhaft beherrschen. Daß er hier Forschung auf der Basis psychischer Selbstausbeutung betrieb, barg hohe Risiken für den Aufbau und die Durchführung seiner Argumentation. Da Freud die kreative Mischung seiner Schreibmotive nicht auflösen durfte, blieb ihm nichts, als täglich gegen die Gefahr wilder Gedankenfluten anzugehen.

Die *Traumdeutung* wurde zum Koloß, dessen mögliche Wirkung der Autor kaum abschätzen konnte. Der Drang, das ins Weite gewachsene Werk öffentlich zu machen, war jedoch so groß, daß Freud auf erneute kritische Durchsicht verzichtete – eine Entscheidung, die erklärt, weshalb kleinere Fehler unkorrigiert im Text stehenblieben.[49] Am 11. September 1899 meldete er Fließ das Ende: «alles Manuskript ist abgesendet». Die Euphorie, die ihn während der zurückliegenden Wochen begleitete, wich nun «der normalen Depression nach dem Aufschwung.»[50] Im November

1899 erschien das Buch mit einer bescheidenen Auflage von 600 Exemplaren, aus Gründen der künftigen Resonanz vom Verleger auf 1900 vordatiert. Freud erwartete erste Reaktionen in «resignierter Spannung», fest überzeugt, daß die Arbeit eigentlich «zu früh» komme.[51] Trotz solcher Stimmungsschwankungen fiel die Bilanz Ende 1899 höchst positiv aus: «ein zweifellösendes, siegreiches Jahr im ganzen».[52]

Am Beginn des neuen Säkulums war Freud ein Wissenschaftler, dessen Werk – immerhin sechs Mongraphien und eine stattliche Zahl von Aufsätzen – eher Versprechen als Erfüllung bedeutete. Zu Julius Leopold Pagels *Biographischem Lexikon hervorragender Ärzte des neunzehnten Jahrhunderts*, das die Namen der wichtigsten Wiener Kliniker der k.u.k.-Epoche versammelte, hatte er einen Eintrag in eigener Sache beigesteuert: «auch arbeitete er eine neue Psychotherapie der Hysterie aus, von der erst das Wenigste publiziert ist. Ein Buch *Die Traumdeutung* ist unter der Presse.»[53] Freuds Formulierungen lassen die Hoffnung ahnen, daß seine Reputation steigen werde, sobald seine aktuellen Studien ans Licht kommen würden. «‹Nein, meine eigenen unsterblichen Werke sind noch nicht geschrieben›», so erklärte er Ende der 90er Jahre einer Freundin, die sich bei ihm nach geeigneter Lektüre über psychologische Fragen erkundigte.[54] Das verriet einen unbefriedigten Ehrgeiz, der sich während der gesamten 90er Jahre in zahlreichen Äußerungen Freuds bekundete. Das Erscheinen der *Traumdeutung* erfüllte zunächst seine lange gehegten Erwartungen, es bekräftigte seine hohen Ansprüche und war ein Zeichen dafür, daß er Großes erreichen konnte. Freud schien trotz Phasen des Zweifels dazu in der Lage, die herausragende wissenschaftliche Leistung, die sein Buch darstellte, richtig einzuschätzen. Und selbstbewußt trat das umfassende Werk auch auf, durchaus nicht bescheiden, sondern sich messend mit den göttlichen Mächten der Antike.

«Flectere si nequeo superos | Acheronta movebo» («Kann ich die Himmlischen nicht beugen, so werde ich die Unterwelt bewegen») – diese trotzige Ankündigung aus Vergils *Aeneis* (VII, v.312) stand am Beginn der *Traumdeutung*. Sie stammte von Juno, die aus dem Himmel beobachtet, wie die Trojaner sich an der italienischen Küste anzusiedeln suchen, und, nachdem ihr Jupiter direkte Hilfe verweigert und die Heirat Didos mit Aeneas verboten hatte, voller Tücke die Latiner gegen die Fremdlinge aufwiegelt. Juno mobilisiert Allekto, eine der drei Erinnyen mit schlangenbewehrtem Haupt, auf daß sie Unheil stifte und die Welt aus den Fugen treibe. Schon

Ferdinand Lassalle verwendete genau diesen Passus als Motto für seine Studie *Der italienische Krieg und die Aufgabe Preußens* (1859). Als Freud im Sommer 1899 in den Urlaub aufbrach, schrieb er Fließ: «Den Lassalle und einige Schriften über das Unbewußte nehme ich nach Berchtesgaden nebst meinem Manuskript mit.»[55] Es läßt sich kaum beweisen, daß es sich dabei um die besagte Schrift über den Italienkrieg handelte. Eine direkte Anregung durch Lassalles Mottowahl gab es ohnehin nicht, denn Freud hatte das Zitat, das die Macht der Unterwelt beschwor, bereits im Dezember 1896 als programmatische Formel für seine Theorie der Symptombildung erwogen. Es entsprach in seiner Beharrlichkeit und Selbstsicherheit der inneren Haltung des einsam Arbeitenden, der sich bisher vergebens um die Anerkennung seiner Zunft bemüht hatte. Gegenüber Ferenczi erinnerte er sich später an die Stimmung zum Ende des Jahres 1896, als das Motto erstmals bedacht wurde: «niemand kümmerte sich um mich, und mich hielt nur ein Stück Trotz und der Anfang der *Traumdeutung* aufrecht.»[56] Genau diesen ‹Trotz› spiegelte das Vergil-Motto wider, das dem Buch wie eine stolze Ankündigung voranging. Daß es auch noch andere Aspekte beleuchtete, wird dem Leser erst am Schluß klar, wenn Freud es in kunstvoller Variation erneut auftreten läßt.

Zur Wahl stand anfangs auch ein – von Fließ jedoch verworfenes – Motto aus der *Zueignung* von Goethes *Faust*, das die Begegnung des schöpferischen Geistes mit den Produkten seiner Imagination reflektiert: «Ihr naht euch wieder, schwankende Gestalten! | Die früh sich einst dem trüben Blick gezeigt.»[57] Daß dem Vergil-Zitat am Ende der Vorzug gegeben wurde, lag aber nicht nur an Fließ' Intervention. Die *Aeneis*-Verse entsprachen Freuds Selbstverständnis als Pionier, der unbekanntes Terrain erschließt, am besten. Unter den topischen Wendungen, mit denen er später seine Lehre als Archäologie der Seele, Meeresfahrt in ferne Gestade, neue Schöpfung und Dechiffriermethode charakterisierte, findet sich das Bild von der einsamen Wanderung durch Nacht- und Schattenwelten an exponierter Stelle.[58] Es sollte die gefahrvollen Wege der Wissenschaft umreißen, über die es in der *Traumdeutung* hieß: «von dem Moment an, da wir in die seelischen Vorgänge beim Träumen tiefer eindringen, werden alle Pfade ins Dunkel münden.»[59] Die Zone des Düsteren war jedoch nicht allein dem wissenschaftlichen Objektbereich zugeordnet, sondern auch der Motivation des Forschers, die – nach stereotypem Selbstverständnis der frühen Psychoanalyse – einer unheimlichen Nähe zu den Nachtseiten des menschlichen Seelenlebens entsprang. In einem Brief an Fließ schrieb Freud am 9. Oktober 1899: «Denk' dir, daß ich durch dunkle innerliche Mächte zur Lektüre psychologischer Schriften getrieben werde».[60] Der Weg der Erkenntnis zwang gemäß dieser stilisierenden Auslegung zur Reise in eine Hades-Welt, zu deren zahlreichen Gefahren auch das Risiko der Selbstbegegnung, der Konfrontation mit den verschatteten Motiven des eigenen Tuns gehörte. Wie der Mesmerismus und die Hysterielehre Charcots oder Janets war die Psychoanalyse jedoch eine Wissenschaft, die das Ziel verfolgte, solche behaupteten Verstrickungen produktiv zu machen, indem sie ihr vermeintlich dunkles Erkenntnisobjekt in ein Gefüge begrifflicher Kategorien einstellte und damit rational zugänglich hielt.

Drei systematische Felder standen nach Freuds eigener Aussage im Zentrum der *Traumdeutung*: «1) Das Organisch-Sexuelle, 2) das Faktisch-Klinische, 3) das Metapsychologische».[61] Das Buch gliederte sich in einen Forschungsbericht, einen Hauptteil mit einer fallgestützten Erzählung und einen Schluß, der die theoretische Ausfaltung der Befunde im Hinblick auf die neuen Leitkategorien des Unbewußten und Vorbewußten ermöglichte. Gegenüber Fließ bemerkte Freud am 6. August 1899 über den Aufbau: «Nun ist das Ganze so auf eine Spaziergangsphantasie angelegt. Anfangs der dunkle Wald der Autoren (die die Bäume nicht sehen), aussichtslos, irrwegereich. Dann ein verdeckter Hohlweg, durch [den] ich den Leser führe – mein Traummuster mit seinen Sonderbarkeiten, Details, Indiskretionen, schlechten Witzen – und dann plötzlich die Höhe und die Aussicht und die Anfrage: Bitte, wohin wünschen Sie jetzt zu gehen?»[62]

Diese lässige Charakterisierung läßt ahnen, daß das Buch – gemäß seiner zwitterhaften Anlage zwischen Konfession und Pionierwerk – nicht ganz geradlinig organisiert ist. Es zerfällt in sieben Hauptkapitel, zu denen diverse Unterabschnitte gehören: dem Forschungsbericht folgen Ausführungen zur Methodik der Traumdeutung (II), Analysen zum Traum als Form der Wunscherfüllung (III), zur ‹Entstellung› mit der Entdeckung des Verdrängungsverfahrens (IV), zum Traummaterial (V), zur Traumarbeit (VI) und zur Psychologie der Traumvorgänge (VII). Der Umfang der Kapitel ist allerdings sehr uneinheitlich: während das dritte nur elf Seiten aufweist, erstreckt sich das sechste mit neun Unterabschnitten über 229 Seiten. Hier fehlt ein inneres Gleichgewicht, wie Freuds Selbstkommentar über die ‹Spaziergangsphantasie› schon ahnen läßt. Auch systematisch liegt manches im Argen, weil die Argumentation trotz der formalen Konsequenz der

Kapitelfolge bisweilen sprunghaft gerät. So entwickelt Freud seine Analyse der beiden Leistungen der Traumarbeit – Verschiebung und Verdichtung – ohne letzte Stringenz. Im Rahmen der Ausführungen zum Traummaterial führt er die Kategorie der Verschiebung ein, beschreibt danach das Phänomen der Verdichtung, gibt ihm aber erst hundert Seiten später seinen Namen.[63] Das finale Kapitel befaßt sich im Sinne allgemeiner Schlußfolgerungen mit dem psychischen Apparat, steht jedoch gleich unter der Einschränkung, daß «Konstruktion und Arbeitsweise des Seeleninstruments» durch die Analyse des Traums nur rudimentär erfaßt werden könnten.[64]

Der Autor führt seine Leser mit rhetorischen Fragen, souveränem Duktus und auktorialer Erzählhaltung – geradezu inflationär die ‹Wir›-Form – sicher durch seine Argumentation. Seine Terminologie ist stimmig, seine Sprache stets klar, seine Syntax elastisch und geschmeidig, sein Wortschatz enorm variantenreich. Freud habe in der *Traumdeutung*, so attestierte der Germanist Walter Muschg 1930, «seine Lust am Erzählen ausgelebt».[65] Aber trotz eines meisterhaften Stils entstehen bei der Lektüre Probleme, die vor allem aus methodischen Unstimmigkeiten resultieren. Der selbstbewußte Gestus der Darstellung täuscht darüber hinweg, daß der Verfasser oft nicht wußte, welchen Weg er einzuschlagen hatte.[66] Häufiger begann er in der Mitte eines Problems, ohne systematisch streng vom Beispiel auszugehen. Die Exempel waren manchmal zu gehäuft, manchmal vermißt man sie ganz. Methodische Einschübe kamen oft zu spät, schienen in ihrer Funktion unklar oder brachten keine Aufhellung. Das geplante Verfahren wurde zwar erläutert, aber nicht jede Prämisse der Argumentation fand sich ausdrücklich benannt. Insbesondere die Vorüberlegungen, die sich aus Breuers Hysterielehre ergaben, blieben eigentlich im Dunkel; umgekehrt steuerte Freud immer wieder auf dieses Feld zu, ohne zu erklären, wohin er gelangen wollte. Leitende Hypothesen müssen daher aus dem Zusammenhang der Untersuchung erschlossen werden, weil sie nicht explizit erwähnt sind. Der Eindruck, daß die Reinschrift eine ausführlichere Korrektur verlangt hätte, drängt sich mehrfach auf. Das im Brief an Fließ bemühte Bild vom Spaziergang durch einen dunklen Wald bestätigt sich häufiger und wird in mäandernden Passagen manifest – besonders stark im vorletzten und letzten Kapitel. Freud gestand dieses Dilemma auch ein, wenn er schrieb: «Ich kenne alle Beschwerden, die sich hieraus für den Leser ergeben; aber ich weiß kein Mittel, sie zu vermeiden.»[67]

So fordert das Pionierwerk der Psychoanalyse noch heute, da seine Thesen bestens bekannt sind, trotz seiner klaren, fast einfachen Diktion höchste Aufmerksamkeit bei der Lektüre. Freud selbst nannte seine Arbeit 1907 ‹schwierig› und äußerte gegenüber ausländischen Lesern mehrfach seine Überzeugung, daß sie unübersetzbar sei.[68] In der Vorrede zur zweiten Auflage sprach er 1908 von einem «schwer lesbaren» Buch, das aber, bemerkenswert genug, gerade die Laien und nicht das Fachpublikum angezogen habe.[69] Diese ergänzende Bemerkung läßt sich auch als Versuch werten, die Unzulänglichkeiten der Systematik zu kaschieren. Wenn nämlich eine Leserschaft ohne Vorkenntnissse der Argumentation zu folgen vermag, so bezeugt das ihre besondere Stringenz und Geradlinigkeit. Der Wald, so fand Freud nach einigen Jahren der Distanz, war kein Dickicht, und der Spaziergang hatte ein Ziel. Die Entdeckungen aber, die sich dabei offenbarten, trugen verwirrende und rätselhafte Züge.

Tiefenstrukturen des Träumens

Der nachträglich verfaßte Beginn des Traumbuchs ist spröde: eine Introduktion, die Stationen der Forschung markiert und dabei noch nicht ahnen läßt, was folgt. Die «Einleitungen» hielten ihn vom eigentlichen Schreiben ab, bemerkte Freud bereits im Oktober 1892.[70] Als er im Juni 1899 nach Abschluß aller anderen Teile seinen Forschungsbericht begann, klagte er über die monotone Arbeit des Lesens und Exzerpierens, die er «nur wenige Stunden am Tag» aushalte. Besonders bedrückend, geradezu betäubend fand er angesichts dieser protokollierenden Tätigkeit das Gefühl, «gar nichts zu wissen, wo ich schon das Neue zu greifen vermeinte.»[71] Daß ihm das «bißchen Literatur» ‹zuwider› sei, weil es ihn fürchten ließ, seine eigene Linie zu verlieren, betonte er mehrfach.[72] So geriet der Bericht primär zu einem Akt der Entlastung, der Legitimation gegenüber möglicher Kritik. «Kein Fortschritt in der wissenschaftlichen Erkenntnis», lautete einer der Kolumnentitel.[73] Im Grunde wurde das Referat nur geschrieben, um den Stillstand der Forschung zu dokumentieren und zu zeigen, wie dringend ein Wechsel der Blickwinkel erforderlich war. Zugleich mußte sich Freud absichern und andeuten, welche Vorgänger ihn inspiriert hatten. Darin bekundete sich die Spannung zwischen dem Wunsch, die persönliche Unabhängigkeit zur Schau zu stellen, und der Notwendigkeit, im Sinne eines wissenschaftlichen Verfahrens die eigenen Quellen offenzulegen. Gegenüber Helene

Deutsch spottete er einmal, er habe die Psychoanalyse entwickelt, weil er dabei keine ältere Literatur habe lesen müssen.[74] Erst Jahrzehnte später gelang es ihm, eine gewisse Prägung durch die frühere Forschung einzugestehen; so schrieb er 1928 im *Kurzen Abriß der Psychoanalyse* über seine Lehre: «Aber sie ist, wie selbstverständlich, nicht aus dem Stein gesprungen oder vom Himmel gefallen, sie knüpft an Älteres an, das sie fortsetzt, sie geht aus Anregungen hervor, die sie verarbeitet.»[75]

Dem Autor der *Traumdeutung* fiel es dagegen noch schwer, Einflüsse und Vorläufer offenzulegen. Zwar führte sein Literaturverzeichnis fast achtzig Titel an, aber er kommentierte die älteren Arbeiten vornehmlich, um seine eigene Position gegen sie abzugrenzen. Freimütig gestand er lediglich, daß die Studien Gustav Theodor Fechners ihn gefördert und der Verfasser in seiner «erhabenen Einfalt» einige Wahrheiten über das Thema ausgesprochen habe.[76] An späterer Stelle seines Buchs nannte er ihn in ganz untypischem Pathos sogar «der große Fechner».[77] Nicht nur im Forschungsbericht, sondern auch in den anschließenden Kapiteln nutzte er seine *Elemente der Psychophysik* (1860), um die Idee der seelischen Lokalität – im Begriff des Un- und Vorbewußten – genauer zu entwickeln[78]. Daß der im akademischen Betrieb als Außenseiter betrachtete Fechner für ihn stets ein anregender Denker blieb, dessen kulturphilosophischen Konzepten er folgte, betonte Freud auch künftig. «Von Fechner habe ich außer der Psychophysik noch manche andere Schriften gelesen», bemerkte er im Februar 1925 gegenüber Ludwig Binswanger.[79] Daß der so Gepriesene mit seiner Idee einer ‹allbeseelten› Schöpfung auch dem zeitgenössischen Irrationalismus Tür und Tor öffnete, störte ihn wenig. Fechners Einfluß auf den Berliner Naturalismus um Wilhelm Bölsche, Gerhart Hauptmann und Bruno Wille etwa erklärte sich aus dem Interesse am Okkulten, das seine Theorie der Panpsychologie und ihre Idee der vergeistigten Natur befriedigte.

Neben Fechners Arbeiten gehörten vier weitere Werke zum schmalen Kreis der Vorläufer, denen Freud einen gewissen Rang einräumte: Karl Albert Scherners umfassende Studie *Das Leben des Traums* (1861), Ludwig Strümpells *Die Natur und Entstehung der Träume* (1874), Johannes Volkelts *Die Traum-Phantasie* (1875) und der zweite Band von Wilhelm Wundts *Grundzügen der physiologischen Psychologie* (1880).[80] Die ausführlichere Würdigung dieser Autoren bedeutete aber nicht, daß Freud ihre Beiträge tatsächlich als Inspirationsquellen betrachtete. Auch ihre Texte nahm er erst zur Kenntnis, nachdem er seine eigene Theorie entwickelt hatte, und er fand in ihnen wenig Brauchbares, wo es um die Frage der Traum-Interpretation ging. Vor allem Strümpell und Wundt hielt er vor, daß ihre psychosomatische Lehre nicht erklären konnte, wie sich ein physiologischer Mechanismus in einen konkreten Trauminhalt übersetzt.[81] Im Blick auf Wundt, der zu den produktivsten Vertretern der zeitgenössischen Psychologie zählte und seit 1879 an der Universität Leipzig eine einflußreiche Schule begründet hatte, war das ein vernichtendes Urteil, weil seine experimentelle Seelenkunde genau diese Verbindung zu erklären beanspruchte.

Unerwähnt ließ Freud in seinem Bericht den mächtigen Eindruck, den eine kleine Erzählung des Philosophen Josef Popper-Lynkeus kurz vor dem Abschluß seines Buchs bei ihm hinterlassen hatte. Unter dem Titel *Die Phantasien eines Realisten* veröffentlichte Popper-Lynkeus 1899 eine Sammlung von Geschichten, zu denen auch eine kurze Darstellung über die Wirklichkeitsnähe von Träumen zählte. Die Schilderung eines Mannes, bei dem nächtliche Träume und alltägliches Leben eins sind, bestätigte Freud die eigene Annahme, daß der Traum seine wahren Motive entstellt und auf diese Weise in eine Zone der Ambivalenz rückt. Der Traum, der uns ein lupenreines, unverändertes Bild der Realität zeigt, ist bloß das Produkt einer Zensur, welche die wahren Motive des Unbewußten verhüllt. Freud verzichtete in seinem Forschungsbericht darauf, das kleine Buch von Popper-Lynkeus zu erwähnen. In späteren Auflagen, die den Kreis der Beispiele erweiterten, nannte er es kurz, aber erst 1932 legte er den Einfluß offen, den es auf seine Überlegungen hatte.[82] Ende November 1938 pries er den 1921 gestorbenen Autor als «Forscher, Denker und Menschenfreund», den er stets sehr verehrt habe.[83]

Die Gliederung des Berichts versuchte, das Pflichtprogramm mit einem möglichst direkten Einstieg in die wichtigsten Problemfelder des Themas zu verbinden. Aus diesem Grund entschied sich Freud gegen eine chronologische Darstellung und bot statt dessen einen systematischen Abriß. Anhand von acht Stichpunkten erörterte er die Forschungsgeschichte: einer allgemeinen Einleitung folgten die Stichpunkte «Traumgedächtnis», «Traumquellen», «Traumvergessen», «Psychologische Besonderheiten», «Ethische Gefühle im Traum», «Traumtheorien» und «Beziehungen zu den Geisteskrankheiten». Themen wie die Assoziation von Bildern im Traum oder die Frage nach den Quellen der Traumerzählung konnten hier in engem Kontakt mit der wissenschaftlichen Literatur traktiert werden. Freud bot so eine kompakte Einführung in die Entstehung von Träumen, ihre

Prägung durch körperliche sowie lebensgeschichtliche Einflüsse und die psychischen Spezifika des Denkens im Traum. Gerade der letzte Aspekt barg einige Brisanz, denn hier ging es um das Problem der Logik des Traums und damit um die Möglichkeit seiner Interpretation.

Ausdrücklich betonte Freud in seiner methodischen Einleitung, daß es ihm um die Auslegung des Traums und den Nachweis seiner grundsätzlichen Deutbarkeit gehe.[84] Seine Theorie beendete ein jahrhundertelanges Intermezzo der europäischen Wissensgeschichte, in dem der Traum als Produkt der Unvernunft und damit als unerklärbar ausgewiesen wurde. Seit der Aufklärung, beginnend mit Descartes, hatte man die Erzählungen des Traums für Ausgeburten eines Phantasmas gehalten und allen Versuchen der Interpretation widersprochen. Das Altertum sah das noch anders: Artemidor von Daldis (2. Jh. n. Chr.) suchte das seit den Vorsokratikern entfaltete Wissen über den Traum in seinem *Oneirokritikon* zusammenzutragen und ein Lexikon der Auslegungskunst zu bieten (der Gomperz-Schüler Friedrich Krauss hatte 1881 eine moderne Übersetzung der Schrift vorgelegt, die Freud nutzte). Über die Kirchenväter – ab Tertullian – und die mittelalterlichen Editionen gelangte Artemidors Kompendium in die Renaissance, zu Girolamo Cardanus, Philipp Melanchthon, Johannes Sambucus, John Dee und Robert Burton.[85] Erst ab der Mitte des 17. Jahrhunderts artikulierten sich weitreichende Zweifel an der Evidenz einer praktischen Traumdeutungskunst. Denker wie Descartes, Leibniz, Christian Wolff, Malebranche, Locke, Rousseau, Diderot und Hume einte die Überzeugung, daß der Traum aufgrund seiner wirren Botschaften keine systematische Auslegung ermöglichte. Noch Ende des 19. Jahrhunderts nannte ein protestantischer Theologe ihn eine «Polterkammer» voller «Gerümpel», ohne Wert für Wahrheit und Ethik.[86] Freud durchbrach diese Linie nun und setzte die antike Tradition mit anderen Mitteln fort. In den Einführungsvorlesungen von 1915/16 gestand er seine Absicht noch klarer ein als in seinem großen Werk, wenn er sagte: «Bekennen wir uns nur zum Vorurteil der Alten und des Volkes und treten wir in die Fußstapfen der antiken Traumdeuter.»[87]

Diese Ankündigung war deshalb wichtig, weil das Interpretationsverbot der europäischen Aufklärung bis in die wissenschaftliche Traumforschung des ausgehenden 19. Jahrhunderts hineinwirkte. Selbst die gewichtigsten Theorien der Zeit – die Lehren von Scherner und Volkelt – konzentrierten sich auf die physiologischen Besonderheiten des Traums, seine körperlichen

Auslöser (die ‹Leibreize›) und seinen Gegensatz zum System der bewußten Wahrnehmung (Apperzeption), ohne Deutungsfragen ausführlicher zu erörtern. Um ein wirkliches Verstehen seines Inhalts ging es weder Medizinern noch Philosophen, wenn sie sich, wie elaboriert auch immer, mit dem Thema befaßten. Nach der antiken Oneirokritik, die im Traum den Spiegel künftiger Ereignisse und gegenwärtiger Lebensumstände des Schläfers erblickte, gab es also keine moderne Methode zur Entzifferung jener Geschichten, deren Bilder aus der Nacht des Bewußtseins hervortraten. Freud war der erste, der wieder den Weg der Auslegung beschritt und ein Modell erarbeitete, das der stimmigen Interpretation des Traums galt. Von der komplexen und vielfältigen Forschungsliteratur, die nach 1850 erschien, hob er sich durch den Anspruch ab, eine wissenschaftliche Traumdeutung neu zu begründen.

Diese Absicht blieb eingebettet in das Geschäft der Therapie, und hier mußte Freud seinen Lesern zunächst zwei Geständnisse machen. Traumberichte seien zum wichtigen Bestandteil seiner Behandlungspraxis geworden, denn mit ihrer Hilfe habe er besseren Einblick in die seelischen Zustände der Kranken gewinnen können. Wenn sie von ihren Träumen sprachen, enthüllten sie auf zwanglose Weise das Reich ihrer Ängste und Zwänge, offenbarten aber zugleich ihre Sehnsüchte – da lag der Anknüpfungspunkt für die erste Kernthese des Buchs, daß jeder Traum ein Wunschtraum sei. Zugleich räumte Freud ein, wie sehr seine Kenntnis des Themas auf neurotische Patienten und seine diesbezügliche Notizensammlung beschränkt war. Er habe sich im Laufe der Jahre rund tausend Träume berichten lassen und danach gedeutet, aber ihm fehle das Material seelisch gesunder Schläfer.[88] Aus diesem Grund beschäftige er sich nun mit seinen eigenen Träumen, um ein breiteres Fundament schaffen zu können. Freud erwähnte hier noch nicht das große Projekt seiner Selbstanalyse, sondern verlegte sich auf ein methodisches Problem: die Lösung der Frage, wie man möglichst authentische Traumerfahrungen psychisch Normaler zu gewinnen vermag. Er verarbeitete dabei eigene Beispiele, die er seit geraumer Zeit protokolliert hatte. Schon am 17. April 1893 schrieb er Minna Bernays, er habe wegen einer Erkältung im Arbeitszimmer geschlafen und könne nun «die schönsten Studien über merkwürdige Träume machen.»[89] Das delikate Unternehmen war also umrissen, der Weg zurück ins eigene Innere legitimiert. Das Traumbuch durfte eine Reise in die Seele seines Autors durchführen und die Leser an ihren Aktivitäten teilhaben lassen.

Freuds Auslegungsgefüge umfaßte vier Zentralfelder, die Theorien der Darstellung, der Traumarbeit, des Trauminhalts und des Traumgedankens. Es bot nichts Geringeres als den Instrumentenkasten einer Traumdeutung, die den Anspruch auf methodische Geschlossenheit erhob.[90] Ihre Technik ergab sich aus einem psychologischen System, das, über Assoziationen entwickelt, wie ein Stollen in den Berg vorgetrieben wurde. «Hundeschwer darzustellen» sei das Ganze, schrieb Freud im Juni 1898, weil die Selbstanalyse nur seine Spitzen ans Licht gebracht, die tiefere Verankerungen aber im Dunkel belassen habe. So mußte er gleichsam die «Natur aus Fragmenten» erschließen und sich an Bruchstücken abarbeiten.[91] Wo der Traum eigenwillige Verbindungen schafft, die nicht immer klar erkennbar sind, hat auch seine Interpretation assoziativ zu verfahren, um die zersplitterten Mosaiksteine zusammenzufügen. Die ältere, seit der antiken Oneirokritik gängige Deutungstradition konzentrierte sich auf statische Motive, die als Symbole für den Sinn des Traums einstehen sollten. In der Mitte des 19. Jahrhunderts gab es erste Versuche, diese Tradition aufzugreifen und in ein philosophisches Konzept zu integrieren. Scherners *Das Leben des Traums* (1861) und Volkelts *Die Traum-Phantasie* (1875) hatten die Bilder der Nacht als Ausdruck einer Steigerung der individuellen Existenz in einem besonderen Zustand beschrieben. Zumal Scherner, von dem Freud den Begriff des ‹Traumgedankens› übernahm, griff auf ein festes Reservoir der Symbole zurück, an denen er den sexuellen Sinn mancher Träume festmachte.[92] Volkelt und auch der Leipziger Philosoph Strümpell deuteten eine derartige Symbolik des Traums als Illustration der körperlichen Erscheinung des Menschen in einer geistigen Zeichenwelt.[93]

Im Unterschied zu solchen nachidealistischen Ansätzen der Lebensphilosophie betonte Freud die dynamische Beschaffenheit des Traums, die sich nicht über statische Interpretationen ermitteln ließ. Der Traum und mit ihm das gesamte seelische Gefüge gewinnen Struktur dadurch, «daß eine Energiebesetzung auf eine bestimmte Anordnung verlegt oder von ihr zurückgezogen wird, so daß das psychische Gebilde unter die Herrschaft einer Instanz gerät oder ihr entzogen ist.»[94] Entsprechend mußte die Analyse verfahren, die das Symbolgefüge zu erschließen hatte; sie ging von der Einsicht aus, daß der Traum seine Motive nur in einer dynamischen Verknüpfung präsentierte, deren Sinn allein durch ihren jeweiligen Kontext sicherzustellen war.[95] In den späteren *Vorlesungen zur Einführung in die Psychoanalyse* grenzte Freud dieses System, das den Traum aus seiner Tiefenstruktur zu begreifen sucht, sehr klar von älteren Traditionen in der Linie Scherners ab. «Es ist nicht unsere Aufgabe, Kunststücke zu machen. Die auf Symbolkenntnis beruhende Deutung ist keine Technik, welche die assoziative ersetzen oder sich mit ihr messen kann.»[96]

Zum Schlüssel für das eigene Verständnis wurde Freud der Traum von ‹Irmas Injektion› aus der Nacht vom 23./24. Juli 1895. Am 12. Juni 1900 erinnerte er sich in einem Brief an Fließ, daß dieses das Datum des Durchbruchs war. Und er fragte, ob man sich vorstellen könne, am Haus in der Berggasse «dereinst» eine Tafel anzubringen, auf der zu lesen ist: «‹Hier enthüllte sich am 24. Juli 1895 dem Dr. Sigm. Freud das Geheimnis des Traumes.›»[97] Freuds Brief verschwieg allerdings, daß er sich Ende Juli 1895 gar nicht in der Berggasse, sondern im Sommerurlaub auf dem Schloß des Ritters von Schlag oberhalb Grinzings befand. Das Wort ‹enthüllen› suggerierte eine Einheit aus seelischem Geschehen und intellektuellem Begreifen, die so nicht existierte. Der Traum ereignete sich fern vom Ort des Alltags, während der Prozeß tieferen Verstehens nach den Ferien im heimischen Arbeitszimmer einsetzte. Die Verstrickung von Objekt und Subjekt, die Freuds Selbstanalyse bestimmte, schien ausnahmsweise aufgehoben zu sein. Der Traum ließ sich erst aus der Distanz deuten, die den Interpreten vom Ort des nächtlichen Bildergeschehens trennte. Seit 1977 erinnert in Grinzing eine Stele mit dem von Freud selbst vorgeschlagenen Text an das für die Psychoanalyse zentrale Traum-Ereignis – sie beschwört den Offenbarungscharakter einer plötzlichen Erkenntnis in jenem Zugleich von Erleben und Verstehen, das zu den alten Mythen der menschlichen Forschungsgeschichte gehört.

Der Traum von ‹Irmas Injektion› gewinnt den Charakter einer großen Gründungserzählung der Psychoanalyse. ‹Irma› bildete den Decknamen für zwei unterschiedliche Patientinnen, deren Persönlichkeiten sich offenkundig vermischten. Zuallererst war hier Emma Eckstein gemeint, deren mißratene Behandlung im Winter 1895 jene Schuldgefühle bei Freud ausgelöst hatte, die der Traum detailliert behandelt.[98] Eine zweite Spur führt zu Anna Lichtheim, mit der er seit Mitte der 80er Jahre – damals noch unter ihrem Mädchennamen Hammerschlag – über seine Schwestern bekannt war. Sie hatte ihren Ehemann früh verloren, ließ sich von Freud analysieren und wurde später die Patin Annas. Daß die Irma des Traums eine «jugendliche Witwe» war, bewies eine entsprechende Ähnlichkeit, wobei das Gefühl der erotischen Anziehung eine verbindende Rolle spielte; sowohl die fiktive Irma als auch Anna wirkten auf Freud in Traum und Realität attraktiv, hatten kein aktives Sexualleben, sehnten sich aber nach Befriedigung ihrer Libido und entwickelten aus ihrer erzwungenen Abstinenz neurotische Störungen.[99]

Freud erklärte nicht seinen Traum, sondern die Traumerzählung. Er nahm Bezug auf die eigene sprachliche Darstellung, die er Satz für Satz interpretierte. Dabei unterschied er zwischen dem, was der Traum direkt aussagt (Trauminhalt), und dem, was er bedeutet (Traumgedanke). Um vom Inhalt auf den tieferen Sinn zu stoßen, untersuchte Freud eine Vielzahl von Details, die er mit einiger Spitzfindigkeit durchleuchtete, indem er Erinnerungsreste, Überlagerungen und Figurenkonstellationen berücksichtigte. Im Gang der Analyse wurde sichtbar, daß ein Schuldgefühl Freuds gesamten Traum motiviert: die Furcht, er habe eine Patientin falsch behandelt und ihr Leiden dadurch verschlimmert. Irma, die ihrem Arzt vorhält, daß er ihre Krankheit nur psychologisch zu therapieren suche, klagt über körperliche Schmerzen. Sie weist einen weißfleckigen Hals und «verschorfte Nasenmuscheln» auf, was den Interpreten an seine eigenen Kokain-Therapien und deren fatale Wirkung erinnert, zugleich aber ein Reflex der durch Fließ verpfuschten Operation Emma Ecksteins ist.[100] Freud fühlt sich schuldig – «eine nie erlöschende Angst beim Spezialisten, der fast ausschließlich Neurotiker sieht, und der so viele Erscheinungen auf Hysterie zu schieben gewohnt ist, welche andere Ärzte als organisch behandeln.»[101] An diesem Punkt des Traums kommen tatsächlich ‹andere Ärzte› ins Spiel: Dr. M., hinter dem sich Josef Breuer verbirgt, untersucht die Kranke ‹schnell›. Im nächsten Bild stehen ‹Freund Otto› und ‹Freund Leopold› am Bett der Leidenden, auch sie ärztliche Kollegen. Otto ist Oscar Rie, Kinder- und Hausarzt der Familie, Leopold wiederum Ludwig Rosenberg, den Freuds ebenfalls eng verbunden und wie der erste ein Mitglied der Tarock-Runde. Die ärztliche Diagnose fördert zutage, daß Irma unter Diphterie leidet, was ihre Hautreizung ebenso wie ihre Schmerzen erklärt. Der Träumer sieht sich dadurch entlastet, weil das organische Leiden von seiner psychologischen Fehltherapie unabhängig zu sein scheint. Wie gewichtig Schuldgefühle im Blick auf die fatale Kokain-Therapie bei Fleischl für Freuds inneres Erleben waren, zeigt auch ein zweiter Traum, den er wenig später schildert: jener von der ‹botanischen Monographie›, die ein Sinnbild für seine Coca-Studie und deren dürftige Wirkung ist. Das blieb übrigens nicht das einzige Beispiel, das Freuds beruflichen Ehrgeiz offenbarte; mehrfach dokumentierte er Träume, die seinen Wunsch nach der

Berufung auf eine Professur spiegelten.[102] Der Text lieferte hier eine Selbstdeutung, die das Traummaterial jenseits seiner wissenschaftlichen Beweisfunktion zur Quelle im intimen Sinne werden ließ. Indem der Traum Freuds Lebensziele reflektierte, erzählte er jene innere Geschichte, die das Buch erst ausgelöst hatte: seine Ambitionen auf eine Gelehrtenkarriere, sein Streben nach Anerkennung, seinen Wunsch, als Autorität gelten und öffentlichen Ruhm erlangen zu dürfen. Der autobiographische Subtext des Traumbuchs war die Historie des Ehrgeizes, der Freud zur wissenschaftlichen Arbeit bewegte.[103]

Als Auslöser für Irmas Erkrankung wurde am Ende der Freund Otto ausgemacht, der die Patientin mit einer schlecht sterilisierten Spritze infizierte. Die Injektion erfolgte «mit einem Propylpräparat» – ein Traummotiv, das sich anschließend durch Assoziation in eine verwandte chemische Struktur, nämlich das Trimethylamin verwandelte.[104] Der Träumer sieht die dazu passende Formel vor sich, was der Interpret wiederum als Hinweis auf sexuelle Wünsche deutete. Das Bindeglied, das hier die Verknüpfung herstellte, war Fließ' Theorie der Sexualchemie und seine Hypothese, daß Trimethylamin eines der «Produkte des Sexualstoffwechsels» sei.[105] Die Patientin Irma, so führte Freud aus, sei eine junge, durchaus attraktive Witwe, deren Libido unbefriedigt bleibe. Damit war ein Bezug zu Anna Lichtheim hergestellt; die erotische Aufladung der Irma-Figur spiegelte das erregende Verhältnis zu den alleinstehenden Frauen, die sich bei Freud in Behandlung befanden. Die chemische Formel bildete gewissermaßen das zeichenhafte Motto für den Sexus, der sich nur indirekt zur Geltung bringt.

Der Sinn des Ganzen offenbarte sich unter einer Flut von ‹Einfällen› und Assoziationen, die den «Vergleich zwischen dem Trauminhalt und den dahinter versteckten Traumgedanken» speisen.[106] Der Traum lieferte eine Wunscherfüllung, die das Gefühl der Schuld überwindet, indem sie dem Freund Otto die Verantwortung für die Fehlbehandlung Irmas zuweist. Sämtliche Mosaiksteine gehörten eigentlich zusammen, sie ergaben eine Bedeutung, die sich über Umwege der Rekonstruktion erschloß. Manche Figuren verschieben sich, es kommt zu Assoziationen und Überlagerungen, zur Konzentration und Segregation der Zeichen, Motive, Personen. Immer aber ist der Traumgedanke aus dem konfus erscheinenden Geflecht des Trauminhalts abzuleiten. Er steht am Ende als Produkt tieferer Sinnhaftigkeit und keineswegs als «Ausdruck einer zerbröckelnden Hirntätigkeit» da.[107] Schon Scherner und nach ihm Paul Radestock hatten das Gebiet der ‹Assoziationsträume› im Blick auf ihre innere Komposition untersucht, darunter aber vor allem Halbschlafbilder und sogenannte ‹hypnagoge› Zustände zwischen Wachen und Dämmern verstanden.[108]

Die ausführliche Untersuchung der Irma-Episode begründete die Theorie des Wunschtraums, die nach dem Erscheinen von Freuds Buch besondere Kontroversen auslöste. Vorgebildet war sie schon in einem 1875 veröffentlichten Essay des protestantischen Theologen Friedrich Wilhelm Hildebrandt, der diesbezüglich schrieb: «Es lässt sich nämlich keine Traumthat denken, deren erstes Motiv nicht irgendwie als Wunsch, Gelüst, Regung vorher durch die Seele des Wachenden gegangen wäre.»[109] Freud, der lediglich Hildebrandts Erkenntnisse über die psychische Verarbeitung von Tageseindrücken erwähnte, weitete die Wunschtheorie nun zu einem methodischen Universalprinzip aus.[110] Gestützt wurde es durch die Unterscheidung zwischen manifestem und latentem Trauminhalt, die Differenz von oberflächlichen Traumthemen und dem, was Freud ‹Traumgedanke› nannte.[111] Diese Differenz war von großem Gewicht für die Psychoanalyse, für ihre Vorstellung von Sichtbarkeit und Abwesenheit, Manifestation und Latenz. Anders als Scherner, der mit seiner «populären Chiffriermethode» die Traum-Symbole statisch auffaßte, ging Freud vom Grundsatz der Dynamik aus.[112] Jedes Traummotiv hat einen längeren Prozeß durchlaufen, der seine ursprüngliche Bedeutung verändert. Die direkte, zunächst naheliegende Aussage täuschte, denn was das Motiv bezeichnet, erschloß sich allein der Analyse seiner Bearbeitungsstufen. Freud entdeckte über den Traum den Unterschied zwischen Oberfläche und Tiefenstruktur, der den seelischen Apparat bestimmt. Damit trat das in den Blick, was er erstmals in einem Brief an Fließ vom 2. April 1896 «metapsychologische Fragen» nannte: die Möglichkeit, eine übergreifende Perspektive für die Untersuchung der seelischen Organisation zu gewinnen.[113] Die Erkenntnis, daß Äußeres und Inneres im psychischen System keine Einheit bilden, blieb in den kommenden Jahrzehnten leitend für Freuds Wissenschaft vom Menschen. Nicht die vordergründigen Eindrücke, die das Seelenleben offenbart, sondern dessen Tiefenschichten bergen die Wahrheit. Für den Analytiker war es daher unabdingbar, daß er den äußeren Zeichen mißtraute und detektivisch dem nachspürte, was hinter den Erscheinungen lag. Die Einsicht in die Differenz von Manifestem und Latentem mobilisierte den Erkenntnisanspruch der Freudschen Lehre und zugleich ihre wissenschaftliche Energie, die sich auf das Ausforschen von Wahrheiten unter der Oberfläche richtete.

Besonders schwer ist auf den ersten Blick zu verstehen, weshalb auch Angstträume oder Träume negativen Inhalts die Erfüllung eines Wunsches darstellen. Diverse Beispiele führte Freud an, die nachweisen sollten, daß sogar unerfreuliche Traumbotschaften mit dieser These übereinstimmen. Charakteristisch sind Träume vom Tod geliebter Menschen, bei denen sich, wie Freud nicht ohne Spitzfindigkeit bemerkte, die Sorge des Alltags in den Modus des Wunsches übersetzt. In diesem Modus erscheint der Traum auf gleichsam natürliche Weise, ohne daß er durch ihn allerdings eine direkte Botschaft übermittelt. Gerade die Logik des Umwegs und der Assoziation ist typisch für ihn. Das zeigen auch Prüfungsträume, die Angstträume sind: daß man das Examen nicht bestanden habe, träumt man nur, wenn man es im wirklichen Leben bereits erfolgreich absolviert hat. Der Traum bietet hier eine seelische Entlastung für reale Furcht vor künftigem Versagen an. Er signalisiert, daß man auch weitere Prüfungen des Lebens meistern werde, weil man die früheren bewältigt hat. Die Angst ist überflüssig, und der Traum schärft dem Erwachenden diese glückliche Botschaft im Sinne eines – nach Bernays – kathartischen Verfahrens ein.[114]

Nicht selten führte aber auch das Vorwissen über die Psychoanalyse zu verwirrenden Traumerfahrungen. Ein schönes Exempel bot ein Rechtsanwalt und früherer Mitschüler Freuds – es handelte sich vermutlich um Wilhelm Knöpfmacher –, der seine These kennengelernt hatte und nun zu widerlegen suchte. Er träumte einestags, so berichtete er, daß er sämtliche seiner Prozesse verlor – gewiß nicht der Wunsch eines erfolgreichen Anwalts. Freud kommentierte das Exempel knapp, indem er darauf hinweis, sein Mitschüler habe jahrelang unter schlechten Schulleistungen gelitten, ihn, den Primus beneidet, und wolle ihn als Wissenschaftler nun durch seinen Traum blamieren.[115] Die Reihe der Beispiele, die Freud anführte, mündete in eine Konkretisierung der Wunschtheorie: der Traum bedeutet die Erfüllung eines «unterdrückten, verdrängten» Wunsches.[116] Gerade diese Ergänzung war wichtig, weil sie verständlich machte, daß der Wunsch nicht immer direkt, sondern oftmals über Umwege durch den Traum zur Geltung kommt.

In der kürzeren Zusammenfassung seiner Lehre, die 1901 erschien, unterschied Freud drei ‹Klassen› der Träume nach Maßgabe ihrer Wunscherfüllung. «Erstens solche, die einen unverdrängten Wunsch unverhüllt darstellen; dies sind die Träume von infantilem Typus, die beim Erwachsenen immer seltener werden. Zweitens die Träume, die einen verdrängten Wunsch verhüllt zum Ausdruck bringen; wohl die übergroße Mehrzahl aller unserer Träume, die zum Verständnis dann der Analyse bedürfen. Drittens die Träume, die zwar einen verdrängten Wunsch darstellen, aber ohne oder in ungenügender Verhüllung.»[117] Die erste Klasse bildet also die Träume der Kinder, die zweite die der Erwachsenen, die dritte umfaßt die Angstträume. Hier ist die Mitteilung aus dem Unbewußten nicht ausreichend entstellt worden, so daß sie im Traum direkt zum Ausdruck gelangt. Das aber erzeugt eine Furcht, die den Traum regelmäßig unterbricht und zum Erwachen führt. Freud ließ an dieser Stelle offen, ob es auch andere Emotionen gibt, die durch mangelnde Chiffrierung des Traumgedankens erzeugt werden. Tatsächlich ist das nicht der Fall, da das Unbewußte stets angstbesetzt und das Hervorbrechen seiner Wünsche immer mit spontanem Erschrecken verbunden bleibt. Im Rahmen seiner Neurosenlehre sollte Freud die zentrale Rolle der Angst und deren Signalcharakter im Hinblick auf das Unbewußte noch genauer beleuchten.

Das Kapitel über ‹Traummaterial und Traumquellen› behandelte erstmals in größerer Breite die infantile Sexualität. Wenn Kinder vom Tod ihrer Eltern träumen, so verrät das einen latent sexuellen Sinn. Schon Fließ hatte 1897 im Rahmen seiner Theorie von weiblichem und männlichem Zyklus darauf hingewiesen, daß es eine kindliche Sexualerregung gebe, die in biologisch vorgezeichneten Perioden erscheine.[118] Die *Traumdeutung* verzichtete auf eine Erwähnung der Fließschen Hypothese, obgleich sie in den Gesprächen der Freunde eine Rolle spielte. Freud öffnete statt dessen mit Schwung den Vorhang und ließ die Antike auftreten. Sophokles' *König Ödipus*, die «Schicksalstragödie» par excellence, lieferte ihm das Modell, das die verborgene Liebe der Söhne zu ihren Müttern zeigt.[119] Der König, der den Fluch der Götter bannen und die in Theben herrschende Seuche überwinden möchte, erkennt über Umwege seine eigene Verstrickung: das Verbrechen des unwissend verübten Vatermordes und des ahnungslos vollzogenen Beischlafs mit der eigenen Mutter. Nietzsche nannte ihn die «leidvollste Gestalt der griechischen Bühne», die trotz ihrer Weisheit «zum Irrthum und zum Elend» bestimmt sei. Er verwies auch auf die wichtige Funktion, die der Aufdeckung früherer Verwicklungen zufällt: Sophokles zeige «einen wunderbar geschürzten Prozeßknoten, den der Richter langsam, Glied für Glied, zu seinem eigenen Verderben löst».[120] Freud griff diesen Ansatz auf, wenn er erklärte, die Handlung der Tragödie gleiche «der Arbeit einer Psychoanalyse», insofern sie zur Erkenntnis der vergessenen Schuld führt.[121] Bereits Schiller hatte in einem Brief an Goethe vom 2. Oktober 1797 während der Planung seiner *Wallenstein*-Trilogie über den sophokleischen *König Ödipus* angemerkt, daß er eine «tragische Analysis» biete. Der Konflikt bilde gewissermaßen den inneren Kern eines Bündels von Fäden, die im Vollzug der Handlung freigelegt werden: «Alles ist schon da, und es wird nur herausgewickelt.»[122] Wie Freud betonte auch Schiller, daß die attische Tragödie unwiederholbar an den Schicksalsglauben der Griechen gebunden sei, ohne deshalb ihre dauerhafte Wirkungsmacht zu verlieren. Hier setzte die Argumentation der *Traumdeutung* an, denn die Faszination, die von Ödipus' Leiden ausging, verriet dessen fortwährende Geltung. «Sein Schicksal ergreift uns nur darum, weil es auch das unsrige hätte werden können, weil das Orakel vor unserer Geburt denselben Fluch über uns verhängt hat wie über ihn.»[123] Freud behauptete damit, daß die Liebe des Sohnes zur Mutter kein Einzelfall, sondern gattungsspezifisch und epochenübergreifend ist. Die normale Sozialisation erlaubt es, diese Prägung zu überwinden, «unsere sexuellen Regungen von unseren Müttern abzulösen» und die Eifersucht auf den Vater zu «vergessen».[124] Die Erblast, die jeder Sohn trägt, kann also abgeworfen werden, und nur im Fall der Psychoneurotiker bleibt sie bestehen.

Freud betonte, daß schon Sophokles die Neigung des Ödipus an das Thema des Traums gebunden habe. In der Tat findet sich in der Tragödie ein klarer Hinweis darauf, wenn Iokaste ihrem Sohn beschwichtigend erklärt: «Denn viele Menschen sahen auch in Träumen schon | Sich zugesellt der Mutter.»[125] Spinnt man diese Bemerkung weiter, dann liefert die Tragödie nichts anderes als die szenische Illustration eines Traums von archetypischem Charakter. Traum und literarischer Text unterliegen ähnlichen Darstellungsmechanismen, weil sie grundlegende Konstellationen des Unbewußten mit sprachlichen Mitteln erfassen. Schon Heinrich Spitta, den der Forschungsbericht erwähnte, hatte in einer 1878 publizierten Studie betont, im Schlaf vollziehe sich «eine Dramatisierung rein subjektiver Vorstellungen und Empfindungen».[126] Freuds Schüler Otto Rank führte das 1912 weiter, als er formulierte, der Traum sei mit dem Schauspiel «nicht bloß äußerlich», sondern aufgrund der szenischen Logik des Unbewußten verwandt – ein Modell, das auch Paul Ricœur später aufgriff.[127] Freud begnügte sich zunächst mit einer bescheideneren Deutung, wenn er Sophokles'

Tragödie allein als Indiz für die Macht des Inzestwunsches auslegte, ohne Fragen der strukturellen Analogie zwischen Traum und Text zu berühren. Im antiken Drama offenbart sich der uralte Wunsch des Sohnes, mit der Mutter zu verkehren. In vielen Träumen erscheint er wieder, so betonte Freud, und der Mythos ist nur das früheste Zeugnis für eine Konstellation, die alle Zeiten übergreift. Zahlreiche Kritiker stellen das bis heute in Frage; für sie bildet die Psychoanalyse bloß den Versuch, eine private Obsession zum wissenschaftlichen System zu verwandeln.

Das zweite Beispiel für die literarische Reflexion des Inzestwunsches lieferte Shakespeares *Hamlet*. Die fehlende Bereitschaft des Titelhelden, dem Auftrag seines toten Vaters gerecht zu werden und seine Tötung zu rächen, verstand Freud als Ausdruck eines versteckten infantilen Begehrens. Hamlet kann Claudius, den Mörder seines Vaters, nicht umbringen, weil dieser vollzieht, was er ersehnt: den Beischlaf mit seiner Mutter. Das Traumbuch wiederholte hier Thesen, die Freud, wie erinnerlich, schon in einem Brief an Fließ vom 15. Oktober 1897 entwickelte.[128] «Ich habe dabei ins Bewußte übersetzt», so bilanzierte er, «was in der Seele des Helden unbewußt bleiben muß; wenn jemand Hamlet einen Hysteriker nennen will, kann ich es nur als Folgerung von meiner Deutung anerkennen.»[129] Die durch Freud glänzend analysierte Konstellation übertrug Alfred Döblin, als Psychiater selbst ein Sachkenner, Jahrzehnte später in seinem *Hamlet*-Roman auf eine Heimkehrergeschichte nach dem Zweiten Weltkrieg.[130]

Interpretationskunst

Neben der Unterscheidung von Trauminhalt und Traumgedanke formulierte Freud in den folgenden Kapiteln drei weitere Prinzipien, die das psychoanalytische Denksystem maßgeblich begründeten. Der Traum ist das Ergebnis einer ‹sekundären Bearbeitung› von Erfahrungsresten, die er in seiner «Bilderschrift» gleichzeitig ‹verdichtet› und ‹verschiebt›, das heißt: konzentriert und umlenkt. «Traumverschiebung und Traumverdichtung sind die beiden Werkmeister, deren Tätigkeit wir die Gestaltung des Traumes hauptsächlich zuschreiben dürfen.»[131] Über die Ebene der Konzentration, die schon Alfred Maurys Studie *Le sommeil et les rêves* (1861) als Merkmal nächtlicher Phantasieproduktion hervorhob, sagte Freud: «Der Traum ist knapp, armselig, lakonisch im Vergleich zu dem Umfang und zur Reichhaltigkeit der Traumgedanken. Der Traum füllt niedergeschrieben eine halbe

Seite; die Analyse, in der die Traumgedanken enthalten sind, bedarf das sechs-, acht-, zwölffache an Schriftraum.»[132] Der Traum ist überbestimmt, denn er entsteht aus der Konzentration, die im Verdichtungsprozeß stattfindet. Dabei kommt es häufig zu einer direkten Veranschaulichung der in einem Wort bezeichneten Bedeutung; der Traum behandelt Wörter wie Dinge, die er bildhaft erscheinen läßt.[133] Ältere Arbeiten – etwa Peter Willers Jessens *Versuch einer wissenschaftlichen Begründung der Psychologie* (1855) – hatten diese Verknappung noch als Indiz für die im Schlaf reduzierte «Geistesthätigkeit», nicht als produktive Leistung gewertet.[134]

Über die Verschiebung bemerkte Freud: «Was in den Traumgedanken offenbar der wesentlichste Inhalt ist, braucht im Traum gar nicht vertreten zu sein. Der Traum ist gleichsam anders zentriert, sein Inhalt um andere Elemente als Mittelpunkt geordnet als die Traumgedanken.»[135] Während die Verdichtung eine Überbestimmung leistet und dadurch die Interpretation erschwert, verhindert die Verschiebung ein direktes Verstehen durch Schaffung neuer Zusammenhänge. Beide Aspekte der Traumarbeit fordern also die Deutung heraus, indem sie eine ursprüngliche Aussage verändern. Sie erzwingen die Unterscheidung zwischen Inhalt und Gedanken des Traums, die für Freud wesentlich bleibt. Die Traumarbeit wirkt als «Pressung», bei der «die Stücke gedreht, zerbröckelt und zusammengeschoben werden, etwa wie treibendes Eis».[136] Im Traum ist nichts, wie es scheint, und alles geordnet nach einer neuen, ganz eigenen Logik. Selbst das Denken bildet im Traum ein Material jenseits üblicher intellektueller Tätigkeit, was schon die Leipziger Schüler Wundts, darunter Wilhelm Weygandt, festgestellt hatten.[137] 1905 sollte Freud schreiben, der Traum sei ein Unternehmer, der sein Kapital aus den Wünschen des Unbewußten beziehe; das gilt auch für die geistigen Wendungen, denen er sich hingibt, und die Ideen, die er produziert.[138]

Verdichtung und Verschiebung sind gebunden an das, was Freud ‹Rücksicht auf Darstellbarkeit› nannte. Der Traum muß stets lesbar bleiben, seine Bildsprache ist nicht nach innen gerichtet, sondern dient der Expression einer psychischen Botschaft. Sie darf nicht direkt vermittelt werden, da sie über Verdichtung und Verschiebung läuft; aber sie wirkt auch nicht esoterisch, denn sie läßt aufgrund ihrer Assoziationsprinzipien eine stimmige Deutung zu – eine Hypothese, die erheblich von den Theorien eines Scherner oder Volkelt abwich. Der Traum verändert dank seiner Darstellungsweise logische Verhältnisse, indem er durch Reihung die Kette von Ursachen und Wirkungen, durch Zusammenziehung die Gemeinsamkeit von Dingen und Erinnerungen zum Ausdruck bringt. Alternativen, These und Gegenrede oder komplexe Zahlenrelationen kann er nur in serieller Form umsetzen. Auch die «Mischbildung» im Traum gehört zu den Effekten dieser Tendenz.[139] Wenn Menschen sich verwandeln, Personen einander ablösen und ineinander übergehen, so entspricht das exakt der Logik der inneren Verwandtschaft. Freud verglich dieses Verfahren mit der «Galtonschen Mischphotographie» – gemeint ist eine Technik des Vererbungstheoretikers Francis Galton, der Familienähnlichkeiten nachzuweisen suchte, indem er Gesichter übereinander blendete.[140] Die Wirkung besteht in einer Erkenntnisfunktion, die Freud zu den wichtigsten intellektuellen Leistungen des Träumens zählte. Wir erzeugen im Traum Analogien zwischen Individuen, die wir bewußt niemals im Blick hatten, und gewinnen damit tiefere Einsichten in ihre Eigenschaften und Besonderheiten. Solche Umwertungen, zu denen auch die Verkehrung von Tagesresten gehört, dienen der Abfuhr psychischer Energie. Wer im Traum einen geliebten Menschen schlecht behandelt und wüst beschimpft, erzeugt ein Schuldgefühl, das wiederum zur Verstärkung seiner Zuneigung und damit zur Erfüllung eines lange gehegten Wunsches führen kann.

Gegen ältere Deutungstraditionen, wie sie noch Scherner vertrat, betonte Freud, daß Symbole im Traum keine statische, sondern eine dynamische Ordnung ausbilden. Zwar bleibt ihnen ein allgemeiner Kern eigentümlich, aber ihre individuelle Mischung mit Erinnerungsresten des Träumers schuf allein die Grundlage der Interpretation.[141] Scherner hatte 1861 als erster den Sinn von Genitalsymbolen im Traum hervorgehoben und dabei gegen die Konventionen der Zeit die Rolle der Sexualität unverhüllt thematisiert. In Scherners Liste stehen Türme, Bäume, Äste, Tierschnäbel, Schlangen und Messer für das männliche Geschlecht, während Höhlen, Kästchen, Fingerhüte, Beutel und Felsspalten das weibliche Genital illustrieren.[142] Freud griff dieses Alphabet der Symbole auf und ergänzte es durch eine Reihe weiterer Elemente.[143] Eine Besonderheit seiner Auflistung bestand darin, daß sie nicht nur Formen der bildlichen, sondern auch der sprachlichen Ähnlichkeit zwischen Traummotiv und Trauminhalt aufzeigte. Neben den aufgrund ihrer äußeren Erscheinung einschlägigen Symbolen gibt es solche, deren verbale Bedeutung über Umwege zu einem sexuellen Sinn führt. Ein typisches Beispiel bot der Traum vom Ausreißen eines Zahnes, der auf eine Masturbationsphantasie verweist, weil er vulgäre Assoziationen zuläßt: «In unseren Landen existiert eine unfeine Bezeichnung für den masturbatorischen Akt: sich einen ausreißen oder sich einen herausreißen.»[144]

Die Tatsache, daß manche der von Freud genannten Beispiele für die Sexualsymbolik historisch gebunden sind, weil sie heute außer Gebrauch gekommene Gegenstände des Alltags – Spazierstock, Degen, Zylinder – darstellen, spricht nicht gegen ihre Evidenz. Sie gehören zu einem versunkenen Bestand von überholten Objekten und bilden ein Archiv des ausgehenden 19. Jahrhunderts, ohne daß die mit ihnen verbundene Theorie deshalb unaktuell wäre. Denn entscheidend für ihre Funktion ist die Verknüpfung mit der persönlichen Erfahrungswelt des Träumers und damit der individuelle Rahmen. Die *Traumdeutung* präsentierte sich zwar als historisch übergreifendes System, zeigte aber zugleich, daß Interpretationen immer an Situationen gebunden sind. Freud bot keine Archetypenlehre wie später sein entlaufener Schüler C. G. Jung, sondern ein dynamisches Gefüge der Auslegung, das den psychischen Sinn allein relativ, über Beziehungen, erschloß. Daß er bei seinen Exempeln zuweilen gegen die eigenen Regeln verstieß, folgte vor allem aus der Wahl seiner Quellen. In mehreren Fällen griff er auf Beispiele aus Biographien oder Erzählungen Dritter zurück, deren Hintergründe er nicht genau genug kannte. Hier schlug dann ein gewisser Hang zur dogmatischen Interpretation der Genitalsymbolik durch, der gegen die eigenen Regeln der kontextgebundenen Deutung verstieß.[145]

Umgekehrt verzichtete Freud darauf, einen eigenen Traum bis auf die letzte Stufe seiner sexuellen Botschaft auszulegen. Es handelt sich um eine Szene, in der die verstorbenen Freunde Fleischl und Paneth ihm wieder erscheinen. Freud wehrt sich im Traum gegen die «merkwürdigen» Affekte, die ihn bei ihrem Anblick packen, indem er sagt: «Non vixit.» Oberflächlich betrachtet handelt es sich um das Zitat des Mottos, das sich unter der Kaiserstatue am Eingang der Wiener Hofburg findet: «Saluti publicae vixit | non diu sed totus.» («Er lebte für das Wohl der Öffentlichkeit, nicht lange zwar, aber umfassend.»)[146] Freud interpretierte das «non vixit» als verschobene Formel, die Vergangenheit bezeichnet und Gegenwart meint: «Er lebt nicht» (statt «Er lebt*e* nicht»). Damit habe er sich im Traum von der Last befreit, die das Wiedersehen der verstorbenen Freunde ihm bereitete. Daß in ‹vixit› auch ein vulgärsprachlicher Ausdruck für die Onanie anklingt, verschwieg Freud zunächst. Den möglichen Bezug offenbarte er dann indirekt einige Seiten später, indem er ausführte, daß die Verwandlung von ‹non vivit› (dem gemeinten Sinn) zu ‹non vixit› (dem expliziten Sinn) über die Assoziation an das Masturbieren geschehen sei. Auch hier aber vermied es Freud, die Analogie konsequent zu Ende zu bringen und zu erläutern, in welchem Zusammenhang das Verhältnis zu Fleischl und Paneth mit der Anspielung auf die Selbstbefriedigung bzw. deren Verneinung (‹non›) steht. Die Deutung wurde ihrerseits zur Dokumentation einer Verdrängungstendenz, indem sie den sexuellen Subtext offenbarte, aber nicht erklärte. Um solche Unschärfen zu beheben, listete Freud 1908 in der zweiten Auflage seines großen Buchs auf der Basis mehrerer ‹Sammelbögen› charakteristische Traummotive und Erzählmodelle auf, denen er eine gewisse Verbindlichkeit zuschrieb.[147] Unangetastet blieb jedoch die These, daß man ihren Sinn allein über individuelle Lebensumstände, also aus der besonderen Situation des Träumenden erfassen konnte.

Generell muß der Traum, wie es Freud 1913 forderte, auf seine ursprünglichen Antriebe zurückgeführt werden, ohne daß man eine Gesamtdeutung aller Elemente anstrebt.[148] Die Interpretation zergliedert in einzelne Bestandteile, was in den Bildern des Schlafs konzentriert ist. Sie verdoppelt also, anders als der Lacan-Schüler Didier Anzieu behauptete, die Traumarbeit nicht, sondern zerlegt sie, indem sie ihre Kompositionen auf die sie speisenden Quellen zurückführt, mithin Synthese durch Analyse ersetzt.[149] Die Traumgedanken, die das Programm der sekundären Bearbeitung durchlaufen, bleiben die eigentlichen Bezugsgrößen, die der Deutungsprozeß erschließen muß.[150] Im Vordergrund steht dabei immer das Wunschprinzip; der Traum ist zuerst Erfüllung eines Begehrens, während andere Bedeutungen nachrangig scheinen. Als Warnung, Bekenntnis, Drohung fungiert der Traum nur in zweiter Hinsicht, im Sinne einer Version des ursprünglichen Wunsches. Jede Emotion, die er erregt, bildet das Element seiner Erfüllungsphantasie. Ihre Botschaft kann allerdings ‹entstellt› und laut Freud durch Akte der Zensur umgelenkt, in ihrem Inhalt modifiziert werden.[151] Parallel zu diesem Mechanismus läßt sich auch der ‹Tagtraum› als Wunschprodukt verstehen, wie es 1908 in einer kurzen Studie über ‹hysterische Phantasien› hieß.[152] 1928 sollte Freud in einer seiner zahlreichen Zusammenfassungen der Psychoanalyse schreiben: «Die Formel, der Traum ist eine (verkappte) Erfüllung eines (verdrängten) Wunsches, trifft im Grunde das Wesen des Traumes am besten.»[153]

Neben Verschiebung und Verdichtung leistet auch die sekundäre Bearbeitung einen wesentlichen Beitrag zur Traumtätigkeit. Freud scheute sich nicht, sie «schöpferisch» zu nennen, insofern sie aus den verschiedenen Quellen und Materalien ein kunstvolles Gefüge erstehen läßt, das der Logik des Wunsches unterworfen ist. Der Traum wird durch die sekundäre Bearbeitung zum «Tagtraum» im Sinne einer Wunschphantasie, und diese Verwandlung macht ihn zu einem Rätsel voller Anspielungen auf das ihm zugrundeliegende Erfahrungsmaterial.[154] Dazu hat Ernst Bloch fast poetisch angemerkt, der Wachtraum bilde eine eigene Welt, weil er wie die Phantasien der Nacht Sehnsüchte modelliere: «Auch der Tag hat dämmernde Ränder, auch dort sättigen sich Wünsche.»[155] Die sekundäre Bearbeitung ist eine produktive Kraft, sie bewirkt aber zugleich eine Entstellung der Quellen, die durch Verschiebung und Verdichtung vollendet wird. Hier kommt die Nähe zu den seelischen Pathologien ins Spiel, die Freud allerdings erst im späteren Rückblick auf sein *Opus magnum* in ganzer Deutlichkeit hervorhob. «Der Traum ist also eine Psychose, mit allen Ungereimtheiten, Wahnbildungen, Sinnestäuschungen einer solchen.»[156] Er gleicht einer seelischen Erkrankung, insofern er die Realität durch ihr Symbol ersetzt und es für wahr hält. Er leitet uns via Regression in ein infantiles Stadium zurück, wobei dieser Vorgang auf zwei Ebenen angesiedelt ist. In den Einführungsvorlesungen des Winters 1916/17 sollte Freud das Phänomen dadurch genauer beschreiben, daß er seine formelle von der materiellen Seite trennte. Formell wirkt die Regression im Traum, indem sie unsere Gedanken «in eine primitive Ausdrucksform» kleidet; materiell, insofern sie uns mit den «Eigentümlichkeiten unseres primitiven Seelenlebens» neuerlich bekannt macht.[157] Der Traum entführt uns in die Welt infantiler Wünsche und Kräfte, die der Trieb niemals verlassen hat. Dieser Gedanke war nicht ganz neu, denn schon der von Freud geschätzte Ludwig Strümpell vermerkte 1874, die Seele gehe im Traum «in ihren primitiven Inhalt zurück.»[158]

Die eigentliche Leistung Freuds bestand darin, daß er den Traum vom Air des Numinosen und Irrationalen befreite. Indem er ihn auf ein geschlossenes Deutungssystem bezog, wertete er ihn zu einem der wissenschaftlichen Analyse zugänglichen Objekt mit eigenem theoriebildenden Charakter auf. Der Traum geht von einem Gedanken aus, den er mittels sekundärer Bearbeitung, Verschiebung, Verdichtung und Symbolik entstellt.[159] Die Auslegung beginnt dann beim fertigen Produkt, indem sie es, im Sinne von Überlegungen Strümpells, auf seine ursprünglichen Bauelemente zurückführt und das kunstvoll Komponierte wieder zergliedert.[160] Dieser Vorgang hat, wie Freud später betonte, eine weitreichende Logik, die über die konkrete Interpretation hinausweist. «Die Psychoanalyse erhebt den Traum zu einem psychischen Akt, der Sinn, Absicht und eine Stelle im Seelenleben des Individuums hat, und setzt sich damit über die Fremdartigkeit, die Inkohärenz und die Absurdität des Traumes hinaus.»[161] In dieser wissenschaftlichen Eroberung einer verdeckten, jenseits des Bewußtseins liegenden Zone sah Freud in kommenden Jahrzehnten das wesentliche Verdienst seiner Lehre.

Zu den Einsichten des Traumbuchs gehörte nicht zuletzt die Entdeckung der Analogie zwischen Sprache und Vorbewußtem. Am Beispiel seines Traums von der botanischen Monographie erläuterte Freud, wie sich Redeelemente und Erinnerungsreste zu einer dynamischen Einheit verbinden.[162] Im sechsten Kapitel formulierte er: «Das Wort, als der Knotenpunkt mehrfacher Vorstellungen, ist sozusagen eine prädestinierte Vieldeutigkeit und die Neurosen (Zwangsvorstellungen, Phobien) benützen die Vorteile, die das Wort so zur Verdichtung und Verkleidung bietet, nicht minder ungescheut wie der Traum.»[163] Die Tatsache, daß der Traum auf sprachlichen Assoziationen beruht, erlaubte wiederum Deutungen, die diesem Zusammenhang intuitiv nachgingen. Freuds eigene Auslegungspraxis führte vor, wie mit der sprachlichen Verfaßtheit des Traums zu verfahren war. Sie folgte selbst den verzweigtesten Bezügen und Verwandtschaften, sie bewegte sich auf der Spur von Sprachspielen und Sprachverbindungen, um der Tiefenstruktur des Traumgedankens auf den Grund gehen zu können. Alle Verbindungen, die während der Analyse erscheinen, seien gleichermaßen wertvoll, so erklärte Freud. Denn die Praxis zeige, daß auch die «Nebenerschließungen» und «Kurzschlüsse» ergiebig ausfielen.[164] Indem der Analytiker die Assoziationen der Traumerzählung aufspürt, erfaßt er die Geheimnisse des Traums, der wie ein Sprachsystem funktioniert. Er ist, anders als es noch Volkelt und der Wundt-Schüler Weygandt sahen, kein leeres Getriebe, sondern ein Modell der Wortspiele, das logische Komplexität durch sprachliche Kettenbildung ersetzt. Weil er etwa kausale oder finale Verhältnisse nicht direkt darstellen kann, bietet er Reihungen, die auf sprachlichen Assoziationen beruhen. Die einzige logische Relation, in welcher der Traum denkt, ist, so hieß es ergänzend 1901, die der «Ähnlichkeit, Gemeinsamkeit, Übereinstimmung».[165] Ebenso reduktionistisch verfährt er im Fall der Grammatik, indem er jeden Konjunktiv – die sprachliche Form des Wünschens – in einen Indikativ übeträgt. Das Mögliche verwandelt der Traum in Wirklichkeit, damit aus Begehren Realität werden kann.[166] Es ist diese bizarre Logik, die Autoren wie André Breton, Franz Kafka, Alfred Kubin oder Robert Müller später in literarische Texte von surrealem Charakter überführen sollten.

Zu den faszinierendsten Wirkungen des Traums gehört es, daß er durch seinen spielerischen Umgang mit der Sprache die Erinnerung an verdunkelte Sinnschichten aktiviert. Er legt die «ursprünglich bildlich und konkret» gefaßte Bedeutung von Wörtern frei, die aktuell nur im «abgeblaßten, abstrakten Sinne gebraucht werden.»[167] Der Traum offenbart also die Metaphern hinter den Begriffen, indem er ihre vergessene Semantik wieder ans Licht bringt. In einem 1873 entstandenen Text redete Nietzsche aus einer verblüffend ähnlichen Perspektive vom Metapherntrieb des Menschen, der zum Spiel mit den bestehenden Sinn-Nuancen der Sprache und dem Zauber ihrer Analogien anhält: «Fortwährend verwirrt er die Rubriken und Zellen der Begriffe dadurch daß er neue Uebertragungen, Metaphern, Metonymien hinstellt, fortwährend zeigt er die Begierde, die vorhandene Welt des wachen Menschen so bunt unregelmäßig folgenlos unzusammenhängend, reizvoll und ewig neu zu gestalten, wie es die Welt des Traumes ist.»[168] Nietzsches Ausführungen erschienen 1894 ohne seine Autorisierung unter dem Titel *Über Wahrheit und Lüge im außermoralischen Sinn* in der Rubrik *Schriften und Entwürfe* des von Fritz Koegel herausgegebenen Nachlasses. Es ist unwahrscheinlich, daß Freud diese Edition und den hier erstmals gedruckten Text Nietzsches kannte, zumal er die Arbeiten des Philosophen eher mied.[169] Aber die Verwandtschaft der Argumentationsmuster war auffallend und zwingend: Nietzsche und Freud entwickelten unabhängig voneinander eine Theorie der metaphorischen Erkenntnis, die aus dem Unbewußten des Menschen hervorgeht. Ihre Fortsetzung fand sie später in Hans Blumenbergs Metaphorologie, die ‹Unbegrifflichkeit› zum Signum einer eigenen philosophischen Wahrheit im geschichtlichen Prozeß seit der Antike erklärte.[170] Freud hat übrigens in einer Studie zur Behandlungstechnik, die 1905 entstand, die Formulierungen der *Traumdeutung* nochmals aufgegriffen und behauptet, daß die Worte des Alltags «nichts anderes als abgeblaßter Zauber» seien.[171]

Die Nähe zwischen Sprache und Traum blieb eine der zentralen Einsichten des großen Buchs, ohne daß Freud aus ihr schon detailliertere Überlegungen ableitete. Erst in einer Studie aus dem Jahr 1912 hat er dieses sensible Feld vertiefend berücksichtigt. Der Traum sei, so hieß es hier, mit einer Sprache, im engeren Sinne mit einem «Schriftsystem» vergleichbar.[172] Seine Zeichen sind beweglich und veränderbar, sie können variantenreich kombiniert und vielfältig eingesetzt werden. Das hat Freud in der *Traumdeutung* bereits erkannt, aber später erst mit aller Prägnanz ausgesprochen. In einer Miszelle aus dem Jahr 1910 erklärte er: «In der Übereinstimmung zwischen der eingangs hervorgehobenen Eigentümlichkeit der Traumarbeit und der von dem Sprachforscher aufgedeckten Praxis der ältesten Sprachen dürfen wir eine Bestätigung unserer Auffassung vom regressiven, archaischen Charakter des Gedankenausdrucks im Traume erblicken.»[173] 1932 bemerkte Freud, prägnanter noch, über die Technik des Traums: «Alle die sprachlichen Mittel, durch welche die feineren Denkrelationen ausgedrückt werden, die Konjunktionen und Präpositionen, die Abänderungen der Deklination und Konjugation entfallen, weil die Darstellungsmittel für sie fehlen; wie in einer primitiven Sprache ohne Grammatik wird nur das Rohmaterial des Denkens ausgedrückt, Abstraktes auf das ihm zugrunde liegende Konkrete zurückgeführt.»[174] Wenn der Traum eine reichere Sprache verwendet als das Tagesbewußtsein, so verrät das auch die Kreativität unserer Wünsche. Er überrascht uns immer wieder, und fast wirkt seine Fülle so, als ob, wie Freud 1916 notierte, ein «Stubenmädchen Sanskrit versteht»: als ein Geheimnis, das innere Kräfte enthüllt, die uns unbekannt sind.[175]

Auch hier hatte Freud, ähnlich wie im Fall der *Ödipus*-Deutung, in Schiller einen Vorläufer. Über die poetische Produktion schrieb Schiller am 1. Dezember 1788 an seinen Freund Körner, der unter Schreibhemmungen litt: «Der Grund Deiner Klagen liegt, wie mir scheint, in dem Zwang, den Dein Verstand Deiner Imagination auflegte.» Die anströmenden Ideen, die sich in der Phase der Planung eines Textes sammelten, dürften von den Kräften der Ratio nicht zu früh kontrolliert werden. «Bei einem schöpferischen Kopfe hingegen, däucht mir, hat der Verstand seine Wache von den Thoren zurückgezogen, die Ideen stürzen pêle-mêle [bunt durcheinander] herein, und alsdann erst übersieht und mustert er den großen Haufen. – Ihr Herren Kritiker, und wie Ihr Euch sonst nennt, schämt oder fürchtet Euch vor dem augenblicklichen, vorübergehenden Wahnwitze, der sich bei allen eigenen Schöpfern findet, und dessen längere oder kürzere Dauer den denkenden Künstler von dem Träumer unterscheidet.»[176] Freud hat diese Beobachtung Schillers ausführlich zitiert und darauf hingewiesen, daß das ‹Abziehen der Torwache› ein entscheidender Akt zur Öffnung des Unbewußten sei.[177] Wie die Phantasie erst anspringt, wenn die Türen zum Dunkel der Psyche aufgesperrt werden, so gelingt auch die analytische Bewältigung des Traums allein dort, wo die Riegel entsichert sind.

Betrachtet man die *Traumdeutung* in der Überschau, dann erkennt man ihre beeindruckende Substanz, die aus mächtiger Gedankenfülle erwächst. Mit ihr legte Freud ein Werk vor, aus dem sich sämtliche weiteren Elemente seiner Theorie folgerichtig ergaben. Das Unbewußte und die Wunschökonomie, die Aktivität der Triebe, die infantile Sexualität, die Rolle der Libido und des ödipalen Inzestwunsches, Vergessen und Erinnern als Reflexe psychischer Arbeit, die sprachähnliche Leistung des Traums – das alles war hier in faszinierender Prägnanz gegenwärtig. *Die Traumdeutung* stellte das innere Zentrum des Freudschen Denkens dar, insofern sie seine Leitbegriffe und sein methodisches Gerüst festlegte. Im Sommer 1932 schrieb er resümierend: «Die Traumlehre ist seither auch das Kennzeichnendste und Eigentümlichste der jungen Wissenschaft geblieben, etwas wozu es kein Gegenstück in unserem sonstigen Wissen gibt, ein Stück Neuland, dem Volksglauben und der Mystik abgewonnen.»[178]

Hinab in den Maschinenraum der Seele

Im letzten Kapitel der *Traumdeutung* bezog Freud eine übergreifende Perspektive, die dem entsprach, was sein mit Fließ erörterter Gliederungsentwurf als ‹metapsychologisch› bezeichnet hatte. Hier versuchte er, die Leistungen des seelischen Apparates im Hinblick auf die Traumarbeit zu untersuchen und genauer zu ordnen. Seine Ausgangsfrage war wieder sehr einfach; sie galt dem Problem, daß wir Träume meist nur unvollständig und lückenhaft erinnern, zugleich aber eine merkwürdige Sicherheit bei der Wiedergabe einzelner Details verspüren, ohne ihren absurden Zügen ganz zu trauen. Die erste, in der Fließ-Korrespondenz erprobte Hypothese, mit der Freud vorläufig aufwartete, lautete, daß der Widerstand, den wir an diesem Punkt unseren eigenen Traumerzählungen entgegensetzen, aus derselben Quelle stammt wie die Traumzensur. Wo immer Stockungen, Sperren, Blockaden oder Hemmungen auftreten, ist eine Instanz wirksam, welche die Regungen des Unbewußten mit eigener Abwehrenergie niederhalten möchte. An solchen Punkten wird es für den Arzt interessant, denn die Zensur versucht bestimmte Triebkonstellationen zu unterdrücken, die für die seelische Individualität des Menschen ausschlaggebend sind. Sie zu begreifen bleibt das Ziel der Analyse, die, wie Freud bemerkte, «mit Recht mißtrauisch» ist, wo Widerstände die Arbeit stören.[179] Ihre wesentliche Aufgabe war es, auch das Vergessene wieder ans Licht zu holen und gerade diejenigen Partien des Traums, die besonders dunkel sind, an die Oberfläche zu befördern.

Eine vollständige Auslegung scheint unmöglich, weil der Traumgedanke in so komplexer Weise mit den Facetten des seelischen Apparates verbunden ist, daß niemals sämtliche Aspekte erschlossen werden können. «Die Traumgedanken, auf die man bei der Deutung gerät, müssen ja ganz allgemein ohne Abschluß bleiben und nach allen Seiten hin in die netzartige Verstrickung unserer Gedankenwelt auslaufen. Aus einer dichteren Stelle dieses Geflechts erhebt sich dann der Traumwunsch wie der Pilz aus dem Mycelium.»[180] Das bezeichnende Bild des Pilzes, dessen Gewebe (Mycelium) vielfältig zerfasert und verzweigt ist, erinnert an Freuds frühere botanische Studien aus der Zeit bei Brücke. Es unterstreicht, daß die Analyse des Traums so schwierig ist, weil sich seine Elemente weitläufig kombinieren lassen. Freud führte hier den Gedanken des offenen Systems ein, der auch sein Verständnis der Therapie bestimmt. Jede Untersuchung der menschlichen Seele ist prinzipiell unbeendbar, da ihre Elemente niemals erschöpfend analysiert und in ihrem Zusammenwirken erklärt werden können. Die biologische Tendenz, die Freuds Theorie dabei an den Tag legte, begründet eines ihrer originellsten Elemente: die Beschreibung des psychischen Apparates als Gebilde, das wie die Struktur des Myceliums extrem vielschichtig ist. Nicht nur im privaten Urlaubsleben, sondern auch als Therapeut war Freud ein Pilzkenner, der sich mit komplexem Gewebe befaßte.

Die «Traumverknüpfungen» seien, so hatte Freud 1895 im *Entwurf einer Psychologie* geschrieben, «teils widersinnig, teils schwachsinnig oder auch sinnlos, seltsam toll».[181] Diesen Befund wandelte sein Buch nun ab, indem es nachwies, daß auch das vermeintlich ‹Sinnlose› durch tiefere Bedeutung geprägt war. Der Weg, den Freud einschlug, um den Beweis für die durchgehende Ordnung des Traums zu erbringen, verlief über die Untersuchung der topographischen Struktur, die das psychische System aufwies. Die Aktivitäten des Unbewußten, des ihm benachbarten Vorbewußten und des Bewußtseins ließen sich als Übergangsprozesse interpretieren, die an der Schwelle zu den jeweils angrenzenden Bereichen ihre wesentliche Funktion entfalten. Als Hilfsmittel bediente sich Freud dabei der Idee «einer psychischen Lokalität», die den seelischen Apparat räumlich vorstellbar machte.[182] Es verstand sich, daß diese topographische Zuschreibung – darauf hat Paul Ricœur verwiesen – «nicht mit anatomischen Örtlichkeiten verwechselt» werden durfte.[183] Sie diente lediglich der besseren Vorstellung des Apparates, in dem ein regelmäßiger Austausch- und Transformationsprozeß zwischen unterschiedlichen Schichten des Bewußtseins und Denkens stattfindet.[184]

Der seelische Apparat hat zwei Pole, einen Wahrnehmungsbereich, über den Reize eintreten, und einen motorischen Bereich, wo Reize enden, indem sie zu körperlichen Bewegungen verarbeitet werden. Das seelische System nimmt Eindrücke allerdings nur über eine «‹Erinnerungsspur›» auf.[185] Freud verwendete hier das Schema, das er im Januar 1896 in einem Brief an Fließ zum Verhältnis von sensorischer und psychischer Wahrnehmung skizziert hatte.[186] Im Gegensatz zu seiner damaligen Konstruktion blieb er jedoch nicht bei einer rein energetischen Perspektive stehen, die das Problem der Übertragung von Reizen in Motorik beschreiben sollte. Das Traumbuch schilderte nun die einzelnen Zonen des psychischen Apparates, die dafür verantwortlich sind, daß Wahrgenommenes ins Gedächtnis überführt werden kann. Freud nannte die Zone, die Erregungen zum Bewußtsein transportiert, das ‹Vorbewußte› und grenzte von ihm das ‹Unbewußte› ab, das «keinen Zugang zum Bewußtsein hat».[187] Die Idee der seelischen ‹Lokalität› diente dabei, wie schon Ricœur sah, als Hilfsvorstellung, die es erlaubte, den Austausch zwischen diesen drei Bereichen als Prozeß in einer festen Topographie zu denken.[188]

Besonders klar hat Freud das Raum-Modell im dritten Teil der *Vorlesungen zur Einführung in die Psychoanalyse* von 1916/17 beschrieben: «Wir setzen also das System des Unbewußten einem großen Vorraum gleich, in dem sich die seelischen Regungen wie Einzelwesen tummeln. An diesen Vorraum schließe sich ein zweiter, engerer, eine Art Salon, in welchem auch das Bewußtsein verweilt. Aber an der Schwelle zwischen beiden Räumlichkeiten walte ein Wächter seines Amtes, der die einzelnen Seelenregungen mustert, zensuriert und sie nicht in den Salon einläßt, wenn sie sein Mißfallen erregen.»[189] 1932 sollte Freud die Beziehungen im psychischen Apparat durch ein stärker politisches Bild illustrieren: «Unsere Seele, jenes kostbare Instrument, mittels dessen wir uns im Leben behaupten, ist nämlich keine in sich friedlich geschlossene Einheit, sondern eher einem modernen Staat vergleichbar, in dem eine genuß- und zerstörungssüchtige

Masse durch Gewalt einer besonnenen Oberschicht niedergehalten werden muß.»[190] Die Pointe lautete in beiden Fällen, daß nur starke Autoritäten die Kräfte des Unbewußten kontrollieren können. Gelingt das nicht, so drohen sie in Aufruhr zu geraten und die Vernunft außer Betrieb zu setzen.

Anders als es Autoren wie Maury, Scherner, Volkelt oder Weygandt faßten, findet der Traum seinen Auslöser bei Freud nicht in einem reduzierten Bewußtseinszustand. Er entspringt keinem Modus der Passivität, sondern dem stets gärenden Unbewußten, das als aktive Kraft Triebimpulse ins Vorbewußte sendet. Dort werden sie mit bestimmten Elementen unseres alltäglichen Denkens und Wahrnehmens verbunden, die gleichfalls in den Traum einwandern. Im Wachzustand ist den Wünschen des Unbewußten durch Zensur der Weg zum Bewußtsein verlegt, aber während des Schlafs öffnen sich die Kanäle, so daß sie sich entfalten dürfen. Die Traumgedanken entstehen durch ein Zurückwirken des Vorbewußten ins Unbewußte, aus dessen Quellen sie sich speisen; Freud nannte diesen Vorgang, bei dem die Traumgedanken sich in ihrem «Rohmaterial» auflösen, hier erstmals «Regression» – ein Begriff, der später für seine Sexualtheorie und deren Adaption durch Sándor Ferenczi zentral wurde.[191] Umgekehrt nimmt das Unbewußte auf das Vorbewußte Einfluß, indem es ihm seine Triebwünsche zuspielt. Genauer faßte Freud diese Wünsche als «Ersatz der infantilen Szene», als subversive Energien, die im Traum auf Erfahrungsreste übertragen, mit ihnen gemischt und gegen die Zensur durchgestoßen werden.[192] Der gesamte Prozeß wirkt als ein mechanistisches Kräftespiel, als Ringen zwischen den Trieben des Unbewußten und der Zensur am Ausgang des Vorbewußten. Das Ergebnis ist die Entstellung des Traumgedankens zum Trauminhalt, die ein Passieren der Grenze zwischen Vorbewußtem und Bewußtem gestattet. Damit erscheinen in den Gedanken, die den Traum ermöglichen, zwei unterschiedliche Arbeitsformen. Die eine Form schafft Motive, die sich in logischer Sprache wiedergeben lassen und am Ende einer Analyse sinnvoll zusammengesetzt ein geschlossenes Bild ausmachen; die andere zerstört diese Komposition, indem sie den Traumgedanken durch Verschiebung und Verdichtung in der ursprünglichen Bedeutung des Wortes ‹verrückt›, damit er die Zensur überstehen kann.[193] Aus dieser Konstruktion entwickelte Freud die Unterscheidung zwischen einem «Primärvorgang» und einem «Sekundärvorgang», die anders als bei Autoren wie Max Dessoir oder Pierre Janet keine Hierarchie von Oben und Unten, von Ratio und Nicht-Ratio bezeichnet. Während der Primärvorgang allein dem Wunschprinzip folgt und wie alles, was dem Unbewußten angehört, auf schnelle Abfuhr drängt, erfüllt sich der Sekundärvorgang in Akten der Zensurierung, Bearbeitung und Entstellung der Wunschimpulse, deren Zweck eine Beruhigung und Disziplinierung der Triebe ist. Das erste System zielt, wie Freud anmerkt, auf Wahrnehmungsidentität, das zweite auf Denkidentität – eine Differenzierung, die älteren psychologischen Theorien etwa der Schule Wundts grundlegend widersprach.[194]

An diesem Punkt erreichte Freuds Buch sein höchstes intellektuelles Niveau, und jetzt überführte es die Psychologie des Traums in eine Philosophie der menschlichen Identität. Ihre Grundlage ist die Tiefenstruktur des seelischen Apparates, wo Reiz und Denken, Trieb und Bewußtsein, Lustbefriedigung und Reflexion, Offenheit und Differenzierung in einem heftigen Widerstreit stehen. Die Identität des Individuums beruht, wie Freud zeigte, auf einem Gegensatz zwischen der Einheit der Wahrnehmung und der Einheit des Denkens. Zur *Via regia*, zum Königsweg wurde sein Verfahren, weil es sichtbar machte, daß das Unbewußte nicht nur beim Kranken – durch die Neurose –, sondern auch beim psychisch Gesunden – durch den Traum – zu seelischen Leistungen fähig ist. Diese Einsicht bildete gleichsam die Summe der Argumentation, und um das zu unterstreichen, bot Freud im Sinne einer fast musikalischen Wiederholung nochmals sein Vergil-Zitat, mit dem als Motto das Buch einsetzte. «Kann ich die Himmlischen nicht beugen, so werde ich die Unterwelt bewegen» – diese Verse stehen in neuem Licht, weil ihr Bezug zu den Erkenntnissen der *Traumdeutung* jetzt klarer hervortritt.[195] Ihre Analyse ‹bewegt› in der Tat die ‹Unterwelt›, nämlich das Reich des Unbewußten, indem sie es aus dem Dunkel an die Oberfläche befördert. Nicht nur der Trotz, der hier anklang, sondern auch die Richtung der Reise war wesentlich. Erst am Schluß ließ sich erkennen, weshalb Vergils Verse die passende Wahl für ein Buch waren, das seine Leser in die Nachtzonen der Psyche entführte.

Mit Hilfe seines zweigliedrigen psychologischen Systems konnte Freud auch die Theorie des Wunschtraums besser begründen und erklären, weshalb nur eine bestimmte Klasse von Wünschen im Traum erscheint. Sobald sich im Vorbewußten ein Wunsch regt, wird er traumfähig, «wenn es ihm gelingt, einen gleichlautenden unbewußten zu wecken, durch den er sich verstärkt.»[196] Ominös wirkt hier die Formulierung ‹gleichlautend›, die den Eindruck erweckt, als handele es sich um eine identische Wunschstruktur. Tatsächlich aber ist der aus dem Unbewußten stammende Wunsch immer ein infantiler, der ungefiltert ans Vorbewußte dringen und sich dort aktuellen Sehnsüchten anschließen kann. Das Unbewußte versorgt also die Psyche mit kindlichem Phantasiematerial, mit Lustimpulsen und Ängsten, die sich im Traum, entstellt durch den Trauminhalt, entfalten können. Dieses Zusammenspiel von Unbewußtem und Vorbewußtem erklärt auch, aus welchem Grund Träume in vielfältigster Stufung auf Tagesreste zurückgreifen. Wenn größere aktuelle Entscheidungen anstehen oder belastende Erlebnisse das Vorbewußte in Anspruch nehmen, dürfen dessen Gedanken den Traum dominieren. In Phasen der Beruhigung löst sich der Traum von den Problemen des Tages, und das Unbewußte tritt verstärkt mit seinen infantilen Wünschen hervor. Der Wunsch, so betonte Freud, ist der eigentliche Antrieb für unsere Träume, während die Zensur, die das Vorbewußte ausübt, den Impuls für ihre besondere Bearbeitung bildet.[197]

Im übrigen wirkt diese Zensur nicht nur durch die Entstellung der Traumgedanken, sondern auch durch die gesamte Konfiguration, die hier zutage tritt. Das Unbewußte darf sich im Traum nämlich bloß zeigen, weil es keine physischen Wirkungen auslöst. Der Mensch kann nicht nach dem Diktat seiner infantilen Regungen handeln, denn er ruht. Das Bewußtsein gibt im Schlaf das Zepter keineswegs ab, wie die ältere Psychologie von Weygandt und Jessen bis zu Maury und Volkelt annahm, vielmehr kappt es einfach die Kontakte zum Bewegungsapparat.[198] Bedingung für die temporäre Verschiebung der Gewichte ist, daß unmittelbar nichts aus ihr folgt. Das Unbewußte darf sich, so Freud, «auf dem Schauplatz tummeln», da es das Tun des Schläfers nicht direkt beeinflußt.[199] Aus eben diesem Grund erwachen wir, sobald der Traum eine bestimmte Spannung oder Dramatik gewinnt. Der «Kompromiß», den das Unbewußte mit dem Vorbewußten schließe, werde gefährdet, wenn die Wunscherfüllung unsere ganze Aufmerksamkeit fordere. Das Unbewußte «rüttelt» in solchen Fällen am Vorbewußten, bis dieses seine Ruhe aufgibt und den Phantasien des Traums Widerstand entgegensetzt.[200] Wir erwachen, weil die Zensur erneut in Kraft tritt, damit das Unbewußte in seine Grenzen verwiesen werden kann.

Nicht zuletzt half die Unterscheidung zwischen Primär- und Sekundärvorgang, die Konflikte der Psychoneurotiker zu erklären. Bei der Hysterie kommt es zu zwei widerstreitenden Wunschimpulsen, da die Verdrängung nicht richtig funktioniert. Die Wünsche des Unbewußten stehen im heftigen Gegensatz zu denen des Vorbewußten, jedoch werden beide zu einem einzigen Ausdruck gefügt. Daraus resultieren schockartige Reaktionen bis zu körperlichen Konsequenzen, weil der seelische Apparat den Widerspruch zwischen den Erfahrungsresten des Vorbewußten und den nicht verdrängten Wünschen des Unbewußten in sich austrägt.[201] Das hysterische Symptom entstehe dort, so hatte Freud am 19. Februar 1899 Fließ erklärt, «wo der verdrängte und der verdrängende Gedanke in einer Wunscherfüllung zusammentreffen können.»[202] An solchen Überlegungen ließ sich ermessen, wie zwingend Freuds theoretisches Modell war. Mit großer Befriedigung nahm er zur Kenntnis, daß sein Ansatz trug und die Erfindung des psychischen Apparates eine Vielzahl von früheren Problemen besser auflösen half. Die Ausführungen des letzten Kapitels sicherten die Ergebnisse eines universellen Zugriffs, und nicht ohne Triumph meldete Freud nach der Niederschrift an Fließ: «Mit dem Schlüssel geht nun vieles auf.»[203]

Die «Gliederung des psychischen Apparates in verschiedene Instanzen oder Systeme» war eine der wesentlichen Aufgaben, die sich aus den Errungenschaften der Traumanalyse ergaben.[204] Jacques Lacan bemerkte 1954, die *Traumdeutung* liefere Freuds zweite Ausarbeitung eines Schemas, das den psychischen Apparat umreiße; die erste Version biete das Frühwerk mit seinen Versuchen zur zoologischen Neuroanatomie.[205] Man könnte diese Anmerkung als leicht ironischen Kommentar begreifen, der Freuds intellektuelle Entwicklung vom konventionellen naturwissenschaftlichen Denken des späten 19. Jahrhunderts zum Entwurf eines komplett neuen psychodynamischen Gefüges betrifft. Zugleich beleuchtete Lacans Formulierung den enormen Sprung, den Freud mit seiner Topik des Unbewußten durch die Traumtheorie vollzogen hatte. Das Besondere seines Systems bestand darin, daß es nicht nur den Gegensatz von Bewußtem und Unbewußtem, sondern mit der Kategorie des Vorbewußten auch noch eine Schwellenzone kennzeichnete, die für den seelischen Apparat große Bedeutung besaß. Rückblickend notierte Freud 1912: «Wir fanden ein wirksames Vorbewußtes, das ohne Schwierigkeit ins Bewußtsein übergeht, und ein wirksames Unbewußtes, das unbewußt bleibt und vom Bewußtsein abgeschnitten zu sein scheint.»[206] Damit lagen die Strukturen fest, auf die sich fortan die analytische Arbeit in theoretischer wie praktischer Hinsicht stützte. Lacans Bemerkung zeigte aber auch, daß Freuds Architektur des Traums, so ungewöhnlich sie war, durchaus noch Verbindungen zum neuroanatomischen Denken seiner frühen wissenschaftlichen Phase unterhielt. Die organologisch-botanische Metaphorik verriet das ebenso wie die Idee des offenen Systems, die Freud aus der Neurologie, von Meynert und Obersteiner, kannte.

Die Triade von Unbewußtem, Vorbewußtem und Bewußtsein beschreibt eine Topographie, in der, wie Ricœur betont hat, Energie und Ökonomie des Triebs gleichermaßen sichtbar werden: seine archaisch-wilden Seiten, die im Unbewußten als verdrängte Elemente eingeschlossen sind (Energie), und seine gestaltende, bauende Leistung, die zur Ordnung des Bewußtseins führt (Ökonomie).[207] Beide Prozesse lassen sich im Begriff der Dynamik zusammenfassen, der sowohl den energetischen als auch den ökonomischem Kontext charakterisiert.[208] Denn die Energie des Unbewußten und die Ökonomie des Vorbewußten vollziehen je unterschiedliche Formen einer permanenten Veränderung des psychischen Materials, das im Primärvorgang überschießend an die Oberfläche drängt und im Sekundärvorgang zensurierend bearbeitet wird. Methodisch vollzog Freuds Interpretation den Übergang von der Energie zur Ökonomie als Schritt, der aus der Materialbeschreibung in die Theorie führte. Sein System der Differenz zwischen Bewußtem und Unbewußtem trug die Spuren einer Abstraktionsleistung, die durch die Abkehr von der reinen Beobachtung erbracht wurde. Es bildete einen Teil jener Verallgemeinerungen, ohne die das psychoanalytische Denken nicht möglich wäre.[209] Ihren Höhepunkt erfuhr diese Entwicklung in den Ausweitungen der Trieblehre, die Freud zwanzig Jahre später mit seinen Überlegungen zum Unbewußten, zur Ich-Konstruktion und zum Über-Ich abschloß. Hier schuf sein epochales Buch auch die Basis für eine ehrgeizige Verknüpfung der Psychologie mit der Anthropologie, deren Programmatik eine generelle Entwicklung der neueren Sozial- und Naturforschung spiegelte. Indem er die Dynamik als Prinzip des seelischen Apparates entdeckte, folgte Freud einer Tendenz, die Georg Simmels *Philosophie des Geldes*, wie die *Traumdeutung* im Jahr 1900 publiziert, zur «Grundrichtung der modernen Wissenschaft» im Prozeß der Ablösung vom Gedanken «der absoluten Stabilität» erklärte.[210]

Die zentrale Pointe des Buchs bestand darin, daß der Trieb sich als wesentliche Quelle der Traumproduktion erwies. Allerdings verzichtete Freud darauf, diesen Impuls genauer zu definieren, und beschrieb statt dessen den Mechanismus der Abwehr, an dem er indirekt ablesbar ist: «Es gibt, wie wir gehört haben, im Seelenleben verdrängte Wünsche, die dem ersten System angehören, gegen deren Erfüllung das zweite System sich sträubt.»[211] Das Verdrängungsvermögen des psychischen Apparates bildet die Grundlage der Ich-Konstitution, weil es gegen den Strom des Triebs die Intervention der Vernunft setzt. Die Verdrängung gebiert zwar Desillusionierungen und Frustrationen, da sie den Menschen einschnürt, aber sie ist zugleich die Bedingung seiner zivilisierten Identität. In ihrem Januscharakter bezeichnet sie das Doppelgesicht unserer Kultur: Unterscheidung zu schaffen und damit Enttäuschung zu fördern.

Die Erkenntnis des Unbewußten erfüllte einen Bereich mit Leben, der vor Freud, trotz des seit Schelling bestehenden Interesses, als *terra incognita* gelten konnte. Sofern man sich mit dem Unbewußten überhaupt beschäftigte, geschah es auf der Basis spekulativer Zuschreibungen, die dem Begriff, wie Freud später notierte, «etwas Mystisches, nicht Greifbares und nicht Aufzeigbares» zuwiesen.[212] Er definierte das Unbewußte anders als die Philosophen des 19. Jahrhunderts – etwa Hartmann, Volkelt oder Max Dessoir – nicht über eine Negation, sondern als ein aktives Wirkprinzip, das jenseits der Vernunft des Menschen arbeitet.[213] Seiner Anlage gemäß entspricht es einer energetischen Kraft, die «unzerstörbar» bleibt: «Im Unbewußten ist nichts zu Ende zu bringen, ist nichts vergangen oder vergessen.»[214] Und danach hieß es: «Das Unbewußte ist das eigentlich reale Psychische, uns nach seiner inneren Natur so unbekannt wie das Reale der Außenwelt, und uns durch die Daten des Bewußtseins ebenso unvollständig gegeben wie die Außenwelt durch die Angaben unserer Sinnesorgane.»[215] Dieser großartige Satz definierte das Credo der Psychoanalyse in einem Zug mit einer naturphilosophischen Überzeugung; er reflektierte das Wissen, daß die wichtigsten Seiten der seelischen Prozesse unbekannt sind, und die parallele Erkenntnis, daß auch die sichtbaren Elemente der sinnlichen Welt nur zum Schein objektiv vor uns liegen.

Das Unbewußte repräsentiert, wie Freud 1913 schrieb, «latente Gedanken» dynamischen Charakters, «die sich trotz ihrer Intensität und Wirksamkeit dem Bewußtsein ferne halten.»[216] Zum Ausdruck kommen diese ‹Gedanken› mit Hilfe der ‹Tagesreste›, welche sich aus unvollständig verarbeiteten Erfahrungen des Wachlebens herleiten. In seinen Vorlesungen von 1916/17 faßte Freud die betreffende Beziehung sehr pointiert, indem er den unbewußten Wunsch als «Kapitalisten» bezeichnete, der das ‹Geschäft› des Traums über seine Energien finanziert, während der Tagesrest der Unternehmer sei, der über «die Verwendung des Aufwandes entscheidet.»[217] Die Schwierigkeiten, den Traum zu deuten, ergaben sich aus diesem komplizierten Zusammenspiel von Wunsch (Trieb) und Erfahrung (Tagesrest), das in jedem einzelnen Fall unterschiedliche Dominanzen ausbildet. Hier aber lag auch die erweiterte Aufgabe der Psychotherapie, da bei Neurotikern, wie schon Charcots Schüler Janet zeigte, die Kräfte des Unbewußten nicht angemessen verdrängt sind und gleichsam wild wirken. Die Analyse mußte daher im Interesse einer ökonomischen Bewältigung der infantilen Wünsche versuchen, «das Ubw der Herrschaft des Vbw zu unterwerfen.»[218]

Was aber wird aus dem Bewußtsein? Freuds Antwort auf diese Frage fiel lakonisch aus und verriet, daß er gewillt war, die letzte Konsequenz aus seinen Hypothesen zu ziehen. Das Bewußtsein gewinnt die Rolle «eines Sinnesorgans zur Wahrnehmung psychischer Qualitäten.»[219] Weder ist es, wie in der Schule Wundts, eine steuernde Instanz, die den Menschen kontinuierlich beherrscht, noch trägt es für sein Denken die alleinige Verantwortung. Gerade weil dieses Denken auch den Primärvorgang, die Aktivitäten des Unbewußten einschließt, verliert das Bewußtsein in Freuds Modell seine Monopolstellung. Zwar bewahrt es das Individuum vor der Alleinherrschaft seiner Triebe, indem es Schutzbauten gegen die unbewußten Wünsche errichtet, doch ist es nicht der alleinige Faktor im Spiel der Macht. Wenn Freud es an das Wahrnehmungssystem band, machte er seine Stellung im seelischen Beziehungsgefüge sichtbar. Das Bewußtsein ist, anders als das Unbewußte, dazu in der Lage, Reize zu erfassen und zu verarbeiten. Während das Unbewußte wie ein Maulwurf im Inneren der Erde blind gräbt, kann das Bewußtsein die Sinneserregung im psychischen Apparat direkt steuern, dosieren und umlenken. Aber es ist – und hier lag der Unterschied zur Psychologie eines Wundt oder Janet – durchaus abhängig von den Kräften des Unbewußten, denen es sich nie ganz entziehen kann.

Am Ende stand ein Plädoyer für die individuelle Interpretation, die persönliche Lebensumstände und -hintergründe geltend macht. Weder festgelegte Symbole noch direkte Schlußfolgerungen werden dem Traum gerecht, weil sie statisch bleiben, wo das psychische System dynamisch ist. «Ich meine also, am besten gibt man die Träume frei.»[220] Dieses Votum schloß die Erkenntnis ein, daß Deutungen im Hinblick auf die Zukunft nicht möglich sind. Der Traum ist kein Prophet, sondern ein Medium für die Verarbeitung des Vergangenen, in der besonderen Mischung von Erfahrungsresten des Tages und infantilem Verlangen. Und nur dadurch, daß er seine Wünsche «als erfüllt vorstellt», verweist er auf die Zukunft, die aber stets ein Produkt der psychischen Vergangenheit des Menschen ist.[221]

Gegenüber Fließ hatte Freud am 10. März 1898 daran erinnert, daß die Wunschtheorie aufs «Letzte» zielen müsse, indem sie psychologische und biologische Dimensionen integriere.[222] Genau das versuchte die Schlußwendung des Buchs umzusetzen, wenn sie die ‹prähistorische› – also infantile – Ebene des Wunsches in die psychischen Verarbeitungsformen einbezog. Die Erinnerung an die Kindheit stiftet dem Traum eine entwicklungsbiologische Dimension jenseits seiner seelischen Leistung.

1901 publizierte Freud in einem von Leopold Loewenfeld und Hans Kurella herausgegebenen Sammelband zu *Grenzfragen des Nerven- und Seelenlebebens* eine Zusammenfassung der Traumlehre, die er, wie er Fließ im Oktober 1900 gestand, «ohne rechten Genuß» geschrieben hatte.[223] Er begann genau da, wo das Buch endete: bei der Kritik des vermeintlich prophetischen Gehalts der Träume. Er drehte damit den Aufbau des großen Werks um, substituierte den Forschungsbericht durch eine eigene Hypothese und entwickelte daran anschließend nochmals sein System. In Nuancen tauchten hier bereits neue Erkenntnisse auf, die aus der gewachsenen Distanz zum Thema resultierten. So waren Freuds Ausführungen zur ‹Verschiebung› deutlich prägnanter als im Buch. Er bezeichnete sie zusammenfassend als «Umwertung der psychischen Wertigkeiten», die das Ziel der Verbergung des Traumgedankens verfolge. Der Zusatz, daß oftmals die ungenauen Passagen eines Traums besonders wichtige Aufschlüsse über den Traumgedanken böten, resümierte die Hauptidee des Ganzen: die allgemeine Einsicht in die zahlreichen Verstellungen des Unbewußten durch die Zensur.[224] Die Korrespondenz zwischen Poesie und Traum stand nun in noch hellerem Licht da. Zur Sprachanalogie des Traums erklärte Freud, daß dessen Gedanken «in symbolischer Weise durch Gleichnisse und Metaphern, wie in bilderreicher Dichtersprache dargestellt» seien.[225] Deutlicher aber wurde im Artikel von 1901 auch, wie sehr die Theorie des Traums das Ideal der einheitlichen Persönlichkeitsstruktur einschränkte, die gerade für die Psychologie des späten 19. Jahrhunderts und ihre Exponenten – Brentano, Fechner oder Wundt – außer Frage blieb. Freud gestand die Schockwirkung ein, die dieses Resultat seiner Untersuchungen auf ihn selbst ausübte: «Wir haben keinen Grund, uns das Element von Dämonismus zu verhehlen, welches bei der Aufstellung unserer Erklärung der Traumarbeit mitgespielt hat. Wir haben den Eindruck empfangen, daß die Bildung der dunkeln Träume so vor sich geht, als ob eine Person, die von einer zweiten abhängig ist, etwas zu äußern hätte, was dieser letzteren anzuhören unangenehm sein muß, und von diesem Gleichnis her haben wir den Begriff der Traumentstellung und den der Zensur erfaßt und uns bemüht, unseren Eindruck in eine gewiß rohe, aber wenigstens anschauliche psychologische Theorie zu übersetzen.»[226]

Die Einsicht in die Uneinheitlichkeit der Person und die Steuerungskraft des Unbewußten war unerfreulich, aber sie leitete sich folgerichtig aus der Traumuntersuchung ab. Die bald aufkommende Kritik gegenüber Freuds vermeintlichem Reduktionismus und den Zumutungen, die sein Denken für uns bereithält, zerschellte zumeist an der zwingenden Logik seiner Schlüsse. Freuds Macht über seine Gegner war groß, weil die Autorität seines Deutungsmodells auch in den Argumenten der Ablehnung aufschien. Das Geheimnis seiner Lehre spiegelte sich in der Schwierigkeit, sie so zu widerlegen, daß die Widerlegung nicht selbst ihr Teil wurde. Hier durfte der Traumtheorie eine Schlüsselfunktion zufallen, denn sie entfaltete erstmals das typische Spannungsfeld der Freudschen Lehre. In ihren Leitbegriffen des Unbewußten und der Verdrängung machte sie das Vermögen des psychischen Apparates sichtbar, ein Ich aus dem Kreislauf des Triebs zu bauen, ohne diesen jedoch dauerhaft zum Stillstand zu bringen. Bewußtes Ich und unbewußte Libido stehen sich nicht wie Aufklärung und Romantik, wie Tag und Nacht gegenüber, sondern durchdringen sich. Von beiden Seiten dieser Paare birgt Freuds Lehre gleiche Anteile, und es bleibt müßig darüber zu streiten, welche den Sieg davonträgt, weil ihre Unterscheidung durch seine Lehre hinfällig geworden ist. Lou Andreas-Salomé hat knapp dreißig Jahre nach dem Erscheinen der *Traumdeutung*, im Juli 1929, auf die Tatsache verwiesen, daß es Freud als Schöpfer der Psychoanalyse «kaum recht war, Funde von so tiefer Tiefe zu heben», weshalb er die Konsequenz zog, das «Gefundene sich doppelt dicht und nüchtern vor die Augen» zu führen, «um es ja nicht zu überschätzen.»[227] Wer diesen Ansatz weiterdenkt, wird begreifen, worin Freuds Leistung besteht: in der Kombination von irrationalem Gegenstand und rationaler Analyse löst seine Traumlehre die klassische geistesgeschichtliche Differenz zwischen Vernunft und Unvernunft auf. Wie irreführend es ist, gewohnte Unterscheidungen im Blick auf die Psychoanalyse zu zementieren, zeigte die Polemik, die Adorno in seinen *Minima Moralia* (1944) gegen Freuds vermeintliches Einverständnis mit dem Rationalismus richtete. Die wütende Kritik verkannte, daß der Dualismus, in dem sie selbst befangen blieb, durch die psychoanalytische Tiefendeutung längst aufgelöst wurde.[228]

Freuds Anthropologie, wie sie das Traum-Buch erstmals systematisch entfaltet, war im Kern materialistisch, ohne dabei die Möglichkeit der Freiheit generell auszuschließen. Sie dachte sich, ähnlich wie die Philosophie Schopenhauers, den Menschen als geprägt durch den Trieb. Zugleich hielt sie es aber für vorstellbar, daß der Einzelne diese Prägung organisieren und seine seelische Gesundheit bewahren kann. Das leitende Thema der *Traumdeutung* und der Theorie des Unbewußten, die in ihrem Mittelpunkt stand, war freilich die pathologische Seite der Seele. Die Landschaft des Unbewußten enthüllte sich für Freud primär über die Symptome des Leidens, die Bilder des Inneren gleichsam nach außen treiben und damit sichtbar machen. Der Traum sei daher, wie er 1904 in einer Rezension zu John Bigelows *The Mystery of Sleep* schrieb, eher ‹dämonisch› als ‹göttlich› zu nennen.[229]

Eine wichtige Konsequenz, die sich aus den Einsichten des Traumbuchs ergab, lag in der Neubewertung der seelischen Realität des Menschen. Freud lehrte uns, daß diese Realität mehrere Schichten und Erscheinungsformen aufweist, weil sie in Mustern der Verstellung, Verschiebung oder Überlagerung auftreten kann. Es zählt nicht die Oberfläche der Bilder und Symbole, auf die Scherner sein Augenmerk richtete, sondern der Tiefenausdruck der Seele. Man darf ihren äußerlichen Produkten keinen spontanen Glauben schenken, da sie nicht sind, was sie scheinen. Die Instrumente für eine sorgsame, hinreichend mißtrauische Prüfung der Symptome psychischen Leidens hat die Analyse zu liefern.[230] Daß deren Zwecke nach dem Abschluß des Traumbuchs genauer als zuvor definiert werden konnten, sah Freud als wichtigsten Effekt seiner Mühen. Ein zweiter bestand für ihn in der Vielzahl der Untersuchungsfelder, die sich aus den neuen Erkenntnissen ergaben. Erforderlich waren nun eine genaue Durchdringung der frühkindlichen Sexualität, eine Erforschung des Unbewußten im Wachzustand und eine Weiterentwicklung der Neurosenlehre im Blick auf Ursachen sowie Krankheitsformen. In dem Maße, in dem das Traumbuch Probleme löste, schuf es auch neue; das Programm für jahrzehntelange Arbeit war Ende 1899 klar umrissen.

Kränkungen

Freud hatte sein Großwerk unter schwierigsten Bedingungen geschrieben. Erschöpft und zerschunden, verfolgt von dauernden Herzrhythmusstörungen, nervösen Spannungen, eitrigen Abszessen und Erkältungen, unter Kopfschmerz und Schwindel leidend, arbeitete er sich durch sein Pensum. Er alterte nun sichtbar: Freuds Bart veränderte früh, kurz nach seinem 45. Lebensjahr, die Farbe, wurde zuerst rötlich, dann gelbbraun, schließlich grau, wie er mißvergnügt bemerkte.[231] Der sporadische Verzicht auf das Rauchen, der Versuch, der Kokainabhängigkeit zu entkommen und Aufputschmittel zu meiden, schuf neue körperliche Labilität. Freud war es über ein Jahrzehnt gewohnt, seine Leistungskraft künstlich zu steigern; wenn er ausgerechnet in der schwierigen Phase seiner Selbstanalyse sämtliche Stimulanzien mied, mußte das zu spürbaren Auswirkungen führen. Hinzu kam, daß er seit dem Herbst 1895 wieder enthaltsam lebte, weil er eine neue Schwangerschaft Marthas verhindern wollte und Präservative ebenso wie den *Coitus interruptus* weiterhin ablehnte.[232] Auch das dürfte die neurasthenischen Spannungen, unter denen er litt, verstärkt haben, zumal er die Masturbation für schädlich hielt und andere Auswege ihm unmoralisch erschienen. Seit Mitte der 90er Jahre war Freud ein Mann, der seine Libido nicht direkt auslebte und mit entsprechend großem körperlichem Druck zu kämpfen hatte.

In der konservativen Ärzteschaft verfemt, mit schleppend laufender Praxis, geplagt von Geldnöten und Familiensorgen, taumelte Freud permanent am Rand des Abgrunds. Hinzu kam das Bewußtsein, daß die Erkenntnisse seiner Selbstanalyse eigentlich nicht angemessen mitgeteilt werden konnten. Nur die Euphorie, die ihn angesichts seiner Resultate regelmäßig packte, hielt ihn am Leben und mobilisierte die erforderlichen Kräfte. Sie ergriff regelmäßig von ihm Besitz, riß ihn aus dem tristen Alltag, der von Familiennöten, Geldsorgen und Triebverzicht beherrscht blieb. Ehrgeizig und erwartungsvoll hoffte Freud daher, daß sich durch die Publikation des großen Buchs seine Verhältnisse tiefgreifend ändern würden. Umso enttäuschter mußte er jedoch feststellen, daß die Anstrengungen eines halben Jahrzehnts vergebens zu sein schienen: das *Opus magnum* fand nicht das überwältigende Echo, das er erträumt hatte. Bis 1906 wurden nur 351 Exemplare des umfangreichen Buchs verkauft, und erst 1908 mußte Franz Deuticke eine zweite, auf 1909 vordatierte Auflage drucken lassen, der bis 1921 vier weitere folgten. Freud ergänzte regelmäßig Material, vergrößerte seine Beispielsammlung und ließ aktuelle Diskussionen einfließen. Auf solche Revisionen verzichtete er dann am Beginn der 20er Jahre, weil er sein Buch jetzt als Klassiker der eigenen Wissenschaft betrachtete, dessen Gestalt er nicht mehr verändern mochte.[233]

Anders als es ein durch Freud selbst genährter Mythos will, blieb die akademische Resonanz auf die *Traumdeutung* keineswegs ganz aus. In den ersten beiden Jahren nach der Veröffentlichung erschienen immerhin 23 Rezensionen, darunter sieben in wissenschaftlichen Organen.[234] Zu ihren Verfassern gehörten auch einige aufstrebende jüngere Psychiater, so der in Heidelberg bei Emil Kraepelin forschende Wilhelm Weygandt, der sich 1899 über manisch-depressive Zustände habilitiert hatte, und Paul Näcke, der Leiter einer *Anstalt für geisteskranke Männer* im sächsischen Hubertusburg. Gerade bei den Medizinern dominierten jedoch Ratlosigkeit und Unsicherheit, weshalb es zu keiner qualifizierten Rezeption des Werkes kam. Weygandt, der 1893 mit einer Arbeit über *Entstehung der Träume* promoviert worden war, fand Freuds Hypothesen allzu ‹freigebig› und beschränkte sich ansonsten auf ein lustloses Referat der Hauptideen.[235] Dort, wo es Lob gab, bestanden wiederum berechtigte Zweifel an der Seriosität des Urteils. Paul Näcke nannte das Buch in seiner Besprechung «genial durchdacht», hatte es allerdings kaum gelesen, denn den Namen seines Verfassers zitierte er irrtümlich als ‹Freed›.[236] Von der akademischen Psychologie kamen vorwiegend kritische Einwände. Besonders massiv formulierten sie der Leipziger Paul Mentz und William Stern, der in Breslau einen Lehrstuhl für Pädagogik innehatte – beide stellten die Theorie der Wunscherfüllung und damit die Basis der *Traumdeutung* grundsätzlich in Frage. Stern ging sogar so weit, das Buch, dessen Methodik er unwissenschaftlich fand, als Schritt in «völlige Mystik und chaotische Willkühr» zu diskreditieren.[237] Reaktionen von klinischer Seite, die sich Freud sehr gewünscht hätte, blieben die Ausnahme. Weder die Schweizer Ärzte um Eugen Bleuler noch Wiener Fachleute wie Krafft-Ebing oder Wagner-Jauregg meldeten sich zu Wort. Auch deutsche Forscher vom Rang eines Albert Eulenburg, Willy Hellpach oder Magnus Hirschfeld verzichteten auf Rezensionen. «Meine Kollegen von der Psychiatrie scheinen sich keine Mühe gegeben zu haben, über das anfängliche Befremden hinauszukommen, welches meine neuartige Auffassung des Traumes erwecken konnte», so klagte Freud 1908.[238]

Zu den unauffälligen Kurzbesprechungen des Buchs gehörte eine, die am 21. Oktober 1900 unter dem Titel *Das Seelenleben im Traum* in der Wiener *Arbeiter-Zeitung* erschien. Sie führte knapp in die Technik des psychoanalytischen Heilverfahrens ein, faßte die Differenzierung zwischen Traumgedanken und Trauminhalt zusammen und lobte die Interpretationskunst

Wilhelm Stekel

des Buches. Ausdrücklich erwähnte sie – angelehnt an Freuds eigene Terminologie – die gründliche Beschäftigung mit der «Geheim- oder Bilderschrift» des Traums, die zum Zweck der Deutung in eine «allgemeinverständliche Sprache» übersetzt werden müsse.[239] Lediglich am Schluß meldete sich ein leiser Zweifel, ob die Theorie der Wunscherfüllung in ihrer Ausschließlichkeit «nicht zu weit» gehe; ansonsten dominierte fein dosiertes Lob für eine Pionierleistung, die einen neuen Zugang zu bisher dunklen «Regionen des Seelenlebens» geschaffen habe.[240] Freud, der die sozialdemokratische *Arbeiter-Zeitung* seit Studententagen regelmäßig las, dürfte der kleine Artikel kaum entgangen sein. Seine Verfasserin war ihm bestens bekannt – es handelte sich um Emma Eckstein, die frühere Patientin. Da er mit ihr, wie beschrieben, auch nach der verunglückten Behandlung persönlich in Kontakt stand, ist nicht auszuschließen, daß er ihre Rezension schon vor dem Druck im Manuskript gesehen hatte.[241]

Als eine der wenigen Antworten, die über oberflächliche Interessensbekundung hinaus gingen, registrierte Freud einen Brief des jungen Heinrich Gomperz, bei dessen Vater er 25 Jahre zuvor im Hörsaal gesessen hatte. Gomperz las das Buch schon im Herbst 1899 aus philosophischem Interesse

Alfred Adler

und meldete sich unverzüglich für mehrere Probesitzungen an, in denen er seine Träume analysieren ließ – ein Experiment, das bald an seiner inneren Skepsis scheiterte.[242] Eine Kritik in der *Gegenwart*, die von Carl Metzentin stammte, nannte das Werk zwar ‹epochal›, mißfiel Freud jedoch, weil sie mit dem Wind seiner eigenen Formulierungen segelte und inmitten langer Zitatreihen keine unabhängige Beurteilung zustandebrachte.[243] Lediglich von jüngeren, noch nicht etablierten Kollegen kamen Reaktionen, die über Routineformeln hinausgingen. Wilhelm Stekel, ein 32jähriger Allgemeinmediziner, der bei Krafft-Ebing studiert hatte, wurde durch eine negative Rezension auf die *Traumdeutung* aufmerksam. Er besuchte Freud persönlich, lieh sich ein Exemplar, las es in einem Zug und war begeistert, obgleich er, wie er später in seiner Autobiographie berichtete, zuvor keinerlei Interesse an Träumen besaß.[244] Stekel, der 1895 bereits eine kleinere Studie *Über Coitus im Kindesalter* publiziert und damit Offenheit für sexualkundliche Fragen bewiesen hatte, konsultierte Freud kurz nach der Lektüre für einige Monate wegen eines nervösen Leidens und schloß sich ihm bald als einer seiner ersten Schüler an. Ende Januar 1902 veröffentlichte er einen assoziativ gehaltenen Essay über die *Traumdeutung*, der im *Neuen Wiener Tageblatt* erschien.[245] Ähnlich tiefe Lektüreeindrücke wie bei Stekel sind von zwei anderen Lesern überliefert: Alfred Adler, 15 Jahre jünger als Freud, Allgemeinmediziner in eigener Praxis nahe am Prater, las das Buch voller Begeisterung, vermied aber zunächst einen direkten Kontakt mit seinem Autor.

Und auch Arthur Schnitzler, einst Hospitant in Meynerts Klinik und nun ein gefeierter Dramatiker, gehörte zu denen, die nach dem ersten Studium der *Traumdeutung* bereits im Spätherbst 1899 den wegweisenden Charakter des Werkes erkannten.

Solche Wirkungen zeigten immerhin, daß einzelne Leser ein Gespür für die besondere Leistung des Buchs hatten. Freud allerdings konnten sie die akademische Anerkennung nicht ersetzen, auf die er sehnsüchtig gehofft hatte. Solange das gelehrte Establishment ihn ignorierte oder verwarf, war sein ehrgeiziges Vorhaben einer Neubegründung der Nervenheilkunde gescheitert. An den Universitäten regierten im Bereich der Psychiatrie Kliniker wie Auguste Forel oder Emil Kraepelin, die Freuds Arbeit übersahen. Gleiches galt für die Psychologie, deren unterschiedliche Schulen – Wilhelm Wundts Wahrnehmungstheorie, Ernst Machs Monismus, Wilhelm Diltheys und Eduard Sprangers Verstehenslehre – sich darin verbanden, daß sie die *Traumdeutung* kaum rezipierten.[246] Obwohl Freud sich zuvor mit Skepsis gewappnet und immer wieder davon gesprochen hatte, daß das Buch für das Fachpublikum wie für die breite Öffentlichkeit zu früh komme, zeigte er sich über die ausbleibende Resonanz betroffen. Die Enttäuschung angesichts der geringen Wirkung seines Großwerks lähmte ihn für Monate. «Ich bin innerlich tief verarmt», hieß es im März 1900, «mußte meine sämtlichen Luftschlösser demolieren».[247] Daß sein Bruder Alexander die *Traumdeutung* im Jahr ihres Erscheinens ebenso scharfsinnig wie komisch parodierte, dürfte er dagegen verschmerzt haben. Der wenige Seiten umfassende Text begann mit einem absurd anmutenden Motto scholastischer Provenienz – «Ultra posse nemo tenetur» («Zur Unmöglichkeit ist niemand verpflichtet») –, persiflierte Freuds Technik der spitzfindigen Interpretation von Wortverdrehungen und Sprachspielen und imitierte auf wundervolle Weise seinen auktorialen Erzählstil. Alexanders Pointe bestand darin, daß er das Verfahren des Buchs auf den Kopf stellte, indem er zuerst die Deutung «construierte» und dann dazu passend «vereinfacht» träumte.[248] Solche familieninternen Witze nahm Freud nicht übel, und er war in der Lage, auf die kleine Attacke des Bruders humorvoll zu reagieren. Aber wo es um akademische Auseinandersetzungen ging, kannte er keinen Spaß. Der Toleranz, die er im innersten Verwandtenkreis zeigte, stand unerbittliche Konsequenz auf wissenschaftlichem Gebiet entgegen.

Nach Abschluß der *Traumdeutung* begann Freud zu ahnen, daß der Berg der theoretischen und praktischen Schwierigkeiten wuchs, indes die Zahl der Lösungen nicht zunahm. Kennzeichen der noch jungen Psychoanalyse war die Dialektik von Entdeckung und Blockierung; die Annäherung an den Komplex des Unbewußten führte zu Einsichten in unerledigte Probleme, die vorher unbekannt waren. Die neue Wissenschaft erzeugte zuerst Fragen, nicht aber Antworten, und sie stellte einstweilen keine Wegweiser auf, sondern zeichnete nur labyrinthisch anmutende Landkarten. Er selbst, schrieb Freud am 7. Mai 1900 an Fließ, sehe «schärfer» als jeder andere das «Mißverhältnis», das «sich zwischen Problemen und Lösungen auftut». Die Strafe für seine Erkundungen liege darin, «daß keine der unentdeckten Provinzen im Seelenleben, die ich zuerst von den Sterblichen betreten, je meinen Namen führen oder meinen Gesetzen gehorchen wird.»[249] Die Analyse, so ahnte Freud, stand vor schier unendlichen Aufgaben, und es überstieg die Kräfte eines Einzelnen, die Wildnis des Unbewußten umfassend zu kartographieren.

Zu Freuds großen Enttäuschungen gehörte es, daß seine Praxis nach dem Erscheinen des Traum-Buchs keineswegs besser als zuvor lief. Die Hoffnung, es werde durch sein *Opus magnum* das allgemeine Interesse auf seine alltägliche Arbeit gerichtet, erfüllte sich nicht. Schon im September 1897 bemerkte er: «Schade, daß man vom Traumdeuten z. B. nicht leben kann».[250] An diesem Befund änderte sich in den kommenden Jahren nichts Wesentliches. Immer wieder berichtete Freud desillusioniert über Absagen von Patienten nach der Probezeit und abgebrochene Behandlungen, die seine finanzielle Situation bedrohten. «Von dem Erwerb», schrieb er an Fließ, «hängt meine Stimmung auch sehr ab. Geld ist Lachgas für mich.»[251] Angesichts der unsicheren Praxissituation erwog er im November 1899 sogar, die «Stadtwohnung aufzugeben» und sich an der «Peripherie» anzusiedeln, wo die Mieten niedriger waren.[252] Einen Monat später klagte er: «Eine Weihnachtszeit, in der man sich des Kaufens enthalten muß, drückt ein wenig auf die Stimmung.»[253]

In die Serie der frustrierenden Erfahrungen paßte, daß Freud bei der Berufung auf eine außerordentliche Professur übergangen wurde. Nothnagel und Krafft-Ebing hatten der Fakultät im Februar 1897, wie er Fließ erzählte, seine Ernennung empfohlen, woraufhin nach üblichem Verfahren ein Begutachtungsprozeß auf der Basis eines Berichts einzuleiten war.[254] Am 12. Juni 1897 verabschiedete das zuständige Komitee mit 22 Ja-Stimmen bei zehn Gegenstimmen den Vorschlag Nothnagels und leitete eine Empfehlung an das Ministerium weiter. Unter den Berufungen, die im Mai 1898 erfolgten, fand sich Freud jedoch nicht; auch ein Jahr später kam es, anders als im Fall der übrigen nominierten Privatdozenten, nicht zur Ernennung.[255] Er litt unter dieser Unfreundlichkeit stärker, als er nach außen zugab, und ertrug sie in der Haltung resignierter Skepsis. Schon Ende Januar 1897 suchte er sich gegen künftige Enttäuschungen zu wappnen, indem er erklärte, Spekulationen über seine akademische Zurücksetzung ließen ihn «ganz kalt». Daß er zu diesem Zeitpunkt bereits einen «definitiven Bruch mit der Universität» vollzogen hätte, wie er Fließ schrieb, war allerdings unzutreffend.[256] Einem «Gerücht zufolge», vermerkte er am 9. Februar 1898, «sollen wir zum Kaiserjubiläum, 2. Dezember mit dem Titel von Professoren bekleidet werden. Ich glaube nicht daran, habe aber einen reizenden Traum darüber gehabt».[257] Es sollte noch geraume Zeit dauern, ehe Freud durch die Ernennung auf eine außerplanmäßige Professur eine wenigstens symbolische Anerkennung erfuhr.

Seit der Mitte der 90er Jahre lebte Freud in wachsender gesellschaftlicher Abkapselung. Er verbrachte seine Zeit mit Ordination und Forschung, Familie und engsten Freunden, pflegte aber darüber hinaus kaum Kontakte, da sich zahlreiche Kollegen angesichts seiner unkonventionellen Ideen von ihm abwendeten. An der Universität weigerten sich Einzelne sogar, mit Freud praktisch zusammenzuarbeiten, weil man ihn nicht ernst nehmen könne.[258] Im Verhältnis zu Breuer vollzog sich nun ein endgültiger Bruch, ausgelöst durch zunehmende wissenschaftliche Distanz in Fragen der Sexualtheorie. An Fließ schrieb Freud schon am 6. Februar 1896: «Mit Breuer ist absolut kein Auskommen mehr für mich; was ich an schlechter Behandlung und geistreicher Urteilsschwäche in den letzten Monaten hingenommen habe, hat mich doch endlich gegen den Verlust innerlich stumpf gemacht.»[259] Das waren überraschend harte Worte, hatte Freud doch auf das Bündnis mit Breuer wenige Jahre zuvor große Hoffnungen gesetzt. Wenn nun sein Ko-Autor und Mentor, der seiner Praxis immer wieder Patientinnen zuführte, als Partner ausfiel, bedeutete das einen tiefen Einschnitt. Ab Beginn des Jahres 1897 beschränkte Freud den Kontakt auf das Formelle und unterband jeden persönlichen Verkehr, was die Isolation steigerte.[260] Denn neue Gefährten waren nicht in Sicht, und Fließ durfte bestenfalls als Brieffreund zählen; für strategische Allianzen auf dem Feld der medizinischen Forschung kam er nicht in Frage, weil auch er seinen Kollegen als Außenseiter galt. Leopold Königstein, Oscar Rie, Ludwig Rosenberg und Julius Schnitzler wiederum, die engen Vertrauten aus der

Tarockrunde, brachten seiner Wissenschaft als praktisch denkende Ärzte wenig Interesse entgegen. Die Selbst-Analyse und die aus ihr hervorgehende theoretische Arbeit standen also im Zeichen der Einsamkeit. Später hat Freud die Zeit um 1900 zur heroischen Phase der Psychoanalyse erklärt, in der er seine Positionen als Einzelkämpfer erstreiten mußte. Diese Lage wiederum erzeugte das Bewußtsein, daß die eigene Leistung einem Eintritt in eine Schattenwelt glich, aus der nur gelegentlich das Licht der Aufklärung leuchtete. Fließ schrieb er darüber in bemerkenswerten Metaphern: «Alles wogt und dämmert, eine intellektuelle Hölle, eine Schicht hinter der anderen; im dunkelsten Kern die Umrisse von Lucifer-Amor sichtbar.»[261] Der Teufel der Einsamkeit stand dem Liebesgott der Erkenntnis gegenüber; aber Lucifer und Amor gehörten, wie Freud ahnte, in gewisser Hinsicht zusammen, denn das Glück des Wissens gedieh bevorzugt in der schwarzen Unterwelt.

Angesichts der persönlichen Isolation, die ihn seit dem Bruch mit Fließ heimsuchte, erinnerte sich Freud seiner Herkunft. Zweimal ergriff er die Initiative, um engere Beziehungen zu jüdischen Kreisen aufzubauen. Am 28. September 1902 schickte er Theodor Herzl über Deutickes Buchhandlung ein Exemplar der *Traumdeutung*, verbunden mit einer bemerkenswerten Formulierung: der Adressat möge das Geschenk «als ein Zeichen der Hochachtung» sehen, die er «seit Jahren dem Dichter und dem Kämpfer für die Menschenrechte unseres Volkes entgegenbringe.»[262] Freud, der zuvor Sympathien für den Zionismus nicht hatte erkennen lassen, suchte mit seiner Annäherung an Herzl Kontakt zu jener säkularen Spielart des Judentums herzustellen, die ihm, dem überzeugten Atheisten, akzeptabel schien. Diese Linie verfolgte er auch in späteren Jahren, wo es um Fragen seiner Herkunft ging. Weder religiöse noch politische Dogmatik, sondern das Gefühl der Zugehörigkeit verband ihn mit dem Judentum. Das war nicht viel, aber auch nicht ganz wenig, schloß es doch eine Haltung der Assimilation im Sinne aktiver Verleugnung der jüdischen Identität aus. Ob Herzl auf Freuds Avancen antwortete, ist unbekannt; ein engeres Verhältnis entwickelte sich aus seiner Initiative jedenfalls nicht. Daß Freud sich wiederum mit Herzls Schrift *Der Judenstaat* (1896) gründlicher befaßte, ist kaum anzunehmen. Gegenüber dem Zionismus verharrte er in einer Position skeptischer Sympathie, die er zeitlebens nicht aufgab.

Ein zweiter Schritt zum Judentum lag schon einige Jahre zurück, und auch er war bestimmt von einer weltlichen, nicht-religiösen Tendenz. Am

29. September 1897 wurde Freud auf seinen Antrag, vermutlich durch Vermittlung des Jugendfreundes Knöpfmacher, nach mehrheitlich positivem Votum der Mitglieder in die jüdische Loge B'nai B'rith und ihren Ortsverein ‹Wien› aufgenommen. Zwölf Immigranten hatten die Einrichtung 1843 in New York gegründet, ehe man sie 1882 in Deutschland, bald darauf in Österreich etablierte. Die Loge widmete sich der Aufklärung über das Judentum, seine Werte und Geschichte, sah sich dem Ideal der Toleranz und der praktischen Wohlfahrt verpflichtet. Zu den Freud schon bekannten Mitgliedern zählten neben Knöpfmacher auch Oscar Rie, Leopold Königstein und in künftigen Jahren zwei Angehörige seines engsten Kreises, der Internist Eduard Hitschmann und der Analytiker Theodor Reik; sein Bruder Alexander schloß sich bald nach ihm einer anderen Wiener Dependance der B'nai B'rith an.[263] Als Präsident firmierte Wilhelm Jerusalem, der als Privatdozent an der Universität Philosophie unterrichtete und zugleich der Jüdisch-Theologischen Lehranstalt angehörte. In den folgenden Jahren versäumte Freud nur selten eines der Treffen, die regelmäßig an jedem zweiten Dienstag mit rituellem Verlesen der Statuten, Vortrag, Diskussion und Abendessen stattfanden. Über seine Motivation zum Beitritt berichtete er Jahrzehnte später, seine analytischen Funde hätten «den grössten Teil» seiner «damaligen menschlichen Beziehungen» zerstört und eine Art sozialer Ausgrenzung bewirkt: «ich kam mir vor wie geächtet, von allen gemieden. In dieser Vereinsamung erwachte in mir die Sehnsucht nach einem Kreis von auserlesenen, hochgestimmten Männern, die mich ungeachtet meiner Verwegenheit freundschaftlich aufnehmen sollten.»[264]

In der B'nai B'rith herrschte ein intellektuell anregendes Klima, hier standen Vorträge über jüdische Denker von Philo über Spinoza bis zu Heine auf der Tagesordnung, und prominente Gastredner wie der berühmte Marburger Philosoph Hermann Cohen sorgten, so erinnerte sich Knöpfmacher, für rege Debatten.[265] Daß nicht wenige der Mitglieder strenggläubig waren und theologische Fragen zu diskutieren liebten, schreckte den erklärten Agnostiker Freud nicht ab. Als er im Dezember 1897 in der B'nai B'rith über seine Traumarbeit berichtete, stieß er auf «begeisterte Aufnahme» und «lebhaftesten Beifall».[266] Fortan vermied er Auftritte vor einem Fachpublikum und sprach statt dessen zu seinen jüdischen Logenbrüdern, weil sie seine Ideen schätzten. Im Laufe der Jahre hielt Freud insgesamt 21 Vorträge für die Loge, zumeist über Themen aus seinem direkten Forschungsumfeld – neben der Traumdeutung redete er über das infantile Seelenleben, die Rolle der Frau in der Gesellschaft, Zufall und Aberglaube, Fragen der Alltagspsychologie und des Witzes; auf Bezüge zu Problemen der Sexualität verzichtete er jedoch, mit Rücksicht auf den «orthodox religiösen Teil der Mitglieder».[267] Im April 1900 referierte er ausnahmsweise nicht über sein Spezialgebiet, sondern über Zolas Roman *Fécondité* (1899), der ein Loblied auf die Großfamilie und die weibliche Fruchtbarkeit anstimmte.[268] Freuds analytische Lehren stießen bei den Logenbrüdern, anders als im Medizinermilieu, auf offene Ohren. Im B'nai B'rith war offenbar ein Kreis von Verständigen versammelt, die seinen Positionen vorurteilsfrei und neugierig begegneten. Beide Haltungen traten auch nach dem Erscheinen des Jahrhundertbuchs nur selten auf – Freuds *Traumdeutung* blieb eine Studie für wenige Eingeweihte, ohne einstweilen die skeptische Fachwelt oder das breitere Publikum zu erreichen.

Vermutlich waren es die Brüder der jüdischen Loge, die Freud im Jahr 1901 ein Exlibris schenkten. Es stammte von Bertold Löffler, einem dem Jugendstil verpflichteten Historien- und Freskenmaler, und zeigte Ödipus und die Sphinx. Das Bildnis trug eine griechische Inschrift: «Der den Schlüssel des Rätsels kannte und ein vortrefflicher Mann war.»[269] Die Logenbrüder wollten ihn damit als den auszeichnen, der das wahre Rätsel der Sphinx gelöst und den Ödipus-Mythos in die Neuzeit überführt hatte. Bei der Gestaltung des Mottos widerfuhr ihnen jedoch eine typische Fehlleistung, wie Freud dergleichen später im Rahmen seiner *Psychopathologie des Alltagslebens* nennen sollte. Sie schrieben seinen Vornamen im Gedanken an den wissenschaftlichen Triumph, den sie ihm attestierten, falsch: ‹Siegmund› statt ‹Sigmund›. Der Beschenkte hat das Exlibris daher nur selten benutzt – es fand sich lediglich in 16 Bänden seiner Bibliothek, die am Ende seines Lebens, als er ins britische Exil aufbrach, 3600 Bücher umfaßte.[270]

Die Schwägerin

Im häuslichen Rahmen konnte Freud bis Mitte der 90er Jahre, wo es um seine wissenschaftliche Arbeit ging, kaum auf Unterstützung rechnen. Martha Freud hielt Distanz zu seiner Praxis, mochte ihm in die Windungen seiner therapeutischen Erkundungen nicht folgen und zeigte sogar eine gewisse Furcht vor deren Themen, die sie für obszön und pornographisch hielt. Noch im September 1911 schrieb Freud an C. G. Jung, seine Frau habe

Minna Bernays

zur Analyse «kein eigenes Verhältnis».[271] Auslöser für diese Einstellung war vermutlich die Angst, daß die eheliche Beziehung durch die prekäre Mischung aus Intimität und Theorie getrübt werden könne. Martha Freud, die als junge Verlobte geistsprühend und ironisch war, zog sich in die Rolle der Ehefrau und Mutter zurück, ohne je die Grenze zur Wissenschaft zu überschreiten. Anders als Emma Jung hätte sie niemals Briefe an Kollegen ihres Mannes geschrieben oder in eine analytische Behandlung eingewilligt. Konvenienz und Diskretion bildeten die wesentlichen Elemente ihres Lebensentwurfs, der Distanz zu den sie befremdenden Forschungsthemen des Ehemanns einschloß.

Zu Beginn des Jahres 1896 zog, wie berichtet, die Schwägerin, Minna Bernays, im Haushalt der Freuds ein. Sie war vier Jahre jünger als Martha Freud, in vielen Punkten anders, extrovertierter und attraktiver. Nach dem Tod ihres früheren Verlobten Schoenberg, der Anfang Februar 1886 an Tuberkulose starb, betätigte sie sich als Gesellschafterin bei einer älteren Dame, ging aber keine neue Bindung ein.[272] Minna wurde ein aufopferungsvolles Kindermädchen und für Freud eine aufmerksame Gesprächspartnerin, die in vielem die geistig unbeweglichere Martha ergänzte. Sie las seine Arbeiten, debattierte mit ihm über Literatur und beeindruckte ihn immer wieder durch ihre rasche Auffassungsgabe. Während Martha jede Form der Auseinandersetzung mit Freuds Tätigkeit ablehnte, bot Minna das komplette Gegenprogramm: Neugierde und Aufgeschlossenheit für seine Entdeckungen. In den Abendstunden, nach der Praxis und vor dem Gang an den Schreibtisch, sprach Freud mit ihr über seine Pläne und das Lehrsystem, dessen Bausteine er mühsam zusammenfügte. Bis in die ersten Jahre nach dem Erscheinen der *Traumdeutung* blieb Minna eine ernstzunehmende Zuhörerin in allen psychoanalytischen Fragen. In der Dekade zwischen 1904 und 1914 fand Freud dann im Kreis medizinischer Kollegen und unter den ersten Schülern fachlich besser vorbereitete Gesprächspartner, die sich mit ihm über seine Theorien verständigten. Ein Kreis von Adepten war entstanden, der nun die Diskussionen mit Minna ersetzte. Die Schwägerin schmerzte das, aber sie eroberte sich bald neues Terrain. 1914 schaffte Freud eine Schreibmaschine an, und Minna wurde seine erste Sekretärin, die Texte für ihn fertigte und Manuskripte redigierte.[273] Sie blieb bis zu ihrem Tod 1941 bei der Familie, von vielen als zweite Mutter der sechs Kinder betrachtet, ein fester Bestandteil des großen Haushalts. Während Martha streng, mit unermüdlicher Ausdauer, still und zurückgenommen die Mühen des Alltags trug, war Minna lauter, temperamentvoller und expressiver, allerdings auch kränklich und oft bettlägerig. An Stolz und hanseatischem Dünkel stand sie ihrer älteren Schwester im übrigen nicht nach. In späteren Jahren meldete sie sich am häuslichen Telefon unter dem Namen «Frau Professor Freud» – das Gelände war erobert und mußte besetzt bleiben.[274]

Daß Minna auch Freuds Geliebte war, gehört zu jenen Mythen seiner Biographie, die zumeist durch Kritiker und Gegner genährt wurden. So behauptete C. G. Jung nach ersten Andeutungen gegenüber Kurt Eissler 1957 in einem Interview mit John Billinsky, Minna habe ihm schon kurz nach seiner Antrittsvisite in der Berggasse im Frühjahr 1907 anvertraut, daß Freud in sie verliebt sei.[275] Das mag durchaus der Fall gewesen sein, jedoch lassen sich daraus noch keine weiterführenden Fakten ableiten.[276] Klare Indizien für ein intimes Verhältnis gibt es jedenfalls nicht, zumal die Briefe, die Freud in der Zeit zwischen 1896 und 1910 an Minna schrieb, als verloren gelten müssen.[277] Er selbst wußte von den Gerüchten, die seine Reisen mit

Minna umgaben, wie er 1930 gegenüber seiner Patientin Eva Rosenfeld bekundete. Aber er äußerte sich niemals direkt dazu und schwieg diskret.[278] Wenn Jung seine Behauptungen Jahrzehnte nach Freuds Tod in die Welt setzte, so war das womöglich ein Ergebnis seiner Projektionen und nicht durch Tatsachen begründet. Die schwierige Beziehung Jungs zu Freud, von der noch zu sprechen ist, und seine eigene Neigung zu außerehelichen Affären mögen dabei eine Rolle gespielt haben.

Daß sich Freud und Minna erotisch anziehend fanden, steht unabhängig davon, ob man eine Affäre annimmt oder nicht, außer Frage. Schon im Juni 1883 unterschrieb die knapp 18jährige einen Brief an ihn: «behalte lieb Deine Minna».[279] Die Schwägerin war Freud vertraut und unbekannt zugleich, was jene Mischung aus Attraktion und Neugier auslöste, die dem Eros innewohnt. Sie erinnerte ihn an die eigene Frau – «Ich verstehe immer mehr, daß die Leute euch verwechseln», heißt es im August 1898; zugleich blieb sie eine eigenständige Persönlichkeit, temperamentvoller, vitaler, spontaner als Martha.[280] Die erotische Nuance ihrer Beziehung spiegelt sich in der Lage ihrer Unterkunft in Freuds Wohnung. Minna mußte, um in ihr Schlafzimmer zu gelangen, zunächst durch dasjenige der Freuds laufen; einen eigenen Zugang hatte sie nicht, was eine intime räumliche Nähe schuf, deren Brisanz allerdings dadurch entschärft wurde, daß Freud und Martha kein aktives Sexualleben mehr pflegten. Im April 1893 hatte er Minna sogar angeboten, für den Fall eines Einzugs könne sie bei Martha schlafen, da er offenbar keinen Wert mehr auf ein gemeinsames Bett legte.[281] Die Schwägerin erfüllte das Rollenmuster der komplementären Geliebten, denn sie besaß, was Martha fehlte: ein Grundverständnis für Freuds Arbeit, Interesse an der Lektüre wissenschaftlicher Texte und die Bereitschaft, sich auf das einzulassen, was ihn intellektuell umtrieb. Neben Fließ war Minna in diesen Gründerjahren der Analyse für Freud besonders wichtig. Während Martha die Kontinuität im Alltag so beharrlich wie klaglos herstellte, blieb die Schwägerin für Überraschungen, Spielerisches und Unvorhersehbares zuständig. Als sie in späteren Jahren regelmäßig zur Kur reiste, schlug sie ihm einmal spöttisch vor, sie könne einen Aufsatz zur «‹Psychologie des Sanatoriums›» für sein *Jahrbuch* beisteuern – ein Vorschlag, der in seiner Mischung aus Selbstsicherheit und Ironie charakteristisch für sie war.[282]

Die Frage, ob das Verhältnis der beiden auf den geistigen Austausch begrenzt blieb, wird sich nicht mehr klären lassen. Die äußeren Fakten bieten die Grundlage für unterschiedliche Deutungen. Seit Ende der 90er Jahre begleitete Minna ihren Schwager regelmäßig auf Reisen.[283] Die erste dieser Fahrten führte im August 1898 von München über La Prese nach Maloja im Engadin. Minnas Briefe an die Schwester sprühten vor Begeisterung und Stolz. Daß ihr ‹Sigi›, wie sie ihn nannte, gefiel und sie wiederum von ihm als ideale Reisegefährtin betrachtet wurde, verhehlte sie nicht: «Er sieht unberufen großartig aus und ist kreuzfidel, natürlich ganz ruhelos.»[284] Während Freud sonst Hotelzimmer vorab zu buchen pflegte, verzichtete er hier darauf und genoß es, spontan zu entscheiden, wo er übernachtete. «Wir wären also glücklich so weit», meldete Minna ihrer Schwester, «jede Nacht in einem anderen Bett zu schlafen, was ja Sigis Ideal ist.»[285] Als man am 13. August in Maloja ankam, nahm man im Hotel Schweizerhaus ein gemeinsames Doppelzimmer. Ins Gästebuch trug der Reisende wahrheitswidrig ein: «Dr Sigm Freud u Frau».[286] Man blieb drei Tage und zwei Nächte, ehe am 15. August die Rückkehr nach Aussee anstand. An seine Frau schrieb der Ehemann am Abend der Ankunft, vermutlich am Tisch des Hotelzimmers, unter den Blicken seiner Schwägerin: «Wir sehen beide aus, schade, daß Ihr uns nicht sehen könnt.»[287] Die Formulierung bleibt unklar, in der Schwebe zwischen stillem Triumph, Zweideutigkeit und Komödie. Sie konnte sich beziehen auf den verbotenen Koitus, der hier vollzogen wurde, aber ebenso auf die Merkwürdigkeit, daß beide ein Zimmer teilten, ohne intim zu werden. Die Frage, ob es in diesen Nächten zum Ehebruch kam, läßt sich auf der Grundlage solcher Äußerungen nicht entscheiden. Die Sprache war so ambivalent wie die Lage, in der sich Schwägerin und Schwager befanden. Unter den bedenklichen Situationen, die das gemeinsame Reisen heraufbeschwor, litt Freud in einem gewissen Grade, ohne daß er sie deshalb umging. Als er Anfang September 1900 mit Minna in Riva in einem Hotel der gehobenen Klasse abstieg, zu dessen Gästen auch mehrere seiner österreichischen Medizinerkollegen gehörten, mied er ihre Gesellschaft, weil er mit der, wie er kunstvoll schrieb, «nicht richtigen Frau» unterwegs war.[288] Solche Wendungen wiesen auf Schuldgefühle hin, die wiederum eine sexuelle Anziehung verrieten.

Dennoch sprechen zahlreiche Annahmen gegen die verbreitete These, daß Freud ein intimes Verhältnis mit seiner Schwägerin verband. Grundsätzlich muß man seine panische Angst vor Empfängnisverhütung und dem *Coitus interruptus* bedenken, um seine Position richtig einzuschätzen. Im Sommer 1898 war Minna 33 Jahre alt, also durchaus noch in der Lage,

Kinder zu gebären. Vorsichtsmaßnahmen blieben in jedem Fall erforderlich, hätten die beiden ein Liebesverhältnis gepflegt. Allein seine Furcht vor dieser Art von reduzierter Sexualität und der daraus abgeleiteten Spannung reichte aus, um ihn von der Schwägerin fernzuhalten. Hier standen seine eigene Neurosenlehre und deren kausale Hypothesen auf dem Spiel, die er durch bedenkenloses Handeln nicht erschüttern wollte. Daß auch moralische Skrupel eine Rolle spielten, darf man unterstellen. Berücksichtigt man, welchen asketischen Verzicht der junge Freud zu leisten bereit war, um seine Prinzipien zu schützen, dann begreift man, daß ein gemeinsames Hotelzimmer noch kein Grund sein konnte, gegen die tief verinnerlichten Regeln seines Moralkodex zu verstoßen. Jahre später bemerkte er: «Es gibt im allgemeinen sehr viele Wege, die Entbehrung der libidinösen Befriedigung zu vertragen, ohne an ihr zu erkranken.»[289]

Die Maloja-Episode mit einem geteilten Zimmer mochte sich auf weiteren Reisen wiederholt haben. Die außereheliche Sexualität aber galt als Sperrzone, die Freud nicht betrat. Seine Libido richtete sich weder auf Martha noch auf Minna, denn die einzige Geliebte, mit der er sich abgab, blieb seine Arbeit. Die Schwägerin war im Süden ‹Frau Dr. Freud›, ein Double der Ehefrau und gerade daher keine Partnerin für sexuelle Intimität. Auch in dieser Hinsicht versah sie die Rolle Marthas, mit der Freud schließlich seit 1895 enthaltsam lebte. Minna begnügte sich mit der Aufgabe der zuweilen koketten, ihren Schwager anschwärmenden Ersatz-Gattin, die genügend unerfüllte Wünsche befriedigte, auch wenn sie nicht mit ihm schlief. Es entstand ein Zusammenleben mit zweideutigen Zügen: räumliche Nähe, gemeinsames Reisen, vertrautes Gespräch – eine Beziehung ohne Körper, eine Nebenehe ohne Koitus. Ehefrau und Geliebte teilten das Schicksal, daß Freud auf sexuellen Verkehr mit ihnen verzichtete.

SIEBENTES KAPITEL

Landschaften im Unbewußten (1901–1905)

Die Theorie erreicht den Alltag

Am Beginn des abschließenden Kapitels über den seelischen Apparat hatte Freud im Traum-Buch geschrieben: «So werden die psychologischen Annahmen, die wir aus der Analyse der Traumvorgänge schöpfen, gleichsam an einer Haltestelle warten müssen, bis sie den Anschluß an die Ergebnisse anderer Untersuchungen gefunden haben.»[1] Ziel war es, das neue Wissensfeld aus verschiedenen Richtungen zu bestimmen und zu bearbeiten, damit sich Zug um Zug eine verbindliche Technik mit eigener Begrifflichkeit entwickeln konnte. Freud interessierte sich nicht für einen abstrakt-systematischen Standpunkt, sondern ließ sich durch konkrete Probleme leiten. Er betrachtete die *Traumdeutung* als einen von drei Beiträgen, mit deren Hilfe er die «Lehre von Verdrängung und Wunscherfüllung» zu entfalten suchte; die beiden anderen Erprobungsfelder waren, wie er Fließ verriet, die «Neurosen» und die «Psychose».[2] Im Oktober 1899 projektierte Freud, ganz unter dem Eindruck des eben abgeschlossenen *Opus magnum*, fünf weitere Bücher, in denen er seine Theorie der Verdrängung und den Entwurf des Unbewußten, die allgemeine Neurosenlehre, die Ätiologie der Psychose und seine Auffassung der Sexualität ausarbeiten wollte.[3] Die eigentlichen Themenschwerpunkte entwickelten sich in den kommenden Jahren zwar anders, aber die Entdeckungen, die er seit Mitte der 90er Jahre im Zuge seiner Selbstanalyse gesichert hatte, standen auch künftig im Mittelpunkt des Interesses.

Mit seinen Studien über die Psychopathologie der Fehlleistungen (1901/1904), die Sexualtheorie (1905) und die psychologischen Wirkungen des Witzes (1906) dehnte Freud den Geltungsbereich der Psychoanalyse von der Nachtseite der Träume auf die seelische Wachexistenz aus. Das Unbewußte erschien jetzt als eine Kraft, die nicht nur im Schlaf, sondern auch in den Energien des Triebs, in Sprache, Gebärden und Formen des Alltagshandelns arbeitete. Freud unternahm damit den ersten Schritt zur Erweiterung seiner Lehre – eine Expansion, die ihn am Ende zu Kunst und Literatur, zum Mythos, zur Völkerpsychologie, Ethnologie, Religion und Politik führte. Was im Zeichen der Traumlehre begann, trug Früchte im Sinne eines Universalmodells, das auf Individuen und soziale Gemeinschaften, auf Sprache und Zeichensysteme, Verhaltensgesetze und Wünsche, auf gesellschaftliche Ordnungen und zufällig scheinende Arrangements unseres alltäglichen Lebens angewendet werden konnte. Die avisierten Studien zu Neurosen und Psychosen trieb Freud einige Jahre später, im Gefolge der Sexualtheorie voran; sie entfalteten sich im Windschatten spezifischer Fallanalysen, erlangten aber nicht den letzten Grad an Geschlossenheit, der ihm ursprünglich vorschwebte. Die Vielfalt der beobachtbaren Phänomene und Symptome war auf diesem Feld erheblich größer, als er in den Jahren um 1900 annahm.

Mit der Abhandlung zur *Psychopathologie des Alltagslebens* begab sich Freud auf das von der *Traumdeutung* umrissene Gebiet der Wunschökonomie und der Verdrängung. Die hier vorgetragene, seit Ende der 1890er Jahre entwickelte Theorie der Fehlleistung war der wirksamste seiner Entwürfe, denn sie machte ihren Gegenstand zum ständigen Thema der sozialen Kommunikation. Wer heute ‹Fehlleistungen› produziert, bezeichnet sie im anschließenden Kommentar zumeist als solche. Freuds Ansatz erhielt Flügel und ist in das Breitenwissen der westlichen Gesellschaften eingedrungen. Seine Lehre beobachtete sich fortan selbst, indem sie zur ständigen Urteilsinstanz wurde, der sich niemand mehr entziehen konnte. Freuds Allgegenwart läßt sich nirgends besser erkennen als hier: seine *Psychopathologie* geriet, wie Elias Canetti formulierte, zum «Gesellschaftsspiel» der Moderne, zum Orakel des Alltags, das auf die Macht des Unbewußten verweist.[4] Ihrem Charakter nach ist die Theorie der Fehlleistungen allerdings komplizierter, als es zunächst den Anschein hat.

Die Fehlleistungen, von denen Freud sprach, sind das Vergessen, Sich-Versprechen, die Verwechslung, das Vergreifen, Aberglaube und der Irrtum. Erste Indizien für die Bedeutung, die dem Vergessen von Namen zukommt, drängten sich Freud im September 1897 auf, wie er nachträglich an Fließ berichtete: «Du kennst den Fall, daß einem ein Name entfällt und sich ein Stück eines anderen dafür einschiebt, auf das man schwören möchte, obwohl es sich jedesmal als falsch erweist.»[5] Ein kürzerer Versuch zum

Thema des Vergessens erschien bereits 1898.[6] Er ergab sich aus Freuds Selbstanalyse und beleuchtete eine typische Reiseerinnerung, wie er sie auch später gern zur Grundlage seiner Beispielerzählungen machte. Im Zentrum stand eine Namensverwechslung, die das Indiz für eine Erinnerungslücke aufgrund von Unlust ist. Der Name, der – häufig über Umwege – Unlustgefühle auslöst, wird vergessen oder entstellt. Freud beschrieb hier erstmals einen Mechanismus, den er für so bedeutsam hielt, daß er ihn in der Studie *Zur Psychopathologie des Alltagslebens* von 1901 mit größter Gründlichkeit am Beispiel von «allerlei privata» vertiefend untersuchte.[7] Dabei ging es nicht um neurotische Fehlbildungen, sondern um den Ursprung alltäglicher Irrtümer, wie sie auch für die gesunde Psyche typisch sind. In beiden Fällen bot der Fehler allerdings Hinweise auf Verstecktes, Verborgenes und Verdrängtes. Er ließ sich als Zeichen betrachten, das der Analytiker lesen muß, um zur Einsicht in die dunklen psychischen Zonen seines Gesprächspartners zu gelangen.

Das Vergessen, so bemerkte Harald Weinrich, habe mit Freud «seine Unschuld verloren».[8] Spätestens seit den Hysterie-Studien war klar, daß es keine einfache Leerstelle bildete, sondern auf Verdrängtes zurückwies. Vergessen und Sich-Versprechen resultieren als alltägliche Fehlleistungen aus vergleichbaren seelischen Dispositionen. Stets ist es eine psychische Hemmung, ein Widerstand aufgrund einer nicht wirksam gewordenen und nun gestauten Erregung, wodurch ein Name oder Begriff vergessen bzw. in der Artikulation entstellt wird. Der vergessene Name scheint nicht einfach aus dem Gedächtnissystem verschwunden, sondern – analog den Traumgedanken des Vorbewußten – unterdrückt. Diese Unterdrückung entspringt einer nicht-bewußten Besetzung, die dafür sorgt, daß der jeweilige Name in der Erinnerung nicht verfügbar ist. Auf paradoxe Weise bezeichnet der gesamte Mechanismus eine Form der enthüllenden Verbergung, ähnlich wie der Traum: das, was unsichtbar ist, das vergessene Wort, offenbart den geheimen Wunsch, die Angst oder die Hemmung, die im Dunkeln haust. Wesentliche Triebfeder des Vergessens ist die «Unlust», sich auf einen Namen oder Begriff mit negativ geprägtem, triebbesetztem – und daher verbotenem – Inhalt einzulassen.[9] Vergleichbar gestaltet sich der Vorgang im Fall des Sich-Versprechens. Hier zeigte Freud, daß die Vertauschung von Buchstaben bei der Artikulation eines Wortes das, woran der Sprecher eigentlich denkt, enthüllt. Ablauf und Mechanik solcher verbalen Versehen hatten bereits die Linguisten Rudolf

Meringer und Carl Mayer in einer 1895 veröffentlichten Studie nachgewiesen, ohne daß dabei aber die tiefenpsychologische Dimension eine Rolle spielte.[10]

Nicht zuletzt kann die Furcht vor einer Verwechslung, die dann mühsam gemeistert wird, zur Entstellung des anschließenden Wortes führen. Freud ging mit Meringer davon aus, daß bestimmte Laute in einem Wort existieren, die eine besondere «psychische Wertigkeit» aufweisen.[11] Diese Laute werden bevorzugt verwechselt oder vertauscht, weil ihnen hohe Signifikanz im Sprechprozeß zufällt. Bei der Analyse der einzelnen Assoziationsmechanismen, die hier vonstatten gehen, griff Freud auf den ersten Band von Wilhelm Wundts *Völkerpsychologie* (1900) und deren Theorie der Verbindung zwischen Lautfolgen und innerer Einstellung des Sprechers zurück.[12] Ziel dieser Theorie war es, eine Abstufung von verschiedenen Valenzen aufzudecken, die das verbale System ordnen. Die menschliche Rede ist kein gleichmäßig auf demselben Niveau organisiertes Ganzes, sondern unterliegt Wertnuancen, deren Kenntnis dem Analytiker bei der Einschätzung einzelner ‹Versprecher› helfen kann. Es ist charakteristisch, daß solche Bedeutungshierarchien sich in Freuds Theorie über Mechanismen der Verkleidung, Verstellung und Verletzung bekunden. Sinnproduktion erfolgt nach den Einsichten der Psychoanalyse nicht zwangsläufig über direkte Kommunikation, sondern auch durch indirekte Prozesse des Verbergens. Zentrale Aussagen und Werte können daher im Kontext des Traums wie der alltäglichen Fehlleistung zumeist nur über Umwege erschlossen werden. Freuds Lehre enthüllte ein Gefüge des uneigentlichen Sprechens, das über Bruchstücke dechiffriert und ausgelegt werden mußte. Dahinter verbarg sich keineswegs, wie George Steiner behauptete, ein konventionelles Verständnis menschlicher Rede, sondern ein enormes Gespür für die mächtigen Unterströmungen, die sie bestimmen.[13] Wenn Freud erkannte, daß der Logos Fehler produziert, die geheime Wahrheiten offenbaren, so bezweifelte er gerade seine unbeschränkte Macht.

Abgesichert fand sich das gesamte Gebäude der Argumentation durch eine Rahmentheorie, die Freud bereits in der *Traumdeutung* entwickelt hatte. Der Widerstand gegen psychisch negativ besetzte Triebe, der in der Fehlleistung wirksam ist, hat mit der Grundstruktur der Psyche zu tun. «Als das architektonische Prinzip des seelischen Apparates läßt sich die Schichtung, der Aufbau aus einander überlagernden Instanzen erraten, und es ist sehr wohl möglich, daß dies Abwehrbestreben einer niedrigen psychischen Instanz angehört, von höheren Instanzen aber gehemmt wird.»[14] Ähnlich wie das Versprechen können Verlesen oder Verschreiben aus einer Unterdrückung von Gedanken hervorgehen, die mit Unlust verbunden waren; in seiner späteren Korrespondenz mit C. G. Jung begegneten Freud signifikante Beispiele dafür, daß die Vertauschung von Buchstaben und die Verwechslung von Wörtern eine verdrängte Wahrheit ans Licht zu befördern vermag.[15] Über solche Fehlleistungen offenbarten sich zuweilen auch ursprünglich lustvolle, aber verbotene und zensurierte Inhalte, die nun im vermeintlichen Irrtum zutage traten. Es versteht sich, daß dieser Mechanismus zu Zeiten, da sexuelle Themen durch soziale Tabus beherrscht wurden, eine entscheidende Rolle spielte.

Das Vergreifen ist die pragmatische Version des Versprechens. Ein Gegenstand der Alltagswelt wird hier vertauscht oder beschädigt, was auf eine jeweils verborgene Motivation zurückschließen läßt. Bevorzugtes Beobachtungsfeld dafür ist die Ehe; der frischvermählte Gemahl, der seinen Trauring verlegt, offenbart durch seine Fehlleistung den heimlichen Wunsch nach erotischer Freiheit. Freud führte in diesem Zusammenhang das Exempel der berühmten Eleonore Duse an, die in der Rolle von Ibsens Hedda Gabler vor einem Gespräch mit dem Assessor Brack ihren Ehering ab- und wieder aufzieht, um die zurückgestauten Triebkonflikte der Figur zu offenbaren.[16] Der praktische Irrtum ist gleichfalls auf die psychische Hemmung zurückzuführen. Als Fehlleistung im ursprünglichen Sinne gilt er einem Objekt, das eigentlich nicht gemeint ist. Indem es verwechselt wird, rückt es in eine eigene Ordnung der Dinge ein, die eine verdrängte psychische Motivation des Individuums enthüllt.[17] Man kennt diesen Mechanismus bereits aus den Analysen der Traumtheorie, deren zentrale Einsicht darin besteht, daß Bedeutungen durch zufällig wirkende, in Wahrheit vom Unbewußten gesteuerte Arrangements des Materials erzeugt werden. Die Seele redet über sich, indem sie scheinbar Falsches sagt, das dem Gemeinten auf versteckte Weise verbunden ist. Ihre Grammatik beruht auf Verdrehung, Verbergung und Entstellung; man darf sie daher nicht wörtlich nehmen, wenn man sie lesen möchte. Im Juni 1906 erklärte Freud vor Studenten der rechtswissenschaftlichen Fakultät der Universität Wien, wo er auf Einladung des Kriminologen Alexander Löffler sprach: «Wir pflegen selbst leise Abweichungen von der gebräuchlichen Ausdrucksweise bei unserem Kranken ganz allgemein als Anzeichen für einen verborgenen

Sinn anzusehen und setzen uns selbst mit solchen Deutungen gerne für eine Weile seinem Spotte aus. Wir lauern bei ihm geradezu auf Reden, die ins Zweideutige schillern, und bei denen der verborgene Sinn durch den harmlosen Ausdruck hindurchschimmert.»[18]

Freuds Studie schloß mit Ausführungen zu Aberglauben und Prophezeiungen. Das Kapitel ist nur unvollständig in die Argumentation integriert, weil es die Grenze von der Alltags- zur Kulturpsychologie überschreitet. Der Aberglaube bleibt, so formulierte Freud, ein Produkt von ‹in die Außenwelt projizierter Psychologie›.[19] Er bildet die Umkehrung der Fehlleistung, da er nicht, wie diese, durch den Zufall, sondern durch die Interpretation des Zufälligen spricht. Während die Fehlleistung ihre Bedeutung über scheinbar Sinnloses erzeugt, sucht der Aberglaube das Sinnlose vorsätzlich mit Bedeutung aufzuladen. Seine Ursprünge liegen wie im Fall der Fehlleistungen dort, wo bestimmte Bereiche der seelischen Wahrnehmung angstbesetzt sind und Unlust erzeugen.[20] Der Aberglaube ist ein Beschwörungsritus, vom Bereich der Fehlleistungen getrennt durch die Bestimmtheit, mit der er seine Zwecke verfolgt. Neben Freud nahmen Karl Abraham, Otto Rank und Theodor Reik diese Spur in späteren Studien zu Metapsychologie und Kulturtheorie wieder auf.

Fast zwangsläufig verglich die Untersuchung am Ende das Feld der Fehlleistungen mit der Traumarbeit, an deren Aktivitäten Freud, wie die Fließ-Korrespondenz zeigte, seine zentralen Befunde gewonnen hatte.[21] In beiden Fällen bildeten psychische Einstellungen im Verhältnis zu vorbewußten Inhalten, die affektiv besetzt sind, den Ausgangspunkt seelischer Tätigkeit. Die Fehlleistung bewirkt, der Traumarbeit vergleichbar, eine Umformung, ohne eine direkte Aussage und einen sofort erkennbaren Sinn damit zu verbinden. So wie der Traum seine Gedanken nur via Entstellung – über Verschiebung und Verdichtung – kommuniziert, offenbart sich die Bedeutung der Fehlleistung über den Umweg der Manipulation. Versprechen, Vergessen, Vergreifen und Irrtum erscheinen als Manipulationsprozesse, die den tieferen Sinn der mit Unlust behafteten seelischen Einstellung verbergen. Die Psychoanalyse hat die Aufgabe, sie ans Licht der wissenschaftlichen Untersuchung zu bringen und damit die ursprünglich vollzogene Transformation rückgängig zu machen. Der Therapeut gleicht einem Leser, der den Eingriff der Zensur revidiert, indem er die Buchstaben des Urtextes rekonstruiert. Mit dieser Bestimmung unterstrich Freud, daß er die Einsichten seiner Traumtheorie auch auf andere Bereiche seelischer Aktivität übertragen wollte. Die Erforschung der Fehlleistungen offenbarte erstmals die hohe Evidenz seiner Lehre und deren wichtige Rolle beim Verstehen unseres alltäglichen Lebens.

Für den Autor gab es Grund zur Freude, nachdem im Jahr 1904 das Alltagsbuch als erweiterte Version der ersten Aufsatzfassung von 1901 erschienen war. Die glänzend geschriebene Studie verkaufte sich, anders als die *Traumdeutung*, zahlreich; im Januar 1919 erreichte sie die sechste Auflage, bis 1924 kam sie auf zehn Auflagen.[22] Freud ergänzte seine Beispielsammlung immer wieder, ‹plünderte›, wie er im Mai 1912 Abraham Brill gestand, fremdes Material und fügte es den neuen Versionen kontinuierlich hinzu.[23] «Das ‹Alltagsleben› macht unter meinen Büchern die beste Karriere», teilte er im Juli 1916 Lou Andreas-Salomé mit.[24] Der englischen Übersetzung, die vor dem Krieg publiziert wurde, folgte 1916 die holländische, 1922 die französische Fassung, später eine serbokroatische Edition. Zu Lebzeiten des Autors erschienen elf Übertragungen, darunter 1931 zwei ins Japanische. Bis heute gehört die *Psychopathologie des Alltagslebens* zu Freuds erfolgreichsten und wirkungsvollsten Texten.

Sexualität unter Beobachtung

«Eine Sexualtheorie dürfte die nächste Nachfolgerin des Traumbuchs werden», schrieb Freud am 11. Oktober 1899 an Fließ.[25]. Einen Monat später berichtete er über eine Arbeit, die er unter dem Titel *Die Sexualtheorie und die Angst* vorbereite.[26] Tatsächlich waren es aber die Studien zu den alltäglichen Fehlleistungen, die zuerst abgeschlossen wurden. Freud hatte sich hier auf einem Nebenschauplatz gewähnt, dann jedoch erkannt, daß sein Material höchst ergiebig ausfiel. Die Theorien des Unbewußten und der Sexualität profitierten maßgeblich von den Befunden der Alltagspsychologie. Sie ergänzten die Überlegungen zum Unbewußten im Traum durch den Nachweis, daß auch im Wachstadium Einflüsse der nicht-bewußten Seelenaktivität vorherrschten. Das sicherte das neue Verständnis der Sexualität ab, weil ihre verschiedenen Wirkungsfelder durch genauere Einsichten in die Aktivitäten des Unbewußten erfaßt werden konnten.

Die Fließ bereits angekündigte sexualtheoretische Arbeit ließ sich angesichts der Vielfalt der Fallstudien, die Freud hier vorlagen, nicht als einheitliches Projekt durchführen. Die Rolle der Sexualität im menschlichen Seelenhaushalt bildete zwar sein Lebensthema, jedoch zerfielen seine Beiträge auf diesem Gebiet in sehr unterschiedliche Einzeluntersuchungen. Die 1905 publizierten Abhandlungen befaßten sich, auf den ersten Blick disparat, mit Genese und Ausprägung der Perversionen, mit frühkindlicher Sexualität und der Bedeutung der Pubertät. Sie konnten sich auf Vorarbeiten auf diesem Feld stützen, auf medizinische Studien von Iwan Bloch, Albert Eulenburg, Havelock Ellis, Magnus Hirschfeld, Richard Krafft-Ebing, Leopold Loewenfeld, Albert Moll, Paul Julius Moebius und Albert von Schrenck-Notzing. Sämtliche dieser Autoren nannte Freud zu Beginn als Referenz, ohne später im Detail auf sie einzugehen – eine Praxis, die seinem Willen zur Abgrenzung, zugleich aber auch den Schwierigkeiten mit einer freien Rezeption anderer Texte geschuldet blieb.[27] Spätestens seit der *Traumdeutung* war Freud dieses Problem vertraut, und jetzt suchte er es auf einfache Weise zu umsteuern. Daß er etwa die Arbeiten von Ellis, die er seit 1899 im englischen Original las, außerordentlich schätzte («ein sehr gescheuter Mensch»), kam hier nicht zur Sprache, weil die Furcht überwog, in der Wiedergabe fremder Überlegungen den Schwung des eigenen Gedankens einzubüßen.[28] Das änderte sich erst, als Freud durch die Vermittlung seines britischen Schülers Ernest Jones mit Ellis persönlich bekannt wurde und seine – seit 1907 auch auf Deutsch vorliegenden – Studien im direkten Gespräch erörterte.[29]

Freuds Überlegungen zu den Perversionen zielten, anders als Krafft-Ebings zwanzig Jahre ältere *Psychopathia sexualis* (1886), nicht auf eine möglichst breite Phänomenologie des abweichenden erotischen Verhaltens.[30] Statt von einer Fülle empirischer Daten auszugehen, suchte er über die selteneren Erscheinungsformen der sogenannten Abirrungen auf den Trieb selbst zu schließen. Die Sexualität ist für die Psychoanalyse kein *«deus ex machina»*, schrieb er 1905, sondern eine feste Kraft, die vielfältigste Reaktionen im ganzen Seelenapparat auslöst.[31] Er wiederholte nun auf dem Feld der Sexualtheorie das Verfahren der Neurosenlehre, das aus der Hysteriebeobachtung entwickelt wurde. Die Basis seines Ansatzes war zwar empirisch gesichert, doch stand nicht die Suche nach möglichst zahlreichen Verhaltenstypen im Vordergrund. Insofern kann die Auffassung der Perversionen Freuds Lehre in ihrer ganzen Spannweite vorzüglich charakterisieren. Zum einen stützte sie sich auf das Anschauungsmaterial des Praktikers, zum anderen aber arbeitete sie systematische Linien aus, die sich aus Kausalverhältnissen ergaben. Freuds Interesse galt dabei stets den Ursachen krankheitsbildender oder pathologischer Erscheinungen. Seine

Theorie rückte von den Symptomen zur Entstehung vor, um an der Genese der Krankheit die allgemeinen Mechanismen des Unbewußten erschließen zu können. Wenn Sándor Ferenczi 1924 behauptete, Freud habe die Sexualität «aus dem Giftschrank der Wissenschaft» befreit, so traf das den sachlichen Kern seiner Lehre sehr genau.[32] Er war zweifellos nicht der erste Forscher, der sich mit sexuellen Fragen befaßte, aber vor ihm hatte niemand dieses Gebiet so selbständig und unabhängig von moralischen Gesichtspunkten definiert. Erst die Theorie des Unbewußten erlaubte es, das menschliche Triebleben nicht nur, wie es schon Krafft-Ebing getan hatte, in seiner ganzen Vielfalt, sondern auch in seiner Komplexität zu begreifen.

In der Reihe der Perversionen nahm sich Freud zunächst der ‹Inversion› an, also der gleichgeschlechtlichen Sexualität (der wertfreiere Begriff ‹Homosexualität› fiel nicht). Gemäß zeittypischer Auffassung hielt Freud die Inversion für eine Perversion, jedoch zeigte er sich im Zentrum seiner Theorie weitaus liberaler als seine medizinischen Kollegen. Für ihn nämlich war die Homosexualität kein Ergebnis einer seelischen oder körperlichen Degeneration. Sie zählte zwar zu den sexuellen Abweichungen, ließ sich aber kaum mit einer Typologie der Schwäche, Krankheit oder Lebensferne erfassen. Freud hielt nicht nur an diesem Punkt Distanz zur Degenerationslehre, die um 1900 in der Nachfolge Nietzsches, im Kontext des Darwinismus und in den Geschlechtermodellen Morels, Charcots, Lombrosos, Möbius' oder Nordaus eine prominente Rolle spielte. Homosexualität war für Freud kein Ausdruck physiologischer Defizienz, weil sie medizinisch gesehen nicht automatisch mit körperlichen Verfallssymptomen einherging und kulturgeschichtlich betrachtet, wie er behauptete, gerade in primitiven Gesellschaften mit vitaler Grundtendenz zutage trat – ein Befund, der an Beobachtungen des Mediziners und Anthropologen Iwan Bloch anschloß. Blochs Arbeiten lobte Freud noch zwölf Jahre später in seinen Einführungsvorlesungen, weil sie die Perversion, anders als die Studien Krafft-Ebings und Molls, nicht mehr als Verfallsform des Trieblebens betrachteten.[33] Wesentliches Ziel bei der Analyse Invertierter war es für ihn, sie «mit dem Leben auf der Basis der Homosexualität auszusöhnen», wie er Binswanger am 7. Februar 1923 schrieb.[34]

Diesbezüglich hielt Freud auch den Berliner Sexualforscher Magnus Hirschfeld, den er Anfang April 1908 in Wien persönlich kennenlernen sollte, für einen ‹ehrlichen› Mitstreiter. Jung teilte er einige Wochen nach dem Treffen über den neuen Partner befriedigt mit: «Hat sich angefreundet und wird unseren Gesichtspunkten fortan möglichst Rechnung tragen.»[35] Schon bald allerdings trennten sich die Wege der beiden, als Hirschfeld verstärkt versuchte, eine emanzipatorische Sexualwissenschaft ohne triebtheoretische Fundierung zu entwickeln.[36] Die Psychoanalyse konnte solche Positionen nicht akzeptieren, denn sie gaben das methodische Zentrum der Lehre für eine sozialkritische Perspektive preis. Aus demselben Grund waren Ansätze wie Hans Blühers Idee einer männerbündischen Gesellschaft, die Reformbewegung und Psychoanalyse zu verbinden trachtete, nicht nach Freuds Geschmack, weil sie zu eng am politischen Zeitgeist hafteten und auf medizinische Ursachenforschung verzichteten.[37]

Zur Entstehung der Homosexualität schlug Freud drei mögliche Erklärungen vor: eine angeborene Anlage kann sie ebenso veranlassen wie Verführung in einer vorpubertären Phase oder Hermaphroditismus, also die körperliche Disposition zur Zweigeschlechtlichkeit.[38] In der Beschreibung des sexuellen Vollzugs ging Freud durchaus offen auf Details ein, die Krafft-Ebing noch verschwiegen oder aus Dezenz lateinisch beschrieben hatte. Das Ziel der Invertierten, so betonte er, sei nicht immer der direkte Koitus, sondern häufig die Masturbation; Techniken des Oralverkehrs wurden nicht explizit erwähnt, aber angedeutet («Berührung mit der Mundschleimhaut»).[39] Insgesamt akzentuierte Freuds Abhandlung die Schlüsselrolle der frühkindlichen Prägung, die jenseits medizinischer Anlagen der stärkste Faktor für die Ausbildung der Homosexualität sei.

Weitere Neigungen, die Freud berücksichtigte, waren die Päderastie und die Sodomie. Auch hier hob er hervor, daß die zeittypische Degenerationstheorie für eine Erklärung nicht zuständig sei. Mißbrauch von Kindern und Jugendlichen erscheine vielmehr gerade in pädagogischen Milieus «mit unheimlicher Häufigkeit», «bei Lehrern und Wartepersonen, bloß weil sich diesen die beste Gelegenheit dazu bietet.»[40] Aus «ästhetischen Gründen» wünsche man sich, daß extreme Perversionen wie die genannten allein bei Geistesschwachen aufträten, jedoch sei das keineswegs zutreffend. Freud betonte immer wieder, wie verbreitet sexuelle Abirrungen in sämtlichen Gesellschaftsschichten begegneten. Die menschliche Gattung ist, so wurde sichtbar, auch in ihren dunklen Seiten unendlich vielfältig, unberechenbar und gerade deshalb erschreckend: «Immerhin wirft es ein Licht auf die Natur des Geschlechtstriebs, daß er so viel Variation und solche Herabsetzung seines Objektes zuläßt, was der Hunger, der sein Objekt weit energischer festhält, nur im äußersten Falle gestatten würde.»[41] In derartigen

Bemerkungen schwang ein elegischer Ton mit, der zugleich den normativen Hintergrund von Freuds Abhandlung sichtbar werden ließ. Jede Perversion war für ihn – ähnlich wie für Krafft-Ebing und Ellis – ein Verstoß gegen das gute, gesunde Maß einer natürlichen Sexualität und als solcher Anlaß zur Trauer über die massiven Kräfte des Normbruchs. Die Grenzen von Freuds Lehre lagen dort, wo sie die Vielfalt der sexuellen Verhaltensformen als Ausdruck eines Defekts deutete. Ihre Stärke zeigte sich aber darin, daß sie bei solchen wertenden Positionen nicht stehenblieb, sondern die Ursachen auszuforschen suchte, die zur Abweichung von der Regel führten.

Im Blick auf die Praxis der Perversionen hob Freud zwei Grundmomente hervor: die Überschreitung anatomischer Grenzen – wie beim Analverkehr – oder das Verweilen bei Übergangsobjekten, die üblicherweise der Stimulation, aber nicht der Befriedigung dienen – wie beim von Alfred Binet entdeckten und durch Krafft-Ebing detaillierter untersuchten Fetischismus.[42] Schon im infantilen Stadium stelle sich die Libido gern an Surrogaten dar; der «Clownism der Bubenhysterie, die Tiernachahmung und Zirkusszenen, die sich aus der Verwebung von Jugendspielen in der Kinderstube mit sexuellen Szenen erklären», zeigten das sehr deutlich, wie es gegenüber Fließ hieß.[43] In den Einführungsvorlesungen des Winters 1915/16 sollte Freud sogar noch weiter gehen und die infantile Sexualität als «‹polymorph pervers›» bezeichnen.[44] Unbeschränkte Phantasie, autoerotische Praxis und Mangel an zensierenden Kräften begründen bei Kindern eine Vielzahl von sexuellen Spielen jenseits dessen, was die Normalität als Regel bestimmt hat.

Der Trieb erweist sich gerade bei anatomischen Verlagerungen der Sexualpraxis als so stark, daß er natürliche Ekelschranken außer Kraft setzt. Der Ursachenforscher Freud knüpfte an diese Beobachtung allgemeine Schlüsse, war doch die Perversion nur die verzerrte Spielart libidinöser Antriebe. Sie erlaubte es, am vermeintlich Entlegenen das Normale, am Extrem den Regelfall aufzuzeigen, denn sie offenbarte die Macht des Triebs als Kraft, die Schmerz und Widerwillen, Angst und Trauer für Momente aufzuheben vermag. Die Beschäftigung mit den Varianten der Sodomie oder der Nekrophilie, mit Fetischismus, Sadismus und Homosexualität diente Freud letzthin dem besseren Verständnis jener im Trieb angelegten *causa finalis*, die das Leben des Menschen unerbittlich beherrscht. Begriffen wurde diese Kraft – abweichend von Bloch, Eulenburg,

Janet und Moll – als Ausdruck einer inneren Anlage, im Gegensatz zum «Reiz», der auf externe Erregungen zurückgeht.[45] Die schwierige Aufgabe der Psychoanalyse bestand darin, daß sie eine interne, äußerlich nicht sichtbare Energiebildung zu erkennen suchte; daher ihr notorisches Interesse für sämtliche versteckten Symptome, für Umwege und Verirrungen. Als Wissenschaft von einer sich im Trieb materialisierenden, in ihrer Architektur aber unsichtbaren Kraft mußte sie die Zeichen an der Oberfläche deuten und auf ihre verborgenen Ursprünge zurückführen.

In modellhafter Form treten die Perversionen in der Sexualität der Neurotiker zutage, weshalb Freud diese als «Negativ» aller Abirrungen bezeichnete.[46] In der je individuellen Geschichte der Neurose bekundete sich eine Vielzahl von perversen Triebprägungen, die hier zumindest der Anlage nach erscheinen. Freud sah bei nahezu sämtlichen Neurotikern eine Affinität zur Homosexualität, zum Voyeurismus und zum Fetischismus. Vermeintlich entgegengesetzte Impulse wie Sadismus und Masochismus wirkten als Antriebskräfte, die sich keineswegs ausschlossen, sondern ergänzten. Die Biographie der Neurotiker offenbarte damit tiefere Einsichten in die Mechanismen der Perversionen, ihre innere Zusammengehörigkeit, ihre Ableitung aus frühkindlichen Angsterfahrungen, Mißbrauchsformen oder Prägungen durch Ersatzobjekte. Im Unterschied zur tatsächlich entfalteten Perversion konnte die jeweilige Neigung der Neurotiker allerdings unterdrückt und im Unbewußten eingeschlossen bleiben. Gerade hier verfügte Freud über reiches Material aus der eigenen Praxis, in der er kaum Fälle von ausgelebter Perversion – wie den von Krafft-Ebing ausführlich behandelten Kleidungsfetischismus –, dafür aber zahlreiche Beispiele für ihre Verdrängung antraf. Daß nicht wenige der sexuellen Anomalitäten, über die er seinen Schülern regelmäßig berichtete, auf eine geheime Lust am Unerlaubten zurückgingen, war Freud gänzlich klar.[47] Im Januar 1897 schrieb er an Fließ, schon das Mittelalter habe mit seinen Kreuzzügen gegen die «Besessenheit» den Zusammenhang von Lust und Angst, von Sexualität und Strafe reflektiert, den die Analyse systematisch sichtbar mache. «Warum aber hat der Teufel, der die Armen in Besitz genommen, regelmäßig Unzucht mit ihnen getrieben und auf ekelhafte Weise? Warum sind die Geständnisse auf der Folter so ähnlich den Mitteilungen meiner Patienten in der psychischen Behandlung?»[48]

Die infantile Sexualität, deren Existenz sich aus Freuds Selbstanalyse und seiner Traumlehre ergab, stand im Zentrum der zweiten Studie. Hier lag die bahnbrechende Leistung der neuen Theorie, die weit über die Arbeiten eines Moll oder Bloch hinausging, indem sie eine frühkindliche Libido als bestimmendes Element aller individuellen Persönlichkeitsbildung annahm. Zugleich offenbarte Freuds Lehre an dieser Stelle ihren zeitgebundenen Charakter, denn die infantilen Prägungen, von denen seine Fallgeschichten sprachen, beleuchteten kulturhistorische Einflüsse, die keineswegs unveränderlich sind. Die autoerotischen Erfahrungen, die ein Kind unter den Bedingungen des 19. Jahrhunderts machte, bewegten sich in der Zone des Verbotenen. Freuds Studien beschrieben nicht nur die Geschichte der unreifen Sexualität, sondern auch die Historie ihrer Unterdrückung und deren Einfluß auf das Phänomen selbst; das eine ließ sich vom anderen schwer trennen, denn die Tabuisierung des Triebs prägte seine Äußerungsformen. Er argumentierte dabei nicht im luftleeren Raum, vielmehr auf der Grundlage von Erfahrungen, die er über zehn Jahre – zwischen 1886 und 1896 – neben seiner Praxis als Vorstand der neurologischen Abteilung im Kinderkrankenhaus von Max Kassowitz gesammelt hatte. Hier gewann Freud Einblicke in die infantile Sexualentwicklung, die auf zunächst verwirrende Weise eine Vielzahl von Krankheitsbildern prägte.

«Die Entdeckung der frühkindlichen Sexualität gehört zu jenen Funden, deren man sich nicht zu schämen braucht», erklärte Freud 1926.[49] Über sie hatte die Pediatrie, so betonte er, eigene Kenntnisse, die man nun systematisch und empirisch absichern könne. Schon Fließ suchte 1897 in seiner Zyklustheorie zu zeigen, daß die geschlechtsspezifischen Frequenzen der Sexualerregung im Kindesalter ausgeprägt werden.[50] Albert Moll vertrat 1898 erstmals, inspiriert durch eine These Max Dessoirs, die Auffassung, daß der Pubertät eine sexuell offene, in der Objektorientierung unspezifische Phase vorauslaufe.[51] Freud verankerte solche Überlegungen methodisch, indem er sie in eine allgemeine Trieblehre einbaute. Die mittlere der drei Studien von 1905 befaßte sich mit der infantilen Disposition auch deshalb, weil die vorangehende Abhandlung zu den Perversionen die Rolle frühkindlicher Prägungen als weitgehend ungeklärtes Forschungsgebiet hervorgehoben hatte.[52]

Die auffälligste Ausprägung frühkindlicher Sexualität ist das Lutschen, das schon beim Säugling auftritt und sich bis ins Erwachsenenalter fortsetzen kann. Freud machte an diesem Phänomen vor allem die autoerotische Dimension der infantilen Sexualität, ihre Beeinflussung durch erogene Zonen und ihre Ausrichtung an «lebenswichtigen Körperfunktionen» –

hier der Nahrungsaufnahme – fest.[53] Zur Bestätigung seiner Vermutung verwies er 1916/17 in seiner Einführungsvorlesung auf den *Struwwelpeter* Hoffmanns, «der seine Beliebtheit gerade dem Verständnis für die sexuellen und anderen Komplexe des Kinderalters verdankt».[54] Mochten selbst konservative Mediziner wie Moll die – durch die Pediatrie des späten 19. Jahrhunderts gedeckte – Theorie infantiler Sexualität noch akzeptieren, so provozierte Freuds weitergehende These, daß bereits das Kleinkind masturbiere, höchsten Skandal. Dabei ging sie nur folgerichtig aus dem zuvor Ausgeführten hervor, indem sie Schlüsse aus der Existenz einer infantilen Libido zog. Der Lustgewinn, den das Kind durch das Saugen verspürt, wird in einer nächsten Stufe über die direkte Erregung der Sexualorgane erzeugt. Sie erfolgt in einer zweiten Phase der frühkindlichen Sexualität, im vierten Lebensjahr, ehe ihre Impulse bis zum Beginn der Pubertät, wie schon Fließ erkannte, eingeschlossen und verdrängt werden.[55] Der Grund für diese Latenz lag laut Freud darin, daß in der betreffenden Periode Gefühle wie Ekel und Scham, aber auch die moralischen Anforderungen von Eltern und Gesellschaft mit ihren Strafandrohungen im Hinblick auf eine sexuelle oder quasi-sexuelle Betätigung durchschlagen.[56] Überwachung und Repression waren für die bürgerliche Gesellschaft des 19. und frühen 20. Jahrhunderts tragende Elemente, die das Verhalten der Heranwachsenden prägten. Freuds Lehre strebte jedoch, im Gegensatz zum Reformprogramm Hirschfelds und Blühers, keine sozialpädagogischen Neuerungen an, sondern begnügte sich mit der sachlichen Begründung ihres Periodisierungsgedankens. Dessen Kern erwies sich, unabhängig von den moralischen Ansprüchen der jeweiligen gesellschaftlichen Ordnung, als überraschend zeitlos. Man erklärt zwar heute die Latenzphase nicht mehr aus der Verbotsfurcht, sondern aus der Notwendigkeit, psychische Energien für den komplexen Prozeß seelischer Reifung von der Libido abzuziehen, jedoch hält man an Freuds Gliederung des Ablaufprozesses frühkindlicher Sexualentwicklung weiterhin fest.

Innerhalb der infantilen Sexualität existieren zwei Stufen einer ‹prägenitalen Organisation›, wie Freud es nannte.[57] Die erste ist die orale, die zweite die ‹sadistisch-anale›, die durch den Lustgewinn bei der Unterdrückung des Stuhlgangs und das Vergnügen an der eigenen Stärke gegenüber Schwächeren – zum Beispiel Tieren – ausgelöst wird. Der in dieser Periode verbreitete Sadismus des Kleinkindes ist, wie Freud erläuterte, nicht auf eine spezifische Objektfixierung zurückzuführen. Vielmehr gehe es um einen «Bemächtigungstrieb», der «seitens der Körpermuskulatur» hervortritt und Lust aus Überlegenheitsgefühlen freisetzt. Über die betreffende Phase, die im vierten Lebensjahr beginnt, bemerkte Freud: «Die Vorherrschaft des Sadismus und die Kloakenrolle der analen Zone geben ihr ein exquisit archaisches Gepräge.»[58] Die «der Scham entbehrende Kindheit» ist folglich, wie es schon in der *Traumdeutung* hieß, eine «Massenphantasie», die auf Verklärung beruht.[59] Denn die Annahme, daß Kinder in allen Altersstufen schamfrei seien, geht an der Sache vorbei – erst nach Abschluß der Analphase greift das System der psychischen Disziplinierung, das dem Trieb Grenzen zieht.

Wenn das Kind aus der prägenitalen Phase austritt, geschieht das durch eine direkte Hemmung des betreffenden Triebs. Äußerlich binden sich daran zumeist Angstreaktionen, die sexuell besetzt sind. Das Objekt, das erregende Wirkung auslöst, wird als bedrohlich, als verboten und sanktionsbehaftet wahrgenommen, also umgedeutet und mit negativen Emotionen belegt. In einem Nachtrag aus dem Jahr 1924 kennzeichnete Freud diesen Vorgang explizit als Verdrängung.[60] Ehe der Erwachsene lernt, seine Triebe zu sublimieren, indem er kulturelle Ersatzbildungen für unterdrückte Sexualität ausformt, geht das Kind einen Weg, der den Bannkreis der Affekte nicht verläßt. An den Platz der Lust tritt die Angst als Chiffre für untersagte Befriedigung, was erneut die Verbindung gegenstrebiger Impulse im Haushalt der Libido ausweist. Eine derartige Differenzierung des Sexuellen hob sich klar von den Untersuchungen eines Moll oder Bloch, aber auch von der Würzburger Schule und den kognitionspsychologischen Arbeiten eines Karl Bühler ab, die den Triebbegriff nicht weiter auffächerten.[61]

Gerade Moll wehrte sich massiv gegen Freuds Theorie der Verdrängung, die er als Versuch einer Universalisierung des Triebs deutete. In seinem Buch *Das Sexualleben des Kindes* (1908) unterstellte er ihm, er greife auf empirisch zweifelhafte Fälle zurück, die jedem Leser konstruiert erscheinen müßten. Im Zusammenhang mit einem Vortrag, den er Ende März 1909 an der Wiener *Urania* hielt, stattete Moll einen kurzen Höflichkeitsbesuch in der Berggasse ab, der zu einem Eklat geriet. Freud äußerte sofort sein scharfes Mißfallen über die gegen ihn gerichteten Vorwürfe und zeigte seinem Gast eine Passage aus dessen Buch, wo sich die Behauptung fand, die psychoanalytischen Theorien seien «in die Kranken hineinexaminiert».[62] Der so Angegriffene wahrte mühsam die Contenance, sprang dann aber auf und verließ die Wohnung. In einem langen Brief an Jung schimpfte Freud einige Wochen später, Moll besitze die «moralische Konstitution eines Winkeladvokaten», und er ärgere sich nur, daß er ihn «nicht genug verhauen» habe.[63]

In einer kurzen Abhandlung für die Zeitschrift *Sociale Medizin und Hygiene* erörterte Freud 1907 sein Thema nochmals im Hinblick auf die ‹sexuelle Aufklärung der Kinder›. Grundsätzlich sprach er sich gegen jede Art von «‹Geheimnistuerei›» aus, weil diese nur Zeichen des schlechten Gewissens sei, das Erwachsene im Zuge ihrer Triebunterdrückung dem Sexuellen entgegenbringen.[64] Sehr konkret empfahl Freud eine Aufklärung, die nicht auf «Denkabschreckung» setzt, wie sie noch der Schweizer Psychiater Auguste Forel in seinen pädagogischen Arbeiten praktizierte, sondern im Rahmen des für Kinder Faßbaren wissenschaftlich fundierte Information bietet.[65] Angemessen erschien ihm die entsprechende Unterrichtung am Ende der Volksschule, keinesfalls erst nach dem zehnten Lebensjahr. Die Konfirmation sei dann eine Zeit, in der neben die wissenschaftliche die moralische Erziehung treten müsse, die auf einen verantwortungsvollen Umgang mit der Sexualität ziele. In einer Studie aus dem Jahr 1908 ergänzte Freud einige Anmerkungen zu infantilen Versuchen, das Phänomen der Sexualität zu begreifen. Seine Hauptthese lautete, daß das Kind aufgrund früher Erfahrung durchaus in der Lage sei, sexuelle Prozesse umfassend zu verstehen. Zwar blieben ihm manche Aspekte dunkel, weil es die anatomischen «Geschlechtsunterschiede» noch nicht durchschaue, jedoch sei es im Kern fähig, sich Sexualakt und Geburt auch ohne Aufklärung zutreffend begreiflich zu machen.[66] Zu den charakteristischen Fehldeutungen gehöre es allerdings, daß der Austritt des Kindes aus dem Mutterleib mit dem Stuhlgang und dem Weg der Exkremente verglichen werde.[67] Nicht zuletzt neige das Kind dazu, sich den Sexualverkehr selbst als gewalttätig vorzustellen, oft angeregt durch heimliche Beobachtung der Eltern und die Verwechslung der dabei wahrgenommenen Lust- mit Schmerzäußerungen. Freud wertete diese Parallelisierungen als Indiz für die vom Kind erahnte Nähe von analen und erotischen Prozessen und registrierte daneben ein frühes Wissen über den sadistischen Kern erotischer Enthemmung. Die infantilen Einbildungen bedeuten keine Verzerrung des Sexuellen, sondern offenbaren ein intuitives Verständnis seiner geheimen Verwandtschaften und Verzweigungen. Diese These war der Nährboden für die analytische Kinderpsychologie, wie sie später – mit extrem unterschiedlichen Gewichtungen – Hermine Hug-Hellmuth, Karen Horney und Melanie Klein weiterentwickeln sollten.

In der Leonardo-Studie von 1910 betonte Freud, daß dem Forschungsdrang des Kindes auf dem Feld der Triebe selbst eine sexuelle Komponente innewohne. Indem das Denken eine fremde Zone erschließt und tastend, Schritt für Schritt sich erobert, lädt es sich mit Lust auf. Verbotscharakter und mangelnde Klarheit der Einsicht steigern das dunkle Vergnügen, wenn sie sich mit dem Gegenstand selbst vermengen. Die Okkupation des geheimen Kontinents ist ihrerseits ein libidinöser Akt, denn das «Forschen wird hier zur Sexualbetätigung.»[68] Freud erschloß mit diesem Mechanismus die Grundfiguren des Tabus, das unser Denken in Gang setzt, insofern es durch seine Verbote den Wunsch nach Grenzüberschreitung aktiviert. In der kindlichen Beschäftigung mit den arkanen Zonen der Sexualität enthüllt sich so der Urcharakter wissenschaftlicher Neugierde, die ohne eine sinnlich-leidenschaftliche Komponente keine Wirksamkeit entwickelt. Für die allgemeine Geschichte des menschlichen Wissens ist sie ebenso entscheidend wie für den Ausbau der Psychoanalyse im engeren Sinne.

In der dritten Abhandlung der Studien befaßte sich Freud mit der Phase der Pubertät, die er als Eintreten der zuvor autoerotischen Sexualität in ein Stadium des ‹altruistischen›, nämlich auf Fortpflanzung zielenden Trieblebens beschrieb.[69] Bereits diese beiden Attribute machten deutlich, daß es innerhalb sexueller Praktiken für ihn eine klare Abstufung der Wertigkeit gab. Die Onanie wurde zwar von Freud, anders als von Binet, Janet und Krafft-Ebing, nicht aus medizinischen Gründen – mit Blick auf vermeintliche pathologische Wirkungen – stigmatisiert, galt jedoch als infantile Vorstufe einer gereiften Sexualität, die nur im Koitus erfolgen kann.[70] Intensive Masturbation bei Erwachsenen machte er für eine Schwächung der Sexualkraft verantwortlich, die sich aus einer zu starken Konzentration auf die erotische Phantasie jenseits der Normalität des sexuellen Verkehrs ergab. Die Selbstbefriedigung beim Mann hielt Freud für eine psychische Gefahr, weil sie durch die Phantasie Lustquellen erschließen konnte, die während des Sexualakts der unmittelbaren Anschauung oder körperlichen Berührung nicht verfügbar waren; die Folge bildete eine fragwürdige Alternative, entweder Flucht in die Imagination auch während des Koitus oder mangelnde Erfüllung durch den Verkehr. Bei der Frau fand Freud dagegen eine physische Wirkung der Masturbation bedenklich, die er Jahre später, im Dezember 1917, gegenüber seiner Schülerin Lou

Andreas-Salomé als ‹Libidoverlegung› bezeichnete; nachdem die Klitoris sich an eine manuelle Reizung gewöhnt habe, könne sie sich im Akt selbst «rebellisch» zeigen, weil sie auf andere Formen der Stimulierung anspreche als die, welche der Koitus ermögliche.[71] Die Annahme, daß die Masturbation falsche sexuelle Fixierungen sowohl seelischer wie körperlicher Art schaffe, verteidigte Freud zeitlebens. Auch wenn er von den Unterstellungen der älteren Medizin abrückte und eine organische Schädigung des Rückenmarks durch Selbstbefriedigung nicht mehr vermutete, hielt er die Onanie für einen Irrweg in der sexuellen Biographie des Menschen. Ähnlich kritisch sah er den *Coitus interruptus*, den er als Quelle von Neurosen aller Art betrachtete. Schon 1895 schrieb er in einer Besprechung von Alfred Hegards gesundheitspolitischer Studie über den Geschlechtstrieb und die Schwangerschaftsverhütung, es sei eine soziale Aufgabe, «die Konzeption vom Koitus ohne Gesundheitsstörung zu trennen».[72] Dieses Ziel schloß für ihn persönlich, anders als bei Magnus Hirschfeld, Hans Blüher und später bei Wilhelm Reich, keine liberalisierte Sexualpraxis, sondern primär den Verzicht auf ein Liebesleben jenseits des Zeugungszwecks ein.

Generell diente Freud die Auseinandersetzung mit der Pubertät dazu, die Libidotheorie zu vertiefen. Das geschah zunächst durch eine Differenzierung des Lustbegriffs mit weitreichenden Konsequenzen für das Menschenbild der Psychoanalyse. Geschieden wird die «Vorlust», die schon beim Kleinkind auftritt, von der «Endlust», zu der allein der Erwachsene – ab der Pubertät – Zugang hat.[73] Sie blieb für Freud an den Vollzug des Koitus gebunden, dem gegenüber alle anderen Formen autoerotischer Betätigung nur Behelfsmuster darstellen. Die reine Befriedigung vermag der Mensch einzig im Sexualakt zu empfinden, der wiederum auf die Fortpflanzung zielt. Weder die Masturbation noch indirekte Spielarten autoerotischer Aktivität können eine solche «Befriedigungslust» erreichen.[74] An diesem Punkt stimmte Freud mit konservativen Kollegen wie Krafft-Ebing, Moll und Bloch überein.

Für seine normative Fixierung auf den Geschlechtsverkehr als Mittel der Befriedigung existierten zwei Begründungen, die in einer konkret psychologischen und einer abstrakt entwicklungsgeschichtlichen Ebene angesiedelt waren. Zum einen erachtete Freud, wie beschrieben, das Festhalten an der Onanie im Erwachsenenalter für eine Quelle möglicher Neurosen, weil die Befriedigung hier allein über die Phantasie vonstatten gehe und dadurch Lustvorstellungen etabliere, die ein Sich-Einlassen auf einen Partner erschwerten. In diesem Sinne argumentierte auch sein 1912 formuliertes Schlußwort zu einer mehrmonatigen Debatte über die Onanie in der Wiener Psychoanalytischen Vereinigung, die Paul Federn dokumentiert hat. Es zog körperliche Folgen der Selbstbefriedigung nicht mehr ernsthaft in Erwägung, warnte aber im Blick auf die neurotische Verinnerlichung ausschweifender Phantasie-Exzesse – in dezidierter Abgrenzung von den liberaleren Positionen Stekels – vor möglichen psychischen Konsequenzen masturbatorischer Praktiken bei Erwachsenen.[75] Eine zweite Begründung bezog sich auf die Entwicklung des Individuums selbst und den Stellenwert, den die Sexualität innerhalb der Phylogenese einnimmt. Freud dachte die reifere, im Koitus erfüllte Spielart der Lust teleologisch, nämlich vom Endzweck her. Die eigentliche Erfüllung der sexuellen Erregung geschieht dort, wo der Mensch die ihm zugedachte Aufgabe der Fortzeugung seines Geschlechts erfüllt, indem er sich einen Partner wählt und mit ihm für Nachwuchs sorgt.[76] Ähnlich wie Kants Apriori, das als theoretische Prämisse allen Denkbewegungen vorausgeht, war die Idee der Fortpflanzung für Freud das Grundmuster, das die Modelle des Sexualhandelns steuert. Die lebensgeschichtliche Entwicklung des einzelnen Menschen mündet in die durch den Koitus vollzogene Sexualität, läßt am Ende die autoerotischen Praktiken hinter sich und erfüllt damit den Auftrag der Selbsterhaltung, den die Gattung zu verwirklichen hat.

Freud betrachtete die Sexualität im Blick auf ihre Funktion für die seelische Beschaffenheit des Menschen als ein theoretisches Objekt. Libido und Lustverarbeitung bildeten vor diesem Hintergrund Felder, aus denen sich in zunehmendem Maße neue Themenkomplexe ableiteten. Je weiter sich Freuds System entwickelte, desto universeller geriet die Auffassung des Trieblebens, ohne daß sie jedoch ihren Kern, die Bindung an die geschlechtliche Dimension, preisgab. Die Sexualität avancierte auf diese Weise zu einer methodischen Prämisse des Denkens und der anthropologischen Lehre. Die hier sichtbare Neigung zur theoretischen Abstraktion trat auch an einer zweiten Stelle der Abhandlung über die Pubertät deutlich zutage. Sämtliche Regungen des Trieblebens interpretierte Freud unabhängig von chemischen Botenstoffen und physiologischen Prozessen allein als Produkt psychodynamischer Vorgänge. Die Lust des Kleinkindes und das Fortbestehen sexueller Bedürfnisse bei Kastraten belegten, so Freud, daß organische Faktoren keinen Einfluß auf die Libido nähmen. Allein die psychische Disposition erzeuge den Trieb; zwar existiere ein durch Drüsenausschüttungen dokumentierter «Sexualstoffwechsel», doch sei er nicht verantwortlich für die Intensität des Befriedigungsstrebens.[77] Zur Zeit um 1900 stand die Erforschung der Hormone noch aus, es fehlten biochemische Erkenntnisse über deren Aufbau und Wirkung, wie sie ab Ende der 20er Jahre die Arbeiten von Adolf Butenandt und Leopold Ružička lieferten. Insofern war die Vernachlässigung physiologischer Prozesse, die Freuds Sexualtheorie prägt, keineswegs untypisch. Es bleibt jedoch bemerkenswert, daß die Psychoanalyse auch Jahrzehnte später die Ergebnisse der Hormonforschung weitgehend ausblendete – was selbst für einen Arzt wie Ferenczi galt, der sich mit Fragen der Biologie beschäftigte. Freud bevorzugte eine grundsätzliche Perspektive, die Ursachen aus Prinzipien ableitete. In diesem Sinne repräsentierte auch die Libido ein teleologisches Prinzip der Seele, das der internen Dynamik des psychischen Apparates entsprach. Daß Freud die Sexualität des Menschen nicht, wie es zeitgemäß war, als naturhafte Anlage statischen Charakters, sondern als veränderbares Produkt der je individuellen Entwicklung beschrieb, gehört zu seinen wesentlichen Leistungen.

Freuds Libidobegriff ist ein Beziehungsbegriff, der über Verhältnisse definiert wird. Die Ich-Libido bezeichnet den Einfluß, den der Sexualtrieb auf das Individuum nimmt, indem er es modelliert und prägt. Die Objektlibido manifestiert sich wiederum in der Wahl der Gegenstände, an denen sie sich darstellt.[78] Freud konzentrierte sich auf den zweiten Aspekt, weil ihm die Bestimmung des Ich durch den Trieb als undurchsichtiges Gebiet erschien – in seiner ganzen Vielfalt beleuchtete er es erst in den kulturtheoretischen Studien der 20er Jahre. Die narzißtische Dimension der Libido konnte, wie er betonte, durch eine Universalisierung der Kategorie, mit der später C. G. Jung operierte, nicht erfaßt werden.[79] Gleichzeitig fehlten ihm aber vor 1910 noch die methodischen Mittel, die eine psychodynamische Aufklärung der persönlichkeitsbildenden Elemente des Triebs herbeiführen konnten. Die Objektlibido erschließt dagegen über die jeweilige Wahl des sexuellen Ziels auch Merkmale der Impulsintensität und -ausrichtung. Freud wußte aus der Analyse der Neurosen, daß diese Wahl oftmals über Umwege erfolgte und mit Angstgefühlen verbunden sein konnte. Die kindliche Sexualität manifestierte sich gerade an Furchtempfindungen, die bestimmten, erotisch belegten Objekten galten. Wesentliche Aufgabe der Objektwahl war es, das «entgegengesetzte Geschlecht nicht zu verfehlen».[80] Homosexuelle Neigungen, die gerade in der Pubertät verstärkt auftraten, haben aber, wie Freud mutmaßte, nur dann dauerhaften Charakter, wenn sie durch Akte der Verführung verstärkt werden.

Die Objektwahl – also im Normalfall die Fixierung auf einen bestimmten Partner – bedeutet im Prozeß sexueller Reifung zugleich ein Erwachsenwerden. Die hier aufscheinende soziale Dimension der Pubertät wurde von Freud zumindest kurz gestreift. Die erotische Adoleszenz, wie sie sich in der Objektwahl bekundet, erlaubt Identitätsbildung durch den Akt der Abgrenzung. Sie erweist sich auch als «Ablösung von der Autorität der Eltern, durch welche erst der für den Kulturfortschritt so wichtige Gegensatz der neuen Generation zur alten geschaffen wird.»[81] Für Freud lag dieses Thema nahe, da seine beiden ältesten Kinder – die 1887 geborene Mathilde und der zwei Jahre jüngere Martin – zur Zeit der Niederschrift der Studie ihre Pubertät durchliefen. Mit seinen neuen Einsichten konnte er jedoch im familiären Alltag nur schwer umgehen. Er klärte seine Kinder in sexuellen Fragen nicht persönlich auf, wie sich Martin erinnerte, sondern schickte sie in dieser Sache zu einem Kollegen, dem Dermatologen Maximilian Steiner, der zu seinen Schülern zählte.[82] Vermutlich fühlte er sich gehemmt, weil er zu viel über die psychologischen Effekte der Pubertät wußte und im Fall der eigenen Familie ungern in die Rolle des professionellen Ratgebers kommen wollte. Auch in diesem Punkt blieb Freud ein Theoretiker, der die praktischen Konsequenzen seiner Lehre, zumindest bei den eigenen Kindern, mied.

Trotz ihrer Neigung zur Abstraktion von physiologischen Mechanismen bot Freuds Sexualauffassung kein schematisches Modell für die Erklärung menschlicher Verhaltensformen, wie später C. G. Jung unterstellte. Die Ablehnung von Begründungen, die aus der Vererbungslehre stammen, ermöglichte es ihm, die individuelle vor der genealogischen Perspektive zu sehen. Zwar traten in Familien mit häufigen Neurosefällen Neigungen zu abweichender Sexualität massierter auf als anderswo, jedoch wahrte Freud den Blick auf die einzelne Person und ihre unverwechselbare Geschichte.[83] Der Zusammenhang von Zufall und Regel war, wie er wußte, nicht durch abstrakte Lösungen zu erzwingen, die am Individuum vorbeigingen. In einem kurzen sexualtheoretischen Postskriptum von 1905 betonte Freud nochmals, daß die Beschaffenheit der Neurosen weder, wie Morel und Janet annahmen, allein erblich, noch gemäß den Überzeugungen Kraepelins organisch ausgelöst sei.[84] Jede einseitige Erklärung lehnte er daher ab, weil sie die Diagnose beschränkte und den Blickwinkel des Therapeuten verengte.

Freuds Sexuallehre war zwar eine Universaltheorie, aber kein System, aus dem sich eine soziale Reformidee wie bei Magnus Hirschfeld und Hans Blüher oder eine sinnlich-materiell gegründete Anthropologie wie bei Wilhelm Bölsche ableitete. Freud zeigte sich tolerant gegenüber der großen Vielfalt sexueller Ausprägungen, ohne zum Apostel der befreiten Liebe zu werden, was ihm seine empörten Kritiker unterstellten. Er verwarf die Vorurteile des viktorianischen Jahrhunderts, das die prüde englische Königin, «zuchtvoll, stumm und scheinheilig», wie Foucault sie nannte, zur Wappenfigur seiner Verbote erhoben hatte.[85] Er hielt jedoch ein inneres Gleichgewicht zwischen Ratio und Libido für das entscheidende Element menschlicher Gesundheit. In diesem Sinne argumentierte er auch nicht – gemäß einer Formulierung Jungs – als von der Sexualität «Ergriffener».[86] Seine Lehre zielte auf eine integrale Beherrschung des Trieblebens, dessen massiver Einfluß dem Individuum sichtbar und dadurch kontrollierbar gemacht werden mußte. Sie war dabei, anders als Peter Sloterdijk simplifizierend behauptet, keine «Zähmungswissenschaft», sondern ein Versuch, die Sexualität als mächtigen Faktor unserer Existenz wahrzunehmen und mit ihr zu leben, ohne ihr absolute Herrschaft einzuräumen.[87] «Wir sollten uns nicht so weit überheben», schrieb Freud 1909, «daß wir das ursprünglich Animalische unserer Natur völlig vernachlässigen, dürfen auch nicht daran vergessen, daß die Glücksbefriedigung des einzelnen nicht aus den Zielen unserer Kultur gestrichen werden kann.»[88]

Freud konnte aus den Tiefen des 19. Jahrhunderts in die Moderne blicken, weil er die Sexualität weitgehend aus seinem eigenen Intimleben verbannte. Er blieb konsequent monogam, verzichtete auf ungewöhnliche sexuelle Praktiken, wahrte in seinem Verhältnis zu Dienstmädchen, Patientinnen, Schwestern und heranwachsenden Töchtern stets körperliche Distanz (was auch für Anna galt, die er besonders liebte). Den ehelichen Verkehr beschränkte Freud vollständig auf das Ziel des Kinderzeugens, ohne daß andere Motive akzeptiert wurden. Enthaltsamkeit, Verbot von Masturbation und Liebschaften – das asketische Programm bildete einen Leitfaden seines Lebens. Die Kräfte seiner Libido konzentrierten sich damit auf die geistige Erkenntnis des Sexus; sie wurden durch einen Akt der Verfeinerung, den Freud erstmals wissenschaftlich erschloß, in eine Ebene des rationalen Verstehens gehoben. So gelang es, den wissenschaftlichen Gegenstand ‹Sexualität› neu zu schaffen und gelehrter Erkenntnis zugänglich zu machen. Der Schritt zur methodischen Erforschung konnte deshalb erfolgen, weil Freud seine eigenen Triebe zum Instrument wissenschaftlicher Analyse umgestaltete. Die Sublimierung, wie er diesen Vorgang später nannte, schuf eine wesentliche Bedingung der psychologischen Untersuchung, da sie die libidinösen Kräfte auf ein rationales Objekt richten half. Die hier beobachtete Sexualität war auch in ihren kompliziertesten Formen von der frühkindlichen Prägung über die Latenzzeit, von der Verdrängung, Neurosenwahl und Perversion bis zu ihren kulturellen Ausprägungen ein Gegenstand der wissenschaftlichen Erkenntnis: vernünftiger Einsicht zugänglich und im Sinne strenger Systematik zu erforschen. Über Jahrzehnte blieb Freud ein Arzt, der mit seinen Patienten über intimste sexuelle Erfahrungen sprach, ohne selbst Geschlechtsverkehr zu haben. Und genau das bildete nach seiner inneren Überzeugung die Basis für eine Forscherhaltung, die den Eros beobachtete, aber nicht in seine verwirrenden Netzwerke verstrickt war.

Über die drei Studien zur Sexualität schrieb Ferenczi am 30. September 1915, während er an der Übersetzung ins Ungarische arbeitete: «In keinem Ihrer Werke kann man die wissenschaftliche Genauigkeit und leidenschaftslose Objektivität so ausgeprägt finden wie in der Sex. Theorie.»[89] Freud blieb seinem Thema bis zum Ende des Jahrzehnts treu: in einer Serie von Beiträgen, die zwischen 1906 und 1912 entstanden, behandelte er die sexuelle Aufklärung der Kinder, die infantilen Vorstellungen zur Sexualität, die frühkindliche Analerotik und, auf der Grundlage zweier wegweisender Studien, die besondere Psychologie des Liebeslebens. Die beiden letztgenannten Beiträge, 1910 und 1912 im *Jahrbuch für psychoanalytische und psychopathologische Forschungen* publiziert, galten «Objektwahl» und «Erniedrigung» in der sexuellen Verhaltenspraxis. Sie ragten unter Freuds sexualtheoretischen Studien heraus, weil sie Grundformen der – vorwiegend männlichen – Libido auf der Basis der nunmehr gewonnenen Lehre vom Unbewußten in neuem Licht untersuchen. Sie übertrafen dabei die Befunde, mit denen Forscher wie Krafft-Ebing oder Bloch das Gebiet der Sexualität erschlossen hatten. Ihr methodisches Fundament war die Auffassung des Imaginären, die Lehre von der erotischen Vorstellungskraft, welche ihrerseits von den Energien des Unbewußten gespeist wird. Der erste der Beiträge befaßte sich mit einem «besonderen Typus der Objektwahl beim Manne», der zweite beleuchtet die «allgemeinste Erniedrigung des Liebeslebens». Beide Studien untersuchten eine besondere Konstellation männlicher Sexualität, nämlich das Spannungsverhältnis zwischen erotischer Attraktivität und sozialer Geringschätzung. Die keineswegs seltene Neigung zu Prostituierten ist dabei das Resultat eines Umwertungsvorgangs, der die inzestuös begehrte Mutter durch einen möglichst weit von ihr entfernten weiblichen Typus ersetzt.[90] Wo die Mutter bewundert wird, erfährt die Hure soziale Verachtung; während die Mutter monogam lebt, ist die Dirne der Inbegriff der Promiskuität. Freud verband diese typologische Differenz jedoch nicht mit einer frauenverachtenden Sexualmoral, wie sie Paul Möbius' *Der physiologische Schwachsinn des Weibes* (1900) – ein Buch, das er seinen jüdischen Logenbrüdern vorstellte – und Otto Weiningers *Geschlecht und Charakter* (1903) vertraten.[91]

Freud sah die Unterscheidung von Hure und Mutter keineswegs als Basis einer anthropologischen Theorie, die Rollen mit Naturanlagen verwechselte. Vielmehr betrachtete er sie als Element einer sexuellen Fixierung mit dualistischem Charakter: weil die früheste erotische Prägung durch die Mutter überwunden werden muß, bedarf es beim Heranwachsenden einer Ersatzbildung. Im ungünstigen Fall kommt es zu einer neurotischen Spaltung in Sexualität, die Lust am vermeintlich ‹unwerten› Objekt erzeugt, und Liebe, die sich durch die Verehrung einer unberührbaren Frau äußert.[92] In ihrer extremen Form bedeutet diese Zweiteilung, daß der Mann nur im Zusammensein mit der Prostituierten zu erotischer Erfüllung findet, weil er die zärtliche von der körperlichen Liebe trennt. «Daher rührt dann sein Bedürfnis nach einem erniedrigten Sexualobjekt, einem Weibe, das ethisch minderwertig ist, dem er ästhetische Bedenken nicht zuzutrauen braucht, das ihn nicht in seinen anderen Lebensbeziehungen kennt und beurteilen kann.»[93]

Umgekehrt neige die Frau dazu, ihr Liebesobjekt zum Geheimnis zu verklären: «Das kulturelle Weib pflegt das Verbot der Sexualbetätigung während der Wartezeit nicht zu überschreiten und erwirbt so die innige Verknüpfung zwischen Verbot und Sexualität.»[94] Auch hier handelte es sich um eine spezifische Besetzung des sexuellen Objekts, allerdings nicht um einen definitiven Tausch wie beim Mann. Jenseits dieser Differenz, die Freud aus der unterschiedlichen Intensität inzestuöser Impulse ableitete, trat als Gemeinsamkeit hervor, daß der ursprüngliche Charakter der Sexualität im Prozeß der Adoleszenz in veränderter Form bewahrt wird. Der Zerfall in verschiedene Verhaltensvarianten bildete nur die empirische Vervielfältigung derselben Ausgangslage, nämlich der Notwendigkeit, die alte Objektbesetzung durch eine neue zu substituieren.

Gegenüber Goethe hatte Bonaparte 1808 in Erfurt geäußert, daß die Politik das Fatum der neueren Zeit sei.[95] Mit der Variation dieses bekannten Zitats schloß Freud seine Argumentation ab: die Anatomie sei unser Schicksal.[96] Er meinte damit zunächst den Abgrund zwischen Trieb und Askese, der dafür sorgte, daß nicht nur die Kulturleistungen, sondern auch Neurosen durch sexuellen Verzicht möglich waren. Er erkannte sehr genau, wie stark unser Zivilisationssystem auf dem Mißlingen erotischer Befriedigung gründet.[97] Zugleich aber blieb ihm bewußt, daß im Sexualtrieb selbst ein konstitutioneller Defekt angelegt ist, ohne den das Leben leichter und die Neurose ferner wäre. Weil die Libido an inzestuösen Konstellationen erstmals erprobt wird und sich folglich aus ihrer Urprägung lösen muß, ist sie stets gefährdet von Verschiebungen, welche die alten Besetzungen nicht überwinden, sondern verdeckt mitführen. Zahlreiche Menschen seien, so schrieb Freud 1910, «der Befriedigung unter den gegebenen Umständen oder überhaupt nicht fähig».[98] Das wesentliche Gebrechen menschlicher Sexualität lag in der Unmöglichkeit, ihre verquere Genese zu beseitigen. Indem Freuds Beiträge die inneren Konflikte des Triebschicksals aufdeckten, näherten sie sich bereits einer kulturtheoretisch-anthropologischen Position, wie sie in späteren Jahren für ihn wachsende Bedeutung gewann.

1918 ergänzte Freud die beiden Aufsätze durch eine dritte Studie über das «Tabu der Virginität»; unter dem Titel *Beiträge zur Psychologie des Liebeslebens* veröffentlichte er sie gemeinsam in der vierten Folge der *Sammlung kleiner Schriften zur Neurosenlehre*. Das Virginitätsthema behandelte Freud 1918 in gänzlich anderem Licht, als er das noch 1912 getan hätte. Im Vordergrund stand hier das ethnologische Interesse an Riten der Defloration und sexuellen Initiation.[99] In bemerkenswerter Offenheit konstatierte der Text, daß das Virginitätsgebot die Frau in eine abhängige Rolle zwinge, weil es ihr Liebeserfahrungen vorenthalte, die allein Privileg des Mannes seien. Allerdings verband Freud damit nicht zwangsläufig die Forderung nach einer Lockerung geltender Tabus. Sein Ansatz blieb, wie so oft, deskriptiv, und nur zwischen den Zeilen mag man den Standpunkt des Autors erkennen: «Ich meine, es muß dem Beobachter auffallen, in einer wie ungewöhnlich großen Anzahl von Fällen das Weib in einer ersten Ehe frigid bleibt und sich unglücklich fühlt, während sie nach Lösung dieser Ehe ihrem zweiten Manne eine zärtliche und beglückende Frau wird.»[100]

Um 1912 hatte Freud das Kapitel der Sexualtheorie im engeren Sinne abgeschlossen und ihre zentralen Gedanken ausgeführt. Zwar blieben Themen der Libido und der Triebunterdrückung für die Neurosenlehre bedeutsam, jedoch kamen weitere Spezialuntersuchungen nicht mehr hinzu; nach 1912 war Freuds Arbeit zu besonderen sexualwissenschaftlichen Fragen nahezu beendet. In späteren Jahren folgten Studien zum Triebbegriff (1915), zur Homosexualität (1918) und zum Fetischismus (1927), die aber am Kern der Lehre nichts änderten. Mit der Entdeckung der frühkindlichen Sexualität, der psychodynamischen Beschreibung der Libido, der an der Neurosenforschung ausgerichteten Kausalitätstheorie und dem Leitgedanken der Verdrängung lagen die Bausteine fest, von denen Freud fortan ausging, um die in der Sexualität manifeste Macht des Unbewußten an ihren kulturprägenden Konsequenzen zu überprüfen.

Ökonomie des Witzes

1905, vier Jahre nach der Arbeit über die Fehlleistungen, veröffentlichte Freud bei Deuticke eine längere Abhandlung über die Funktionen des Witzes in seiner Beziehung zum Unbewußten. Als Fließ Anfang Mai 1903 seine schwerkranke Schwiegermutter in Wien besuchte, präsentierte er das Material der Untersuchung erstmals und skizzierte seine Thesen.[101] Freuds Beschäftigung mit dem Phänomen des Witzes war letzthin der Versuch, die Kernzonen des Unbewußten von einer neuen Seite kennenzulernen und seine Omnipräsenz unter Beweis zu stellen. Die Studie setzte die Überlegungen zur Psychopathologie des Alltagslebens fort, denn auch sie schöpfte aus dem tiefen Brunnen der Lehre vom Unbewußten, der durch die Traumtheorie zugänglich wurde. Sie sollte ältere Befunde bestätigen, indem sie die Präsenz unterdrückter seelischer Anteile in den Bereichen des Sprachspiels und des Humors veranschaulichte. Daß der Traum sich das «ganze Gebiet des Wortwitzes» erschließe, hatte Freud schon 1899 notiert.[102] Der Kerngedanke seines neuen Buchs war ebenso einfach wie bezwingend: der Witz unterlag denselben Mechanismen wie die Traumarbeit, indem er mit Verschiebung und Verdichtung operierte. Die hier erkennbare «Analogie der Witztechnik mit der Traumarbeit» stand im Zentrum der Untersuchung.[103]

Freud begann zunächst als Begriffshistoriker, der die semantische Tradition seines Themas ausleuchtete. Kants *Kritik der Urteilskraft* (mit der berühmten Definition des Lachens als «Affekt aus der plötzlichen Verwandlung einer gespannten Erwartung in nichts»),[104] Jean Pauls *Vorschule der Ästhetik* (1804) und die philosophischen Theorien von Friedrich Theodor Vischer (1846), Gustav Theodor Fechner (1876) sowie Theodor Lipps (1903) dienten als Wegweiser durch die Lehre vom Komischen. Bergsons *Le rire* (1900) und Herbert Spencers *The physiology of laughter* (1901) wurden als neuere Quellen psychologischer Forschung konsultiert. Maßgeblich waren für Freud jene Qualitäten des Witzes, die dynamischen Charakter tragen: seine konzentrierende Wirkung, seine Assoziationsleistung, seine Fähigkeit zu überraschenden Kombinationen und seine Aufdeckung versteckter Ähnlichkeiten. Jean Pauls *Vorschule* zitierte er mit dem prägnanten Diktum, der Witz sei der «verkleidete Priester, der jedes Paar kopuliert».[105] Daraus ergab sich eine Grundannahme der Studie, derzufolge der Witz durch seine Kombinatorik ungewöhnliche Mischungen erzeugt. Jedoch bilden diese Mischungen keine Zufallsprodukte, sondern entspringen der Ordnung des Unbewußten und der in ihr angelegten Struktur geheimer Kombinationen. Der Witz offenbart, was in der Welt des Verdrängten kunstvoll arrangiert und heimlich zusammengefügt ist.

Maßgeblich für Freuds Hypothese war die Einsicht in den Einsparungseffekt des Witzes, der Gelächter durch Verdichtung erzeugt.[106] Anhand zahlreicher Beispiele demonstrierte die Schrift die beiden zentralen Leistungen der Witzarbeit, die jenen der Traumarbeit gleichen: die «Verdichtung mit Ersatzbildung» und die Verschiebung.[107] Während die Verdichtung den ökonomischen Effekt der Konzentration erzielt, erzeugt die Verschiebung nicht selten die Absurdität des Witzes, die ihrerseits entlastend wirkt. Der «Unsinn im Witz» sei, so Freud, «Selbstzweck», insofern «die Absicht, die alte Lust am Unsinn wiederzugewinnen, zu den Motiven der Witzarbeit gehört.»[108] Wenn jeder Witz, wie Orson Wells anmerkte, «eine winzige Revolution» ist, dann läßt sich das mit Freuds Aussage sehr gut verknüpfen: sein umstürzender Charakter liegt in der anarchischen Qualität, die er freisetzt.[109]

Insbesondere im ersten Teil der Studie stützte sich Freud neben literarischen Quellen von Cervantes und Shakespeare über Heine bis zum *Simplicissimus* auf zahlreiche jüdische Witze, die ihm als Beispiele für die aus dem Unbewußten stammende Einsparungsleistung dienten. Bevorzugt bot er Heiratsvermittler-Witze, in denen der ‹Schadchen›, der professionelle Kuppler, eine zentrale Rolle spielt. Wichtigste Quelle für das üppige Material war sein jüngerer Bruder Alexander, der über ein unerschöpflich wirkendes Repertoire von Anekdoten und Witzen verfügte. Systematisch unterschied Freud zwei Felder, den ressentimentgeladenen Witz über Juden und den jüdischen Witz im Zeichen der Selbstironie: «Die Witze, die von Fremden über Juden gemacht werden, sind zu allermeist brutale Schwänke, in denen der Witz durch die Tatsache erspart wird, daß der Jude den Fremden als komische Figur gilt. Auch die Judenwitze, die von Juden herrühren, geben dies zu, aber sie kennen ihre wirklichen Fehler, wie deren Zusammenhang mit ihren Vorzügen, und der Anteil der eigenen Person an dem zu Tadelnden schafft die sonst schwierig herzustellende subjektive Bedingung der Witzarbeit. Ich weiß übrigens nicht, ob es sonst noch häufig vorkommt, daß sich ein Volk in solchem Ausmaß über sein eigenes Wesen lustig macht.»[110] Gegenüber seinem Schüler Theodor Reik erklärte Freud einige Jahre später, er betrachte diese besondere Konstellation als versteckten «Ausdruck des jüdischen Nationalstolzes».[111]

Freud nannte drei Formen der Witzökonomie, die sich, wie gleich zu sehen ist, aus einem Schema Bergsons ableiteten: 1. Durch Verlagerung der Dingassoziation auf die Wortassoziation erfolgt eine ‹Erleichterung› sozialer oder psychischer Drucklast; 2. Einsparung geschieht durch Verdichtung im Sinne der Konzentration; 3. Artikulation latenter Vorurteile bewirkt eine Enthemmung.[112] Der erste Aspekt macht sichtbar, daß die Wirkung des Witzes stets eine vordergründig sprachliche ist, hinter der letzthin unbewußte Vorurteile über Sachverhalte oder Personen verborgen liegen. Der Witz offenbart in der Verbalisierung die nicht-bewußte Einschätzung bestimmter Themen, die durch Hemmung unterdrückt und aufgrund sozialer oder kultureller Tabuisierung versteckt werden. Der zweite Gesichtspunkt veranschaulicht die Prägnanz des Witzes, seine Überwältigungswirkung, die sich aus seiner Konzentration von Situationen und Worten ergibt. Die dritte Ebene verrät die expressive Tätigkeit des Witzes, der zum Ausdruck bringt, was im Inneren des Menschen als Vorurteil sorgsam eingeschlossen ist. Indem der Witz die unterdrückten Meinungen und Wertvorstellungen des Einzelnen ans Licht zieht, beleuchtet er eine nicht-verwirklichte innere Welt, die bisher zensiert und unterhalb der Bewußtseinsebene gehalten wurde. Diese Seite der Witzarbeit erschließt Vorurteile, deren unbewußter Charakter im Assoziationsspiel der Sprache zutage kommt. Letzthin lassen sich alle drei Momente aus den Leistungen der Einsparung und Erleichterung erklären, die jeweils dazu führen, daß Hemmungen aufgelöst werden. Freud redete von der Aufhebung des

Hemmungsaufwands, die in der Reduktion jener Energien besteht, welche durch die Tätigkeit der Zensurbildung gebunden werden. Mit Hilfe seiner besonderen Techniken – Automatismus, Wiederholung, Reihung, Variation – ermöglicht es der Witz, einen Triebstau aufzulösen und sinnliches Vergnügen zu entfalten. In einem öffentlichen Schreiben an den Artemidor-Übersetzer und Gomperz-Schüler Friedrich Krauss aus dem Jahr 1910 bemerkte Freud, die Quintessenz seiner Studie habe auf der Erkenntnis beruht, «daß die Aufdeckung des sonst verdrängten Unbewußten in der Menschenseele unter gewissen Veranstaltungen zu einer Quelle von Lust» werden könne.[113]

Freuds Theorie stützte sich an diesem Punkt auf die Spielarten des Komischen, die Bergsons Essay *Le rire* entwickelt hatte. Bergson nannte als allgemeine Formen der Komik die Wiederholung, die Vertauschung von Rollen (Inversion) und die Interferenz von Handlungsserien.[114] Die Wiederholung erzeugt die Lust am Automatischen, die Inversion entspricht der Logik des Rollenspiels (der Bauer sitzt anstelle des Königs auf dem Thron, die Magd versieht die Rolle des Arztes), und die Interferenz dient der Spiegelung von Ereignisfolgen durch jeweils ganz unterschiedliche Deutungen (die Untreue des Ehemanns erscheint im ersten Fall als Infamie, im zweiten als Produkt eines Mißverständnisses). Beleuchtet wird jeweils die «*Mechanisierung* des Lebens», die im Kern der Entlastung gleicht, von der Freud im Blick auf den Hemmungsaufwand sprach.[115] Seine Theorie übertrug die lebensphilosophische Fundierung des Komischen, die Bergson leistete, auf die Ökonomie des Unbewußten. Der Automatismus des Witzes, den zahlreiche seiner Beispiele vorführten, entspringt den mechanischen Energieschüben der Libido. Der Witz spielt die Dramaturgie des Unbewußten durch, indem er Lust an der Wiederholung schafft. Die technische Seite seiner Arbeit wird durch Verschiebung und Verdichtung sichergestellt, insofern beide die Einsparung der Hemmung ermöglichen.[116] Nachdrücklich berief sich Freud hier auf Bergsons These von der ‹mécanisation de la vie›, die er psychoanalytisch bestätigt fand. Der Witz ist in diesem Sinn mit seinen Automatismen und Wiederholungen ein «Beitrag zur Komik aus dem Bereich des Unbewußten».[117] Kultivierend wirkt er, weil er Entlastung schafft, ohne das Risiko von Kollisionen mit der Moral herbeizuführen. Dieser Effekt bewegt sich auf einer rein psychischen Ebene, im Bereich des Imaginären, außerhalb der Gefahrenzone der Tat. Er ist daher die «sozialste aller auf Lustgewinn zielenden seelischen Leistungen.»[118]

Im letzten Teil der Studie versuchte Freud eine nicht in allen Details glückende Unterscheidung von Witz, Komik und Humor. Während der Witz auf die Einsparung des Hemmungsaufwands zielt, ist die Komik eine Form der direkten Veranschaulichung dessen, was die Hemmung unterdrückt, indem sie das Tabuisierte zur Präsenz bringt. Der Humor wiederum, der enger mit der Komik als mit dem Witz verbunden ist, hebt den Gefühlsaufwand auf, welcher betrieben wird, um bestimmte Ängste zu unterdrücken. Durch die betont leidenschaftslose Indifferenz gegenüber Gefahr und Schrecken erzeugenden Konstellationen immunisiert der Humor das Ich. Wo die Komik Phantasie erspart, vermindert der Humor den Einsatz emotionaler Energien.[119] Das psychologische Modell war in allen drei Fällen ähnlich gebaut: das, was Lachen auslöst, erspart seelische Arbeit und entlastet von Hemmungszwängen – ein Effekt, der an die Wirkungen der kathartischen Methode erinnert, wie sie Freuds und Breuers Hysterie-Studien erläutert hatten. Bernays' Katharsisdeutung, die den befreienden Charakter der tragischen Wirkung betonte, übertrug Freud nicht nur auf die Technik der Hysteriebehandlung, sondern nun auch auf den Effekt des Lachens.

Am Ende ging es um ein Ideal der Triebbeherrschung, das maßvolle Entladung ohne Exzeß ermöglicht. Da das Lachen aus einer Haltung teilnehmender Beobachtung hervorgeht, ist es sozial unverfänglich. Es verkörpert eine anthropologische Konstante, zugleich aber das Produkt zivilisierter Kontrolle dessen, was im Unbewußten schlummert. Wer lacht, mag Ressentiments und geheime Lüste, Intoleranz und Aggressionen offenbaren. Aber er ist nicht gefährdet, die Tänze seines Unbewußten auf der Bühne des Lebens aufzuführen. Die mechanische Logik des Komischen erlaubt es ihm, zu Stellvertretungen in der Einbildung Zuflucht zu nehmen. Das seelisch Unterdrückte bekundet sich nicht in Handlungen der Ausgrenzung oder der Triebabfuhr, sondern in simulierten Probesituationen. Sie offenbaren jene «Lebenskunst im tiefsten Sinn», die Hugo von Hofmannsthal 1907 als Merkmal aller Komödien beschrieb.[120] Der Witz bleibt bezogen auf das Reich der Fiktion, auch wenn er sein Material aus dem Alltag gewinnt. Seine Effekte bestehen in der Entladung von unbewußten Energien zum Zweck sozialen Ausgleichs. Das ist die humane Botschaft des Lachens, die Freuds Abhandlung sichtbar werden ließ.

Ein knappes Vierteljahrhundert nach der Witz-Abhandlung nahm Freud in einem Aufsatz zum Humor, der 1928 in der *Imago* erschien, eine metapsychologische Ergänzung seiner früheren Thesen vor. Sie zeigte die erweiterte Leistungskraft eines Theoriegebäudes, das die Wirkungsmechanismen des Ich auf der Grundlage neuer Leitbegriffe umfassender als zuvor erklären half. Freud wiederholte seine alte Annahme, derzufolge der Humor durch emotionslose Versachlichung und pointierte Indifferenz der Einsparung von Gefühlsaufwand diene, darin der von Bernays beschriebenen Katharsis ähnlich. Er griff erneut ein Beispiel aus der früheren Studie auf: ein zum Tode Verurteilter wird am Montag zum Galgen geführt und erklärt angesichts der Hinrichtungsstätte: «‹Na, die Woche fängt gut an.›»[121] Freud lieferte nun allerdings eine vertiefende Erklärung für den hier ablaufenden Mechanismus. Im Humor vollziehe sich ein «Triumph des Narzißmus», insofern die Freiheit des Ich gegenüber äußeren Zwängen durch Immunisierung gesichert werde.[122] Zuständig dafür war laut Freud das Über-Ich, jene Instanz, die in Stellvertretung von Eltern, Kirche und Moral die sittlichen Grenzen individueller Autonomie markiert. Mit dieser erst 1923 in *Das Ich und das Es* eingeführten Kategorie konnte Freud den Humor als Produkt einer Abdämpfung emotionaler Zustände im Dienste der Selbststabilisierung deuten, was durchaus in der Linie älterer Theorien von Fechner, Jean Paul und Theodor Lipps lag: «Das Über-Ich ist genetisch Erbe der Elterninstanz, es hält das Ich oft in strenger Abhängigkeit, behandelt es wirklich noch wie einst in frühen Jahren die Eltern – oder der Vater – das Kind behandelt haben. Wir erhalten also eine dynamische Aufklärung der humoristischen Einstellung, wenn wir annehmen, sie bestehe darin, daß die Person des Humoristen den psychischen Akzent von ihrem Ich abgezogen und auf ihr Über-Ich verlegt habe. Diesem so geschwellten Über-Ich kann nun das Ich winzig klein erscheinen, alle seine Interessen geringfügig, und es mag dem Über-Ich bei dieser neuen Energieverteilung leicht werden, die Reaktionsmöglichkeiten des Ichs zu unterdrücken.»[123]

Eine solche ‹Unterdrückung› der Spielräume des Ich ist nicht als destruktiver Impuls, sondern als Mittel der seelischen Hygiene zu deuten. Es sorgt dafür, daß affektive Schwankungen ausgeglichen, eine neurotische Überschätzung des Ich ausgeschlossen und heftige Reizreaktionen unterbunden werden. In diesem Sinne trägt der Humor, wie Freuds später Aufsatz aus metapsychologischer Sicht zeigte, zur Sicherung des Ich durch Überschreiten seiner Grenzen bei. Er erfüllt eine erzieherische und zugleich beschwichtigende Funktion, indem er die Herausforderungen des Lebens meistern hilft: «wenn das Über-Ich durch den Humor das Ich zu trösten und vor Leiden zu bewahren strebt, hat es damit seiner Abkunft von der Elterninstanz nicht widersprochen.»[124] So ist die Komik nach Freud, wie es schon Bergson und Hofmannsthal sahen, ein Teil des gelingenden Lebens, weil sie die Verhältnisse entspannt und im richtigen Augenblick vom Druck des individuellen oder sozialen Zwangs entlastet.

Alte Irrtümer, neue Therapien

Seit Mitte der 90er Jahre war Freud dazu übergegangen, seine Patienten im Wachzustand zu befragen, ohne hypnotische Verfahren einzusetzen. Ein wesentlicher Grund für den Verzicht auf die Hypnose lag darin, daß sie schwer steuerbar blieb, wie seine Erfahrungen in Nancy bei Bernheim und Liébault zeigten. Ihr Erfolg hing von der Beeinflußbarkeit der Kranken ab, und letzthin waren es nur sporadische Zustände der Entspannung, die sich als ergiebige Phasen für die Heilung anboten.[125] Außerdem mußte Freud erkennen, daß seine hypnotischen Fähigkeiten stagnierten und er sich an den Leistungen seines Vorbilds Charcot nicht messen konnte. Wie so oft war der Weg in eine neue Methodik bei ihm der Einsicht in seine Schwächen und Unzulänglichkeiten geschuldet. Daß sich Freud zu solchen Korrekturen fähig zeigte, sollte nicht, wie es seine Kritiker zuweilen tun, als Ausdruck der Unstetheit, sondern als Fähigkeit zur produktiven Selbstkritik verbucht werden. Die Abkehr von Elektrotherapie und Hypnose vollzog sich weder geradlinig noch widerspruchsfrei; sie bestätigte nirgends den Mythos ständig fortschreitender, auf ein klares Ziel zulaufender Erkenntnis noch die – von Freud selbst bisweilen kultivierte – Deutung, daß die Psychoanalyse ein Kampf mit den Mächten der Finsternis war. Die erfolgreiche Verfeinerung der Heilungstechnik beruhte auf seinem Vermögen, aus Fehlern zu lernen, an entscheidenden Punkten, wo nötig, die angeborene Hartnäckigkeit aufzugeben und für Neuerungen jederzeit offen zu bleiben.

Die Behandlung wurde ab der Mitte der 90er Jahre als ‹Gespräch› durchgeführt, das dem Arzt über beharrliches Nachfragen eine systematische und vor allem kontinuierliche Verfolgung aller Leidensursachen ermöglichte.[126] Allein die Tatsache, daß die Kranken auf dem Sofa lagen und der Therapeut für sie unsichtbar an der Kopfseite saß, erinnerte an die frühere Hypnosetechnik. Die besondere Position hinter dem Patienten behielt Freud auch deshalb bei, weil er es nicht ertrug, «acht Stunden täglich (oder länger) von anderen angestarrt zu werden.»[127] Da sein Gesichtsausdruck zuweilen Reaktionen auf das eben Gehörte verriet, war es notwendig, daß er als Arzt unbeobachtet am Kopfende der Couch saß. Diese Konstellation ermöglichte es ihm, die erforderliche Ruhe zu bewahren, die Bedingung erfolgreicher Therapie blieb. Das innere Gleichgewicht des Analytikers hatte große Bedeutung für den Behandlungsprozeß, wie Freud gegenüber Fließ betonte: «Jeder einzelne der Kranken ist mein Quälgeist, wenn ich nicht heiter und gesammelt bin.»[128]

Freuds Ziel war es, sämtliche äußeren Einflüsse auszuschließen und den Patienten ein Höchstmaß an körperlicher Entspannung zu ermöglichen. Alles stützte sich hier auf das Wort, das durch den Arzt seine alte magische Kraft, wie Freud 1905 schrieb, wieder zurückerhielt.[129] Der Therapeut konzentrierte seinen Part auf das Hören, er war das Ohr, in das die Rede des Kranken drang. Unterbrochen wurde dessen Sprachstrom einzig durch leise Zwischenfragen, die auf die Freisetzung von versperrten Blöcken im Unbewußten zielten – ein Rest jener kathartischen Methode, die am Beginn des Verfahrens stand. Folgt man den Erinnerungen seiner Schüler und Patienten, so beschränkte sich Freud nicht bloß auf kurze Interventionen, sondern äußerte sich zuweilen ausführlicher, indem er in unbefangener Weise Mutmaßungen und Spekulationen vortrug.[130] Die Züricher Psychiater-Schule um Bleuler, Jung und Binswanger verwendete in den frühen Jahren der Psychoanalyse die in Leipzig bei Wundt entwickelte Assoziationstechnik, die darauf beruhte, daß den Probanden ausgewählte Stichwörter zugerufen wurden, die sie spontan und knapp kommentieren mußten; aus der Art der jeweiligen Reaktion und der Schnelligkeit, mit der sie erfolgte, zog man dann Rückschlüsse auf die psychische Befindlichkeit. Freud mied dieses Verfahren, weil er an seiner Beweiskraft für den dynamischen Charakter neurotischer Symptome zweifelte. Das Assoziieren nach Kernbegriffen war, wie er Oskar Pfister gegenüber betonte, allein bei Psychotikern mit fixen Ideen geboten, die er aber nicht behandelte. Wesentlich blieb für Freud die «Mitarbeiterschaft» der Patienten, also ihr Vermögen, über das eigene Leiden, über Ängste und Wünsche differenziert Auskunft zu geben – eine Haltung, die bei der Assoziationstechnik gerade nicht erforderlich schien.[131] Aus diesem Grund lehnte er Hilfsmittel, die auf Suggestion oder Inszenierung beruhten, entschieden ab. Er fühlte sich als Arzt, wie er 1913 in einem Geleitwort zu Pfisters therapeutischen Studien schrieb, dem «Erzieher» und dem «Seelsorger» verbunden, denen ein ähnliches Maß an Verantwortung, Diskretion und Genauigkeit auferlegt sei wie ihm.[132]

Nur der redefähige ist auch ein therapierbarer Patient, so lautete Freuds Credo. Die Kranken mußten in der Lage sein, sich über ihr Leiden und ihre Lebensumstände zu äußern. Umgekehrt schuf Freud eine relativ offene Gesprächssituation, indem er nicht bloß zuhörte, sondern Fragen direkt beantwortete, da jedes andere Verhalten, wie Heinz Kohut später formulierte, «ungezogen» gewesen wäre.[133] Sehr bewußt vermied er, erinnerte sich die amerikanische Autorin Hilda Doolittle, die Verwendung analytischer Fachbegriffe, um möglichst spontan reagieren und verständlich reden zu können.[134] In der Fixierung auf das Wort markierte Freud auch die Grenzen, denen die naturwissenschaftliche Erkenntnis des Seelenlebens unterlag. Zwar schrieb er der Zell- und Infektionsforschung, der Physiologie und Zoologie wesentliche Verdienste zu, weil sie die Medizin seit der Mitte des 19. Jahrhunderts aus dem Gefängnis der durch Schelling begründeten spekulativen Naturphilosophie befreit hatten; aber er war zugleich überzeugt, daß die Windungen der Psyche nicht durch die Methoden der Naturwissenschaft, sondern allein im Medium des Wortes erschlossen werden durften.[135] Das entsprach seiner Zielsetzung, die Ursachen der Krankheit jenseits des Körpers in einem Reich zu ermitteln, das weder Logos noch Leib ist. In jeder Therapiesitzung mußten Arzt und Kranker dieses Zwischengebiet durch genaues Nachforschen neu erobern und erkunden. Wie belastend das sein konnte, beleuchtete Freuds Patient James Strachey in einem ausführlichen Rapport an seinen Bruder, den Schriftsteller Lytton Strachey, wenn er die ‹dramatische Wirkung› und das ‹Tonnengewicht› der Behandlungsstunden hervorhob.[136]

Die Fixierung auf das Wort führte Freud auch auf eine alte Tradition zurück. Schon die Heilkünstler der Antike wußten von der Bedeutung psychosomatischer Prozesse. Aus Mangel an technischen Hilfsmitteln griffen sie zwangsläufig auf das Mittel der Sprache zurück. Zauberformeln, Beschwörungen und Orakel sollten die Leiden des Körpers über die Beruhigung der Seele beheben. Tempelschlaf und reinigende Bäder, so erklärte Freud in einem Lexikonartikel von 1905, zielten auf denselben Mechanismus.[137] Die Befreiung der Psyche erfolgt über Formen der Entspannung und Versenkung gleichermaßen, wobei das Wort des Arztes Schlaf oder gesteigerte Konzentration auslöst. Seine Autorität und sein wirkungssicheres Auftreten bilden dabei wesentliche Elemente der Heilstrategie. Zur psychoanalytischen Gesprächsführung gehörte wie in der Tradition der antiken Medizin das Charisma des Behandelnden, der dem Patienten Vertrauen und Sicherheit einflößt. Wenn Freud diese Qualität besonders hervorhob, dann erinnerte er zugleich an die Abkunft der Rede-Kur von der Hypnose, für deren Gelingen die ärztliche Autorität besondere Bedeutung besaß. Das «Machtwort des Hypnotiseurs» war ein Mittel der Verwandlung, das Veränderung durch Sprache herbeiführte; an seinen magisch-kultischen Restbestand knüpfte noch die Gesprächstherapie an, wenn sie mit Hilfe ihrer Fragetechnik Ursachenforschung betrieb.[138] Während die Hypnose darauf beruhte, dem Kranken einen Zustand ‹einzureden›, wurde nun Suggestion durch Detektion ersetzt.[139] Freud kam bei diesem Verfahren zugute, daß er über eine geschulte, nuancierte Stimme verfügte, die er als Instrument zur Beruhigung und Ausforschung gleichermaßen nutzte.

Der Ausrichtung auf die analytische Detektion mußte alles andere untergeordnet werden. Freuds Behandlungsraum war zu diesem Zweck mit dem von Marianne Benvenisti stammenden Sofa, danebenstehendem Sessel, Stuhl und Schreibtisch konventionell möbliert. Später verwendete er zur Bedeckung der Couch einen roten Qashqai-Teppich, der ein Geschenk seines Cousins und Schwagers Moritz, des Ehemanns seiner in Berlin lebenden Schwester Maria war.[140] Der Bequemlichkeit der Patienten dienten Kissen am Kopfende, hinter dem er selbst auf einem komfortablen Sessel saß – Hilda Doolittle nannte ihn Jahrzehnte später einen «Beichtstuhl», der «mehr Geheimnisse gehört hat» als der eines katholischen Priesters.[141] An der Wand hingen Porträts Brückes und Fleischls neben einer Photographie Charcots mit seiner handschriftlichen Widmung.[142] Die Tür war durch einen Filzüberzug verstärkt worden, der es Neugierigen unmöglich machte, Ohrenzeugen des therapeutischen Gesprächs zu werden. Nach 1910 ergänzte Freud das karge Interieur durch ein symbolkräftiges Kunstwerk, das sein Selbstbild auf sprechende Weise beleuchtete. Den zum Wartezimmer führenden Eingang zierte jetzt eine Reproduktion von Johann Heinrich Füsslis Gemälde *Der Nachtmahr* (1781), das ein Monstrum auf der Brust einer ohnmächtig hingestreckten Frau zeigt. Das spiegelte die Rolle des Unterwelt-Eroberers, der die dunklen Distrikte in der Seele des Menschen erschließt und ihnen dabei auf gefährliche Weise nahekommt. Ein wenig einladender als die von Füsslis Dämon bewachte Tür ins Reich der Therapie wirkten die Auslagen im Wartezimmer: hier boten sich neben den Tageszeitungen auch Wilhelm Buschs gesammelte Werke zur Lektüre an.[143]

Johann Heinrich Füssli, Der Nachtmahr

Um seine Patienten zu schützen, sorgte Freud dafür, daß sie genau auf den Termin und nicht zu früh bestellt wurden. Es solle, so erklärte er seinen Wiener Universitätshörern, in seiner Praxis keinesfalls zugehen, als stünde man beim täglichen Einkaufen «vor einer Filiale von Julius Meinl.»[144] Eine separate Tapetentür ermöglichte denen, die nach der Sitzung inkognito bleiben wollten, den diskreten Austritt über den Flur; von hier aus gelangte man zudem in Freuds Arbeitszimmer. Der Behandlungsraum selbst wirkte nicht eben freundlich, sondern überladen und dunkel. Vier Teppiche bedeckten den Boden, die Couch, einen Tisch und die Wand. Die Sammlung antiker Figuren im Eichenregal und auf einem Bord neben dem Sofa wuchs in der Zeit nach 1900 stetig an. Freuds Sessel stand so, daß er während der Therapiestunde direkt auf die geliebten Exponate blicken konnte. Das verschaffte ihm die erforderliche Ruhe und Konzentration, mit der er den Schmerzensgeschichten und Verzweiflungsberichten seiner Kranken begegnen mußte, um analytische Erfolge zu erzielen. Manche Exponate bezog Freud aus Wiener Geschäften, andere erwarb er auf Reisen oder über

Schüler wie Abraham, Jones und Rank; besonders aktiv war hier Ferenczi, der für ihn regelmäßig die Budapester Auktionshäuser und Antiquitätenhandlungen besuchte.[145] Die Kollektion der Büsten, Figurinen, Bronzegestalten, Abgüsse und Steine erinnerte an ein Museum der Antike – ein kunstvoll inszeniertes Reich der Toten, das schon im Vergil-Zitat am Beginn der *Traumdeutung* beschworen wurde.

Auch in Freuds Studierzimmer nebenan wuchs auf Bücherborden und Tischen die Zahl der Masken, Gemmen und Statuen des Altertums. Ihr Erwerb war für ihn förmlich zur Sucht geworden, die er, anders als seine sonstigen Triebe, nicht unterdrücken wollte. Ebenso wie die Abhängigkeit vom Rauchen verband sie sich eng mit geistiger Arbeit, weil sie tiefste Versenkung ermöglichte. Lustgefühle durften ausgelebt werden, wenn sie einem rationalen Zweck – Fortzeugung, Forschung, Therapie – dienten, andernfalls waren sie zu verdrängen. Freud bewachte die Sammlungen wie ein Heiligtum, denn sie bildeten einen Teil seiner ureigenen wissenschaftlichen Welt. Besonders bevorzugten Patienten erläuterte er nach der Sitzung einzelne Stücke, nahm sie prüfend in die Hand und erklärte Details ihrer Formensprache und Funktion.[146] In späteren Jahren gestattete er nur Martha oder Minna die Reinigung der Exponate, die in den Ferien während seiner Abwesenheit zu erfolgen hatte. «Nicht Schreibtisch anrühren! Bei Strafe!» – diese für das Dienstmädchen bestimmte Warnung stand im Arbeitszimmer auf einem mit Reißnägeln am Regal befestigten Schild.[147]

Die Analyse der menschlichen Seele verlangte, so betonte Freud immer wieder, eine perfekt beherrschte Technik der Entzifferung. Er verwies erklärend auf Shakespeares Hamlet, jenen ‹weltberühmten Neurotiker›, der im dritten Akt des Dramas durch die Höflinge Rosenkranz und Güldenstern ausgehorcht werden soll, sich aber allen Nachfragen durch kunstvoll vorgetäuschte Wahn-Reden entzieht. Seine Psyche sei ein Instrument, auf dem ein Fremder nicht spielen könne. Der Analytiker aber müsse diese Fähigkeit erwerben und seine Technik ständig verfeinern.[148] Neben das Erlernbare konnte zuweilen eine ‹somnambule› Sicherheit bei einzelnen Diagnosen treten, die sich Freud selbst attestierte. Er habe, schrieb er 1904, eine «Deutungskunst» entfaltet, die «gleichsam aus den Erzen der unbeabsichtigten Einfälle den Metallgehalt an verdrängten Gedanken darstellen soll.»[149] Möglich wurde diese Bearbeitung des unbewußten Materials, weil Freud in der Analyse über außerordentliche Präsenz und Erinnerungskraft verfügte. Wenn sein photographisches Gedächtnis ausnahmsweise versagte, wußte er sich durch kleine Tricks zu helfen. So tastete er sich an länger zurückliegende Aussagen seiner Patienten durch Assoziationsketten heran, die er bis zu ihrem Ursprung verfolgte. Frühere Konsultationen suchte er sich gegenwärtig zu machen, indem er beliebige Jahreszahlen aufrief und diese durch Extrapolation so eingrenzte, daß er den Zeitpunkt der ersten Begegnung genauer bestimmen konnte.[150] Entscheidend für den Heilungsprozeß war die Startphase der Behandlung, die Freud stets auf Probe durchführte. Analysanden wurden zunächst vorläufig aufgenommen, ehe die endgültige Verabredung regelmäßiger Termine erfolgte.

In diesem Stadium suchte Freud grundlegende Eindrücke von Persönlichkeitsstruktur und Krankheitsbild zu gewinnen, um Fehldiagnosen auszuschließen. Sehr freimütig und offen sprach er über intimste Themen, weil er die Grenzen des Möglichen prüfen mußte. Anders als Psychotherapeuten unserer Tage riskierte es Freud schon in diesem frühen Stadium, seine Annahmen und Diagnosen direkt zu thematisieren, was auch Nachfragen über die Ehepartner, ja zuweilen sogar Empfehlungen im Hinblick auf die persönliche Lebenssituation einschloß. Das Gespräch war nicht immer strukturiert, manchmal wild und assoziativ; das gesamte Verfahren diente der Erkenntnis psychischer Extreme und wurde weniger systematisch durchgeführt als heute üblich. Weil die Analyse selten gerade Wege ging, war das spätere Protokollieren wichtig. Freud fixierte zumal am Anfang die Berichte seiner Patienten in abendlichen Niederschriften, die er aber nach Ende der Behandlung oder der Veröffentlichung der anonymisierten Fallgeschichte sicherheitshalber vernichtete. Aus prinzipiellen Erwägungen vermied er Notizen während der Sitzung, da es hier auf das ankam, was er die «‹gleichschwebende Aufmerksamkeit›» nannte – eine durchlaufende Konzentration, die keine Ablenkung vom gesprochenen Wort vertrug.[151]

Die neue Methode unterlag bestimmten Beschränkungen, wenn es um andere als neurotische Fälle ging. Freud kannte seine Grenzen und markierte sie, abweichend von früheren Gewohnheiten, so deutlich wie selbstkritisch. Die Erforschung schwerwiegender Erkrankungen – zumal Demenz und Paranoia – überließ er nach 1900 prinzipiell Klinikern wie Krafft-Ebing, Wagner-Jauregg, Emil Kraepelin in München oder Eugen Bleuler in Zürich. Ebenso hielt er sich von allgemeinmedizinischen Fällen fern, nachdem er seine diagnostischen Mängel auf diesem Feld schmerzlich hatte erkennen müssen. Schon die Behandlung Emma Ecksteins war ein

Fiasko, an dem Freud zumindest die Mitschuld trug. Ein weitaus tragischerer Fall, den er in aller Selbstkritik öffentlich einräumte, wiederholte sich einige Jahre später. Im Sommer 1899 übersah Freud bei der Analyse einer 14jährigen, daß deren Unterleibsschmerzen auf eine bösartige Geschwulst hindeuteten, der die Patientin nur zwei Monate später erlag. Weil er an eine durch Hysterie ausgelöste Suggestion glaubte, verkannte er die Gefahr, in der die Kranke schwebte. Ihm selbst bereitete die Einsicht in seinen Fehler zunächst ‹peinliche Stunden›; ein knappes Jahr später hatte er die Angelegenheit allerdings so gründlich verdrängt, daß er sich bei der Durchsicht seiner Jahreshonorare nur unter Mühen an das Mädchen erinnern konnte.[152] In der *Traumdeutung* wiederum berichtete er über einen Fall, in dem er durch die Verabreichung hoher Dosen von Sulfonal – damals ein neues Mittel – eine schwere Vergiftung mit Todesfolge ausgelöst hatte.[153] Zusammen mit der Fehldiagnose im Fall Emma Ecksteins zeigen diese beiden freimütig eingestandenen Irrtümer einen Arzt, der sein klinisches Handwerkszeug nicht wirklich beherrschte. Auch wenn man bedenken muß, daß gravierende Falschmedikationen angesichts unzureichender Kenntnisse über die toxischen Nebenwirkungen von Pharmaka am Ende des 19. Jahrhunderts häufiger auftraten, entsteht das Bild eines unsicheren Praktikers, dessen Stärken kaum auf dem Gebiet der klinischen Diagnostik lagen. Nach 1900 verzichtete Freud daher auf die Behandlung von Kranken, die an körperlichen Symptomen litten, weil er hier seinen Fähigkeiten aus guten Gründen mißtraute.[154]

Der Eintritt in die analytische Therapie gehorchte einem genauen Muster. War der Patient aufgenommen, so wurde eine feste Frequenz für die Sitzungen festgelegt. Sie umfaßte in der Regel eine Stunde täglich, bei leichteren Fällen ein wöchentlich dreimaliges Treffen. Absagen, wie immer sie motiviert sein mochten, waren vom Patienten selbst zu verantworten und finanziell zu tragen. Diese rigorose Praxis sollte ausschließen, daß gerade in schwierigen Perioden der Behandlung Unpäßlichkeit vorgeschützt wurde, weil unliebsame Entdeckungen im analytischen Prozeß drohten. Die Patienten mußten sich auf einen gemeinsamen Weg der Therapie einlassen, sonst scheiterte das Verfahren. Zeit und Geld betrachtete Freud dabei als aufeinander bezogene Maßstäbe; er vermiete, so betonte er, seine Stunden an die Kranken, erwarte dafür im Gegenzug aber zuverlässige Bezahlung und Pünktlichkeit.[155] Sein Honorar verlangte er in kürzeren Zeiträumen, zumeist monatlich in barer Münze, um keine allzu großen

Forderungen anzuhäufen, die dem Patienten dann ungebührlich erschienen wären. Eine regelmäßige Abrechnung hielt er für unabdingbar, weil er, ähnlich wie jeder andere Arzt, ohne sie seinen Lebensunterhalt nicht bestreiten konnte. In den ersten Jahren seiner analytischen Praxis rechtfertigte Freud seine Honorare immer wieder, da er häufig mit der Vorstellung konfrontiert wurde, seine Tätigkeit verlange keinen apparativen Aufwand, sei mithin wohlfeil. Aus diesem Grund gewöhnte er sich an, vor Beginn der Behandlung die Frage der Kosten zu thematisieren und seine Tarife konkret anzugeben. Daß man finanziell unabhängig sein mußte, wenn man eine Therapie bei ihm begann, lag auf der Hand, denn es gab keine Krankenkassen oder Versicherungen, die anfallende Rechnungen abdeckten. Mittellose Patienten nahm Freud nur auf, wenn ihre Fälle ihn wissenschaftlich interessierten.[156] In der Regel aber stammten die, die ihn konsultierten, aus den gutsituierten Kreisen Wiens. Der Analytiker sei, schrieb er Jahre später, «auf die wohlhabenden Oberschichten der Gesellschaft eingeschränkt».[157] Diesen Befund pflegte er sehr lakonisch mit zwei Anmerkungen zu garnieren. Zum einen betonte er die heilende Wirkung seiner Kuren, die jeden Einsatz rechtfertigte, so daß der hohe Geldaufwand «nur scheinbar ein übermäßiger» sei. Zum anderen erklärte er, es gebe außer der Dummheit «nichts Kostspieligeres im Leben als die Krankheit».[158] Das klang rustikalvereinfachend, war aber sehr ernstgemeint. Freud blieb an diesem Punkt zeitlebens konsequent und wies Kritik an seinen angeblich überhöhten Tarifen entschieden zurück.

Nach 1900 steigerte Freud seine Honorarforderungen kontinuierlich, weil seine Reputation als Arzt wuchs. Die Praxis war mittlerweile ausgebucht, es gab Wartelisten, und nicht selten ‹lauerten› weitere ‹Kandidaten› «auf eine Vakanz in der Phalanx», wie es Ende 1906 in einem Brief an Anna von Vest hieß.[159] «Die Kosten» einer längeren Kur «dürften auf alle Fälle beträchtlich sein», schrieb Freud zur selben Zeit warnend an den jungen Max Eitingon, der ihm aus Zürich eine Überweisung avisiert hatte.[160] In den Jahren zwischen 1906 und 1914 verlangte er für eine Sitzung 40, in Ausnahmefällen 50 Kronen – dieselbe Summe, die ein passabler Anzug beim Herrenschneider kostete.[161] Karl Abraham in Berlin forderte ab Herbst 1912 15 Goldmark für eine Therapiestunde, wobei einer österreichischen Krone 0,85 Mark entsprachen.[162] Bedenkt man, daß Freud am Tag bis zu zehn Patienten behandelte, sechs Tage in der Woche und zehn Monate im Jahr praktizierte, so ergab das einen Jahresverdienst von 24 000 Kronen. Wie außergewöhnlich diese Summe war, zeigt der Vergleich mit dem Einkommensdurchschnitt in Österreich vor 1914, der bei 850 Kronen pro Jahr lag; Universitätsprofessoren bezogen im Höchstfall 12 000 Kronen, Gymnasiallehrer 2000 Kronen jährlich.[163]

Seine stattlichen Honorare nutzte Freud allerdings nicht dazu, persönliches Vermögen anzuhäufen. Schon im Januar 1898 hatte er scharfsinnig an Fließ geschrieben: «Glück ist die nachträgliche Erfüllung eines prähistorischen Wunsches. Darum macht Reichtum so wenig glücklich; Geld ist kein Kinderwunsch gewesen.»[164] Freuds eigene Bedürfnisse waren absolut bescheiden und beschränkten sich auf gute Zigarren, ordentliche Anzugstoffe, ein solides Feriendomizil im Sommer und den Ausbau seiner Antikensammlung. Was nach den monatlichen Kosten für die Miete, Kinder und Dienstpersonal übrigblieb, kam anderen Mitgliedern seiner Familie zugute. Äußerst großzügig unterstützte er gemeinsam mit seinem Bruder Alexander seine Mutter und die bei ihr lebende unverheiratete Schwester Adolfine. Ab der Jahrhundertwende finanzierte er auch die nach Wien zurückgekehrte Pauline, deren Mann im Dezember 1900 in New York verstorben war, ohne ein nennenswertes Vermögen zu hinterlassen.[165] Die materielle Sicherheit, die sich Freud erarbeiten konnte, diente also keineswegs egoistischen Interessen, sondern kam der gesamten Großfamilie zugute. Nicht selten profitierten auch Schüler wie der junge Otto Rank, den er, wie noch zu erzählen ist, finanziell förderte.

Ehe Freud eine Therapie begann, sorgte er dafür, daß der Patient ihre Regeln akzeptierte. Er mußte sich zu äußerster Offenheit verpflichten und dem Arzt freimütig mitteilen, was ihn bewegte, auch wenn es ihm peinlich war.[166] Ließ Freud einen Kranken zu, so vertiefte er sich mit großer Konzentration in seine Geschichte. Die täglichen Konsultationen waren Bestandteil einer Technik, die Intensität und Ausdauer auf beiden Seiten verlangte. Sehr störend fand Freud ein verspätetes Erscheinen der Analysanden oder Anzeichen von Hektik. Hilda Doolittle schildert in ihren Erinnerungen eine Szene, in der sie während der Behandlungsstunde auf ihre Armbanduhr schaute, woraufhin sie streng ermahnt wurde: «‹Ich behalte die Zeit im Auge – ich sage Ihnen, wenn die Sitzung vorbei ist.›»[167] Unterbrechungen im Prozeß der gemeinsamen Arbeit von Arzt und Patient suchte Freud zu umgehen, weil sie das zumeist mühsam geschaffene Gewebe des Gesprächs störten. Er selbst redete von der «‹Montagskruste›», die man nach der sonntäglichen Pause durchbrechen müsse, um wieder in die Tiefen der Analyse vordringen zu können.[168] In der Rolle «eines weltlichen Beichtvaters» wollte er nicht nur das hören, was der Patient «vor anderen verbirgt», sondern auch das, «was er nicht weiss.»[169] Voraussetzung dafür war die unbedingte Aufrichtigkeit des Kranken, die aber nicht selten durch seine neurotische Prägung eingeschränkt schien. Es zählte zu den schwierigsten Aufgaben des Arztes, das Dickicht aus Selbsttäuschung, Suggestion und Lüge zu durchstoßen, das die Patienten häufig aufgebaut hatten, um das Tor zu ihrem Inneren zu verstellen.

Eine Schlüsselrolle im analytischen Prozeß fiel der Traumdeutung zu, weil sie den Zugang zum Unbewußten schuf, den Freud benötigte, um die ursprünglichen Impulse und Antriebe zu erkennen, die seine neurotischen Patienten verdrängten. Mit zunehmender praktischer Erfahrung wurde ihm dabei klar, daß nicht nur sein eigenes Wissen, sondern auch das der Kranken wuchs. Der Traum, so erklärte er 1912, sammle die Kenntnisse des Therapierten und steigere in dem Maße seine Komplexität, in dem dieser Einblick in die analytische Behandlungstechnik gewonnen habe. «Je mehr dann der Patient von der Übung der Traumdeutung erlernt hat, desto dunkler werden in der Regel seine späteren Träume. Alles erworbene Wissen um den Traum dient auch der Traumbildung als Warnung.»[170] Suggestionen und Verstellungen lagen also nicht nur in Handlungen und Gesprächsäußerungen der Neurotiker vor, sondern bestimmten zugleich ihre Träume. Mit Fortschreiten der Analyse mußte der Arzt gewärtig sein, daß der Traum zuweilen log, daß er seine Wahrheit hinter falschen Fährten und Zeichen verbarg. Das gewachsene Lehrgebäude der Psychoanalyse schuf nicht nur im Bewußtsein der Öffentlichkeit, sondern auch im Unbewußten des Menschen neue Ausdrucksformen: nach Freud träumen wir anders als zuvor.

Ein wesentliches Prinzip Freuds bestand darin, sich in der Behandlungsstunde ganz auf seine Patienten zu konzentrieren. Lediglich am Abend hielt er, wie schon erwähnt, am Schreibtisch Beispiele fest, die ihm besonders signifikant für den jeweiligen Fall zu sein schienen. Dabei war, so erklärte er 1913, «äußerste Knappheit der Darstellung» erforderlich, weil nur so das Prägnante der einzelnen Krankengeschichte hinter einem Dickicht von Nebensächlichkeiten hervortrat.[171] Träume ließ Freud bevorzugt von den Analysanden selbst notieren, um authentische Eindrücke zu gewinnen – ein Verfahren, das sämtliche seiner Schüler von Abraham bis zu Jones von ihm übernahmen. Den mündlichen Rapport der Kranken unterbrach er lediglich an bestimmten Punkten, um vertiefende Fragen zu stellen. Diese Methode, so erläuterte er 1912, sei das Pendant zur Anforderung an die Patienten, ihre Gedanken nicht in hierarchischer Abstufung, sondern frei und ungeordnet vorzutragen.[172] Assoziation und intuitive Folgerung sollten für beide Seiten, den Arzt und den Analysanden, angemessene Hilfsmittel auf dem Weg zur Erkenntnis darstellen. Die Balance aus «Einfühlung, Selbstbeobachtung und Urteilsfällung» bildete nach einem späteren Grundsatz Ferenczis das Ideal der Behandlung.[173] Jeder Zwang war dabei, so lautete Freuds Überzeugung, dem therapeutischen Erfolg abträglich; übertriebener Ehrgeiz wirkte so schädlich wie Eile oder Unruhe. Noch 1938, ein Jahr vor seinem Tod, formulierte er sein Credo in diesem Punkt: «Übrigens ist es eine gute Regel der analytischen Arbeit, daß man sich mit der Erklärung des Vorhandenen begnüge und sich nicht bemühe zu erklären, was nicht zustandegekommen ist.»[174]

Auch affektive Anteilnahme hatte zu unterbleiben, denn nur mit einem Höchstmaß an Distanz konnte sich beim Arzt jene Intensität des Verstehens einstellen, in der Intuition und Wissen zusammenschwingen. Die Kenntnisse des Therapeuten entfalteten sich erst dann, wenn dieser sich von Emotionen befreit und eine innere Leere geschaffen hatte, die ihn aufnahmefähig für die Rede des Patienten machte. So fungierte er tatsächlich als Resonanzraum, der seine eigenen Affekte unterdrückte und sein Wissen nur als formierende Instanz nutzte, die das angelieferte Material maßvoll strukturierte, ohne es sofort zu systematisieren. «Die Rechtfertigung dieser vom Analytiker zu fordernden Gefühlskälte liegt darin, daß sie für beide Teile die vorteilhaftesten Bedingungen schafft, für den Arzt die wünschenswerte Schonung seines eigenen Affektlebens, für den Kranken das größte Ausmaß von Hilfeleistung, das uns heute möglich ist.»[175] Im *Abriß der Psychoanalyse* schrieb Freud 1938: «Mit den Neurotikern schliessen wir also den Vertrag: volle Aufrichtigkeit gegen strenge Diskretion.»[176] Zu diesem Vertrag gehörte auch die Distanz, die der Analytiker in sämtlichen Phasen der Behandlung gegenüber seinem Patienten wahren mußte. «Der Arzt soll undurchsichtig für den Analysierten sein und wie eine Spiegelplatte nichts anderes zeigen, als was ihm gezeigt wird.»[177] Ein Gebot des Abstands war es schließlich, daß der Therapeut die Familienangehörigen des Kranken mied, keine externen Konsultationen suchte und in jeder Hinsicht auf das konzentriert blieb, was das Zentrum seiner Behandlung bildete: auf den seelisch leidenden Menschen, der vor ihm auf der Couch lag.

Freuds Patienten stammten, wie beschrieben, aus dem gehobenen Wiener Bürgertum und aus dem Adel. Bis Ende der 90er Jahre waren es vorwiegend Frauen, die ihn aufsuchten; erst zur Zeit der Jahrhundertwende begannen ihn auch Männer, zumal jüngere, zu konsultieren.[178] Nach 1918 kam eine internationale Klientel hinzu: Franzosen, Engländer, Italiener, Amerikaner. Freud selbst verlangte von seinen Analysanden «ein gewisses Maß natürlicher Intelligenz» und eine moralische Grundhaltung, die sexuelle Übergriffe ausschloß.[179] Wer ein «Lump» sei, könne nicht auf Zulassung zur Kur rechnen, schrieb Freud nach dem Krieg an Edoardo Weiss, durchaus wissend, daß die Grenze zwischen sittlicher Verwahrlosung und Desorientierung gerade bei neurotischen Patienten oft verschwamm.[180] Weder schwere Formen der Schizophrenie noch Demenz behandelte er – solche Fälle überwies er, der kein Psychiater, sondern Nervenarzt war, an die Klinik. Fortgeschrittenes Alter – jenseits des 50. Lebensjahrs – betrachtete er als Hindernis für die erfolgreiche Kur. Gleiches galt für ernsthafte somatische Erkrankungen, bei denen er auf eine analytische Behandlung verzichtete, weil sie in konventioneller Weise therapiert werden mußten.[181] Die Verwendung von Medikamenten bot sich beim damaligen Stand von Neurologie, Psychiatrie und Pharmakologie noch nicht an. Freud sah daher die Psychoanalyse in einem grundsätzlichen Gegensatz zu jenen medizinischen Feldern, die sich auf die Hilfe von «physikalisch-chemischen Heilmitteln» stützten. Dennoch wurde er nicht müde zu betonen, daß seine analytische Praxis kein «Produkt des modernen Mystizismus», sondern strikt systematisch und wissenschaftsgeleitet sei. Für ihre Stimmigkeit reklamierte er ihre vorzüglichen Resultate und «die ausgiebigste Veränderung der Kranken», die durch seine Gesprächsbehandlung möglich werde.[182]

Ein besonderes Risiko bedeutete für den Therapeuten die erotische Wirkung seiner Patientinnen. In einem an Fließ adressierten Entwurf formulierte Freud im Januar 1895: «Es gibt zwei Sorten von kranken Frauen, die einen, die ihrem Arzt so treu sind wie ihrem Mann, die anderen, die ihre Ärzte so wechseln wie die Liebhaber.»[183] Flirts, Koketterie, offene Werbung, Verführungsversuche, ungezügelte Leidenschaft – das alles war Freud aus der Praxis vertraut. Häufig erschienen Frauen in der Ordination, die eindeutige Absichten an den Tag legten, indem sie ihm persönliche Geschenke mitbrachten, auf der Couch ihr Haar öffneten, ihre Beine zeigten und sich zu entkleiden suchten.[184] Eine Patientin, die sich «wie ein anderes sterbliches Weib in den sie analysierenden Arzt verliebt hat», stelle diesen, so befand Freud, vor eine erhebliche Herausforderung. Hier gebe es nur eine Alternative: entweder er heirate sie oder er breche die Kur ab. Eine illegitime Verbindung, die weder den einen noch den anderen Weg eröffne, sei gegen die bürgerliche Moral wie gegen die «ärztliche Würde».[185]

Unabhängig von der persönlichen Integrität, die solche Konstellationen verlangten, bedeutete die Verliebtheit der Patientin eine stets neu zu bewältigende analytische Schwierigkeit, die aber im besten Sinn für die Heilung produktiv werden konnte. Wenn Frauen den Arzt bewunderten und heimlich oder offen begehrten, obwohl er selbst schon ein ‹graubärtiger Mann› war, wie es später in den Vorlesungen von 1917 hieß, dann bildete das einen normalen Teil der Behandlungsgeschichte.[186] Man mußte einen Weg finden, wie das Phänomen so in die Therapie eingebaut wurde, daß es nützliche Kräfte entfalten konnte. Freud erkannte das Problem der emotionalen Bindung seiner Patienten, das unabhängig vom Geschlecht auftrat, relativ spät und begriff es zunächst als Widerstand gegenüber peinlichen Entdeckungen im Seelenleben. Mitte April 1900 schrieb er Fließ: «Ich fange an zu verstehen, daß die scheinbare Endlosigkeit der Kur etwas Gesetzmäßiges ist und an der Übertragung hängt.»[187] Der hier erstmals benannte Mechanismus bedeutete mehr als nur eine Verweigerung des Patienten, sich auf psychische Erkundungen im Detail einzulassen. 1905 notierte Freud: «Was sind Übertragungen? Es sind Neuauflagen, Nachbildungen von den Regungen und Phantasien, die während des Vordringens der Analyse erweckt und bewußt gemacht werden sollen, mit einer für die Gattung charakteristischen Ersetzung einer früheren Person durch die Person des Arztes.» So besehen war die Übertragung «etwas notwendig Gefordertes», weil sie das Ringen des Patienten mit erfolglos verdrängten Seeleninhalten anzeigte.[188] In einer 1912 erschienenen Studie, die auf Gedanken seines Schülers Ferenczi zurückgriff, erläuterte Freud, daß vor der Übertragung zunächst ein Widerstand erscheint, der dann auftritt, wenn das analytische Gespräch einen verdrängten Gegenstand des Vorbewußten berührt.[189] Je länger die Behandlung dauert, desto klarer erkennt der Patient, daß er die unterdrückten Seiten seines Seelenlebens vor dem Therapeuten nicht lange durch Verstellung und Verhüllung geheim halten kann. An diesem Punkt verwandelt sich die Kraft des Widerstands in eine neue Beziehung, nämlich die Übertragung eigener Motive und Absichten auf den Arzt. Dabei vollzieht der Kranke keine bloße Erhöhung des Analytikers, sondern eine

Zuschreibung, die seine Motive und Wünsche auf den anderen übergehen ließ.

Entscheidend ist, daß der Therapeut seine Reaktionen auf Widerstände und Projektionen dosiert einsetzt, um eine Gegenübertragung zu verhindern, bei der er seine eigenen Erwartungen und Phantasien an den Kranken adressiert. Am besten beantworte er die emotionalen Provokationen des Patienten nicht im Sinne einer unmittelbaren Affektäußerung, so hieß es im Februar 1913 gegenüber Binswanger, sondern mit ‹zugeteilten› Repliken, die keinesfalls aus dem Unbewußten stammen dürfen.[190] In manchen Fällen konnte es sogar vorkommen, daß jemand «durch Schimpfen auf Arzt und Analyse gesund» wurde.[191] Allerdings galten hier strenge Grenzen; als Helene Deutsch Freud einestags vorschlug, er könne die Übertragung durchbrechen, wenn er zugebe, daß er nicht perfekt sei, lautete die lakonische Antwort: «‹Sie meinen also, indem ich zeige, daß nicht nur der Patient, sondern auch der Arzt ein Schwein ist?›»[192]

Das Thema der Übertragung berührte einen Mechanismus, der, wie Ricœur hervorhob, für die Trieblehre generell von großem Gewicht war: die Verwandlung einer energetischen in eine ökonomische Konfiguration.[193] Während der Widerstand das Produkt direkter psychischer Energien ist, verlagern sich diese in der Übertragung auf ein Modell der Stellvertretung, so daß eine Art Tausch stattfindet. Eine solche Konstellation erlaubt dem Analytiker die genauere Untersuchung der Antriebe, die sich im Inneren des Patienten vollziehen. Die Übertragung bedeutet keine Störung mehr, sondern offenbart seelische Grundmuster, an denen sich die Ursachen des Krankheitsbildes entdecken lassen. Dadurch wird sie zu einem förderlichen Element der Therapie, jenseits von blinder Fixierung oder Projektion.[194] In einem späten Beitrag aus dem Jahr 1937 hat Freud diesen Mechanismus nochmals prägnant beschrieben: das große Kunststück der Analyse, so führte er aus, besteht darin, daß der Arzt dem Patienten eine aus den Bruchstücken des therapeutischen Gesprächs zusammengesetzte «Konstruktion» anbieten muß, die dieser bejahen oder verneinen, akzeptieren oder mit Widerstand ablehnen kann.[195] Der Analytiker ist dabei kaum in der Lage, den Wert der jeweiligen Reaktionen objektiv einzuschätzen, weil er nicht weiß, ob sie etwas verschleiern oder enthüllen. Der therapeutische Prozeß rückt also in ein unergründliches Gelände vor, muß sich immer wieder abzusichern suchen, ohne über Evidenz und Beweisklarheit zu verfügen. Er gleicht einer Expedition, die zwar von bekannten Pfaden ausgeht, aber jederzeit ins Unwegsame geraten kann. Das verlangt vom Arzt jene «Elastizität», die Ferenczi 1928 als wichtigste Eigenschaft der erfolgreichen Analyse bezeichnete. Sie schloß auch einen geschmeidigen Umgang mit der Gegenübertragung ein, deren produktive Bedeutung für den Aufbau eines förderlichen Verhältnisses zum Patienten Freud erst spät – nach 1910 – durchschaute und theoretisch kaum erörterte.[196]

Mit dem Modell der Übertragung war ein Instrument geschaffen, das die Arbeitsgrundlage für künftige Jahrzehnte bildete: ein rationales Verfahren, das ein Unvermeidliches – die emotionale, von Heinz Kohut ‹archaisch› genannte Projektion der Kranken – zum konstruktiven Element der Behandlung umformen konnte.[197] Freud operierte mit diesem Werkzeug erfolgreich, aber er legte großen Wert darauf, daß es den Arzt nicht davon entlastete, auch persönlich Distanz insbesondere zu seinen weiblichen Patienten zu halten. Verführungsversuchen, wie sie häufiger vorkamen, widerstand er selbst scheinbar mühelos. Seine Korrektheit im Umgang war unübertroffen, seine moralische Integrität als Arzt und Ehemann blieb stets mustergültig. Zwar kam die Psychoanalyse öffentlich immer wieder in den Geruch, einer Lockerung der Sexualmoral Vorschub zu leisten, aber dieses Vorurteil stand in auffallendem Gegensatz zur persönlichen Rollenauffassung Freuds. Sein Anspruch, als Therapeut nur einen Resonanzraum für die individuelle seelische Geschichte zu bilden, setzte er gerade in Situationen der Anfechtung konsequent um. Im Unterschied zu Kollegen wie Adler, Jones, Jung oder Stekel hielt er sich von verliebten Patientinnen erfolgreich fern, obwohl Verführungsversuche Teil des therapeutischen Alltags und der für die Behandlungssituation typischen Projektionen waren. Freud lebte zwar seit 1895 sexuell abstinent, suchte aber keine Abenteuer außerhalb der Ehe. «‹Ich habe nichts an meiner Frau›», erklärt der ältere Herr der Patientin Dora im *Bruchstück einer Hysterie-Analyse* (1905) und rechtfertigte sich damit für seine erotische Untreue.[198] Eine derartige Position blieb Freud fremd, denn sein Sexualverzicht war Teil seines auf Prinzipien gegründeten Lebensentwurfs. In der Beziehung zu Martha schuf die selbstgewählte Askese, die nach Annas Geburt konsequent durchgehalten wurde, offenbar keine Belastungen. In ihrer gesamten Ehe, so sollte sie sechs Wochen nach Freuds Tod im November 1939 formulieren, sei «kein böses Wort» zwischen ihnen gefallen.[199]

Unbedingte Ehrlichkeit, wie er sie vom Patienten forderte, gehörte zu Freuds eigenen Tugenden. Unterstützt wurde sie durch Nüchternheit, durch den professionellen Blick auf menschliche Verstellung und Täuschung. Seine analytische Tätigkeit, erklärte er 1901, habe ihn geschult in der Wahrnehmung des Unwahren, so daß er mittlerweile zur Lüge selbst unfähig sei.[200] Gerade die Selbstanalyse schuf hier klare Verhältnisse und sorgte dafür, daß Freud sich nicht mehr betrügen konnte. Der Blick in den seelischen Spiegel bedeutete aber auch für den geübten Arzt das Risiko, die Bastionen der Ich-Sicherung durch exakte Ausforschung zu zerstören. Freud nahm diese Konsequenz in Kauf, weil er überzeugt war, daß unangenehme Wahrheiten die Heilung der Psyche beförderten und nicht unterbanden. Er erforschte das «Höhlen-Königreich des Ich»[201], wie es Hugo von Hofmannsthal in einem Brief an Hermann Bahr vom August 1904 nannte, mit dem Nachdruck des Unerschrockenen, der nur in Ausnahmefällen das Opfer seiner eigenen Verdrängung wurde. Freud gab sich nicht mit oberflächlicher Einsicht zufrieden, sondern entfaltete in den Therapiestunden jene Gründlichkeit, die ein hervorstechendes Merkmal seines intellektuellen Haushalts darstellte.

Als Tourist in Italien und Griechenland

Die alte Reiseangst hatte Freud allmählich abgelegt. Er ersehnte die Zeit der Sommerfrische in wochenlanger Vorfreude, präparierte sich für die Fahrten ins Ausland durch genaue Lektüre – vor allem des von ihm geschätzten Baedeker – und wählte die einzelnen Stationen bedachtsam aus.[202] Selbst die wissenschaftlichen Projekte mußten in dieser Zeit ruhen; der August, so schrieb er im Frühjahr 1912 an Ferenczi, sei «keine Zeit für wissenschaftliche Arbeit».[203] Allerdings vermied er es nach Möglichkeit, allein in die Fremde zu fahren. Nur Konferenzen und kürzere Treffen mit Fließ, später mit Jung, Ferenczi, Eitingon oder Abraham bildeten eine Ausnahme – dann setzte er sich ohne Begleitung in den Zug. Ins Ausland reiste Freud bevorzugt in geselliger Runde; das «Alleinsein» hebe das «Vergnügen» unterwegs auf, hieß es im September 1898 während eines Mailand-Besuchs, den er untypischerweise ohne Anhang unternahm.[204] Seit Mitte der 90er Jahre war er regelmäßig mit seinem Bruder Alexander in den Ferien, da der eine Dekade Jüngere noch nicht geheiratet hatte und erst spät eine Familie gründete (sein einziger Sohn wurde im Dezember 1909 geboren).[205] Er begleitete ihn im September 1901 auf die erste, lang ersehnte Reise nach Rom und im kommenden Jahr von Bozen bis nach

Alexander Freud

Neapel, entlang der Amalfi-Küste; auf dem Rückweg machte man in Venedig Station. Über die Besonderheiten von Freuds Romaufenthalten ist später zu berichten.

In den folgenden Jahren wurde Alexander als erfahrener Cicerone häufiger durch die Schwägerin Minna ersetzt. Im August 1898 hatte sie Freud, wie berichtet, erstmals auf der knapp zweiwöchigen Reise von München nach Maloja durch das Engadin begleitet.[206] Im September 1900 unternahm sie mit ihm den zweiten Teil einer größeren Italienreise nach Meran, Venedig und Riva, anstelle von Martha, die nur die ersten Stationen auf österreichischem Boden absolvierte, weil sie unter der südlichen Hitze litt. Am Ossiacher See hatte Freud zuvor seine Schwester Anna getroffen, die mit ihren Kindern über den Sommer aus New York nach Europa gekommen war. Annas hektische Familie schien ihm erheblich auf die Nerven zu fallen, denn als seine Schwägerin am 26. August aus Wien eintraf, war er erleichtert, einen Vorwand für die baldige Weiterreise zu zweit gefunden zu haben. «Endlich», so schrieb er rückblickend an Fließ, «kam die Ablösung; ich meine Minna, mit der ich in kleinen Stationen durchs Pusterthal nach Trient fuhr.»[207]

1903 folgte eine dreiwöchige Reise nach Bozen, die Freud mit der Schwägerin allein bestritt. Minna registrierte zufrieden: «Sigi sehr wohl. Sieht glänzend aus».[208] Freud selbst tauchte ohne Baedeker und Besichtigungs-

Freud mit Martha und Minna

pflichten tief ins Urlaubsleben ein; er genoß das Meer, den Strand von Rapallo («feiner Schlamm») und stellte fest, daß Apollon und Poseidon «Feinde aller Leistungen» seien – eine Einschätzung, wie sie Thomas Manns durch den Süden gefesselter Held Gustav von Aschenbach wenige Jahre später am venezianischen Lido in ähnlicher Weise gewinnen sollte.[209] 1905 ging es mit Minna nach Lugano, an den Lago di Maggiore, nach Mailand und Genua. In Rapallo versuchte sich Freud am Fischfang, machte Bekanntschaft mit dem Polpo, Seeanemonen, Seeigeln und Krabben.[210] Im folgenden Jahr stand ein Aufenthalt in Südtirol an, wo es ihm besonders gut gefiel. An Emma Eckstein schrieb er am 4. August 1906: «Lavarone ist eine Art Paradies (aber bitte nicht weiter sagen)».[211] 1907 und 1908 begleitete die Schwägerin ihn erneut nach Oberitalien. Die Weiterfahrt nach Rom machte Freud Mitte September 1907 jedoch allein, weil Minna von der Hitze erschöpft war. Ohne Begleitung in der Heiligen Stadt fühlte er sich einsam, sehnte sich nach der Familie und schrieb täglich längere Briefe, die von Museumseindrücken und Landschaftsimpressionen erfüllt, aber auch durch leichte Melancholie gekennzeichnet waren.

Die Schwägerin hatte in den Jahren nach 1900 rein äußerlich ihre früheren Reize eingebüßt, sie war matronenhaft und unbeweglicher geworden. Im Wiener Haushalt übernahm sie nun den beherrschenden Part und kontrollierte das Alltagsleben, indem sie den Arbeitsplan für die Dienerschaft festlegte und über Küche wie Kinderzimmer regierte. Minna hatte sich die Rolle der zweiten Gattin erkämpft, die sie nicht mehr preisgab. Sendete sie Briefe an Freud, so verwendete sie dieselbe Anredeformel wie Martha und nannte ihn «Geliebter Alter».[212] Das spiegelte ihr Rollenverständnis als Schatten-Ehefrau, die gleiche Rechte wie die Angetraute besaß, aber auch deren Los trug und deshalb auf sexuelle Erfüllung verzichten mußte. Angesichts dessen war es verständlich, daß sie die gemeinsamen Ferien genoß, weil sie hier ihre Besitzansprüche frei ausleben konnte. Im Naturell trotz allgemeiner Kränklichkeit «resolut», erfüllte sie die Rolle der Organisatorin, die, wie zuvor Alexander, Zugverbindungen studierte, Hotels ausfindig machte und Öffnungszeiten für Museen erkundete.[213] Mitte September 1913 schrieb Freud von seiner sechsten Reise nach Rom, daß sich die Arbeit «innerhalb mäßiger Grenzen halte», da ihm die Schwägerin die Last des Planens abnehme.[214]

Freud pflegte auf Reisen größeren Luxus als im Alltag. Seit der Jahrhundertwende lief die Praxis zunehmend besser, und entsprechende Ausgaben waren vertretbar. In Mailand, Genua, Venedig und Rom wählte er zuweilen Grandhotels als Unterkunft, um die er früher aus Sparsamkeit einen Bogen machte, frequentierte gehobene Restaurants, gönnte sich die teuersten Menüs, Südfrüchte und Süßspeisen.[215] In Neapel genoß er im August 1902 den ‹weißen Ischiawein›, die exotisch anmutenden Gewürze und das vorzügliche Fleisch.[216] Wien bot Vergleichbares nicht, hier gab es lediglich das *Ancora verde* in der Domgasse, das Freud sporadisch mit Martha und Minna besuchte, um eine Flasche Barolo zu trinken.[217] Das köstliche italienische Essen wurde immer wieder gelobt, wobei ein kritischer Selbstkommentar über die in der Fremde gesteigerten Genüsse kaum ausbleiben konnte: «Man wird so materiell.»[218] Bevorzugt rauchte Freud auf Reisen in den Süden Pfeife, gefüllt mit englischem Tabak der Marke *Bird's eye*, und verzichtete auf die Zigarren, die für ihn zum Arbeitsalltag gehörten.[219] Ferienandenken, insbesondere für die Antikensammlung, durften nicht fehlen; sie erhöhten zwar die Ausgaben, zählten aber für Freud zum vollendeten Genuß des Sommerurlaubs. Ging es um den Ankauf von Antiquitäten, so intervenierte Minna gern und forderte

Sparsamkeit ein – auch hier in der Rolle der stellvertretenden Hausfrau, die den Familienetat verteidigte.

Beglückende Ferienerfahrungen vermittelte die Tour an der Amalfiküste, die Freud im Spätsommer 1902 mit seinem Bruder bereiste. Sorrent begrüßte er im Geist von Goethes Mignon aus den *Lehrjahren* als ‹Land, wo die Citronen blühen›, als paradiesische Idylle, deren Orangenbäume, Pinienwälder und Meerespanoramen ihn besonders faszinierten.[220] Abends besuchte er hier eine Operettenaufführung unter freiem Himmel, inmitten der ‹feinsten italienischen Gesellschaft›: «Man begreift, daß die Leute gerne bei Nacht leben.»[221] Wenn er sich hier auf ein Werk der leichten Muse einließ, so unterstrich das die besondere Urlaubssituation. Er, der in Wien nur sporadisch in die Oper ging, mied reine Unterhaltungskunst sonst konsequent. Aber die italienische Stimmung mit ihrer Mixtur aus Wärme, Gelassenheit und Genußfreude löste seine Vorurteile auf. Die Zeit bewegte sich langsamer, sie machte schwerfällig, sinnlich und zugleich neugierig. Freud gab sich, wie andere Reisende aus Europas Mitte, im Süden den Reizen des Lebens hin und vergaß für einige Tage sein asketisches Lebensprogramm.

In Cuma sahen sich Freud und Alexander die Höhle der Sibylle an, die Vergil in der *Aeneis* beschrieben hatte («waren in der Unterwelt»).[222] Man besuchte Capri und Pompeji, nutzte den regen Fährverkehr zwischen Insel und Festland, badete im Meer und genoß die Abende bei gutem Essen und Wein. Das Klima lud dazu ein, in den Nächten spät zu Bett zu gehen – das entsprach Freuds natürlichem Lebensrhythmus. Aber die Abende waren nicht der Arbeit an Manuskripten oder der Lektüre wissenschaftlicher Artikel gewidmet, sondern dem Gespräch über das, was man am Tag gesehen und erfahren hatte. Der Geist fand zur Ruhe, und die Sinne kamen auf ihre Kosten. Niemals zuvor hatte Freud so ungezwungen und naturnah gelebt, frei von den Zwängen seines Wiener Alltags, mit heiteren Genüssen, körperlicher Ausarbeitung, reicher Anregung für Auge und Intellekt. Die Eindrücke von der Küstenroute nannte er noch 18 Jahre später gegenüber seinem Sohn Ernst «das Schönste, was ich gesehen habe».[223]

Mit Alexander fuhr Freud im September 1904 nach Griechenland, über Brindisi und Korfu nach Athen und Korinth. Es war eine spontane Reise, geplant in der Sommerfrische von Königssee, wo Freud sechs Wochen verbrachte. Auf einen Griechenlandbesuch vorbereitet war er in jedem Fall, auch wenn er jetzt kurzfristig in Angriff genommen wurde. Er hatte intensiv Jacob Burckhardts wenige Jahre zuvor veröffentlichte *Griechische Kultur-*

geschichte und Heinrich Schliemanns *Ilios* gelesen, außerdem kannte er die Arbeiten des Archäologen Emanuel Löwy, der, wie berichtet, seit der Studienzeit zu seinen engsten Freunden zählte.[224] Freud ahnte, was ihn erwartete, und sah daher der Begegnung mit dem realen Griechenland, der wirklichen Bühne diesseits des Mythos, gespannt entgegen. Alexander, der mit den europäischen Verkehrsnetzen bestens vertraut war, entwarf die Details der Route. Die Brüder nahmen in der letzten Augustwoche zunächst den Zug nach Triest und buchten von dort eine Schiffspassage, die sie über Brindisi und Korfu nach Athen führte. In Triest benutzte man die Zahnradbahn, um vom Karst aus die schöne Sicht über die Stadt zu bewundern. Die Adria-Fahrt erwies sich dann als «sichere Erholung»; auf einem Schoner mit geringem Komfort, aber bei ‹glänzender Kost›, genossen die Brüder inmitten einer bunten Reisegesellschaft aus Amerikanern, Engländern, Griechen, Albanern und Türken die Passage. Am 2. September erreichte man Korfu, am folgenden Tag den Golf von Korinth, am 4. September Athen. Für den lange ersehnten Besuch der Akropolis, den Freud respektvoll im ‹schönsten Hemd› absolvierte, hatte man nur einen Tag, ehe man den Zug nach Patras und von dort das Schiff zurück nach Triest nahm.[225]

Die Seereise von Triest nach Athen zählte Freud zu den schönsten Urlaubserfahrungen seines Lebens. Ähnlich wie Rom war Griechenland für ihn seit der Schulzeit ein Objekt der Phantasie, das er sich vorstellte, aber nicht direkt zugänglich machte. Nun änderte sich das, und fortan waren die Landschaften der attischen Welt unmittelbar besetzt, nicht nur Bestandteil der Buchkultur. Das Glück, das dieser Wandel auslöste, hielt für Jahre an, ähnlich wie es Goethe durch den Besuch Roms widerfuhr. Daß sich das papierne Altertum, das er seit den Griechischstunden des Gymnasiums kannte, unter der Sonne des Südens in flirrende Lichterspiele, plastische Figuren und ertastbaren Stein verwandelte, erschien dem Antike-Enthusiasten Freud wie eine Offenbarung aus dem vorübergehend heiteren Himmel der Götter.

Ausklang eines Wunder-Jahrzehnts

Wenn das Jahr 1905 für Albert Einstein mit der Entwicklung der Relativitätstheorie ein *annus mirabilis*, ein Wunder-Jahr war, dann bildete die Dekade zwischen 1895 und 1905 für Freud ein *decennium mirabile*, ein Wunder-

Jahrzehnt. Seine Bilanz erschien in der Tat eindrucksvoll: seine großen Studien zum Traum, zur Sexualität, zu den Fehlleistungen und zur Logik des Witzes fanden ihren Abschluß; er hatte sich eine methodisch vielversprechende Position erarbeitet und mit ihr die Möglichkeit angebahnt, die Psychoanalyse weiter auszubauen: zum Werkzeug der therapeutischen Praxis ebenso wie zum Instrument der Kulturdeutung. Seine wissenschaftliche Leistung war beachtlich, wenn man bedenkt, daß seine Publikationsliste im Jahr 1905 bereits acht Monographien, rund zweihundert Artikel und Rezensionen sowie diverse Übersetzungen umfaßte.[226] Dennoch unterblieb die akademische Anerkennung, die er sehnlich wünschte; ein im Herbst von Meynert und Krafft-Ebing erneut eingebrachter Vorschlag auf eine Berufung wurde vom Ministerium nicht aufgegriffen. So fühlte sich Freud, wie er schon im Mai 1900 schrieb, oft kraftlos und enttäuscht – «ein alter, etwas schäbiger Israelit», der im «Ringkampf» mit dem Erzengel den Atem zu verlieren drohte, nun aus den Fängen des Gegners befreit worden ist, aber den Weg zum Gipfel nicht vollendet hat.[227]

Es blieben vor allem innere Zweifel, die Freud in künftigen Jahren nicht verließen. Gefühle «des Entzückens über die ungeahnte Steigerung unserer therapeutischen Leistung» wechselten sich ab mit der «Depression über die Größe der Schwierigkeiten, die unseren Bemühungen im Wege stehen.»[228] Die analytische Praxis mußte eine ständigen Fortentwicklung durchlaufen, damit sie ihre Technik und ihr Wissen vervollständigen konnte. Ihre tastenden Anfänge hatte sie im ‹Wunder-Jahrzehnt› schnell überwunden, aber noch immer, so wußte Freud, lag über ihr die Gefahr des Spekulativen, Dilettantischen. Gewinn an Wissen bedeutete daher «Machtzuwachs» für die therapeutische Arbeit.[229] Das Vertrauen in den möglichen Fortschritt dieses Wissens wies Freud als Rationalisten aus, der eine «Aufklärung der Masse» anstrebte, mit deren Hilfe die beste «Prophylaxe der neurotischen Erkrankungen» geleistet werden konnte.[230] Zugleich trieb ihn die Sorge um, daß er dem gewaltigen Anspruch, den dieses Ziel verriet, nicht gewachsen sein könne. Nach außen zeigte er seine unaufhörliche Anspannung kaum; in der Familie war Freud, wie seine Kinder bestätigten, stets ausgeglichen und zugewandt, gesprächsbereit und liebevoll.[231] Aber die innere Uhr schlug unregelmäßig, in schwankendem Pendelschlag, zwischen Hybris und Angst.

Angesichts der instabilen inneren Verfassung, in der sich Freud trotz seiner wissenschaftlichen Fortschritte befand, bedeutete es für ihn ein

Zeichen der ersehnten Anerkennung, daß ihm im Frühjahr 1902 der «lange vorenthaltene und zuletzt recht wünschenswert gewordene» Professorentitel zuerkannt wurde.[232] Seinen Erfolg führte er auf die gehobene Stimmung zurück, in die ihn die Romreise im September 1901 versetzte. Nach der Rückkehr habe sich bei ihm «die Lust am Leben und Wirken etwas gesteigert, die am Martyrium etwas verringert».[233] Unter dem Eindruck seiner euphorischen Gefühlslage sprach er persönlich bei Sigmund von Exner, dem Nachfolger Brückes auf dem Lehrstuhl für Physiologie und Fachreferenten im Unterrichtsministerium vor, um ihn um Unterstützung im steckengebliebenen Berufungsverfahren zu bitten. Exner, der Freud noch aus gemeinsamer Laborzeit kannte, reagierte zwar gewohnt wortkarg, erklärte sich jedoch einverstanden, Elise Gomperz, Gattin seines ersten akademischen Mentors und 1892 kurzzeitig seine Patientin, einzuschalten und zu bitten, sich beim Minister für ihn zu verwenden. Die Intervention glückte, weil Elise Gomperz diese Mission mit Geschick betrieb und ihrem hochrangigen Gesprächspartner überzeugend erklären konnte, daß Freud ihr schwieriges Nervenleiden äußerst erfolgreich behandelt hatte. Zwar lief der amtliche Prozeß danach langsam und stockend – Exner äußerte unfreundlich, er könne für das Gelingen nicht bürgen –, aber nach einem Jahr war der Erfolg zum Greifen nahe: die «Protectrix» (Beschützerin), wie Freud sie nannte, hatte sich mit ihrer Hartnäckigkeit durchgesetzt.[234] Anläßlich einer Einladung zum Abendessen im Hause Gomperz verkündete der Minister Anfang 1902, daß die betreffende Akte bereits beim Kaiser liege. Im März 1902 veröffentlichte die Wiener Zeitung die Nachricht von Freuds Avancement zum außerordentlichen Professor, für den 1. April erfolgte die Ernennung.

Am 11. März 1902 berichtete Freud dem Freund Fließ, zu dem der Kontakt in dieser Zeit fast abgerissen war, in einer Mischung aus Euphorie und Ironie über seine Titelwürden: «Die Teilnahme der Bevölkerung ist sehr groß. Es regnet auch jetzt schon Glückwünsche und Blumenspenden, als sei die Rolle der Sexualität plötzlich von Sr. Majestät amtlich anerkannt, die Bedeutung des Traumes vom Ministerrat bestätigt und die Notwendigkeit einer psychoanalytischen Therapie der Hysterie mit ⅔ Majorität im Parlament durchgedrungen.»[235] Die akademische Anerkennung verhieß Freud vor allem eine verbesserte Aussicht auf größeren Patientenzulauf. Wenn er seinen Briefkopf sogleich mit dem neuen Titel schmückte, so geschah das nicht aus Eitelkeit, sondern im Interesse einer gesteigerten Außenwirkung seiner Praxis. Bis zum Jahr 1918 setzte Freud seine Vorlesungen kontinuierlich fort, ehe er sich aus Altersgründen nach Kriegsende aus dem akademischen Alltag zurückzog. Daß er niemals eine ordentliche Professur bekleidete, betrachtete er jedoch zeitlebens als schmerzlichen Mangel und Ausdruck fehlender Anerkennung. Pfister schrieb er mit empfindlichem Unterton im Juni 1924, er sei immer nur «Privatdozent» für Neurologie gewesen, niemals Ordinarius, und dieser kleine, aber wichtige Unterschied müsse bei seiner biographischen Würdigung bedacht werden.[236]

Am Ausgang des überaus erfolgreichen Jahrzehnts stand für Freud allerdings auch eine persönliche Enttäuschung: das Ende der Freundschaft mit Fließ. Ihre Ursachen erschließen sich aus der Korrespondenz nur eingeschränkt und fragmentarisch. Fließ zog sich von Freud zurück, weil er eine wachsende Uneinigkeit in wissenschaftlichen Fragen sah. Eifersucht gegenüber dem Traumbuch mochte ebenso eine Rolle gespielt haben wie Kränkung angesichts der Tatsache, daß Freud selbstbewußt seinen Anteil an den Studien des Freundes reklamierte und diesen nur selten in seinen Texten erwähnte.[237] Gleichzeitig wuchsen bei Freud die Zweifel an der Zyklustheorie und der daran geknüpften Geschlechtertypologie. Auch wenn er Fließ seit Mitte der 90er Jahre wiederholt Beispiele aus seinem Familien- und Bekanntenkreis mitteilte, die einen regelhaften Rhythmus von Krankheits- und Geburtsperioden zu beweisen schienen, war er keineswegs überzeugt, daß der Ansatz selbst tragfähig war. Je länger das persönliche Verhältnis dauerte, desto skeptischer wurde er; die Exempel, die er seinen Briefen beifügte, nahmen den Charakter routinierter Belege an, mit denen er der Freundespflicht Genüge tat. Andererseits durchschaute Freud Fließ' Eifersucht und ihre leicht erkennbaren Ursachen nicht. Nüchtern hieß es im Februar 1900, bereits im Zeichen zunehmender Mißverständnisse: «Im ganzen habe ich ja schon oft bemerkt, daß Du mich sehr zu überschätzen pflegst.»[238] Umgekehrt räumte er ein, daß Fließ eine «feminine», und das hieß: rezeptive Seite in ihm ansprach, die sich nur in der Freundschaft mit ihm zur Geltung bringen lasse.[239] Wenn er diesen Aspekt ihrer Beziehung im Frühjahr 1900 ausdrücklich thematisierte, so verriet das auch, wie illusionslos er das Verhältnis inzwischen betrachtete. Fließ hatte eine bestimmte Aufgabe zu erfüllen, und sein Gewicht schwand nach dem Abschluß des Traumbuchs rapide, weil Freud jetzt der Gebende, nicht mehr der Empfangende war.

Anfang August 1900 traf man sich letztmals zu einem ‹Kongreß› in Achensee und stellte unüberbrückbare Gegensätze in nahezu allen Fragen der Sexualität und der Neurosenlehre fest.[240] Freud sah in Fließ' System eine statische Auffassung seelischer Aktivitäten am Werk, während er in wachsendem Maße an die Bedeutung der Psychodynamik glaubte. Unterschwellig warf er dem Freund vor, er habe sich seiner Sexualtheorie bedient, um sein eigenes Konzept breiter zu fundieren. Umgekehrt behauptete Fließ, Freud begründe durch seine Selbstanalyse kein wirklich zuverlässiges Modell psychologischer Erkenntnis, sondern kultiviere nur seine persönlichen Ängste und Projektionen. Nicht zuletzt unterstellte er ihm Neid angesichts seiner eigenen Entdeckungen und der praktischen Relevanz, die sie für die Klinik hätten. Im Rückblick schrieb er 1906 über das Treffen in Achensee: «Damals war Freud von einer unerklärlichen Heftigkeit gegen mich, weil ich in einer Diskussion über Freuds Beobachtungen an seinen Kranken den periodischen Vorgängen auch für die Psyche unbedingte Geltung zusprach: insbesondere sie auch für diejenigen psychopathischen Erscheinungen als wirksam hinstellte, mit deren Analyse zum Zweck der Heilung sich Freud beschäftigt. Weder plötzliche Verschlechterungen noch plötzliche Besserungen seien daher ohne weiteres auf die Analyse und ihre Einwirkungen zu schieben. Ich belegte meine Meinung mit eigenen Beobachtungen. Im Gefolge jener Diskussion glaubte ich bei Freud eine persönliche Animosität gegen mich wahrzunehmen, die aus Neid entsprang.»[241]

Freud und Fließ neigten aufgrund ihrer psychologischen Schulung dazu, ihre Meinungsverschiedenheiten aus seelischen Impulsen wie Eifersucht, unterschwelligen Aggressionen, Liebesenttäuschung oder Ressentiments («Deine Verachtung der Männerfreundschaft») abzuleiten.[242] Freud selbst benutzte später in der Auseinandersetzung mit seinen Schülern Adler, Stekel und Jung ähnliche Formen der Motivationsforschung, um sachliche Dispute mit scheinbaren persönlichen Unzulänglichkeiten zu erklären. Diesen Part übernahm vorerst Fließ, wenn er die brüske Verhaltensweise des Freundes auf psychologisch eindeutige Beweggründe jenseits der Ebene der wissenschaftlichen Diskussion schob. Die Erfahrung von Achensee bewirkte, daß er sich innerlich von Freud zurückzog. Auf für ihn typische Weise führte er den Bruch nicht ausdrücklich herbei, sondern schwieg und beantwortete Briefe nicht mehr. Freud schien die Grundentscheidung, die Fließ hier traf, weder verstehen noch nachvollziehen zu können. Auch im Anschluß an das Treffen in Achensee schickte er ihm Notizen über seine Ende August 1900 begonnenen Italienreise, die ihn nach Venedig, Trient und Riva führte. Als sei nichts geschehen, berichtete er von seinen Arbeitsvorhaben, schilderte die Entstehung der *Psychopathologie des Alltagslebens* und sendete kurze Dossiers über das Befinden seiner Familie. Erst ein Jahr nach der Begegnung in Achensee, im August 1901, begann Freud zu begreifen, daß der Bruch unabweislich war: «Es ist gar nicht zu verhehlen, daß wir beide ein Stück weit auseinandergeraten sind. An dem und jenem merke ich die Distanz.»[243] Während des gesamten Jahres 1902 schrieb Freud Fließ nur fünf Briefe – 1899 gingen dagegen noch 44 Schreiben nach Berlin. Auf die Übersendung der *Psychopathologie des Alltagslebens* reagierte Fließ nicht mehr. Am 7. Dezember 1902 kondolierte Freud dem Freund aus Anlaß einer Totgeburt, die seine Ehefrau erlitten hatte. Danach riß der Faden für 15 Monate vollständig – die Freundschaft schien am Ende.

Im April 1904 schrieb Freud nochmals nach Berlin, um Fließ zur Mitwirkung an einer geplanten Zeitschrift zur «‹Erforschung der Sexualität›» einzuladen.[244] Gleichzeitig verwies er ihn auf eine Studie seines Patienten Wilhelm Swoboda zum Thema *Perioden des menschlichen Organismus* (1904), die Fließ' Zyklustheorie nutzte. Ein wenig zweideutig erklärte Freud, der Freund sei «in mehrfacher Hinsicht» ein «intellektueller Urheber» der Arbeit.[245] Fließ reagierte frostig auf diesen Brief, erklärte, ihm fehle die Zeit zur Mitwirkung an der genannten Zeitschrift, und artikulierte sein Mißvergnügen über Swobodas Schrift, «wegen des Zuges tiefer Unehrlichkeit, der durch das Buch weht.»[246] Am 20. Juli ließ er ein Telegramm folgen, in dem er behauptete, Otto Weininger habe, offenbar von Freuds ‹Schüler› Swoboda informiert, in seiner postum erschienenen Dissertation *Geschlecht und Charakter* die Theorie der Bisexualität von ihm entlehnt, ohne das kenntlich zu machen. Freud antwortete sachlich und wies darauf hin, daß Swoboda niemals sein Schüler, sondern nur sein Patient gewesen sei. An Weininger wiederum erinnerte er sich sehr genau, denn der hatte ihn im Herbst 1901 noch als Philosophiestudent in der Praxis besucht, mit starrem Blick auf die Wand seine Thesen über Androgynie und weibliche Sexualität vorgetragen, schließlich sein Manuskript zur Prüfung übergeben und um Vermittlung eines Verlegers gebeten. Freud blieb damals sehr reserviert und protegierte den jungen Mann nicht, weil ihn der Frauenhaß, der durch alle Zeilen des Textes drang, abstieß. Er halte Weininger, so erklärte er Fließ, für einen Scharlatan und «Einbrecher», der sich fremder Schlüssel bediene.[247] Weiningers von Menschenverachtung, Antisemitismus und Spekulationswut durchzogenes Pamphlet *Geschlecht und Charakter* lehnte Freud zeitlebens ab. Daß der frühere Freund ihn nun durch seinen abgründigen Verdacht einer aktiven Unterstützung dieser Arbeit bezichtigte, mußte ihn schmerzen. Um weitere Mißverständnisse zu vermeiden, legte er Fließ daraufhin seine im Manuskript abgeschlossene Studie über die sexuellen Perversionen vor und bat ihn, mögliche Bezüge zu seinen eigenen Texten kenntlich zu machen, damit nicht der Eindruck einer Entlehnung entstehe.

Freuds durchaus moderate Intervention hielt Fließ nicht davon ab, die Angelegenheit weiter zu verfolgen. Von ihm autorisiert, veröffentlichte der Berliner Bibliothekar Richard Pfennig Anfang Januar 1906 eine Streitschrift mit dem Titel *Wilhelm Fließ und seine Nachentdecker: O. Weininger und H. Swoboda*. Darin wurde Freud der indirekten Mitschuld an der Entlehnung von Fließ' Theorie der Bisexualität bezichtigt, die er leichtfertig an seine ‹Schüler› weitergegeben habe. Wilhelm Stekel publizierte darauf im *Berliner Tagblatt* eine allerdings vergiftet wirkende Verteidigung Freuds, der seinen Anhängern Fließ' Studie über die *Beziehungen zwischen Nase und weiblichen Geschlechtsorganen* (1897) empfohlen und deren Thesen in privaten Zirkeln diskutiert habe, ohne jemals ihre intellektuelle Urheberschaft in Zweifel zu ziehen. Freud wiederum wendete sich im Januar an Karl Kraus und bat ihn in peinlich korrekter Form um eine Gegendarstellung, die dann im Oktober 1906, gestützt auf eine Erklärung Freuds, in der *Fackel* erschien. Diese Zeitschrift für eine Intervention zu wählen war klug, denn Kraus unterstützte Weiningers Lehren massiv und propagierte sie mit Nachdruck, wobei Freud ehrlich genug war, dem Herausgeber zu versichern, daß er seine Hochschätzung nicht teilte.[248] An Magnus Hirschfeld schrieb er noch im Januar 1906 über die Kontroverse: «Ein persönliches Motiv zur Äußerung erwächst mir aus der Ihnen bekannten Beschuldigung, daß ich Weininger und Swoboda mit unveröffentlichten Fließschen Ideen versorgt, natürlich in der Absicht, den wirklichen Urheber zu schädigen. Allein, dies ist so absurd, daß es wenig Gläubige finden dürfte. In Wirklichkeit handelt es sich hier um das Hirngespinst eines Ehrgeizigen, dem in seiner Vereinsamung der Maßstab für das, was möglich, und für das, was erlaubt ist, abhanden kam.»[249] Unter dem Titel *In eigener Sache* veröffentlichte Fließ im selben Jahr eine Broschüre, die nochmals eine scharfe Abrechnung mit Weininger und Swoboda enthielt. Auf sie hat Freud nicht mehr reagiert; im Winter 1907/08 vernichtete er sämtliche Briefe, die er von Fließ erhalten hatte – mit Ausnahme derjenigen aus der Phase des Swoboda-Streits.

Nach dem unerfreulichen Intermezzo im Sommer 1904 erläuterte Freud gegenüber Fließ ausdrücklich, daß seine Schreiben nicht den Eindruck erwecken sollten, er habe Interesse an einer Wiederbelebung der früheren Beziehung. Mit kühler Schärfe hieß es: «Du hast eben in den letzten Jahren – das Alltagsleben ist die Grenze dafür – weder für mich noch für die Meinigen oder für meine Arbeiten mehr Interesse gezeigt. Ich habe es heute schon verschmerzt und wenig Bedürfnis mehr darnach, mache Dir keinen Vorwurf und bitte Dich auch, nicht auf diesen Punkt zu antworten.»[250] Danach riß der Kontakt endgültig ab. Gegen das Leiden, das die Trennung auslöste, setzte Freud später ein Deutungsmuster eigener Art. Fließ habe, so hieß es im Februar 1908, «eine schöne Paranoia entwickelt, nachdem er sich der gewiß nicht geringen Neigung zu mir entledigt.»[251] Damit war der Fall klinisch eingeordnet und bei allem Unerklärlichen, das ihm anhaftete, rational zu bewältigen. Weil Fließ Verfolgungswahn und zudem homoerotische Vorlieben hegte, durfte man die Erinnerung an ihn tilgen. Freud pflegte solche Interpretationen auch später wiederholt zu verwenden, wenn ihn Kollegen und Schüler enttäuschten. Die Standardformel von der Paranoia wurde zum Kampfbegriff, mit dem er sich gegen die Trauer wappnete, die persönliche Kränkungen hervorriefen.

Als sein Anhänger Karl Abraham im Februar 1911 bei Freud anfragte, ob es opportun sei, daß er Fließ in Berlin besuche, lautete die gelassene Antwort: er werde «einen hochbedeutenden, ja faszinierenden Menschen kennen lernen», der ihn vermutlich von der Psychoanalyse abzubringen suche, aber den Austausch lohne.[252] Freud mochte insgeheim erleichtert gewesen sein, daß Abraham Fließ nach der Begegnung zwar als «scharfsinnigen und originellen» Forscher beschrieb, freilich die wahre «*Größe*» einer charismatischen Persönlichkeit vermißte – was einen kontinuierlichen Kontakt mit ihm bis zur Mitte der 20er Jahre nicht ausschloß.[253] Noch im April 1914 warnte Freud Abraham vor einer «Unterwerfung unserer Psychoanalyse unter eine Fließsche Sexualbiologie». Sie wäre, so ergänzte er, von ähnlichem Unglück wie die Preisgabe ihrer Resultate an «Ethik» oder «Metaphysik».[254] In den letzten Jahren vor dem Krieg war die Korrespondenz mit Fließ ohnehin bereits Episode und Erinnerung, allerdings begleitet von schmerzlichen Nebenwirkungen. Nie wieder führte Freud eine Freundschaft mit vergleichbarer Intensität und Offenheit. In den Jahren nach 1900 verharrte er auch dort in der Reserve, wo er Vertrauen und Bestätigung bei anderen fand. Die Wunde Fließ blieb, über die Zeiten hinweg.

ACHTES KAPITEL

Unerhörte Entdeckungen
(1903–1913)

Leistungsethik

Sieht man von der längeren Sommerpause ab, bestand Freuds Leben nahezu ausschließlich aus Arbeit. Praxis, Forschung, akademische Lehre: in diesem Dreieck bewegte sich der Alltag. Hinzu kam seine ausgedehnte Korrespondenz, die er als besondere Verpflichtung wahrnahm. Pro Woche schrieb Freud bis zu zwanzig Briefe, ab der Jahrhundertwende mit steigender Frequenz, im Zeichen wachsender Resonanz und Reputation; am Ende seines Lebens waren es insgesamt fast 20 000, wobei er eine vergleichbar hohe Zahl selbst empfing.[1] Zu den Adressaten gehörten zumeist Kollegen und Schüler, denen er seine Gedanken und Hypothesen ebenso geduldig wie detailliert auseinandersetzte. Ordination und Wissenschaft, Lektüre und Gelehrtenkorrespondenz füllten oft mehr als 16 Stunden des Tages. Der Raubbau, den Freud hier trieb, bewirkte eine ständige Anspannung der Nerven, dauerhafte Erschöpfung und Übermüdung. Gerade in den Jahren zwischen 1900 und 1914 überschritt er die Grenzen seiner Kräfte, auch wenn er sich im Sommer längere Ruhepausen gönnte. Der ‹arme Konrad›, wie er seinen Körper gern nannte, rächte sich auf vielfältige Weise durch Infekte, Kopfschmerz, Verdauungsprobleme und Herzstörungen – letztere traten allerdings seltener auf als in der Zeit vor 1900.[2] Neben dem Ehrgeiz des Forschers blieb die Angst vor materiellen Nöten bei reduzierter Praxis eine wesentliche Triebfeder für Freuds Arbeitsethos. Eine gute Gesundheit, klagte er im Dezember 1909 gegenüber Ferenczi, lasse sich «nur mit Armut paaren».[3]

Freud schätzte in den wenigen Mußestunden, die ihm blieben, gediegene Bequemlichkeit, während ihm exquisite Genüsse fremd waren. Gute Zigarren gönnte er sich, aber das Essen interessierte ihn kaum – ein kräftiger Braten, danach eine Wiener Mehlspeise entsprachen seinem bürgerlichen Geschmack. An Festtagen genehmigte er sich gern ein Stück Torte, wie seine Freunde und Schüler wußten; aus Budapest versorgte ihn Ferenczi häufig mit Süßigkeiten aller Art.[4] Allein auf seinen Italienreisen erlaubte sich Freud den kulinarischen Luxus einer gehobenen mediterranen Küche, die er in wachsendem Maße schätzen lernte. Dazu gehörte dann auch ein südlicher Wein, der das Essen krönte, in ganz seltenen Fällen sogar Champagner. In Wien verzichtete er auf solche Genüsse, statt dessen wurde Mineralwasser getrunken. Freud war extrem mäßig im Umgang mit Alkohol, zeigte jedoch tiefe Abneigung gegenüber der Abstinenzlerbewegung, die, wie er dem in diesem Punkt fanatischen Bleuler schrieb, alles «Übel der Welt» aus einer Ursache erklärte, vergleichbar den Antisemiten, die es «von den Juden ableiten.»[5] Seine Sympathie gelte, so gestand er Binswanger, den ‹ordentlichen Trinkern› wie Gottfried Keller oder Arnold Böcklin, nicht aber den verbohrten Asketen ohne Lebensfreude.[6]

Bei seiner äußeren Erscheinung achtete Freud auf Korrektheit, und niemals sah man ihn diesbezüglich nachlässig. Allerdings genügten ihm wenige Kleidungsstücke zum Wechseln, der Schrank war nur spärlich gefüllt; mehr als drei Paar Schuhe wäre ihm als Luxus erschienen.[7] Die Auswahl für den Tag besorgte Martha, die ihn auch beim Schneider beriet. Seine Anzüge hatten, nach englischem Vorbild, aus kräftigem Tuch zu sein, stets mit Weste und breiten Revers, jedoch mied er jeden Anflug von Dandytum. Der einzige Schmuck, zu dem er sich entschließen konnte, war ein an der rechten Hand getragener Siegelring; während der Analysestunden drehte er ihn, wenn ihn Details interessierten, leicht nervös hin und her.[8] Den Bart, den er seit seiner Studienzeit trug, hielt er nach der Jahrhundertwende kurzgeschnitten, ebenfalls der englischen Mode folgend. Im Badezimmer genügten ihm alte, harte Handtücher; Rasierwasser oder andere Toilettenartikel benutzte er nicht; auch Martha verwendete weder Parfüm noch Kosmetik.[9] Die Wohnung wurde sparsam geheizt, worauf das Dienstmädchen genau zu achten hatte. Besuchern fiel auf, daß es kalt bei Freuds war: durch die Fenster zog der Wind, die Öfen wurden nur mit halber Kraft betrieben. Auswärtige Gäste aus seinem Kollegen- und Schülerkreis wie Abraham, Binswanger, Ferenczi und Jones quartierte Freud in der Pension *Regina* neben der Votivkirche ein, weil die Wohnung nicht genügend Komfort bot; in späteren Jahren brachte er dort auch internationale Patienten unter, die kein festes Wiener Domizil hatten.[10]

Da Freud in den Nachtstunden gern arbeitete, blieben die Ausgaben für abendliche Vergnügungen sehr begrenzt. Sporadisch besuchte er Aufführungen des Burgtheaters, wobei er Stücke von Shakespeare, Calderón, Molière, Goethe und Schiller favorisierte; den in Österreich sehr geschätzten Anton von Wildgans, der später zum Intendanten aufstieg, hielt er dagegen für einen Autor am Rande des Trivialen.[11] Die klassischen Texte zog er modernen eindeutig vor, mit Ausnahme Schnitzlers, den er als Autor bewunderte. Ähnliches galt für die bildende Kunst; während er die Werke der Antike – vor allem Skulpturen – mit ganzer Leidenschaft liebte, ignorierte er die neueren Strömungen vollständig. Weder die Impressionisten noch die Sezessionisten fanden seine Aufmerksamkeit; ob er das Œuvre Monets, die Arbeiten eines Gustav Klimt oder Franz von Stuck mit ihren erotisch gefärbten Motiven überhaupt näher registrierte, darf man bezweifeln. Das Ballett mied Freud, Konzerte besuchte er als «unmusikalischer Mensch», wie er sich gegenüber Lou Andreas-Salomé nannte, so gut wie niemals.[12] In der Michelangelo-Studie von 1914 erklärte er sein diesbezügliches Desinteresse mit seiner analytischen Veranlagung, die ihn zwinge, alles zu zergliedern, was ihn künstlerisch anspreche; das ihn Ergreifende müsse er verstehen, und er könne sich nicht hingeben, ohne die Vernunft arbeiten zu lassen.[13]

Sporadische Opernbesuche gönnte er sich dennoch, weil er Dramatik auf der Bühne schätzte und das Musikalische hier nicht allein im Vordergrund stand. In besonderem Maße liebte er solche Stoffe, die durch eine dynamische Handlungsstruktur bestimmt wurden: Bizets *Carmen* zuallererst, auch Mozarts *Zauberflöte, Don Giovanni* und *Figaros Hochzeit*, dazu Wagners *Meistersinger.*[14] Die Werke von Richard Strauß waren dagegen nicht nach seinem Gefallen, obgleich ihre Libretti, die zumeist Hofmannsthal beisteuerte, ihn durchaus thematisch hätten interessieren können – man denke nur an die *Elektra* oder den *Rosenkavalier* mit ihren eigenen sexuellen Konfigurationen. An diesem Punkt sorgte der konventionelle Geschmack Freuds für Grenzen: Strauß' Musiktheater fand er zu aufwühlend-nervös, zu unklassisch trotz mancher Traditionselemente, wie sie gerade bei den Komödienstoffen durchschlugen. Auch hier galt, daß Freud außerstande war, seine Vernunft auszuschalten und sich bewußtlos hinzugeben. Formen des ästhetisch angebahnten Kontrollverlusts hätte er nicht als Genuß, sondern als Strafe betrachtet. Aus demselben Grund ignorierte er auch die Gemälde Klimts, obwohl ihre Themen so eng mit seinen eigenen Überlegungen zur Macht des Unbewußten und der Rolle der Sexualität verbunden waren. Die suggestive Kraft dieser Bilder dürfte ihm unheimlich gewesen sein, und deshalb mied er sie wie das Theater Hofmannsthals.

Mit der Welt der Kunst verband Freud nicht zuletzt, daß ihn gelegentlich Sängerinnen, Regisseure oder Schriftsteller konsultierten. 1906 kam der Dirigent Bruno Walter zu ihm in die Praxis, der fünf Jahre zuvor als Kapellmeister an die Wiener Hofoper berufen worden war. Walter klagte über eine Lähmung seines rechten Armes, die ihm die Ausübung seines Berufs unmöglich machte. Freud gelang es in nur sechs Sitzungen, die hinter dem körperlichen Symptom liegende neurotische Störung zu erkennen und zu lösen.[15] Der Dirigent pries später die Leistung seines Arztes als Wunder, das ihm die verlorene Arbeitsfähigkeit wiedergegeben hatte. Wenn Freud fortan die Oper besuchte, mochte er an die seelischen Spannungen denken, die auch in der Welt der Künstler auftraten. Was leicht und ungezwungen wirkte, war oftmals inneren Konflikten abgerungen, von denen die nichts ahnten, die in den prachtvollen Theatern der Stadt saßen, um ihren Abend zu genießen.

Freud führte ein sparsames Leben ohne Luxusausgaben. Martha, hanseatischer Disziplin verpflichtet, unterstützte ihren Mann in dieser bescheidenen Grundhaltung. Große Diners, öffentliche Empfänge, Bälle oder Kostümfeste gehörten, anders als bei Arthur Schnitzler oder Freuds Kollegen Wagner-Jauregg, nicht zur Welt der Freuds. Der alte französische Frack des Hausherrn hing ungetragen im Schrank, einen Smoking besaß er nicht, und förmliche Gesellschaftstreffen mied er seit den Pariser Tagen. Nur in einem Punkt war sich das Ehepaar uneins: Martha betrachtete im Gegensatz zu ihrem Mann die Lage der Wohnung als nicht standesgemäß. Das Milieu der Kleinhändler und Krämer, der Kaufleute des Altmarkts und der Huren an der Behringerstraße fand sie elend. Die bürgerliche Oberschicht mied diese Gegend und suchte sich Wohnungen im kulturellen Zentrum, zwischen Oper und Burgtheater. Gern hätte Martha ein repräsentativeres Haus in der Nähe des Rings geführt oder ein Domizil in einem der vornehmen Außenbezirke erworben, aber Freud hielt ein solches Ziel für unangemessen.[16] Er benötigte nicht mehr Raum, genügend Naturnähe boten ihm die jährlichen Sommerferien auf dem Land, und zusätzliche Gäste wünschte er keineswegs. An Wochentagen kamen Kollegen und Patienten, dienstags besuchte er die Treffen seiner jüdischen Logenbrüder, am Sonnabend sah er die Tarock-Freunde, am Sonntag die Mutter, Schwestern und

Schwäger. Die beiden Wohnungen in der Berggasse boten für seine gesellschaftlichen Verpflichtungen alles, was er brauchte. Sein Platz war hier, inmitten jüdischer Geschäftsleute und Ärzte, nahe der Universität, nicht zu fern vom städtischen Zentrum – ein Umzug kam nicht in Frage. Daß seine Frau unter dieser Entscheidung litt, war ihm bewußt, wie er Ferenczi im Juni 1918 gestand. Martha benötige mehr Luxus als er, aber er vermöge ihre Wünsche nicht zu erfüllen, weil sie ihm fremd blieben: «Sie kann so sehr unglücklich über Kleinigkeiten sein und den Humor vermissen lassen; in der Richtung liegen nun einmal ihre Unzulänglichkeiten, und auf Verschiebungswegen geht es wohl so zu, daß ich es nicht gut vertrage, von ihr dafür verantwortlich gemacht zu werden.»[17]

Freuds Tag begann um sieben Uhr früh mit einer erfrischenden Dusche, auf die er auch während seiner Reisen und in Konferenzhotels ungern verzichtete. Er betrachtete das als Luxus, weil er sich sehr genau an seine Kinder- und Jugendtage erinnerte, in denen er mit den Eltern in einer Wohnung ohne Badezimmer lebte.[18] Als die Duschanlage einestags defekt war und vom Klempner repariert werden mußte, fühlte er sich am Morgen wie gelähmt, da ihm der warme Wasserstrahl fehlte.[19] Gerade gegen die Migräne, die ihn bis zu seinem 50. Lebensjahr immer wieder heimsuchte, war das Bad am Morgen ein Allheilmittel. Nach dem kurzen Frühstück mit Kaffee, Brötchen und Marmelade begab sich Freud an den Schreibtisch, die Praxis öffnete gegen acht, spätestens um neun Uhr. Er behandelte sechs Tage in der Woche jeweils bis zu zehn Stunden, nur der Sonntag war der Erholung gewidmet: Familienbesuchen, Gesellschaftsspielen, ausgedehnten Spaziergängen, dem Zusammensein mit den Kindern und mit Hermann und Cäcilie, den Sprößlingen seiner Lieblingsschwester Rosa, die auf der Etage gegenüber wohnte. Regelmäßig sah Freud seine alte Mutter, die an christlichen Feiertagen – jüdische Feste ignorierte sie – die große Familie zu sich in die Grünentorgasse einlud. Das Essen, so erinnerte sich Martin Freud, war bei diesen Anlässen stets «reichhaltig», und es wurde Punsch in großen Mengen konsumiert.[20]

Die sporadischen Rollenwechsel vom Leistungsethiker zum ‹genußsüchtigen Philister› waren Freud wichtig, weil die analytische Arbeit Kräfte kostete. «In den Stunden, die ich übrig habe», schrieb er im März 1900 an Fließ, «sorge ich dafür, nicht zur Reflexion zu kommen. Ich überlasse mich meinen Phantasien, spiele Schach, lese englische Romane; alles Ernsthafte bleibt verbannt.»[21] Solcher Freiraum für die Exkursionen der Einbildungskraft, die im analytischen Gespräch streng gefesselt werden mußte, war Freud zeitlebens wichtig. Denn nur wenn er seine Imagination in Bewegung hielt, konnte er seine Wissenschaft vorantreiben. Zu den Tagträumen dieser arbeitsreichen Jahre gehörte es auch, daß er sich vorstellte, seinen Lebensabend in einem englischen Cottage zu verbringen, bei Kamin und Bibliothek, mit Blick auf einen großen Garten, behaglich eingerichtet in komfortablen Verhältnissen.[22] Die Phantasie sollte sich später erfüllen, allerdings unter weniger idyllischen Umständen, als er es sich wünschte.

Ein detektivischer Leser

Als jüngerer Mann liebte Freud die schöne Literatur. Neben der deutschen Klassik und ausgewählten Werken der Romantik – vor allem E. T. A. Hoffmanns und Chamissos – schätzte er besonders englische Autoren. Seit Schulzeiten war er mit Shakespeares Texten, aus denen er frei zitieren konnte, bestens vertraut. Kiplings *Phantom Rickshaw, The Light That Failed* und das auch von den Kindern geliebte *Jungle Book*, die Bücher von Galsworthy und Mark Twain gehörten zu seinen bevorzugten Lektüren.[23] Im Februar 1898 besuchte er einen Vortrag Twains in Wien, der ihn außerordentlich beeindruckte.[24] Über viele Jahre las er ausschließlich Englischsprachiges, als passionierter Bewunderer britischer Kultur und Tradition. Unter den Autoren der Gegenwart schätzte er seit seinem Aufenthalt in der französischen Metropole Victor Hugo, dessen Roman *Notre Dame de Paris* er, wie Ludwig Binswanger sich erinnerte, gern verschenkte, außerdem Anatole France und Emile Zola, den er für sein Engagement in der Dreyfuß-Affäre als ‹braven Kerl› lobte.[25] Ibsens Dramen sagten ihm wegen ihrer psychologisch stimmigen Porträts zu, und aus den Schauspielen Strindbergs konnte er lange Passagen auswendig rezitieren.[26] Dostojevskij entdeckte er dagegen relativ spät; im Februar 1910 schickte ihm sein Berliner Schüler Max Eitingon die Gesamtausgabe des Piper-Verlags, über die er sich außerordentlich freute.[27] Das Werk des russischen Romanciers sollte ihn dann in den 20er Jahren zu einem Deutungsversuch animieren, der Stärken und Schwächen seiner psychoanalytisch angeregten Lektüren gleichermaßen offenbarte.

Daß Schriftsteller eine eigene, sehr subtile Kenntnis des seelischen Apparates besaßen, überraschte Freud immer wieder. Am 19. März 1899 gestand er Fließ nach einem Besuch im Burgtheater: «Unlängst war ich in

Arthur Schnitzler

Schnitzlers Paracelsus erstaunt, wieviel von den Dingen so ein Dichter weiß.»[28] Der Einakter, der zweieinhalb Wochen zuvor uraufgeführt worden war, lieferte, dem Muster französischer Kurzdramen des 19. Jahrhunderts folgend, ein pointiertes Lehrstück über die Relativität persönlicher Erfahrung. Der Arzt und Wunderheiler Paracelsus kehrt nach langer Zeit ins Haus des Waffenschmieds Cyprian zurück, wo er dessen Frau Justina wiedersieht, die er früher selbst begehrt hat. Um Justina von einer hartnäckigen Melancholie zu befreien, versetzt er sie in Schlaf, weckt damit aber ihre alte Sehnsucht auf: Justina hat einst Paracelsus geliebt und sich nur im Zeichen der Vernunft für die Ehe mit dem vermögenden Cyprian entschieden. In letzter Konsequenz bekennt sie sich zwar zu diesem Schritt, doch die Schatten der Vergangenheit sind neu erschienen und lassen sich nicht wieder vergessen. Unschwer ist zu erkennen, daß Paracelsus hypnotische Verfahren nutzt, um Justinas Inneres zu erkunden: «Und will mit leisen Worten | Ein ganzes Schicksal ihr erstehen lassen. | Ich nenn' es so, Ihr nennt es einen Traum –».[29] Am Ende muß der Arzt begreifen, daß seine Kunst ihn an bedrohliche Abgründe geführt hat. Die Therapie schließt ihn selbst und das Wissen über sein Ich ein: «Doch was ich heut gesehn, für alle Zeit | Soll's mich vor allzu großem Stolze hüten. | Es war ein Spiel, doch fand ich seinen Sinn; – | Und weiß, daß ich auf rechtem Wege bin.»[30]

Was Schnitzler hier enthüllte, entsprach sehr genau der Verwicklung des Analytikers in die eigene therapeutische Praxis. Zahlreiche Fälle konfrontierten ihn mit seinen persönlichen Schattenseiten, und es gab Situationen, in denen der Kranke durch den Widerstand gegen die Kur dafür sorgte, daß der Arzt seine Selbstverstrickung durchschaute. Freud hatte guten Grund, angesichts dieser hellsichtigen Diagnose des Dramas aufzuschrecken. Denn Schnitzlers Text offenbarte, wie schon sein *Anatol*-Zyklus (1893), ein überraschendes Wissen ‹von den Dingen›, das den Theorien der Psychoanalyse vorauseilte, ohne sich auf ihr systematisch-begriffliches Rüstzeug zu stützen. 1906 formulierte Freud in einem unpubliziert gebliebenen Beitrag zur Darstellung seelischer Leiden auf der Bühne, diese müßten hervortreten «im Zusammenhang mit den Verhältnissen, unter denen sie erworben werden».[31] Nur dann kann ein Drama seine Wirkung erzielen, wenn es die Neurose seines Helden – wie im Fall des *Hamlet* – in der Entstehung zeigt und damit nachvollziehbar macht. Der ideale Zuschauer ist der Neurotiker, der seine eigene Krankengeschichte auf der Bühne gespiegelt sieht und so zur Selbsttherapie findet. Psychisch abnorme Charaktere, die in ihrem Zustand verharren, mochte Freud als Protagonisten weder im Drama noch im Roman akzeptieren. «Das kommt daher», schrieb er Theodor Reik am 14. April 1929, «daß sich meine Geduld mit pathologischen Naturen in der Analyse erschöpft. In Kunst und Leben bin ich gegen sie intolerant.»[32] Die Frage, inwiefern manche seiner Kranken selbst theatralisch-schauspielerische Züge an den Tag legten, mochte sich Freud nicht stellen, auch wenn sie ihm seit der Zeit seiner Hysterie-Studien und durch Breuers Erfahrungen mit Bertha Pappenheim vertraut war.

Schnitzlers Text überzeugte Freud so sehr, daß er ihn 1905 im *Bruchstück einer Hysterie-Analyse* zitierte, um die These von der inneren Affinität des Neurotikers zu seinem Leiden zu stützen. Dort bemerkte er: «Wer den Kranken gesund machen will, stößt dann zu seinem Erstaunen auf einen großen Widerstand, der ihn belehrt, daß es dem Kranken mit der Absicht, das Leiden aufzugeben, nicht so ganz, so voll ernst ist.» Und in einer Fußnote verwies Freud darauf, daß Schnitzler dieser Beobachtung schon in seinem *Paracelsus*-Drama «sehr richtigen Ausdruck gegeben habe».[33] Am 8. Mai 1906 schrieb er dem Autor anerkennend: «Ich habe mich oft verwundert gefragt, woher Sie diese oder jene geheime Kenntnis nehmen könnten, die ich mir durch mühselige Erforschung des Objekts erworben, und endlich kam ich dazu, den Dichter zu beneiden, den ich sonst bewundert.»[34] In seinem Brief vom 14. Mai 1922, in dem er Schnitzler zum 60. Geburtstag gratulierte, bescheinigte er ihm, er sei «ein psychologischer Tiefenforscher», der nur mit anderen Mitteln als er selbst arbeite.[35] Gerade diese besondere Befähigung zur Seelenanalyse bewirkte jedoch, daß Freud Abstand zu dem berühmten Schriftsteller hielt. Während Julius Schnitzler über Jahrzehnte zu seiner Tarockrunde gehörte, mied er den älteren Bruder. Dabei wäre ein direkter Austausch sehr einfach und aufgrund der räumlichen Nachbarschaft naheliegend gewesen. Arthur Schnitzler wohnte bis 1903 in der Frankgasse nicht weit von Freuds Domizil; seit dem Sommer 1910 besaß er eine Stadtvilla in der Sternwartestraße 71, die knappe 20 Gehminuten von der Berggasse entfernt war. Trotz solcher räumlichen Nähe suchte Freud keinen persönlichen Kontakt, weil ihm das psychologische Wissen des anderen unheimlich blieb. Das vielzitierte Geständnis aus dem Geburtstagsbrief von 1922, er habe die persönliche Bekanntschaft «aus einer Art von Doppelgängerscheu» gefürchtet, verband diese Haltung der Distanz mit einem leicht ironisch gefärbten Mystizismus: Schnitzler avancierte hier zu einem literarischen Revenant des Mediziners, einem heimlichen zweiten Freud auf der Bühne des Burgtheaters und in den Welten der Novelle.[36]

Die Erkenntnis, daß der Arzt in die seelische Krankheit des Patienten verstrickt ist, gehörte zu den grundlegenden psychologischen Einsichten, die Schnitzlers Drama vermittelte. Damit bot es neben der Reflexion analytischer Konflikte auch eine szenische Beleuchtung der Übertragungswirkungen, denen die Therapie stets unterworfen bleibt. Bei aller Verwunderung über solche intuitiven Befunde war sich Freud jedoch bewußt, daß die Wissenschaft, wie er im März 1930 schrieb, kein Recht hatte, von der Literatur «zutreffende psychiatrische Krankheitsbilder zu verlangen.»[37] Die verblüffende seelenanalytische Sachkunde eines Schnitzler, aber auch Shakespeares und Goethes stieß dort an Grenzen, wo es um methodisch konsequente Begründungen des Pathologischen ging. Jede Form einer direkten Gleichsetzung von Therapie und Literatur mußte daher vermieden werden, damit beide Bereiche ihr Eigenrecht behielten. Lear war eben kein Hysteriker, wie der österreichische Schriftsteller Richard Flatter noch 1930 behauptete, und Freud umschiffte solche Vergleiche selbst mit wachsender Souveränität.[38] Je unabhängiger seine Lehre wurde, desto weniger bedurfte sie eines falschen Geleitschutzes durch Dichtung und Malerei.

Die Einsicht, daß die Literatur eine eigene Kenntnis vom Unbewußten besaß, begleitete dennoch Freuds gesamtes Leben. Sie durchzog die Phase der Selbstanalyse, manifestierte sich in der Argumentation der *Traumdeutung* und wurde in zwei Studien wirksam, die nach 1906 entstanden: im *Gradiva*-Aufsatz (1907), der sich mit einer Novelle Wilhelm Jensens befaßte, und im Essay *Der Dichter und das Phantasieren* (1909). Eine Vorstufe dieser beiden Arbeiten lieferte eine Skizze, die Anfang Juli 1898 in einem Brief an Fließ entworfen wurde. Dort analysierte Freud Conrad Ferdinand Meyers Novelle *Die Hochzeit des Mönchs* (1884), an der er die Rückprojektion «von einem neuen Erlebnis auf eine alte Zeit» hervorhob. Ein Grundmuster des Textes beruhe darauf, daß das «Spiegelbild der Gegenwart in einer phantasierten Vergangenheit» liege, «die dann prophetisch für die Gegenwart wird.»[39] In eben diese Richtung zielten auch die Befunde, die Freuds Untersuchung der *Gradiva*-Erzählung lieferte.[40]

Ihr Autor, der außerordentlich produktive Wilhelm Jensen, ist heute, anders als sein Freund Wilhelm Raabe, gänzlich vergessen und selbst Literarturhistorikern kaum eine Erwähnung wert, obgleich er mehr als 150 Texte – vorwiegend Romane, Erzählungen und Novellen – veröffentlichte. Die *Gradiva*, die 1902 erschien, lernte Freud durch Hinweise seines Patienten und Schülers Stekel kennen.[41] Seine Interpretation der Geschichte war ausschließlich von der Absicht getragen, psychoanalytische Diagnosen über die dichterische Quelle abzusichern. Wesentliche Annahme blieb es dabei, daß Jensen den fiktiven Träumen seines Helden persönliche Erfahrungen zugrunde gelegt habe. Die geschickt komponierte Novelle bot nichts anderes als eine Liebesgeschichte im Gelehrtenmilieu: der Archäologe Norbert Hanold ist fasziniert von einer antiken Relieffigur, die eine junge Frau im Vorüberschreiten zeigt. Sie erscheint ihm eines Nachts im Traum wieder, als Bewohnerin Pompejis, die am 24. August des Jahres 79 n. Chr. durch die vom Ausbruch des Vesuvs getroffene Stadt läuft und sich an den Füßen des Apoll-Tempels geisterbleich zum Sterben bettet. Als Hanold wenig später zu Grabungen nach Pompeji reist, begegnet er seiner Figur leibhaftig, wobei er sich im Glauben wähnt, es handele sich tatsächlich um eine Wiedergängerin der Toten. Daß die vermeintlich Fremde seine Jugendfreundin Zoë ist, die mit ihrem Vater, einem Zoologieprofessor, in Pompeji weilt, erkennt der Verwirrte zunächst nicht. Er trifft sie mehrfach, spricht mit ihr und bleibt in dem Wahn, daß sie seine Relieffigur sei, ehe ihn Zoë behutsam ins normale Wachbewußtsein zurückführt.

Jensens Protagonistin agiert «als Arzt», also wie eine Analytikerin, die Hanold kathartisch behandelt.[42] Sie kuriert ihn von seinen Phantasien, indem sie diese zunächst als Realitäten ernstnimmt, aber an entscheidenden Punkten kritisch nachfragt, um ihre Ursprünge und Motive zu durchleuchten. Am Ende offenbart sich, daß Hanold Zoë seit langem insgeheim liebt und seine unterdrückte Leidenschaft auf das Relief, damit indirekt auf seine altertumskundliche Wissenschaft richtet. Die junge Frau betätigt sich als Therapeutin aus eigenem Interesse, weil auch sie von Hanold angezogen ist. Die sentimentale Pointe der Novelle besteht in der Heirat des Paars, doch Freuds Deutung stellte klar, daß dieses nur die oberflächliche Konsequenz des Geschehens ist. Entscheidend bleibt Zoës therapeutisches Engagement im Blick auf die Neurose Hanolds, der seine Libido in das Ersatzobjekt der Figur investiert hat und nun zur seelischen Normalität zurückgeleitet wird. «Jede psychoanalytische Behandlung», schrieb Freud abschließend, «ist ein Versuch, verdrängte Liebe zu befreien, die in einem Symptom einen kümmerlichen Kompromißausweg gefunden hatte.»[43]

Freud ging davon aus, daß Jensen mit seiner Novelle «eine völlig korrekte psychiatrische Studie geliefert» habe.[44] Die Unterscheidung zwischen Fiktion und Wirklichkeit interessierte ihn kaum, und seine Hinweise auf diese Differenz trugen rhetorischen Charakter, da sie methodisch keine Rolle spielten. Die Dichtung selbst kam nicht zu ihrem eigenen Recht, sondern diente nur als Beweisstück für die analytische Thesenbildung. Die Möglichkeiten, die Freud aus den Einsichten in die Verbindung von Sprachstruktur und Traum erwuchsen, wurden nirgends genutzt. Ebensowenig beachtete er, daß auch die suggestive Seite des literarischen Textes eine besondere Vernunft und Logik ausprägte – ein Phänomen, das Robert Musil einige Jahre später in seiner *Skizze der Erkenntnis des Dichters* untersuchte.[45] Freud ignorierte Fragen der Form komplett und verlegte sich allein auf den ‹Gehalt› der Novelle, womit er das theoretische Niveau der zeitgenössischen Kunstphilosophie und Ästhetik definitiv unterschritt. Insgesamt bot sein Essay einen Vorläufer jener schematischen psychoanalytischen Lektüren, die jahrzehntelang unter Berufung auf seine Lehre verfaßt wurden.

Die Spuren, die von Freud zur Literatur führten, waren freilich komplexer, als es der Aufsatz sichtbar werden ließ. Und vor allem beschränkten sie sich nicht auf die Ähnlichkeit zwischen realen und fiktiven Träumen oder das geheime Wissen der Poesie, sondern erstreckten sich auch auf die Sprachlogik des Unbewußten. Aber die weiteren Konsequenzen aus diesem Zusammenhang zu ziehen, kam Freud nicht in den Sinn, weil ihn anderes interessierte: weniger die literarische Qualität der Psychologie als die psychologische Struktur der Literatur lag im Zentrum seiner Aufmerksamkeit. Freud verwandelte den dichterischen Text in ein seelisches System, das er dann ähnlich wie die kranke Psyche ‹las›. Die hysterische, im weiteren Sinne neurotische Grundstruktur von Jensens Protagonisten spiegelte sich nicht in grellen Charaktermerkmalen, sondern in Handlungssequenzen und Motiven. Es war zwingend, daß Freuds Untersuchung genau diese Strukturen des poetischen Textes im Blick auf ihre psychoanalytische Ergiebigkeit beleuchtete. In einem Punkt vermied er dabei die Fehler späterer Anwendungen seiner Theorie: er verzichtete auf Spekulationen über die seelischen Anlagen des Autors und mögliche autobiographische Bezüge. Wenn Stekel in seiner Studie *Dichtung und Neurose* (1909), die merklich vom *Gradiva*-Aufsatz geprägt war, apodiktisch erklärte, daß jeder Schriftsteller ein «Neurotiker» und jedes Werk eine «Beichte» sei, vereinfachte er Freuds vorsichtige Position auf bedenkliche Weise.[46]

Während die Anhänger den Text feierten – Jung nannte ihn «herrlich» –, schien Wilhelm Jensen, dem Freud seine Schrift zugeschickt hatte, ein wenig unsicher, wie er auf die Deutung reagieren sollte.[47] In einem Brief vom 13. Mai 1907 bemängelte er die Tendenz zur analytischen Spitzfindigkeit, ohne die Befunde des Aufsatzes prinzipiell in Frage zu stellen: «Aber im Ganzen, allem Hauptsächlichen, kann ich rückhaltlos beistimmen».[48] Seinen Hinweis, er habe die Novelle wie in Trance geschrieben, kommentierte wiederum Freud nicht näher; statt dessen bat er um Informationen über mögliche Inzestphantasien des Autors, wie er sie in der Gradiva-Figur wiederzufinden meinte. Diese Frage ging dem prüden Jensen zu weit, er verweigerte weitere Erläuterungen und brachte die Korrespondenz damit zum Erliegen.[49] Das Gespräch zwischen Autor und Analytiker verstummte im Dezember 1907, ehe es richtig angesprungen war.

«Wie kam der Dichter», so überlegte Freud in der *Gradiva*-Studie, «nur zu dem gleichen Wissen wie der Arzt, oder wenigstens zum Benehmen, als ob er das Gleiche wisse?»[50] Die Frage bezeichnete den Ausgangspunkt des Essays über das literarische ‹Phantasieren›, der aus dem Jahr 1908 stammt. Eine Vorstufe trug Freud am 6. Dezember 1907 im Salon Hugo Hellers vor, der seit 1905 im Wiener Dürerhaus am Bauernmarkt 3 eine große Verlagsbuchhandlung führte und in seiner Kunstgalerie Werke der Moderne – unter anderem von Gustav Klimt, Max Klinger, Käthe Kollwitz und Auguste Rodin – vertrieb. Es waren immerhin 90 Zuhörer gekommen, und die

Neue Freie Presse berichtete am folgenden Tag über das Referat. Freud ging hier dem Problem nach, aus welchen Quellen der Schriftsteller seine besonderen Kenntnisse über das menschliche Seelenleben bezog. Eine Lösung zu finden ist zunächst schwierig, weil wir im Alltag keine der literarischen Produktion vergleichbaren Tätigkeiten zu kennen scheinen. Es gibt jedoch eine Ausnahme, nämlich das infantile Spiel und, aus ihm hervorgehend, das Phantasieren der Erwachsenen. Spiel bedeutet ein Simulationshandeln, mit dessen Hilfe sich die Kinder in die Rolle der Älteren versetzen. Das Resultat dieses probeartigen Agierens ist ein Lustgefühl – eine Beobachtung, die schon Schiller 1795 in seinen Briefen *Ueber die ästhetische Erziehung des Menschen* mitteilte.[51] Das Spiel des Kindes verwandelt sich in das Phantasieren des Erwachsenen, der sich aus dem Alltagserleben davonstiehlt: «Er baut sich Luftschlösser, schafft das, was man Tagträume nennt.»[52] Spiel wie Phantasieren bilden Kernfelder der poetischen Tätigkeit, und sie teilen miteinander die Tatsache, daß sie aus einem unerfüllten Wunsch entstehen: «Man darf sagen, der Glückliche phantasiert nie, nur der unbefriedigte.»[53] Der Journalist Max Graf, ein früher Anhänger Freuds, hatte am 11. Dezember 1907 in einem Vortrag über die *Methodik der Dichterpsychologie* referiert und dabei ausgeführt: «Alle künstlerische Produktion wurzelt im Verdrängten. Das Verdrängte aber wird dem Autobiographen bei der Wiedergabe der wichtigsten Erlebnisse Widerstand entgegensetzen, und gerade auf die wichtigsten Fragen erhält man keine Antwort.»[54] Die ästhetische Praxis vollzieht also vor diesem Hintergrund, wie Winfried Menninghaus beobachtet hat, eine «Verwandlung» des Unerlaubten «in eine schuld- und schamlose Lust.»[55]

Der Theologe Friedrich Wilhelm Hildebrandt hatte 1875 in einem Essay, den Freud für den Forschungsbericht der *Traumdeutung* las, alle Formen der Genialität auf den «geheimnisvollen Lebensbrunnen des Unbewussten» zurückgeführt.[56] Das entsprach den zeittypischen Auffassungen über künstlerische Produktivität als Auswirkung unwillkürlicher Inspirationskräfte. Freud betonte dagegen, daß die literarische Phantasie stets bewußter Steuerung unterliege. «Seine Majestät, das Ich» bleibe die lenkende Instanz, die das Geschehen dirigiere.[57] Der Dichter beziehe seine Materialien für die Imagination aus Erlebnissen und Erinnerungen, welche er dann passend bearbeite. Er operiert dabei auf zwei verschiedenen Ebenen, indem er zunächst seinen ‹Tagtraum› abschwächt und verhüllt – eine Aktivität, die jener der Traumzensur vergleichbar ist; anschließend formt er seine Phantasien durch eine schöne Sprache, die uns – als «Verlockungsprämie» – die «Vorlust» auf die Erfüllung unserer Wünsche verheißt.[58] Daß Freud mit dieser pauschalen Formel die Möglichkeiten der modernen Literatur nur unvollständig auslotete, liegt auf der Hand. Weder die Ästhetik des Häßlichen, der schon die Theorien von Hegel und Rosenkranz – wenngleich kritisch – Rechnung trugen, noch Ironie oder Satire wurden auf solche Weise angemessen erfaßt. Freud blieb, wo er das Wesen der Dichtung zu beschreiben suchte, einem normativen Kanon verbunden, in dem vermeintliche Abweichungen keinen Platz fanden. Konsequenterweise mißfiel ihm der deutsche Naturalismus mit seinen unerfreulichen Milieustudien, die Abgründe des sozialen Elends zeigten. Besonders scharfe Kritik traf dessen Protagonisten Gerhart Hauptmann; er sei, so bemerkte er Ende März 1909 in intimer Schüler-Runde, «ein unsympathischer Kerl», der es «nicht verstehe, psychologische Probleme in uns ergreifender Weise vorzuführen.»[59]

Aufschlußreich war Freuds Lektüre literarischer Texte weniger im Blick auf die ihr zugrunde liegenden ästhetischen Maßstäbe als durch ihre intellektuelle Haltung. Hinter ihr offenbarte sich eine aktive Einstellung, die nicht analytisch bleibt, sondern eine bestehende Ordnung umbaut. Niklas Luhmann hat das psychotherapeutische Verfahren, ohne sich ausdrücklich auf Freud zu berufen, als «‹paradoxe Intervention›» beschrieben. Bei ihm geht es um einen Eingriff in ein festes Gefüge, mit dem Ziel, dessen innere Architektur nach außen zu schieben.[60] Paradox ist dieses Vorgehen, weil es das Abweichende absichtsvoll hervorruft und nicht zudeckt oder direkt heilt. So wie die therapeutische Praxis die seelische Organisation durch provokative Fragen stört, um das von ihr Verdrängte ans Licht zu bringen, arbeitete der Leser Freud gegenüber dem Text. Seine Lektüre suchte die untergründige seelische Welt der Literatur zu offenbaren und ihre verborgenen Zeichen im Sinne ihrer psychologischen Bedeutung sichtbar zu machen.[61] Der Interpret ist ein Arzt, der das Unbewußte des Textes an die Oberfläche befördert. Therapieren und Lesen gehören nach diesem Rollenverständnis zusammen, weil auch die ästhetische Ordnung nur durch die seelische, die sie trägt, verstanden werden kann. Adornos kritische Anmerkung, daß Kunstwerke für die Psychoanalyse «Tagträume» seien, die sie wie ‹Dokumente› behandle, trug diesem Verfahren sehr genau Rechnung.[62]

Was aus der Perspektive der Kunst wie eine Umwertung von Literatur in Therapie erscheint, nahm sich aus der medizinischen Sicht umgekehrt als

Ästhetisierung der Wissenschaft aus. So charakterisierte Eugen Bleuler in einem Brief vom 5. November 1913 Freuds Lehre als Artefakt, das seine Einheit nicht durch rationale Überzeugungskraft, sondern durch geniale und kreative Willkür empfange: «Vom wissenschaftlichen Standpunkt aus verstehe ich immer noch nicht, dass Ihnen bei der Psychanalyse [!] so sehr daran liegt, dass das ganze Gebäude angenommen werde. Hingegen erinnere ich mich, Ihnen einmal gesagt zu haben, dass Sie trotz Ihrer grossen Leistungen in der Wissenschaft mir psychologisch eigentlich als Künstler vorkommen. Von dem Standpunkt aus wäre es dann auch sehr leicht begreiflich, dass Sie sich Ihr Kunstwerk nicht zusammenschlagen lassen. Beim Kunstwerk haben wir eine Einheit, die sich nicht auseinander nehmen lässt.»[63] Es war zweifellos, daß Bleulers robuste Charakterisierung eine grundsätzliche Kritik an der akademischen Gediegenheit der Psychoanalyse bedeutete. Sie traf dabei einen wahren Kern, der bis heute die Verständigung zwischen Freud-Schule und Psychiatrie erschwert. Abweichend von der medizinischen Empirie wurde Freuds Werk aus der persönlichen Erfahrung des Schöpfers gewonnen. Es verzichtete auf klinische Befunde und konzentrierte sich auf das individuell Gehörte und Gesehene, nicht zuletzt: auf das Ich des Gründervaters, der sich selbst analysierte. Diese Herleitung teilte seine Lehre mit der Kunst, deren Produkte stets auf subjektivem Grund stehen. Im Kontext der Bestimmung Bleulers und der Technik der *Gradiva*-Arbeit trat der Januscharakter der Psychoanalyse hervor: Ihre Wissenschaft trug ästhetische Züge, ihre Kunstrezeption aber therapeutischen Charakter. Vor diesem Horizont mochte es eine Form der Selbstdeutung sein, wenn Freud 1917 bemerkte: «Der Künstler ist im Ansatze auch ein Introvertierter, der es nicht weit zur Neurose hat. Er wird von überstarken Triebbedürfnissen gedrängt, möchte Ehre, Macht, Reichtum, Ruhm und die Liebe der Frauen erwerben; es fehlen ihm aber die Mittel, um diese Befriedigungen zu erreichen.»[64]

Freuds Aufsatz über das Phantasieren benannte, Schiller folgend, die Literatur als Reflex eines Spieltriebs. Ihr Ursprung sind unerfüllte Wünsche, das wesentliche Thema aller Dichtung. In einer postum veröffentlichten Studie aus dem Jahr 1906 hieß es bereits: «Das teilnehmende Zuschauen beim Schau-Spiel leistet dem Erwachsenen dasselbe wie das Spiel dem Kinde, dessen tastende Erwartung es dem Erwachsenen gleichtun zu können, so befriedigt wird.»[65] Der literarische Mechanismus, wie Freud ihn sah, entsprach den Erscheinungsformen seelischer Erkrankungen, deren

Bedeutung sich über die Entstellung ihrer Ursachen vermittelte. Die phantastischen Lügen einer Patientin erfaßten, so schrieb Abraham 1922, den Kern «der *psychologischen* Wahrheit».[66] Und Freud selbst erklärte 1917 in seinen Vorlesungen unter Berufung auf eine 1912 publizierte Arbeit Otto Ranks, «daß die Dramatiker aller Zeiten ihre Stoffe hauptsächlich dem Ödipus- und Inzestkomplex, dessen Variationen und Verschleierungen, entnommen haben.»[67] Dichtung als Verzerrung von seelischen Urkonstellationen, als Produkt unerfüllter Libido und Spiegel des sexuellen Begehrens – das waren Definitionen, die zahlreiche Leser erbosten. Unter den Empörten war Karl Kraus einer der lautesten, obgleich er die Psychoanalyse anfänglich mit Zustimmung aufnahm. Diese positive Beurteilung hatte Freud im Januar 1906 zu der vorsichtigen Formulierung veranlaßt, es bestehe «teilweise Übereinstimmung» zwischen ihrer beider Anschauungen.[68] Ab 1907 führte Kraus jedoch in der *Fackel* eine Kampagne gegen seine Theorie, deren schrille Töne er einige Jahre später steigerte, wenn es um Fragen der Künstlerpsychologie ging. Entschieden verwarf er Freuds Neigung zur Ableitung des ästhetischen Schaffens aus der Libido. «Die Psychoanalyse entlarvt den Dichter auf den ersten Blick», notierte er 1911, «ihr macht man nichts vor und sie weiß ganz genau, was des Knaben Wunderhorn eigentlich bedeutet.»[69] Und 1913 resümierte Kraus: «Vor dem Heiligtum, in dem ein Künstler träumt, stehen jetzt schmutzige Stiefel. Die haben sich die Psychologen ausgezogen.»[70]

Eine derartige Kritik war nicht unberechtigt, denn sie traf Freuds Tendenz zur Beschränkung auf die psychopathologische Symptomatik literarischer Figuren, die zu Fehlurteilen und Vereinfachungen führte. Typisch ist hier seine Äußerung über Frank Wedekinds Drama *Frühlingserwachen,* das Rudolf Reitler am 13. Februar 1907 im Kollegenkreis vorgestellt hatte. Es handle sich, so Freud, um eine «verdienstvolle Schrift; als Kunstwerk sei es nicht hoch zu schätzen, aber als kulturhistorisches Dokument habe es bleibenden Wert.»[71] Letzthin war Freuds Blick auf die Welt der Literatur geprägt von einer durchaus selektiven Sichtweise. Dostojevskij, dessen *Brüder Karamasoff* ihm als der «großartigste Roman» galt, «der je geschrieben wurde», unterzog er noch 1928 einer extrem einseitigen Analyse, die seine Affinität zu Verbrechen und Strafe aus einem Vaterkomplex ableitete.[72] Dostojevskijs Vorliebe für Kriminalsujets, die er selbst nicht teile, wie Freud im April 1929 etwas irreführend an Reik schrieb, entspringe einem versteckten Wunsch, den Vater zu töten.[73] Die literarische Ordnung wird damit umstandslos auf eine Hypothese zum biographischen Hintergrund zurückgeführt. Der Roman erscheint so als purer Reflex der neurotischen Disposition, die Freuds Ästhetik im Sinne einer Widerspiegelungstheorie als Modell für die literarische Arbeit betrachtete. Die Dichter seien «unverantwortlich», hieß es 1932, und «genießen das Vorrecht der poetischen Lizenz.»[74] Genau dieses Privileg aber wurde bei Freud in den Dienst der Psychoanalyse gestellt und über Ableitungen erklärt. Jede Kunst bildet den Widerschein seelischer Konstellationen, deren Muster immer gleich ausfällt. Woher die individuelle Gestaltung von Romanen, Gemälden oder Skulpturen rührt, konnte und wollte Freud nicht ergründen.

Es gab ein klares Prinzip, dem Freuds Literaturstudien unterlagen; manche Kritiker wie Adorno nannten es, nicht zu Unrecht, reduktionistisch.[75] Der Text wurde als Beispiel für ein psychisches Krankheitsbild, seinen Ursprung und seinen Verlauf herangezogen, wobei der Unterschied zwischen literarischen und realen Figuren keine Rolle spielte. Schon die kurzen Analysen der Ödipus- und der Hamlet-Gestalt im Zusammenhang mit dem Inzestthema zeigten dieses Verfahren auf charakteristische Weise. Die Dichtung blieb auf eine rein stoffliche Ebene beschränkt und firmierte als Exempel, das denselben Erkenntniswert besaß wie der analytische Fall aus der Praxis. Ihre Untersuchung bahnte den Weg zu psychischen Grundkonstellationen, die im Geflecht literarischer Motive verankert waren. Die großen Gestalten der Weltliteratur dienten als Muster mit empirischem Gehalt, die dann hinzugezogen werden mußten, wenn es Mangel an medizinischem Anschauungsmaterial gab. In einem 1915 veröffentlichten Aufsatz untersuchte Freud aus ähnlichen Gründen Shakespeares *Macbeth*. Es ging ihm dabei um die Frage, inwiefern bestimmte Charaktertypen Krankheitsformen spezifischer Art ausprägten. Am Beispiel der Lady Macbeth erörterte er den Komplex des Zusammenbruchs nach vorangehendem Erfolg: die Lady bewegt ihren Mann zum Mord am König, fühlt sich kurzzeitig als Siegerin, kollabiert dann aber unter der Last der Schuld und gerät in den Dämmer des Wahnsinns.[76] Ein wesentlicher Grund für ihr Handeln sei ihre Kinderlosigkeit gewesen – ein Motiv, das auf das Vorbild für die Figur, die Königin Elisabeth, hindeute, wie Freud noch 1928 in einem Brief an Lytton Strachey betonte.[77] Während die psychoanalytische Kernthese der Studie einfach klang, bediente sich das Verfahren der Beweisführung komplexer philologischer Methoden. Freud konsultierte nicht nur Shakespeares Tragödie – in der Übersetzung von Schlegel und Tieck –, sondern griff auch zur maßgeblichen Quelle des Dramas, Raphael Holinsheds *Chronicles of England, Scotland and Ireland* von 1577, und zu neueren Forschungsbeiträgen. Er dokumentierte damit die Abweichungen, die Shakespeares Text von den historischen Begebenheiten trennen, und zeigte so, wie die Lady zur heimlichen Protagonistin des Stücks avanciert.

Ein zweites Beispiel lieferte Ibsens Drama *Rosmersholm*, das die verbrecherische Intrige der jungen Rebekka zeigt. Sie führt den Selbstmord ihrer Nebenbuhlerin herbei, um deren Mann heiraten zu können, verweigert ihm aber überraschend das Ja-Wort, als er sich entschließt, sie zu ehelichen. Im Verlauf des Dramas offenbart sich, daß die Protagonistin in der Vergangenheit eine handfeste Liebesbeziehung mit ihrem eigenen Vater unterhielt. Rebekka sieht sich durch dieses Wissen außerstande, eine normale Ehe zu führen, und verzichtet zunächst auf die Hand des von ihr geliebten Mannes, den sie mit allen Mitteln zu erobern gesucht hatte. Freud begriff ihr Zögern als Ausdruck eines unbewußten Schuldgefühls, das durch den praktizierten Inzest in ihr gewachsen war.[78] So schien die Grenze zwischen Fiktion und Therapie, wie im Fall der Shakespeare-Studie, erneut kassiert. Die philologische Akribie, mit der sich Freud von der Inhaltsangabe über die Quellenuntersuchung bis zur Deutung eines Textes vortastete, darf nicht darüber täuschen, daß die Literatur ihm nur als Beispiel für die Vielfarbigkeit und Komplexität des seelischen Lebens galt. Sie offenbart, wie produktiv das Unbewußte als Lieferant für unsere Kultur ist – eine Position, die Hanns Sachs einige Jahre später in einer gemeinsam mit Otto Rank verfaßten Arbeit vertiefen sollte.[79]

Freud war von der prinzipiellen Richtigkeit seiner Literaturstudien fest überzeugt. Er erklärte, daß sich die «intime Persönlichkeit des Künstlers, die sich hinter seinem Werk verbirgt», aus seinem Schaffen ableiten lasse.[80] Die analytische Künstlerpsychologie, die hier aufscheint, war fraglos reduktionistisch, auch wenn Freud eine solche Charakterisierung nie akzeptierte. Die Trieblehre wurde als Instrument für eine monokausale Deutung eingesetzt, wie es 1912 im Aufsatz über *Das Interesse der Psychoanalyse* hieß: «Alle Kulturgeschichte zeigt nur, welche Wege die Menschen zur Bindung ihrer unbefriedigten Wünsche einschlagen».[81] Die Literatur blieb für Freud ein Beispielfeld, das ihm half, seine Theorie zu erweitern. Dabei bediente er sich gewagter Hypothesen und assoziativer Argumentationsformen, die er sich im Rahmen seiner therapeutischen Studien zumeist verbot. Über die risikofreudige Seite seines intellektuellen Haushalts hatte er schon im

Februar 1900 an Fließ geschrieben: «Ich bin nämlich gar kein Mann der Wissenschaft, kein Beobachter, kein Experimentator, kein Denker. Ich bin nichts als ein Conquistadorentemperament, ein Abenteuerer wenn Du es übersetzt willst, mit der Neugierde, der Kühnheit und der Zähigkeit eines solchen.»[82] Dieses Selbstporträt wiederholte einen alten Topos, in dessen Tradition Freud die Psychoanalyse verortete: schon Kopernikus' Himmelslehre wurde im 18. Jahrhundert von ihren aufklärerischen Verfechtern als Tathandlung gekennzeichnet, die das überkommene Weltsystem der Ptolemäer zertrümmert, den Lauf der Sonne stillgestellt und die Erde in Bewegung gebracht habe.[83] Einem solchen Muster gemäß betrachtete sich Freud als Abenteuerer, auch wenn er damit den Vorwurf der mangelnden Fundierung seiner Lehren in Kauf nahm – der zweite Kopernikus, der das innere Universum des Menschen neu vermaß, war weniger ein Interpret als ein Täter. Mit Bleulers vergifteter Charakterisierung der Psychoanalyse als Kunst teilte Freuds Selbstbild das Eingeständnis, daß seine Theorie im strengsten Sinne empirisch unzureichend begründet war. Dahinter steckte aber keine Selbstkritik, sondern die Hybris des Mutigen, der sich nicht, wie es Bleuler nahelegte, als artistischer Genius, vielmehr als Eroberer neuer Welten sah.[84]

Enthüllung des Genies

Im Herbst 1909 befaßte sich Freud intensiv mit Leben und Werk von Leonardo da Vinci. Zu seinen Vorstudien gehörte auch die Lektüre eines Leonardo-Romans aus der Feder Dimitri Mereschkowskis, der 1901 erschienen war. Am 1. Dezember 1909 trug er erste Gedanken über das «erlauchte Objekt» in der Wiener Psychoanalytischen Vereinigung vor, deren Mitglieder sich begeistert zeigten.[85] Im Frühjahr 1910 befand sich «the old dog», wie er Ferenczi selbstironisch meldete, «kräftig und wohlauf», so daß er den längeren Artikel in «einem Anfall von Schreibwut» (an Binswanger) innerhalb weniger Wochen abschloß.[86] Schon kurz nach der Beendigung des Manuskripts wurde der Beitrag als siebentes Heft der bei Deuticke erscheinenden *Schriften zur angewandten Seelenkunde* veröffentlicht. Durchgreifend blieb im ganzen Text das Interesse an der funktionalen Beschaffenheit von Leonardos Gefühlshaushalt und seiner Rolle für die wissenschaftliche Arbeit. C. G. Jung bescheinigte dem Aufsatz im August 1910 nach der Lektüre eine «intellektualistische Freiheit», was auch den Vorwurf mangelnder Empathie gegenüber dem Gegenstand einschloß.[87] Es trifft zu, daß Freuds Leonardo-Studie extrem nüchtern und kühl in die Psyche des Künstlers blickte. Der Autor nahm dabei eine Perspektive ein, die methodisch stimmig, aber zugleich von furioser Einseitigkeit geprägt war. Sämtliche Impulse für die ästhetische und wissenschaftliche Wirksamkeit wurden auf die Sublimierungsabsicht zurückgeführt und aus libidinösen Antrieben erklärt. Freuds Aufmerksamkeit galt der Tatsache, daß Leonardo in intellektuellem Reichtum, doch persönlich ohne Bindung, asexuell und offenbar frei von sinnlicher Leidenschaft lebte. Der Fülle seiner geistigen Existenz, die sich in zahlreichen Aktivitäten und Rollen manifestierte, stand die offenkundige Armut des privaten Alltags entgegen. Wenn Leonardo in staunenswerter Energie technische Erfindungen, Präparate, anatomische Studien und Gemälde hervorbrachte, so tat er das, weil sein ganzer Selbstentwurf auf intellektuelle Entdeckerfreuden zielte. Freud betonte, daß die von sämtlichen Biographien bestätigte Dürftigkeit des Privatlebens keinen generellen Mangel, sondern erfolgreiche Sublimierung anzeigte. Leonardo habe, hieß es schon am 17. Oktober 1909 in einem Brief an Jung, «seine Sexualität in Wißtrieb umgesetzt».[88]

Die Beschreibung dieser Konstellation läßt sich ohne Mühe als Selbstporträt Freuds deuten. Wenn man die folgenden Sätze liest, erkennt man, daß es auch um seine Arbeitssituation und ihre affektiven Grundlagen ging: «In Wirklichkeit war Leonardo nicht leidenschaftslos, er entbehrte nicht des göttlichen Funkens, der mittelbar oder unmittelbar die Triebkraft – il primo motore – alles menschlichen Tuns ist. Er hatte die Leidenschaft nur in Wissensdrang verwandelt; er ergab sich nun der Forschung mit jener Ausdauer, Stetigkeit, Vertiefung, die sich aus der Leidenschaft ableiten, und auf der Höhe der geistigen Arbeit, nach gewonnener Erkenntnis, läßt er den lange zurückgehaltenen Affekt losbrechen, frei abströmen wie einen vom Strome abgeleiteten Wasserarm, nachdem er das Werk getrieben hat.»[89] Freuds Metaphorik offenbarte einen sexuellen Unterton, der Sprache wie Diagnose gleichermaßen grundierte. Leonardos Leistungsethik erwuchs aus einer Sublimierung seiner Libido, wobei die Analogie zu Freuds eigenem Lebensentwurf sichtbar wurde. Auch bei ihm war, wenngleich in weniger radikaler Form, die Arbeit Ersatz für sexuelle Praxis. Freuds konsequente Enthaltsamkeit, die er nur für die Kindeszeugung aufgab, fand in der intellektuellen Tätigkeit ihre kulturstiftende Umformung. Es gehörte zu den besonderen Pointen dieser Umformung, daß sie die Erkenntnis eben desjenigen Mechanismus beförderte, dem sie entsprang.

Im Mittelpunkt der Analyse stand eine spezifische Kindheitserinnerung Leonardos, die Freud als Tagesphantasie deutete. In seiner Übersetzung lautete der betreffende Passus: «‹Es scheint, daß es mir schon vorher bestimmt war, mich so gründlich mit dem Geier zu befassen, denn es kommt mir als eine ganz frühe Erinnerung in den Sinn, als ich noch in der Wiege lag, ist ein Geier zu mir herabgekommen, hat mir den Mund mit seinem Schwanz geöffnet und viele Male mit diesem seinen Schwanz gegen meine Lippen gestoßen.›»[90] Freud interpretierte die Bildsprache dieser Reminiszenz als Ausdruck für den Wunsch nach Fellatio, mithin für eine homosexuelle Phantasie. Daß Leonardo sich zu derartigen Vorstellungen offen «bekannt» habe, sei das Indiz eines sehr freien Umgangs mit seinen geheimen Bedürfnissen, die allerdings in seinem asketischen Privatleben niemals zur Entfaltung kamen.[91] Was Freuds Deutung aus der im Kern obszönen Kindheitserinnerung ableitete, geht weit über die zeitgenössisch strengen Regeln der Konvenienz hinaus. Allein die unverhohlene Erwähnung oraler sexueller Praktiken entsprach keineswegs dem üblichen Kodex, dem selbst Mediziner unterworfen waren – weshalb Krafft-Ebing in seiner *Psychopathia sexualis* (1886) auf das Lateinische auswich, wenn er tabuisierte Themen behandelte. «Es wird anstößig genug sein», hatte Freud gegenüber Pfister während der Entstehung der Studie bemerkt.[92]

Die sexuelle Färbung der Kindheitserinnerung schien ebenso evident wie zweifellos. Zugleich aber deutete Freud Leonardos Phantasie als Hinweis auf das Gesäugtwerden des Kindes, gemäß der ägyptischen Mythologie, die den Geier als Symbol der Mutter verehrte. Die geierköpfige Göttin Nechbet verkörpert Fruchtbarkeit und Mütterlichkeit, wie Freud unter Bezug auf Plutarchs *De Iside et Oride* und Horapollons aus der Spätantike stammenden, 1505 veröffentlichten Hieroglyphenkommentar (in der von ihm konsultierten Ausgabe von 1835) anmerkte.[93] Er sah darin einen Reflex der Jugend Leonardos, der als uneheliches Kind zur Welt kam und, von seinem Vater gemieden, bei der mittellosen Mutter aufwuchs. Erst als Fünfjähriger fand Leonardo Aufnahme im Haus seines Großvaters, das ihm ein anregendes Milieu mit neuen intellektuellen Erfahrungsmöglichkeiten bot. Die Kindheitserinnerung verwies auf die Zeit, da der Junge noch unglücklich und einsam bei seiner Mutter lebte. Sie beleuchtete nicht nur ein homosexuelles Verlangen, sondern zugleich ein Gefühl der

Verlassenheit, das ihm auch später, in Zeiten gesteigerter Anerkennung, vertraut blieb.

Der Geierschwanz der Phantasie verwandelt die ursprüngliche Situation, in der das Kind an der Mutterbrust saugt, in eine passive Konstellation. Der Geier hackt seinen Schnabel in den Mund des Kindes und macht es damit zum passiven Teil, gemäß der homosexuellen Wunschvorstellung, die hier laut Freud zugrunde liegt – eine Sichtweise, die Plutarchs und Horapollons Symboldeutung außer Kraft setzt. Eine dritte Dimension der Kindheitserinnerung wird durch die Vermischung von Phallussymbolik und Mütterlichkeit bezeichnet. Wenn der Geier zugleich Kind und Mutter ist, offenbart das eine Selbstverwechslung, wie sie für das infantile Stadium typisch ist. Der Junge schrieb seiner Mutter die eigene Anatomie zu, indem er ihr den Besitz eines Penis unterstellte. Davon zeugt seine Bildphantasie, wenn sie Homosexualität und Inzest verbindet.[94] Freuds Analyse zielte hier auf die möglichst vollständige Rekonstruktion der frühkindlichen Prägungen Leonardos. Unter ihnen ragen die schwierige Mutterbindung und die daraus folgende Fixierung auf das eigene Geschlecht heraus. Leonardos niemals ausgelebte Homosexualität entsprang der Erwartung, daß das Ideal der Mutter im Liebesakt mit einer Frau weder eingeholt noch ersetzt werden könne.[95] Allein in der homosexuellen Orientierung konnte dieser Grundwiderspruch wenn nicht behoben, so zumindest ertragen werden.

Die Ambivalenz des Mutterbildes fand Freud in Leonardos berühmtestem Gemälde, der zwischen 1503 und 1506 entstandenen Gioconda – *Mona Lisa* – wieder. Ihr Lächeln vermittelte exakt die Spannung zwischen Distanz und Nähe, Unerreichbarkeit und Zugänglichkeit, die auch die Mutterfigur auszeichnet. Die alleinerziehende Mutter projizierte ihre enttäuschte Liebesneigung auf den Sohn «und raubte ihm durch die allzu frühe Reifung seiner Erotik ein Stück seiner Männlichkeit.»[96] So spiegelte die Mona Lisa nach Freud gleichermaßen die Prägung durch die Mutter, die Leonardo durchläuft, und die daraus resultierende homosexuelle Fixierung. Das Bild bezeichnete nicht weibliche Verführungskraft, sondern die Wirksamkeit einer frühkindlichen Bindung in der Ambivalenz der Rolle, die der Gioconda hier zugeschrieben wurde. Wenn Freud das Gemälde in diesem Sinne als Bestätigung für seine Interpretation der Phantasie Leonardos begriff, beleuchtete das einen zentralen Gedanken seines Beitrags, der auf die analytische Entzauberung von Kunst und Wissenschaft zielte. Sehr viel allgemeiner resümierte er die Absicht seiner Untersuchung 25 Jahre später im Vorwort zu Marie Bonapartes 1934 erschienener Biographie Edgar Allan Poes, wo es hieß: «Es hat einen besonderen Reiz, die Gesetze des menschlichen Seelenlebens an hervorragenden Individuen zu studieren.»[97]

Mit Schillers Leitbegriff aus der Abhandlung *Ueber die ästhetische Erziehung des Menschen* sprach Freud vom «Spieltrieb», der es Leonardo erlaubt habe, seine libidinösen Impulse in künstlerische Produktion und Forscherdrang zu überführen.[98] Die zum «psychoanalytischen Roman» tendierende Abhandlung mündete somit in eine Diagnose von generellem Gewicht.[99] Freud verstand Leonardos wissenschaftliche und künstlerische Leistung als Ergebnis einer durchgreifenden Sublimierung, die das homosexuelle Verlangen diszipliniert und in ästhetische wie gelehrte Praxis umwandelt. Der Prozeß vollzieht sich dabei in zwei Stufen, indem er Leonardo zunächst zum Künstler, während reiferer Jahre zum Forscher macht. Beide Phasen bedeuten Formen der Verfeinerung eines nicht erfüllten Sexualtriebs, den Leonardo aus Gründen, mit denen sich Freud nur kurz befaßte, unterdrückt hat. Das Leben des Renaissancegelehrten reflektierte seinen eigenen intellektuellen Haushalt, was wiederum die Faszination verständlich machte, die er ihm gegenüber empfand. «Ich bin wie andere der Anziehung unterlegen, die von diesem großen und rätselhaften Manne ausgeht, in dessen Wesen man mächtige triebhafte Leidenschaften zu verspüren glaubt, die sich doch nur so merkwürdig gedämpft äußern können.»[100]

Eben diese Attraktion beeinflußte Freuds Deutung und erklärte zugleich ihre Grenzen. Wenn er seine Überlegungen nicht vertiefte, so lag das neben der Tatsache, daß der historische Fall begrenztes Material bot, auch an seiner eigenen Affizierung durch die Person Leonardos. Der Universalgelehrte der Renaissance entsprach Freuds Neigung zur Sublimierung seines Triebs in Arbeit und Studium; wie Leonardo wandelte er die Liebe in Ethos, die Libido in Leistung um. Neben der ganz subjektiven Resonanz, die der Fall in ihm auslöste, war auch das Thema der Homosexualität verantwortlich für den Verzicht auf letzte Schlußfolgerungen, denn hier betrat Freud ein Gebiet, auf dem er kaum therapeutische Erfahrungen besaß. «Die bloß Invertierten sehe ich nicht», schrieb er im April 1919 an Pfister, «weil sie als nicht Schwerkranke meine Analyse nicht aufsuchen.»[101] Auch die Leonardo-Studie blieb mithin ein Stück der Spekulation, das auf dem Boden des Erfahrungsmangels wuchs – mit dem Effekt intellektuellen Schwungs bei gleichzeitigen Lücken in der Argumentation, die neben unzureichender klinischer Kenntnis durch Freuds persönliche Verstrickung in den Fall bedingt waren.

Wie Freud seine eigene kulturtheoretische Arbeit sah, enthüllte ein späterer Brief an Binswanger vom 8. Oktober 1936, in dem er seinen Standpunkt als ‹revolutionär› bezeichnete und jenen Analytikern, die an die Freiheit des Schönen glaubten, vorwarf, daß sie Illusionen unterlägen: «Ich habe mich immer nur im Parterre und Souterrain des Gebäudes aufgehalten – Sie behaupten, wenn man den Gesichtspunkt wechselt, sieht man auch ein oberes Stockwerk, in dem so distinguierte Gäste wie Religion, Kunst und andere hausen. Sie sind nicht der einzige darin, die meisten Kulturexemplare des Homo natura denken so.»[102] Freuds Interesse am Keller unter dem Palast der Schönheit wurde nicht selten als simplifizierend oder materialistisch wahrgenommen. «Die neue Seelenkunde hat es gewagt, in das Mysterium des Genies zu spucken», schrieb Karl Kraus 1910.[103] Die avantgardistische *Aktion*, für die auch Freuds Anhänger Otto Groß arbeitete, griff diese Metapher wenige Wochen später im Titel ihrer Leonardo-Rezension auf: *Das bespuckte Genie.*[104] Freud selbst hat die decouvrierende Tendenz seiner Abhandlung rückblickend in einen größeren Zusammenhang eingebettet. In seiner Dankesrede aus Anlaß der Zuerkennung des Frankfurter Goethe-Preises schrieb er 1930: «Nicht herabsetzen zwar will der Biograph den Heros, sondern ihn uns näherbringen. Aber das heißt doch die Distanz, die uns von ihm trennt, verringern, wirkt doch in der Richtung einer Erniedrigung.»[105] Jeder Versuch, eine historische Persönlichkeit zu verstehen, ist dann auch eine Entlarvung des Scheins, ein Wegreißen der Masken von Verklärung und Nachruhm. Freigelegt wird so das Licht einer Wahrheit, die sonst hinter Mythen und Legenden verborgen bleibt. In diesem Sinne durfte Freud seine Leonardo-Studie in einem Brief an Lou Andreas-Salomé vom März 1919 das «einzig Schöne» nennen, das er «je geschrieben» habe.[106] Offensichtlich begriff er sie als Projekt, das dem zum Monument erstarrten Kunst-Heros Leben einhauchte, indem es die Grenzen des Menschen und damit seine individuelle Besonderheit zeigte. Die Frage, ob die Begründung aller Motive und die Neugestaltung der geschichtlichen Figur immer überzeugten, stand auf einem ganz anderen Blatt.

Der Prophet in Rom

Ende 1913 schrieb Freud in den Tagen der Weihnachtswoche eine kurze Studie, die zu seinen rätselhaftesten und zugleich faszinierendsten Arbeiten zählt: *Der Moses des Michelangelo.* Auf den ersten Blick handelte es sich um einen weiteren Beitrag zur psychoanalytischen Kulturtheorie, denn der Text berührte das Verhältnis von Libidokontrolle und überpersönlicher Leistung, das «Niederringen der eigenen Leidenschaft» im Dienste eines höheren Auftrags und damit auch die Frage, wie der Trieb zum Zweck vernünftiger Selbststeuerung beherrscht werden kann.[107] Um den ganzen Gehalt des Aufsatzes zu erfassen, muß man jedoch in tieferen Schichten graben. Nicht allein die Frage der kulturellen Disziplinierung spielte hier eine Rolle, sondern auch das Bild, das Freud von seinem eigenen Wirken verbreiten wollte. Biographisches und Psychoanalytisches treten dabei gleichermaßen ans Licht, allerdings so, daß ihre Verbindung sich nicht sofort erschließt.

Die Entstehung der Michelangelo-Arbeit war verknüpft mit Freuds Verhältnis zu Rom, das er insgesamt sieben Mal besuchte. Lange hatte er auf die erste Reise in die Heilige Stadt warten müssen; seit 1895 unternahm er fünf Italienfahrten, aber Rom sparte er jeweils aus. In der *Traumdeutung* behauptete er, er habe sich eine entsprechende Visite bisher versagt, weil das dortige Klima während der Sommermonate, in denen er seine Praxis schließe, der Gesundheit unzuträglich sei.[108] War das der wirkliche Grund, weshalb Freud sich erst so spät nach Rom wagte? Schon im Dezember 1897 schrieb er an Fließ: «Meine Romsehnsucht ist übrigens tief neurotisch.»[109] Offenkundig spielte nicht nur Alltagsvernunft eine Rolle, wenn es um seine Reisehemmung ging. Rom galt ihm als Stadt, die man mutig zu erobern hatte, aber den erforderlichen Feldzug traute er sich lange Zeit nicht zu. Während der Pubertät verehrte er Hannibal als «Lieblingsheld», und seine «Sympathien» gehörten nicht den Römern, sondern den Karthagern: «Hannibal und Rom symbolisierten dem Jüngling den Gegensatz zwischen der Zähigkeit des Judentums und der Organisation der katholischen Kirche.»[110] Mit dem Tod seines Vaters und dem Abschluß der *Traumdeutung* hatte Freud nun ein Lebensstadium erreicht, in dem er Rom bereisen konnte, ohne es wie ein jüdischer Feldherr einzunehmen. Als Mitvierziger durfte er die Heroisierungen der Adoleszenz hinter sich lassen und in einer Haltung aufmerksamen Genusses, Goethe folgend, die Schönheiten der

Stadt erfassen. Der Wechsel der mythologischen Bezugsbilder war offensichtlich: aus dem heroischen erwuchs das ästhetische Rom, und genau diesen Wandel vermochte Freud, wie bereits Carl Schorske erkannte, auf sehr persönliche Weise zu reflektieren.[111]

Die erste Romreise wurde im September 1901 mit Alexander unternommen. Freud betrachtete sie als «Höhepunkt des Lebens», den er nur deshalb nicht gänzlich genossen habe, weil er zu lange auf ihn warten mußte.[112] Rom erschien ihm in dreifacher Gestalt faszinierend, als Erinnerungsort der Antike, als christliche Kapitale und als lebenssatte italienische Großstadt («hoffnungsvoll und sympathisch»).[113] In Rom genoß Freud die Kunstschätze ebenso wie das helle, südliche Flair. Nach dem ersten Besuch in der Sixtinischen Kapelle pries er nicht nur Architektur und Museen, sondern auch das ‹herrliche Licht›, das die Räume durchflutete.[114] Die Furcht vor ansteckenden Krankheiten und mangelnder Hygiene, die ihn lange Zeit beim Gedanken an das südliche Italien beherrscht hatte, war plötzlich wie fortgeblasen, dahingegangen in den sonnigen Tagen und warmen Abenden unter einem zeitlos mediterranen Himmel.

Die Begeisterung, die ihn erfaßte, wirkte lange nach. Wie zahlreiche Touristen steckte er seine Hand in das Relief der Bocca della Verità an der Wand der Kirche Santa Maria in Cosmedin und leistete den Schwur, er werde zurückkehren. Freuds Wunsch sollte sich erfüllen, mehrfach und in wechselnden Konstellationen. Dem Besuch im Spätsommer 1901 folgten sechs weitere Rom-Reisen in den Jahren 1902, 1907, 1910, 1912, 1913 und 1923. Seine Begleiter waren nach Alexander der Kollege Sándor Ferenczi und die jüngste Tochter, Anna. Rom erschien Freud als symbolisch aufgeladener Ort, der Erinnerungen und Korrespondenzen wachrief. Nicht nur die museal-historische Seite, sondern auch die persönliche Geschichte fand er hier auf eigentümliche Weise gespiegelt. Davon handelte, neben anderem, die zu Weihnachten 1913 verfaßte Moses-Studie. Sie war in mehrfacher Hinsicht eine Bekenntnisschrift, zutiefst autobiographisch, aber zugleich verwirrend in ihrer komplizierten Gedankenführung, gekennzeichnet von bewußter Verrätselung und einer gewissen Neigung zur Manipulation ihrer Leser.

Die erste Begegnung mit der Michelangelo-Figur datiert auf den 6. September 1901. An diesem Tag hatte sich Freud in den engen Gassen um die Via delle Sette Sale verirrt und stand nun zufällig vor der Skulptur, die sich in der Kirche San Pietro am Esquilin-Hügel unweit des Colosseums be-

Michelangelos Moses

findet. Überwältigt von seinen Eindrücken, schickte er Martha noch am selben Tag eine Postkarte, in der er stolz berichtete, daß er den Moses gesehen habe. In Klammern notierte er als Erläuterung: «plötzlich durch Mißverständnis».[115] Ernest Jones verlas sich fünfzig Jahre später bei der Entzifferung der Handschrift und behauptete in seiner Freud-Biographie, der betreffende Satz laute: «Plötzlich durch Mich. verstanden.»[116] Die eingeklammerte Anmerkung bezeichnete aber keine unverhoffte Erkenntnis, sondern zunächst nur das Faktum, daß die Begegnung mit Michelangelos Skulptur zufällig und unabsichtlich war. Freud hatte in einem ungeplanten Augenblick gefunden, was er insgeheim während der ersten Romtage umkreiste: die ihn seit Kindertagen fesselnde Moses-Figur. Das Unbewußte arbeitete als Kompaß und führte ihn zu einem Kunstwerk, das, wie wir sehen werden, eng mit seinem Selbstbild verbunden war. Jones' fehlerhafte Lektüre wiederum lag von der Wahrheit nicht so weit entfernt, denn Freud ‹verstand› durch Michelangelos Figur Jahre später manche seiner Leidenschaften, die ihm vorher dunkel blieben.

Als Kind hatte ihn das Porträt des Moses beeindruckt, welches das Frontispiz der Philippson-Bibel schmückte, die er mit seinem Vater las.[117] Die Skulptur des Michelangelo frischte die Erinnerung an das Bildnis des strengen Propheten auf, schuf aber als Kunstwerk auch neue Faszination. Der Anblick der gewaltigen Figur blieb Freud dauerhaft im Gedächtnis, und während der folgenden Rom-Aufenthalte 1902, 1907 und 1910 sah er sie sich immer wieder an. Im September 1912, als er mit Ferenczi die Heilige Stadt besuchte, erreichte diese Begeisterung einen neuen Höhepunkt und geradezu wissenschaftliche Konsequenz. Zwischen dem 16. und 25. September verbrachte Freud jeden Tag in San Pietro vor der Figur, studierte sie, maß die Proportionen nach und fertigte detaillierte Skizzen an. Er nahm sämtliche Züge der Gestalt auf, um sie künftig vor sein geistiges Auge stellen und imaginär nachzeichnen zu können. Kein anderes Kunstwerk kannte er so genau wie dieses, zu keinem unterhielt er ein derart intimes Verhältnis. Den nach Rom gereisten Jones bat er im November 1912, dem Moses seine ‹tiefste Ergebenheit› zu überbringen.[118] Als er ein gutes Jahr später seinen Essay zu schreiben begann, verfügte er über eine sichere Materialbasis, die es ihm erlaubte, jedes Detail der Statue ins Gedächtnis zurückzurufen. In der Michelangelo-Arbeit versuchte Freud die Leistungen der Phantasie für eine analytische Rekonstruktion zu nutzen, die nicht nur von genauer Beobachtung, sondern auch durch persönliche Erinnerung geprägt wurde. Das einleitende Wort des Moses-Essays lautete, dazu passend: ‹Ich›.

Was bedeutete die enorme Ergriffenheit, von der Freud bereits im September 1901 nach der ersten Ansicht der Statue erfaßt wurde? Prüfen wir zunächst die an der Oberfläche liegenden Details. Michelangelos Moses-Figur bildet das Zentrum des Grabmals für Papst Julius II. in der Kirche San Pietro. Der Künstler schuf die Skulptur zwischen 1513 und 1515 im Rahmen eines Gesamtprojekts, das, schon zu Lebzeiten des Gewürdigten begonnen, ein Ensemble von 40 allegorischen Figuren umfassen sollte. Verwirklicht wurden am Ende neben der Moses-Gestalt nur die Statuen der Rachel und der Lea zu Seiten des Propheten. Die Skulptur zeigt Moses nach dem Abstieg vom Berg Sinai, versehen mit den beiden Gesetzestafeln, die Gottes Gebote enthalten. In seinen Augen steht offener Zorn, ausgelöst durch den Anblick des goldenen Kalbs, um das sein Volk entfesselt tanzt. In der Bibel wird berichtet, Moses habe darauf die Tafeln an einem Felsen zerschmettert, das Kalb eingeschmolzen und zu einem Staub gerieben, den er den Israeliten mit Wasser zu trinken gab, um sie zur Nüchternheit zu führen.[119] Michelangelos Statue scheint die Situation festzuhalten, da Moses den frevelhaften Götzendienst seines Volkes, der Verrat am wahren Glauben und Huldigung weltlichen Reichtums ist, voller Zorn erblickt. Es ist der Moment, in dem der Prophet begreift, daß «‹das Gesindel›», wie Hans Blumenberg formulierte, das Gebot der «Bilderlosigkeit» verletzt und treulos von ihm abfällt.[120]

Freuds Interpretation konzentrierte sich auf die Darstellung der Hände, die sichtbar macht, welche Phase eines längeren Bewegungsablaufs hier fixiert wird. Die rechte Hand hält die beiden sinkenden Tafeln, die linke gräbt sich in den Bart, indes der Kopf zur Seite gedreht ist, dem fernen Geschehen zugewendet. Anders als ältere Interpreten begriff Freud die Skulptur nicht als Momentaufnahme vor dem großen Wutausbruch des Moses, der im Zerwerfen der Gesetzestafeln kulminiert. Nach Freuds Deutung nimmt der Prophet seinen Zorn zurück, er sichert die bereits fallenden Tafeln mit der rechten Hand, um zu verhindern, daß sie am Boden zerschellen. Während die biblische Erzählung von ihrer Destruktion im Zeichen der Empörung über das undankbare, götzengläubige Volk handelt, bot Michelangelo ganz bewußt eine moderate Auffassung der Szene. Die Moses-Figur veranschaulicht, wie Freud sagte, die beherrschte Emotion, was sie zur Rolle des Grabwächters besonders eignet. Sie steht in der Mitte des Reliefs, hütet den Toten und gemahnt die Lebenden daran, daß sie ihre Leidenschaften zügeln sollen. Michelangelo habe auf diese Weise auch den verstorbenen Papst Julius II. charakterisiert, der als jähzornig und aufbrausend galt.[121] Seine Abweichung vom biblischen Wortlaut sei nicht Willkür, sondern pädagogisches Programm und moralische Botschaft. Damit übereinstimmend hatte schon Theodor Herzl in seinem *Judenstaat* (1896) die Moses-Figur als Ausdruck einer charismatischen Führung gedeutet, die ihre Autorität aus der Macht der Vernunft bezieht. Bei Herzl trat allerdings in der Moderne das Kollektiv an die Stelle des großen Einzelnen, denn für ihn war die ‹Society of Jews› «der neue Moses» des auserwählten Volkes.[122]

Freud unterlegte seine Analyse durch drei Zeichnungen, die er sich von einem Künstler für die Publikation entwerfen ließ. Die letzte dieser Zeichnungen zeigt die Figur Michelangelos, die beiden ersten erfassen die «Vorstadien», die dem Moment der Skulptur vorausgehen: Ruhe und plötzliches Aufschrecken angesichts der entfesselten Menschen, die das Kalb umtanzen.[123] Freuds Deutung versetzte den Stein in Bewegung und brachte Leben in den Marmor. Seit Lessings *Laokoon* (1766) galt es der Kunstwissenschaft als ausgemacht, daß Bildhauerei und Malerei nur prägnante Momente erfassen, aber keine Erzählung organisieren können.[124] Freuds

Moses-Skulptur zeigte dagegen eine Geschichte, die sich aus mehreren Einzelszenen zusammenfügt. Ihr tieferes Verständnis erschließt sich erst, wenn man die Stadien der Entwicklung kennt, die zu Moses' gebändigtem Zornesanfall führt. So las Freud Michelangelos Meisterwerk wie einen Text, dessen Gewebe er Zug um Zug erkundete. Und er entzauberte damit zugleich die erhabene Wirkung des Heros, unter dessen verächtlichem Blick er, der passionierte Rombesucher, sich fühlte wie das «Gesindel», das «keine Überzeugung festhalten kann» und den Göttern des Moments huldigt.[125]

Freud veröffentlichte seine Arbeit 1914 im dritten Stück der *Imago* anonym, ohne daß er die Gründe für diese Maßnahme näher ausführte; erst 1924, als der Text für seine *Gesammelten Schriften* vorbereitet wurde, willigte er ein, seine Verfasserschaft offenzulegen. Ein Motiv für die anonyme Publikation bestand zweifellos darin, daß die Studie ein methodisches Risiko für ihn blieb, weil er mit ihr Neuland betrat. Noch nie hatte er sich auf wissenschaftlichem Feld ohne medizinisches Interesse mit einem Kunstwerk beschäftigt; seinem italienischen Übersetzer Edoardo Weiss gestand er am 12. April 1933, daß der Text ein ‹nicht analytisches Kind› sei, dem er lange die Legitimation verweigert habe.[126] Außerdem enthüllte der Aufsatz persönliche Vorlieben für Rom, Michelangelo und den rationalen Kunstgenuß, die durchaus Bekenntnischarakter trugen. Auch in früheren Arbeiten hatte Freud mit Konfessionen nicht gegeizt, sie jedoch in seine wissenschaftliche Untersuchung eingebettet. Hier stand nun das subjektive Moment sehr stark im Vordergrund, und es schien von der weiteren Argumentation abgekoppelt. Aber genügte das als Motivation für die anonyme Veröffentlichung? Es mußten noch andere Motive eine Rolle gespielt haben, als Freud sich entschied, seinen Verfassernamen einstweilen zu unterdrücken – von ihnen ist allerdings erst im übernächsten Kapitel zu sprechen, das die psychoanalytische Politik und ihre Konflikte behandelt.

Nervöse Moderne

Freud lebte und arbeitete in einer Epoche der Nervenzerrüttung.[127] Neurasthenie und Neurose waren Krankheitsbilder, die in der Oberschicht, in Adel und gehobenem Bürgertum, massenhaft auftraten. Privatkliniken und Sanatorien, Spitäler und Asyle beherbergten Patienten in großer Zahl, weil ihnen ein Leben in normalen Verhältnissen nicht möglich schien. Die

«American Nervousness», die George Miller Beard 1881 diagnostizierte, bedeutete keineswegs ein Symptom, das auf die Neue Welt begrenzt blieb.[128] Auch in Europa waren weite Bevölkerungskreise von der Neurasthenie in allen ihren Spielarten – Schlaflosigkeit, Überreiztheit, Stimmungsschwankungen, Antriebsmangel – betroffen. Die zeitgenössische Malerei spiegelte das durch den nervösen Typus, wie ihn Albert von Keller, Gustav Klimt und Edvard Munch, später auch Ernst Ludwig Kirchner, Oskar Kokoschka und Egon Schiele porträtierten. Hysteriker und Manische, Zwangsneurotiker und Besessene, Depressive und Melancholiker bevölkerten die moderne Literatur um 1900. Ein ganzes Panoptikum von Neurasthenikern durchzog die Dichtung der Dekadenz, die im *Fin de siècle* wiedergab, was zur sozialen Wirklichkeit der Epoche gehörte: die innere Unruhe des Menschen und seine Unfähigkeit, die immer mächtiger werdenden Nervenleiden zu kontrollieren.

Der Nervosität als ‹Volkskrankheit› suchten die Ärzte mit Behandlungsmethoden unterschiedlichster Art Herr zu werden. Hypnose und Suggestion, Naturheilkunde, Wasserkur und Diät, Salben, Pflaster und Pharmaka, Einsperrung, Elektro- und Schocktherapie – die Mittel variierten, aber die Erfolge hielten sich überall in Grenzen. Psychiater und Neurologen beklagten den Einsatz unseriöser Verfahren und den wachsenden Einfluß von Scharlatanen, die Patienten ohne medizinische Ausbildung berieten.[129] Das Massenphänomen der neurasthenischen Erkrankungen beobachtete aber auch die Schulmedizin mit hilflosen Zügen voller Resignation. Es schien so, als seien angegriffene Nerven ein Ausdruck für die menschliche Sehnsucht, den Anforderungen der modernen Existenz zu entkommen, wie es Beard schon 1881 konstatiert hatte. 1908 schrieb Freud in einem einführenden Vortrag zur Psychoanalyse: «Die Neurose vertritt in unserer Zeit das Kloster, in welches sich alle die Personen zurückzuziehen pflegen, die das Leben enttäuscht hatte oder die sich für das Leben zu schwach fühlen.»[130] Die neurotische Krankheit bildete eine Fluchtburg, errichtet gegen die Herausforderungen der modernen Daseinsordnung. Es war zwangsläufig, daß Freud sich aus diesem Grund auch mit den Lebensbedingungen befaßte, denen die Neurose entsprang.

Ist das nervöse Leiden ein Refugium gegen die Zumutungen der Gegenwart, so muß deren Bedrohungscharakter vom Arzt genauer untersucht werden. Die Therapie darf nicht bei den Symptomen ansetzen, sondern hat zu ihren sozialen Ursachen vorzustoßen. Nur so kann die Neurose von einem «‹Mädchen aus der Fremde›», wie es unter Anspielung auf ein Gedicht Schillers hieß, zu einer Vertrauten werden, die Auskunft über ihr geheimnisvolles Wesen erteilt.[131] Die neurotische Krankheit ist eine Unbekannte, aber sie haust mitten in der Gesellschaft. Freud blieb nach den Erfahrungen an der Salpêtrière davon überzeugt, daß die Einsperrung der Patienten nicht den richtigen Weg wies, um zu befriedigenden Heilungseffekten zu gelangen. Sein Interesse an der Neurose war praktischer wie theoretischer Natur, denn auf beiden Ebenen versprach ihre bessere Bewältigung Grundlegendes für seine Wissenschaft. In diesem Sinne formulierte er: «Die Einführung in die Psychoanalyse gibt das Studium der Fehlleistungen und des Traumes; die Neurosenlehre ist die Psychoanalyse selbst.»[132] Im Kern bedeutete das, daß die neurotischen Erkrankungen gleichsam typologischen Charakter trugen und ein ideales Verständnis seelischer Prozesse freisetzten. In einer späteren Abhandlung aus dem Jahr 1928 beleuchtete Freud diese Tatsache mit einem äußerst anschaulichen Bild, das an die Phantasien surrealistischer Malerei erinnerte: «Beim Neurotiker ist man wie in einer praehistorischen Landschaft, z. B. im Jura. Die grossen Saurier tummeln sich noch herum, und die Schachtelhalme sind palmenhoch.»[133]

Wenn Freud sich nach 1905 gründlicher mit den gesellschaftlichen Einflüssen auf Neurose und Sexualhemmung beschäftigte, dann tat er das im Bewußtsein, daß die meisten psychischen Krankheitssymptome aus derselben Quelle gespeist wurden. Schon Jahre zuvor, im Winter 1892/93, hatte er seine diesbezüglichen Thesen an Fließ geschickt und den allgemeinen Grundsatz zur Neurosenlehre aufgestellt: «jede Neurasthenie soll eine sexuelle sein.»[134] 1904 bemerkte er in einer Besprechung von Leopold Loewenfelds Arbeit über die seelischen Zwangserscheinungen, «daß die neurotische Angst somatischer Herkunft ist, aus dem Sexualleben stammt und einer verwandelten Libido entspricht.»[135] Alle nervösen Krankheiten, so erklärte er 1912, bilden sich im Zusammenhang einer Fehlentwicklung des Triebs, durch dessen Unterdrückung oder durch Verschiebung seiner aktiven Impulse.[136] Das Ziel des langwierigen Prozesses, der zur Erforschung und Behandlung der Neurose führen sollte, war für Freud die Befreiung von ihren Symptomen, ja von ihrem Begriff. An Abraham schrieb er am 3. Juni 1912: «Wenn wir uns ihrer erwehrt haben, sollten wir von dem Namen verschont bleiben.»[137] Ein erhebliches Problem beruhte jedoch darauf, daß die Neurotiker nur selten bereit waren, am Prozeß der Aufklärung mitzuwirken. Ihr Widerstand entsprang dem «Krankheitsgewinn», der

Lust, die der Rückzug in die individuelle pathologische Schutzburg freisetzte.[138]

Die sozialen Ursachen der Neurose bildeten ein theoretisch wichtiges Thema, ohne daß die praktischen Schwierigkeiten der Analyse damit behoben waren. Die Therapie mußte zuerst das Problem lösen, wie der unterdrückte, eingeklemmte Trieb sichtbar gemacht werden konnte. Stets hatte sie mit der Tatsache zu kämpfen, daß dieser Trieb sich nicht direkt zeigte, sondern über Umwege: entweder, in der einfacheren Variante, sublimiert bzw. verdrängt, oder ins Gegenteil verkehrt bzw. gegen die eigene Person gewendet.[139] Solche Paarungen ergaben, wie es 1915 hieß, die dualen Grundformen perverser Sexualität: Exhibitionismus und Voyeurismus sowie Masochismus und Sadismus. Freud erkannte dabei, daß auch die passiven Ausprägungen – Masochismus und Voyeurismus – insofern noch Triebe bilden, als sie Befriedigung unmittelbar herbeiführen.[140] Genau in diesem Doppelstadium verharrt die Libido, denn sie bewegt das Individuum dazu, sich «passiv» gegen seine Umwelt zu verhalten und Reize von ihr aufzunehmen, andererseits aktiv zu werden, indem sie zu direkter Suche nach Lusterfüllung nötigt.[141]

In seinem Aufsatz über «‹kulturelle› Sexualmoral und moderne Nervosität» entwickelte Freud 1908 eine Perspektive, die auf der Grundlage seiner Trieblehre Gesellschaft und Neurose aufeinander bezog. Er ging von dem keineswegs neuen Befund aus, daß die Veränderung der modernen Lebenswelt krankheitsförderlich sei. Die Großstadt schaffe, wie schon Beard 1881 bemerkt hatte, die äußeren Bedingungen für Neurosen, nervöse Überspannungen und hysterische Erkrankungen. Freud verwies dabei auf den Gestaltpsychologen Christian von Ehrenfels, der in einer 1907 veröffentlichten Studie zwischen der «natürlichen», dem Menschen zugeschriebenen und der «kulturellen», sozial verankerten Sexualität unterschieden hatte.[142] Ehrenfels versuchte mit seinen Kategorien den Konflikt zu beschreiben, den die menschliche Triebwelt im Spannungsfeld von sozialer Prägung und individueller Färbung auszuhalten hat. Freud nahm diese Zweiteilung auf, indem er eine gesellschaftliche Konditionierung der Sexualität und ihrer in der Neurose gehemmten Spielarten annahm. Auch er folgte der um 1900 zum Topos gewordenen Formel, daß die moderne Lebenssituation gerade in den Großstädten mit ihrer Alltagshektik, ihrem Verkehr und ihrer Anonymisierung die Nervenschwäche der Zeitgenossen steigere. Freud stützte sich dabei auf Beobachtungen des – ihm als Pionier der Elektrotherapie vertrauten – Heidelberger Neurologen Wilhelm Erb, der am 22. November 1893 in einer akademischen Festrede *Ueber die wachsende Nervosität unserer Zeit* erklärt hatte: «die Ansprüche an die Leistungsfähigkeit des Einzelnen im Kampf um's Dasein sind erheblich gestiegen, und nur mit Aufbietung aller seiner geistigen Kräfte kann er sie befriedigen; zugleich sind die Bedürfnisse des Einzelnen, die Ansprüche an Lebensgenuss in allen Kreisen gewachsen, ein unerhörter Luxus hat sich auf Bevölkerungsschichten ausgebreitet, die früher davon ganz unberührt waren; die Religionslosigkeit, die Unzufriedenheit und Begehrlichkeit haben in weiten Volkskreisen zugenommen; durch den ins Ungemessene gesteigerten Verkehr, durch die weltumspannenden Drahtnetze des Telegraphen und Telephons haben sich die Verhältnisse in Handel und Wandel verändert: alles geht in Hast und Aufregung vor sich, die Nacht wird zum Reisen, der Tag für die Geschäfte benützt, selbst die ‹Erholungsreisen› werden zu Strapazen für das Nervensystem».[143]

Was Freud hier mit Erbs Worten charakterisieren wollte, fand sich nicht nur in der neurologischen Forschung, sondern auch in der Literatur um 1900 vielfältig geschildert. Bei Richard Beer-Hofmann, Hugo von Hofmannsthal, Loris-Karl Huysmans, Felix Dörmann, Leopold von Andrian, Arthur Schnitzler, Heinrich und Thomas Mann begegnet man dem Leitmotiv der Neurasthenie als Krankheit der Epoche immer wieder. Stets war es die moderne Großstadtwelt mit ihrer Getriebenheit, Unruhe und, wie Erb es formulierte, ‹Raffiniertheit›, die den Menschen in die Nervenkrise zwang.[144] In Paul Lindaus Drama *Der Andere* (1893), das 1913 mit Albert Bassermann in der Titelrolle verfilmt wurde, hieß es beispielhaft: «Wer im betäubenden Lärm unserer großstädtischen Cultur, in diesem Wagengerassel und Gebimmel, Gehämmer und Gestampfe der Maschinen, Gepuffe und Gerolle der Locomotiven sich überhaupt vernehmlich machen will, muß schon auf die große Trommel und auf's Tamtam schlagen (...). Dazu das übermäßig schnelle Tempo unseres ganzen Daseins. Die fieberhafte Hast. Täglich tausende und abertausende von Depeschen, telephonische Unterhaltungen von Stadt zu Stadt».[145] Georg Simmel betonte 1903, daß sich das Treiben der Großstadt «auf der Oberfläche des Lebens» abspiele – eine Position, der Erbs und Freuds Blick auf die urbane Alltagswelt als externe Ursache der Neurose entsprach.[146] Die Zerrüttung der Nerven resultierte, so betrachtet, aus dem Wandel des modernen Lebensrhythmus im «Sturmlauf» des Daseins, wie es Max Nordau mit martialischer Metaphorik formulierte.[147] Sie zeigte nur auf, daß der Mensch dem Tempo der Großstadt und den Zumutungen einer ständigen Reizüberflutung mit ihrem alle Sinne erschütternden «Getöse» – nach einem Wort Erbs – nicht gewachsen war.[148] Otto Julius Bierbaum fand für diesen Zusammenhang das Wort «Eisenbahnnerven», das den scheinbar unheilvollen Einfluß der neuen Verkehrstechnik auf die Neurasthenie zum Ausdruck brachte.[149]

Nervöse Erkrankungen gehorchen allerdings den äußeren Prägungen des modernen Lebens in unterschiedlichem Grade. Während die ererbte – hereditäre – Psychoneurose in bestimmten Störungskurven verläuft, die analytisch schwer zu begreifen sind, weil sie einem internen Rhythmus folgen, unterliegt die ‹eigentliche› Neurose primär externen Faktoren. Dazu zählen Reizquellen, sexuelle Attraktionen und Formen des Kultureinflusses, die von der Lebenssituation des Einzelnen abhängen. Gerade der letzte Punkt war laut Freud von großer Bedeutung für die Entwicklung neurotischer Erkrankungen. Es gehört zu den besonderen Leistungen der zivilisierten Gesellschaft, daß sie ihre Mitglieder anhält, ihre Triebimpulse zu verdrängen oder umzugestalten. Sie erwartet, daß der Trieb bearbeitet wird, und sie macht diesen Anspruch geltend, indem sie Regeln für das Zusammenleben aufstellt, die das Sexuelle ausschalten oder zumindest verbergen. Dieser Mechanismus bildet die Basis für unsere Kultur, aber zugleich den Nährboden der Neurose. Die «Sexualeinschränkung» ermöglicht uns, die libidinöse Energie umzulenken, wobei die moderne Lebenswelt mit ihren Formalisierungen, Beschleunigungen und Anonymisierungen dazu beiträgt, daß dieser Prozeß gelingt.[150] Die Großstadt – Gegenstand der kritischen Betrachtung schon bei Bergson, Simmel und Max Weber – ist also in solchem Sinne die ideale, fast symbolische Kulisse für die Unterdrückung der Sexualität im entpersönlichten Verkehr der Menschen, zugleich aber ein Ort, der neurotische Triebhemmungen aller Art befördert. Angesichts des Januscharakters der kulturellen Sexualmoral bemerkte Freud offen: «Ich erkläre mich für unfähig, Gewinn und Verlust hier richtig abzuwägen, aber zur Einschätzung der Verlustseite könnte ich einiges anführen.»[151]

Am Ende verließ Freud für einen Augenblick die Rolle des Unparteiischen, zu der er sich als Arzt verpflichtet fühlte, und betonte die «Dringlichkeit» einer ‹Reform› unseres Kulturbegriffs.[152] Wenn wir akzeptieren, daß die moderne Gesellschaft uns gleichzeitig leistungsfähig und krank macht, müssen wir ihre Werte zumindest modifizieren. Unsere Kultur, so erklärte Freud, sollte sich «vom Hedonismus» nicht vollständig lösen, sondern einen Restanspruch auf individuelle «Glücksbefriedigung» erhalten.[153] Der Leistungsethiker sprach hier als Anwalt des Lebensgenusses, weil er erkannte, daß die zivilisierte Einzwängung unserer Sexualität in wachsendem Maße Krankheit schuf. Und es wäre ihm zuwider gewesen, die Opfer in den «Straßengräben der Fortschrittsbahn», wie es Nordau verächtlich ausdrückte, im Namen einer zweifelhaften Idee der Gesundheit zu ignorieren.[154]

Die Überlegungen zur ‹kulturellen Sexualmoral› zeigten Freud auf dem Weg zu einer erweiterten Neurosenlehre, die jedoch, wie er im Juni 1910 bei einer Debatte des Mittwochskreises erklärte, seine früheren Auffassungen nicht in Frage stellte.[155] Sie erschloß an seelischen Phänomenen das Wechselspiel zwischen individueller und gesellschaflicher Arbeit, das bereits Soziologen wie Émile Durkheim und Ferdinand Tönnies diagnostiziert hatten. In einem kurzen Aufsatz aus dem Jahr 1911 führte Freud zwei Begriffe ein, die für diese Theorie großes Gewicht gewinnen. Er unterschied hier zwischen dem Lust- und dem Realitätsprinzip als zwei Impulsen, die das psychische Geschehen bestimmen können. Beide sind wechselseitig miteinander verknüpft, denn sie treten nur im Stadium einer systematischen Verbindung auf. Das Lustprinzip entspringt der Libido und erscheint beim Kind wie beim Erwachsenen als Triebimpuls, der im Prozeß der Adoleszenz verstärkt über das Unbewußte und seine vitale Kraft organisiert wird. Im Traum ergreift dieses Unbewußte die Macht, indem es sich in Bildern artikuliert, die ihrerseits die Traumgedanken widerspiegeln. Zugleich zeigt sich der Erwachsene jedoch vom Realitätsprinzip beherrscht, das den Inhalt seiner seelischen Tätigkeit bestimmt und die Energien der Lust zurückdrängt.[156] Nicht mehr das Angenehme, sondern das Wirkliche findet jetzt Gehör, nicht das Vergnügen, sondern das Urteil regiert. Aus dem Vorstellen wird ein Denken, womit auch die Fähigkeit einhergeht, eine höhere «Reizspannung» zu ertragen, ohne daß es zur Triebabfuhr kommen muß.[157] Eine neurotische Ausprägung erhält das Ich erst dort, wo das Lustprinzip ausschließlich unterdrückt und nicht akzeptiert wird, was wiederum Ersatzbildungen aller Art – Fixierungen, Obsessionen und Phobien – zur Folge hat. Freud nannte 1916 drei Charaktereigenschaften: «ordentlich, sparsam und eigensinnig», die hier einschlägig sind, insofern sie die Absperrung des Triebs in der Zwangsneurose bezeichnen.[158] Der psychisch gesunde Mensch zeigt sich dagegen befähigt, die Forderungen des Lustprinzips ernstzunehmen und aus dem Bann der Libidoenergie zu befreien, indem er sie in seinen seelischen Apparat einbaut und ihre Forderungen kontrolliert.

Am Ende der Skizze stand ein Ausblick auf eine dualistische Anthropologie. Im Menschen sind zwei Impulse regsam, die Freud als Gegensätze beschrieb, auch wenn sie sich im gesunden seelischen Apparat friedlich ergänzen können: «Wie das Lust-Ich nichts anderes kann als wünschen, nach Lustgewinn arbeiten und der Unlust ausweichen, so braucht das Real-Ich nichts anderes zu tun als nach Nutzen zu streben und sich gegen Schaden zu sichern.»[159] Freuds Schema bezeichnete eine Zwei-Naturen-Lehre, wie sie 100 Jahre früher der deutsche Idealismus vertrat. Bereits Schillers Konzept der ästhetischen Erziehung verwies auf einen Triebdualismus, den die Impulse des Form- und des Stofftriebs spiegeln. Die zentrale Definition der beiden ‹Fundamentalgesetze› des Menschen, die Freud als gutem Schiller-Kenner vertraut war, lautete: «Das erste dringt auf absolute Realität: er soll alles zur Welt machen, was bloß Form ist, und alle seine Anlagen zur Erscheinung bringen: das zweyte dringt auf absolute Formalität: er soll alles in sich vertilgen, was bloß Welt ist, und Uebereinstimmung in alle seine Veränderungen bringen; mit andern Worten: er soll alles innre veräußern und alles äussere formen.»[160] Es bleibt offensichtlich, daß Schillers Unterscheidung nicht mit der Freuds identisch ist, weil sie dort beginnt, wo die psychoanalytische Bestimmung endet. Während Freud das Realitätsprinzip als Gesetz der Vernunft und Disziplinierung begriff, das den Trieb kontrollieren hilft, beschrieb Schiller es als Tendenz zur Verstofflichung, dem wiederum der Impuls der Formalisierung entgegensteht. Wo Freud Trieb und Vernunft trennte, sonderte Schiller die Dynamik der Wirklichkeit von der Regelhaftigkeit der Form. Im Grundsatz aber ist zu erkennen, daß Schillers anthropologischer Dualismus Freuds Denken beeinflußt und angeregt hat.

Eine Integration der beiden Impulse fand Freud in der künstlerischen Praxis vollzogen, da hier Wirklichkeitskontakt und Lust vereint sind. «Der Künstler ist ursprünglich ein Mensch, welcher sich von der Realität abwendet, weil er sich mit dem von ihr zunächst geforderten Verzicht auf Triebbefriedigung nicht befreunden kann und seine erotischen und ehrgeizigen Wünsche im Phantasieleben gewähren läßt. Er findet aber den Rückweg aus dieser Phantasiewelt zur Realität, indem er dank besonderer Begabungen seine Phantasien zu einer neuen Art von Wirklichkeiten gestaltet, die von den Menschen als wertvolle Abbilder der Realität zur Geltung zugelassen werden.»[161] Indem der Künstler seine Phantasien nicht auf den Raum der inneren Vorstellung begrenzt, sondern in Formen überführt, die eine eigene – ästhetische – Wirklichkeit bedeuten, vereint er die beiden ursprünglich getrennten Impulse. Die Kunst ist daher auch ein mächtiger Therapeut, der es erlaubt, Lustgewinn aus kulturell legitimierter Praxis zu ziehen, ohne daß eine neurotische Triebunterdrückung stattfindet.

Die Phantasie schafft, wie Freud 1912 in einer Diskussionsrunde der Wiener Psychoanalytischen Vereinigung erklärte, ein ‹Zwischenreich›, das auf der Grenze von Lust- und Realitätsprinzip liege.[162] Im selben Jahr hieß es mit fast identischen Wendungen, die Kunst bilde «ein Zwischenreich zwischen der wunschversagenden Realität und der wunscherfüllenden Phantasiewelt».[163] Mit ihrer Hilfe wird eine Mittlerposition produktiv, indem sie das Vermögen der Imagination entfaltet, das Erfindungskraft und Wirklichkeitsmacht versöhnt. In seiner Einführungsvorlesung von 1917 charakterisierte Freud die Schöpfungen der Phantasie als ‹Naturschutzpark›, der die Wildnis des Trieblebens in kultivierter Ordnung nachbaut.[164] Die kreative Leistung, die damit verbunden ist, besteht in der Verfeinerung roher Materialien und der Formung des Ungestalteten. Freud zeigte sich an dieser Stelle undogmatischer als in seinen Beiträgen zu Literatur und Malerei, in denen er die ästhetische Praxis allein aus der Perspektive der Sublimierungstheorie betrachtete. Sein Blick auf die Kunst erschloß weniger ihre geheime Gefangenschaft im Trieb als die Befreiung, die sie dem Menschen durch ihre spielerischen Selbst- und Weltentwürfe ermöglicht. Das wiederum verband sich mit der Einsicht, daß die Neurose aufgrund ihres Bezugs zu Gesellschaft und Kultur mehr als nur eine seelische Krankheitsform war.

Zu den Wirkungsfeldern, auf denen Freud neurotische Ausprägungen beobachten konnte, gehörte nicht zuletzt die Religion. In einer kurzen Studie von 1907, die 20 Jahre später in *Die Zukunft einer Illusion* fortgeführt wurde, zeigte er eine Parallele zwischen neurotischen Zwangshandlungen und bestimmten Formen religiöser Praxis. «Auch der Religionsbildung scheint die Unterdrückung, der Verzicht auf gewisse Triebenergien zugrunde zu liegen; es sind aber nicht wie bei der Neurose ausschließlich sexuelle Komponenten, sondern eigensüchtige, sozialschädliche Triebe, denen übrigens ein sexueller Beitrag meist nicht versagt ist. Das Schuldbewußtsein in der Folge der nicht erlöschenden Versuchung, die Erwartungsangst als Angst vor göttlichen Strafen sind uns ja auf religiösem Gebiete früher bekannt geworden als auf dem der Neurose.»[165] Prägend für diese Überlegungen blieb Ludwig Feuerbach, den Freud, wie er 1925 an Binswanger schrieb, während der Studienzeit «mit Genuß und Eifer» las.[166] Gott, so hatte Feuerbach 1843 in der Vorrede zur zweiten Auflage von *Das Wesen des Christentums* behauptet, bildet das offenbarte Innere des Menschen: «Die Religion ist der Traum des menschlichen Geistes. Aber auch im Traume befinden wir uns nicht im Nichts oder im Himmel, sondern auf der Erde – im Reiche der Wirklichkeit, nur daß wir die wirklichen Dinge nicht im Lichte der Wirklichkeit und Notwendigkeit, sondern im entzückenden Scheine der Imagination und Willkür erblicken.»[167]

Freud stellte Feuerbach, ähnlich wie Marx, auf die Füße, allerdings nicht durch eine ökonomische, sondern über die psychologische Argumentation. Aus dem Bewußtsein, in dem sich bei Feuerbach Gott manifestiert, wurde bei Freud das Unbewußte als Medium der religiösen Inhalte. Damit vollzog er eine doppelte Distanzierung: er sprach dem Bewußtsein Einfluß auf den Glauben ab; und er ging nicht von Gott aus, sondern von rituellen Mustern, also von einer Ebene der Formung, Konstruktion und Modellierung. Diese Perspektive bot ihm die Möglichkeit, den Zusammenhang zwischen Neurose und Religion aus einer gemeinsamen Quelle, der Unterdrückung sexueller Impulse, abzuleiten. Der Skandal, den eine solche Gleichsetzung nicht nur in kirchlichen Kreisen machte, dürfte Freud relativ gleichgültig gewesen sein. Er führte allerdings dazu, daß der intellektuelle Austausch zwischen Theologie und Psychoanalyse für Jahrzehnte eine Ausnahme blieb.

Die Neurosenlehre, die Freud zwischen 1905 und 1910 entwickelte, ging Zug um Zug über die rein therapeutisch-praktische Dimension hinaus. Sie stützte sich auf den Topos vom nervösen Zeitalter, blieb aber bei ihm nicht stehen. Die Verknüpfung der Neurose mit Kunst und Religion, die Freud heraushob, diente keineswegs dazu, das Bild einer ‹Jahrhundertkrankheit› zu zeichnen, wie man das im Fall der Melancholie für die Epoche der Aufklärung getan hat. Der Sinn seiner universellen Lehre beruhte auf der Einsicht, daß die seelische Störung der persönliche Spiegel sozialer Prozesse ist. Die kulturelle Arbeit an den sexuellen Bedürfnissen manifestierte sich für Freud im Individuum und in der Gesellschaft gleichermaßen. Die durch Triebunterdrückung gewonnene Leistung trägt die Spuren des Zwanghaften an sich, und zwar im sozialen Ganzen wie in der Seele des

Menschen. Beide Komponenten waren für ihn ähnlich wichtig, so daß einseitige Lösungen – sexuelle Befreiung oder politische Emanzipation – nicht zum Ziel führen konnten. Freuds Position ließ damit das Niveau allgemeiner Kulturkritik, wie sie etwa Erb, Möbius und Nordau vertraten, deutlich hinter sich. In *Totem und Tabu* sollte er wenige Jahre später erläutern, worin die Quintessenz seiner erweiterten Sichtweise bestand: «Die Neurosen zeigen einerseits auffällige und tiefreichende Übereinstimmungen mit den großen sozialen Produktionen der Kunst, der Religion und der Philosophie, andererseits erscheinen sie wie Verzerrungen derselben. Man könnte den Ausspruch wagen, eine Hysterie sei ein Zerrbild einer Kunstschöpfung, eine Zwangsneurose ein Zerrbild einer Religion, ein paranoischer Wahn ein Zerrbild eines philosophischen Systems. Diese Abweichung führt sich in letzter Auflösung darauf zurück, daß die Neurosen asoziale Bildungen sind; sie suchen mit privaten Mitteln zu leisten, was in der Gesellschaft durch kollektive Arbeit entstand.»[168]

NEUNTES KAPTIEL

Wahn und Methode
(1900–1914)

Verstörende Fallgeschichten

Eine Theorie war, wie Freud glaubte, nur etwas wert, wenn sie einen Bezug zur praktischen Erfahrung aufwies. Deshalb mußten die Grundsätze der Lehre an den alltäglichen Eindrücken aus der Ordination wachsen. «Was von aller Geisteswissenschaft gilt», so faßte Lou Andreas-Salomé seine Überzeugungen im Winter 1912 zusammen, «das gilt hier im höchsten und entscheidenden Grade: daß wir nur wissen, was wir erleben.»[1] Ab 1900 ging Freud dazu über, die wichtigsten Fälle seiner Praxis in längeren Aufsätzen vorzustellen. Seine Patientenstudien – Steve Marcus und George Steiner nannten sie «Meisterwerke der Literatur»[2] – haben heute den Charakter geradezu mythischer Beispiele angenommen: Dora (1900 behandelt, beschrieben 1901, publiziert 1905 im *Bruchstück einer Hysterie-Analyse*), der kleine Hans (berichtet 1908, veröffentlicht 1909 als *Analyse der Phobie eines fünfjährigen Knaben*), der Rattenmann (behandelt 1907, publiziert 1909 als *Bemerkungen über einen Fall von Zwangsneurose*) und der Wolfsmann (1910–14 behandelt, 1918 gedruckt unter dem Titel *Aus der Geschichte einer infantilen Neurose*). Freud bezog das Recht zur Publikation seiner wichtigsten Fallgeschichten aus einem rein wissenschaftlichen Interesse. Die Verschleierung der Namen diente der Diskretion, aber ansonsten galt keine Rücksicht, denn intimste Details mußten ans Licht kommen und mit größter Offenheit erörtert werden.

Im Vorwort zum *Bruchstück einer Hysterie-Analyse* erklärte Freud, er versehe, wo es um sexuelle Intimitäten gehe, die Rolle des Gynäkologen, der mit seinen Patientinnen freimütig über ihr Liebesleben und das Funktionieren der Geschlechtsorgane spreche.[3] Als Arzt mußte er dabei einige Selbstdistanz aufbringen, um diesen Part immer wieder neu zu bewältigen. Mit seinen Analysandinnen erörterte er nicht nur Hemmungen und

Widerstände, sondern auch sexuelle Praktiken wie die Fellatio und den Cunnilingus, die zu jener Zeit als Perversionen galten. Wieder war hier der wissenschaftliche Weg die Lösung des Problems: indem Freud zeigte, daß der Oralverkehr die frühkindliche Lutscherfahrung beim Stillen wiederholte, lieferte er eine Erklärung, ohne sich auf moralische Wertungen einlassen zu müssen. Entscheidend blieb die analytische Zielsetzung, die Intimes in «aller Freimütigkeit» offenbarte, aber nicht der Aufreizung erotischer Phantasien diente. Er schreibe, so Freud, keinen «Schlüsselroman» zur «Belustigung», sondern folge dem Gebot der empirischen Absicherung seiner Hypothesen.[4]

Hinter dem Namen ‹Dora› aus dem *Bruchstück einer Hysterie-Analyse* verbarg sich die 18jährige Ida Bauer, die Freud zwischen Oktober und Dezember 1900 behandelte. Die junge Frau, die als Kind in der nahe gelegenen Berggasse 32 aufwuchs, war ihm nicht unbekannt.[5] Schon zweieinhalb Jahre zuvor, im Mai 1898, hatte ihr Vater sie wegen akuter Symptome – Gesichtslähmung, Sehstörungen, Verdauungsprobleme – in Freuds Ordination gebracht, nach deren Abklingen aber die Therapie abbrechen lassen. Die Familienkonfiguration, die sich hier offenbarte, besaß die Anlage zu einem Kammerspiel der Neurosen und Lebenslügen, wie es Arthur Schnitzler in seinem Werk so meisterhaft in Szene setzen konnte. Peter Gay nannte sie «ein Ballett von versteckter sinnlicher Hemmungslosigkeit» und «eine Choreographie des erotischen Lebens von Wien», Steve Marcus sprach von einer viktorianischen Konstellation, der Freud in der Haltung des Wahrheitsfanatikers wie aus einem Stück Ibsens gegenübertrete.[6] Philipp Bauer war ein vermögender Textilfabrikant, der an Tuberkulose litt und längere Zeit zu Kurzwecken in Meran lebte. In den Jahren vor seiner Heirat hatte er sich eine Syphilis zugezogen, mit der er seine Frau ansteckte; die Eheleute starben relativ bald, noch vor dem Ersten Weltkrieg. Freud kannte beide aus früheren Krankheitsphasen, vornehmlich neurasthenischen Schüben, die sie in seine Ordination geführt hatten. Bauer pflegte ein Liebesverhältnis mit der Ehefrau eines Freundes, was die Tochter ahnte, auch wenn er seine Liaison bestritt – übrigens sogar im Gespräch mit Freud.[7] Die Mutter, Katharina Bauer, beschränkte sich auf ihre «‹Hausfrauenpsychose›» und hielt die Wohnung mit zwangsneurotischer Gründlichkeit sauber.[8] Sie wirkte nach außen unnahbar und kalt, bevorzugte den älteren Sohn und verweigerte der Tochter jede Art von Zärtlichkeit. Ida litt im Herbst 1900, als sie Freud zum zweiten Mal konsultierte, unter Migräne, Verdauungsstörungen, Nervosität und Stimmungsschwankungen – einer «‹Petite hystérie› mit den allergewöhnlichsten somatischen und psychischen Symptomen».[9]

Die schwierige Familienkonstellation wurde dadurch noch komplexer, daß Hans Zellenka, ein Freund des Vaters und zugleich Ehegatte seiner Geliebten, der 14jährigen Ida während eines Urlaubs in Meran nachstellte, sie belästigte und zu küssen versuchte. Sie reagierte auf die – später wiederholten – Avancen des älteren Mannes, der im Text ‹Herr K.› heißt, mit heftiger Abwehr, was Freud zum Befremden heutiger Leser als Zeichen ihrer hysterischen Hemmung deutete. Daß eine Pubertierende, die von einem älteren, verheirateten Bekannten bedrängt wird, keine erotischen Gefühle verspürt, läßt sich gut nachvollziehen, stieß aber auf ärztliches Unverständnis: «Anstatt der Genitalsensation, die bei einem gesunden Mädchen unter solchen Umständen gewiß nicht gefehlt hätte, stellt sich bei ihr die Unlustempfindung ein, welche dem Schleimhauttrakt des Eingangs in den Verdauungstrakt zugehört, der Ekel.»[10] Eine irritierende Interpretation, die nahelegte, daß jede Pubertierende nur darauf wartet, von einem älteren Mann verführt zu werden. Freud hielt an ihr konsequent fest und stützte darauf seine Gesprächsanlage. So behauptete er, daß Ida eigentlich von Zellenka habe geküßt werden wollen, aber diesen Wunsch aufgrund ihrer neurotischen Disposition nicht zulassen konnte. Im Zentrum situierte Freud eine inzestuöse Neigung, die er zum prägenden Motiv des Falls erklärte. Philipp Bauer und Hans Zellenka ähnelten sich, befanden sich im selben Alter und verkörperten für das Mädchen eine anziehende männliche Dominanz. Das Inzest-Verbot führe aber nicht zu einer Ersatzlösung, sondern zu doppelter Blockierung: weil sie ihren Vater sexuell nicht begehren dürfe, unterdrücke die Tochter auch das Verlangen nach Hans Zellenka in neurotischer Abwehr – so lautete Freuds schnelle Diagnose. Ida Bauer widersprach dem entschieden, leugnete die ihr unterstellte Vorliebe und geriet mit ihrem Arzt in immer heftigere Konflikte. Zusätzlich wurde die Situation dadurch belastet, daß die Patientin Freud nach wenigen Sitzungen durchschaut zu haben glaubte und seine Deutungen ihrer sexuellen Wünsche allzu banal fand. Ihn wiederum kränkte dieses Mißtrauen, da ihm das ebenso schöne wie kluge Mädchen gefiel und er seine Autorität nicht verlieren wollte.

Idas Geschichte lieferte ein Traummaterial, das mustergültig wirkte, geradezu geschaffen für eine Bestätigung der Theorie, und auch aus diesem Grund interessierte sich Freud für ihre Symptome in besonderem Maße.

Am 14. Oktober 1900 schrieb er triumphierend an Fließ, es handle sich um einen «glatt aufgehenden Fall»; daß er es sich hier zu leicht machte und seine eigenen Urteile nicht selbstkritisch genug prüfte, wurde ihm nach dem Abbruch der Behandlung klar.[11] Ein erster Traum – das Haus brennt, und die Mutter will ihr gefährdetes Schmuckkästchen retten, was der Vater verbietet – spiegelte im Sinne Freuds durch seine Symbolik die Sehnsucht nach dem Inzest. Die Patientin zeigte sich nicht überrascht, als der Arzt ihr eine Deutung anbot, die das Kästchen mit dem weiblichen Genital verglich und das Einschreiten des Vaters als Versuch kommentierte, den verbotenen Beischlaf zu verhindern. Im Familienkreis galt die Tochter als notorisch neugierig in sexuellen Fragen, sie las medizinisch-psychiatrische Fachliteratur und war auch mit Freuds Arbeiten vertraut. In Ida Bauer trat die erste Analysandin auf, die ihm ihre Träume nicht unbefangen, sondern in ganzer Kenntnis seiner Lehren erzählte.[12] Der zweite Traum handelte vom Tod ihres Vaters, was sich mit einer Schwangerschaftsphantasie verband. Freud erschloß diesen Hintergrund ein wenig spitzfindig über eine neun Monate nach Zellenkas Verführungsversuch eintretende Blinddarmentzündung der Patientin und deren Niederschlag im Trauminhalt.[13] Die Verknüpfung von neurotisch-hysterischen Symptomen und körperlichen Erkrankungen interessierte ihn in späteren Jahren kaum noch; es blieb Schülern wie Ferenczi überlassen, diesem Zusammenhang genauer nachzugehen.[14]

Freuds Trauminterpretation war zwar wie seine gesamte Diagnose vereinfachend, führte aber nicht unbedingt zu falschen Schlüssen. Daß Ida ihrem Vater emotional sehr nahestand, von ihrer Mutter vernachlässigt wurde, sich in ein inzestuöses Liebesverhältnis phantasierte und deshalb unter neurotischen Spannungen litt, traf vermutlich zu. Wenn die Patientin einer derartigen Auslegung heftig widersprach, so konnte das Ausdruck ihres Wunsches nach einer normalen Sexualität sein, die auszuleben ihr die unbewältigte Neigung zum Vater verbot. Das Problem lag jedoch in der starrsinnigen Konsequenz und Härte, mit der sich Freud über die Gefühle und Projektionen Idas hinwegsetzte. An seinem Befund hielt er allein deshalb fest, weil er überzeugt war, daß Neurotiker genau das leugnen, was sie heimlich antreibt. Daß die Analysandin Inzestwünsche hegen mochte und sich gleichzeitig vor einem älteren Mann ekelte, ohne deshalb hysterisch zu sein, kam ihm nicht in den Sinn. Für abgestufte Nuancierungen, die konventionelle Rollenbilder hätten auflösen können, blieb im Rahmen der dogmatisch begründeten Gesamtdiagnose kein Platz, und genau dieser Umstand verärgerte die intelligente Patientin.

Erst Jahrzehnte später räumte Freud ein, daß die Abwehr des Kranken ebenso differenziert zu bewerten war wie seine Zustimmung, weil sie wahr oder falsch sein konnte. Die Analyse mußte lernen, ihre neu entwickelten Dogmen mit jener Flexibilität zu nutzen, die das Feld der Psychodynamik forderte.[15] Im Fall Ida Bauers erzeugte Freuds Mangel an therapeutischer Erfahrung einen Schematismus, der zu schweren Konflikten mit der Kranken führte. Ein halbes Jahr vor Beginn der Behandlung, am 16. April 1900, hatte er gegenüber Fließ erstmals den Mechanismus der Übertragung skizziert, der auch hier eine wesentliche Rolle spielte.[16] Die junge Patientin ersetzte in ihren Phantasien den Vater und den aufdringlichen ‹Herrn K.› durch den Arzt, wünschte ihm alles Böse und arbeitete daran, daß seine Befunde sich als falsch erwiesen, damit er sich bloßstellte. Freud erkannte diesen Mechanismus bald, vermochte seiner aber nicht «rechtzeitig Herr zu werden», weshalb seine Effekte die Therapie störten, statt sie, wie im Idealfall, produktiv zu befördern.[17] Erschwerend kam hinzu, daß er als Arzt weder das Zentrum der Übertragung noch seine eigene Gegenübertragung angemessen durchschaute. Ida Bauer richtete nicht nur ihre Wut, sondern auch ihr erotisches Verlangen auf ihn selbst; und er projizierte womöglich seine Vorliebe für die Patientin auf ihr Verhältnis zu Hans Zellenka, indem er ihr eine heimliche Neigung für den älteren Mann unterstellte. Am Ende war alles erheblich komplizierter, als Freud angenommen hatte, und die Situation entglitt ihm zusehends, ohne daß er sie steuern konnte.

Am 31. Dezember 1900 erklärte Ida Bauer, sie werde ihre Besuche nicht mehr fortführen, weil sie keinen Behandlungsfortschritt sehe. Auf ihre Ankündigung, im neuen Jahr nicht mehr zu kommen, fragte Freud, wann sie sich dazu entschlossen habe. Die Antwort lautete: «Vor 14 Tagen, glaube ich.» Freud replizierte darauf abfällig: «Das klingt ja wie von einem Dienstmädchen, einer Gouvernante, 14tägige Kündigung.»[18] Er fühlte sich gekränkt, auch deshalb, weil er Ida Bauer, wie er Fließ zwei Monate vorher schrieb, als eine Art ‹Dietrich› betrachtete, der noch manche Türen der Triebpsychologie geöffnet hätte.[19] Den Abbruch der Therapie versuchte er später rational nachzuvollziehen, indem er selbstkritisch anmerkte, er habe die homoerotischen Neigungen der jungen Frau, die sich größere Zärtlichkeit von ihrer Mutter wünschte, unterschätzt und die Behandlung zu einseitig auf die krankheitsbildende Neigung zum Vater konzentriert.[20]

Nach dem unerquicklichen Ende der Sitzungen entschied sich Freud, seine Enttäuschung in einer pedantisch genauen Niederschrift des Falls abzuarbeiten. Schon am 24. Januar 1901 war das umfangreiche Manuskript, das den Titel *Bruchstück einer Hysterie-Analyse* trug, abgeschlossen. Mit seinen zahlreichen Indiskretionen und Unterstellungen bot es eine Art nachträglicher Rache an der – so Steve Marcus – ‹illoyalen› Patientin.[21] Dazu gehörte auch, daß Freud ihr in seiner Studie aus intuitivem Antrieb und passend zu seinen Assoziationen beim Abschied einen Dienstmädchen-Namen gab, wie er in der *Psychopathologie des Alltagslebens* offen einräumte.[22] Der Text bedeutete jedoch mehr als eine Trotzreaktion, er war zugleich ein Versuch, das medizinische Scheitern durch kunstvolle Darstellung und präzise Bilanzierung zu bewältigen. Seine erzählerische Anlage trug die Züge jener Sublimierung, die nach Freuds Überzeugung aller Wissenschaft und Kunst innewohnt. Nicht zuletzt bewies die Abhandlung, daß ihr Autor Fehler wie die unentdeckte Gegenübertragung erkennen und aus Irrtümern lernen konnte. Schon während der Niederschrift begann er zu ahnen, wo er sich getäuscht hatte, auch wenn es ihm schwerfiel, das unverblümt zuzugeben. Der programmatische Titel unterstrich nicht nur den fragmentarischen Charakter der Therapie, sondern auch den offenen Erfahrungsprozeß, den der Verfasser hier durchlief. Als Ausdruck der Rache, Produkt der Sublimierung und Dokument der Selbstreflexion beleuchtete der Aufsatz die widersprüchlichen Nuancen, die Freuds intellektuellen Haushalt bestimmten: Prinzipientreue, Triebverarbeitung und geistige Dynamik.

Der ausgedehnte Umfang des Textes, der 125 Druckseiten umfaßte, war dem Ziel geschuldet, sämtliche Nuancen der hier vorliegenden hysterischen Konstellation gründlich zu beschreiben. Freud mußte auswählen, aber er wollte zugleich ein möglichst hohes Maß an Vollständigkeit der Gesprächsdokumentation erreichen. Hinzu kam, daß die meisten seiner Patienten, so auch Ida Bauer, zu einer konzentrierten Darstellung ihrer Lebensgeschichte und ihrer Symptome kaum fähig waren. Ihre «Erzählung ist einem nicht schiffbaren Strom vergleichbar, dessen Bett bald durch Felsmassen verlegt, bald durch Sandbänke zerteilt und untief gemacht wird.»[23] Der Aufsatz sollte die sprunghaften Assoziationen und Einfälle der Kranken exakt wiedergeben, ohne das Material, das aus Mitschriften nach der

Sitzung stammte, zu bündeln oder zu raffen. Die Lektüre nicht nur dieser, sondern sämtlicher Fallstudien hat daher etwas Quälendes, das die Belastungen des therapeutischen Gesprächs und die Mühen der analytischen Suche spiegelt. Man kann die Komplexität ihrer Darstellung mit Marcel Prousts späterer Kunst der Überblendung von Erinnerungsstufen vergleichen, wie es Steve Marcus getan hat; die verschütteten Quellen der Vergangenheit werden durch Einschübe und Exkurse, durch Assoziationen und Nebenerzählungen aufgedeckt, entsprechend dem narrativen Verfahren in Prousts großem Roman *A la recherche du temps perdu* (1913–22).[24] Proust hatte diese Technik seinerseits in der Therapie beim Charcot-Schüler Paul Sollier kennengelernt, von dem er im Winter 1905/06 auf Empfehlung seines Arztes Edouard Brissaut für mehrere Wochen wegen neurasthenischer Störungen behandelt wurde. Sollier setzte darauf, daß seine Patienten durch unwillkürliche Erinnerungen, die das ärztliche Gespräch auslöste, dunkle Zonen ihres Gedächtnisses aufhellten und damit ihre Spannungszustände überwanden.[25] In einer Serie von Vorlesungen, die er 1898/99 an der Universität Brüssel gehalten und 1900 publiziert hatte, beschrieb er das Prinzip jener ‹mémoire involontaire›, der unwillkürlichen Erinnerung, die in der *Recherche* bekanntlich eine zentrale Rolle spielt.

Prousts literarische Methode führte im Kern zur Psychologie zurück und damit zum Problem, auf welche Weise verschüttete Elemente des seelischen Erlebens für eine Therapie reaktiviert werden können. Freud war also sein Vorläufer, was die erzählerische Schilderung von Erinnerungsrelikten und deren seelische Verarbeitung betrifft. Wie nach ihm Proust erschloß er in seinen Fallstudien die tieferen Schichten vergessener Wünsche und Erfahrungen durch eine komplexe Technik, die mit den modernen erzählerischen Mitteln der Rückblende und des Perspektivwechsels operierte. Über den besonderen Charakter des *Bruchstücks* und seine Methode, Lücken zu schließen, bemerkte Freud mit einem für ihn typischen Vergleich: «Angesichts der Unvollständigkeit meiner analytischen Ergebnisse blieb mir nichts übrig, als dem Beispiel jener Forscher zu folgen, welche so glücklich sind, die unschätzbaren wenn auch verstümmelten Reste des Altertums aus langer Begrabenheit an den Tag zu bringen. Ich habe das Unvollständige nach den besten mir von anderen Analysen her bekannten Mustern ergänzt, aber ebensowenig wie ein gewissenhafter Archäologe in jedem Falle anzugeben versäumt, wo meine Konstruktion an das Authentische ansetzt.»[26]

Als der Text abgeschlossen war, zögerte Freud zunächst mit der Publikation. Im März 1901 übergab er die Studie Oscar Rie mit der Bitte um ein Urteil – ein ungewöhnliches Vorgehen, zumal der Freund der Psychoanalyse eher fernstand. Nachdem sich Rie wohlwollend geäußert hatte, reichte Freud das Manuskript am 7. Juni 1901 bei der *Monatsschrift für Psychiatrie und Neurologie* ein, deren Herausgeber Theodor Ziehen – ein Pionier auf dem Gebiet der Kognitionsforschung – die Veröffentlichung trotz theoretischer Vorbehalte schnell zusagte. Was nun geschah, wirkte auf den ersten Blick höchst merkwürdig, ja mysteriös. Um zu prüfen, ob sein Beitrag breitere Zustimmung finden würde, schickte Freud ihn wenige Wochen später an den Berliner Kollegen Korbinian Brodmann, den Editor des *Journals für Psychologie und Neurologie*, der den Abdruck aber verweigerte, weil er die Darstellung zu indiskret und als exakt arbeitender Labormediziner wohl auch zu literarisch fand.[27] Freud zog den Artikel nun zurück, verzichtete auf Ziehens Angebot und ließ das Manuskript fast vier Jahre in der Schublade liegen, da er ahnte, daß die Zeit für eine Publikation noch nicht reif war. Das Wagnis, offen über die Sexualität eines unglücklichen 18jährigen Mädchens zu sprechen, blieb, wie er wußte, trotz der Pionierleistung der Hysterie-Studien erheblich. Nach der langen Warteperiode erschien der Text 1905 im Aprilheft des 28. Jahrgangs von Ziehens *Monatsschrift*, die ihn schon vier Jahre zuvor akzeptiert hatte.

Ida Bauer konsultierte Freud noch ein einziges Mal im April 1902 wegen einer Gesichtsneuralgie, die er für psychosomatisch hielt, dann hörte er nur über Dritte von ihr. Sie heiratete vier Jahre nach Abbruch ihrer Behandlung am 16. Dezember 1904 – übrigens einen gleichaltrigen Mann, was die Annahme, sie hege eine erotische Vorliebe für Vaterfiguren, auf den ersten Blick in Frage stellte. 16 Monate darauf gebar sie einen Sohn, der später eine große Karriere als Musiker machte, und führte, äußerlich besehen, eine gesicherte Existenz. Freud bilanzierte die Vermählung in einem Nachtrag zu seinem Bericht als positives Ergebnis seiner eigenen Analyse, die zwar zunächst den Widerstand der Patientin ausgelöst, sie am Ende aber «dem Leben» wiedergegeben habe.[28] Die Familiengeschichte, die hier zum Zeichen gelingender Heilung verklärt wurde, trug allerdings in Wahrheit quälende Züge, denn Ida führte eine unglückliche Ehe und litt regelmäßig unter ihren früheren Symptomen. 1922 konsultierte sie Felix Deutsch wegen starker Schwindelattacken und ließ sich von ihm auch psychotherapeutisch beraten. Bezeichnenderweise wendete sie sich nicht an Freud, den sie aus Scheu vor den alten Konflikten, den hier lauernden Projektionen und Übertragungen mied. So blieb das *Bruchstück einer Hysterie-Analyse* ein im mehrfachen Sinn ambivalentes Dokument – das Indiz einer nicht erfolgreich gestalteten Beziehung zwischen Patientin und Arzt, das Beispiel schmerzlicher Selbstkorrektur und das Zeugnis beharrlich-bohrender Interpretationskunst auf der Basis erzählerischer Darstellungskraft.

Die *Analyse der Phobie eines fünfjährigen Knaben* bildete formal eine Ausnahme unter den großen Fallstudien, denn der Text beruhte nahezu ausschließlich auf dem Rapport eines Dritten. Der Patient war der kleine Herbert Graf, der Berichterstatter sein Vater Max Graf, der zu Freuds innerstem Zirkel gehörte. Er arbeitete als Musiker, Journalist, Schriftsteller und bekleidete eine Professur am Wiener Konservatorium. Sein Interesse an der Psychoanalyse wurde im Jahr 1900, kurz nach dem Erscheinen des Traumbuchs, durch eine Freundin geweckt, die sich bei Freud in Behandlung befand. Sie vermittelte den persönlichen Kontakt, es entspann sich ein lebhaftes Gespräch über die kulturelle Bedeutung der Psychoanalyse, und Freud lud Graf einige Zeit später, im Herbst 1902, in seinen neu etablierten Diskussionskreis ein. Herberts Mutter war Olga Boenig, eine noch sehr junge, äußerst attraktive Frau, die sich ebenfalls von Freud therapieren ließ. Als der kleine Sohn im Januar 1908 Züge einer Pferdephobie mit verstärkten Verlustängsten zu zeigen begann, werteten das die analytisch geschulten Eltern als mögliches Indiz der frühkindlichen ödipalen Phase. Am 30. März 1908 brachte Max Graf seinen Sohn erstmals in Freuds Ordination; die Behandlung erstreckte sich über fünf Wochen bis Anfang Mai. Am 7. Oktober 1908 sah Freud das Kind nach längerer Pause zum letzten Mal, um ein abschließendes Bild zu gewinnen. Der Medizinstudent Edoardo Weiss, gerade aus Triest nach Wien gekommen, stellte sich an diesem Tag in der Berggasse vor. Er beobachtete, im Wartezimmer sitzend, wie Freud den Fünfjährigen als «unser großer Junge» ansprach und in sein Zimmer bat.[29] Daß der Arzt den ungewöhnlichen Patienten mit der gleichen Ernsthaftigkeit wie einen Erwachsenen begrüßte, fand Weiss bemerkenswert, weil es für das Zeitalter der autoritären Pädagogik untypisch war. Ein Jahr nach der Behandlung publizierte Freud seine ausführlichen Aufzeichnungen über den ‹kleinen Helden›.[30] Niemals zuvor, so gestand er Jones am 1. Juni 1909, habe er tieferen Einblick in eine Kinderseele gewinnen können als anhand dieses Falls.[31]

Freuds Aufsatz, der im Erstdruck nahezu 110 Seiten umfaßte, gliedert sich in zwei Teile. Der erste, der zwei Drittel der gesamten Studie ausmacht, lieferte eine über weite Strecken wörtliche Wiedergabe der Aussagen des Knaben auf der Grundlage des väterlichen Berichts. Passagenweise liest sich das wie ein Familiendrama mit knappen, präzis protokollierten Dialogen. An anderen Stellen mutet der Text erzählerisch an, geprägt durch genaue Beschreibungen von Lokalitäten, Szenerien, Stimmungen. Dem rührenden Ernst und der Klugheit des kleinen Jungen, der das fremde Feld der Sexualität zu erschließen sucht, kann sich der Leser schwer entziehen. Erst im letzten Stück der Abhandlung bot Freud seine Interpretation, die jedoch durch vereinzelte Kommentare im ersten Teil schon vorbereitet wurde. Obgleich Herbert seinen Arzt nur für kurze Zeit sah, hinterließ er bei ihm bleibenden Eindruck. Auf dem Heimweg nach der Sitzung fragte er seinen Vater: «‹Spricht denn der Professor mit dem lieben Gott, daß er das alles vorher wissen kann?›» Freud gestand, diese kindliche Äußerung habe ihn stolz gemacht, gab allerdings zu, sie sei durch einen Witz provoziert worden.[32]

Freuds Diagnose, die den Vermutungen des analytisch vorgebildeten Vaters entsprach, bestätigte seine eigene Theorie der infantilen Sexualität: der kleine Junge durchlief zwischen dem vierten und fünften Lebensjahr seine phallische Phase, in der er sich vor dem Einschlafen und nach dem Erwachen intensiv mit seinem Penis beschäftigte. Die erste Periode des Berichts behandelte sein verstärktes Interesse an den Sexualorganen der Tiere, am Phallus von Hunden und Pferden. Nachdem ihm die Mutter angedroht hatte, man werde ihm sein Glied abschneiden, wenn er es weiterhin mit seinen Händen berühre, entwickelte er eine Phobie vor Pferden, hinter der sich eine latente Kastrationsangst verbarg. Übrigens mutet es symptomatisch für die Erziehungspraxis der Zeit an, daß Freud die im Hause Graf geübte Pädagogik als liberal kennzeichnete – man lasse das Kind «ohne Einschüchterung» aufwachsen –, obwohl solche Drohungen zum gängigen Repertoire der Eltern gehörten.[33] Sobald sich die Pferdephobie gelegt hatte und der Junge die Grundlosigkeit seiner Angst einsah – offenbar unter Relativierung der Strafankündigung –, wechselte er in die ödipale Phase. Sie äußerte sich durch eine Vielzahl von Träumen, in denen er den Vater demütigte und bei der Mutter vertrat. In der letzten Periode der durch Freud dokumentierten Entwicklung träumte der Knabe davon, mit seiner Mutter ein Kind zu zeugen und es selbst zu gebären.[34] Hier floß auch die Eifersucht auf seine jüngere Schwester ein, die zur Welt kam, als er dreieinhalb Jahre alt war. Seine Kränkungserfahrung verwandelte der Junge in eine Rollenphantasie, indem er sich vorstellte, er ziehe mit seiner Mutter ein eigenes Kind auf.

Freud stellte seinen Befunden einige grundsätzliche Überlegungen voran. Er betonte, daß die Aussagen eines Kindes für ihn prinzipiell dasselbe Gewicht wie jene von Erwachsenen hätten. Deshalb seien die Auskünfte des Jungen auch eine seriöse Quelle der Analyse, die durch Berichte der Eltern nicht überflüssig würde. Außerdem legte er Wert auf die Feststellung, daß der kleine Herbert Graf keine neurotische Anlage aufweise, sondern sich normal verhalte. Seine sexuelle Neugier, sein Interesse an seinem Penis, das Begehren der Mutter und die Suche nach dem weiblichen Genital – das alles seien, wie Freud bemerkte, natürliche Ausdrucksformen der kindlichen Entwicklung.[35] Daß die libidinösen Regungen wiederum angstbehaftet blieben, bilde ein Resultat des Widerstands, den das Kind seinen Inzestphantasien in wachsendem Maße entgegensetze. Der Junge träumte vom Beischlaf mit der Mutter, aber er erkannte, daß sein Wunsch verbotenes Terrain betraf. Daher belegte er seine sexuellen Sehnsüchte mit Angstmotiven, die sich im Alltag machtvoll entfalteten. Erst als die Eltern ihm im Gespräch seine Wunschphantasien entlockten, entspannte sich die Situation des Kindes.

Eine wesentliche Quelle der Furcht wurde von Freud ausdrücklich erwähnt, obwohl sie nicht recht in sein Deutungsschema paßte. Daß die Ängste des kleinen Patienten nämlich mit der schwarzen Pädagogik der Zeit verbunden waren, wie sie selbst die modern denkenden Graf-Eltern praktizierten, liegt auf der Hand. Die Kastrationswarnung, die von der Mutter ausgesprochen wurde, löste die Phobie aus. Die neurotische Sexualentwicklung des Kindes spiegelte die repressiven Tendenzen einer Erziehungsform, die mit Verboten und Drohungen arbeitete – ein Befund, den Ferenczi in einer seiner ersten großen Studien 1908 bestätigte.[36] Erst nachdem die Eltern auf Gespräche umschwenkten und ihrem Kind die Ängste zu nehmen suchten, konnte die Phobie überwunden werden. Freud war sich der Gefahren einer verschleiernden Sprache, die Sexualität versteckt und daher Neurosen freisetzt, vollauf bewußt. So betonte er die verhängnisvollen Konsequenzen einer illiberalen Pädagogik, die, wie später auch die psychologisch begründete Erziehungslehre Karl Bühlers zeigte, infantile Ängste steigert: «Ihre Phobien werden in der Kinderstube niedergeschrien, weil sie der Behandlung unzugänglich und gewiß sehr unbequem sind.»[37] Und er fügte hinzu, er selbst hätte dem Jungen, wäre er erziehungsberechtigt gewesen, die nötigen Informationen über die «Existenz der Vagina und des Koitus» offeriert, um seine Mutmaßungen in die richtigen Bahnen zu lenken.[38] Daß er bei seinen eigenen Sprößlingen anders vorging und die Aufklärung über die anatomische Differenz der Geschlechter einem jüngeren Dermatologen mit analytischer Schulung überließ, erwähnte er an dieser Stelle nicht. Die Diskrepanz zwischen Theorie und Praxis blieb also erheblich: der liberale Pädagoge, der sich am Ende der Schrift zu Wort meldete, hatte Probleme, die letzte persönliche Offenheit bei der sexuellen Aufklärung seiner Söhne und Töchter zuzulassen.

Freuds Studie, die das erste Beispiel einer Kinderanalyse bot, bleibt zwiespältig: grandios in der obsessiven Genauigkeit, mit der sie jede Spur verfolgt, beeindruckend durch die Konsequenz, mit der sie das Kind ernstnimmt, faszinierend durch den eleganten Einsatz literarischer wie analytischer Mittel. Zugleich befremdet die Pedanterie der Darstellung, die Detailwut, in der jedem kleinen Gedankensprung nachgegangen wird, und die selbstbewußte Dogmatik, mit der Freud am Ende die Lösung des Rätsels präsentiert. Die Quintessenz lautete, daß die Phobien des Jungen durchgehend einen sexuellen Hintergrund aufwiesen und seine seelische Leistung darin bestünde, sie auf einzelne Anlässe zu begrenzen. In dem kurzen Aufsatz über den *Familienroman der Neurotiker*, der 1909 erschien, zog Freud die allgemeinen Folgerungen aus seiner Fallstudie. Gegen Kritiker wie Forel und Bleuler, die ihm eine «Überschätzung der frühesten Kindheitsjahre» vorhielten, reklamierte er für seine Theorie der infantilen Sexualität ein «volles Recht», da sie sich aus der Geschichte der Neurosen selbst erkläre.[39] Von deren Lasten befreit nur ein psychischer Kraftakt, wie ihn der kleine Hans vollbrachte. Es handelte sich dabei, so schrieb Freud 17 Jahre später, um eine Verlagerung der dauerhaften Angst in gelegenheitsabhängige Phobie; der Zustand der Permanenz wandelt sich zu einer Furcht, die anlaßbezogen wirkt und dadurch leichter ertragen werden kann.[40]

Der Patient Herbert Graf entwickelte sich im übrigen gut und normal, wie Freud 1922 in einer *Nachschrift* verriet.[41] Er überstand sogar die Scheidung seiner Eltern, die 1914 erfolgte, ohne sichtbare seelische Auswirkungen. Nachdem er 19jährig auf die Publikation seiner Fallgeschichte gestoßen war, entschloß er sich, seinen früheren Arzt zu besuchen und ihm zu zeigen, daß er lebensfroh und sorgenfrei war. Die Eindrücke, die das denkwürdige Treffen im Ordinationszimmer bei ihm auslöste, hat er liebenswürdig und zugleich eindringlich beschrieben: «Freud sah hinter seinem Schreibtisch wie einer der bärtigen griechischen Philosophen aus, deren Büsten ich in der Schule gesehen hatte. Er stand auf und umarmte mich herzlich und sagte mir, er könne sich keine bessere Verteidigung seiner Theorien wünschen, als den glücklichen, gesunden 19jährigen jungen Mann, der ich geworden war.»[42]

Nicht jeder Fall endete so erfolgreich und eindeutig wie der des Herbert Graf. Am 1. Oktober 1907 kam der 29jährige Jurist Ernst Lanzer erstmals zu Freud in die Ordination. Es war Wochenbeginn, der erste Arbeitstag unmittelbar nach dem Sommerurlaub in den Dolomiten. Der vermögende, umfassend gebildete Mann lebte allein, in lockerer Verbindung mit einer Geliebten, und hatte nach seinem rechtswissenschaftlichen Studium eine Stelle als Gerichtspraktikant angetreten. Er wurde von zahlreichen Zwangsvorstellungen beherrscht, weshalb er einige Monate zuvor bereits Freuds Kollegen Julius Wagner-Jauregg konsultierte, der auf die Berichte des Kranken allerdings nur mit einem Lächeln antwortete: seine Phantasien seien ‹wohltätig› und klinisch nicht ernstzunehmen.[43] Darauf entschloß sich Lanzer, Freud einen Besuch abzustatten und bei ihm sein Glück zu versuchen. Mit seiner Lehre war der intelligente junge Mann durch die *Psychopathologie des Alltagslebens* in Berührung gekommen, die er jedoch, wie er Freud gestand, bloß oberflächlich überflogen hatte. Die hier angeführten Beispiele für unbewußte Wortverdrehungen aus sexuellen Impulsen erinnerten ihn an seine eigenen Sprachphantasien, in denen er wüste, obszöne Ausdrücke verwendete. Trotz seiner Zwangsvorstellungen, die ihn massiv behinderten und eine erhebliche Verzögerung seines Studiums bewirkten, führte Lanzer ein äußerlich normales Leben. Auf Freud machte er schon nach der ersten Sitzung «den Eindruck eines klaren scharfsinnigen Kopfes», der in der Lage war, sein Leiden genau zu beschreiben.[44] Man verabredete sofort die Aufnahme einer Behandlung, jedoch mußte Lanzer zunächst das Einverständnis seiner Mutter einholen, die ihn finanziell unterstützte und daher auch die Arztkosten übernahm.[45] Zwei Tage nach dem ersten Besuch begann man mit den Sitzungen.

Lanzer offenbarte Freud sehr schnell, was ihn seelisch quälte. Zumeist handelte es sich um Gewaltphantasien – so imaginierte er seinen Selbstmord mit einem Rasiermesser, Flagellation, sadomasochistische Szenen und die Tötung seiner Geliebten. Im Zentrum seiner Neurose aber stand eine Strafphantasie, die zum Inhalt hatte, daß sich hungrige Ratten in den Anus einer anderen Person fressen könnten. Bevorzugt richtete sie sich auf seinen Vater und eine Frau, der er persönlich nahe war und die er erotisch begehrte. Die Phantasie entwickelte sich während einer Militärübung, die Lanzer in Galizien absolvieren mußte; hier hatte ein Offizier über Folterpraktiken in exotischen Ländern berichtet, die mit furchtbaren Mitteln der Bestrafung arbeiteten. Möglicherweise entstammte sein Material Octave Mirbeaus Roman *Le jardin des Supplices* (1899), der eine Vielzahl sadomasochistischer Folterszenen beschreibt. Unter ihnen findet sich auch die Ratten-Tortur, die ein chinesischer Henker der Heldin Clara und dem Erzähler schildert. Sie umfaßt dieselben Elemente wie Lanzers Phantasie: das Eindringen der hungernden Ratte in den Anus, den Vorstoß in die Gedärme, das Verrecken des Tieres, den qualvollen Tod des Opfers.[46]

Lanzer steigerte den Grad der Offenheit seiner Ausführungen schnell, sprach in der zweiten Stunde sehr direkt von seiner frühkindlichen sexuellen Fixierung auf eine Gouvernante und ersten Erektionen, über zwei kurze erotische Erfahrungen – erst nach Ende des 25. Lebensjahrs – und seinen Widerwillen gegen Prostituierte.[47] Seine Phantasie von den sich in den Anus grabenden Ratten, die ihm in der später publizierten Fallgeschichte den Namen ‹Rattenmann› verschaffte, berichtete er Freud schon am Beginn der zweiten Sitzung. Sie war, wie er erklärte, der wesentliche Grund für sein Kommen, und hier benötigte er dringlich therapeutische Hilfe. Denn die Rattenphantasie besetzte alle anderen Gedankeninhalte, beherrschte sein Alltagsleben und fraß sich in seine gesamte Existenz wie das Nagetier aus Mirbeaus dekadenter Geschichte ins Innere der Gedärme seiner Opfer.

Nach einem fast systematischen Abriß seiner Zwangsideen kam Lanzer bald auf die schwierige Beziehung zu seinem Vater zu sprechen, den er in Gedanken durch die Rattenfolter töten ließ. Erst nach mehreren Sitzungen eröffnete er Freud, sein Vater sei schon acht Jahre zuvor gestorben. Die Tatsache, daß er damals keine Trauer, sondern nur ein diffuses Rache- und Triumphgefühl verspürte, wurde ebenso wie die sadomasochistische Anusfixierung des Patienten zu einem wesentlichen Thema der Analyse. Immer wieder stellte er sich vor, daß er seinen Vater durch die Rattenfolter exekutiere. Das Motiv dafür entsprang, wie Freud bald erkannte, dem Leiden an strengen väterlichen Strafen, gegen die sich das Kind mit geheimen Gewaltphantasien zur Wehr gesetzt hatte. Und noch ehe er hier tiefer drang, begriff er, daß Sexuelles im Spiel war, wie der Kranke selbst nahelegte: «Die Quelle, aus welcher die Feindseligkeit gegen den Vater ihre Unzerstörbarkeit beziehe, sei offenbar von der Natur sinnlicher Begierden, dabei habe er den Vater irgendwie als störend empfunden.»[48] Im weiteren Fortgang der Analyse geriet Freud an eine frühe kindliche Erfahrung, die Rachewünsche gegen den Vater auslöste: «Auf diese und ähnliche Anzeichen gestützt, wagte ich die Konstruktion, er habe als Kind im Alter von 6 Jahren irgend eine sexuelle Missetat im Zusammenhang mit der Onanie begangen und sei dafür vom Vater empfindlich gezüchtigt worden.»[49] Lanzer bestätigte diese Hypothese, ohne aber konkrete Erinnerungen an die Art des ‹Vergehens› beisteuern zu können.

Ein anderes Feld von Bedeutung blieben die Suizidgedanken des Kranken, die ebenso wie seine sexuellen Phantasien und analerotischen Obsessionen Teil eines neurotisch zerrütteten Ich waren. Eine besondere Ausprägung erfuhren diese Vorstellungen im Fortgang der Behandlung, als Lanzer seine ursprüngliche Fixierung auf eine attraktive Cousine von ihrem ursprünglichen Objekt abzog. Auf der einen Ebene suchte er nun reale Erfahrungen, indem er eine sexuelle Affäre mit einer jungen Näherin begann; auf der anderen setzte er seine Phantasien fort und entwickelte pervers-sadistische Obsessionen, die er auch auf seinen Arzt bezog. So stellte er sich vor, er zwinge Freuds älteste Tochter Mathilde, die zum Zeitpunkt der Behandlung zwanzig Jahre alt war, zu Oral- und Analverkehr. Lanzer sprach sehr offen über seine gewalttätigen Tagträume, während Freud wiederum die Enthüllung der auf seine Tochter bezogenen Vergewaltigungsphantasie sachlich und rational hinnahm. Er durchschaute sie als ‹schmutzige Übertragung›, die dem Versuch entsprang, den Haß gegen den eigenen, inzwischen verstorbenen Vater auf den Arzt zu transferieren.[50] Im veröffentlichten Bericht über den Fall verzichtete Freud aus Diskretionsgründen darauf, dieses unerfreuliche – nach Heinz Kohut ‹archaische› – Detail der Übertragungsreaktion zu beschreiben.[51]

Die gestörte Beziehung zum Vater bedingte auch eine schwierige sexuelle Sozialisation, die sich in zahlreichen Symptomen bekundete. Freud erkannte, daß sein Patient Angst vor Frauen hatte, sich vor ihrem Körper ekelte, ihre Gerüche unangenehm fand und Widerwillen gegen ihre Monatsblutungen und Ausflüsse empfand. In einer Urszene hatte er als Kind beobachtet, wie bei seiner Mutter ein Sekret zwischen den Beinen austrat. Die Erinnerung daran löste noch beim Erwachsenen Ekel und

Angst aus, so daß auch die sexuellen Verhaltensformen von phobischen Elementen geprägt wurden.[52] Die Ratten-Obsession enthüllte sich für Freud nicht bloß als Indiz der Strafphantasie, sondern zugleich als Furcht vor dem weiblichen Geschlecht, die tief in Lanzer verborgen lag. Hier wurde eine typische Ursache für die Zwangsphantasien des Patienten sichtbar. Seine Strafvorstellungen, der Todeswunsch und seine Gewaltobsessionen verbargen die unterdrückte Libido, die nach der Züchtigung des Kindes durch den Vater regelmäßig zurückgehalten wurde. «Die Mittel, durch welche die Zwangsneurose ihre geheimen Gedanken zum Ausdruck bringt, die Sprache der Zwangsneurose ist gleichsam nur ein Dialekt der hysterischen Sprache, aber ein Dialekt, in welchen uns die Einfühlung leichter gelingen müßte, weil er dem Ausdrucke unseres bewußten Denkens verwandter ist als der hysterische.»[53]

Freud war erstaunt darüber, daß Lanzers Erkrankung, die «zu den ziemlich schweren gezählt werden konnte», eine so außerordentliche Vielfalt von Symptomen aufwies, wie er ihr noch niemals begegnet war.[54] Für die Analyse von Zwangsvorstellungen, sexuellen Perversionen, Phobien, Fixierungen und Wahnideen konnte er mit seinem «Familienroman der Erniedrigung», wie Ferenczi ihn charakterisierte, als extrem ergiebiger Fall gelten.[55] Freud fixierte daher die Schilderungen seines Patienten, den er im Bericht aus Diskretion «Dr. Lorenz» nannte, sehr detailliert und notierte sich das Wesentliche der Sitzungen am Abend.[56] Er wählte zunächst die Ich-Form und verzichtete damit auf jede Distanz gegenüber dem Kranken, dessen Perspektive er direkt übernahm. Schon nach dem dritten Termin gab Freud diese Art der Nähe jedoch auf und ging zur kühleren Er-Form über. Das geschah auch deshalb, weil das erschreckende Ausmaß von Lanzers Zwangsvorstellungen Abstand geradezu forderte. Daß die Behandlungsmitschriften überliefert sind, ist offenbar einem Zufall zu verdanken, denn in anderen Fällen vernichtete Freud sein Material nach der Publikation einer Krankengeschichte.

Die vorliegenden Notizen enthüllten ein unstrukturiert wirkendes Vorgehen des Arztes, der ganz dem Diktat des Kranken zu folgen schien. In einem ersten Bericht der Krankengeschichte, den er am 30. Oktober 1907 im privaten Kollegenzirkel abstattete, erläuterte Freud sein keineswegs planloses Verfahren. «Die Technik der Analyse», vermerkte das Protokoll, «habe sich insofern verändert, als der Psychoanalytiker jetzt nicht mehr das sucht, was ihn interessiert, sondern dem Patienten die natürliche Abwicklung seiner Gedanken gestatte.»[57] Lanzer skizzierte die Themen, Freud setzte nach, schlug aber offenbar kaum neue Fragestellungen vor. Bezeichnend ist es, daß jede Sitzung durch einen Gesprächsbeitrag Lanzers eröffnet wurde. Freud setzte erst in einer späteren Phase ein, wenn Unklarheiten oder Unstimmigkeiten entstanden. Er unterbreitete Deutungsoptionen oder offerierte Erklärungen, ohne die Richtung klar vorzugeben. Nur im Fall der Bestrafung des Kindes durch den Vater stellte er eine spekulative Hypothese in den Raum, die Lanzer allgemein bestätigte: die Annahme, daß der Knabe onaniert habe, dabei entdeckt und gezüchtigt worden sei. Neue Impulse kamen ansonsten ausschließlich vom Patienten, der aufgrund seines hellwachen Verstandes ein dem Arzt intellektuell Ebenbürtiger war. Freud wiederum beschränkte sich auf ein reaktives Verhalten, das darauf abzielte, dem Kranken einen Resonanzraum für seine Schilderungen zu bieten. Dieses Verfahren wurde dadurch abgesichert, daß er Lanzer täglich sah und auf diese Weise auch mit kleinen Signalen starken Einfluß auf den Verlauf des Gesprächs nehmen konnte. In der mittleren Phase der Behandlung kam es zuweilen zu privaten Verabredungen zwischen Freud und seinem Analysanden, die zu gemeinsamen Abendessen führten – eine Praxis, die er später, weil sie ein allzu intimes Verhältnis begründete, nicht wiederholte.

Schnell war Freud davon überzeugt, daß Lanzers Beschwerden ihre Ursache in frühkindlichen Prägungen fanden. Vor allem suchte er Zugang zur schwierigen Vaterbeziehung seines Patienten, die von versteckten Aggressionen bis zu Mordphantasien geprägt wurde. Die Unfähigkeit, die eigene Sexualität zu akzeptieren, die teils infantile, teils homoerotische Analfixierung des ‹Rattenmanns› hatten ihren Ursprung in einem unerledigten Schuldgefühl angesichts des Hasses gegenüber dem Vater. Hier fand Freud das Zentrum der Neurose und den Ursprung aller Verirrungen. Je weiter die Analyse fortschritt, desto stärker versuchte er an diesem Punkt Einfluß auf den Kranken zu nehmen und seine Schilderungen zu lenken. Ab Anfang November 1907 ging die Frequenz der Notizen deutlich zurück. Die Behandlungsstunden teilten sich nun in Berichte aus dem Alltag und Erinnerungen an frühere Lebensperioden, die der Patient seinem Arzt anbot. Mit diesem Wechsel entwickelte sich ein Muster, das später zum festen Prinzip von Freuds Praxis, ja zum unbezweifelten Vorbild seiner Anhänger von Abraham bis zu Ferenczi und Jones wurde. Gerade die alternierende Perspektive auf aktuelle Erfahrungen und biographische Ablagerungen ermöglichte es dem Therapeuten, einen Gesamteindruck der Persönlichkeitsstruktur zu gewinnen. Für den Patienten wiederum ergab sich die Gelegenheit, Alltägliches und Tieferliegendes gleichermaßen anzusprechen, durch den Rückblick systematisch Ordnung schaffen und über die Reflexion momentaner Eindrücke eine zügigere Abfuhr von Stimmungen erreichen zu können. Mit der Analyse des ‹Rattenmanns› setzte Freud durch diese Mischung von Gesprächselementen für sich selbst Standards, die er künftigen Behandlungssituationen zugrunde legte.

Ende Januar 1908 beendete Freud seine Aufzeichnungen, und im Spätsommer erfolgte der Abbruch der Behandlung auf Wunsch des Patienten, der sich für geheilt hielt. Freud stimmte dieser Einschätzung zu, weil er Lanzers Vaterkomplex erkannt und die Ursprünge der Aggressionen gegen sich selbst durchschaut zu haben glaubte. Die Sitzungen hätten «die völlige Herstellung der Persönlichkeit und die Aufhebung ihrer Hemmungen» erzielt, so schrieb er in der Vorbemerkung des Krankenberichts.[58] In den folgenden Jahren, als er sich mit Abraham und Ferenczi über schwere Fälle ausführlich austauschte, wäre er vor einer so schnellen Beendigung der Therapie zurückgeschreckt; im Sommer 1908 aber war er selbst noch ungeduldig, in vielen Punkten naiv und seiner eigenen Technik nicht sicher. Lanzers Geschichte interessierte ihn zu dieser Zeit vor allem als Fallstudie von bisher nicht erahnter Symptomenvielfalt. Daß dabei die wissenschaftliche Neugier den ärztlichen Blick beherrschte, blieb typisch für Freuds mittlere Phase, in der er Material für die Theorie sammelte. Im März 1908 entschloß er sich, die außergewöhnliche Causa anhand seiner Notizen systematisch aufzubereiten und auf dem ersten Internationalen Kongreß für Psychoanalyse in Salzburg vorzustellen.[59] Das Referat, das er am 27. April 1908 hielt, dauerte fast fünf Stunden, fesselte die Zuhörer aber durch die Dichte der Details, so daß niemand die Sitzung verließ. Drei Tage danach erklärte ihm C. G. Jung, er stehe noch immer unter dem «Eindruck» dieses Vortrags, «der mir schlechthin vollendet erschien.»[60] Mit Zustimmung seines Patienten veröffentlichte Freud den Bericht der Krankengeschichte zwölf Monate danach unter dem Titel *Bemerkungen über einen Fall von Zwangsneurose*. Lanzer kehrte zu seinem Arzt niemals zurück und schien ein normales Leben zu führen. Er verlobte sich im Herbst 1909 mit seiner langjährigen Geliebten Gisela Adler, die er in Jahresfrist heiratete; Freud verbuchte das als letztes Zeichen der Genesung, wie er Jung gegenüber andeutete.[61] Im August 1914 wurde Lanzer einberufen, am 21. November geriet er an der

Galizienfront in russische Gefangenschaft, wo er vier Tage später unter ungeklärten Umständen umkam.[62] Als Beispiel für eine klassische Zwangsneurose, die aus einer «Hemmung der Liebe durch den Haß» entstand, blieb der ‹Rattenmann› auch künftig der Ur-Patient, dessen Fallgeschichte zur mächtigen Erzählung der Psychoanalyse avancierte.[63]

Charcot, so erinnerte sich Freud im April 1907 gegenüber Jung, pflegte Krankheitsbilder, die schwer überschaubar waren, als ‹großes Haus› zu bezeichnen: ‹comme une maison›.[64] Sergej Pankejeff, der als Patient unter dem Namen ‹Wolfsmann› berühmt wurde, bot einen Fall dieser Art. Der vermögende junge Mann kam im Februar 1910 als 23jähriger zu Freud, begleitet von seinem Hausarzt Leonard Drosnes, einem analytisch kaum geschulten Psychiater, der mit ihm auf der Suche nach einer angemessenen Behandlung durch halb Europa gereist war. Pankejeff litt, schnell erkennbar, unter schweren zwangsneurotischen Störungen, wirkte vollkommen entscheidungsunfähig und bedurfte in allen lebenspraktischen Fragen des alltäglichen Beistands. Offenbar lag eine familiäre Prägung vor, denn schon eine Großmutter und der Vater waren manisch-depressiv und setzten ihrem Leben selbst ein Ende. Die Mutter wiederum hielt Distanz zu ihrem Sohn, zeigte starke Eifersucht und konnte keine emotionalen Bindungen eingehen. Seine 24 Monate ältere Schwester hatte ihn als Dreijährigen mit sexuellen Spielen vertraut gemacht; bald danach begann er sich in seine Gouvernante zu verlieben, vor der er sich entkleidete und masturbierte, was diese durch Kastrationsdrohungen unterband.[65] Der Patient litt unter schweren Phobien, sadistischen Phantasien, zwanghaften erotischen Fixierungen und massiven neurasthenischen Störungen wie Kopfschmerz und Verdauungshemmungen. Pankejeffs Arzt Drosnes hatte sich an einer hypnotischen Therapie versucht, mußte diese jedoch aufgeben, weil er nicht hinreichend geschult war. Auch Besuche bei Kraepelin in München und beim Berliner Neurologen Theodor Ziehen – mittlerweile ein erklärter Gegner Freuds – blieben wirkungslos, denn beide kapitulierten vor der Fülle der Symptome. Die Konsultation in der Berggasse erfolgte eher zufällig, als Pankejeff während eines Wien-Aufenthalts durch Drosnes Genaueres über die Psychoanalyse erfuhr.

Am 8. Februar 1910 schilderte Freud gegenüber Ferenczi seine anfänglichen Eindrücke: «Ein reicher junger Russe, den ich wegen Zwangsverlieben aufgenommen, gestand mir nach der ersten Sitzung folgende Übertragungen: Jüdischer Schwindler, er möchte mich von hinten gebrauchen und mir auf den Kopf scheißen».[66] Vergleichbar aggressive Phantasien kannte Freud bereits durch den Fall Lanzers, so daß sie ihn nicht abschreckten. Gerade die Offenheit des hochgradig neurotischen Patienten wußte er zu schätzen, weshalb er ihn für eine Behandlung akzeptierte. Die Therapie erstreckte sich über vier Jahre, bis zum Sommer 1914. Sie deckte eine Vielzahl frühkindlicher Angsterfahrungen auf, die der spätere Fallbericht detailliert beschrieb. Im Mittelpunkt stand dabei die infantile Furcht vor dem Wolf aus der Rotkäppchen-Geschichte, in der sich eine Kastrationsphobie bekundete – ein Musterbeispiel für die seelische Wirkung von Märchen, wie Carlo Ginzburg mit Blick auf Freuds spätere Untersuchungen zeigen konnte.[67] Die Angst verband sich mit diversen Entwicklungsstörungen, die durch die Beobachtung des elterlichen Koitus ausgelöst wurden; die Folge waren eine Verdrängung der eigenen Libido, homosexuelle Phantasien, anal-sadistisch gefärbte Spiele mit Exkrementen, Lust am Quälen kleiner Tiere und blasphemische Vorstellungen.

Angesichts dieser Komplexität neurotischer Symptome lag der Fall, wie Freud lakonisch schrieb, «nicht besonders günstig.» Individuelle «Eigentümlichkeiten» und ein «dem unsrigen fremder Nationalcharakter» erschwerten die Annäherung ebenso wie das ‹völlig ungebändigte Triebleben› des Kranken, das «eine überlange Vorbereitungs- und Erziehungsarbeit notwendig» machte.[68] Die Vielzahl seelischer Defekte, Blockierungen, Hemmungen und Projektionen verlangte eine Tiefenuntersuchung, die vor allem kindlichen Erfahrungen galt. Der Reichtum der hier gesammelten Befunde bewirkte jedoch erhebliche Fragmentierungen des Gesamtbildes und «Zerstückelungen der Analyse», wie sie Freud noch niemals erlebt hatte. Die Masse der Symptome führte ihn an die Grenzen seiner Möglichkeiten als Arzt und Theoretiker. Pankejeff litt nicht nur unter zwangsneurotischen Schüben im Zeichen infantiler Regression, sondern auch unter handfesten körperlichen Übeln. So war er seit Jahren unfähig zu selbständigem Stuhlgang und auf die Verwendung von Klistieren angewiesen. In der letzten Phase der mühsamen Behandlung gelang es Freud immerhin, seinen Patienten so zu entspannen, daß er seinen Widerstand gegen den eigenen Verdauungsmechanismus überwand. Im Sommer 1914 beendete er die Therapie, denn Pankejeff schien zumindest physisch wiederhergestellt zu sein.

Der Patient kehrte wenige Wochen vor Ausbruch des Krieges nach Rußland zurück, heiratete, schloß sein Rechtsstudium ab und führte ein normales, beschwerdefreies Leben. Aber die alten Gespenster meldeten sich nach einigen Jahren wieder und Pankejeff beschloß daher, für eine erneute Behandlung nach Wien zu reisen. Durch die wirtschaftliche Krise, die der Oktoberrevolution folgte, hatte er sein gesamtes Vermögen verloren, so daß Freud ihn ausnahmsweise ohne Honorar behandelte. Um Pankejeffs Existenz in Österreich zu sichern, sammelte er im Freundes- und Bekanntenkreis Geld. Er sei, so schrieb er dem Berliner Psychiater Max Eitingon, «intelligent und anständig», aber am Ende ein Russe, «also im Grunde ein Wilder».[69] Man müsse befürchten, daß sich Pankejeff eines Tages dem Spiel oder dem Alkohol überlasse, und gerade deshalb dürfe man ihn keinesfalls sich selbst überantworten. Eitingon, der Altruist, wußte Rat und bot eine Stelle in Leipzig an.[70]

Solche Hilfsbereitschaft führte allerdings zu einem problematischen Effekt, denn der Patient hielt sich nun für einen von Freud Auserwählten, dessen Fall besondere Bedeutung hatte – eine Einstellung, die bereits durch die 1918 erfolgte Veröffentlichung seiner Geschichte befördert wurde. Im Frühjahr 1923 weigerte sich Freud daher, die schwierige Therapie fortzusetzen, weil er weitere Projektionen und Übertragungen des Kranken fürchtete. Er überwies Pankejeff an seine Schülerin Ruth Mack-Brunswick, die ihm zunächst den Irrglauben zu nehmen suchte, er sei Freuds Lieblingspatient.[71] Zu seinen zahlreichen Wahnideen zählte auch die Vorstellung, daß der Arzt seine Armut verschuldet habe und ihm gegenüber unter Schuldgefühlen leide. Die Aggressionen des Kranken steigerten sich bis zu Mordabsichten, die bald als Teil seiner neurotischen Störung zutage traten. Pankejeff blieb in ständiger Therapie und konsultierte stets neue Ärzte – darunter Kurt Eissler und Muriel Gardiner –, ohne je erfolgreich kuriert zu werden. Er blieb in Wien, arbeitete über 30 Jahre lang als Versicherungsangestellter, war danach Pensionär und überlebte alle Zeitalter: die erste Republik, die Periode der NS-Herrschaft, die Kriegsepoche und das von den Alliierten besetzte Österreich.[72] Pankejeff starb 1979 mit 92 Jahren nach einer unendlichen Analyse, die ihn zu einem mythischen Fall der Wissenschaft, aber nie zu einem gesunden Menschen hatte werden lassen.

Die Bilanz der vier großen Fallgeschichten zwischen 1900 und 1914 war also nicht glänzend. Sie offenbarte Entwicklungen, die keinen Anlaß zu therapeutischem Optimismus boten. Zwei der Patienten – Ida Bauer und Pankejeff – gerieten immer wieder in den Sog ihrer Krankheit; einer – Lanzer – starb wenige Jahre nach Ende der Behandlung, so daß ein Langzeitbefund nicht erhoben werden konnte; lediglich der kleine Herbert Graf, der allerdings kein pathologischer Fall war, fand den Weg in ein normales, von Neurosen freies Leben. Freuds Studien gewichteten das, aus Mangel an einer Gesamtsicht, anders. Sie schlossen durchweg mit zuversichtlichen Prognosen und der Vermutung, daß die Kranken nachhaltig von ihren Leiden befreit worden seien. Allerdings lieferten sie nur Momentaufnahmen und konstatierten dort sichere Heilung, wo bloß ein relativ stabiles Zwischenstadium ohne psychische Beschwerden erreicht schien. Je länger er praktizierte, desto klarer erkannte Freud, daß eine Therapie zumeist unbeendbar und seelische Gesundheit für viele Patienten nicht dauerhaft zu erlangen war. In späteren Jahren veröffentlichte er keine Fallstudien mehr, weil er Prognosen vermeiden wollte, deren Zuversicht durch den beharrlichen Dämon der Neurose widerlegt wurde.

Vom gespaltenen Ich

In einem Manuskript für Fließ notierte Freud im Januar 1895: «Die Paranoia hat also die Absicht, eine dem Ich unverträgliche Vorstellung dadurch abzuwehren, daß deren Tatbestand in die Außenwelt projiziert wird.»[73] Vor 1895 hatte Freud die Psychose in ihrer Eigenständigkeit nicht erkannt, sondern für eine Spielart der ‹Abwehrneurose› gehalten. Im Februar 1907 wiederum erklärte er nach der Vorstellung von C. G. Jungs Studie zur Dementia praecox im Kollegenkreis, daß es sich hier im Grunde um eine Erscheinungsform der Paranoia handele.[74] Erst im Zuge wachsender praktischer Erfahrung mit neurotischen Fällen gelang es ihm, Paranoia und Dementia praecox – seit Bleulers Vorstoß aus dem Jahr 1908: Schizophrenie – besser abzugrenzen. Er beschrieb sie nun als komplexen Ausdruck einer Ich-Spaltung, bei dem Obsessionen oder Fixierungen ein Eigenleben in fremden Menschen – erfundenen oder realen – gewinnen. Freuds Material war hier limitiert, behandelte er doch vorrangig Neurotiker, selten nur Paranoiker oder Schizophrene – bei diesen psychotischen Erkrankungen war die klinische Therapie zumeist zwingend geboten. Anders als Kraepelin in München oder Bleuler in Zürich konzentrierte er sich auf leichte und mittelschwere Fälle; massive sexuelle Abirrungen, Psychosen oder Schizophrenie untersuchte er aus prinzipiellen Gründen nicht. Sobald er während der Arbeit erkannte, daß ein psychotisches – zumeist paranoides – Muster auftrat, trennte er sich von seinen Patienten; gegenüber Fließ sprach er im

April 1900 offenherzig von ‹Beiseiteschieben›.[75] Die klinischen Grenzen seines Ansatzes waren ihm unbedingt deutlich, wenn er schrieb: «Bei den schwereren Formen der eigentlichen Geistesstörungen leistet die Psychoanalyse therapeutisch nichts.»[76] Paranoide Krankheitsbilder entzogen sich, wie es wiederholt hieß, der «analytischen Untersuchung».[77] Als er aber Jahre später bemerkte, daß er und seine Schüler «zu wenig psychiatrische Fälle» sahen, verriet das eine gewisse Unsicherheit: es war nicht immer der Wille zur Konzentration, sondern oft auch der Mangel an klinischer Vielfalt, der Freuds Lehre prägte.[78]

Seine Quellen für das Verständnis psychotischer Symptome stellten daher briefliche Mitteilungen Jungs, Binswangers und Bleulers, dazu schriftliche Aussagen der Kranken selbst dar. Charakteristisch war hier die 1911 publizierte Abhandlung über Daniel Paul Schrebers Lebenserinnerungen aus dem Jahr 1903, die den autobiographischen Bericht an die Stelle des empirischen Materials treten ließ. Mit dieser Arbeit sei das Gebiet der klinischen Fälle erreicht, erklärte Freud nach dem Abschluß des Manuskripts am 16. Dezember 1910 gegenüber Ferenczi. «Hohngelächter oder Unsterblichkeit or both, der Schritt in die Psychiatrie ist wohl das Kühnste, was wir bis jetzt unternommen haben.»[79] Diese Einschätzung, die den methodisch riskanten Einsatz der Studie betraf, lenkte allerdings von der Tatsache ab, daß Freud dem nur schriftlich überlieferten Krankheitsbild der Psychose relativ unspektakulär mit den Mitteln der Neurosenlehre begegnete. Das Wagnis des Entwurfs beschränkte sich auf die Ausweitung des wissenschaftlichen Interesses, das hier erstmals einem Paranoiker und keinem Fall von einfacherem Nervenleiden galt. Diese Grenze wurde in späteren Jahren nie wieder überschritten – Freuds folgende Einzelstudien galten pathologisch extremen Fällen, verblieben aber, anders als etwa die Arbeiten Abrahams und Federns, in den Grenzen der neurotischen Erkrankungen.

Der sächsische Gerichtspräsident Schreber war ein Sohn des Pädagogen Daniel Gottlob Moritz Schreber, der eine Reform des Erziehungswesens verfolgte, indem er die großstädtische Jugend in den nach ihm genannten Kleingärten an die Natur heranzuführen suchte. In seinem Rapport beschrieb Schreber zwei schwere Wahnschübe, die ihn aus dem bürgerlichen Leben rissen. Während sein älterer Bruder 1877 Selbstmord beging, gelang es ihm am Ende, die psychische Krankheit nach längeren Klinikaufenthalten zu überwinden und in seinen Alltag zurückzukehren. Freud untersuchte Schrebers Text, der durch eine Mischung aus juristischer Pedanterie, Skurrilität und Ehrlichkeit gekennzeichnet war, als Zeugnis eines Paranoiden, dessen Symptome Zug um Zug erschlossen werden mußten. Zu ihnen gehörte die Abspaltung von Feindbildern und die Besetzung von Personen des alltäglichen Lebens, auf die der Kranke seine Ängste projizierte. Schrebers Paranoia wurzelte in einer gestörten Vaterbeziehung, die hier nicht neurotische Konsequenzen zeitigte, sondern die Merkmale des Wahns hervorbrachte.

Schrebers Verrücktheit äußerte sich in der Vorstellung, er lebe im Körper einer Frau und müsse sich Gott physisch anbieten, damit dieser ihn, wie ein Mann eine Prostituierte, benutze. Die «Auflehnung gegen Gott» bekundete sich in einer Vielzahl obszöner Vorstellungen, unter denen die des sexuellen Verkehrs mit dem Schöpfer die extremste war. Zugleich verband sich die «Wollust» mit dem Gottesglauben zu einer verqueren Einheit, als deren Ursprung Freud die bigotte Prägung durch den Vater ausmachte.[80] Der war nicht nur ein Reformpädagoge mit rousseauistischen Ansichten, sondern zugleich ein strenger Herr, der seinen Sohn zur Triebunterdrückung durch Religion und Disziplin anhielt. Diese Werte kehrten bei Schreber in verzerrter Ausprägung wieder: aus dem Glauben wurde, wie es auch Fallbeispiele in den Lehrbüchern von Kraepelin und Bleuler zeigten, die mit obszön-masochistischen Phantasien durchsetzte Fixierung auf Gott, aus der Disziplin die strenge Regulierung des Tagesablaufs in manischer Gleichmäßigkeit.

Die Annahme weiblicher Identität offenbarte laut Freud eine Unterwerfungsphantasie, die männliche Autorität – verkörpert durch Schrebers behandelnden Arzt ebenso wie durch Gott – gleichermaßen bestätigte und unterlief. Der besondere Mechanismus dieser Wahnidee bestand darin, daß sie den Adressaten in seiner Machtstellung akzeptierte, im selben Zug aber durch die ihr einbeschriebene sexuelle Dimension schmähte.[81] Die homoerotische Fixierung auf den zuständigen Arzt bedeutete daher die Umlenkung des Vaterkomplexes, der aus dem Leiden an Autorität entsprang. Indem Schreber seine ambivalente Einstellung zum Vater in sexuell aufgeladene Unterwerfungsgesten gegenüber dem Mediziner überführte, entzog er sich der Notwendigkeit einer gründlichen Auseinandersetzung mit seiner eigenen Fixierung. Die in der Krankheit entwickelte Übertragung verlagerte das Problem der Vaterbeziehung auf die Rolle des Arztes und wertete die des Sohnes in eine weibliche Person um. Freud verwies darauf, daß die Paranoia «zerlegt», wohingegen die Hysterie «verdichtet».[82] Schrebers Beispiel zeigte, wie das Spaltungsgeschehen, das der Wahn hervorbringt, die sich in Affekten ausbildenden neurotischen Fixierungen auf Individuen projiziert. In der Welt, die der Paranoide erfand, lebten Figuren, an denen die einzelnen Energien des Seelenlebens manifest wurden. Das war eine Perspektive, die Bleulers bahnbrechende Arbeit zur Schizophrenie – im selben Jahr erschienen wie Freuds Schreber-Aufsatz – nachdrücklich unterstrich.[83] Vergleichbare Wahnzustände wurden im Umfeld der Studie auch von der Literatur dargestellt, durch Alfred Döblins Erzählung *Die Ermordung einer Butterblume* (1910) und Georg Heyms *Der Irre* (1911) insbesondere. Beide Texte offenbarten Stadien unterschiedlich schwerer Persönlichkeitsspaltung, die zwar keine exakte Umsetzung medizinischer Symptome, aber ein Panorama potentieller Krankheitsbilder zeigten. Zumindest Döblin schöpfte dabei aus klinischer Erfahrung, denn er hatte 1905 in Freiburg unter Anleitung Alfred Hoches sein Medizinstudium mit einer Dissertation über *Gedächtnisstörungen bei der Korsakoffschen Psychose* abgeschlossen und arbeitete als Assistenzarzt auf diversen psychiatrischen Stationen in Berlin.

Ein wesentlicher Befund ergab sich im Fall Schrebers aus der Einsicht, daß die Paranoia unbeständige sexuelle Erscheinungsformen aufweist.[84] Freud erkannte weder in seinen homoerotischen noch in seinen masochistischen Phantasien klare Vorlieben, die im bürgerlichen Leben womöglich unterdrückt waren. Vielmehr handelte es sich um Visionen des Wahns, in denen Schreber seine Doppelrolle als gehorsamer und zugleich rebellischer Sohn sichtbar machte. Der Paranoiker errichtete die Welt nach seinen Maßgaben, sobald er ihre objektive Gestalt zerstört hatte – ein Vorgang, den Freud mit einem Zitat aus dem Geisterchor in Goethes von Schreber gern angeführtem *Faust* («in deinem Busen baue sie auf!») unterstrich.[85] Der Mechanismus, der sich hier offenbarte, zeigte, daß der Wahn zuerst die normalen Realitätsverhältnisse auflöst und sie im nächsten Schritt nach seinen Vorstellungen neu arrangiert.

Wo die Neurose den Trieb verdrängt, spaltet die Psychose ihn komplett ab. Während der Neurotiker seine Libido nicht beherrscht und über Ersatzobjekte und -fixierungen lenkt, ist der Paranoide in diesem Punkt zunächst nicht auffällig, weil er sein Triebleben gleichsam zu versiegeln scheint.[86] Mit Fortschreiten seiner Krankheit, das sich in Akten der Regression, infantilen Neigungen und Phantasmen äußert, entzieht er jedoch seine

Libido dem eigenen Seelenhaushalt, projiziert sie auf andere Menschen und bewirkt damit die Spaltung seiner Persönlichkeit. Eine Zwischenstufe bildet hier die absolute Bindungsunfähigkeit, die sich im Narzißmus äußert und eine erste Station auf dem Weg der Trennung einzelner Ich-Anteile darstellt. Die Tatsache, daß dieser Prozeß bei der Paranoia wieder rückgängig gemacht werden kann, wie das Beispiel Schrebers und anderer Patienten zeigte, macht die Differenz gegenüber der Schizophrenie sichtbar (Freud benutzte hier noch den von Morel 1860 eingeführten Begriff der Dementia praecox, den Bleuler 1908 ersetzte). Die Spaltungsintensität des Schizophrenen ist stärker und demnach auch schwerer zu überwinden, so daß die Heilung unwahrscheinlich bleibt.[87] In seiner 1912 verfaßten Studie *Über neurotische Erkrankungstypen* unterschied Freud generell zwischen der Verdrängung als zwanghafter Operation und der infantilen Regression, die in ihrer Steigerung zu Demenz oder Paranoia führt. Im Fall der Neurose kommt es zu einer «Veränderung in der Außenwelt», im Fall der Psychose zu einer ‹inneren Veränderung›, die für den Krankheitsverlauf gefährlicher ist, weil sie kaum wahrgenommen wird und erst im letzten Stadium, dann als Spaltung des Ich, erkennbar hervortritt.[88] Zwölf Jahre später sollte Freud diese Bestimmung nochmals präzisieren, indem er das Verhältnis von Ich und Trieb um das Unbewußte – das jetzt bereits ‹Es› hieß – ergänzte. In der Neurose verdrängt das Ich den Trieb, in der Psychose zieht sich das Ich aus der Realität zurück, wobei dieser Vorgang jedoch vom ‹Es› gesteuert wird.[89] Auch die Psychose erweist damit eine Abhängigkeit vom Trieb und unterstreicht durch das, was Kohut ihre ‹Sexualisierung› nennt, die Macht der Libidotheorie.[90]

In einem Brief an Karl Abraham vom 21. Dezember 1914 suchte Freud diese Beobachtung um eine sehr einfache Unterscheidung zu ergänzen. Wenn man davon ausgeht, daß das Unbewußte sich über Objekte definiert, das Bewußtsein aber über das Wort, dann kann man daraus zwei Störungstypen ableiten. Bei den Übertragungsneurosen wird die Libido von den Dingvorstellungen abgezogen, bei der Dementia praecox kommt es jedoch zum Umbau der Sprache. Im letzten Fall entsteht also eine eigene Welt der Wörter, die sich nicht mehr auf das Bewußtsein bezieht, sondern dem Unbewußten mit seinen dynamischen Primärvorgängen – «Verdichtung, Verschiebung und Abfuhr» – unterworfen bleibt.[91] Die Schizophrenie zeige sich daher zuerst an der Umwandlung der Sprache und der Trennung der Wörter von den normalen Objektverhältnissen.

Auch der Wahn Schrebers war durch die Zerrüttung des Logos geprägt, an der sich die Subordination des Bewußtseins unter die Macht des Unbewußten mit dem Effekt der Spaltung der Persönlichkeit offenbarte – Befunde, die sich ähnlich in Bleulers zeitgleich erschienener Schizophrenie-Studie, aber auch in Karl Jaspers' *Allgemeiner Psychopathologie* (1913) fanden.[92]

In einem kleinen Aufsatz aus dem Jahr 1915, der Freuds erzählerische Stärken eindrucksvoll dokumentierte, wurde die Funktion des Unbewußten für die psychotischen Störungen am Beispiel der Paranoia unterstrichen. Sein Beispiel bildete allerdings ein Krankheitsfall im Grenzbereich zur Neurose, der weit entfernt war von den schweren Störungen, die Forel, Kraepelin, Bleuler und Jaspers in ihren Lehrbüchern schilderten. Freud beschrieb die Geschichte einer jungen Patientin, die eine Liebesbeziehung zu einem Bürokollegen eingegangen war, diese jedoch abbrach, nachdem sie den Eindruck gewonnen hatte, er lasse sie heimlich während ihrer Rendezvous in intimen Stellungen photographieren.[93] Daß die Frau hier einer Einbildung zum Opfer fiel und ihr Verdacht keinen konkreten Anhaltspunkt aufwies, unterstellte Freud ohne genaue Prüfung. Seine Arbeitshypothese ging von einer Neigung zum Verfolgungswahn aus, den er nicht näher in Frage stellte – ein Verfahren, das an die sehr robuste Argumentation der Schreber-Studie erinnerte. Die zweite Grundannahme wurde nicht weniger dezidiert vorgetragen: die junge Frau offenbarte durch ihren Verfolgungswahn den Umstand, daß sie sich ihrer erotischen Gefühle erwehrte. Im Gegensatz zur homosexuellen Besetzung der Libido im Fall Schrebers zeigte sich hier jedoch keine Inversion des Liebesobjekts. Durch die Verfolgungsidee übertrug die Patientin ihre Furcht vor sexuellen Handlungen auf ein äußeres Szenario mit eigener Handlungsstruktur. Eine solche Abtrennung erweist sich, wie Freud betonte, als typisches Merkmal der Psychose. Ähnlich wie die Neurose nimmt sie von einer Hemmung des Triebs ihren Ausgang, anders als diese vollbringt sie jedoch nicht nur einen Störungsaufwand, sondern überträgt die erotische Energie in die Erfindung einer eigenen, separaten Realität – die Wirklichkeit des Wahns. Der «Gegensatz von Ich und Objekt», der die Neurose beherrscht, ist hier aufgehoben, weil, wie es 1915 in einem Artikel über das Unbewußte hieß, das Ich gleichsam objektlos bleibt und seine libidinöse Energie auf sich selbst richtet.[94] Anders als Kliniker wie Kraepelin konnte Freud seine Überlegungen zu psychotischen Erkrankungen auf einen Vergleich mit neurotischen Störungen stützen, die im psychiatrischen Sektor kaum Beachtung fanden. Wenn er dieses Verfahren später nicht ausbaute, so lag das daran, daß ihm auf dem Feld der Psychosen die direkte Anschauung fehlte.

Abweichend von Bleuler und Forel bestätigte Freuds Schreber-Aufsatz ebenso wie die genannte Arbeit von 1915 die Bedeutung der Libidotheorie für die Psychoanalyse. Nicht nur die Neurose, sondern auch die schweren Wahnerkrankungen entspringen der Unfähigkeit, die sexuellen Antriebe harmonisch in das seelische Leben zu integrieren. Verdrängung, Ersatzbildung und Abspaltung bezeichnen verschiedene Gradstufen dieser Unfähigkeit.[95] Am Ende des Schreber-Textes stand daher die Einsicht, «daß die Neurosen im wesentlichen aus dem Konflikte des Ichs mit dem Sexualtrieb hervorgehen, und daß ihre Formen die Abdrücke der Entwicklungsgeschichte der Libido und des Ichs bewahren.»[96] Diese entschiedene Schlußwendung, die sich gegen die klinische Psychiatrie in der Schule Forels und Kraepelins richtete, verriet Freuds Streben, die absolute Geltungsmacht seines eigenen Ansatzes unter Beweis zu stellen. Die Arbeiten zur Kulturtheorie gehorchten einer solchen Tendenz ebenso wie die im engeren Sinne medizinisch-therapeutischen Studien zur Behandlungspraxis und die allgemein psychologischen Beiträge, die gelegentlich auch in den Bereich der Psychiatrie hinüberspielten. Auf sämtlichen dieser Felder ging es vorrangig um die Bestätigung wissenschaftlicher Autorität, um die Sicherung des eigenen Systems und die Stärkung der analytischen Methodik. Freud war, wo er fremde Gefilde besetzte, stets ein Eroberer, der auszog, sein Denken vor der Welt zu beweisen und neue Ländereien zu gewinnen.

Freuds Lehre zeigte sich im Laufe der Zeit zunehmend dualistisch ausgerichtet. Das bewies die Schreber-Studie mit ihrer prinzipiellen Unterscheidung zwischen Neurose und Wahn, aber auch die Triebauffassung mit ihrer Aufspaltung in Realitäts- und Lustprinzip (woran sich nach 1918 weitere Differenzierungen schließen sollten). Man muß jedoch sehen, daß Freud gleichzeitig eine Theorie der Übergänge und Transformationen entwickelte, mithin wesentliche Beiträge zur Auflösung der von ihm etablierten Dualismen leistete. Die Verarbeitung des Unbewußten in Bildern des Vorbewußten, die Umgestaltung von Angst in Lust (und umgekehrt), die Übertragung von Affekten auf andere Personen, die Projektion von Mutter- oder Vateridealen, die krankhafte Abspaltung von Ich-Anteilen zu eigenen Persönlichkeiten, die Verwandlung von Libido in sublimierte Kulturleistung: sämtliche dieser Vorgänge bezeichnen Transfer-Akte, die es erlauben, eine zweigliedrige Ordnung umzubauen. Teils unterliegt dieser Umbau krankheitsfördernden Gesetzmäßigkeiten, teils gehorcht er der Logik der Gesundung. Stets aber beleuchtete Freuds Lehre an derart zentralen Beispielen der psychischen Arbeit eine bemerkenswerte Dynamik der seelischen Organisation. Die einseitige Festlegung ihres intellektuellen Zentrums auf den Dualismus ist daher so falsch wie ihre einfache Rückführung auf aufklärerische oder romantische Traditionen, deren simpler Gegensatz durch sie aufgehoben wird. Das zeigte später die Theorie des Unbewußten, die Freuds Denken von Autoren wie Hartmann, Scherner oder Volkelt abhob, indem sie Übergänge zwischen den Polen ihres psychischen Systems zuließ.

Freud erkannte im Laufe der Jahre klarer, daß seine Methode sich nur auf Teilerscheinungen seelischer Erkrankungen anwenden ließ. «Übertragungsneurosen, Phobien, Hysterien, Zwangsneurosen, außerdem noch Abnormitäten des Charakters» bildeten nach seiner Überzeugung das Anwendungsgebiet der Psychoanalyse: «Alles, was anders ist, narzißtische, psychotische Zustände, ist mehr oder weniger ungeeignet.»[97] Die Ausflüge in das Gebiet der Psychiatrie, die Freud in seinem Aufsatz über Schreber unternahm, setzte er in den folgenden Jahren nicht mehr fort. Er vermied solche Exkurse, weil er, anders als künftig Abraham in Berlin und Ferenczi in Budapest, überhaupt keine klinischen Fälle behandelte und bloße Literaturstudien als empirische Basis auf Dauer unzuverlässig fand. Außerdem sah er ein, wie gefährlich die für eine erfolgreiche Therapie erforderliche Übertragung im Bereich einer Psychose zu werden drohte – sie konnte, nach einer späteren Formulierung Kohuts, zu «einer schweren Fragmentierung des Selbst» führen, weil der Patient in der Projektion seiner Wünsche auf den Arzt sein Ich in einem akuten Krankheitsschub erneut spaltete.[98] Und schließlich glaubte Freud, daß die Unterscheidung zwischen der inneren und der äußeren Krankengeschichte, zwischen verdeckt ablaufender Psychose und objektiv manifester Neurose, nur punktueller Natur war. Sie spielte keine sonderliche Rolle für seine Theoriebildung, die das Wissen über die psychischen Symptome nicht an die Differenz von Innen und Außen band. Der Verzicht auf die Behandlung schwerer Fälle bedeutete daher, wie er seinen klinisch erfahrenen Kollegen von Bleuler bis zu Wagner-Jauregg erläuterte, für die Psychoanalyse keinen Verlust an wissenschaftlicher Genauigkeit. Er bildete vielmehr die Bedingung dafür, daß er sein System mit jener bemerkenswerten Konsequenz zu Ende denken konnte, zu der, wie Theodor Reik später schrieb, sein Intellekt in der Lage war.[99]

1924 griff Freud das Thema der Pathologien letztmals in einem kurzen Essay auf, der in der *Internationalen Zeitschrift für Psychoanalyse* erschien. Hier unterschied er Neurose, Psychose und Melancholie nach dem Grad der Störung, die das Verhältnis von Ich und Trieb betraf. Die Neurose erwächst demnach aus einem Konflikt zwischen Bewußtsein und Libido, der auf das Scheitern des Verdrängungsvorgangs zurückweist. Die Psychose wiederum entsteht durch eine komplette Abspaltung des Triebs vom Ich, mit dem Ergebnis einer Verdopplung der seelischen Umwelt des Individuums. Zwischen beiden steht die Melancholie, verstanden als «narzißtische Psychoneurose», die durch einen massiven Gegensatz zwischen Ich und Über-Ich geprägt wird.[100] Hier kollidiert der Triebanspruch mit den strengen Geboten des Gewissens, so daß es zu einer Zurückweisung der Libido und einem anschließenden Affektstau kommt. Sämtliche dieser Befunde waren vorrangig theoretische Hypothesen, die Freud aus einer kleinen Zahl von Fallbeispielen gewann. Für den Bereich der Psychosen beschränkte sich sein Wissen erneut auf die Literatur, ohne daß er klinische Kenntnisse nutzen konnte.

Im Unterschied zu den meisten medizinischen Positionen der Zeit zeichnete sich Freuds Auffassung der psychotischen Störungen zwar durch einen Mangel an empirischer Vielfalt, aber auch durch bemerkenswerte Zurückhaltung im Urteil aus. Während die klinische Psychiatrie, wie man an den Arbeiten Kraepelins und Bleulers erkennen kann, die Beschreibung psychotischer Symptome nicht selten auf Metaphern der Ausgrenzung stützte, war Freud mit wertenden Einschätzungen vorsichtig. Niemals benutzte er herabsetzende Begriffe, wenn er Krankheitsbilder beschrieb. Die von Morel 1857 in die psychiatrische Debatte eingebrachte Kategorie der ‹Entartung›, die für Ärzte wie Forel, Kraepelin, Bleuler und Hoche gängig blieb, tauchte in seinen Schriften nirgends auf.[101] In seinen Einführungsvorlesungen erklärt er Ende 1916 seinen Hörern, er halte den von der klinischen Psychiatrie bevorzugt verwendeten Begriff ‹Degenerierte› für ungeeignet, um seelische Krankheiten wie Zwangsneurosen zu erfassen; denn im Grunde bezeichne er, so hieß es, «ein Werturteil, eine Verurteilung anstatt einer Erklärung.»[102] Es war daher folgerichtig, daß Freud im Gegensatz zu manchen seiner Mitstreiter – etwa Alfred Adler – Ausdrücke wie ‹Entartung›, ‹Degeneration› oder ‹Minderwertigkeit› mied, weil er sie als sinnlose Worthülsen betrachtete. Sie grenzten das Abnorme aus, ohne es in irgendeiner Weise verstehbar zu machen, obgleich es darauf im wissenschaftlichen Verfahren vorrangig ankam.

Aggressives Vokabular nutzte Freud durchaus, jedoch behielt er es der forschungspolitischen Auseinandersetzung vor. Gerade in der Zeit zwischen 1910 und 1914 operierte er bevorzugt in der Rolle des Imperators, der Feldzüge führte, Beute machte, ‹Schädlinge› bekämpfte und für Wahrheit stritt. Sämtliche dieser Topoi tauchten in seiner Korrespondenz der Vorkriegszeit gehäuft auf und verrieten ein heroisierendes Selbstbild. Dieses Bild versteckte sich zwar hinter vermeintlichen Verteidigungszwängen, war aber, betrachtete man es näher, deutlich von Angriffslust gekennzeichnet. Nicht die Kranken waren bei Freud das Objekt von Ausgrenzungen, sondern die wissenschaftlichen Gegner, und bald auch ehemalige Schüler, die sich von ihm lösten. Und hier schien es ihm sinnvoll, ja sogar geboten, den Ausnahmezustand zu verhängen: wer am Tisch des Herrn gesessen und ihn danach verlassen hatte, der verdiente alle Höllenstrafen, die man nur ersinnen konnte. Vom Himmel der Begünstigten und vom Inferno der Verräter ist gleich noch zu sprechen.

Frondienst an Patienten

In den Jahren zwischen 1905 und 1912 hielt sich Freuds wissenschaftliche Produktivität auf einer beispiellosen Höhe. Es entstanden die großen Studien über infantile Sexualität, über die Grundlagen kultureller und gelehrter Kreativität, die exemplarischen Fallanalysen über kindliche Phobie und Zwangsneurose, daneben zahlreiche Beiträge zur Behandlungstechnik und Übertragung, nicht zuletzt erste Dokumentationen zur Geschichte der analytischen Bewegung. Zudem betrieb Freud eine endlich expandierende Praxis, hielt jeden Sonnabend im Semester seine Vorlesung und pflegte intensive Korrespondenzen mit einer wachsenden Zahl von Schülern. «Man soll arbeiten, bis man nicht weiter kann, und keine Pausen machen», so schrieb er am 16. April 1909 an Ludwig Binswanger.[103] In der ersten Zeit nach dem Erscheinen der *Traumdeutung* war Freud, anders als im davorliegenden Jahrzehnt, nur selten krank. Das blieb nicht lange so, weil sich Herz und Kreislauf, Verdauung und Nerven als unzuverlässig erwiesen. Aber auch in Phasen, da ihn Rhythmusstörungen, Migräne oder der reizbare Blinddarm quälten, zwang sich Freud zu geregelter Tätigkeit. Körperliche Schwäche bildete in einem bestimmten Ausmaß sogar eine Quelle der Produktivität. «Ich weiß seit langem», bemerkte er am 2. April 1911 gegenüber Ferenczi, «daß ich in ganz guter Gesundheit nicht fleißig sein kann, sondern ein Stück Unbehagen brauche, von dem ich mich losreißen soll.»[104]

Freuds Energieleistung mutete umso beachtlicher an, als die Familienlasten in den Jahren seit 1905 erheblich waren. Immer wieder gab es langwierige Krankheitsperioden der Kinder, so im Mai 1905, als die älteste Tochter Mathilde fast an den Folgen einer durch den Hausarzt Rosanes verpfuschten Blinddarmoperation starb. Später kamen Phasen hinzu, in denen die Familienmitglieder an Influenza litten, mit regelmäßiger Ansteckung aller Kinder; Masern, Diphteriefälle und schwerer Scharlach gehörten zum Alltag. Bei Freud selbst traten Bronchitis, Herzrhythmusstörungen, Kopfschmerz und Verdauungsprobleme zumeist gegen Ende des Frühjahrs als Zeichen der großen Arbeitslast auf. Die zwei Monate dauernden Sommerferien, während derer er Trinkkuren absolvierte und seinen Kreislauf durch Wanderungen förderte, reichten dann meist aus, um ihn wiederherzustellen. Über das ganze Jahr beherrschte ihn allerdings eine innere Nervosität, die aus mangelnder Triebabfuhr resultierte. Freud war jetzt ein Mann von fünfzig Jahren, dessen Libido trotz eingeübter Sublimierung noch aktiv blieb. Regelmäßige sexuelle Befriedigung hätte seine Anspannung überwunden, aber genau dieses Mittel versagte er sich. Nach außen wirkte Freud auch in Phasen großer Nervenerregung ruhig bis zum Stoischen, und niemand merkte ihm seine inneren Konflikte an. Als Ludwig Binswanger, frisch examinierter Schweizer Mediziner und Assistent bei Bleuler, ihn im März 1907 erstmals in Wien besuchte, fand er ihn höflich, ausgeglichen und aufmerksam. Er saß «in seinem stillen, halbdunklen, schon damals bedeutende Werke antiker und orientalischer Kunst enthaltenden Studierzimmer» und hörte, hinter dem Schreibtisch sitzend, dem 25 Jahre jüngeren Gast interessiert zu, ab und zu ein Objekt seiner Sammlung «ergreifend und betrachtend, den Gesprächspartner scharf und doch wohlwollend ins Auge fassend, nie seine Überlegenheit dokumentierend, weniger theoretisch belehrend als an kasuistische Beispiele anknüpfend.»[105]

In den Jahren ab 1907 veränderte sich Freuds Alltagsleben. Die größeren seiner Sprößlinge kamen allmählich ins Erwachsenenalter und machten sich selbständig. Die Zeit der fröhlichen Intermezzi im Spielzimmer, die den Arbeitsfluß unterbrachen, war vorüber. Die Kinder nahmen seine Zeit weniger in Anspruch und forderten ihre Unabhängigkeit ein. Im Frühjahr 1908 stellte Mathilde ihrem Vater den zwölf Jahre älteren Robert Hollitscher, den Geschäftsführer einer Handelsagentur, als künftigen Ehemann vor. Sie hatte ihn während ihrer Kur in Meran kennengelernt, wo die Stimmung für amouröse Annäherungen günstig und die Atmosphäre von familiärer Kontrolle befreit war. Freud reagierte gelassen und schrieb seiner Tochter einen genau abwägenden Brief, in dem er das Pro und Contra einer Heirat gegeneinanderstellte. Zwar hielt er Mathildes Entschluß für überstürzt, aber das bedeutete keine prinzipiellen Bedenken. Ruhig erklärte er Mathilde, daß er sich lediglich das Recht ausbitte, die Beständigkeit ihrer Gefühle zu prüfen: «ich denke nicht daran, Dich im Hause zu behalten, bis Dich niemand mehr mag, aber von dem Recht, deine Neigung zu controlliren, so lange Du im Leben u in der Liebe so unerfahren bist, möchte ich doch Gebrauch machen.»[106] Die Tochter setzte sich gegen die Empfehlungen ihres Vaters schnell durch und ertrotzte einen frühen Hochzeitstermin. Am 7. Februar 1909 fand die Trauung in Wien statt, nachmittags trafen sich die Familien in der Berggasse; einige Tage später nahm das Paar seine Wohnung in der unmittelbar benachbarten Türkenstraße, so daß der Eintritt in die neue Lebensphase gleitend geschah. Zur Hochzeit schenkte Freud seiner Ältesten ein Ölgemälde, das wenige Monate zuvor, Ende 1908, im Auftrag seines Schülers Paul Federn entstanden war und ihn in einer der seltenen Lebensphasen zeigte, da er sich seinen Bart abrasiert hatte. Mathilde blieb das Bild aus diesem Grund fremd, und schon nach wenigen Wochen wurde es an Federn weitergeschenkt, der es künftig in Ehren hielt.[107]

Das Zusammenleben mit den Söhnen, die junge Erwachsene geworden waren, litt, so fand Freud, unter seiner eigenen Unfähigkeit, sie von ihrer bewundernden Haltung zu befreien. In sämtlichen seiner sozialen Beziehungen benötigte er ein hohes Maß an Anerkennung, um Vertrauen zu gewinnen. Das galt sogar für seine Söhne, die er lieben konnte, weil sie ihn unbedingt respektierten. Dagegen fiel es ihm schwer, seine Autorität zu unterminieren und eigene Fehler einzugestehen. Direkte Zuneigung zeigte er selten, denn der Affekt war von vornherein an seine Rolle als vernünftig handelndes Familienoberhaupt gebunden. In Phasen der Krankheit erhielten die Kinder allerdings deutliche Zeichen seiner emotionalen Anteilnahme. Als Martin sich Anfang Januar 1911 bei einem Skiunfall auf dem Wiener Schneeberg den Oberschenkel brach und aus langwieriger Krankenhausbehandlung im Gips nach Hause kam, war der Vater für ihn jederzeit erreichbar und liebevoll um ihn besorgt.[108] Die dauerleidende Mathilde und der häufig an nervösen Reizzuständen laborierende Oliver machten ähnliche Erfahrungen. Freuds Zuneigung lag in Bereitschaft, sie ließ sich in Ernstfällen direkt zeigen, war aber sonst hinter einem leichten Schleier verborgen. Die Kinder wußten dabei stets, daß sie sich auf ihn verlassen konnten, und das begründete ihr uneingeschränkt positives Verhältnis zu ihrem Vater. Jahre später, Anfang 1926, kennzeichnete Freud in einer Broschüre zum Problem der Laienanalyse sein Erziehungsideal, indem er über die Wirkung öffentlicher Gefahrenwarnungen nachdachte. In Italien, so erinnerte er sich, halte man es in dieser Hinsicht sehr einfach, wenn neben elektrischen Oberleitungen auf einer Tafel stehe: «Chi tocca, muore» (‹Wer anfaßt, stirbt›). In Deutschland und Österreich dagegen heiße es: «Das Berühren der Leitungsdrähte ist, weil lebensgefährlich, strengstens verboten.» Diese «Weitschweifigkeit» fand Freud ‹überflüssig› und ‹beleidigend›, denn was gefährlich sei, müsse nicht verboten werden.[109] Auf dem Gebiet der Erziehung pflegte er die italienische Liberalität, indem er seine Kinder zur Eigenverantwortung anhielt, da er erwartete, daß sie lernten, was für sie bedenklich und was zuträglich war.

Unter den Kindern hatte Freud Anna, seine Letztgeborene, immer schon bevorzugt. Als sie in die Pubertät kam, erkor er sie zur Begleiterin auf Urlaubswanderungen und unternahm mit ihr seine abendlichen Stadtrundgänge. Mathilde schien erwachsen genug, um darüber hinwegzusehen, während Sophie angesichts dieser Privilegierung massive Zeichen der Eifersucht zeigte. Sie war exakt zweieinhalb Jahre älter als Anna – ein Abstand, der, wie Freud in seinen Vorlesungen betonte, zumeist Spannungen gegenüber jüngeren Geschwistern erzeugte.[110] Auch die äußere Konstellation erwies sich als konfliktträchtig: Sophie, das ‹Sonntagskind›, war die Anziehende, die durch Schönheit und Charme fesselte; Anna war die Kluge, die ein herbes Äußeres durch Geist kompensierte und ihre Schwester um ihre feminine Attraktivität beneidete. In der Berggasse tobte über viele Jahre ein heftiger Streit zwischen den Schwestern, der auch durch ihr unterschiedliches Naturell genährt wurde. Während Sophie still, freundlich und betont weiblich wirkte, fiel Anna durch ihr Verhalten aus allen Rollenkonventionen. In der Familie galt sie als ‹wildes Mädchen› und ‹schwarzer Teufel›, sie trieb Sport, schwamm, ritt und rodelte, wanderte in freier Natur, genoß das Landleben, hatte unkonventionelle Essensvorlieben und Geburtstagswünsche; ihre Formel «Möchte auch» wurde bei Freuds zum geflügelten Wort.[111] Anna war hyperaktiv und hochbegabt – «unersättlich mit Bildungsplänen» –, aber zugleich exzentrisch und sprunghaft.[112] «Ich bin jetzt verhältnismäßig vernünftig,» schrieb die knapp 14jährige im September 1910 aus dem holländischen Nordsee-Urlaub an ihren Vater nach Rom.[113] Gerade ihre überschießende intellektuelle Energie sollte ein wesentlicher Grund dafür sein, daß Freud Anna wenige Jahre später, anders als seine übrigen Kinder, in die Geheimnisse seiner Lehre einweihte.

Auch wenn die öffentliche Anerkennung, von der Freud stets geträumt hatte, ausblieb, wuchs der Radius seiner Aktivitäten. Immer neue wissenschaftliche Themen und äußere Aufgaben bestimmten sein Leben. Freuds Zeit gliederte sich in Ordination, Lektüre, Niederschrift längerer Studien und Briefwechsel. Das Schreiben fiel ihm in der Regel leicht, weil er stilistisch geschult und dauerhaft in Übung war. Er begann seine Texte stets gut vorbereitet, exakt durchdacht und auf hohem Planungsniveau. Seine Thesen lagen vorher bereit, meist knapp auf Notizzetteln fixiert, so daß nichts dem Zufall überlassen blieb. Die Sicherheit, mit der er seine Argumente vortrug, spiegelte diese genaue Vorbereitung des Niederschreibens. Umgekehrt haßte Freud Überraschungen, die sein Konzept durcheinanderbrachten. Wenn sich ein Manuskript mit eigener Macht entfaltete und er die Souveränität verlor, es in jeder Phase rational zu beherrschen, fühlte er sich unbehaglich. Die Entstehung der *Traumdeutung* zeigte ihm zwar, daß das nicht negativ sein mußte, weil eine Arbeit ihre innere Entwicklungsdynamik besaß, aber er bevorzugte einen vernünftig kontrollierten Prozeß der Textgenese, dessen Herr er selbst blieb.

Der Abend war nicht nur der wissenschaftlichen Arbeit, sondern auch dem expandierenden Briefverkehr mit Kollegen und Schülern gewidmet. Die Korrespondenz nahm zu, auch weil er nun als «öffentlicher Konsulent für Traumangelegenheiten» regelmäßig Anfragen mit intimen Berichten erhielt, die er, verantwortungsbewußt wie er war, persönlich beantwortete.[114] Die abendlichen Studien bedeuteten ihm nicht nur Pflicht, sondern zugleich intellektuelles Vergnügen durch Gedankenflüge, Assoziationen und Einbildungen. An seinem Schreibtisch, bei konzentriertem Licht, umgeben von Glasvitrinen und Schränken mit antiken Figuren und Vasen, machte er Notizen, exzerpierte, formulierte. Pfister gegenüber bekannte er im März 1910: «Leben ohne Arbeit kann ich mir nicht recht behaglich vorstellen, Phantasieren und Arbeiten fällt für mich zusammen, ich amüsiere mich bei nichts anderem.»[115] Als Abraham ihn im März 1912 fragte, wie er es trotz wachsender Patientenzahl schaffe, auf höchstem Niveau zu forschen, antwortete Freud ironisch: «Ich muß mich von der Psychoanalyse durch Arbeit erholen, sonst halte ich es nicht aus.»[116] Zugleich sah er die Therapiestunden als Pflicht, der er im Sinne seines medizinischen Ethos zu dienen hatte. 25 Jahre Praxis, so schrieb er am 1. September 1911 an Jung, seien daher noch «keine genügende Fronzeit», es müßten schon 40 sein, erst dann dürfe man getrost sterben – eine Prognose, die sich nicht erfüllen sollte: am Ende waren es 53 Jahre Ordination.[117]

Die einmal aufgestellten Regeln der Behandlung galten für die folgenden Jahrzehnte weiter. Freud arbeitete allein auf der Basis des analytischen Gesprächs, saß neben den auf der Couch liegenden Patienten in einer für sie nicht einsehbaren Position, beschränkte sich zumeist auf Fragen und kurze Kommentare, umging die Beschäftigung mit Psychotikern und mied nach Möglichkeit ältere Kranke – schon jenseits des 50. Lebensjahres schien ihm eine Therapie «technisch sehr schwierig».[118] Der Einfluß von Angehörigen war auszuschließen, weil er die Behandlung gestört hätte. Weitreichende Entscheidungen im Privatleben – Heirat, Trennung, Schwangerschaft, berufliche Neuanfänge – gefährdeten die Heilungschancen, da sie Eingriffe in das ohnehin schwierige seelische Gefüge bedeuteten; sie sollten daher nach Möglichkeit unterbleiben.[119] Die tägliche Präsenz der Kranken fand Freud ebenso unabdingbar wie regelmäßige Bezahlung; jede vom Patienten verantwortete Absage einer Sitzung stellte er in Rechnung, dauerhaft Säumigen kündigte er schnell. Für die Analyse selbst galt, daß jedes Detail wichtig, jede Nebenspur verfolgenswert war. Ein «Schaden durch Überbehandlung», so erklärte Freud im November 1908 in abendlicher Schülerrunde, sei ihm «unbekannt».[120] Eine erfolgreiche Therapie verlangte in der Regel längere Zeiträume, wobei er schädlichen Druck zu vermeiden suchte. Krankheiten konnten, so wußte er, mit rapidem Tempo entstehen, aber ihre Heilung forderte Geduld. Im Januar 1908 hieß es dazu in einem Brief an Abraham: «Seelische Veränderungen vollziehen sich nie rasch, außer in Revolutionen (Psychosen).»[121]

Die therapeutische Arbeit am jeweils individuellen Fall lieferte Freud die entscheidenden Voraussetzungen für die Theorie. «Schicksal und Konstitution», so erklärte er 1912, bildeten in der Analyse keinen wirklichen Unterschied, sondern wirkten über die konkrete psychische Situation des Patienten zusammen.[122] Seine Seelenpathologie war weder das Ergebnis zufälliger Faktoren noch allein abhängig von genetischen Konstellationen, deren Einfluß Freud durchaus zugestand. Sie unterlag einer eigenen Kausalität, die im Trieb und seiner Verarbeitung durch den psychischen Apparat verankert blieb. Dieser Grundsatz zeichnete dem Praktiker Freud die Bahnen seiner analytischen Tätigkeit vor. Es existierten keine Gewißheiten a priori, die ihn leiten konnten. Die Ursachen der Krankheit mußten fallweise, auf individueller Basis immer wieder neu erschlossen werden. Das machte den Reiz, aber auch das Risiko der Psychoanalyse aus. Freud bereicherte mit jedem neuen Patienten das Register seiner Erklärungen, aber er wußte zugleich, daß die Vielzahl möglicher Begründungen erdrückend sein konnte. Der Blick in die Seele des Menschen blieb stets ein gewagtes Unterfangen, das durch theoretische Vorannahmen gesteuert, allerdings nicht automatisiert gestaltet werden konnte.

Zu den entscheidenden Vorzügen der Gesprächstherapie zählte, daß sie verschüttete Erinnerungen der Patienten aufspürte. Freud erläuterte das am Mechanismus des *dejà vu*, der versteckte Wünsche und Ängste aufzudecken erlaubt. Die Erinnerung an ein vermeintlich früheres Erlebnis ist zunächst nichts anderes als eine Illusion, denn sie suggeriert eine Wiederholungserfahrung, die faktisch nicht besteht. Bei näherer Betrachtung offenbart sie aber eine Schlüsselfunktion für das Verständnis seelischer Vorgänge. Das *dejà vu* verrät in der Regel einen Affekt, der in besonderem Maße besetzt oder sogar traumatisch definiert ist. Die Erinnerungsmechanik kann täuschen, macht jedoch Emotionen frei, die auf ein psychisches Problem verweisen. Der Arzt erfüllt hier die Aufgabe, durch gezieltes Nachfragen die Spur zum vergessenen Ereignis zu legen, damit der Patient am Ende selbst erkennt, was ihn umtreibt. Das Entdecken der «Empfindung», die ihn in den Bann zieht, gelingt durch die gemeinsame Erinnerungsarbeit mit dem Ziel, wie Ferenczi schrieb, «Abflußwege der Erregung» zu bahnen.[123] Dieser Ansatz wurde dort besonders kreativ, wo er als Hebammentechnik zur Geburt der lange verborgenen Affekte führte.

Ähnliche Bedeutung wie die sachlich ‹falschen›, aber affektiv und unbewußt zutreffenden Erinnerungen aus dem Umkreis des *dejà vu* sind die Formen des Vergessens. Die Kur muß versuchen, die ‹abgesperrten› Erfahrungsreste zu lösen. Sie tut das nicht durch diskursives Befragen, sondern schafft die Möglichkeit des Ausagierens. Indem der Patient seine eingeklemmten Affekte freisetzt und auf den Arzt überträgt, öffnet er den Blick in «seine Hemmungen und unbrauchbaren Einstellungen, seine pathologischen Charakterzüge.»[124] Das Mittel, das die Analyse hier bot, war das schonungslose Ansprechen des zurückgedrängten Komplexes. Erörterte der Arzt die Gründe für Vergessen und Gedächtnislücken direkt, dann konnte er dazu beitragen, die Psyche als «Hemmungsorgan», wie es Ferenczi mit einer Wendung des Berliner Psychiaters Franz Alexander formulieren sollte, systematisch aufzuschließen.[125] Aber selbst wenn der Patient sich daran beteiligte, Widerstände gegen die Erinnerung aufzulösen, war die Arbeit noch nicht getan. Lediglich das Problem hatte sich offenbart, ohne daß es schon eine Lösung gab. Jetzt begann jene langwierige Analyse, die in die Tiefen des Seelenlebens führte und sich – wie das Unbewußte selbst – an keinem Punkt zum Stillstand bringen ließ.

Daß Freud, wo es um seine inneren Überzeugungen ging, in der Therapie rigoros sein konnte, bestätigen zahlreiche seiner Patienten. Eine einmal gefaßte Meinung vertrat er mit einiger Härte, und er war überzeugt, daß er das Recht hatte, sie gegen den Widerstand der Kranken nachdrücklich zu verteidigen. 1905 schrieb er im *Bruchstück einer Hysterie-Analyse*: «Das ‹Nein›, das man vom Patienten hört, nachdem man seiner bewußten Wahrnehmung zuerst den verdrängten Gedanken vorgelegt hat, konstatiert bloß die Verdrängung und deren Entschiedenheit, mißt gleichsam die Stärke derselben. Wenn man dieses Nein nicht als Ausdruck eines unparteiischen Urteils, dessen der Kranke ja nicht fähig ist, auffaßt, sondern darüber hinweggeht und die Arbeit fortsetzt, so stellen sich bald die ersten Beweise ein, daß Nein in solchem Falle das gewünschte Ja bedeutet.»[126] Die Möglichkeit einer anderen Motivation für die Verweigerung des Patienten, die jenseits seines unbewußten Widerstands liegen könnte, schloß Freud aus – mit nicht immer glücklichen therapeutischen Konsequenzen. Das analytische Dogma war an diesem Punkt sehr einfach und folgte der Logik der Traumexegese: das Gegenteil des an der Oberfläche manifest werdenden Inhalts war wahr. Erst Jahrzehnte später, in der 1937 verfaßten Studie *Konstruktionen in der Analyse*, revidierte Freud diesen Standpunkt, auch unter dem Einfluß seiner ausführlichen Diskussionen mit Abraham, Ferenczi und Jones: «Es ist richtig, daß wir ein ‹Nein› des Analysierten nicht als vollwertig hinnehmen, aber ebensowenig lassen wir sein ‹Ja› gelten; es ist ganz ungerechtfertigt, uns zu beschuldigen, daß wir seine Äußerung in allen Fällen in eine Bestätigung umdeuten.»[127]

Auch im Fall der erotischen Affizierung ging es Freud um eine analytische Technik, die durch höchste Offenheit im Gespräch die ursprünglich verschütteten Kräfte des Unbewußten in neue Bahnen lenken konnte. In einem 1913 veröffentlichten Aufsatz erörterte er sehr nüchtern, welche Möglichkeiten es gab, das Phänomen der Patientinnenliebe zu bewältigen, ohne die Behandlung abzubrechen oder gegen die Sitten und den analytischen Kodex zu verstoßen. Der Umgang mit Frauen, die auf der Couch ihre Reize einzusetzen suchten, dürfe weder zu Täuschungsmanövern noch zu Ignoranz führen, wie Freud betonte. Ein scheinbares Eingehen auf ihre Offerten sei aus Gründen der Moral und Wahrhaftigkeit, zu der jede Behandlung verpflichte, ebenso undenkbar wie der Versuch, die Zeichen der Zuneigung vorsätzlich zu übersehen. Das Ziel bestand darin, die Verliebtheit der Patientin selbst zum Thema der Analyse zu machen, weil sie schließlich deren Teil war.[128] Die Neigung zum Arzt bleibe Ausdruck des Widerstands gegen die Therapie, und solange die Kranke sie zulasse und zeige, sei die Arbeit an den psychischen Symptomen verloren. Also müsse genau dieser Zusammenhang zwischen der Behandlungssituation und der Verliebtheit zum Objekt der Analyse werden. Freud konzedierte dabei, daß die erotische Neigung der Patientin durchaus ‹reale› Qualitäten aufweise, weil sie nicht nur eingebildet sei. Und er fügte hinzu, wie schwer es gerade dem jüngeren, ungebundenen Arzt falle, den Reizen einer ‹feineren› Verliebtheit zu widerstehen und darauf zu verzichten, seine Aufgabe «über ein schönes Erlebnis zu vergessen.»[129]

Die Schwierigkeiten der Behandlung lagen also nicht nur in der öffentlichen Ablehnung der Analyse, sondern auch in den inneren Versuchungen, die dem Arzt erwuchsen, und den Verstrickungen, in die ihn seine Kranken lockten. Die einzige Chance, den hier schlummernden Konflikten zu entkommen, bestand darin, wie Kohut schrieb, auf jede «Verurteilung des Patienten» zu verzichten.[130] «Der Psychoanalytiker weiß», so Freud, «daß er mit den explosivsten Kräften arbeitet und derselben Vorsicht und Gewissenhaftigkeit bedarf wie der Chemiker.»[131] Zu dieser Einsicht gehörte auch die Notwendigkeit, eigene Aggressionen zu unterdrücken. Er könne allen seinen Patienten «den Hals umdrehen», erklärte Freud Ende Mai 1912 gegenüber Ludwig Binswanger; aber derartige Affekte blieben verborgen hinter einer Mischung aus Diskretion und Professionalität, die er sich selbst täglich abverlangte.[132]

Für Freuds Behandlungstechnik bildete die Erkenntnis des analytischen Mehrwertes, den die Übertragung barg, einen wesentlichen Fortschritt. Nicht nur Verliebtheit und Bewunderung, sondern auch die negativen Affekte – Haß, Wut, Eifersucht –, die der Patient auf den Arzt richtete, boten wertvolle Hilfen für die Therapie. So wurde die Übertragung, wie James Strachey 1935 bemerkte, zum dynamisch-produktiven Bestandteil jeder Behandlung. «Es ist unleugbar», schrieb Freud, «daß die Bezwingung der Übertragungsphänomene dem Psychoanalytiker die größten Schwierigkeiten bereitet, aber man darf nicht vergessen, daß gerade sie uns den unschätzbaren Dienst erweisen, die verborgenen und vergessenen Liebesregungen der Kranken aktuell und manifest zu machen».[133] Mit bemerkenswerter Schärfe erklärte er 1917: «Und wir müssen gewahr werden, daß wir in unserer Technik die Hypnose nur aufgegeben haben, um die Suggestion in der Gestalt der Übertragung wiederzuentdecken.»[134] Das verwies auf die Tatsache, daß die Übertragung eine Art suggestiver Gegenwehr des Patienten war, der das auf den Arzt projiziert, was dieser ihm zuvor als Antrieb unterstellt hat. Eine solche Konstellation bedeutete allerdings auch eine therapeutische Chance, deren Ausmaß Freud allmählich erkannte. Umgesetzt wurde sie durch ein Verfahren, bei dem der Analytiker die Übertragung akzeptierte, selbst in ihrem Modell agierte und die Kranken auf diese Weise veranlaßte, ihre Motive Zug um Zug offenzulegen. Die manipulative Komponente, die hier auftauchte, gehörte zur alltäglichen Therapie, aber sie konnte sich, wie Ernst Kris später schrieb, in ein Modell der ‹Zusammenarbeit› wandeln.[135] Freimütig offenbarte Freud, gestützt auf eine 1909 veröffentlichte Studie Ferenczis: «Wir gestehen gerne zu, die Resultate der Psychoanalyse beruhten auf Suggestion; nur muß man unter Suggestion das verstehen, was wir mit Ferenczi darin finden: die Beeinflussung eines Menschen vermittels der ihm möglichen Übertragungsphänomene. Für die endliche Selbständigkeit des Kranken sorgen wir, indem wir die Suggestion dazu benützen, ihn eine psychische Arbeit vollziehen zu lassen, die eine dauernde Verbesserung seiner psychischen Situation zur notwendigen Folge hat.»[136]

In der alltäglichen Behandlung war die Suggestion daher ein wesentliches Element. Seit der Kooperation mit Breuer kannte Freud diesen Mechanismus; schon bei der Hysterie-Therapie spielte er eine entscheidende Rolle, ging es doch um die künstliche Hervorrufung eines Anfalls im Rahmen einer Kurvenbewegung, die am Ende die Phasen des Krankheitsbildes wie unter Laborbedingungen zutage fördern sollte. Freud hielt in der Praxis an diesem Verfahren fest, indem er die Übertragung aktiv aufnahm und für die Heilung nutzte – ein Prinzip, das Kurt Eissler später als Versuch beschrieb, von der Deutung zur Behandlung zu gelangen.[137] Die Therapie begann dort, wo Suggestion in die Selbsteinsicht des Patienten und Rollenspiel in die ernsthafte Aufdeckung des Verdrängten mündete. Der Analytiker unterwarf sich nicht verantwortungslos, sondern in vollem Risikobewußtsein dem Modell der Übertragung, um ein Experiment der Emotionen in Gang zu setzen, an dessen Ende er wie unter einem Brennspiegel erkennen konnte, was sich im Inneren des Kranken zutrug. Daß in diesem Verfahren Patient und Arzt gleichermaßen an die Grenzen ihrer seelischen Belastung gelangten, war einleuchtend. Daraus erklärte sich, weshalb Freud seine Arbeit immer wieder als strapaziös und kräftezehrend empfand. Nicht bloß die Zwänge des Geldverdienens, auch die Mühen der Analyse machten seinen Alltag beschwerlich. Die neue Wissenschaft bedeutete, wo es um ihre praktische Anwendung ging, ein extrem aufreibendes Unterfangen. Daß die Atmosphäre in der Berggasse 19 heiter und gelöst war, wie es etwa Pfister bei seinem ersten Besuch im April 1909 bemerkte, war also nicht selbstverständlich.[138]

In Europa unterwegs

Es bildete ein Zeichen seiner gewachsenen Souveränität, daß Freud 1907 nach Rom und 1908 nach London ohne Begleitung fuhr, um zu erproben, ob er für die Herausforderungen des Alleinreisens gewappnet war. Insgeheim erhoffte er sich dabei mehr Zeit für die Selbstbeobachtung, die sonst bei seinen touristischen Exkursionen zu kurz kam. Im ersten Fall, der Rom-Reise 1907, war die Entscheidung nicht ganz freiwillig, weil Minna, die eigentlich von der Partie sein sollte, aufgrund körperlicher Beschwerden in Florenz aufgab und allein nach Wien zurückkehrte. Freud entschloß sich daraufhin, das Wagnis auf sich zu nehmen und Rom für neun Tage ohne Begleitung zu erkunden. Die Briefe, die er nach Hause schrieb, zeugten von einer intensiv erlebten Beobachtungslust, aber auch von Gefühlen der Verlorenheit. Auf großen Plätzen und abends im Hotelzimmer spürte Freud, der das Leben inmitten seiner Familie liebte, die Last des Alleinseins, und er machte in seinen Schreiben an Martha keinen Hehl daraus, daß er von schwankenden Stimmungen heimgesucht wurde. «Ich lebe hier in Rom ganz einsam, in irgendwelchen Phantasien», schrieb er am 19. September an Jung. Mit «Beginn der Ferien» habe er «die Wissenschaft tief begraben», um etwas Neues aus sich «herauszuholen».[139] Rom schien dafür der ideale Ort, weil dort die Vergangenheit in eine südlich-fremde Gegenwart ragte, ohne daß Freud sich in einer der beiden Welten sicher fühlen konnte. Tief war der Brunnen der Geschichte, und in ihn tauchte er ein, um sich selbst zu finden – eine Konstellation, wie sie seit den Rom-Beschreibungen Winckelmanns, Wilhelm Heinses und Goethes zu den klassischen Topoi moderner Autobiographik gehörte.

Da Freud nach zwei vorangehenden Besuchen in der Stadt die wesentlichen römischen Sehenswürdigkeiten bereits gut kannte, verlegte er sich auf Alltagsbeobachtungen. Er registrierte die Schönheit der Frauen, die Wildheit des Straßenverkehrs, die Hektik der Zeitungsverkäufer, das dichte Treiben auf den Plätzen am Abend. Zu den nachhaltigsten Eindrücken gehörten die Besichtigung der Villa Borghese mit Schloß, Museum und Park; eine *Carmen*-Aufführung, deren musikalische Darbietung ihn weniger fesselte als die Tatsache, daß man während der einzelnen Akte in der Oper rauchen durfte; die Begegnung mit dem Relief der *Gradiva* im Vatikan; und schließlich die Impressionen auf der abendlichen Piazza Colonna, wo auf eine große Leinwand Filmszenen projiziert wurden.[140] Freud, der das Kino wie die meisten Gebildeten in diesen Jahren als zweifelhaftes Spektakel für den Jahrmarkt mied, fühlte sich überwältigt durch die Mischung aus Massenattraktion, lauer Nachtstimmung und flimmernden Motiven von «Landschaften, Kongonegern, Gletscherbesteigungen».[141] Es war kein Zufall, daß die Reise in den Süden es ihm erlaubte, die Vorbehalte gegen das Kinematographentheater aufzugeben und sich seinem sinnlichen Zauber zu überlassen. Als er 1923 mit seiner Tochter Anna ein letztes Mal nach Rom reiste, frequentierten die beiden auch das Kino, ganz gegen Freuds sonstige Gewohnheiten. Das neue Medium blieb also ein Fall für den Urlaub, den Ausnahmezustand der Seele und des Körpers.

Im September 1908 besuchte Freud, gleichfalls allein, seinen Bruder Emanuel und dessen Sohn Sam in England. Vorangegangen war ein sechswöchiger Aufenthalt in Berchtesgaden mit der Familie, ehe er Ende August nach Köln, von dort nach Hoek von Holland reiste, um mit der Fähre nach Harwich überzusetzen und mit dem Zug nach Blackpool zum Bruder Emanuel, anschließend nach Manchester zu Philipp zu fahren. Vom 7. bis zum 15. September schloß sich ein Besuch in London an, bei dem ihn ursprünglich sein Cousin John begleiten sollte, der aber zu diesem Zeitpunkt selbst auf Reisen war. Seine Spuren verloren sich in späteren Jahren, und Freud hat den engsten Spielkameraden seiner Jugend niemals wiedergesehen. Von der mächtigen Metropole war er fasziniert, allerdings erschreckten ihn die Dichte des Verkehrs, die Menschenmassen und die erdrückende Höhe der Häuser. Er genoß es, den ganzen Tag über Englisch zu sprechen, deckte sich mit Krawatten ein und ließ sich nach britischer Mode den Bart rasieren – was der Familie nach seiner Rückkehr außerordentlich mißfiel. Besondere Aufmerksamkeit zog die Porträtsammlung der *National Gallery* auf sich, deren Exponate Freud mit kleinen, spitzfindigen Kurzcharakterisierungen kommentierte. Überrascht bemerkte er, daß «Rasse, Familie» und konstitutionelle Anlage letzthin nur Rohstoffe für den physiognomischen Ausdruck darstellten; seine Gesamtwirkung aber entstehe durch die Macht der Sublimierung, die das Material gleichsam forme.[142] Auch London vermittelte ihm das Gefühl der Einsamkeit, und erst als er in Begleitung Emanuels die Rückkehr antrat, fiel es wie eine Last von ihm ab. Gemeinsam fuhr man zuerst nach Berlin, wo die Halbbrüder die Schwester Maria und ihren Ehemann Moritz wiedersahen. Das Experiment des Alleinreisens hat Freud danach nicht wiederholt; er blieb ein Familienmensch, der, gerade weil ihn seine wissenschaftliche Arbeit zur Isolation zwang, größere Gruppen vertrauter Freunde und Verwandter brauchte, um wenigstens privat unter Menschen zu kommen.

So war es folgerichtig, daß Freud 1910 wieder Familienurlaub machte, und zwar in großer Besetzung. Zuerst begleiteten ihn seine beiden jüngeren Söhne Oliver und Ernst Mitte Juli nach Den Haag; am Ende des Monats folgte Martha, man traf sich in Leiden und fuhr gemeinsam nach Nordwijk. Minna reiste unterdessen nach Hamburg, wo sie ihre an Darmkrebs erkrankte Mutter pflegte, die am 6. Oktober starb.[143] Freud besaß auch in diesem Fall, wie schon beim Tod seines Vaters, die Fähigkeit, das Unglück anderer Familienmitglieder von sich fernzuhalten. Er genoß das Zusammensein mit seinen Söhnen, die ihn durch ihren Witz und Scharfsinn unterhielten. «Deine Brüder, Mathilde, sind sehr anständige Jungen u gute Gesellschaft», schrieb er an die älteste Tochter.[144] Dabei bedeutete der Urlaub durchaus eine Herausforderung, denn Freud war außerhalb seiner Berufspflichten in praktischen Dingen höchst ungeschickt. Allein die Tatsache, daß er sich in den ersten Ferientagen aufgrund erheblicher Überarbeitung und Erschöpfung zumeist in «toxischem Zustand» befand, erklärte Konzentrationsschwäche, Unaufmerksamkeit, Fehlleistungen.[145] Solche Mängel gegenüber den Kindern zu zeigen, bereitete ihm Probleme, was wiederum mit Empfindlichkeiten und Projektionen einherging. Ihm falle es schwer, im Verhältnis zu seinen Söhnen die «Gegenübertragung» zu überwinden, bekannte er Ferenczi im Oktober 1910.[146] Das hieß, daß er sich auch in den gemeinsamen Stunden mit ihnen niemals von seiner Rolle lösen konnte und ihnen unterstellte, sie würden ihn aus Bewunderung permanent beobachten, ja überwachen. Ähnliche Konflikte bereitete ihm das Reisen mit jüngeren Kollegen wie Ferenczi oder Jones, denen er vorwarf, daß sie ihn ständig observierten, weil sie das Denkmal bestätigt oder den großen Mann entlarvt sehen wollten.

Der Aufenthalt in den Niederlanden schuf trotz solcher Rollenkonflikte Abstand zu intellektuellen Aufgaben. An Pfister meldete Freud, daß er auf gelehrte Lektüre vollständig verzichte: «Ich bin in zehn Tagen bereits ganz dumm geworden und ganz selig darüber.»[147] Der Urlaub am Meer wurde Anfang August 1910 durch einen Besuch in Leiden unterbrochen, der Freud unvergeßlich werden sollte. Der Grund war die Anfrage eines äußerst prominenten Patienten, der brieflich um eine kurze Konsultation gebeten und zu diesem Zweck ein nachmittägliches Treffen in der Nähe des Feriendomizils vorgeschlagen hatte. Man handelte die therapeutische Unterredung offenbar zügig ab, schlenderte gemeinsam durch die Stadt und besprach in wenigen Stunden das Dringlichste. «Sein Besuch erschien ihm notwendig», erinnerte sich Freud 25 Jahre später, «weil seine Frau sich damals gegen die Abwendung seiner Libido von ihr auflehnte. Wir haben in höchst interessanten Streifzügen durch sein Leben seine Liebesbedingungen, insbesondere seinen Marienkomplex (Mutterbindung) aufgedeckt; ich hatte Anlaß, die geniale Verständnisfähigkeit des Mannes zu bewundern.»[148] Man darf zweifeln, ob Freud in so kurzer Zeit helfen konnte; aber wir kennen den Namen des berühmten Patienten: Gustav Mahler. Die Diagnose der Kurzanalyse hat Alma Mahler-Werfel in ihren Memoiren so zusammengefaßt: «‹Sie suchen in jeder Frau Ihre Mutter, die doch eine arme, leidende, gepeinigte Frau war …›»[149] Die Ehe des Komponisten litt unter einem massiven Rollenkonflikt, denn seine deutlich jüngere Gattin sah in ihm den potenten, zupackenden Vater, der er, der sensible Künstler, niemals sein konnte. Zu weiteren Begegnungen kam es nicht mehr, da Mahler neun Monate später, am 18. Mai 1911, im Alter von nur 50 Jahren an einer bakteriellen Herzerkrankung starb. Seine Honorarforderung, die sich auf stattliche 300 Kronen – den Satz für sechs Stunden – belief, machte Freud beim Nachlaßverwalter Emil Freund geltend. Womöglich hatte er gehofft, daß der berühmte Komponist ihn nochmals konsultierte, und aus diesem Grund seine Rechnung nicht vorher gestellt.[150]

Die Holland-Reise des Jahres 1910 endete für Freud am 31. August. Die Familie blieb noch an der See, nur die 14jährige Anna mußte Mitte September nach Wien zurückkehren, weil die Schule wieder begann. Sie genoß dort die Freiheiten in der großen Wohnung, allein in Gegenwart der Dienstboten, mit der «Verfügung» über «8–9 Zimmer».[151] Freud fuhr in den ersten Septembertagen gemeinsam mit Ferenczi für drei Wochen über Paris nach Norditalien, von dort nach Rom, wo er, wie berichtet, vor allem Michelangelo-Studien betrieb. Die ursprünglich geplante Mittelmeerkreuzfahrt hatte man schon im August abgesagt, weil sie aufgrund mangelnden Komforts unbequem zu werden drohte.[152] Die Tage zwischen Mitte und Ende September verbrachten die beiden auf Sizilien, zuerst in Palermo, dann in Syrakus. «Die erste Woche», schrieb Freud am 17. Oktober 1910 an Brill, «war die schönste, die ich je auf Reisen verbracht habe.»[153] In Alcamo berührte er, fasziniert und erschrocken zugleich, die arabische Welt, an die ihn die fremden Ortsnamen erinnerten. Er besichtigte die alten Tempel, etwa in Segesta («ein herrlicher Anblick in tiefster Verlassenheit»[154]), und bewunderte das archäologische Mueum in Syrakus. Nicht zuletzt wurde die heimische Antikensammlung durch günstige Ankäufe erweitert. «Siziliens Produkte, die für uns in Betracht kommen», schrieb er Anna, «sind Schwefel, Papyrus und Antiquitäten.»[155] Das südliche Italien sei, so hieß es mit analytischer Begrifflichkeit in einem Brief an Jung, «das schönste Stück des Landes», denn es habe große Züge «des untergegangenen Griechentums erhalten, infantile Reminiszenzen, die Schlüsse auf den Kernkomplex gestatten.»[156]

Zwar litten die Reisenden in Sizilien unter dem Scirocco, jedoch blieben die Temperaturen überraschend mild, so daß auch längere Ausflüge mit dem Eselskarren, Tempelbesuche und Exkursionen durch die Ruinenlandschaften von Palermo möglich waren. Die Sorge vor Infektionen, die Minna und Martha vor der Reise hatte zurückschrecken lassen, begleitete Freud jedoch fortwährend. Eine Cholera-Epidemie, die 1910, von China ausgehend, in Rußland zehntausende Todesopfer forderte, drohte im September auch auf Italien überzugreifen, so daß er sich Ende September zum überstürzten Aufbruch in die Heimat entschloß. «Es scheint», so schrieb er an Max Eitingon, «daß meine Sorge nicht unberechtigt war.»[157] Trotz Schmutz und mangelnder Hygiene erlebte Freud jedoch sein bisher ungewöhnlichstes Urlaubsabenteuer in der Haltung des Archäologen, der die Urszenen der europäischen Kulturgeschichte besser zu verstehen lernte. Mit Ferenczi («sehr fidel, genußfähig und viel weniger bequem als ich»)[158] vertrug er sich während der drei Wochen leidlich, wengleich er ihn bisweilen allzu unselbständig fand. Er sei, berichtete er Brill, «ein sehr lieber Gefährte, aber etwas verträumt u durch meine Gegenwart gehemmt.»[159] Ferenczi belastete sichtbar die Angst, er könne sich zu sehr offenbaren und umgekehrt Freuds Schwächen entdecken. So entstand eine psychologisch schwierige Situation mit Projektionen, Ängsten und Übertragungen wie in einem therapeutischen Verhältnis. «Ich sehne mich», schrieb Ferenczi am 3. Oktober 1910 rückblickend, «nach persönlicher, ungehemmter, lustiger Kameradschaft mit Ihnen (und ich kann auch lustig sein) und fühle mich – vielleicht mit Unrecht – in die infantile Rolle zurückgedrängt.»[160] Später gestand er freimütig, daß sein platonisches Liebesverhältnis zu der jungen Elma Pálos und ihrer Mutter Gizella ihn während der Reise belastet habe. Die Libido mußte sich ein anderes Objekt suchen, und Ferenczi entschied sich, sie teils auf Freud persönlich, teils auf die Wissenschaft zu richten.[161]

Freud wiederum fühlte sich unbehaglich, weil Ferenczi ihn bewunderte und zugleich mit einer Mischung aus Devotion und Neugierde beobachtete. Er sei nicht der «Übermensch, den wir konstruiert haben», erklärte er jovial, aber es falle ihm schwer, seine Rolle auf Reisen einfach zu wechseln.[162] Den Part des charismatischen Lehrers durch die intime Privatexistenz zu ersetzen, bedeutete für ihn eine schwierige Aufgabe, gegen die er sich innerlich wehrte. Außerdem vermißte er die Vorzüge einer weiblichen Begleiterin, wie er am 24. September noch in Rom Jung gegenüber gestand: «Die Sehnsucht nach einer wirklichen Frau steigt sehr auf solchen Reisen.»[163] Ob er dabei an Minna oder an die Ehegattin dachte, muß offenbleiben; vermutlich spielte der Unterschied zwischen Schwägerin und Gemahlin an diesem Punkt keine wesentliche Rolle für ihn.

Den Spätsommer 1911 verbrachte Freud mit der gesamten Familie in Klobenstein, um dort seine Silberhochzeit zu feiern. Mit Bedacht stornierte er die gewohnte Reise nach Italien, denn zur selben Zeit war hier die längst befürchtete Choleraepidemie ausgebrochen, die andere Reisende dazu zwang, das Land fluchtartig zu verlassen. So verzichteten der junge Franz Kafka und sein Freund Max Brod im Herbst 1911 unter dem Eindruck der Seuchengefahr auf ihre ursprünglich geplante Norditalien-Tour und fuhren im Nachtzug nach Paris. Zu den von der Epidemie überraschten Italienbesuchern dieses Jahres gehörte auch Thomas Mann, der das Thema bekanntlich in seiner berühmtesten Novelle *Der Tod in Venedig* direkt verarbeitete. Daß die Erzählung wiederum ein verstecktes Porträt jenes

Gustav Mahler bot, den Freud vor seiner Abreise nach Italien im August 1910 in Leiden getroffen hatte, mutet wie ein merkwürdiger Zufall an.

Der ausgefallene Italien-Urlaub wurde zu Ostern 1912 durch eine Adria-Reise kompensiert, auf der Ferenczi wieder den Begleiter gab. An die «Robinson-Tage» auf Arbe erinnerte dieser sich einige Wochen später, im April 1912, geradezu schwärmerisch.[164] Den Sommer 1912 teilte Freud erneut zwischen österreichischer Urlaubsidylle und Italienreise auf. Zunächst verbrachte er sechs Wochen mit Martha in Karlsbad zur Kur; während dieser Zeit wurde in der Berggasse seine umfangreiche Bibliothek – auf Anraten Alexanders «mittelst des Staubsaugers» – gereinigt und jeder Band neu aufgestellt.[165] Anschließend fuhr Freud über Südtirol zurück nach Wien, um kurz die erkrankte Mathilde zu besuchen, reiste dann nach Bozen und von dort für zehn Tage nach Rom. Einen ursprünglich geplanten Abstecher nach England sagte er kurzerhand ab, weil die Ewige Stadt lockte; offiziell begründete er seine geänderten Pläne gegenüber Jones mit Mathildes Krankheit.[166] Rom wurde am 16. September mit Begeisterung begrüßt: im komfortablen, an der Via Ludovisi Nummer 49 gelegenen Hotel Eden nahe der Via Veneto und der Spanischen Treppe genoß Freud den Blick auf die herrschaftliche Villa Malta, in der seit zwei Jahren der frühere deutsche Reichskanzler von Bülow mit seiner italienischen Ehefrau residierte. Er schwärmte von der köstlichen Küche, der er sich als «Barbar» kaum würdig fühlte; und er bemerkte erfreut, daß ihm die Umgebung nach den vorangehenden Besuchen bestens vertraut war: «Es ist mir sehr natürlich in Rom zu sein, gar kein Fremdgefühl.»[167] Immer sei er, schrieb er an Ludwig Binswanger, in dieser Stadt glücklich gewesen, dieses Mal aber «ganz besonders».[168] Nach einigen Tagen stieß erneut Ferenczi zu ihm, der vertraute Italienbegleiter, der es mit ihm aushielt, obwohl er nicht immer freundlich behandelt wurde. «He had no good time with me», hieß es mürrisch gegenüber Jones.[169] Freud besuchte die Oper, mied aber die klassischen Sehenswürdigkeiten und vergnügte sich daran, wie ein selbstbewußter Römer mit perfekter Ortskenntnis durch die große Stadt zu schlendern. Niemals zuvor habe er sich «so gepflegt u so arbeitslos nur nach Wunsch und Behagen gelebt.» Angesichts der neuen sinnlichen Intensität seiner Eindrücke mußte der «Altersplan» revidiert werden: nicht das englische «Cottage, sondern Rom» erschien jetzt als ideales Domizil des Ruhestands. Es verwundert kaum, daß neben Martha auch Minna in dieses Szenario als Mitbewohnerin eingeschlossen wurde.[170]

ZEHNTES KAPITEL

Bewegte Forschung
(1902–1914)

Der Mittwochskreis

Lange Zeit schätzte Freud die Aussichten auf eine breitere Durchsetzung seiner Lehre als äußerst gering ein. Die Kränkungen, die ihm seit Ende der 80er Jahre widerfuhren, vergaß er nie, und er ahnte, daß er auf äußere Hilfe nicht rechnen konnte. «Wie Sie wissen», so erklärte er noch 1916 den Hörern seiner allgemeinen Einführungsvorlesung, «hat die Menschheit ein instinktives Abwehrbestreben gegen intellektuelle Neuheiten.»[1] Die akademische Welt stand den Erkenntnissen der Psychoanalyse weithin skeptisch gegenüber. An der Universität Wien blieb Freud ein Außenseiter, der nur wenige Kontakte pflegte. Im Juni 1906 wurde er von Alexander Löffler, seit 1903 Inhaber des Lehrstuhls für Strafrecht, zu einem Vortrag über «Tatbestandsdiagnostik» an der juristischen Fakultät eingeladen – ein Thema, das seit den Arbeiten von Krafft-Ebing, Lombroso und Alfred Hoche Konjunktur hatte. Ein solcher Auftritt bildete aber eine große Ausnahme und änderte nichts an der akademischen Isolation, in der sich Freud befand.[2] Zumeist registrierte man, was er tat, kaum, oder man kritisierte es, gerade in Medizinerkreisen, ohne sonderliche Sachkunde. Die Gegner zerfielen dabei in zwei Lager: eines, das seine Erkenntnisse als unwissenschaftliche Provokationen abtat, und eines, das sie zu längst verbreiteten Allgemeinwahrheiten erklärte. Besonders ärgerte Freud die scharfe Ablehnung in Deutschland, wo man, wie er C. G. Jung im August 1907 schrieb, nur an die Psychoanalyse glaube, «wenn irgendein Oberbonze sie feierlich anerkannt hat.» Vermutlich, so fügte er sarkastisch hinzu, müsse man Kaiser Wilhelm, «der ja alles versteht», persönlich «für sie zu interessieren» suchen: «Haben Sie Verbindungen, die so weit reichen?»[3]

Widerstand und Zurückweisung führten bei Freud dazu, daß er sich als einsamen Pionier und Eroberer, als furchtloser Vorkämpfer ohne nennenswerte Hilfstruppen sah. Es zählte allein die Überzeugungskraft seiner besseren Argumente, weil er allgemeine Sympathie kaum erwarten konnte. «Die Gesellschaft wird sich nicht beeilen, uns Autorität einzuräumen», erklärte er 1910.[4] In seinen ersten Jahren als analytischer Praktiker fühlte er sich, so gestand er, oftmals wie ein Operateur, der nicht nur ohne Assistenz, sondern auch gegen den Widerstand der gesamten Kollegenschaft arbeiten mußte. Statt bei der Heilung zu helfen, habe man jedes Mißlingen und jede verzögerte Rekonvaleszenz hämisch kommentiert. Zahlreiche Fehlgriffe der frühen Jahre seien durch eine Situation der öffentlichen Verachtung und Ausgrenzung zusätzlich provoziert worden, behauptete Freud. Als Erfindung eines jüdischen Wissenschaftlers, so war er überzeugt, sah sich die Psychoanalyse vor besondere Schwierigkeiten gestellt. «Seien Sie versichert», schrieb er im Juli 1908 an Karl Abraham, «wenn ich Oberhuber hieße, meine Neuerungen hätten trotz alledem weit geringeren Widerstand gefunden.»[5]

Im Hinblick auf die Kränkungen, die er durch zahlreiche Kollegen erfuhr, begann Freud, der sehr nachtragend sein konnte, eine gewisse Bitterkeit zu zeigen.[6] Überall brandeten gewaltige Wellen von Hohn und Spott durch die Gemeinde der Mediziner, wenn es um seine Arbeit ging. Es herrschte eine aggressive Grundstimmung, die sich nicht legte, sondern mit den Jahren sogar zunahm, wie sich Freud 1925 erinnerte.[7] Er reagierte darauf mit einer Mischung aus Trotz und Frustration, ohne daß seine Tatkraft jedoch erlahmte. Weil der öffentliche Druck erheblich war und stets neue Beweise für die Triftigkeit seiner Lehre verlangt wurden, blieb nichts anderes, als einen Kreis Gleichgesinnter aufzubauen, die ihn bei der Propagierung seines Systems unterstützten. Das entsprach, wie Lou Andreas-Salomé 1912 feststellte, eigentlich nicht seiner Neigung zum stillen, zurückgezogenen Arbeiten, war aber die einzige Strategie, mit der er sich gegen vielfältige Anfeindungen wehren konnte.[8] Die Tatsache, daß die analytische Theorie eine Flut von Problemen und nur selten absolute Lösungen hervorbringe, habe wenigstens den Vorteil, so schrieb Freud schon im Mai 1900 an Fließ, daß er seinen Mitstreitern «nicht alles Zukünftige vorwegnehme.» Für seine späteren Schüler gelte: «Ich lasse ihnen eine Stufe zum Fuß-darauf-Fassen, führe sie nicht auf einen Gipfel, von dem aus sie nicht weitersteigen können.»[9]

Die Mühen, die der Gründer zu ertragen hatte, wurden dabei durch überraschende Funde und Entdeckungen zumindest partiell abgegolten.

Der Pionier stand an der Spitze einer Bewegung, spürte den massiven Widerstand der intellektuellen Konvention, besaß jedoch die Gewißheit, daß er der erste war, der das unerforschte Land erreichte. Anerkennung werde, so hieß es am 2. Januar 1912 in einem Brief an Abraham, erst die nachfolgende Analytiker-Generation erfahren, während ihnen immerhin die Lust am Neuen blieb: «Aber wir haben das unvergleichliche Vergnügen der ersten Erkenntnisse.»[10] Das bildete ein langjähriges Leitmotiv der Selbstdarstellung: die Psychoanalyse war das Ergebnis eines Eroberungszuges, den Freud mit einer kleinen Schar von treuen Anhängern führte. Aus dieser Haltung ergab sich, daß er die Beachtung seiner Lehrprinzipien wie ein «Staatsanwalt» überwachte.[11] Sein strenger Habitus schien aber nicht nur das Resultat seiner Prinzipienfixierung, sondern auch Ausdruck eines Mangels an Geschmeidigkeit. Vermittlungsbereitschaft und die Kunst der «diplomatischen Milderung» gehörten nicht zu seinen Stärken, wie er gegenüber Max Eitingon einräumte.[12] Seine Selbstkritik sei andererseits eine Gabe, so erläuterte er Ferenczi im Oktober 1910, die ihm wenige zutrauten, weil er sie nur dort zeige, wo er wissenschaftliche Loyalität erwarten könne.[13] Sie schloß den Hang zum Grundsätzlichen ein, denn seine festen Überzeugungen waren stets gegen die Mechanik solcher Selbstkritik errungen und daher besonders wertvoll. Prinzipientreue und Unsicherheit konnten bei Freud wissenschaftlich produktiv zusammenwirken, waren aber in kritischen Phasen ein Problem, weil sie ihn an flexiblen Reaktionen auf persönliche Herausforderungen hinderten.

Zu Freuds Enttäuschung wuchs auch nach der Veröffentlichung der *Traumdeutung* die Zahl seiner universitären Hörer nicht wesentlich an. Außerdem erwiesen sich die Vorlesungen kaum als geeignetes Medium für eine profunde Fachdiskussion; selbst wenn er sie mit dem Zusatz «für Geübtere» ankündigte, erschien nur das übliche Laienpublikum.[14] Es mußten daher andere Formen der internen Verständigung geschaffen werden, um der, wie er später formulierte, «noch babyhaften Analyse» zu größerer Geltung zu verhelfen.[15] In den ganz frühen Jahren sah Freud einen kleinen Freundeskreis im Café Korb am Rande der Altstadt, wo er Fragen der Traumexegese, der Neurosentheorie und Hysteriebehandlung debattierte. Im Herbst 1902 lud er dann mit einer Postkarte die Wiener Ärzte Alfred Adler, Max Kahane, Rudolf Reitler und Wilhelm Stekel zu einer abendlichen Zusammenkunft in seiner Praxis ein, die der dringend erforderlichen Diskussion der neuen Lehre dienen sollte.

Die vier Gäste teilten das Interesse an psychologischen und psychiatrischen Fragen, besaßen auf diesem Gebiet jedoch keine sonderliche Vorbildung. Adler, mit Freud seit 1899 bekannt, hatte sich, nach einem Beginn als niedergelassener Augenarzt, auf das Gebiet der Allgemeinmedizin verlegt. Seine jüdische Herkunft empfand er stets als Makel, weshalb er 1904 zum christlichen Glauben konvertierte. Er erschloß sich die Neurosenlehre über den klinischen Weg und verband sie bald mit einer sehr eigenwilligen Theorie des psychischen Komplexes, die er aus den Prinzipien der erblichen Veranlagung und der «Organminderwertigkeit» ableitete.[16] Seine Arbeiten sah er als praktische Ergänzung der Analyse, die er zumal auf physiologische Fundamente zu stellen suchte. Adler blieb mit seinen unkonventionellen Anschauungen ein Außenseiter, den Freud aber vorerst akzeptierte, obgleich ihn sein Hang zur Spekulation auf unheilvolle Weise an seinen früheren Freund Fließ erinnerte. Kahane beschäftigte sich intensiv mit Charcot, übersetzte den zweiten Band seiner Vorlesungen über Krankheiten des Nervensystems sowie Janets Hysterie-Studien ins Deutsche und besuchte seit 1895 wiederholt Freuds Kolleg. In seinen umfangreichen *Grundriss der inneren Medicin* (1901) integrierte er Aspekte der Traumlehre, ohne freilich die Psychoanalyse konsequent für die internistische Arbeit zu nutzen.[17] Reitler begann ähnlich wie Adler als klinischer Praktiker – sogar mit eigenem Privat-Sanatorium –, zeigte aber schnell Interesse an der Hysterieforschung und stieß damit zwangsläufig auf Freud, bei dem er seit Mitte der 90er Jahre Vorlesungen hörte.

Stekel wiederum, der Krafft-Ebing zu seinen prägendsten akademischen Lehrern zählte, war niedergelassener Neurologe und durch die Lektüre einer kritischen Rezension der *Traumdeutung* an die noch junge Psychoanalyse geraten. Mit Fragen der kindlichen Sexualentwicklung hatte er sich bereits in den 1890er Jahren befaßt, damals noch ohne Kenntnis der Hysterie-Studien seiner Wiener Kollegen.[18] 1901 ging Stekel bei Freud für wenige Wochen – neun Sitzungen – wegen eines neurotischen Leidens, über das wir nichts Konkretes wissen, in Therapie. Er war damit der erste der Schüler, die sich durch ihn behandeln ließen; ihm folgten in den kommenden Jahren Ludwig Jekels, Jones, Ferenczi und Rank. Stekel agierte später als populärer Vermittler der neuen Lehre, der sich eher als Feuilletonist denn als Arzt einen Namen machte. Freud hielt ihn, dem Binswanger ‹unscharfes› Denken vorwarf, für «theoretisch schwach», wie er Jones im November 1908 verriet, attestierte ihm jedoch Menschenkenntnis und ein Talent zur praktischen Fallanalyse.[19] Seine 1911 publizierte Traumstudie, die sich durch dichte Beispielreihen, aber auch durch waghalsige, vorwiegend intuitive Deutungen auszeichnete, nahm er mit Zurückhaltung, ja Mißtrauen auf.[20]

Ab Oktober 1902 fanden sich die Mitglieder des kleinen Kreises in wöchentlichem Rhythmus jeweils am Mittwochabend in der Berggasse 19 ein. Ort des Treffens war das Wartezimmer der im Zwischengeschoß gelegenen Praxis, das mehr Platz als der Ordinationsraum bot. Das Programm gehorchte stets demselben Ablauf: man kam um halb neun Uhr zusammen, dreißig Minuten später begann ein knapper, höchstens halbstündiger Vortrag, von Angehörigen des Zirkels, manchmal auch von geladenen Gästen. Danach nahm man den Kaffee, aß dazu trockenen Kuchen – wofür kaum mehr als eine Viertelstunde reserviert war –, entzündete die vom Hausherrn bereitgestellten Zigarren und trat in die Erörterung des Referats ein. «Die Reihenfolge der Redner in der Diskussion», so lautete die Regel, «wird durch Los festgelegt.»[21] Es gehörte zu den verbindlichen Prinzipien der Runde, daß jeder einen Beitrag zur Debatte leisten mußte und niemand nur stumm dabeisaß; nicht selten dauerte das Treffen daher, wie sich Binswanger erinnerte, bis nach Mitternacht.[22] Die Stimmung war von Direktheit und Enthusiasmus geprägt, wobei Freud Wert auf klare Hierarchien legte; für ihn blieb es selbstverständlich, daß er bei Diskussionen das letzte Wort hatte und sie abschließend zusammenfaßte. Man durfte ihm zwar widersprechen, aber am Ende stand sein eigenes Resümee, das die Bilanz des Abends zog. Im Wartezimmer der Berggasse 19 trafen sich die Ziehsöhne des biblischen Ahnvaters, die Vertreter der ersten Schülergeneration, um in intimer Runde offen über analytische Fragen streiten zu dürfen. Einer der Auserwählten sprach später von den ‹Aposteln›, die Freud zu sich geladen habe, um sie in aller Strenge zu unterweisen.[23]

Es gehörte zur Dynamik der Gründungsgeschichte, daß die Zahl der Schüler stetig wuchs. Zwischen 1902 und 1908 erweiterte sich der Kreis um die Internisten Eduard Hitschmann und Paul Federn, den Dermatologen Maximilian Steiner, den Psychiater Fritz Wittels, die Neurologen Isidor Sadger und Rudolf von Urbantschitsch. Neben Ärzten nahmen Anwälte, Musiker, Publizisten und Zeitungskritiker teil, worauf Freud besonderen Wert legte. Unter den medizinischen Laien waren Max Graf, der Vater des ‹kleinen Hans›, der Verleger Hugo Heller, der Philosoph Adolf Häutler, später die Juristen Hans Kelsen und Hanns Sachs sowie der Romanist Theodor Reik. Als klinisch vorgebildet im strengen Sinne konnten nur wenige gelten, so Adler oder Stekel. Die meisten der Ärzte – etwa Hitschmann und Federn – hatten keinen fachlich geschulten Blick auf die Themen, die hier verhandelt wurden, sondern waren, was seelische Erkrankungen betraf, Laien wie die Nicht-Mediziner.[24] Gerade der «Mangel» an methodischer «Schulung» auf psychiatrischem Gebiet blieb auffällig, so bemerkte Ludwig Binswanger 1910 nach seinem ersten Abend im Kreis.[25] Weder systematisch noch begrifflich erfüllten die Diskussionen in den frühen Jahren die Maßstäbe klinischer Forschung. Medizinische Zugänge zu den hier diskutierten Themen ergaben sich vorwiegend über das Gebiet der Neurologie, das freilich die anwesenden Fachärzte nicht von Grund auf beherrschten, da sie zumeist am Beginn ihrer beruflichen Karriere standen. Auch das sorgte für Freuds Sonderstellung in der Runde und ermöglichte seine Rolle als Ziehvater, dessen Wissen das der anderen deutlich überragte.

Weil klinische Standards der Psychiatrie keine Rolle spielten und die neurologische Kompetenz der Teilnehmer sich in Grenzen hielt, wollte Freud unkonventionelle Wege für die Diskussion erschließen. Vor der Aufnahme hatte jedes neue Mitglied der gesamten Runde Rede und Antwort zu stehen, wobei auch Fragen nach Details seines Intimlebens erlaubt waren. Da die Zahl der Fälle, über die aus der Praxis berichtet werden konnte, gering blieb, mußten die Teilnehmer ihre eigenen seelischen Erfahrungen offenlegen. Das verlangte von jedem die Bereitschaft, freimütig über Persönliches zu sprechen und sich im doppelten Sinn der Wissenschaft zur Verfügung zu stellen. Gerade die Kombination aus Forschungsinteresse und Selbstausbeutung kennzeichnete das intellektuelle Klima, das hier herrschte. Dazu gehörte auch, daß sämtliche Mitglieder authentischen Einsatz beim Vortrag zeigen mußten, woraus sich wiederum eine besonders heikle Art von Kontroversen ergab. Niemals wurde nur über Abstraktes, stets über ganz individuelle, manchmal intime Aussagen gestritten. Habitus und Obsessionen, Neurosen und Ängste der Teilnehmer blieben kein Geheimnis, sondern kamen, für alle sichtbar, Stück um Stück zum Vorschein. Der Zirkel gewann auf diese Weise den Charakter eines Forums für sehr persönlich gefärbte Debatten, deren Dynamik sich kein Mitglied entziehen konnte.

Am 10. Oktober 1906 besuchte erstmals ein blutjung wirkender Adept den Mittwochskreis. Er hielt einen Vortrag über das Inzestmotiv im euro-

Otto Rank

päischen Drama, der in der anschließenden Diskussion als unfertig und allzu fragmentarisch kritisiert wurde.[26] Bei dem schüchtern wirkenden Referenten handelte es sich um den 22jährigen Otto Rank, einen Autodidakten in doppelter Hinsicht, der weder Mediziner noch überhaupt akademisch ausgebildet war. Der kleingewachsene, sehr unscheinbare Mann trug ursprünglich den Namen ‹Rosenfeld›, den er aber 1903 aus Verehrung für Henrik Ibsen durch ‹Rank› – nach der Figur des Arztes aus dem *Nora*-Drama – ersetzte. Er kam aus einer mittellosen jüdischen Familie, hatte das Schlosserhandwerk erlernt und war von großer geistiger Neugierde getrieben. Er las schnell und sprunghaft, auch Psychoanalytisches, wandelte Lektüreeindrücke unvermittelt in eigene Ideen um und produzierte recht ziel- und orientierungslos halbwissenschaftliche Versuche. Im Frühjahr 1905 offenbarte er sich Alfred Adler, der als Hausarzt die ganze Familie Rosenfeld behandelte, und gestand ihm seine literarisch-essayistischen Neigungen. Auf Vermittlung Adlers übersendete er wenige Wochen danach dem ihm persönlich unbekannten Freud ein Manuskript zur Psychologie des Künstlertums, das er eben beendet hatte.[27] Freud gefiel der Duktus des Versuchs, er bestellte den 21jährigen zu sich und fand ihn aufgrund seiner intellektuellen Energie äußerst sympathisch. Er ermunterte den bitterarmen Rank zu einem Studium der Literaturgeschichte, das er zu großen Teilen aus seinen eigenen Mitteln finanzierte. Wenig später begann er ihn ohne Honorar zu behandeln, um ihn in seine Lehre einzuführen –

Gunstbeweise, die weit über das hinausgingen, was andere Adepten empfangen durften.

Im Gegenzug mußte Rank ab Oktober 1906 die Rolle des Sekretärs der Mittwochsgesellschaft übernehmen, Einladungen schreiben, die Sitzungen vorbereiten und protokollieren. Bald wurde er Freuds *chargé d'affairs*, ein genügsamer Organisator, der für den reibungsfreien Ablauf der wöchentlichen Treffen sorgte und ohne Aufhebens die Alltagsarbeit erledigte. Dazu gehörte, daß er literarische Texte prüfte, Manuskripte für den Druck durchsah, Neuauflagen überwachte, Korrekturfahnen las und Forschung bibliographierte – eine Aufgabe, die Freud selbst haßte. In den folgenden Jahren trieb er auch seine eigenen Studien voran und bereitete eine größere Abhandlung über das Inzestmotiv vor, aus der er regelmäßig Thesen zum Wiener Zirkel beisteuerte. 1912 wurde der ‹kleine Rank›, wie ihn Freud nannte, an der Universität Wien im Fach Germanistik mit einer Arbeit über die Lohengrinsage promoviert. Daß er ehrgeizig war, konnte man nicht übersehen; 1909 vollzog er seine Konversion zum Katholizismus, was ihm bessere Chancen auf eine akademische Karriere eröffnen sollte.[28] Trotz persönlicher Ambitionen und wachsender Anerkennung sah sich Rank jedoch in einer dienenden Rolle, als Assistent und umtriebiger Cicerone. Jeden Mittwoch aß er vor den Sitzungen des Kreises gemeinsam mit Freuds Familie, befreundete sich mit den fast erwachsenen Kindern, half ihnen, geschickt wie er war, bei der Reparatur ihrer Fahrräder und machte sich überall unentbehrlich. Bald ahmte er die Vorlieben seines Meisters nach, begann wie er Antiquitäten zu sammeln und mit Freunden Bergwanderungen zu organisieren; seine Briefe formulierte er weiterhin im Ton altmodischer Höflichkeit, ja fast devot.[29] Er zählte frühzeitig zu jener besonderen Gruppe auserwählter Schüler, die Freud mit einer Mischung aus Zuneigung und Besitzdenken als ‹angenommene Kinder› bezeichnete.[30] Rank war in diesem Kreis der Lieblingssohn, das Geschöpf seines Herrn, klug und bescheiden, ergeben und nützlich zugleich.

Erst durch Ranks Protokolle, die Meisterwerke von stilistischer Prägnanz waren, begann der Mittwochskreis für die Nachwelt zu existieren. Man tagte, so ist den Mitschriften zu entnehmen, höchst diszipliniert im Wochenrhythmus, im Sommer gab es – passend zu Freuds Urlaubszeit – eine lange Pause zwischen Juni und September. Im Herbst lud der Gründer dann wieder zum ‹ersten Almtanz›, wie er Anfang Oktober 1908 ironisch erklärte.[31] Seit 1907 nahmen gelegentlich externe Zuhörer, darunter

C. G. Jung, Ludwig Binswanger, Max Eitingon, Sándor Ferenczi, Viktor Tausk, Leonard Drosnes – der Leibarzt Sergej Pankejeffs –, außerdem Abraham Brill und Morris J. Karpas aus New York sowie Ernest Jones aus London, an den Runden teil. Das stete Anwachsen der Gruppe auf annähernd 20 Mitglieder sorgte für schwierige Arbeitsbedingungen, denn die Luft in dem relativ kleinen Raum stand vor Zigarrenqualm und Überhitzung. Zumeist herrschte eine erstickende Atmosphäre, so berichtete später Martin Freud, und man habe weder atmen noch sehen können.[32] Aber alles Äußere blieb nebensächlich angesichts der Konzentration auf den Logos, der den Trieb durchleuchten und seine Machtspiele offenbaren sollte.

Im Sommer 1908 traf Freud ein neues Arrangement für seine Praxisräume, von dem auch der Mittwochskreis profitierte. Der Auslöser war trauriger Natur: am Sonntag, dem 15. März 1908 begab sich Freuds Schwager Heinrich Graf nach dem Frühstück, das er mit seiner Familie in der Berggasse 19 einnahm, in das Büro seiner Anwaltskanzlei südlich des Schottenrings, um mehrere Urkunden für einen Geschäftsabschluß vorzubereiten. Mitten in der Arbeit traf ihn ein Hirnschlag, an dem er sofort verstarb. Freuds Schwester Rosa, die seinen Tod zum ‹Entsetzen› ihres nüchternen Bruders exzessiv betrauerte, bestand nach der Beerdigung darauf, die Fünfzimmer-Wohnung unverzüglich zu verlassen.[33] Gemeinsam mit ihren Kindern Hermann und Cäcilie zog sie in ein kleineres Domizil in der Nähe, um den quälenden Erinnerungen an die gemeinsamen Jahre mit ihrem Ehemann zu entgehen. Freud nutzte die günstige Gelegenheit, kündigte die Räume im Zwischengeschoß und brachte die Praxis in Rosas bisheriger Wohnung auf der Etage neben der seinen unter.[34] Er ließ dort eine Tapetentür für den Durchgang öffnen, schlug zwei Zimmer dem Familientrakt zu und verwendete die drei anderen für die Ordination, den Warte- und den Arbeitsbereich. Es gab endlich genügend Platz für Bücher, Zeitschriften, Manuskripte sowie die antiken Figuren, und der Schreibtisch stand jetzt an einem Fenster mit Blick auf den Garten im Hof des Hauses. Freud mußte nicht mehr die Treppe benutzen, sondern lediglich den Flur überqueren, um den öffentlichen Teil seiner Wohnung zu erreichen.

Die Treffen der Mittwochsgesellschaft fanden weiterhin im Wartezimmer statt, das komfortabler als jenes im Zwischengeschoß wirkte und Raum für etwa 20 Personen bot. Freud ließ stolz 18 Garderobenhaken an der Wand anbringen, so daß seine Gäste dort ihre Mäntel und Hüte verwahren konnten, was der beengte Platz im Mezzanin nicht zugelassen hätte. Die einzige, der das neue Arrangement unmittelbar neben den Familiengemächern mißfiel, war Martha. Sie fand die direkte Nähe unheimlich, sprach der Zirkel doch über Onanie, weibliche Libido, Homosexualität und Fetischismus, über Inzest und frühkindliche Triebimpulse, über Mißbrauch und Analerotik – Themen, die sie in hohem Maße für verwerflich oder unappetitlich hielt. Aber auch Freud selbst wußte, daß die Nachbarschaft zwischen privater und wissenschaftlicher Runde, zwischen Intimität, Tabubruch und Objektivitätsanspruch nicht unproblematisch war. Sie verlangte, wie seine gesamte Lehre, eine ausgeklügelte Technik intellektueller Versachlichung, um die sich alle Mitglieder seines Kreises zu bemühen hatten.

Die Vorträge leuchteten ein breites Spektrum aus, in dem drei zentrale Felder zu unterscheiden sind. Systematisch-grundsätzlich ging es um Traumdeutung, Neurosenlehre, Triebstruktur, infantile Sexualität, Perversionen, Paranoia und Inzest. Praktisch-organisatorisch standen Fragen der Behandlungskunde, der Gesprächstherapie und der Ausbildung auf der Tagesordnung. Schließlich gerieten Probleme der allgemeinen Kultur- und Symboltheorie, der Literatur – in Bezug auf psychologische Leitmotive – und der Philosophie in den Blick. Die Vielfalt der Themen war beeindruckend – sie erstreckte sich von Beiträgen zu Angstneurosen, Impotenz, Traumatisierung und Psychosen bis zu Referaten über Homer, Jean Paul, Kleist, Grillparzer, Karl Kraus und Gerhart Hauptmann, über Kommunismus und die Philosophie Nietzsches. Hugo Heller sprach am 27. Januar 1909 über Roskoffs *Die Geschichte des Teufels* (1869) und brachte damit ein Thema ins Spiel, das Freud noch lange beschäftigen sollte: die Figuration des Bösen im Zusammenhang seiner seelischen Wahrnehmung.[35] Vor allem Rank, Sachs und Sadger, der bevorzugt über Grenzgebiete wie Sadomasochismus und Schlafwandeln arbeitete, stellten literarische Themen vor; Wittels befaßte sich mit Karl Kraus, gegen den er, obwohl er selbst in der *Fackel* publiziert hatte, eine erbitterte Fehde führte.[36]

Manchmal wagte man, von Freud eher skeptisch betrachtet, Ausflüge in okkulte oder parapsychologische Gefilde. Seit dem Herbst 1910 gehörte der Journalist Herbert Silberer zum Kreis, dem eine starke Vorliebe für Alchemie und Magie nachgesagt wurde. Silberer, der massiv unter seinem autoritären Vater litt, versuchte sich durch die Psychoanalyse mystischen Fragen zu nähern – ein Weg, den Freud mißbilligte. Im Oktober 1911 durfte als Gast der obskure Ludwig Klages zur *Psychologie der Handschrift* sprechen, auch das ein Grenzbereich, den einige Jahre später Max Pulver, ein Freund Rilkes, in München als Forschungsgebiet zu etablieren suchte. Solche Beiträge zeigten eine gewisse thematische Offenheit der Runde, blieben aber die Ausnahme. Insgesamt war die Haltung der Mitglieder, was unkonventionelle Methoden und soziale Fragen anging, durchaus liberal. Man unterstützte und förderte gesellschaftliche Reformen in den Bereichen von Schule, Klinik und Justiz; bisweilen debattierte man auch Möglichkeiten einer neuen Gesetzgebung, die den Erkenntnissen der Psychoanalyse im Hinblick auf kriminelle Täterprofile und Zurechnungsfähigkeit Rechnung trugen.

Freud selbst steuerte gewichtige Versuche bei, die Abhandlung über den besonderen Typus männlicher Objektwahl und seine Leonardo-Studie im ersten Entwurf. Seine Rolle als Kopf des Zirkels und absolute Autorität spiegelte sich in den Diskussionen, die er, wo es ihm nötig schien, ankurbelte oder abbrach. Er formulierte stets die entscheidenden Stellungnahmen, ihm wurde nicht widersprochen, und niemand maßte sich in den ersten Jahren an, von ihm abweichende Positionen zu vertreten. Daß er wiederum die wissenschaftliche Sachkunde seiner Jünger nicht eben hoch schätzte, geht aus einer Erinnerung Binswangers hervor, der am 6. März 1907 an einer Sitzung des Mittwochskreises teilnahm. Nachdem Freud seine Gäste verabschiedet hatte, wandte er sich an den jungen Schweizer und fragte: «‹So haben Sie jetzt diese Bande gesehen?›»[37] Ab Herbst 1910 änderte sich die interne Stimmung, nun begleitete ein «Gemisch von scheuer Bewunderung und dummem Widerspruch» die Debatten, wie Freud gegenüber Ferenczi klagte.[38] Adler und Stekel waren es, die diesen ‹Widerspruch› in die Diskussion brachten, indem sie die Grundlagen von Libidotheorie und Neurosenlehre in Frage stellten.[39] Die Folgen sollten fatal sein – für Freud, für die Bewegung und für die Kritiker.

Wie polyphon – trotz klarer Regeln – die Auseinandersetzung mit philosophischen Themen ablief, zeigte das am 1. April 1908 gehaltene Referat des Internisten Hitschmann – Freuds Logenbruder in der B'nai B'rith – über Nietzsches Theorie der asketischen Ideale (aus dem dritten Hauptstück *Zur Genealogie der Moral*).[40] Durch die Diskussion eröffneten sich zahlreiche Zugangswege; angesprochen wurden Nietzsches Krankheit, seine komplizierte Bildungsbiographie, sein Verhältnis zu Richard Wagner, seine asexuelle Lebensweise, sein Verständnis der menschlichen Triebunterdrückung und seine Wirkung auf Otto Weininger. Die Debatte bestätigte nach zahlreichen Interventionen am Ende Freuds Skepsis gegenüber philosophischen Systemen. Er selbst gestand zu, daß er solche Systeme meide, weil sie für seine Fragestellungen zu abstrakt seien. Nietzsche im Besonderen habe er umgangen, da, wie es in einer verräterischen Formulierung heißt, die Lektüre «an einem Übermaß von Interesse erstickt» sei. Die Behauptung, seine Trieblehre habe in Nietzsches Theorie der asketischen Ideale ein wesentliches Vorbild, treffe nicht zu: «Trotz der von vielen Seiten hervorgehobenen Ähnlichkeiten könne er versichern, daß Nietzsches Gedanken auf seine Arbeiten gar keinen Einfluß gehabt hätten.»[41] Als Adolf Häutler am 28. Oktober 1908 über Nietzsches *Ecce Homo* vortrug, konzentrierte sich die gesamte Diskussion auf die Frage nach dem Triebverzicht und der kulturstiftenden Bedeutung der Sexualneurose. Freud gab erneut zu Protokoll, daß er Nietzsche «nie zu studieren vermochte». Als Grund für seine Hemmung nannte er jetzt die «Ähnlichkeit, die seine intuitiven Erkenntnisse mit unseren mühseligen Untersuchungen haben». Nicht zuletzt sei ihm «wegen des inhaltlichen Reichtums seiner Schriften» eine genauere Lektüre unmöglich gewesen – ein merkwürdiges Motiv für die Verweigerung näherer Rezeption.[42] Ob Freud Nietzsche tatsächlich ignorierte oder seine geistige Wirkung auf ihn leugnete, weil er ihm unheimlich war, läßt sich nicht mehr klären. Definitiv handelte es sich um einen klassischen Fall von Furcht vor zu großer Nähe gegenüber einem Genius, der dem eigenen verwandt zu sein schien.[43]

Literarische Untersuchungen beschränkten sich im Mittwochskreis auf die Erprobung therapeutischer Deutungsmuster, die sich am Text zu bewähren hatten, woraus wiederum ästhetische Werturteile resultierten. Im Sinne solcher Zirkellogik wurde Ibsen als Porträtist der modernen Gesellschaft gelobt, Gerhart Hauptmann aber, namentlich von Freud selbst, als Dramatiker mit dem Hang zur Übertreibung bei der Schilderung moderner Neurosen kritisiert (der Held seiner *Griselda* sei «ein verrückter Hund, der ins Irrenhaus gehöre»).[44] Zumeist versuchten Literaturvorträge möglichst umstandslos analytische Kategorien direkt auf die Person des Autors anzuwenden. Eine typische Studie dieser Art lieferte ein Referat, das Fritz Wittels am 12. Januar 1910 hielt. Es trug den Titel *Die ‹Fackel›-Neurose* und unterzog Kraus' psychische Disposition einer schonungslosen Analyse, die in der Diagnose einer aus Minderwertigkeitskomplexen gefärbten Zwanghaftigkeit kulminierte.[45] Das Referat, das in der anschließenden Debatte keineswegs unumstritten war, sollte Folgen zeitigen. Kraus hatte in früheren Jahren Freuds Arbeit unterstützt und im Herbst 1906 bereitwillig seine Gegenstellungnahme zur Kontroverse zwischen Fließ und Swoboda abgedruckt. Freud schrieb am 18. November 1906 an Kraus, er selbst teile mit ihm die Erfahrung der Isolation: «Wir wenige sollten darum auch zusammenhalten.»[46] Aber nur kurze Zeit später zeigte sich, daß es keine Basis für ein Bündnis gab. Kraus polemisierte in wachsendem Maße gegen den vermeintlichen Materialismus der Freudschen Lehre und ihre Neigung, künstlerische Ausnahmegestalten zu Seelenkranken zu degradieren. Am 5. Juni 1908 schrieb er in der *Fackel*: «Nervenärzten, die uns das Genie verpathologisieren, sollte man mit dessen gesammelten Werken die Schädeldecke einschlagen.»[47]

Nachdem Kraus von Wittels' Vortrag gehört hatte, fiel die letzte Reserve und die Intensität der Angriffe wuchs. Am 13. Februar 1910 meldete Freud Ferenczi aus Wien, man erwarte wüste Attacken: «Sie kennen die maßlose Eitelkeit und Zuchtlosigkeit dieser begabten Bestie K. K.»[48] Unter dem Titel *Pro domo et mundo* las man Ende März in der *Fackel*: «Eine gewisse Psychoanalyse ist die Beschäftigung geiler Rationalisten, die alles in der Welt auf sexuelle Ursachen zurückführen mit Ausnahme ihrer Beschäftigung.»[49] In einem Brief an Ferenczi schimpfte Freud daraufhin, Kraus sei «ein toller Schwachsinniger mit großer schauspielerischer Begabung», zu dessen Repertoire es gehöre, daß er sich «intelligent und entrüstet stellen» könne.[50] Aus der Berggasse 19 waren die Brandraketen der Polemik emporgestiegen, und Kraus nahm die Kriegserklärung gern an. Mit unglaublicher Aggressivität führte er in den kommenden Jahren seine Feldzüge gegen die Psychoanalyse. Zwar folgte man im Mittwochskreis der von Adler vorgeschlagenen Linie und verzichtete Mitte April 1910 auf eine offizielle Reaktion (es existiere keine ‹Affaire Kraus›, gab Freud zu Protokoll).[51] Das änderte aber nichts daran, daß fortan tiefe Feindschaft zwischen beiden Seiten herrschte, die eine Versöhnung unmöglich machte.

Trotz gelegentlicher Exkurse in die Philosophie und die Literatur blieb die medizinische Ebene für die Diskussionen des Mittwochskreises zentral. Das therapeutische Projekt der Psychoanalyse mußte, so befand Freud, weiterentwickelt werden, denn der Widerstand in der Ärzteschaft war weiterhin stark ausgeprägt. Noch im Frühjahr 1910, eine Dekade nach Erscheinen der *Traumdeutung*, plädierten klinische Psychiater auf einer Tagung in Hamburg dafür, Sanatorien zu boykottieren, in denen psychoanalytische Methoden angewendet wurden. Denselben Aufruf wiederholte ein halbes Jahr später der Neurologe Hermann Oppenheim, der Vorsitzende der Gesellschaft für Psychiatrie und Nervenheilkunde, während eines Berliner Kongresses, an dem Karl Abraham unter «hundert Ochsen» – so Freud – als frustrierter Beobachter teilnahm.[52] Das fiktive Sanatorium Berghof in Thomas Manns Roman *Der Zauberberg* demonstrierte allein dadurch ungewöhnliche Offenheit, daß einer der behandelnden Ärzte Referate im Geist der Freudschen Lehre – über die krankheitsbildende Macht der Liebe – hielt.[53] Das wäre im Jahr 1907, da die Handlung um den mitelmäßigen Helden Hans Castorp beginnt, durchaus eine Ausnahme gewesen – wobei nicht verschwiegen werden darf, daß Thomas Manns Erzähler die therapeutisch-analytischen Exkursionen des Vortrags mit unüberhörbarer Ironie kommentiert.

Der Mittwochskreis hatte eine strategische Mission zu erfüllen: die Schulung der loyalen Anhänger und die Durchsetzung des methodischen Primats der Analyse. Thomas Mann verglich Freuds Runde 1929 mit dem Zirkel Stefan Georges, der von Selbstbewußtsein und Exklusivität geprägt war – das stimmte zumindest im Hinblick auf die strikte Hierarchie, die in beiden Milieus herrschte.[54] Auch bei George betrachtete man Einführungen in die Gruppe als Initiation und kannte strenge Regeln, denen sich die Mitglieder zu fügen hatten. Allerdings bestanden wesentliche Unterschiede zu Freuds Runde: George organisierte ein Literatur-Bündnis mit hermetischen Zügen, einen geheimen Zirkel, in dem mit religiösem Eifer der Kunst gehuldigt, die Wissenschaft aber vorsätzlich ausgeschlossen wurde. Für Freud war das Irrationale ein Objekt der analytischen Betrachtung, bei George eine Form, der man die gesamte soziale Verständigung unterwarf.

Seinen Adepten trat Freud deutlich strenger entgegen als seinen Kindern. Wenn er später seine Rolle als Kopf einer Schule mit der des stets milden Patriarchen verglich, der er im Privatleben war, dann traf das nicht ganz die Lage. Wo es um die Psychoanalyse und ihren wachsenden dogmatischen Kern ging, kannte Freud klare Grenzen der Freundlichkeit und der Liberalität. Denn hier galt nicht, daß jede Meinung wie ein Kind ihr eigenes Lebensrecht besaß; vielmehr existierte für ihn nur eine einzige Wahrheit, deren Status zwangsläufig durch die Geltungsansprüche anderer Denkmodelle gefährdet wurde. Der Vater der Psychoanalyse war, was der Familienmensch Freud niemals sein mochte: ein unerbittlicher, strenger Wächter des Hauses, das er errichtet hatte. Und, wo es ihm nötig schien, auch ein fürchterlicher Rächer, der keine Kränkung vergaß und nie verzieh. Die Bannflüche, die er über Feinde und ehemalige Freunde ergehen ließ, konnten biblisch streng, aber auch deftig und vulgär sein. Nicht selten schlossen sie die Unterstellung einer pathologischen Motivation von Hysterie bis zu Paranoia ein, die den Charakter einer Stigmatisierung trug. In solchen Punkten der analytischen Politik war Freud keineswegs zimperlich, sondern gewillt, seine Gegner zu demütigen, wo nötig auch mit gröbsten Mitteln.

Am 12. Oktober 1910 konstituierte sich die *Wiener Psychoanalytische Vereinigung.* Sie erwuchs aus den Sitzungen des Mittwochskreises, die fortan im Doktoren-Kollegium der Universität Wien an der Währinger Straße 25, dem Josephinum, stattfanden. Die Mitglieder des Zirkels, so führte Freud schon im April 1910 aus, seien «bis jetzt seine Gäste gewesen; das ginge nicht mehr», weil die Runde sich stetig erweitert habe und den Rahmen eines Privatkreises in der Berggasse sprenge.[55] Im Oktober 1910, zum Zeitpunkt der offiziellen Gründung, gehörten der Gruppe 43 Personen an. Anders als früher galten nun strengere formale Regeln, die in einer Mitte April beschlossenen Vereinssatzung mit 14 Paragraphen niedergelegt wurden. Zu den neuen Prinzipien zählte, daß man einen Jahresbeitrag verbindlich machte, ein Schiedsgericht für Streitfälle einberief und eine Leitungsebene einrichtete.[56] Es bildete sich ein fünfköpfiger Vorstand, an dessen Spitze ein ‹Obmann› stand – in dieses Amt wählten die Mitglieder schon am 13. April 1910 Adler; Stekel berief man zu seinem Vertreter, Rank zum Schriftführer, Hitschmann zum Bibliothekar und Steiner zum Kassierer.[57] Die äußere Form der Treffen unterlag nun strengen Ablaufregeln, die man konsequent einhielt. Den Anfang jeder Sitzung machte ein kurzer Bericht des Obmanns über Angelegenheiten des Vereins, die in einer offiziellen Jahresversammlung ausführlicher diskutiert werden konnten. Die wöchentliche Frequenz der wissenschaftlichen Vorträge – mit Ausnahme der dreimonatigen Sommerpause – änderte sich allerdings nicht. Im Mai 1913 mietete man für die Wiener Vereinigung am Franz-Josefs-Kai 65 im ersten Bezirk ein Büro. Freud hatte zunächst nach einem Vereinssitz gesucht, der sich in direkter Nachbarschaft von Ranks Privatwohnung in der Grünangergasse 3 befand, so daß der Sekretär ohne Zeitverlust seinen Geschäften hätte nachgehen können. Am Ende gab jedoch die repräsentative Lage zwischen Schottenring und Maria-Theresien-Straße den Ausschlag für die Ortswahl.[58]

Verbündete in der Schweiz

Die Saat der Wiener Aktivitäten ging in den Jahren nach 1904 langsam auf. Ein erstes Vorzeichen breiterer Anerkennung war es, daß sich Eugen Bleuler, der Leiter der renommierten Nervenheilanstalt Burghölzli in Zürich, mit seinen Assistenten für Freuds Lehre zu interessieren begann. Bleuler führte die von Wilhelm Griesinger gegründete Psychiatrische Klinik seit 1898 als Nachfolger seines Lehrers Auguste Forel, wobei er zugleich einen Lehrstuhl an der Universität Zürich innehatte. Das in einer prachtvollen, schloßähnlichen Anlage untergebrachte Institut war 1870 eröffnet worden; zum Richtfest hatte Gottfried Keller 1866 auf dem Dachstuhl stehend ein eigens zu diesem Anlaß verfaßtes Gedicht vorgetragen. Um 1905 beherbergte Burghölzli 3000 Patienten und genoß den Ruf einer modernen Reformklinik, in der ungewöhnliche Behandlungsmethoden erprobt wurden.[59] Zwischen 1890 und 1910 galt die Anstalt weltweit als herausragender Forschungsort auf höchstem technischem Niveau. Die Klinik wurde zu einer Pilgerstätte für junge Psychiater, die hier, oftmals ohne Honorar, eine Lehrzeit von mehreren Monaten absolvierten und bei Bleulers Assistenten in die Schule gingen. Man verzichtete auf die damals verbreitete Schocktherapie, gab 1896 im Sinne der Reformkonzepte des deutschen Arztes Ludwig Meyer die Verwendung von Zwangsjacken auf und ermöglichte den Kranken künstlerische und handwerkliche Betätigung, Aufenthalte in der Natur und Wanderungen, die für einen inneren seelischen Ausgleich sorgen sollten.

Der Reformansatz wurde von modernen Verfahren der Behandlung unterstützt. Forel hatte früh, inspiriert durch eine Hospitanz bei Bernheim in Nancy, die hypnotische Methode eingeführt und sie seinen Schülern, etwa Oskar Vogt, weitergegeben. Bleuler erlernte sie ebenso wie wenige Jahre später Freud bei Charcot in Paris – seine Affinität zum Thema erwies bereits die Rezension der Hysterie-Studien, die er 1896 vorlegte.[60] Ein weiteres Element der therapeutischen Praxis war im Burghölzli die Assoziationstechnik, mit deren Hilfe Patienten emotionale Komplexbildungen enthüllten und versteckte Erinnerungsfelder oder Widerstände aufgrund seelischer Spannungen offenbarten. Sie entstammte ursprünglich der Leipziger Schule Wundts, unter deren Ägide Wilhelm Weygandt sie zum Zweck vorwiegend wahrnehmungstheoretischer Überlegungen entwickelte.[61] Bleuler hatte seinen jungen Arzt Franz Riklin im Jahr 1900 in das Heidelberger Labor des Psychiaters Emil Kraepelin geschickt, wo er unter Anweisung von Gustav Aschaffenburg in die neue Technik eingeführt wurde.[62] Das aufgrund seiner schematischen Tendenz umstrittene Verfahren, zu dessen heftigen Kritikern Henri Bergson zählte, spielte fortan bei der Analyse neurotischer Patienten im Burghölzli eine ebenso wichtige Rolle wie bei den Fällen schweren Wahns.[63] Einige Elemente der Assoziationsdiagnostik deckten sich mit Freuds Studien zur Hysterie und deren Einsichten in die Funktionen der Sprache für die Anzeige unbewußter Vorgänge.[64]

Gemeinsam mit seinen Assistenten Franz Riklin und Carl Gustav Jung, zu denen ab 1906 Ludwig Binswanger, Max Eitingon und Hermann Nunberg stießen, setzte Bleuler nach 1900 ein umfassendes Reformkonzept in Burghölzli durch. Zu ihm gehörte, daß Ärzte und Patienten in der Klinik wohnten, miteinander aßen und meist die Abende zusammen verbrachten. Kranke hatten Familienkontakt, die Besuchszeiten wurden sehr tolerant gehandhabt, und man versuchte alles, um das Leben in der Klinik so alltagsnah wie möglich zu gestalten. Bleuler etablierte – ganz im Sinne seines Vorgängers Forel – ein striktes Alkoholverbot, dem sich auch die Ärzte unterwerfen mußten, und achtete unerbittlich auf die Einhaltung der Hausregeln. Als Jung in späteren Jahren – etwa auf der mit Freud unternommenen Amerika-Reise 1909 – Bier und Wein trank, löste das tiefe Gewissensbisse in ihm aus.

Bleuler begann Ende 1903, vermutlich auf Intiative seines Assistenten Riklin, die Auseinandersetzung mit Freuds Schriften. Gründlich befaßte er sich im Frühjahr 1904 mit Leopold Loewenfelds neuer Studie *Die seelischen Zwangserscheinungen*, die Freud kurz nach ihrem Erscheinen rezensiert und als Bestätigung seiner Neurosenlehre angesehen hatte. Am 21. September 1904 wendete sich Bleuler mit einem ersten Wunsch an den Wiener Kollegen: «Im Burghölzli sind wir eifrige Verehrer der Freud'schen Theorien in Psychologie und Pathologie. So macht sich beständig das Bedürfnis geltend, eine nicht allzu lange und einfache Zusammenstellung der Resultate Ihrer Forschung zu haben, die den in der Psychologie ganz unerfahrenen Schülern zur Lectüre empfohlen werden kann. Je kürzer sie sein wird, um so besser.»[65] Freud fühlte sich geschmeichelt, zumal er in Bleuler, obgleich der ein Jahr jünger war, eine akademisch etablierte «Respektperson» sah.[66] Vor allem reizte es ihn, mit den Ärzten von Burghölzli die avanciertesten Vertreter der Psychiatrie zu gewinnen, die im Wiener Zirkel auffallend schwach repräsentiert war. Im Herbst 1904 begann er daher eine Korrespondenz, von der er hoffte, sie werde ihm neue Verbündete einbringen. Wenig später ging er dazu über, Bleulers und Jungs Arbeiten im Mittwochskreis zu diskutieren. So stellte er am 31. Oktober 1906 Jungs Abhandlung über Hysterie, Trauma und Assoziationen vor, die im Rahmen eines Kompendiums erschienen war. In derselben Sitzung präsentierte Eduard Hitschmann, der einige Jahre darauf eine große Zusammenfassung von Freuds Neurosenlehre vorlegte, Bleulers neues Buch über *Affektivität, Suggestibilität und Paranoia*.[67] Die Studie wurde in der Debatte durchaus kritisch erörtert, weil sie der Sexualität keine spezifische Rolle für die Entstehung wahnhafter Erkrankungen zuschrieb. Freud hielt sich an diesem Punkt bemerkenswert zurück und verzichtete auf ein klares Urteil.[68]

Die Beziehung zu Bleuler litt bald unter massiven Mißverständnissen, die sich auf Nuancen der Argumentation und Begrifflichkeit bezogen. Bleuler legte bei wissenschaftlichen Fragen strengste Maßstäbe an, blieb gegenüber Neuem mißtrauisch, pflegte bohrende Fragen zu stellen und seine Vorbehalte sehr direkt zu artikulieren. Freud warf er vor, nicht offen genug auf Einwände zu reagieren und letzthin zu sektiererisch vorzugehen. In der Tat traf das einen wesentlichen Grundsatz der psychoanalytischen Politik und ihrer Strategie. Im Kern unterschied Freud, wie er 1911 in einem kurzen Beitrag für den australisch-asiatischen Ärztekongreß schrieb, nur zwei Formen der Kritik an seiner Lehre: eine aus mangelndem Wissen und eine aus «Angst vor der Selbsterkenntnis».[69] Wer Einlaß in die Runde des Meisters finden wollte, mußte sich als Jünger zu Freud bekennen; alles andere bedeutete Feindschaft, denn Neutralität war nicht möglich. Bleuler aber verweigerte diese Rolle und tat alles, um sich einer Vereinnahmung zu entziehen, auch wenn er Freuds Arbeiten schätzte.

Bleulers Haltung hatte nicht nur sachliche, sondern auch persönliche Motive. Da er nicht im Schatten des Gründervaters stehen wollte, bewahrte er die Distanz des sympathisierenden Beobachters. Karl Abraham, einer seiner Schüler, der bei ihm drei Jahre als Assistent verbracht hatte, mißtraute allerdings der Reinheit seiner Motive: «Seine äußerliche Einfachheit und oft übertriebene Bescheidenheit verdeckt einen starken Größenkomplex.»[70] Daß es trotz wechselseitigen Interesses füreinander wenig wissenschaftliche Gemeinsamkeiten gab, wurde schnell sichtbar. Schon bei der ersten Diskussion der Arbeiten Bleulers im Herbst 1906 äußerten Mitglieder des Mittwochskreises wie Stekel und Rank ihr Unverständnis angesichts einer Methodik, die sie in theoretischer Hinsicht unklar fanden. Der

Carl Gustav Jung

Schweizer wiederum mochte sich nicht enger an die Lehren der Wiener anschließen, weil er sie für klinisch bedeutungslos hielt. In den Jahren bis 1912 rang Freud vergebens um ein klares Bekenntnis Bleulers zur Psychoanalyse. Er sei «großartig im Mißverstehen», ein «stachliger Aal», schrieb er im Herbst 1911 in einem Brief an Jung.[71] Ein wesentlicher Grund für die Schwierigkeiten, die man miteinander hatte, bildete die divergierende Einschätzung der Sexualität. Die kritische Einstellung, die der Schweizer Zirkel – ebenso wie auch der Charcot-Schüler Janet – der analytischen Libidotheorie und ihrem Universalanspruch entgegenbrachte, war die entscheidende Barriere für vertrauensvolle Zusammenarbeit. Im Blick darauf zitierte Freud gern eine Formulierung des Prager Philosophen Christian von Ehrenfels, der die Züricher Gruppe «‹Sexualprotestanten›» getauft hatte.[72]

Bleulers für die Psychoanalyse wichtigster Schüler war der 1875 geborene Carl Gustav Jung, der seine Laufbahn nach dem Medizinstudium in Basel Mitte Dezember 1900 als Assistenzarzt im Burghölzli begonnen hatte. Die Spur zum Fach wies ihm die Lektüre von Krafft-Ebings Lehrbuch der Psychiatrie, das er während einer Hospitanz begeistert, mit «Erregung» und «Herzklopfen» las.[73] Seine 1902 veröffentlichte Dissertation verfaßte er, in der Klinik wie in einem Kloster lebend, über die *Psychologie und Pathologie sogenannter okkulter Phänomene.* Als Student hatte er Ende der 90er Jahre im

Haus seiner Cousine Helly Preiswerk regelmäßig an Scéancen teilgenommen, deren Eindrücke in die Doktorarbeit einwanderten.[74] Hier zeigte der Schweizer Pfarrerssohn sein besonderes – von Freud später mißtrauisch registriertes – Interesse für irrationale Phänomene, das Grenzfragen zwischen Medizin und Kulturgeschichte einschloß. Die *Traumdeutung* las er bereits im Jahr ihres Erscheinens, ohne jedoch sofort Zugang zu ihren Theorien zu finden. Das geschah erst ab 1903, als Jungs klinische Erfahrung wuchs. Kurz nach seinem Eintritt ins Burghölzli baute er einen psychoanalytischen Diskussionskreis auf, den er selbst leitete, aber nur einmal im Monat tagen ließ – ein Indiz dafür, daß das Thema nicht unbedingt im Zentrum stand. 1905 habilitierte er sich mit Studien zur diagnostischen Leistung der Assoziationstechnik und wurde bald darauf zu Bleulers Oberarzt ernannt. Im Rahmen seiner Assoziationsexperimente, mit deren Hilfe er Reaktionszeit und Wortwahl der Probanden akribisch analysierte, stieß Jung frühzeitig auf den Mechanismus der Verdrängung, den er auch in Freuds Schriften dargestellt fand. In seinen *Experimentellen Untersuchungen über Assoziationen Gesunder*, die er 1904 mit Riklin verfaßte, erwähnte er diesen Bezug jedoch nur am Rande, offenbar aus Angst, daß die Originalität seiner eigenen Folgerungen in Zweifel gezogen werden könnte.[75] Rückblickend erinnerte sich Jung, wie er damals in seinem Labor saß und «der Teufel» ihm einflüsterte, er solle Freuds Arbeiten überhaupt nicht anführen, dann aber einer inneren Stimme gefolgt sei, weil ihm das Verschweigen als «Betrug» erschienen wäre.[76]

Im Frühjahr 1906 schickte Jung einen Band mit seinen *Diagnostischen Assoziationsstudien* an Freud, zu dem er neben zahlreichen Kollegen aus Burghölzli Beiträge beigesteuert hatte. Freud antwortete am 11. April, zügig und des Lobes voll. Die Schweizer galten als Avantgarde der internationalen Psychiatrie, sie verfügten über wissenschaftliche Reputation und institutionelle Macht. Wenn Freud so schnell auf Jungs Initiative reagierte, dann geschah das unter einem strategischen Blickwinkel, denn es galt nach dem schwierigen Beginn mit Bleuler, im Kreis der jüngeren Ärzte von Burghölzli Verbündete zu finden. Die Analyse, so schrieb Freud im Mai 1908 an seine Tochter Mathilde, solle endlich aufhören, «eine jüdisch-nationale Angelegenheit» zu sein, und folglich müsse sie neue Allianzen schmieden.[77] Jung schien dafür der ideale Kandidat, im Blick auf sein intellektuelles Rüstzeug und seine glänzende medizinische Qualifikation gleichermaßen. Er war energiegeladen, streitlustig und machtbewußt, von enormer Arbeitskraft und Disziplin, wenn es um seine fachlichen Ziele ging; in den ersten sechs Monaten nach seiner Einstellung bei Bleuler hatte er den Willensakt vollbracht, in den Abendstunden mehr als fünfzig Bände der *Allgemeinen Zeitschrift für Psychiatrie* durchzustudieren.[78] Hinzu kamen Jungs Eloquenz und Charme, seine Wirkung auf jüngere Frauen, eine imposante Erscheinung von athletischer Gestalt und, worum ihn Freud beneidete, großem Wuchs. Seine altertumswissenschaftliche Bildung besaß bemerkenswerte Tiefe, er verfügte über eine rasche Auffassungsgabe und erhebliche Skrupellosigkeit, wo es um sein Fortkommen ging. Jung blieb der eitelste und ehrgeizigste unter Freuds Vertrauten dieser Jahre, von expansiven akademischen Plänen getrieben, ein faszinierender und zugleich unzuverlässiger Partner, der trotz einer bis zum Devoten gehenden Höflichkeit stets auf seine eigene Wirkung bedacht blieb. Jungs starke Ambitionen standen gegen Freuds Anspruch auf Alleinherrschaft und brachen sich bald an ihm wie Meereswellen an einem mächtig aufragenden Felsen.

Es blieb daher nicht aus, daß sich in der Beziehung zu Jung frühzeitig Komplikationen und Spannungen zeigten. Freud unterstrich in der Korrespondenz, wie es seiner Überzeugung entsprach, die Bedeutung der Sexualität für sämtliche Formen der Neurosenbildung.[79] Jung wiederum verschwieg seine diesbezüglichen Zweifel nicht und hob hervor, daß er zumindest einer monokausalen Herleitung der Neurosen skeptisch gegenüberstehe. So kommentierte er die Übersendung seiner grundlegenden Schrift *Über die Psychologie der Dementia praecox* Ende Dezember 1906 mit einem Hinweis darauf, daß er bei der Arbeit mit einem für die Analyse untypischen ‹Material› – Schizophrenen anstelle von Neurotikern – zu anderen Schlüssen komme als Freud.[80] Schon im Vorwort betonte er, daß er «dem sexuellen Jugendtrauma» nicht «die ausschließliche Bedeutung zuerkenne, wie Freud es anscheinend tut.»[81] Insbesondere sah er in zahlreichen Traummotiven, die von der Psychoanalyse sexuell ausgelegt wurden, das Moment der Vagheit bezeichnet, eine Ambivalenz des Sinns und der Ausdrucksvarianten, die Freud – trotz großen Lobs für Jungs Schrift – nicht gelten lassen konnte.[82] Die universelle Rolle der Sexualität ersetzte Jung durch eine Theorie der emotionalen Identität des Menschen, die gerade über ihre sporadische Gefährdung in der Neurose bzw. ihre permanente Störung in der Dementia praecox erfaßt wurde.[83] Die Schizophrenie, wie man die Krankheit seit Bleulers Lehrbuch von 1911 nannte, hielt Jung auch später für den Schlüssel zum Verständnis aller psychischen Defekte, weil sie eine grobere, ins Extrem gesteigerte Form der Neurosen darstellte.[84]

Die zuverlässige Einbindung der Züricher Kliniker scheiterte daran, daß Freud und Jung letzthin unterschiedlichen Interessen folgten, die sie sich nicht immer offenbarten. Jung lag daran, potentielle Konkurrenten aus Kreisen der Schweizer und süddeutschen Psychiatrie fernzuhalten, indessen Freud unter dem Druck seiner Wiener Schüler stand, die argwöhnisch auf die neuen Züricher Kollegen blickten. Vor den Heidelbergern Kraepelin und Aschaffenburg warnte Jung entschieden, obgleich er ihr Assoziationsverfahren selbst praktizierte; zugleich mischte er in seine Briefe kritische Wendungen, mit denen er sich vom Burghölzli-Clan distanzierte. Da Jung die direkte Kommunikation mit den Schweizern übernahm, konnten Mißverständnisse nicht ausbleiben. Offiziell behauptete er gegenüber Freud, er suche Partner zu werben, tatsächlich aber spielte er beide Seiten gegeneinander aus. Bleuler warnte er vor Freuds Machtansprüchen, Freud riet er zur Vorsicht gegenüber seinem Chef, der sich jeglicher öffentlichen Verantwortung für die Psychoanalyse konsequent entziehen werde. Bleuler selbst bewunderte Jungs Vitalität, wie er in seinem Tagebuch notierte, doch ahnte er, daß sein Oberarzt nicht immer ganz ehrlich mit ihm und seinen Assistenten umging.[85] In der Tat schlug Jung seit dem Sommer 1907 in seinen Briefen an Freud mehrfach organisatorische Veränderungen für Burghölzli vor, die nicht mit seinem Vorgesetzten abgestimmt waren. Daß Bleuler eine Entkoppelung von Anstaltsleitung und Züricher Professur unterstützt hätte, wie sie Jung am 30. Mai 1907 empfahl, war höchst unwahrscheinlich; und auch die Einrichtung eines ‹Laboratoriums für Psychologie› entsprach kaum seinen Wünschen, selbst wenn Jung behauptete, das Projekt mit ihm erörtert zu haben.[86] Auf der Ebene der Kommunikation waren die Beziehungen zwischen Wien und Zürich durch Mißverständnisse, heimliche Pakte und Intrigen geprägt.

Zum weiteren Züricher Umfeld zählte auch der protestantische Pfarrer Oskar Pfister, der als 1873 Geborener zur Generation Jungs gehörte.[87] Pfister übernahm nach der theologischen Promotion zunächst das Pfarramt in Wald im Kanton Zürich. 1902 berief man ihn zum Pfarrer in der Gemeinde Predigern, deren Kirche im 13. Jahrhundert von Dominikanern gegründet worden war. Pfister, der lange Zeit ein Medizinstudium erwogen hatte, fand über sein sozialpädagogisches Engagement zur Psychoanalyse. Schon kurz nach seinem Wechsel in die Gemeinde Predigern begann er über das zeittypische Phänomen der Schülerselbstmorde zu schreiben, das auch in der Literatur um 1900 seinen Niederschlag gefunden hatte – man denke an Emil Strauß' *Freund Hein* (1902), Hermann Hesses *Unterm Rad* (1905) oder Georg Heyms *Einem toten Freunde* (1906). Pfister schickte Freud im Januar 1909 seine Studie über *Wahnvorstellung und Schülerselbstmord*, auf die er besonders wohlwollend reagierte. Es freue ihn, so schrieb er, «daß unsere psychiatrischen Forschungen bei einem Seelsorger Aufnahme gefunden haben, dem der Zugang zu so viel Seelen jugendlicher und vollwertiger Individuen freisteht.»[88]

Nur drei Monate danach besuchte Pfister Freud in der Berggasse, wo er mit der gesamten Familie zu Abend aß. Anna Freud erinnerte sich später, daß der Gast in dem «allem religiösen Leben abgewendeten Haushalt» ihres Vaters mit seinem «geistlichen Habit» und «dem Gehaben eines Pfarrers» eine «Erscheinung aus einer fremden Welt» war.[89] Daß Pfister dennoch einen guten Eindruck machte, auch auf die heranwachsenden Kinder ungewöhnlich offen wirkte und allgemein Sympathie weckte, bestätigte Freuds eigenes Urteil. Ferenczi gegenüber charakterisierte er den Gast am 26. April 1909 als «Schwärmer» und Charmeur, «halb Heiland, halb Rattenfänger».[90] Pfister wiederum konnte sich noch Jahrzehnte später, im Dezember 1939, an die freundschaftliche Atmosphäre in der Berggasse erinnern, die ihm, dem fremden Gast, die Beklommenheit nahm: «Ich, der ich vaterlos aufgewachsen war und zeitlebens unter einseitig weicher Erziehung gelitten hatte, war geblendet von der Schönheit dieses Familienlebens, das trotz der fast übermenschlichen Größe des Hausvaters und seines tiefen Lebensernstes dank seiner Liebe und seines sprudelnden Humors Freiheit und Frohsinn atmete.»[91] In der bis in die 30er Jahre sich erstreckenden Korrespondenz mit Freud blieb Pfister der protestantische Enthusiast, der Tatkraft und Loyalität, Bewunderungsfähigkeit und Prinzipientreue miteinander verband. Aus der Sicht der psychoanalytischen Machtpolitik besaß seine Unterstützung der reinen Lehre allerdings kaum Wert, galt er doch in medizinischen Kreisen als Außenseiter, dessen Arbeiten klinisch ungeprüft, also nach akademischem Verständnis unwissenschaftlich waren.

Ähnlich wie Pfister wahrte auch Ludwig Binswanger Distanz zur Züricher Schule um Breuer. Er stammte aus einer Psychiater-Dynastie – der Großvater hatte 1857 in Kreuzlingen ein Sanatorium gegründet, das der Vater Robert Binswanger bis zu seinem Tod 1910 leitete. Die Klinik genoß bald einen guten Ruf; Joseph Roth beschrieb sie in seinem Roman *Radetzky-*

marsch (1932) als «Anstalt am Bodensee, in der verwöhnte Irrsinnige aus reichen Häusern behutsam und kostspielig behandelt wurden und die Irrenwärter zärtlich waren wie Hebammen.»[92] Angesichts der hervorragenden Reputation der Einrichtung entschloß sich Josef Breuer, seine berühmteste und zugleich schwierigste Patientin Bertha von Pappenheim im Herbst 1881 zu einer Morphinentwöhnungskur nach Kreuzlingen zu überweisen.[93] Im Juni 1906 kam der junge Mediziner Ludwig Binswanger als Doktorand nach Burghölzli, wo er unter Jungs Aufsicht Assoziationsexperimente für seine Dissertation durchführte. Da sich auch Jung selbst als Proband zur Verfügung stellte, ist diese Arbeit bis heute ein wichtiges Zeugnis, enthüllt sie doch dessen persönliche Charaktermerkmale, die wenig später in der Beziehung zu Freud deutlich hervortraten: Ehrgeiz und Besitzstreben, Machtdenken und Expansionswillen.[94] Schon ein knappes Jahr danach verließ der Assistenzarzt die Klinik wieder, um seine Studien bei seinem Onkel Otto Binswanger, den Freud 1894 auf einer Konferenz in Wien persönlich getroffen hatte, in Jena fortzusetzen (er behandelte dort 1889 über zwölf Monate den verfallenden Nietzsche).[95] Im Sommer 1908 wechselte er nach Kreuzlingen, wo er bis 1956 als Arzt wirkte – seit Dezember 1910, nach dem Tod seines Vaters, als Direktor.[96] Freud sah in Binswanger, dessen Bekanntschaft er 1907 während Jungs Wienbesuch gemacht hatte, einen Vermittler, dem er zutraute, eine Brücke zwischen den Positionen der unterschiedlichen Schulen zu bauen. Ihre Korrespondenz blieb intensiv und freundschaftlich, über Jahrzehnte hinweg. Im engeren Sinne ging Freuds strategisches Kalkül allerdings nicht auf, weil sich Binswanger Ende Juli 1914 dazu entschloß, Bleuler den Rücken zu kehren und der Wiener Gruppe beizutreten: aus dem Moderator war ein Überzeugter geworden.[97]

Schüler aus aller Welt

Zu den wichtigsten Anhängern außerhalb Wiens avancierte Karl Abraham, der 21 Jahre jünger als Freud war. Er hatte in Freiburg und Würzburg Medizin studiert, zunächst noch ohne sichtbares Interesse an der Psychiatrie. Nach der Promotion – mit einer zoologischen Abhandlung zur *Entwicklungsgeschichte des Wellensittichs* – wirkte er von 1901 bis 1904 als Assistenzarzt an der Staatlichen Nervenklinik in Dalldorf bei Berlin, unter der Ägide des Gehirnanatomen Hugo Liepmann. Hier beschäftigte er sich mit drogenabhängigen Patienten und schweren Fällen von Delirien durch Morphiumgebrauch;

Karl Abraham

neben der medizinischen Tätigkeit besuchte er Vorlesungen an der Berliner Universität, unter anderem beim Soziologen Georg Simmel.[98] Zwischen Dezember 1904 und Herbst 1907 arbeitete er im Burghölzli, angeleitet von Bleuler und Jung. Noch von Zürich aus begann die Korrespondenz mit Freud, die durch Abrahams Studie über die Bedeutung sexueller Jugendtraumen für die Genese der Dementia praecox ausgelöst wurde. Obwohl er sich vom Themenfeld der Demenz zu dieser Zeit fernhielt, nahm Freud die Untersuchung aufgrund ihrer klaren Beweisführung respektvoll und zustimmend auf.[99] Abraham wiederum erkannte in der Phase, da er seinen ersten Brief nach Wien schrieb, sehr klar, daß er im Burghölzli keine Karriere würde machen können. Sein Verhältnis zu Jung war durch starken Konkurrenzdruck geprägt, zumal beide über dasselbe Thema arbeiteten, und als deutscher Staatsbürger hatte er im akademischen Betrieb der Schweiz keine Chance. Im Herbst 1907 zog er daher mit seiner Frau, die er in Zürich geheiratet hatte, nach Berlin zurück, um dort in einer geräumigen Wohnung am Schöneberger Ufer selbständig, als erster niedergelassener Psychoanalytiker der Metropole, zu praktizieren. Die Wahl fiel auf die Reichshauptstadt, weil er hier eine zahlungsfähige Klientel und außerdem die erforderliche Toleranz im Umgang mit Freuds Behandlungsmethoden erwarten konnte; zumindest die zweite Hoffnung erfüllte sich nicht vollständig.

Abrahams Berliner Ordination entwickelte sich gut («geht ganz nett») und stützte sich bald auf vielfältige Kontakte zu verschiedenen Kliniken.[100] Schon nach wenigen Wochen lud er einen Kreis interessierter Kollegen ein, die ähnlich wie die Wiener Runde Vorträge anhörten und gemeinsam therapeutische Fälle erörterten. Zum ersten Rendezvous im Oktober 1907 fanden sich zwanzig Ärzte zusammen – der Boden für weitere analytische Aktivitäten schien günstig.[101] Zu den Mitgliedern des Berliner Kreises gehörten die Sexualforscher Iwan Bloch und Magnus Hirschfeld, die Analytiker Heinrich Körber und Otto Juliusberger, später auch der Psychiater Ernst Simmel und die Medizinstudentin Karen Horney, die sich bald mit Fragen der Kinderpsychologie befassen sollte. 1911 nahm man zwei weitere Frauen auf: die russische Nervenärztin Tatjana Rosenthal, die als erste in ihrer Heimat Freuds Lehre wissenschaftlich eingeführt hatte, und die Schweizerin Margarete Stegmann, die sich als Sozialdemokratin für eine ambulant organisierte, klinisch gesicherte Psychotherapie einsetzte. Abraham betrieb in den medizinischen Salons der Hauptstadt gründlich Propaganda, bisweilen unterstützt durch seine gebildete Frau, die sich bereitwillig der Kampagne ihres Mannes zur Verfügung stellte. So versuchte er seinen Lehrer Liepmann zu bekehren und operierte dabei mit aller argumentativen Finesse, indem er ihn während eines geselligen Abends in einem separaten Zimmer an die Grundmuster der Analyse heranführte.[102] Der Erfolg hielt sich, wie Ludwig Binswanger berichtete, sehr in Grenzen, denn Liepmann blieb ein klassischer Kliniker mit einem hirnanatomischen Untersuchungsansatz.[103] Häufig kam es zu heftigen Kontroversen, vor allem in der Berliner *Psychologischen Gesellschaft*, deren Mitglieder um 1908 mehrheitlich gegen die Lehre Freuds eingestellt waren. Ähnlich verhielt es sich mit den Nervenärzten der Charité – an der Spitze Theodor Ziehen –, die ihm den Kampf angesagt hatten. Auch renommierte Forscher wie Oskar Vogt, der seit 1901 in einem *Neurobiologischen Laboratorium* an der Universität arbeitete, zählten nicht zu seinen Anhängern. Gleiches galt für die Medizinerverbände, die gerade in der Hauptstadt besonders konservative Prinzipien vertraten. Noch im Juni 1912 schrieb Abraham spöttisch über die Wirkung der Psychoanalyse: «Das Interesse in Deutschland nimmt – außer bei den Ärzten – rapide zu.»[104]

Abrahams präzis ausformulierte Arbeiten beleuchteten ein weites Spektrum und schlossen neben der breiten Vielfalt von medizinischen Themen die ägyptische Kulturgeschichte ebenso wie neuere Kunst und

Max Eitingon

Literatur ein; auf diesen Gebieten besaß er, der mehrere Sprachen perfekt beherrschte, seit seiner Schulzeit profunde Kenntnisse. Seinen Schwerpunkt aber bildeten die Kernprobleme der Klinik: Demenz und Depression, Manie, Neurose und Psychose. Die Korrespondenz mit Freud blieb, anders als im Fall Jungs, nüchtern und offen zugleich, frei von taktischen Schachzügen. Die psychoanalytische Politik spielte dabei eine weitaus unwichtigere Rolle als in anderen Beziehungen Freuds. Stattdessen konzentrierte man sich auf die präzise Diskussion von Sachfragen, die aus der alltäglichen Ordination erwuchsen.[105] Abrahams Briefe lieferten dichte Fallbeschreibungen, nicht selten mit dem Attribut ‹schön› versehen, als Zeichen für die ästhetische Schätzung, die das wissenschaftliche Interesse am Abnormen hier begleitete. Daneben bot Abraham eigene Träume und solche seiner Frau als Anschauungsmaterial für die seelische Aktivität «Gesunder».[106] Und nicht zuletzt konfrontierte er, anders als Jung, den analytischen Lehrer mit zahlreichen Fragen, die Unsicherheit in der Praxis, aber auch Erklärungsbedarf im Bereich der Theorie signalisierten. Privates spielte nur am Rande eine Rolle – so teilten die beiden die Leidenschaft für das Bergwandern, über das sie sich immer wieder austauschten. Abraham war der Realist unter den neuen Partnern, ein Mann mit Bodenhaftung, unprätentiös und robust. Freuds zuweilen schroff wirkende Offenheit irritierte ihn nicht, auf Kritik reagierte er gelassen und freundlich. Daß sein Wiener Mentor ihn in den ersten Jahren, was sein persönliches Urteil betraf, gegenüber Jung und den anderen Schweizern zurücksetzte, störte ihn offenbar wenig.

Zu Abrahams wichtigstem Helfer in Berlin avancierte Max Eitingon. Er wurde 1881 in Rußland als Sohn eines vermögenden Pelzhändlers geboren, zog als Zwölfjähriger mit seiner Familie nach Leipzig und begann nach dem Abitur in Heidelberg und Zürich Medizin zu studieren.[107] Als noch nicht examinierter Unterassistent kam der extrem schüchterne, gehemmte Jüngling 1905 in Burghölzli durch Bleulers Schüler mit der Psychoanalyse in Berührung. Im Dezember 1906 schrieb er Freud einen ersten Brief, in dem er ihm eine Patientin mit neurotischen Symptomen vorstellte und nach Möglichkeiten einer analytischen Therapie fragte.[108] Wenige Wochen darauf, im Januar 1907, begleitete er eine junge Russin nach Wien, um sie Freuds Behandlung anzuvertrauen. Noch vor Jung und Bleuler war er in diesen Tagen der erste Abgesandte der Schweizer Psychiatrie, der Sitzungen der Mittwochsgesellschaft besuchte. Im Spätsommer 1909 traf er Freud zufällig während der Urlaubsreise in Florenz, folgte ihm nach Rom und ließ sich von ihm während einer ausgedehnten Abendwanderung die wichtigsten Sehenswürdigkeiten zeigen. Im Herbst 1909, nach Medizinstudium und Promotion, absolvierte Eitingon bei Freud eine fünfwöchige Lehranalyse, die meist während gemeinsamer Spaziergänge durch die innere Stadt durchgeführt wurde. Sie bereitete ihn auf eine künftige ärztliche Tätigkeit vor, erschloß ihm aber auch die Notwendigkeit, die Freudsche Schule mit der medizinischen Praxis der Zeit zu versöhnen. In Berlin begann er im Dezember 1909 in der neurologischen Privatpoliklinik Hermann Oppenheims als Assistenzarzt zu arbeiten. Im März 1910 überführte Eitingon gemeinsam mit Abraham die 1908 gegründete Berliner Psychoanalytische Vereinigung in eine Ortsgruppe mit neuer Organisationsstruktur.

Während Abraham und Eitingon in Berlin erfolgreich für Freud agitierten, blieb München ein schwieriges Pflaster. Auf dem Gebiet der Nervenheilkunde herrschte hier seit 1903 Emil Kraepelin, der neben Bleuler renommierteste Spezialist für die Erforschung der Dementia praecox. Durch sein Psychiatrie-Lehrbuch, das 1899 bereits in sechster Auflage erschienen war, galt der erfahrene Kliniker als unumstrittener Papst der Forschung.[109] Anders als der Chef des Burghölzli mied Kraepelin selbst eine direkte Auseinandersetzung mit Freud, wie exemplarisch seine 1908 veröffentlichte Studie *Über Sprachstörungen im Traume* zeigte, die seinen Namen an keiner Stelle erwähnte.[110] Immerhin gab es in Kraepelins Umfeld einzelne Kollegen, die sich offen für neue Wege zeigten. Zu ihnen gehörte der Privatdozent Leopold Loewenfeld, der ähnlich wie Breuer zur Psychoanalyse ein Verhältnis sympathisierender Distanz wahrte. Leonhard Seif, seit 1895 als Psychiater niedergelassen, praktizierte zunächst mit Freuds Suggestionsverfahren, adaptierte seine Neurosenlehre, blieb aber skeptisch, was die Schlüsselstellung des Trieblebens anging. Am ausführlichsten hatte Otto Groß die Arbeiten Freuds gelesen; von ihm sollten in den kommenden Jahren unter allen Münchner Ärzten die stärksten Impulse für die Psychoanalyse ausgehen.

Groß war in Graz aufgewachsen, wo er auch Medizin studierte. Sein Vater, Hans Groß, war Professor für Strafrecht und galt als Experte für Forensik, deren moderne, naturwissenschaftlich geschulte Methoden er in seinem *Handbuch für Untersuchungsrichter* (1893) beschrieb. Mit dem sächsischen Psychiater Paul Näcke gründete er 1898 das *Archiv für Kriminalanthropologie und Kriminalistik*, in dem drei Jahre später auch eine knappe Rezension der *Traumdeutung* erschien. In Prag, wo er seit 1902 lehrte, gehörte Franz Kafka zu den Hörern seiner kriminologischen Vorlesungen. Hans Groß pflegte eine extrem autoritäre Erziehungspraxis, unter der sein begabter, sensibler Sohn massiv litt. Otto Groß war seit seinem Studium stark morphiumabhängig und ließ sich deshalb 1902 kurzzeitig im Burghölzli behandeln. Zu der auf Dauer unüberwindbaren Sucht traten labile psychische Zustände zwischen Melancholie und Depression, was auch seine Arbeitsfähigkeit erheblich einschränkte. Freud fand Groß' erste Beiträge, darunter einen Artikel über manisch-depressive Erkrankungen, durchaus inspirierend, obgleich sie unorthodox und empirisch ungesichert wirkten. Er sei ein «hochintelligenter Mensch», schrieb er am 1. Juli 1907 an Jung, allerdings zu stark von der Theorie besessen und klinisch unzureichend ausgebildet. Seine Begabung stehe außer Frage, hieß es sechs Monate danach, so daß man von ihm neben Jung die bedeutendsten Impulse für die Zukunft erwarten dürfe, nur sei er «leider nicht gesund genug».[111] Einige Jahre später sollte Groß mit dem Versuch hervortreten, die Psychoanalyse an anarchisch-gesellschaftskritische Denkmuster anzunähern, was Freud für einen methodisch falschen Ansatz hielt, der seine Lehre politisch überforderte. Als er 1913 in der linksgerichteten *Aktion* Aufsätze zur «Ueberwin-

Sandór Ferenczi

dung der kulturellen Krise» und zu einer «neuen Ethik» publizierte, sah man das in Wien als Zeichen für die ideologische Instrumentalisierung medizinischer Lehren an.[112] Hier eröffnete sich für Freud ein zentrales Streitfeld, von dem bald noch zu sprechen ist.

Zur Dépendance in Berlin trat gleichzeitig eine psychoanalytische Bewegung in Budapest, die durch den bereits mehrfach erwähnten Sándor Ferenczi organisiert wurde. Der 1873 Geborene kam als 17jähriger zum Medizinstudium nach Wien und schloß seine Ausbildung 1894 mit der Promotion ab. Seit Mitte der 90er Jahre arbeitete er als Neurologe an verschiedenen Kliniken in Budapest, in der Abteilung für Geschlechtskrankheiten des St. Rochus-Spitals, ab 1900 am Elisabeth-Armen-Haus, wo er das Massenelend der Stadtbevölkerung kennenlernte. Im Jahr 1904 ließ er sich als Neurologe in eigener Praxis nieder. Freuds Hysterie-Buch und die *Traumdeutung* las er bereits als Klinikarzt, zunächst noch oberflächlich und, wie manche seiner Kollegen, ohne große Begeisterung. 1907 hospitierte er bei Jung im Burghölzli, um dessen Assoziationsexperimente zu studieren, und entwickelte hier ein tieferes Verständnis der psychoanalytischen Verdrängungstheorie. Am 2. Februar 1908 stattete Ferenczi gemeinsam mit dem Budapester Neurologen Philipp Stein erstmals einen Besuch bei Freud in Wien ab. Zu einer Essenseinladung kam es, anders als im Fall Jungs und

Abrahams, nicht, da Martha sich um Mathilde kümmern mußte, die unter den Folgen ihrer Blinddarmoperation litt. So saß man an diesem trüben Sonntag mehrere Stunden ohne die Familie in Freuds Studierzimmer, rauchte Zigarren und debattierte über analytische Theorien. In Budapest war das Klima für die neue Lehre keineswegs ungünstig. Zwar existierten in den Kreisen der etablierten Psychiater dieselben Vorbehalte, die man auch in Wien mobilisierte, aber gerade die jungen Mediziner zeigten sich aufgeschlossen und interessiert, wie Ferenczi bei Vorträgen in der ärztlichen Gesellschaft spüren konnte. Freud erkannte, daß hier eine wichtige Plattform für die Verbreitung seiner Arbeiten entstand.

Zwei Monate später, Ende April 1908, zählte Ferenczi zu den Hauptrednern der ersten internationalen Psychoanalytiker-Konferenz in Salzburg. Noch ehe die Tagung eröffnet wurde, nahm Freud ihn zur Seite und erklärte ihm beschwörend, man habe «Großes» mit ihm vor.[113] Ferenczi, durch den persönlichen Ritterschlag enthusiasmiert, referierte so schwungvoll wie detailverliebt über den Einfluß der Sexualtheorie auf die Pädagogik. Das paßte zu seiner therapeutischen Tätigkeit, bei der er die Analyse in ein reformatorisches Gesamtkonzept einzubauen suchte, das deutlich von den sozialrevolutionären Ideen der Zeit inspiriert war.[114] Freud schätzte eigenmächtige Anwendungen seiner Arbeit wenig, weil er sich das Recht auf erweiterte Perspektiven exklusiv selbst vorbehielt. Aber er sah, daß Ferenczi im Bereich der umstrittenen Sexuallehre konsequent zu ihm hielt. Anders als die Schweizer tastete er die Hypothese von der frühkindlichen Libido nicht an, sondern suchte sie für die Behandlung fruchtbar zu machen. Letzthin war auch Ferenczis Transfer der Analyse in die Pädagogik von der Überzeugung getragen, daß moderne Erziehung bei einer ernsthaften Auseinandersetzung mit infantilen Sexualerfahrungen beginnen müsse.[115] Aus diesem Grund konnte der ungarische Kollege als vertrauenswürdiger Mitstreiter gelten, dem relativierende Skepsis gegenüber den Kerngebieten der Analyse fremd war. Im Juni 1908 wurde Ferenczi auf der Basis eines Artikels über die «psychosexuelle Impotenz des Mannes» zum korrespondierenden Mitglied des Mittwochskreises ernannt. Dieser Status, den niemand zuvor erhalten hatte, zeigte erstmals die internationale Expansion des Zirkels an.[116]

Ferenczi neigte zeitlebens zu sozialromantischen Utopien und spekulativen biologischen Ansätzen. Schon frühzeitig faßte er die Überzeugung, daß nicht nur der äußere, sondern auch «der innere Körper» eine «erogene Zone» darstelle, die stimuliert werden könne.[117] Beharrlich suchte er nach einem Schlüssel, der die Liebesfähigkeit des Menschen öffnen und Neurosen unterbinden sollte. Dabei unterliefen ihm nicht selten Vereinfachungen, die aus dem Anspruch auf eine biologisch-psychologische Universallehre resultierten, wie sie sein späterer *Versuch einer Genitaltheorie* (1924) entwickelte.[118] Ferenczi war jedoch, wie Freud erkannte, trotz seiner wissenschaftlichen Sprunghaftigkeit ein persönlich zuverlässiger Weggefährte. Bereitwillig beteiligte er andere an seinen Ideen und Entdeckungen, belieferte Kollegen mit Beispielen aus seiner Praxis, Mustern für Fehlleistungen und Zwangsneurosen, Träume und Phantasien. Bescheiden wie er war, ließ er nur selten durchblicken, daß er unter schweren depressiven Schüben litt.[119] Ferenczi sei, so schrieb Freud im Dezember 1909 an Jung, ein «grundechter, vornehmer und verläßlicher Mensch» – das waren Attribute, die sich der Briefpartner in der Schweiz nicht unbedingt verdient hatte.[120] Wie weit die persönliche Schätzung ging, verrät die Tatsache, daß Freud Ferenczi 1908 als Gast der Familie in den Sommerurlaub nach Berchtesgaden einlud. Er quartierte ihn in einer nahen Pension ein und sah ihn täglich in den Pausen, die er sich von der Schreibtischarbeit – es entstand die Analyse des ‹kleinen Hans› – gönnte. Niemals zuvor hatte er einem seiner Schüler gestattet, so unmittelbar an seinem Privatleben teilzunehmen. Der Budapester Besucher fühlte sich zuerst voller «Hemmungen», befangen in der Gegenwart des verehrten Mannes, aber er gewann bald Zutrauen und Mut.[121] Mit seinem spontanen Enthusiasmus erwarb er die Zuneigung der ganzen Familie, täglich brachte er Geschenke mit, und die Kinder liebten ihn für seine Geschichten und Einfälle. Ein Jahr später wurde Ferenczi, wie berichtet, als Reisepartner für die dreiwöchige Tour nach Rom ausgewählt, weil er durch seine Offenheit und Loyalität beste Bedingungen für entspannte Beziehungen bot. Gegen Ende des Urlaubs hatte sich das Idealbild freilich eingetrübt, da der Mitreisende keine Initiative zeigte und die Attitüde einer verwöhnten Ehefrau nachzuahmen schien. An Jung schrieb Freud kurz vor der Rückkehr aus Rom, Ferenczi falle ihm verstärkt auf die Nerven: «Er bewundert mich unausgesetzt, was ich nicht mag, und kritisiert mich wahrscheinlich scharf im Unbewußten, wenn ich mich gehenlasse. Er hat sich zu sehr passiv und rezeptiv verhalten, alles für sich tun lassen wie eine Frau, und meine Homosexualität reicht doch nicht so weit, ihn dafür anzunehmen.»[122]

Ferenczi selbst benötigte mehrere Jahre, ehe er seine schwierige Beziehung zu Freud zu durchschauen begann. Georg Groddeck gestand er später, sein Mentor sei für ihn «zu groß, zu viel vom Vater».[123] Umgekehrt blieb er für Freud lange Zeit ein «lieber Freund», wie er ihn ab Herbst 1909 anredete, ein «Labsal» in Zeiten des Streits und zuverlässiger Alliierter, auf den er bauen konnte, wenn er seine fachpolitischen Strategien verfolgte.[124] Freud schätzte dabei besonders, daß er ihm seine Anfechtungen und Verfehlungen offenbarte, statt sie wie Jung zu verschweigen. Im Zentrum standen hier Gizella Pálos und ihre Tochter Elma, mit denen Ferenczi wechselnd liiert war. Gizellas jüngere Tochter Magda hatte Ferenczis Bruder Lajos geheiratet; sie selbst begann, obwohl verehelicht, um 1900 eine Affäre mit dem acht Jahre jüngeren Sándor. 1909 nahm er sie in Analyse, auch wenn sie für ihn zugleich «Freund, Mutter» und Partnerin war.[125] 1911 tat sich Ferenczi mit Elma, der Tochter, zusammen, deren Geliebter sich das Leben genommen hatte, und begann auch sie, wie ihre Mutter, zu behandeln. Obwohl diese analytisch-amouröse Dreiecksgeschichte bedenklichste Züge trug, bewahrte Freud das Wohlwollen gegenüber seinem Schüler. In voller Sympathie nannte er ihn «lieber Sohn», was Ferenczi wiederum zu dem melancholischen Kommentar veranlaßte, er habe in der Tat noch kein Recht, «für mündig» erklärt zu werden.[126]

Als Gizella im Februar 1911 mit ihrer Tochter Elma nach Wien kam, machte sie eine Visite auch bei Freud, der sie genauer kennenlernen wollte. Am 17. Dezember 1911 schrieb er ihr ausführlich und beriet sie, weil sich Ferenczi zu seinem Mißfallen inzwischen mit Elma verlobt hatte, aber seine enge Beziehung zu ihr weiterhin aufrechterhielt. Zwischen Anfang Januar und Ostern 1912 übernahm Freud die Behandlung der kapriziösen, ihm wenig sympathischen Elma, um zu prüfen, ob ihre Gefühle für Ferenczi einer Analyse standhielten. Er geriet dadurch in eine schwierige Situation, weil Ferenczi sich immer wieder in die Therapie einschaltete und nach ihrem Fortgang fragte.[127] Das akzeptierte Freud jedoch, denn es drängte ihn, die Konflikte seines Adepten und die Affektlage seiner Geliebten so genau wie möglich zu verstehen. Ebenso nachdrücklich wie neugierig suchte er ein eigenes Urteil über die Frauen zu gewinnen, mit denen seine Schüler lebten – eine Konstellation, die sich später auch bei Jung, Jones, Rank und Eitingon wiederholen sollte. Freud prüfte Elma mit einiger Strenge, erfuhr über Korrespondenz und Gespräch auch intime Details und durchschaute allmählich ihre Beziehung zu Ferenczi, für den sie Tochter und Geliebte war. Ein derartiges Wissen begründete wiederum Konflikte im Verhältnis zu seinem Schüler, ähnlich wie das gemeinsame Reisen oder die offene Diskussion über Träume, sexuelle Vorlieben und Zwangsneurosen. Der Vater der Psychoanalyse mußte das Schicksal ertragen, daß es keine Trennung zwischen Profession und Intimität gab, da die Regeln für die Behandlung noch nicht genau festgelegt waren. Die Einheit von Persönlichem und Beruf konnte schmerzlich sein, denn sie ließ nirgends private Nischen. Freud begriff gerade in einsamen Momenten, welchen Preis er für seine permanenten ärztlichen Grenzüberschreitungen zu entrichten hatte.

Im Fall Ferenczis endete die analytische Konfliktlage im April 1912, als Elma die Therapie bei Freud auf dessen Drängen abbrach und nach Budapest zurückkehrte. Zweieinhalb Jahre später, am 18. September 1914, heiratete sie sehr überstürzt, um das quälende Dreiecksverhältnis aufzulösen, den norwegischen Kunstkritiker Hervér Laurvik; aber die Ehe hielt nicht lange, die alten Lasten waren kaum in so großer Geschwindigkeit abzutragen.[128] Ferenczi konnte seinerseits von Elma nicht lassen und gestand Freud zerknirscht: «Ich fühle mich wie der mißratene Sohn, der immer nur böse Streiche zu berichten hat.»[129] Die amourösen Verwicklungen lösten sich auch nicht, als Ferenczi Gizella im Frühjahr 1917 die Ehe antrug. Sie zögerte zunächst und forderte, daß ihre Tochter einwilligen müsse. Am 25. März 1917 schrieb Freud einen ermahnenden Brief an sie, mit der Bitte, sie möge Ferenczis Antrag annehmen.[130] Erst am 3. März 1919 kam es zur Hochzeit, nachdem Gizella zahlreiche Volten an den Tag gelegt, immer wieder neue Gründe für die Fortdauer ihres unverbindlichen Verhältnisses angeführt und sich schließlich in einem quälenden Scheidungsverfahren aufgerieben hatte. Auch äußerlich stand die Trauung unter einem Unglücksstern, denn am selben Tag starb Gizellas erster Mann, der lange nicht in die Trennung einwilligen mochte, an einem Herzinfarkt – eine dämonische Situation, wie Freud knapp befand.[131] Für Ferenczi bedeutete die Ehe, daß er auf ein erfülltes Sexualleben, das ihm allein Elma zu bieten schien, dauerhaft verzichtete. Die inzwischen 54jährige Gizella, früh gealtert und ein langwieriges Klimakterium durchlaufend, war für ihn Gesprächspartnerin und Gefährtin, nicht mehr Geliebte.[132] Freud, der Meister der Enthaltsamkeit, ignorierte diese Seite der Verwicklungen großzügig. In Ferenczi sah er lange Zeit einen seiner loyalsten Schüler, der zwar, anders als Abraham, nicht zur Führung, aber zur Sicherung der analytischen Lehre berufen war. Vor allem schätzte er die Vielfältigkeit seiner wissenschaftlichen Arbeit, die er ihm auch in späteren Jahren noch nachrühmte. Kasuistik und Fall-

Ernest Jones

studien, kritische Aufsätze, behandlungstechnische Untersuchungen und Beiträge zu philosophisch-psychoanalytischen Grenzthemen gehörten gleichermaßen zu seinem Œuvre, lobte Freud.[133] «Unter meinen Nachfolgern und Fortsetzern», so schrieb er ihm schon im Januar 1909, «soll Ihnen ja ein hervorragender Platz bestimmt sein.»[134]

Als einziger nicht-jüdischer Schüler trat ab dem Frühjahr 1908 der Waliser Ernest Jones zum Kreis Freuds. Er stammte aus vermögendem Elternhaus, hatte Medizin in London studiert und dort ab 1903 seine klinische Laufbahn als Neurologe an verschiedenen Krankenhäusern begonnen. Gemeinsam mit dem älteren Chirurgen Wilfred Trotter, der später seine Schwester Elizabeth heiratete, begann Jones die Lektüre moderner Philosophen und psychologischer Fachpublikationen. 1905 las er, damals des Deutschen noch kaum mächtig, auf Trotters Rat Freuds *Bruchstück einer Hysterie-Analyse*. Trotz der erheblichen Sprachbarrieren erschloß sich ihm der Neuansatz der Gesprächstherapie Freuds. In seinen Memoiren erinnerte sich Jones, wie sehr es ihn beeindruckt habe, daß dieser Mann in Wien jedes Wort seiner Patienten mit äußerster Aufmerksamkeit aufnahm und damit eine Haltung an den Tag legte, die sich auf revolutionäre Weise von der oberflächlichen Attitüde anderer Ärzte unterschied.[135] Jones war entschlossen, fortan alles zu lesen, was aus der Feder Freuds stammte.

Er verbesserte mühsam seine Deutschkenntnisse, hospitierte 1907 bei Kraepelin an der Psychiatrischen Klinik in München und lernte auf einem Kongreß in Amsterdam den vier Jahre älteren Jung kennen. 1908 besuchte er auf dessen Vermittlung für mehrere Wochen Bleuler in Zürich, um die avancierten Behandlungsmethoden im Burghölzli zu studieren. Mit Freud, dessen Bekanntschaft er aus zu großem Respekt zunächst vermieden hatte, traf er erstmals im April 1908 in Salzburg zusammen, einen Monat darauf war er sein Gast in der Berggasse.

In London schienen die Arbeitsbedingungen für Jones psychiatrische Interessen nicht günstig. Nachdem er in der Kinderklinik, an der er beschäftigt war, junge Patientinnen getestet und zu intimen Erfahrungen befragt hatte, wurde zweimal in kurzem Abstand Anzeige gegen ihn wegen Mißbrauchsverdachts erhoben. Man nahm ihn für mehrere Tage in Haft und setzte ihn nur gegen eine Kaution auf freien Fuß. Zwar führten beide Verfahren nicht zur Anklage, doch beschädigten sie Jones' Reputation erheblich. 1908 verließ er, belastet durch den Geruch des Skandals, das Königreich, da man ihn um seine Kündigung ersucht hatte, und ging nach Toronto. Hier lehrte er an der Psychiatrischen Universitätsklinik und erhielt wenige Jahre später eine Professur. In Kanada sorgte Jones dafür, daß es zur ersten Beschäftigung mit Freuds Lehre kam: 1910 beteiligte er sich an der Gründung der *American Psychopathological Association*, aus der im folgenden Jahr die *American Psychoanalytic Association* hervorging, deren Sekretär Jones wurde. Sein Projekt entsprang auch dem Versuch, den Einfluß Abraham Brills einzuschränken, den er jahrzehntelang als Konkurrenten um die Verbreitung der Lehre Freuds betrachtete. Der Psychiater Brill, 1874 in Kańczuga – heute Polen – geboren und seit 1889 in den USA lebend, hatte im Mai 1911 die *American Psychoanalytic Society* ins Leben gerufen, was Jones als Angriff auf seine eigenen organisatorischen Aktivitäten deuten mußte. Brill nahm im November 1907 für einige Zeit eine Assistentur am Burghölzli wahr, lernte Freud im April 1908 kennen und begann danach mit ersten Übersetzungen seiner Texte. Jones bemühte sich, Brills Stellung durch die *Association* in Toronto zu schwächen und seinerseits den Primat für die amerikanische Verbreitung der Psychoanalyse zu behaupten. Seine Versuche, namhafte Mitglieder der psychiatrischen Gemeinde zu gewinnen, hatten allerdings nur geringen Erfolg. Autoritäten wie der Nervenarzt Morton Prince, der wichtige Arbeiten zu Persönlichkeitsstörungen und seelischen Dissoziationen verfaßt hatte, blieben der Verbindung fern – was

Freud zu der Äußerung veranlaßte, Prince sei ein ‹arrogantes Arschloch› («a most arrogant ass»).[136]

Freud begann 1908 eine Korrespondenz mit Jones, wobei der Jüngere zumeist die zweifache Zahl von Schreiben in wiederum doppeltem Umfang beisteuerte. Sie galten bevorzugt der psychoanalytischen Politik, jenem schwierigen Grenzbereich zwischen Wissenschaft und Strategie, der in zunehmendem Maße die Organisation der neuen Lehre prägte. Obgleich Jones' Deutschkenntnisse sich kontinuierlich verbesserten, verfaßte Freud seine Briefe überwiegend in englischer Sprache. Das fiel ihm besonders schwer, weil er sich nicht nur des fremden Idioms bedienen, sondern auch auf die gotische Schrift verzichten mußte, die Jones nicht lesen konnte. Als penibler Stilist arbeitete Freud sein Englisch minuziös aus, und das Resultat konnte sich sehen lassen: seine Schreiben an Jones sind geschliffen, offenbaren ein höchst variantenreiches Vokabular, bleiben grammatisch mit wenigen Ausnahmen korrekt und bewegen sich auf der Höhe ihrer wissenschaftlichen Gegenstände. Erst ab der Mitte der 20er Jahre entlastete sich Freud, indem er dauerhaft zum Deutschen zurückkehrte, das Jones jetzt perfekt beherrschte, und Anna seine Briefe in die Maschine diktierte.[137]

Im Januar 1911 bezichtigte eine ehemalige Patientin Jones des sexuellen Mißbrauchs und zeigte ihn beim Präsidenten der Universität Toronto an. Die Angelegenheit wurde gegen Zahlung von 500 Dollar niedergeschlagen, aber die Zweifel an Jones' persönlicher Integrität ließen sich dadurch nicht unterdrücken.[138] Hinzu kam, daß er in unehelicher Beziehung offen mit seiner Geliebten zusammenlebte, was seinen Ruf kaum verbesserte. Da seine Stellung unhaltbar geworden war, siedelte er 1913 nach London um und beschloß, von Freud ermuntert, sich dort ab dem Herbst in eigener Praxis niederzulassen.[139] Gleichzeitig publizierte er eine Buchfassung seiner Aufsätze – *Papers on Psycho-Analysis* –, die 27 Beiträge zu Freuds Lehre, zur Traumdeutung, Neurosentheorie, zur frühkindlichen Sexualität und zu Fragen der Adoleszenz enthielt.[140] Gemeinsam mit einer Schar von 15 Gleichgesinnten – neben Ärzten auch Schriftstellern und Publizisten – gründete er noch im selben Jahr die *London Psycho-Analytical Society*, die bald zu einer maßgeblichen Schaltstelle der internationalen Wirkung werden sollte. Um seinen therapeutischen Aufgaben besser gewachsen zu sein, reiste Jones auf Anraten Freuds Anfang Juni 1913 zu Ferenczi nach Budapest, um dort zwei Monate lang eine kompakte Lehranalyse zu durchlaufen.[141] «Er ist ein sehr guter Mensch», schrieb Freud an Ferenczi. «Füttern

Sie die Puppe, so daß eine Königin aus ihr werden kann.»[142] Die beiden Schüler ergänzten sich bestens, scheu und vorsichtig der eine, zupackend und energisch der andere. Ferenczi, der stets unter seiner zaudernden Zweifelssucht litt, fand in Jones einen optimistischen Partner, «tüchtig, klug, folgsam, dabei ein wirklich verläßlicher Freund; ich glaube, wir werden auf ihn bauen können.»[143] Nach seiner Abreise Anfang August 1913 klagte Ferenczi, daß ihm die Präsenz, Intelligenz und Vornehmheit des Briten gleichermaßen fehlten.[144]

Trotz dieser Einschätzung zeigte sich, daß Jones für seine Umgebung ein schwer deutbarer Charakter war. Zwar offenbarte er entschiedenen Enthusiasmus für Freuds Lehre, aber er blieb auf therapeutischem Gebiet ein Autodidakt, der sich keinen Regeln unterwerfen mochte.[145] Jung nannte ihn im Juli 1908 «unheimlich, unverständlich» und hielt ihm vor, er sei ein «intellektueller Lügner». Sein Wesen werde durch «vielerlei Dinge und Verhältnisse gepreßt und facettiert», so daß kein einheitliches Bild entstehe.[146] Im persönlichen Umgang kehrte Jones den britischen Gentleman hervor, der das unerschütterliche Selbstvertrauen eines Oberschichtensprößlings offenbarte. Er war sprunghaft, begeisterungsfähig, von unerschöpflicher Neugierde, sportlich (über seine Eislaufkünste publizierte er 1931 sogar ein Buch)[147] und auf gesellschaftlichem Terrain charmant, im intimeren Verkehr aber auch direkt und fast grob. Seine schnell wechselnden Liebschaften offenbarten einen unsteten Charakter, auf den Freud mit ruhiger Autorität einzuwirken suchte. Seine Energie, so schrieb er ihm am 22. August 1913, sei enorm, müsse aber «in die wichtigsten Kanäle geleitet werden.»[148]

Die zentrale Aufgabe, die er Jones dabei zudachte, war die Weiterentwicklung der Adoleszenztheorie und der Sexuallehre. Dagegen hielt Freud ihn von Übersetzungsarbeiten fern, mit denen der Brite den allgemein als unzuverlässig geltenden Brill verdrängen wollte. Im Grundsatz teilte Freud die kritische Einschätzung der bisherigen Übertragungen durchaus, da er, wie er Jones schrieb, Brill für einen ‹meschuggen Juden› hielt.[149] Als gebürtiger Pole war er weder im Amerikanischen noch im Deutschen absolut fehlerlos, und er neigte, was schwerer wog, zu willkürlichen Eingriffen in den Aufbau der Argumentation. So substituierte er in der *Traumdeutung* Freuds Beispiele durch eigene, und ähnlich verfuhr er mit den Exempeln für verbale Fehlleistungen in der *Psychopathologie des Alltagslebens*. Brill war ein energischer Mediziner, aber kein seriöser Übersetzer. Freud bemerkte das bereits in den Jahren nach 1908, als er die ihm vorgelegten Probeübertragungen prüfte und zahlreiche Ungenauigkeiten erkannte. Daß er Brill mißtraute, kann man seinen entsprechenden Briefen allerdings kaum entnehmen. Die umfangreichen Schreiben an ihn, die unveröffentlicht in der Kongreßbibliothek von Washington liegen, offenbaren gerade in den ersten Jahren einen freundschaftlichen Ton ohne spürbare Distanz. Wenn Brill Freud im Frühjahr 1911 sogar zum Paten seiner Tochter May machte, war das eine Reaktion auf solche direkten Äußerungen der Sympathie; das Mädchen traf Freud allerdings nie persönlich, da er nach 1909 nicht mehr in die Vereinigten Staaten reiste. Wie tief seine Skepsis gegenüber den amerikanischen Übertragungen war, verriet er Brill in seinen Briefen nicht. Freuds Problem beruhte darin, daß er Jones' wissenschaftliche Fähigkeiten für andere Felder der internationalen Diskussion dringender benötigte und es ungern sah, wenn er seine Kräfte in der Konkurrenz mit anderen vergeudete. Es gab also keine wirklichen Alternativen zu den laufenden Übertragungen, auch wenn sie Freud nicht überzeugten. Brill versicherte er daher notgedrungen im März 1911: «Es bleibt bestehen, daß Sie mein alleiniger Übersetzer fürs Englische sind.»[150]

Erst nach 1914 fand Jones sein inneres Gleichgewicht; in dem Maße, in dem er seine frühere Unruhe ablegte, wurde er zu einem starken Paladin in den Konflikten der psychoanalytischen Bewegung. Freud wußte seine gewaltige Leistungskraft zu schätzen und versah ihn bald mit Spezialaufgaben, die sein Vertrauen unterstrichen. Als er 1912 parallel zu Freuds Schrift über *Totem und Tabu* und C. G. Jungs *Symbolen der Wandlung* eine größere, schnell auch ins Deutsche übersetzte Studie über das Verhältnis von Albtraum und Aberglauben veröffentlichte, die klar die Schulung der psychoanalytischen Mytheninterpretation verriet, war Jones für Freud wissenschaftlich hoffähig geworden.[151] Seine eigenen Überlegungen zum Begriff des Unheimlichen, die erst nach dem Krieg entstanden, zeigten sich durch die Vorarbeiten des Londoner Kollegen klar beeinflußt. Anders als im Fall der kulturtheoretischen Beiträge Theodor Reiks und Otto Ranks verzichtete Freud allerdings darauf, Jones ausdrücklich zu erwähnen – der britische Schüler hatte im Hintergrund zu bleiben.

Eine emanzipierte Frau

Freuds Mittwochskreis war zunächst reine Männersache: eine Runde, die in dichtem Zigarrenqualm auf unbequemen Stühlen neben Spucknäpfen und auf dem Boden stehenden Kaffeetassen über Neurosen und Perversionen debattierte. Es dauerte ein knappes Jahrzehnt, ehe auch weibliche Mitglieder dem Zirkel beitreten durften. Im April 1910 wurde Margarete Hilferding aufgenommen, die 1903 als erste Frau an der Wiener Universität ein Medizinstudium abgeschlossen hatte. Gegen ihre Mitgliedschaft votierten immerhin drei Angehörige des Kreises, darunter Isidor Sadger und Fritz Wittels, der sich bereits im Mai 1907 in einem wüsten Artikel für Kraus' *Fackel* abfällig über weibliche Ärzte ausgelassen hatte.[152] Freud gab zu Protokoll, daß er es als «arge Inkonsequenz» ansähe, wenn man Frauen «prinzipiell» ausschlösse. Die heftige Diskussion endete mit dem weichen Vorschlag des Vorsitzenden Adler, man solle in diesem Punkt künftig sehr vorsichtig und nicht überstürzt agieren.[153] Eineinhalb Jahre später, am 11. Oktober 1911, nahm man auf Empfehlung Freuds die Russin Sabina Spielrein auf, auch sie bereits Ärztin und zudem mit einer psychiatrischen Arbeit über Schizophrenie promoviert.

Die erste Schülerin Freuds im offiziellen Sinne wurde schließlich Lou Andreas-Salomé, eine russische Offizierstochter, Ehefrau eines Göttinger Orientalisten und weltläufige Schriftstellerin mit vielseitigen intellektuellen Fähigkeiten. Sie hatte 1880 als 19jährige an der Universität Zürich Religionswissenschaften zu studieren begonnen und sich bereits früh eine beeindruckende Bildung angeeignet. 1882 lernte sie im Kreis der Sozialreformerin Malwida von Meysenbug in Rom, durch den jungen Paul Rée vermittelt, Friedrich Nietzsche kennen, der sich heftig in sie verliebte, allerdings nicht von ihr erhört wurde. 1886 heiratete sie den Orientalisten Friedrich Carl Andreas, nachdem dieser zunächst erfolglos um sie geworben hatte. Als Andreas vor ihren Augen einen Selbstmordversuch mit einem Küchenmesser unternahm, stimmte sie einer formellen Heirat zu, ließ sich aber von ihm garantieren, daß die Ehe niemals vollzogen würde. In den ersten zehn Jahren sicherte sie durch ihre journalistischen wie literarischen Arbeiten das Familieneinkommen und lebte sich in zahlreichen, oft gleichzeitigen Affären aus, indessen ihr Mann eine Liaison mit der Haushälterin einging, die ihm bald eine Tochter gebar. 1897 machte Lou die Bekanntschaft des 14 Jahre jüngeren Rainer Maria Rilke, mit dem sie Rußland berei-

Lou Andreas-Salomé

ste und die gemeinsame Neigung zur slawischen Literatur pflegte. Was ihr bei Nietzsche nicht gelang, glückte ihr hier: nach einem kurzen, leidenschaftlichen Liebesverhältnis entstand zwischen beiden eine platonische Freundschaft, die über fast drei Jahrzehnte währte. Als Rilkes «Muse und sorgsame Mutter» spielte sie eine Doppelrolle, die das Erotische erfolgreich sublimierte.[154]

Zu Freud fand die Fünfzigjährige durch ihre Beziehung zum schwedischen Psychiater Poul Bjerre, den sie im Herbst 1911 nach Weimar zum internationalen psychoanalytischen Kongreß begleitete, wo er über einen Fall chronischer Paranoia vortrug. Ein Jahr später, im September 1912, schickte sie Freud einen knappen Brief mit der Bitte, er möge sie als Studentin in Wien akzeptieren. Die Antwort war zustimmend, auch deshalb, weil Abraham sie schon ein halbes Jahr zuvor mit lobenden Worten angekündigt und erklärt hatte, «einem solchen Verständnis der Psychoanalyse bis ins Letzte und Feinste» wie bei ihr sei er «noch nicht begegnet».[155] Freud nahm diese Empfehlung ernst, auch wenn der Ruf, der Lou begleitete, ein wenig zweifelhaft war. Sie galt in Wien als Vamp und kalte Muse, als männermordende Verführerin mit zahllosen Affären, sprunghaft und egozentrisch. Freud war jedoch erfahren genug um zu wissen, daß eine derartige Reputation, die aus Gerüchten und Übertreibungen bestand, ein eigenes

Urteil nicht ersetzte. Er entschloß sich, den Gast zu empfangen und bei Gefallen in seine Lehre einzuführen.

Am 25. Oktober 1912 kam Lou Andreas-Salomé mit ihrer Freundin Ellen Delp in Wien an. Bis zum 9. April 1913 nahm sie an den Sitzungen des Mittwochskreises teil, danach stattete sie Ferenczi in Budapest einen Besuch ab («verstand alles beim ersten Wort»).[156] Die Mitglieder wurden auf ihr Erscheinen durch ein einführendes Referat über ihr literarisches Werk vorbereitet, das der Verleger Hugo Heller am 23. Oktober hielt.[157] Schon am ersten Abend zeichnete Freud sie aus, indem er sie direkt neben sich plazierte und charmant mit ihr plauderte; «sagte was sehr Liebes», vermerkte sie später geschmeichelt in ihren Erinnerungen.[158] In einem Brief an Ferenczi zeigte er sich allerdings beunruhigt über ihren scharfen Verstand, den er hier bedrohlich fand, während er ihn bei Männern lobte. Sie sei, schrieb er am 31. Oktober 1912 mit entwaffnender Ehrlichkeit, ein «Frauenzimmer von gefährlicher Intelligenz».[159] Die irritierend souveräne Schülerin besuchte Freud nun regelmäßig, ohne das zu absolvieren, was man eine Lehranalyse nennt. Stattdessen stellte sie ihm gezielt Fragen nach Begriffen, die ihr unklar waren, verbesserte ihr Verständnis der Methodik und erkundigte sich eingehend nach Belegen und Beispielen. Häufig empfing Freud sie erst gegen zehn Uhr am Abend, wenn Praxis und theoretische Arbeit beendet waren – ein Zeichen besonderer Auszeichnung.[160] Ab Beginn des Wintersemesters saß sie in seiner Einführungsvorlesung an der Psychiatrischen Klinik, wo Freud sich bald angewöhnte, die attraktive Hörerin während des Vortrags wohlgefällig zu betrachten, so daß seine Stimmung litt, sobald sie fehlte.[161]

Zusätzlich besuchte Lou die Privatlektionen, die Viktor Tausk über Freuds Lehre hielt. Der 1897 in der Slowakei geborene, in Kroatien aufgewachsene Tausk war von Hause Jurist und arbeitete nach dem Studium als Rechtsanwalt.[162] Er hatte 1898 die zwei Jahre jüngere Martha Frisch geheiratet, eine engagierte Sozialdemokratin und entfernte Verwandte Martin Bubers, die ihm zwei Söhne gebar. Das Paar trennte sich bereits 1905, ließ sich aber erst 1908 scheiden. Tausk begann in den folgenden Jahren literarisch zu arbeiten und veröffentlichte ohne sonderlichen Erfolg kürzere Erzählungen. Nachdem er mit der Lehre Freuds vertraut geworden war, nahm Tausk in Wien ein Medizinstudium auf, weil er seine analytischen Interessen klinisch solide fundieren wollte. Er schloß sich dem Mittwochskreis an, erhielt von Freud gelegentlich finanzielle Unterstützung, ging aber nicht bei ihm in die Therapie. Als Lou ihn kennenlernte, hatte er sein Examen noch nicht absolviert und arbeitete an der Wiener Psychiatrischen Universitätsklinik bei Wagner-Jauregg, der bekanntlich kein Freund der Psychoanalyse war. Tausks Vorträge dienten eher seiner eigenen Aufklärung als der seiner Zuhörer, und nicht selten bemängelte man ihren unklaren Aufbau. Lou schätzte an ihnen aber die direkte Art der Argumentation, den deduktiven Weg, der von den fertigen Begriffen ausging und auf diese Weise nützliche Definitionen lieferte. Sehr schnell durchschaute sie, daß Tausk sich als geistigen Sohn Freuds sah, was gleichzeitig Verehrung und Konkurrenzgefühle einschloß. Tausks «Tragik,» so formulierte sie später, liege darin, daß er «stets in dieselben Probleme und Lösungsversuche» gerate, die auch Freud aktuell beschäftigten.[163] Daraus erwuchs eine fatale Wettbewerbssituation, die Tausk das Gefühl der eigenen Epigonalität vermittelte, in Freud wiederum Mißtrauen und Vorsicht nährte. Der klassische Vater-Sohn-Konflikt, der hier durchbrach, sollte noch dramatische Konsequenzen zeitigen.

Vor allem Tausks Neigung zur Philosophie löste bei Freud erhebliches Unbehagen aus. Im Mittwochskreis tadelte er ihn häufig für seine ungestümen Spekulationen, wobei zuweilen der Eindruck entstand, als habe er es auf ihn besonders abgesehen.[164] In der üblichen Vortragsdiskussion ereilte Tausk, wie die Protokolle belegen, durchweg die schärfste Kritik des Meisters, weil er spekulativ arbeitete und sich von seiner Begeisterung ins Philosophische tragen ließ.[165] Tausk konnte man nicht anmerken, ob ihn diese Angriffe persönlich trafen. Er war wohlerzogen, charmant und diskret; der große, schlanke Mann besaß perfekte Manieren, zeigte sich stets mit erlesenem Geschmack gekleidet, er vermochte zuzuhören, bewies außerordentliche Sensibilität und ein intuitives Urteilsvermögen, das auf Frauen stark wirkte. Niemals hätte er sich über Freuds unfreundliche Kommentare und ihre rhetorische Härte beschwert, denn Gefaßtheit und Disziplin bewahrte er in jeder Lebenssituation.

Lou fühlte sich von Tausk anzogen, weil er, wie sie selbst, die Psychoanalyse noch als Neuland betrachtete und offen für ihre Fragen blieb. Der erhebliche Altersunterschied – sie war 51, er 33 Jahre alt – schien einer erotischen Annäherung nicht im Wege zu stehen. Schon nach kurzer Zeit trafen sich die beiden täglich, lasen gemeinsam analytische wie philosophische Arbeiten und gingen mehrfach wöchentlich ins Kino, bevorzugt ins *Urania*.[166] Lou schloß rasch Freundschaft mit den neun und elf Jahre alten

Söhnen Tausks, die aus seiner ersten Ehe stammten. Wochenlang wirkten die vier wie eine unzertrennliche Familie, und der gesamte analytische Kreis wußte bald, daß Lou und Tausk ein Paar waren. Im Spätwinter 1913 schien alles auf eine dauerhafte Bindung zuzulaufen, aber schon im Oktober 1913 brach das Verhältnis auseinander. Lou Andreas-Salomé verließ Tausk, weil er Ansprüche geltend machte und ihren Freiheitsdrang einschränkte.[167] Er, den sie zärtlich «Brudertier» nannte, suchte dauerhafte Nähe, sie dagegen eine Liebesbeziehung, die sie jederzeit aufkündigen durfte.[168] Tausk konnte ihr die kühle Konsequenz, mit der sie ihm den Laufpaß gab, nicht verzeihen und erholte sich von der Trennung niemals. Sein Leben stand fortan unter dem düsteren Vorzeichen einer manisch-depressiven Erkrankung, in die er Zug um Zug geriet. Freud wiederum, der die Affäre mit Lou eifersüchtig beobachtet hatte, hielt innere Distanz zu ihm, mißtrauisch gegenüber seinen Methoden und skeptisch, was seine Loyalität betraf. Das ‹Brudertier› war ein Sohn, der Argwohn in ihm auslöste, Neid und, wie man bald sehen wird, schwer beherrschbare Aggression.

Die Wiener Atmosphäre, die Ernsthaftigkeit der Debatten und das intellektuelle Temperament, das sich in den Diskussionen des Kreises zeigte, belebten Lous Lebensgeister, wie ihr Tagebuch offenbarte. Es sei, erinnerte sie sich, «nicht immer friedlich bei diesen Abenden» zugegangen, aber der «Gemeinschaftlichkeit» habe das nicht geschadet.[169] Vor allem faszinierte sie, daß sie durch die Psychoanalyse von der reinen Schreibtischarbeit zu einer Tätigkeit fand, bei der sich direkter Nutzen und methodischer Anspruch verbanden. Nur wenige Jahre später war aus der Schülerin eine vorzügliche Analytikerin geworden, die in Göttingen eine eigene Praxis eröffnete und, von Freud ermuntert, wichtige Beiträge zu Libidotheorie und Neurosenlehre publizierte. Als sie ihrem Lehrer im Mai 1916 einen kurzen Text schickte, in dem sie ihre Reminiszenzen an die heiße Zeit der Wiener Dispute festhielt, schloß sie ironisch: «Womit denn, was den beiden Geschlechtern in der Welt zu tun obliegt, auf richtige Weise geschieden und geeint ist. Männer raufen, Frauen danken.»[170]

Freud fand Lou, wie er sie nannte, als Gesprächspartnerin mit Esprit, rascher Auffassungsgabe und Kombinationsfähigkeit außerordentlich fesselnd. Für ihn war es ein gutes Vorzeichen, daß nun auch Frauen aktiv an der Weiterentwicklung seiner Lehre beteiligt waren. Diese neue Tendenz entsprach seinem liberalen, keineswegs zeittypischen Verständnis für weibliche Intellektualität. Freud wußte aus seiner Praxis sehr genau, wie oft

Frauen durch sexuelle Konventionen, begraben unter Rollenerwartungen und Verhaltenszwängen, an der freien Entfaltung ihrer geistigen Möglichkeiten gehindert wurden. Umso wichtiger blieb es für ihn, daß Lou Andreas-Salomé erstmals das klassische Grundmuster der Analyse durchbrach und nicht Patientin, sondern Therapeutin war. Die neu gewonnene Schülerin zählte fortan zum engsten Kreis seiner Vertrauten und genoß entsprechende Privilegien. Dazu gehörte auch ein persönliches Interesse, das über die förmliche Freundlichkeit, die Freud häufig gegenüber jüngeren Adepten an den Tag legte, deutlich hinausging. In seinen Briefen an Lou sprühte er vor Charme, Witz und intellektueller Eleganz; man spürte, wie sorgfältig er seine Formulierungen abwog und auf einen gewissen Effekt berechnete. Daß sich die Anziehung, die seine Schülerin für ihn besaß, nicht allein auf intellektuelle Qualitäten beschränkte, war klar zu erkennen. Immer wieder schenkte er ihr Rosen, die sie stolz als Trophäen der Gunst durch die Straßen Wiens trug.[171] Wie mehreren seiner Schüler – darunter Abraham und Jones – erlaubte er ihr, sein Porträt in ihrem Arbeitszimmer aufzustellen. Das bot ihm Gelegenheit zu einer charmanten Anmerkung, in der sich oberflächlicher Flirt und tiefere Sehnsucht mischten. Sie besitze, so schrieb er Lou Ende Dezember 1913, zwei Photos von ihm, er aber keines von ihr: «Ist das gerecht? Natürlich stelle ich mir die Abhilfe nicht so vor, daß Sie mir von den beiden eines zuschicken.» Die Umworbene verstand den Wink und übersendete ihrem Lehrer eine nicht mehr ganz aktuelle Atelieraufnahme, die sie als «junge Dame» zeigte. Das Bild erhielt künftig einen «Ehrenplatz» auf dem dichtgedrängten Schreibtisch in der Berggasse, wo für Porträts von Martha und Minna kein Platz war.[172]

Vereine, Konferenzen, Intrigen

Parallel zu den lokalen Schwerpunkten in Wien, Zürich, Berlin und Budapest entstanden seit 1908 neue Formen der institutionellen Zusammenarbeit. Am 27. April 1908 fand in Salzburg der schon erwähnte erste internationale Analytiker-Kongreß statt, der weitere Schritte, vor allem die Publikation eines lange geplanten Jahrbuchs nach sich zog. Die Vorbereitung der Konferenz hatte Jung übernommen, der seine außerordentlichen Talente als Organisator und Stratege bewies. Im Hotel Bristol traf sich eine Schar von 42 Experten, die Freud auf eindrucksvolle Weise das weltweit gewachsene Interesse an seinen Theorien zeigte. Unter den Gästen waren

Brill aus New York, Jones aus London, in seiner Begleitung der Chirurg Trotter, Ferenczi und Stein aus Budapest, Brecher aus Gastein-Meran, Abraham aus Berlin, Groß und Loewenfeld aus München. Neben dem Wiener Verein, dessen Mitglieder vollständig angereist waren, stellten die Züricher mit Bleuler, seinem Oberarzt Jung, den Assistenten Eitingon und Theodor Paul Erismann die größte Gruppe.[173] Erstmals nahmen auch zwei Frauen teil, die Züricher Ärztin Sophie Erismann, die Mutter von Bleulers Schüler, und Frieda Groß, die Gattin von Otto Groß. Angesichts der unerwartet hohen Zahl von Anmeldungen mußte das auf einen Tag berechnete Programm gekürzt und der in englischer Sprache angekündigte Vortrag von Brill gestrichen werden – was Jones, der auf den amerikanischen Kollegen notorisch eifersüchtig war, gefreut haben dürfte.

Freud versammelte die Teilnehmer im Konferenzraum des Salzburger Hotels, begrüßte sie mit sehr knapper Höflichkeit und ging dann umstandslos zu seinem eigenen Vortrag über, den man unter dem sehr allgemeinen Titel *Kasuistisches* angekündigt hatte. Er sprach drei Stunden lang ohne Manuskript völlig frei und setzte seine Ausführungen nach der Mittagspause auf Wunsch der Teilnehmer nochmals für zwei Stunden fort. Das Referat befaßte sich mit Formen der Zwangsneurose und analysierte in aller Breite den Fall eines russischen Patienten, der unter Angstvorstellungen im Zusammenhang mit masochistischen Phantasien litt. Freud erwies den Zürichern seine Reverenz, indem er sich im bewertenden Teil des Vortrags ihrer Terminologie bediente und die ausführlich geschilderten Zwangsideen des Mannes als ‹Komplexe› beschrieb.[174] Seine Fallgeschichte veröffentlichte er ein Jahr später – sie wurde als Krankenstudie des ‹Rattenmannes› weltberühmt. Nach Freuds episch ausgedehntem Auftritt sprachen, beschränkt auf jeweils 30 Minuten Dauer, Jones, Riklin, Abraham, Sadger, Stekel, Jung und Adler. Stein und Ferenczi mußten nach dem Abendessen auftreten, denn die Zeit tagsüber blieb knapp, da am Ende der Mittagspause auch noch ein gemeinsamer Spaziergang vorgesehen war. Das Spektrum der Themen reichte von klassischen Gegenständen wie der Angsthysterie, den Perversionen und der Rationalisierung im Alltagsleben bis zu klinischen Feldern wie der Dementia praecox und kulturhistorischen Fragen der Mythendeutung. Zu den besonderen Überraschungen der Konferenz gehörte für Freud das unangekündigte Erscheinen seines Halbbruders Emanuel aus England, der eine Visite auf dem Kontinent für einen kurzen Abstecher nach Salzburg nutzte. Er traf einen im Glanz seines

Erfolgs strahlenden Gelehrten, der kaum noch an den linkisch-vergeistigten Studenten vom Sommer 1875 erinnerte, als man sich in Manchester für mehrere Wochen sah.[175]

Auch das Jahrbuch-Projekt zeigte Fortschritte; «ist gesichert», lautete die – durchaus voreilige – Formulierung im Protokoll der Mittwochsgesellschaft vom 6. Mai 1908.[176] Noch bedurfte es eines Geschäftspartners, der bereit war, die Risiken der Publikation auf sich zu nehmen. Im Sommer 1908 verhandelte Jung mit dem Marhold-Verlag in Jena, Freud mit Deuticke in Wien, der am Ende aufgrund seiner lang bewiesenen Zuverlässigkeit den Zuschlag erhielt. Schon 1909 konnte das erste *Jahrbuch für psychoanalytische und psychotherapeutische Forschungen* erscheinen. Es wurde von Freud und Bleuler in symbolischer Eintracht gemeinsam herausgegeben, während Jung, der Kronprinz, als Redakteur fungierte. Damit war ein weiterer Schritt zur besseren Organisation analytischer Forschungen getan, von dem sich Adler erhoffte, daß er «die Arbeitslust» steigern und die Abstimmung der Positionen erleichtern werde.[177] Gerade die Teilung der Rollen und die eigensinnige Publikationsstrategie Jungs machten diese Hoffnung jedoch bald zunichte. Freud, der sich auf den Part des externen Richters beschränken wollte, mußte nach kurzer Zeit erkennen, daß die Balance der Kräfte zwischen Wien und Zürich weiterhin störanfällig war.

An den letzten beiden Tagen des März 1910 fand in Nürnberg im dortigen Grand Hotel der zweite internationale Analytiker-Kongreß mit Teilnehmern aus der Schweiz, Kanada und den USA statt. Freud hielt den Eröffnungsvortrag über *Die zukünftigen Chancen der psychoanalytischen Therapie*, in dem er für die Bewegung «inneren Fortschritt», «Zuwachs an Autorität» und «Allgemeinwirkung» als Ziele ausgab. Seine Darstellung war auf übergreifende Programmatik gestimmt, ganz im Sinne einer gesellschaftlichen Mission, die das Zentrum der Therapie bilden müsse. Er beklagte die «Autoritätssucht und innere Haltlosigkeit» des modernen Menschen und forderte eine breite «Aufklärung der Masse», die nur möglich sei, wenn die Psychoanalyse ihre gesellschaftliche Akzeptanz steigere.[178] Der sozialpolitische Ton, den Freud anschlug, war für zahlreiche Zuhörer neu und wies in die Richtung einer durchgreifenden Ausweitung der Bewegung. Aus den intimen Zirkeln der Anfangsjahre, so sollte jeder sehen, waren öffentliche Geltungsansprüche erwachsen, die der Psychoanalyse bisher unbekannte Wirkungsfelder in Staat und Erziehungswesen, Universität und Familie verschaffen sollten. Die Diskussion des Eingangsreferats blieb trotz solcher

Perspektiven verhalten, und rückblickend mutmaßte Freud, sein Vortrag sei aufgrund seiner ‹inneren Müdigkeit› deutlich abgefallen.[179] Vermutlich irritierte manche Teilnehmer in der Tat die soziale Vision, die hier aufschien. Daß Freud nicht zu denen gehörte, die dem medizinischen Betrieb ein Übermaß an ‹demokratischer Zerfahrenheit› bescheinigten, stand außer Frage. Wer das Gesundheitswesen reformieren wolle, habe die Pflicht, so betonte er, alle anzuhören, auch wenn das nicht immer erfreulich sei. «Es läßt sich nichts machen», schrieb er am 26. Februar 1916 an Ferenczi, «man muß jeden Esel schreien und jedes Hornvieh brüllen lassen.»[180]

Das gewachsene Selbstbewußtsein der Gruppe spiegelte sich in zahlreichen Präsentationen des Nürnberger Kongresses. Vor allem die Schweizer überzeugten durch kluge Studien, die demonstrierten, daß ihre methodische Schulung «erstrangig» war, wie Jones sich erinnerte.[181] Zu den eindrucksvollsten Referenten der Tagung gehörten Alphonse Maeder mit einem Beitrag *Zur Psychologie der Paranoiden* und der noch weitgehend unbekannte Johann Jakob Honegger, ein Protegée Jungs, der *Über paranoide Wahnbildung* sprach. Während die Züricher ihre Überlegungen aus einer reichen klinischen Erfahrung schöpften, konzentrierten sich die Wiener Vertreter stärker auf theoretische Fragen: Adler führte zum Thema des ‹Hermaphroditismus› aus, Stekel zur Traumsymbolik. Abraham wiederum, der direkt nach Freud auftrat, lieferte eine Studie über Fetischismus, die überzeugend unterstrich, daß die Psychoanalyse bei der Beschreibung erotischer Abweichungen weit über die Erklärungsmodelle von Krafft-Ebings *Psychopathia sexualis* hinausgelangt war. Nur Jung fiel mit einem abenteuerlichen Referat über den ‹Amerikanismus› aus dem Rahmen, dessen rassistisch anmutende Kernthesen Otto Rank für das Wiener Fachpublikum so zusammenfaßte: «Vortragender sieht in der psychologischen Eigenart des Amerikaners Züge, die auf energische Sexualverdrängung hindeuten. Die Gründe dafür sind vornehmlich im Zusammenleben mit dem Neger zu suchen, das suggestiv auf die mühsam gebändigten Instinkte der weißen Rasse wirkt. Daher sind stark entwickelte Abwehrmaßregeln nötig, die in den Besonderheiten des Amerikanismus zutage treten.»[182]

Trotz zumeist sachlicher Diskussionen litt die Nürnberger Atmosphäre unter den standespolitischen Interessengegensätzen zwischen dem Wiener und dem Züricher Lager. Der Streit entzündete sich an einer alten Idee Freuds, die Ferenczi als von ihm autorisierter Sprecher gegen Ende der Konferenz vortrug: die Schaffung der *Internationalen Psychoanalytischen Ver-*

einigung mit den lokalen Untergruppen Wien, Berlin und Zürich, bei möglicher Ausweitung in der Zukunft. Während er Details erläuterte, kursierte ein Entwurf für eine Satzung, der erst am Morgen in Nürnberg gedruckt worden war.[183] Das ganze Projekt hatte Freud seit Beginn des Jahres 1910 ausschließlich mit Ferenczi, sporadisch mit Jung erörtert. Entsprechend überrascht zeigten sich die Teilnehmer, als das Thema am Ende der Tagung plötzlich aufkam. Nach heftigen Debatten wurde Jung durch Vorschlag Ferenczis – gegen den anfänglichen Widerstand Adlers und Stekels – zum Präsidenten der neuen Organisation, Franz Riklin zum Sekretär gewählt, der Sitz nach Zürich gelegt.

Freud hatte vor der Abstimmung die Wiener Mittwochsrunde, die sich zunächst ohne ihn in einem Nebenzimmer der Hotel-Lobby versammeln wollte, mit mahnenden Worten auf seinen taktischen Kurs einzuschwören gesucht. Für die neue Bewegung bleibe es unverzichtbar, daß nicht-jüdische Ärzte sie nach außen führend repräsentierten, um dauerhafte Abschottung zu verhindern. Die Situation sei günstig für einen Aufbruch in die gemeinsame Zukunft, die man aber nur mit starken Partnern aus der klinischen Psychiatrie gestalten könne. Allein deshalb müsse, so erklärte er, Zürich die Leitung der Internationalen Vereinigung übernehmen.[184] Äußerst mißmutig stimmten die Wiener dieser Strategie zu, weil sie ihrem Oberhaupt die öffentliche Gefolgschaft nicht verweigern mochten. Fritz Wittels verglich die Idee der Gründung noch 14 Jahre später mit der «katholischen Ordensorganisation» und nannte das Auftreten Freuds «gewalttätig» und «naiv» wie das eines Vaters «der darwinischen Urhorde».[185] Das spiegelte die massiven Vorbehalte wider, mit denen die meisten österreichischen Anhänger dem Projekt begegneten. Gegenüber Ferenczi erklärte Freud wenige Tage nach der Rückkehr den «Nürnberger Reichstag» zum Ereignis, das die «Kindheit unserer Bewegung» beendet und ihre «schöne Jugendzeit» eingeläutet habe.[186] Er wußte selbst zu genau, daß sein Vergleich nicht nur Grund zum Optimismus, sondern auch zur Skepsis bot: die Pubertät der analytischen Schule stand noch bevor, und mit ihr eine Vielzahl von Konflikten, die man in diesem Moment lediglich erahnen konnte.

Die Nürnberger Tagung hinterließ bei fast allen Teilnehmern Frustration und Mißstimmung. Zu den Verärgerten gehörte Kraepelin, dessen Assistent Max Isserlin auf Geheiß Freuds die Teilnahme am Kongreß untersagt wurde, weil er privat Zweifel an der Psychoanalyse geäußert hatte. Der

Münchner Psychiater suchte künftig Distanz zu Freud und hielt mit Kritik nicht hinter dem Berg. Damit war die Chance vertan, einen bedeutenden Kliniker für die Bewegung zu gewinnen. Auch unter den Wiener Adepten zeigte sich große Enttäuschung, weil man das Votum für Jung und Riklin als Unterwerfungsgeste interpretierte. Anfang April 1910 beschloß Freud, wie schon beschrieben, die «Führung der Wiener Gruppe» mit der Funktion des Obmanns Adler zu übertragen.[187] Er selbst verzichtete auf diese Rolle, da er die kommende Generation stärker in die Verantwortung nehmen und die Österreicher für ihre Niederlage in Nürnberg entschädigen wollte. Außerdem bot er Adler und Stekel die Leitung des neuen Periodikums, des *Zentralblatts für Psychoanalyse* an, das ein Gegengewicht zum fest in den Händen Jungs und Bleulers liegenden *Jahrbuch* bilden sollte. Diese Entscheidungen lösten zumindest vorübergehend die Abwehrhaltung der Wiener, so daß Adler am 6. April 1910 im Mittwochskreis verkündete, man bewerte die Nürnberger Festlegungen positiv, weil eine «Überschätzung» der damit verbundenen «Gefahren» auch eine «Art Selbstunterschätzung» der österreichischen Gruppe bedeuten würde.[188] Das war ein Appell an die eigene Stärke, die sich aus der Pionierrolle der Wiener ergab und Gelassenheit gegenüber den Zürichern nahelegen sollte. Es dauerte jedoch nicht lange, bis die mühsam gefundene Kompromißlinie Freuds erneut in Frage gestellt wurde. Die «ungezogenen Jungen» – so seine Formulierung vom 3. März 1910 – ließen sich auf Dauer nicht bändigen.[189]

Im Fahrwasser der Nürnberger Konferenz entstanden neue Formen der Organisation, die sogenannten ‹Ortsgruppen›. Abraham gründete bereits am 24. März 1910 eine Berliner Filiale, die neun Mitglieder umfaßte. Im Juni desselben Jahres kam es in Zürich auf Initiative Binswangers zum Zusammenschluß von immerhin 19 Mitgliedern. Im Mai 1911 folgten, wie erwähnt, New York unter dem Vorsitz Brills mit 21 Mitgliedern und München, angestoßen durch Leonhard Seif, als kleinste Gruppe mit sechs Anhängern, darunter Otto Groß und Viktor von Gebsattel. Zahl und Stärke der Ortsvereine wuchsen in den kommenden Jahren stetig weiter. Die lokalen Vereinigungen bildeten die sichere Basis für Freuds Wirkung, indem sie den Austausch über Methode und Praxis seiner Wissenschaft förderten; später dienten sie als Plattformen für die Qualifizierung der Ärzte und die Organisation der Lehranalyse.

Die Nürnberger Tagung fand ohne Bleuler statt. Der mußte sich im Züricher Universitätsspital den Blinddarm entfernen lassen und nutzte die Zeit der Rekonvaleszenz für die Lektüre der drei Abhandlungen zur Sexualtheorie.[190] Seine Einstellung zu Freuds Politik blieb zwiespältig, weil er die Auffassung vertrat, daß sie allzu stark auf Isolierung und Abkapselung setzte. «Ich persönlich habe eben intellectuell & affectiv das Bedürfnis nach Diskussion», so bemerkte er am 18. Oktober 1910.[191] Vor allem der Ausschluß potentieller Widersacher verärgerte ihn, weil er einen offenen akademischen Verkehr auch mit den Gegnern wünschte, sofern sie hinreichende Reputation besaßen – ein Kriterium, das er etwa Stekel in Wien, Ferenczi wegen seines Hangs zur Spekulation oder dem Theologen Pfister definitiv absprach. Daß der Kraepelin-Schüler Isserlin, ein erklärter Gegner der analytischen Sexualtheorie, auf Betreiben Jungs, aber durchaus mit Unterstützung Freuds, in Nürnberg zur unerwünschten Person erklärt wurde, mißfiel ihm. Noch problematischer fand er die Behandlung Ludwig Franks, der von Forel kam, die Analyse in eigenwilliger Adaption der kathartischen Methode praktizierte und sich in Nürnberg degradiert fühlte, da man ihn kaum beachtete. Freud erfuhr von solchen Einschätzungen nur indirekt und sah zunächst keinen Anlaß, seine harte Linie aufzugeben. Im September 1910 fragte er, um weiteren Irritationen vorzubeugen, bei Bleuler offiziell an, aus welchen Gründen er der *Internationalen Vereinigung* weiter fernbleibe. Gerade weil er die Brücken zu ‹behüten› suche, die von der Analyse zur «Schulpsychiatrie» führten, leiste er der Sache einen schlechten Dienst, wenn er sich entziehe.[192] Bleuler antwortete ausführlich, indem er auf die «Ausschliesslichkeit» der Statuten verwies, die seinem «Charakter» nicht entspräche und keinen Raum für Debatten lasse.[193]

Zu diesem Zeitpunkt hatte Bleuler gerade seine umfassende Studie *Die Psychanalyse Freuds* beendet, die er in einem Tagebucheintrag vom 5. September als «Kritik» kennzeichnete.[194] Sie verriet eine ernsthafte Auseinandersetzung mit den Kernelementen seiner Lehre, die Freud schätzen mußte, auch wenn die Bedenken gegenüber der Libidokonstruktion aufrechterhalten wurden. Da der Briefwechsel keine Klärung der unterschiedlichen Einstellungen zur Sexualtheorie herbeiführen konnte, entschloß man sich zu einer persönlichen Unterredung. Am 25. Dezember 1910 trafen sich Freud und Bleuler auf halber Strecke in München, mieteten sich im luxuriösen Parkhotel ein und besprachen, unterbrochen nur durch die «glänzenden Mahlzeiten», die schwierig gewordene Situation.[195] Freud, der früher angekommen war, empfing Bleuler am Bahnhof und lief mit ihm bei unfreundlichem Regenwetter zum gemeinsamen Domizil. Das Gespräch, so notierte Bleuler im Tagebuch, sei erheblich «interessanter» ausgefallen, als er erwartet habe; im übrigen nutzte er die Chance, Freud ‹gehörig auszuquetschen›, wie er lapidar vermerkte.[196] Daß dieser sich wiederum einen Tag später im selben Hotel mit seinem früheren Schüler Jung traf, um Fragen der psychoanalytischen Politik zu diskutieren, konnte Bleuler nicht ahnen.

Die Münchner Begegnung führte dazu, daß Bleuler dem Wunsch Freuds nachkam, ihm seine Mitwirkung zusagte und sich am 13. Januar 1911 der ein halbes Jahr zuvor gegründeten Züricher Ortsgruppe der *Vereinigung* anschloß. Damit schien ein erster strategischer Erfolg im Ringen um Anerkennung erreicht zu sein, denn Freud konnte nun den Kopf der Schweizer Psychiatrie offiziell zu seinen Anhängern zählen. Der Beitritt blieb jedoch ein Arrangement auf Zeit, fragil und strategisch wenig belastbar, weil Bleuler keine Lust verspürte, sich in die alltägliche Arbeit einspannen zu lassen. Seine Bedenken wurden bereits im Frühjahr 1911 sichtbar, als die Bestimmung eines Züricher Repräsentanten der *Internationalen Vereinigung* anstand. Diese Aufgabe übernahm der in Wien weitgehend unbekannte Alphonse Maeder, da Bleuler selbst sich nicht exponieren wollte: «Ich möchte also so lange als möglich zusehendes Mitglied bleiben; das wäre gewiß für alle Teile am besten.»[197]

Am 21. und 22. September 1911 fand mit stattlichem Zulauf die nach Salzburg und Nürnberg dritte internationale Konferenz der Psychoanalytiker in Weimar statt. Es waren 55 Gäste gekommen, darunter zahlreiche aus Nordamerika, den Niederlanden und dem Elsaß. Zu den Teilnehmern zählten acht Frauen, die überwiegend der Züricher Delegation angehörten. Jung, der mit seiner Gattin und seiner früheren Patientin Antonia Wolff anreiste, vermerkte diesen Umstand nicht ohne Stolz nach Wien, wo es keinen vergleichbaren Anteil interessierter Frauen gab.[198] Es standen zwölf Vorträge an, in der gewohnt balancierten Verteilung auf Fallstudien und theoretische Arbeiten. Während Freud sich mit einem eher marginalen Postskriptum zu seinem Schreber-Aufsatz begnügte, legte Jung einen systematischen Beitrag zur Symbolik vor, der die Phantasieproduktion bei neurotischen Erkrankungen in einen Zusammenhang mit der antiken Mythologie rückte. Rank sprach über das Nacktheitsmotiv in Literatur und Sage, Abraham referierte, wegweisend und reich an empirischem Material, über die libidinösen Ursachen der Depression, Sadger stellte neue Überlegungen zur Masturbation bei Kindern und Erwachsenen vor, Ferenczi behandelte die Genese der männlichen Homosexualität, die er als Spielart der Zwangsneurose deutete. Aus Boston war der charismatische James Putnam angereist, einer der «hervorragendsten Nervenärzte Amerikas» und bald ein «Vorkämpfer für die Psychoanalyse».[199] Er hielt ein sehr allgemein gehaltenes Referat zum Verhältnis von Philosophie und Therapie, ohne auf sonderliche Resonanz zu stoßen, fand aber danach Gelegenheit zu einem mehrstündigen Gespräch mit Freud, das er später als eine Art Lehranalyse auffaßte. Bleuler, dessen Hauptwerk *Dementia praecox oder Gruppe der Schizophrenien* kurz zuvor erschienen war, lieferte einen klug durchdachten Beitrag zum Autismus, der große Anerkennung erntete. Freud nahm den bemerkenswerten Auftritt wie die Monographie sehr distanziert zur Kenntnis. Das ihm im September aus Zürich übersendete Buch-Exemplar scheint er nur oberflächlich studiert zu haben, denn es weist keinerlei Randbemerkungen oder Anstreichungen auf. Seine briefliche Reaktion beschränkte sich, wie Bleulers Antwort nahelegte, offenbar auf die Bekundung ‹respektvollen Grausens› angesichts der hier dokumentierten Fälle, die ihm den Abstand zwischen seiner Wiener Ordination und den Schrecknissen der psychiatrischen Klinik verdeutlichten.[200]

Ende September 1911 konnte Freud in Weimar einen kurzen Moment des Glücks genießen. Es herrschten weitgehend Harmonie und Übereinstimmung, sah man davon ab, daß Jung nach Ferenczis Referat über Homoerotik den Berliner Magnus Hirschfeld als ‹Sexologen› abkanzelte, worauf dieser einige Wochen später aus der *Vereinigung* austrat. Die gewachsene Analytiker-Familie war in Weimar fast vollzählig versammelt, die internationalen Kontakte mehrten sich, das Niveau der Vorträge stieg seit dem Salzburger Treffen stetig. Nicht zuletzt verschaffte es Freud Genugtuung, daß immer mehr Frauen Interesse an der Psychoanalyse zeigten. Das Gruppenphoto, das zu Beginn des Kongresses aufgenommen wurde, dokumentiert eine stolze Schar von Gelehrten, in deren erster Reihe die acht Teilnehmerinnen Platz genommen haben. In der Mitte steht als Oberhaupt der Familie Freud, flankiert von Ferenczi und Jung. Damit er den Gründervater nicht überragte, mußte der hochgewachsene Jung sich in unnatürlicher Haltung nach vorn beugen. Sein Gesichtsausdruck wirkte angestrengt, und es war zu erkennen, daß er an der Inszenierung hierarchischer Beziehungen nur widerwillig teilnahm. In späteren Jahren bediente man sich bei Gruppenbildern auf Analytiker-Tagungen einer Holzkiste, die Freud zu besteigen hatte, um auch optisch gebührend hervorzustechen.

Kongreß in Weimar 1911

Die Freude an der mühsam gewonnen Harmonie währte nicht lange, denn nur zwei Monate nach der Weimarer Konferenz erklärte Bleuler seinen Austritt aus der *Internationalen Vereinigung*. Der äußere Anlaß bestand darin, daß Maeder als lokaler Züricher Vertreter Bleulers Assistenzarzt Hans Maier bedrängt hatte, sich offen für die Gruppe zu bekennen und auf seine bisherige Neutralität zu verzichten. Bleuler betrachtete das als Erpressung, die, wie er fand, die dogmatische Grundlinie von Freuds Politik bestätigte. Am 27. November 1911 schrieb er nach Wien, es sei für ihn selbstverständlich, daß sein Ausscheiden «an unseren persönlichen Beziehungen nichts ändere.»[201] Freud äußerte verärgert gegenüber Jung, seine Geduld mit Bleuler sei erschöpft; zugleich mußte er einsehen, daß der Austritt einen empfindlichen Verlust für die Bewegung bedeutete – gerade deshalb, weil der Schweizer Kollege in den kommenden Jahren eine noble und tolerante Beziehung zur Psychoanalyse pflegte.[202] Auch wenn seine Beiträge zum Wiener *Zentralblatt* und zum *Jahrbuch* sporadisch blieben, machte er sich für Freud stark, indem er seine Arbeiten und die seiner Schüler über mehrere Dekaden für die *Münchner Medizinische Wochenschrift* rezensierte.[203]

So endete die Bleuler-Episode zwiespältig: institutionell gesehen hatte man mit diesem Auszug die Unterstützung der Burghölzli-Klinik verloren, in der Sache gab es dagegen weiterhin Übereinstimmungen. Bleulers große Studie über die ‹Gruppe der Schizophrenien›, in den nächsten Jahrzehnten das Standardwerk zum Thema, unterstrich die methodische Anerkennung der Psychoanalyse durch die orthodoxe Nervenheilkunde.[204] Das war zumindest ein Teilsieg, auch wenn Freud die Übereinstimmung nicht weit genug ging.

Auf die Rolle des Vermittlers, der die Analyse empfahl, vor eilfertigen Verurteilungen warnte und zu genauer Lektüre mahnte, konnte sich Bleuler besser einlassen als auf den Part des Mitbruders, der sich einem festen Zirkel anschloß. Sichtbar wurde hier, daß kein direkter Weg von der Klinik zum Wiener Behandlungszimmer führte. Wenn Bleuler gerade Freuds Arbeiten zu den Fehlleistungen und über den Witz trotz kleinerer Einwände (etwa gegen die Hochschätzung der Schriften von Theodor Lipps) nachdrücklich rühmte, so ist das bezeichnend, denn es handelte sich um jene Texte, die der medizinischen Praxis besonders fernstanden.[205] Die monokausale Herleitung der Neurosenlehre aus der Libidotheorie und die Hypothesen zur frühkindlichen Sexualität lösten dagegen seine Zweifel aus, weil er sie für unbewiesen und spekulativ hielt. Die infantile Libido sei entwicklungsgeschichtlich nicht zwingend erklärbar, so behauptete er: «Was nützt die ganze sexuelle Mechanik vor der Pubertät?»[206] Trotz solcher Reserven, die sich auf die mangelnde empirische Absicherung der Beispiele bezogen, war Bleuler bereit, die Lehre Freuds als «genial» zu preisen und ihre wissenschaftliche Leistung mit den bahnbrechenden Entdeckungen von Kopernikus und Darwin zu vergleichen.[207]

Seine Vorbehalte gegenüber der Sexualtheorie hinderten Bleuler nicht, immer wieder Freuds Rat in Fragen der libidinösen Entwicklung einzuholen. So schickte er ihm Abschriften mit Traumberichten und offenbarte ihm eigene Pubertätserinnerungen. Immerhin ließ er sich auf die analytischen Ansätze so weit ein, daß er die Hypothese einer frühkindlichen homoerotischen Prägung überprüfte und mit seinen eigenen infantilen Erfahrungen verglich: «Allerdings war ich als Knabe geil, wenn man mit anderen Knaben zotete, aber immer war es nur der Gedanke ans andere Geschlecht, der Wirkung machte.»[208] Die prinzipielle Bedeutung der Sexualtheorie leuchtete Bleuler nicht ein, weil er daran zweifelte, daß sie auf die Ursprünge so zahlreicher neurotischer oder psychotischer Störungen anwendbar war. Wenn er über Freuds Schreber-Studie und später auch zu *Totem und Tabu* kritisch bemerkte, er wünsche sich «mehr Beweise», so stand das stellvertretend für seine generellen Bedenken gegenüber der mangelnden Begründungskraft einer rein hypothetischen Argumentation.[209] «Es ist so schwer, in diesen Dingen über die Wahrscheinlichkeit hinauszukommen», notierte er im November 1912.[210]

Wie weit Bleulers Skepsis gegenüber der *causa finalis* der Freudschen Lehre reichte, zeigte seine Kritik an der Ableitung des Traumgedankens aus der Libido. «Es fehlen mir eben», so schrieb er am 15. Februar 1912, «die Beweise, dass der Traum einen Zweck und eine Absicht habe.»[211] Freud suche nach Tatsachen, er aber nach ‹teleologischen Fragen›, notierte er nicht ohne Süffisanz im Mai 1912.[212] Die unterschwellige Gehässigkeit solcher Äußerungen bestand darin, daß Bleuler der Analyse im Grunde einen Mangel an faktischer Evidenz vorwarf und der von ihm beleuchtete Gegensatz nicht nur methodische Dimensionen betraf. Es ging um einen letzten Grad an wissenschaftlicher Seriosität, den Freud nach Meinung seines Schweizer Kollegen häufiger vermissen ließ. Weil er seine Lehre allein aus persönlichen Erfahrungen ableite und daran «vorläufige» Hypothesen knüpfe, entziehe er sich sämtlichen Grenzen und Normen. Das sei das Vorrecht des Pioniers, aber für seine Leser bedeute es oft eine Zumutung.[213]

Zur Jahreswende 1911/12 schickte Bleuler Freud einen langen Brief, in dem er ihm vorwarf, er habe durch seine Neigung zum Sektierertum verhindert, daß sich die Analyse in der Schweiz stärker verbreiten konnte. Dogmatismus, Unoffenheit und Starrsinn hätten freie Geister wie seinen Schüler Maier abgeschreckt und eine bessere Breitenwirkung unterbunden. Durch seine «Stachelhaut» grenze sich der Verein nach außen ab, statt sich für unabhängige Köpfe zu öffnen. Das Bild paßte merkwürdig zu Freuds Formulierung vom ‹stachligen Aal›, die Jung Bleuler im Oktober 1911 womöglich hinterbracht hatte.[214] Die Lage war, ähnlich wie schon im Frühling 1910, gänzlich verfahren. Freud wehrte Bleulers Vorwürfe ab, indem er erneut betonte, daß es nötig sei, klare Bekenntnisse einzufordern, weil eine nur oberflächliche Sympathie für die Analyse bei vielen Kollegen tiefe wissenschaftliche Bedenken verdecke. Zweifelhafte Allianzen aber könne man nicht gebrauchen, so erklärte er, und deshalb müsse man halbherzige Freunde ebenso meiden wie entschiedene Gegner.

Trotz Bleulers Austritt aus der *Vereinigung* und Freuds Zorn über seine Zurückhaltung in Fragen der analytischen Politik kam es niemals zu einem echten Streit zwischen beiden. «Ich ertappe mich dabei, gar nicht mehr böse auf Sie zu sein», schrieb Freud im Januar 1912 nach Burghölzli. Man müsse nur darauf achten, daß sich an den «Bruchflächen» der Beziehung nicht «Rost» ansetze und danach die Entfremdung beginne.[215] Bleuler wiederum wies Freuds Komplimente für seine klinischen Leistungen zurück, indem er bat, er solle ihn «nicht lebend in die Menagerie der verdrängten Bestien sperren.»[216] Ihm ging es offenbar um die Fortführung eines offenen Gesprächs, das weder durch versteckte Vorwürfe noch durch falsche Verklärung belastet werden sollte. Als geschulter Psychiater wußte er, welche Gefahren hinter Projektionen und unerledigten Aggressionen steckten. Anders als Jung, der Freud befangen begegnete, bemühte sich Bleuler um eine nüchterne Beziehung, zu der auch gehörte, daß er seine wissenschaftlichen Bedenken klar artikulierte und sehr genau auf eine affektive Balance zwischen den Briefpartnern achtete.

Das relativ stabile Verhältnis der beiden litt auch nicht unter der Tatsache, daß Bleuler die Arbeiten Jungs höher schätzte, als das in Wien akzeptabel war. An Jungs späterer Studie *Wandlungen und Symbole der Libido* (1912) pries er den ‹kolossalen Fleiss›, der trotz mancher Spekulation «viel Richtiges und Fruchtbares» hervorbringe.[217] Dieses Lob mußte Freud umso mehr schmerzen, als sich Bleuler weiterhin mit einer uneingeschränkten Zustimmung zu seiner Lehre schwertat, weil er ihr sexualtheoretisches Zentrum für eine private Obsession hielt: «Ich fühle mich aber bei keinem Satz sicher, dass er richtig ist.»[218] Ausdrücklich beklagte er in diesem Zusammenhang, wie oft Freuds Schüler ernsthafte klinische Symptome ignorierten: «Eben haben wir wieder einen Schizophrenen aufgenommen, an dem ein ganzes Vermögen verpsychanalysiert worden ist.»[219] Trotz solcher Spitzen blieben beide füreinander bis zum Beginn des Krieges gute Gesprächspartner, die sich nicht schonten und ihre Kontroversen, wo nötig, offen austrugen. «Ich würde mich freuen», hieß es im September 1913 aus Burghölzli, «wenn Sie Zeit hätten, mir irgendwo, wo sie es für am aussichtsreichsten halten, meine Fehler vorzuhalten.»[220] Daß Bleuler wiederum von Freud im Gegensatz zu anderen niemals verstoßen wurde, lag an seiner Rolle als wissenschaftlicher Stiefbruder, der zu fern war, um Schüler oder Gemeindemitglied zu werden, aber gerade deshalb Zuneigung genoß. Nach 1914 verlor sich der Kontakt zunehmend, doch der alte Respekt blieb. Dem «Schöpfer» eines großen Werkes mochte Bleuler seine Anerkennung nicht verweigern; und Freud wiederum schien insgeheim anzuerkennen, daß

Neutralität auch ihm gegenüber möglich war, nämlich in der Haltung sympathisierender Kritik.[221]

Unbeirrt verfolgte Freud nach der Gründung der *Internationalen Vereinigung* seine Publikationsstrategien. Neben das *Jahrbuch* trat ab dem Sommer 1910 das schon erwähnte *Zentralblatt für Psychoanalyse,* das in Wien erschien, herausgegeben von Freud, mit Adler und Stekel als Schriftleitern. In der Beilage enthielt es das *Korrespondenzblatt,* das regelmäßig über die Aktivitäten des Wiener Ortsvereins berichtete. 1913 kam die *Internationale Zeitschrift für Psychoanalyse* hinzu, die gleichfalls Freud edierte. *Jahrbuch* und *Zentralblatt* boten Beiträge der ersten Schülergeneration, gelegentlich ergänzt durch Texte Bleulers, aber auch Nachrückender wie Otto Rank oder Sabina Spielrein, einer ehemaligen Patientin Jungs. Während Freud beide Periodika sehr vorsichtig nutzte, lieferte Jung gewichtige Aufsätze, darunter Vorstudien zu *Wandlungen und Symbole der Libido.* In weiteren Nummern zumal des *Jahrbuchs* waren die übrigen Schweizer Analytiker kaum noch präsent, was Freud heftig verärgerte, da er darin eine offene Verweigerung zu erkennen glaubte.[222] Im Grunde aber entsprach ihre Zurückhaltung seinem eigenen wissenschaftlichen Stil, denn er suchte bei methodischen Konflikten keine direkte Polemik, sondern grenzte sich durch Schweigen ab. «Ich pflege stumm abzulehnen und meiner Wege zu gehen.»[223]

Gleichzeitig entstanden ab 1911 neue Ortsvereine außerhalb Österreichs, Deutschlands und der Schweiz – in New York, später in London und Budapest.[224] Gerade in Ungarn strahlte die analytische Bewegung schnell auf das Kulturleben ab, vor allem auf Literatur und Theater, wie Ferenczi berichtete.[225] Im vorrevolutionären Rußland sorgte ab 1910 der Psychiater Nikolaj Ossipow, «ein prächtiger Kerl, klarer Kopf, ehrlich überzeugter Anhänger», für die erste Welle der Freud-Rezeption.[226] Sogar in Chile und Argentinien bildeten sich Zusammenschlüsse von Medizinern, die psychoanalytische Themen diskutierten.[227] Die Leitung der lokalen Vereinigungen übernahmen durchweg loyale Schüler, was Freud ausdrücklich beförderte. «Es ist vielleicht ganz gut», hieß es schon am 27. April 1909 gegenüber Abraham, «wenn ihr jungen Leute euch der Sache ordentlich annehmt.»[228] Ferenczi schrieb 1910 in einem Aufsatz *Zur Organisation der psychoanalytischen Bewegung,* die Ortsvereine müßten nach dem Modell der Familie gestaltet, das hieß: streng hierarchisch aufgebaut sein. Neben klaren Abgrenzungen schloß dieses allerdings auch die Gefahr der Rebellion ein: «Der Präsident ist der Vater, dessen Ansprüche unwiderlegbar, dessen Autorität unverletzbar sind; die anderen Funktionäre sind die älteren Geschwister, die die jüngeren hochmütig behandeln und dem Vater zwar schmeicheln, aber ihn im ersten geeigneten Moment von seinem Thron stürzen wollen, um sich an seine Stelle zu setzen.»[229] Ferenczi bezog das wohlgemerkt auf die Struktur jedes Ortsvereins, nicht allein auf die Großhierarchie, in der Freud der alleinregierende Patriarch blieb. Aber es war eine Analogie, die den Gründer daran erinnerte, wie es im Inneren seiner Schüler aussah.

Ferenczis Vergleich zwischen den Vereinen und den Strukturen des Familienlebens sollte bald in sämtlichen Facetten durch die Wirklichkeit bestätigt werden. Die Söhne strebten nach der Macht des Vaters, und sie hielten ihren Ehrgeiz immer weniger zurück. Manche zogen sogar, weil sie nicht vorwärtskamen, die Konsequenz und verließen das gemeinsame Domizil. Adler war im Juni 1911 der erste Sezessionist, der sich vom Wiener Kreis abwendete; Jung sollte ihm knapp zwei Jahre später folgen – davon ist noch zu sprechen. Freud mußte früher, als es ihm lieb war, die Verteilung der Lasten neu organisieren. Das Haus schien mitnichten bestellt, und noch ehe für die Zukunft geplant werden konnte, entliefen die ersten Erben. Abweichlern gegenüber reagierte Freud mit aller Schärfe, denn er wußte, was sie taten: er selbst hatte sich ähnlich gewaltsam von seinem Vater gelöst und seine Autorität zu verwerfen gesucht. Jetzt wiederholte sich auf der Bühne der Psychoanalyse dasselbe Spiel, wenn die Söhne sich vom Gründer abwendeten. Im privaten Hause Freud ereignete sich Vergleichbares übrigens nicht: weder Martin noch Oliver oder Ernst haben jemals gegen ihren Vater rebelliert. Im Gegensatz zu seinen Schülern blieben die leiblichen Kinder treu, anhänglich und voller Bewunderung für die Lebensleistung Sigmund Freuds.

ELFTES KAPITEL

Expansion und Verrat (1907–1914)

C. G. Jung, ein schwieriger Kronprinz

Von Beginn an agierten Freud und Jung in ihrer Beziehung strategisch. Ihre jeweiligen Rollen, Absichten und Deutungen kamen dabei nur selten zur Deckung, weshalb Konflikte unausweichlich blieben. Jung sah in Freud einen Mentor, dessen wissenschaftliche Reputation zwar noch ungesichert, aber im Wachsen begriffen war, so daß er seine Karriere langfristig befördern konnte. Freud nutzte die Bekanntschaft mit Jung in den Jahren bis 1909, um seine Kontakte zur renommierten Schweizer Psychiatrie zu verbessern, die er für die Verbreitung seiner Lehre unbedingt benötigte. Jungs wissenschaftliche Aufgabe bestand nach Freuds Ansicht darin, das, was er selbst auf dem Gebiet der Neurosenforschung leistete, für den ihm unzugänglichen Bereich der Psychosen fruchtbar zu machen. Trotz frühzeitig aufbrechender Differenzen, die vor allem der Bewertung der Libido und ihrer Rolle für die wahnhaften Erkrankungen galten, erblickte er in Jung den «Vollender» und «Fortsetzer» seiner Arbeit. Jung war für ihn ein Sprößling und «Kronprinz», der als «Joshua» seine, des «Moses» Lebensleistung im ‹gelobten Land der Psychiatrie› erfüllen sollte. Jung entsprach dem äußerlich, wenn er sich wünschte, ihre «Freundschaft» nicht «als Gleichberechtigter», sondern «als die von Vater und Sohn genießen» zu dürfen.[1] Das war anfangs ernstgemeint, geriet aber zunehmend zu einer rhetorischen Floskel.

Seinen Antrittsbesuch bei Freud, der am Sonntag, dem 3. März 1907 stattfand, nannte Jung passenderweise eine «eigentliche Konfirmation».[2] Er war in Begleitung seiner Ehefrau und seines Doktoranden Binswanger nach Wien gekommen, wurde aber von Freud in der Berggasse nur allein empfangen. Der Hausherr lud ihn um 13 Uhr zum Mittagessen an den Familientisch, wo er mit Charme und Eloquenz brillierte; danach zog man sich in Freuds Studierzimmer zurück. Dort debattierten die beiden bis in den frühen Morgen, wie sich Jung später erinnerte, «pausenlos» über analytische Fragen.[3] Zuerst redete Jung selbst, so berichtete er Jones, nahezu ohne Unterbrechung, in einen leidenschaftlichen, aber ungeliederten Monolog verfallend. Irgendwann griff Freud ein, suchte die Themen zu systematisieren und das, was sein Besucher ihm vorgestellt hatte, in sachlicher Reihenfolge gründlich durchzuarbeiten.[4] So entwickelte sich ein Werkstattgespräch, das nahezu perfekt die Dramaturgie des Briefwechsels kopierte: Jungs egomanischer Elan brach sich in wilden Assoziationen Bahn, die Freud nüchtern ordnete und in ein klares Schema überführte.

Der denkwürdige Besuch mit seiner 13stündigen Debatte wurde in Burghölzli bald zum beherrschenden Thema. Sein Assistent sei «begeistert zurückgekommen», so berichtete Bleuler am 21. März 1907 an Freud.[5] Ende Mai schrieb Jung enthusiastisch nach Wien: «Wer Ihre Wissenschaft kennt, hat eben vom Baume des Paradieses gegessen und ist sehend geworden.»[6] Das war ein zweideutiges Bild, denn es schloß die Perspektive des Sündenfalls ein. Freuds Lehre setzte, wie Jung ahnte, als Preis der Erkenntnis den Verlust der Unschuld voraus. Hatte man sie verinnerlicht, so stürzte man aus den Ordnungen eines naiven Weltgefühls in die Hölle der Illusionslosigkeit. Kaum zufällig durchzogen die Briefe, die der Pfarrerssohn Jung an Freud schrieb, immer wieder Spuren von Strafphantasien und Projektionen. Frühzeitig wurde eine Fixierung sichtbar, welche der Adept keineswegs versteckte, sondern ostentativ zur Schau stellte. Seine Verehrung für Freud trage einen «‹religiös›-schwärmerischen Charakter» und eine erotische Note, die ihn, wie er im Oktober 1907 bekannte, auf peinliche Weise daran erinnerte, daß er als Knabe «einem homosexuellen Attentat» eines Älteren «unterlegen» sei.[7] Der Vater, zu dem Jung Freud erhob, war zugleich der diabolische Verführer, der verbotene Neigungen wachrief. Wir wissen nicht, wie Freud auf dieses offene Geständnis reagierte – seine beiden Antwortbriefe sind verloren. Zumeist beschränkte er sich bei Jungs ekstatischen Konfessionen auf pragmatische Gelassenheit, indem er dem aufbrausenden Schüler riet, er solle seine Erregung bremsen. Auch das aber erzeugte Konflikte, denn Jung fühlte sich durch Freuds kühlen Duktus doppelt bestraft: als Verführter verspürte er Schuldgefühle, als Zurückgesetzter litt er unter Enttäuschung.

Die Korrespondenz mit Jung bewegte sich frühzeitig in schwierigen Bahnen. Jung war von wechselnden Stimmungen beherrscht: schwärmerisch, rückhaltlos offen, treibend und nervös, zwischen Selbstsicherheit und Zerknirschung, Demutsformeln und Pathos schwankend. Gegen den flamboyanten Gesprächspartner grenzte sich Freuds ruhiger, manchmal leicht resignativ wirkender Ton deutlich ab. Auf beiden Seiten herrschten, unter der Oberfläche sachlich-zielgerichteter Diskussion, spannungsreiche Muster der Selbstinszenierung vor. Jung erschien wie der werbende Jünger, der seine eigene intellektuelle Adoleszenz kokett zur Schau stellte, Freud spielte den erfahrenen Alten, väterlich-mahnend, sein Werk bilanzierend, als sei es abgeschlossen. Jung erklärte immer wieder, er wolle keine gleichberechtigte Freundschaft, sondern ein Vater-Sohn-Verhältnis. Noch in seinen Memoiren sprach er von der ‹Projektion›, die er auf den Mentor gerichtet habe.[8] Nur in der Rolle des Sohns glaubte er, seine eigene Entwicklung autonom gestalten zu können. Tatsächlich aber löste diese Selbstbeschränkung auch inneren Widerstand aus, denn Jung war keinesfalls der klassische Adept, der bereitwillig in den Spuren anderer ging. Sein intellektuelles Temperament trug Züge des Ungestümen, Abenteuerlustigen, was er mit Freud, dem geistigen Eroberer, teilte. In Binswangers Assoziationsexperimenten, für die er sich 1907 zur Verfügung stellte, spiegelte sich diese Einstellung sehr genau wider: Jung sah sich, folgt man seinen Reaktionen auf bestimmte Reizbegriffe, keineswegs als Sohn, sondern als Erzeuger von Söhnen.[9] Das Bild, das er sich zugedacht hatte, sprengte er selbst, weil er nicht Schüler, sondern Meister sein wollte.

Die Jahre der Korrespondenz mit Freud blieben für Jung eine Zeit der intellektuellen Expansion und des zunehmenden wissenschaftlichen Erfolgs. Anders als Freud hatte er in der Fachwelt kaum mit Widersachern zu kämpfen, denn seine Reputation als Psychiater war selbst in konservativen Kreisen unumstritten. Auch äußerlich schien der Weg zu einem komfortablen Leben in gesegneten Verhältnissen geebnet. Im Frühsommer 1909 bezog Jung ein prachtvolles neues Haus mit repräsentativer Ausstattung in Küsnacht direkt am See – hier wohnte er bis zu seinem Tod 1961 –, kündigte seine Oberarztstelle bei Bleuler im Burghölzli und eröffnete eine bald blühende Praxis in Zürich. In den Ferien segelte er mit eigenem Boot auf dem Bodensee, die Kinderschar wuchs, sein Leben schien von Erfolg und Luxus bestimmt. Freud schickte ihm in den Tagen seines Hauseinzugs einen euphorischen Brief, in dem er ihm Glück für die neue Existenzphase wünschte.[10] Durchsetzt war sein Schreiben allerdings von ironischen Anspielungen auf die wachsende Selbständigkeit des Sohnes Jung, der sich, nun bereits zweifacher Vater, auf dem Weg in ein autonomes geistiges Leben befand. Nicht den Drang zur Freiheit sah Freud dabei kritisch, sondern die Neigung, ihn hinter taktischen Bescheidenheitsformeln zu verstecken. An diesem Punkt traf er sich mit Bleuler, der Jung seit dem Sommer 1909 unterstellte, er sei ihm gegenüber «affektbeladen» und nicht wirklich ehrlich.[11]

Jung wiederum sparte nicht mit schroffen Urteilen über andere Trabanten Freuds. Jones nannte er «unheimlich», denn er sei ein «intellektueller Lügner», schwankend zwischen Bewunderung und Opportunismus; Abraham und Stekel attackierte er wiederholt, ebenso den Berliner Reformer Hirschfeld, dessen emanzipatorische Sexuallehre Freud zunächst unterstützt hatte, inzwischen aber aufgrund ihrer Distanz zur Psychoanalyse ablehnte.[12] Eitingon hielt er für einen Langweiler, dessen «tatenloser Intellektualismus» ihn anöde – eine Einschätzung, die Freud später im Blick auf Ludwig Binswanger wiederholte.[13] Sichtbar kämpfte Jung um unumschränkte Dominanz und die alleinige Zuneigung des Meisters, was er offen damit begründete, daß er durch sein Bekenntnis zur Psychoanalyse Bleulers Unterstützung dauerhaft verloren habe. Eine Ausnahme im Reigen der Gleichaltrigen, die Jung zu verdammen pflegte, bildete Otto Groß. Freud hatte ihn im Juli 1907 als einen seiner begabtesten Schüler bezeichnet, wußte aber auch, wie unzuverlässig und narzißtisch er war. Als Groß im Frühjahr 1908 in eine durch exzessiven Drogenkonsum ausgelöste Paranoia geriet, nahm Jung ihn Anfang Mai in Behandlung.[14] Sehr schnell entwickelte sich im Burghölzli eine Analyse mit höchst merkwürdiger Rollenverteilung; Groß wechselte gleitend vom Part des Kranken in den des Therapeuten, was Jung bereitwillig akzeptierte. Das Experiment scheiterte jedoch nach sechs Wochen, weil Groß nicht bereit war, sich dauerhaft in der Anstalt kasernieren zu lassen. Am Morgen des 17. Juni 1908 nutzte er einen Moment, in dem die Wärter unaufmerksam waren, kletterte über die Klinikmauer und entkam. Dem extrem labilen Groß gegenüber bewahrte sich Freud auch später, nachdem dessen Psychose sichtbarer geworden und er bei Stekel in Behandlung gegangen war, hohe Anerkennung. Als sein Vater Hans Groß, der seinen Sohn für unzurechnungsfähig hielt, Freud um eine Einschätzung seines punktuell von Pierre Janet und Alfred Adler inspirierten Buchs *Über psychopathische Minderwertigkeiten* bat, verweigerte er die Auskunft. Er habe «zuviel Respekt» vor Groß, gestand Freud in einem Brief an Jung, und könne daher kein klares Urteil abgeben; dem Vater wollte er in keinem Fall ein negatives Zeugnis über seinen Sohn ausstellen, den er als begabt und exzentrisch zugleich einstufte.[15]

Jung dürfte Freuds indirektes Lob für Groß mit Eifersucht zur Kenntnis genommen haben. Ähnliche Gefühle hegte er gegenüber Abraham, den er aus seiner Zeit in Zürich genau kannte. Beide erforschten das Schlüsselgebiet der Demenz, versuchten jedoch mit unterschiedlichen Methoden zu Klärungen zu gelangen: Abraham durch strikte Anwendung der Freudschen Sexualtheorie, Jung auf dem Nebenweg der Toxikologie und Physiologie. Hinzu kamen erhebliche Temperamentsunterschiede; Jung trat fordernd auf und denunzierte den zuweilen introvertierten Abraham mit einer Formulierung aus Goethes *Faust* als ‹trockenen Schleicher›.[16] Die Berliner Praxiserfolge Abrahams beobachtete er argwöhnisch und mit «Empfindlichkeit» (an Brill im Oktober 1908), so wie dieser umgekehrt Jungs Arbeit gegenüber Freud disqualifizierte.[17] «Warum kann ich», schrieb Freud Ende Juli 1908 an Abraham, «Sie beide, Jung und Sie, Ihre Schärfe und seinen Schwung, nicht zusammenspannen?»[18] Ferenczi, den Jung ebenfalls auszustechen suchte, reagierte auf solche Machtansprüche seinem Temperament gemäß passiv. Er bat Jung, keinen «Guerillakrieg» um die Rolle des Lieblingssohns zuzulassen, und räumte ihm gegenüber seine eigenen «‹Bruderkomplexe›» ein.[19] Für Ferenczi stand damals fest, daß Jung zum Anführer der Schülergeneration berufen war – eine Auffassung, die er nach 1910 Zug um Zug revidierte.

Ende September 1908 verbrachte Freud, aus einem Urlaub in England und Berlin kommend, drei Tage bei Jung, dessen Frau erneut ein Kind erwartete, in Burghölzli.[20] Die beiden verabredeten sich am Bahnhof, erkannten sich aber zunächst nicht, weil sie unabhängig voneinander ihre Bärte rasiert hatten.[21] Jung führte seinen Gast stolz durch die Klinik und genoß es, daß er ihm seine Aufmerksamkeit uneingeschränkt widmete, ohne andere Besuche zu absolvieren. Bleuler mußte sich zurückgesetzt fühlen, denn Freud ignorierte ihn in diesen Tagen komplett. Der Aufenthalt entkrampfte das persönliche Verhältnis zu Jung, weil endlich Gelegenheit zum direkten, ungestörten Gespräch bestand; ähnlich wie in Wien vergaßen beide die Zeit und diskutierten stundenlang miteinander. Der Briefwechsel gewann danach spürbar an Offenheit und erhielt sogar eine vertrauliche Note. Jung sprach über seine vierjährige Tochter Agathe, die ihn und seine Frau beim Intimverkehr störte und auf die Geburt ihres Bruders mit ungebremster sexueller Neugierde reagierte. Er berichtete von den

Krisen seiner Ehe, Schwierigkeiten bei der Verhütung, seiner ‹polygamen Komponente›, der Eifersucht Emmas und der Analyse, der er sie unterzog.[22] Die Behandlung der eigenen Frau war ein Vorgang, den Freud sehr skeptisch beurteilte («hätte ich für durchaus unmöglich gehalten»); aber Jung blieb in den ersten Monaten des Jahres 1909 bei seinen freimütigen Berichten und verschwieg dem Älteren nichts, auch wenn er keine Zustimmung erwarten durfte.[23]

Mit seiner Ehefrau besuchte Jung vom 25. bis zum 30. März 1909 Wien. Er hatte sich eben entschieden, bei Bleuler zu kündigen und eine eigene Praxis zu eröffnen, was er Freud gegenüber ausführlich mit dem Wunsch nach größerer Selbständigkeit begründete. Dieser Schritt wurde nun in einem ambivalenten Ritus, der ihr schwieriges Verhältnis beleuchtete, auf symbolträchtige Weise kommentiert. Freud «adoptierte» Jung «als ältesten Sohn» und «salbte» ihn «zum Nachfolger und Kronprinzen»; dieser wiederum ‹entkleidete› Freud der ‹Vaterwürde›, nahm ihn als Freund an und zeigte damit seine gewachsene Unabhängigkeit. Die Akte der ‹Entkleidung› und ‹Einkleidung›, so erklärte Freud zwei Wochen später im Rückblick, hätten beiden gleichermaßen gefallen.[24] Er unterschlug dabei, daß das doppelte Ritual einen unüberbrückbaren Widerspruch enthüllte: der Sohn wollte frei werden und mußte, um dieses Ziel zu erreichen, Sohn bleiben; der Vater suchte sich von seiner Bürde zu lösen und konnte doch nicht von ihr lassen.

Ein merkwürdiger Zwischenfall unterstrich die Konflikte, die sich in dieser Situation offenbarten. Während des Gesprächs knallte es plötzlich im Bücherschrank – ein Geräusch, das Jung auf eine im Raum herrschende psychische Spannung zurückführte. Als Freud sich über seine okkulten Spekulationen lustig zu machen begann, prognostizierte Jung einen zweiten Knall, und tatsächlich wiederholte sich das Geräusch.[25] Während Jung, wie er auch später in seinen Erinnerungen bekräftigte, an übersinnliche Phänomene glaubte, hielt Freud dergleichen für unwissenschaftlichen Unfug – noch 1922 führte er telepathische Eindrücke auf Gedankenassoziationen zurück, die ihm in der analytischen Praxis häufig begegneten.[26] Umso irritierter zeigte er sich, als nach Jungs Abreise das Geräusch im Bücherschrank über zwei Wochen lang wiederholt auftauchte. Allerdings, so beeilte er sich zu versichern, bestehe keine sichtbare Beziehung zwischen diesen Erscheinungen und seinen seelischen Zuständen, wobei er verschwieg, welche Schlußfolgerungen er auf diese Weise widerlegen wollte: «In meinem ersten Zimmer kracht es unausgesetzt, dort wo die zwei schweren ägyptischen Stelen auf den Eichenbrettern des Bücherkastens aufruhen, das ist also zu durchsichtig. Im zweiten, dort wo wir es hörten, kracht es sehr selten. Anfangs wollte ich es als Beweis gelten lassen, wenn das während Ihrer Anwesenheit so häufige Geräusch sich nach Ihrem Weggang nie wieder hören ließe – aber es hat sich seither wiederholt gezeigt, doch nie im Zusammenhang mit meinen Gedanken und nie, wenn ich mich mit Ihnen und diesem Ihrem speziellen Problem beschäftigte.»[27]

Freud verübelte es Jung, daß er ihm Themen aufdrängte, die seine Vernunft provozierten. Tief in seinem Inneren schlummerte eine heimliche Neigung zum Mystizismus, die er in der Zeit mit Fließ noch offen eingestanden hatte. Gegenüber Jung wagte er das nicht mehr und bemühte sich daher, die ihm widerstrebenden Beobachtungen in ein Erklärungsmuster zu integrieren, das seine intellektuelle Unabhängigkeit sicherte. Im selben Brief, in dem er vom Spuk in seinem Arbeitszimmer berichtete, bekannte er seine alte Todesfurcht, die sich eine Dekade zuvor, wie schon erzählt, an einer Zahlenkombination entzündet hatte. Seine Wiener Telefonnummer lautete ‹14362›, was ihn daran erinnerte, daß er mit 43 Jahren sein Hauptwerk, die *Traumdeutung*, vollendete, und die Furcht nährte, er müsse mit 62 sterben. Dieser Aberglaube, so erläuterte er, sei aber erst ausgebrochen, als der frühere Freund Fließ seine Angriffe gegen ihn begonnen habe. Das entsprach nicht den Tatsachen, denn Freuds Anfälligkeit für scheinbar irrationale Zahlenspekulationen war erheblich älter und trat schon Mitte der 90er Jahre zutage. Für die Strategie im Verhältnis zu Jung war jedoch ein anderes Ziel bestimmend: ihm mußte vermittelt werden, daß sein Beharren auf okkulte Erklärungen die Gefahr der Verbannung heraufbeschwor. Der Aberglaube war ein Vorzeichen der Trennung und Feindschaft, wie Freud unterstellte. Wenn Jung Konflikte vermeiden wollte, mußte er also auf den Einsatz irrationaler Spekulationen verzichten, andernfalls riskierte er, ein zweiter Fließ zu werden. Daß Freud am Ende seiner Briefes die «jüdische Natur» seiner «Mystik» hervorhob, trug eher eine spielerische Note, die der finsteren Drohung ihre Spitze nehmen sollte.[28] Wie wenig er an solche Formeln glaubte, zeigte ein Brief an Abraham vom Juli 1908, in dem er schrieb, den Juden gehe «das mystische Element» ab.[29] Vor diesem Hintergrund war die ‹jüdische Mystik›, die Freud gegenüber Jung beschwor, ein Platzhalter, der intellektuelles Gewicht suggerierte, wo es allein um Deutungsmacht ging.

Im Bereich des Okkultismus hatte Freud eine Niederlage bezogen; Jung wiederum verlor seine scheinbare Unantastbarkeit auf einem anderen Feld, dem der moralischen Integrität. Die verwirrende Geschichte, um die es hier geht, begann einige Jahre vor ihrer ersten persönlichen Begegnung. Am 17. August 1904 war eine aus Rostow gebürtige russische Patientin namens Sabina Spielrein mit massiven hysterischen Symptomen in die Klinik nach Burghölzli gekommen. Die knapp 19jährige Abiturientin entstammte einer vermögenden jüdischen Familie – der Vater hatte im Getreidehandel Reichtum erworben –, und strebte nach dem Vorbild ihrer Mutter, der Zahnärztin Eva Markowna, ein Medizinstudium an. Eine schwer gestörte Vaterbeziehung führte bei Sabina in der Pubertät zu masochistischen Phantasien, Schreianfällen, exzessivem Spiel mit Fäkalien, anal stimulierter Masturbation. John Kerr nannte ihre Geschichte einen der letzten großen Fälle jener klassischen Hysterie, die das Zeitalter Charcots bestimmt hatte.[30] Jung behandelte seine desorientierte Patientin über mehrere Jahre, betrieb mit ihr eine ausgedehnte Gesprächstherapie und bezog sie allmählich in seine Projekte ein. Sie entwickelte seine Assoziationsexperimente weiter, unterstützte ihn während der Abfassung seiner Habilitationsschrift und gewann aufgrund ihres überragenden Intellekts schnell eigene Kenntnisse über psychiatrische Symptome. Parallel zu ihrer Therapie bei Jung begann sie im April 1905 ein Medizinstudium in Zürich, das sie zielstrebig vorantrieb.

Die Grenzen zwischen den Rollen verflossen bald auf bedenklichste Weise. Sabina Spielrein wurde von der Patientin zur Mitarbeiterin und offenbar auch zur Geliebten, die mit ihrem früheren Arzt masochistische Wünsche auslebte. Über mehrere Jahre besuchte sie Jung an jedem Freitag der Woche, um sich analysieren zu lassen. Gleichzeitig pflegten die beiden eine chiffrierte Privatsprache, die sexuelle Phantasien und die Sehnsucht nach der Zeugung eines gemeinsamen Sohnes einkleidete. Ob die Therapie der Aufklärung oder nur der Erregung erotischer Vorstellungen diente, läßt sich schwer entscheiden. Gerade die Kombination der verschiedenen Verhaltensmuster offenbarte aber Jungs inkorrekten Umgang mit seiner ärztlichen Rolle. Er war Analytiker und Geliebter, wissenschaftlicher Mentor und Therapeut gleichzeitig – es lag auf der Hand, daß diese Mischung auf Dauer zur Katastrophe führen mußte.

Jung hatte Freud frühzeitig, seit Herbst 1906, über die medizinischen Hintergründe des Falls Spielrein informiert. Er suchte seinen Rat, weil er sich auf neues Gebiet begab und die Patientin einer Gesprächstherapie unterzog, deren Technik er nie erlernt hatte. Freud reagierte aufgeschlossen und freundlich, zeigte Interesse an der «Russin», die als «Studentin» erfreulicherweise ein höheres Bildungsniveau mitbringe als die meisten Hysterikerinnen. Detailliert interpretierte er ihre analerotischen Fixierungen als Musterfall einer sexuellen Prägung, die bei Neurosen häufiger auftrete – ein Befund, den er zwei Jahre später in einer eigenen Abhandlung ausbaute.[31] Jung kam in den folgenden Monaten sporadisch auf die Spielrein-Causa zurück, nannte aber keinen Namen und verzichtete auf eine Gesamtbewertung. In einem Vortrag, den er Anfang September 1907 in Amsterdam hielt, berichtete er anonymisiert über den Fall, den er als ‹psychotische Hysterie› einstufte. Die Patientin galt ihm als Musterbeispiel für Freuds Theorie der Verdrängung – so nahe wie hier kam Jung der Sexuallehre seines Wiener Übervaters nie wieder.[32]

Ende des Jahres 1908 überstürzten sich dann die Ereignisse, die den ehrgeizigen Psychiater fast in den beruflichen Ruin getrieben hätten. Am 30. November 1908 gebar Emma einen Sohn – Franz –, auf den Jung über Jahre sehnsüchtig gewartet hatte. Die Ehefrau, die ahnte, daß ihr Mann sie mit seiner Patientin betrog, errang damit einen Sieg auf symbolisch besetztem Terrain. Sabinas Phantasie, sie werde Jung dereinst einen Sohn schenken, verlor durch Franz' Geburt für ihn deutlich an Reiz. Aber Emma, die erwartete, ihre Ehe werde sich nun stabilisieren, sah sich bald getäuscht, denn Jung führte sein Verhältnis mit Sabina Spielrein auch nach der Entbindung fort. Mitte Januar 1909 griff Emma daher zu einem verzweifelten Mittel und informierte Sabinas Mutter in einem anonymen Brief über die unerlaubte Beziehung, die zwischen Arzt und Analysandin bestand. Eva Markowna schrieb darauf an Jung, den sie persönlich durch ihre Besuche im Burghölzli kannte, und bat ihn, die medizinische Ethik ernstzunehmen und ihre Tochter nicht zu ruinieren. Jung antwortete zweideutig, indem er erklärte, er sei für Sabina «vom Arzt zum Freunde» geworden und habe sie folglich ohne Honorar behandelt. Er müsse sich einzig vorwerfen, vom Irrglauben geleitet worden zu sein, daß «ein Mann und ein Mädchen» auf Dauer nur freundschaftlich miteinander verkehren könnten. Am Ende dieses Briefes machte Jung das Maß voll und nannte Eva Markowna seine ärztlichen Tarife, damit man wieder zu ‹prosaischen› Lösungen zurückfinde.[33]

Jung ließ zwei weitere Schreiben folgen, denn nun packte ihn die Angst um seinen beruflichen Status. Er traf sich mit Sabina und erklärte ihr, sie dürften sich nicht mehr sehen. Die junge Frau bemühte sich verzweifelt, ihren Geliebten zurückzugewinnen, erreichte aber nichts. Im Mai 1909 besuchte sie in Zürich seine Vorlesung, ohne ihn persönlich anzusprechen. Einige Tage später entschloß sie sich zu einem nächsten Schritt, indem sie einen Brief an Freud schrieb und ihn mit recht konfusen Worten um eine «Audienz» bat.[34] Das war insofern konsequent, als der Sohn sich entzog und nun allein der Vater als Adressat übrigblieb. Sabina, die Jungs Verhältnis zu Freud kannte, bewegte sich also mit ihrer scheinbar ungewöhnlichen Strategie im Rahmen der symbolischen Familienkonstellation. Freud, der Vater, sollte helfen, weil der Sohn seine Geliebte verstieß.

Freud schöpfte nach der ersten Lektüre des kurzen Briefes den Verdacht, es könne sich bei der Verfasserin um eine Patientin Jungs handeln, da das Schreiben in Zürich abgestempelt war. Er wandte sich also an ihn und bat um kurze Erläuterung, worum es sich handele: «Was ist das? Wichtigtuerei, Tratschsucht oder Paranoia?»[35] Wie dringlich ihm die Sache war, verrät der Umstand, daß er Jung um eine telegraphische Reaktion ersuchte. Wir kennen die Antwort nicht, aber sie enthielt vermutlich eine Beschwichtigung oder sogar eine Unwahrheit. Weil Freud im Unklaren blieb, wer die Absenderin war, agierte er zurückhaltend und bat sie in einer kurzen Replik um weitere Details. Gleichzeitig entschied sich Jung nun, zumindest die Identität der Verfasserin zu enthüllen. Am 4. Juni gestand er: «Die Spielrein ist dieselbe Person, von der ich Ihnen geschrieben.» Und er ergänzte, sie habe es «planmäßig» auf seine «Verführung abgesehen», was er «für inopportun hielt.»[36] Diese glatte Lüge, die Sabinas und seine Rolle verfälschte, verfehlte jedoch ihren Zweck, weil sie zu spät kam. Inzwischen war Freud aus direkter Quelle klüger geworden, denn Sabina hatte ihm einen weiteren Brief gesendet, dem sie auch Jungs Schreiben an ihre Mutter beilegte.

Freud antwortete Sabina Spielrein («Sehr geehrtes Fräulein Collega») mit vollendeter Korrektheit, er erkenne aus den beigefügten Briefen, daß zwischen Arzt und Patientin ein mittlerweile beendetes «Freundschaftsverhältniß» bestanden habe, über das er nicht richten könne.[37] Mit seinem Schreiben sendete er auch die Briefe Jungs zurück, dem er wiederum am 18. Juni über sein Vorgehen berichtete. Er erklärte ihm, daß er sich dem Fall «Sherlock Holmes-artig» genähert, mithin seine Verfehlungen aufgedeckt habe.[38] Jungs Antwort vom 21. Juni stellte den skrupellosen Versuch dar, die Situation zu seinen Gunsten zu retten. Ihm seien im Kontakt mit Sabina Spielrein ‹Sünden›, ‹Schuftereien› und ‹Dummheiten› unterlaufen, so bekannte er, ohne aber seine wahren Fehler ehrlich zu benennen. Niemals habe er ihrer Mutter schreiben dürfen, um seine eigene Rolle zu erläutern. Zweck seines Briefes sei es gewesen, ihr deutlich zu machen, daß er nicht «der Befriediger der Sexualität ihrer Tochter», sondern deren Arzt sei.[39] Dabei verschwieg Jung, daß die Mutter ihn zuerst kontaktiert hatte, und auch die anonyme Initiative seiner Frau erwähnte er nicht. Mit seinem Geständnis verschob er auf raffinierte Weise das Problem, denn er räumte ein Fehlverhalten im Hinblick auf seine Schweigepflicht ein, ohne sich als Liebhaber der Spielrein zu offenbaren. Der Pfarrerssohn agierte, nicht ungeschickt, im Rahmen eines genau kalkulierten Bußrituals, indem er eine leichte Schuld einräumte, um sein wahres Vergehen zu vertuschen. Der Brief an die Mutter sei «eine durch die Angst eingegebene Schufterei», die «ich Ihnen als meinem Vater sehr ungern gestehe.» An seiner «‹perfect honesty›» dürfe aber niemand zweifeln – eine Aussage, die sich auf seinen ärztlichen Ruf und dessen drohende Beschädigung bezog.[40]

Am 19. Juni 1909 tauchte Sabina Spielrein erneut in Jungs Vorlesung auf und setzte sich in die letzte Reihe, um seinem akademischen Rapport still zuzuhören. Nach dem Kolleg kam es zu einem Gespräch, das versöhnlich endete. Den für ihn glücklichen Ausgang erzwang Jung erneut durch unlautere Mittel, indem er von der Wahrheit abwich und eine abenteuerliche Geschichte auftischte. Er behauptete, er habe sich in Freuds Tochter Sophie verliebt, und seine Neigung für Sabina sei nur das Zeichen für eine Verschiebung.[41] Die junge Frau akzeptierte seine Ausflüchte offenbar, weil sie zu erkennen begann, daß nur eine Trennung ihr den Weg in die intellektuelle Freiheit ebnen konnte. Ob Jung nach zwei kurzen Besuchen in der Berggasse mehr als flüchtige Eindrücke von Sophie gewinnen konnte, ist nicht zu klären. Auch wenn Freuds Tochter schön und charmant war, dürften aber diese oberflächlichen Kontakte schwerlich ausgereicht haben, um eine Projektion der von ihm beschriebenen Art in Gang zu setzen. Hinzu kam, daß er Sophie erstmals im März 1907 sah, als die Affäre mit Sabina Spielrein schon mindestens zwei Jahre andauerte. Die ganze Erklärung war nichts als eine Ausflucht, ersonnen, um den für die eigene Karriere gefährlichen Ansprüchen der Geliebten zu entkommen.

Freud registrierte die zweifelhafte Befriedung, die sich hier abzeichnete, mit Erleichterung. An Sabina Spielrein schrieb er am 24. Juni: «Nehmen Sie den Ausdruck meiner vollen Sympathie für die würdige Art, wie Sie den Conflict gelöst haben.»[42] Zugleich zeigte er bemerkenswertes

Verständnis für die Entgleisungen Jungs und verzichtete auf eine strenge Zurückweisung. Obwohl ihm bewußt gewesen sein dürfte, daß sein Verhältnis zur Patientin nicht platonischer Natur geblieben war, hielt er sich mit einem Urteil zurück. Später sprach er gegenüber Ferenczi von «Jungs persönlichen Wirrsalen» und deutete an, daß er wußte, was hier vorgefallen war.[43] Freuds Toleranz wirkt umso überraschender, als er selbst auf Distanz zu seinen Analysandinnen größten Wert legte und sich trotz stetiger Anfechtungen in diesem Punkt nichts zuschulden kommen ließ. Was veranlaßte ihn also, im Fall Jungs auf Verfehlungen beschwichtigend zu reagieren, obgleich er sich seinerseits strengen Verhaltensregeln unterwarf? Die Antwort kann nur lauten, daß Freud seine eigene Machtposition zu sichern suchte, indem er seinem Sohn die moralische Schwäche verzieh. Seine Niederlage auf dem Feld des Mystizismus konnte er dergestalt durch einen Sieg im Gebiet des ärztlichen Ethos ausgleichen. Mehr noch: er besaß jetzt ein intimes Wissen über Jungs sexuelle Verstrickungen, das dem Züricher Schüler höchst gefährlich werden konnte, wenn es an die Öffentlichkeit gelangte.

Sabina Spielrein schloß 1910 ihr Medizinstudium in Zürich ab und wurde im folgenden Jahr mit einer für damalige Verhältnisse sehr umfangreichen Dissertation *Über den psychologischen Inhalt eines Falles von Schizophrenie* promoviert. Am Ende der Abhandlung, die im *Jahrbuch für psychoanalytische und psychotherapeutische Forschungen* erschien, dankte sie «Herrn Dr. C. G. Jung für die wissenschaftliche Anregung», die sie während ihrer Studienzeit «von ihm empfangen» habe.[44] Zu Beginn des Jahres 1911 zog sie, um sich von ihrem früheren Geliebten endlich zu befreien, nach München, wo sie ein Semester Kunstgeschichte belegte. Danach reiste sie nach Wien, lernte Freud persönlich kennen und wurde von ihm zu den Sitzungen des Mittwochskreises eingeladen. Die Runde nahm sie trotz des Widerstands einzelner Mitglieder, die wie Sadger weiterhin gegen die Mitgliedschaft von Frauen opponierten, nach Freuds eindeutigem Votum auf. Das ‹Fräulein Doktor› sei ihm, schrieb er ein wenig spöttisch an Jung, «unerwartet ins Haus gefallen», habe sein eigenes Aussehen aber nicht so «bösartig» gefunden, wie sie es sich ursprünglich vorstellte.[45] Am 29. November 1911 präsentierte sie erstmals im Mittwochskreis ihre Dissertation, und Freud berichtete nach Zürich: «Die Spielrein hat gestern ein Kapitel aus ihrer Arbeit vorgetragen (bald hätte ich das Ihrer großgeschrieben), woran sich eine lehrreiche Diskussion anschloß.»[46] Faire Anerkennung und die Bereitschaft, die wissenschaftliche Leistung einer Frau angemessen zu würdigen, klangen nicht aus diesen Worten. Auch Freud mußte noch lernen, Kolleginnen als gleichberechtigte Mitglieder seines Zirkels zu akzeptieren.

Neun Monate blieb Sabina Spielrein in Wien, ehe sie nach Rußland zurückkehrte, wo sie eine Familie gründete; die Kriegsjahre verbrachte sie mit intensiver Forschung in der Schweiz. Freud wechselte sporadisch Briefe mit ihr und versprach ihr, er werde an ihren «Lebensplänen» weiterhin Anteil nehmen.[47] Während dieser Zeit erschloß sie sich das Gebiet der Kinder- und Jugendpsychiatrie, das er durch die Analyse des ‹kleinen Hans› vorgezeichnet hatte. Einen frühen, wichtigen Beitrag zu einer allgemeinen Sexualtheorie leistete sie 1912 mit ihrer unmittelbar nach der Dissertation verfaßten Studie über *Die Destruktion als Ursache des Werdens*, die sich den ambivalenten Zügen der Libido widmete. Schon 1909 hatte Sabina Spielrein in einem fragmentarischen Entwurf geschrieben, daß der Sexualtrieb «seinem Wesen nach ein Zerstörungstrieb, Vernichtungstrieb» sei, der für das Individuum genußvolle, aber auch bedrohliche Effekte habe, weil er es in seiner Einheit auflöse.[48] Am 15. November 1911 sprach Theodor Reik in der Mittwochsrunde über *Tod und Sexualität*; Spielrein hörte das Referat und erklärte in der Diskussion, daß sie den hier vorgestellten Zusammenhang von Ich-Verlust und Triebgenuß in einem bereits abgeschlossenen Beitrag ähnlich beschrieben habe.[49] In ihrem ein Jahr später publizierten Text erläuterte sie, die Libido verströme eine Energie, die auf die Vernichtung des Moments ziele. Jede Lust sei daher, anders als Jung vermute, aufs engste mit Todesvorstellungen verbunden, geknüpft an «das Ende, das Vergängliche».[50] Wir verdrängen unsere Sexualität, so Spielrein, da wir uns in ihr nicht nur momenthaft erfüllen, sondern auch durch Hingabe selbst zerstören. Jeder Liebesakt bedeute ein Opfer, das den Menschen an ein Anderes preisgibt und zugleich durch Zeugung fortpflanzt. Freud, dem die Autorin ein Exemplar ihrer Arbeit zusandte, nahm solche Überlegungen mit Interesse auf, fand aber ihre Kritik des Zeugungsprinzips in letzter Konsequenz nicht ganz klar und verständlich.[51] Skeptisch dürfte er die an Nietzsches *Zarathustra* angelehnten Spekulationen über die Dialektik von Geburt und Tod bewertet haben, die den Aufsatz durchzogen; nicht zuletzt widerstrebte ihm der Versuch, die Logik der Verdrängung auf eine der Sexualität selbst eigentümliche Ambivalenz und nicht auf das Ziel der Vermeidung von Unlust zurückzuführen. Es ist daher unzutreffend, daß Spielreins Text, wie bisweilen behauptet wird, einen markanten Ausgangspunkt für seine

1920 veröffentlichte Studie *Jenseits des Lustprinzips* und ihre Theorie des Todestriebs bildete. Während Spielrein ihre Untersuchung der destruktiven Anteile menschlicher Sexualität mit dem Problem der weiblichen Rolle verband, befaßte sich Freuds großer Aufsatz mit der finalen Dynamik des Triebs und seiner Tendenz zur Vernichtung individueller Lebenszeit.

Die Geschichte Sabina Spielreins offenbarte Jungs zweifelhafte Strategien, seinen Hang zur Unehrlichkeit und seinen übermäßigen Ehrgeiz. Dabei ging es keinesfalls nur um persönliche Abhängigkeiten und Doppelmoral. Jungs Zweideutigkeit und seine Intrigen gegenüber Kollegen prägten auch sein medizinisches Umfeld auf unheilvolle Weise, wie ein zweiter Fall offenbarte. Im Mittelpunkt stand hier Johann Jakob Honegger, Jungs wichtigster Schüler, den Freud «einen glänzenden Fang» nannte.[52] Der hochbegabte Honegger geriet Anfang 1911 in eine schwere seelische Krise, die sich bereits durch depressive Phasen angekündigt hatte. Bei dem knapp 26jährigen zeichnete sich eine beginnende Schizophrenie ab, die für Experten durchaus erkennbar war. Jung nahm zwar wahr, was sich hier in seiner unmittelbaren Nähe abspielte, bot aber keine Hilfe an. Honegger tötete sich, verzweifelt und hoffnungslos, am 28. März 1911 durch eine Überdosis Morphium in der Klinik Rheinau bei Zürich.[53] Freud vernahm die Nachricht seines Selbstmords bestürzt, weil sie ihm offenbarte, daß in Jungs Umfeld massive Spannungen herrschten, deren Wirkungen er in den Monaten zuvor selbst deutlich verspürte. «Es fällt mir auf», schrieb er, «daß wir eigentlich viele Personen verbrauchen.»[54] Es ging aber nicht allein um das Leiden an der schwierigen Arbeit, die das therapeutische Handeln bedeutete. Offensichtlich lagen die Verhältnisse in Zürich so, daß Jung keine begabten Schüler neben sich dulden mochte, weil er klare Führungsansprüche vertrat. Seine Versuche, Adepten und Mentoren, Schweizer und Wiener Kollegen gegeneinander auszuspielen, betrafen damit auch Freud selbst.

Parallel zum Ende der Spielrein-Affäre schien Jungs Leben in sicheres Fahrwasser zu geraten. Der Umzug ins neue Haus und der Einstieg in die Praxis gelangen Anfang Juni 1909 gut; Freuds Gratulation – «Ich rufe Heil!» – klang ehrlich und wirkte neidlos.[55] Nicht nur Jungs therapeutische Arbeit, sondern auch seine akademische Tätigkeit – mit zwölf Wochenstunden Unterricht an der Zürcher Universität – ließ sich seit dem Frühjahr 1909 bestens an.[56] Neben der bald expandierenden Praxis bereitete er ab 1910 sein Buch *Wandlungen und Symbole der Libido* vor, dessen Entstehung er in seinen Briefen näher beschrieb. Freud hielt sich in dieser Phase mit kritischen Urteilen über das Projekt noch zurück, wenngleich er angesichts der spekulativen Kulturphilosophie, die Jung ausbrütete, starkes Unbehagen verspürte. «Jung scheint sich seinen alten spiritistischen Neigungen wieder zuzuwenden», schrieb Abraham bereits Mitte Juli 1908.[57] Das bot hinreichend Stoff für Konflikte, nicht allein mit Abraham, der in seiner Burghölzli-Zeit Distanz zu Esoterik aller Art hielt. Mit Ferenczi plante Jung im Frühjahr 1911 neue Studien über die sexuelle Bedeutung okkulter Phänomene, denen er schon seine Dissertation gewidmet hatte. Als er berichtete, er verbringe seine Abendstunden weitgehend mit dem Errechnen von Horoskopen, hielt der Skeptiker Freud seine Einwände nicht mehr zurück: hier schien ihm die Grenze zum Unseriösen überschritten.[58] Jung wiederum fühlte sich mißverstanden und ärgerte sich über die Nüchternheit, mit der Freud seinen Enthusiasmus entzauberte; in seinen Erinnerungen bemerkte er: «Vor allem schien mir Freuds Einstellung zum Geist in hohem Maße fragwürdig. Wo immer bei einem Menschen oder in einem Kunstwerk der Ausdruck einer Geistigkeit zutage trat, verdächtigte er sie und ließ ‹verdrängte Sexualität› durchblicken.»[59] Freuds Materialismus und Jungs Mystik paßten schwerlich zusammen, wobei die Frage der Libido das symbolische Terrain bildete, auf dem ihr Streit ausgetragen wurde. Der Konflikt war dabei nicht nur wissenschaftlicher, sondern auch psychologischer Natur, denn er betraf eine tiefgreifende Diskrepanz der Selbstentwürfe.

Trotz der erfolgreichen Ausweitung seiner Aktivitäten, die auch zu größerer öffentlicher Anerkennung führte, blieb Jung der Part des Sohnes in ihrer Korrespondenz treu. Es sei, so erklärt er Ende Dezember 1909, ein «hartes Los, neben dem Schöpfer arbeiten zu müssen».[60] Schon nach kurzer Zeit dürfte beiden klargeworden sein, daß ihre Rollenverteilung Tücken barg. Freud geriet mit seiner selbstgewählten Attitüde in die Position des Resignierten, Jung verharrte in der Haltung des Bewunderers ohne geistige Eigenständigkeit. Daß das seinem Gestaltungs- und Expansionswillen widersprach, war Freud sehr bewußt, und er ahnte, wie sehr hier die Gefahr unterdrückter Aggression drohte. Er solle, so erklärte er Jung im Frühjahr 1910, seinen Vaterkomplex endlich ablegen, denn er lasse für die intellektuelle Selbständigkeit seiner Schüler genug Raum.[61] Jung wiederum reagierte auf solche Aufforderungen gekränkt, weil sie ihn doppelt abhängig zeigten: als Sohn, der nicht losließ, und als Schwachen, der ohne externen Rat nicht handeln konnte. Das Risiko von Mißverständnissen wuchs mit der Dauer der Korrespondenz, und es wurde nur durch die polemische Energie gemildert, mit der beide über tatsächliche oder eingebildete Widersacher herfielen. Angestachelt durch Jungs schroffe Urteile über Kollegen und deren Schüler («Nebel ohne Gestalt») verstieg sich Freud immer wieder zu heftigen Ausfällen – die aggressive Abgrenzung gegen feindliche Gruppierungen war das Mittel, das die inneren Spannungen zwischen den Briefpartnern zunächst zu ignorieren erlaubte.[62] Jung, der das «Faustrecht» für das beste Mittel der Durchsetzung analytischer Interessen hielt, gab dabei den Ton vor, aber Freud folgte ihm bereitwillig.[63] Hätte er Jungs Kampfmetaphern ernster genommen, so wären sie ihm als das düstere Vorzeichen des Abfalls erschienen, den der Kronprinz insgeheim vorbereitete.

Nach Amerika

Im Dezember 1908 erhielt Freud ein Schreiben aus den Vereinigten Staaten, das ihn zu Vorträgen an die private Clark University in Worcester (Massachusetts) zur Feier ihres zwanzigjährigen Bestehens einlud. Verfasser des Briefes war der noch amtierende Gründungsrektor, der Experimentalpsychologe Stanley Hall, der vier Jahre zuvor ein wegweisendes Werk über das Konzept der Adoleszenz verfaßt hatte. Er wollte Freuds Lehre, die er selbst nur oberflächlich kannte, im Kreis von Kollegen der sozial- und geisteswissenschaftlichen Disziplinen vorstellen und diskutieren lassen, um für sie ‹die Glocken zu läuten›.[64] Freud war geladen, im Juli fünf Vorlesungen über Psychoanalyse zu halten, zudem sollte ihm ein Ehrendoktorat verliehen werden. Da eine Überseereise im Sommer zu einer dreiwöchigen Unterbrechung der Praxis und entsprechendem Einkommensverlust hätte führen müssen, schlug Freud das Angebot zunächst schweren Herzens aus. In einem zweiten Anlauf erhöhte Hall das Honorar Ende Februar 1909 auf 714 Dollar – das waren 3000 Kronen – und nannte als neuen Termin den September. Das paßte weitaus besser zu Freuds Planungen, da er zu dieser Zeit die Praxis ohnehin schloß und bis Anfang Oktober Urlaub machte. Das veränderte Angebot wurde akzeptiert, weil nun galt, daß die Reise, anders als Freud zunächst fürchtete, nichts kostete, sondern Gewinn einbrachte. Zwar kolportierte Jung das Gerücht, Kraepelin habe kurz zuvor für eine Behandlung in Kalifornien ein Honorar von 50 000 Goldmark eingestrichen, aber der Wahrheitsgehalt solcher Zahlen blieb fragwürdig. Freud war nun entschlossen, sich zu den angegebenen Konditionen auf das amerikanische Abenteuer einzulassen.[65] Nicht zuletzt ging es um strategisches Kalkül: 1906 war Charcots Schüler Pierre Janet in Harvard aufgetreten und hatte dort seine Theorie der Psychodynamik vorgestellt, begleitet von kritischen Kommentaren zur analytischen Sexualauffassung. Das mußte durch ein authentisches Bild entschieden korrigiert werden, damit die amerikanischen Nervenärzte bleibende Einsichten in die neue Lehre gewinnen konnten. Nebenbei bestand die Hoffnung, daß man, wie Jung schrieb, die potentielle «Klientel» in Übersee für die Psychoanalyse zu gewinnen und neue Patienten anzuziehen vermöge.[66]

Nachdem der Terminkonflikt behoben und das Honorar geregelt war, mußte Freud praktische Probleme lösen. Eine der leichteren Schwierigkeiten blieb die Frage der passenden Kleidung. «Ich hege noch die Hoffnung», schrieb er am 29. März 1909 an Brill, «daß es möglich ist, Frack u Smoking für Amerika zu vermeiden.»[67] Mit Freud sollten Ferenczi und Jung, der verspätet eingeladen wurde, nach Worcester reisen. Ferenczi, der im offiziellen Programm nicht vorgesehen war, übernahm die Rolle des persönlichen Assistenten für die Planung. Anfang Mai 1909 suchte er die günstigsten Seeverbindungen und die preiswertesten Angebote aus, wobei am Ende die Wahl auf Einzelkabinen im Innendeck an Bord der vom Norddeutschen Lloyd betriebenen *George Washington* fiel; «ein neues stolzes Schiff», wie Ferenczi befriedigt vermerkte.[68] Freud zählte seit Juni, wie gewöhnlich, die Wochen bis zu den Ferien, deren ersten Teil er ab Mitte Juli in Tirol verbrachte. In Wien schloß er die Niederschrift der Geschichte des ‹Rattenmanns› ab, dann reiste er ins Hotel Ammersee. Weil sein «Kräftebudget für 1909» schon verbraucht war, nahm er sich während des Urlaubs keine wissenschaftliche Arbeit vor und verlegte auch die Konzeption seiner amerikanischen Vorträge auf die Zeit der Schiffspassage.[69]

Die kleine Gruppe traf sich am 20. August in Bremen zur gemeinsamen Überfahrt, die am 21. August beginnen und acht Tage dauern sollte. Freud ließ sich einen neuen Anzug schneidern und tafelte mit seinen Kollegen am Mittag der Abreise im Bremer Rathauskeller zur Einstimmung auf das bevorstehende Abenteuer. Doch die üppigen kulinarischen Freuden überforderten ihn offenkundig: nach der Vorspeise mit Fisch und Weißwein brach ihm der Schweiß aus, und er fiel kurz in Ohnmacht.[70] Das Ereignis provozierte später bei allen Anwesenden sehr unterschiedliche Auslegungen, die verdrängte Aggressionen und Konflikte enthüllten. Freud deutete das Geschehen für sich persönlich als Resultat der strapaziösen Anreise und des ihm ungewohnten Weinkonsums; offiziell einigte er sich mit Ferenczi darauf, daß seine Ohnmacht ein heimliches Schuldgefühl dokumentierte, da er den Abstinenzler Jung zum Alkoholgenuß überredet habe. Jung hingegen interpretierte den Vorfall als Zeichen der Angst, die der Ältere ihm gegenüber verspürte. Er selbst sprach, so erinnerte er sich, über Moorleichen und Bestattungsriten der Nordvölker, als die Ohnmacht geschah. Freud habe ihm später gestanden, daß die Wahl des Themas seine Annahme bestätigte, er, der Sohn, wünsche ihm, dem Vater, insgeheim den Tod.[71]

Freud bestieg den Luxusdampfer mit gemischten Gefühlen, weil er sich vor der einwöchigen Eingeschlossenheit und möglicher Seekrankheit fürchtete. Befriedigt registrierte er dann die komfortable Ausstattung der Kajüte, das vorzügliche, seinen empfindlichen Magen schonende Essen, die bequemen Liegen auf dem Zwischendeck. Daß der Stewart einer gern erzählten Anekdote zufolge seine *Psychopatholgie des Alltagslebens* las, steigerte die gute Laune des Reisenden.[72] Aufmerksam beobachtete Freud das Verhalten der luxuriös gekleideten Amerikanerinnen («zum Flirt aufgelegt»), ihrer oft vermögenden Männer («Typen, die man kennt oder sofort erkennt, meist festliche, oft respektable») und den unbefangenen Umgang mit den Kindern («herzige Exemplare, die sich an Bord sehr wol befinden»).[73] Bereits am zweiten Tag sah man drei Delphine aus den Wellen hervorspringen und bewunderte abends das eindrucksvolle Meeresleuchten. Da es zahllose Ablenkungen im Tagesablauf gab – als Höhepunkt einen großen Festball kurz vor der Ankunft –, war eine konzentrierte Präparation der für die Clark University geplanten Einführung kaum möglich. Freud diskutierte mit Ferenczi und Jung über die mögliche Gliederung, erörterte die Wahl der Themen, entschied sich aber, seine Überlegungen wie im heimischen Wiener Hörsaal gänzlich frei, ohne Manuskript vorzutragen. Wurden die Debatten über analytische Fragen zu erschöpfend, so wechselte man zur Erzählung und Deutung nächtlicher Träume. Bei zumeist feuchtem Wetter ruhten Freud, Jung und Ferenczi auf ihren Liegestühlen unter Schirmen, suchten sich beim Blick auf das mäßig bewegte Meer zu entspannen und erörterten Psychologisches aus der Perspektive ihrer individuellen Alltagserfahrung als Praktiker und subjektiv Betroffene gleichermaßen. Nach Wien meldete Freud in heiterer Stimmung: «Wir dürften an Bord die einzigsten [sic!] sein, die geistig arbeiten u. uns dabei in der Regel gut unterhalten.»[74]

So vergnüglich, wie es Freuds Anmerkung vermuten läßt, waren die Diskussionen jedoch nicht. Die Kontroverse mit Jung brach jetzt auf zentralem Feld aus – im Sektor der Traumdeutung. Jungs Träume, in denen immer wieder verlassene Häuser, Schädel, Staub und zerbrochene Gefäße vorkamen, wurden von Freud als Tötungsphantasien interpretiert, die seine verkappten Aggressionen ihm gegenüber offenbarten. Jung entzog sich diesem Verdacht durch eine absichtlich falsche Auslegung, indem er seine Traummotive auf seine gespannte Einstellung zu Ehefrau und Schwägerin zurückführte. In seiner Biographie schrieb Jung: «Ich war mir durchaus bewußt, daß mein Verhalten moralisch nicht einwandfrei war. Aber es wäre mir unmöglich gewesen, ihm einen Einblick in meine Gedankenwelt zu geben.»[75] Umgekehrt verschloß sich Freud Jung gegenüber, indem er sich weigerte, private Hintergründe aufzudecken, die für das Verständnis seiner eigenen Träume erforderlich waren. Seine lapidare Erklärung lautete: «‹Ich kann doch meine Autorität nicht riskieren.›»[76] Jung betrachtete diese Einschätzung als Zeichen mangelnder Souveränität und Offenheit, wodurch Freuds Ansehen in seinen Augen erheblich litt. Deutlich wurde am Machtspiel der beiden, daß ihre Beziehung nicht im Lot war. Jungs Lüge und Freuds Schweigen verrieten Furcht vor ihren wahren Gefühlen, die nicht ans Licht kommen durften, weil das ihre jeweilige Stellung gefährdete.

Als das mächtige Schiff im Hafen von New York einfuhr, soll Freud in Angesicht der Freiheitsstatue zu seinen Begleitern gesagt haben: «Sie ahnen nicht, daß wir ihnen die Pest bringen.» Diesen Satz zitierte Jung 1954 gegenüber Jacques Lacan, der ihn als Selbstbezichtigung der Psychoanalyse, als Beschwörung der Nemesis – der antiken Gottheit für die strafende Gerechtigkeit – auslegte.[77] Der Wahrheitsgehalt der Aussage, an die sich in Frankreich zahlreiche Spekulationen knüpften, ist allerdings höchst zweifelhaft. Weder betrachtete Freud die Psychoanalyse als Krankheit, die ihre eigenen Fälle selbst hervorbrachte, noch glaubte er daran, daß sie selbst wie eine Epidemie alle Welt anzustecken drohte. Das blieb die Perspektive seiner Kritiker, die er zutiefst verachtete, und niemals wäre es ihm eingefallen, sie sich zu eigen zu machen. Nicht seine Lehre, sondern das Leiden, das sie bekämpfte, verkörperte für ihn die Pest: jene Neurose der Moderne, die gerade in Amerika üppig blühte.

Schon kurz nach der Landung, vor der Gepäckkontrolle, mußte Freud der *Deutschen NY Staatszeitung* ein Interview geben. Vermittelt hatte es offenbar der Breslauer Pädagogikprofessor William Stern, der sich unter den Vortragsgästen in Worcester befand, allerdings als Entwicklungspsychologe der *Traumdeutung*, die er für ein ‹merkwürdiges Buch› hielt, skeptisch gegenüberstand.[78] Am Hafen wurden die Reisenden von Bronislaw Onuf, einem auf Ellis Island tätigen Psychiater russischer Herkunft empfangen. Abraham Brill, den Freud eigentlich chaotisch und unberechenbar fand, übernahm in den kommenden Tagen die Planung und betätigte sich als kundiger, überraschend gut organisierter Stadtführer.[79] Eine Woche lang blieb man in der gigantischen Metropole, wanderte durch den Central Park, besuchte die Museen, machte Abstecher nach Brooklyn, ins südliche Manhattan und nach Coney Island. Ein abendlicher Ausflug führte nach Chinatown, wo man über das fremde Flair, exotische Kleidung und unbekannte kulinarische Genüsse staunte. Brill, der die Touren durch die verschiedenen Stadtviertel perfekt vorbereitet hatte, lud die Gäste am letzten Tag zu einem Diner in seine Wohnung ein. Freud reagierte auf die Flut von Eindrücken mit Anspannung; er litt unter Darmkoliken, fühlte sich in der riesigen Stadt überfordert und erwartete seinen öffentlichen Universitätsauftritt voller Skepsis, da er den Amerikanern kein wirkliches Urteilsvermögen in Fragen der Analyse zutraute. Erschrocken zeigte er sich über die hohen Preise im Alltag, die selbst der «stärkste Gott, der Dollar», nicht angenehmer machte.[80] Erst kurz vor der Rückreise wagte er es, da er überall eingeladen wurde und seine Barschaft schonen konnte, das verbliebene Budget bei Tiffany's auszugeben – allerdings nicht für Schmuck, sondern für Glaswaren.[81]

Am 4. September wurde die Fahrt – nun gemeinsam mit dem aus Toronto eingetroffenen Jones – per Dampfschiff nach Fall River, von dort mit dem Zug nach Boston und Worcester fortgesetzt. Dort durfte Freud mit seinen Reisegefährten im geräumigen, repräsentativ ausgestatteten Haus von Stanley Hall wohnen. Er bewunderte den üppigen Komfort, die umfangreiche Bibliothek, die riesigen Zimmer, das vielzählige Personal, freute sich, nun genesen, über reiche Mahlzeiten und beste Zigarren.[82] Der Luxus, der hier vorgelebt wurde, überraschte ihn, wenngleich er Ähnliches aus der Zeit seiner Besuche bei Charcot kannte. Die entspannte Atmosphäre wirkte, und fast schien es Freud, als erhole er sich wie im Urlaub. Der akademische Teil des amerikanischen Abenteuers konnte jetzt beginnen, auch wenn er nicht wirklich vorbereitet worden war.

An der Clark Universität versammelte sich am 7. September 1909 ein

Gruppenbild an der Clark University

Auditorium von annähernd dreißig Zuhörern, darunter der Ethnologe Franz Boas, die anarchistische Publizistin Emma Goldman, die Psychiater Abraham Brill und Adolph Meyer, die Psychologen William Stern und Edward Titchener, der Philosoph William James und der Neurologe James Putnam. Als Mittler zwischen den geladenen Gästen, die unterschiedlichstes Vorwissen mitbrachten, fungierte Jones, der sich gerade in einer Phase großen Zweifels an der Psychoanalyse befand, aber seine Skepsis nicht offen zeigte.[83] Freud eröffnete die Sitzungen von Dienstag bis Sonnabend jeweils um elf Uhr mit einem programmatischen Referat in deutscher Sprache. Er begann mit wohlgesetzten, aber auch zögerlich klingenden Worten: «Es ist mir ein neuartiges und verwirrendes Gefühl, als Vortragender vor Wißbegierigen der Neuen Welt zu stehen.»[84] Er habe, so schrieb er Ferenczi schon Monate vorher, «kein Zutrauen und fürchte die Prüderie» des puritanischen Amerika.[85] Wegen möglicher Empfindlichkeiten behandelte Freud in seinen Vorlesungen das Thema der Sexualität sehr zurückhaltend, jedoch mußte er während der Diskussionen überrascht feststellen, daß auch bei Vertretern der älteren Generation große Aufgeschlossenheit gegenüber Tabus bestand.[86] Zwar wußte man wenig über die Psychoanalyse, aber man wartete im Grunde auf die von ihr angebotenen Lösungen. Amerika als Land der scheinbar unbegrenzten Freiheit war zugleich ein Kontinent, auf dem die Nervenleiden gediehen, genährt von Leistungsethos, Wettbewerb und Puritanismus, religiösem Irrationalismus und Aufsteigermythen.

Freud eröffnete seine Serie mit einem Rückblick auf den Fall der Anna O., die *talking cure* und die Rolle des Unbewußten bei der Bildung neurotischer Symptome. Die zweite Vorlesung befaßte sich mit Verdrängung, Widerstand und kathartischer Methode, die dritte mit den Grundlagen der Traumlehre und den Fehlleistungen, die vierte mit der Rolle der frühkindlichen Sexualität, die fünfte und letzte mit den Prinzipien der therapeutischen Praxis, mit Neurosenbehandlung und Übertragungsreaktionen. Am Ende stand ein nachdrückliches – auch gegen Janet formuliertes – Plädoyer für die angemessene Einschätzung der Sexualität und die Sicherung ihrer gesunden Entfaltung.[87] Jeder der Vorträge war frei improvisiert, und die Gliederung entwickelte Freud erst wenige Stunden vor dem Beginn des Zyklus während eines morgendlichen Campus-Spaziergangs mit Ferenczi.[88]

Zwar war das Echo auf seine Darstellung positiv – es gab sogar ein Interview mit dem *Boston Evening Transcript* –, jedoch konnte Freud registrieren, daß die analytischen Vorkenntnisse der amerikanischen Psychologen, wie er vermutet hatte, minimal waren.[89] Er selbst maß dem theoretischen Potential seiner Ausführungen keine größere Bedeutung zu, sondern sah sie als didaktische Pflichtübungen an. Da die Referate frei gehalten wurden, mußte er sie im Herbst für die Druckfassung, die bei Deuticke erschien, detaillierter ausarbeiten. Die «verdammte amerikanische Niederschrift» strengte ihn, wie er Ferenczi gestand, sehr an; «beschwerlich, wenn man sonst soviel zu tun hat wie ich», hieß es am 23. Oktober 1909 gegenüber Jones.[90] Aber er wußte, wofür er sich plagte und weshalb eine Veröffentlichung nottat. Sechs Wochen später betonte er in einem Brief an Brill, daß die Publikation die ersten «Schritte zur Eroberung des amerikanischen Marktes» ermöglichen würde, also strategisch geboten war.[91] Vergleicht man den Text mit Freuds reiferen, durchweg meisterhaften Introduktionen, den *Vorlesungen zur Einführung in die Psychoanalyse* und dem souveränen Spätwerk, dem *Abriß der Psychoanalyse*, dann erkennt man allerdings, daß sein Lehrgebäude zu diesem Zeitpunkt noch nicht vollauf geordnet und durchdacht war. Insbesondere die Zusammenfassung der Traumtheorie wirkt vereinfachend, weil sie die Operationen des Vorbewußten – zumal Entstellung und Zensur – nur bruchstückhaft und ohne letzte Konsequenz schildert.[92] Freud wußte zwar auf diesem Gebiet genau, worauf es ihm ankam, aber er vergaß offenbar, die Fäden am richtigen Punkt zu bündeln. Der innere Widerstand gegen die Niederschrift der amerikanischen Einführung erzeugte im November 1909 bei ihm einen Schreibkrampf, der wochenlang andauerte; vermutlich entsprang er der Ahnung, daß auch der fertigen Darstellung noch die durchgreifende Kraft eines Leitsystems fehlte.[93]

Neben Freud sprachen an der Clark University unter anderem auch Jung, der deutsch-amerikanische Ethnologe Franz Boas und der Harvard-Professor Edward Titchener; parallel fanden Jubiläumskonferenzen in den Naturwissenschaften und der Mathematik statt. Das ergab ein sehr buntes Gemisch gelehrter Themen, und die Diskussionen verliefen nicht sonderlich geradlinig. Am Freitag, dem 10. September 1909, wurde der Vortragszyklus durch einen akademischen Festakt unterbrochen, der mit pompösem Aufwand in der Aula der Universität stattfand. Hier erhielten Freud als Pionier auf dem Gebiet der Psychologie und Pädagogik, Jung für seine Leistungen auf dem Feld der Psychiatrie und der diagnostischen Assoziationsmethode den Ehrendoktor. Den Titel verlieh die juristische Fakultät, obwohl sie fachlich gar nicht zuständig war; «has been created Doctor of Laws», hieß es auf dem Freud zugedachten Dokument.[94] Man umging damit ein doppeltes Dilemma, denn ein medizinischer Fachbereich existierte nicht, und die Naturwissenschaften standen der Psychoanalyse kritisch gegenüber, so daß sie einer Ehrung schwerlich zugestimmt hätten. Freud dürfte sich in dem Moment, da man ihm die Urkunde überreichte, an die letzten Monate seines Abiturjahres erinnert haben, als er ernsthaft ein Rechtsstudium erwog. Die voreilig entworfene Visitenkarte, die er sich damals drucken ließ, lag inzwischen in der Tiefe seines Wiener Schreibtischs, und alles Juristische war ihm reichlich fremd. Merkwürdig wirkte aber nicht nur der Titel, sondern auch die Begründung für die Ehrenpromotion. Während man Jung als Psychiater durchaus zutreffend für seine Assoziationsexperimente auszeichnete, würdigte man Freud als ‹Pädagogen›, was seinem Mediziner-Selbstverständnis schwerlich entsprach. Mit einiger Irritation vernahm er daher den leicht irreführenden Text der Urkunde, den der Dekan laut vorlas: «Sigmund Freud of the University of Vienna, founder of a school of pedagogy already rich in new methods and achievements; leader today among students of the psychology of sex, and of psychotherapy and analysis; Doctor of Laws.»[95]

Neben Freud und Jung wurden 25 andere Gelehrte in unterschiedlichsten Disziplinen mit einem Doktortitel geehrt, darunter der britische Physiker Ernest Rutherford, der deutsch-amerikanische Chemiker Julius Stieglitz und der schon erwähnte Franz Boas. Man konnte also von einer akademischen Massenveranstaltung sprechen, die den Wert der Würdigung bei allem Pomp erheblich einschränkte. Zum Kreis der Geehrten gehörte auch William Stern, dessen Arbeiten über die kognitive Entwicklung des Kindes Stanley Hall sehr schätzte. Letzthin offenbarte diese Auszeichnung die Naivität der amerikanischen Gastgeber: Hall schien nicht zu wissen, daß Stern acht Jahre zuvor die *Traumdeutung* in einer höchst unfreundlichen Rezension als spekulativ und unseriös abgekanzelt hatte.[96] Freud erlebte die Zeremonie naturgemäß mit gemischten Gefühlen, denn hier wurde ein Kritiker gewürdigt, der die Psychoanalyse für akademisch nicht satisfaktionsfähig hielt. Es blieben folglich, bei aller Freude über die formale Anerkennung seiner wissenschaftlichen Leistung, ambivalente Eindrücke zurück: eine unpersönlich anmutende Feier, die falsche Fakultät als titelverleihende Institution, eine fachlich ungenaue Begründung, ein Antipode unter den ebenfalls Geehrten. Freud verspürte Erleichterung, als der Festakt binnen zwei Stunden beendet war, so daß er sich nach einem Spaziergang in Gesellschaft des Philosophen William James mit Ferenczi zu einem vertrauten Gespräch zurückziehen konnte. Er blieb übrigens nicht der einzige seiner Familie, der an diesem Ort ausgezeichnet wurde: die Clark University verlieh Anna Freud 41 Jahre später, am 22. April 1950, für ihre verdienstvolle Forschung auf dem Gebiet der Kindertherapie gleichfalls ein Ehrendoktorat. Vergeben wurde es wie im Fall des Vaters durch die juristische Fakultät, was das alte Dilemma spiegelte, daß die Naturwissenschaften die Psychoanalyse ablehnten und die betreffenden Fachbereiche für eine Würdigung kaum in Frage kamen; zumindest in diesem Punkt hatten sich die Zeiten nicht geändert.[97]

Am Mittag des 12. September fuhr man mit Halls Automobil zum Lunch ins Grüne. Die Tour im offenen Wagen bescherte Freud, der in Wien nur Pferdekutschen benutzte, einen neuen Eindruck von Geschwindigkeit inmitten der freien Landschaft. Am 13. September reiste er gemeinsam mit Jung per Eisenbahn nach Buffalo und zu den Niagara-Fällen – ein Ziel, das er sich ausdrücklich ausbedungen hatte. Auf dem Rückweg machte man in Lake Placid Station, wo man unter abenteuerlichen Bedingungen drei Tage im Camp des berühmten Neurologen James Putnam verbrachte. Geschlafen wurde auf Feldbetten, und vor der Tür eröffnete sich eine Wildnis, in der Klapperschlangen, Bären und Wölfe hausten. An die Familie schrieb Freud: «Steine, Moosflächen, Baumgruppen, höckeriges Terrain, das nach drei Seiten in bewaldete Hügel übergeht. Darin eine Gruppe von ganz roh gezimmerten Holzhäuschen, jedes benannt, wie man erfährt».[98] Putnam sei «ein sehr liebenswürdiger Wirt», bilanzierte er rückblickend gegenüber Jones, «aber die unausgesetzten Klettereien» im Camp hätten ihn so ausgelaugt, daß er, an Blinddarmschmerzen und Prostata-Beschwerden leidend, «schließlich streikte und zu Hause blieb.»[99] Das war für einen passionierten Bergsteiger wie Freud eine bemerkenswerte Aussage, die zeigte, welche Anstrengungen das Sportprogramm des amerikanischen Gastgebers kostete. Zu den herausfordernden Aspekten dieser Tage gehörte es, daß Freud die Konversation nahezu allein bestreiten mußte, da Ferenczi kaum, Jung nur wenig besser Englisch sprach. Auch das erschöpfte ihn sehr, denn obwohl er in seinen Briefen an Jones über ein breites Register verfügte, war er im Reden ungeübt.

Außerdem tat sich Freud schwer mit Putnams puritanisch gefärbter Religionsphilosophie, die sich aus dem Gedanken speiste, daß der Mensch in Gott eine Vaterprojektion geschaffen habe, derer er als gleichsam ewiges Kind bedürfe. Diese Lehre erscheine ihm, so sagte er Jones, wie ein «dekorativer Tafelaufsatz», den ‹jeder bewundere›, ohne daß man ihn aber ‹anrühre›.[100] Die kritische Einschätzung hinderte ihn freilich nicht daran, im Herbst 1909 eine intensive Korrespondenz mit Putnam zu beginnen, die erst 1916, 24 Monate vor dessen Tod, zum Erliegen kam. Sie umfaßte 88 Briefe, von denen 32 auf Freud entfielen; im Mittelpunkt standen zunächst Fragen der Behandlungstechnik und der Sublimierungstheorie, während später Aspekte der Dogmatik und der Vereinspolitik größere Aufmerksamkeit beanspruchten. Anders als gegenüber Jones mied Freud in seinen Briefen an Putnam das Englische und schrieb auf Deutsch – «Permit me to continue in German», lautet der erste Satz der Korrespondenz.[101] Den Adressaten stellte das zunächst vor erhebliche Probleme, aber es ging auch um pädagogische Wirkungen; die internationalen Anhänger sollten in die Lage versetzt werden, psychoanalytische Schriften im Original zu lesen.

In den letzten Septembertagen brach Freud insgesamt «amerikamüde» mit Jung und Ferenczi von New York aus, wo er kurz seine Schwester Anna und deren Familie besuchte, wieder nach Europa auf.[102] Die *Times* meldete am 21. September 1909 seine Abfahrt – es war nach dem Interview mit der

Bostoner Zeitung das dritte Mal, daß Freuds Name in der amerikanischen Öffentlichkeit genannt wurde. Die Passage geriet stürmisch, was den Komfort an Bord sehr einschränkte und längere Aufenthalte in den Kabinen unter Deck erzwang. Immerhin gab es keine Katastrophe wie zweieinhalb Jahre später bei der Jungferntour der *Titanic*, mit deren ganzer Ladung am 14. April 1912 übrigens auch ein Brief Freuds an den in Kanada lebenden Jones unterging.[103] Was folgte, war ein ruhiger Ausklang der großen Übersee-Tour. Nach der Ankunft in Bremen am 29. September besuchte Freud gemeinsam mit Ferenczi, dem die Reise wie ein «Traum» vorkam, die Angehörigen seiner Frau in Hamburg; am 2. Oktober kehrte er über Berlin, wo ihn Abraham «besonders nett und zärtlich» begrüßte, nach Wien zurück.[104] Schon wenige Tage vor der Ankunft des Schiffs hatte er der Familie geschrieben: «East, West – Home best. Ich werde nicht böse sein wieder in unserem Winkel im IX. Bezirk zu sitzen.»[105]

Zerwürfnis mit Adler und Stekel

Am 12. Oktober 1909 bereiteten die Kollegen der Mittwochsgesellschaft dem aus Amerika heimkehrenden Freud im Hotel Residenz an der Teinfaltstraße einen fröhlichen Empfang. Die Gruppe war mit 17 Teilnehmern fast vollständig erschienen, hinzu kamen neun Gäste, darunter Freuds Bruder Alexander. Stekel führte einen Sketch auf, in dem er einen zahlungsunwilligen Patienten darstellte, der sich als «‹ekelhafter Kerl›» entpuppte – ein ironisches Selbstporträt, wie Freud einige Tage später süffisant an Jung meldete.[106] Die Stimmung war ausgelassen, man saß bis tief in die Nacht zusammen und blickte erwartungsvoll auf die Sitzungen des bevorstehenden Winters. Aber die Harmonie des Abends trog, denn schon ein gutes Jahr danach zogen Gewitterwolken über der wissenschaftlichen Familie auf. Anfang März 1911 erfolgte der Bruch mit Adler; Freud übernahm von ihm die Funktion der Vereinsleitung und besiegelte so das erste Scheitern der Nachfolgeregelung. Der Vater mußte die Söhne ersetzen; mit einem bezeichnenden Vergleich titulierte Freud Adler und den ihm nahestehenden Stekel einen Monat später in einem Brief an Ferenczi als «Max und Moritz» – die bösen Buben hatten sich gegen die Autorität erhoben.[107]

Adler sei, so erklärte Freud im Mai 1911 gegenüber Jones, theoretisch irregeleitet, weil er die Rolle der Sexualtriebe relativiere. Außerdem erscheine er ihm wirr und ‹paranoid›; wieder tauchte hier die ausgrenzende

Formel auf, mit der er schon nach der Trennung von Fließ persönliche Enttäuschungen zu verdrängen suchte.[108] «Er hat sich ein Weltsystem ohne Liebe geschaffen», schrieb er Pfister, «und ich bin dabei, die Rache der beleidigten Göttin Libido an ihm zu vollziehen.»[109] Seine Individualpsychologie bedeute, so fand er, eine massive Unterschätzung erotischer Impulse bei gleichzeitiger Aufwertung der biologischen Mitgift des Menschen – eine ‹Verseichtigung›, die Freud auch bei den Zürichern Bleuler und Maeder beobachtete.[110] Weil Adler, wie es 1917 hieß, «nur die egoistischen Triebe» anerkannte, die sexuellen aber unterschätzte, brachte er die gesamte Theorie des Unbewußten aus dem Gleichgewicht.[111] Das erforderte eine klare strategische Abgrenzung, die Freud so begründete: «Wir haben es notwendig gefunden, biologische Gesichtspunkte während der psychoanalytischen Arbeit ferne zu halten, und solche auch nicht zu heuristischen Zwecken zu verwenden, damit wir in der unparteiischen Beurteilung der uns vorliegenden psychoanalytischen Tatbestände nicht beirrt werden.»[112]

Adlers unorthodoxe Tendenz, die seit 1910 unübersehbar wurde, trat in zentralen Bereichen des theoretischen Gebäudes zutage. Während Freud das Ich gerade als triebunterworfen und abhängig definierte, erhob er es zur vollen Majestät. In einem Brief an Jung hieß es am 3. März 1911: «Hinter Adlers scheinbarer Schärfe ist ein großes Stück Verworrenheit zum Vorschein gekommen. Daß ein Psychoanalytiker dem Ich so aufsitzen könnte, hätte ich nicht erwartet. Das Ich spielt doch die Rolle des dummen August im Zirkus, der überall seinen Kren dazu gibt, damit die Zuschauer glauben, er ordne alles an, was da vor sich geht.»[113] Letzthin enthielt Freuds Kritik den Vorwurf, daß Adler dem wesentlichen Kern seiner Theorie – der Libido-Konstruktion – nicht traute und daher andere Begründungen annahm, die Trieb, Persönlichkeit und seelische Krankheit nach dem Muster Janets aus einer dynamischen Energie ableiteten. Diese Neigung ließ sich schon in seiner 1907 veröffentlichten *Studie über Minderwertigkeit von Organen* erkennen, die Freud noch als «Ergänzung der psychoanalytischen Theorie» betrachtete, weil sie es erlaubte, die Neurosen als Produkt körperlicher Defizite zu interpretieren.[114] Nun aber trat deutlicher hervor, daß Adler die Trieblehre nicht erweitern, sondern außer Kraft setzen wollte. Nachdem er Ende Februar 1910 in der Mittwochsrunde einen Vortrag über Hermaphroditismus gehalten hatte, den er einen Monat später in Nürnberg wiederholen sollte, faßte Freud zusammen: «voll von anagrammatischen Mißverständnissen».[115] Wesentlich an der von Adler produzierten Verdrehung, die das Alphabet der Psychoanalyse neu zu organisieren suchte, war der Versuch, den Ursprung der Neurose aus einem kindlichen Mangelgefühl zu erklären, die Rolle der Libido dabei jedoch zu ignorieren. Der Ansatz, das psychische Material biologischen Perspektiven zu unterwerfen, sei, so erklärte Freud am 23. Februar 1910 in der Mittwochsdebatte, höchst bedenklich, weil er die Grundannahme von der triebabhängigen Aktivität des Seelenlebens aufzuheben suche.[116]

Lou Andreas-Salomé konstatierte später, nach ihrem ersten Treffen mit Adler, daß er die Neurose ohne das Triebleben denke und damit falsch deute, da er ihr die Ursache entziehe.[117] Seine Theorie war, aus dieser Perspektive, ein System ohne innere Logik. Weil Ich und Sexus hier nicht, wie Lou Andreas-Salomé bemerkte, durcheinandergerieten, sondern getrennt blieben, ruhte die gesamte Last der Erklärung auf dem Selbst, ohne daß begreiflich wurde, aus welchem Grund eine neurotische Fehlbildung überhaupt entstand. Adlers Lehre erschien wie ein trennendes «Messer», insofern sie nur Krankheit oder Gesundheit kannte, bloß Ich oder Körper, aber keine in die physische Welt hineinragende Sexualität.[118] Die ‹Göttin Libido› wurde vom Ich ferngehalten, damit dieses rein und autonom auch in den Phasen der Krankheit agieren konnte. Die Last, die Adler ihm damit aufbürdete, war jedoch erheblich: ein Ich ohne Beherrschung durch den Trieb blieb aus Sicht Freuds eine idealistische Erfindung, die der wissenschaftlichen Prüfung nicht standhielt. Adlers Loblied auf das starke Individuum und seine wachsende Körperfeindlichkeit stellten Widersprüche dar, für die Freud nur Erklärungen aus dem Repertoire seiner eigenen Lehre fand: narzißtische Kränkung, Hemmung, neurotische Ersatzbildung, Verfolgungswahn. ‹Ein begabter Denker, aber ein bösartiger Paranoiker› – so lautete seine abschließende Formel in einem Brief an Putnam vom 20. August 1912.[119]

Im Hintergrund standen bei diesem Bruch auch persönliche Differenzen. Adler, der als Student Marx' *Kapital* gelesen hatte, war von politisch-sozialen Fragen fasziniert; seine Ehefrau Raissa Epstein, eine Russin, teilte mit ihm sein Engagement für die Arbeiterbewegung. Er erstrebte gesellschaftliche Reformen in Schulen, Kliniken, Gesetzgebungsverfahren und Strafjustiz, die er mit seinem Therapiekonzept zu verbinden suchte. Er führte in Wien, anders als Freud, ein öffentliches Leben, trat gern vor Publikum auf, saß in Caféhäusern und war aufgeschlossen für alle technischen Modernisierungen. Seine Neigung zu bisweilen unscharfer Begrifflichkeit, sein von Temperament und Stimmungen geprägtes Schreiben, seine Suche nach Lücken im System der Analyse und seine politische Emphase waren Freud ein Ärgernis. Die ersten Jahre ihrer Allianz zwischen 1902 und 1908 hatten die Charakterunterschiede zugedeckt, weil man einen gemeinsamen Gegner im Blick hatte. Diese Periode lag nun hinter ihnen, und es war Zeit für eine nüchterne Bilanz, die anzeigte, daß es keinen theoretischen Boden mehr gab, auf dem man zusammen hätte agieren können. Am 22. Februar 1911 legte Adler sein Amt als Obmann des Wiener Ortsvereins nieder, und auch sein Stellvertreter Stekel trat zurück. Freud selbst versah jetzt die Funktion der Leitung, ohne daß es zum letzten Bruch mit den beiden Abtrünnigen kam. Sie nahmen weiter an den Mittwochssitzungen teil, ‹schmollten› jedoch, wie Ferenczi berichtet wurde, und beteiligten sich nicht mehr an den Vortragsdiskussionen. Der Zirkel hatte jetzt zwei steinerne Gäste, die schweigend im Gestöber der Debatten saßen.[120]

Es zeigte sich immer deutlicher, daß die psychoanalytische Politik auch ein persönliches Intrigenspiel war, in dem Kränkung und Eitelkeit, Ehrgeiz und Narzißmus im Vordergrund standen. Daß der Konflikt von den Beteiligten als ‹Krieg› angesehen wurde, änderte nichts an seinen ganz subjektiven Nuancen. Freud suchte nun die Chance zu nutzen und klare Verhältnisse zu schaffen. Am 28. Mai 1911 kündigte er Binswanger an, er arbeite daran, «Adler auszuschiffen» und das publizistische Geschäft mit Stekel allein zu betreiben.[121] Anfang Juni 1911 zog sich Adler gänzlich aus der *Psychoanalytischen Gesellschaft* zurück und legte auch die Herausgeberschaft des *Zentralblatts* nieder, nachdem Freud dessen Verleger Bergmann das Ultimatum gestellt hatte, er möge entscheiden, mit wem er die Kooperation fortzusetzen gedenke. Am 20. Juni folgten ihm seine Anhänger David Josef Bach – der bisherige Kassierer der Sozietät –, Franz Baron von Hye und Stefan von Máday; aus München hörte man, daß der wankelmütige Leonhard Seif sich ihnen anschließen wolle. Am 15. Juni schrieb Freud an Jung: «Adler bin ich endlich losgeworden. Nachdem ich von Bergmann seinen Rücktritt vom ‹Zentralblatt› verlangt, hat er viel herumgezogen und endlich in sonderbaren Wendungen etwas erklärt, was man als Verzicht deuten muß.»[122]

Adler etablierte darauf mit seinen Adepten einen Donnerstagskreis, der nach dem Muster des Mittwochszirkels organisiert war. Hier sei, so Freud, «die ganze Mythologie» des Abfalls ausgebildet: «Aggression, Rückendeckung, Scharfmachen, Oben und unten in Szene gesetzt».[123] Als Lou Andreas-Salomé ein Jahr später bei Freud nachfragte, ob sie an Adlers Runde teilnehmen könne, erwiderte er in vollendeter Höflichkeit, daß die «ärztlichen Gäste gebeten» seien, «zwischen dem Besuch hier oder dort zu wählen.»[124] Wenn er ihr am Ende seines Briefs dennoch die doppelte Teilnahme gestattete, so zeugte das von seinem großen Vertrauen in sie. Lou verzichtete nach einigen Wochen von sich aus auf weitere Visiten in Adlers Donnerstagsrunde, weil sie deren Diskussionsstil zu unsystematisch fand. In anderen Zusammenhängen gab sich Freud weniger zurückhaltend, wenn es um die Feinde der Bewegung ging. Gegenüber Abraham nannte er Adler im Frühjahr 1913 einen «Schädling» – seine psychoanalytische Politik kannte in dieser Phase nur Freunde oder erbitterte Gegner, sie war, wie Max Graf behauptete, zur ‹Kirchengeschichte› mit Ketzern und Abtrünnigen geworden.[125] In einem kurzen Moment des Zweifels hatte er Ferenczi am 1. Februar 1912 noch gefragt: «Muß ich wirklich immer recht haben, immer der bessere sein?»[126] Die Antwort war wenige Monate später klar: es hatte sich ein Krieg der Parteien entwickelt, in dem Freud keinen Platz für kritische Selbstreflexion mehr fand.

Im Sommer 1912 veröffentlichte Adler seine Studie *Über den nervösen Charakter* und machte darin den Bruch mit Freud auch für die wissenschaftliche Öffentlichkeit sichtbar; «Para-noigkeiten», so kalauerte Eduard Hitschmann über das Buch, das der Autor in mehreren europäischen Metropolen mit großer Resonanz präsentierte (darunter in Prag, wo auch Franz Kafka zu den Zuhöreren zählte).[127] Im Juli 1912 stellte Adler bei der Universität Wien den Antrag auf die Verleihung einer Privatdozentur; das Verfahren wurde erst drei Jahre später entschieden, mit einem abschlägigen Votum auf der Grundlage eines Gutachtens von Wagner-Jauregg.[128] Unter dem unmittelbaren Eindruck des Konflikts mit Adler schlug Jones Freud im Juli 1912 die Gründung eines international zusammengesetzten Geheimkomitees der Getreuen vor, das argwöhnisch die Gegner beobachten, die reine Lehre bewahren und vor öffentlichen Angriffen schützen sollte.[129] Freud war von diesem Vorschlag begeistert, entsprach er doch sehr genau seinem ausgeprägten Vergnügen an verschwörerischen Aktivitäten und arkanen Verbindungen. Die psychoanalytische Bewegung konnte auf diese Weise gesichert und zuverlässiger organisiert werden. Am 1. August 1912 bestätigte er Jones formell, daß er seine Idee sehr unterstütze, ein geheimes Konzil mit den vertrauenswürdigsten Adepten zu bilden, das die Idee der Psychoanalyse weiterentwickle und gegen äußere Attacken wie innere Erschütterungen verteidige.[130]

Zu dem zügig konstituierten Komitee gehörten in den ersten Jahren neben Jones Abraham, Ferenczi, Rank und Sachs, später trat Eitingon hinzu.[131] Jedes Mitglied erhielt von Freud einen Siegelring mit einer antiken Gemme, ähnlich dem, den er selbst trug: ein Symbol des inneren Zirkels, das zuzeiten an den jeweiligen Nachfolger vererbt werden sollte. Die Gruppe tagte nur selten, in unregelmäßigen Abständen, blieb aber konstant bestehen. Zwischen 1913 und 1920 beschränkte sich die Korrespondenz auf Einzelkontakte, danach begann man mit der Versendung von Rundbriefen an alle Mitglieder.[132] Ungewöhnlich war, daß Freud die Schüler in seinen Schreiben kollektiv duzte, um den Charakter des geheimen Kreises zu unterstreichen. Die vertrauliche Anredeform – nach der Studienzeit bei ihm eine absolute Ausnahme – galt allerdings nur für die Sammelkorrespondenz, nicht für die individuelle Kommunikation. Er selbst wurde von den Mitgliedern des Bundes ausschließlich als ‹der Professor› bezeichnet, denn alles andere hätte als respektlos gegolten. Wenn Freud 1924 daran erinnerte, daß seine Bewegung weniger durch spektakuläre Konflikte als durch Kontinuität geprägt sei, meinte er auch die Loyalität der Getreuen, die im Komitee verbunden waren.[133] Ein Photo aus dem Jahr 1922 zeigt die siebenköpfige Runde, den Gründungsvater vorn sitzend, nicht in der Mitte, sondern am Rand, gerahmt von Ferenczi und, hinter ihm, Rank. Freud ließ das Bild unter Glas in seinem Behandlungszimmer aufhängen: ein Symbol der verschworenen Gemeinschaft, öffentlich sichtbar für alle, die es wagten, gegen den Geist des Herren zu rebellieren.

Nach Adlers Ausscheiden blieb Stekel der schwierigste unter den frühen Schülern. Von seinen wissenschaftlichen Arbeiten, die er früh schon als ungenau, journalistisch, unehrlich und seicht titulierte, hielt Freud wenig – eine Einschätzung, die Arthur Schnitzler später teilte.[134] In kleiner Runde mutmaßte man, daß Stekel einzelne seiner Fallgeschichten gefälscht habe, um seine Thesen überzeugender abzusichern und effektvoll pointieren zu können; «vielleicht lügt er bis zuletzt», hieß es gegenüber Rank.[135] Sein analytischer Instinkt leite sich, so Freud, aus seiner Triebhaftigkeit ab: Stekel sei ein «absolutes Schwein», ein unanständiger Charakter mit «unerträglichen Manieren», der «aus demselben gemeinen Stoff gemacht» sei wie seine Leser – Zuweisungen, die Freud recht indiskret aus der kurzen Analyse ableitete, der sich Stekel im Jahr 1901 bei ihm unterzogen hatte, ohne daß er aber seine Befunde konkretisierte.[136] Ähnlich heftig äußerte er sich nur über den im Taunus praktizierenden Psychiater Adolf Albrecht Friedländer, der ihn Ende Mai 1910 in Wien besucht, vier Stunden bis ein Uhr am

Das Geheimkomitee

Morgen ausgehorcht und danach öffentlich diffamiert hatte. Prompt war vom «Schwein Friedländer» die Rede, der, als «Lügner, Gauner, Ignorant» weder Schonung noch «Diskretion» verdiene.[137] Generell galten Gegner ab einem bestimmten Stadium ihrer Feindseligkeit als pathologisch motiviert. Diese Zuordnung traf Opponenten wie Karl Kraus oder Hermann Oppenheim, frühere Freunde wie Fließ, aber auch Renegaten wie Adler. Die gesamte «Schweinebande» bornierter Ärzte, die das analytische Wissen als Pornographie denunzierte, folgte letzthin, fand Freud, krankhaften Motiven: neurotischer Verdrängung, übersteigertem Ehrgeiz, asozialem Narzißmus.[138]

Zwischen Sommer 1911 und Herbst 1912 hielt das schwierige Verhältnis zu Stekel, weil Freud ihn als Herausgeber für unersetzlich erachtete. Stekel wiederum schreckte vor dem entscheidenden Schritt zurück, fand jedoch genug Gründe, seine Distanz ostentativ zur Schau zu stellen. So betrieb er seine Herausgebertätigkeit für das *Zentralblatt für Psychoanalyse* in der Attitüde des Alleinherrrschers und suchte im Zirkel akzeptierte Autoren wie Tausk ohne Rücksprache aus dem Kreis der Beiträger zu drängen. Im Oktober 1912 wurde die Situation für Freud unerträglich, nachdem Stekel ihn ultimativ zwingen wollte, seine Arbeiten allein im *Zentralblatt* gleichsam exklusiv zu publizieren. Er zog darauf seinen avisierten Artikel zum «Traum als Beweismittel» zurück und versendete ein Rundschreiben an alle Getreuen, in dem er dazu aufforderte, dem *Zentralblatt* jede Mitwirkung zu kündigen. «Es ist Aussicht vorhanden, daß wir Stekel loswerden, was schon ein Opfer wert ist», so meldete Freud triumphierend an Ferenczi.[139] Am 6. November 1912 verließ der ‹übergeschnappte› Widersacher – so die Formulierung gegenüber Brill – auch offiziell den Wiener Verein, nachdem er zuvor der regulären Sitzung des Mittwochszirkels ferngeblieben war.[140] Das *Zentralblatt* lebte nur ein knappes Jahr weiter und starb dann an intellektueller Auszehrung. Eine internationale Zeitschrift, die Stekel später mit dem Okkultisten Silberer gründete, scheiterte früh. «Der Anlaß für Stekels Absonderung», erklärte Freud Binswanger, «war kein wissenschaftlicher, sondern eine persönliche Überhebung.»[141] Der frühere Schüler sei, wie es 1924 hieß, «mit einem ungewöhnlichen Maß an Selbstzufriedenheit begabt», das ihn gegen jede Art der Kritik immunisiere.[142] Auch Stekel signalisierte öffentlich, daß er nicht mehr zum Wiener Kreis gehörte. Das Vorwort, das Freud 1908 und 1912 zu den ersten beiden Auflagen seiner Studie über nervöse Angstzustände beigesteuert hatte, tilgte er in weiteren Fassungen.[143]

In die vierte Ausgabe der *Traumdeutung*, die im Juni 1914 erschien, integrierte Freud einen Passus, der am Beginn der Auseinandersetzung mit Stekels Symboltheorie eingeschaltet wurde. Der Autor, hieß es nun, habe der Psychoanalyse «ebensoviel geschadet als genützt». Seine Arbeiten seien durch zuweilen richtige Intuition geprägt, litten aber gerade darunter, daß sie diese zur einzigen Grundlage des wissenschaftlichen Urteils erheben wollten. Seine «verwilderten Deutungen» und «Verallgemeinerungen» entsprängen der Willkür, die in Fragen der Forschung einen schlechten Ratgeber bilde.[144] Noch Jahrzehnte später mied Freud, wie immer konsequent, jeden Kontakt mit Stekel. Dessen Buch über den Fetischismus, das 1922 erschien, gab er, als er sich 1927 mit demselben Thema befaßte, an Fritz Wittels mit der Bitte um Begutachtung weiter. Aus einer «Ekelreaktion» sei er, so schrieb er Eitingon, nicht imstande, die Studie selbst zu lesen.[145] Solche heftigen Urteile waren ernstgemeint, denn Freud neigte zu psychosomatischen Symptomen, wenn er tiefe Abneigung gegenüber bestimmten Menschen verspürte. Schreibhemmungen, Anflüge von Vergeßlichkeit, Migräneanfälle und Ohnmachten gehörten zu diesen Mustern, die ihn zeitlebens begleiteten. Häufig weigerte er sich aus Widerwillen, Texte möglicher Gegner und Konkurrenten zu lesen, weil er unangenehme Assoziationen erwartete. In solchen Fällen mußten Schüler wie Rank oder Eitingon mit kurzen Berichten einspringen, damit Freud sich von den Quellen des Unbehagens fernhalten konnte.

Aus dem *Zentralblatt* wurde nach langwierigen Verhandlungen mit dem Verleger Bergmann die *Internationale Zeitschrift für Psychoanalyse*, die, ediert von Freud, ab Januar 1913 erschien. Um einen besser und schneller arbeitenden Druckereibetrieb kümmerte sich Bergmanns Kollege Hugo Heller, den Freud zwar für unzuverlässig und taktlos hielt («ein rabiater Mensch»), aber aufgrund seines technischen Sachverstands schätzte.[146] Ferenczi und Jones, in dauernder Konkurrenz um die Gunst ihres Mentors ringend, waren die wichtigsten Autoren außerhalb des Wiener Kreises, wurden systematisch eingespannt und mußten den internationalen Charakter des Journals sichern. Die vermeintlichen Gewinnausfälle, die Bergmann aufgrund der stornierten Abonnements des *Zentralblatts* geltend machte, beglich Freud sehr bereitwillig, ohne weitere Verhandlungen, aus Vereinsbeiträgen.

Die Organisation der Ortsgruppe blieb von den persönlichen Konflikten mit Adler und Stekel unberührt. Sie lag auch in den folgenden Jahren in den Händen Ranks, der nach 1910 von Theodor Reik unterstützt wurde. Reik, 1888 in Wien geboren und wie Rank aus ärmlichen Verhältnissen stammend, studierte Literaturwissenschaft, kam noch vor der Promotion – mit einer Arbeit über Flaubert – unter dem Eindruck seiner Lektüre des Traumbuchs zu Freud und durchlief bei ihm eine Lehranalyse. Sein Wunsch war es zunächst, den Abschluß im philologischen Fach durch eine medizinische Qualifikation zu ergänzen, weil er sich nur so als vollgültiger Therapeut gefühlt hätte. Während eines Besuchs in der Berggasse an einem für Reik «bedeutsamen Tag im Jahr 1912», riet Freud jedoch von diesem Ziel ab und erklärte, er habe «größere Pläne» mit ihm.[147] Die Medizin half, so befand er, nur bedingt auf dem Weg zur analytischen Befähigung, ja sie wirkte zuweilen sogar störend und zerstreuend. Reik ging bald darauf nach Berlin und ließ sich dort von Abraham weiterbilden. Als Autor trat er mit gewichtigen kulturhistorischen Studien hervor, die Freuds Lehre auf Literatur, Religion und Völkergeschichte übertrugen. Schon seine Dissertation über Flauberts Eremiten-Roman *Die Versuchung des Heiligen Antonius* (1874) wies in eine solche Richtung. Ähnlich wie Rank war Reik für Freud ein praktischer Helfer in organisatorischen Fragen, der zugleich die geisteswissenschaftliche Erprobung und Absicherung analytischer Themen garantieren sollte – ein Medizinstudium hätte von diesen Aufgaben nur abgelenkt.

Die Stimmung in der Wiener Vereinigung entspannte sich nach Adlers und Stekels Sezession zumindest vorübergehend, wie Freud befriedigt feststellte. Brill meldete er am 9. April 1913: «Seitdem die beiden Ekel mit ihren Anhängern ausgeschieden sind, ist das Einvernehmen sehr schön u manche andere wie Hitschmann u Tausk entwickeln sich ordentlich.»[148] Der Bruch mit Stekel trug ihm im übrigen den Beifall Bleulers ein, der den Ausgestoßenen für einen unseriösen Forscher hielt. Stekels Studie über *Die Sprache des Traums* (1911), die eine Art Lexikon der Deutungen vorlegte, hatte Bleuler scharf kritisiert, weil sie nach seiner Ansicht die Grenzen der strengen Wissenschaft hinter sich ließ.[149] So gab es immerhin Solidaritätssignale aus Zürich, wie sie Freud im Jahr 1913 kaum noch erwartet hatte. Dafür drohte bald neuer Ärger von anderer Seite, und dessen Ausmaß erinnerte an die Dimensionen eines archaischen Wettstreits, der um Leben und Tod ging.

Die Verbannung des Joshua

Freuds Beziehung zu Jung war seit der amerikanischen Reise gestört. Die irritierenden Eindrücke auf der Passage nach New York brachten beide jedoch nicht klar zur Sprache. In den folgenden zwei Jahren hielten sie ihren Briefwechsel von Konflikten zumeist frei und umgingen die kontroversen Themen: Libidotheorie, Sexualität, frühkindliche Entwicklung, Status des Biologischen und des Okkultismus für die Psychoanalyse. Stattdessen versuchten sie eine möglichst einvernehmliche Abstimmung ihres wissenschaftlichen Vorgehens – die Verdeckung von Dissonanzen durch gemeinsame Programmtik. Man übermittelte sich Fallgeschichten als schöne «Kunstwerke der psychischen Natur», die wie kostbare Trophäen vorgeführt, aber kaum näher diskutiert wurden.[150] Man sprach über die Eroberung von Mythologie und Biographik für die Psychologie, suchte nach einem «Heer von philologischen Mitarbeitern», die den Weg dazu bahnen sollten, und bestätigte sich wechselseitig die eigene Unfehlbarkeit durch scharfe Attacken gegen Abweichler oder Kritiker.[151] Am 12. November 1911 erklärte Freud, es sei sein Wunsch, die Leitung für alle analytischen Journale künftig in Jungs Hand zusammenzufassen. Es dauerte aber nur ein Jahr, bis das hier bekundete Vertrauen aufgebraucht und tiefer Verdacht an seine Stelle getreten war.[152]

Die ersten sichtbaren Krisenzeichen erschienen im Spätherbst 1911 auf einem Nebenschauplatz. Emma Jung wandte sich besorgt an Ferenczi und berichtete ihm über eine wachsende Nervosität ihres Mannes, die sie darauf zurückführte, daß er unter Freuds zuweilen schroffer Zurückweisung litt. Sie konnte nicht wissen, worin die eigentliche Quelle seiner Gereiztheit bestand: Jung hatte ein Liebesverhältnis mit seiner früheren Patientin Antonia Wolff begonnen, die inzwischen offiziell – eine zweite Sabina Spielrein – zu seiner Assistentin avanciert war. Ferenczi riet Emma nicht ohne intrigante Hintergedanken, sie solle sich an Freud direkt wenden und ihm ihre Eindrücke schildern. Sie schrieb darauf mehrere Briefe nach Wien, in denen sie bat, der strenge Übervater möge die Arbeit ihres Mannes freundlicher würdigen, da er unter seinem unerbittlichen Urteil leide. Wir wissen nicht, wie Freud repliziert hat, da seine Antwortbriefe verloren sind. Jedoch bemerkte er am 5. November 1911 gegenüber Ferenczi, er habe mit äußerster Nachsicht «ausführlich und zärtlich» auf ihre Bedenken reagiert.[153]

Das Zentrum des sachlichen Konflikts, den Emma Jung im Grunde richtig erahnt hatte, bildete Jungs Arbeit *Wandlungen und Symbole der Libido*. Die Studie erschien zuerst im Herbst 1911 im *Jahrbuch*, gefolgt von einer längeren Buchversion. Während der Entstehung hielt sich Freud mit eigenen Urteilen zurück, obwohl er Zweifel an der Tragfähigkeit des hier entwickelten Triebuniversalismus hegte. Jung suchte die monokausale Sexualtheorie der Neurosenlehre auf ein Weltmodell zu übertragen, das Libido und Mythos in einer an Schopenhauers Willensbegriff orientierten Gesamtkonzeption zusammenschloß.[154] Schon der religiöse Furor, mit dem er sein ehrgeiziges Projekt beschrieb, mußte Freud irritieren. Die Gründe für seine inhaltliche Ablehnung waren vielfältig, konzentrierten sich jedoch in seinen Einwänden gegenüber der Ausdehnung des Triebkonzepts. Zunächst mißfiel ihm Jungs Engführung von Libido und dionysischem Weltbild («Walpurgisnächte meines Unbewußten»),[155] dann störte ihn die Ablösung des Triebbegriffs von der allein sexuellen Funktion, die ihm in seiner eigenen Lehre zufiel; weiterhin fühlte er, daß seine Auseinandersetzung mit dem Mythos, die ihn zum Inzestproblem im Totemismus führte, durch Jungs Vorstöße behindert wurde; und schließlich enervierte ihn der sprunghafte, unsystematische Duktus der Darstellung mit ihren endlosen

Exkursen und mäandernden Assoziationen. Insbesondere Jungs Neigung, das Inzestverbot nicht als Mittel zur Abwehr tatsächlich vorhandener Wünsche des Sohnes, stattdessen als formalen Ausdruck väterlicher Macht zu bewerten, stieß bei Freud auf Widerstand.[156] Seine eigene Theorie sah eine klare Priorität des Triebs vor, während Jung in libidinösen Energien selbst schon Übertragungsreste erkannte, die ihrerseits symbolische Besetzungen bedeuteten. Die Libido empfing bei ihm als Lebenstrieb ihren besonderen Charakter durch das kulturelle Ganze, das sie formt.

Schon die Phase, in der die umfangreiche Libido-Arbeit entstand, war für Freud enttäuschungsreich, weil Jung in dieser Periode aufgrund seiner starken Beanspruchung kaum Briefe an ihn schrieb. Das weckte eine nervöse Eifersucht, die nahezu absurde Züge annahmen. Jedes Stocken der Korrespondenz wurde mit Verärgerung quittiert; verzichtete Jung auf nähere Schilderungen seines Befindens, dann zeigte sich Freud alarmiert. Stets witterte er in solchen Situationen Fluchtabsichten des Schülers; sobald Jung sich zurückzog, befürchtete Freud den Verlust seiner Kontrolle. Ein Schulbeispiel einer gescheiterten Vater-Sohn-Beziehung mit sämtlichen Facetten trat hier zutage. Umgekehrt mußte Jung im Laufe des Jahres 1911 erkennen, daß Freuds Rolle als Vaterfigur mit natürlicher Autorität ins Wanken geriet.[157] Angesichts der verfahrenen Situation sahen auch die übrigen Adepten, daß kaum eine Chance auf Entspannung bestand. In ihre Sorge bezüglich der künftigen Zusammenarbeit zwischen Wien und Zürich mischte sich heimliche Freude, die zumal bei Jones aus Eifersucht und Neid gespeist war. Im Januar 1912 riet Ferenczi in vollem Ernst, Freud solle Jung als Patienten aufnehmen, um seine Selbstsucht zu therapieren – ein Vorschlag, den er entrüstet zurückwies.[158]

Jungs Gereiztheit wuchs, aus Enttäuschung über den Verlust seines Idealbildes. Er war nicht der «Feind», wie Peter Gay mit einer an Freuds Position orientierten Formulierung unterstellte, sondern der außer Rand und Band geratene Sohn, der den Vater vom Thron stürzen wollte.[159] Anfang März 1912 zitierte er aus Nietzsches *Zarathustra* einen Passus, der dem Zögling Freiheiten gegenüber seinem Erzieher einräumte: «Man vergilt einem Lehrer schlecht, wenn man immer nur der Schüler bleibt.»[160] Freud antwortete darauf in höchst gereiztem Ton, er habe niemals Versuche einer «geistigen Unterdrückung» unternommen.[161] Danach herrschte zuächst einmal Waffenruhe, man konzentrierte sich auf Organisatorisches, um die großen Konflikte zu umgehen. Ende Mai 1912 reiste Freud zu Binswanger nach

Kreuzlingen und verzichtete auf einen Besuch im nahen Küsnacht, aus Zeitgründen, wie er Jung ankündigte. Binswanger befand sich in einer Phase der Rekonvaleszenz nach einem schweren Eingriff und rechnete damit, bald sterben zu müssen. Im März hatte er sich einer Blinddarmoperation unterzogen, bei der durch Zufall ein bösartiger Tumor entdeckt wurde. Der Chirurg entfernte die Geschwulst, aber man erwartete Metastasen – eine Diagnose, die sich nicht erfüllte: Binswanger wurde 85 Jahre alt. In Kreuzlingen suchte sich Freud vom Druck der zurückliegenden Wochen zu entspannen, man unternahm Ausflüge an die Konstanzer Bucht und eine Automobil-Tour an den Untersee.[162] In langen Gesprächen ging es vor allem um Jung und die Frage, ob man weiter auf ihn bauen könne. Biswanger warnte Freud davor, ihm zu vertrauen; er besitze Charisma, stoße aber jeden am Ende durch «Kühle und Mangel an Rücksicht» ab.[163] Allerdings könne man auf seinen scharfen Verstand auch nicht verzichten, denn Jung sei als intellektueller Antreiber unersetzlich und daher ein wirkliches Problem: ein illoyaler Führer. Auf der Rückfahrt nach Wien zog Freud Bilanz und kam zu dem Ergebnis, daß die Allianz zerbrochen, die Einbindung Jungs nicht mehr möglich war. Ende Juli 1912 erklärte er gegenüber Ferenczi, sein Versuch, «Juden und Gojim im Dienst der Psychoanalyse zu verschmelzen», müsse als gescheitert gelten.[164] Einen Monat danach wurde er gegenüber Rank noch unmißverständlicher, indem er formulierte, «die Zusammenfassung von Juden und Antisemiten» auf dem Terrain seiner Lehre sei «misslungen».[165]

Jung reagierte, als er von Freuds Visite bei seinem Konkurrenten Binswanger erfuhr, tief verärgert und erklärte am 18. Juli, die «Geste von Kreuzlingen» sei ein Zeichen für Freuds Abkehr. Die folgenden Sätze seines Briefs bedeuteten eine pure Unverschämtheit: «Ob Ihre Politik die richtige ist, wird sich durch Erfolg oder Mißerfolg meiner nächsten Arbeiten herausstellen. Meine stets beobachtete Distanz wird mich davor bewahren, die Illoyalität Adlers nachzuahmen.»[166] Das war die letzte Stufe der Aggression: Freud erschien als Taktiker, Jung selbst als Wissenschaftler, ihr Kampf als öffentliche Sache, der Verzicht auf Verrat als bloßer Ausdruck des Desinteresses. Am 2. August 1912 fügte Jung hinzu, er sei auch bereit, sein Amt als Präsident der *Internationalen Gesellschaft* zur Diskussion zu stellen, um zu prüfen, inwieweit die Sozietät abweichende Meinungen dulde. Anschließend reiste er im September 1912 in die USA, um – jetzt in englischer Sprache – Vorträge über Psychoanalyse zu halten. Daß er dabei nicht mit Kritik an der monokausalen Libido-Auffassung Freuds sparte und sich von ihr mit provokanten Wendungen freimachte, wurde dem Lehrer an einzelnen Hinweisen aus seinen Briefen klar.[167] Die Druckversion der Vorträge erschien 1913 im fünften Band des *Jahrbuchs* mit dem unverfänglich wirkenden Titel *Versuch einer Darstellung der psychoanalytischen Theorie*, der kaschierte, welche massiven Abweichungen von der orthodoxen Position hier vorlagen. An Abraham schrieb Freud bereits im August 1912 verärgert, er müsse Jung aufklären, daß er sich «nicht beliebig Vorrechte herausnehmen» dürfe.[168] Die Mißverständnisse und wechselseitigen Kränkungen häuften sich nach Jungs Rückkehr aus den Staaten. Verbittert beklagte er sich bei Freud, er sei über den Wechsel in der Herausgeberschaft des *Zentralblatts* nicht hinreichend informiert worden und ziehe daraus die Konsequenz, sich auf seine Aufgaben als Schriftleiter des *Jahrbuchs* zu beschränken. Für andere Aufgaben stehe er nicht mehr zur Verfügung; die Bewegung mußte künftig ohne ihren stärksten Organisator auskommen.

Am Sonntag, dem 24. November 1912 lud Jung ins Münchner Parkhotel zu einem Treffen der Obmänner der Ortsvereine, um die schwierige Lage zu erörtern. Neben Freud kamen Abraham, Jones, der Niederländer Ophuijsen (für den verhinderten Maeder), Riklin und als lokaler Vertreter Leonhard Seif.[169] Die Atmosphäre war überraschend konstruktiv, und man einigte sich schnell, daß man künftig mit gemeinsamen Kräften das *Jahrbuch* auf Kurs halten müsse. Nachdem man das Pflichtpensum erledigt hatte, unternahmen Freud und Jung einen ausgedehnten, nahezu zweistündigen Spaziergang, um sich über die Mißverständnisse der vergangenen Monate auszusprechen. Freud erläuterte seine Auffassungen von Loyalität und Zuverlässigkeit, die der andere aufmerksam anhörte, ohne daß er ihnen hätte zustimmen können. Jungs spätere Bilanz lautete in kühlen Worten: «Ich bin sehr froh über unsere Münchner Zusammenkunft, denn ich habe bei dieser Gelegenheit zum ersten Mal Sie eigentlich verstanden. Ich bin mir bewußt geworden, wie verschieden ich von Ihnen bin.»[170] Das klang nicht wie ein Treuebekenntnis, sondern wie die Ankündigung einer baldigen Trennung. Das Gespräch in München klärte die Fronten, aber es führte nicht zur erneuten Annäherung.

Nach der Rückkehr der beiden Spaziergänger traf sich die gesamte Gruppe zum Essen im Konferenzraum, wo das Gespräch des Vormittags fortgesetzt wurde. Man debattierte über den Widerstand gegen das Patriarchat in Mythos und Geschichte; der Fall des ägyptischen Pharaos Amenophis IV., der die monotheistische Religion eingeführt hatte, wurde von Jung als Beispiel für einen schöpferischen Protest gegen den Vater gedeutet. Plötzlich geschah etwas Schockierendes: ähnlich wie schon drei Jahre zuvor in Bremen sank Freud ohnmächtig vom Stuhl und stürzte auf den Boden. Jung sprang sofort hinzu, um zu helfen; in seinen Memoiren berichtete er: «Da nahm ich ihn auf die Arme, trug ihn ins nächste Zimmer und legte ihn auf ein Sopha. Schon während ich ihn trug, kam er halb zu sich, und den Blick, den er mir zuwarf, werde ich nie vergessen. Aus seiner Hilflosigkeit heraus hat er mich so angeschaut, wie wenn ich sein Vater wäre.»[171] Der Moment der körperlichen Schwäche führte zu einem Wechsel der Rollen, den Jung lange schon erträumte. Ohnmacht und Macht waren, im buchstäblichen Sinn, neu verteilt, und der Sohn durfte für einen kurzen Augenblick Vater werden.

Der starke Sohn, der den kranken Vater ins Bett trägt: diese Szene mutete wie ein wirkliches Nachspiel zu einem literarischen Präludium an, das zwei Monate zuvor in Prag ersonnen worden war. In der Nacht vom 22. zum 23. September 1912 hatte Franz Kafka seine Erzählung *Das Urteil* geschrieben, die verblüffend ähnlich schilderte, was sich in München ereignete, wenn es dort über den Sohn Georg Bendemann heißt: «Auf seinen Armen trug er den Vater ins Bett. Ein schreckliches Gefühl hatte er, als er während der paar Schritte zum Bett hin merkte, daß an seiner Brust der Vater mit seiner Uhrkette spiele.»[172] Am Ende verkehren sich in der Erzählung die Rollen erneut, denn der Vater erhebt sich aus dem Bett und verurteilt seinen Sohn zum Tod des Ertrinkens. Als Kafka am Tag nach der Niederschrift seinen eigenen Text zu deuten suchte, schloß er im Tagebuch mit der Formel «Gedanken an Freud natürlich».[173] Eineinhalb Jahre zuvor, am 26. März 1911, hatte er Rudolf Steiner aufgesucht, um ihm über seine hellseherischen Zustände beim Schreiben zu berichten.[174] Handelte es sich um parapsychologische Übereinstimmung, okkulte Ahnungen oder um Zufall? Oder mischte sich in Jungs Erinnerung, als er Aniela Jaffé 1958 das Freud-Kapitel seiner Memoiren diktierte, die Reminiszenz an die Lektüre von Kafkas *Urteil*?[175] Bleibt man bei den Fakten, so kann man eine einfache Parallele erkennen: die Dramaturgie der Erzählung wiederholte sich im Leben auf doppelter Ebene, denn der Rollentausch wurde zunächst in Szene gesetzt, am Ende aber revidiert. Auch Freud war nach der Münchner Ohnmacht keineswegs zum hilflosen Kind verwandelt; auch er sollte die wahren Machtverhältnisse bald wieder herstellen.

Freud führte seinen Schwächezustand nachträglich auf eine erschöpfende Arbeitswoche und die schlaflose Nacht im Zug von Wien nach München zurück.[176] Später erst erinnerte er sich daran, daß er im selben Saal Jahre zuvor sein letztes größeres Gespräch mit Fließ führte und danach ebenfalls kollabierte.[177] Das alles waren plausible Gründe, die einen Zusammenbruch hinreichend erklärten. Jung kommentierte die erneute Ohnmacht jedoch ausschließlich als Symptom ihrer gestörten Beziehung, indem er sie auf Freuds Angst-Verdrängung und sein unklares Verhältnis ihm gegenüber zurückführte.[178] Das mußte den Älteren kränken und zugleich seinen Verdacht nähren, daß der Schüler ihn wie ein Detektiv beobachtete, um Indizien für sein Versagen zu sammeln. Jede spontane Regung des anderen wurde nun zum Anlaß für eine Kaskade von spekulativen Interpretationen, deren Ziel in der Entlarvung einer versteckten Aggression bestand. Zwar räumte Freud in einem Brief an Binswanger zum Neujahr 1913 nachträglich ein, daß seine Schwindelattacke in München «sicherlich psychogen provoziert» war, jedoch konnte er Jungs arrogante Diagnose nicht hinnehmen.[179] Es blieb ihm selbst vorbehalten, seine seelische Verfassung zu deuten, und Jung sollte schweigen, wo es um seine ureigensten Ängste ging. Er habe durch den Münchner Zwischenfall, so offenbarte er Jones am 8. Dezember 1912, gegenüber Jung ein gutes Stück seiner Autorität eingebüßt. Wer ihm diese Tatsache nun ausdrücklich vorhielt, handelte respektlos und mußte nach seiner Überzeugung bestraft werden.[180] «Die Alten wußten», so hatte er Jung zum Neujahrstag 1907 geschrieben, «ein wie unerbittlicher Gott Eros sein konnte.»[181] Aus der Liebe war Rache geworden, und niemand ahnte genauer als der untreue Schüler, was ihn jetzt erwartete.

Jung sei «meschugge», schrieb Freud am 9. Dezember 1912 an Ferenczi, «seine Briefe schwanken zwischen Zärtlichkeit und hochmütiger Überhebung, und alle Berichte (Jones, Brill) zeigen, daß er seine kleinen Irrtümer für große Entdeckungen hält.»[182] Die Eskalation erfolgte Ende des Jahres 1912, in rasantem Tempo, die gute Stimmung des Münchner Treffens auf einen Schlag vernichtend. In einem Brief von Mitte Dezember 1912 erlaubte sich Jung eine Fehlleistung, die ein wunderbares Beispiel für die *Psychopathologie des Alltagslebens* abgegeben hätte. «Selbst Adlers Spießgesellen», so schrieb er, «wollen mich nicht als einen der Ihrigen [statt: *ihrigen*] erkennen.»[183] Freud griff das Versehen süffisant in seiner Antwort auf, ohne es näher zu kommentieren. Beide wußten, daß Jungs Irrtum massive

Distanz, ja Entfremdung offenbarte. Nachdem die Maske gefallen war, entlud sich nun seine ungehemmte Wut. In geradezu bellendem Ton warf er Freud am 18. Dezember 1912 vor, er behandle seine Schüler als Patienten, weil er sie nicht in die Selbständigkeit zu entlassen wage. Seine eigenen Verdrängungen bedeuteten nichts «neben dem beträchtlichen Balken, den mein Bruder Freud im Auge trägt.»[184] Das war eine Kriegserklärung, denn nun ging es nicht mehr um wissenschaftliche Dispute, sondern um eine Krankheitsdiagnose. In einem zweiten Schreiben vom 3. Januar 1913 fügte Jung hinzu, er betrachte solche Interventionen künftig als «Geheimbriefe», in denen er Kritisches über ihn und ihre Beziehung vorbringen werde.[185] In einem Schreiben an Ferenczi kommentierte Freud diese Absicht mit der kurzen Bemerkung, Jung benehme sich «wie ein florider Narr und brutaler Kerl».[186] Nach zweiwöchiger Pause erklärte er ihm, daß er angesichts der zunehmenden Entfremdung auf eine Fortführung des privaten Kontakts zu verzichten gedenke.[187] Jung erwiderte, gewohnt anmaßend, mit dem berühmten Hamlet-Zitat: «der Rest ist Schweigen».[188] Freud antwortete darauf nicht mehr; Jungs Freundschaft, so erklärte er Jones Ende Januar, sei die Tinte nicht wert, mit der man Briefe schreibe.[189] Brill wurde am 20. Januar 1913 fast förmlich informiert: «Mit Jung habe ich die persönlichen Beziehungen unterbrochen.»[190] Und Eitingon vertraute Freud an: «alle bösen Geister sind gegen mich losgelassen, aber ich kenne sie schon seit vielen Jahren und fürchte mich vor ihnen wenig.»[191] Er habe Jung «überschätzt», erläuterte er Putnam zur selben Zeit, und «viel persönliche Neigung auf ihn abgelagert».[192] An Abraham schrieb er Ende Juli 1913, den Züricher Analytikern sei generell die Gabe abhanden gekommen, «sich verständlich zu machen».[193] Die Getreuen – Abraham, Eitingon, Ferenczi, Jones, Rank, Sachs – mieden fortan den Kontakt zu Jung und denen, die ihm nahe waren. Die Schweizer Gruppe wiederum trat am 10. Juli 1913 aus dem Verbund der Ortsvereine aus.[194]

Am 7. und 8. September 1913 fand im Hotel *Bayerischer Hof* in München der vierte Internationale Psychoanalytische Kongreß statt, der unter einem ungünstigen Stern stand. Freud und Jung mieden jede persönliche Begegnung und ignorierten einander auch in den Pausen komplett. Das Programm war mit 18 Beiträgen dicht gedrängt, so daß der Zeitplan kaum eingehalten werden konnte. Die Referate wirkten schlecht aufeinander abgestimmt und fachlich heterogen, was eine kontinuierliche Diskussion verhinderte. Jones, Ophuijsen und Riklin sprachen über Perversionen, andere wie Abraham und Sachs zu Völkerpsychologie und Zivilisationsgeschichte; hinzu kamen klinische Themen und eine Reihe von Überlegungen zu philosophischen Grenzbegriffen (‹Überzeugung›, ‹Wirklichkeitsfunktion›, ‹Symbolbildung›). Die Debatte über die einzelnen Beiträge geriet heftig, laut und dissonant. Jung leitete die Sitzung parteiisch und aggressiv, unterbrach die Referenten häufig und spitzte die Ausführungen polemisch zu. Er habe sich, so berichtete Freud an Brill, «inkorrekt u brutal benommen.»[195] Entsprechend schwach fiel seine Bestätigung im Amt des Präsidenten aus: es gab 30 Ja-Stimmen bei 22 Enthaltungen, dokumentiert durch leere Wahlzettel, die zumal von den Wienern kamen – ein Vertrauensbeweis sah anders aus.[196]

Am Beginn der Konferenz machte Lou Andreas-Salomé Freud, dem man die Nervosität angesichts der erwartbaren Konflikte anmerken konnte, im Parkhotel mit ihrem noch jugendlich wirkenden Begleiter bekannt: Rainer Maria Rilke. Der war gekommen um einen eigenen Eindruck von der neuesten Entwicklung der Psychoanalyse zu gewinnen und sein früheres kritisches Urteil zu überprüfen. Noch im Januar 1912 hatte er Lou mitgeteilt, daß er Freuds Schriften «unsympathisch» und «haarsträubend» finde.[197] Die Freundin versuchte in den folgenden Monaten, seine nächtlichen Angstträume zu deuten, warnte ihn aber, obgleich er alle Zeichen einer schweren Nervenzerrüttung aufwies, vor einer Therapie. Rilke selbst fürchtete, durch eine analytische Behandlung seine poetische Kreativität zu verlieren. Am 24. Januar 1912 hatte er dem bei Theodor Lipps promovierten Psychologen und späteren Psychiater Viktor Emil Freiherr von Gebsattel vorausgesagt, daß auch seine ‹Engel› Schaden litten, wenn man ihm seine ‹Teufel› austreibe.[198] Ob sich ihm auf dem Münchner Kongreß angesichts der entsetzlich zerstrittenen Wissenschaftler ein besseres Bild der Psychoanalyse vermittelte, dürfte zweifelhaft sein. Auf einer Karte, die Freud an seinen 21jährigen Sohn Ernst nach Wien schickte, unterschrieb Rilke immerhin mit freundlichen Worten, nachdem er erfuhr, daß der Sprößling sein Werk ‹bewunderte›.[199]

Die Bilanz der Münchner Tage fiel eindeutig negativ aus. Die Zusammenkunft sei «nicht schön u sehr anstrengend» gewesen, meldete Freud am 12. September aus Rom, wo er einige Tage mit Spaziergängen und Schreiben verbrachte, an seine Kinder.[200] Ein Jahr später sprach er von den «ermüdenden und unerquicklichen Verhandlungen», die den Eindruck der Uneinigkeit und des Dauerdisputs vermittelt hätten: «Man schied voneinander ohne das Bedürfnis, sich wiederzusehen.»[201] Die orthodoxen Jünger kommentierten Freuds Bruch mit Jung je nach Temperament unterschiedlich. Jones hatte sich über den mit der Adler-Schule sympathisierenden Leonhard Seif in München die Druckfahnen von *Wandlungen und Symbole der Libido* besorgt, die er nun, um zahllose kritische Anmerkungen ergänzt, an Freud schickte: ein Vernichtungsurteil der indirekten Art. Ferenczi blieb gewohnt passiv und antwortete auf Freuds Wutausbrüche wie ein leiseres Echo mit leicht abgemilderten Formeln der Distanzierung. Binswanger sorgte sich um den Fortbestand des *Jahrbuchs* und warnte Freud vor einer endgültigen Trennung. Abraham bemühte sich um eine versöhnliche Perspektive, indem er den letzten Konflikt zu verhindern suchte; am Ende durfte gerade er am stärksten von der Trennung profitieren und die freigewordene Rolle des Kronprinzen übernehmen.

Am 27. Oktober 1913 legte Jung offiziell die Redaktion des *Jahrbuchs* nieder, Bleuler wiederum trat als Editor zurück. Freud übernahm nach zähen Verhandlungen selbst die Herausgeberschaft, unterstützt durch Abraham und Hitschmann, denen die Redakteursrolle zufiel. «Das Jahrbuch ist unser», so hieß es am 9. November 1913 triumphierend.[202] Am 20. April 1914 nahm Jung auch seinen Abschied als Präsident der *Internationalen Psychoanalytischen Vereinigung*, weil er wußte, daß ihm die Basis für breitere Zustimmung fehlte. Die Züricher Ortsgruppe trat am 10. Juli 1914 mit einer Gegenstimme, die vom abwesenden Binswanger kam, aus der IVP aus. Fortan wechselte man keine Briefe mehr; den «brutalen heiligen Jung und seine Nachbeter» wolle er mit Nichtachtung strafen, schrieb Freud am 26. Juli 1914 an Abraham.[203] Dem Bannfluch folgten Taten, umstandslos und effizient zugleich. Nachdem Jones' Stellvertreter David Eder in London für Jungs Positionen votiert hatte, löste sich die dortige Gruppe selbst auf und gründete sich unter dem Namen *British Psycho-Analytical Society* neu. Den Ortsvereinen in Berlin, Budapest, London, München und Wien schlug Freud im Umlaufverfahren Abraham als Nachfolger Jungs vor. Niemand setzte dem Widerstand entgegen – die Weichen für eine weitere Epoche der Bewegung waren gestellt.

Der Fall Jung schien extrem, aber er paßte zu den persönlichen Konflikten, die Freud in früheren Jahren durchlebte. Läßt man den Kern des wissenschaftlichen Streits beiseite, so erkennt man bestimmte Ähnlichkeiten im Ablauf seiner Freundschaftsgeschichten. Schon die Beziehungen zu Breuer, Fließ und Adler mündeten nach Phasen der gesteigerten

Euphorie und des absoluten Vertrauens in heftige Gereiztheit und massive Vorwürfe – durchaus im Sinne der Formulierung aus der *Traumdeutung*, «ein intimer Freund und ein gehaßter Feind» zählten zu den ‹notwendigen Erfordernissen› seines «Gefühlslebens».[204] Was jedoch Freuds Verhältnis zu Jung von den Konflikten mit Fließ und Adler unterschied, war die Generationsdifferenz. Erstmals sah er sich jetzt gezwungen, einen zu jeder Hoffnung berechtigenden Schüler zu verbannen und damit die Grundlagen für die Fortsetzung seiner Lehre in Frage zu stellen. Die Enttäuschung über diesen notwendigen, aber auch selbstzerstörerischen Schritt war so groß, daß sie sich in einer Vielzahl von verbalen Attacken gegen den abgefallenen Sohn entlud. Binswanger meldete er im Februar 1913, Jung sei für ihn «völlig entbehrlich geworden», was angesichts seiner «häßlichen Eigenschaften» eine große Erleichterung bedeute.[205] «Seine schlechten Theorien entschädigen mich eben nicht für seinen unangenehmen Charakter», schrieb er Ende März 1913 in mißglückter Ironie an Abraham. «Er folgt Adler nach, ohne so konsequent zu sein wie dieser letztere Schädling.» Und am 1. Juni 1913 hieß es, wieder gegenüber Abraham: «Jung ist verrückt, aber ich lege es nicht auf Trennung an, möchte ihn erst abwirtschaften lassen.»[206] Ähnlich wie nach dem Bruch mit Fließ und Adler bemühte Freud den Kampfbegriff der Paranoia, um seine Enttäuschung über den Verrat Jungs zu artikulieren.

Fortan, so erklärte Freud am 13. Mai 1913 gegenüber Abraham, wolle er sich auf «vier bis fünf Männer» konzentrieren, die loyal seien und die Psychoanalyse voranbrächten.[207] Das bezog sich auf das im Jahr zuvor gegründete Geheimkomitee, aber auch auf den alltäglichen Umgang mit seinen Vertrauten, bei denen ihm persönliche Loyalität wichtiger denn je war. Im Juli 1914 bemerkte er: «Mein ganzes Leben über bin ich auf der Suche nach Freunden, die mich nicht ausbeuten und dann verraten, und hoffentlich habe ich sie jetzt, nicht mehr weit vom natürlichen Ende desselben, gefunden.»[208] Unterschwellig brachte Freud hier eine mythische Dimension ins Spiel, um die wahren Ausmaße seiner Einsamkeit und seiner Kämpfe zu beleuchten. Die Wissenschaft war Religion geworden, der Streit ein Glaubenskrieg und der Dissens ein Verrat. Die rationale Grundlage, die Freud in Fragen der Forschung für ein hohes Gut hielt, trat an solchen Punkten zurück. Schon im Oktober 1910 hatte er die Rigorosität, mit der er falsche Lehren seiner Schüler bekämpfte, auf die Historie des Volkes Israel bezogen: «Mit der einen Hand den Tempel bauen, mit der andern die Waffe gegen die

Störer des Baus schwingen – ich glaube, es ist eine Reminiszenz aus der jüdischen Geschichte.»[209]

Anfang 1914 vollendete Freud einen Aufsatz *Zur Geschichte der psychoanalytischen Bewegung,* der im sechsten Band des *Jahrbuchs* erschien. Ohne Umstände machte er jetzt sein Deutungsmonopol geltend – künftig sollte es keine andere Definition der reinen Lehre mehr geben als die, die er selbst formulierte.[210] Freuds Argumentation war keineswegs so nobel, wie Putnam ihm im Juli 1914 bescheinigte, sondern parteiisch, polemisch und beißend ironisch.[211] Die Studie enthielt harte Vorwürfe gegen Adler, dessen Arbeiten von «kleinlichen Bosheiten» und massiven Verzerrungen durchzogen seien; als Zeugnisse des persönlichen Ehrgeizes dokumentierten sie, so stichelte Freud, das «Streben» nach «einem Platz an der Sonne», aber keine wissenschaftlich stimmige Position.[212] Nicht fehlen durfte eine scharfe Abrechnung mit Jungs Lehre, die vor allem ihrer Unterschätzung des Sexuellen und dem abweichenden Libidobegriff galt. Abschließend hieß es aphoristisch zugespitzt mit Blick auf Adler, Stekel und Jung: «Menschen sind stark, solange sie eine starke Idee vertreten; sie werden ohnmächtig, wenn sie sich ihr widersetzen.» Ironisch und zugleich tückisch endete Freud mit dem Wunsch, «daß das Schicksal allen eine bequeme Auffahrt bescheren möge, denen der Aufenthalt in der Unterwelt der Psychoanalyse unbehaglich geworden ist. Den anderen möge es gestattet sein, ihre Arbeiten in der Tiefe unabhängig zu Ende zu führen.»[213] Das war eine paradoxe Art der Verfluchung, denn Freud dachte seinen Gegnern nicht die Hölle zu, sondern den Aufstieg ans alltägliche Licht. Berücksichtigt man, daß für ihn Wahrheit nur im Dunkel der Seelen-Unterwelt zu gewinnen war, so bedeutete das eine Verstoßung in die Sphären unseres trivialen Wissens. Wer aus den Kellern der Analyse floh, konnte nur noch Schulweisheiten gewinnen, nicht aber die eigentlichen Schätze der Erkenntnis heben. Außer Stekel, der mit zwölf Jahren Verzögerung reagierte, erwiderte niemand aus dem Kreis der Abtrünnigen auf die hier gebotene Sichtweise.[214] Auch das gehörte zu den Nachwirkungen eines Bruchs, der nicht mehr reparabel war.

Den eigentlichen Kommentar, mit dem er Jungs Abfall für sich persönlich bewältigte, lieferte Freud an anderer Stelle. Erinnern wir uns: die Studie über den Moses des Michelangelo hatte er 1914 anonym publiziert. Schon im Manuskript verzichtete er auf eine Namensnennung und setzte unter den Titel «von xxx».[215] Daß der Essay methodisch riskant blieb, auf neuen Themenfeldern dilettierte, zudem intimere Auskünfte über seinen Kunstgeschmack und seine Rom-Liebe bot, genügte zur Begründung dieser für ihn ungewöhnlichen Praxis nicht. Ein Schreiben an Jones vom Beginn des Jahres 1914 verschleierte das Motiv für die Anonymisierung, indem es den Text als seriösen Spaß – «fun and perhaps no bad one» – charakterisierte.[216] Karl Abraham zweifelte im übrigen, ob der Verzicht auf den Autornamen eine wirkungsvolle Camouflage bedeutete. «Glauben Sie nicht», so schrieb er am 2. April 1914, «daß man die Klaue des Löwen doch erkennen wird?»[217] Was aber blieb hinter den ironischen Akten der Selbstdistanzierung als ernsthafter Grund für Freuds Publikationsstrategie, wenn es nicht um das Kaschieren methodisch unzulänglicher Hypothesen ging?

Zu einer überzeugenden Klärung gelangt man erst, wenn man sich vergegenwärtigt, welche Gesichtspunkte Freuds fesselnde Interpretation ignorierte. Michelangelos Moses scheint zwei Hörner auf dem Kopf zu tragen, die ihn in eine Verwandtschaft zu antiken Gottheiten rücken könnten. Auf die polytheistische Erbschaft, die hier möglicherweise nachwirkt, verwies, fünf Jahre nach Freud, Theodor Reik in seinem Buch *Probleme der Religionspsychologie*, von dem sich wiederum Anna Freuds Vertraute Eva Rosenfeld später in einer kleinen Studie inspirieren ließ.[218] Tatsächlich handelt es sich bei diesem Bildmotiv um die Strahlen der göttlichen Erleuchtung, die über dem Haupt des Propheten schweben. Sie erinnern daran, daß Moses eben vom Berg Sinai kommt, wo er mit seinem Schöpfer sprach und in die heiligen Gesetze eingewiesen wurde. Der Akt der Illumination, den Michelangelo hier darstellt, spielt in Freuds Deutung bezeichnenderweise keine Rolle.[219] Für ihn ist Moses nicht der seinem Gott huldigende Erleuchtete, sondern ein Mensch, der angesichts der Undankbarkeit seiner Anhänger mit dem eigenen Zorn zu leben lernt. Der Religionsstifter Freuds bleibt ein großer Geist, der seine Leidenschaften bändigt, aber doch in ihrem Bann steht. Weil er für das Volk gerungen und gestritten hat, ist er zu Recht enttäuscht darüber, daß es sich ihm gegenüber illoyal verhält. Damit rundet sich das Moses-Bild, das der Essay entwirft, zu einem Porträt Freuds. Er selbst ist Moses, denn auch er entwarf eine neue Lehre, unterwies die Adepten und hielt sie zur reinen Wahrheit an; am Ende aber verließen ihn Einzelne und bekämpften seinen Standpunkt. Als Moses der Psychoanalyse schleudert er den Blitz seines Zorns auf das undankbare Volk und beherrscht nur mit Mühe – im Sinne einer bewußten Kulturleistung – seine

Wut. Diesen Zusammenhang bestätigt eine Postkarte, die Freud am 13. September 1913 aus Rom an Ferenczi schickte. Sie zeigt die von ihm geliebte Moses-Figur, wobei der Verfasser seine Grußformel «Ihr Freud» direkt an der rechten Seite zu ihren Füßen plaziert.[220]

Die Verteilung der Rollen war hier wie im wirklichen Leben klar und unzweideutig. Dem Schüler Jung hatte Freud ursprünglich die Aufgabe zugedacht, das unvollständige Projekt der Psychoanalyse zu vollenden; am 17. Januar 1909 schrieb er dazu: «So kommen wir doch unzweifelhaft vorwärts, und Sie werden als Joshua, wenn ich der Moses bin, das gelobte Land der Psychiatrie, das ich nur aus der Ferne erschauen darf, in Besitz nehmen.»[221] Jung, der als Joshua Moses' Nachfolger gewesen wäre, bevorzugte aber bald, wie wir gesehen haben, einen anderen Part. Der Schweizer Renegat vertrat die Rolle der Israeliten, die falschen Götzen huldigen, statt das Erbe der Väter fortzuführen. Spätestens durch die Parallele der Moses-Metaphern wird klar, daß Freud die kolossalische Figur des Michelangelo als stolzes Abbild seines Zorns über den Abfall der Adepten auffaßte, den er in «mit Verachtung gemischtem Schmerz» bändigte.[222] Wie Moses das Volk, so verflucht der Vater der Psychoanalyse seine Jünger, wenn sie ihn verraten. Vernunft und Leidenschaft kämpfen heftig gegeneinander, wie es auch bei Moses der Fall ist, der nur mühsam seinen Zorn beherrschen kann. Freuds Interpretation der Figur spiegelte seine affektive Enttäuschung über den Verrat der ehemaligen Schüler – und das ist der Grund, weshalb er sie anonym publizierte.[223]

Die genauere Einsicht in die schwierigen Verhältnisse zwischen dem Meister und seinem illoyalen Adepten – Thomas Mann nannte ihn einen ‹klugen, aber etwas undankbaren Sprößling› – blieb der Nachwelt zunächst versagt.[224] Jung unterband noch lange nach Freuds Tod die Veröffentlichung der Korrespondenz. Ohne daß er die Briefe erneut las, erklärte er sie für wertlos und intellektuell unergiebig. Die Begegnung mit der Vergangenheit schmerzte und löste Verdrängungsmechanismen aus – auch deshalb, weil er selbst unter der Isolation litt, in die er durch den Bruch mit Freud geraten war.[225] Nach Jungs Tod im Jahr 1961 galt eine testamentarische Verfügung, die eine Publikation für 20 Jahre untersagte. Sein Sohn Franz und Freuds Sohn Ernst – beide Architekten – verabredeten jedoch im Spätwinter 1970, diese Regelung aufzuheben. Bei einer persönlichen Begegnung im Februar 1970, die im Zeichen wechselseitiger Sympathie stand, wurde die wissenschaftliche Edition der Korrespondenz beschlossen, denn die Söhne waren sich einig, daß das Material alles andere als wertlos sei.[226] Der Streit der machtbewußten Männer hatte eine historische Dimension angenommen, mit der sich ihre Nachkommen arrangieren konnten. So wurde der erste Schritt zur editorischen Dokumentation einer Beziehungsgeschichte getan, die an den Rollenentwürfen der Beteiligten scheiterte: am Streben nach analytischem Vatermord und an der Angst vor dem Altern.

ZWÖLFTES KAPITEL

Psychologische Grenzgänge (1912–1919)

Wilde Völker und verbotene Wünsche

Schon am Ende seiner Leonardo-Studie hatte Freud durchblicken lassen, daß er die medizinischen Grenzen seiner Trieblehre kannte. Die Libido-Theorie war ein Modell, das zwar in der Anwendung auf das therapeutische Gespräch seine praktischen Seiten gewann, aber keine anatomischen oder physiologischen Einsichten freisetzte. «Die Triebe und ihre Umwandlungen sind das letzte, das die Psychoanalyse erkennen kann. Von da an räumt sie der biologischen Forschung den Platz.»[1] Die Grundlage für Freuds Wissenschaft bildete die Psychologie, von der Physiologie und Anatomie strikt getrennt blieben. Die Geheimnisse des Lebens vermochte die Psychoanalyse allein nicht zu erschließen, denn Wahrnehmung, Empfindung und Denken gehorchen physiologischen Prägungen, die sich einheitlich kaum beschreiben lassen. Als geschulter Anatom und Kenner der modernen Biologie wußte Freud, welche Beschränkungen ihm gesetzt waren. Grenzüberschreitungen vollzog er daher nicht im Bereich der Medizin, vielmehr stieß er in die Gefilde der Kulturwissenschaft vor, um seine Theorien mit neuen Impulsen zu versorgen. Die Wegrichtung, die er dabei nahm, sei von ihm selbst nicht zu steuern, erklärte er Jones im August 1911, weil sie stark vom Unbewußten beeinflußt werde.[2]

Unter den «mehr als gewöhnlich tollen» Symptomen seiner Praxis stieß Freud immer häufiger auf Parallelen zwischen Mythologie und Neurose.[3] Schon am 12. Dezember 1897 hatte er an Fließ eine skizzenhafte Erklärung dessen geschickt, was er «Psycho-Mythologie» taufte: «Die unklare innere Wahrnehmung des eigenen psychischen Apparates regt zu Denkillusionen an, die natürlich nach außen projiziert werden und charakteristischerweise in die Zukunft und in ein Jenseits. Die Unsterblichkeit, Vergeltung, das ganze Jenseits sind solche Darstellungen unseres psychischen Inneren.»[4] Zur Zeit der *Traumdeutung* sah Freud noch keine Gelegenheit, das Projekt einer psychoanalytischen Mythologie, die er Fließ gegenüber ‹meschugge› nannte, weiter zu verfolgen.[5] In den Jahren nach 1907 lagen die Verhältnisse aber anders, denn die theoretischen Voraussetzungen standen günstiger. Im Mai 1908 verwies ihn Ferenczi auf Gerhart Hauptmanns Bericht *Aus einer griechischen Reise*, der in der *Neuen Rundschau* erschienen war. Darin hieß es: «Wenn man erst alle die Schichten von Mergel und Schlacke, unter denen die Griechenseele begraben liegt, kennen wird, wie man die Schichten kennt über den mykenäischen, trojanischen oder olympischen Fundstellen alter Kulturreste, aus Stein und Erz, so kommt auch vielleicht für das lebendige Griechenerbe die große Stunde der Ausgrabung.»[6] Laut Ferenczi sollte es der Psychoanalyse zufallen, die wahren archäologischen Funde zu sichern, die den Zusammenhang von Mythos und Seele offenbarten.[7] Eine wichtige Vorstufe für dieses Vorhaben bildete 1911 ein kurzer Artikel über *Träume und Folklore*, den Freud gemeinsam mit dem Altphilologen David Ernst Oppenheim verfaßte. Oppenheim unterrichtete am Wiener Akademischen Gymnasium Griechisch und Latein, hatte seit 1906 Freuds Vorlesungen besucht und war später Mitglied im Kreis Adlers, dem er sich nach dem Bruch im Oktober 1911 anschloß. Im Herbst 1909 schickte er Freud eine Arbeit über Mythologie, Aberglaube und Traumdeutung, die Verständnis für analytische Fragen verriet. Freud lud ihn in einem Brief vom 28. Oktober 1909 zur Mitwirkung an gemeinsamen Vorhaben ein und erklärte grundsätzlich: «Seit längerer Zeit verfolgt mich die Idee, daß unsere Studien über den Inhalt der Neurosen berufen sein könnten, die Rätsel der Mythenbildung aufzuklären, und daß der Kern der Mythologie kein anderer ist, als was wir den ‹Kernkomplex der Neurose› nennen, wie ich ihn unlängst in einer Analyse der Phobie eines fünfjährigen Knaben bloßlegen konnte.»[8] Oppenheim nahm Freuds Offerte an, und als Thema wählte man die Darstellung von Träumen in Märchen und volkstümlichen Überlieferungen. Oppenheim steuerte die Beispiele hinzu, Freud lieferte die theoretische Analyse. Die Arbeit war im Herbst 1911 nahezu abgeschlossen, jedoch verzichtete Freud auf eine Veröffentlichung, nachdem Oppenheim am 11. Oktober aus der Wiener Psychoanalytischen Vereinigung ausgetreten war. Der überwiegende Teil des Materials zeigte das große Gewicht sexueller Vorstellungsinhalte für den Traum, aber auch die enge Verbindung von Obszönem und Märchenhaftem. Die Einsicht, «daß die Folklore Traumsymbole in der nämlichen Weise deutet wie die Psychoanalyse», erschloß ein Themenfeld, das Material in großer Fülle bot.[9] Freuds Hinweis war nicht ganz neu, denn schon Franz Riklin hatte 1908 eine Studie *über Wunscherfüllung und Symbolik im Märchen* publiziert, der Abraham ein Jahr später eine Arbeit über *Traum und Mythus* folgen ließ. Auch Otto Ranks Abhandlung über den *Mythus von der Geburt des Helden*, 1909 veröffentlicht, untersuchte die Verbindung zwischen kollektiver Überlieferung und Psychologie, die Freud mit Oppenheim systematisch ergründen wollte.

Am Ende seines Schreber-Aufsatzes hatte Freud 1911 einen Ausblick auf das neue Gebiet gegeben. In Träumen und Neurosen finde man, so hieß es dort, nicht nur das Kind, sondern «auch den wilden, primitiven Menschen» wieder, wie ihn Altertumswissenschaft und «Völkerforschung» zeigten.[10] Das legte die Spur zu Freuds ethnopsychologischen Studien, die zu dieser Zeit entstanden und 1912/13 in zwei Teilen unter dem Titel *Totem und Tabu* erschienen. Bereits im Oktober 1897 hatte er in einem Brief an Fließ erstmals auf die Bedeutung des Inzestmotivs für seine Theorie hingewiesen und dabei, neben dem Bezug zur Ödipus-Tragödie, an Hamlet erinnert. Der nämlich habe die Ermordung seines Vaters nicht rächen können, weil Claudius, dessen Nachfolger auf dem Thron und im Bett Gertruds, dasselbe tat, was er stets ersehnte: mit der Mutter sexuell zu verkehren.[11] Der *Totem*-Beitrag fand dieses Inzestschema und seine Abwehr nun in wilden Gesellschaften wieder. Sein Grundgedanke bestand darin, daß, wie Herbert Marcuse schrieb, die «Schicksale der Triebe aus dem Schicksal der Herrschaft abgeleitet» sind.[12]

Die *Totem*-Arbeit erschien 1912 und 1913 in den ersten beiden Bänden einer neu gegründeten Zeitschrift, die den Titel *Imago* trug. Das von Rank und Sachs edierte Journal, das bald zu einem der wichtigsten Periodika der Epoche avancierte, sollte psychoanalytisch ausgerichtete Artikel zu kulturgeschichtlichen und ästhetischen Fragen versammeln. Programmatisch lautete sein Untertitel *Zeitschrift für Anwendung der Psychoanalyse auf die Geisteswissenschaften*. Der Begriff ‹Imago› blieb, wie Freud gegenüber Jones bemerkte, hinreichend ungenau und vage, um ein breites Spektrum der Themen zu rechtfertigen.[13] Mit seinem wegweisenden Beitrag signalisierte er zugleich, in welche Richtung das neue Projekt gehen sollte: erwünscht waren hier mutige, wo nötig auch spekulative Grenzgänge zwischen den Wissenschaften, methodische Weiterungen des psychoanalytischen Horizonts und Artikel zur fachübergreifenden Fundierung der Freudschen Lehre. Der Aufsatz über die ‹Inzestscheu›, später der erste Teil von *Totem und*

Tabu, wurde nach der *Imago*-Publikation von der Zeitschrift *Pan* und dem *Neuen Wiener Journal* nachgedruckt. Die Buchausgabe des gesamten Textes erschien 1913 bei Hugo Heller in Wien, weil dort günstigere Konditionen als beim Deuticke-Verlag bestanden, der Freud mit seinem schlechten Vertriebssystem zunehmend verärgert hatte.

Wie im Fall der *Traumdeutung* und der *Psychopathologie des Alltagslebens* lag hier eine Arbeit vor, die absolutes Neuland betrat. Freud selbst ermöglichte sie eine herausfordernde Auseinandersetzung mit ethnologischen und kulturgeschichtlichen Fragestellungen, die er erstmals an die Psychoanalyse heranführte. Im Hinblick auf die allgemeinhistorische Ebene und den Radius des Einleitungsteils bemerkte er selbstkritisch: «Er ist das Unbelebteste, was ich je geschrieben, nur durch Anfängerschaft und durch den auf ihn folgenden Tabuartikel zu entschuldigen.»[14] Kundige Leser sahen das später anders und lobten, wie Thomas Mann 1929 in seiner großen Würdigung, die Brillanz der Studie: «Zunächst ist sie ohne Zweifel die rein künstlerisch hochstehendste unter den Arbeiten Freuds, nach Aufbau und literarischer Form ein allen großen Beispielen deutscher Essayistik verwandtes und zugehöriges Meisterstück.»[15]

Das Tempo, in dem die Niederschrift erfolgte, war immens, wie man an den hastig und manchmal unfertig wirkenden Abrissen der ethnologischen Forschung erkennt. Hier schrieb ein Autor, der zügig Stellung beziehen und sein Thema aktiv besetzen wollte, ehe es andere taten. Mit einer schnellen Veröffentlichung seiner Überlegungen suchte Freud eine deutliche Gegenposition zu Jungs eben publizierter Schrift *Wandlungen und Symbole der Libido* zu markieren, die Ferenczi als Versuch der Religionsstiftung charakterisierte.[16] Wo Jung eine gleichsam überzeitliche Manifestation des menschlichen Trieblebens in den Kulturen der Welt nachzuweisen suchte, betonte Freud gerade die konkrete Analogie von barbarischen Riten und zwangsneurotischen Störungen. Während Jung die archaische Macht der Libido beschwor, argumentierte er mit konzentrierten Beispielen aus den Krankengeschichten der Neurotiker. Was beide Texte verband, war der Versuch, das methodische Instrumentarium der Psychoanalyse auf die Untersuchung der Mythen auszudehnen und von ihr wiederum mit neuen Einsichten zur Erforschung der seelischen Prozesse zurückzukehren. *Totem und Tabu* teilte mit Jungs Schrift die spekulative Tendenz, die sich auf die vermeintlichen Analogien zwischen Völkerpsychologie und individueller Seelenarbeit richtete. In beiden Studien blieb dunkel, aus welchen Ursachen sich diese Entsprechungen eigentlich speisten. Ihr blinder Fleck lag dort, wo weder Freud noch Jung eine stimmige Erklärung dafür anbieten konnten, daß Seele und Mythos ähnlichen Gesetzen unterstanden. Die Befunde freilich, die sie vortrugen, waren faszinierend genug und entschädigten für die methodischen Schwächen der neuen Ethnopsychologie. Im ursprünglichen Entwurf eines Vorworts verwies Freud noch auf die Gemeinsamkeiten, die ihn mit Jungs Bemühungen um eine psychoanalytische Deutung der «mythologischen Kosmogonien der Völker» verband.[17] In der zweiten Fassung betonte er dagegen die Differenzen: wo Jung die Völkerpsychologie nutze, um Fragen des individuellen Seelenlebens zu klären, gehe er selbst von der Psychoanalyse aus, um mit ihrer Hilfe soziale und kulturelle Kollektivordnungen zu verstehen.[18] Das richtete sich nicht nur gegen den illoyalen Schüler, sondern auch gegen Putnam, dessen Religionsphilosophie sich der Lehre Freuds bediente, um den Glauben zum Ausdruck der Sehnsucht nach dem Vater zu erklären.[19] In beiden Fällen galt es die Machtverhältnisse zurechtzurücken und zu zeigen, daß die Psychoanalyse das religiöse Denken relativierte, nicht umgekehrt.

Freuds Abhandlung ist in vier Teile gegliedert: am Anfang steht eine Untersuchung zur Inzestscheu, es folgen Überlegungen zur Funktion des Tabus bei den sogenannten Urvölkern, der dritte Abschnitt befaßt sich mit Animismus, Magie und Totemkult, der vierte beschreibt die Verbindung von Vatermord und Totem sowie deren Zusammenhang mit der infantilen Sexualität. Freuds Wissen über Riten der afrikanischen, australischen und neuseeländischen Urvölker speiste sich primär aus Schriften des schottischen Ethnologen James Frazer, die er, wie er Putnam im November 1911 schrieb, intensiv studierte – an der Spitze *Totemism and Exogamy* (1910) und *Taboo and the Perils of the Soul* (1911).[20] Hinzu kamen Edward Westermarcks Studien zur Familienstruktur (1891), Émile Durkheims Untersuchungen zu Inzest und Totemismus (1898, 1902), Alexander Langs *Secret of the Totem* (1905) und die ersten Bände von Wilhelm Wundts *Völkerpsychologie* (1900–1912). Anders als in der *Traumdeutung* verzichtete Freud auf einen breiten Forschungsbericht, statt dessen bezog er sein Material in ausführlichen Zitaten ein. Er führte keine wirkliche Auseinandersetzung mit seinen Quellen, so daß auch eine kritische Würdigung unterblieb; vielmehr beschränkte er sich darauf, seine Gewährsleute zu Wort kommen zu lassen und seine Thesen durch sie zu stützen.

Freuds Grundgedanke war so einfach wie spekulativ: wenn die Rituale der wilden Völker auf Verbote durch Tabuisierung von bestimmten Gegenständen und Handlungen weisen, so spiegeln sie die Aktivitäten des Neurotikers, der seine sexuellen Wünsche und Phantasien in Ersatzobjekten verankert. Neurotiker und ‹Wilde› ähneln sich in der Anlage zu einer im infantilen Stadium verbliebenen Sexualität, die durch Hemmungen oder Verbote bekämpft wird. Als durchgängiges Motiv machte Freud dabei, gestützt auf das Material Frazers, in unterschiedlichsten Stämmen die Tabuisierung des Inzests aus. Generell formulierte er: «Die Verbote betreffen meist Genußfähigkeit, Bewegungs- und Verkehrsfreiheit; sie scheinen in manchen Fällen sinnreich, sollen offenbar Enthaltungen und Entsagungen bedeuten».[21] Im Kern zielen solche Regeln auf das Tabu der Tötung und die Vermeidung sexueller Kontakte, insbesondere mit Verwandten. Abscheu und Ehrfurcht vor dem Tabu liegen dabei auf einer Ebene: eine Doppelheit, die anzeigt, daß in den symbolischen Ordnungen vermeintlich unzivilisierter Völker Denkfiguren der Ambivalenz, Dialektik und Überschreitung vertraut sind. Gerade diese Erkenntnis wurde von der psychoanalytisch informierten Ethnologie der 20er und 30er Jahre, etwa von Bronislaw Malinowski und Margret Mead, untermauert.[22]

Freud bemerkte sehr konsequent, daß die Verbote, die vom Tabu ausgehen, den «Abwehrmaßregeln» der Neurotiker vergleichbar seien.[23] Die Waschung, die dem Krieger nach der Tötung seiner Feinde auferlegt ist, gemahnt so an die Reinigungsmanie des Neurotikers. Sauberkeit verrät, wie Freud vor diesem Hintergrund betonte, eher Schuld als Unschuld, und die rituelle Verpflichtung zur Säuberung verweist in der Regel auf eine zu sühnende Handlung.[24] Jedes Verbot trägt einen Zwangscharakter in sich, weil es der Angst vor starker Anziehung durch das zu bannende Objekt entspringt. Freud unterstrich, daß den wilden Völkern die Quellen ihrer Tabus ‹unbewußt› seien, da sie durch die Macht der Überlieferung und nicht durch vernünftige Erklärung wirken. Gerade diese scheinbare Unmöglichkeit, das Tabu zu hinterfragen, sichert ihm seine Kraft und sorgt dafür, daß die Grenzen, die es markiert, nicht überschritten werden. Zu den schon von Frazer beschriebenen Elementen der Tabupraxis gehört das Verbot, bestimmte Namen zu nennen, Berührungen vorzunehmen oder gewisse Orte aufzusuchen. Gerade die «Namensverpönung» fand Freud, darin bestärkt durch Bleuler und Jung, bei Zwangsneurotikern wieder: «Sie zeigen die volle ‹Komplexempfindlichkeit› gegen das Aussprechen bestimmter Worte und Namen (ähnlich wie auch andere Neurotiker), und leiten aus ihrer Behandlung des eigenen Namens eine gute Anzahl von oft schweren Hemmungen ab.»[25] Freud redete in diesem Zusammenhang sogar von ‹Tabukranken› und beschwor damit die Verbindung, die Ritus und neurotisches Symptom auf einer systematischen Ebene eingehen.[26] Der einzige Unterschied, den er hier gelten ließ, betraf die Differenz zwischen Faktischem und Seelischem, mit der sich auch die zeitgenössische Religionssoziologie – Émile Durkheim und später Max Weber – befaßte.[27] Wo die Urvölker ihre Tabus auf sichtbare Welten und Handlungsebenen beziehen, siedelt sich der neurotische Zwang mit seinen Schattenspielen und Verschiebungen auf einer psychischen Bühne an.[28]

Die Tabuisierung der Toten entspringt, wie vieles in wilden Kulturen, der Furcht vor den Dämonen. Freud betonte auch hier, daß Anziehung und Angst eng verwandt sind, was erneut eine Brücke zur modernen Psychologie baute. Den «Seelenregungen der Primitiven» sei «ein höheres Maß von Ambivalenz zuzugestehen, als bei dem heute lebenden Kulturmenschen aufzufinden ist.»[29] Lediglich die Haltung des Zwangsneurotikers lasse sich aufgrund seiner tief verwurzelten Leiden am Trieb mit dieser Art von Ambivalenz vergleichen. Sie bekunde sich vornehmlich in der Furcht vor dem eigenen Sexualerleben und der übertriebenen Gewissenhaftigkeit, mit der seine Regungen unterdrückt werden. Was Freud zehn Jahre später als Über-Ich bezeichnete, war hier schon allgemein beschrieben: die Verbindung von Gewissen und gehemmtem Trieb. «Also entsteht wahrscheinlich auch das Gewissen auf dem Boden einer Gefühlsambivalenz aus ganz bestimmten menschlichen Relationen, an denen diese Ambivalenz haftet, und unter den für das Tabu und die Zwangsneurose geltend gemachten Bedingungen, daß das eine Glied des Gegensatzes unbewußt sei und durch das zwanghaft herrschende andere verdrängt erhalten werde.»[30] Gewissen speist sich aus Angst vor einem mächtig fordernden Triebimpuls, so konstatierte Freud. Und er fügte sarkastisch hinzu: «Die Psychoanalyse bestätigt hier, was die Frommen zu sagen pflegen, wir seien alle arge Sünder.»[31]

Die Furcht vor dem Unerlaubten äußert sich in den Tabuisierungen der wilden Völker, in Berührungs- und Benennungsverboten, die zumeist die Ausschließung des Inzests betreffen. Freud verband diese Arbeitshypothese mit einer erweiterten Perspektive, wenn er die Tabupraxis im dritten Kapitel einem animistischen und magischen Denksystem zuschlug. Als ‹Lehre von den Seelenvorstellungen› ist der Animismus der theoretische Rahmen für den Glauben an die Verkörperung psychischer Kräfte in Geistern, Erscheinungen und Symbolen. Hinzu kommen magische Rituale, die ein für archaische Kulturen typisches Handlungswissen bezeichnen: die Annahme, daß durch den Vollzug bestimmter Praktiken seelische Kräfte gebunden, gebannt und ausgegrenzt, ebenso aber heraufbeschworen und vergegenwärtigt werden können. Magie als Weg, «das Individuum gegen Feinde und Gefahren» zu schützen, stützt sich dabei ähnlich wie das Tabu auf ein Denken in Analogien. Durch räumliche Nähe (‹Kontiguität›) oder durch «Ähnlichkeit» werden Gegenstände als Stellvertreter für seelische Zustände definiert.[32] Das Verfahren besteht darin, daß das eigentlich Gemeinte – eine psychische Kraft, ein Triebimpuls – durch ein zweites Objekt dargestellt und damit versteckt wird. Was Freud mit einer von seinem Patienten Ernst Lanzer entlehnten Formulierung die «Allmacht der Gedanken» nannte, entspricht diesem Spiel mit Ähnlichkeiten, wie es Michel Foucault in anderem Zusammenhang zum Merkmal einer vormodernen Erkenntnistheorie erklärt hat.[33]

Die jeweils sexuell aufgeladene Bedeutung eines Objekts wird durch magische Rituale oder Tabus auf einen Ersatzgegenstand oder in einen Bereich des Verbots verschoben. Die Magie bildet folgerichtig eine «Technik des Animismus», die Geister beschwören und die immateriellen Kräfte der Seele veranschaulichen hilft.[34] In ihnen bekundet sich die unzerstörbare Gewalt des Unbewußten, die im Ritus der wilden Völker gebannt, in der Zwangsneurose umgelenkt werden soll. Diese Beobachtung Freuds, die erneut auf einer Analogiesetzung beruhte, folgte uneingestanden Jungs Überlegungen zum archaischen Charakter des Triebs, wie er ihn in *Symbole und Wandlungen der Libido* beschrieb. Der ungarische Analytiker Géza Róheim hat den Gedanken, daß sich durch Rituale die unterschiedlichen Organisationsstufen der Sexualität bekunden, in seinem 1919 veröffentlichten Buch *Spiegelzauber* sehr produktiv weitergesponnen.[35]

«Es scheint», so erklärte Freud schon im Juli 1901 gegenüber Fließ, «daß Zeus ursprünglich ein Stier war. Auch unser alter Gott soll zuerst, vor der durch die Perser angeregten Sublimierung, als Stier verehrt worden sein. Es gibt da allerlei zu denken, worüber noch nicht zu schreiben ist.»[36] Das bezeichnete den Ausgangspunkt für die Analyse des Totemismus und die Darstellung des Vaters im Kult, den der letzte Teil der Schrift untersuchte. «Der Totemismus», so lautete die Definition, «ist sowohl ein religiöses wie ein soziales System. Nach seiner religiösen Seite besteht er in den Beziehungen gegenseitiger Achtung und Schonung zwischen einem Menschen und seinem Totem, nach seiner sozialen Seite in den Verpflichtungen der Clanmitglieder gegeneinander und gegen andere Stämme.»[37] Das wichtigste Motiv, das den Totemkult treibt, war laut Freud das Gebot der Exogamie, das eine Außenheirat zur Vermeidung von Inzest oder inzestähnlichen Beziehungen fordert. Das Totem verkörpert eine Mahnung an die Männer, keine Frauen aus dem eigenen Stamm zu erwählen. Das Inzestverbot gehört, so nahm Freud an, zu den zentralen Elementen im Leben der wilden Völker. Unklar bleibt allerdings in beiden großen Teilen der Schrift, wie diese Völker den Übergang vom Trieb zum Triebverzicht vollziehen, welchem Impuls sie dabei folgen und woher die Abwehrmechanismen rühren, mit denen sie ihre Libido kontrollieren.[38] Claude Lévi-Strauss hat fünf Jahrzehnte später in seiner Arbeit über das *Ende des Totemismus* die Idee einer historischen Entwicklung von der ungehemmten Sexualität zu ihrer kulturellen Einschränkung bei den frühen Völkern als Produkt einer sozialen Übereinkunft interpretiert, welche Distanz und Beobachtung erlaubt.[39] An den Platz gewaltsamer Praktiken, die im archaischen Stadium das Zusammenleben beherrschen, treten Handel, Interessenausgleich und Verständigung. Formen brutaler Triebaktivität werden durch eine gesellschaftliche Ordnung gebannt, die auf verbindlichen Tauschgesetzen beruht und daher Frauenraub wie Inzest gleichermaßen ausschließen muß.

Die besondere These Freuds bestand nun darin, daß zwischen Totemkult und Sexualität eine ähnliche Beziehung herrscht wie zwischen Tabu und Libido. Der Totem bannt das inzestuöse Begehren und droht mit Strafe – einer Sanktion, wie sie in der kultischen Vernichtung des totemistischen Gegenstands und der folgenden Trauer über seinen Verlust rituell inszeniert wird. Freud betonte, daß gerade in der infantilen Sexualität ähnliche Verhaltensmuster aufscheinen, die das Verbotene umkreisen und durch Ersatzobjekte sichtbar machen. Kinder neigen dazu, ihre sexuellen Wünsche in einer «totemistischen Ausdrucksweise» zu verschlüsseln.[40] Freud griff hier auf Beispiele aus der Praxis zurück – insbesondere auf seinen eigenen Fall des ‹kleinen Hans›, aber auch auf Material Ferenczis. Er erinnerte daran, daß die infantile Sexualität sich häufig über die Umwege von Angstbesetzungen oder Verschiebungen manifestierte. Große Bedeutung gewann in diesem Zusammenhang die Furcht vor Tieren, die zu Trägern eines sexuellen Sinns werden. Die Argumentation blieb hier eher vage, weil zur selben Zeit eine Studie erschien, die das Thema in Mythos und Literatur ausführlich darstellte: Otto Ranks Abhandlung über das

Inzest-Motiv in Dichtung und Sage. Freud kommentierte sie gegenüber Ferenczi so knapp wie anerkennend: «sehr stattlich, und ich meine, sehr gut.»[41]

Ein zentraler Gesichtspunkt des Totemkultes ist die Schuldverarbeitung. Die Urhorde, so behauptete Freud in Übereinstimmung mit Frazer, sei vom Vater regiert worden. Er habe über die Frauen des Clans verfügt, seine Söhne unterdrückt und mit Gewalt geherrscht. Dann geschah ein Akt der Rebellion: «Eines Tages taten sich die ausgetriebenen Brüder zusammen, erschlugen und verzehrten den Vater und machten so der Vaterhorde ein Ende.»[42] Im Totem, das an den Vater erinnert, gedenken sie fortan ihrer Schuld. Das Totem gemahnt nicht nur an den ermordeten Vater, sondern auch an den Ödipus-Komplex und die Erhebung gegen das Familienoberhaupt zum Zweck der Erfüllung inzestuöser Wünsche. Der Mord selbst wird darin zum Gegenstand der Sühnung auf symbolischer Ebene, vollzogen im gemeinsamen Essen: «Die Totemmahlzeit, vielleicht das erste Fest der Menschheit, wäre die Wiederholung und die Gedenkfeier dieser denkwürdigen, verbrecherischen Tat, mit welcher so vieles seinen Anfang nahm, die sozialen Organisationen, die sittlichen Einschränkungen und die Religion.»[43] Die Erinnerung an die Ermordung des Vaters schafft aber neben der Sühne auch heimliche Freude angesichts des Siegs über den mächtigen Ahnherrn: «Die Religion des Totem umfaßt nicht nur die Äußerungen der Reue und die Versuche der Versöhnung, sondern dient zugleich der Erinnerung an den Triumph über den Vater.»[44] Freud hat an diesem Denkmotiv, das bereits in den Fließ-Briefen skizziert wurde, auch später noch festgehalten und mythische Konstellationen als Ausdruck der Erhebung gegen den Vater gedeutet. So beschrieb er 1932 die ‹Gewinnung des Feuers› im Sinne eines Versuchs, die Gewalt der väterlichen Götter zu überwinden. Prometheus, den schon Goethes berühmte Hymne als revoltierenden Sohn darstellte, bringt den Menschen das Feuer, das zu entzünden zuvor Privileg der Himmlischen war: ein Akt der Erhebung gegen die paternalistische Macht.[45]

Der Totemismus ist dennoch, wie Freud im Juli 1919 an Theodor Reik schrieb, vorrangig «Vaterreligion».[46] Der Tod des Erzeugers ermöglicht eine Sakralisierung in der Erinnerung, mithin seine Überhöhung. Im Totem wird der Vater als Gott verehrt, so betonte Freud; der Himmlische ist im Vater stets mitgedacht als Schöpfer, als Autorität und als Beobachter.[47] Das führte zum Gründungsgedanken der Psychoanalyse zurück, zu Ödipus als Sinnbild der inzestuösen Kräfte und des Hasses gegen den Vater. Beide

Komponenten, die Jung später aus seiner Idee des ‹kollektiven Unbewußten› herleiten sollte, sind im Totemismus stark präsent und werden durch ihn gespiegelt. Die Vorschrift, «den Totem nicht zu töten, und kein Weib, das dem Totem angehört, sexuell zu gebrauchen», steht für den Gesamtkomplex des Inzest-Mythos.[48] Ödipus verstößt gegen beide Regeln und wird dafür durch das Schicksal gestraft. Wenn die Ödipus-Konstellation im Totem als Doppelfigur von Inzestverbot und Aggression gegen den Vater wieder auftaucht, dann bekräftigte das die psychische Unterströmung des Mythos ebenso wie die – bereits von Abraham und Rank betonte – mythische Grundlage der allgemeinen seelischen Konfigurationen.[49] Nicht zuletzt bildete die Ambivalenz, die der Erinnerungsarbeit totemistischer Praktiken innewohnt, ein Zeichen für ihre tiefe Verwandtschaft mit der psychischen Welt. Die Gleichzeitigkeit von Trauer und Haß, Begehren und Angst, die im Totem besiegelt ist, erschien auch im Bereich der seelischen Konstellationen, wie sie Freud bei Kindern und Neurotikern entdeckte. Der Blick auf die Kulturen der Urvölker offenbarte eine Psychologie, die Individuum und Kollektiv, Archaisches und Modernes überraschend verbindet.

Schon Johann Jakob Bachofen hatte in seiner großen Studie über *Das Mutterrecht* (1861) den Mythos als Quelle für Konstellationen ausgelegt, die in der direkten kulturhistorischen Überlieferung verlorengegangen waren. Die literarisch – etwa in der attischen Tragödie – beleuchteten Verhältnisse von Mensch und Göttern, Individuum und Gemeinschaft boten ihm Einsichten in die Herrschaftsbeziehungen einer weit vergangenen Vorzeit, von der die Geschichtsschreibung nicht sprach.[50] Freud ging über diese Methode Bachofens hinaus, indem er die zentralen Kategorien der mythischen Zeugnisse ihrerseits umdeutete. Die Psychoanalyse schuf, wie er am 30. Juni 1908 selbstsicher gegenüber Jung verkündete, die Strukturen einer «neuen Mythologie», mit deren Hilfe die Welt der alten Götter durch libidinös gesteuerte Mächte – das Begehren, den Wunsch und das Unbewußte – beseitigt wurde.[51] Noch 1932 bezeichnete Freud die Triebe als «mythische Wesen, großartig in ihrer Unbestimmtheit», und nannte seine Theorie der Libido «unsere Mythologie».[52] Die Psychoanalyse vollzog einen gewaltigen Prozeß der Substitutionen: Glaube fand sich durch Analyse, Gott durch den Vater, die Metaphysik durch den Trieb und das Gebet durch das therapeutische Gespräch ersetzt. Freuds Lehre kassierte die Religion, indem sie aus ihren seelischen Energien neue Einsichten gewann. Ihre Beseitigung bildete daher in späteren Schriften eine wesentliche Bedingung für den Ausbau der analytischen Lehre, die Mythos, Theologie und Kulturgeschichte mächtig aufsog. Ganz aber ließen sich die alten Geister nicht abschütteln, und Freud, der insgeheim mit ihren irrationalen Ansprüchen sympathisierte, ahnte das durchaus. Das Vorwort für *Totem und Tabu* schrieb er im September 1913 in Rom, der Hauptstadt der christlichen Weltreligion – ein Spiel mit den großen Traditionen, denen er sich selbstbewußt stellte, um sie in seiner Arbeit neu zur Erscheinung zu bringen.[53] «Die Mythen leben nicht aus sich selbst. Sie warten darauf, daß wir sie verkörpern», so sollte Albert Camus dreißig Jahre nach *Totem und Tabu* notieren.[54] Exakt diese Reinkarnation war es, die Freuds Theorie leistete, indem sie das Archaische ins Psychologische übertrug.

Im Jahr 1913 publizierte Freud außerdem zwei Aufsätze über Märchenstoffe im Traum und das Motiv der Kästchenwahl. Anders als Jung verstand er das Auftauchen märchenhafter Themen im Traum nicht als Spiegelung archetypischer Grundkonstellationen; und im Gegensatz zu Schriftstellern wie Hofmannsthal mochte er Sage und Mythos keinesfalls als rein ästhetische Produkte begreifen.[55] Vielmehr lag ihm daran, den Traum als Medium für die Verarbeitung von aktuellen Tagesresten und tieferliegenden Erinnerungen zu deuten. Es war offenkundig, daß solche Reminiszenzen auch durch Märchenmotive gespeist werden können. Darin bestand nichts Dämonisches oder Mystisches, weil der Mensch zwangsläufig geprägt ist von Kindheitserfahrungen und ihren emotionalen Mustern. Märchen gehören zu den stark besetzten infantilen Erfahrungsbereichen und übertragen sich in die Träume der Erwachsenen.[56] Für die Ambivalenzen psychischer Botschaften sind mythische oder märchenhafte Stoffe wie geschaffen. Am Beispiel der Kästchenwahl in Shakespeares *Kaufmann von Venedig* demonstrierte Freud, daß die unterschiedlichen Bedeutungen von Symbolen hier eine Einheit darstellen. Wert und Unwert, Gut und Böse, Gefahr und Verheißung bilden Sinnstufen, die keinen reinen Gegensatz markieren, sondern ineinander enthalten sind. Die Dialektik des symbolischen Materials paßt zur Vielschichtigkeit der seelischen Konstellationen; so ist es kein Zufall, daß beides eng zusammenhängt – im Mythos kann sich die Seele spiegeln, in der Psyche das Märchen der Vorwelt.[57]

Daß die Zeichensprache von Mythen, Märchen und Legenden reiches Material für die Untersuchung des Unbewußten bereithält, blieb ein Befund, den Freud seinen Schülern nachdrücklich einschärfte. In einem programmatischen Essay von 1913 formulierte Otto Rank dazu: «Aufgabe der psychoanalytischen Mythenforschung ist es, den durch Beziehung auf Naturvorgänge und anderweitige Entstellungen unkenntlich gewordenen unbewußten Sinn der dem Mythus zugrunde liegenden Phantasien aufzudecken.»[58] Ähnlich argumentierte auch Abraham 1909 in seiner Studie *Traum und Mythus*, die Freud sehr schätzte.[59] Mit der Eroberung der mythischen Stoffe und Formen war nicht nur der Gegenstandsbereich der Theorie ausgedehnt worden. Es ging zugleich um eine Rechtfertigung und Nobilitierung durch die Tradition, die Freud hier anstrebte. Wenn die Welten vor und jenseits unserer Geschichte psychoanalytisch gedeutet werden konnten, durfte auch seine Lehre zur wissenschaftlichen Autorität avancieren.

Psychoanalyse zwischen Kriegsfronten

Ende August 1898 schrieb Freud an Fließ, er sei «persönlich berührt» vom Vorschlag des russischen Zaren, eine internationale Abrüstungskonferenz einzuberufen. Nikolaus II. leide, so lautete die Ferndiagnose, «zum Glück für uns» an «Zwangsvorstellungen», die Furcht vor Gewalt und Krieg auslösten. Er traue sich zu, den Zaren zu behandeln, damit er von seinem Leiden erlöst werde, ohne daß er aber «Krieg anfängt».[60] Was hier ironisch verklausuliert wurde, barg einen ernsten Kern, nämlich Freuds unerschütterlichen Pazifismus. Jede Art von Militarismus, Waffengerassel und Aggression war ihm seit Gymnasialzeiten zutiefst fremd. Besorgt erklärte er Ferenczi am 28. Juni 1914 unter dem Eindruck des Attentats von Sarajewo, die «Folgen» des Ereignisses ließen «sich gar nicht absehen».[61]

Nachdem Kaiser Franz Joseph am 28. Juli 1914 die Kriegserklärung an Serbien unterzeichnet hatte – in seinem Arbeitszimmer in Bad Ischl vor der Büste der toten Kaiserin, woran Christopher Clark erinnert –, erfaßte das gesamte Kaiserreich ein fiebriger Taumel.[62] Trotz seines prinzipiellen Abstands zu allen Formen des Militarismus wurde Freud von der allgemeinen Stimmung mitgerissen. Als «die Völker Europas das große Morden begannen», wie der Pazifist Romain Rolland formulierte, gehörte auch er zur riesigen Schar der Begeisterten.[63] In den Tagen der Mobilmachung fühlte er sich, so verriet er Abraham, erstmals «seit 30 Jahren als Österreicher».[64] Daß seine Söhne jetzt gesteigerten Patriotismus zeigten, fand er verständlich; schon als Kinder hatten sie die öffentlichen Paraden beeindruckt, sie verehrten den Kaiser und waren, anders als ihr skeptischer Vater, enthusiastische Bewunderer der Monarchie.[65] Freud unterdrückte seine früheren Bedenken gegen den Krieg, weil er spürte, daß auch er sich gegen die Welle der Erregung nicht wehren konnte. «Der Aufschwung der Begeisterung in Österreich hat mich zunächst fortgerissen», schrieb er am 23. August 1914 an Ferenczi.[66] «Meine beiden Jungen sind Feuerwerker», so kommentierte er im Mai 1915 die Zuteilung zur – besonders gefährlichen – Artillerie, die Martin und Ernst getroffen hatte.[67] Mit untypischem Stolz reagierte er auf die Erfolge der preußischen Truppen an der Ostfront. Brill schrieb er am 15. September 1914: «Das Benehmen der deutschen Nation und ihre Siege sind großartig.»[68] Bis tief ins Jahr 1915 währte sein patriotischer Enthusiasmus, der dazu führte, daß ihn jeder Durchbruch der österreichischen Heere in gehobene Stimmung versetzte. Seine Sympathie käme noch mehr «von Herzen», so erklärte er Abraham, wenn er England, dem er jetzt ‹Infamie› vorhielt, nicht «auf der unrechten Seite wüßte.»[69]

Diese Bemerkung wurde von zwei verschiedenen Motiven gespeist. Zum einen bezog sie sich auf Freuds Bewunderung für die englische Kultur und Sprache, zu der auch die Tatsache trat, daß Großbritannien die Heimat seiner Halbbrüder war. Der vier Jahrzehnte zurückliegende Besuch in Manchester hatte sich ihm als das wichtigste Reiseerlebnis seiner Jugend eingeprägt. Immer wieder erwog er während der Zeit des Studiums und der Kliniktätigkeit eine Übersiedlung nach England. Hinzu kam ein zweiter, sehr konkreter Grund für Freuds Gefühl, daß die Allianzen im beginnenden Krieg falsch seien. Seit Beginn der Sommerferien Mitte Juli befand sich Anna in England auf einer privaten, für fünf Wochen geplanten Tour. Nun, da die Mobilmachung erfolgte, saß sie gleichsam in der Falle, mit unsicheren Aussichten auf freie Ausreise.

Die Englandfahrt, von der Lieblingstochter lange ersehnt, sollte der Verbesserung der Sprachkenntnisse dienen. Die begabte Anna hatte, anders als ihre Schwestern, kontinuierlich öffentliche Bildungseinrichtungen besucht, erst die Volksschule in der Grünentorgasse, dann, bis 1913, die Mittelschule. Ab dem Frühjahr 1914 ließ sie sich, da ein Abitur für Mädchen noch nicht möglich war, ohne höheren Abschluß zur Lehrerin qualifizieren. Anna kam am 18. Juli 1914 in Southampton an, um von dort nach Arundel und, in einer zweiten Etappe, in ein Mädchenpensionat an der englischen Südküste zu reisen. Am Landesteg empfing sie Ernest Jones mit einem großen Blumenstrauß und der Ankündigung, er wolle der jungen

Anna Freud 18jährig

Freud-Tochter die schönen Seiten Großbritanniens nahebringen. Er tat das nicht ohne Hintergedanken, denn er setzte in Annas Besuch auch private Hoffnungen auf eine mögliche Heirat. Freud wußte das über einen Nebenweg, der für das hier entstehende Beziehungsgeflecht einige Bedeutung hatte. Jones war sieben Jahre lang ohne Trauschein mit der attraktiven Niederländerin Louise Dorothea (Loe) Kann liiert gewesen, von ihr aber im Sommer 1913 verlassen worden. Nachdem sie durch überdosierte Schmerztherapie gegen eine Nierenerkrankung morphiumabhängig geworden war, begab sie sich im Oktober 1912 bei Freud in Behandlung. Schon im Juni 1910 hatte sie bei Ferenczi in Budapest eine Analyse durchgeführt, und aus der Korrespondenz mit seinem ungarischen Schüler erfuhr Freud zahlreiche intime Details, die seine Patientin nun direkt ergänzte.[70] Hier entfaltete sich eine Therapie à trois mit Freud und Ferenczi, die sich um die labile Frau medizinisch bemühten, und Jones, der den privaten Part spielte, aber geschult, wie er war, Loes Neurose natürlich erahnte.

Die extrem schwierige Behandlung ging sehr schnell in die Tiefe, da Loe – «a treasure of a woman, but a deep-going abnormality» – ihrem Arzt freimütig und ohne Hemmungen Einblicke in ihr Liebesleben verschaffte.[71] Sie las Freud auf der Couch Jones' Briefe vor und übergab ihm besonders aufschlußreiche Exemplare, was er wiederum ebenso offen nach London mitteilte.[72] Die Therapie unterlag einer wellenförmigen Entwicklung, weil Loe nach klärenden Phasen immer wieder zum Morphium griff. Freud sah, daß die Beziehung zu Jones zerbrach, nannte sie aber in seinen Briefen fast provokant seine ‹Ehefrau›. Die Behandlung endete zunächst im Sommer 1913, nachdem sich Loe mit dem Amerikaner Herbert Jones verbunden hatte – eine denkwürdige Namensübereinstimmung, die Freud, psychologisch betrachtet, gefiel und zu der Kreation «Jones II» veranlaßte.[73] Im Winter 1913/14 kehrte Loe nach Wien zur Behandlung bei ihm zurück, obwohl sie zuvor in London verbreitet hatte, seine Therapien seien wirkungslos. Ende Mai 1914 heiratete sie in Budapest Herbert Jones, wobei Freud, der zu diesem Anlaß eigens aus Wien angereist war, und Otto Rank als Trauzeugen firmierten.[74]

Bevor Anna im Sommer 1914 nach England aufbrach, wußte Freud durch Loe, daß der einsame Jones ernsthaft an eine Ehe mit ihr dachte. Loe beobachte die Situation genau und passe auf «wie ein Drache», schrieb er leicht amüsiert an Ferenczi.[75] Nach kurzer Überlegung entschloß er sich, seine Tochter vor den Avancen des Briten zu warnen und ihr Einblicke in seinen Charakter zu geben, die er durch Loes Briefe und Berichte gewonnen hatte. Sie selbst, so schrieb er Anna am 16. Juli 1914, sei zu jung für eine feste Verbindung, Jones wiederum mit 35 Jahren zu alt und in erotischen Dingen zu rücksichtslos. Freud zögerte nicht, sein aus der Therapie Loes gewonnenes intimes Wissen an die Tochter weiterzugeben, um sie wirkungsvoll abzuschrecken. Über Jones bemerkte er unumwunden: «Er hat sich aus sehr kleiner Familie und schwieriger Lebenslage herausarbeiten müssen, sein Interesse vorwiegend wissenschaftlichen Dingen zugewendet und versäumt, den Takt und die feinen Rücksichten zu erlernen, die ein verwöhntes, noch dazu sehr junges und etwas sprödes Mädchen von ihrem Mann erwarten wird. Um ihn zu schätzen und ihm allerlei zu vergeben, müßtest Du gut fünf Jahre älter sein, und dann würde er zu alt für Dich.»[76]

Das war, zumindest mit Blick auf die Herkunft, bewußt zweideutig formuliert, denn Jones stammte aus begütertem Hause, während der Ausdruck ‹kleine Familie› anderes nahelegen mochte. Anna las den Brief ihres Vaters sehr genau und konnte daraus genügend Gründe ableiten, sich gegenüber Jones vorsichtig zu verhalten. Hinzu kam, daß sie seine Avancen, wie sie sich 1979 erinnerte, weniger auf sich bezog und bloß als Versuch wertete, Freuds Sympathien zu erringen.[77] So gerieten die gemeinsamen Aktivitäten steifer, als es Jones lieb war, und die Atmosphäre blieb merkwürdig angespannt. Am 22. Juli schrieb Freud direkt an Jones, schilderte ihm Anna als begabtestes seiner Kinder und junge Frau, die Männer bisher abgelehnt habe. Erotische Bedürfnisse hege sie noch nicht: «beeing still far away from sexual longings». Es bestehe ein Vertrag zwischen ihnen, dem gemäß sie in den kommenden Jahren nicht heirate, und er hege keinen Zweifel daran, daß sie ihn einhalten werde.[78] Eine derart förmliche Abmachung existierte nie, aber Freud nutzte jedes Mittel, um eine Verbindung mit Jones zu verhindern. Der reagierte wenige Tage später verständnisvoll, bestätigte das Urteil des Vaters und signalisierte, daß er sich des jungen Mädchens mit Zartgefühl als bloßer Begleiter annehmen werde. Anna verkörpere im übrigen einen der seltenen Fälle, in deren Vaterbeziehung Realität und Bild identisch seien.[79] Freud blieb in der Tat für Anna eine wirkliche und eine idealisierte Gestalt zugleich, was ihr die Möglichkeit bot, ihre erotischen Sehnsüchte auf ihn allein zu konzentrieren. Der Preis, den sie dafür zahlen mußte, war allerdings hoch, wie sich bald zeigte.

Freud konnte zu diesem Zeitpunkt nicht ahnen, daß sich seine Sorgen um Annas privates Schicksal in England auf die falsche Person bezogen. Weitaus stärker als der fast 17 Jahre ältere Jones fesselte seine Tochter nämlich die temperamentvolle Loe, die mit ihrem neuen Ehemann häufig ihre Gesellschaft suchte. Von Loe fühlte sie sich angezogen, was auch körperliche Sehnsüchte einschloß, die Anna aber selbst kaum wahrhaben mochte.[80] Die Holländerin besaß ein irrlichterndes Temperament, wechselte ihre Ansichten schnell und unterlag permanenten Stimmungsschwankungen. Gleichzeitig wirkte sie bodenständig und wirklichkeitsnah, keineswegs eingekapselt in die Phantasmen ihrer Zwangsneurose. Solche zwischen Stärke und Seelenchaos schwankenden Frauen sollte Anna zeitlebens anziehend finden, und unter ihren künftigen Freundinnen fanden sich zahlreiche Vertreterinnen dieses Typs. Erst die im Herbst 1918 begonnene Analyse bei ihrem Vater erlaubte es ihr, die durch Loe angeregten homoerotischen Wünsche zu artikulieren. Ausgelebt hat sie diese allerdings niemals, auch nicht in späteren Jahren, als sie vielfältige Beziehungen zu Frauen pflegte, die sämtlich platonisch blieben.

In England erreichte Anna nun die Nachricht von der Generalmobilmachung, die ihr den Rückweg auf den Kontinent blockierte. Die Tochter sei «sozusagen kriegsgefangen», abgeschnitten von weiteren Nachrichten, berichtete Freud an Abraham.[81] Erst Mitte August gelang es ihm, über Haag in telegrafischen Kontakt mit ihr zu kommen; Ende des Monats kehrte sie wohlbehalten nach Wien zurück. Als hilfreich erwies sich hier das diplomatische Geschick von Jones, der gemeinsam mit Loe und ihrem Ehemann alle Hebel in Bewegung setzte, um Annas Ausreise zu ermöglichen. Er hatte längst verstanden, daß seine Hoffnung auf eine Ehe mit Freuds Tochter ein Hirngespinst bleiben würde. In diesem Punkt benahm er sich so nobel, wie man es sich in Wien nur wünschen konnte. Die Uneigennützigkeit, mit der er Annas Heimkehr organisierte, widersprach deutlich dem Bild, das Freuds leicht manipulativer Brief vom 16. Juli 1914 gezeichnet hatte.

Freud war sich in diesen Wochen unsicher, ob er die Verbindung zu Jones angesichts der Kriegssituation würde aufrechterhalten dürfen. Nach einigen Monaten des Zögerns setzte er die Korrespondenz im Herbst 1914 fort, auch wenn es schwierig war, für einen direkten Schriftverkehr zu sorgen. Häufig gingen die Briefe über Zwischenstationen in den Niederlanden, ehe sie den Freund in London erreichten. Gerade im Herbst 1914 war ein geregelter Austausch unmöglich, und viele Umschläge kamen geöffnet zum Absender zurück. Freud gab nun seinerseits das Englische auf und verfaßte seine Briefe ausschließlich in deutscher Sprache. Das war nicht bloß ein symbolischer Akt des Bekenntnisses, sondern auch der Vorsicht geschuldet, denn er wollte sich bei den einheimischen Zensurbehörden keinesfalls der Kollaboration verdächtig machen. In einem Schreiben vom 22. Oktober lautete seine lapidare Schlußformel: «Mit herzlichem Gruß und in Erwartung Ihrer Nachrichten trotz Krieg und Feindschaft».[82] Ab Beginn des Jahres 1915 wurde die Korrespondenz wieder erleichtert, weil die Kontrollen weitgehend entfielen, aber beide Partner legten sich nun freiwillig Zurückhaltung auf. Gegenüber Ferenczi mokierte sich Freud über die «Borniertheit des Engländers», die es Jones erlaube, den militärischen Sieg der Briten vorherzusagen.[83] Im April 1916 antwortete er auf sein Schreiben aus London mit dem Hinweis, er habe weitere Nachrichten «bis zum Kriegsende» nicht mehr erwartet.[84] Zwischen Frühjahr 1917 und Herbst 1918 kam der Briefwechsel schließlich ganz zum Erliegen. Letztmals in deutscher Sprache schrieb Freud seinem Schüler am 10. November 1918, einen Tag vor dem Waffenstillstand von Compiègne. Vier Wochen später wechselte er wieder ins Englische («however rusty it has become»), weil nun

Frieden herrschte und die Verhältnisse eine Rückkehr zu früheren Formen erlaubten.[85]

Am 17. Oktober 1914 starb Freuds Halbbruder Emanuel 81jährig bei einem Unfall in England. Er stürzte, offenbar unter Schwindel das Gleichgewicht verlierend, während der Fahrt aus einem Waggon des Zuges, der zwischen Manchester und Southport verkehrte. Der *Southport Guardian* meldete das Unglück in seiner Ausgabe vom 21. Oktober und schrieb, daß Emanuel bei der Durchquerung eines Bahnhofs in Parbold, südlich von Blackpool aus seinem Abteil gefallen sei.[86] Freud erhielt die Trauernachricht über einen schwedischen Informanten erst mehrere Wochen später, ohne «nähere Details»; der Tod des Bruders erkläre sich, wie er mutmaßte, aus psychologischen Motiven, denn er habe den Krieg «nicht vertragen».[87] Sein Glaube an die umfassende Macht seelischer Einflüsse trat auch in solchen privaten Momenten deutlich zutage. Der Unfall des alten, körperlich hinfälligen Mannes wurde für Freud zur Fehlleistung, hinter der psychische Resignation angesichts dunkler Zeiten stand.

Nur wenige Monate nach der Mobilmachung meldeten sich bei Freud erhebliche Zweifel am Sinn des Krieges. Jetzt kehrte der alte Ton zurück, der in den Sommerwochen vorübergehend aus seinen Briefen verschwunden war. An Lou Andreas-Salomé, die den Weltenbrand dieser Monate darauf zurückführte, daß sich Staaten «nicht psychoanalysieren lassen», schrieb er Ende November 1914: «Ich weiß, daß die Wissenschaft nur scheintot ist, aber die Humanität scheint wirklich tot zu sein. Ein Trost, daß unser deutsches Volk sich darin noch am besten benommen hat; vielleicht, weil es siegesgewiß ist. Der Kaufmann vor dem Bankerott ist immer ein Betrüger.»[88] Ein Jahr später schrieb er noch pointierter über die Wirkungen des großen Krieges: «Er zerstörte nicht nur die Schönheit der Landschaften, die er durchzog, und die Kunstwerke, die er auf seinem Wege streifte, er brach auch unseren Stolz auf die Errungenschaften unserer Kultur, unseren Respekt vor so vielen Denkern und Künstlern, unsere Hoffnung auf eine endliche Überwindung der Verschiedenheiten unter Völkern und Rassen.»[89] Und zum Jahreswechsel 1915/16 hieß es gegenüber Eitingon unmißverständlich: «Die Erschöpfung ist bereits recht groß. Auch in Deutschland ist man nicht mehr unbedenklich optimistisch.»[90]

Freud war vom Krieg zunächst als Vater betroffen, der sich an die neue Lage bloß schwer gewöhnen konnte.[91] Im Frühjahr 1915 lebte nur noch die unverheiratete Anna im Haushalt der Familie, während die Söhne bereits an der Ostfront standen. Martin, der Älteste, der eben in Salzburg nach erfolgreicher juristischer Promotion sein Gerichtsjahr absolviert hatte, meldete sich schon am Tag der Mobilmachung freiwillig. Er verband das mit der sarkastischen Bemerkung, er wolle «ohne Glaubenswechsel über die russische Grenze» gelangen (das Zarenreich erlaubte Juden die Einreise nicht).[92] In der Familie galt Martin ohnehin als Draufgänger, der sich während seiner Studentenzeit für seine jüdische Verbindung duellierte, extreme Bergtouren unternahm, waghalsig Ski fuhr und ständig Abenteuer suchte. Innerlich hielt Freud den Schritt seines Sohnes für falsch, erteilte dann aber seinen Segen in für ihn, was die Kinder anging, typisch undogmatisch-praktischer Weise: «ich will Dir das Zeugnis nicht versagen, daß Du kor[r]ekt und anständig gehandelt hast.»[93] Entscheidend war für ihn, daß die Söhne ihre Entscheidungen selbständig fällten und sich konsequent verhielten. Im Zweifelsfall stellte er seine eigenen Bedenken zurück und akzeptierte, was ihm womöglich in der Sache widerstrebte. Martin durchlief sehr konzentriert seine militärische Ausbildung in Bozen, ehe er im Januar 1915 als ‹schmucker Korporal› an die galizische Front kam, wo er im Juli durch einen Streifschuß leicht verwundet wurde.[94] Auf Photographien sehe er aus, so berichtete Freud an Sophie, «wie ein Kosak, nicht wie ein richtiger Dr. juris österreichischer Nation.»[95] Im Herbst 1915 verlegte man ihn nach Italien, im Sommer 1916 an die russische Front, drei Monate später nach Südtirol. Immer wieder geriet er in Konflikte mit seinen Vorgesetzten, deren Antisemitismus ihn abstieß und, im Fall einer besonders widerwärtigen Verleumdung, sogar zu einer – allerdings nie realisierten – Duellforderung veranlaßte.[96] Im August 1917 nahm er, nun im Rang des Oberleutnants, an der elften Isonzoschlacht teil und erlebte dabei die ganzen Schrecken des Stellungskriegs. Nach dem Waffenstillstand geriet er in englische Gefangenschaft, wurde in Genua arrestiert und konnte erst Anfang August 1919 nach Wien zurückkehren. Über Monate sorgte sich die Familie um sein Schicksal, weil man keine Nachricht von ihm hatte. Im November 1918 lichtete sich das Dunkel, und eine erste Postkarte gelangte von Italien nach Wien. «Überflüssige Grausamkeit, wenn der Kampf längst aufgehört hat!» – so kommentierte Freud die Festsetzung Martins.[97]

Den zweiten Sohn Oliver traf es weniger hart. Er hatte im Juni 1914 an der Wiener Technischen Hochschule seine Ausbildung als Ingenieur beendet, wurde bei der Musterung als untauglich zurückgestellt und zunächst beim Bahn- und Tunnelbau in den westlichen Karpaten beschäftigt. Am

19. Dezember 1915 heiratete er sehr überstürzt die Medizinstudentin Ella Haim, die er wenige Monate zuvor auf einer Schiffsreise nach Ägypten kennengelernt hatte. Freud gestand drei Tage vor der Hochzeit, daß er und seine Frau «die Zukunft des Paares nicht ohne Sorge» sahen. Ella sei selbständig, akademisch ehrgeizig und aus begüterter Familie, Oliver wiederum in erotischen Dingen ungeschickt und unsensibel.[98] Die Prognose war absolut zutreffend, wie sich schon bald zeigen sollte. Die Ehe litt unter den langen Trennungszeiten und schwierigen sexuellen Hemmnissen der Partner; eine Schwangerschaft endete im Frühjahr 1916 mit einem Abortus. Ein halbes Jahr später, im September 1916, war Oliver «rituell geschieden», wie Freud in seinem Kalender knapp vermerkte.[99] Nach einer zweiten Musterung befand man ihn für dienstfähig, zog ihn aber nicht ein, da seine Tätigkeit als kriegswichtig eingestuft wurde. Ende 1916 meldete er sich freiwillig für die Artillerie und kam nach mehrmonatiger Ausbildung im Spätherbst 1917 an die galizische Front, wo er zumeist hinter den Linien im Straßenbau beschäftigt war. Im Sommer 1918 nahm er an den letzten großen Kämpfen in Norditalien teil. Seine Kompagnie wurde im Herbst auf den sicheren Balkan verlegt, am 2. November 1918 kehrte Oliver nach Wien zurück.[100]

Am wenigsten vom Krieg betroffen war zunächst Ernst, der jüngste Sohn. Er studierte in Wien und danach in München Architektur, nahm an einem Offizierslehrgang in Klagenfurt teil, entschied sich ebenfalls für die Artillerie und wurde Ende Juli 1915 an die galizische Front abkommandiert. Im Oktober 1915 entging er nur durch Glück dem Kriegstod, weil er sich während einer massiven Beschießung nicht im Unterstand, sondern im Lager befand.[101] «Mein Sohn», berichtete Freud lapidar an Lou Andreas-Salomé, «hat das Grabdenkmal für seine Mannschaft selbst entwerfen dürfen; es wird wohl seine erste Arbeit als Architekt sein.»[102] Beim Heimaturlaub im November 1916 sah er seinen Jüngsten «glänzend orientirt [!]»: «Seine Furchtlosigkeit macht der Erziehung und seine Geschicklichkeit der Vererbung alle Ehre.»[103] Am 1. August 1917 wurde Ernst zum Leutnant befördert; zu dieser Zeit litt er bereits an Magenschmerzen und Verdauungsbeschwerden. Am 6. August 1917 lieferte man ihn mit einem Geschwür ins Lazarett ein; er wurde später in Wien behandelt und schließlich, nach einem Lungenkatarrh, im April 1918 ausgemustert.

Urlaubstage in der Heimat waren selten, und noch seltener Familientreffen, an denen alle teilnehmen konnten. Eine vom August 1916 stammende,

Freud, Martin und Ernst 1916

während der Salzburger Sommerferien aufgenommene Photographie zeigt Freud im hellen Anzug gemeinsam mit Martin und Ernst, die beide Uniform tragen. Der zivile Habitus des Vaters sticht von der straffen Haltung vor allem des ältesten Sohnes ab, der mit seinem schwarzen Bart fremd und exotisch wirkt. Da die Verbindungswege unterbrochen waren, mußte Freud oftmals wochenlang auf Frontnachrichten von den Söhnen warten. Nur in seltenen Phasen wußte er, wo sie sich genau aufhielten, welchen Gefahren sie sich aussetzten, in welche Schlachten sie zogen. Daß sie am Ende alle überlebten, blieb eine glückliche Ausnahme von der traurigen Regel. Die weitere Familie Freuds mußte dagegen ihren blutigen Tribut an den Krieg entrichten. Am 19. Juni 1917 erlag Hermann Graf, der einzige Sohn seiner seit 1908 verwitweten Schwester Rosa, kurz vor seinem zwanzigsten Geburtstag den Folgen einer schweren Verwundung, die er an der Isonzo-Front erlitten hatte.[104] Er war jener Neffe, über den Freud in der *Traumdeutung* im Zusammenhang kindlicher Wunschträume geschrieben hatte.[105] «Mein geliebter, einziger Sohn, die Hoffnung meines Lebens, der Einjährig-Freiwillige Zugführer Hermann Graf ist gefallen», so begann die Todesanzeige, die Rosa, auch im Namen ihrer Tochter Cäcilie, am 2. August in Bad Gastein aufgab. In gewohnt stoischer Weise berichtete Freud von diesem Verlust, ohne sich bei langer Klage aufzuhalten. Wenige Wochen nach der traurigen Mitteilung reiste er mit Martha, Minna und Anna zum Sommerurlaub in die Hohe Tatra, wo ihm Ferenczi in Csorbáto eine Pension vermittelt hatte. Die Landschaft sagte der Familie so sehr zu, daß man im Sommer 1918 dasselbe Ziel wählte.

Die Sorgen um die Söhne begleiteten Freud seit Beginn der Jahres 1915, zumal die Nachrichtenlage schlecht blieb. Sein Verhältnis zum Krieg hatte sich in einem Punkt verändert. Da es an der Realität des Ausnahmezustands keine Zweifel gab, mußte er sich mit den Verhältnissen arrangieren. Aber zum Militaristen wurde er durch diese Perspektive nicht. Ein Sieg, so resümierte er im Februar 1915, sei vor allem deshalb erwünscht, weil er «Befreiung und Frieden» bringen werde.[106] Nationale Parolen oder Gemeinplätze fanden sich in Freuds Briefen und Schriften an keiner Stelle. Er blieb seiner unideologisch-pazifistischen Einstellung treu und wahrte Distanz zur politischen Rhetorik des Kaiserreichs.

Die Zeit des Krieges bot aber nicht nur Anlaß zu politischer Sorge, sondern hielt auch private Veränderungen bereit. Freuds Kinder waren selbständig geworden. Mathilde, bereits seit 1909 verheiratet, hatte das Haus als erste verlassen. Der Ehemann Robert Hollitscher, der vor dem Krieg als Vertreter für Seifenfabriken arbeitete, galt als melancholisch, ängstlich und introvertiert; eigene Kinder waren dem Paar nach einer Fehlgeburt Mathildes im Sommer 1912 nicht vergönnt.[107] Die älteste Tochter blieb zeitlebens kränklich, litt lange unter den Nachwirkungen einer durch den Hausarzt Rosanes verpfuschten Blinddarmoperation, die sie als 17jährige an den Rand des Todes führte, und unter den Folgen ihrer zweifachen Diphterie.[108] Mathilde verbrachte Monate in Sanatorien und war anfällig für chronische Leiden aller Art. Freud fand den Ehemann seiner Ältesten langweilig und bieder, aber er billigte ihre Wahl. Auf die Heiratswünsche seiner jüngeren Kinder reagierte er, auch wenn er die Ehe Mathildes für unglücklich hielt, mit großer Toleranz. Maßgeblich war für ihn, daß sie ihre Entscheidung unabhängig trafen, nicht allein blieben und Kinder in die Welt setzten. Das bildete das einfache, für die damalige Zeit nicht selbstverständliche Prinzip, dem Freud als Vater folgte.

Die nächste, die auszog, war Sophie. Freuds mittlere Tochter – nach Auffassung aller die attraktivste – heiratete am 26. Januar 1913 den Photographen Max Halberstadt. Die «kleine Spröde» zog nach Hamburg zu ihrem

Mann, den Freud sofort sehr sympathisch fand («scheu, doch sehr lieb», «ein besonders feiner» Mensch).[109] In der Berggasse wurde es nun stiller, worunter die Eltern litten. Lediglich Anna zeigte sich glücklich darüber, daß ihre bewunderte und zugleich gehaßte Schwester Wien verließ: «Es ist nicht schön, es zu sagen, aber ich bin froh, daß Sophie heiratet, denn mir war der ewige Streit zwischen uns so schrecklich», schrieb sie am 7. Januar 1913 an ihren Vater.[110] Weil die beiden älteren Mädchen nun nicht mehr zu Hause wohnten, richtete sich Freuds Zuneigung ungeteilt auf seine ‹einzige Tochter›. Mit Anna reiste er, begleitet von seinem Bruder Alexander und dessen Frau, vom 21. bis zum 27. März 1913 über Bozen nach Venedig. Die 17jährige war fasziniert vom bizarren Reiz der Lagunenstadt, die sie sich zuvor in Gedanken ausgemalt hatte.[111] Freud selbst genoß, so erzählte er Sophie einen Monat später, Annas «Überraschung über die unwahrscheinliche Pracht dieser alten Zauberin».[112]

Am 11. März 1914 wurde in Hamburg Freuds erster Enkel Ernst geboren. «‹Es war nicht so arg›», berichtete Sophie über die Entbindung. Der Großvater wiederum staunte über seine Empfindungen: «Ein ältliches Gefühl, Respekt vor den Wundern der Sexualität.»[113] Martha besuchte die schöne Tochter, die «Heimweh» hatte, regelmäßig in Hamburg, Freud nutzte seine selteneren Visiten im Norden, um wissenschaftliche Zusammenkünfte in Berlin bei Abraham und Eitingon anzuschließen.[114] Max Halberstadt schrieb er ab Mai 1913 separate Briefe und zeigte dadurch, wie sehr er seine eigenständige Persönlichkeit jenseits der Rolle als Schwiegersohn respektierte. Er wußte, daß die junge Familie häufig unter Finanznöten litt, und suchte zu helfen, wo er konnte. Als Erfüllung der Ehe sah er möglichst großen Kinderreichtum, und alle materiellen Rücksichten hatten dahinter zurückzustehen. Der Perspektivwechsel, den er als Vater an diesem Punkt vollziehen mußte, war für ihn jedoch nicht unproblematisch: «Es ist sehr merkwürdig, wenn aus so einer kleinen Tochter plötzlich ein liebendes Weib wird.»[115] Dem erstgeborenen Ernst folgte dann am 8. Dezember 1918 ein zweiter Sohn, Heinz (Heinele). Kam Sophie mit dem Enkel während der Kriegsjahre nach Wien, so genoß Freud das Leben in der ruhig gewordenen großen Wohnung. Wenn sie abreiste – er sprach von ‹Abdampfen› –, dann litt er unter der Einsamkeit, die ihn in der Berggasse umfing.[116]

Für die Psychoanalyse bedeutete der Krieg zunächst, daß ihre «Blütezeit», wie Freud am 25. Dezember 1914 an Jones schrieb, «jäh abgebrochen» war.[117] In Frankreich und England kam die Rezeption völlig zum Erliegen, nur aus Amerika drang zuweilen Kunde von neuen Adaptionen der Lehre. Klagen über die hemmenden Einflüsse der Zeitsituation und die Blockierung der analytischen Wissenschaft standen fortan auf der Tagesordnung: «Was Jung und Adler von der Bewegung übriggelassen haben, geht jetzt in den Zerwürfnissen der Nation unter.»[118] Es mutet befremdlich an, daß Freud diesem Aspekt in seiner Korrespondenz, vor allem mit Abraham, Ferenczi und Jones, so starkes Augenmerk schenkte, obgleich die Schrecken der Schlachten ganz andere Themen nahelegten. Bedauert wurde nicht nur das sinkende öffentliche Interesse – die Jahrbücher und *Imago* fanden kaum noch Publikum –, sondern auch der Verlust an Patienten. Bereits im November 1914 hieß es: «Die Praxis ist ganz trostlos, 11 Stunden in der Woche anstatt 60 u die zu reduzirten Preisen.»[119] Am 2. Dezember 1914 berichtete er Ferenczi, daß sich nur noch zwei Kranke täglich zu ihm verirrten, zwei Ungarn aus aristokratischen Familien, denen sich im folgenden Jahr ein dritter hinzugesellen sollte. «Ich habe unglaublich wenig zu tun», klagte Freud im Frühjahr 1915.[120] Zu dieser Zeit behandelte er höchstens vier Analysanden am Tag – vor dem Krieg waren es zehn.[121]

Im August 1914 betrug Freuds Vermögen immerhin 250 000 Kronen, wovon 115 000 in Papieren angelegt, 35 000 bar auf der Bank deponiert und 100 000 in Form einer Lebensversicherung für Martha gebunden waren.[122] Durch den Niedergang der Praxis erlitt Freud dann aber erhebliche finanzielle Verluste, so daß er auf Erspartes zurückgreifen mußte. Am 8. April 1915 schrieb er an Ferenczi, der Krieg habe ihn durch die Einbuße an Patienten 40 000 Kronen gekostet.[123] Freud veranschlagte bei seiner Berechnung ein Stundenhonorar von 40 Kronen. Neun Kriegsmonate hätten somit bei einem Verlust von sechs Kranken pro Tag einen Ausfall von 43 200 Kronen bedeutet. Da er durch seine Unterhaltsverpflichtungen gegenüber der Mutter und den verwitweten Schwestern erhebliche Unkosten hatte, mußte er zugleich aus den Rücklagen zuschießen, so daß die Verluste sogar höher waren, als es sich in den bloßen Zahlen spiegelte.

Im vorletzten Kriegsjahr ging der Praxisbetrieb noch weiter zurück, mit entsprechenden Konsequenzen für Freuds finanzielle Lage und Gemütsverfassung. Am 1. Januar 1917 berichtete er Ferenczi, daß auch dessen Bemühungen um ungarische Patienten keine Früchte mehr trügen. Schuld sei die schlechte Stimmung in der österreichischen Hauptstadt, die er indirekt für den Niedergang seiner Praxis verantwortlich machte: «Zu Wien finde ich kein anderes Verhältnis mehr und Wien zu mir.»[124] Die Auswirkungen der rückläufigen Ordination waren nun auch im Alltag zu spüren. Die große Wohnung in der Berggasse verschlang hohe Unterhaltskosten, so daß man, um Energie zu sparen, einzelne Zimmer im Winter ungenutzt ließ. Ab dem Spätwinter 1917 zahlten die Patienten mit Lebensmitteln, Zigarren oder Kohle. Ferenczi schickte regelmäßig Brot und Eier aus dem besser versorgten Budapest. Gerade die Zigarrenlieferungen waren sehr willkommen, weil sich Freud seit Jahren an beste Havannas aus London und Paris gewöhnt hatte, die man in Wien nicht kaufen konnte, nun also besonders unter der Unterbrechung des Warenverkehrs litt. Man freue sich plötzlich, so bemerkte er, über gute Qualität von Mehl und Zucker, feilsche beim Einkauf und lerne das Einfache schätzen.[125]

Die regelmäßige Nikotinabstinenz, die Freud durch die schlechte Versorgungssituation aufgezwungen wurde, führte zu denselben Effekten wie in den Jahren der Selbstanalyse. Seine Laune verdüsterte sich, die Arbeitsfähigkeit ging zurück, die Gereiztheit wuchs. Die Abhängigkeit vom Rauchen äußerte sich in höchst irrationalen Formen der Selbsttäuschung. Als er im November 1917 während einer Phase des unfreiwilligen Nikotinverzichts eine Gaumenschwellung spürte, packte ihn die Furcht, es könne sich um Vorzeichen eines Karzinoms handeln. Nachdem er wenige Tage später wieder an Zigarren gekommen war und rauchen konnte, verschwand die Schwellung sofort.[126] Freud hatte den Teufel mit Beelzebub ausgetrieben, weigerte sich aber zu akzeptieren, daß nicht die Abstinenz, sondern der ständige Nikotinmißbrauch den unerbittlichen Feind in seinem Körper nährte. Es sollte noch fünfeinhalb Jahre dauern, ehe er erschien, mächtig und nicht mehr zu unterdrücken: der Krebs.

Da trotz des Militärdienstes der Söhne die Unkosten für die große Familie – Schwestern und Mutter eingeschlossen – sehr hoch blieben, half es Freud wenig, daß Ende des Jahres 1917 nahezu normale Praxisverhältnisse mit neun Patienten am Tag eintraten. Den «Anforderungen des Hauses» könne er, so klagte er, auch auf diesem Niveau nicht entsprechen, weil er seine Honorare deutlich reduzieren müsse.[127] Lediglich Mathildes Mann Robert Hollitscher profitierte von der neuen Lage, denn seine Geschäfte gingen glänzend; Freud nannte ihn, den ewigen Pessimisten, im September 1917 lakonisch den «Kriegsgewinner».[128] Daß die eigenen Bulletins über seinen finanziellen Notstand stark übertrieben waren, konnten nur die engsten Freunde ahnen. Er, der in jungen Jahren lange an Mangel litt, vermochte es nur schwer zu verkraften, wenn seine Sicherheitsansprüche unerfüllt blieben. Jede Ahnung materieller Krisen brachte ihn an den Rand der Verzweiflung, und wenn es bergauf ging, dann mißtraute er beharrlich allen guten Vorzeichen. Freud brauchte große Geldmengen, um seine Lage beruhigend zu finden – das blieb ein Erbe seiner bitterarmen Jugend.

Zahlreiche Analytiker mußten im Herbst 1914 ins Feld, wobei es die Mitglieder des Berliner Kreises besonders hart traf. Nur Abraham, den Freud erst nach 1918 wiedersah, hatte ein leichteres Los und tat Lazarettdienst. Im ostpreußischen Allenstein in Masuren behandelte er vorwiegend Kriegsneurosen und Traumatisierungen. Ferenczi sprach in diesem Zusammenhang von den ‹Gehirnkrüppeln›, die der Krieg hervorgebracht habe.[129] Abraham konnte seine wissenschaftliche Arbeit zumindest sporadisch fortsetzen, mußte allerdings seine Habilitationspläne begraben.[130] Der direkte Einsatz im Schützengraben blieb ihm als Mediziner wie manchen seiner Kollegen erspart. Auch die Wiener Analytiker kamen glimpflich davon: Rank, den Freud während der ersten beiden Kriegsjahre fast täglich sah, verschlug es später nach Krakau in die militärische Presse-Verwaltung; Sachs, den man als untauglich eingestuft hatte, wurde ebenso verschont wie Reik, der erst 1918 an die Italienfront mußte.[131]

Ferenczi hatte sich zunächst für eine Einberufung bereitzuhalten, ohne daß er nähere Details kannte. Er nutzte die Zeit und verbrachte im Oktober 1914 drei Wochen in Wien bei Freud, der ihn aus Mangel an weiteren Patienten täglich zu ausführlichen Therapiesitzungen empfing. Ende Oktober wurde er als Militärarzt zu den Honved-Husaren in Pápa eingezogen, wo er nur leichten Dienst tun mußte. Die langen Phasen der Ruhe verschafften ihm genügend Zeit für eine nachbereitende Selbstanalyse, die seine analerotischen Fixierungen, seinen Infantilismus und die latente Homosexualität ans Licht brachte – Befunde, die er freimütig in Briefen mitteilte. Freud kommentierte diese ausführlichen Bulletins nur knapp, verzichtete auf schriftliche Wertungen und zog es vor, seinen Schüler Anfang Oktober 1915 im Lager zu besuchen. Der «Analysenversuch», so schrieb er ihm einige Monate später, sei «abgeschlossen, nicht beendigt».[132] Für Ferenczi bedeutete dieses schwebende Stadium der Behandlung eine Qual, die er durch lange briefliche Schilderungen seiner seelischen Zustände zu mildern suchte. Schreibhemmungen, Magenbeschwerden und schwerste Depressionen beherrschten ihn bis zum Ende des Krieges. Hinzu kamen die Sorgen, die ihm das unklare Verhältnis zu Gizella und seine Bindung an ihre Tochter bereiteten. Im Briefwechsel mit Freud spiegeln sich während der

Kriegsjahre die schwierigen Rollenmuster, die hier miteinander verwoben waren. Ferenczi blieb für Freud Kollege und Patient, Sohn und Freund gleichzeitig. Unterschwellig herrschte auf seiner Seite eine homoerotische Affizierung, die er gerade während seiner Zeit im Lager Pápa genau reflektierte. Als dieses Intermezzo in einer reinen Männergesellschaft vorüber war, entspannte sich auch sein Verhältnis zu Freud spürbar. Anfang des Jahres 1916 durfte er nach Budapest zurückkehren, wo er in einer Klinik die Abteilung für nervöse Kriegsinvalide leitete.[133]

Freud blieb als knapp 50jähriger vom Militäreinsatz verschont und beschränkte sich auf die Rolle des Beobachters aus der Distanz. Er las während der Kriegszeit vier – politisch eher aufgeklärte – Tageszeitungen, um so gut wie möglich informiert zu werden: die *Neue Freie Presse*, die *Vossische Zeitung*, die *Arbeiter-Zeitung* und die *Krakauer Zeitung*.[134] Die Sorge um die Söhne belastete ihn, aber sie hielt ihn von wissenschaftlicher Tätigkeit nicht ab. Die *Wiener Psychoanalytische Vereinigung* traf sich regelmäßig, allerdings nicht mehr in wöchentlichem, sondern in vierzehntäglichem Turnus.[135] Die brachliegende Praxis band nur geringe Zeitreserven – er finde in ganz Europa kaum noch sieben Patienten, hieß es schon im Oktober 1914.[136] So blieb mehr Raum für die Forschung, die jetzt unter veränderten Bedingungen stattfand, weniger gesättigt durch die Empirie der Behandlungsstunden als getragen von den theoretischen Annahmen der eigenen Lehre. Gerade die ersten beiden Kriegsjahre waren bei Freud von außerordentlicher wissenschaftlicher Produktivität erfüllt, und im Ergebnis zeigten sich methodische Klärungen mit wegweisender Wirkung. Daß in Amerika während des Kriegs das Gerücht aufkam, er habe Selbstmord begangen, konnte Freud nur als Zeichen der absoluten Ahnungslosigkeit deuten.[137] Denn seine Schaffenskraft war ebenso ungebrochen wie sein Lebensmut, trotz der düsteren Weltlage.

Narzißmus, Verdrängung und Unbewußtes

Freud schrieb, obwohl ihn die Kriegssituation belastete, zügiger und ökonomischer als in den zurückliegenden Perioden. Im Dezember 1914 hieß es: «Meine Art zu arbeiten war früher eine andere, ich pflegte zu warten, bis mir ein Einfall kam. Jetzt gehe ich ihm entgegen, ich weiß nicht, ob ich ihn darum schneller finden werde.»[138] In einem ersten Schub von kleineren Schriften, die zwischen 1914 und 1916 entstanden, entwickelte Freud die

Leitbegriffe der Theorie weiter. In diesen Jahren gelangen metapsychologische Abhandlungen zum Narzißmus, zu Trieb und Verdrängung, zu Traumtätigkeit, Vergessen und Erinnern, zum Unbewußten und zur Übertragung. Sie bewegten sich außerhalb des Wirkungskreises der konkreten Fallstudien, für die das Material fehlte, auf dem Boden der systematischen Reflexion. Gerade die brachliegende Praxis schuf aber Freiräume, die Freud nutzte. Am 15. Dezember 1914 berichtete er Ferenczi in aufgekratzter Laune: «Ich lebe, wie mein Bruder sagt, in meinem privaten Schützengraben, spekuliere und schreibe und bin nach schweren Kämpfen durch die erste Reihe der Rätsel und Schwierigkeiten gut durchgekommen. Angst, Hysterie und Paranoia haben kapituliert.»[139]

Eröffnet wurde die Serie der metapsychologischen Studien, die Ferenczi als Gipfelleistungen des Freudschen Genies bezeichnete, durch die im März 1914 abgeschlossene Abhandlung über den Narzißmus.[140] Die Ich-Liebe des Menschen war schon bei Plato – im *Menon* – ein Thema, wurde aber erst Ende des 19. Jahrhunderts von Havelock Ellis (*Auto-erotism*, 1898) und Paul Näcke (*Die sexuellen Perversitäten in der Irrenanstalt*, 1899) als Symptom in die psychologische Forschung eingeführt. Beide Autoren sahen es als randständig an und ordneten es einem Krankheitsgrad von mittlerer Schwere zu. Näckes Untersuchungen, durchgeführt an 1500 klinischen Patienten in Hubertusburg bei Leipzig, wiesen nur in seltenen Fällen eine gesteigerte Selbstliebe bei gleichzeitigem Verlust an normaler Außenwahrnehmung nach.[141] Die Psychoanalyse bot nun erstmals eine Erklärung für die Auslöser der Krankheit an. «Narzißmus», so definierte Freud 1917, «ist die libidinöse Ergänzung zum Egoismus».[142] Er faßte damit auf kürzeste Weise eine Einsicht zusammen, die er drei Jahre zuvor systematisch erarbeitet hatte: daß sich «Objektlibido in Ichlibido umsetzen kann».[143] Der Narzißmus steht zwischen den Neurosen und den psychotischen Erkrankungen, denn er bedeutet einen Abzug der Triebenergie vom Objekt, wie er auch bei der Schizophrenie auftaucht, vollzieht aber die Lösung von der Außenwelt nicht mit letzter Radikalität; diesen Widerspruch beleuchtete Lou Andreas-Salomé 1921 in einer eigenen Studie, indem sie dem Narzißmus Abkapselung und Weltteilhabe gleichermaßen attestierte.[144]

Methodisch war Freuds Beitrag von großem Gewicht, weil er gegen Jung für eine Unterscheidung von objektbezogener und ichbezogener Libido plädierte. Diese Differenzierung ermöglichte wiederum eine klare Abgrenzung zwischen einem sekundären Narzißmus, der aus der starken

Ich-Besetzung der Libido resultiert, und einem primären Narzißmus, der gleichsam eine Fortführung kindlicher Autoerotik darstellt.[145] Typisch sei die narzißtische Störung bei attraktiven Frauen, die es genießen, von Männern hofiert zu werden, ohne selbst Liebesgefühle zu investieren. Freud betonte, daß es sich hier um eine Art Kompensation handle, die «das Weib für die ihm sozial verkümmerte Freiheit der Objektwahl entschädigt.»[146] Da die Frau ihren Partner aufgrund gesellschaftlicher Konventionen nicht selbst suchen darf, verlegt sie sich auf den passiven Genuß ihrer eigenen Schönheit, die sich im Werbungsverhalten des Mannes gespiegelt findet. So zeitgebunden Freuds Diagnose war, so erstaunlich zeitlos wirkte ihre Konsequenz: «Es erscheint nämlich deutlich erkennbar, daß der Narzißmus einer Person eine große Anziehung auf diejenigen anderen entfaltet, welche sich des vollen Ausmaßes ihres eigenen Narzißmus begeben haben und sich in der Werbung um die Objektliebe befinden».[147] Umgekehrt gilt, daß die betreffende Störung zu Bindungsunfähigkeit und Realitätsverlust führt, zu einer sozialen Vereinsamung, wie sie ähnlich in der Psychose auftritt. Auch wenn der Narzißmus für Freud – in Übereinstimmung mit Paul Näckes empirischen Diagnosen – noch keine Jahrhundert-Krankheit von breiter Streuung war, gelangen ihm Einsichten, die wegweisenden Charakter trugen. Was Autoren wie Heinz Hartmann, der noch in den frühen 30er Jahren bei Freud in die Schule ging, Heinz Kohut oder Thomas Ziehe später als narzißtische Persönlichkeitsstörung beschrieben, gewann hier bereits die Züge eines allgemeinen Befunds der psychischen Isolation mit weitreichenden Folgen für Individuum und Gesellschaft.[148]

Im Fall des Narzißmus war die Grenze zwischen Störung und Normalität nicht einfach zu ziehen, wie auch die Freud bestätigenden Arbeiten von Isidor Sadger und Wilhelm Reich zeigten.[149] Jede Form der Sublimierung des Triebs geht einher mit einer Ich-Bildung, auf die sich erotische Energien richten. Im Normalfall führt das noch nicht zu Krankheitsformen, weil ein gewisser Grad an Verlagerung der Objekt- auf die Ich-Libido der Sublimierung Vorschub leisten kann. Erst wenn die gesamte Sexualenergie auf das Ich gelenkt wird, entsteht eine Spaltung, die pathologische Züge trägt. Im Extrem kann sie in Schizophrenie münden, bei der das entleerte äußere Objekt mit aus dem Ich stammenden neuen Inhalten gefüllt wird. Der Abzug der Libido von der externen Quelle ist der erste Schritt, dem wiederum ihre Aufladung durch subjektive Vorstellungen folgt. Das narzißtische Ich bezwingt die Welt durch seine Selbstfixierung, das schizophrene ersetzt sie komplett, indem es sich an seine Stelle drängt. Nicht selten ist der sekundäre Narzißmus mehr als das Scheitern einer Balance zwischen Innen und Außen; er führt dann zur schweren psychotischen Störung, die, wie Laplanche und Pontalis im Anschluß an Abrahams Studien zur Dementia praecox bemerkten, eine Stauung der Libido und einen dauerhaften Verlust des Triebgegenstands herbeiführt.[150]

Freud argumentierte hier gegen Adlers Theorie des Minderwertigkeitsgefühls und Jungs Lehre von der Objektlibido aus einer metapsychologischen Sicht, insofern er bei empirischen Befunden ansetzte und diese mit Hilfe spekulativer Ideen deutete. Eine biologische Betrachtungsweise schied auch im Fall des Narzißmus aus, weil sie die methodische Freiheit und den Standpunkt des psychologischen Urteils ungünstig beeinflußt hätte. Generell galt für Freud, daß der psychoanalytische Kern seiner Überlegungen niemals durch Nachbarwissenschaften bedroht werden durfte. Philosophische, physiologische oder hirnanatomische Prämissen könnten keinesfalls, so betonte er schon im November 1911 gegenüber Jung, auf die Grundformen der psychoanalytischen Lehre Einfluß nehmen.[151] Eine Metapsychologie mußte allgemeine Ideen bieten, ohne aber den Beistand fremder Disziplinen zu suchen. Nur wenn Harmonie herrschte zwischen empirisch Konkretem und prinzipieller Schlußfolgerung, überzeugte die Psychoanalyse als intellektuelles System. Zugleich war es erforderlich, den Einfluß anderer Wissensdisziplinen zu begrenzen, weil nur auf diese Weise sichergestellt blieb, daß die Psychoanalyse ihre Probleme autonom lösen konnte. Lou Andreas-Salomé faßte im Winter 1912 die Kritik an der Abstraktion rein theoretischer Erkenntnis so zusammen: «Wer wie Freud die Philosophie aus seinem Gebiet ausmerzt, erweist sich als philosophischer Kopf durch Ablehnung des Monistengeschwätzes und durch Inanspruchnahme der ganzen Breite und Tiefe der sich dualistisch darstellenden empirischen Möglichkeiten.»[152]

Im Jahr 1915 veröffentlichte Freud zwei Studien, die sich, damit übereinstimmend, zum Ziel setzten, psychologische Leitkategorien zu klären, ohne in die dünne Abstraktionsluft der Philosophie zu geraten. Es handelte sich um Arbeiten zu Verdrängung und Unbewußtem, die das Potential der Metapsychologie unabhängig von konkreten Fallbeispielen auf einer allgemeinen Ebene erweisen sollten – ein Programm, das sich auch gegen Adler und Jung richtete, indem es die tragende Bedeutung der Triebtheorie herausstellte. Die Verdrängung wurde erstmals nach Ausprägungen differenziert und damit in ihrer breiten Wirkweise beschrieben. Die Urverdrängung galt Freud als Grundimpuls, mit dem «der psychischen (Vorstellungs-) Repräsentanz des Triebes die Übernahme ins Bewußte versagt wird.»[153] Die typische Konstellation, die das seelische Geschehen bestimmt, beruht also darin, daß die Libido auf eine Gegenkraft stößt, die sie an der Entfaltung im Bewußtsein hindert. Sie resultiert aus der Ausprägung des psychischen Apparates beim Erwachsenen, der darauf zielt, den Trieb einzudämmen, weil er niemals dauerhaft befriedigt werden kann und daher permanente Unlust erzeugt. Die Verdrängung regelt die Einsparung von Unlust, um die freie Entfaltung anderer seelischer Kräfte zu erlauben und ein balanciertes Leben zu sichern, in dem ständige Triebbefriedigung aus gesellschaftlichen und moralischen Gründen nicht möglich ist. Die Urverdrängung bildet die Normalsituation des Erwachsenen, der unter den Bedingungen der Zivilisation sozialisiert wurde. Alle weiteren Vorgänge, die den Trieb im Unbewußten zurückhalten und das Erscheinen der ihm angehörenden Vorstellungen im Vorbewußten oder Bewußten unterbinden, sind, wie es auch Ferenczi schilderte, ein «Nachdrängen», das die immer wieder neu auflaufenden Kräfte der Libido niederringt.[154] Der Trieb verbleibt also durch die Arbeit der Verdrängung im Unbewußten, findet aber Nebenwege, sich über Ersatzbildungen im Bewußtsein zu melden. Er selbst kann dank dieser Arbeit inaktiv sein, ohne dabei seine Rechte auf Entfaltung ganz aufzugeben. Die libidinöse Energie ist stark genug, in Form von Substituten ans Bewußtsein zu gelangen – das begründet das Drama des modernen Menschen, der gelernt hat, seinen Trieb niederzuhalten, aber gegenüber seinen Ersatzbildungen machtlos bleibt.

Freud unterschied drei Formen der Umarbeitung des Triebs, die ein Versagen der kompletten Verdrängung anzeigen: Angst, Konversion und Zwang. Im Stadium der Angst findet der Trieb seine Ausprägung über Ersatzobjekte, etwa Tiere oder Räumlichkeiten, die eine neurotische Furcht erregen. Die affektive Energie des Triebs bezieht sich dabei auf eine eigentlich harmlose Quelle, die ihrerseits die schlummernde Präsenz der Libido verrät. Aus dem Triebziel, das befriedigt sein will, wird hier die Angst. Freud deutete sie als Ausdruck gescheiterter Verdrängung, bei der zwar der sexuelle Zweck ausgeschaltet, nicht aber die Ersparnis der Unlust gelungen ist.[155] Eine zweite Form der Verdrängung bildet die – von Breuer intensiv untersuchte – Konversionshysterie, die den auslösenden Affekt völlig zum

Verschwinden bringt, allerdings um den Preis von Krankheitssymptomen wie neuralgischen, sensorischen oder motorischen Störungen. Die Verdrängung wirkt hier besonders massiv, da sie dem Trieb keinerlei Ersatzbildungen einräumt, mithin die Schwelle zum Bewußtsein mit unerbittlicher Energie sichert. Zugleich aber führt dieser Abwehrkampf zu pathologischen Wirkungen im körperlichen Apparat oder im Nervensystem, zu «Erregung» oder «Hemmung», gravierenden Ungleichgewichten im physischen Zustand, die anzeigen, daß die allgemeine Balance gestört ist.[156] In der Therapiesituation wiederum wirkt sich eine derartige Disharmonie durch ‹Symptomverschiebungen› aus, die Ferenczi 1912 in einer kleinen Studie als ‹passager›, als vorübergehend bezeichnete.[157]

Eine dritte Spielart der Verdrängung, die der ersten ähnelt, repräsentiert die Zwangsneurose. Anders als im Fall der Phobie zeigt sich der Effekt des Triebrückstaus nicht in emotionalen Besetzungen, sondern in Handlungen und Einstellungen, die im Kern rational zu sein scheinen. Während die Phobie mit ihrem Auslöser, dem Trieb, die affektive Dimension teilt, ist die Zwangsneurose das Ergebnis einer Verschiebung der Libido auf den Sektor der Normativität, der Ordnung und Vernunft. Der Zwangsneurotiker unterwirft seinen Alltag strengsten Regeln, in deren obsessiver Anwendung sich sein Tic verrät. Der Trieb wird hier gleichsam eingefroren und stillgestellt, mit dem Resultat, daß im Leben des Neurotischen keine Spontaneität oder Unordnung erlaubt ist.[158] Die zwanghafte Regulierung aller Alltagshandlungen entspringt der Absicht, die chaotischen, unberechenbaren Energien des Triebs zu beherrschen. Ordnung bildet den Gegenentwurf zu den anarchischen Kräften der Libido, die niemals Ruhe gibt, dauernd Lustbefriedigung beansprucht und sich unangekündigt meldet. Gegen diese Triebeigenschaften, mit deren Besonderheiten sich später zahlreiche Arbeiten etwa von Ferenczi, Fenichel und Reich befaßten, setzt die Zwangsneurose das Programm der Planung und Kontrolle, das jedoch die Macht des Triebs nicht bricht, sondern nur über Spiegelungen bestätigt. Wie Hohngelächter klingt in ihren Zurüstungen die libidinöse Lust nach, die sich niemals beherrschen läßt.

Ein längerer Text des wissenschaftlich produktiven Jahres 1915 galt dem Unbewußten, das hier erstmals aus metapsychologischer Sicht im Sinne eines Systems beschrieben wurde. Die methodische Schwierigkeit bestand darin, daß es sich allein über Entstellungen, Umarbeitungen oder Verschiebungen im Bewußtsein zur Geltung bringt, folglich, wie Freud in einem

Gespräch mit Binswanger sagte, als «real» anzunehmen war, ohne direkt greifbar zu sein.[159] Dem Unbewußten kommt nur auf die Spur, was er 1915 in einem Vortrag vor seinen Logenbrüdern eine «Unterseepsychologie» nannte.[160] Seine Beschaffenheit, so konstatierte er in der Einleitung seines Aufsatzes, läßt sich allein durch Rückschlüsse erkennen, denn es bleibt im Dunkel des seelischen Apparates. Daß es sich beim Unbewußten um ein psychisches und nicht einfach um ein chemisches oder physikalisches Phänomen handelt, ergibt sich aus dem Gesetz der Kausalität. Die merkwürdigen Operationen des bewußten Seelenlebens werden durch das Unbewußte ausgelöst, und beide bilden eine Gesamtheit, deren Bestandteile aufeinander bezogen werden müssen, will man analytische Forschung ernsthaft betreiben. Wer die seelische Kraft des Unbewußten in Frage stellte, verfiel den alten Widersprüchen psychophysischer Hypothesen, wie sie für die Ästhetik und Naturforschung des 19. Jahrhunderts – etwa bei Jean Paul, Schelling und Hartmann – gängig waren; er folgte der Annahme, daß Körper und Geist parallel laufenden Prozessen unterworfen sind, die nur durch gelegentliche Berührungspunkte wechselseitig aufeinander einwirken können.[161] Die Realität des seelischen Geschehens verlangte jedoch eine komplexere Ursachenforschung, die den psychischen Apparat als Auslöser körperlicher Symptome zu deuten erlaubt. Das wiederum erforderte eine Unterscheidung zwischen dem, was im Sichtbaren und Erkennbaren wirkt, und dem, was im Unsichtbaren und Dunklen arbeitet. Die in den Fließ-Briefen erstmals mitgeteilte Beobachtung, daß der psychische Prozeß nicht einfach, sondern ambivalent sei, führte Freud zur Annahme eines seelischen Unbewußten, welches das Bewußtsein und darüber vermittelt auch den Körper steuert.

Freud untersuchte die Beziehungen zwischen Bewußtem und Unbewußtem unter dynamischen, topischen und ökonomischen Gesichtspunkten.[162] Er stellte also die Frage nach der inneren Energie der Systeme (Dynamik), nach ihrer räumlichen Ordnung (Topik) und nach den Zielen, die sie jeweils verfolgen (Ökonomie). Die topische Lokalisierung des psychischen Geschehens bildete ein methodisches Problem, weil es zwar funktional dem Gehirn zugeschrieben, aber nicht direkt verortet werden konnte. Freud konzentrierte sich zunächst auf die Arbeitsvorgänge, die Bewußtes und Unbewußtes leisten. Beide gleichen einem Alphabet, insofern sie Impulse in einer Art von Zeichen fixieren. Die «ursprüngliche unbewußte Niederschrift» eines Impulses wird dabei durch eine «zweite Niederschrift» im Bewußtsein umgewandelt.[163] Erste und zweite Schrift verhalten sich wie Vorlage und Modifikation, denn das Bewußte verändert die Struktur des Unbewußten, indem es sie überlagert und umbildet – ein Befund, der später von Poststrukturalisten wie Lacan und Derrida weitergeführt wurde.

Der Vergleich mit dem System der Schrift machte deutlich, welche Beziehung Unbewußtes und Bewußtes zu den jeweils sie gründenden Vorstellungen unterhalten; das Unbewußte greift auf ursprüngliche Inhalte zurück, während das Bewußte diejenigen des Unbewußten umschreibt. Topisch ist diese Konstellation aber nur insofern, als sie räumliche Beziehungen offenbar macht. Eine genaue Lokalisierung der jeweiligen Vorgänge scheint unmöglich, weil die psychische Topik «vorläufig nichts mit der Anatomie» zu tun hat; «sie bezieht sich auf Regionen des seelischen Apparates, wo immer sie im Körper gelegen sein mögen, und nicht auf anatomische Örtlichkeiten.»[164] Aus diesem Grund war auch der Begriff des ‹Unterbewußten›, der sich im Sprachgebrauch von Feuilletons und schöner Literatur, in Salons und Journalen bald einbürgerte, sachlich falsch, da er eine klare räumliche Zuordnung suggerierte. Das Unbewußte ist nicht *unter* dem Bewußtsein angesiedelt, wenngleich einige Psychologen diese Lokalisierung mit ihrer Begrifflichkeit nahelegten, so etwa Pierre Janet in *L'automatisme psychologique* (1889), Max Dessoir in *Das Doppel-Ich* (1890) und Richard Hennig in einem längeren Kommentar zu Dessoir (1908).[165] Freud selbst benutzte diesbezüglich Bilder der Schichtung, die verdeutlichen sollten, daß das Ich sich wie eine Schale um das Unbewußte legt, dabei aber offen und porös bleibt.[166] Das Unbewußte wiederum durchdringt das Ich, ist keineswegs von ihm abgegrenzt und gehört ihm als fester Bestandteil zu. Im Rahmen eines Beitrags zur Laienanalyse, der 1926 verfaßt wurde, nahm Freud in diesem Sinne zu dem schlampigen Begriff ‹Unterbewußtes› Stellung und korrigierte die falschen Differenzierungen, von denen er ausging.[167] Eine schöne, aber nicht ganz zutreffende Charakterisierung seiner Perspektive lieferte Ernst Bloch, wenn er erklärte, daß Freuds Lehre vom Unbewußten den Trieben «aus dem Keller in die aufgeräumte Bel Etage helfen» wolle.[168]

Die Inhalte des Unbewußten können sich einzig durch die Zeichen des Bewußtseins manifestieren. Sie werden für uns allein dort sichtbar, wo sie bewußtseinsförmig, also: Vorstellungen sind. Die libidinöse Regung muß «warten», bis sie eine Repräsentation im Bewußtsein findet, anders wäre sie nicht zu erkennen.[169] Das Triebprinzip kann daher nur über Vertretungen manifest, nicht direkt anschaubar werden – eine Position, die dezidiert von den Auffassungen Jungs abwich. Darin besteht die dynamische Leistung psychischer Erscheinungen, wie sie Freuds Theorie erstmals beschrieb: die Libido vergegenwärtigt sich in Gestalt von Umarbeitungen, durch die sie im Bewußtsein wirken kann. Der seelische Apparat operiert also mit topischen Zuordnungen, indem er Beziehungen zwischen seinen Teilsystemen begründet; und er stützt sich auf dynamische Techniken, insofern er Impulse umformt und damit direkt erkennbar macht. Anders als in der romantischen Psychologie, wie sie exemplarisch Carl Gustav Carus im Anschluß an die Naturphilosophie von Goethe und Lorenz Oken vertrat, war das Unbewußte hier kein Ausdruck eines überpersönlichen Nicht-Rationalen, sondern individuell faßlich, positiv bestimmbar und eigenständig.[170]

Die dritte und letzte Wirkungsweise des seelischen Systems bildete die ökonomische. Ihre Gesetze konnte sich Freud besser erklären, seitdem er in der *Traumdeutung* die dualistische Betrachtungsweise mit der einfachen Unterscheidung von Bewußtem und Unbewußtem aufgegeben und als ergänzende Kategorie das Vorbewußte eingeführt hatte.[171] Dieses Vorbewußte steht unmittelbar mit dem Unbewußten in Verbindung, während das Bewußte mit der Welt der Triebe keinen direkten Austausch pflegt. Das Bewußte kommuniziert über seine dynamischen Umschriften mit dem Unbewußten, indem es das Vorbewußte als Schaltstelle nutzt – im Fall von neurotischen Symptomen mit dem Effekt jener Übertragungsphänomene, wie sie Ferenczi vertiefend untersuchte.[172] Das Vorbewußte okkupiert die Triebregungen mit eigenen Affekten, und ihm entsteigen die Ängste, die der Trieb mit seinem Drängen nach Befriedigung auslöst. Das Bewußte wandelt nun diese Besetzungen des Vorbewußten seinerseits um, worin seine besondere ökonomische Leistung besteht. Freud erläuterte das an der Phobie: der ursprüngliche Triebimpuls wird im Vorbewußten in Angst umgeformt und als solche ins Bewußtsein abgeleitet. Dort erhält der Affekt wiederum einen Bezug auf bestimmte Auslöser, die mit dem dynamisch umgewandelten Trieb keine unmittelbare Ähnlichkeit aufweisen müssen. Das Bewußtsein hat hier eine «Ersatzbildung» durchgeführt, die den Vorgang der Triebumarbeitung im Vorbewußten nochmals wiederholt.[173] Vergleichbares vollzieht sich im Fall der Zwangsneurose und der Konversionshysterie. Der Zwang organisiert die Ersatzbildung, indem er die beherrschende Kraft des Triebs in obsessive Ordnungspraktiken überträgt; die Breuersche Konversationshysterie sucht sich wiederum Krankheitssymptome, die den Trieb substituieren, insofern sie die Hemmung spiegeln, die gegen ihn aufgeboten wird. In beiden Fällen reproduzieren die ökonomischen Prozesse des Bewußtseins die Verdrängungsleistung des Vorbewußten in der Abwehr jener Impulse, die vom Unbewußten ausgehen.

Im Gegensatz zu den dynamischen und ökonomischen Arbeitsvorgängen des Bewußtseins und des Vorbewußten ist das Unbewußte in seinen Manifestationen direkt, durch «mehr oder weniger stark besetzte Inhalte» geprägt. Hier gibt es «keine Negationen, keine Zweifel», nur die Macht einer faktischen Energie.[174] Das Unbewußte siedelt sich jenseits jener Werte und Gedanken an, die wir mit den Regeln der Vernunft und den Normen der Wirklichkeit verbinden. Als System ist es, wie Freud schon in seinen Briefen an Fließ bemerkte, widerspruchsfrei und zeitlos, es kennt keine Rücksicht auf die Realität und bleibt beherrscht von Primärvorgängen.[175] Das Unbewußte kann daher auch kein Unglück fühlen, wie das Bewußtsein, wenn es – gemäß Hegels berühmter Bestimmung – mit sich selbst uneins ist.[176] Seine Identität bezieht es gerade aus der Geschlossenheit seiner Aktivitäten, die rein triebgestützt ablaufen. Es richtet sich allein auf psychische Energien, ohne daß es sich von der Frage nach ihrer Erfüllung im Sinne des Wirklichkeitsprinzips einschränken läßt. Weil es sich der Kategorie der Realität entzieht, steht es auch außerhalb der Zeit, in der Wunsch und Wunschbefriedigung auseinandertreten. Anders als der Apparat des Bewußtseins, der eine zweite Bearbeitung aller Triebe vollzieht, stützt sich das Unbewußte auf Primärvorgänge. Jeder energetische Impuls darf sich frei entfalten, unabhängig von den Gegenkräften der Hemmung oder Umbesetzung. «Den Inhalt des Ubw kann man einer psychischen Urbevölkerung vergleichen. Wenn es beim Menschen ererbte psychische Bildungen, etwa dem Instinkt der Tiere Analoges gibt, so macht dies den Kern des Ubw aus.»[177]

Im letzten Teil der überaus gewichtigen Studie betonte Freud, daß das Unbewußte keineswegs statisch sei, sondern auch vom Vorbewußten beeinflußt werde. Das Vorbewußte firmiert als Schaltersystem, das manche Inhalte des Unbewußten ins Bewußtsein befördert, manche wieder zurückholt. Der Akt der Zensur kann dabei zweifach erfolgen, zum einen bei der Abwehr dieser Inhalte im Vorbewußten, zum anderen beim Aufstieg der bereits neu besetzten Impulse vom Vorbewußten ins Bewußtsein.[178] Ebenso ist es möglich, daß Inhalte, die das Vorbewußte bearbeitet hat, wieder ins Unbewußte absinken und dort gespeichert werden. In sämtlichen dieser Fälle zeigt sich eine rege Interaktion zwischen den drei Systemen, sei es durch doppelte Zensur oder durch Abfuhr der jeweiligen Triebimpulse.

Während die neurotische Einstellung zur Libido Ersatzbildungen produziert, ist die Psychose durch die Unfähigkeit gekennzeichnet, den Trieb überhaupt zu repräsentieren. Schizophrene Patienten können, wie Freud in Übereinstimmung mit Befunden Bleulers zeigte, keine Übertragung leisten; sie bleiben letzthin objektlos und verlagern die Libido ins Ich, indem sie Phantasien produzieren, die keinerlei Bezug zur gegenständlichen Welt unterhalten. Das schizophrene Ich, so offenbarte der Fall Schrebers, verharrt in einem Stadium des bloßen Selbstverhältnisses, ohne daß es mit der Realität kommuniziert. Es sperrt dabei seine Triebe ebenso aus wie mögliche Gegenstände, die sie ersetzen könnten. Dieser «primitive» Zustand ist dadurch geprägt, daß das Ich sich keine Surrogate für seine Triebregungen sucht, sondern in einer Sprachwelt einschließt, die objektlos bleibt.[179] Das Unbewußte erzeugt, wie Freud sagte, eine reine «Sachvorstellung», das Vorbewußte bezieht diese auf eine «Wortvorstellung».[180] Die Schizophrenie entkoppelt beide Bereiche und konzentriert sich auf eine bloße Verbalisierung ohne Gegenstände – ein Effekt, den auch Bleulers Studien, angelehnt an erste Überlegungen Kraepelins, bestätigten.[181] Mit dieser Diagnose zeigte Freud eindrucksvoll, daß die genaue Analyse des Unbewußten für die Erkundung der Neurosen und die Untersuchung der Psychosen gleichermaßen notwendig ist.

Seit dem Herbst 1914 erwog Freud die Publikation eines Bandes mit dem Titel *Zur Vorbereitung einer Metapsychologie*. Im Sommer 1915 entschied er, daß dem Kompendium die Artikel über *Triebe und Triebschicksale*, *Die Verdrängung* und *Das Unbewußte* angehören sollten. Später nahm er die 1916 entstandene Studie über *Trauer und Melancholie* und den 1917 publizierten Aufsatz *Metapsychologische Ergänzung der Traumlehre* in die Planung des Bandes auf. Zu diesen fünf Texten sollten sieben weitere Kapitel treten, die in den Kriegsjahren ausgearbeitet, aber bald von Freud vernichtet wurden – vermutlich deshalb, weil er nach 1920 mit der Ausdehnung seiner Trieblehre und der Einführung des ‹Es› eine verbesserte Grundlegung seines Systems geschaffen hatte, die frühere Versuche obsolet machte. Aus dem Konvolut der verschwundenen Kapitel ist lediglich eine *Übersicht der Übertragungsneurosen* erhalten, die ebenfalls im geplanten Buch erscheinen sollte. Das Manuskript fand sich 1983 in London beim Nachlaß Ferenczis, in einem unscheinbaren Briefumschlag. Ferenczi hatte den Text mit einem Schreiben vom 28. Juli 1915 empfangen, weil er in die Entstehungsgeschichte intensiv einbezogen war.[182] Bei ihm holte sich Freud Rat in biologisch-vererbungstheoretischen Fragen, da er hier wenig Kenntnisse besaß. Inwiefern die «phylogenetische Disposition zum Verständnis der Neurosen beitragen kann», sollte durch die Studie geklärt werden.[183] Freud ging es um nichts Geringeres als eine Auffassung der Übertragungsneurosen, die Verdrängung, Regression, Fixierung und Zwang sowohl individuell als auch gattungsspezifisch erschließen konnte. Dabei war ihm selbst bewußt, daß man auf diesem Gebiet spekulative Ansätze wagen mußte – etwa dort, wo die kulturgeschichtliche Evolution des menschlichen Sexuallebens in den Blick geriet.[184]

Die Kernthese des Entwurfs lautete, daß sich jede Neurose gegen die normal vollzogene «Libidoentwicklung» richtete, sei es in ihrer frühesten Form als Angsthysterie, in der für junge Mädchen charakteristischen Weise der Konversionshysterie, in der Zwangsneurose oder in schweren Formen der Dementia praecox.[185] Was in der Geschichte der Menschheit als Sublimierung erfolgreich war – die Veredelung des Triebs zur intellektuellen Kulturleistung –, wiederholte sich in der Zwangsneurose auf einer negativen Stufe. «Die Überbetonung des Denkens, die riesige Energie, die im Zwang wiederkehrt, die Allmacht der Gedanken, die Neigung zu unverbrüchlichen Gesetzen sind unverwandelte Züge.»[186] Freud übernahm hier von Ferenczi die Auffassung, daß die Regression des Triebs in den Neurosen den phylogenetischen Entwicklungsprozessen der Menschheit entspreche. Eine derartige Analogie kennzeichnete er mit der zugespitzten Formulierung: «Auch in diesem Sinne ist die Neurose ein Kulturerwerb.»[187]

Meister im Hörsaal

Der Abriß der Metapsychologie blieb vorerst unvollendet, weil sich bei Freud Ideen häuften, die allmählich zu einer Erweiterung des Theoriegebäudes führen sollten. Das Hauptwerk der Kriegsjahre bildete dagegen keine Studie über neue Themen, sondern ein Produkt der akademischen Lehrverpflichtung: die *Vorlesungen zur Einführung in die Psychoanalyse*, die er in den Wintersemestern 1915/16 und 1916/17 an der Wiener Universität vortrug.[188] In der Vergangenheit pflegte Freud sein Kolleg improvisiert und ohne detaillierte Vorbereitung abzuhalten, aber nun waren, bedingt durch die schlecht laufende Praxis, die Vormittage frei, so daß er sich genauer präparieren konnte. Am 23. Oktober 1915, dem ersten Vorlesungstermin, überraschte ihn das ungewöhnlich große Auditorium mit 70 Personen, darunter Mathilde, Anna und seine künftige Schwiegertochter Ella Haim, die im Dezember Olivers Ehefrau werden sollte.[189] Die Vorträge lieferten die souveränste Zusammenfassung der Psychoanalyse, die Freud jemals gelang. Weil ihm diese Leistung selbst sehr bewußt war, verabredete er schon im Dezember 1915 mit Heller eine Publikation des noch nicht beendeten Zyklus.[190] Das gesamte Programm gliederte sich in zwei Blöcke zu jeweils 15 und 13 Vorlesungen. Im Wintersemester 1915/16 sprach Freud über die Theorie der Fehlleistungen und die Traumdeutung; es folgten 1916/17 die Neurosenlehre mit zentralen Abschnitten zu Trauma, Widerstand, Verdrängung und Sexualität, zu Angst, Libidotheorie und Narzißmus. Beschlossen wurde der Zyklus mit Ausführungen zur therapeutischen Praxis am Beispiel der Übertragung, was den Bogen zurück zur ersten Vorlesung des dritten Teils schlug, die das Verhältnis zwischen Psychoanalyse und psychiatrischer Klinik erörtert hatte.

Die Vorlesungen von 1915/16 entwickelte Freud am Leitfaden einer sehr detaillierten Gliederung, aber er sprach frei. Nach den einzelnen Terminen fixierte er das Referat dann schriftlich und formulierte es Satz für Satz aus. Den zweiten Teil schrieb er während des Sommers 1916 in Salzburg unter Mühen vorab nieder, um ihn dann im Wintersemester ohne weitere Improvisationen vorzutragen. Aus Gründen der Vereinfachung verzichtete er auf eine Integration seiner noch unvollständigen Kulturtheorie und konzentrierte sich ganz auf die Darstellung der psychologisch-praktischen Seite des analytischen Systems. Nur am Rande erwähnte er, daß Wege von der Therapie «zur Mythologie wie zur Sprachwissenschaft, zur Folklore, zur Völkerpsychologie und zur Religionslehre» führten, die er aber im Rahmen der Vorlesung unbeachtet ließ. Denn das Ziel der Veranstaltung war es nicht, die Hörer zu «Sachkundigen zu machen», sondern «Aufklärung und Anregung» zu bieten.[191] Daß die Psychoanalyse zum universitären Unterrichtsprogramm einer medizinischen Fakultät gehören sollte, blieb Freuds feste Überzeugung. Er maß ihr eine doppelte Rolle zu, als Element des grundständigen Curriculums, wo sie die Bedeutung psychosomatischer Prozesse einzuschärfen hatte; und im Rahmen der Qualifizierung künftiger Psychiater, dort mit ihren Kernaufgaben im Bereich der Neurosentheorie und der Lehre vom Unbewußten. In einem Beitrag für die ungarische

Zeitschrift *Gyógyászat* (‹Heilkunde›), den er Ferenczi zuliebe verfaßte, schrieb Freud 1919, die Psychoanalyse benötige die Universität nicht, weil sie ihre Adepten außerhalb der großen Institutionen fortzubilden verstehe; aber die Universität brauche die Psychoanalyse, um das Medizinstudium angemessen organisieren und ausrichten zu können.[192]

Bewunderungswürdig an den meisterhaften Einführungsvorlesungen war schon der Aufbau der Argumentation. Freud begann weder mit dem Thema der Neurosen bzw. der Hysterie noch mit dem Traum, sondern mit den Fehlleistungen. Er wählte also einen Einstieg, der theoretisch weniger komplex und klinisch überhaupt nicht vorbelastet war. An der Psychopathologie des Alltagslebens konnten so, unabhängig von wissenschaftlichen Dogmen, erste Leitbegriffe der Analyse entfaltet werden: die Rolle des Unbewußten und der Wünsche, die Prinzipien der Verdrängung und des Widerstands zumal. Derart gerüstet, betreten die Hörer den zweiten Hauptteil, der ihnen die Traumlehre vorstellt. Der Vorlesungsinhalt wurde nun stetig schwieriger, und diese Steigerungsbewegung setzte sich nach der Sommerpause im folgenden Wintersemester fort. Freud vertiefte den Detaillierungsgrad seiner Ausführungen, als er zur Neurosenlehre, zur Sexualtheorie und zu Kategorien wie ‹Widerstand› und ‹Angst› sprach. Während der erste Hauptteil eine Einführung in das analytische Denken bot, erschloß der zweite die klinische Symptomatik im Bereich von Nervenkrankheiten, Regressionen und Hemmungen. Hier war das Kernstück der Psychoanalyse zu besichtigen, und das verlangte größte Genauigkeit bei der Präsentation der einzelnen Elemente. Dabei ging es auch um tiefere Einsichten in eine Lehre, deren Tücke darin bestand, daß sie auf den ersten Blick fesselnd wie ein Roman wirkte, ohne ihre eigentlichen Hindernisse und Schwierigkeiten sofort offenzulegen. Mancher Leser Freuds scheiterte gerade an der vermeintlichen Einfachheit der Beweisführung und unterschätzte den Problemgehalt seiner Texte. Franz Kafka, kein Freund theoretischer Studien, schrieb dazu passend Mitte November 1917 an seinen Freund Max Brod, daß die Lektüre psychoanalytischer Schriften «im ersten Augenblick erstaunlich sättigt, man aber kurz nachher den gleichen alten Hunger wieder hat.»[193]

Rhetorik und Stil der Vorlesungen zielten ganz auf Durchsichtigkeit, ohne die methodischen Probleme des Denksystems zu verschweigen. Klare Hauptsatzkonstruktionen verschaffen ihnen einen gleichmäßigen, aber nie ermüdenden Rhythmus. Zu beobachten ist, daß Freud, anders als in manchen seiner früheren Arbeiten, den Weg der Beweisführung von vornherein kannte. Das entspannt die Darstellung, führt aber keineswegs zu einem Verlust an Genauigkeit. Staunenswert ist die Geduld, mit der Freud seine Überlegungen entfaltete, als seien sie für ihn gänzlich neu.[194] Zahlreiche Fragen an das Publikum verlangsamen das Tempo der Argumentation an entscheidenden Punkten. Reichen Belege nicht aus, wird neu angesetzt; Beweise drängte Freud seinen Hörern nicht auf, vielmehr entfaltete er sie mit detailfreudigem Nachdruck, manchmal pedantisch, manchmal unterhaltsam. Bei aller Ernsthaftigkeit mischte sich zuweilen Staunen in die Darstellung, Verwunderung angesichts so zahlloser Verwirrungen der Seele, aber auch ein tiefes Wissen über die Abgründe des Menschen. Hier sprach einer, dem nichts fremd war, dessen Erfahrung allerdings nicht zu kalter Immunität führte, sondern ein liberales Urteil über die Psyche und ihre Verrücktheiten erlaubte.

Für Entspannung sorgten erzählerische Einschübe, so die erfundene Geschichte von der Hausmeisterstochter und ihrer Freundin, dem Kind des Eigentümers. Beide spielen in frühem Alter unbefangen miteinander, aber nicht nur ihr sozialer Status, sondern auch ihr Triebschicksal trennt sie bald. Während das «Proletarierkind» ein unbefangenes Verhältnis zur eigenen Sexualität gewinnt, unterdrückt die höhere Tochter ihre Libido, führt später eine unglückliche Ehe und gerät in eine neurotische Disposition.[195] Freud bediente hier, ähnlich wie schon in seinen frühen Briefen an Martha, das Klischee von der naiven Triebnähe des Arbeiterkindes, dem die komplizierte Hysterie der Frau aus gutem Haus gegenübersteht. Aber er tat das mit einer leichten Ironie, die das Vergnügen des Erzählers an der Suggestion und der Beeinflussung seines Publikums offenbarte. Dem federnden Duktus der Rede entsprach die Gelassenheit der Haltung, die nie zu verkrampftem Dogmatismus wurde, auch wenn Freud die Grundsätze der psychoanalytischen Lehre mit einiger Strenge durchhielt – eine Konsequenz, die ihm klinische Kritiker wie Bleuler, Janet und Wagner-Jauregg als Starrsinn auslegten.

Der klare Stil fiel Freud durchaus schwer, er wurde, wie wir seit der Fließ-Korrespondenz wissen, hart erarbeitet, und dazu gehörte auch das Eingeständnis von Irrtümern: «Ich bin nicht so vernarrt in meine Darstellungskunst, daß ich jeden ihrer Schönheitsfehler für einen besonderen Reiz ausgeben sollte.»[196] Trotz seiner elastischen, wunderbar prägnanten Ausdruckweise machte es Freud niemandem leicht. Sein zur Begrüßung formulierter Rat, den weiteren Besuch der Vorlesung genau zu erwägen, blieb kein rhetorischer Kunstgriff. Weil das Wissen, das er anbot, auf Unsichtbares bezogen war, ließ es sich nur schwer vermitteln. Wer bevorzugt konkrete Bilder ansah, wie sie das «Kinotheater» präsentierte, war im Hörsaal Freuds schlecht aufgehoben.[197] Wer sein Wissen gern sammelte, ohne sich selbst «durch das Studium der eigenen Persönlichkeit» aufs Spiel zu setzen, hatte hier nichts zu suchen.[198] Und wer unveränderliche Wahrheiten davontragen wollte, würde mit der Psychoanalyse nicht zurechtkommen, da es ihr «um eine dynamische Auffassung der seelischen Erscheinungen» ging.[199] Daraus ergaben sich intellektuelle wie psychische Hürden, die jeder Hörer persönlich überwinden mußte, unter der Anleitung des Lehrers zwar, aber doch in selbständiger Verantwortung. Nicht zuletzt waren es die gesellschaftlichen Barrieren, die Freud klar benannte – Widerstände, die allem Neuen entgegengebracht werden und umso unnachgiebiger wirken. «Ungeheuerlichkeiten», so titulierte er selbst seine Ausführungen zur frühkindlichen Sexualität, und er gestand seinem Auditorium ein gewisses Maß an Empörung darüber freimütig zu.[200] Schließlich blieben soziale Zwänge für Vorurteile und Unwissenheit verantwortlich: «Sie wissen, die Anatomie gilt uns heute als die Grundlage einer wissenschaftlichen Medizin, aber es gab eine Zeit, in der es ebenso verboten war, menschliche Leichen zu zerlegen, wie es heute verpönt erscheint, Psychoanalyse zu üben, um das innere Getriebe des Seelenlebens zu erkunden.»[201]

Die Gründe für diese Reserviertheit waren gerade im Fall der Analyse einleuchtend. Sie vermittelte nämlich nach den Lehren von Kopernikus und Darwin, die den Menschen aus dem Mittelpunkt von Kosmos und Natur vertrieben hatten, eine weitere Enttäuschung, wie Freud einräumte: «Die dritte und empfindlichste Kränkung aber soll die menschliche Größensucht durch die heutige psychologische Forschung erfahren, welche dem Ich nachweisen will, daß es nicht einmal Herr im eigenen Hause, sondern auf kärgliche Nachrichten angewiesen bleibt von dem, was unbewußt in seinem Seelenleben vorgeht.»[202] Das einprägsame – andernorts wiederholte – Bild hatte Freud, ohne auf seine Quelle zu verweisen, aus einem 1875 veröffentlichten Essay des Theologen Friedrich Wilhelm Hildebrandt entliehen, den er Ende der 1890er Jahre exzerpierte. Dort konnte man lesen, daß der Traum und das Unbewußte Hilfe bei den «Fragen der Selbstprüfung» gäben, «zumal bei der einen grossen Hauptfrage: wer denn eigentlich

Herr im Hause bei uns sei?»[203] Mit seiner Kränkungsmetapher spielte der Passus wiederum auf Nietzsches *Zur Genealogie der Moral* (1887) an, wo es hieß: «Seit Kopernikus scheint der Mensch auf eine schiefe Ebene gerathen, – er rollt immer schneller aus dem Mittelpunkte weg – wohin? In's Nichts?»[204] Wenn die neuzeitliche Astronomie nach Nietzsche die «Selbstverachtung» beförderte, dann vollendete die Psychoanalyse diesen Prozeß, indem sie zeigte, daß das Individuum nicht nur räumlich, sondern auch psychisch seinen Mittelpunkt verlor.[205] Der Einzelne, so war zu erkennen, hat seine kosmische Zentralstellung und zugleich die Kontrolle über sein Unbewußtes eingebüßt. Der Physiker Ernst Mach, dessen frühe Arbeiten Freud im Studium las, erklärte in seiner zuerst 1886 veröffentlichten *Analyse der Empfindungen*, das Ich sei unrettbar, weil es sich faktisch in eine Vielzahl von Wahrnehmungsakten auflöse.[206] Dem trat nun der psychoanalytische Befund zur Seite, daß es auch ohne inneren Mittelpunkt, gleichsam steuerungslos und ungeschützt dastand. Kopernikus und Darwin, Nietzsche und Mach fanden sich hier durch eine Position bestätigt, die jeglichem Optimismus sei es philosophischer oder naturwissenschaftlicher Herkunft eine klare Absage erteilte.

Arnold Zweig bescheinigte Freud Jahre später, im Dezember 1930, er habe Nietzsches Versuch, die «Bedingtheit des ‹logistischen Geistes› zu erweisen, fortgeführt und erfolgreich vollendet.[207] Der so Gelobte antwortete auf das Kompliment verhalten, indem er Zweig aufforderte, den Zusammenhang zwischen Nietzsche und der Psychoanalyse in einem Essay zu beschreiben. Allerdings solle er das erst nach seinem eigenen Tod tun, damit er den Text nicht mehr lesen und kommentieren müsse, gleichsam als intellektuelle Erinnerung an ihn. Das war eine bezeichnende Stellungnahme, die erneut Freuds auffällige Furcht vor einer Diskussion seiner Beziehung zu Nietzsche belegte. Noch im Juli 1934 reagierte er auf Zweigs Vermutung, er sei in diesem Gebiet gut bewandert, mit der Warnung, ihn nicht zu überschätzen. Zum Werk Nietzsches äußerte er sich nicht näher, über seine Biographie jedoch merkte er an, daß sie ihm durch zwei Umstände verschlossen bleibe: er kenne die «Sexualkonstitution» des Philosophen nicht und wisse zu wenig über dessen «Paralyse» und ihre Auslöser.[208] Nietzsche blieb als Denker und Mensch unergründbar, offenkundig aber auch bedrohlich, und daher wurde er auf Distanz gehalten. Das Ergebnis dieser für Freud so prägenden ‹Einfluß-Angst› war ein Verschweigen, das mehr sagte als viele Worte.[209]

Gelegentlich blitzte in den Vorlesungen die Zeitsituation des Krieges auf, wenn Freud die dunkle, gewalttätige Seite des Menschen in Erinnerung rief. Brutalität und Verbrechen, die unter dem Deckmantel militärischer Pflicht entfesselt werden, offenbaren die Schattenseiten der Seele. Freud verwies auf diesen Umstand mit sehr klaren Worten, die ihn in erhebliche politische Schwierigkeiten hätten bringen können, wäre er von einem seiner Zuhörer denunziert worden: «Und nun blicken Sie vom Individuellen weg auf den großen Krieg, der noch immer Europa verheert, denken Sie an das Unmaß von Brutalität, Grausamkeit und Verlogenheit, das sich jetzt in der Kulturwelt breitmachen darf. Glauben Sie wirklich, daß es einer Handvoll gewissenloser Streber und Verführer geglückt wäre, all diese bösen Geister zu entfesseln, wenn die Millionen von Geführten nicht mitschuldig wären?»[210] Der Krieg war laut Freud der Beweis dafür, daß das ‹Böse› einen wesentlichen Teil «der seelischen Konstitution des Menschen» bildete und keinesfalls unterschätzt werden durfte.[211] Der wissenschaftliche Anspruch der Psychoanalyse schloß die Befassung mit solchen Dunkelzonen ein, da sie das Ich maßgeblich bestimmen. Wer sie ignorierte, gab seine Objektivität auf und folgte denselben idealistischen Fälschungen, die das 19. Jahrhundert aus Freuds Sicht immer wieder hervorgebracht hatte: «Bei dem Bösen im Menschen verweilen wir nur darum mit stärkerem Nachdruck, weil die anderen es verleugnen, wodurch das menschliche Seelenleben zwar nicht besser, aber unverständlich wird.»[212]

Nach der Niederschrift des Kollegs erklärte Freud, er werde mit dem Ende des Wintersemesters seine Lehrtätigkeit beenden. Abraham kündigte er an: «Ich gedenke, dann überhaupt keine Vorlesungen mehr zu halten.»[213] Diese Entscheidung war konsequent, weil die Vorbereitung der einzelnen Vortragsstunden und der jeweils am Sonnabend stattfindende Unterricht ihn außerordentlich anstrengten. Schon 1912 bemerkte Lou Andreas-Salomé die Spuren von Erschöpfung, als Freud seine Zuhörer in die Weihnachtspause verabschiedete, indem er verfrüht das Semesterende ankündigte. Daß noch zwei Monate der Arbeit vor ihm lagen, schien er in diesem Moment zu verdrängen.[214]

Freuds Stimmung war seit 1914, trotz guter Produktivität, von gehörigem Pessimismus bestimmt. Fast rituell nahm er im Oktober jedes Jahres zur Kenntnis, daß er bei der Vergabe des Nobelpreises leer ausging. Im Herbst 1915 gestand er Ferenczi, wie sehr er sich diese Auszeichnung wünschte, wobei er in verquälter Selbstironie hinzufügte: «Sie wissen, es läge mir nur an dem Preisgeld und vielleicht an der Rache, die sich aus dem Ärger einiger Kompatrioten ergeben würde.»[215] Erstmals meldeten sich jetzt Anzeichen der Trauer über das Alter und die Furcht vor dem Nachlassen der intellektuellen Kräfte. Ende Mai 1917 bemerkte er bedrückt: «Ich finde, ich habe meine Zeit gehabt, bin nicht deprimierter als sonst, also sehr wenig, und tröste mich mit der Versicherung, daß meine Arbeit in den guten Händen von Fortsetzern liegt».[216] Im Dezember 1917 lautete das Resümee des zurückliegenden Jahrzehnts voller Ambivalenz: «Bedeutungsvoll und inhaltsreich genug. Nicht durchaus erfreulich.»[217]

Seelenarbeit in dunkler Zeit

Freud reagierte auf die äußeren und inneren Zeichen der Krise mit einer Reihe kleinerer Aufsätze, die sich dem Tod, der Vergänglichkeit und der Trauer zuwendeten. Diese scharf und kompromißlos argumentierenden Studien zeigen ihren Autor im Zenit seiner Möglichkeiten. Seit den Kriegsjahren offenbarte Freud seine Originalität vor allem dort, wo er einen fulminanten Pessimismus entfalten konnte. *Wir und der Tod*, so lautete der Titel eines lange als verloren geltenden, erst 1991 wieder entdeckten Vortrags, den er am 16. Februar 1915 in der jüdischen Loge B'nai B'rith hielt. Freud selbst nannte das Thema mit einem damals recht ungewöhnlichen Attribut ‹gruselig› und entschuldigte sich vor seinen Mitbrüdern für die düstere Wahl.[218] Seine Darstellung beleuchtete die aktuelle Situation des Krieges, die das Bewußtsein unserer Sterblichkeit schärft. Zugleich aber betonte sie, daß unser Unbewußtes auch in Phasen der Bedrohung kein Sensorium für die Begrenztheit der individuellen Existenz besitze. Wenn wir Furcht vor unserem Tod hegen, dann entspringt sie unserem Schuldbewußtsein, also einer Quelle jenseits unseres Trieblebens, das von der Endlichkeit keine Kenntnis hat.[219] Das Unbewußte bleibt blind für die Finalität des Lebens, weil es reflexionslos ist und seine eigene Dynamik nicht zu beobachten vermag. Fünf Jahre später sollte Freud in *Jenseits des Lustprinzips* auf diese Konstellation – die Spannung zwischen Libido und Bewußtsein im Blick auf unsere Sterblichkeit – nochmals zurückkommen.

Die Überlegungen des Logenvortrags lieferten Fundamente für den Aufsatz *Zeitgemäßes über Krieg und Tod*, der 1915 im vierten *Imago*-Band erschien und deutlich vernehmbar auf Nietzsches *Unzeitgemäße Betrachtungen* anspielte. Der Text begann mit einer schonungslosen Analyse der aktuellen Lage, die eine tiefe Krise der Humanität enthüllte. Die Menschen seien desorientiert, unfähig zur Einschätzung der Wirkungen, die vom Krieg ausgehen, und verloren in einem Wirbel von Zumutungen, Verletzungen und Regelbrüchen. Sogar der Intellekt werde in den Dienst einer allgemeinen Mobilmachung eingespannt und dabei manipuliert: «Selbst die Wissenschaft hat ihre leidenschaftslose Unparteilichkeit verloren; ihre aufs tiefste erbitterten Diener suchen ihr Waffen zu entnehmen, um einen Beitrag zur Bekämpfung des Feindes zu leisten.»[220] Man müsse «kein Mitleidsschwärmer» sein – Freud mochte an Aufklärer wie Rousseau, Lessing und Mendelssohn gedacht haben –, um den Krieg zu verurteilen und sein Ende herbeizuwünschen.[221]

Die zentrale Frage, die sich Freud stellte, galt dem Ursprung der Aggression zwischen den Völkern und den Ursachen für massive Feindseligkeiten im Zeitalter der Zivilisation. Die Antwort ging den Umweg über eine Beschreibung des kultivierten Individuums, das seine Triebe unter Kontrolle hat und sich auf einem persönlichen «‹Parnaß›» einrichtet, indem es seinen Frieden mit fremden Epochen und Völkern macht.[222] Dieselbe Einstellung bestimmte, so Freud, die Nationen Europas vor 1914. Man wahrte Abstand zueinander, weil man sich in seinem Anderssein respektierte. Der Einzelne kontrolliert sich durch Erziehung seiner Wünsche und Kultivierung seines Verlangens; ähnlich steht es mit den Völkern, die sich in Schach halten durch Verträge und Abkommen. Nun aber seien die ursprünglichen Triebe des Hasses ausgebrochen und entfesselt zur Wirkung gelangt. Der Krieg bedeute, daß die Ordnung der Balance aufgehoben und das «primitive Seelische» zum Prinzip des Handelns werde.[223] Freuds Schrift zeigte hier die Relativität der absoluten Begriffe: der Mensch ist weder gut noch böse; beide Pole bestehen nur durch einen Verhältnissinn, die Beziehung zum jeweils Anderen. Das Böse bildet die uralte Grundmelodie unserer Existenz; und unser Gewissen, die Instanz, die für unser Gutsein sorgt, ist letzthin bloß Ausdruck der Furcht vor Bestrafung.[224] In einem Brief an den niederländischen Psychologen Frederik van Eeden schrieb Freud bereits am 28. Dezember 1914, seine Lehre habe «aus den Symptomen der Nervösen geschlossen, daß die primitiven, wilden und bösen Impulse der Menschheit bei keinem einzelnen verschwunden sind, sondern noch fortbestehen».[225] Angesichts dieser Konstellation konnte es nicht überraschen, wenn der Krieg die notdürftig zugeschnürten Kräfte der Zerstörung ausbrechen ließ – er bildete die offizielle Lizenz zur Explosion archaischer Gewalt.

Im zweiten Teil seiner Studie zeigte Freud, daß der Krieg nicht nur die in uns schlummernden Aggressionspotentiale zur Entfaltung brachte, sondern auch die Ahnung des Todes weckte, die wir im Zuge unserer Zivilisierung verdrängen. Das Bewußtsein unserer Sterblichkeit bleibt stets ambivalent, weil wir es niederdrücken und zugleich anerkennen. Hätten wir wie die Tiere gar kein Wissen über unsere Endlichkeit, so genössen wir auch unsere Existenz nicht. Freud wartete hier mit einem überraschenden, sehr modernen Vergleich auf: «Dies unser Verhältnis zum Tode hat aber eine starke Wirkung auf unser Leben. Das Leben verarmt, es verliert an Interesse, wenn der höchste Einsatz in den Lebensspielen, eben das Leben selbst, nicht gewagt werden darf. Es wird so schal, gehaltlos wie etwa ein amerikanischer Flirt, bei dem es von vornherein feststeht, daß nichts vorfallen darf, zum Unterschied von einer kontinentalen Liebesbeziehung, bei welcher beide Partner stets der ernsten Konsequenzen eingedenk bleiben müssen.»[226]

Im Normalzustand weiß der Mensch, daß er stirbt, ohne dieses Wissen an die Oberfläche seines Bewußtseins drängen zu lassen. Allein als Triebwesen ist er unsterblich, weil das Unbewußte keine Endlichkeit kennt – eine Einsicht, die Freud nach 1918 ausbauen sollte. Der Krieg wiederum hebt die «konventionelle Behandlung» der eigenen Sterblichkeit auf: «Der Tod läßt sich jetzt nicht mehr verleugnen; man muß an ihn glauben. Die Menschen sterben wirklich, auch nicht mehr einzeln, sondern viele, oft Zehntausende an einem Tage.»[227] Der einzig heilsame Effekt des Krieges war vor diesem Hintergrund die Tatsache, daß er uns das Bewußtsein der eigenen Endlichkeit näherrückte. Indem der Krieg die Illusion unserer Unsterblichkeit brach, stand er gegen die Mächte des Unbewußten, die vom Tod nichts wissen. Damit wurde der Krieg selbst ambivalent: emporgestiegen aus den tiefen Gemäuern ungehemmter Gewalt, wie es Georg Heym schon 1912 in einem visionären Gedicht beschwor, zugleich aber das Unbewußte zerstörend als die Kraft, die uns die Endlichkeit unserer Existenz unerbittlich einschärft.[228]

In seiner Einleitung zu einem Sammelband über die Analyse der Kriegsneurosen beschrieb Freud den dramatischen Konflikt zwischen den unterschiedlichen Ich-Ausprägungen des Soldaten. Das «Friedens-Ich» ist normal organisiert, während das ‹neue kriegerische Ich› sich auf Abenteuer, Brutalität und Grenzsituationen in ungeschützter Aggression einläßt. Die Neurose entsteht deshalb, weil das alte Ich fürchtet, «durch die Wagnisse seines neugebildeten parasitischen Doppelgängers ums Leben gebracht zu werden.»[229] Die psychische Erkrankung beschränkt sich nicht auf das Problem der Traumatisierung und die Schwierigkeit, diese zu verarbeiten. Sie entspringt einem direkten Konflikt im Ich selbst, der anzeigt, daß der Krieg den Menschen moralisch spaltet und seelisch entstellt. Freuds Blickwinkel war nicht bloß theoretisch geprägt, fanden sich doch in seiner Praxis seit 1915 mehrfach Kriegstraumatiker ein. So kam Ende Januar 1916 ein ehemaliger Soldat zu ihm, der an der Front nach einem Bombeneinschlag 24 Stunden lang unter einem Toten gelegen und danach schwere Störungen des Nervensystems erlitten hatte. Zwar stellte Freud fest, daß die Neurose des Patienten nicht allein durch die Schrecken des Krieges, sondern auch durch erschütternde Todesfälle im Familienkreis bedingt war; aber die Schockwellen der großen Schlachten waren für ihn an den Symptomen zahlreicher Kranker anschaulich zu greifen. Mit großem Interesse las er daher im Februar 1918 Ernst Simmels Studie über *Kriegsneurosen und psychisches Trauma,* die ihm zu seiner Genugtuung zeigte, daß «die deutsche Kriegsmedizin angebissen» und Techniken der Analyse übernommen hatte.[230]

Freuds Kriegsschriften vermittelten ein düsteres, aber kein grundsätzlich negatives Bild des Menschen. Am 30. Juli 1915 erklärte er Lou Andreas-Salomé, er sei weder Optimist noch Pessimist, weil er über «das Böse, Dumme, Unsinnige» nicht die Fassung verliere, sondern es «von vorneherein in die Zusammensetzung der Welt aufgenommen habe.»[231] In der kleinen Arbeit über ‹Vergänglichkeit›, die er im November 1915 für den Berliner Goethebund schrieb, erklärte er, das Gefühl für das Vorübergehende jeglicher Schönheit sei im Kern die Bedingung menschlicher Genußfähigkeit. Der Krieg bedeute daher eine doppelte Herausforderung, denn er zerstöre nicht nur die Würde des Lebens, sondern auch unseren Glauben an die Unvergänglichkeit jener zivilisatorischen Werte, die den Frieden zwischen den Völkern sicherten. Freud blieb allerdings bei dieser Diagnose nicht stehen, sondern eröffnete am Ende eine zuversichtliche Perspektive: «Wenn erst die Trauer überwunden ist, wird es sich zeigen, daß unsere Hochschätzung der Kulturgüter unter der Erfahrung von ihrer Gebrechlichkeit nicht gelitten hat. Wir werden alles wieder aufbauen, was der Krieg zerstört hat, vielleicht auf festerem Grund und dauerhafter als vorher.»[232]

In einem Aufsatz von 1916 griff Freud nach seiner Beschäftigung mit dem Narzißmus zum zweiten Mal eine traditionelle Kategorie der Psychologie auf, die der Melancholie. Die Schwermut zählte seit der Spätantike zu den in besonderem Maße auszeichnenden Krankheiten des Gemüts. Schon die Aristoteles zugeschriebenen *Problemata physica* hatten die Melancholie als Leiden der großen Geister aus Wissenschaft und Kunst bezeichnet. In der Renaissance, etwa bei Marsilio Ficino und Robert Burton, wurde sie zur besonderen Bürde der Genies erklärt, die unter dem ‹taedium vitae›, einem Überdruß am Leben leiden. Seit der Antike galt die Melancholie als Produkt einer kalten, ausgebrannten Körperbeschaffenheit, als Überschuß an schwarzer Galle, die das Gemüt verdüsterte.[233] Obwohl Freud die faszinierende Tradition dieser humoralpathologischen Melancholiedeutung und ihre erst bei Kant, Herder, Adam Bernd und Karl Philipp Moritz abbrechende Theorie des intellektuellen Ausnahmemenschen vertraut war, verzichtete er darauf, sie in seinem Essay zu verarbeiten. Statt dessen verknüpfte er den Begriff der Melancholie mit Ausführungen zur Trauer und bezog aus dem Naheverhältnis beider Kategorien die Spannung für seine Analyse. Damit bleibt seine Untersuchung auch für heutige Zeiten aufschlußreich, in denen die Melancholie durch die Epochenkrankheit der Depression abgelöst wurde.

Trauer ist Schmerz über den Verlust eines Menschen oder einer Sache. Der Trauernde muß lernen, die Libido, die er in das Verlorene gesteckt hat, einzusparen und anderswo zu investieren. Dagegen sträubt sich der Einzelne, weil er, wie Freud erklärt, «eine Libidoposition nicht gern verläßt».[234] Die Melancholie teilt mit der Trauer das Gefühl des Verlusts, das mit dem Eindruck einer generellen Verarmung einhergeht. Während der Trauernde aber an der Leere der Welt leidet, bedrückt den Melancholiker die Leere seines Ich.[235] Shakespeares Hamlet, die literarische Lieblingsfigur des Lesers Freud, diente als Beispiel für diese Haltung der schmerzlichen Ich-Verarmung. Auslöser des melancholischen Leidens ist eine «Kränkung oder Enttäuschung» in einem Liebesverhältnis, die zur Aufgabe der Objektbesetzung und zum Einzug der Libido ins Ich führt.[236] Der Melancholische gibt seine Neigung auch nach dem Abbruch seiner Beziehung nicht auf, sondern trauert ihr im Wortsinn nach, ohne aber Schritte zu unternehmen, sie erfolgreich wiederherzustellen. Adorno hat in diesem Zusammenhang von der ‹objektlosen Innerlichkeit› gesprochen, die der Schwermut innewohne, Georg Lukács wiederum von der «Melancholie des Erwachsenwerdens», deren Ursprung die Einbuße des «jugendlichen Vertrauens» in die Beherrschbarkeit der Dinge sei.[237] Die Aktivitäten der Melancholiker bleiben beschränkt auf Erinnerung, Rückschau, Kultivierung einer diffusen Sehnsucht. Dieser Rückzug in die Bastionen der Innerlichkeit gemahnt an den Narzißmus, und Freud vermutete, daß es zwischen beiden psychischen Anlagen Verbindungen gebe. Das melancholische Gemüt lebt allein mit seinem Schmerz über den Verlust der Objektbeziehung, konzentriert auf das Selbst, im Zeichen einer autoerotisch bleibenden Libido. Trauer als Auslöser und Narzißmus als Disposition bestimmen die Melancholie. Dieser Befund spiegelte sich auch in den großen philosophischen Annäherungen an die Krankheit, wie sie die Moderne von Kierkegaards ‹Langeweile› über Heideggers ‹Gleichgültigkeit› bis zu Sartres ‹Weltekel› kennt.

Zu einem klinisch gefährlichen Fall wird die Melancholie durch die Selbstmordneigung aus einer gegen das Ich gerichteten Aggression. Während die Neurotiker in der Regel keine Suizidabsichten verfolgen, sind Melancholiker akut gefährdet, weil sie ihr Ich im Zeichen der Trennung vom geliebten Partner selbst wie ein Objekt wahrnehmen. Der Schmerz über den Verlust läßt dieses Ich gleichsam erstarren und zum Gegenstand der Autoaggression werden. Die Melancholie vernichtet die Schutzmechanismen, die das Ich üblicherweise sichern, und öffnet eine direkte Bahn zum Suizid, in dem die Gewaltphantasien dann kulminieren.[238] Die Kehrseite der Melancholie kann die Manie sein, jener Zustand der gänzlichen Befreiung von allen Objektbeziehungen, der aber nicht in Autoaggression, sondern in Aktivität mündet. Von der psychischen Ausgangssituation her handelt es sich um dieselbe Befundlage, nur daß der Weg nicht zur Einkapselung des Ich führt. Das von allen Bindungen gelöste Ich findet in der Manie vielmehr die Mittel, neue Objektbeziehungen einzugehen. Dieser Schritt ist gefährlicher als das Verharren in der Trauer, das, wie Ferenczi Anfang der 30er Jahre bemerken sollte, im Grunde ein Verstehen traumatischer oder allgemein schmerzhafter Erfahrungen anzeigt.[239]

Unklar blieb für Freud, warum die Trauer vom Menschen im Normalfall abgearbeitet werden kann, während die Melancholie und ihre Spielarten zumeist fortdauern. Die Trauer verliert sich mit dem Abstand von der Verlusterfahrung, und mit ihr vergeht die Verarmung, die das Ich durch den Abzug der Objektlibido erfährt. Die Melancholie dagegen haftet am Ich, sie kann durch therapeutische Bemühungen gemildert und um ihre womöglich tödlichen Wirkungen gebracht, aber nie ganz beseitigt werden. Das Geheimnis dieser ältesten aller Seelenkrankheiten, mit der schon die Antike vertraut war, liegt in der Beharrlichkeit, die sie an den Tag legt. Das Rätsel der Melancholie ließ sich nicht lösen, so fand Freud, weshalb er, wie er schrieb, ihre Untersuchung abbrechen müsse. Die Psychoanalyse blieb nicht nur dort, wo sie die alten, seit Aristoteles, Ficino und Burton vertrauten Symptome der seelischen Erkrankung behandelte, auf unendliche Arbeit angelegt. Der Arzt erschien, so besehen, als Sisyphos, als Held der Vergeblichkeit, dessen Heroismus Trotz war und zorniger Stolz.[240]

Daß die Praxis sich auf die Herausforderungen der neuen Zeit nach dem Krieg einzustellen hatte, blieb Freud bewußt. Am 28. und 29. September 1918 fand in Budapest der fünfte Internationale Psychoanalytische Kongreß statt, der entsprechende Hinweise lieferte. Angeregt hatte ihn Hanns Sachs, unter dem Eindruck, daß die Bewegung nach fünfjähriger Unterbrechung so schnell wie möglich ein Lebenszeichen senden müsse. Das Forum war groß, die öffentliche Aufmerksamkeit bei Politik und Presse erheblich – sogar die ungarische Kino-Wochenschau berichtete über die Zusammenkunft, auf der Ferenczi zum neuen Präsidenten gewählt wurde. Freud hielt ein wegweisendes Referat über die Grundsätze der Therapie und ihre innere Dynamik. Zwei Botschaften waren zentral, eine wissenschaftlich-methodische und eine technische. Freud betonte, die analytische Arbeit dürfe keine wie immer geartete Vollendung in einer ‹Psychosynthese› finden, wie sie etwa Alphonse Maeder vertrat. Die Vorstellung, daß der Zergliederung seelischer Konfigurationen eine neue Zusammensetzung des Apparates folgen müsse, sei naiv und unhaltbar.[241] Vielmehr solle man die richtig angewendete Analyse bereits als Ausgangspunkt für eine Heilung im Sinne der Wiederherstellung verlorener Ganzheit definieren: «Der neurotisch Kranke bringt uns ein zerrissenes, durch Widerstände zerklüftetes Seelenleben entgegen, und während wir daran analysieren, die Widerstände beseitigen, wächst dieses Seelenleben zusammen, fügt die große Einheit, die wir sein Ich heißen, sich alle die Triebregungen ein, die bisher von ihm abgespalten und abseits gebunden waren.»[242]

Ein zweites Leitmotiv in Freuds Referat betraf die Frage des Patientenkreises. Die analytisch arbeitenden Ärzte seien als Freiberufler durch ihre Abhängigkeit von Honoraren «auf die wohlhabenden Oberschichten der Gesellschaft eingeschränkt» und daher außerstande, sich anderen Kranken zu widmen: «Für die breiten Volksschichten, die ungeheuer schwer unter den Neurosen leiden, können wir derzeit nichts tun.»[243] Gerade der Krieg habe nun erwiesen, wie unabdingbar eine tiefenpsychologische Behandlung als Breitentherapie sei. Freud forderte an diesem Punkt ein modernisiertes Versicherungssystem, das es erlauben würde, die analytische Praxis auszudehnen. Allerdings stand für ihn außer Frage, daß das, selbst bei gewährleisteter Finanzierung, mit Qualitätsverlust einherzugehen drohte: «Wir werden auch sehr wahrscheinlich genötigt sein, in der Massenanwendung unserer Therapie das reine Gold der Analyse reichlich mit dem Kupfer der direkten Suggestion zu legieren» – ein Rückgriff auf hypnotische Verfahren sei im Interesse zügiger Behandlung unvermeidbar.[244] Generell betrachtete Freud die «Psychotherapie fürs Volk», ähnlich wie schon Forel und Bleuler, als ein Programm, das zeitgemäß und geboten war, sofern die methodischen Standards im Grundsätzlichen eingehalten wurden.[245] Zu der hier geforderten Massenanwendung kam es aber auch in den 20er und 30er Jahren nicht; noch heute ist die Psychoanalyse keine Behandlungsform, die breite Kreise der Bevölkerung erreicht. Der Geruch des Elaborierten, der Verdacht des Elitären hängt Freuds Lehre auch im 21. Jahrhundert an.

Aus den Zonen des Unheimlichen

Am 30. Juli 1915 hatte Freud an Lou Andreas-Salomé geschrieben, daß seine wissenschaftliche Neugierde sich auf die Suche nach Ursachen konzentriere und im Wortsinn einem analytischen Prinzip folge: «Die Einheit dieser Welt scheint mir ein Selbstverständliches, was der Hervorhebung nicht wert ist. Was mich interessiert, ist die Scheidung und Gliederung dessen, was sonst in einem Urbrei zusammenfließen würde.»[246] Aus dieser Haltung, die Erkenntnis als Zerlegung begriff, speiste sich auch Freuds kulturtheoretischer Ansatz, wie ihn die 1919 verfaßte Studie über *Das Unheimliche* verfolgte. Die Arbeit sei «nicht notwendig» gewesen, so schrieb er im Juni 1919 nach dem Abschluß des Manuskripts an Ferenczi.[247] Das spiegelte eine vornehme Nonchalance gegenüber dem eigenen Forschungsinteresse, die man nicht falsch bewerten sollte. Freud wußte genau, aus welchem Grund er sich immer wieder mit Kulturphänomenen befaßte: an ihnen ließen sich die Hauptlinien seiner Wissenschaft ablesen, und über sie lernte er selbst, manchmal zur eigenen Überraschung, die Reichweite der Psychoanalyse kennen.

Der Begriff des Unheimlichen wurde von Freud zunächst etymologisch untersucht. Zu seinen wichtigsten Gewährsleuten zählten die Gebrüder Grimm, Daniel Sanders mit seinem *Wörterbuch der deutschen Sprache* und der Psychiater Ernst Jentsch, der 1906 eine Studie zur *Psychologie des Unheim-*

lichen veröffentlichte.[248] Weitere Belege zur Verwendung des Begriffs in der schönen Literatur stammten von Theodor Reik, auf dessen weitreichende Recherchen und Vorarbeiten eine Fußnote dankbar verwies. Am Ende seines bedeutungsgeschichtlichen Durchgangs erinnerte Freud an Schellings Definition aus der 28. Vorlesung der *Philosophie der Mythologie* (1842), die wörtlich lautete: «unheimlich nennt man alles, was im Geheimniß, im Verborgenen, in der Latenz bleiben sollte und hervorgetreten ist».[249] Mit dieser Bestimmung umriß Schelling einen psychologischen Zusammenhang, der für den Fortgang der Untersuchung leitend wurde. Das Unheimliche gemahnt an eine Ebene des seelisch Verdrängten, die sich, gegen die Absichten des Bewußtseins, zur Geltung bringt und dadurch Angst auslöst. Freud gab das Diktum Schellings freilich nur indirekt wieder: das Unheimliche «sei etwas, was im Verborgenen hätte bleiben sollen und hervorgetreten ist.»[250] Daß sich seine Paraphrase den Begriff des ‹Latenten› entgehen ließ, könnte zwei unterschiedliche Gründe haben. Entweder kannte Freud das Zitat selbst nur aus zweiter Hand in unvollständiger Form, etwa durch Reik; dafür spricht, daß er keine Quelle angab und, anders als bei seinen sonstigen Befunden, auf einen bibliographischen Nachweis verzichtete. Oder aber er wollte die große Nähe zur psychologischen Begrifflichkeit Schellings verschleiern, um die Originalität seiner Überlegungen nicht in Frage gestellt zu sehen. In diesem Fall wäre der Umgang mit Schelling seinem Verhältnis zu den Arbeiten Schopenhauers und Nietzsches vergleichbar – ein Ausdruck jener ‹Doppelgängerscheu›, die er im Mai 1922 gegenüber Arthur Schnitzler eingestand.[251] Das hätte eine durchaus pikante Note, denn gerade der Doppelgänger sollte in Freuds Aufsatz noch eine wichtige Rolle als Auslöser der Furcht spielen, die das Unheimliche freisetzt.

Der Terminus des Unheimlichen bezeichnet das ‹Nicht-Heimliche›, das Angst erzeugt, weil es einem Verdrängten (individuell) oder einem Überwundenen (kulturell) entspringt. Unheimlich wirkt auf uns, was an Reste im Unbewußten erinnert und im Stadium der Latenz bedrohlich erscheint; unheimlich ist aber auch, was auf archaische Stufen unserer Gattungsgeschichte verweist und die Züge des versunkenen Kulturgutes trägt. Die erste Quelle des Unheimlichen bildet die verdrängte Sexualität, die sich in Angst manifestiert. Freuds Lektüre von E. T. A. Hoffmanns Erzählung *Der Sandmann* (1816) betonte diese Konstellation, wenn sie die Kastrationsfurcht des Helden als Leitmotiv interpretierte. Sie beschränkte sich keineswegs auf die Bestätigung psychoanalytischer Theorien, sondern ging davon aus, daß die Kunst durch die gemischten Gefühle, die sie freisetzt, für sie ein ideales Studienobjekt sei. Anders als in früheren Arbeiten folgte Freud einem modernen Verständnis ästhetischer Erfahrung, das auch das Häßliche, Bedrückende oder Angsterregende als deren Teil zuließ. Die nicht mehr schöne Literatur der schwarzen Romantik diente ihm dabei als Prüfstein für eine Psychologie der Affekte, die ihrerseits vertrauten Bahnen der analytischen Erkenntnis folgte.

E. T. A. Hoffmann ist ein Meister des Unheimlichen, der seine Leser gern im Unklaren über seine Figuren läßt. Ob sie Doppelgänger abspalten, sich in Maschinenmenschen wiederholen oder nur im Wahnsinn phantasieren, bleibt oftmals ungeklärt. Gerade darin liegt der Reiz seiner Erzählungen, daß sie keine eindeutige Trennung zwischen Imagination und Realität vornehmen, was wiederum den Effekt des Unheimlichen auslöst. Die *Sandmann*-Erzählung las Freud als infantile Angstvision, die sich aus Kastrationsfurcht speist. Der kleine Nathanael hört das Ammenmärchen vom Sandmann, der den Kindern die Augen raubt, und stellt sich vor, der unheimliche Advokat Coppelius, ein Geschäftspartner seines Vaters, sei dessen Inkarnation. In seiner Angst bildet sich Nathanael ein, der häßliche alte Mann wolle ihm Böses und versuche ihm die Augen auszureißen. Daß sich darin die Furcht vor der Kastration spiegelt, war für Freud ausgemacht. Nachdrücklich verwies er auf Sophokles' *König Ödipus* und die Selbstbestrafung durch Blendung, die den Augen als stellvertretenden Zeichen für das männliche Glied gelte; Ödipus richte sich, indem er sich symbolisch kastriere. Hoffmanns berühmte Erzählung kulminiert im Suizid des erwachsenen Protagonisten: Nathanael kann seine Angst vor der Kastration nicht ablegen, er phantasiert, daß ihn der unheimliche Coppelius in wechselnder Gestalt verfolge, und stürzt sich am Ende von einem Turm in die Tiefe, als er ihn erneut erblickt zu haben glaubt.[252]

Freuds Analyse ging von zwei Motivationen des Unheimlichen aus. Die erste bezog sich auf die Kastrationsangst, die zur Projektion, zu furchtbesetzten Vorstellungsbildern und Phantasien führt. Die zweite speiste sich aus der Ambivalenz, in die Hoffmann das Geschehen taucht. Weil wir nicht wissen, ob Nathanael in den Wahnsinn fällt und die Realität verzerrt oder von tatsächlichen Unholden verfolgt wird, fühlen wir uns als Leser zerrissen zwischen vernunftgesteuerter Beschwichtigung und Beunruhigung.[253] Freud führte als weiteres Beispiel für diese Technik der Ambivalenz Hoffmanns Roman *Die Elixiere des Teufels* (1814) an. Da er den Text so «reichhaltig und verschlungen» fand, daß er eine Zusammenfassung nicht wagen wollte, beschränkte er sich auf einige Schlaglichter.[254] Das Unheimliche speist sich zumal aus dem Doppelgänger-Motiv, das den gesamten Roman durchzieht. Es erweist sich als Spielart von Vertauschungen, Teilungen, Wiederholungen – Versionen des Phantastischen, die unsere routinierte Alltagswahrnehmung in Frage stellen und unser Urteilsvermögen unterminieren. Freud erinnerte in diesem Zusammenhang an Otto Ranks große, 1912 erschienene Studie zum Doppelgänger-Motiv, auf deren Ergebnisse er respektvoll verwies.[255] Vor allem für den Narzißmus ist der Topos psychoanalytisch bedeutsam. Daß der Mensch sich in Spiegelfiguren und Spaltungen reflektiert, gehört zum uralten Bestand seiner Selbstliebe. Freud wußte aber zugleich aus eigener Erfahrung, wie stark das Motiv mit affektivem Unbehagen verbunden war – etwa der Furcht, ein Anderer sei ihm zuvorgekommen, habe das Gleiche gedacht und geschrieben.

Auch ein zweiter Auslöser der Angst stammt aus dem bekannten Repertoire seelischer Mechanismen. «Das Moment der Wiederholung des Gleichartigen wird als Quelle des unheimlichen Gefühls vielleicht nicht bei jedermann Anerkennung finden. Nach meinen Beobachtungen ruft es unter gewissen Bedingungen und in Kombination mit bestimmten Umständen unzweifelhaft ein solches Gefühl hervor, das überdies an die Hilflosigkeit mancher Traumzustände gemahnt.»[256] Freud besann sich hier auf ein Erlebnis in einer italienischen Kleinstadt, als er zufällig während eines Ausflugs in ein Hurenviertel kam, sich rasch entfernte, aber wie von magischer Hand gelenkt zwei weitere Male dorthin gelangte. Die Szene erinnert an Hugo von Hofmannsthals *Märchen der 672. Nacht* (1895), das von der Anziehung durch das Schmutzig-Widerliche handelt.[257] Freud wiederholte als Spaziergänger wie in einem Ritus die Begegnung mit der dunkel-erregenden Welt des Prostitutionsmilieus. Das Unheimliche dieser Konstellation bestand darin, daß er ohne bewußte Absicht dreimal in das Bordellviertel geriet, gesteuert von einer irrationalen Triebkraft, die ihm unverständlich blieb. Er selbst verspürte in der Situation die Anziehung des Verbotenen, dem er sich, indem er zu fliehen versuchte, doch immer wieder auslieferte. Mit derselben Logik arbeitet das Unheimliche der Hoffmannschen Erzählung, in deren Ablauf Nathanael unter dem Diktat der Wiederholung seinen eigenen Untergang herbeiführt.

Doppelgängertum und Wiederholung bilden Manifestationen der Angst, die Freud an magische Praktiken erinnerten. Ihre Quelle ist der Narzißmus, weil der Mensch sich in ihnen Spiegelfiguren seiner seelischen Anlagen schafft. Die Gestalten des magischen Denkens reflektieren das Ich, indem sie seine Ängste und Wünsche verkörpern.[258] Umgekehrt kann die Wahrnehmung des Unheimlichen auch als Bestätigung dunkler Antriebe im eigenen Inneren gelten, wenn der Mensch in der Konfrontation mit dem Häßlichen und Bedrohlichen seiner Schattenseiten gewahr wird. Letzthin führt daher die Begegnung mit den Figuren der Angst zu verdrängten psychischen Konstellationen zurück, zu jener Latenz, von der Schelling bereits im Blick auf die unerlaubte Offenbarung des Verborgenen sprach. «Das Unheimliche», schrieb Freud, «ist also auch in diesem Falle das ehemals Heimische, Altvertraute. Die Vorsilbe ‹un› an diesem Worte ist aber die Maske der Verdrängung.»[259] 1937 sollte er dazu formulieren: «Manchmal könnte man zweifeln, ob die Drachen der Urzeit wirklich ausgestorben sind.»[260] Am Ende unterschied Freud zwischen dem Unheimlichen des Erlebens, das infantile Wünsche wiedererweckt, und dem Unheimlichen der Fiktion, dessen Variationen vielseitiger sind, weil der Dichter nicht an die Gesetze der ‹Realitätsprüfung› gebunden bleibt. Zu den Mitteln der Literatur gehört auch die Täuschung, das arglistige Verschweigen von Hintergründen oder die Verzögerung der Aufklärung. Freud machte keinen Hehl daraus, daß ihm solche Formen der poetischen Manipulation verdächtig waren; so tadelte er Schnitzlers Erzählung *Die Weissagung*, die 1905 in der Weihnachtsausgabe der Wiener *Neuen Freien Presse* erschien, für ihre Sympathien «mit dem Wunderbaren.»[261] Schnitzlers routiniert arrangierte Geschichte verlegte sich in der Tat auf spekulative Elemente und offenbarte den Zufall als geheime Vorsehung. Hier war für Freud die Grenze zu einem manipulativen Verfahren überschritten, das den Dichter zum Psychagogen macht.

Das Unheimliche wird im Anschluß an Freud in der postmodernen Kulturtheorie bevorzugt als Inbegriff von latenter Gewalt, Ausgrenzung und Fremdheit gedeutet.[262] Freud selbst neigte zu weniger pauschalen Urteilen, wenn es um die Übertragung psychologischer Befunde ging. Der Auslöser der Angst sei, wie er 1925 betonen sollte, niemals die Triebwelt, sondern allein das Ich.[263] Angstfähig kann nur das Bewußte bzw. das Vorbewußte sein, weil der Trieb keine Affektstruktur aufweist und lediglich Emotionen freisetzt. Insgesamt aber, so behauptete er, wissen wir über die «Psychologie der Gefühlsvorgänge» extrem wenig.[264] In den meisten Fällen könne man mit analytischem Rüstzeug erkennen, auf welche Konstellation der jeweilige Affekt antworte; aber seine besondere Komposition und Struktur seien unbekannt. Trauer, Melancholie, Angst, Phobie, Begierde – sämtliche Affektkategorien bezeichnen etwas Abwesendes, machen es auf versteckte Weise sinnfällig und präsent, doch sie verhüllen zugleich ihre eigenen Ingredienzen, ihre Wirkstoffe und die Partikel, aus denen sie gebildet sind. Insofern erklärte auch die Untersuchung über das Unheimliche bloß die Auslöser der ‹Lehnsesselfurcht› bei der Lektüre von Schrecknovellen, kaum aber deren psychische Anatomie.

Nicht nur die Literatur, sondern auch das Leben schrieb Schauergeschichten. Eine ereignete sich wenige Tage, nachdem Freud seinen Aufsatz über das Unheimliche beendet hatte. Ihre Hauptfigur war Viktor Tausk, der schwierige und ungeliebte Schüler, der seit vielen Jahren zu den Mitgliedern des Wiener Kreises zählte. Tausk erwarb im Sommer 1914 den medizinischen Doktorgrad und verbrachte danach die gesamte Kriegszeit als Stabsarzt an der Front, überwiegend auf dem Balkan, zuletzt in Belgrad. In den Lazaretten begegnete er Verletzungen der furchtbarsten Art und erlitt traumatische Erfahrungen, die, wie Freud später konstatierte, «schwere seelische Schädigung» bewirkten.[265] Rein äußerlich schienen sich seine Verhältnisse seit dem Herbst 1918 wieder zu bessern: Tausk quittierte den Militärdienst, kehrte nach Wien zurück, versuchte sich als Therapeut mit eigener Praxis zu etablieren, plante die Habilitation und stand nach jahrelang wechselnden Liebesverhältnissen sogar vor einer neuen Eheschließung mit der 16 Jahre jüngeren Pianistin Hilde Loewi. Aber die lastenden Kriegserlebnisse – Thema auch seiner wissenschaftlichen Arbeiten – und die massive neurotische Erkrankung, die sich daran band, ließen sich dauerhaft nicht unterdrücken.

Auf dem Weltkongreß in Budapest Ende September 1918 sprach Tausk über *Psychoanalyse der Urteilsfunktion*, ein ambitioniertes Thema im Grenzbereich zur Kognitionsforschung. Während des ganzen Tages machte er einen abwesenden, geradezu gespenstisch zerrütteten Eindruck; nach seinem Vortrag brach er zusammen und mußte sich übergeben.[266] Freud hielt aus Prinzip Distanz zu ihm, denn er zweifelte an seiner wissenschaftlichen Zuverlässigkeit und Integrität. Schwierige Charaktere wie Adler, Stekel oder Groß hatten in der Vergangenheit bewiesen, daß sie zur Weiterentwicklung der Psychoanalyse nicht fähig waren, weil ihre Persönlichkeitsstruktur allzu labil blieb. Außerdem spürte er, daß Tausk ihn zur Vaterfigur erhob, was unheilvolle Erinnerungen an den Bruch mit Jung auslöste. Angesichts der immer wieder auftretenden Konflikte mit seinen Schülern – zumal Ferenczi und Jones – verspürte Freud keine Lust, sich einen neuen Sohn voller Komplexe und Projektionsphantasien ins Haus zu holen.

Im Dezember 1918 machte Tausk einen Besuch in der Berggasse und bat Freud, bei ihm in Therapie gehen zu dürfen. Er wurde jedoch abgewiesen und zu der Psychiaterin Helene Deutsch geschickt, die ihrerseits bei Freud in Behandlung war. Die junge Frau, damals 35 Jahre alt, hatte 1912 in Wien promoviert, absolvierte ihre Lehrzeit als Assistenzärztin in der Universitätsklinik bei Wagner-Jauregg und gehörte seit 1918 zum Kreis Freuds. Sie verfügte zwar als Medizinerin über praktische Erfahrungen mit schwierigen Fällen, stand aber als Therapeutin erst am Beginn ihres Weges. Schon im März 1919 brach sie, offenbar auf Druck Freuds, die Analyse Tausks ab. Die Gründe dafür lassen sich nur erraten; vermutlich widerstrebte es Freud, daß ihm Tausks Fall durch die Schülerin *en detail* berichtet und er gegen seinen Willen zum Analytiker des schwierigen Zöglings gemacht wurde. Helene Deutsch drohte er an, daß er ihre Lehranalyse beenden werde, wenn sie die Behandlung Tausks fortsetze.[267] Freud reagierte hier mit jener Kälte, zu der er fähig sein konnte, wenn er seine Arbeitsruhe schützen wollte. Tausk war ein Eindringling, der keine Klarheit in die Welt brachte; einer, der unheilbar schien, eigentlich vom Leben nicht schlecht ausgestattet, aber bei seinen Unternehmungen ohne jedes Geschick, Unglück und Katastrophen anziehend.

Freud wollte Tausk auf Distanz halten, denn auch seine wissenschaftlichen Beiträge schätzte er wenig: die nach 1918 in schneller Folge verfaßten Studien über die Psyche der Deserteure, über Schizophrenie und Definitionen der Masturbation kamen ihm methodisch unsauber und begrifflich unstimmig vor. Typisch für diese Tendenz fand er den 1919 publizierten Aufsatz *Über die Entstehung des ‹Beeinflussungsapparates› in der Schizophrenie,* in dem Tausk die These vertrat, daß zahlreiche Psychotiker die Vorstellung hegten, eine unsichtbare Maschine überwache ihr Denken und erfasse in permanenter Beobachtung ihr gesamtes Leben. Einen solchen Apparat imaginierten gerade Paranoiker als Instrument ihrer vermeintlichen Verfolger, die mit den Mitteln des technischen Fortschritts auf bedrohliche Weise ihre Übermacht zeigten – eine Diagnose, die zwar innerhalb der Psychiatrie wenig Resonanz fand, aber in der Medien- und Kulturwissenschaft bis heute durchaus Spuren hinterließ.[268] Freud nahm Tausks Versuche mit Mißtrauen zur Kenntnis, weil sie keinerlei Bezug zu seinen methodischen Grundsätzen – insbesondere der Libidotheorie – herzustellen suchten. Zugleich beobachtete er, daß Tausk seine eigenen Ideen intuitiv aufgriff, um sie in seinem Denksystem weiterzuverarbeiten – ein Umstand, der ihm, wie er Helene Deutsch gestand, ‹unheimlich› war.[269] Hier erschien der Sohn als häßlicher Wiedergänger seiner selbst und als Neurotiker, der seine Aggressionen auslebte, indem er ihn auf verzerrte Weise nachahmte. Freud sah, daß Tausk den Boden der orthodoxen Analyse verlassen hatte und sich auf der Reise in jenes Land befand, in dem Renegaten wie Adler und Stekel hausten.

Auch nach dem Abbruch der Analyse bei Helene Deutsch blieb der Kontakt zu Freud weiter bestehen, denn Tausk besuchte regelmäßig die Sitzungen des Wiener Ortsvereins. Er beteiligte sich an den Diskussionen und schien ernsthaft mit seiner wissenschaftlichen Arbeit befaßt. Am Mittwoch, dem 2. Juli 1919 war ein reguläres Treffen vorgesehen, aber Tausk fehlte; am Morgen hatte er einen Brief in die Berggasse geschickt, in dem es hieß: «Ich bitte mein Fernbleiben von der heutigen Sitzung zu entschuldigen. Ich bin mit der Lösung meiner entscheidenden Lebensangelegenheiten beschäftigt und will mich durch den Kontakt mit Ihnen nicht in Versuchung bringen lassen, Ihre Hilfe in Anspruch nehmen zu wollen.»[270] Einen Tag später, am Morgen des 3. Juli 1919, wurde klar, was Tausk unter dieser ‹Lösung› verstand. Er stieg mit einem Armeerevolver in der Hand auf einen Stuhl, legte sich eine Vorhangschlinge um den Hals, knüpfte sie am Deckenbalken seines Zimmers auf und erschoß sich. Die den Schädel zerfetzende Kugel löste einen Sturz vom Stuhl und damit den Bruch des Genicks aus – eine doppelt gesicherte Selbsttötung, bei der nichts dem Zufall überlassen wurde (sie fand dreieinhalb Jahre danach im Suizid des früheren Kreismitglieds Herbert Silberer eine eigene Fortsetzung).[271] Am Abend des 3. Juli empfing Freud die Nachricht von Tausks Verzweiflungstat, am nächsten Morgen seinen Abschiedsbrief (ein zweiter ging an seine Braut Hilde Loewi): «Ihnen danke ich für alles Gute, das Sie mir gegeben. Es war viel und hat die letzten zehn Jahre meines Lebens ausgefüllt. Ihr Werk ist echt und groß, ich gehe aus dem Leben mit der Überzeugung, daß ich einer von denen war, die den Eroberungsgang einer der größten Menschheitsideen miterlebt haben.»[272]

In seinem Testament verfügte Tausk, daß seine wissenschaftlichen

Manuskripte verbrannt werden sollten. Anders als Max Brod, der diesen letzten Willen seines Freundes Franz Kafka mißachtete, hielten sich Freunde und Verwandte an die Anweisung des Toten. Einen ganzen Tag soll es gedauert haben, bis das letzte Blatt des Nachlasses im Kamin verkohlt war.[273] Von Tausk erhielt sich nur, was zu seinen Lebzeiten veröffentlicht wurde. Die Wirkung seiner Arbeiten blieb limitiert, vermutlich auch deshalb, weil sie sich jenseits der orthodoxen psychoanalytischen Methodik im Grenzbereich von Philosophie und Klinik bewegten, zwischen zwei Feldern, die in der Wiener Schule als gleichermaßen problematisch galten. In seinem Nachruf, der in der *Internationalen Zeitschrift für Psychoanalyse* anonym erschien, erklärte Freud, Tausk sei ein «Opfer» des Krieges geworden, weil er sich von seinen traumatischen Fronterfahrungen nicht mehr erholt habe. Er pries seine schriftstellerische Begabung, sein Rednertalent und seine gediegenen Kenntnisse der Philosophie – im Blick auf die eigenen Vorbehalte gegenüber diesem Feld ein zweideutiges Lob.[274] Er hob sogar seine Beiträge zur Schizophrenie hervor, verschwieg allerdings, daß er selbst Tausk wissenschaftlich mißtraut und ihm die Anerkennung verweigert hatte. An Lou Andreas-Salomé schrieb er am 1. August 1919, in brutaler Offenheit die Technik des Selbstmords kommentierend, Tausk habe seinem Dasein «auf gründliche Weise ein Ende gemacht». Und er fügte hinzu: «Er hat doch sein Lebtag mit dem Vatergespenst gekämpft. Ich gestehe, daß er mir nicht eigentlich fehlt; ich hielt ihn seit Langem für unbrauchbar, ja für eine Zukunftsdrohung. Ich hatte Gelegenheit, einige Blicke in den Unterbau zu tun, auf dem seine stolzen Sublimierungen ruhten, und ich hätte ihn längst fallen gelassen, wenn Sie ihn nicht in meinem Urteil so gehoben hätten.»[275] Ernst Pfeiffer hat diese mitleidslosen Sätze 1966, als er den Briefwechsel zwischen Freud und Lou Andreas-Salomé edierte, nach einem Vorschlag Anna Freuds gestrichen. Wie sie dem Fischer-Verlag gegenüber erläuterte, geschah die Auslassung angeblich aus Rücksicht auf die damals noch lebenden Söhne Tausks.[276] Wenn hier Diskretion im Spiel war, dann galt sie aber vermutlich Freud selbst, der in diesem Fall mangelnde Empathie und Egoismus offenbarte. Nicht das Bild Tausks, sondern das ihres Vaters suchte Anna durch den editorischen Eingriff rein zu halten.

Lou Andreas-Salomé beantwortete die Nachricht von Tausks Suizid auf den ersten Blick weniger kalt, aber durchaus ambivalent: «Ich hatte ihn lieb. Glaubte, ihn zu kennen; und hätte doch nie an Selbstmord gedacht (mir erscheint gelungener Freitod – also nicht Versuche und nicht Drohungen – gewissermaßen eher als ein Gesundheitsausweis als das Entgegengesetzte).»[277] Hinter dem Bekenntnis der Sympathie stand auch hier ein Ton von sezierender Schärfe, den Lou so gut wie Freud beherrschte. Wenn sie wollten, dann konnten beide großzügige Hilfsbereitschaft gegenüber Jüngeren an den Tag legen. Wo aber die eigenen Positionen, die innere Arbeitsruhe, das Bollwerk einmal gefaßter Überzeugungen oder die persönliche Seelenruhe durch überzogene Erwartungen anderer gefährdet wurden, reagierten sie mit der ganzen Härte des Egoismus. In diesem Punkt waren Lou und Freud einander wahlverwandt, vereint in einem Selbstbezug, der Schwächere wie Tausk schockierte. Paul Federn, Mitglied des Wiener Kreises seit den Anfängen, schrieb noch am Tag des Suizids erschüttert an seine Frau, Tausk hätte nicht zum Märtyrer werden müssen, wenn Freud seine unerbittliche «methodische Härte» gemildert und ihm «Menschlichkeit gegeben» hätte.[278] So beleuchtete die traurige Geschichte zwei verschiedene Nuancen des Unheimlichen: die Egozentrik der großen Geister und den Ursprung der Selbstzerstörung aus unerfüllter Liebe. Am Ende bestätigte der ‹gründliche› Suizid des Viktor Tausk aber auch Freuds Aufsatz, der das Unheimliche als das Verdrängte, als die dunkle Seelenheimat des Menschen bestimmte.

DREIZEHNTES KAPTIEL

Thanatos-Vorahnungen
(1919–1924)

Die große Furcht

Nach dem Ende des Krieges und dem Zerfall der Monarchie war in Österreich ein neues Zeitalter angebrochen. Wie die meisten Menschen sah Freud den Wandel des politischen Systems jedoch nur als äußere Zäsur ohne direkten Einfluß auf sein persönliches Leben. Schon am 17. Februar 1918 hatte er an Lou Andreas-Salomé geschrieben: «Ich glaube, zu Revolutionen kann man erst ein freundliches Verhältnis gewinnen, wenn sie vorüber sind; sie sollten darum in sehr kurzer Zeit abgelaufen sein.»[1] Gegenüber Eitingon hieß es am 25. Oktober 1918: «Die Zeiten sind entsetzlich spannend. Es ist gut, daß das Alte stirbt, aber das Neue ist noch nicht da.»[2] Am 10. November 1918, einen Tag vor dem Ende des Kaiserreichs, erklärte er Jones, die europäische Zukunft sei «sehr dunkel und geheimnisvoll.»[3] Die Selbständigkeit Ungarns sah er kritisch, die «unwürdige Hast», in der man die Ablösung von Österreich vollzog, als bedenkliches Zeichen mangelnder Planung. Dem verunsicherten Ferenczi, der seinem eigenen Patriotismus mißtraute, riet er am 27. Oktober 1918, er solle seine «Libido rechtzeitig vom Vaterlande» abziehen und ‹in der Psychoanalyse unterbringen›, weil die politische Unreife seiner Landsleute zwangsläufig zu schweren Enttäuschungen führen müsse.[4] Im übrigen zeige sich die diesbezügliche Unbelehrbarkeit der Ungarn darin, daß sie den ‹Besten› unter ihren Aristokraten, den Grafen Tisza ermordet, den ‹Dümmsten›, den Grafen Károlyi, wiederum zum Ministerpräsidenten erkoren hätten.[5] Weder Jones, dessen Ehefrau Anfang Oktober 1918 an den Folgen einer Blinddarmentzündung gestorben war, noch Ferenczi, dem die fortdauernden Konflikte mit Gizella zu schaffen machten, schienen allerdings die richtigen Adressaten solcher Botschaften. Die Zeiten mochten politischer denn je sein, aber privates Unglück konnte für das Individuum, wie Freud am besten wußte, schwerer wiegen als jede Revolution.

Die Entwicklung Deutschlands mußte nach Auffassung Freuds unmittelbar in eine Katastrophe führen, weil die Enttäuschung über den verlorenen Krieg Aggressionen aller Art freisetzte. An Ferenczi schrieb er am 9. November 1918, dem Tag des Umsturzes in Berlin: «Der Wilhelm ist ein unheilbarer romantischer Narr, und er verrechnet sich mit der Revolution genauso wie eben mit dem Krieg.»[6] In Österreich vollzog sich der Wechsel von der Monarchie zur Republik gleitend und, anders als in Deutschland, weitgehend gewaltfrei. Am 11. November 1918 erklärte Kaiser Karl I. seinen Thronverzicht, am 13. November legte er auch die ungarische Krone nieder. Der gewählte Reichstag trat bereits Ende Oktober zur *Provisorischen Nationalversammlung* der österreichischen Abgeordneten zusammen, aus deren Mitte ein Dreierkonsortium mit Repräsentanten der großen Parteien gebildet wurde. Fortan waren auch die Frauen vollgültige Mitglieder einer Gesellschaft, die keine Untertanen, sondern nur noch Staatsbürger kannte. «Mama und Anna», so schrieb Freud am 16. Februar 1919, dem Tag der ersten Wahl zur Nationalversammlung, «feiern ihren Eintritt ins politische Leben.»[7] Obwohl er das Ende der Monarchie begrüßte, blickte er aber nicht sonderlich optimistisch auf die kommenden Jahre. Den Parteien des konservativen Flügels traute er die erforderliche Kraft zur Erneuerung nicht zu, die Sozialdemokraten wiederum, denen er in der Sache seit Gymnasialzeiten nahestand, waren durch den plötzlichen Tod Viktor Adlers am 11. November 1918, wie er fand, ohne eine echte Führungsfigur.[8] Neben dem Zweifel angesichts einer politisch unsicheren Zukunft blieb auch Wehmut zurück. Daß Österreich mit dem Untergang des Habsburgerstaates auf die Dimensionen eines Kleinstaates geschrumpft war – Elias Canetti sprach von einer «Verstümmelung» –, konnte Freud trotz geringer Sympathien für das *Ancien régime* nur schwer verwinden.[9] «Ich bin ja kein Patriot», erklärte er Ferenczi im März 1919, «aber es ist peinlich zu denken, daß so ziemlich die ganze Welt Ausland ist.»[10]

Obwohl die politische Lage allmählich zur Ruhe kam, gestaltete sich das Leben beschwerlich. Daß das Kaiserreich an seinen Genies zugrunde gegangen sei, wie Robert Musil spöttisch behauptete, war kaum Freuds Überzeugung.[11] «Die Habsburger haben nichts als einen Dreckhaufen hinterlassen», schrieb er am 17. November 1918 nach Budapest. «Es ist ruhig hier, mit Ausnahme der Bahnhöfe, aber sonst geht auch nichts.»[12] Die alltäglichen Verhältnisse in Wien waren zu Beginn des Jahres 1919 «unleugbar sehr arge», wie er Pfister meldete.[13] Er könne sich nicht erinnern, erklärte er

Jones im Mai 1919, jemals eine Zeit erlebt zu haben, da der Horizont so verschleiert und die Zukunft so unklar war wie jetzt. Die guten Kontakte nach Ungarn sicherten immerhin eine Versorgung «mit allerlei Lebensmitteln.»[14] Ferenczi stand der seit dem 25. April 1919 amtierenden Räteregierung unter Belá Kun nahe, war von der neuen Obrigkeit zum Professor für Psychoanalyse an der Universität Budapest ernannt worden und genoß den Aufschwung, den Freuds Lehre nahm. Ab dem 10. Juni las er vor hundert Hörern ein Kolleg über *Psychoanalyische Psychologie für Ärzte*. Plötzlich galt er als führender Mediziner der Republik, um den sich Politiker, Künstler und Intellektuelle scharten. Das berufliche Glück, das durch den Beginn seiner Ehe mit Gizella privat abgerundet wurde, blieb allerdings nur von kurzer Dauer. Nach Kuns Flucht im August 1919 wurde Ferenczi auf Druck der antisemtischen Regierung unter Horthy aus der Ärztekammer ausgeschlossen und verlor seine Professur. Er konnte erst ein Jahr später, im Juli 1920, auf Initiative des neuen Ministerpräsidenten Teleki wieder seine volle medizinische Tätigkeit entfalten. «Wenn jemand wie er ungeschädigt durchkommt, ist es ein glücklicher Zufall», äußerte Freud im Juli 1920 niedergeschlagen gegenüber Eitingon.[15]

Obwohl bisweilen Paketsendungen aus dem Ausland eintrafen, blieb die Versorgungssituation in der Berggasse 19 während des ersten Nachkriegsjahres schwierig. Es mußte an Kohlen gespart werden, so daß Freud kaum am Schreibtisch arbeiten konnte, weil es eisig kalt war und die Hände steif froren. «Auch Wissenschaft und Erwerb liegen danieder», meldete er im Dezember 1918 seiner langjährigen Patientin Anna von Vest.[16] Erst im Herbst 1919 verbesserte sich die Situation, da Marthas Bruder Eli aus New York regelmäßige Geldsendungen überwies.[17] Nur so konnte Freud seine materiellen Verpflichtungen erfüllen, mußte er doch neben der eigenen Familie seine Mutter sowie seine verwitweten Schwestern Pauline und Rosa unterstützen, die beide in Wien lebten; nur wenig später gesellte sich zum Kreis der Mittellosen auch Maria, deren Mann Moritz 1922 starb. Die Tochter Sophie und ihr geschäftlich erfolgloser Ehemann bezogen seit Anfang des Jahres 1919 eine finanzielle Zuwendung, die Freud über die Honorare seiner Bücher bestritt, indem er die Tantiemen direkt nach Hamburg weiterleitete.

Hinzu kamen erhebliche Kosten für den Haushalt, der trotz des Auszugs der älteren Kinder aufwendig blieb. Auch in schwieriger Zeit beschäftigten die Freuds Personal, das für Kochen, Wäsche, Bügeln und den Betrieb der Öfen zu sorgen hatte. Zu Beginn des Jahres 1920 wurde nach dem Ausscheiden der griesgrämigen Anna ein neues Dienstmädchen – Marianne – eingestellt, das weniger sparsam sein mußte als die Vorgängerin und beim Heizen großzügiger wirtschaften durfte.[18] Auf Marianne folgte wenig später Fanny, die jedoch im Juli 1922 an einem Krebs der Achseldrüsen erkrankte und die Berggasse schnell wieder verließ.[19] Das Personal bildete einen festen Teil der Familie, man nahm Anteil aneinander, auch wenn Martha und Minna ein strenges Regime führten und dafür sorgten, daß die gesellschaftlichen Grenzen strikt gewahrt blieben.

Äußerlich litt Freud unter der Krisensituation, die im Wien der Nachkriegzeit herrschte. «Unsere Gesamtlage ist ja recht elend, und der einzelne bekommt sein Teil davon ab», so schrieb er am 16. Februar 1919 an Binswanger. Aber es gab wenigstens einen Grund zum Optimismus, wie er im selben Brief mitteilte: «Nur die psychoanalytische Sache steht gut.»[20] Was verbarg sich hinter dieser ungewöhnlich positiven Einschätzung? Es handelte sich um die Aussicht auf eine durchgängige materielle Förderung, die Freud so heiter stimmte. Der vermögende Unternehmer Anton von Freund, der zahlreiche Bierbrauereien betrieb, hatte im Dezember 1918 eine Stiftung zur Unterstützung der Psychoanalyse aufgelegt. Freunds zweite Ehefrau Rószi war Patientin bei Freud, er selbst begann im März 1918 eine Therapie bei ihm. Zu seinem Bekanntenkreis gehörten auch die Analytikerin Katja Levy und ihr Mann, der Internist Lajos Levy, die beide Freuds Lehre nahestanden und sein Projekt unterstützten. Freund litt an einer fortgeschrittenen Form des Hodenkrebses, fürchtete um den völligen Verlust seiner Zeugungsfähigkeit, war aber trotz seiner unglücklichen Lage von bemerkenswerter Energie und Durchsetzungskraft. Als Freud ihn im Spätsommer 1918 in Budapest besuchte, fixierte man die wichtigsten Punkte der geplanten Stiftung. Aus ihren Mitteln sollten ein Verlag und ein kleines Lehrinstitut finanziert werden. Der Budapester Bürgermeister István Bárczy erklärte sich bereit, das Stiftungsvermögen psychoanalytischen Zwecken zuzuführen, um die akademische Verbreitung der Freudschen Doktrin zu unterstützen. Zum Leiter der Einrichtung war aufgrund seiner organisatorischen Fähigkeiten Otto Rank auserkoren.[21]

Aus dem bereitstehenden Fonds verlieh man zwei mit jeweils 1000 Kronen dotierte Preise, einen für ärztliche und einen für angewandte – also disziplinenübergreifende – Psychoanalyse «vom Imagotypus».[22] Die erste Auszeichnung erhielten 1920 in der medizinischen Kategorie Karl Abraham für seine Untersuchungen zu prägenitalen Entwicklungsstufen der Libido und Ernst Simmel für die schon erwähnte Publikation über Kriegsneurosen; in der interdisziplinären Rubrik wurde Theodor Reiks Arbeit zu den Pubertätsriten ‹wilder Völker› ausgewählt.[23] Max Eitingon erklärte sich im folgenden Jahr bereit, den Preis weiterzufinanzieren, so daß er auch 1921 vergeben werden konnte. Die Wahl fiel dann auf eine Studie über den Kastrationskomplex, die der niederländische Psychiater August Stärke vorgelegt hatte, und einen Beitrag des ungarischen Arztes Géza Róheim zum Thema des australischen Totemismus.[24]

Eitingon wurde nicht nur in diesem Fall zu einem der wichtigsten Förderer der analytischen Arbeit. Er hatte von seinem vermögenden Vater ein Firmenimperium im Pelzhandel geerbt, das seine ganze Aufmerksamkeit verlangte, weshalb er als Therapeut nur sehr unregelmäßig praktizieren konnte. Er sah seine Rolle vor allem darin, Freuds Lehre institutionell zu unterstützen und durch nicht unerhebliche Geldspenden zu sichern. Er reiste viel, weil seine Ehefrau Mirra häufig leidend war und Sanatoriumskuren an prominenten Orten liebte. Auch privat trat Eitingon als großbürgerlicher Mäzen auf, ohne den die Berliner Dependance schwerlich gediehen wäre. Freud sah in ihm einen «erprobten Familienkurator», der allerdings für die Analyse noch mehr hätte leisten können, wäre er nicht durch seine kapriziöse Ehefrau dauernd von seinen eigentlichen Aufgaben abgelenkt worden.[25] Mit Mirra führte er ab 1921 in seiner zweigeschossigen Wohnung am Tiergarten, die Freud gern als ‹Hotel Eitingon› bezeichnete, einen Salon, in dem russische Exilanten, Künstler und Gelehrte verkehrten.[26] Manche von ihnen waren ehemalige, aktuelle oder künftige Patienten, die den Berliner Therapeuten sichere Einkünfte bescherten.

Die Jahre nach Kriegsende wurden nicht nur von einer schwierigen Lebenssituation überschattet, sondern auch von Freuds privaten Ängsten. «Nun, jeder gescheite Mensch hat ja eine Grenze, wo er anfängt mystisch zu werden, dort wo sein Persönlichstes beginnt», so schrieb er am 15. November 1920 an Georg Groddeck.[27] In seinem Fall war dieses ‹Persönlichste› hinter der dunklen Markierung die Annahme, er könne seinen Sterbezeitpunkt prognostizieren. Schon als junger Mann glaubte Freud, daß er seinen Tod vorauszuahnen vermöge. Fließ prophezeite ihm, er werde mit Mitte 60 sterben; seitdem vermutete Freud, der Februar 1918 sei das ihm vorbestimmte Datum, dabei pessimistisch die erwartbare Lebensspanne um 36 Monate verkürzend.[28] Als der befürchtete Monat ereignislos vorüberging, schrieb er lakonisch an Abraham: «Ich bin also wirklich 62 Jahre alt geworden und bringe es noch immer nicht zu jener stillen, starken Resignation, die Sie als Deutschen so auszeichnet».[29]

Freuds Todesfixierung blieb weiterhin eine wesentliche Macht, die sein Denken steuerte. So verfaßte er am 31. Januar 1919 ein Testament, das verfügte: «An den Kosten meines Begräbnisses soll möglichst gespart werden: Einfachste Klasse, keine Grabreden, nachträgliche Bekanntgabe. Ich verspreche, mich über den Wegfall jüdischer Pietät nicht zu kränken. Wenn es bequem und billig geht: Verbrennung. Sollte ich zur Zeit meines Todes ‹berühmt› sein, – man kann nichts wissen –, so soll das keine Änderung machen.»[30] Dazu entwarf er eine Todesanzeige, die von einem fiktiven Sterbedatum nach 1926 und vor 1930 ausging: «Am xx 192x starb hier im 7x Lebensjahr Herr Prof. Dr. Sigm. Freud. Die Leiche wurde eingeäschert.»[31] Ende Oktober 1923 folgten genauere Angaben über Mitgift, Nachlaßobjekte und die Versorgung der Schwestern; die Tantiemen seiner Arbeiten sollten an die Enkel fließen.[32] Adressat des letzten Willens war Martin als ältester Sohn.

Der Tod blieb in Freuds Leben fortan präsent, als Gegenstand der Furcht und des ständigen Nachdenkens. Die Angst vor dem baldigen Ende hielt ihn gefangen, aber sie erfüllte sich auf andere Weise, als er ursprünglich angenommen hatte. Nicht er mußte sterben, sondern eine Reihe engster Freunde und Familienangehöriger. Bezogen auf die politischen Verhältnisse schrieb Freud am 9. Mai 1919: «Die nächsten Monate werden nach meiner Erwartung voll von dramatischen Begebenheiten sein. Wir sind aber nicht Zuschauer, nicht Akteure, eigentlich auch nicht Chor, sondern bloß Opfer.»[33] Wie wahr seine Prognose im Privaten werden sollte, konnte Freud zu diesem Zeitpunkt schwerlich wissen. Einige Wochen später begann das Unheil mit dem Selbstmord des Viktor Tausk. Am 20. Januar 1920 wiederum erlag Anton von Freund, der große Förderer der analytischen Sache, seinem unheilbaren Krebsleiden.[34] Freud hatte den Moribunden seit dem Sommer 1919 regelmäßig besucht, während er sich in Wien aufhielt. Zwei Tage vor seinem Tod sah er den Sterbenden ein letztes Mal, erschüttert über seinen «Anblick».[35] Seine Haltung, seine auch im letzten Krankheitsstadium ungebrochene Lebenskraft nötigten ihm großen Respekt ab. «Er hat seine Hoffnungslosigkeit mit heldenhafter Klarheit ertragen», teilte er einen Tag darauf Eitingon mit.[36] Anton von Freund lebte in Freuds Erinnerung fort – seine Photographie hing künftig im Wartezimmer der

Freud und Sophie

Praxis in der Berggasse. Das Kapital seiner Stiftung floß der Budapester Publikationsreihe zu, weil in dieser Phase die politische Stimmung in Ungarn für eine institutionelle Entwicklung der Psychoanalyse nicht mehr günstig schien.

Die schlimmste Katastrophe fand nur wenige Tage später, noch in derselben Woche wie Anton von Freunds Tod, in Hamburg statt. Anfang des Jahres 1920 erfuhr Freuds Tochter Sophie, daß sie erneut schwanger war. Sie fürchtete sich vor einem dritten Kind, da die materielle Situation der Familie nach dem Krieg mit einem freiberuflichen Ehemann bei schlechter Auftragslage nicht eben stabil war. Freud riet Sophie für die Zukunft zur Einsetzung eines Pessars – eine Empfehlung, die er gegen seine tiefsten Überzeugungen aussprach, aber im Glauben, daß Verhütung in diesem Fall nötig war. Zugleich tröstete er, der sich nach zwei Enkeln ein Mädchen wünschte, die unglückliche Schwangere Anfang Januar mit der Mitteilung, daß die Honorare für seine Bücher weiter direkt an sie und ihre Kinder fließen würden, wie er es seit einem Jahr praktizierte. «Kurz, ihr sollt keine Geldsorgen für das Töchterchen [!] haben.»[37] Ende Januar mußte Sophie, offenbar wegen einer Lungenentzündung, das Krankenhaus aufsuchen, wo sie, geschwächt durch die schlechte Ernährungslage und ihre Schwangerschaft, am 25. Januar 1920 starb. Es ist sehr wahrscheinlich, daß sie ein Opfer der Spanischen Grippe wurde, die seit November 1918 auf der ganzen Welt 25 Millionen Opfer forderte und erst im Laufe des Frühjahrs 1920 endgültig abklang. Für Freud war dieser plötzliche Tod ein «sinnloser, brutaler Akt des Schicksals». Die schöne, spröde Tochter, das ‹Sonntagskind› des Lebens, fehlte, unersetzlich: «Wir spüren, mit ihr ist unser Glanz dahin.»[38]

Die Ereignisse offenbarten eine eigene, sehr häßliche Ironie. Über vier Jahre lang hatte Freud den Tod eines seiner Söhne im Krieg gefürchtet, und nun verlor er die Tochter. An Pfister schrieb er am 27. Januar, er könne die Schnelligkeit nicht fassen, mit der Sophie aus «blühender Gesundheit» dahingerafft worden sei, «aus voller Lebenstätigkeit als tüchtige Mutter und zärtliche Frau, in vier oder fünf Tagen, als wäre sie nie dagewesen.»[39] Daß die Tochter so plötzlich sterben mußte, löste eine besondere Form der Trauer aus. Freud, der sich seit der Verlobungszeit in wachsender Intensität mit dem Tod beschäftigt hatte, fühlte, wie wenig er auf den schweren Verlust vorbereitet war. Ferenczi erklärte er am 29. Januar 1920 knapp: «Hinweggeweht. Nichts zu sagen.» Das Theatermotto «La séance continue» gelte zwar weiter: «Aber es war ein bißchen viel für eine Woche.»[40]

Die Erinnerung an Sophie hielt fortan eine Photographie wach, die Freud in einem Medaillon an einer Uhrenkette bis zu seinem Lebensende täglich bei sich trug.[41] Dem Schweizer Kollegen Binswanger offenbarte er am 14. März 1920 seine und Marthas Gefühle: «Die Ungeheuerlichkeit, daß Kinder vor den Eltern sterben sollen, haben wir beide nicht verwunden.»[42] Gegenüber Ferenczi sprach er von einer schweren «narzißtischen Kränkung», die ihm der Tod der schönen, von aller Welt bewunderten Tochter bereiten müsse.[43] Weil ihm die religiöse Verwurzelung fehlte, konnte er lange Zeit keinen Trost finden, wie er einräumen mußte: «Stumpfe Notwendigkeit, stumpfe Ergebung.»[44] Drei Monate später gestand er Lucie Brasch, der Verlobten Ernsts, er sei noch immer vor Schmerz so «wund», daß er sich nicht traue, «an Glück zu glauben.»[45] 1925 sollte er die Qual des Abschiednehmens in seiner Studie über *Hemmung, Symptom und Angst* nüchtern als gestufte Leistung des Ich beschreiben: «Die Trauer entsteht unter dem Einfluß der Realitätsprüfung, die kategorisch verlangt, daß man sich von dem Objekt trennen müsse, weil es nicht mehr besteht. Sie hat nun die Arbeit zu leisten, diesen Rückzug vom Objekt in all den Situationen durchzuführen, in denen das Objekt Gegenstand hoher Besetzung war. Der schmerzliche Charakter dieser Trennung fügt sich dann der eben gegebenen Erklärung durch die hohe und unerfüllbare Sehnsuchtsbesetzung des Objekts während der Reproduktion der Situationen, in denen die Bindung an das Objekt gelöst werden soll.»[46] Auch so konnte wissenschaftliche Sublimierung aussehen: sie verschob die Trauer, indem sie ihre Ursprünge und Formen theoretisch beschrieb. Und sie rationalisierte das Leiden am Verlust, wenn sie es in seine Bestandteile zerlegte und dadurch verständlich machte. Die psychoanalytische Sichtweise diente Freud in diesem Fall der Auskühlung und Beruhigung eines brennenden Schmerzes, der in seiner Wucht unerträglich wirkte, in der Zergliederung seiner Komponenten aber immerhin beherrschbar schien.

Nach Hamburg zur Beisetzung der Tochter reiste Freud nicht, weil die Zugverbindungen gesperrt waren. Für die Familie nahmen Mathilde und Robert, Oliver und Ernst an der Trauerfeier teil, begleitet von Eitingon. Max Halberstadts Schwägerin, die ihren Mann im Krieg verloren hatte, kümmerte sich während der ersten Woche um die kleinen Kinder. Freuds Abwesenheit in Hamburg war nicht nur auf die Unregelmäßigkeiten des Bahnverkehrs im Nachkriegsdeutschland zurückzuführen. Sie entsprach seiner Abwehrhaltung gegenüber Beerdigungen, die er schon in früheren Jahren ausprägte. Zur Trauerzeremonie für seinen Vater kam er, wie erinnerlich, aus innerem Widerstand zu spät. Danach suchte Freud Friedhöfe überhaupt nicht mehr auf, mied Gräber und alle Arten von Totenehrungen aus tiefer, nahezu neurotischer Scheu. Als seine Mutter 1930 starb, nahm er an der Beisetzung ebenfalls nicht teil. Das Sterben, das die Seele des Menschen wie ein Leitmotiv beherrschte, durfte im Alltagsleben Freuds keine Rolle spielen. Es blieb ein Thema seiner Forschung und seiner persönlichsten Ängste, aber es sollte durch die Rituale des Abschieds nicht präsent gehalten werden.

Nach Sophies Tod grub sich Freud in Arbeit ein und verdrängte die Trauer. In befremdlicher Nüchternheit, die den unmittelbaren Reaktionen vom Februar 1920 widersprach, erklärte er sechs Jahre später gegenüber Binswanger, er habe den Verlust der Tochter «merkwürdig gut» vertragen. Ein Grund dafür seien die alltäglichen Sorgen der Nachkriegssituation und die Existenzängste des Familienvaters gewesen.[47] Für Max Halberstadt, den

Mann Sophies, blieb Freud weiterhin ein vertrauter Ratgeber, Freund und Helfer. Er sicherte bis in die mittleren 20er Jahren hinein sein Auskommen und finanzierte Teile des Unterhalts für die beiden Söhne. Nicht nur der ältere Ernst, sondern auch der erst eineinhalbjährige Heinele blieb zunächst bei Max, der jedoch keine echte Beziehung zu seinen Kindern aufzubauen wußte. Anna reiste im Herbst 1920 für mehrere Wochen nach Hamburg, um ihm im Alltag mit dem Kleinsten unter die Arme zu greifen. «Er ist», berichtete sie über Heinele, «mit seiner unbändigen Kraft kaum mehr zu bewachen und zu regieren, wird aber dabei täglich süßer und zärtlicher.»[48] Der Junge, dessen gewinnend-gescheitem Wesen sich niemand entziehen konnte, war ein moribunder Genius. Er sprach frühzeitig, war hellwach und aufmerksam – «das geistreichste Kind dieses Alters», schrieb Freud an Ferenczi, «das ich noch gesehen habe».[49] Zugleich bot er Anlaß zu dauerhafter Sorge, denn er fieberte häufig, durchlief zahllose Infektionskrankheiten und kannte kaum längere Phasen der Gesundheit. Zwei Jahre nach Annas Hamburg-Besuch, im Herbst 1922, wurde der von der ganzen Familie geliebte Junge bei Mathilde und Robert in Wien aufgenommen. Die beiden spielten ihre neue Rolle gern, denn das alternde kinderlose Ehepaar mit seinem «Egoismus à deux», wie Freud schrieb, wurde auf diese Weise seinen Routinen entrissen.[50] Max Halberstadt heiratete ein Jahr später, am 20. November 1923, die 15 Jahre jüngere Bertha Katzenstein. Sein älterer Sohn Ernst ließ sich nach dem Ende des Zweiten Weltkriegs in der Nähe Kölns als Analytiker nieder, wechselte dabei aber mit dem Einverständnis seiner Tante Anna den Namen und nannte sich «Freud»; er starb 2008, hochbetagt mit 94 Jahren.

Wieder Normalität und doch anders

Nach dem Krieg kam die Praxis sehr langsam in Gang. In der zweiten Hälfte des Jahres 1918 blieb das Wartezimmer meist leer, und Freuds Sorge um die materielle Sicherheit der großen Familie wuchs erheblich. Die wissenschaftliche Diskussion und die wachsende Zahl analytisch arbeitender Ärzte zeigten immerhin, daß die Lehre blühte, wie im April 1919 Jones berichtet wurde.[51] Aber im Alltag war es für den niedergelassenen Therapeuten oftmals schwierig, sich finanziell über Wasser zu halten. Das änderte sich in dem Maße, in dem Kranke aus aller Welt nach Wien pilgerten, um von Freud selbst oder, auf seine Empfehlung, einem seiner Schüler behandelt zu werden. Im Oktober 1919 meldete er Abraham, daß er bereits ein Honorar von 100 Kronen pro Sitzung fordern könne und die Patienten allmählich wieder zu ihm fänden.[52]

Ab Herbst 1919 waren es vor allem Briten und Amerikaner, die Freud empfing. Im Wartezimmer lagen jetzt neben den Wiener Zeitungen *The Nation* und *The New Republic*.[53] «Heute habe ich eine Lehrerin engagiert, um mein Englisch herausputzen zu lassen», teilte er am 12. Oktober 1919 Eitingon mit.[54] Es entbehrte, so fand er, nicht der Ironie, daß die ehemaligen Kriegsgegner nach Wien kamen, um ihre Neurosen zu kurieren. Wenn aber die internationalen Patienten in harter Währung zahlten, so war das angesichts der Inflation höchst willkommen. «Gestern feierte ich ein Wiedersehen mit dem Dollar, den ich seit 1909 nicht vor Augen gehabt habe», schrieb Freud am 18. November 1920 an Anna.[55] Auch britisches Geld bekam er zu Gesicht, wobei die Taxe zumeist sehr hoch veranschlagt wurde; die von Jones vermittelte Joan Riviere mußte für eine Sitzungsstunde stattliche zwei Pfund aufbringen, die Hälfte des Monatslohns eines englischen Arbeiters.[56] Große Hoffnungen auf ein erhebliches Honorar machte sich Freud, als im Oktober 1920 der Londoner Bankier Leopold Rothschild in seiner Praxis erschien. «Er ist meschugge genug und wahrscheinlich jenseits aller Hilfe», hieß es nach dem ersten Besuch.[57] Zu einer regelmäßigen Behandlung kam es aber nie, weil Rothschild bald wieder nach London zurückkehrte. Nachdem die englischen Patienten bis auf einen verbleibenden zum Ende des Jahres ihre Abreise angekündigt hatten, stand die sichere Zukunft der Praxis wieder in Frage. Er sei «so verarmt», erklärte Freud im November 1920 gegenüber Groddeck, daß er noch die letzten Reste seiner «Arbeitskraft und Zeit teuer verkaufen» müsse.[58]

Trotz der labilen Lage blieb Freud seiner alten Linie treu und zeigte in Honorarfragen keine Verhandlungsbereitschaft; eine seltene Ausnahme bildeten Lehranalysen bei befähigten Schülern, die mittellos waren. Zu Beginn des Jahres 1920 wurden ihm, initiiert durch seinen Neffen Edward Bernays, einen Sohn Elis, für eine Vorlesungstour in die Vereinigten Staaten 10 000 Dollar angeboten. Freud fand jedoch die Summe im Hinblick auf die hohen Reiseausgaben zu gering und verzichtete daher mit kargen Worten. Brill gegenüber erklärte er höflich-verschleiernd, er fühle sich für die weite Fahrt insgesamt zu schwach und müsse daher absagen.[59] Als der Herausgeber des New Yorker *Dial* ihn Ende 1920 zu einem sechsmonatigen Aufenthalt an die Ostküste einlud, schlug er die Offerte aus, weil die ihm erneut avisierten 10 000 Dollar Garantiesumme teils für Wohnung und Alltagskosten, teils für die österreichische Steuer verausgabt worden wären. «In anderen Zeiten hätte kein Amerikaner gewagt, mir einen solchen Antrag zu machen», schimpfte er.[60]

Ab Beginn des Jahres 1921 fanden sich neue internationale Patienten bei Freud ein, die für den erhofften Devisen-Strom sorgten und das «Kronenelend» behoben, wie er Anna von Vest schrieb.[61] Eine ganze Welle nervenkranker, der Therapie bedürftiger Amerikaner überflutete den Kontinent, und Wien war ihr bevorzugtes Ziel, weil es in Übersee zu dieser Zeit noch an geschulten Analytikern fehlte. «So arbeite ich jetzt für den Dollar und komme auch zu nichts anderem», teilte Freud am 3. November 1921 Pfister mit.[62] Das verriet einen gewissen Mißmut, genährt durch den Widerwillen gegen die Oberflächlichkeit des amerikanischen Gesellschaftslebens und die dort verbreitete Sexualfeindschaft, wie sie schon ein Brief an Putnam vom Juli 1915 anprangerte.[63] Freuds Einstellung blieb dabei ambivalent, sie schwankte zwischen handfestem Geschäftssinn im Blick auf die verlockenden Devisen und massiven Vorurteilen gegenüber der Neuen Welt.

Die meisten Gäste aus den Staaten kamen nicht als Patienten, sondern ließen sich im Rahmen einer Lehranalyse weiterbilden, wobei Ärzte wie Leonard Blumgart, Abram Kardiner, Monroe Meyer, Clarence Obendorf und Albert Polon das Bild dominierten.[64] Horace W. Frink, ein junger amerikanischer Psychiater, durchlief zwischen März und Juli 1921 eine erste Therapie, die er ein Jahr später, zwischen April und Juli 1922 fortsetzte.[65] In dieser Zeit verliebte er sich in Anjelika Bijur, eine Millionenerbin, die wie ihr Mann Abraham ebenfalls bei Freud in Behandlung war. Frink ließ sich scheiden, heiratete Anjelika, wurde jedoch in der neuen Beziehung nicht glücklich. Er brach die Therapie ab und kehrte in die Staaten zurück, wo er nach mehreren schweren Nervenzusammenbrüchen in eine Psychose geriet und 1936 starb. Seine Tochter behauptete fünfzig Jahre später, Freud habe ihren Vater manipuliert, seine Scheidung forciert und seine Krankheit unterschätzt – eine Skandalisierung, die allerdings auf sehr dürftigen Indizien beruhte.[66]

Zu den prominenten amerikanischen Besuchern gehörte auch der Schriftsteller Thomas Wolfe, der aber nur eine Probestunde absolvierte, weil er am Ende das geforderte Honorar nicht aufbringen konnte. Die aus San Francisco stammende Frauenrechtlerin Louise Bryant, die als Journalistin ganz Europa bereiste, zählte dagegen zu den Langzeitpatientinnen, die immer wieder kamen. Sie war bis 1930 mit William Bullitt verheiratet, den Freud als urbanen, hochgebildeten Gesprächspartner schätzen lernte; er sollte in den 30er Jahren als Botschafter in Moskau und Paris eine glänzende diplomatische Karriere machen. Dorothy Burlingham und Ruth Mack, beide aus vermögenden Familien stammend, komplettierten die Schar der amerikanischen Patienten, die in die Berggasse pilgerten wie zu einem sakralen Ort, um dort ihre Nervenleiden durch den Meister selbst heilen zu lassen. Von ihnen wird noch näher zu sprechen sein, denn sie zählten bald zu den engsten Freundinnen Annas.

Freud hielt nun die meisten seiner Sitzungen auf Englisch ab, was ihm schwerer fiel, als er ursprünglich annahm. Zwar beherrschte er die fremde Sprache schriftlich glänzend, wie seine Korrespondenz mit Jones belegt, aber das Sprechen bereitete ihm Mühe. Über die betreffende Anstrengung klagte er beredt: «Die fünf Stunden englischer Konversation täglich zehren alles Verfügbare auf.»[67] Vor allem störte ihn die schlechte Artikulation vieler Analysanden, die ihr «Maul» nicht aufbekämen, «säuseln oder murmeln» und ihm so das Verstehen erschwerten.[68] Im Sommer 1922, als er sich besser an die Sitzungen in fremder Sprache gewöhnt hatte, äußerte er wiederum die Sorge, daß «die vielen Stunden Englisch» seinen deutschen Stil ‹verderben› könnten.[69] «Laß dich nicht von Patienten quälen», schrieb ihm Anna Ende Juli 1922, «und laß nur alle Millionärinnen ruhig verrückt bleiben, sie haben doch sonst keine Beschäftigung.»[70] Das war zwar gutgemeint, ging aber an der Realität vorbei. Aus materiellen Gründen nahm Freud in den Nachkriegsjahren ausländische Besucher nahezu ohne Prüfung in die Therapie auf. Es gehörte zu seinen besonderen Obsessionen, daß er, obwohl die Ordination nach 1921 wieder gut lief, von steter Furcht vor dem finanziellen Ruin gepeinigt wurde. Immer wieder beschwerte er sich in dieser Zeit über die Qualen seiner täglichen Arbeit und das vergebliche «Bemühen», seiner «Frau etwas Geld zu hinterlassen».[71] Ausgedehnte Reisen außerhalb der – allerdings komfortablen Sommerpause – lehnte er weiterhin ab, weil sie die Praxis zu lange unterbrachen. Angesichts der Tatsache, daß die übrigen Wiener Analytiker nach 1918 unausgelastet blieben, wollte er seine Sonderstellung nicht aufs Spiel setzen. Freud wußte, wie hart die Konkurrenz und wie privilegiert seine eigene Situation war.[72] Der Krieg habe ihn arm gemacht, so erklärte er noch im Mai 1926 gegenüber Bleuler, als er längst im Begriff stand, sich finanziell bestens zu konsolidieren.[73]

Daß illustre Persönlichkeiten aus aller Welt – Musiker, Schriftsteller, Diplomaten, Aristokraten und Millionenerben – in seine Praxis drängten, konnte Freud als Zeichen seines internationalen Ruhms werten. Solche Reflexe seiner Prominenz erfüllten ihn mit Stolz, ohne daß sie jedoch sein nüchternes Urteil beeinflußten. Gerade die amerikanischen Patienten blieben Freud bis zu einem gewissen Grade fremd. Ihre Direktheit, ihre Neugierde, aber auch die Ungeduld, mit der sie Heilungen in wenigen Wochen erhofften, mißfielen ihm zutiefst. Freud hatte in den Jahren nach 1910 gelernt, wie wichtig Gründlichkeit für eine Therapie war. Anders als noch vor dem Krieg, da er zuweilen wie bei Bruno Walter und Gustav Mahler Kurzbehandlungen durchführte, riet er nun zu längeren Kuren. Das widersprach den oft oberflächlichen Erwartungen seiner aus Übersee angereisten Patienten, deren forderndes Auftreten ihn störte, ohne daß er auf sie verzichten konnte. Die Amerikaner seien für seinen Gelderwerb nützlich, erklärte er im September 1924 gegenüber Jones, und daher dürfe man sie keinesfalls verärgern.[74]

Unter den internationalen Patienten waren auch einige, die Freud nicht aus rein finanziellen Motiven aufnahm. Anfang der 20er Jahre kamen vor allem aus Großbritannien interessante und für die Förderung seiner Lehre wichtige Persönlichkeiten nach Wien. Zu ihnen gehörten James und Alix Strachey, neben Felix und Helene Deutsch das zweite Paar, das Freud behandelte; später, ab Mitte der 20er Jahre, sollten Ruth und Mark Brunswick folgen. James Strachey, der Bruder des Schriftstellers Lytton Strachey, ein gebildeter ‹Cambridge Man›, Mediziner und Gelehrter, durchlief bei ihm eine Lehranalyse, während seine Ehefrau Alix sich zunächst bei Abraham in Berlin therapieren ließ. Ende Februar 1922 nahm Joan Riviere eine Behandlung in der Berggasse auf, eine kapriziöse Britin, die sich einige Jahre zuvor bei Jones in der Analyse befand, weil sie nach dem Tod ihres Vaters in tiefe Depressionen gestürzt war.[75] Sie hatte sich in ihn verliebt, ihre Gefühle aber nicht ausgelebt, zumal Jones – eingedenk früherer Verwicklungen – hier strikte Grenzen setzte. Freud rekonstruierte nicht nur die Ursprünge ihrer neurotischen Phantasien, sondern versuchte zugleich zu ermitteln, ob es eine sexuelle Beziehung zu Jones gab oder nicht. Da die Patientin es auch ihm gegenüber an Koketterie und Flirtlust nicht fehlen ließ, forschte er beharrlich nach, was sich in London abgespielt hatte. Durch den 13 Jahre zurückliegenden Fall Jungs und Sabina Spielreins kannte er die Manipulationen und Manöver, die es hier geben konnte, so daß er lange mißtrauisch blieb, bis er seinen Verdacht entkräftet sah. Jones war allerdings über diese zweifelnde Haltung verstimmt und konnte nur mühsam die Contenance wahren.[76]

In den Jahren nach dem Krieg beschränkte Freud seine ärztliche Erfahrung keineswegs auf die Luxusbehandlung vermögender Neurotiker. Die schrecklichen Erfahrungen der Materialschlachten hatten bei zahlreichen Front-Heimkehrern zu schweren psychischen Störungen geführt. Schon im Oktober 1916 verfaßte man in Prag einen Aufruf für die «Errichtung einer Krieger- und Volksnervenheilanstalt in Deutschböhmen», die auf der Basis von Spenden entstehen sollte. Der Appell, an dessen Formulierungen kein Geringerer als Franz Kafka mitwirkte, enthielt nachdrückliche Bilder künftiger Neurosen: «Wie viel Nervenkranke werden aus der Kriegsgefangenschaft zurückkommen? Unübersehbares Elend wartet hier auf Hilfe. Der nervöse Zitterer und Springer in den Straßen unserer Städte ist nur ein verhältnismäßig harmloser Abgesandter der ungeheueren Leidensschar.»[77] Erst nach 1918 trat das seelische Unglück der traumatisierten Soldaten mit ganzer Deutlichkeit zutage. Die inneren Beschädigungen resultierten auch aus einer fundamentalen Erschütterung ehemaliger Gewißheiten, wie sie Walter Benjamin Jahre später als typisches Fronterlebnis beschrieb: «Eine Generation, die noch mit der Pferdebahn zur Schule gefahren war, stand unter freiem Himmel in einer Landschaft, in der nichts unverändert geblieben war als die Wolken und unter ihnen, in einem Kraftfeld zerstörender Ströme und Explosionen, der winzige, gebrechliche Menschenkörper.»[78]

Trotz der existentiellen Verstörung, die Kriegserfahrungen auslösten, zweifelte die österreichische Obrigkeit nicht selten an der Evidenz der psychischen Befunde und unterstellte, daß die Betroffenen sich ihren Aufgaben im Feld hatten entziehen wollen. In Wien wurde eine *Kommission zur Erhebung militärischer Pflichtverletzungen* eingesetzt, die allgemeine Kriterien für eine Beurteilung der Einzelfälle erarbeiten sollte. Im Februar 1920 bat man auch Freud um ein Gutachten, in dem er die Entstehung der Kriegsneurosen darstellen sollte. Seine am 23. Februar eingereichte Expertise betonte, daß es sich bei diesem Krankheitsbild, in Übereinstimmung mit den Einsichten der Psychoanalyse, um das Ergebnis eines Gefühlskonflikts mit emotionaler Störung handele. Im Grunde resultiere das Leiden aus der Spannung zwischen Tötungsauftrag und Tötungshemmung, Gefahr und Sicherheitsbedürfnis, zivilisatorischer Prägung und barbarischer Gewalt. Entschieden lehnte Freud bei Fällen solcher Art den im Krieg üblichen Einsatz elektrischer Behandlungsmethoden ab. Eine Schocktherapie führe zwar dazu, daß der Kranke kurzfristig wieder Frontdienst tun könne, aber die Neurose selbst sei nicht überwunden. Vorsichtshalber führte Freud an diesem Punkt nur Beispiele aus deutschen Lazaretten an, wo man die brutale Behandlung «bis zur Unerträglichkeit gesteigert» habe, um den Leidenden den «Gewinn», den sie aus ihrer Lage hätten ableiten können, sofort wieder «zu entziehen». Sollten Elektrobehandlungen bei Frontsoldaten auch in Wiener Spitälern angewendet worden sein, so sei dieses jedoch «in maßvoller Weise» geschehen.[79]

Freuds ausweichende Formulierung diente vor allem dem Schutz seines Kollegen Wagner-Jauregg, der wegen seiner Schocktherapien ins Zwielicht geraten war. Der frühere Kommilitone, ein robuster, wenig zimperlicher Kliniker, fühlte sich nach der Lektüre des Berichts allerdings nur partiell entlastet, denn die hier formulierte Kritik an rigorosen Methoden der Traumabehandlung blieb unüberhörbar.[80] Am Ende seines Gutachtens äußerte Freud prinzipielle Zweifel, ob man die nervliche Zerrüttung der Soldaten durch kurzfristig wirksame Verfahren zu bewältigen vermöge. Die Kriegsneurose werde den Krieg überleben, so betonte die Stellungnahme abschließend, denn die Ursachen, die sie auslösten, seien mit Elektroschocks nicht zu überwinden. Als niedergelassener Arzt konnte Freud hier wenig helfen, weil die ehemaligen Frontkämpfer, die unter Traumatisierungen litten, finanziell nur selten in der Lage waren, seine medizinischen Dienste in Anspruch zu nehmen. So blieb die Praxis, wenn die internationalen Patienten fehlten, tagelang leer, obwohl Therapiebedürftige zahlreicher denn je vorhanden waren.

Am 31. Dezember 1919 erhielt Freud den Titel eines ordentlichen Professors, der jedoch keine neuen Rechte mit sich brachte. Er war auch künftig kein vollgültiges Mitglied der medizinischen Fakultät, gehörte nicht dem Kollegium an und besaß bei akademischen Entscheidungen kein Stimmrecht. An Eitingon schrieb er einige Wochen vor dem offiziellen Akt: «Meine ‹Ernennung› scheint das zu sein, wofür ich sie gehalten habe: ein leerer Titel, der die Stellung der Psychoanalyse an der Universität nicht ändert.»[81] Dabei war der neue Status für die Praxis vorteilhaft, wie er Abraham am 6. Januar 1920 verriet: «Die Republik hat an der Titelsucht und dem Titelrespekt zur Zeit der Monarchie nichts geändert.»[82] Zusehends avancierte Freud nun zu einer Persönlichkeit des öffentlichen Lebens, was er mit einer Mischung aus Spott, Abwehr und Befriedigung zur Kenntnis nahm.

Anna und Freud in Den Haag

Der Bildhauer Rudolf Königsberger fertigte im Sommer 1920 seine Büste; sie vermittelte, so erklärte er Eitingon, zunächst «den Eindruck eines antiken Brutuskopfes» und «wirkte eher übergewaltig».[83] Am Ende aber war er mit dem Resultat einverstanden und ließ es gelten, ähnlich wie eine spätere Arbeit des jungen Brüssler Künstlers Oscar Nemon, der im Sommer 1931 seinen Kopf modellierte. Königsbergers Büste findet sich seit 1955 im Arkadenhof der Wiener Universität – ein nachträgliches Zeichen der akademischen Anerkennung, die Freud zu Lebzeiten in voller Gültigkeit versagt blieb.

Nahezu friedlich verliefen in den ersten Jahren nach dem Krieg die Geschäfte der Ständepolitik, was sich in eindrucksvollen Konferenzen spiegelte. Anfang September 1920 traf sich die Analytiker-Gemeinde in Den Haag, wo 60 Teilnehmer aus aller Welt zusammenkamen, um 19 Referate zu hören. Neben den gastgebenden Niederländern bildeten die Briten, die Jones stolz wie ein Feldwebel anführte, die stärkste Gruppe. Das Spektrum der Themen war größer denn je und reichte von sexualtherapeutischen über pädagogische bis zu kulturgeschichtlichen Beiträgen. Erfreut registrierte Freud die gediegene methodische Kompetenz der Referenten, die er als Indiz für sein fortgeschrittenes Schulungssystem wertete. Eine Ausnahme blieb der Auftritt von Georg Groddeck, der für die meisten im Auditorium ein Unbekannter war. Groddeck leitete seit der Jahrhundertwende als Kurarzt ein Sanatorium in Baden-Baden, wo er auch psychosomatische Erkrankungen behandelte. Er hatte Freud erstmals 1917 geschrieben und sich als analytischer Autodidakt zu erkennen gegeben, der die reine Lehre nur unorthodox anwende, weshalb er die Verstoßung durch den Meister erwarte. Freud reagierte aber überraschend tolerant und zeigte Interesse an Groddecks Arbeit. Gelassen gab er ihm zu verstehen, er sehe in seiner Selbstdarstellung als Außenseiter einen exzentrischen Geltungsdrang, der ihn nicht abschrecken könne. Insgeheim gefiel ihm, daß Groddeck über eine Klinik mit guter technischer Ausstattung verfügte, die eine Behandlung jener schweren Fälle erlaubte, vor denen er selbst in der Praxis kapitulierte. Hier bestanden Möglichkeiten der weiterführenden Therapie, die es in Wien kaum gab, und das machte den Kontakt attraktiv. Trotz seiner Neigung zu unkonventionellen Ansichten gehörte Groddeck für Freud nicht zur Gruppe der «Adler, Jung u. a.», weil er am Kern seiner Lehre festhielt, ja «das Wesen der Sache unverlierbar erfaßt» hatte.[84]

In Den Haag sprach Groddeck am 9. September 1920 als zehnter und letzter Redner des Tages, nach den großen Autoritäten Freud, Ferenczi, Reik und Sachs. Im Programm war er mit einem Referat *Über die psychoanalytische Behandlung organischer Krankheiten* angekündigt, was medizinisch Solides verhieß. Weil er jedoch das Manuskript im Hotel vergessen hatte, erörterte er sein Thema frei und assoziativ. Schon im ersten Satz des Vortrags bekannte er, daß er ein «wilder Analytiker» sei.[85] Es folgte eine Mischung aus intimen Geständnissen und wirren psychosomatischen Spekulationen, die das Publikum verstörte. Freud fragte Groddeck kurz nach dem Ende der Konferenz, ob er seine «Mitteilungen» ernst gemeint habe; die Reaktion war eine höchst konfuse Antwort, die der seelischen Wirkung visueller Wahrnehmungen galt, aber das Dunkel des Referats nicht lichtete.[86] Intellektuelle Unberechenbarkeit und chaotische Spekulationslust gehörten auch künftig zu Groddecks Denkstil. Dennoch hielt Freud zu seinem sprunghaften Kollegen Kontakt und beantwortete seine Briefe mit großer Offenheit, da er ihm im Kern, anders als früheren Außenseitern der Bewegung, durchaus vertraute.

Zwei Jahre nach Den Haag, Ende September 1922, fand in Berlin der siebente Internationale Psychoanalytische Kongreß statt, jetzt schon mit

256 Gästen aus 15 Ländern. Es wurden 32 Vorträge diskutiert, wobei das Spektrum von klinischen Fällen bis zu philosophischen Grenzthemen reichte. Besonders instruktiv waren die Ausführungen zur Kinderpsychologie, die Abrahams Schülerin Melanie Klein und der noch unbekannte Schweizer Zoologe Jean Piaget, später einer der Köpfe der neuen Kognitionsforschung, beisteuerten. Freuds Referat, am Morgen des zweiten Tages plaziert, trug den lapidaren Titel *Etwas vom Unbewußten*. Es handelte sich um eine Vorstudie zur ein Jahr danach verfaßten Abhandlung über *Das Ich und das Es*, und ihr Ziel war es, den alten Dualismus der Psychologie zu hinterfragen. In Berlin führte Freud aus, daß das Ich keineswegs in einer unmittelbaren Abgrenzung zum Unbewußten zu sehen sei, sondern sich über dieses qua Widerstand indirekt definiere. Nach systematischer Auffassung könne das Unbewußte mit dem Verdrängten gleichgesetzt werden, aber gerade das heiße, daß es einen Teil des Ich bilde.[87] Sogar im Bereich der Unvernunft jenseits rationaler Steuerung blieb das Selbst eine Größe, mit der gerechnet werden mußte – Jean Laplanche nannte das den ‹Ipsozentrismus› der frühen Psychoanalyse.[88] Freud bahnte mit seinen Überlegungen den Weg zu einer wirklich dynamischen Auffassung des Unbewußten, die er in den folgenden Jahren vollendete. Der Berliner Vortrag bedeutete aber nicht nur ein Versprechen für die Zukunft, sondern auch einen Abschied, ohne daß die Beteiligten es ahnten. Es handelte sich um den letzten öffentlichen Auftritt, den der Gründer der Psychoanalyse absolvierte. Ein halbes Jahr später kam es zu einer verhängnisvollen Wende, die den verbleibenden Rest seines Lebens – immerhin noch 16 Jahre – auf bedrückende Weise bestimmen sollte.

Hiobs Heimsuchungen

Schon in mittlerem Alter war Freud von körperlichen Übeln geplagt. Regelmäßige Herzbeschwerden begleiteten ihn seit dem 40. Lebensjahr; der starke Kokainmißbrauch führte zu einer erheblichen Empfindlichkeit der Nasenscheidewand, zu Blutungen und Perforierungen; Darmprobleme standen ebenso wie Erkältungskrankheiten auf der Tagesordnung. Hinzu kamen Schwindelgefühle und Ohnmachten, Kreislaufschwäche und Schlafstörungen, Abszesse und Entzündungen, die Freud immer wieder ereilten. Phasen der Gesundheit und des absoluten Wohlbefindens blieben, selbst wenn man einen gewissen Hang zur Hypochondrie unterstellte, bei ihm die Ausnahme, nicht die Regel.

Ende Februar 1923 entdeckte Freud «etwas Überflüßiges [!] am Gaumen», das ihn irritierte: eine Wucherung, die vor allem nach Mahlzeiten leicht blutete.[89] Er glaubte, es handele sich um ein Epitheliom, eine gutartige Verknotung des Gewebes, und verzichtete daher zuerst auf weiteren medizinischen Rat. Anfang April fragte er dann allerdings den Dermatologen Maximilian Steiner, der seit Oktober 1907 zur Mittwochsrunde gehörte, nach seiner Einschätzung.[90] Steiner beruhigte ihn offenbar, was die Befundlage betraf, riet aber zur Aufgabe des Rauchens – eine Empfehlung, die Freud, ähnlich wie zur Zeit der Freundschaft mit Fließ, als Attacke auf seine Arbeitsfähigkeit bewertete. Trotz der beschwichtigenden Diagnose Steiners blieben bei ihm Zweifel, ob nicht doch Gefahr bestand. Als ihn sein Hausarzt, der Psychiater Felix Deutsch, am 7. April in der Berggasse besuchte, bat Freud ihn um einen Blick in seinen Mund. Deutsch erschrak angesichts der Wunde, zeigte äußerlich aber keine Besorgnis und diagnostizierte eine Leukoplakie, eine abnorme Verhornung des Kiefergewebes. Daß er ein Karzinom für möglich hielt, brachte er nicht zur Sprache.

Weil die Geschwulst sich nicht beruhigte, suchte Freud zwei Wochen später den Kehlkopf-Spezialisten Markus Hajek auf, der die Wiener Laryngologische Universitätsklinik leitete. Ein Jahr danach, im April 1924, behandelte dieser Hajek, der Arthur Schnitzlers Schwager war, übrigens einen anderen Patienten, dessen Arbeit auf eigene Weise mit dem Werk Freuds verbunden war: den an Tuberkulose im Endstadium erkrankten Franz Kafka. Hajek konstatierte nach kurzer Konsultation eine irreguläre Wucherung und empfahl eine kleine Operation. Am Sonnabend, dem 21. April, unterzog sich Freud in der schlecht ausgestatteten Ambulanz der Hajekschen Klinik einem Eingriff, bei dem das Gewebe an der Gaumenplatte entfernt wurde. Obwohl er bei der Operation erhebliche Mengen Blut verlor, kümmerten sich Hajeks überforderte Ärzte nicht hinreichend um die Nachversorgung. Er erhielt ein provisorisches Bett in einer Kammer der Notaufnahme, ohne daß man eine genaue Untersuchung der Operationswunde vornahm. Neben ihm lag ein ‹zwergwüchsiger Kretin›, wie sich Anna ausdrückte, der wenige Stunden später zu seinem Lebensretter werden sollte.[91] Trotz der Ruheposition, in die man ihn gebracht hatte, dauerte Freuds Blutung im Mundraum an. Martha und Anna besuchten ihn am Nachmittag, zeigten sich über seinen Zustand besorgt, informierten den Arzt, wurden aber unter beruhigenden Floskeln fortgeschickt. Als eine Stunde darauf die Blutung nochmals zunahm und Freud vergebens die Notglocke läutete, alarmierte sein Mitpatient eine Krankenschwester, die gemeinsam mit dem diensthabenden Arzt die Wunde versorgen konnte.

Nach zwei Tagen verließ Freud die Klinik, während man das entnommene Gewebe noch im Labor prüfte. Der Befund bestätigte die schlimme Ahnung der Ärzte: es handelte sich um eine krebsartige Zellveränderung. Hajek verschwieg Freud die unerfreuliche Diagnose, weil er fürchtete, der Patient könne seinen Lebensmut verlieren. Für die weitere Genesung wurde eine Radiumtherapie verordnet, die das Wachstum wilden Gewebes verhindern sollte.[92] Freud glaubte den beruhigenden Aussagen seines Arztes und schrieb mit leise ironischem Unterton: «Von der Gutmütigkeit der entfernten Neubildung ist alle Welt schwärmerisch überzeugt, aber man konnte doch nicht sagen, wie sie sich bei längerem Bestand benommen hätte.»[93] Und am 10. Mai teilte er Lou Andreas-Salomé mit, daß er auch mit dem Rauchen wieder begonnen habe, «in einer mäßigen, vorsichtigen, sozusagen kleinbürgerlichen Weise.»[94] Das Laster aufzugeben, war nicht möglich, denn es hätte den Verzicht auf geistige Arbeit bedeutet. In allen anderen Lebenssituationen – beim Kartenspiel, während des Spazierengehens, auf Reisen – konnte Freud ohne Zigarre auskommen, nicht aber am Schreibtisch. Zu den erforderlichen Vorsichtsmaßnahmen gehörte nun, daß er auf Rat der Ärzte fortan eine Spitze für das Mundstück der Havanna benutzen sollte, um den Rauch zum Schutz des Gaumens zu kühlen.[95] Trotz solcher Vorkehrungen ahnte Freud, wie stark die Zigarre seinen geschwächten Organismus schädigte. Unter dem Damoklesschwert des Krebses symbolisierte sie das, was er bald den Todestrieb nennen sollte: die Lust am Ende, den Verbrauch der Zeit und den Ruin der vitalen Kräfte – langsames Sterben, in Rauch vernebelt.

Die Schüler und Freunde glaubten nur zu gern, daß kein Grund zu dauerhafter Sorge bestehe. Aber es handelte sich um eine Täuschung, und Freud selbst war nachträglich tief verbittert über die Lügen, die man ihm aufgetischt hatte. Als ein halbes Jahr später die volle Wirkung der Krankheit sichtbar wurde und die Wahrheit ans Licht kam, entschied er sich, auf Hajeks ärztliche Künste fortan zu verzichten. Weil er es nicht ertrug, daß man ihm die Wahrheit verheimlichte, mied er künftig den Kontakt zu ihm, ebenso wie zu Felix Deutsch, der ihm seine Erstdiagnose verschwiegen hatte. Sein neuer Hausarzt wurde in den fünf kommenden Jahren Ludwig Braun, der als Kardiologe und Psychoanalytiker gleichermaßen ausgebildet war.

Das Unglücksjahr 1923 durchzogen zahlreiche Schicksalsschläge in schmerzlich dichter Folge. In der Nacht zum 12. Januar erhängte sich Herbert Silberer, ein früheres Mitglied des Wiener Kreises, am Fensterkreuz seiner Wohnung. Ein Nachruf in der *Internationalen Zeitschrift für Psychoanalyse* würdigte den Verstorbenen auf durchaus ambivalente Weise. Einerseits pries er Silberers Theorien zur Phantasietätigkeit – insbesondere die Überlegungen zur Produktion visueller Bilder im Traum –, andererseits deutete er seine Sympathien für Mystik und Okkultismus an, die in klarem Gegensatz zur orthodoxen Lehre standen.[96] Das entsprach sehr genau Freuds eigener Skepsis gegenüber Silberer, den er für einen Irrationalisten aus der Familie Jungs hielt.

Die Serie der Schicksalsschläge riß nach Freuds Krebsoperation nicht mehr ab. Im Mai 1923 erlitt Minna einen schweren Herzanfall, der sie zu einem längeren Sanatoriumsaufenthalt zwang. Am 19. Juni schließlich verlor man den kleinen Sohn der verstorbenen Tochter Sophie, den vierjährigen Heinele, auf den sich die gesammelte Liebe der Familie richtete. Die ersten Vorboten einer bedrohlichen Krankheit waren im März aufgetreten und hatten, wie Anna schrieb, größte Besorgnis ausgelöst.[97] Hinter hohem Fieber und langen Absencen offenbarte sich eine Miliartuberkulose, bei der nicht nur die Lunge, sondern auch Leber, Milz, Nieren und Hirnhäute von Erregerherden befallen sind. Heinele, am Ende «nichts als Augen, Haare und Knochen», starb in wenigen Tagen, nachdem er in eine tiefe Bewußtlosigkeit gefallen war.[98] Während der Junge noch gegen das steigende Fieber kämpfte, schrieb Freud am 11. Juni 1923 an die Budapester Freunde Katja und Lajos Levy in einem Ton, als sei er schon tot: «Er war auch ein entzückender Kerl, und ich selbst wußte, daß ich kaum je einen Menschen, gewiß nie ein Kind so lieb gehabt habe wie ihn. Leider war er sehr schwächlich, eigentlich nie fieberfrei, eines jener Kinder, deren geistige Entwicklung auf Kosten ihres körperlichen Gedeihens erfolgt ist.»[99] Heinele war, wie Freud später Jones berichtete, «von überlegener Intelligenz und unsäglicher seelischer Anmut, und er sprach wiederholt davon, daß er bald sterben werde!»[100]

Die Familie erfuhr den Tod Heineles als Schock, weil er die andauernde Trauer über den Verlust Sophies nochmals verstärkte. Die Geschichte wirkt wie ein reales Vorspiel der Echo-Episode aus Thomas Manns Roman *Doktor Faustus* (1947): auch dort stirbt ein Kind – an Meningitis –, das durch Geist und Charme ausgezeichnet, reizend und gewinnend ist; Max Schur nannte die Analogie zwischen Heinele und Echo «unheimlich»[101]. Freud hatte anders als Manns Held Adrian Leverkühn keinen Pakt mit dem Teufel geschlossen, der ihn zum Liebesverzicht zwang und bewirkte, daß jene, die seinem Herzen nahestanden, sterben mußten. Im Jahr 1923 dürfte er sich dennoch wie ein Verdammter gefühlt haben, dessen Leben unter einem Unstern stand. Die Verluste seiner Freunde und Angehörigen ertrug er ohne jeden religiösen Trost, im Zeichen eines zähen, fast unerbittlichen Stoizismus. Daß das letzthin Fassade war, verriet Mitte Juli 1923 eine Bemerkung gegenüber Ferenczi: «Ich habe noch nie eine Depression erlebt, aber das muß jetzt eine sein.»[102] An Binswanger schrieb Freud im Oktober 1926, nach Heineles Tod möge er die übrigen Enkel nicht mehr.[103]

Das Katastrophenjahr 1923 mit Krebserkrankung und Kindestod setzte sich düster fort. Einen Monat, nachdem man Heinele verloren hatte, erlitt Theodor («Teddy»), der 18jährige Sohn von Freuds kurz zuvor verwitweter Schwester Maria, in Berlin beim Baden während des Tauchens einen Hirnschlag und starb, ohne das Bewußtsein wiedererlangt zu haben.[104] «Es ist etwas viel für eine Saison», notierte Freud einen Tag nach der erneuten Trauermeldung.[105] Er konnte nicht ahnen, daß der Reigen der Todesfälle noch nicht beendet war. Am 12. Oktober 1923 erlag sein Schwager Eli Bernays 63jährig in New York einer Blinddarmentzündung. Eli, der mit Freud als Bruder Marthas und Mann seiner Schwester Anna doppelt verwandt war, hinterließ fünf Kinder. Sämtliche der vier verheirateten Freud-Schwestern teilten damit das Schicksal, daß ihre Männer vor ihnen starben. Die Familie rückte eng aufeinander in dieser Situation; sie war groß genug, um Wärme und Unterstützung für ihre Mitglieder zu bieten. Alle wußten das und nutzten die Phase der Trauer in der Gemeinsamkeit. «Zusammenhalten, helfen, teilnehmen», schrieb Freud bereits am 13. Juli 1923 an seine Schwiegertochter Lucie, «man kann nicht mehr thun. Der Rest ist ertragen.»[106]

Die erste Krebsoperation, so erkannte Freud bald, war mißlungen; «noch immer im Maul gequält», meldete er am 13. August 1923 aus dem Urlaub in Lavarone.[107] Die Blutungen dauerten fort, und die Geschwulst wuchs weiter. Nach der Rückkehr aus Rom am 23. September 1923 konsultierte er sofort seine Ärzte. Die Diagnose lautete einhellig, daß eine «partielle Oberkieferresektion», also eine Entfernung von Knochen und Gewebe, unabdingbar sei.[108] Der qualvolle, mehrere Stunden dauernde Eingriff wurde durch den Chirurgen Hans Pichler am 12. Oktober 1923 im Sanatorium Auersperg unter Lokalanästhesie und Sedativen durchgeführt. Der 46jährige Pichler verfügte nicht nur über eine vorzügliche Ausbildung, sondern auch über große Erfahrung; in den Kriegsjahren hatte er an der Front eine Vielzahl von Mund- und Kieferbehandlungen bei entstellten Schwerverwundeten vorgenommen. Max Schur, der spätere Leibarzt Freuds, listet die einzelnen Schritte der «Radikaloperation» auf: «sie bestand aus der Resektion des größeren Teils des rechten Oberkiefers, eines beträchtlichen Teil des Unterkiefers, des rechten weichen Gaumens und der Backen- und Zungenschleimhaut.»[109] Schon am Tag nach dem Eingriff zwang sich Freud trotz hohen Fiebers, das Krankenbett zu verlassen. Abraham meldete er: «Heute Tampon erneuert, aufgestanden, den vorhandenen Rest in Kleider gesteckt.»[110] Der Mutter schrieb er noch aus Auersperg beschwichtigend, alles sei vortrefflich gegangen und er freue sich auf das Wiedersehen, bei dem er erwarte, daß sie «recht fesch» sei.[111]

In den kommenden Wochen stellte Pichler eine Prothese her, die Sprechen und Kauen ermöglichen sollte. Am 3. Dezember 1923 schrieb Freud an Joan Riviere, sein Arzt sei ein «Künstler», dessen Arbeit es ihm sogar erlaube, sich auf Englisch halbwegs klar zu artikulieren.[112] Das war jedoch eine Täuschung, denn die Anpassung der Prothese gelang nicht wirklich befriedigend, so daß immer wieder Schmerzen und Behinderungen auftraten. Das Einsetzen des gewaltigen Apparates bildete eine mühsame, lang dauernde Prozedur, bei der Freud Hilfe brauchte – von einem normalen Leben konnte keine Rede mehr sein. Auch äußerlich waren die Spuren der Operation deutlich zu erkennen. Photographien zeigen Freud nach dem Eingriff mit stärker eingefallenen Wangen und harten Zügen. Der Bart wirkte hier vorteilhaft und verbarg den Blicken, daß sein nur noch rudimentär vorhandener Kiefer künstlich gestützt wurde. «Am peinlichsten», schrieb er am 4. Februar 1924 an Ferenczi, «ist die Narbenenge, die es oft unmöglich macht, eine Zigarre zwischen die Zähne zu stecken, und die nur mechanisch durch Dehnen, mittelst einer Wäscheklammer, bekämpft werden kann.»[113] Die Prothese sei sein «unedler künstlicher Anteil», so erklärte er neun Monate später in dem Wissen, daß er sich an das Monstrum gewöhnen mußte. Und im März 1925 schrieb er mit jenem Sarkasmus, zu dem er in Fragen seines persönlichen Zustands fähig war: «Ich bin in einer ähnlichen Lage wie unser armes Österreich, leide an den Schmerzen der Sanierung, von der es ja auch noch nicht feststeht, ob sie gelingen wird.»[114]

Schüler und Kollegen zeigten große Anteilnahme. Binswanger, der selbst an Krebs erkrankt war, aber geheilt wurde, fühlte aus eigener Erfahrung mit. Auch Eitingon fiel durch besondere Empathie auf. Er betrachte sich selbst als Teil der Familie, so gestand Freud nicht ohne Rührung Lou Andreas-Salomé.[115] Trotz aller Neigung zum Verdrängen, die ihm vor allem Ferenczi vorhielt, bemühte er sich, mit der Krankheit illusionslos umzugehen. An Groddeck schrieb er am 25. November 1923: «Ich weiß natürlich, daß es der Anfang vom Ende ist. Ob es sich direkt fortsetzt oder mit Pausen, läßt sich ja nicht vorher wissen. Aber ein Ende muß ja sein und die Fortsetzungen wird man auch nicht vermissen. Eine davon wird man bei Ihnen finden.»[116]

Beschlossen wurde das Jahr der Krankheiten durch einen Eingriff, den Freud äußerst diskret behandelte. Am 17. November 1923 unterzog er sich der Steinach-Operation, bei der man eine Verpflanzung von Hoden und eine Unterbindung der Samenleiter zum Zweck der Verjüngung durchführte. Zahlreiche männliche Patienten erhofften sich von diesem relativ teuren Eingriff eine Stärkung ihrer Lebenskraft und eine umfassende Vitalisierung ihres ganzen Organismus. Eugen Steinach, der Erfinder dieses Verfahrens, forschte seit 1912 in Wien an der Biologischen Versuchsanstalt der Akademie der Wissenschaften im Fach Physiologie. Sein zentrales Arbeitsgebiet war die Gewebereaktivierung durch Drüsen- und Zellverpflanzung, die den Alterungsprozeß hemmen sollte. Freud erwartete von der Steinach-Operation, daß sie das Wachstum des Krebses eindämmen und seine Widerstandskräfte intensivieren würde. Offenbar fürchtete er aber, man könne falsche Schlüsse aus seiner Entscheidung ziehen und ihn für einen alternden Don Juan halten, der durch den Eingriff seine sexuelle Potenz steigern wollte. Aus diesem Grund bewahrte er Stillschweigen über die Operation, deren erhoffte Wirkung trotz regelmäßiger Hormoninjektionen im übrigen ausblieb.[117] Freuds Befinden war in den folgenden Jahren instabil, und der Verfall vollzog sich, auch äußerlich sichtbar, mit großer Beschleunigung. Innerhalb kurzer Zeit wurde er zu einem Greis, dessen Gesicht die Spuren des Kampfes erkennen ließ.

Die Prothese des Gaumens wurde für Freud zur alltäglichen Foltermaschine, weil es Pichler nicht gelang, eine passende Befestigung im Mundraum anzubringen.[118] Sie stellte ein kompliziertes Gebilde dar, das er mit einer Mischung aus Angst, Ekel und Ironie betrachtete. Anna blieb die einzige, die ihm das Gerät in teilweise eineinhalbstündigen Prozeduren einsetzen durfte. In den kommenden 16 Lebensjahren, die Freud noch blieben, waren mehr als 50 kleinere und größere Eingriffe erforderlich, um die Prothese besser einzupassen, wildes Zellwachstum zu verhindern und neu wucherndes Gewebe zu schneiden. Noch Jahre nach der Totaloperation, im Juli 1927, mußte er den «ganzen Tag an den Kiefer denken».[119] Langes Sprechen und Essen in der Öffentlichkeit waren ihm unmöglich; die Mahlzeiten nahm er bevorzugt allein ein, dabei die Zeitung lesend, ohne Gesellschaft. Der Krebs war bis 1935 nicht mehr aktiv, aber Freuds Alltag stand seit dem großen Eingriff vom Oktober 1924 unter dem Vorzeichen der Furcht und der Behinderung. Die eingeschränkte Sprechfähigkeit erschwerte die Sitzungen mit Patienten und zwang zum Verzicht auf weitere Vortragsauftritte. Die Todesahnungen, die Freud seit den frühen 90er Jahren begleiteten, wurden nun deutlicher. Vor allem die von ihm gehaßten Geburtstage, deren Feier er schon 1919 einen «für die Abschaffung» reifen Brauch nannte, machten ihm sichtbar, daß seine Uhr ablief.[120] Im Mai 1924 beklagte er eine «Art von seniler Depression, die um den Zwist zwischen irrationeller Lebenslust und verständiger Resignation zentriert ist.»[121] Zu diesem Zeitpunkt hatte Freud noch 15 Jahre vor sich.

Nur eine Zigarre am Tag gestand er sich nach der Operation zu.[122] Als Ausgleich für das entgangene Rauchvergnügen sammelte er Feuerzeuge, die er auf seinem Schreibtisch stapelte.[123] Bleierne Trauer erfaßte ihn immer wieder und lähmte seine Kräfte. An Freunde schrieb er in elegischer Abschiedsstimmung, als sei seine Zeit schon vorüber. Solche Anflüge der Niedergeschlagenheit schränkten sporadisch die intellektuelle Energie ein, konnten aber ihren Quellen, Neugier und Ehrgeiz, auf Dauer nichts anhaben. Beide waren weiterhin in Kraft, und mit ihrer Hilfe gelang es Freud, seine geistige Arbeit auch unter schwierigen physischen Umständen fortzusetzen. Das Modell für diesen Weg vom Körperlichen ins Geistige hatte er bereits einige Jahre früher bei einem Autor gefunden, der ihn außerordentlich fesselte. Am 11. November 1917 schrieb er an Abraham, er versuche sich mit Ferenczi an der Übertragung der Lamarckschen Evolutionstheorie auf die Psychoanalyse. Zu diesem Zweck hatte er Ende Dezember 1916 Lamarcks *Zoologische Philosophie* (1909) aus der Wiener Universitätsbibliothek entliehen.[124] Man müsse zeigen, so Freud, daß Lamarcks These von der Prägung der Organe durch die Umwelt einen psychologischen Kern aufweise: der Körper sei nämlich das Produkt des Unbewußten und einer «‹Allmacht der Gedanken›», die sich in ihm organisiere.[125] Ähnlich hatten schon im 18. Jahrhundert Vertreter des Animismus, etwa der Hallenser Arzt Georg Ernst Stahl, argumentiert. Freud suchte allerdings nicht die ‹Seele›, sondern das Unbewußte mit sämtlichen seiner Teilkräfte als Ursprungsort der Körperbildung zu definieren. Auf dieses Muster hatte er seine medizinische Tätigkeit ausgerichtet, und ihm folgte er nun auch selbst als Kranker. Der Leib sollte kein Eigenrecht gewinnen, statt dessen als bloßer Anhang der seelischen Welt und der in ihr wirkenden Geistes- und Triebkräfte gelten. In Freuds künftigen kulturtheoretischen Schriften schlug sich eine solche Perspektive verstärkt nieder, wie wir noch sehen werden.

Die alltäglichen Verpflichtungen waren stetig gewachsen und bedeuteten nun angesichts der Krankheit schwere Lasten. Unaufschiebbare ‹geschäftliche› Korrespondenzen, «Absagen von Vorträgen, Reisen, Mitarbeiterschaften» stahlen Freud, wie er Abraham schon im März 1922 klagte, seine kostbare Zeit.[126] Nach der Operation ging er phasenweise dazu über, Briefe zu diktieren – als Sekretärin fungierte nicht mehr Minna, sondern bevorzugt Anna, die während ihrer Ausbildung zur Lehrerin auch das Maschineschreiben erlernt hatte. Die Sommerpause wurde nun verlängert, ab 1924 eine Villa auf dem Semmering gemietet, die ein entspanntes ländliches Leben erlaubte. Während der turbulenten Ferienmonate, in denen man Reisen vorbereiten und den Gepäckversand organisieren mußte, kamen als Helferinnen zuweilen auch weibliche Verwandte nach Wien in die Berggasse, so aus New York Judith Bernays, die Tochter Elis. Die hochneurotische ‹Ditha›, wie sie von der Familie genannt wurde, begann später, im April 1922, eine Analyse bei Helene Deutsch.[127] In den Monaten zuvor wohnte sie bei den Freuds, wo sie sich im Alltag allerdings reichlich ungeschickt anstellte. Sie sei «rührend brav und untüchtig», notierte Freud am 27. März 1922.[128]

Nach 1923 reduzierte Freud seine halböffentlichen Verpflichtungen, keineswegs freiwillig, sondern unter dem Druck zunehmender Gebrechen. Die Mitwirkung an Konferenzen aller Art mußte er fortan absagen.[129] Im Herbst 1924 gab er praktisch die Leitung der Wiener Psychoanalytischen Vereinigung auf, weil ihn die abendlichen Sitzungen ermüdeten und sein Gehör nachließ.[130] Offiziell verblieb er im Amt des Obmanns, aber die Geschäfte führte ab jetzt Paul Federn, ein früher Schüler, der die Analyse mit sozialpolitischen Zielsetzungen zu verbinden suchte. Freuds Rückzug führte zu merkwürdigen Spekulationen und Unterstellungen. In Wien werde er, wie er im Oktober 1924 behauptete, alle zwei Wochen totgesagt.[131]

Das war, was die Frequenz des Gerüchts betraf, eine veritable Übertreibung, spiegelte jedoch sein subjektives Empfinden, daß es nun ans Sterben gehen müsse. Zwar blieben neue Unglücksbotschaften nach der Operation aus, und die Befundlage wirkte beruhigend: das Karzinom kehrte einstweilen nicht zurück. Aber es war eine eingeschränkte Existenz, «weit entfernt von Behagen». Der Alterungsprozeß schritt voran, nur der Schlaf erwies sich als «infantil gut».[132] Schwerer als die Schmerzen und die Qual regelmäßiger Eingriffe bedrückte Freud die permanente Todeserwartung. Den «garstigen Realitäten», so schrieb er Lou Andreas-Salomé, halte er stand, nur die «Möglichkeit» eines baldigen Endes belaste ihn stark: «mit der Existenz auf Kündigung komme ich nicht zurecht.»[133]

Anna wird eingeführt

Seit Kindertagen war Anna deutlicher als ihre beiden älteren Schwestern auf ihren Vater fixiert, der diese Vorliebe sichtbar erwiderte. Umgeben von einer Mutter und zwei Ersatzmüttern – Minna und der Kinderfrau Josephine –, wurde sie durch weibliche Bezugspersonen geprägt, aber ihm galt ihre eigentliche Zuneigung.[134] Schon in der kleinen Studie über *Das Motiv der Kästchenwahl,* die ein großes Thema der Weltliteratur und des Märchens beleuchtete, hatte Freud sich mit Shakespeares Lear und seinen drei Töchtern befaßt. Anna erinnerte ihn an Cordelia, die jüngste der Schwestern, die ihre Liebe zu Lear hinter Sprödigkeit versteckt.[135] Die Tochter bewegte sich in ähnlichen Bahnen des literarisch-mythologischen Vergleichs, wenn sie an ihre Stellung in der Familie dachte. Am 6. August 1915 berichtete die knapp Zwanzigjährige aus Bad Ischl ihrem Vater: «Neulich habe ich geträumt, daß Du ein König bist und ich eine Prinzessin und daß man uns durch politische Intrigen auseinanderbringen will. Es war nicht schön und sehr aufregend.»[136] Die Liebe seiner heranwachsenden Tochter und die eigene Affizierung nahm Freud sehr aufmerksam als zwar natürlichen, aber auch potentiell gefährlichen Ausdruck einer besonderen Bindung wahr. 1917 schrieb er über dieses Thema grundsätzlich: «Die zärtliche Anhänglichkeit an den Vater, das Bedürfnis, die Mutter als überflüssig zu beseitigen und ihre Stelle einzunehmen, eine bereits mit den Mitteln der späteren Weiblichkeit arbeitende Koketterie ergeben gerade beim kleinen Mädchen ein reizvolles Bild, welches uns an den Ernst und die möglichen schweren Folgen hinter dieser infantilen Situation vergessen läßt.»[137] Weil er diese bedrohlichen ‹Folgen› inzestuöser Neigungen genau kannte, war Freud vorsichtig genug, sein Verhältnis zu Anna ständig zu beobachten und sich selbst zu kontrollieren. So entstand ein klassischer Fall der Sublimierung von Triebenergien, die auf andere Ziele umgelenkt wurden. Die eigentliche Grenzüberschreitung fand im Fall Annas nicht auf erotischer, sondern auf geistiger Ebene statt, indem Freud seine Liebe intellektuell auslebte.

Früh bezog er Anna in seine Arbeit ein, und zwar gründlicher und umfassender, als er das bei seinen Söhnen und den beiden anderen Mädchen getan hatte. Seine Briefe an sie überschrieb er gelegentlich mit der Anrede ‹Meine einzige Tochter›, was auf die Tatsache anspielte, daß sie das letzte Kind vor dem Erwachsenenalter war, aber auch besondere emotionale Nähe signalisierte. Während Freud bei Mathilde und Sophie den konventionellen Lebensentwurf mit früher Heirat und Kindererziehung guthieß, verstand er, daß für die überaus begabte Anna andere Maßstäbe gelten mußten. Bereits als junges Mädchen, knapp 14jährig, durfte sie ihren Vater auf längeren Spaziergängen durch die Stadt begleiten, bei denen er sie in die Grundzüge der Psychoanalyse einweihte. Zunächst begnügte er sich mit einfachen Metaphern und Vergleichen; so zeigte er ihr die schönen Außenansichten der prachtvollen Villen am Prater und erklärte ihr, daß dahinter oftmals Häßliches wohne, wie im menschlichen Seelenleben.[138] In dieser Phase nahm Anna erstmals an den Diskussionsabenden des Mittwochskreises teil. Sie saß auf einer Bibliotheksleiter und hörte von Dingen, die sie kaum verstanden haben dürfte: von Inzest, Perversionen, Zwangsvorstellungen, Neurosen.[139] Die irritierende Szene zeigte eine Pubertierende, die inmitten von Medizinern, Analytikern und Anwälten als einziges Wesen weiblichen Geschlechts vernahm, was die Lehre ihres Vaters über die Sexualität von Frauen zu sagen hatte. Bedenken gegenüber dieser Praxis schien Freud nicht zu hegen. Daß er Anna in die Geheimnisse der Psychoanalyse einführte, obwohl sie die erforderliche intellektuelle und seelische Reife noch nicht besaß, muß vom heutigen Standpunkt befremden.

Über Anna schrieb Freud am 8. April 1915 an Ferenczi: «Sie entwickelt sich übrigens reizend, erfreulicher als irgendein andres der sechs Kinder.»[140] Im Juni 1915 bestand Anna ihr Examen als Volksschullehrerin sehr erfolgreich – nur im Fach Gesang zeigte sie mangelhafte Leistungen. Wenige Monate danach begann sie ihre zweijährige Probezeit am Cottage-Lyzeum, wo sie ab 1917 als Klassenlehrerin beschäftigt wurde. Im April 1918 absolvierte sie, wegen einen schwerer Angina unter Aspirin, auch die praktische Prüfung.[141] Sehr am Herzen lag ihr bei der schulischen Arbeit die Reformpädagogik im Sinne Maria Montessoris, die – angeregt durch die Philosophie Johann Friedrich Herbarts – ganz auf das Ideal der freien, zwanglosen Selbstbildung des Individuums setzte. Ihr Ehrgeiz war es, Elemente einer modernen Kindererziehung mit der aktuellen Psychologie zu verbinden. Freud nannte Anna daher schon im Dezember 1917 in einem Brief an Montessori eine «analytische Pädagogin».[142] Seine Tochter, so schrieb er Jahre später, habe sich die «Anwendung der Psychoanalyse auf die Erziehungswissenschaft» zur «Lebensaufgabe» gemacht.[143] Ihr eigentliches Ziel war, so zeigte sich bald, kein Schulamt, sondern das möglichst tiefe Eindringen in die Lehre ihres Vaters. In den Wintersemestern 1915/16 und 1916/17 besuchte sie jeden Sonnabend nach dem Unterricht Freuds Vorlesungen, ohne eine einzige zu versäumen, wie sie Jones erzählte.[144] Sie wurde dabei begleitet von Martins Freund Hans Lampl, der Medizin studierte und sich bald zum Analytiker ausbilden ließ; sporadisch schloß sich auch Mathilde den beiden an.

Durch Jones, während ihres Englandbesuchs im Sommer 1914, und Ferenczi, bei dem sie im Sommer 1918 in Budapest hospitierte, kam Anna mit vielfältigen therapeutischen Fragen in Berührung. Sie begann erste psychoanalytische Texte aus dem Englischen zu übersetzen, zunächst im Sommer 1915 Putnams *Some of the Broader Issues of the Psychoanalytic Movement* und eine Miszelle von Jones, der, penibel und pedantisch, das gesamte Projekt überwachte. Dem folgten ab 1918 zahlreiche Arbeiten, durch deren Übertragung sie ihr Verständnis der analytischen Methode und Terminologie schulte. Besonderes Gewicht hatte Jones' Studie *Treatment of the Neuroses*, die sie 1920 ins Deutsche übersetzte, unterstützt auch von ihrem Vater, der sich bei wichtigen Fragen selbst einmischte.[145] Voller Leidenschaft las sie zu dieser Zeit die zentralen Abhandlungen der Berliner, Budapester und Londoner Schule, erschloß sich, gänzlich uneitel und bescheiden, die großen Bogenführungen ihrer Argumentation und sah sich als ‹Sekretärin› im Dienst der reinen Lehre. Die ‹Erika›, ihre Schreibmaschine, bildete das wichtigste Utensil des Alltags, das sie nicht missen mochte.[146] Noch war der Weg zur eigenen wissenschaftlichen Arbeit weit, aber er zeichnete sich ab, wie Freud erkannte.

Er blieb der wesentliche Anreger, der Anna in unterschiedlichen Rollen mit seinem Lehrsystem vertraut machte. Dabei waren die Konflikte, die ein solches Modell auslösen konnte, förmlich vorprogrammiert. Im Hörsaal sorgte der räumliche und institutionelle Abstand dafür, daß Beziehungsprobleme zwischen Vater und Tochter ausblieben. Anders lagen die Verhältnisse, als Freud im Oktober 1918 begann, mit Anna therapeutische Gespräche zu führen, die ohne große Unterbrechungen bis 1922 andauerten. Diese Sitzungen fanden statt, obwohl er wußte, daß eine enge familiäre Beziehung die Objektivität des medizinischen Urteils massiv einschränken mußte. Im Kern handelte es sich um eine Lehrtherapie, die hier erfolgte. Die Tochter, die nach seinen eigenen Worten «so alt wie die Psychoanalyse» war, wurde nun selbst zum Gegenstand des Studiums.[147] Anna ging das risikoreiche Experiment offenbar ohne Vorbehalte an und ließ sich auf ein freies Gespräch ein, in dem es keine Tabus gab. Sie bekannte Freud, daß sie masturbierte, ihn begehrte und sich vorstellte, von ihm geprügelt zu werden. Die Ursachen für ihre sexuelle Verdrängung, ihre inzestuösen Neigungen und ihre masochistischen Tendenzen kamen schon in den ersten Wochen des Gesprächs ans Tageslicht. «Annerls Analyse wird fein», verkündete Freud am 20. Oktober 1918 in triumphierendem Ton an Ferenczi.[148] Daß die Tochter während dieser Phase unter erheblichem seelischen Druck stand, verrieten ihre zahlreichen Krankheiten: Katarrhe, Infektionen, Fieber, Kopfschmerz suchten sie in regelmäßigen Abständen heim. Nur in den Bergen blühte sie auf, warf die Lasten des Alltags ab und lebte in Übereinstimmung mit ihren körperlichen Bedürfnissen. Im Juli 1917 berichtete Freud aus der Tatra: «Anna, die weder mit ihrem Ohren- noch mit ihrem eitrigen Nasenkatarrh zu Ende ist, frißt hier wenigstens in sehr befriedigender Weise.»[149] Ansonsten wußte der Vater allzu genau, daß die körperlichen Schwächezustände der Tochter psychosomatischen Charakter trugen und aus der Unterdrückung ihrer Triebwünsche resultierten.

Den wissenschaftlichen Reflex des frühen Therapiestadiums bildete Freuds Studie *Ein Kind wird geschlagen*, die 1919 erschien. Er berichtete ohne nähere Details von sechs Fällen, zwei Männern und vier Frauen, deren sexuelle Phantasien sich auf von ihnen erlebte oder imaginierte Szenen bezogen, in denen Kinder – zumeist Geschwister – von ihrem Vater verprügelt wurden. Er vertrat dabei die These, daß die masochistische Neigung, die sich hier entwickelt hatte, stets eine Abzweigung des Inzest-Modells war. Der Junge verschob irgendwann die Rolle des Vaters auf die mit maskulinen Eigenschaften ausgestattete Mutter und entfaltete Lust bei der Vorstellung, von ihr – oder einer Vertreterin – gezüchtigt zu werden. Die weibliche Masochistin imaginierte auch als Erwachsene den Vater und nahm die Rolle der fiktiven Beobachterin ein, die zusah, wie ein Knabe geschlagen wurde. Diese Position entsprach dem, was Freud fünf Jahre später als wesentliche Differenz der sexuellen Sozialisation beschreiben sollte: während das Mädchen das Faktum der Kastration akzeptierte, fürchtete sich der Junge vor ihrem Vollzug.[150] Daraus ergaben sich auch unterschiedliche Formen abweichender Sexualität, wie Freud sehen konnte. In sämtlichen Fällen entsprang die masochistische Neigung einer ursprünglich anal-sadistischen Komponente, die im Übergangsstadium ‹zensiert›, aus Schuldgefühl verdrängt und schließlich in eine passive Perspektive überführt wurde, die das Vergnügen am Schlagen auf die Opferrolle übertrug. Für Freud war diese Genese einer Perversion deshalb wesentlich, weil sie in seinen Augen zeigte, daß sie aus der inzestuösen Bindung hervorging. Die ödipale Konstellation bildete den Hintergrund, ohne den die Entstehung des Masochismus – wie auch anderer Abirrungen – für Freud nicht erklärbar war. «Die abnorme Sexualkonstitution hat schließlich ihre Stärke darin gezeigt, daß sie den Ödipuskomplex in eine besondere Richtung gedrängt und ihn zu einer ungewöhnlichen Resteerscheinung gezwungen hat.»[151]

Erneut erwies sich das Triebleben als Schauplatz sehr umfangreicher Gestaltungs- und Veränderungsprozesse; dort, wo die Verdrängung mißlang, brachte sich die Libido über Ersatzbildungen zur Geltung. Freuds Studie befaßte sich ausführlicher mit der Frage von Übertragungsvorgängen und Rollenwechseln innerhalb des Modells des Masochismus, um solche Ersatzbildungen exemplarisch vorzuführen. Während Krafft-Ebings *Psychopathia sexualis* sich auf Fallbeispiele konzentriert hatte, in denen Geschichten von Strafphantasien sämtlicher Gradstufen und Ausprägungen erzählt wurden, verzichtete Freud auf Schilderungen *en detail* und ging den Ursachen des Phänomens nach.[152] Wo Krafft-Ebing einen – von vielen Zeitgenossen in heimlichem Vergnügen rezipierten – Roman der Perversionen schrieb, verfolgte er mit großem Scharfsinn die Frage der Kausalitäten. Die masochistische Neigung entsprang einer sadistischen Grundhaltung des Kindes, mischte sich mit der inzestuösen Bindung an Mutter oder Vater, wurde im Prozeß der Adoleszenz aus Schuldgefühl umgearbeitet und in ein Modell des Leidens an der physischen Strafe verwandelt. Der Masochismus war mithin zensierter, vom Bewußtsein genehmigter Sadismus – eine Erkenntnis, die Freud durch die Behandlung seiner Tochter gewann. Lou

Andreas-Salomé wertete seine Studie einige Jahre später als wichtigen Beitrag zu einer Forschungsgeschichte, die unsere Einsichten in die «Steigerung der körperlichen Selbstliebe durch Schmerz, Verletzungen etc.» tiefgreifend veränderte.[153] In der Tat konnte Freuds Ansatz deutlich machen, daß die Psychopathologie der menschlichen Sexualität nicht als Panoptikum der Abirrungen, wie bei Krafft-Ebing, Moll oder Bloch, sondern im Sinne einer eigenständigen und damit identitätsbildenden Spielart des Trieblebens zu verstehen war. Der Zusammenhang von Persönlichkeit und Neurose, von Charakter und Krankheit durfte fortan nicht ignoriert werden, weil das Verständnis des ‹Abnormen› durch Freuds Theorie des Unbewußten eine neue Basis fand.

Die Linien, die zu den persönlichen Hintergründen der Konstellation führten, ließen sich im Text nur ahnen. Annas Fall wurde von Freud kurz gestreift und dabei als minder schwer qualifiziert. Die «masochistische Schlagephantasie» ergänze hier ein «kunstvoller, für das Leben der Betreffenden sehr bedeutsamer Überbau von Tagträumen».[154] Dieser Komplex einer eigenen Vorstellungswelt spielte im Leben Annas eine wichtige Rolle. Freud hatte seine Kinder niemals geschlagen, und Gleiches galt für Martha und die Hausangestellten. Gewalt als Mittel der Erziehung war, anders als in der zeitgenössischen Pädagogik, für ihn inakzeptabel. Annas Phantasien besaßen mithin keinen realen Grund, sondern entsprangen dem Wunsch, vom Vater körperlich bestraft zu werden. Sie erwiesen sich als Spiegel eines inzestuösen Begehrens, das sich in der Vorstellung physischer Züchtigung äußerte. Daran knüpften sich Masturbationspraktiken, die in der Tochter Schuldgefühle auslösten. Gleichzeitig ersann sie ein System der Tagesphantasie, das es erlaubte, «das Gefühl der befriedigten Erregung auch bei Verzicht auf den onanistischen Akt möglich zu machen.»[155] Annas Sexualphantasien waren ein zentrales Thema der Analyse, und ihre Bedeutung für die fragile seelische Konstitution, in der sie lebte, dürfte Freud rasch erkannt haben. Die masochistischen Vorstellungen der Tochter wiesen im Kern auf jene inzestuöse Dimension zurück, die er als Grundmuster der sexuellen Abirrungen definierte. Freud konnte diesen Aspekt seines Befundes allerdings nicht aufdecken, weil er die besondere Lage berührt hätte, die Anna und er hier erzeugten. In der normalen Behandlungssituation arbeitete die in ihren Therapeuten verliebte Analysandin ihre Neigung um, indem sie sich als dessen «bevorzugte Tochter» stilisierte, wie Freud 1917 mit einem aufschlußreichen Attribut formulierte.[156] Im Fall Annas wurde die ‹bevorzugte Tochter› nun zur Patientin, was wiederum die Sublimierung eines beiderseitigen Inzestwunsches bedeutete.

Während der Sitzungen bei ihrem Vater offenbarte Anna auch andere Elemente ihrer Sexualität, insbesondere ihre homoerotischen Neigungen. In einer 1920 veröffentlichten Studie erörterte Freud einen Fall weiblicher Homosexualität aus der eigenen Praxis, der sich als versteckter Kommentar zu den Sehnsüchten Annas lesen läßt. Es handelte sich um die Geschichte eines 18jährigen Mädchens aus wohlhabender Familie, das sich nach einer Reihe von Schwärmereien für andere Frauen in eine zehn Jahre ältere *Femme fatale* mit zweifelhaftem Ruf verliebt hatte. Sie suchte die Gesellschaft der angebeteten «Halbweltdame», zeigte sich freizügig mit ihr in der Wiener Innenstadt und erregte durch ihre sichtbare Neigung allgemeine Aufmerksamkeit.[157] Den Vater belog sie offen, wenn es um ihre Rendezvous ging, legte es aber zugleich darauf an, ihn in Begleitung ihrer Freundin auf der Straße zu treffen. Nach einer solchen Begegnung beging das Mädchen einen Selbstmordversuch, konnte allerdings gerettet werden. Auf Wunsch des besorgten Vaters übernahm Freud nun die Rolle des Beobachters, der sich, da eine sichtbare neurotische Störung nicht vorlag, auf einige Gesprächssitzungen beschränkte. Er verglich diesen Teil seiner Aufgabe mit den komplizierten Vorbereitungen einer Reise, dem Betreten des Perrons und der Eroberung eines Zugabteils, ohne daß schon sicher war, wohin die Fahrt führte.[158]

In einer ersten Stunde gelang es Freud zu klären, daß das Mädchen in der Vergangenheit mit anderen Frauen keine sexuelle Intimität erfahren, ihre «Genitalkeuschheit» bewahrt, wohl aber «Küsse und Umarmungen genossen» hatte.[159] Die junge Patientin agiert in der platonisch bleibenden Beziehung zu ihrer Freundin als traditionell männlicher Partner mit einer Mischung aus aktivem Werben und sehnsüchtiger Verliebtheit. Ihre Neigung trat in einer Phase auf, da ihre eigene Mutter ihr viertes und letztes Kind gebar, einen Knaben. Freud analysierte die homoerotische Orientierung der Tochter nun als Ausdruck versetzter, unerwiderter Mutterliebe und eines heimlichen Wunsches, dem Vater ein Kind zu schenken, wie es ihre Mutter getan habe. Die Interpretation des invertierten Liebesverlangens ging also vom Inzestmotiv aus, das hier aber selbst verkehrt wurde. Normalerweise, so Freud, begehrt die Tochter ihren Vater, phantasiert sich an den Platz der Mutter und nimmt deren Rolle ein. Im vorliegenden Fall verwandelte sich die Tochter zum Mann und «nahm die Mutter an Stelle des Vaters zum Liebesobjekt.»[160] Ihr Ziel war es, den Vater, der ihre Liebe im Familienroman verschmäht hatte, zu kränken und sich der Mutter als Nebenbuhlerin zu entziehen. Diesem Ansinnen korrespondierte wiederum das Reaktionsschema, dem die Eltern unterlagen: während die Mutter das Verhalten der Tochter duldete, zeigte sich der Vater empört.

Auch die ‹Objektwahl› der Tochter entsprach der Absicht, eine klassische männliche Rolle zu übernehmen. Die Dame der Halbwelt hatte Vorgängerinnen in einer «Kinoschauspielerin» mit promiskuösem Liebesleben und anderen heterosexuellen Frauen, die als moralisch anrüchig galten.[161] Das Mädchen wiederholte damit ein Muster, das üblicherweise Männern zugeschrieben wurde: die erotische Fixierung auf sittlich zweifelhafte, leichtlebige und sexuell aktive Frauen. In ihren Gesprächen mit Freud übertrug die Tochter nun ihr Verhalten gegenüber dem Vater auf den Arzt. So wie sie ihn vor ihren Rendezvous belogen hatte, servierte sie dem Therapeuten falsche Träume, mit denen sie irreführende Spuren zu legen suchte. Das inzestuöse Begehren wurde damit auf den Arzt projiziert, der den Platz des eigentlich gemeinten Liebesobjekts einnahm. An diesem Punkt brach Freud die Erzählung seiner Fallgeschichte ab, in der vollen Überzeugung, daß die Therapie Invertierter ihm nur dort aufgetragen sei, wo sie zugleich unter Neurosen leiden. Auch den Selbstmordversuch mochte Freud nicht als Indiz für eine pathologische Prägung deuten; er galt ihm lediglich als Versuch, die Aufmerksamkeit des Vaters zu gewinnen – eine Strategie, die dem Mädchen dann sogar einen Ersatzvater in Gestalt des Therapeuten zuführte. Homosexualität, so lautete das Resümee der Studie, ist das Produkt komplexer seelischer Zusammenhänge und in den seltensten Fällen physiologisch, als Hermaphroditismus, konditioniert. Was aus der Patientin wurde, verriet Freud nicht. In zahlreichen Punkten konnte er an ihr Parallelen zu Anna entdecken, denn auch seine Tochter zeigte, ausgehend von inzestuösen Wünschen, Neigungen zu anderen Frauen, die sie stellvertretend für ihren Vater liebte.

Annas Lehranalyse war ein Prozeß ohne wirklichen Anfang und klare Struktur. Sie führte zunächst nur zu einem konkreten Ergebnis, der Kündigung an der Schule im Jahr 1920. Danach begann eine neue Phase, mit Krisen, Zweifeln, Orientierungsversuchen. Anfang September 1920 begleitete Anna ihren Vater nach Den Haag zum sechsten Internationalen Psychoanalytischen Kongreß. Es war ihr erster Auftritt an der Seite Freuds, noch inoffiziell als Gast und lediglich in der Rolle der Tochter, die beobachtend im Hintergrund saß. Anna dürfte mit Interesse registriert haben, daß gerade im Kreis der Engländer auch die Frauen selbstbewußt auftraten, unter ihnen die Ärztin Estelle Maude Cole, die Lehrerin Barbara Low und die spätere Freud-Übersetzerin Joanne Riviere. Fünf der 19 Vorträge übernahmen Analytikerinnen: Helene Deutsch aus Wien redete über die Kategorie des Mißtrauens, Margarete Stegmann über Form und Inhalt der Freudschen Theorie, die Polin Eugenia Sakolnicka über Diagnostik in der Neurosenlehre, Sabina Spielrein über die Entwicklung der Lautsprache und die Pädagogin Hermine Hug-Hellmuth über die Technik der Kindertherapie. Freud selbst lieferte, ungewöhnlich genug, nur Marginales mit einigen Ergänzungen zur Traumlehre, auch äußerlich nicht exponiert, sondern zwischen anderen in einer Nachmittagssektion vortragend. Anna fand die Atmosphäre der Konferenz faszinierend, genoß ihr internationales Flair und fühlte sich durch zahlreiche Vorträge ermutigt, einen eigenen Weg zur Analyse zu wagen. Gerade die Verbindung von Pädagogik und Therapie, den diverse Referate beleuchteten, schien ihr verheißungsvoll, weil sie ihren intellektuellen Ambitionen entsprach.

Anna befand sich zu dieser Zeit auf der Suche nach einer klaren Orientierung, sie schrieb Gedichte, las analytische Schriften und experimentierte mit Übersetzungen. Ihre persönlichen Beziehungen waren vielfach unsicher und unklar, ebenso wie ihre erotischen Sehnsüchte. Die meisten ihrer Freundschaften pflegte sie zu Mädchen und Frauen, sah man von Hans Lampl ab, der wie ein Bruder für sie war. Die fünf Jahre jüngere Marianne Rie und ihre Schwester Margarete, Töchter von Freuds Tarockpartner, dem Kinderarzt Oscar Rie, gehörten zu ihren intimsten Freundinnen.[162] Margarete heiratete später Hermann Nunberg, der zum Mittwochskreis gehörte und wichtige Beiträge zur Neurosenlehre leistete.[163] Marianne wiederum studierte in Berlin Medizin und absolvierte dort eine Lehranalyse. Auch als sie 1924 ihren künftigen Ehemann Ernst Kris kennenlernte, dauerte die Freundschaft mit Anna fort. Kris war Patient bei Helene Deutsch und ließ sich, ebenso wie Marianne, zum Analytiker ausbilden. Das Paar sollte Anna in die englische Emigration folgen, die Beziehung zu Marianne bestand bis zu deren Tod im Jahr 1980.

Ein besonders enges Verhältnis verband Anna mit ihrer vier Jahre jüngeren Cousine Cäcilie (‹Mausi›) Graf, der Tochter von Freuds verwitweter Schwester Rosa. Die hochbegabte Cäcilie studierte Medizin, galt als äußerst attraktiv, aber psychisch instabil. Seit 1921 befand sie sich bei Paul Federn in

Therapie, wo man sie als besonders schwierigen Fall führte.[164] Anna wurde von ihrer Cousine in ihre unsteten Beziehungen zu jungen Männern eingeweiht und verbrachte viele Tage gemeinsam mit ihr, wandernd, radfahrend, schwimmend. Im Sommer 1923 kam es zur Tragödie: Cäcilie hatte sich in ihren Kommilitonen Hans Lampl verliebt, ohne daß ihr Wunsch nach einer dauerhaften Bindung erwidert wurde; am 18. August 1923 nahm sie sich, vermutlich schwanger, mit einer Überdosis Veronal das Leben.[165] Ihre Mutter, die Freud despektierlich eine «Virtuosin der Verzweiflung» nannte, brach darauf zusammen – nur fünf Jahre zuvor war ihr Sohn Hermann an der Italienfront gefallen.[166] Auch Anna, die Cäcilie schwärmerisch bewundert hatte, fand monatelang über den Verlust nicht hinweg.[167] Anders als im Fall des Todes ihrer Schwester Sophie zwei Jahre zuvor litt sie jetzt nicht unter Schuldgefühlen, sondern unter dem Schmerz, den das Fehlen der Freundin bereitete. Annas Pläne schienen im Herbst 1922 vager denn je, weil ihr das Vertrauen in die Sicherheiten des Lebens abhanden gekommen war. Sie, die Mut und Courage besaß, zweifelte plötzlich an ihren Fähigkeiten und sah keine klare Zukunft vor sich.

Für eine junge Frau, die sich eine Karriere in der Psychoanalyse erträumte, waren die frühen 20er Jahre noch keine günstige Zeit. Es fehlte an eingeführten Formen der Ausbildung, die auch Ärztinnen oder Lehrerinnen offenstanden. Die Behandlung durch ihren Vater bedeutete für Anna eine Sackgasse, weil sie zu massiven Rollenkonflikten führte. Die Wiener Situation erzeugte nach dreieinhalb Jahren Gefühle der Enge, die eine räumliche Trennung zwingend machten. Im April 1922 beschloß sie daher mit Freuds Einverständnis, für einige Monate zu Lou Andreas-Salomé nach Göttingen zu gehen, um dort ihre Lehranalyse fortzuführen.[168] Nach einigen in Berlin verbrachten Tagen, die sie ohne Schlaf inmitten urbaner Hektik wie eine Somnambule durchlebt hatte, fuhr sie Ende April 1922 weiter zu Lou. Die empfing sie mit Blumen und Bonbons auf dem Bahnhof, bewirtete sie in ihrem kleinen, bescheiden anmutenden Haus und nahm sie mit ihrer beeindruckenden intellektuellen Energie sofort in Beschlag.[169] Lous unerhörtes «Denktempo», ihr Witz, ihr Mut zum Unkonventionellen beeindruckten Anna, so daß sie zunächst ganz in ihren Bann geriet.[170] Die dreißig Jahre Ältere war zugleich Mutter und Freundin, Vorbild und Lehrerin – eine unter dogmatischen Gesichtspunkten keineswegs saubere Rollenverbindung. Während der folgenden Sommermonate verbrachte sie zahllose Stunden mit Lou, die wenig zahlende Patienten und genügend Zeit hatte, in einem von Assoziationen getriebenen Gedankenaustausch. Meist saßen die beiden Frauen nebeneinander auf der Couch, gelegentlich lag Lou ausgestreckt darauf, während Anna neben ihr Platz nahm. Es existierte keine feste Hierarchie, die Grenzen zwischen den Rollen verschwammen. Im Grunde handelte es sich um eine ‹wilde Analyse› ohne klares Programm und Konzept, in deren Verlauf Anna und Lou gleichermaßen ihr Inneres entblößten – eine weibliche Version des Experiments, das Jung und Otto Groß 1908 in Burghölzli unternommen hatten.

Annas Aufenthalt in Göttingen blieb ein intellektuelles Intermezzo, das die besondere Beziehung zum Vater letzthin bestätigte, ohne sie im Detail aufzuschlüsseln. Wie eng das Verhältnis auch nach ihrer Rückkehr blieb, läßt sich daran erkennen, daß Freud 1923 mit ihr gemeinsam seine letzte Romreise unternahm. Schon zehn Jahre zuvor, im September 1913, hatte er ihr aus der Ewigen Stadt eine Postkarte geschickt, die er mit den Worten adressierte «Papa seiner zukünftigen Reisebegleiterin».[171] Zu Ostern 1913 nahm er die 17jährige Anna nach Venedig mit – ein Auftakt für spätere gemeinsame Aktivitäten. Den Juli 1923 verlebte Freud zur Erholung nach der ersten Operation mit Minna in Bad Gastein, wo er vergeblich den Schmerz über den Tod Heineles zu verwinden suchte. Am 1. September brach er mit Anna nach Rom auf; wieder wohnte er im zentral gelegenen Hotel Eden, in dem er sich für knapp drei Wochen einmietete – länger war er nie zuvor geblieben. Mit Anna, die ihm, wie er Lou Andreas-Salomé schrieb, glänzend Gesellschaft leistete, nahm er sich nochmals eine große Besichtigungstour vor, über deren Stationen er peinlich genau Buch führte.[172] Man bestieg den Giannicolo, besuchte das Pantheon, den Petersdom und San Pietro in Vincoli. Dort sah Freud am 5. September letztmals den Moses des Michelangelo, fast auf den Tag genau 22 Jahre nach seiner ersten Begegnung mit der Figur, die ihm sagte: ‹Du sollst dein Leben deuten›.

Es lag keineswegs elegische Abschiedsstimmung über dieser Reise, obwohl die Sorge angesichts der unklaren Kieferbefunde gegenwärtig blieb. Freud genoß das Zusammensein mit seiner Tochter in ungebrochenem Stolz. Mit der Sicherheit des Ortskundigen, der sich wieder wie ein Römer fühlen durfte, präsentierte er ihr die wichtigsten Sehenswürdigkeiten. Man fuhr zur Via Appia, sah den Trevi-Brunnen und ging in die großen Kunstsammlungen des Kapitols und des Vatikanischen Museums mitsamt der Pinakothek, in die Palazzi und wichtigsten Kirchen – allen voran die Sixtinische Kapelle und Santa Maria Maggiore. Anna war unermüdlich, zeigte enorme Konzentration und Ausdauer. Sie übernahm von Minna die Rolle der Ersatz-Ehefrau, die sie perfekt spielte – fröhlich, neugierig und zugleich dezent. Erst am Schluß der drei heiteren römischen Wochen meldeten sich unerfreuliche Symptome: Freuds Kiefer schmerzte und blutete regelmäßig – ein Zeichen der sich ausbreitenden Geschwulst.

Anna blieb fortan in Freuds Leben die wichtigste Person, bedeutsamer als Frau und Schwägerin, seine «Antigone», wie er sie im Februar 1934 gegenüber Arnold Zweig mit Blick auf ihre großartige Opferbereitschaft titulierte.[173] Als Vertreterin der reinen Lehre und als Krankenschwester, Übersetzerin, Gesprächspartnerin und Helferin im Alltag wurde sie bald unverzichtbar für ihren Vater. Freud hatte seit Beginn der 20er Jahre die Sorge, daß ihn die Flut psychoanalytischer Veröffentlichungen erdrücken könne. Gegenüber dem russischen Arzt Nikolaj Ossipow äußerte er: «nicht 5 % von allem, was gedruckt ist, ist überhaupt lesenswert.»[174] Anna unterstützte ihn auch auf diesem Feld, indem sie Publikationen sichtete und Wichtiges empfahl. Sie lebte einsam für die Forschung, unterdrückte ihre erotische Zuneigung zu Frauen, flüchtete sich in Tagträume. Die «Kleine will nicht heiraten», schrieb Freud am 26. März 1925 an Anna von Vest, «sondern ist mit Eifer bei der Arbeit.»[175] So wurde sie die Amazone der Bewegung, kriegerisch wo nötig, treu dem Vater ergeben, von ihm respektiert, weil sie Courage, Durchhaltevermögen und, bei aller Loyalität, intellektuelle Eigenständigkeit an den Tag legte. Mit August Aichhorn, Siegfried Bernfeld und Willi Hoffer bildete sie seit Anfang der 20er Jahre eine Diskussionsgruppe in Wien, die es ihr erlaubte, eine eigene Position in Fragen der analytischen Behandlung von Kindern zu entwickeln. Eine der wichtigsten Mitstreiterinnen auf diesem Gebiet war Hermine Hug-Hellmuth, die Leiterin der Wiener Erziehungsberatungsstelle. Sie hatte sich bei Freud behandeln lassen und entwarf seit Ende des Krieges ein Konzept, das Pädagogik und Analyse in einer Spieltherapie für Kinder verband.

Am 31. Mai 1922 wurde Anna nach ihrem Vortrag über *Schlagephantasie und Tagtraum*, der Elemente ihrer eigenen Wunschvorstellungen untersuchte, in die Wiener Psychoanalytische Vereinigung aufgenommen. In der Einleitung erklärte sie bescheiden, sie bewerbe sich nur deshalb um einen regulären Status, weil sie nicht länger untätig als Zuhörerin in der letzten Reihe sitzen, sondern «Mitarbeit» leisten wolle.[176] Freud erklärte zuvor gegenüber Eitingon, er fühle sich angesichts der Tatsache, daß auch er über die Mitgliedschaft Annas entscheiden müsse, wie Brutus der Ältere, der «über die eigenen Söhne zu richten habe».[177] Ab 1923 hospitierte Anna, die für ihren Vater also ein ‹Sohn› war, in der Psychiatrischen Klinik von Freuds früherem Kommilitonen Julius Wagner-Jauregg. Das blieb ein seltenes Privileg für eine Nicht-Medizinerin, zumal es der Chef liebte, über die Psychoanalyse unverhohlen Witze zu reißen. Er blieb zeitlebens skeptisch, was Freuds Denksystem betraf, wenngleich er seinen Assistenten gegenüber liberal auftrat und ihnen – so Heinz Hartmann und Otto Pötzl, seinem späteren Nachfolger – freistellte, sich mit Freud näher zu befassen.[178] Neben dem Praktikum in Wagner-Jaureggs Imperium dauerte auch die Lehranalyse beim Vater an, ganz im Sinne des Anspruchs auf eine lange und gründliche Ausbildung. Zwischen Herbst 1924 und Sommer 1925 lag Anna wieder regelmäßig auf der Couch in der Berggasse, als Tochter und Patientin, in einer schwierigen, manchmal unerquicklichen Mischung der Rollen.

VIERZEHNTES KAPITEL

Letzte Fragen (1920–1930)

Zweierlei Triebe

An Georg Groddeck schrieb Freud im Mai 1921: «Das was man selbst gemacht hat, ist so unabgeschlossen, fragmentarisch vorläufig; man brauchte ein zweites Menschenleben, um es besser zu machen.»[1] Weil er begriff, daß er mehr aufs Spiel setzen mußte, um die vollen Möglichkeiten seiner Lehre zeigen zu können, änderte Freud seit dem Ende des Krieges seine Argumentationstechnik. Er wagte nun ausgreifendere Spekulationen, verzichtete auf empirische Beweissicherung und riskierte Weiterungen seiner Theorie, die er sich zuvor nicht zugestanden hatte. *Die Studien über Hysterie* und die *Traumdeutung* konnten sich auf der Grundlage jahrelanger Beobachtungen entwickeln; Gleiches galt für die Neurosenlehre und die Abhandlungen zur frühkindlichen Sexualität. Mit wachsendem Alter verzichtete Freud jedoch auf Absicherungen und Belege, weil ohnehin alles «abgeschöpft» war, «was an der Oberfläche herumtrieb.»[2] Der Mut zur Spekulation stützte sich nicht zuletzt auf die Gewißheit, daß die nachrückende Generation seine Hypothesen überprüfen werde. «Endlich bin ich», schrieb er 1925, «nicht mehr allein, eine Schar von eifrigen Mitarbeitern ist bereit, sich auch das Unfertige, unsicher Erkannte zunutze zu machen, ich darf ihnen den Anteil der Arbeit überlassen, den ich sonst selbst besorgt hätte.»[3]

Die wachsende Bereitschaft zur offenen Darstellung spiegelte sich in den Titeln der neuen Arbeiten wider. In früheren Jahren hatte sich Freud bei Überschriften auf die Wiedergabe von Fachbegriffen und die Benennung von Symptomen beschränkt. Seit der Tabu-Studie bewegte er sich in eine andere Richtung, indem er Titel wählte, die Aufmerksamkeit und Neugier weckten. Anstelle des *Terminus technicus* stand jetzt ein möglichst ungewöhnlicher Begriff im Zentrum, der die geheimnisvolle Aura einer neuen These, eines überraschenden Fundes oder eines nie bedachten Zusammenhangs beleuchten sollte. Titel wie *Jenseits des Lustprinzips* oder *Die Zukunft einer Illusion* erfüllten die Aufgabe, die Leserschaft auf eine Reise durch unbekannte Gebiete des Intellekts einzustimmen. Zugleich ging es Freud um eine konkrete Wissenschaft, die auch dort, wo sie theoretische Risiken suchte, jener «blutleeren Abstraktion» entkam, die, wie er Groddeck im Juni 1922 erklärte, keine echte Erkenntnisleistung erlaubte.[4]

Das neue Arbeitsprogramm begann 1920 mit dem Versuch einer erweiterten Trieblehre. Bereits in einer kurzen Studie aus dem Jahr 1911 hatte Freud zwischen Realitäts- und Lustprinzip unterschieden. Die Argumentation griff damals auf eine psychodynamische Perspektive zurück, indem sie die libidinöse Tendenz im Menschen als Ausdruck seines Energieüberschusses, den Wirklichkeitssinn aber als Ergebnis ökonomischer Beschränkung auslegte.[5] In seiner Einführungsvorlesung von 1917 vertiefte Freud diese Unterscheidung, wenn er das Realitätsprinzip als die höhere, Kräfte sparende Form des Lustprinzips darstellte. Während der reine Trieb seine Objekte ständig verbraucht und dadurch auch Unlust erzeugt, möchte das gereifte Ich Unlust vermeiden. Dieses gelingt durch eine Regulierung der Triebaktivitäten, also durch die vernünftige Balance zwischen Lust und Beherrschung.[6]

Der Aufsatz *Jenseits des Lustprinzips* führte drei Jahre später zwei Kategorien – Thanatos und Eros – ein, die gleichfalls aus dem Dualismus von Energie und Ökonomie abgeleitet wurden. Er eröffnete eine Reihe von Schriften, in denen Freud die «fragmentarische Natur» seiner «Erfahrungen» in ein möglichst systematisches Ordnungsgefüge überführen wollte, wie er Lou Andreas-Salomé am 2. April 1919 ankündigte.[7] Sie bewegten sich der Sache nach auf eine psychoanalytische Anthropologie zu, eine allgemeine Lehre vom Menschen als Wesen, das sein Leben unter dem Gesetz des Irrationalen zu bewältigen hat. Die Überlegungen dieser Texte beginnen bei der Frage, auf welche Weise aus dem «Lustprinzip», das den hochentwickelten seelischen Apparat beherrscht, eine ganze Flut von Impulsen hervorströmt, in der sich der Einzelne orientieren und zugleich organisieren muß.[8] Erneut ging es dabei um die Macht der Triebe, nun aber im Sinne eines Umgestaltungsgeschehens, das die Libido zu unterschiedlichsten Ausprägungen führt. Freud definierte den Trieb nicht mehr über den Gegensatz zwischen Entfaltung und Hemmung, sondern dachte ihn als Prinzip, das dem Individuum wechselnde Einstellungen zum Leben verschafft – eine dynamische, die auf permanente Befriedigung oder Umarbeitung zielt, und eine konservative, die Lust erhalten will.[9] Die anthropologischen Studien erweiterten das theoretische Zentrum der Lehre, indem sie, wie Herbert Marcuse formulierte, den «Verwandlungen des Eros» in den Welten der Kultur nachspürten.[10]

Bereits 1915 hatte Freud den Trieb bestimmt als Impuls zu einer Befriedigung, die «durch Aufhebung des Reizzustandes an der Triebquelle erreicht werden kann.»[11] Die organische Ursache des Triebs interessierte ihn kaum; ob diese chemischer oder physikalischer Art ist, mochte er nicht diskutieren: «Das Studium der Triebquellen gehört der Psychologie nicht mehr an».[12] Das eigentliche Objekt der Untersuchung bildet die psychische Störung, die den Menschen von der gesellschaftlich sanktionierten Erfüllung seiner Bedürfnisse abhält. Nur über den Umweg der Pathologie gelangt der Analytiker zu einem besseren Verständnis des Trieblebens selbst; denn die Beschäftigung mit den Fällen verfehlter, gehemmter oder umgelenkter Sexualpraxis ermöglicht ihm Einblicke in die Mechanismen einer ungestörten Libido.

Der Trieb des Menschen finde, so hatte Freud 1915 erklärt, eine besondere Ausprägung, sein ‹Schicksal›.[13] Dieses ‹Triebschicksal› ist als Kraft zu definieren, die sich auf die Erfüllung des Begehrens in den großen Polaritäten des seelischen Lebens richtet. Im Kern ging es darum, die Libido an den zweigliedrigen Ordnungen des Daseins zu erkennen; das bezog sich auf den – auch von Ferenczi betonten – biologischen Gegensatz von Aktivität und Passivität, die reale Wahl zwischen Ich und Außenwelt, daneben auf das ökonomische Paar von Lust und Unlust.[14] Physiologisch kann der Trieb befriedigt werden, indem er sich entweder passiv einer existierenden Lustquelle unterwirft oder sie aktiv auswählt; realiter hat er die Wahl zwischen autoerotischer Befriedigung durch das Ich bzw. seine Phantasien und dem Kontakt mit der Außenwelt, einem *alter ego*; ökonomisch wiederum vermag sich der Trieb über Lustgewinn oder Unlustproduktion zu erfüllen, wobei die direkte Abfuhr, ein damit verbundenes Schuldgefühl oder die fehlende Befriedigung gleichermaßen Formen seiner Wirksamkeit bilden.

An diese dreifache Unterscheidung zwischen biologischen, realen und ökonomischen Polaritäten schloß *Jenseits des Lustprinzips* an. Der düstere Text wurde während des Bad Gasteiner Sommerurlaubs 1919 konzipiert, in einer durchaus positiv-gelassenen Stimmung. Anna erklärte Freud Ende Juli ironisch: «Es ist viel über den Tod darin, aber leider läßt sich ohne Literatur und ohne praktische Erfahrung schwer etwas Entscheidendes darüber sagen.»[15] Die Juden, so erklärte er schon im Februar 1915 in einem Referat vor seinen Logen-Mitbrüdern, leugneten die Sterblichkeit noch stärker als andere Völker, und er untermauerte diesen Befund durch einige Beispiele aus seinem großen Witzrepertoire.[16] Ob es sich dabei um einen Ausdruck der Distanz gegenüber metaphysischen Fragen oder um eine kollektive seelische Anlage handelte, ließ Freud offen. Wenn er sich seit dem Krieg immer wieder mit dem Todesthema befaßte, so offenbarte das auch den Versuch, die persönliche Furcht vor dem Ende zu durchbrechen und wissenschaftlich produktiv zu machen. Bereits im Januar 1920 war die Abhandlung nahezu fertig, ehe der Verlust Sophies die weitere Arbeit unmöglich machte. Im Sommer nahm Freud das Manuskript wieder auf, indem er eine zweite Abschrift herstellte und eine Revision des ursprünglich geplanten Schlusses vornahm. Offenkundig ergänzte er die Studie in dieser Phase, noch unter dem Eindruck der Trauer, um Passagen zur Todesnähe des Sexualtriebs. Wie Ilse Grubrich-Simitis anhand eines Vergleichs der beiden in der Washingtoner Library of Congress vorliegenden Textversionen zeigen konnte, gewann die Abhandlung in ihrer zweiten Fassung durch das Finale einen schwärzeren Grundzug, ohne daß die Argumentation aber prinzipiell verändert wurde.[17] Freud war sich sicher, daß er angesichts des pessimistischen Tenors des Manuskripts mit kritischen Reaktionen rechnen mußte. «Es wird», prognostizierte er Eitingon, «vielerlei ‹Schütteln des Kopfes› hervorrufen.»[18]

Die Studie lieferte nichts weniger als eine metapsychologische Ergänzung der Trieblehre. Sie erweiterte gleichermaßen die topische Dimension, die der lokalen Beziehung von Bewußtem, Vorbewußtem und Unbewußtem gilt, und die dynamische Ebene, auf der die Bewegungen und Bewegungsrichtungen der Triebenergie ausgesteuert werden.[19] Die neue Sichtweise nannte Freud die ökonomische, und er meinte damit den Blick auf die besondere Beschaffenheit des Triebhaushalts, seine Logik des Verbrauchs und der Befriedigung. Die Psychoanalyse beanspruche, so erklärte er, weder Originalität noch Vorrang bei der Feststellung, daß der Mensch ein Triebwesen sei. Zwingend ergebe sich diese Einsicht aus dem Wechselspiel von unbefriedigter Erregung und befriedigter Entspannung, das dem Individuum eigentümlich sei. Die Hypothese, daß beide Zustände Instabilität und Stabilität im Inneren erzeugen, übernahm Freud aus einer Schrift Gustav Theodor Fechners (*Einige Ideen zur Schöpfungs- und Entwicklungsgeschichte der Organismen*, 1873), den er schon während der Arbeit an der

Traumdeutung schätzengelernt hatte.[20] Andere philosophische Autoritäten, die sich hier aufdrängten, blieben ungenannt; weder Nietzsche noch Klages wurden erwähnt, Schopenhauer kam nur kurz zur Sprache.[21] An solchen Punkten war Freuds Aversion gegen die Philosophie und ihre Neigung zur Abstraktion, wie er sie im Februar 1913 gegenüber Lou Andreas-Salomé eingestand, merklich zu spüren.[22] Thomas Mann behauptete zwei Jahrzehnte später, der Vater der Psychoanalyse habe sämtliche seiner Einsichten in die Teleologie des Triebs ohne genauere Kenntnis Schopenhauers, Nietzsches und der Frühromantik gewonnen.[23] Das bedeutete eine freundliche Übertreibung, denn die Quellen, die Mann hier anführte, waren Freud zumindest in groben Zügen vertraut. Wenn er sie dennoch unerwähnt ließ, so gab es dafür zwei Gründe: die Tatsache, daß sie nur unscharfe Gedächtnisspuren hinterlassen hatten, und die fehlende Lust, sie ausführlicher zu konsultieren, weil von ihnen ein allzu prägender Einfluß auf die eigene Gedankenwelt auszugehen drohte. Die Geschichte der «psychoanalytischen Einfallsverwertung» war komplex und gehorchte nicht selten dunklen Erinnerungen, dem Prinzip der «Kryptomnesie», wie es Freud 1920 in einem Aufsatz zur Vorgeschichte seiner therapeutischen Technik nannte.[24] Daß ausgerechnet dieser Text, in dem er von unbewußten Prägungen seines Denkens berichtete, anonym veröffentlicht wurde, lieferte selbst ein Beispiel für die ambivalente Einstellung, mit der Freud seine ‹Einflußangst› wahrnahm.[25]

Der erwachsene Mensch hat gelernt, dem Drang seiner Triebe das Realitätsprinzip entgegenzusetzen, ihnen aus Rücksicht auf die Regeln der Zivilisation Einhalt zu gebieten durch Verdrängung oder Sublimierung. Daß es auch im Rahmen der Unlusterfahrung möglich ist, Lust zu sichern, veranschaulichte Freud anhand eines Kleinkinds, das lernen mußte, tagsüber auf seine Mutter zu verzichten. Es warf jeden Gegenstand, dessen es habhaft werden konnte, von sich, und begrüßte sein erneutes Erscheinen höchst freudig. Das ‹Fort-Da-Spiel› half dem Kind, die Trennung von der Mutter zu verarbeiten, denn es zeigte ihm, daß «Verschwinden» und «Wiederkommen» zusammengehören.[26] Damit war das Prinzip der Wiederholung eingeführt, das für die Ökonomie des Triebs, aber auch, wie Samuel Weber dargelegt hat, für die analytische Therapie entscheidende Bedeutung besitzt.[27] Jeder Trieb fordert wiederholte Befriedigung, nie begnügt er sich mit einmaliger Abfuhr, denn er ist prinzipiell unerfüllbar. Die Libido bleibt träge und konservativ, wohingegen die Verdrängung ihren zirkulären Charakter zu unterbrechen sucht.[28] Sie schafft laut Freud den kulturellen Rahmen, der Identität dadurch sichert, daß er Unterscheidungen ermöglicht und Abgrenzungen organisiert. Aus diesem Grund soll auch, wie Freud mit Blick auf die Therapiesituation ausführte, in der Analyse nicht die Wiederholung, sondern die Erinnerung des Verdrängten stattfinden. Gerade weil die Wiederholung ein Teil des Triebs ist, kann sie nicht heilend wirken. Sie läßt den Patienten im Bann seiner Verdrängung verharren, ohne daß die höheren Kräfte des Seelenlebens einen Prozeß der Aufklärung durchlaufen. Freud wendete sich damit gegen die von Ferenczi und Groddeck vertretene Ansicht, daß die analytische Kur im Sinne der ursprünglichen Katharsiskonzeption auf eine Wiederholung unterdrückter Triebregungen zielen müsse. Mit einem therapeutischen Verfahren, das dem ökonomischen Muster des Triebs folgt, ließ sich, so Freud, das Verdrängte nicht bewußt machen.[29]

In einer 1925 veröffentlichten kurzen Studie griff Freud das Prinzip der Erinnerung nochmals auf und überführte es in die Skizze einer Bewußtseinstheorie. Die *Notiz über den ‹Wunderblock›* beschrieb den Wahrnehmungsvorgang als einen Akt, der untergründige Spuren im Gedächtnis hinterläßt – die Bedeutung des Bildes für die Erinnerung hatte schon Bergson 1896 betont, ohne daß er aber erwähnt wurde.[30] Freud verglich den Vorgang der Speicherung mit dem Schreiben auf einer Wachstafel, wobei die Schrift auf einem dünnen Blatt aufgetragen wird und sich in eine darunterliegende Harzmasse eingräbt. Mit dem Modell dieses ‹Wunderblocks›, wie er in den 20er Jahren gerade bei Kindern und Jugendlichen beliebt war, ist die Einheit von Dynamik und Festigkeit des Bewußtseinsapparates veranschaulicht. Eindrücke strömen auf den betreffenden Apparat ein und prägen sich seiner jeweils untersten Schicht auf. Der äußere Bereich dient dem Reizschutz, insofern er nur starke Impulse durchläßt; der innere Sektor arbeitet im Dienste der Reizspeicherung, indem er die Spuren des Wahrgenommenen wie auf Wachs aufträgt.[31] Freuds Modell wurde von poststrukturalistischen Theoretikern, darunter Gilles Deleuze, Jacques Derrida und Jacques Lacan, als Erklärungsmuster herangezogen, das den Gedächtnischarakter des Unbewußten demonstriert. Es zeigte an, daß sich unter den dynamischen Prozessen der Reizwahrnehmung ein stabiles Archiv befindet, das nichts vergißt, weil es alles speichert.

In der Studie von 1920 war diese Position vorgezeichnet durch das Gesetz der ökonomischen Triebunterdrückung, die das libidinöse Wollen im

Unbewußten zurückzuhalten und damit zu hemmen sucht. Das Lustprinzip stößt beim Erwachsenen auf Verbote, die sinnliche Erfüllung untersagen, was wiederum Unlust erzeugt. Das Ich bemüht sich nun, diese Unlust zu ersparen, indem es schnelle Abfuhr oder Verdrängung auslöst. Nicht nur beim Neurotiker, sondern auch beim normalen Erwachsenen verlaufen libidinös gesteuerte Prozesse wie die Partnerwahl oder die Fixierung auf bestimmte Angstmotive nach immergleichen Mustern ab. Das Lustprinzip ist, analog dem Willensbegriff Schopenhauers, ein Wiederholungsprinzip, und seine Erfüllung trägt nicht dazu bei, daß sich das ändert. Weil die Batterien der Lust stets aufgeladen werden, kommt es zu «Wirkungen des Wiederholungszwangs» und damit zu einem unaufhörlich dynamischen Prozeß, ohne Stillstand der energetischen Impulse.[32] In einem biologischen Exkurs, den er selbst eine «weitausholende Spekulation» nannte, suchte Freud zu erläutern, daß das Bewußtsein ähnlich wie das Gehirn durch eine Art von Rinde gegen Reizüberflutung geschützt sei.[33] Diese Disposition wirke bei äußeren, nicht aber bei inneren Reizen, die durch das Lustprinzip erzeugt werden. Sie beeinflussen das Bewußtsein unmittelbar, indem sie durch Lusterfahrungen eine frühere Balance im Inneren wiederherzustellen suchen.

Nicht allein der traumatisierte Unfall- oder Kriegsneurotiker, der in förmlich dämonischem Zwang die Quelle seiner früheren Unlust zu reproduzieren trachtet, sondern auch der gesunde Erwachsene strebt nach der Erneuerung einer früheren Erfahrung. Dabei ging es keineswegs um kindliche Erlebnisse im Zeichen infantiler Sexualität, wie sie später die Schule Melanie Kleins erforschte, vielmehr um den Zustand der Spannungslosigkeit, der vor allem Leben existierte. Durch seine Erfüllung führt das Lustprinzip also an einen Punkt des Anfangs, vor die Geburt, in den Zustand einer leb- und bedürfnislosen Trägheit. Aus ihr befreit die schnelle Ansammlung neuer Lust nach der Befriedigung, so daß dieses Stadium immer nur vorübergehend sein kann. Im Grundsätzlichen wurde für Freud damit sichtbar, wie weit das Prinzip der Libido hinter die letzte Grenze der Erscheinungen führt. «Das Ziel alles Lebens ist der Tod, und zurückgreifend: Das Leblose war früher da als das Lebende.»[34] Der Trieb bleibt also konservativ, weil er die Zustände des spannungslosen Daseins vor Beginn des Lebens wiederzuerlangen sucht. Freud betonte ausdrücklich, seine Bestimmung gelte auch für die Selbsterhaltungstriebe, die uns vor objektiven Gefahrensituationen bewahren, dieses aber paradoxerweise nur tun, damit wir den uns vorbezeichneten Weg zum Tod gehen können. Daß er die betreffenden Passagen seines Aufsatzes, wie berichtet, nach dem Verlust Sophies schrieb, sollte nicht zu der Einschätzung verführen, sie seien subjektiv geprägt. Die Macht der intellektuellen Konstruktion gründete jenseits aller biographischen Einflüsse in einem tiefen Pessimismus, der Freuds gesamtes Spätwerk bestimmte.[35]

Mit dem Gedanken einer Triebökonomie, die das frühere Stadium des Menschen momentan wiederherstellen möchte, griff Freud formal auf Kultur- und Geschichtstheorien zurück, wie sie der Idealismus um 1800 entwickelt hatte. Schiller, Hegel, Hölderlin und Schelling vertraten die Erwartung, die Menschheit steuere in einem Prozeß der Selbstvervollkommnung auf ein ideales Stadium der Identität von Natur und Gesellschaft zu. Der wesentliche Unterschied zur psychoanalytischen Trieblehre lag darin, daß dieser Prozeß nach idealistischer Annahme autonom vom Einzelnen und zum Zweck seiner größtmöglichen Freiheit organisiert werden kann. Wo die deutsche Philosophie um 1800 die Endlichkeit der Existenz dem menschlichen Bewußtsein unterwarf, das sich seine eigene Unabhängigkeit des Denkens gegen den Tod erstreitet, war Freud der Auffassung, daß der Trieb unseren Intellekt wie unser Leben gleichermaßen beherrscht. Das Bewußtsein vermöge sich, so hatte Hegel in der *Phänomenologie des Geistes* (1807) formuliert, «das Grab seines Lebens» vorzustellen, ohne von der Begrenztheit seines Daseins selbst überzeugt zu sein.[36] Freud dagegen zeigte, daß die Libido unsere Endlichkeit begründet und durch keine Macht der Vernunft dauerhaft bezwungen werden kann. Er bestimmte den Trieb als nicht steuerbare, bestenfalls umzulenkende Kraft, und er definierte den Weg, den er dem Menschen bahnt, als Weg zum Tode. Mit dem Narzißmus teilt die Libido, wie Hans Blumenberg erkannt hat, das Streben nach dem Ursprung vor jedem Sein.[37]

Eine Ausnahme in der konservativen Ökonomie der Triebe, die Freuds Metapsychologie eröffnete, bildet der Sexualtrieb. Er führt nicht zum Ende, zur Spannungslosigkeit, sondern zu neuem Leben. Während die Ich-Triebe auf die Stillstellung aller Spannungen zielen, ist der Eros der Zeugung, also dem Entstehenden zugeordnet. Wieder bemühte sich Freud hier um einen biologischen Zugang, indem er zunächst das Paradoxon berührte, daß aus Spermium und Eizelle, die selbst vergänglich sind, Neues hervorgeht. Weil ihn die zoologische Betrachtungsweise – eine Reminiszenz an seine wissenschaftlichen Anfänge – zu keiner Lösung führte, kehrte Freud zur psychodynamischen Sicht zurück. Der eigentliche Widerspruch, der auf dieser Ebene zutage kommt, ist der zwischen Triebökonomie und Triebziel. Sieht man den Sexualtrieb zunächst als libidinöse Energie, dann ist er darauf gerichtet, Abbau von Spannung, also Befriedigung zu finden. Er mündet ins «Nirwanaprinzip», wie es Freud mit einem Begriff formulierte, der von Barbara Low, der englischen Analytikerin und Sachs-Schülerin stammte – gemeint ist ein Höchstmaß an Harmonie und Einklang des Individuums mit dem Universum.[38] Der Eros wäre also in ökonomischer Hinsicht, durch seine Tendenz zur Entspannung, ein Todestrieb wie die anderen Ich-Triebe, von denen er sich lediglich im Blick auf sein Ziel, die Zeugung neuen Lebens, unterscheidet.

Diese Deutung grenzte sich klar gegen Sabina Spielrein ab, die 1912 in ihrem Aufsatz *Die Destruktion als Ursache des Werdens* erklärt hatte, daß der Sexualität eine eigene negative Komponente innewohne, weil sie Zeugung und Selbstvernichtung, Befriedigung und Auflösung im Anderen verbinde.[39] Freuds Charakteristik verlegte, wie später auch Jean Laplanche betonte, die zerstörerische Seite auf eine allgemeine Ebene der Triebökonomie, nahm aber das Prinzip der Zeugung davon aus, indem er ihm eine besondere Freiheit gegenüber der unerbittlichen Logik des Todes zugestand.[40] In einer knappen Fußnote erwähnte er Spielreins ‹inhalts- und gedankenreiche Arbeit›, die ihm ‹leider nicht ganz durchsichtig› sei, um zumal den Unterschied der Ansätze zu betonen.[41] Spielrein beschreibe mit dem Begriff des Destruktiven die sadistische Ausprägung der Sexualität, während er den Eros in seiner ursprünglichen Energie als Todestrieb bezeichne. Das war im Grundsatz richtig, obwohl die Studie der russischen Psychiaterin nicht den Sadismus im Blick hatte, wenn sie von der zerstörerischen Seite der Libido sprach, sondern das allgemeine Prinzip der Hingabe.

Eine spezifische Spielart der Libido bildet der Masochismus, den Freud in einer kurzen Studie von 1924 als direkteste Ausformung des Todestriebs deutete. Selbst dort, wo der masochistische Sexualimpuls verdrängt ist, erscheint in ihm eine zerstörerische Komponente über das Schuldgefühl, das er auch im Stadium der Latenz freisetzt.[42] Das blieb in der Konsequenz eine unerfreuliche Einsicht, weil gerade die Liebe auf diese Weise in die dunkle Welt der Gewalt verstrickt wurde. Freud räumte 1930 ein, ihn habe die eigene Entdeckung erschreckt, und er könne verstehen, daß sie auf Abwehr stieß. «Denn die Kindlein», formulierte er spöttisch, «sie hören nicht gerne, wenn die angeborene Neigung des Menschen zum ‹Bösen›, zur Aggression, Destruktion und damit auch zur Grausamkeit erwähnt wird.»[43] Erst 1937 verwies er seine Kritiker auf eine antike Quelle seines dualistischen Ansatzes, auf Empedokles' Lehre von Liebe und Streit als Prinzipien des weltlichen und seelischen Lebens.[44] Ihm selbst war diese Entsprechung nachträglich aufgefallen, als er wieder einmal zu den Schriften des Vorsokratikers gegriffen hatte, den er aus Gymnasialtagen kannte. Womöglich handele es sich, so gestand er, um eine «Leistung der Kryptomnesie», der unwillkürlichen, aber nicht-bewußten Erinnerung, wenn er seine Lehre des Todestriebs im untergründigen Bezug auf Empedokles entwickelte.[45] Erneut zeigte sich bei Freud die Macht eines starken Unbewußten, das als Gedächtnislieferant mit kreativer Energie wirkte.

Zu den Paradoxien der Libido-Ordnung gehört es, daß ausgerechnet der Lebenstrieb vom Erwachsenen bekämpft wird, während die Todestriebe ihre Arbeit im Alltag ungestört fortsetzen. Das Problem ließ sich auch durch die Theorie des Aggressionsimpulses, wie sie Alfred Adler schon 1908 formuliert hatte, nicht hinreichend aufhellen.[46] Es bildete eine dunkle Stelle in Freuds Anthropologie, daß sie den Widerspruch der Richtungen nur beschrieb, nicht aber erklärte. *Jenseits des Lustprinzips* führte in eine Grauzone der Triebökonomie, wo menschliche Selbsterhaltung und Endlichkeit der Existenz ihre ganze Ambivalenz enthüllen. Daß der Mensch sterblich ist und doch die Serie des Lebens durch den Eros fortführt, zählt zu den Geheimnissen seiner Existenz. Die Spannung, in der er sich bewegt, bleibt das Merkmal seiner Bestimmung, endlich zu sein und zugleich Ausgangspunkt für die unendlich scheinende Kette neuer Menschen. Unter dem Aspekt der Gattungsgeschichte war ein solcher Gegensatz notwendig, im Blick auf das Individuum eine Zumutung. Das Konzept des Todestriebs kennzeichnete diese schwierige Beziehung, ohne sie zu bewerten oder Wege zur Befreiung aus dem Dilemma der Determination zu zeigen – was spätere Kritiker wie Otto Fenichel ausdrücklich monierten.[47] Der britische Psychologe William McDougall, der in Oxford und Harvard lehrte, nannte Freuds Theorie daher 1936 «das bizarrste Monster in seiner gesamten Monstergalerie».[48]

Freuds erweiterter Triebbegriff setzte neue Maßstäbe, war aber nicht frei von fremden Prägungen. Ein wesentlicher Einfluß ging von dem Physiologen Ewald Hering aus, der seit 1870 als Ordinarius in Prag lehrte, wo er seinerseits auf Freuds Arbeiten in Brückes Labor aufmerksam wurde. In einem

1870 gehaltenen Vortrag über *Das Gedächtnis als eine allgemeine Funktion der organisierten Materie* formulierte er bereits die, wie Freud 1926 bemerkte, «Annahme einer unbewußten Seelentätigkeit».[49] Er selbst war nur über Umwege auf diesen Beitrag gestoßen: der englische Schriftsteller Samuel Butler hatte Herings Vortrag 1880 in seiner Studie *Unconscious Memory* dokumentiert; der Psychologe Israel Levine griff Butlers Text und Herings Referat wiederum in einer *The Unconscious* betitelten Untersuchung von 1923 auf, die Anna Freud drei Jahre später mit Hilfe ihres Vaters übersetzte. Freud kannte Herings Vortrag aber schon vorher, wie ein Hinweis in *Jenseits des Lustprinzips* verrät.[50] Vermutlich war er durch seine Butler-Lektüre, die ihn in zahlreichen seiner triebtheoretischen Überzeugungen bestärkte, an ihn geraten. In jedem Fall zog er die Hypothese eines Physiologen anderen Kronzeugen wie Eduard von Hartmann vor, der 1869 seine im Geist Schopenhauers angelegte *Philosophie des Unbewussten* veröffentlicht und den Begriff damit in die intellektuelle Diskussion der Zeit eingeführt hatte.

Die Konzentration auf Hering verriet, daß selbst der Kulturtheoretiker Freud die alte Skepsis gegenüber der Philosophie nicht aufgegeben hatte. Am Ende seiner Darstellung beklagte er, wie wenig die «psychologischen Termini» dazu taugten, die Komplexität des Triebsystems auszuleuchten; das könnten nur «die physiologischen oder chemischen» Begriffe tun, die aber heute für die Seelenanalyse noch nicht zur Verfügung stünden.[51] Da sprach wieder der überzeugte Naturforscher, der seine Methode empirisch so perfekt wie möglich abzusichern suchte. Aus dem Ideal der Exaktheit speiste sich Freuds Unbehagen auf theoretischem Feld, wo das Erfahrungswissen versagte und die übergreifende Sichtweise fehlte. Weder das Unbewußte noch die damit verbundenen Triebimpulse wollte er, so erläuterte er dem jungen Berliner Psychologen Werner Achelis Ende Januar 1927, durch eine Metaphysik des Irrationalen umschrieben wissen, wie sie das 19. Jahrhundert im Anschluß an Schelling und Schopenhauer zahlreich hervorgebracht hatte.[52] Zugleich aber wußte Freud, daß auch die moderne Biologie, mit der etwa Ferenczi arbeitete, keine Lösungen für die Erforschung des menschlichen Seelenlebens zu bieten hatte. Als Konsequenz blieb die Konzentration auf das therapeutische Material und die daraus abgeleitete Methodik. In einem Brief an seinen russischen Kollegen Ossipew schrieb Freud am 23. Juni 1921, es existiere keine universelle Lehre, zu der er sich bekennen könne, weshalb er sich stets auf die «analytische Empirie» beschränkt habe.[53]

Während der Arbeit an *Jenseits des Lustprinzips* erwarb Freud auf Empfehlung Ranks seine erste Schopenhauer-Ausgabe.[54] Spuren seiner Philosophie sind in der Argumentation zu erkennen, wo es um die Beschreibung des Lebens als auf den Tod zusteuernden Prozeß geht, von dem wiederum der Sexualtrieb abgegrenzt wird. Es handelte sich um eine auch explizit nachgewiesene Referenz auf die *Transscendente Spekulation über die anscheinende Absichtlichkeit im Schicksale des Einzelnen* (1850), in der Schopenhauer einen prinzipiellen «Fatalismus» beschwor.[55] Freud berief sich auf folgenden Passus: «So geleitet dann jene unsichtbare und nur in zweifelhaftem Scheine sich kund gebende Lenkung uns bis zum Tode, diesem eigentlichen Resultat und insofern Zweck des Lebens.»[56] Schon Schopenhauer betonte damit die innere Logik einer Existenz, die auf das Ende gespannt ist. Freud legte allerdings Wert auf die Feststellung, daß es sich um eine zufällige Übereinstimmung handele und er «unversehens in den Hafen der Philosophie Schopenhauers eingelaufen» sei.[57] Zwölf Jahre nach der Entstehung des Textes fügte er erläuternd hinzu, seine Schrift sei nicht als Adaption der pessimistischen Willenslehre Schopenhauers zu verstehen. Es gehe keineswegs um eine Definition des Lebens durch den Tod, um einen düsteren Finalismus, der dem Menschen keinen Weg aus der hoffnungslosen Zerstörungsdynamik seines Daseins eröffne. «Wir anerkennen zwei Grundtriebe und lassen jedem sein eigenes Ziel.»[58] Im Kern besagte das, daß zwar unsere Existenz auch eine zeugende Dimension besitzt, das Individuum aber dort, wo es seine Lust befriedigt, dem Tod verfällt.

Am 27. Februar 1926 formulierte Freud in einem Brief an Ferenczi, der ihm eine Verdrängung der seelischen Ursachen seiner Herzkrankheiten vorgeworfen hatte, er interessiere sich nicht für somatische Fragen, sondern für das Telos des Lebens, das unweigerlich zum Ende führe: «auch das Sterben» habe «seine psychische Wurzel».[59] Dieser Satz bliebe dunkel, fände er nicht im Gedanken des Todestriebs seine Erklärung. Jeder Mensch verbraucht sein Dasein, indem er sich der Zeit und ihren materiellen Kräften unterwirft. Darin beruht die traurige Konsequenz der Dynamik, der unsere ganze Existenz gehorcht. Es lag nahe, daß eine derart trostlose, in ihrer Härte an Schopenhauer erinnernde Botschaft zahlreiche Leser erschreckte. Die Wirkungen der schwärzesten Studie, die Freud je verfaßte, waren dennoch, gerade weil sie ohne Schonung auf die endliche Bestimmung des Lebens zielte, in ganz Europa gewaltig.

Vor der Sumpflandschaft des Es

In seiner Einführungsvorlesung von 1917 hatte Freud betont, daß seine Lehre nur einen «Überbau» schaffe, dessen naturwissenschaftliches Fundament bisher nicht errichtet sei.[60] Solange eine derartige Basis fehlte, fühlte er sich frei genug, seine Psychologie auf systematisch-theoretischem Feld weiterzuführen. Noch 1915 sprach er in Bezug auf das Bewußte und das Unbewußte vom Aufbau eines «psychischen Instanzenzuges», was ein hierarchisches Verhältnis zwischen den beiden Wirkungsgebieten andeutete.[61] Mit seiner Studie *Das Ich und das Es* legte er 1923 das seelische Gefüge erstmals als Triade fest. Begründet wird es durch drei Kräfte, die in wechselseitiger Abhängigkeit stehen. Keine dieser Kräfte ist selbständig, keine kann allein die Überhand gewinnen. Ich, Es und Über-Ich streben auf unterschiedliche Weise nach Erfüllung der in ihnen angelegten Potentiale, sind aber aufeinander angewiesen. Energetische Tendenz und ökonomische Organisation der drei Instanzen fallen sehr unterschiedlich und auch in sich spannungsreich aus – das ist der Grund für die seelische Instabilität des Menschen, die Freuds Ansatz scharf von allen philosophischen Modellen der Identität abgrenzt, wie sie Hegel oder Schelling, aber auch die ältere Psychologie des 19. Jahrhunderts in der Schule Johann Friedrich Herbarts vertraten.

Bereits in Freuds Traumtheorie ist das Unbewußte vom Vorbewußten und Bewußtsein zwar räumlich – im übertragenen Sinn – getrennt, jedoch wirken die Bereiche ineinander. Ähnlich faßte es der neue Entwurf von 1923: Ich, Es und Über-Ich bilden keine streng zu scheidenden Ebenen, aber auch keine friedlichen Paarverbindungen aus, wie Freud immer wieder betonte.[62] Zu begreifen war ihre Beziehung weder klar hierarchisch noch im Sinne eines Stufenplans – gemäß der Sinnespsychologie Wilhelm Wundts oder der Psychodynamik Pierre Janets –, vielmehr ließ sie sich am besten topographisch erklären. Ich und Es verhalten sich, so hieß es 1926 in für Freud untypischer Militärmetaphorik, wie «Front» und «Hinterland» zueinander, sie dürfen keinesfalls, ergänzte er im selben Jahr, als «zwei verschiedene Heerlager» betrachtet werden.[63] Diese Gleichberechtigung auf einer Ebene, die direkte Feindschaft ausschließt, besagt aber auch, daß das Ich seine Vormachtposition eingebüßt hat. Die Botschaft der *Traumdeutung* wurde jetzt in voller Konsequenz zu Ende gedacht: das Ich bekleidet im seelischen Apparat nur den Rang eines «konstitutionellen Monarchen» mit eingeschränkten Herrschaftsbefugnissen.[64]

Einen Zugang zum psychischen System schuf allein die Einsicht in seinen dynamischen Charakter. Alle drei Kräfte teilen miteinander die Besonderheit, daß sie veränderlich sind und im Laufe des menschlichen Lebens unterschiedliche Gestalt, Prägung oder Gewichtung gewinnen können. Freud begann seine Überlegungen, indem er das Unbewußte als eine Kategorie bestimmte, die wir nur über die Ebene der Verdrängung erkennen können. Es war für den Arzt und Forscher niemals direkt erfaßbar, es existiert entweder latent im Vorbewußten oder verdrängt, jenseits jeder Bewußtseinszugänglichkeit.[65] Das Unbewußte fällt zwar nicht mit dem Verdrängten zusammen, weil es auch Bereiche umfaßt, die niemals bis zur Stufe des Verdrängtwerdens vorstoßen; umgekehrt aber gilt, daß alles Verdrängte unbewußt bleibt. Diese Definition war für Freud wichtig, weil sie die doppelte Besetzung des Unbewußten zeigte – eine Art zweifacher Abwesenheit, aufgehoben in der Nichtzugänglichkeit des Verdrängten oder in der Nichtzugänglichkeit dessen, was bewußtseinsunfähig ist. Den gesamten Bereich, der hier zu Gesicht kam, nannte Freud mit einem Begriff Georg Groddecks das ‹Es›.[66]

Das Ich ist wiederum über direkte Wirkungen sichtbar und bildet «diejenige seelische Instanz, welche eine Kontrolle über all ihre Partialvorgänge ausübt, welche zur Nachtzeit schlafen geht und dann immer noch die Traumzensur handhabt.»[67] Das Ich bleibt dennoch keine unabhängige Größe, denn es ist vom Unbewußten nicht klar abgeschieden. Es verhält sich, so Freud, wie ein Reiter zu einem wilden Pferd, dessen Kräfte niemals gebannt, im günstigen Fall nutzbringend eingesetzt werden können.[68] Das spielte auf Platons *Phaidros* an, wo Sokrates die Seele des Menschen mit zwei Pferden und einem Lenker verglich. Eines dieser Pferde ist ein hochgewachsener Schimmel von edler Gestalt, der sich gern lenken läßt, das zweite ist dunkel, häßlich, gedrungen und wild.[69] In der psychoanalytischen Verwendung des Gleichnisses entfiel bezeichnenderweise die erste Variante. Die Pferde, die das Ich Freuds zu zügeln hat, sind immer ungestüm und energiegeladen, denn sie verkörpern das Unbewußte.

Während das Ich als steuernde Instanz auf Ordnung und Organisation zielt, bleibt das Es unberechenbar. Der Trieb ist materialistisch und auf Verbrauch ausgerichtet. Er unterliegt weder einer sittlichen noch einer rationalen Lenkung: «Selbstverständlich kennt das Es keine Wertungen, kein Gut und Böse, keine Moral.»[70] Dem Es kann man nur in Vergleichen nahekommen, denn es ist eigentlich unbenennbar, sofern es sich nicht in

Träumen oder Neurosen meldet. Aus diesem Grund repräsentiert es auch kein ‹Unterbewußtes› – eine bis heute häufige Fehlbenennung, die Freud immer rügte –, sondern eine amorphe und unbekannte, nur über Wirkungen erfahrbare Ordnung.[71] Als «Kessel voll brodelnder Erregungen» läßt sich das Es weniger beherrschen als über Umwege sublimieren.[72] In einer kurzen Studie aus dem Jahr 1925 verwies Freud darauf, daß sich bei Neurotikern das Unbewußte über den Mechanismus der Verneinung artikuliere. Während das rationale Urteil auf einer Verarbeitung des Triebs gründet und dergestalt geistige Freiheit verrät, bleibt der neurotische Mensch seinem Unbewußten verhaftet, indem er es negiert.[73] Dessen Macht bekundet sich in der Unmöglichkeit, seinen Forderungen dauerhaft auszuweichen. Für die Therapie kann es zwar im Sinne eines ‹Receivers› für die Neigungen des Patienten genutzt werden, wie Freud Binswanger im Februar 1925 erläuterte, jedoch ist das Risiko groß, daß diese Strategie scheitert, weil sich die Triebmächte nicht steuern lassen.[74] Das Unbewußte bleibt damit eine ambivalente Größe, die sich klaren Charakterisierungen entzieht. Freud betonte stets – so in einer kurzen Zusammenfassung von 1928 –, daß der Trieb nicht nur das Niedrige, das im Keller hausende unterirdische Schattensein des Menschen darstelle, wie es andere Typologien bei Janet und Max Dessoir nahelegten. Im Lateinischen bedeute das Wort ‹altus› zugleich ‹hoch› und ‹tief› so wie ‹sacer› das Heilige und das Verworfene ausdrücke; ähnlich verhält es sich mit dem Triebleben, das nach Freud beide Attribute, Auszeichnendes und Abwertendes, auf sich vereint.[75]

Das Ich tritt aus dem Es hervor, indem es dessen wilde Kräfte zu organisieren sucht. Seine ökonomische Dimension ist wichtiger als seine energetische Seite. Als Teil des Es bleibt es diesem gleichsam vorgelagert, der Außenwelt ausgesetzt und damit von Wahrnehmung abhängig. Während das Es wie ein Monolith seinem eigenen Rhythmus folgt, unterliegt das Ich dem Willen zur aktiven Weltgestaltung, ohne daß es aber von fremden Einflüssen gänzlich unabhängig bleibt. Freud wiederholte hier Einsichten aus *Jenseits des Lustprinzips*, wenn er mit großem Nachdruck betonte, wie stark das um Freiheit ringende Ich von den Mächten des Unbewußten beherrscht ist. Selbst intellektuelle Arbeit, so erläuterte er im Gegenzug zu Schopenhauer, untersteht den Leistungen des Vorbewußten und kann nicht autonom gesteuert werden.[76] Und schließlich gehorchen auch moralische Wertungen nicht selten den Impulsen des Unbewußten, wie gerade bei neurotischen Patienten zu beobachten ist.

Das Ich muß, so Freud, zwei Herren dienen: dem Es, dessen Wünsche es erfüllt, und dem Gewissen, dessen Gebote es befolgt.[77] Diese zweite Instanz nannte Freuds Aufsatz von 1923 erstmals ‹Über-Ich›. Das Über-Ich ist gleichfalls vom Es geprägt, denn es verdankt sich frühkindlichen Erfahrungen. Es hat anders als das Ich keinen direkten Kontakt zur Außenwelt und kann nur über das Ich mit ihr kommunizieren; was es ist, ist es durch das Ich.[78] Die Leistung des Über-Ich besteht darin, daß es eine Umarbeitung des Sexualtriebs in eine stärker narzißtische Objektbesetzung veranlaßt. Aus dem direkten libidinösen Begehren, das sich auf fremde Personen richtet, wird eine sublimere, auf das Selbst bezogene Variante.[79] Das Über-Ich steuert die moralische Bestimmung des Individuums aber nicht von außen, sondern entspringt einer subjektiven Idealisierung mit ambivalenten Zügen. Prägend im Hintergrund steht dabei die Figur des Vaters, an dem das Über-Ich Maß nimmt. Im Laufe des Erwachsenwerdens löst es sich von dieser konkreten Bindung, beim Jungen durch die Überwindung des Ödipus-Komplexes, beim Mädchen durch die Suche nach einer neuen männlichen Bezugsperson, auf die sich das Liebesbegehren richtet. Daß die weibliche Umpolung weniger aufwendig sei, wie Freud annahm, haben allerdings diverse Analytikerinnen – darunter Karen Horney und Edith Jacobssohn – später in Frage gestellt.

Auch das Über-Ich bleibt im Bann libidinöser Kräfte, weil die Idealisierungsarbeit, der es seine Existenz verdankt, das Resultat einer sexuell aufgeladenen Fixierung auf den Vater ist.[80] Es wäre daher unzutreffend, ihm Eigenständigkeit und Freiheit zuzuschreiben. Das Über-Ich steht im Bann einer biographischen Prägung, die aus der Kindheit stammt: «Es ist das Denkmal der einstigen Schwäche und Abhängigkeit des Ichs und setzt seine Herrschaft auch über das reife Ich fort. Wie das Kind unter dem Zwange stand, seinen Eltern zu gehorchen, so unterwirft sich das Ich dem kategorischen Imperativ seines Über-Ichs.»[81] Freud faßte die hier angezeigte Zwischenstellung in einer nüchternen Definition zusammen: «In allen diesen Verhältnissen erweist das Über-Ich seine Unabhängigkeit vom bewußten Ich und seine innigen Beziehungen zum unbewußten Es.»[82] Was als moralisches Urteil erscheint, verbindet sich bei genauerem Hinsehen in einer geraden Herkunftslinie mit dem Vaterbild und den Schwierigkeiten seiner Überwindung. «Der kategorische Imperativ Kants», formulierte Freud, «ist so der direkte Erbe des Ödipuskomplexes.»[83] Das sittliche System betrachtete er als schlecht funktionierendes Provisorium, wie er schon im Oktober 1918 an Pfister schrieb: «Ich zerbreche mir nicht viel den Kopf über Gut und Böse, aber ich habe an den Menschen durchschnittlich wenig ‹Gutes› gefunden. Die meisten sind nach meinen Erfahrungen Gesindel, ob sie sich laut zu dieser, jener oder keiner ethischen Lehre bekennen.»[84] Polemisch merkte dazu C. G. Jung 1929 in einem kurzen Aufsatz an, mit seiner Deutung des Über-Ich, die auf die Fehlbarkeit moralischer Instanzen zielte, habe Freud versucht, «sein altes Jahwebild in die psychologische Theorie einzuschwärzen.»[85]

Gerade bei Neurotikern stellt das Über-Ich eine Quelle für Schuldgefühle dar, indem es den seelischen Apparat blockiert und den Trieb massiv, aber erfolglos verdrängt. Anders als beim Gesunden fehlt die Balance zwischen unbewußtem Auslöser und bewußtem Ausagieren des Über-Ich, weil das Es die nicht vollständig unterdrückten Triebregungen immer wieder an die Oberfläche spült. Vom Arzt verlangt der Kranke zumeist die Bestätigung, daß seine Schuldgefühle eingebildet und unberechtigt seien. Freud adaptierte hier Befunde aus der gemeinsamen Arbeit mit Breuer, die er nun an sein neues Begriffssystem anschloß: «Das hysterische Ich erwehrt sich der peinlichen Wahrnehmung, die ihm von Seiten der Kritik seines Über-Ichs droht, in derselben Weise, wie es sich sonst einer unerträglichen Objektbesetzung zu erwehren pflegt, durch einen Akt der Verdrängung.»[86]

Das Über-Ich bleibt eine Instanz, die nur unter den Bedingungen einer gewissen äußeren Sicherheit besteht. Je höher der Kulturgrad des Menschen ist, desto mächtiger wird sein Über-Ich, das die Unterdrückung der Triebaggression sichert, zugleich aber selbst herrische Züge trägt. Das Ich-Ideal des kultivierten Individuums lädt sich mit jener Gewaltsamkeit auf, die es gerade bannen sollte.[87] Dort, wo Mangel existiert, verliert das Über-Ich dagegen seinen Einfluß. An Jones schrieb Freud am 22. Oktober 1927: «Man denke an die Proletarier, deren Leben eine Häufung von Versagungen ist. Folge davon ist nicht ein besonders großartiges Schuldgefühl, sondern, was viel näher liegt, ein ungestillter Hunger nach Befriedigung mit Neigung zur rücksichtslosen Verleugnung der moralischen Schuld.»[88] Das Über-Ich leistet Widerstand gegen eine allzu direkte Triebabfuhr, was aber voraussetzt, daß das System der Überhöhung, Sublimierung und Idealisierung ausgebildet ist. Wo es an entsprechender Erziehung fehlt, kann sich kein Über-Ich zur Geltung bringen. Armut und Not lassen die physische Seite im Menschen übermächtig werden, so daß die Wirkungen des Über-Ich zurücktreten. Freud weist an diesem Punkt den verbreiteten Einwand zurück, daß die Psychoanalyse rein materialistisch argumentiere, indem sie die Ideale des Menschen zu bloßen Ableitungen seines Triebs erkläre. Wer so denke, verwechsle Ursache und Wirkung, denn die Analyse erkläre nur die Gründe für die Entstehung von Idealen, ohne eine Weltanschauung daran zu knüpfen. Wenn das Über-Ich sich als Instanz erweist, die vom Es abhängig ist und ähnlich unfrei wie das Ich bleibt, dürfe das keinesfalls, so Freud, der Theorie angelastet werden. Deren Absichten gelten nicht der Entzauberung der Moral, sondern der Erkenntnis des Zusammenhangs, der Trieb und Gewissen verbindet.[89] Freud wollte anders als Nietzsche keine Zertrümmerung christlicher Werte, er beschränkte sich auf eine Erkundung der Ursachen, aus denen sie hervorgehen. Gerade diese neutrale Position wurde später von der psychoanalytischen Linken – zumal Otto Fenichel und Wilhelm Reich – massiv kritisiert.[90]

Freud nutzte die Gelegenheit, mit Hilfe der neu entwickelten Kategorie des Es auch seine dualistische Trieblehre zu bekräftigen. Das Es umfaßt den Eros in seiner sexuellen Form ebenso wie den Todestrieb. In der sadistischen Ausprägung der Libido sind beide unmittelbar verschmolzen. Todes- und Sexualtrieb können also in enger Verbindung, aber auch ‹entmischt› auftreten, wie Freud formulierte. Das Es vertritt eine doppelte Bedeutung des Triebs, die lebensspendende wie die zerstörerische Seite. «Daher die Ähnlichkeit des Zustandes nach der vollen Sexualbefriedigung mit dem Sterben, bei niederen Tieren das Zusammenfallen des Todes mit dem Zeugungsakt.»[91] Das Ich, das den janusköpfigen Trieb sublimiert, setzt auch dem Tod Widerstand entgegen, denn es verfeinert die destruktiven Energien des Es. Diese Arbeit wird als individuelle Leistung gedacht, ohne daß, wie bei Adler, soziale Faktoren Berücksichtigung finden.

Zu den wichtigsten Konsequenzen der triadischen Lehre von Ich, Es und Über-Ich gehört, daß sie es ermöglicht, den Zusammenhang zwischen Zeit und Psyche genauer als zuvor zu beleuchten. Das Über-Ich biete, schrieb Freud 1938, ein «Beipiel davon, wie Gegenwart in Vergangenheit umgesetzt wird.»[92] Es ist diejenige Instanz, die Erfahrungen so verarbeitet, daß sie in ein normatives Regulierungssystem eingepaßt werden können. Diese Zeitdimension spielte schon für die Traumtheorie eine wichtige Rolle, bedeutete doch die Überführung des Unbewußten ins Vorbewußte eine Verzeitlichung seiner Substanz. Die Vaterfigur wandelt sich in ein Über-Ich und nimmt dort eine regulierende Funktion wahr, die sich aus dem Erfahrungsmaterial der Kindheit ableitet. In der Studie von 1923, die das triadische Modell erstmals einführte, verband Freud diese Entdeckung mit dem Hinweis, daß das Über-Ich zwar nicht lokalisierbar, aber durch seine Wirkung auf das Ich greifbar sei.[93] Otto Fenichel ergänzte das zwei Jahre später durch Überlegungen zum Konzept der Identifizierung, an dem die innere Verbindung aller drei Instanzen aufgrund ihrer gleichermaßen triebgebundenen Ausrichtung sichtbar wurde.[94]

1925 brachte Freud den erweiterten Ich-Begriff mit seinem großen Thema – neurotische Prägungen und ihre verhaltensspezifischen Folgen – zusammen. In einem sehr spontan verfaßten Artikel über Hemmung und Angst – «nach Art eines Zeitungsromans, wobei der Autor sich von jeder Fortsetzung überraschen läßt» – beschrieb er die Verdrängungsarbeit des Neurotikers, die zur Angstprojektion auf eigentlich nicht ‹gemeinte› Objekte führt, als Leistung des Ich.[95] Daß durch diese Studie die Kategorie der ‹Abwehr› zum Oberbegriff für Spielarten wie ‹Verdrängung› oder ‹Hemmung› wurde, hat Anna Freud 1936 mit Recht betont.[96] Nur das Ich kann, so hieß es, die Übertragung von einem dauerhaften Angstauslöser – dem Vater oder dem Triebbegehren – auf einen anderen, situationsgebundenen Träger organisieren. Weder das Über-Ich noch das Es sind dazu in der Lage, weil sie nur eindimensionale Aufgaben – Gewissensbildung und Trieberfüllung – verfolgen. Allein das Ich verfügt dagegen über die Vielschichtigkeit, die es erlaubt, Widerstand und Sublimierung auszulösen: «Durch die Rücksicht auf die Gefahren der Realität wird das Ich genötigt, sich gegen gewisse Triebregungen des Es zur Wehr zu setzen, sie als Gefahren zu behandeln.»[97] Zwei Techniken können dabei im Dienst der Verdrängung genutzt werden, das «Ungeschehenmachen und das Isolieren».[98] Der erste Weg trägt Züge einer magischen Praxis, die etwas, das sich ereignet hat und wieder ereignen kann, auszulöschen und damit zu bannen sucht. Der zweite Weg besteht darin, das angsterzeugende Objekt aus dem Zusammenhang zu lösen und um seine Wirkung zu bringen. In beiden Fällen bedeutete die Verdrängung mehr als nur eine Gegenkraft, die ein unerwünschtes Element des seelischen Wahrnehmens beiseiteschiebt. Es handelte sich stattdessen um einen Impuls, der im Rahmen eines stabilen Systems Teilbereiche verödet oder symbolisch zerstört. Die Verdrängungsarbeit verband also eine starke Destruktionstendenz mit einer gestalterischen Leistung. Freud argumentierte zunächst energetisch: wenn das Ich durch Aufgaben anderer Art, etwa durch eine neurotische Fixierung gezwungen ist, seine Triebe zu beschränken, dann verarmt es an dieser Stelle und drängt sein Begehren zurück. Das Energieniveau des Ich bleibt jeweils identisch, es kann nicht beliebig erhöht werden. Hier kommt nun eine ökonomische Sichtweise ins Spiel. Das gehemmte Ich gleicht, wie Freud formulierte, einem «Spekulanten», der seine Gelder nicht einsetzen kann, weil sie in anderen Geschäften gebunden sind.[99] Energie und Ökonomie wirkten als Erklärungskategorien für die Verdrängungsarbeit zusammen – eine Konstruktion, die erst durch die triadische Lehre von Ich, Es und Über-Ich mit voller Konsequenz entfaltet werden konnte.

Zu den frühesten Lesern der grundlegenden Studie von 1923 gehörte Georg Groddeck, mit dem sie, wie Freud an Ferenczi schrieb, einiges «zu tun» hatte.[100] Zu Recht beanspruchte Groddeck, den Begriff des ‹Es› erstmals als Synonym für das Unbewußte erwogen zu haben – eine Pionierleistung, die ihm Freud explizit zugestand.[101] Als «Gevatter der Namensgebung» meldete er sich daher am 27. Mai 1923 mit einer Reihe von Kommentaren zu Wort, die der intellektuellen Reichweite der Schrift galten.[102] Freud, so erklärte Groddeck, sei der Bauer, er selbst versehe dagegen die Funktion des Pflugs, der das Feld nicht aus eigenem Antrieb beackern könne. Trotz seines eingeschränkten Blickwinkels müsse er aber monieren, daß der Radius der Argumentation zu sehr auf das Psychische bezogen sei. Das Ich und das Über-Ich nutze Freud bloß als «Arbeitsmittel, nicht als Existenzen». Weil beide allerdings, so lautete die unausgesprochene Pointe dieser Kritik, mehr als nur Aspekte des seelischen Apparats bilden, könne ihre rein psychoanalytische Beschreibung nicht befriedigen.[103]

Es war zweifellos, daß Groddeck die pessimistischen Strömungen der Ich-Deutung, wie sie hier vorlag, mißfielen. Als Adept naturheilkundlicher Verfahren, die er mit hypnotischen Techniken, Massage und spirituellen Heilmethoden fernöstlicher Prägung kreuzte, konnte er den Determinismus der Schrift nicht gutheißen. Freud bestimmte den Menschen in der Tat über seine dunkle Seite, als abhängig von Mächten, die er nicht vollständig zu steuern vermochte. Noch Michel Foucault übernahm die Sprache dieses Selbstbildes, wenn er 1966 in *Les mots et les choses* formulierte: «Indem sie den gleichen Weg nimmt wie die Humanwissenschaften, aber mit in entgegengesetzter Richtung gewendetem Blick, geht die Psychoanalyse auf den Moment zu, der per definitionem für jede theoretische Erkenntnis des Menschen und für jedes kontinuierliche Erfassen in Begriffen der Bedeutung, des Konflikts oder der Funktion unzugänglich ist – wo die Bewußtseinsinhalte sich gliedern oder vielmehr in ihrer Kluft zur Endlichkeit des Menschen verharren.»[104]

Das Individuum, so stellte der Aufsatz von 1923 dar, bewegt sich im Spannungsfeld von drei Kräften, die sämtlich seine Unabhängigkeit beschränken: beherrscht von einem Es, in dem Zerstörungs- und Sexuallust, Leben und Tod gegeneinander kämpfen; gesteuert von einem Über-Ich, das seine Herkunft aus dem Unbewußten wie eine Erblast mit sich trägt und keine Autonomie stiften kann; sich organisierend in einem Ich, das in ständiger Abwehr- und Verdrängungsarbeit gegen den Trieb aufgerieben wird. Welche Auswege boten sich dem Menschen, wenn er in dieser Form zum Opfer heterogener Mächte geriet? Direkte Fluchtpfade, die unmittelbar in die Freiheit führten, gab es nicht. Freud hegte jedoch die Erwartung, daß jedes Individuum auf lange Sicht lernen könne, sein Es zu beherrschen. Spätestens hier wandelte sich der deterministische Materialismus seines Ansatzes zu einer aufklärerischen Haltung. In einem Lexikonartikel von 1923 formulierte er: «Als das Ziel der Behandlung kann hingestellt werden, durch die Aufhebung der Widerstände und die Nachprüfung der Verdrängungen des Kranken die weitgehendste Vereinheitlichung und Stärkung seines Ichs herbeizuführen, ihm den psychischen Aufwand für innere Konflikte zu ersparen, das beste aus ihm zu gestalten, was er nach Anlagen und Fähigkeiten werden kann, und ihn so nach Möglichkeit leistungs- und genußfähig zu machen.»[105] In seinen *Neuen Vorlesungen* von 1932 eröffnete Freud neun Jahre nach der Einführung von Es und Über-Ich in lakonischer Kürze eine Perspektive der Befreiung, die weder revolutionär noch evolutionär, sondern einzig pädagogisch bestimmt war. Der Mensch durfte nicht in der Abhängigkeit vom Unbewußten verharren, sondern mußte ihm neue Zonen der Vernunft abtrotzen. «Wo Es war, soll Ich werden» – diese von Thomas Mann «epigrammatisch» genannte Weltformel der Psychoanalyse beschrieb eine «Kulturarbeit», die der «Trockenlegung der Zuydersee» glich.[106] Die Beherrschung der Libido entsprach jenem großen Projekt der Zivilisation, das darauf zielte, dem Meer festen Boden abzuringen. Hier machte Freud in untypischer Offenheit sichtbar, wie sehr sein wissenschaftliches Denken dem Zweck der Triebsteuerung und dem Programm der Rationalisierung verpflichtet war. Daß es sich dabei um eine schier unermeßliche und unabschließbare Aufgabe handelte, verriet die Metapher von der ‹Trockenlegung der Zuydersee›. Das Bild der Landgewinnung erinnerte an Verse aus dem Schlußakt von Goethes zweitem *Faust*, wo es hieß: «Mit jedem Tage will ich Nachricht haben | Wie sich verlängert der unternommene Graben.»[107]

Religion entlarven

An Fließ schrieb Freud im Juni 1901: «Es ist gewiß töricht, Leiden und Sterben aus der Welt weisen zu wollen, wie wir's in unseren Neujahrsgratulationen tun, und nicht dazu haben wir den lieben Herrgott abgeschafft, um beides von uns und den Unsrigen auf die Fremden zu wälzen.»[108] Die Verantwortung für sein Schicksal muß der Mensch selbst tragen, ohne daß er sie an andere Instanzen abtreten darf. Allein dort, wo die Annahme von der Existenz guter oder böser Übermächte durchbrochen wird, kann das gelingen. Daß der Einzelne nicht selten durch seinen Glauben wie seinen Aberglauben an der Selbstbestimmung gehindert wird, gehörte zu Freuds tiefsten Überzeugungen. Er halte sich, gestand er Putnam am 8. Juli 1913, «für einen sehr moralischen Menschen», betrachte aber jede Form öffentlicher Zurschaustellung sittlicher Tugenden, wie sie in religiösen Bekenntnissen erfolge, als peinlich.[109] Die Trennung von Ethik und Religion gehörte zu den systematischen Prinzipien, die Freud zeitlebens verteidigte. Ehe er sich mit den Wirkungen des Glaubens und seinen scheinbar einfachen Sublimierungsqualitäten – so eine Kurzdiagnose im Sommer 1910 gegenüber Pfister – genauer beschäftigte, untersuchte er jedoch die Bedeutung blasphemischer Einstellungen und Handlungen.[110] «Ich bin nämlich selbst ein Ketzer», schrieb er im November 1928 an Groddeck, «der sich noch nicht in einen Fanatiker umgewandelt hat.»[111]

Symbolische Rituale wie Hexensabbate und Schwarze Messen, in denen das Widerliche und Perverse, Wahn und Schrecken eine Gegenwelt zum christlichen Gottesdienst bilden, stießen schon Ende der 1890er Jahre, während der heißen Phase seiner Selbstanalyse, auf Freuds besonderes Interesse. Die Geschichte der Hexenverfolgung und Teufelsprozesse gehörte zu seinen bevorzugten Themen, weil sich hier Obsession und Angst, Paranoia und Neurose gleichermaßen manifestierten.[112] Im Januar 1897 begann er den *Hexenhammer* zu lesen, den *Malleus Maleficarum* aus dem Jahr 1487, der eine schier erdrückende Serie von Fallbeschreibungen versammelte. Der mittelalterliche Teufelsglaube enthüllte sich Freud jetzt erstmals als Hinweis auf den verbotenen Charakter sexueller Perversionen und versteckte Möglichkeit, deren Praktiken in der Form des Unerlaubten zu imaginieren. «Ich träume also», schrieb er am 24. Januar 1897 an Fließ, «von einer uraltesten Teufelsreligion, deren Ritus sich im geheimen fortsetzt, und begreife die strenge Therapie der Hexenrichter. Die Beziehungen wimmeln.»[113] Den *Hexenhammer* werde er nun «fleißig studieren», denn: «Die Geschichte des Teufels, das Schimpflexikon des Volkes, die Gesänge und Gebräuche der Kinderstube, alles gewinnt Bedeutung für mich.»[114] Auf eine Anfrage des Verlegers Hugo Heller nannte Freud 1907 Johannes Weyers Abhandlung über den Hexenglauben (*De praestigiis Daemonum*, 1563) eines der gewichtigsten Bücher, das ihm bekannt sei.[115] Als ihm der Münchner Germanist Friedrich von der Leyen im Sommer 1901 seinen Text über *Traum und Märchen* übersendete, exzerpierte Freud zahlreiche der dort erwähnten Motive, um sie in späteren Arbeiten wieder aufgreifen zu können.[116] 1908 publizierte er einen Aufsatz über *Charakter und Analerotik*, in dem er darauf hinwies, daß der Teufel im Volksaberglauben für die verdrängte Sexualität und unerlaubte erotische Praktiken stehe.[117] Die Einsicht, daß jede Zeit Bilder des Abseitigen und Verbotenen schuf, die ihre kulturellen Selbstentwürfe indirekt spiegeln, zeichnete für weitere Studien die Argumentationslinien vor.

Am Beginn der 20er Jahre nahm sich Freud des Themas nochmals an. Der Aufsatz *Eine Teufelsneurose im 17. Jahrhundert* analysierte 1923 den Glauben an den Satan als Spielart religiöser Verirrung mit klarem neurotischem Hintergrund. Eher zufällig war Freud durch den Hofrat Rudolf Payr zum Thurn, der zwischen 1919 und 1923 als letzter Direktor der *Habsburgisch-lothringischen Familien-Fideikommiss-Bibliothek* amtierte, auf den Stoff aufmerksam geworden. Er übersendete ihm Handschriften, die den Fall des niederösterreichischen Malers Christoph Haitzmann und die Geschichte seiner vermeintlichen Teufelsverschreibung dokumentierten. Payr zum Thurn interessierte sich für die medizinischen Gesichtspunkte der Historie und fragte daher bei Freud an, ob es Hinweise für eine pathologische Dimension gebe. Das Studium der Quellen verfehlte seine Wirkung nicht; gegenüber Eitingon bemerkte Freud am 13. November 1922: «Eine merkwürdige psychologische Wahrheit wird darin in ergreifender Naivität verraten.»[118] Der aus den Bibliotheksquellen gearbeitete Aufsatz lieferte eine ärztliche Rekonstruktion des Falls allerdings nur im weitesten Sinne, indem er sich auf die psychischen Ursprünge der im Text geschilderten Symptome konzentrierte.

Bei Payr-Thurns Manuskriptfund handelte es sich um die lateinische Handschrift des Abtes Franciscus aus Mariazell aus dem Jahr 1677 und ein anonymes Postskriptum von 1714. Der Text schilderte die Heilung des Malers Christoph Haitzmann, der 1677 in der Kirche von Pottenbrunn von schweren Krämpfen befallen wurde, durch den örtlichen Pfarrer an den Präfekten geriet und unter dessen strenger Befragung einräumte, in einer Phase schwerer Melancholie sich dem Teufel verschrieben zu haben. Es kam zu einem Bußritual, in dessen Verlauf der Teufel den Kontrakt in der Klosterkirche zurückgab; aufgrund eines zweiten Geständnisses des Malers, demzufolge eine weitere Verschreibung existierte, wiederholte sich derselbe Vorgang in der Kirche. Nach zahlreichen Anfechtungen überwand Haitzmann seine Melancholie und beschloß sein Leben bis zu seinem Tod im Jahr 1700 im Kloster. Freud unterzog das Manuskript, zu dem auch das Bruchstück eines autobiographischen – in deutscher Sprache verfaßten – Berichts Haitzmanns und eine Reihe von ihm stammender Zeichnungen gehörten, einer psychoanalytischen Lektüre. Deren religionskritische Tendenz skizzierte schon das knappe Vorwort des Artikels, worin es pointiert hieß, die «Besessenheiten» der Zeit der Dämonenfurcht entsprächen «unseren Neurosen»[119].

Freud untersuchte zunächst den Ausgangspunkt des Teufelsbundes, die im Manuskript mehrfach hervorgehobene melancholische Stimmungsperiode, welche den Nährboden für den Pakt mit dem Bösen bildete. Die Schwermut des Malers leitete er aus seiner Trauer über den Tod des Vaters her; die Figur des Teufels bilde gleichsam eine Stellvertretung des Vaters und spiegele das schwierige ödipale Verhältnis wider, das der Sohn zu ihm unterhielt. Freuds Deutung wurde allerdings durch eine falsche Übersetzung ermöglicht, die den Charakter einer Fehlleistung trug. Wörtlich lautete der Passus des Berichts, der die Gemütsverfassung des Malers in Verbindung mit seiner Familiengeschichte bringt: «‹accepta aliquâ pusillanimitate ex mortis parentis›».[120] Die korrekte Übertragung wäre: ‹nahm nach dem Tod seiner Eltern eine seelische Verzagtheit an›. ‹Parentis› kann den männlichen wie den weiblichen Elternteil gleichermaßen meinen, ohne daß damit lexikalisch eine Geschlechterspezifikation bezeichnet ist. Freud aber sprach fortan vom ‹Vater› und stützte seine gesamte Auslegung damit auf eine vereinfachende Lesart des Textes.[121] Wenn es in den beiden im Manuskript überlieferten Verschreibungen hieß, der Maler unterwerfe sich dem Teufel als ‹leibeigener Sohn›, so interpretierte der Aufsatz das einseitig als Zeichen des Vaterersatzes. Daß Freud, der über brillante Lateinkenntnisse verfügte, hier gegen alle Regeln der philologischen Genauigkeit verstieß, verrät, wie stark sein Urteilsvermögen bei fremden Quellen getrübt sein konnte.

Nach Auffassung der Mönche erschien der Teufel, dem sich der Maler unterwirft, als klassische Figuration des Bösen, denn in ihm manifestieren sich die Verlockungen des ‹sündhaften Lebens› und die Absage an die heilige Dreieinigkeit. Freud betonte dagegen unter Hinweis auf den von ihm selbst fehlgelesenen Verschreibungstext, daß man hinter dem Teufel eine eigentümliche Projektion des verstorbenen Vaters erblicken müsse. Was diese Projektion genau verrate, ergebe sich aus den weiblichen Eigenschaften, welche die Teufelsgestalt in Haitzmanns Bericht aufweise. «Das erstemal sieht er», so Freud, «den Bösen in der Erscheinung eines ehrsamen Bürgers. Aber schon das nächste Mal ist er nackt, mißgestaltet und hat zwei Paar weiblicher Brüste. Die Brüste, bald einfach, bald mehrfach vorhanden, fehlen nun in keiner der folgenden Erscheinungen.»[122] Die Vater-Projektion enthülle laut Freud die femininen Identitätsanteile im Seelenleben des Malers. Unterstützt werde diese Deutung durch die Tatsache, daß der Teufel neunfach aufgetreten sei, was als Hinweis auf die Schwangerschaft gelten müsse. Der Maler habe sich dem Vater im Habitus der Frau unterworfen und ihn in dieser Rolle inzestuös begehrt. «Die feminine Einstellung zum Vater unterlag der Verdrängung, sobald der Knabe verstand, daß der Wettbewerb mit dem Weib um die Liebe des Vaters das Aufgeben des eigenen männlichen Genitales, also die Kastration zur Bedingung hat. Die Ablehnung der femininen Einstellung ist also die Folge des Sich-Sträubens gegen die Kastration, sie findet regelmäßig ihren stärksten Ausdruck in der gegensätzlichen Phantasie, den Vater selbst zu kastrieren, ihn zum Weib zu machen. Die Brüste des Teufels entsprächen also einer Projektion der eigenen Weiblichkeit auf den Vaterersatz.»[123]

Am Ende blieb für Freud nur ein dunkler Punkt, den er jedoch ähnlich umstandslos aufzuhellen suchte wie die übrigen Teile der mysteriösen Geschichte. Fragen müsse man, auf welche Weise die im Manuskript überlieferten zwei Verschreibungszettel zustande gekommen seien. Der Maler dürfe, betonte Freud, so wenig wie die Mönche, die seinen Fall festhielten, als Fälscher bezeichnet werden. Vielmehr habe er in einem Moment des religiösen Wahns die Teufelsverträge selbst niedergeschrieben.[124] Die Vergegenwärtigung des Bösen, die sich in der Schrift des Teufels vollzieht, geriet so zum Produkt visionärer Einbildung. Die Zeichen der Phantasie offenbarten laut Freud ein in sich geschlossenes System der psychischen

Fehlsteuerung, wie sie im gestörten Verhältnis zum Vater manifest werde. Vom äußeren Szenario der Quelle blieben in dieser Auslegung nur Indizien für seelische Zustände jenseits religiöser Kategorien: Projektionen, Verdrängungsakte, Übertragungen und Zwangshandlungen als Kräfte der Neurosenbildung. Die Analyse – Freud selbst sprach von «Umdeutung» – transferierte den Dämonenmythos in die Landschaft der Psyche, indem sie ihn auf das monokausale Erklärungsmuster der Inzesttheorie zurückführte.[125] Der verborgene Sinn der Teufelshistorie war wie jener der Religion nach einem Wort Ricœurs «die ewige Wiederholung der Sehnsucht nach dem Vater.»[126]

Freuds Aufsatz über die Teufelsneurose stützte sich, ohne daß er dieses eigens hervorhob, auf Ernest Jones' *Der Albtraum in seiner Beziehung zu gewissen Formen des mittelalterlichen Aberglaubens* (1912). Der schmale Text, der kurz nach seinem Erscheinen bereits ins Deutsche übersetzt wurde, lieferte eine der ersten kulturgeschichtlichen Studien psychoanalytischer Prägung, die parallel zu Freuds Schrift über *Totem und Tabu* entstand. Jones bezog sich seinerseits auf die bereits zitierte Bemerkung aus Freuds Aufsatz über *Charakter und Analerotik*, nach der der Teufel «nichts anderes als die Personifikation des verdrängten unbewußten Trieblebens» ist.[127] Freuds Hypothese, hieß es nun, müsse vertieft werden durch die Frage nach den ödipalen Komponenten, die in der Mythologie Satans hervortreten. Die Geschichte des Teufelsglaubens sei, so lautete Jones' Präambel, die «Geschichte der ununterbrochenen Angst».[128] Gedeutet wurde diese Angst als «Projektion zweier Kategorien von verdrängten Wünschen»; dabei handele es sich um den Wunsch, den Vater nachzuahmen, und um den Wunsch, den Vater zu bekämpfen.[129] Es ist leicht erkennbar, daß Jones' Überlegungen für den Aufsatz zur Teufelsneurose von großem Gewicht waren. Freud verzichtete merkwürdigerweise auf eine nähere Erwähnung, regte jedoch 1925 an, daß Jones in die von ihm besorgte englische Übersetzung der Studie seine eigenen Ergebnisse in Fußnoten einarbeiten solle.[130] Gegenüber den britischen Lesern fühlte er offenbar einen größeren Rechtfertigungszwang und sah es als seine Pflicht an, Einflüsse, die er in der Erstpublikation verschwieg, deutlicher anzusprechen.

Eine zweite Quelle, auf die Freud anders als im Fall Jones' selbst aufmerksam machte, war Theodor Reiks unmittelbar vor dem Teufelsneurosen-Aufsatz abgeschlossene Studie *Der eigene und der fremde Gott* (1923).[131] Reik nahm im Gegensatz zu Jones keine individualpsychologische, sondern eine historische Sichtweise ein, wenn er abendländische Teufelsmythologien betrachtete. In sämtlichen Verkörperungen des Bösen erscheine, so Reik, ein abgesunkenes Element der Religionsgeschichte, das, wie das Unbewußte im psychischen Apparat, versunken sei und nun im Bild wieder auferstehe. Als Urszene in der Geschichte des Teufels galt ihm der Akt seiner Abspaltung, der ihn vom Guten, dem er einstmals angehörte, separiert. Dieser Akt ist der Dynamik des seelischen Systems vergleichbar, in dem die Mächte des Bewußtseins und des Unbewußten als polare Kräfte mit Verankerung in einem einheitlichen Apparat existieren: «Der Vorgang der Veränderung einer ursprünglich einheitlichen Gottheit durch Spaltung in zwei getrennte, einander oft feindliche Götter läßt sich mit bestimmten psychischen Prozessen beim Individuum gut in Übereinstimmung bringen.»[132] Die Scheidung in Gut und Böse, die in der Geschichte der abendländischen Religion ein Element des Schöpfungsmythos ist, verglich Rank mit der Trennung von Bewußtem und Unbewußtem innerhalb des seelischen Ganzen. Das Böse, das der Teufel verkörpert, entsprach dabei gemäß Freuds früheren Annahmen den unbewußten Triebregungen, die in der Neurose verdrängt werden, aber in den Bildern des Schrecktraums, in Verhaltensstörungen und Hemmungen wieder auftreten.

Ähnlich wie Jones sah auch Reik den ödipalen Konflikt als Modell, das Gemeinsamkeiten mit der kulturellen Vorstellung vom Bösen aufweist. Der Teufel verkörpert eine Schicht des Unbewußten, die vielfach überlagert, abgestoßen, vertrieben, aber nicht wirklich verarbeitet wurde. So wie sich in ihm die dunklen Gegenmächte des christlichen Gottes manifestieren, die Jesus in der Wüste verführen, so ist in der Neurose – symptomatisch im unbewältigten Ödipus-Komplex – das geheime Spiel der Gegenkräfte aufgehoben, die nicht dem Bewußtsein unterworfen werden können. Auch hier lief die Argumentation auf eine klare Entzauberung der Religion hinaus, und zwar auf dem Wege der Analogiebildung: der Teufel erschien wie bei Jones als Manifestation seelischer Mächte, ohne ein Eigenrecht im Glaubenssystem behaupten zu dürfen. Das entsprach wiederum der Tendenz von Freuds Aufsatz über den Satansbund des Malers Haitzmann, war aber subtiler entwickelt. Im Vergleich zum Artikel über die Teufelsneurose, der zu Freuds wenigen mißglückten Arbeiten zählte, wies Reiks Studie die deutlich seriösere Methodik auf.[133]

Freuds Lehre, so schrieb Franz Kafka schon im November 1920 an Milena Pollak, finde «als Urgrund der Religionen auch nichts anderes als was ihrer Meinung nach die ‹Krankheiten› des Einzelnen begründet».[134] Der Glauben entspringt demselben Boden wie die seelische Pathologie: Freud wäre mit Kafkas Zusammenfassung seiner Religionskritik vermutlich einverstanden gewesen. Die Überzeugung, daß die Psychoanalyse eine atheistische Wissenschaft sei, formulierte er seit der Jahrhundertwende immer wieder. Sie war das für ihn in einem doppelten Sinne, der allerdings theoretische Widersprüche in erheblichem Ausmaß offenbarte. Zum einen verdankte sich seine therapeutische Methode einer Epoche, die den Glauben aufgegeben und damit die seelischen Krankheiten befördert hatte. «Die außerordentliche Vermehrung der Neurosen seit der Entkräftung der Religionen» sei, so hatte Freud schon im März 1910 auf dem Kongreß in Nürnberg betont, ein Merkmal der Moderne und eine Herausforderung für die psychoanalytische Therapie.[135] Gleichzeitig suchte seine Theorie immer wieder den Ersatzcharakter des Glaubens zu entlarven und seine sublimierende Rolle aufzudecken. Die Religion, so vermutete Freud, besaß selbst den Zuschnitt einer Verdrängungsmacht, die den sexuellen Impulsen der Menschen Einhalt gebieten und sie auf heilige Ziele lenken sollte. Damit war ein doppelter Bezug zum Glauben gegeben: sein Verlust erzeugte Neurosen und schuf der Analyse Arbeit; seine Praxis aber galt als Ersatzbildung, unter der ein kranker Kern zu entdecken war. In ärztlicher Funktion wollte Freud daher die religiösen Regeln und Rituale aus großem Abstand untersuchen, ohne sich dem Verdacht auszusetzen, ihnen innerlich verbunden zu sein. Daß er die eigene Forscherrolle aus atheistischen Motiven ableitete, bildete für ihn wiederum die Bedingung seiner geistigen Freiheit. «Ganz nebenbei», so lautete im Oktober 1918 die rhetorische Frage an Pfister, «warum hat keiner von all den Frommen die Psychoanalyse geschaffen, warum mußte man da auf einen gottlosen Juden warten?»[136]

Mit abschließender Konsequenz und Härte äußerte sich Freud 1927 in *Die Zukunft einer Illusion* über die sozialen Zwecke der Religion. Im weiteren Sinne lieferte er hier einen selbständigen Beitrag zu einer Theologie, die, wie Feuerbach sagte, zur Anthropologie geworden war: zu einer skeptischen Wissenschaft vom Menschen und einer psychologischen Begründung seines Glaubens.[137] Feuerbachs Gedanke hatte schon den philosophisch versierten, an Darwin und Haeckel geschulten Medizinstudenten Freud fasziniert, und nun, 45 Jahre später, griff er ihn wieder auf, ohne seine Herkunft allerdings näher zu erläutern. Die Religionsschrift, die als schmale Broschüre im Psychoanalytischen Verlag veröffentlicht wurde, begann mit einer Frage von genereller Bedeutung: Wie könnte eine Gesellschaft aussehen, in der kein Zwang zur Triebunterdrückung besteht und die Opfer, die jeder Einzelne beim Beitrag zur allgemeinen Kultur zu leisten hat, entfallen dürfen? Wie wäre eine Welt vorstellbar, die es dem Individuum erlaubt, der Befriedigung seiner Bedürfnisse zu leben? Freud antwortete lakonisch, daß dieses Goldene Zeitalter allein deshalb nicht eintrete, weil der Mensch unter den Bedingungen der absoluten Trieberfüllung für seine Sicherheit und das Morgen kaum mehr sorgen würde. Wir arbeiten, da wir müssen, so lautet Freuds Einsicht; und deshalb ist eine Gesellschaft der aufgehobenen Kulturzwänge niemals zukunftsfähig, denn sie gefährdet die Reproduktion der Quellen unseres Daseins.

Gegen eine derart pessimistische Einschätzung lassen sich zahlreiche Argumente ins Feld führen, wie Freud wußte. Ist nicht der Mensch, der nur durch strenges Diktat zur Kulturbildung in der Lage zu sein scheint, selbst bloß ein Produkt der sozialen Pressionen, die es zu überwinden gilt? Die Antwort auf diese scheinbar einfache Frage blieb ambivalent. Es ist immerhin denkbar, daß es neue Wege zur Verbindung von Freiheit und Ordnung gibt, die außerhalb jeglichen Zwangs verlaufen. Nicht jede Kultur muß durch Verbot und Verzicht gesichert werden. Aber Freud war unsicher, ob jetzt schon Rezepte gegen die Gefahren einer gänzlich freien, von Normen gelösten Form gesellschaftlichen Lebens existierten. Nach dem Krieg hatten auf dem alten Kontinent Umwälzungen politischer Art stattgefunden, deren Wirkungen sich noch nicht zuverlässig bewerten ließen. Ausdrücklich betonte Freud, wie schwer es ihm falle, die Leistungen des sowjetischen Bolschewismus einzuschätzen; das «große Kulturexperiment», das «gegenwärtig in dem weiten Land zwischen Europa und Asien angestellt wird», könne er unmöglich beurteilen.[138]

Innerhalb des Systems der Zwänge, das die Gesellschaft etabliert hat, um ein Zusammenleben der Menschen ohne Gewalt und Aggression zu gewährleisten, bilden Kultur und Religion besondere Formen der Entlastung. Kulturschöpfungen stiften Ideale, schaffen einen erlaubten Genuß und lenken die libidinösen Energien auf allgemein anerkannte Werte oder Objekte. «Die Befriedigung, die das Ideal den Kulturteilnehmern schenkt, ist also narzißtischer Natur, sie ruht auf dem Stolz auf die bereits geglückte Leistung.»[139] Noch konkreter ist die Wirkung der Religion, die zwei Funktionen gleichzeitig erfüllt: sie sichert uns gegen einen Zustand der permanenten Barbarei und Selbstzerfleischung, indem sie strenge Regeln für das

Zusammenleben aufstellt; und sie tröstet uns über den Triebverzicht hinweg, indem sie die Hoffnung auf ein Fortdauern unserer geistigen Existenz nach dem Tod nährt. Der Glaube an die weisen Ratschlüsse eines allmächtigen Schöpfers hilft dem Einzelnen, wie schon Feuerbach bemerkte, seine beschränkte irdische Daseinsform besser zu ertragen, weil er sie als Teil des Weltplans zu betrachten lernt. «Alles, was in dieser Welt vor sich geht, ist Ausführung der Absichten einer uns überlegenen Intelligenz, die, wenn auch auf schwer zu verfolgenden Wegen und Umwegen, schließlich alles zum Guten, d. h. für uns Erfreulichen, lenkt.»[140]

Freud leitete die Religion aus der kulturellen Entwicklung ab, als deren Bestandteil sie die Zumutungen der Natur und der Gesellschaft gleichermaßen zu bewältigen gestattet. Gegen die Zufälle und Gefahren der Natur erzeugt sie die Illusion, daß alles nach Plan erbaut und durch den Willen des Schöpfers kontrolliert wird. Gegen die sozialen Zwänge setzt sie den Gedanken der Belohnung für entgangene Befriedigung in der Idee der Erlösung nach dem Tod. Besehe man den Kern religiöser Aussagen über Jenseits und ewiges Leben, Gottes Schöpfungsidee und die Segnungen des Paradieses genauer, dann komme man allerdings schnell zur Einsicht in ihren irrationalen Charakter. Die religionsimmanenten Argumente, die ihrer Absicherung dienen, lassen sich, so Freud, durchgehend als bedenklich bezeichnen: daß die Urväter schon denselben Glauben hegten; daß Beweise aus der Vorzeit stammen; und daß jedes Hinterfragen des Sinns religiöser Aussagen frevelhaft sei.[141] Die Religion bewegt sich mit ihren Illusionen im Status des ‹Als ob›, sie liefert Fiktionen, die es uns erlauben, den Zwängen von Natur und Gesellschaft standzuhalten. Schon der russische Mediziner Ilja Metschnikow hatte in seiner 1903 veröffentlichten Studie *Rhythmus des Lebens*, für die er 1908 den Nobelpreis erhielt, auf den Zusammenhang von Glauben und Bannung der Todesangst hingewiesen. Ob Freud seine Arbeit kannte, wissen wir nicht – es fehlt jedes Indiz für eine nähere Auseinandersetzung.[142]

Freud argumentierte in keinem anderen seiner Texte mit vergleichbar rationaler Schärfe, ganz im Sinne der Aufklärung.[143] Zu diesem Verfahren gehörte auch die platonische Technik des Dialogs, die er hier erprobte. Ein fiktiver Kritiker meldete seine Einwände an, die dann Zug um Zug widerlegt wurden. Damit gewann Freuds Darstellung eine Transparenz, die ihr dort, wo es um die Herkunft ihrer Argumente ging, deutlich fehlte. Über die Quellen der Ausführungen erfahren wir nichts, da weder Vorläufer noch Anreger benannt werden. Daß, wie erwähnt, Feuerbachs Studie *Das Wesen des Christentums* (1841) und daneben Karl Marx' Einleitung in seine Schrift *Zur Kritik der Hegelschen Rechtsphilosophie* (1844) Pate stehen, verschwieg Freud. Insbesondere Feuerbachs Auffassung, derzufolge der Mensch seine unerfüllten Wünsche und Hoffnungen auf Gott richtet, indem er ihn nach seinem Bild entwirft, beeinflußte die These vom Illusionscharakter der Religion, die der Text vertrat.[144]

Die Religion, hieß es abschließend, verliere in der modernen westlichen Gesellschaft an Wirkung, weil sie nicht mehr glaubwürdig, ihre Fiktion durchsichtig, die von ihr ausgehende Hoffnung leer sei. Allein von der Wissenschaft dürfe man, so erklärte Freud, die Entschleierung der Welträtsel erwarten. «Es ist wiederum nur Illusion, wenn man von der Intuition und der Selbstversenkung etwas erwartet; sie kann uns nichts geben als – schwer deutbare – Aufschlüsse über unser eigenes Seelenleben, niemals Auskunft über die Fragen, deren Beantwortung der religiösen Lehre so leicht wird.»[145] Übrig blieb die tröstende Funktion des Glaubens, jenseits ihres metaphysischen Anspruchs. Für die Psychologie wäre hier ein Anknüpfungspunkt, der es erlaubte, religiöses Denken aus seinen seelischen Wirkungen zu rechtfertigen. Aber auch als reines Beruhigungsmittel mochte Freud die Religion nicht gelten lassen, denn die Geschichte zeige, daß die Menschen zu Zeiten der «uneingeschränkten Herrschaft» des Glaubens weder glücklicher noch sittlicher waren.[146] Von der Religion blieb bestenfalls die subjektive Tröstung im Sinne eines persönlichen Glücks, wie es Schillers Gedicht *Resignation* (1784) unter Bezug auf David Humes psychologischen Empirismus fast zynisch beschrieb: der Mensch, der im Zeichen seines Glaubens auf ein Jenseits hofft, findet am Ende, nach dem Tod, keinen Einlaß ins Paradies, weil seine Hoffnung schon Gegenleistung für alle Entbehrungen war.[147]

Trotz der Schwächen eines nur illusionären Trostes blieb es für Freud unklar, ob die Religion in Zukunft verschwinden und aufgeklärter Vernunft Platz machen werde. Mit einer Metapher, die an Marx' Bild vom «Opium des Volkes» erinnerte, kennzeichnete er seine diesbezügliche Skepsis: «Der Gläubige läßt sich seinen Glauben nicht entreißen, nicht durch Argumente und nicht durch Verbote. Gelänge es aber bei einigen, so wäre es eine Grausamkeit. Wer durch Dezennien Schlafmittel genommen hat, kann natürlich nicht schlafen, wenn man ihm das Mittel entzieht.»[148] Das war eine ebenso einfache wie klare Diagnose, die keine Alternativen eröffnete. Dennoch hielt Freud an seinem Projekt fest, das «bittersüße» Gift der Religion überflüssig zu machen durch «‹Erziehung zur Realität›».[149] Und er zitierte zur Bekräftigung aus Heines *Wintermärchen*, das im selben Jahr wie Marx' Hegel-Kritik erschien: «Den Himmel überlassen wir | Den Engeln und den Spatzen.»[150]

Am Ende wurde nochmals das gesamte Register der Kritik aufgeboten. Die Religion sei schwach und entleert, denn wer ihr die Trostfunktion raube, zerstöre auch sie selbst. Anders verhalte es sich mit der wissenschaftlichen Erkenntnis, die keine Illusion darstelle, sondern auf objektiven Befunden beruhe. Auch wenn zuweilen Wissen altere, bestehe der Prozeß der Forschung aus Kontinuität: «Die Wandlungen der wissenschaftlichen Meinungen sind Entwicklung, Fortschritt, nicht Umsturz.»[151] Spätestens hier wurde deutlich, daß Freuds Broschüre werbend in eigener Sache argumentierte. Sie richtete sich gegen die Vielzahl zweifelhafter Versuche, die Psychoanalyse zur Ersatzreligion mit okkultistischer Tendenz zu stempeln. Sie rechtfertigte sich, zum Schluß klar artikuliert, indem sie die Bastion der Wissenschaft vor dem Irrationalismus in Schutz nahm. Was Forschung nicht zu leisten vermag, wird auch die Religion nicht bieten: Hoffnung für eine Zukunft zu stiften, die nur dann gemeistert werden kann, wenn das Realitätsprinzip regiert.

Schon 1910 hatte Freud auf dem Nürnberger Kongreß zur Stellung der Psychoanalyse angemerkt: «Wie wir den einzelnen durch Aufdeckung des in ihm Verdrängten zum Feinde machen, so kann auch die Gesellschaft die rücksichtslose Bloßlegung ihrer Schäden und Unzulänglichkeiten nicht mit sympathischem Entgegenkommen beantworten; weil wir Illusionen zerstören, wirft man uns vor, daß wir die Ideale in Gefahr bringen.»[152] Im Sinne dieses Mechanismus erwartete Freud im Fall der Religionsschrift einen «mißtönigen Chor von Kritiken» wegen, wie es bereits im Schlußteil hieß, «Borniertheit, Mangel an Idealismus und an Verständnis für die höchsten Interessen der Menschheit.»[153] Eine überaus loyale, aber in der Sache klar von ihm abweichende Replik lieferte der Freund Pfister unter dem Titel *Die Illusion einer Zukunft* in der *Imago* von 1928. Vor allem bemängelte er darin Freuds Behauptung, die Wissenschaft sorge selbst schon für eine hinreichende Orientierung in allen Fragen des Lebens, so daß die Religion in diesem Punkt überflüssig sei. Aus der Perspektive des Evangeliums gebe es im christlichen Glauben zahlreiche Handlungsanleitungen, die durch die Weltanschauung der Vernunft nicht überflüssig würden. Allerdings war sich Pfister bewußt, wie wenig er Freud mit seinen Überlegungen umstimmen konnte. In einem Brief vom 20. Februar 1928 erklärte er, er erwarte keine Veränderung der jeweiligen Standpunkte: «Die Gefahr ist nicht groß, daß Sie sich zur Taufe melden oder daß ich von der Kanzel herunterhüpfe.»[154]

In den *Neuen Vorlesungen* spitzte Freud 1932 die Hauptthese seines fünf Jahre älteren Beitrags noch einmal zu: «Religion ist ein Versuch, die Sinneswelt, in die wir gestellt sind, mittels der Wunschwelt zu bewältigen, die wir infolge biologischer und psychologischer Notwendigkeiten in uns entwickelt haben. Aber sie kann es nicht leisten.»[155] Freud betonte zeitlebens, daß es ihm unmöglich sei, sich einen persönlichen Gott und seinen Sohn zu imaginieren. Schon im Dezember 1883 hatte er Martha nach einem Besuch im Dresdner Zwinger über Tizians Gemälde *Der Zinsgroschen* (1516) geschrieben: «Dieser Christuskopf, mein Liebchen, ist der einzig wahrscheinliche, unter dem auch wir uns eine solche Person vorstellen können.»[156] Der eingemeindende Plural setzte damals voraus, daß auch die Verlobte den Atheismus ihres Bräutigams teilte, was so uneingeschränkt keineswegs der Fall war.

1932 gestand Freud, sein Leben habe ihn, anders als manchen ehemaligen Agnostiker, nicht zum Glauben geführt: «Fromm wenigstens bin ich nicht geworden, ich hoffe auch nicht leichtgläubig.»[157] Über Ethik immerhin ließe sich reden, so erklärte er im Februar 1929 gegenüber Pfister, wenn sie außerhalb metaphysischer Zusammenhänge etabliert werde: «Die Ethik ist auf die unvermeidlichen Anforderungen des menschlichen Zusammenlebens gegründet, nicht auf die Ordnung der außermenschlichen Welt.»[158] Auch im Alter blieb Freud bei der Wahl zwischen Metaphysik und Realismus entschieden. Für philosophische Spekulationen gab es nach seiner Meinung keinen Rückhalt in der empirischen Welt. Ihn interessierte allein die psychische Wirklichkeit des Menschen, über die nachzudenken zwangsläufig bedeutete, daß man die Täuschungen entlarvte, die sie erzeugte.

Die kulturellen Zumutungen

1930 lieferte Freud eine Summe seiner theoretischen Arbeiten, die zugleich Höhepunkt und Abschluß bezeichnete. Mit der Studie *Das Unbehagen in der Kultur* bilanzierte er, was die Psychoanalyse zu diesem Zeitpunkt über die *conditio humana* in der Moderne aussagen konnte. Im Mittelpunkt stand das System der Verdrängung mit seiner Ausstrahlung auf alle Felder der Zivilisation. In einem Aufsatz von 1915 hatte Freud den Begriff noch sehr klar auf die sexuellen Aspekte der Trieblehre bezogen. Das Verdrängen eines libidinösen Impulses ist gleichbedeutend mit seinem Zurückschieben in den Bereich des Unbewußten. Dort aber lebt das Verdrängte weiter und macht sich über indirekte Wirkungen bemerkbar. Verdrängung äußert sich in einer Unterdrückung des Triebs, in seiner Übertragung auf bestimmte Affekte und in der Ausprägung von Angst. Der letzte Typus, in dem das Verdrängungsgeschehen klar sichtbar wird, führt zu hysterischen oder neurotischen Störungen unterschiedlicher Art.[159] Nur vier Jahre danach korrigierte Freud die alleinige Ausrichtung auf den Triebsektor und wies darauf hin, daß die «Motive der Verdrängung» nicht allein auf den sexuellen Bereich eingeschränkt werden dürften: «Den Kern des seelisch Unbewußten bildet die archaische Erbschaft des Menschen, und dem Verdrängungsprozeß verfällt, was immer davon beim Fortschritt zu späteren Entwicklungsphasen als unbrauchbar, als mit dem Neuen unvereinbar und ihm schädlich zurückgelassen werden soll.»[160]

Die unterdrückten Triebe können auf zweierlei Weise behandelt werden: entweder sie treten in Ersatzbildungen perverser bzw. neurotischer Art hervor, oder sie finden erfolgreiche Verdrängung, dann dürfen sie auch keine sexuelle Ausrichtung mehr erfahren. 1925 betonte Freud in einer Studie zu Hemmung und Angst, daß die meisten Verdrängungsakte ein «Nachdrängen» von früher erfolgten «Urverdrängungen» bedeuten – eine Konstellation, die, wie Ferenczi beschrieb, gerade bei manischen Patienten besonders häufig war.[161] Bereits im infantilen Stadium vollziehe sich, so Freud, eine Angstbesetzung in bestimmten Bereichen des Trieberlebens, die durch elterliche Verbote befördert werde. Solchen ursprünglichen Akten, die Lustquellen mit Bestrafungsfurcht begegnen, folgen weitere Verdrängungsprozesse – eben die Momente des ‹Nachdrängens›, mit der die therapeutische Arbeit täglich konfrontiert ist.

Der fundamentale Widerspruch, vor dem der Analytiker hier stand, beruhte darauf, daß das Ich sich nur entwickeln kann, wenn es bestimmte Bereiche seines Unbewußten ausschließt, indem es sie zurückstößt. Die Verdrängung ist damit die Bedingung für die Zivilisierung des Triebs; ihre seelische Funktion erst ermöglicht dem Ich, sich als Subjekt seiner Begierden zu erfinden. Wo die Verdrängung scheitert, beginnt das weite Reich der seelischen Krankheit: die Ersetzung der Realität durch Phantasien in der Neurose und durch Abspaltungen in der Psychose. Im Fall des Mißlingens kommt es also zu Verzerrungen und Absonderungen, im Fall des Gelingens zu einer, wie Freud 1924 schrieb, symbolischen Organisation der Wirklichkeit.[162] Das Resultat erfolgreicher Verdrängung entsprach wiederum den menschlichen Kulturleistungen, die gleichfalls aus Einbildungskraft und Triebumarbeitung entstehen – allerdings nicht auf der Basis der Verdrängung, sondern durch Sublimierung.

An diesem Punkt begann Freuds Aufsatz über *Das Unbehagen in der Kultur*, der bald einer seiner am häufigsten debattierten Texte wurde. Seine Entstehung war durch eine elegische Stimmung des Ausklangs geprägt, die ihn zu dieser Zeit häufiger ergriff. Arnold Zweig verkündete er Ende Februar 1929: «Ich werde wahrscheinlich nichts mehr veröffentlichen, wenn man mich nicht geradezu nötigt.»[163] Er hoffe, schrieb er im Mai 1929 aus Berlin-Tegel mit einer für ihn schon typischen Wendung an Bleuler, der Kulturaufsatz sei die letzte Arbeit, die er verfasse.[164] Als er das Manuskript am 28. Juli 1929 abgeschlossen hatte, erklärte er Lou Andreas-Salomé, die neue Studie komme ihm im Gegensatz zu früheren «sehr überflüssig» vor, weil hinter ihr kein «Drang» mehr stecke. Aber er müsse fleißig sein und produzieren, da er es nicht anders kenne: «Man kann nicht den ganzen Tag rauchen und Karten spielen, im Gehen bin ich nicht mehr ausdauernd, und das meiste, was man lesen kann, interessiert mich nicht mehr.»[165] Anders als in älteren Texten war das technische Fundament der Untersuchung kaum ausgeführt, ohne daß darunter die Argumentation litt. Jones gestand Freud am 26. Januar 1930, die Abhandlung trage im Methodischen «ein weiter, eigentlich dilettantischer Unterbau (da nichts darin erschöpfend behandelt ist), auf dem sich eine dünn zugespitzte analytische Untersuchung erhebt.»[166] Gerade diese ‹Zuspitzung› ermöglichte jedoch eine Freiheit der Gedankenführung, die faszinierende Ergebnisse zeitigte.

Das Unglück in der Kultur, so lautete noch Anfang Juli 1929 der Arbeitstitel der Studie, der den Pessimismus der Argumentation deutlicher anzeigte als der endgültige der Druckfassung.[167] Womöglich wollte Freud durch die Einführung des Begriffs ‹Unbehagen› die Nähe zu einer anderen kulturkritischen Schrift vermeiden, die zehn Jahre zuvor für Furore beim Publikum gesorgt hatte: Oswald Spenglers *Der Untergang des Abendlandes*. Spenglers Formenlehre der Weltzivilisationen ging davon aus, daß sich in den einzelnen Epochen der Menschheit unterschiedliche Seelenhaltungen manifestierten, die wiederum bestimmte Symbole und Strukturen ausbildeten. Freud, der sich über Spengler nicht äußerte – wie auch dieser umgekehrt Hinweise auf die Psychoanalyse umging –, mochte eine solche Konstruktion allzu stark an Jungs Archetypenmodell erinnern. Außerdem legte er Wert darauf, seinen Kulturpessimismus von einer Idee des fortschreitenden Verfalls abzugrenzen, wie sie Spengler vertrat.[168] Die Ursachen seiner skeptischen Sicht auf die Geschichte der Kultur lagen in der Erkenntnis, daß der Trieb das individuelle Streben nach Selbstbestimmung zwangsläufig limitierte. In einem Brief an den britischen Major Richard Dyer-Bennett schrieb Freud am 9. Dezember 1928 über die Quellen seines Pessimismus: «Wir Menschen fußen auf unserer tierischen Natur, wir werden nie göttergleich werden können. Die Erde ist ein kleiner Planet, eignet sich nicht zum ‹Himmel›».[169] Diese Aussage kontrapunktierte Goethes *Prometheus*-Hymne, die das Individuum zum Ebenbild seines Schöpfers erhoben hatte. Sie traf den Kern der Untersuchung, ihre Absicht, die menschliche Sehnsucht nach Freiheit als Schimäre zu entlarven und die Grenzen ihrer Erfüllung deutlich zu markieren. In der Tendenz, wie schon *Das Ich und das Es*, von einem materialistischen Bild des Menschen getragen, antiidealistisch nicht in der Programmatik, aber in der Wirkung, weitete sich Freuds Aufsatz zu einer Studie über die Erde ohne Himmel – ein Stück im Geist des Schopenhauerschen Pessimismus.

Freud begann seine Überlegungen dort, wo die Religionsschrift endete. Er berichtete von einem Kommentar des großen Humanisten Romain Rolland, der seine Religionskritik geteilt, allerdings bemängelt habe, daß ein wesentlicher Gesichtspunkt unerwähnt bleibe: wenn zahlreiche Menschen am Glauben festhielten, dann ergebe sich das aus dem ‹ozeanischen Gefühl›, das er ihnen vermittle. Die Religion stiftet Gemeinschaft und verschafft den Eindruck, als sei der Einzelne fest in der Ganzheit dieser Welt verankert.[170] Freud fragte sich nun, wie dieses – schon von Putnam hervorgehobene – Gefühl zustande komme, wie es sich im Prozeß des Erwachsenwerdens bilde und vom Ich kultiviert werde. Nur die Psychologie sei in der Lage, dem hier bezeichneten Problem auf den Grund zu gehen, weil sie die Geschichte der Seele in Onto- und Phylogenese gleichermaßen erschließen könne. Das Ich gleicht einer gewachsenen Stadtlandschaft, unter deren Oberfläche noch die alten Schichten früherer Entwicklungsstadien ruhen. Wer das seelische Leben des Menschen verstehen möchte, muß diese Ur- und Frühgeschichte der Psyche erfassen. Freud verglich ihre Schichtung mit der heutigen Topographie des antiken Rom, dessen Bauwerke Vergangenheit und Gegenwart verbinden. Die unterschiedlichen Kaiserpaläste auf dem Palatin sind hier ebenso erhalten wie das Septizonium des Septimius Severus, die Befestigungsanlagen des Hadrian und das Pantheon.[171] In dieser «Phantasie» enthüllte sich, was Freud schon 30 Jahre zuvor gegenüber Fließ seine «Vorliebe für das Prähistorische in allen menschlichen Formen» genannt hatte.[172] Der theoretische Gewinn der Rom-Analogie bestand darin, daß sie die Speicherleistung des Unbewußten sichtbar machte. In ihm finden sich vergangene Erfahrungsreste, die unser Wirklichkeitsverhältnis begründen, und nur die Psychoanalyse ist befähigt, als moderne Archäologie über solche Vorstufen des individuellen Ich-Profils Auskunft zu geben. Daß die Relikte älterer Erlebnisse zudem mit eigenen Sprachmustern verbunden sein können, hatte schon die *Traumdeutung* erschlossen – ein Befund, den Autoren wie Groddeck aufgriffen.[173]

In einem zweiten Schritt setzte Freud neu an und erklärte, daß unsere Lebensrealität vom Zwang des Lustverzichts gekennzeichnet sei. Täglich müssen wir unsere Triebe zügeln, umlenken, verdrängen, dauernd sollen wir nach den Geboten eines strengen moralischen Systems handeln, immerfort unsere Libido disziplinieren. Die kulturelle Ordnung basiert auf der Unterwerfung der sinnlichen Mächte, die gebunden und eingezwängt werden. «Gefesselte Sklaven tragen den Thron der Herrscherin», hieß es in einem grandiosen Bild schon 1925.[174] Der Mensch kann diese ständige Zumutung nur überstehen, wenn er lernt, sich mit Formen der Ersatzbefriedigung zufriedenzugeben. Religion und Kultur sind die Bereiche, die uns die Illusion der Erfüllung unserer Wünsche vermitteln. Sie schaffen Trost, nähren unsere Phantasie, erlauben Ausblicke über unseren begrenzten Alltagshorizont hinweg.[175] Wir dürfen nicht nach dem Lustprinzip leben, aber Surrogate ergreifen, durch die wir den Mangel ertragen – eine Einschätzung, die sich auch schon bei Oswald Spengler unter dem Stichwort der ‹faustischen Entdeckung› fand.[176] Freuds düstere Diagnose zielte auf den Behelfscharakter unserer irdischen Genüsse im Zeichen der Triebkontrolle. Eine perfekte Lösung der diesseitigen Problemlage werde es, so liest man, nie geben. Weder Lustgewinn noch Unlustvermeidung lassen sich dauerhaft als Ziele verwirklichen, und Glück ist bestenfalls im «ermäßigten Sinn» über Hilfskonstruktionen zu erlangen.[177]

Der zivilisierte Mensch des 20. Jahrhunderts nimmt seine moderne Lebenswelt als Raum der Einschränkung wahr. Seine Erziehung und die soziale Ordnung, in der er sich bewegt, versagen ihm unbeschränkte Lustbefriedigung. Verbote, Warnungen und Restriktionen beengen seine Bewegungsfreiheit. Zugleich vergessen wir allzu schnell, welche bedeutenden Leistungen die moderne Kultur für uns erbracht hat. Freud faßte ihre Wirkungen in zwei zentralen Bereichen zusammen: «dem Schutz des Menschen gegen die Natur und der Regelung der Beziehungen der Menschen untereinander».[178] Er griff hier einen Gedanken auf, der seit Herder bekannt und von der Anthropologie des 20. Jahrhunderts – so bei Arnold Gehlen – weiter ausgebaut worden ist.[179] Wesentlich durch technische Innovationen gelingt es dem Individuum, seine Position gegen die Übermacht der Naturkräfte zu sichern. Allerdings bleiben sämtliche der von ihm ergriffenen Maßnahmen Notbehelfe, weil sie ihm keine dauerhafte Gewalt über die Welt, sondern nur sporadische Kontrolle ermöglichen. «Der Mensch ist sozusagen ein Prothesengott geworden, recht großartig, wenn er alle seine Hilfsorgane anlegt, aber sie sind nicht mit ihm verwachsen und machen ihm gelegentlich noch viel zu schaffen.»[180] Das bezog sich auf den verbreiteten Wahn eines technikbegeisterten Zeitalters, das Dampfschiffe, Eisenbahnen und Flugzeuge als Götzen verehrte und, wie der Futurist Marinetti oder der Symbolist D'Annunzio, zum Ideal eines neuen Menschentums erhob.[181] Freud betonte dagegen nüchtern, daß die Kulturentwicklung keine individuelle Freiheit, sondern nur eine verbesserte Lebenssituation schaffen könne. Ihre Effekte erstrecken sich weniger auf den Einzelnen, der seinen Selbstentwurf immer wieder neu erarbeiten und erproben muß, als auf die Gattung insgesamt. Zivilisation und Technik schaffen den Rahmen, in dem sich der Mensch einrichtet, nehmen ihm aber die Entscheidung über den Grad seiner Lustbefriedigung oder Triebkontrolle nicht ab. «Kants Sternenhimmel», so formulierte Georg Lukács 1914, kurz nach Beginn des Krieges, «glänzt nur mehr in der dunklen Nacht der reinen Erkenntnis», aber er könne «dem einsamen Wanderer» die Pfade nicht erleuchten.[182] In der Moderne hilft uns die Vernunft, abstrakte wie technische Probleme zu lösen, ohne daß wir persönlich durch sie zur richtigen Balance unserer Lebensentscheidungen finden.

Freud vermied ganz bewußt eine einseitige Position, indem er Leistungen und Lasten der Kultur frei von Dogmatik gegeneinander aufrechnete. Weder argumentierte er als bloßer Rationalist, der im kulturellen Werden des Menschen einen Sieg der Freiheit über die Natur begrüßt, noch verdammte er im Sinne einer Verklärung ‹primitiver› Verhältnisse den Triumph der Zivilisation über die Triebwelt. Er hielt sich fern von den Träumen der Fortschrittsfanatiker bürgerlicher oder sozialistischer Lager, aber er wahrte auch Distanz zur regressiven Kulturphilosophie eines Ludwig Klages oder Alfred Schuler, die den Menschen auf der Basis seiner archaisch-intuitiven Kräfte zu definieren suchte. Gerade diese doppelte Sensibilität gegenüber ideologischer wie irrationaler Borniertheit machte die Stärke seines Textes und die Komplexität seiner Darstellung aus. Sie begründete zugleich seinen tiefen Skeptizismus, der den Ursprung der Untersuchung bildet. Freud wollte nicht die kulturellen Deformationen des Menschen beschreiben, sondern beispielhaft aufzeigen, daß innovative Entwicklungen immer wieder Antworten auf jene Verheerungen waren, die von der Zivilisation selbst ausgingen.

Sublimierung, so erklärte Freud, sei ein «von der Kultur erzwungenes Triebschicksal.»[183] Die ‹Zielhemmung›, der die Libido des Zivilisierten ausgesetzt bleibt, wird in die ‹zärtliche Liebe› überführt, aus der die sinnlichen Impulse getilgt sind. «Das Sexualleben des Kulturmenschen ist doch schwer geschädigt, es macht mitunter den Eindruck einer in Rückbildung befindlichen Funktion, wie unser Gebiß und unsere Kopfhaare als Organe zu sein scheinen.»[184] Aber nicht nur der libidinöse Trieb, sondern auch seine Aggressivität wird durch die kulturelle Sozialisation entschärft. In beiden Fällen kommt es zu einem Gewinn an gesellschaftlicher Sicherheit im Zusammenleben der Individuen und parallel zum Verlust persönlicher Befriedigungsmöglichkeiten. Das «psychologische Elend» entsteht durch die Mechanismen der Kontrolle, ohne die der moderne Mensch nicht sozialfähig wäre.[185] Sie bezeichnen zugleich Formen einer eindimensionalen Existenz, in der dem Trieb nur Umwege übrigbleiben, will er zur Erfüllung gelangen. An den Platz der Primärimpulse tritt die rationale Kontrolle, wie sie ein Merkmal fortgeschrittener Kultur ist. Freud zitierte hier aus Schillers Gedicht *Die Thaten der Philosophen* (1795): «Einstweilen, bis den Bau der Welt | Philosophie zusammenhält | Erhält sie das Getriebe | Durch den Hunger und durch Liebe.»[186]

Den Aggressions- und Destruktionstrieb des Menschen, den schon *Jenseits des Lustprinzips* untersucht hatte, betrachtete Freud als oberflächlich legierte Form der Libido. Zugleich betonte er, daß hier die teuflische Erblast zutage trete, wie sie Goethes Mephisto umriß: «Ich bin der Geist, der stets verneint! | Und das mit Recht; denn alles was entsteht | Ist wert daß es zugrunde geht; | Drum besser wär's daß nichts entstünde. | So ist denn alles was ihr Sünde, | Zerstörung, kurz das Böse nennt, | Mein eigentliches Element.»[187] In Mephistos Philosophie der Destruktion, die Freud hier zitierte, erscheint die Idee einer Schöpfung mit eingebautem Untergangsprogramm. Alles Seiende ist zum Tod verurteilt, und der menschliche Vernichtungstrieb spiegelt eine solche Anlage wider. Die Aufgabe der Kultur besteht darin, den Kampf gegen den allseits manifesten Zerstörungswillen zu organisieren. «Dieser Kampf ist der wesentliche Inhalt des Lebens überhaupt und darum ist die Kulturentwicklung kurzweg zu bezeichnen als der Lebenskampf der Menschenart.»[188]

Zum wesentlichen Hilfsmittel bei der kulturellen Stillstellung des Aggressionstriebs avanciert das Gewissen, wie es im Über-Ich verankert ist. Der Mensch lernt durch das Gewissen seinen Gewalttrieb zu kontrollieren und die ihn beherrschende Wut einzudämmen. Daß diese Funktion ein Ergebnis ständigen Kriegszustandes ist, verriet Freuds Metaphorik, die an das auch von Oswald Spengler hervorgehobene Wechselspiel von Usurpation und Kapitulation erinnerte: «Die Kultur bewältigt also die gefährliche Aggressionslust des Individuums, indem sie es schwächt, entwaffnet und durch eine Instanz in seinem Inneren, wie durch eine Besatzung in der eroberten Stadt, überwachen läßt.»[189] Unterschieden wurden an diesem Punkt zwei unterstützende Impulse, die Angst vor der Autorität, die den Trieb hemmt, und die Unterwerfung unter das Über-Ich, die dazu führt, daß libidinöse Wünsche Schuldgefühle freisetzen. Die Entwicklung des Kindes, das den Zustand der Triebabhängigkeit allmählich hinter sich läßt, entspricht dabei der Phylogenese, der Geschichte der Gattung vom primitiven zum kulturell sublimierten Lebensstadium.[190]

Freud legte großen Wert auf die Differenz zwischen beiden Quellen der Lusthemmung. Wo die externe durch fremde Autorität gesteuert wird, bleibt die interne eine Instanz der Gewissenstätigkeit. Während man im ersten Fall aus Angst Triebverzicht übt, geschieht das im zweiten gemäß den Geboten des Über-Ich. Nur die zweite Kategorie begründet die neurotische Fehlhaltung, die durch eine nicht erfolgreich vollzogene Verdrängung bestimmter Triebwünsche zustande kommt. Erneut zeigte sich an diesem Punkt eine Entsprechung zwischen Kultur- und Ichbildung, denn die Unterdrückung des Triebs im Einzelnen korrespondierte der sozialen Hemmung, die durch zivilisatorische Konventionen sichergestellt werden muß. Da eine Entfesselung des in der Kulturordnung gestauten Triebs nicht wünschenswert war, wie Freud schon 1925 erklärte, blieb nur die Arbeit an der Neurose: unendliche Therapie.[191] Adorno hat in dieser Einstellung später eine «unaufgeklärte Aufklärung» gesehen, weil die Unabschließbarkeit des therapeutischen Geschäfts letzthin selbst zum Mythos zu gerinnen drohe.[192] Seine Kritik war zwar – als Nachweis psychoanalytischer Dialektik – theoretisch überzeugend, aber sie kassierte den medizinischen Anspruch Freuds. In ihm steckte eine Zweckmäßigkeit, die den philosophischen Grund seiner Lehre praktisch aufhob und auch die Frage nach der Aufgeklärtheit seiner Lehre relativierte.

Der pessimistische Blick auf die menschliche Kultur und das Unbehagen, das ein Leben in ihr erzeugt, paßte zum dunklen Programm des Todestriebs, den Freud zehn Jahre zuvor als Schaltstelle menschlicher Aggression ausgemacht hatte. Über die Zukunft des Individuums werde, so besagte sein Resümee, die Frage entscheiden, ob es gelinge, «der Störung des Zusammenlebens durch den menschlichen Aggressions- und Selbstvernichtungstrieb Herr zu werden.»[193] Vom Unbehagen, das eine Existenz in permanenter Libidounterdrückung freisetzte, war am Ende nicht mehr die Rede. Vielmehr kam der Gesellschaftsskeptiker Freud zu Wort, der sich darüber sorgte, inwiefern gerade der technische Fortschritt die Möglichkeit der Massenvernichtung schaffe. «Die Menschen haben es in der Beherrschung der Naturkräfte so weit gebracht, daß sie es mit deren Hilfe leicht haben, einander bis auf den letzten Mann auszurotten.»[194] Die Entscheidungsfrage für die moderne Kultur lautete, ob ihre Sublimierungsstrategie ausreiche, die Verheerungen des technisch Machbaren zu verhindern. Neun Jahre vor dem Ausbruch des Zweiten Weltkriegs, 15 Jahre vor dem Atombombenabwurf von Hiroshima und Nagasaki zog Freud die Sicherungsleistungen der Kultur und die Vertrauenswürdigkeit ihrer Lösungen hellsichtig in Zweifel.

Die Frage, inwiefern es Gesellschaftsmodelle gab, die das Problem falsch verstandener Freiheit neu zu bewältigen suchten, erörterte der Kultur-Essay am Ende nicht. Der Marxismus mochte noch unerprobte Lösungen bieten, aber Freud, der in jungen Jahren sozialdemokratischen Positionen nahestand, blieb mit Blick auf die Entwicklung in Rußland skeptisch, ob es die richtigen waren. Arnold Zweig erklärte er im November 1930 zur Begründung dafür, daß er seine Unterschrift nicht unter promarxistische Manifeste setzen wolle: «Bei aller Unzufriedenheit mit den gegenwärtigen Wirtschaftsordnungen fehlt mir doch jede Hoffnung, daß der von den Sowjets eingeschlagene Weg zur Besserung führen wird. Ja, was ich von solcher Hoffnung nähren könnte, ist in diesem Jahrzehnt der Sowjetherrschaft untergegangen. Ich bleibe ein Liberaler vom alten Schlag.»[195] Ein derartiges Selbstbild schloß vor allem ein aufklärerisches Arbeitsethos ein, den Anspruch auf jene wissenschaftliche Genauigkeit, ohne die auch sozialer Fortschritt für Freud nicht vorstellbar war. Jeder solle sich, so schrieb er im Dezember 1930 an Dyer-Bennett, an jener Stelle für das Ganze einsetzen, wo er «am tauglichsten» sei: «Also entweder Unwissenheit und Vorurteil bekämpfen oder die Herrschaft des Menschen über die Natur steigern, und dergleichen.»[196] Der Forscher und der Ingenieur seien eher als der Revolutionär dazu in der Lage, die Situation des Menschen zu verbessern – das war das Credo eines Rationalisten, der auf die Macht von Wissenschaft und Technik baute. Heftig protestierte Freud daher gegen alle Versuche, seine Lehre auf eine materialistische Grundbotschaft zurückzuführen. Religion und Sittlichkeit könne sie nicht ersetzen, weil sie auf Ursachenforschung ziele und ein wissenschaftliches Projekt bleibe, das an einer Interpretation der Fakten interessiert sei. «Endlich darf man es geradezu als einfaltig bezeichnen, wenn man auf die Befürchtung stößt, die sogenannten höchsten Güter der Menschheit, Forschung, Kunst, Liebe, sittliches und soziales Empfinden, würden ihren Wert oder ihre Würde einbüßen, weil die Psychoanalyse in der Lage ist, deren Abkunft von elementaren, animalischen Triebregungen aufzuzeigen.»[197]

Freud wollte die Studien der 20er Jahre nicht als kulturtheoretische Arbeiten, sondern als Anwendungen der Psychoanalyse interpretiert sehen. «Ich bin überhaupt nicht für die Fabrikation von Weltanschauungen. Die überlasse man den Philosophen, die eingestandenermaßen die Lebensreise ohne einen solchen Baedeker, der über alles Auskunft gibt, nicht ausführbar finden.»[198] 1926 betonte er, daß sein Lehrgebäude nicht «wie ein philosophisches System» aufgebaut worden sei, sondern sich «langsam entwickelt» und durch «Beobachtung fortwährend modifiziert» habe.[199] Diese Unterscheidung – C. G. Jung sprach 1929 sogar von ‹Verweigerung› – trug programmatischen Charakter, weil sie Freuds Selbstverständnis als Wissenschaftler betraf.[200] In einem Brief an die Gymnasiallehrerin Juliette Boutonier erklärte er im April 1930 apodiktisch: «Philosophische Probleme und Formulierungen sind mir so fremdartig, daß ich mit ihnen nichts anzufangen weiß».[201] Die entschiedene Abgrenzung gegenüber der Philosophie entsprang dem Anspruch des Empirikers, der selbst dort, wo er sich auf spekulatives Gelände begab, Wert auf eine tatsachengestützte Beobachtung legte; hier wirkten die alten Prägungen durch Helmholtz, Du Bois-Reymond und Brücke nach. Außerdem mußte die Psychoanalyse darauf achten, daß sie nicht zur bloßen Dienerin der Philosophie wurde – eine Position, die Putnam in Amerika ausdrücklich forderte und der Ferenczi schon 1912 entgegengetreten war.[202] Freuds Distanzierung resultierte aber zugleich aus seiner bekannten Furcht vor der Familienähnlichkeit der Gedanken. Oft genug hatte er bemerken müssen, daß sich seine Überlegungen mit älteren philosophischen Theorien deckten, er also nicht überall ein Pionier, sondern, gemäß dem Selbstbild der humanistischen Renaissancegelehrten, ein Zwerg auf den Schultern von Riesen war. Schillers Kulturmodell, die Willenslehre Schopenhauers, Nietzsches Kritik der Moral und Hartmanns Kategorie des Unbewußten – zahlreich blieben die Überlagerungen, die hier zutage traten. Freud hatte in keinem dieser Fälle fremdes geistiges Eigentum entwendet, aber er registrierte überrascht, wie nahe er Entwürfen der Philosophen in seinen eigenen Versuchen gekommen war. Und genau dieser Befund bedeutete eine Last, keine Befreiung, fühlte und sah er sich doch als Naturforscher, nie als Philosoph. Allein deshalb mußte Freud die Nähe, die hier drohte, leugnen, denn die Psychoanalyse konnte der Welt nach seiner Überzeugung nur dienen, wenn sie die medizinische Forschung förderte. Alles andere erschien ihm wie ein Angriff auf die Seriosität seines Systems.

Großvater und Familienoberhaupt

An Groddeck schrieb Freud im Mai 1921, zur Entschuldigung für seine zurückgezogene Lebensweise: «Im Grunde hat man in den Jahren nur noch ein Bedürfnis, das nach Ruhe.»[203] Immer längere Pausen mußte er nun einlegen, die Sommerferien strecken, die Perioden der Entspannung ausdehnen. «Feiertage sollten wie die Carabinieri immer zu zweit auftreten. Am ersten kommt nur die Müdigkeit heraus», erklärte er zu Weihnachten 1920.[204] Er, der während seiner frühen Jahre die Nächte und die Wochenenden durchgearbeitet hatte, brauchte jetzt Phasen des Nichtstuns, um seine Produktivität erhalten zu können. Ende März 1922 gestand er Ferenczi, daß er von einem Leben im Zeichen des Müßiggangs träume: «Mein Interesse ermüdet so leicht, d. h., es wendet sich so gerne von der Gegenwart ab, will sich gern anders binden lassen, und etwas sträubt sich in mir gegen den Zwang, immer noch viel Geld zu verdienen, was doch nie genug werden kann, und dieselben psychologischen Künste fortzusetzen, die mich seit dreißig Jahren gegen die Menschenverachtung und den Weltekel aufrechtgehalten haben. Sonderbare geheime Sehnsüchte steigen in mir auf, vielleicht aus der Erbschaft der Ahnen, nach dem Orient und dem Mittelmeer und einem Leben ganz anderer Art, spätkindische Wünsche, unerfüllbar und der Wirklichkeit unangepaßt, wie um eine Lockerung des Verhältnisses zu ihr anzudeuten.»[205]

Solche Tagesphantasien waren für Freud auch deshalb nötig, weil die Praxis stets eine Vielzahl von zersplitterten Impressionen bot – «Milliarden Eindrücke, die ich von zehn Leuten neun Stunden täglich durch neun Monate aufnehmen mußte».[206] Der Wunsch, dem Gefängnis der therapeutischen Tätigkeit entkommen und in exotische Gefilde entschwinden zu können, war angesichts dessen verständlich. Hinzu kam, daß auch die große Familie immer wieder für Unruhe sorgte. Nachrichten von den Kindern, das Leben mit Ehefrau, Schwägerin, Schwestern und Dienstpersonal – Freud war, jenseits der Schreibtischarbeit, nie allein. Es gab jedoch keine Minute, in der er über die Ablenkung durch private Pflichten geklagt hätte. Seine Rolle als Kopf einer großen Familie genoß er aus vollen Zügen. Die Kinder waren nun, mit Ausnahme Annas, verheiratet; insgesamt acht Enkel wurden im Laufe der Jahre geboren, sechs Jungen und zwei Mädchen. «In der weiteren Familie geht es natürlich ohne Sorgen nie ab», schrieb er zum Weihnachtstag 1922 an Pfister, wie in Vorahnung der Krankheits- und Todesfälle, die sich in den kommenden Monaten einstellen sollten.[207]

Freud hielt zu allen Kindern und ihren Ehepartnern regelmäßigen Kontakt. Neue Familienmitglieder wurden großzügig und tolerant aufgenommen, völlig selbstverständlich eingemeindet und ohne jeden Dünkel in ihrer Individualität akzeptiert. Freud zeigte sich hier ähnlich offen wie gegenüber seinen eigenen Kindern. In der Rolle des privaten Briefschreibers und Schwiegervaters war er ungleich liberaler als in seiner psychoanalytischen Familie, die er mit eiserner Hand regierte. Hinzu kamen seine Großzügigkeit in materieller Hinsicht und seine bemerkenswerte Hilfsbereitschaft. Immer wieder mußte Freud seine drei Söhne in schwierigen Lebensphasen nach dem Krieg finanziell unterstützen, obgleich sie akademisch gut ausgebildet waren. Er tat das klaglos und pragmatisch, ohne lauten Dank für seine Hilfe zu erwarten. Zum Kreis derjenigen, die auf seine Förderung rechnen durften, gehörten auch seine Schwiegersöhne, allen voran Max Halberstadt, den er nach Sophies Tod nie ganz aus den Augen verlor.

Mathilde, die älteste Tochter, und ihr Ehemann Robert Hollitscher lebten kinderlos in Wien, kamen regelmäßig zu Besuch und waren dem Vater eng verbunden. Mathilde galt als konventionell, besaß einen guten Kleidungs- und Einrichtungsgeschmack, hatte eher oberflächliche geistige Interessen und war persönlich ehrgeizlos. Für die Wiener Ballsaison entwarf sie ab Mitte der 20er Jahre, zunehmend erfolgreicher, elegante Gesellschaftskleider. Bei den großen Festereignissen des Jahres trugen die Damen immer häufiger Roben, die Mathilde Hollitscher gestaltet hatte. Sie besserte damit das eher mäßige Familieneinkommen auf, da ihr Ehemann zunehmend Schwierigkeiten hatte, eine dauerhafte Beschäftigung zu finden. Für Robert zählten vornehmlich die bequemen Seiten des Lebens, er war ein Gewohnheitsmensch, der sein tägliches Schachspiel liebte, gern Romane las und Radio hörte. Freud, der Vertreter der *vita activa*, mißbilligte diesen Hang zur Müßiggängerei offenkundig, griff aber seinem Schwager in künftigen Jahren mit großer Bereitwilligkeit finanziell unter die Arme.

Martin war der vitalste und temperamentvollste unter den Söhnen. In seiner Kindheit erlitt er, provoziert durch sein Draufgängertum, zahlreiche Unfälle; die Folgen eines beim Skifahren erlittenen Beinbruchs machten ihm jahrelang zu schaffen. Später übertrug er seine überschüssigen Energien auf stets wechselnde berufliche Ambitionen und erotische Abenteuer. Martin heiratete nur wenige Monate nach seiner Rückkehr aus dem Arretierungslager an seinem dreißigsten Geburtstag, dem 7. Dezember 1919, seine sechs Jahre jüngere Verlobte Ernestine (‹Esti›) Drucker, die Tochter eines vermögenden Strafverteidigers. Anläßlich der zwei Monate zuvor gefeierten Verlobung schrieb Freud in einer Mischung aus Mißmut und Ironie, sein Sohn habe die italienische durch eine neue Gefangenschaft ersetzt.[208] Nach dem Auszug von Ernst und Oliver, die Wien verlassen hatten, bedeutete Martins Hochzeit, daß es in der Berggasse zunehmend stiller wurde. «Wir sind also nur drei und sehr einsam», berichtete er am 11. Dezember 1919 an Ferenczi, wobei er offenließ, ob er Anna oder Minna als Dritte neben Martha und sich selbst zählte.[209]

Die äußeren Bedingungen für eine bürgerliche Karriere des Ältesten schienen günstig. Martin hatte sein Jurastudium zügig absolviert, seine Staatsexamen und die Promotion erfolgreich hinter sich gebracht, so daß einer glänzenden Berufslaufbahn nichts im Wege stand. Tatsächlich fand er aber nirgends eine ihm gemäße Aufgabe, weshalb er wiederholt in Geldnot geriet. Ab Beginn der 20er Jahre wechselte er seine Beschäftigungen regelmäßig, war für mehrere Banken tätig und ließ sich danach mit dürftigem Erfolg als Anwalt nieder. Nie gelang ihm beruflich Dauerhaftes, weil er zu unstet und ehrgeizlos war. In den 30er Jahren übernahm er für einige Zeit die Leitung des Psychoanalytischen Verlags. Im späteren Londoner Exil arbeitete er als Hilfskraft im Krankenhaus, als Blumenhändler und Mechaniker; danach führte er einen Tabak- und Zeitungskiosk im British Museum, ehe er als eine Art Agent die Rechte für die nachgelassenen Schriften seines Vaters verwaltete. Mit seiner Frau Ernestine hatte Martin zwei Kinder, den 1921 geborenen Anton Walter (nach dem verstorbenen Förderer Anton von Freund benannt) und die 1924 geborene Sophie (mit ihrem Namen an die tote Schwester erinnernd) – Freuds erste Enkelin nach fünf Enkelsöhnen. Ernestine begann in den 20er Jahren eine Tätigkeit als Logopädin, um sich stärker von ihrem notorisch untreuen Mann unabhängig zu machen. 1938 war die Ehe zerrüttet, ohne daß es zu einer Scheidung kam. Martins Beziehung zur Psychoanalyse bestand vor allem durch seinen Schulfreund Hans Lampl fort, der Medizin studiert und sich nach dem Krieg als Therapeut hatte ausbilden lassen. Lampl blieb der Familie eng verbunden und half bis in die späten 30er Jahre hinein auch bei lebenspraktischen Problemen, organisierte Reisen und stellte ärztliche Kontakte her.[210]

Oliver, der sich 1915 in eine kurze, nach eineinhalb Jahren geschiedene Kriegsehe gestürzt hatte, war während der ersten Friedensjahre – abgesehen von einem rumänischen Intermezzo – als Ingenieur in Berlin tätig. Er galt als ordentlich bis zur Pedanterie, im Umgang mit Frauen glücklos, frühzeitig an einer neurotischen Spannung leidend. Freud vermittelte ihn zur Behandlung an Eitingon, auch um die Risiken der wilden Selbstanalyse zu mindern, der sich der Sohn im Herbst 1920 unterzogen hatte. Bei Oliver sei, so erklärte Freud offenherzig, «aktive Therapie» erforderlich; er weise eine «anal-masochistische Organisation» auf, die es ihm erschwere, seine sexuellen Wünsche angemessen auszuleben.[211] Entsprechend schwierig gestaltete sich die Suche nach einer Partnerin, zumal die bis 1922 bei Eitingon durchgeführte Analyse seine erotischen Neigungen vollends ans Licht brachte und ihn zunächst hemmte. Mit der fast gleichaltrigen Henny Fuchs, der Tochter eines jüdischen Arztes, die bei Lovis Corinth in Berlin und an der Weimarer Kunstakademie zur Malerin ausgebildet worden war, fand er dann doch, nachdem er zunächst abgewiesen wurde, die richtige Ehefrau. Das Paar hatte eine Tochter, die im September 1924 geborene Eva, Freuds zweite Enkelin, die er besonders liebte, weil sie ihm als «genaue Wiederholung von Heinele» erschien.[212] Trotz der privat konsolidierten Lebensumstände wurde Oliver, der immer wieder therapeutische Hilfe benötigte, beruflich vom Scheitern verfolgt. «Man kann nicht sagen, daß er viel Glück hat», schrieb Freud über den 44jährigen.[213] Gegenüber Bleuler wurde er wenige Tage nach seinem 70. Geburtstag noch deutlicher: seine Söhne, so bemerkte er, hätten es «doch schwer im Leben».[214]

Während Martin und Oliver an ihren hohen Ansprüchen scheiterten, gelang Ernst eine ansehnliche Karriere. Er bestand nach dem glimpflich überstandenen Krieg im April 1919 sein Architekturexamen und hatte wenig Probleme, lukrative Aufträge zu erhalten. Er heiratete am 18. Mai 1920, nur vier Monate nach dem Tod seiner Schwester Sophie – weshalb Freud der Zeremonie fernblieb –, die 24jährige Altphilologie-Studentin Lucie Brasch, die von ihren Freunden nur ‹Lux› genannt wurde. Die Familie siedelte nach Berlin um, wo Ernst zunächst für das gut etablierte Architekturbüro Alexander Baerwalds tätig war. Durch Eitingon gelang es ihm, Kontakte zu vermögenden Privatleuten herzustellen, die seine Auftraggeber wurden. Er entwarf nicht nur Villen, sondern übernahm auch die Inneneinrichtung für Nutzgebäude, so für die Psychoanalytische Poliklinik von Ernst Simmel. 1923 errichtete er für Chaim Weizmann, den späteren israelischen Staatspräsidenten, ein Haus in Palästina. Ernst hatte drei Söhne, den 1921 geborenen Gabriel, den ein Jahr jüngeren Lucian, der als Maler eine eindrucksvolle Karriere machte, und Clemens, der 1924 zur Welt kam. Er führte eine mustergültige Ehe, galt als charmant und praktisch, offen und herzlich – Eigenschaften, die seinem Bruder Oliver fehlten.

Freud schätzte Ernsts Realismus sehr und betraute ihn daher Ende der 20er Jahre neben Martin bei Vertragsverhandlungen und Geldanlagen mit der Wahrung seiner finanziellen Interessen. Unter seinen drei Schwiegertöchtern hatte Lux eine exponierte Rolle inne; während er Martins Frau Ernestine für streitlustig-egoistisch und Henny für bieder hielt, fand er Ernsts Partnerin von Beginn an besonders sympathisch, wie er im Frühjahr 1920 gestand: «Aus dem Gesichtchen kann man sich ja alles mögliche Gute herauslesen, wenn man sich auf Zeichendeuterei verlegen will.»[215] Ferenczi gegenüber sprach er von der «alle Herzen gewinnenden Frau Lux».[216] Diese Sympathie verlor sich auch dann nicht, als Freud zwei Jahre später «starke psychopathische Züge» bei Lucie wahrnahm. Gegenüber Eitingon klagte er jedoch anläßlich einer akuten Ehekrise im Hause seines Jüngsten: «Es ist traurig, daß die Frauen meistenteils so wenig taugen. Entweder verstehen

Marie Bonaparte

sie den Mann nicht zu lieben oder ihn mit ihrer Liebe nicht glücklich zu machen.»[217]

Das war keineswegs ein misogyner Blick, sondern ein Urteil, das auch der eigenen Praxis-Erfahrung entsprang. Freud mochte dabei an Lou Andreas-Salomé gedacht haben, die Liebeswunsch und Freiheitsanspruch nie zu balancieren vermochte. Und mit Sicherheit an eine zweite Patientin, die bei ihm seit der Mitte der 20er Jahre eine Lehranalyse durchlief: Marie Bonaparte, Prinzessin von Griechenland und Dänemark. Die Französin, eine Urenkelin von Napoleons Bruder Lucien, verfügte durch ihre Großeltern, die das Konzessionsrecht für die Spielbank von Monaco besaßen, über ein Millionenvermögen. Nach einer frühen Affäre mit einem Sekretär ihres Vaters heiratete sie 1907 im Alter von 25 Jahren Georg von Griechenland aus einer Nebenlinie des dänischen Königshauses, mit dem sie einen Sohn und eine Tochter hatte. Durch den Pariser Psychiater René Laforgue, der zu den ersten Freud-Anhängern in Frankreich gehörte, wurde Marie Bonaparte mit der Psychoanalyse bekannt. Sie selbst hatte schon in früheren Jahren Behandlungen bei Schülern Charcots durchlaufen, denn sie litt unter neurotischen Spannungen und erotischen Konflikten. Da ihr Mann homosexuell war, bestand die Ehe nur auf dem Papier, und die Zeugung ihrer Kinder bedeutete eine bloße Anerkennung der Konvention, die von einem Paar des Hochadels Nachwuchs verlangte. Den Beischlaf empfand Marie Bonaparte als Qual, weil sie durch die Penetration keinerlei Lust empfand. Sie führte diese Tatsache darauf zurück, daß der Abstand zwischen Klitoris und Vaginaöffnung bei ihr aus anatomischen Gründen zu groß sei, und unterzog sich aus diesem Grund mehreren Operationen, die das Problem aber nicht behoben. Im Oktober 1925 bat sie Freud, nachdem Laforgue vergeblich interveniert hatte, um die Aufnahme als Patientin. Wenige Tage später stand die elegant gekleidete Prinzessin, die stets Perlenketten und teuerste Seidenkleider trug, tief verschleiert vor der Tür seines Behandlungszimmers. Nach einem ersten Gespräch war das Eis gebrochen, und es folgten zahlreiche weitere Sitzungen. Marie Bonaparte sei «eine urgescheite reife Frau von gutem, kritischem Verstand», berichtete Freud, «gar keine Aristokratin, sondern ein richtiger Mensch».[218] «Unsere Prinzessin», so hieß die Patientin nun in der Berggasse – ein Zeichen der Aufnahme in den intimen Kreis.[219] Die Analysestunden, die bald auch theoretische Diskussionen über den Fortschritt der Lehre umfaßten, erstreckten sich bis zum Ende der 20er Jahre.[220]

Die Prinzessin wohnte in Wien im vornehmen Hotel Bristol und kehrte in kurzen Abständen immer wieder als Patientin in die Berggasse zurück. Freud war beeindruckt von der Offenheit, mit der sie über ihre sexuelle Frustration sprach, dem Reichtum ihrer Bildung und der Weite ihres intellektuellen Horizonts. Ihr moralisches Urteil blieb ebenso unkonventionell wie ihr Lebensstil; Meinungen über andere Menschen und soziale Normen artikulierte sie gänzlich ungezwungen. Schon nach wenigen Wochen bewies sie Freud sehr deutlich, daß sie sich in ihn verliebt hatte. Sie schenkte ihm ein Photo, das sie, wie bei pornographischen Aufnahmen der Jahrhundertwende, unbekleidet mit nackten Schultern zeigte, indessen der übrige Teil des Körpers durch einen Farbschleier verhüllt blieb – er hängte es neben das Bildnis Lous an eines der Regale seines Behandlungszimmers.[221] Sehr offensiv setzte sie ihre äußeren Qualitäten ein; in freizügiger Haltung plazierte sie sich auf der Couch und sprach offen über ihre Masturbationstechniken. Das alles verfing aber bei Freud nicht, der wußte, wie er erotische Avancen abwehren mußte, auch wenn er in diesem Fall über die Massivität der Verführungsversuche überrascht war. Nach einigen Monaten gab Marie Bonaparte ihre Hoffnungen auf ein Liebesverhältnis mit ihrem Arzt preis und lenkte ihre libidinöse Fixierung in altruistische Bahnen. Sie begann, inspiriert durch Lou Andreas-Salomé, Helene Deutsch und die in Berlin niedergelassene Karen Horney, mit ernsthaften wissenschaftlichen Studien über weibliche Sexualität, Kriminalistik und Kulturgeschichte, sicherte bereitwillig die Finanzierung des in Schwierigkeiten geratenen psychoanalytischen Verlags, organisierte den Aufbau des therapeutischen Lehrbetriebs in Frankreich, schuf passende Vereinsstrukturen und übersetzte kanonische Texte Freuds. Die verführerische Sirene hatte das getan, was ihr Arzt selbst praktizierte: ihren Trieb sublimiert.

Freuds Alltag war ab der Mitte der 20er Jahre immer mehr von den unvorhersehbaren Schüben seiner Krankheit bestimmt. Im Herbst 1929 hatte man den 32jährigen Max Schur als ständigen Leibarzt beschäftigt. Das geschah auf ausdrücklichen Wunsch Pichlers, der die Gefahr sah, daß die Geschwulst plötzlich wachsen könne. Man benötigte einen kundigen Spezialisten, der auch allgemeinmedizinisch qualifiziert sein mußte. Schur brachte für diese Aufgabe ideale Voraussetzungen mit, denn er war ein chirurgisch ausgebildeter Schüler Pichlers, hatte aber zugleich seit 1926 eine Lehranalyse bei Ruth Brunswick absolviert. Er besuchte seinen Patienten mehrfach in der Woche, sorgte sich um dessen Gesamtbefinden und achtete sehr genau auf mögliche Veränderungen des Kiefergewebes. Das alles tat er mit so großer «Liebenswürdigkeit und Gewissenhaftigkeit», wie Freud ihm Ende Juni 1930 bescheinigte, daß er bald als Familienmitglied betrachtet wurde.[222] Unzufrieden zeigte er sich nur, wenn sein Arzt zu niedrige oder gar keine Honorare verlangte. Dann ermahnte er ihn in ironischer Tonlage, er solle normale Tarife veranschlagen, damit er nicht «wegen standeswidriger Geringschätzung ärztlicher Leistungen» von der Kammer «zur Rechenschaft gezogen» werde.[223] Mit Schur traf Freud bereits im Herbst 1929 eine Verabredung, die aber nie schriftlich festgehalten wurde: für den Fall, daß sein Zustand hoffnungslos geworden sei, solle er ihn nicht leiden lassen, sondern durch Morphium erlösen. Schur, der unermüdliche Helfer des Alltags, wußte, welche Verantwortung er trug, aber er nahm sie bereitwillig auf sich, mit Ernst und Pflichtgefühl, wie es ihn auszeichnete. Seine spätere Biographie Freuds weist genau diese beiden Tugenden auf, was ihre Lektüre ebenso hellsichtig wie quälend macht.

Anna, die dauernde Helferin, lebte im seitlichen Flügel auf der Straßenseite der Wohnung und nutzte dort seit dem Ende der 20er Jahre einen Raum neben dem Speisezimmer für ihre eigene Praxis. Freud wußte ihre ständige Nähe zu schätzen, obgleich er selbst zunehmend ungeselliger wurde. Stundenlang saß er in seinem von antiken Exponaten zugewucherten Arbeitszimmer und schien sich vor der Welt zu verbergen. Bei Tisch redete er während der Mahlzeiten nur wenig, mit Martha bloß das Nötigste. Einzig mit Anna war der Kontakt enger, doch auch hier schwieg er häufiger als früher. Am liebsten hörte er ihr zu, wie es auch zu seiner Haltung gegenüber Patienten paßte, denen er, so schrieb er im November 1927 an Pfister, «Gott und die Vorsehung» nicht ersetzen konnte.[224] Seine intellektuellen Kräfte blieben allerdings unvermindert, und seine Neugierde zeigte sich wach wie immer. Grundsätzlich fand Freud, es gebe drei Formen des Alterns: gleich starker psychischer und physischer Abbau, Verlust geistiger Anspannung bei physischer Stabilität und umgekehrt «das Überdauern des geistigen Lebens bei somatischer Hinfälligkeit» – das letzte sei bei ihm der Fall.[225]

Er befinde sich in der ‹Altenstube, im «‹Austragsstüberl›», so formulierte er am 12. Mai 1928 in einem Brief an Havelock Ellis mit einem mundartlichen Ausdruck.[226] Das bezog sich auf den Wartestand vor dem Tod, ließ sich aber auch wörtlich nehmen, denn Freud lebte in der Berggasse wie ein armer Pensionär, bescheiden und keineswegs komfortabel. In der geräumigen Wohnung wurde nach dem Auszug der verheirateten fünf Kinder nur noch das Nötigste repariert. Modernisierungen, die dringend erforderlich waren, mochte die für den häuslichen Bereich zuständige Martha nicht mehr initiieren. Sie träumte von einem Haus in Döbling, am Rand des Wienerwalds, oder von einem Cottage außerhalb der Stadt.[227] Freud interessierte sich auch jetzt für Wohnungsfragen wenig und überließ den Frauen die Entscheidung über die Einrichtung. Das Hauspersonal hielt man auf demselben Stand wie vor dem Krieg, beschäftigte eine Köchin und zwei Dienstmädchen, ab 1929 Paula Fichtl, die zuweilen auch die Küche übernahm, und Maria Poidinger. Minna Freud blieb weiterhin die dominierende Figur, indessen Martha eher im Hintergrund wirkte. Die Tage wurden einsamer, die Gespräche seltener. Freud, der in jüngeren Jahren kein Tierfreund war, hielt sich seit dem Krieg gegen den Willen der ordnungsliebenden Martha einen Hund, einen Chow-Chow, mit dem er in den Abendstunden mehr Zeit verbrachte als mit Ehefrau und Schwägerin.[228] «Eine Kruste von Unempfindlichkeit umzieht mich langsam», so bemerkte er im Mai 1925. Das Alter stelle ihn, so schrieb er Lou Andreas-Salomé, auf eine Art ‹anorganischer› Existenz um, die den Zerfall schon vorwegnehme, ehe er wirklich eintrete.[229]

FÜNFZEHNTES KAPITEL

Wissenschaft auf der Weltbühne
(1923–1930)

Ärzte oder Laien

Der Disput mit den Zürichern und der Bruch mit Adler und Stekel hatten Freud deutlich gemacht, daß er die Standards der Lehranalyse programmatisch sichern mußte. Eine kurzfristige Einführung in schnell erlernbare Techniken, die mit der Aussicht auf ein sechsmonatiges Studium warb, war für ihn inakzeptabel. «Es ist also dringend davon abzuraten», so formulierte er in einem Lexikonartikel von 1923, «daß man ohne strenge Schulung psychoanalytische Behandlungen unternimmt, und der Arzt, der solches im Vertrauen auf sein staatlich anerkanntes Diplom wagt, ist um nichts besser als ein Laie.»[1] Wie man ausbildete, ohne daß eine medizinische Vorqualifizierung erforderlich war, zeigte Abraham, der 1920 in Berlin gemeinsam mit dem vermögenden Max Eitingon ein Institut für klinische Ambulanz und den Unterricht angehender Analytiker gründete. Freud summierte später die Ziele, die hier verfolgt wurden: «Erstens unsere Therapie jener großen Menge von Menschen zugänglich zu machen, die unter ihren Neurosen nicht weniger leiden als die Reichen, aber nicht imstande sind, die Kosten ihrer Behandlung aufzubringen, zweitens eine Stätte herzustellen, an der die Analyse theoretisch gelehrt und die Erfahrungen älterer Analytiker auf lernbegierige Schüler übertragen werden können, und endlich, unsere Kenntnis der neurotischen Erkrankungen und unsere therapeutische Technik durch Anwendung und Erprobung unter neuen Verhältnissen zu vervollkommnen.»[2] Der praktische Unterricht gewann in Berlin bereits zur Mitte der 20er Jahre einen Grad der Professionalisierung, der aus Freuds Sicht weitere Diskussionen über den richtigen Weg überflüssig machte. Nicht die Tiefe der Ausbildung und die Ernsthaftigkeit, mit der ein Kandidat Mediziner war, entschied über seine Befähigung, sondern die methodisch-diagnostische Kompetenz, über die er verfügte. Ein Theologe

Theodor Reik

wie Pfister zeigte nach Freuds Überzeugung größeres Verständnis für die Erfordernisse der richtigen Behandlung als zahlreiche Psychiater mit klassisch klinischer Qualifikation.

Als Abrahams Zögling Theodor Reik, der ebenso wie Rank und Sachs zu den Nicht-Medizinern der frühen Schülergeneration gehörte, im Frühjahr 1926 wegen des Verdachts auf ‹Kurpfuscherei› angeklagt wurde, wandte sich Freud an einen mit der Sache befaßten hochgestellten Ministerialbeamten. Er erläuterte ihm, aus welchem Grund seine Schüler nicht zwangsläufig über eine ärztliche Ausbildung verfügen müßten. Zugleich betonte er, daß Fälle mit eindeutigen körperlichen Symptomen nicht in die Zuständigkeit der Psychologen gehörten.[3] Reik wurde schließlich freigesprochen, aber die Frage blieb, welche Qualifikationen für die analytische Tätigkeit notwendig waren. Unter dem Eindruck des Reik-Falls schrieb Freud 1926 eine längere Studie über die Laienanalyse, die als schmale Broschüre separat erschien. Er legte seinen Text als Geistergespräch mit einem fiktiven ‹Unparteiischen› an, der wie ein Schiedsrichter die Grundfrage zu entscheiden hatte, ob allein Ärzte oder auch medizinisch nicht Ausgebildete eine Therapie durchführen dürften. Dabei nutzte er die Möglichkeiten des Lehrdialogs für eine breit angelegte Darstellung, die im Grunde für seine Schüler, weniger für die kritische Öffentlichkeit verfaßt war.

Die Abhandlung entfernte sich schnell von ihrem eigentlichen Thema und geriet unversehens zu einer brillanten – viele meinen: Freuds bester – Einführung in die Psychoanalyse, die das Modell des platonischen Dialogs nutzte, um ihre wichtigsten Argumente vortragen zu können. Der Unparteiische agierte dabei in der Rolle des Halbgebildeten, der gängige Vorurteile über die Analyse vortrug: den Verdacht der Suggestion von Krankheitssymptomen durch den Therapeuten, die Überschätzung der Sexualität, den Vergleich mit der Beichte, die Annahme, daß nur alter Wein in neue Schläuche gefüllt und durch die Einführung eines komplexen Begriffsapparates Originalität suggeriert werde. Freud setzte gegen die üblichen Verdächtigungen nüchterne Argumente, indem er auf die Wissenschaftlichkeit des Verfahrens, die Suche nach Ursachen seelischer Prozesse und die angesichts des schwierigen Gegenstands unabdingbare Erfordernis strenger Begrifflichkeit verwies. Dabei gelangen ihm fast aphoristisch zugespitzte Definitionen: «In der Beichte sagt der Sünder, was er weiß, in der Analyse soll der Neurotiker mehr sagen.»[4] Über die vermeintliche Überbewertung des Trieblebens im Rahmen der Therapie hieß es: «Unsere Gegner haben uns angekündigt, daß wir auf Fälle stoßen werden, bei denen das sexuelle Moment keine Rolle spielt; hüten wir uns davor, es in die Analyse einzuführen, verderben wir uns die Chance nicht, einen solchen Fall zu finden. Nun, bis jetzt hat niemand von uns dieses Glück gehabt.»[5] Zu dem von Pierre Janet 1889 aufgebrachten Unwort ‹Unterbewußtsein› (‹subconscience›), das im Feuilleton schnell Verbreitung fand, erklärte Freud: «Wenn jemand vom Unterbewußtsein spricht, weiß ich nicht, meint er es topisch, etwas, was in der Seele unterhalb des Bewußtseins liegt, oder qualitativ, ein anderes Bewußtsein, ein unterirdisches gleichsam. Wahrscheinlich macht er sich überhaupt nichts klar. Der einzig zulässige Gegensatz ist der zwischen bewußt und unbewußt.»[6]

Freud verteidigte die Zulassung der Laien mit Hinweis auf die Tätigkeiten, die der Analytiker ausübt: Er «verwendet weder Instrumente, nicht einmal zur Untersuchung, noch verschreibt er Medikamente. Wenn es irgend möglich ist, läßt er den Kranken sogar in seiner Umgebung und seinen Verhältnissen, während er ihn behandelt.»[7] Das therapeutische Ziel lautet: «Wir wollen das Ich herstellen, es von seinen Einschränkungen befreien, ihm die Herrschaft über das Es wiedergeben, die es infolge seiner frühen Verdrängungen eingebüßt hat.»[8] Der Weg, der dorthin führt, ist die Unterweisung in der Lehranalyse, die dem Schüler das Rüstzeug für die spätere Durchführung von Therapiestunden vermittelt. Hier lernt er über das eigene Beispiel, angemessene Schlüsse zu ziehen und Zeichen korrekt zu verstehen: «Wenn Sie eine gewisse Selbstzucht gewonnen haben und über bestimmte Kenntnisse verfügen, werden Ihre Deutungen von Ihren persönlichen Eigenheiten unbeeinflußt sein und das Richtige treffen.»[9] Wer durch die Lehranalyse eingeführt werde, kenne die vier wichtigsten Elemente des Systems: «Technik», «Deutungskunst», «Bekämpfung der Widerstände» und «Handhabung der Übertragung»; er sei «kein Laie mehr», sondern ein Experte, der seine Arbeit ordentlich tun könne.[10] Genau diese Gliederung der therapeutischen Tätigkeit, die Freud hier vorschlug, fand sich schon in einer 1919 veröffentlichten Studie Ferenczis zu Fragen der analytischen Praxis.[11]

Im letzten Teil der Broschüre ging Freud auf die wichtigsten Gründe ein, die ihn veranlaßten, Nichtmediziner für die Durchführung von Therapien zu akzeptieren. Zunächst betonte er, daß der größte Teil der Analytiker – vier Fünftel – ohnehin Ärzte seien, man also nur von einer Minderheit spreche. Danach definierte er, was er für Expertentum in Fragen seiner Wissenschaft hielt. ‹Kurpfuscher›, so hieß es, seien diejenigen, die ohne Kenntnisse arbeiteten. Diese Bestimmung gelte in Fragen der Psychoanalyse für zahlreiche Mediziner, keinesfalls jedoch für die durch eine Lehrtherapie ausgebildeten Laien. Gerade der ärztliche Beruf zeige die Bedeutung praktischer Kompetenz, und hier seien Laien, die eine ausführliche Analyse durchliefen, ebenso gut geschult wie die vermeintlichen klinischen Fachleute. Ferenczi führte 1926 in seinem Artikel zu Freuds 70. Geburtstag aus, daß die Welt der Medizin durch «Spezialistentum» geprägt sei und einer einheitlichen Perspektive bedürfe, wie sie allein die Psychoanalyse biete.[12]

Am Ende lieferte Freud noch ein Argument, das riskant, zumindest mißverständlich war: die «Ausübung der Analyse» bleibe «vergleichsweise ungefährlich», denn sie müsse keine körperlichen Leiden auf Leben und Tod behandeln. Niemand wundere sich darüber, wenn der Nervenarzt «seinen Kranken nicht herstellt», und dieser bescheidene Anspruch mindere auch den Druck, der auf dem Therapeuten laste.[13] Das war eine höchst zweideutige Erklärung, denn sie unterschätzte die Risiken einer mißglückten Therapie, die bis zu schweren körperlichen Schäden und Suizid gehen konnten. Im Grunde bestätigte Freud an diesem Punkt die Vorurteile seiner

Kritiker von Bleuler über Forel und Janet bis zu Wagner-Jauregg, die das analytische Verfahren für medizinisch unzuverlässig hielten, weil es bei klinisch schwierigen Fällen versagte.

Das Plädoyer für die Laienanalyse schloß Freud mit der Bemerkung, daß ohnehin allzu strenge Regelungen medizinischer Tätigkeit zwecklos seien. In Österreich bevorzuge man bei ethisch schwierigen Themen bürokratische Lösungen, während doch in vielen Fällen die Eigenverantwortung des Menschen die besseren Ergebnisse garantiere. Ein Medizinstudium von denen zu verlangen, die therapeutisch arbeiten wollten, sei unsinnig und bedeute pure Quälerei. Weitaus besser wäre die Gründung einer psychoanalytischen Hochschule, die neben Fragen der Tiefenpsychologie auch Kernbereiche der Medizin und Biologie vermitteln müsse.[14] Freud sprach hier aus der eigenen Erfahrung des theoretisch begabten, aber praktisch ungeschickten Studenten, der unter den klinischen Anforderungen gelitten hatte. Nicht zuletzt betonte er, daß die Psychoanalyse in einer Universität der Zukunft keinesfalls «von der Medizin verschluckt» werden dürfe. Vielmehr sollte sie ihren Charakter als Schlüsselwissenschaft erweisen, indem sie in andere Fächer wirke. Zweifellos dachte Freud an Persönlichkeiten wie Oskar Pfister, Hanns Sachs oder Theodor Reik, wenn er betonte, daß auch «Kulturhistoriker, Religionspsychologen, Sprachforscher» mit seiner Schule in Berührung kommen müßten, um von ihren Theorien in der eigenen Disziplin zu profitieren.[15] Der hier skizzierte Bildungsplan für kommende Jahrzehnte offenbarte sich als ehrgeiziges Projekt, das weit über die Frage der Laienanalyse hinausführte.

Freuds Broschüre lieferte zwar überzeugende Gründe für die Zulassung der Laien, formulierte sie aber erst am Ende einer langen Darstellung, die nichts anderes als eine erneute Einführung in sein Lehrsystem bot. Im April 1928 befand er nach ersten Kritiken übellaunig, seine Studie sei «ein Schlag ins Wasser» gewesen: statt «ein analytisches Gemeingefühl zu wecken», habe sie «dem ärztlichen Standesgefühl» Auftrieb verschafft.[16] Genau das war aber nicht sein Ziel, denn ihm ging es wesentlich um eine liberale Praxis bei der Ermöglichung der therapeutischen Ausbildung. Schon im Oktober 1925 hatte er gegenüber Eitingon, der eine strikte Beschränkung auf Ärzte befürwortete, seinen Standpunkt in dieser Sache deutlich werden lassen. Im Prinzip sei die medizinische Qualifikation Bedingung für eine Zulassung zur Lehranalyse, aber man müsse auch exzeptionell Befähigte, die solche Voraussetzungen nicht erfüllten, akzeptieren.

«Wertvolleren Ausnahmen ist nichts versperrt. Es brauchen keine schwereren Verkehrshindernisse zu entstehen durch die Schwierigkeiten, Ausnahmehaftigkeit zu bestimmen.»[17] Freud kritisierte daher auch die Position seiner amerikanischen Anhänger, die der Arbeit der Laien keinen gleichberechtigten Rang zubilligen mochten und seine Lehre, wie er noch im Juli 1938 an Reik schrieb, «als eine der Dienstmägde der Psychiatrie» ansahen.[18] Ab Mitte der 20er Jahre wuchs die Zahl der New Yorker Praxen, die analytische Kuren anboten. Es handelte sich aber ausschließlich um Ärzte, weil gemäß den Prinzipien der dortigen Vereinigung allen Nicht-Medizinern eine Niederlassung verwehrt blieb. Dahinter steckten, wie Freud gegenüber Jones bemerkte, egoistische Interessen vor allem finanzieller Art, die er nicht billigen mochte. Die Analyse war für ihn kein Markt, der nach ökonomischen Gesichtspunkten klein zu halten war, damit die Nachfrage wuchs.[19] An Brill schrieb er am 20. September 1927 im Wissen, daß sein Übersetzer die amerikanische Skepsis gegenüber der Laienpraxis teilte, eine Manipulation therapeutischer Verfahren sei auch bei gut ausgebildeten Ärzten denkbar. Selbst Mediziner, so erklärte er sarkastisch, wären in der Lage, «den Leuten Geld abzunehmen, Frauen zu verführen, den Einfluß der Analyse zu mißbrauchen.»[20]

Die wesentliche Bedingung für erfolgreiche therapeutische Arbeit war laut Freud eine schonungslose Selbst-Untersuchung. In die Belange seiner Wissenschaft dürfe sich, so hieß es 1932, niemand einmischen, «wenn er sich nicht bestimmte Erfahrungen erworben hat, die man nur durch die Analyse der eigenen Person erwerben kann.»[21] Dieser Punkt war für ihn so bedeutsam, weil er die Breite und Einzigartigkeit seiner Lehre – etwa gegenüber der Schule Janets – sicherte. Fast schon fatalistisch bemerkte Freud, es sei seine Befürchtung, daß die Psychoanalyse künftig «ihre endgiltige Ablagerung im Lehrbuch der Psychiatrie finde, im Kapitel Therapie, neben Verfahren wie hypnotische Suggestion, Autosuggestion, Persuasion, die, aus unserer Unwissenheit geschöpft, ihre kurzlebigen Wirkungen der Trägheit und Feigheit der Menschenmassen danken.»[22] Das klang pessimistisch, verriet aber auch Freuds klares Bewußtsein von der Besonderheit der eigenen Methode. Den Einsatz sedierender Medikamente, die technisch gestützten Heilverfahren einer modernen Psychotherapie und die Substitution persönlicher Diagnostik durch apparative Technik lehnte er entschieden ab.

Internationale Wirkungen

1932 fiel Freuds Bilanz im Blick auf den praktischen Fortschritt der Lehre ernüchternd aus. Das schwache Bild gehe zu seinen Lasten, denn er habe im engeren Sinne während der letzten zehn Jahre keine wesentlichen Beiträge zur analytischen Arbeit mehr geleistet. Seine kulturphilosophischen Studien ließ er gelten, doch in der therapeutischen Kernzone sei ihm, so hieß es, Gewichtiges und Neues nicht mehr gelungen.[23] Erschwerend kam eine verzögerte Wirkungsgeschichte hinzu, wie Freud bemerkte. «Die Art der Aufnahme in dem autoritätssüchtigen Deutschland war gerade nicht rühmlich für die deutsche Wissenschaft», so schrieb er schon 1923 über die Rezeption seiner Lehre vor dem Krieg.[24] Und 1925 erklärte er, seine Forschung habe ihm auferlegt, «das Schicksal der Vereinsamung in der Opposition auf sich zu nehmen, ein Schicksal, das dem Juden vertrauter ist als einem anderen.»[25] Freuds skeptisches Bild täuscht jedoch über die Tatsachen hinweg, denn die analytische Bewegung entwickelte sich nach Kriegsende überall in Europa und den Vereinigten Staaten zu einer mächtigen Strömung. Sie mochte nicht immer in seinem Sinne weitergetragen werden, wie im Fall der religionsphilosophischen Ansätze des Amerikaners Putnam, doch konnte von ‹Vereinsamung› schon lange keine Rede mehr sein.

Nach dem Krieg wurde die Psychoanalyse zunehmend populär und breitenwirksam. Seit 1918 wuchs die Zahl trivialisierender Aneignungen, die Freud allerdings so wenig gefielen wie Ignoranz und Indifferenz seiner Kritiker. In den USA geriet seine Lehre zum Thema für Cocktailpartys und Dinners, was zu einer häufig oberflächlichen Rezeption paßte. Es kursierten zuweilen unautorisierte Übersetzungen wie im Fall der Einführungsvorlesungen, die 1920 in ein vulgäres Englisch – so Jones – übertragen und mit einem Vorwort von Stanley Hall auf den Markt gebracht wurden.[26] Freud verärgerten solche Aneignungen zutiefst, aber er konnte die Organisation der Psychoanalyse außerhalb Europas aufgrund der großen räumlichen Distanz nicht beeinflussen. Sein Verdruß ging immerhin so weit, daß er Einladungen in die Vereinigten Staaten grundsätzlich ablehnte. Wie zwiespältig diese Haltung ihm selbst war, zeigte sich im Februar 1921, als ihn ein Telegramm aus Philadelphia erreichte: ein vermögender Geschäftsmann suchte für einige Wochen einen Analytiker und versprach für seine Dienste 5000 Dollar, ein stattliches Honorar. Freud wies die Offerte zurück, und Martha schlug vor, er solle Ferenczi empfehlen. Das aber gefiel Freud nicht, weil er das Englisch seines Schülers für mangelhaft hielt und eifersüchtig beim Gedanken daran war, er könne ihm in den USA den Rang ablaufen.[27] Daß er eineinhalb Jahre später sogar eine Einladung ins britische Cambridge ausschlug, das ihn zu einem Vorlesungszyklus bat, zeigte dann, wie wenig Lust er generell auf neue Auslandserfahrungen hatte. Das Reisen blieb der Erholung vorbehalten, und es war Sache der Schüler, seine Lehre in die Welt zu tragen – mit dem vorhersehbaren Effekt, daß ihre Auftritte dem autoritären Vater Freud häufiger Unbehagen bereiteten.[28] Als Ferenczi schließlich im September 1926 für mehrere Monate zu Vorlesungen und therapeutischer Arbeit nach New York ins «Land der Dollarbarbaren» aufbrach, begleiteten ihn nicht nur gute Wünsche, sondern auch skeptische Warnungen vor der Oberflächlichkeit des dortigen Gesellschaftslebens.[29] Die eigene Wissenschaft sollte verbreitet werden, aber nicht um jeden Preis. Wagner-Jaureggs fähigem Assistenten Heinz Hartmann offerierte Freud daher, nachdem man ihm eine Position an der renommierten Johns Hopkins University in Baltimore angeboten hatte, eine kostenlose Lehranalyse, um ihn in Wien halten zu können. Der so Umworbene nahm das großzügige Geschenk an und baute später gemeinsam mit Heinz Kohut Freuds Narzißmustheorie zu einer eigenen Psychologie des Selbst aus – allerdings in den USA, wohin er nach 1938 auf der Flucht vor der Hitler-Diktatur emigrieren mußte.

Gerade die Übersetzungen ins Englische bildeten förmlich einen Kriegsschauplatz, auf dem die Kombattanten mit allen Waffen um die Gunst des Meisters kämpften. Brills Übertragungen galten in der ersten Dekade als Standard, offenbarten jedoch bald erhebliche Mängel – eigenwillige Neuprägungen von Termini, willkürliche Auswechslung von Beispielen, Neigung zu Zensur-Eingriffen in die sexualtheoretischen Abhandlungen. Den hohen Anforderungen der kulturwissenschaftlichen Schriften wurde Brill kaum mehr gerecht, und Jones erlahmte nicht in seinen Versuchen, ihm das Privileg der Übersetzung streitig zu machen. Freud registrierte wiederum, daß Brill sich von wissenschaftlichen Diskussionen fernhielt, nicht mehr auf der Höhe der Forschung war, die europäischen Kongresse mied und als Therapeut Patienten in 35minütiger Frequenz am Fließband analysierte. Sobald man an seiner Leistung zweifelte, benahm er sich, so schrieb ihm Freud am 7. Januar 1923 verärgert, wie ein ungezogenes Kind.[30] Im Grunde wünschte er sich eine komplette englische Neuübersetzung, und

Brill geriet zunehmend ins Hintertreffen, wo es um entsprechende Aufträge ging.

Anfang der 20er Jahre rückten Alix und James Strachey, der Bruder des berühmten Schriftstellers Lytton Strachey, an Brills Platz, unterstützt durch Jones ehemalige Patientin Joan Riviere, die sich nun in der Berggasse behandeln ließ. Freud schrieb ihr seit Winter 1921, während der ersten Monate ihres Kontakts, auf Englisch, ehe er merkte, daß sie vorzüglich Deutsch verstand; sie hatte es 1900 als 17jährige bei einem zwölfmonatigen Aufenthalt in Gotha erlernt.[31] In wachsendem Maße vertraute er ihren Sprachfähigkeiten und unterdrückte die alte Skepsis, was Übersetzungen seiner Arbeiten betraf. Seine unpublizierten Briefe an die ihn bewundernde Britin, die in der Library of Congress in Washington liegen, zeugen von zunehmendem Einverständnis und geradezu liebevoller Zuneigung. Das Eis war gebrochen, und Freud wußte jetzt, daß das Projekt einer Neuübertragung seiner Arbeiten bei ihr in den besten Händen lag.

Joan Riviere besaß stilistische Talente außerordentlichen Ranges und bemühte sich, daß Freuds gegliederte Syntax ebenso wie die Spannkraft seiner Diktion, die intellektuelle Schärfe seiner Begrifflichkeit und die Originalität seiner Sprachbilder in der englischen Fassung angemessen erhalten blieben. Zwischen 1924 und 1925 erschien unter dem Titel *Collected Papers* bei der von Virginia und Leonard Woolf 1917 gegründeten Londoner Hogarth Press eine vierbändige Ausgabe von Freuds Werken, für die Joan Riviere und das Ehepaar Strachey verantwortlich zeichneten. Geboten wurden die sexualwissenschaftlichen Studien, Fall-Analysen, Abhandlungen zur Neurosenlehre und metapsychologische Aufsätze. Nachdem Jones im November 1924 den ersten Band nach Wien hatte schicken lassen, äußerte sich Freud anerkennend und erfreut über die Qualität der Übertragungen, die Brills Arbeiten eindeutig in den Schatten stellten.[32] «Ein vielversprechender Anfang», so lobte er Joan Riviere auf gewohnt spröde Weise: «Ich hoffe, dass die folgenden Bände eines milderen Urteils wert sein werden.»[33] Drei Jahre später, im November 1927, stand Freuds Bewertung angesichts der abgeschlossenen Ausgabe fest: «Eifer» und «Leistung» der «englischen Freunde» seien, was die Gediegenheit der Übersetzungen betreffe, kaum zu ‹unterschätzen›.[34] Das blieb ein zurückhaltendes Lob, britisch-vorsichtig und frei von Übertreibung; seine Zwischentöne dürfte man in London gerade deshalb verstanden haben.

So höflich Freud gegenüber den englischen Freunden auftrat, so grob gab er sich nun im Umgang mit Brill. Als dieser sich gekränkt zeigte, nachdem man ihm das Übersetzungsprivileg entzogen hatte, schrieb Freud ihm am 20. September 1927 einen Brief, der an Deutlichkeit nichts zu wünschen übrig ließ. «Es ist richtig», so hieß es darin, «daß ich Sie besonders streng beurteilt habe. Es ist leicht, dafür die Erklärung zu finden. Weil Sie mir besonders nahe gestanden sind und ich besonders viel von Ihnen erwartet hatte. Was sich nicht erfüllt hat.»[35] Die Tatsachen sahen anders aus, wie Freud wußte: von Beginn an hegte er Mißtrauen gegenüber Brills wissenschaftlicher Sachkunde, und deshalb fiel es ihm nun leicht, den Stab über ihm zu brechen. Der Blick richtete sich künftig nach England, zu seinen, wie Freud fand, wahren Anhängern. Die amerikanische Mission blieb dagegen unerfüllt, aus verschiedenen Gründen, von denen noch zu sprechen ist.

Freuds Pessimismus zum Trotz wuchs die Wirksamkeit seiner Lehre und mit ihr die Reichweite der Aktivitäten. Zumal in Budapest vergrößerte sich der Kreis seiner Schüler stetig: Alice und Michael Balint, Géza Roheim, Imre Hermann und Joseph Eisler etablierten seit 1918 analytische Praxen mit besonderen – manchmal sehr eigenwilligen – Schwerpunkten. Budapest entwickelte sich neben Wien zur zweiten Hauptstadt der Psychoanalyse, obwohl die politischen Verhältnisse der neuen Wissenschaft nicht immer zuträglich waren. Der 1919 an der Universität geschaffene Lehrstuhl wurde schnell wieder kassiert, nachdem das reaktionäre Horthy-Regime mit Unterstützung rumänischer und tschechischer Militärs die nur 133 Tage bestehende Räterepublik beseitigt hatte. Unter der rechtskonservativen Führung des Ministerpräsidenten Graf István Bethlen gingen zwar zahlreiche politische Freiheiten verloren, aber es bildeten sich intellektuelle Nischen, in denen auch die Psychoanalyse gedieh. So wuchs eine bunte Szene unterschiedlich spezialisierter Praktiker, deren medizinisches Spektrum von der Kinderbehandlung bis zu neuen Formen der Gruppentherapie reichte. Um Michael Balint und Imre Hermann entstanden zwei heftig zerstrittene Schulen, die kaum Gemeinsamkeiten besaßen. Während Balint sich vor allem mit Mutter-Kind-Beziehungen und dem Übertragungsgeschehen aus der Perspektive des Analytikers befaßte, versuchte Hermann über die Verhaltensbiologie neue Zugänge zu Freuds Lehre zu schaffen. Erst 1931 wurde in Budapest eine psychoanalytische Poliklinik nach Berliner Vorbild eröffnet – ein Projekt, das auch deshalb so lange auf sich warten ließ, weil die ungarischen Analytiker zuweilen zum Esoterischen neigten, sich jedoch für die Erfordernisse des Alltags wenig interessierten.

Zwischen den zugespitzten Extremen der Budapester Bewegung blieb Ferenczi die unumstrittene Autorität. Er war persönlich loyal, aber im Methodischen eigenwillig und unberechenbar, wie seine biologisch argumentierende Genitaltheorie von 1924 zeigte. Hier ging es ihm um den Nachweis, daß die menschliche Sexualität durch die Ontogenese und die Phylogenese, also über individuelle und gattungsgeschichtliche Prägungen erklärbar sei. In beiden Ebenen stand für Ferenczi eine katastrophische Erfahrung am Beginn der Entwicklung – das Trauma der Geburt und die Vertreibung der Lebewesen aus der natürlichen Umgebung des Wassers.[36] Ferenczi liebte die Spekulation, war dabei sprunghaft und von großer Begeisterungsfähigkeit. Weil Freud an seiner Konstanz zweifelte, suchte er ihn von organisatorischen Aufgaben in der Internationalen Vereinigung möglichst fernzuhalten. Er sei, wie er an Eitingon schrieb, ein «‹Schlampen›», von dem man die «ordentliche Erledigung einer Routine-Arbeit nicht erwarten» dürfe.[37] Auch äußerlich nahm Ferenczi immer mehr die Züge eines Sonderlings an – er erschien wie eine groteske Stummfilm-Figur, gebückt, mit krummen Beinen, riesiger Brille und langem, dünnem Haar. Murnaus *Nosferatu* (1922), ein Meisterwerk des frühen Horror-Kinos, porträtierte ihn mit auffallender Ähnlichkeit, bezeichnenderweise nicht in der Gestalt des Irrenarztes, sondern in der des verrückten Patienten Knock, der von Alexander Granach gespielt wurde.

In London hatte Jones nach dem Exodus des Jung-Anhängers David Eder die schnell an Einfluß gewinnende *British Psychoanalytic Society* gegründet. Zu den illustren Mitgliedern gehörten neben Joan Riviere die schon genannten James und Alix Strachey, die Abraham-Schüler Edward und James Glover sowie Ella Sharpe. Die meisten waren gesellschaftlich und finanziell unabhängig, was dem Kreis in wissenschaftlichen Fragen eine Form von Liberalität und Toleranz verlieh, die anderen Ortsvereinen fehlte. Die wachsende Gruppe britischer Analytiker bestand aus den Glover-Brüdern und den Stracheys, hinzu kamen John Rickman, Lionel Penrose, Karen und Adrian Stephen – Persönlichkeiten, die ihrerseits Kontakte zum illustren Universitätsmilieu von Cambridge und Oxford herstellten, wodurch die Bewegung auch akademische Anerkennung fand.[38] Über Jones erreichte Freud wiederum die intellektuellen Köpfe des Landes; so ließ er im Juni 1925 Arthur James Balfour, dem früheren englischen Premierminister, und Richard Burdon Haldane, dem Lordkanzler der ersten Labour-Regierung nach dem Krieg, ein Exemplar seiner frisch veröffentlichten

Selbstdarstellung zukommen, da er wußte, daß sie seine Schriften schätzten. Ende September 1926 eröffnete in London eine psychoanalytische Klinik, die durch Pryns Hopkins, einen früheren Patienten von Jones, finanziert wurde.[39] Daß die anerkannte *Encyclopaedia Britannica* 1922 in ihrer zwölften Auflage auch einen Artikel über Freud bot, unterstrich die Wirkung, die seine Lehre auf der Insel entfaltete.[40]

Unter den internationalen Schülern war Jones am Beginn der 20er Jahre neben Ferenczi der einflußreichste. Seine Organisationskraft, sein strategisches Geschick und die unermüdliche Energie, mit der er für Freuds Arbeiten eintrat, prädestinierten ihn zu einem idealen Partner. In seinen persönlichen Lebensverhältnissen kam Jones nach Jahren aufreibender Affären endlich zur Ruhe. Über Hanns Sachs hatte er 1919 die 27jährige Wienerin Katerina Jokl kennengelernt, eine ehemalige Studentin der Nationalökonomie und Privatsekretärin eines vermögenden Genfer Hoteliers. Jones warb mit allen Mitteln um sie, beschenkte sie üppig und machte ihr nach wenigen Tagen einen Heiratsantrag, den sie sofort annahm. In den folgenden Jahren wurden dem Paar vier Kinder geboren; Katerina sorgte dafür, daß sie zweisprachig aufwuchsen, und förderte dadurch auch Jones' Deutsch, das seit geraumer Zeit stagnierte. Als Präsident der Internationalen Psychoanalytischen Vereinigung stellte er zwischen 1920 und 1924 sicher, daß englische Ärzte verstärkt zu den großen Konferenzen eingeladen und seine Schüler in die Publikationsstrategien des Verbunds eingebunden wurden. Jones betätigte sich in verschiedensten Institutionen von den Akademien bis zu den Hochschulen, bildete nützliche Netzwerke und trieb die Öffentlichkeitsarbeit voran. Seine Rundbriefe an das Geheimkomitee, die er eng mit Freud abstimmte, waren Weckrufe für die analytische Gemeinschaft, entschieden und nervös-aktivistisch zugleich.[41]

1919 begann Edoardo Weiss, der in Wien Medizin studiert hatte und bald bei Paul Federn zur Analyse ging, Freuds Texte ins Italienische zu übersetzen, nachdem der Psychiater Gustavo Modena vor dem Krieg bereits an einem ähnlichen Projekt gescheitert war.[42] In Triest, später in Rom organisierte der «zähe Pionier» Weiss, getrieben durch «rastlosen Fleiß», kleine Zirkel, deren Mitglieder über Fragen der Therapie diskutierten.[43] Die erste psychoanalytische Gesellschaft Italiens begründete dann allerdings im Jahr 1925 Weiss' Widersacher Levi Bianchini, was zu lang anhaltenden Kontroversen innerhalb der nationalen Mediziner-Fraktionen führte. In Rußland wurde die Wirksamkeit der Analyse, die Tatjana Rosenthal vor

1914 in die akademische Welt eingeführt hatte, durch die Oktoberrevolution nur verlangsamt, nicht unterbunden. Nikolaj Ossipow, der am Ende des Bürgerkriegs nach Prag übergesiedelt war, trug sich 1921 mit dem Plan einer Übersetzung der Einführungsvorlesungen, verfolgte ihn aber nicht weiter. Statt dessen erschienen 1923 die *Psychopathologie des Alltagslebens* und die *Drei Abhandlungen zur Sexualtheorie* in der *Psychotherapeutischen Bibliothek* des Moskauer Staatsverlages. In späteren Jahren erweiterte sich das Spektrum, gefördert durch die Aktivitäten von Sabina Spielrein, die 1923 nach Rußland zurückgekehrt war. Erst mit Lenins Tod änderte sich die offizielle Linie, und die Psychoanalyse geriet als vermeintlich bourgeoise Wissenschaft in die Defensive. 1928 wurde eine Übersetzung von *Die Zukunft einer Illusion* durch die Zensur verboten, obwohl die religionskritische Argumentation keineswegs in Widerspruch zum Atheismus der sowjetischen Staatsdoktrin stand. Vermutlich genügte aber Freuds Hinweis auf den offenen Ausgang des kommunistischen Experiments, um die neuen Machthaber zu erzürnen und seine Schrift auf den Index zu bringen.[44]

Internationale Analyse-Vereinigungen in Holland, Polen und den USA bildeten sich nach dem Krieg sehr schnell. Die Übersetzungen ins Englische verbreiteten sich zügig, so daß der Verkauf der amerikanischen Rechte seiner Arbeiten Freud schon im Sommer 1924 eine lukrative Summe bescherte – sie wurde in den Berliner Psychoanalytischen Verlag investiert, von dem noch näher zu sprechen ist.[45] In Spanien begann man 1922 die Edition einer Gesamtausgabe seiner Werke, die mit der *Psychopathologie des Alltagslebens* eröffnet wurde.[46] Die Hebräische Universität in Jerusalem erwog im Herbst 1925 die Einrichtung eines Psychoanalyse-Lehrstuhls, für dessen Besetzung man den in Rußland geborenen, in Wien ansässigen Philosophen Leo Kaplan zu gewinnen suchte.[47] Bis ins ferne Asien reichten Freuds Wirkung und die Strahlkraft seiner Arbeiten. In Japan führten Hikozo Kakise, Marui Kiyoyasu und Heisaku Kosawa zu Beginn der 20er Jahre die Psychoanalyse ein, nachdem sie zuvor in Wien und den USA hospitiert hatten. Yaekichi Yabe besuchte Freud im Frühjahr 1930 und erhielt von ihm ein Zertifikat, das ihm die Ausübung einer entsprechenden Ordination gestattete; drei Jahre später folgte Marui Kiyoyasu, der bei Federn ausgebildet wurde.[48] Im indischen Kalkutta, wo zunächst englische Ärzte die Analyse bekannt machten, entstand 1922 eine erste Ortsgruppe, wie Freud stolz nach Göttingen an Lou Andreas-Salomé meldete.[49] Auch in Australien – betrieben durch Andrew Davidson und Donald Fraser –, in

Peru und Brasilien gründeten sich Vereine, die analytische Praxen förderten.[50] 1932 konstatierte selbst der sonst skeptische Freud im Blick auf die blühende internationale Entwicklung: «Das Ganze macht aber den erfreulichen Eindruck von ernsthafter wissenschaftlicher Arbeit auf hohem Niveau.»[51]

Zwei Ausnahmen waren zu verzeichnen, wo es um die internationale Anerkennung ging: die Schweiz und Frankreich. In der Schweiz hatte die Sezession der Gruppe Jungs vor dem Ersten Weltkrieg für viele Jahre eine breite Organisation analytischer Aktivitäten verhindert. Die Älteren wie Forel und Bleuler hielten Distanz, manche der später Geborenen folgten Jung. Zwar gab es weiterhin Psychiater, die Freud nahestanden, jedoch bildeten sich häufig individuelle Schulen mit spezifischer Ausprägung ohne orthodoxe Linie. Binswanger etwa, der im Juli 1914 als einziger gegen den Austritt des Züricher Ortsvereins gestimmt hatte, exponierte sich nicht öffentlich, sondern bewahrte sich eine gewisse Unabhängigkeit. Gerade seine philosophischen Interessen, ausgerichtet an den Arbeiten Husserls und Heideggers, wiesen ihm einen Weg, der von Freuds materialistischen Tendenzen fortführte.[52] In Wien nutzte man die Möglichkeit, Patienten ins Kreuzlinger Sanatorium zu überweisen, aber eine programmatische Unterstützung der Lehre gab es dort nicht. «Ich würde mich noch mehr freuen», schrieb Freud am 24. November 1923 an Binswanger, «wenn Sie ihre führende Stellung in der Schweiz behalten hätten und ihre Anstalt viel ausschließlicher in den Dienst der Analyse stellen könnten.»[53]

In Frankreich wiederum, wo Freud so wichtige Lehrmonate verbracht hatte, kam es erst spät zu einer stärkeren Wirkung. Lange Zeit galt dort die dynamische Psychologie Janets, der inzwischen am renommierten Collège de France unterrichtete und permanent gegen die Psychoanalyse polemisierte, als zentrale Schule der Nervenheilkunde. Janets Doktrin besaß ebenso wie die Lebensphilosophie Henri Bergsons ein wahrnehmungstechnisches Fundament und grenzte sich grundsätzlich von Freuds Libidoauffassung ab. Die ersten Reaktionen gab es in der französischsprachigen Schweiz, nicht in Frankreich selbst; sie stammten vom Genfer Parapsychologen Théodore Flournoy, dessen Rezension der *Traumdeutung* 1903 erschien, und von Alphonse Maeder, der die Theorie der Fehlleistungen kommentierte.[54] Samuel Jankélévitch plante Anfang 1911 eine Übertragung des *Opus magnum*, ließ sich aber von Freuds diesbezüglicher Skepsis anstecken und verzichtete auf sein Vorhaben.[55] Erst zwischen Dezember 1920 und

Februar 1921 erschienen die amerikanischen Einführungsvorlesungen aus dem Jahr 1909 auf Französisch, übersetzt von Yves Le Lay, in einer Schriftenreihe der Universität Genf. Dafür erhielt Freud immerhin 1500 Francs Honorar, was 15 000 Kronen entsprach – eine stattliche Summe.[56] Weitere Übertragungen gab es zunächst nicht, weil das Publikumsinteresse offenbar ausblieb. Zu den wenigen Medizinern, die sich in Frankreich für die Analyse engagierten, gehörten in diesen Jahren René Allendy, René Laforgue und Édouard Pinchon, die jedoch isoliert voneinander arbeiteten und daher keine größere Aufmerksamkeit fanden.

Noch im Oktober 1922 meldete Eitingon aus Paris, daß die Rezeption Freuds hier «nur sehr geringe Fortschritte gemacht» habe.[57] Zu breiterer Wirkung kam es einige Monate später auf indirektem Weg durch einen Kommentar der großen Texte. 1922 veröffentlichte Raymond de Saussure unter dem Titel *La méthode psychoanalytique* eine profunde Einführung, der Freud ein Geleitwort voranstellte. Saussure hatte nicht nur seine Schriften genau gelesen, sondern sich auch einer mehrmonatigen Analyse bei ihm unterzogen, was ihm hohes Lob einbrachte: «So wurde er in die Lage versetzt, sich über die meisten in der Psychoanalyse schwebenden Fragen ein eigenes Urteil zu bilden und die vielen Entstellungen und Irrtümer zu vermeiden, die man in den Darstellungen der analytischen Lehren bei französischen wie deutschen Autoren zu finden gewohnt ist.»[58] Marie Bonaparte bereitete dann durch eine Reihe wegweisender Übertragungen – darunter der Leonardo-Studie – den Boden für die wirkliche Entdeckung Freuds.[59] Am 4. November 1926 wurde auf ihr Betreiben die Pariser Psychoanalytische Gesellschaft gegründet. Ab 1927 erschien in ihrer Regie auch ein Periodikum, die *Revue française de psychanalyse*.[60] In Paris gehe eine regelrechte «psychoanalytische Woge» hoch, so kommentierte Edoardo Weiss diese Phase wachsender Aufmerksamkeit, die Freud nicht mehr erwartet hatte.[61]

Rank, der gefallene Engel

Während die internationale Bewegung Fortschritte machte, gab es ausgerechnet in Wien erhebliche Konflikte. Am 22. Mai 1922 eröffnete das aus Stiftungsgeldern finanzierte Psychoanalytische Ambulatorium, das mittellosen Patienten therapeutisch helfen sollte. Zum Leiter wurde Eduard Hitschmann bestimmt, einer der frühesten Schüler Freuds, Angehöriger des Mittwochzirkels schon in den ersten Jahren. Die städtischen Behörden setzten jedoch alles daran, die neue Einrichtung so bald wie möglich verschwinden zu lassen. Einem ersten Verbot des Betriebs konnte man nur begegnen, indem man sich an das Bundesministerium wandte, das mehr Verständnis für die hier durchgeführte Behandlungstechnik zeigte. Auch in den kommenden Jahren fand die Ambulanz, zerrieben zwischen Behördenwillkür und Intrigen, kaum zur Ruhe. Weil Hitschmann unzuverlässig und wenig entscheidungsfähig war, sprach Siegfried Bernfeld in Budapest Ferenczi an, um ihn für die Leitung zu gewinnen. Angesichts der unklaren materiellen Perspektiven und der unzureichenden räumlichen Unterbringung entschied er sich jedoch gegen das Wiener Angebot.[62] Die Ambulanz blieb auch in den kommenden Jahren ein Sorgenkind, dürftig finanziert und schlecht geführt.

Bis zum Ende der 20er Jahre wuchs die Zahl der Wiener psychoanalytischen Praxen auf über hundert, was Freuds erzieherischen Einfluß zunehmend beschränkte. Weiterhin wollte er allein sich das Recht vorbehalten, Lehranalysen durchzuführen, so daß die jüngeren Kollegen von ihm abhängig blieben. In Anbetracht steigender Nachfrage wurde es jedoch immer schwieriger für ihn, seine dogmatischen Prinzipien persönlich zu vermitteln. Schon im Dezember 1920 schrieb er Pfister, ihm sei die Expansion der Bewegung unheimlich, weil er ihre besonderen Ausprägungen nicht zu kontrollieren vermöge. Die Zeit, in der er allein agierte, konnte er genießen, während ihn «der Anschluß Anderer» «mehr geärgert als gefreut» habe.[63] Ein charakteristisches Beispiel bot der eben erwähnte Siegfried Bernfeld, ein junger Zionist, der Gustav Wynekens Reformpädagogik nahestand und seit 1922 für die Wiener Psychoanalytische Vereinigung Kurse über Fragen einer modernen Erziehungspraxis ausarbeitete. 1925 ging Bernfeld nach Berlin, wo er mit Kurt Lewin, einem der Begründer der Gestaltpsychologie, kooperierte, sich dem Kreis um Walter Benjamin anschloß und mit dem Marxismus in Berührung kam. Noch vor Otto Fenichel, Erich Fromm, Herbert Marcuse und Wilhelm Reich verknüpfte er Psychoanalyse und marxistische Gesellschaftstheorie, exemplarisch in seiner kritischen Studie *Sisyphos oder die Grenzen der Erziehung* (1925).[64] Für Freud war Bernfeld ein typischer Fall, wie es ihn am Beginn der 20er Jahre immer häufiger gab: ein geistig beweglicher Vertreter eines wissenschaftlichen Eklektizismus, der die Analyse mit aktuellen Strömungen von Zionismus, Sozialismus, Marxismus, Frauenbewegung und Reformpädagogik zu vereinigen suchte. Freud brachte gerade den Versuchen, seine

Lehre in die Praxis der Schulen zu integrieren, zunehmende Sympathie entgegen, jedoch reagierte er auf politisch-ideologische Fixierungen, die er schon vor dem Krieg bei Adler wahrgenommen hatte, äußerst allergisch.

1924 begann, für Freud und die übrigen Adepten gleichermaßen unvorbereitet, die Trennung vom einstigen Lieblingsschüler Otto Rank. Er war, wie es später hieß, über eineinhalb Jahrzehnte «ein tadelloser Helfer und treuer Sohn», der mit größtem persönlichen Einsatz und ohne Anflug von Eitelkeit oder Egoismus die Geschäfte der Wiener Ortsgruppe vorangetrieben hatte.[65] «Warum kann es diesen reizenden Menschen nicht sechsmal anstatt einmal in unserer Vereinigung geben?», so hatte Freud noch 1913 gefragt; Anna nannte ihn rückblickend in einem Brief vom November 1981 den ‹unentbehrlichen Sekretär›, auf den ihr Vater nicht habe verzichten können.[66] Nach langer Zeit der Loyalität aber kam es nun zu einem plötzlichen Bruch, zu Ranks Auszug aus dem heiligen Land der reinen Lehre. In methodischer Hinsicht entzündete sich der Konflikt an der Theorie des Geburtstraumas, die er Anfang der 20er Jahre entwickelte. Gemäß seiner Auffassung sollte die Analyse den Patienten befähigen, die Urangst, die der Austritt aus dem Uterus im Menschen auslöste, zu wiederholen und dadurch zu verarbeiten. Ähnlich wie Ferenczi, der das Trauma als Ausdruck einer Sehnsucht nach dem Ursprung betrachtete, war Rank der Überzeugung, daß die Therapie eine Reproduktion von Urszenen herbeiführen mußte, um zu heilender Wirkung zu kommen.[67] Freuds gesamte Lehre setzte dagegen nicht auf Wiederholung, sondern auf ein in die Tiefe gehendes analytisches Verfahren, das seine bereinigende Energie aus den Kräften des Erinnerns, Verstehens und Erkennens bezog. Wenn Rank bei seinen Patienten eine zweite Begegnung mit traumatisierenden Urerfahrungen stimulieren wollte, dann bewegte er sich in den Bahnen der alten Katharsistherapie, die Freud im Anschluß an Breuer dreißig Jahre zuvor praktiziert hatte. Das aber bedeutete, ähnlich wie im Fall Ferenczis, eine unerfreuliche Spiegelung überwundener Techniken, mit denen er nicht mehr konfrontiert werden mochte. Daß Rank seine Positionen in wachsendem Dogmatismus vertrat, mißfiel Freud zusätzlich – wobei ihn nicht die Prinzipientreue selbst störte, sondern das Eintreten für, wie er fand, irrige Ansichten.[68]

Ein klares Signal der Entfremdung war die Studie *Entwicklungsziele der Psychoanalyse*, die Rank Anfang 1924 mit Ferenczi publizierte. Im Zentrum stand die These, daß der Kranke das Trauma seiner Geburt wiederholen müsse, ehe man zu seinem Unbewußten vorstoßen könne.[69] Nicht mehr der Ödipus-Komplex, sondern die Trennung von der Mutter bildet nach diesem Ansatz die psychische Urerfahrung, die das Individuum bewältigen soll. Die neurotische Störung resultiert, wie Rank in seinem ebenfalls 1924 veröffentlichten Trauma-Buch schrieb, aus einer unverarbeiteten Mutterbeziehung, wohingegen die Rolle des Vaters merklich relativiert wurde.[70] In seinem Artikel über *Hemmung, Symptom und Angst* reagierte Freud ein Jahr später auf diese Hypothese, indem er nochmals die Bedeutung der infantilen Sexualität und der Kastrationsfurcht betonte. Nicht das Geburtstrauma, sondern, so bemerkte er, die prägende Erfahrung des Ödipus-Komplexes und der Mutterbindung nährt die erste Angst des Kindes. Die fundamentale Erschütterung rührt aus der emotionalen Nähe zur Mutter, deren möglicher Verlust erahnt und negativ besetzt wird.[71]

Ferenczi und Rank provozierten nicht allein durch ihre kulturgeschichtlich breit veranschaulichte Trauma-Theorie, die auf die ältere Hysterieforschung zurückgriff und das Ödipus-Prinzip in Frage stellte. Daneben empfahl ihre Studie eine Vielzahl therapeutischer Neuerungen – vor allem im Blick auf die Verkürzung der Behandlungsdauer –, was dazu führte, daß die orthodoxe Gemeinde die *Entwicklungsziele der Psychoanalyse* mit heftiger Kritik bedachte. Abraham, Eitingon und Jones verwarfen das Buch ohne Einschränkung, während Freud erst allmählich zu dämmern begann, daß hier eine Grundsatzdebatte fällig wurde. Hatte er zunächst Zustimmung im Großen signalisiert, so meldete er nach erneuter Lektüre erhebliche Zweifel an – die Akzeptanzquote sei von 66 auf 33 Prozent gefallen, erklärte er Ferenczi am 26. März 1924.[72] Seine Skepsis war berechtigt, denn das hier entwickelte therapeutische Verfahren bedeutete letzthin die Aufkündigung eines Dogmas: die Abkehr vom Ideal der Langzeitbehandlung. Freud fürchtete, «daß man auf dem dort eingeschlagenen Wege aus der Analyse herauskommen könnte, daß es ein Weg für Handlungsreisende zu werden verspricht».[73] Nach dem Bruch mit Adler und Jung erfolgte nun der dritte große Konflikt innerhalb der Vereinigung. Freud, der gehofft hatte, man werde im Komitee zusammenhalten, solange er am Leben sei, bemühte sich zunächst vergebens, die erregten Berliner Analytiker in ihrem Zorn gegen Ferenczi und Rank zu besänftigen.[74] Vor allem Abraham forderte scharfe Konsequenzen, was Freud wiederum als Ausdruck persönlichen Ehrgeizes deutete. Er konnte zwar den sachlichen Argumenten, die aus Berlin vorgetragen wurden, unbedingt zustimmen, ärgerte sich jedoch über das eifersüchtige Konkurrenzdenken, das hier unübersehbar zutage trat. Ausgelöst durch Ferenczi und Rank, schlichen sich jetzt erstmals nach fast 17 Jahren Bekanntschaft Mißtöne in das Verhältnis zwischen Freud und Abraham, die für mehrere Monate die gesamte Korrespondenz bestimmten.[75]

Für den dreitägigen Internationalen Kongreß in Salzburg, der am 21. April 1924 begann, standen die Zeichen auf Sturm. Angesichts der «schwebenden peinlichen Affären» entschloß sich Freud, seinem «Selbsterhaltungstrieb» zu folgen und der Konferenz ganz fernzubleiben.[76] Offiziell geschah die Absage mit Rücksicht auf seine Gesundheit – es war das erste Mal, daß er in der internationalen Runde der Analytiker fehlte («nichts Alarmierendes», schrieb er beschwichtigend an Joan Riviere).[77] Als Geste der Versöhnung schlug Ferenczi in Salzburg Abraham zum Präsidenten vor, der mit großer Mehrheit gewählt wurde. Trotz offenkundiger Krisensymptome glaubte der Ungar an die Chance, die innere Geschlossenheit der Gruppe wiederherzustellen: «Das Komitee können wir noch zusammenleimen.»[78] Die Berliner und der wie eingefroren wirkende Jones zeigten ihm jedoch deutlich, daß sie ihn als Mitglied der wissenschaftlichen Gemeinde für untragbar hielten. Freud wiederum äußerte großzügig, er werde Ferenczi nicht verstoßen: «Und ein bißchen mehr oder weniger Unrecht, wenn man sich von Leidenschaften treiben läßt, ist kein Grund, Menschen, die man sonst lieb hat, zu verdammen.»[79]

Während Ferenczi, seinem Naturell gemäß, einzulenken suchte, blieb Rank seinen abweichenden Überzeugungen treu. Zwar entschuldigte er sich in einem selbstquälerisch klingenden Rundbrief vom 20. Dezember 1924 beim Geheimkomitee mit Hinweis auf seinen ‹neurotischen Zustand› für seine Alleingänge, aber gerade als Therapeut wich er künftig von Freuds Dogmen eindeutig ab.[80] Ein wesentlicher Streitpunkt, der zur dauernden Entfremdung führte, war die schon erwähnte Frage, wie lange eine Analyse dauern sollte. Im Unterschied zu Freud vertrat Rank das Prinzip der Kurzzeit-Behandlung, das er, wie Eitingon im Juni 1926 mißbilligend bemerkte, zum Grundsatz seiner Arbeit erhob.[81] Die orthodoxen Kritiker warfen ihm vor, daß er auf diese Weise mit seiner Praxis zu reüssieren und größeren Zulauf zu gewinnen hoffte. Für Freud, der wußte, daß sich auch Ferenczi an Schnellkuren versuchte, war eine von vornherein begrenzte Therapie medizinisch und wissenschaftlich verantwortungslos. Er attackierte Ranks Idee, die er für ein bloßes Geschäftsmodell hielt, und warf ihm sehr direkt unlautere Motive vor. Der einstige Liebling wiederum litt unter der

Situation, aber er war nicht in der Lage, seinen Kurs zu korrigieren. Er mochte sich wie Lucifer fühlen, der von Gott, nachdem er den Gehorsam verweigert hatte, aus dem Himmel verstoßen wurde. «Ich glaube doch», so schrieb er im März 1924 an Freud, «dass Sie – ganz abgesehen von meinen persönlichen Gefühlen für Sie – den hohen Respekt etwas unterschätzen, den ich vor Ihnen als dem Schöpfer der Psychoanalyse und meinem Lehrer hege, wenn Sie überzeugt sind, dass Ihre Kritik so wenig Eindruck auf mich gemacht hätte.»[82]

Unter dem Druck der Situation verließ Rank Ende April 1924 fluchtartig Wien und siedelte sich vorübergehend in New York an. Dort empfing er Patienten und hielt bestens dotierte Vorträge, in denen er, wie Jones berichtete, «durchaus Unfreundliches» über die Freud-Schule verbreitete.[83] Getrieben wurde er dabei von einem lange unterdrückten Ehrgeiz und dem Wunsch, endlich aus dem Schatten seines wissenschaftlichen Vaters zu treten. Hinzu kam persönliche Verzweiflung über eine schwelende Krise in der Beziehung zu seiner 13 Jahre jüngeren polnischen Ehefrau Beata, die selbst als Analytikerin arbeitete und von Freud nach anfänglichen Vorbehalten sehr geschätzt wurde. Für sie hatte Rank, als sie am 7. November 1918 heirateten, seine Konversion rückgängig gemacht, um erneut dem jüdischen Glauben beizutreten.[84] Nach der ersten Zeit des Glücks – im August 1919 kam die Tochter Helene zur Welt – begann das Verhältnis der beiden zusehends unter Spannungen zu leiden. So bildete das amerikanische Abenteuer auch einen Versuch, den andauernden Eheproblemen zu entkommen und alle Brücken nach Europa abzubrechen.

Rank geriet während der folgenden Monate in einen tiefen Rollenkonflikt, obwohl er sich erstmals unabhängig fühlte. Zu den tragischen Widersprüchen seiner neuen Freiheit gehörte es, daß er erfolgreich, aber unglücklich war. Überall in den Vereinigten Staaten und Kanada empfing man ihn als Heiland der Freudschen Lehre mit offenen Armen, er bezog üppige Honorare, lebte höchst komfortabel und umgab sich mit illustren Persönlichkeiten aus Gesellschaft, Kultur und Politik. Doch Rank spürte, daß er als abgefallener Schüler von den Gefühlen der Schuld nicht freikam, die der Bruch mit seinem Übervater in ihm ausgelöst hatte. Zwar kehrte er bald nach Österreich zurück und suchte auch das Gespräch mit Freud, nur ließen sich die früheren Verhältnisse nicht wiederherstellen. Schwankend zwischen der Rolle des Erlösers und der des zerknirschten Sohnes, zeigte sich Rank als zerrissene Persönlichkeit ohne klaren Charakter.[85] «Er läuft mit einem fürchterlich schlechten Gewissen herum», schrieb Freud unter dem Eindruck des ersten Wiedersehens im November 1924 an Lou Andreas-Salomé, «macht einen verprügelten Eindruck und ein höchst unglückliches, verlegenes Gesicht, wenn er durch Fragen nach seinen Motiven in die Enge getrieben wird.»[86]

Es war ein trauriges Bild, das der Wien-Besuch des ehemaligen Lieblings vermittelte. Die notorisch eifersüchtigen Schüler – an der Spitze Abraham und Jones – gossen Öl ins Feuer und behaupteten, Rank gleite ins Stadium der Schizophrenie über. Seine Adepten seien orthodoxer als er selbst, erklärte Freud dazu spöttisch.[87] Er wiederum verglich sein Verhältnis zu Rank mit dem zwischen Schillers Wallenstein und Max Piccolomini: sah er sich als autoritären Feldherrn, so ordnete er Rank den Part des bis in den Tod loyalen, zur Selbstzerstörung getriebenen Jünglings zu; daß er ihn gerade nicht mit Octavio Piccolomini, dem Verräter, gleichsetzte, zeigte an, wie sehr er vor einem endgültigen Urteil zurückschreckte.[88] «Die Meinungsverschiedenheit in Sachen des Geburtstraumas wiegt bei mir leicht», schrieb er schon Ende August 1924 nach Amerika.[89] Der Zweifel an Ranks charakterlicher Zuverlässigkeit blieb jedoch fortan bestehen und ließ sich nicht mehr tilgen. Am 26. Oktober 1924 kam es zu einer längeren Aussprache, in deren Verlauf Rank den Wunsch äußerte, seine Position als Redakteur beibehalten, zugleich aber regelmäßig in den Vereinigten Staaten praktizieren zu dürfen. Freud zweifelte an der «Aufrichtigkeit» seiner Argumente und erklärte in einem Brief an Jones vernichtend: «Natürlich färbt die Schätzung seiner Person auch auf seine Theorie ab, und wir erwarten, daß sich nicht viel Neues oder Wertvolles aus ihr ergeben wird.»[90] Jones wiederum zeigte sich betroffen über die unerquickliche Entwicklung, weil Rank als Organisator und Autor, wie er fand, extrem schwer zu ersetzen sei.[91] Gegenüber den Amerikanern bemühte sich Freud, das Bild vom reumütigen Rückkehrer zu verbreiten. Rank habe vor allem seine Idee der Kurzzeitherapie – die in den Vereinigten Staaten auf große Resonanz stieß – nachdrücklich revidiert, so schrieb er Brill am 6. Januar 1925 beschönigend: «Ich bin natürlich sehr froh, daß es so ausgegangen ist und rechne zuversichtlich auf ihre unentbehrliche Mithilfe, die arg verwirrte Situation in Newyork in Ordnung zu bringen.»[92]

Immer häufiger vermittelte Rank einen gehetzten, nervösen Eindruck mit den Zügen einer manisch-depressiven Veranlagung, wie Freud gegenüber Jones und Eitingon diagnostizierte.[93] Bei wissenschaftlichen Vorhaben pflegte er einen Hang zur «Geheimnistuerei», der im gelehrten Betrieb nicht gebräuchlich sei.[94] Freud unterstellte hier eine «Hochstaplernatur», die den Mangel an medizinischer Ausbildung kaschieren und Souveränität vorspiegeln sollte.[95] In späteren Jahren zeigte sich Rank bei seinen Wien-Besuchen, wie es hieß, «verworren, unfaßbar, frech, aggressiv» – Attribute, die signalisieren sollten, daß der frühere Lieblingsschüler nach Meinung seines Lehrers nicht nur in einer seelischen Krise steckte, sondern ernsthaft krank war.[96] Gegenüber Joan Riviere behauptete Freud zwar Ende 1924, der Streit habe «nur episodischen Charakter», Rank verdiene «Toleranz und Vergebung».[97] Dieser Befund änderte aber nichts daran, daß er alle «intimeren Beziehungen» zu ihm im November 1924 für beendet erklärte.[98] Die Konsequenz, mit der er Ranks Sezessionismus begegnete, sollte auch dazu dienen, andere vor ähnlichen Schritten zu warnen – insbesondere Ferenczi, der anfangs mit zahlreichen Positionen des Ausgestoßenen sympathisierte. Es handelte sich bei Freud also um eine Haltung, die keineswegs emotionaler Kränkung, sondern kühlem Kalkül entsprang. Schon im November 1924 eröffnete er Jones mit einem für ihn untypischen Zynismus, daß ihn der Verrat des früheren Lieblingsschülers kaum erschüttere, weil er über Jahrzehnte «vorzügliche Arbeit» geleistet und sich das Verhältnis daher «amortisiert» habe.[99]

Die Stabilität des Komitees begann Freud nun angesichts zunehmender Meinungsdifferenzen in Frage zu stellen. «Es tut mir sehr leid zu glauben, daß Eure Vereinigung nach meinem Verschwinden sofort zerfallen wird», schrieb er bereits in einem Rundbrief vom 25. Februar 1924.[100] Rank meldete darauf an Ferenczi, daß somit das alte Geheimbündnis «faktisch nicht mehr existiere».[101] Freud sah das für einen Moment noch anders und entschloß sich unter dem Eindruck der Krise zu einschneidenden Korrekturen des bisherigen Organisationsmodells. Ranks Platz in der Runde der Loyalen erhielt Anna, was die interne Abstimmung verbessern und den Austausch vereinfachen sollte. Außerdem versuchte Freud, die Wiener *Psychoanalytische Vereinigung* zu stabilisieren, weil er wußte, daß er die dortigen Verhältnisse leichter würde beeinflussen können als die auswärtigen Konstellationen. Seinen langjährigen getreuen Weggefährten Paul Federn, ein frühes Mitglied der Mittwochsgesellschaft, betraute er mit der Rolle des Vizepräsidenten – eine Funktion, die er bis 1938, dem Jahr der deutschen Okkupation, innehatte. Ranks Aufgabe als Redakteur der *Internationalen Zeitschrift für Psychoanalyse* übernahmen Max Eitingon, Ferenczi und der

Abraham-Schüler Sándor Radó, ein Psychiater von großen intellektuellen Gaben, der mit einem photographischen Gedächtnis ausgestattet war.[102] Freud kündigte diesen Wechsel im Journal offiziell an und dankte Rank, der auch aus der Redaktion der *Imago* ausschied, für die «Hingebung», mit der er seine Arbeit getan und das Periodikum organisiert hatte.[103] Ranks Emigration deutete er später als Versuch, angesichts seiner eigenen Krankheit das «sinkende Schiff» zu verlassen. Ihn habe der Dollar gereizt, und aus diesem Grund biete er den Amerikanern seine Kurzzeittherapie als «nine days wonder» an.[104] «Anna», so schrieb er im Oktober 1924 an Eitingon, «speit Feuer, wenn der Name Rank genannt wird.»[105]

Seinen letzten Brief an Freud schrieb Rank im Mai 1926 aus Paris, nachdem man sich wenige Wochen zuvor in Wien gesehen hatte.[106] Zu einer persönlichen Begegnung kam es künftig nicht mehr, obwohl der Abtrünnige bis zum Jahr 1933 häufiger nach Österreich zurückkehrte, um Mitglieder des analytischen Kreises zu besuchen. Rank hätte sich in seinem Erfolg sonnen und sein Leben genießen können. Sein Horizont erweiterte sich, er traf prominente Künstler und gehörte zur gehobenen Gesellschaft. In Paris schlossen sich ihm 1926 Henry Miller und Anaïs Nin an, in New York vermochte er sich vor reichen Patienten kaum zu retten. Er, der aus ärmsten Verhältnissen stammte, bezog jetzt immense Honorare und führte ein Luxusdasein; während er früher fadenscheinige Anzüge mit geflickten Hosen trug, kleidete er sich jetzt nach der neuesten Mode, er leistete sich ein teures Automobil und verkehrte in den besten Restaurants. Aber glücklich war er nicht, weil Freud ihm seine Zuneigung entzogen hatte. Der Lieblingsengel des Herrn besaß auch dort, wo er die reine Lehre verwarf, keine andere Identität als die des Schülers, der vom Meister nicht loskommt. Was immer er tat und dachte, stand in einem festen Bezug zu Freud. Noch in der Verneinung war er abhängig von der Wissenschaft, die er negierte. Seine eigene Position definierte sich durch die strenge Autorität, die er bekämpfte. Selbst nach seinem Abfall konnte Lucifer sich vom Schöpfer nicht wirklich lösen. Bis in den Tod hinein blieb Rank ein unfreier Adept: er starb im Oktober 1939, sechs Wochen nach Freud, an den Nebenwirkungen einer eigentlich harmlosen Infektion.

Analytischer Betrieb

In Wien waren es zumal die Analytikerinnen, die der Bewegung nach dem Krieg neue Impulse gaben. Sie taten das, indem sie die «zünftige Abgeschlossenheit» des Kreises, wie es Ferenczi 1926 nannte, auf produktive Weise in Frage stellten.[107] Helene Deutsch, mit Freuds früherem Hausarzt Felix Deutsch verheiratet, gehörte neben Anna zu den wichtigsten Frauen der Runde. Freud hatte die junge Medizinerin, die ihre klinische Assistentur bei Wagner-Jauregg absolvierte, im Herbst 1918 in eine einjährige Lehranalyse übernommen. Während dieser Zeit behandelte sie bereits selbst Patienten, unter ihnen auch Viktor Tausk. Dabei ließ sich Freud regelmäßig über ihre Erfolge berichten, was eine schwierige Gemengelage der Interessen und Motive erzeugte. Helene Deutsch geriet während ihrer Therapie in einen klassischen Übertragungskonflikt, in dessen Verlauf sie Freud massiv idealisierte, bewahrte sich aber aufgrund ihrer strengen Selbstdisziplin ein gewisses Maß an Unabhängigkeit. Freud wußte, wie sehr er sich auf sie verlassen konnte, und schätzte zugleich ihre intellektuelle Freiheit. Für seine Schüler war unübersehbar, daß er sich von der attraktiven jungen Frau angezogen fühlte und ihr besondere Aufmerksamkeit widmete. Bei Sitzungen der Wiener Ortsvereinigung schickte er ihr zuweilen während der Vorträge Kassiber wie ein Schuljunge, der um Gunstzeichen warb.[108] Helene Deutsch durfte in späteren Jahren regelmäßig Patienten von Freud weiterbehandeln, weil er ihr großes therapeutisches Geschick zubilligte. Seit Beginn der 20er Jahre etablierte sie eine private Analytiker-Runde, die sich jeden Sonnabend in ihrer Wohnung traf, wo man Karten spielte und über Psychotherapie diskutierte.[109] Ende 1924 übernahm Helene Deutsch die Leitung des Wiener Psychoanalytischen Lehrinstituts. Ihre organisatorischen Fähigkeiten standen hinter ihren ärztlichen Kompetenzen nicht zurück, so daß die neue Einrichtung schnell Erfolge vorzuweisen hatte. In kürzester Zeit avancierte das Institut zu einem Zentrum, das originelle – wenngleich nicht immer orthodoxe – Köpfe anzog, so die jungen Mediziner Edward Bibring, Otto Fenichel und Wilhelm Reich.

Anna Freud war die zweite maßgebliche Analytikerin im Wien der 20er Jahre. Sie unterstützte ihren Vater nicht nur im Alltag, beim schwierigen Arrangement mit der Krankheit, sondern entwickelte zunehmend eigene Vorstellungen für die therapeutische Praxis. Während des Spätherbstes 1921 kam Lou Andreas-Salomé nach Wien und stellte sich Anna als Gesprächspartnerin für die Erörterung analytischer Fragen zur Verfügung. In der eisigen Wohnung, die aufgrund des Kohlenmangels spärlich beheizt wurde, saß sie, wie sie im Tagebuch notierte, in eine Decke gehüllt auf dem Sofa, während Anna «beim Ofen hockte».[110] Die gemeinsame Arbeit wurde nicht unterbrochen, wenn Freud in seinen Ordinationspausen vorbeischaute und zuhörte – eine Lehranalyse der besonderen Art kam so zustande. Im Frühjahr und Sommer 1922 besuchte Anna, wie berichtet, Lou in Göttingen, um das Programm fortzusetzen; das vorrangige Thema waren ihre masochistischen Phantasien und die Vaterbeziehung.[111] Freud zeigte sich Lou gegenüber dankbar, weil sie die Tochter, die sie ‹Annakind› nannte, «so liebevoll» aufnahm.[112] Im Gegenzug sorgte er dafür, daß die Freundin offiziell der Wiener Ortsgruppe beitreten durfte, und unterstützte sie regelmäßig mit kleineren Dollarsummen, die sie in Zeiten der massiven Inflation gern akzeptierte. Sie selbst fühlte sich als «uralte Anna», als eine andere Tochter Freuds, die ihm durch geistige Verwandtschaft verbunden war – dem «Vatergesicht» über ihrem Leben, wie sie im Mai 1935, zwei Jahre vor ihrem Tod, nicht ohne Sentimentalität schrieb.[113]

Anna begann sich zu Beginn des Jahres 1923 eine eigene Praxis neben der Ordination ihres Vaters aufzubauen.[114] Seit Mitte der 20er Jahre verlegte sie sich auf die Analyse von Kindern und Heranwachsenden, unterrichtete dieses Thema im Wiener Ambulatorium und behandelte in der Berggasse adoleszente Patienten. 1925 schrieb Freud im Geleitwort zu August Aichhorns Studie *Verwahrloste Jugend*: «Das Kind ist das hauptsächliche Objekt der psychoanalytischen Forschung geworden; es hat in dieser Hinsicht den Neurotiker abgelöst, an dem sie ihre Arbeit begann.»[115] Daß die Tochter dieses zentrale Thema in seinem Sinne fortführte, erfüllte ihn mit Stolz. Am 21. November 1926 berichtete er Eitingon: «Das erfreulichste Ereignis dieser Zeit ist Annas Kurs über Technik der Kinderanalyse. Ich vermute, daß sie Ihnen genug darüber mitteilt. Aber es ist wirklich das allgemeine Urteil, daß sie klar und geläufig, unter voller Beherrschung des Gegenstandes vorträgt und daß sie das Auditorium zu fesseln versteht. Sie pflegt mir den Inhalt jeder Kursstunde am Abend vorher zu erzählen, und ich bin besonders zufrieden damit, daß sie nicht nach Schülerart anderswo Gelerntes zu applizieren sucht, sondern den Stoff unbefangen auffaßt, selbständig beurteilt und seine Eigenart zur Geltung bringt.»[116]

Aus Anna Freuds Vorträgen wurde 1927 ihr erstes Buch, die *Einführung in die Technik der Kinderanalyse*, in dem sie Positionen ihres Vaters zur infantilen

Entwicklung ausbaute.[117] Die intellektuelle Selbständigkeit, die ihr Freud attestierte, bewies sie dadurch, daß sie die Studie zum ‹Kleinen Hans› theoretisch erweiterte. Ihre *Einführung* fand aber nicht nur Fürsprecher, sondern löste bald einen heftigen Disput aus. Die Wienerin Melanie Klein, die als Schülerin Abrahams und Ferenczis seit 1926 in London unter Jones' Protektion praktizierte, vertrat im Gegensatz zu Anna Freud die These, daß Kinder in der Analyse ähnlich wie Erwachsene reagierten und zu Übertragungen fähig seien. Anna hatte dieses in ihrem Buch abgestritten und die Therapie des ‹kleinen Hans› allein als Rekonstruktion einer infantilen Phobie interpretiert, ohne die Frage zu stellen, inwiefern der Junge mit seinem Verhalten auf die impliziten oder expliziten Erwartungen des Arztes antwortete. Kleins spätere Theorie der frühkindlichen Mutterbeziehung, die James Stracheys Schüler Donald Winnicott und Edward Glover fortführten, wurde von Freud und seiner Tochter als Versuch einer Revision der psychoanalytischen Trieblehre gedeutet – als Abweichung, die dem Urmuster aller Häresien, dem Fall Jungs, folgte. Insbesondere kritisierte man die Annahme eines infantilen Über-Ich, die das Modell der vor-adoleszenten Sexualität einschränkte; und man verwarf die zumal von Glover aufgegriffene Hypothese, daß schon im Alter von zwei Jahren Grundformen psychischer Störungen gegeben seien.[118] Auch hier vertrat die Klein-Schule die Idee einer Neurosefähigkeit des Kindes, die Freud und seine Tochter an Jungs Kritik der entwicklungsbezogenen Libidoauffassung erinnerte. Nicht zuletzt gab es Bedenken, die auf pädagogischem Feld lagen und das Problem der Überforderung betrafen. In einem Brief an Joan Riviere, die mit Kleins Positionen sympathisierte, erklärte Freud im Oktober 1927, man müsse das noch unreife, infantile Ich gegen das «übermächtige Trieb-Es» schützen, statt es zu behandeln, als sei es schon erwachsen. Und er zitierte abschließend den pointierten Satz Ferenczis: «Wenn Frau Klein Recht hat dann giebt es wirklich keine Kinder mehr.»[119]

Trotz solcher Einwände entschied sich Freud Ende des Jahres 1927, einige der Beiträge Kleins im Psychoanalytischen Verlag zu drucken, um jeden Schatten von Voreingenommenheit zu vermeiden. Es mochte sich um die Arbeiten einer «Gegnerin» ohne Loyalität handeln, aber ein Veröffentlichungsverbot wollte er gleichwohl nicht verhängen.[120] Daß sie bereits im Juli 1925 mit ihren Thesen bei seinen Anhängern auf «Zweifel und Widerstand» stieß, meldete Freud an Jones allerdings mit unverhohlenem Triumph.[121] Die Wahl des Adressaten war kein Zufall, hatte Jones doch für

Melanie Klein und gegen Anna Partei ergriffen. Freuds Tochter sei, lautete sein Vorwurf, «nicht genug tief analysiert», weshalb sie zu wissenschaftlichen Fehlurteilen neige. Freud hielt diese Kritik für absolut unzulässig – «ebenso gefährlich als unerlaubt» –, weil sie spekulativ bleibe, ohne zur Widerlegung einer Theorie zu taugen.[122] Gleichermaßen indiskutabel fand Freud Melanie Kleins – keineswegs abwegigen – Vorwurf, Anna «weiche der Analyse des Ödipuskomplexes grundsätzlich aus».[123] Jones mußte sich an diesem Punkt harte Worte über die Denunziationspraxis seiner Schülerin gefallen lassen. Der Disput um Annas wissenschaftliche Reputation war eine Glaubenssache, bei der die Gegner Gefahr liefen, zu Renegaten erklärt zu werden. Jones erkannte das bald und hielt sich fortan mit Urteilen über Annas analytische Kompetenz zurück. Den Streit, der auf diesem Feld bis in die Jahrzehnte nach dem Krieg tobte, hat der englische Kinderpsychiater John Bowlby wunderbar charakterisiert, als er bemerkte: «Anna Freud huldigt am Altar des Heiligen Sigmund, Klein am Altar der Heiligen Melanie.»[124]

1927 wurde Anna, betrieben durch Ferenczi und Jones, Generalsekretärin der *Internationalen Psychoanalytischen Vereinigung* – ein Amt, für das sie auch ihr fließendes Englisch qualifizierte (das sie allerdings zeitlebens mit schwerem österreichischem Akzent sprach). Sie war, wie Marie Bonaparte sagte, die ‹Vestalin› der Bewegung, eine jungfräuliche Kämpferin, die begeistert für ihre Idee eintrat und ihre Privatexistenz dieser Aufgabe komplett unterwarf.[125] Sie arbeitete bis zur Erschöpfung – «Anna hält nicht Haus mit ihren Kräften», monierte Freud und erklärte, daß die analytische Tätigkeit «kein Geschäft für ein junges Menschenkind» sei.[126] Der betriebsame Alltag beherrschte alles andere und dominierte auch die Privatsphäre. Erotik und Sexualität waren für Anna Gegenstand theoretischer Tätigkeit, kein Teil ihres aktiven Lebens. Das schloß aber engste persönliche Beziehungen zu gleichaltrigen oder älteren Frauen nicht aus. Anna umgab sich mit zahlreichen Freundinnen, die sie zumeist durch die Praxis des Vaters kennenlernte. Sie waren gleichsam die Groß-Töchter, die in der Berggasse ein- und ausgingen. Da die meisten der Frauen aus Annas Umfeld bald auch analytisch arbeiteten, entstand hier ein eigener Kreis, der für Freud eine neue, zweite Familie bildete.

Annas wichtigste Freundin wurde Dorothy Burlingham, eine reiche Amerikanerin, die Tochter des berühmten Glashändlers und Juweliers Louis Comfort Tiffany. Sie kam 1925 im Alter von 34 Jahren nach Wien, um bei Freud in die Analyse zu gehen. Sie hatte vier Kinder – Bob, Karina, Mabbie und Michael –, die sie gleichfalls therapeutisch behandeln ließ. Sie war unglücklich verheiratet mit einem unter schweren psychotischen Störungen leidenden Chirurgen, der die Psychoanalyse ablehnte. Als sie 1925 Freud zu konsultieren begann, hatte sie sich bereits von ihm getrennt und entschieden, ihre Kinder allein aufzuziehen. Das bedeutete keine geringe Aufgabe, die sie jedoch ohne Klagen, stets optimistisch und zupackend bewältigte. Dorothy Burlingham war extrem bodenständig, tatkräftig und durchsetzungsstark. Sie wurde mit der Zeit zur Partnerin Anna Freuds, in einer vermutlich asexuellen Beziehung, die nicht nur das gemeinsame Wirken für die Kindertherapie, sondern auch ausgedehnte Reisen – die erste führte 1927 nach Oberitalien –, Sportaktivitäten und das Leben unter einem Dach einschlossen. Ende der 20er Jahre mietete Dorothy in der Berggasse 19 im zweiten Stockwerk eine Doppelwohnung, die ihr ständige Nähe zu Freud und Anna ermöglichte. Sie blieb für die Freud-Familie die praktische Amerikanerin, die hart arbeiten und glänzend organisieren konnte. Nicht sonderlich charmant, manchmal kantig und in ihrer Offenheit fast brutal, war Dorothy für Anna eine verläßliche Gefährtin bis ins hohe Alter. Die Grundlage ihrer stabilen Beziehung scheint der Verzicht auf sexuelle Gemeinsamkeit gebildet zu haben; Anna blieb die Antigone, die ihren Vater ehrte, indem sie selbst auf den Eros verzichtete.

Als zweite gesellte sich zum Freundeskreis in dieser Zeit Eva Rosenfeld, eine Jüdin aus New York, auch sie Mutter von vier Kindern, kurz vor der Trennung von ihrem Ehemann stehend.[127] Wie Dorothy übersiedelte sie zumindest temporär nach Wien, wo sie mit Anna in enger freundschaftlicher Beziehung lebte. Eva war seelisch extrem labil, von großer persönlicher Liebenswürdigkeit und Hilfsbereitschaft, eine «Erzverschwenderin», wie Minna rügte, dabei stets charmant und für Neues offen.[128] Anders als die praktisch veranlagte Dorothy Burlingham blieb Eva Rosenfeld eine chaotische Nervöse, die im Alltag von einer Fehlleistung zur nächsten stolperte. Gleichzeitig war sie zu erstaunlichen Energieleistungen fähig; als zwei ihrer Söhne kurz nacheinander an Diphterie starben und eine Tochter auf einer Bergtour tödlich verunglückte, zeigte sie sich gefaßt und willensstark. Ähnlich wie Freuds Tochter engagierte sie sich leidenschaftlich für pädagogische Fragen. 1927 gründete sie mit Anna und Dorothy eine Schule im Wiener Bezirk Hietzing, wo psychoanalytisch vorbereitete Lehrer Kinder unterrichteten und erzogen – ein Modell, das Anna später mit ihren

Freundinnen in England aufgriff. Obwohl Freud seit Mitte der 20er Jahre amerikanische Patientinnen – wie Muriel Gardiner – zumeist ablehnte, übernahm er Eva Rosenfelds Behandlung, die bis 1931 andauerte. Sie emigrierte 1936 nach London, wo sie ihre Therapie bei der Renegatin Melanie Klein fortsetzte, was einen dauerhaften Bruch mit Anna auslöste.

Ergänzt wurde die Runde durch Jeanne Lampl-de Groot und Ruth Mack. Jeanne kam aus den Niederlanden, wo es mit Adolph Meijer und Johan van Ophuijsen eine starke Freud-Schule gab, stammte wie Dorothy aus vermögendem Hause und hatte Martins früheren Mitschüler Hans Lampl geheiratet. Sie war im Gegensatz zu den anderen Frauen um Anna Medizinerin, eine ausgebildete Psychiaterin, zudem musisch begabt und überaus temperamentvoll. Als sie sich im April 1922 in der Berggasse einfand, um eine Lehranalyse zu beginnen, war Freud sofort von ihrem intellektuellen Charme fasziniert. Jeanne genoß bald, wie sie sich über sechzig Jahre später in einem Interview mit Peter Gay erinnerte, eine privilegierte Stellung in der Familie.[129] Freuds Tagebuch der letzten Wiener Jahre belegt, daß er mit ihr auch nach dem Ende ihrer Behandlung über Politik und Therapie gleichermaßen offen debattierte.

Die vierte Frau in Annas Runde war Ruth Mack, ebenfalls seit 1922 Patientin bei Freud, zwei Jahre jünger als Anna. Ruth lebte am Beginn der 20er Jahre, als sie erstmals nach Wien kam, noch mit ihrem Mann Hermann Blumgart zusammen, ließ sich dann aber scheiden und heiratete 1928 den fünf Jahre jüngeren Mark Brunswick. Mark und Ruths Bruder David wurden gleichfalls in der Berggasse behandelt, so daß sich zwangsläufig eine Art Familienkonstellation ergab. Dergleichen fand Freud unproblematisch, sofern ihm die Analysandin persönlich nahestand; in Fragen der Therapie war er weit weniger dogmatisch als auf theoretischem Feld. Von 1929 bis 1938 lebten Ruth und Mark in Wien, häufig besucht von amerikanischen Angehörigen.[130] Ruth, die eng mit Annas Intima Marianne Kris befreundet war, zählte zu den Dauergästen in der Berggasse und schloß sich 1930 der Wiener Ortsvereinigung an. Sie praktizierte nun selbst und empfing durch Freuds Vermittlung deutsche und niederländische Patienten, darunter auch Robert Fließ, den Sohn von Wilhelm Fließ. Freud traf ihn am 8. Juni 1930 und sprach mit ihm sehr freimütig über die Beziehung zu seinem Vater, der knapp zwei Jahre zuvor gestorben war; Robert wurde später ein erfolgreicher Analytiker, der vor allem zu Fragen der Sexualforschung und der Metapsychologie arbeitete.[131] Ruth Mack blieb ein Sorgenkind, labil und unsicher, an sich selbst zweifelnd, ängstlich und schwankend in ihren Zielen. Seit Mitte der 30er Jahre litt sie unter einer schweren Morphiumabhängigkeit, die auch durch die Therapie bei Freud nicht dauerhaft überwunden werden konnte. Anders als Dorothy Burlingham und Eva Rosenfeld, die er schätzte, ohne die letzte Distanz aufzugeben, stand Ruth ihm emotional nahe. Sie wurde für ihn zu einer zweiten Anna, zur adoptierten Tochter im Kreis einer Analytiker-Familie, bei der die Grenzen zwischen Arbeit und Privatem allmählich verschwanden.

Zu den prominentesten amerikanischen Patientinnen, die Freud Anfang der 30er Jahre empfing, gehörte die Romanautorin und Lyrikerin Hilda Doolittle. Sie kam durch Vermittlung ihrer Lebensgefährtin, der Schriftstellerin Winifred Ellermann (alias Bryer), einer Analysandin von Sachs, in die Berggasse. Sie wohnte seit 1911 in London, wo sie zunächst mit Richard Aldington verheiratet war und zum Kreis um Ezra Pound gehörte, zog nach dem Krieg in die französische Schweiz und arrangierte sich mit Winifred und ihren wechselnden Partnern in einer Ménage-à-trois. Während ihre Freundin, an Psychoanalyse, Literatur und Film gleichermaßen interessiert, zu Freud nur oberflächliche Kontakte unterhielt, blieb Hilda längere Zeit bei ihm in Behandlung; ihre Sitzungen fanden zwischen dem 1. März und dem 15. Juni 1933 statt, von Oktober bis Dezember 1934 folgte eine abschließende Sequenz. Freud las zur Vorbereitung der ersten Termine einige ihrer Romane – darunter *Palimpsest* (1926) –, um einen Einblick in ihr Inneres zu gewinnen («to get a glimpse of your personality»). Außerordentlich rührte ihn eine Parallele zum Schicksal seiner Tochter Sophie: auch Hilda Doolittle war, hochschwanger, an der Spanischen Grippe erkrankt, hatte sie jedoch überlebt.[132] Freud nahm das als ein besonderes Zeichen, das seine Sympathie zu der sensiblen Patientin begründete. Über ihre Therapie-Erfahrungen schrieb Hilda 1944 ein romanhaftes, mystisch gefärbtes Buch, das sie als ‹Huldigung› an einen «Arzt ohne Fehl und Tadel» verstand.[133] Es war getragen von Respekt und Anerkennung, blieb bei aller Detailliertheit diskret und hob sich durch seine noble Haltung von anderen Erinnerungsgeschichten ab, in denen frühere Patienten Halbwahrheiten über Freud verbreiteten.

Die eigenen Kinder lebten mit Ausnahme Mathildes nicht mehr in Wien, aber durch Dorothy, Eva und Ruth fand Freud Ersatz. Anna sorgte für geselligen Verkehr in der Wohnung, so daß es dem Patriarchen, der ein unterhaltsames Familienleben liebte, nicht langweilig wurde. Seit 1926 verbrachte Freud auf dem Semmering, wo er die Villa Schüler gemietet hatte, seine Sommerferien in direkter Nachbarschaft zu Dorothy und ihren vier Sprößlingen. Der Urlaub dehnte sich mittlerweile auf die Zeit zwischen Mitte Juni und Ende August aus, so daß reichlich Gelegenheit zum vertrauten Zusammenleben bestand. Dorothy brachte aus Wien ihren Ford mit, und Freud genoß die Ausfahrten in die schöne Umgebung. Die ‹amerikanischen Kinder› Annas, wie er sie nannte, schufen eine lebhafte Atmosphäre, die seine Krankheitssorgen nahezu vertrieb.

Vor allem Dorothy war rührend um Freuds Wohlbefinden besorgt und überraschte ihn mit immer wieder neuen Einfällen, Plänen und Projekten. 1928 kaufte sie für ihn einen weiblichen Chow-Welpen, den man ‹Lün Yu› taufte.[134] Freud gewöhnte sich schnell an das junge Tier und ließ sich von ihm auf seinen täglichen Spaziergängen begleiten; zuweilen schloß sich ihnen Anna an, die seit 1925 einen Schäferhund besaß, in dessen Namen sogar Geburtstagsbriefe an den Vater verfaßt wurden. Als Lün zwölf Monate später auf der Rückfahrt aus Berchtesgaden nach Wien, von Eva Rosenfeld nicht fest genug angeleint, durch einen Zug getötet wurde, betrauerte Freud diesen Verlust mehrere Wochen lang. Im März 1930 schenkte ihm Dorothy eine in Paris erworbene neue Chow-Hündin, die Jofi genannt wurde. Seine knappe Tagebuch-Chronik, die er seit 1929 führte, vermerkte die Ankunft des Tiers am 9. März mit einem eigenen Eintrag.[135] Eine weitere Hündin – ‹Lün Yu die Zweite› – wurde Jofi später beigesellt, vertrug sich aber nicht mit ihr, weshalb Dorothy sie in ihre Obhut nahm. Als Jofi 1937 starb, kehrte Lün Yu zu Freud zurück und begleitete ihn durch seine letzten Jahre.[136] Die Hunde gehörten fest zu seinem Alltag, mit ihnen hielt er Zwiesprache, summte, wenn er sie streichelte und zeigte regelrechte Entzugserscheinungen, sobald er auf ihre Gegenwart verzichten mußte. Da Martha und Minna mit den Tieren wenig anzufangen wußten, gab man sie zu den Zeiten, da Freud ins Sanatorium ging, ins Heim zur Pflege. Er selbst machte kein Hehl daraus, daß ihm die Gegenwart der Hunde in solchen Zeiten fehlte. Während seines Berlinaufenthalts im Mai 1930 behalf er sich mit einem kleineren Begleiter, fragte aber besorgt bei den Daheimgebliebenen an: «Besucht jemand einmal Jofi? Die Schildkröte ist ein schwacher Ersatz.»[137]

Aufbau des Berliner Instituts

Wien blieb in den 20er Jahren ein Ort der Unruhe, geprägt vom Streit um die analytische Bewegung. Argwöhnisch beobachteten Freuds Schülerinnen und Schüler einander, stets bestrebt, die Gunst des Herrn zu erringen. Helene Deutsch und Ruth Mack-Brunswick waren ebenso verfeindet wie Anna und Melanie Klein; Otto Rank und Theodor Reik, die Nicht-Mediziner, wurden von den Ärzten kritisch beäugt. Wer erfolgreich praktizierte, galt prinzipiell als verdächtig; wer sich neu niederließ, hatte mit dem Widerstand der Etablierten zu rechnen. Solche Spannungen entsprachen, wie Freud resigniert bemerkte, dem in Wien herrschenden Klima, das Dispute aller Art, Neid und Mißgunst beförderte. In Berlin dagegen schienen die Verhältnisse stabiler zu sein, weil die institutionelle Entwicklung der Analyse als gemeinsame Aufgabe betrachtet wurde. Hier hatte sich Abraham seit dem Ende des Kriegs, anfangs mit ministerieller Unterstützung, für eine Integration der psychoanalytischen Ausbildung und Forschung in die Universität eingesetzt. Allerdings stellte sich die medizinische Fakultät massiv gegen solche Bestrebungen und machte ihren politischen Einfluß geltend, um das Projekt zu unterbinden. Abraham gründete 1920 nach dem Scheitern seiner ersten Bemühungen das Berliner *Psychoanalytische Institut*. Es diente der Sicherung der reinen Lehre, wie Freud vermerkte, und zeigte Abraham als «Leader unserer Konservativen».[138] Unterstützt wurde er durch Hanns Sachs, der 1920 von Wien nach Berlin gezogen war, wo er bessere Möglichkeiten für seine Praxis sah. Sachs steuerte wesentliche Ideen zum Lehrprogramm bei, bildete Analytikerinnen wie Karen Horney und Frieda Reichmann aus und stellte sich überzeugt in den Dienst des Instituts, wobei er allerdings auch, wie Anna kritisch vermerkte, in seiner Neigung zu einem selbstgefälligen Habitus gern «den jüdischen Obergott» spielte.[139]

Neben Sachs war es zumal Max Eitingon, der die Berliner Aktivitäten maßgeblich förderte. Seine wichtigste Leistung bestand darin, daß er die Analyse als Heilverfahren in breiterem Umfang organisierte. Mit Abraham bildete Eitingon eine funktionierende Arbeitsgemeinschaft, in der zumeist ein nüchterner, sachlicher Ton herrschte, auch wenn es Phasen des Konkurrenzdenkens und des Neides im Buhlen um Freuds Gunst gab. Kurz nach dem Krieg begannen beide die erste Psychoanalytische Poliklinik im Obergeschoß des Hauses Potsdamer Straße 29 zu etablieren – die Keimzelle des Berliner Instituts. Hier wurden mittellose Patienten behandelt und angehende Analytiker unterrichtet; außerdem entwickelte man ein Weiterbildungsprogramm für bereits praktizierende Ärzte, aus dem sich später das Konzept der Supervision entwickelte. Das Modell leitete sich aus den Erfahrungen ab, die man in der frühen Phase der Bewegung gesammelt hatte. Es fehlte, so sah Freud, die Möglichkeit zur Versorgung von Kranken, welche die Kosten für eine Therapie nicht selbst aufbringen konnten. «Ein psychoanalytisches Sanatorium haben wir hier nicht», sagte er im November 1910 bedauernd über die Wiener Situation.[140] Daneben mangelte es an einem System der Ausbildung, das für Anfänger wie Fortgeschrittene das praktische Wissen der Analyse vermittelte. Die Berliner Poliklinik sollte hier Abhilfe schaffen, insofern sie als therapeutische Einrichtung und Lehranstalt gleichermaßen fungierte.

Anfang Februar 1920 begann in der vierten Etage der Potsdamer Straße 29 der medizinische Betrieb. Während der ersten Phase half Ernst Freud tatkräftig mit, indem er Handwerker für die Wohnungsumbauten engagierte und die Möbel der Behandlungszimmer selbst entwarf.[141] Eitingon übernahm die Kosten für die dauerhaft beschäftigten Therapeuten – darunter Siegfried Bernfeld, Otto Binswanger, Helene Deutsch, Otto Fenichel, Karen Horney, Karl Müller-Braunschweig, Ernst Simmel –, zudem finanzierte er das Büropersonal und die Miete aus dem väterlichen Firmenvermögen. Im Februar 1923 mußte man die Räumlichkeiten ausweiten, weil das Behandlungsaufkommen stetig wuchs.[142] Im März 1926 fanden hier gleichzeitig hundert Analysen statt – eine Zahl, die nur mit einer kontinuierlichen Aufstockung des medizinischen Personals möglich wurde. Zwischen 1920 und 1930 behandelten 95 Therapeuten insgesamt 1955 Patienten, von denen knapp 1000 später zur Analyse kamen.[143] Jährlich flossen 16 000 Mark aus Eitingons Privatbudget in die Klinik, bald ergänzt durch Stiftungen weiterer Förderer. «Die besten Fälle für die Analyse sind die Felle des alten Eitingon», so hieß es dazu ironisch in Berlin.[144]

1919 war der bereits erwähnte Psychoanalytische Verlag gegründet worden, und auch hier investierte Eitingon in nennenswertem Umfang. Er trat bald in den Aufsichtsrat ein, wo er mit Freud und dem formell als Leiter tätigen Rank das Programm steuerte. 1920 organisierte er über die amerikanischen Mitglieder seiner großen Familie eine Fördersumme von 5000 Dollar, die den Grundstock für die künftigen Publikationsaktivitäten bildete. Das war nicht üppig, zumal, wenn man es mit anderen Stiftungen verglich; so hatte Edith Rockefeller schon im April 1916 360 000 Francs an Jung überwiesen, was Freud damals zutiefst ärgerte.[145] Im Mai 1920 lagen die Unkosten für den Verlag bei stattlichen 78 000 Kronen jährlich – Mittel, die auf die Gehälter für den Redakteur Rank, die Mitarbeit Reiks und gelegentliche Übersetzungen Anna Freuds entfielen.[146] Rank erhielt aus den Ressourcen der amerikanischen Stiftung zu besseren Zeiten, da er noch loyal war, eine Aufstockung seines bescheidenen Salärs von 1000 auf 1500 Kronen.[147] Die alltägliche Steuerung des Verlags blieb schwierig. Als Rank 1924 die Geschäfte niedergelegte, übernahm Eitingon bis 1932 neben Freud die Alleinverantwortung für seinen Betrieb.[148] Nach einer geschäftlichen Insolvenz zog sich Eitingon 1932 zurück, und Freud ordnete nun auch die Redaktionsaufgaben neu. Die internationale Zeitschrift übernahm Federn, tatkräftig unterstützt durch Heinz Hartmann, den Assistenten Wagner-Jaureggs; die *Imago* wiederum edierte Ernst Kris mit Robert Wälder, einem Schüler von Anna Freud und Hermann Nunberg.[149]

Ökonomisch war der Verlag eindeutig ein Zuschußgeschäft, das ähnlich wie die Poliklinik von mäzenatischer Förderung abhing. Freud selbst verzichtete bei der Publikation seiner eigenen Schriften auf jedes Honorar und leistete damit einen wichtigen Beitrag zur finanziellen Absicherung des Hauses. Bis zum Ende des Jahres 1925 beliefen sich die Rückstellungen, über die Eitingon und sein Verlagsleiter, der Journalist Adolf Josef Storfer, dank Freuds Großzügigkeit verfügen konnten, auf 44 504 Schilling.[150] Der Erlös seiner 1924 erscheinenden *Gesammelten Schriften* wiederum floß in den Ausbau der Poliklinik und deren Ambulanz.[151] Mehrfach erfolgten üppige Spenden aus den USA, die Freud zu dem undankbaren Kommentar veranlaßten, daß die Amerikaner «zu nichts anderem zu brauchen» seien, «als Geld herzugeben.»[152]

Zwischen 1926 und 1932 war Eitingon der mächtigste Mann der Berliner Psychoanalyse-Szene. Schon kurz nach der Rank-Krise stieg er in der inneren Hierarchie persönlicher Wertschätzung bei Freud auf die höchste Stufe. Niemandem schrieb er so häufig und ausführlich wie ihm, und keiner der großen Paladine – Abraham, Jones, Ferenczi – genoß so uneingeschränkten Respekt wie er. Das lag nicht nur an Eitingons menschlicher Zuverlässigkeit, sondern auch daran, daß er wissenschaftlich kaum noch tätig war und daher ein wesentliches Feld für Dispute in ihrem Verhältnis entfiel. Eitingon kontrollierte den Berliner Ortsverein, wurde 1927 zum Vorsitzenden der *Internationalen Vereinigung*, gab die *Internationale Zeitschrift für Psychoanalyse* heraus, steuerte die verlegerischen Aktivitäten und lenkte die Poliklinik. Erst als ihn 1932 sein engster Mitarbeiter, der Ungar Sándor Radó, verließ und nach New York ging, verlor das System Eitingons an Einfluß. Nachdem sein Protegée Otto Fenichel, der in der Rolle des stellvertretenden Chefredakteurs der *Internationalen Zeitschrift* agierte, bei Freud aufgrund seiner Sympathien für den Marxismus in Ungnade gefallen war, büßte auch er seine Monopolstellung ein. Da Eitingons Vermögen, bedingt durch die Weltwirtschaftskrise und die damit verbundenen Absatzschwierigkeiten zusammengeschmolzen war, geriet das Verlagsgeschäft in erhebliche Schwierigkeiten. Eitingon gelang es nun nicht mehr, die teure und für den Markt nur begrenzt attraktive Buchproduktion weiter zu finanzieren. An seiner Stelle rückte Freuds Sohn Martin zum Leiter des Verlags auf. Eitingon trat von seiner Position als Vorsitzender der *Internationalen Vereinigung* zurück und mußte zusehen, wie zahlreiche seiner engsten Vertrauten – Franz Alexander, Karen Horney und Hanns Sachs – Radó nach Amerika folgten.

Auch privat bedeutete das Ende der 20er Jahre für Eitingon eine schwierige Zeit, denn er hatte sich erstmals einzuschränken – die teure, repräsentative Wohnung im Tiergarten wurde schon 1928 gegen ein kleines Haus zur Miete in der Dahlemer Altensteinstraße eingetauscht, der Salon nur noch in bescheidenen Dimensionen fortgeführt. Im Herbst 1931 gerieten Eitingons Unternehmungen in die Insolvenz, so daß, wie Freud Ferenczi berichtete, «die Familienmitglieder vollkommen verarmt» waren.[153] Rücklagen gab es nur in geringem Umfang, was die Sicherung des Privathaushalts gewährleistete; aber Spenden für Verlag und Klinik blieben fortan undenkbar. Als Eitingon 1933, gezwungen durch das NS-Regime, nach Palästina emigrierte, war er nahezu mittellos. In Jerusalem, wo er von 1934 bis zu seinem Tod am 30. Juli 1943 lebte, gelang es ihm dann jedoch, die traditionsreiche Pelzfirma wieder anzukurbeln und neues Vermögen zu erwerben.[154]

Anders als die Beziehung zu Eitingon unterlag Freuds Verhältnis zu Abraham, dem konservativen Gralshüter, seit Anfang 1923 durchaus Schwankungen. Die übrigen Schüler nahmen wahr, daß er Abraham nicht mehr automatisch verteidigte, wenn es um Positionsstreitigkeiten ging. Die einstmals perfekte Arbeitsbeziehung litt gerade in der Zeit der Rank-Krise spürbar, weil beide Partner unterschiedliche Reaktionen auf die vom Dogma abweichende Traumatheorie favorisierten. Wo Abraham Härte gewünscht hätte, zeigte Freud gerade Ferenczi gegenüber große Toleranz. In Briefen an Jones betonte er zwar ausdrücklich den vorübergehenden Charakter solcher Konflikte, die eine normale Freundschaft aushalten müsse.[155] Letzthin warf er Abraham jedoch vor, er habe durch seine strikte Linie die Fundamente des geheimen Komitees und den großen Konsens seiner Mitglieder erschüttert. Die Existenz eines intimen Zirkels der Vertrauten, so schrieb Freud am 31. März 1924, müsse er jetzt in Frage stellen, «weil die Gesinnungen nicht da sind», die aus einer «Handvoll Leuten ein Komitee machen.»[156] Diese Diagnose sollte drei Jahre später auch praktische Konsequenzen zeitigen: 1927 löste man den Zirkel, der seit 1912 existiert hatte, einvernehmlich auf und überführte ihn in die Leitung der Internationalen Vereinigung. Eitingon wurde auf dem zehnten Psychoanalytischen Kongreß in Innsbruck Anfang September 1927 zum Präsidenten gewählt, Anna Freud zur Sekretärin bestimmt, während Ferenczi und Jones in den Vorstand eintraten.[157] Die zahlreichen internen Spannungen in Berlin, Budapest und London verfolgte Freud nach der Rank-Krise aus wachsender Distanz, zu der ihn, wie er fühlte, die Krankheit berechtigte. An Abraham schrieb er am 31. März 1924: «Ich bin egoistisch genug, es als einen Vorteil zu empfinden, daß mir durch meine Gebrechlichkeit wenigstens all das, was mit dem neuen Zwist zusammenhängt, anzuhören und zu beurteilen erspart bleibt.»[158]

Dem Berliner Modell folgend, bemühte sich Freud, in Wien neue Formen der analytischen Arbeit zu etablieren. Zu ihnen gehörte das schon erwähnte Ambulatorium, das allerdings unter unglücklichen Vorzeichen stand.[159] Wenn Freud zu dieser Zeit verstärkt Kontakt zu Praktikern herstellte, so war das kein Zufall. Von ihnen erwartete er Beiträge zur Lösung des klinischen Dilemmas, das dadurch entstand, daß die meisten Analytiker für ihre schweren Fälle kein geeignetes Sanatorium oder Hospital zur Verfügung hatten. Binswanger in Kreuzlingen zählte zur kleinen Gruppe der ihm nahen Klinikleiter, ebenso Georg Groddeck in Baden-Baden. In den meisten Fällen galt freilich, daß die privaten psychiatrischen Krankenhäuser die Analyse aus dem Reigen der Behandlungsmethoden ausgrenzten. Zwar gehörten öffentliche Appelle gegen Freuds Lehre der Vergangenheit an, doch bedeutete das keineswegs Toleranz und Offenheit. Gerade die teuren Sanatorien verzichteten auf psychoanalytische Therapien und verwendeten herkömmliche klinische Methoden, was vielfach auch Elektroschock-Verfahren einschloß.

Angesichts dieser Situation war es für Freud enttäuschend, daß Groddeck auf dem Feld der institutionellen Zusammenarbeit langfristig unberechenbar blieb. Wie der so früh durch Selbstmord geendete Otto Groß entzog er sich orthodoxen Tendenzen, sah sich selbst als Häretiker und produzierte in atemberaubender Geschwindigkeit originelle Ideen, die nicht immer gefielen. Sein «psychoanalytischer Roman», den er 1921 unter dem Titel *Der Seelensucher* veröffentlichte, entsprach in seiner Mischung aus Pornographie, Komik und Groteske kaum Freuds Geschmack. Die Art und Weise, wie hier die Nähe zwischen Wahnsinn und Genie beschworen wurde, dürfte ihm literarisch zuwider gewesen sein. Andererseits respektierte Freud seine theoretischen Überlegungen, weil sie inspirierend und unkonventionell waren. Die *Imago* stand seinen Beiträgen ab 1920 jederzeit offen, trotz der kapriziösen Einfälle, mit denen Groddecks Texte manchmal aufwarteten. Unbeirrt hielt ihm Freud die Treue und verteidigte ihn gegen die Kritik des anfangs eifersüchtigen Ferenczi, der sich erst ab der Mitte der 20er Jahre mit seinen Theorien aussöhnte und ihn zum engsten Freund erkor. Wenn der Meister den Unorthodoxen bisweilen – zu dessen Verdruß – mit Stekel verglich oder mit Goethes *Faust* als mephistophelischen «Schalk» bezeichnete, so gehörte das zum Ritual einer Korrespondenz, die überraschend, ja irritierend blieb.[160] Gegenüber Ferenczi erklärte Freud wiederum sehr offen, daß er Groddeck trotz persönlicher Schätzung für einen unzuverlässigen Partner und «wissenschaftlich nicht brauchbar» hielt.[161] Solche despektierlichen Urteile wurden dem so Geschmähten vermutlich hinterbracht, trafen ihn aber wenig. Der wilde Denker Groddeck, der weder empfindlich noch überaus selbstkritisch war, schrieb Freud auch weiterhin hingebungsvolle Briefe mit regelmäßig wiederholten – und ausgeschlagenen – Einladungen nach Baden-Baden; zuweilen bekräftigte er sie mit dem Bekenntnis, er sei in ihn ‹verliebt›.[162] Wo Ferenczi umständlich über seine Übertragungsneurose sprach, war Groddeck ungleich direkter, ohne daß Freud ihm das verübelte.

Mitte der 20er Jahre wurden die Ortsgruppentreffen der Analytiker in Wien fortgesetzt, dann aber im Frühjahr 1928 beendet. Freud begründete das mit seiner verschlechterten Gesundheit und den Problemen, die ihm das Sprechen in der Öffentlichkeit bereitete.[163] Die alte Vertrautheit der verrauchten Mittwochsrunden im Wartezimmer würde sich, so ahnte er, nie wieder herstellen lassen. Sie war ein Objekt sentimentaler Erinnerung für alle, die einmal daran teilgenommen hatten. An Groddeck schrieb Freud am 21. Dezember 1924: «Es ist schwer, Psychoanalyse als Vereinzelter zu treiben. Es ist ein exquisit geselliges Unternehmen.»[164] Allein aus diesem Grund blieb er an allen Fragen der Organisation maßgeblich beteiligt, als unbedingte Autorität und Herrscher über den Clan. Weil er wußte, daß die Lehre den Austausch verlangte, ließ Freud sich schriftlich und mündlich berichten, was auf der Weltbühne seiner Wissenschaft vorfiel.

Das fremde Geschlecht

Frauen waren die ersten, die Freuds Praxis frequentierten, aber sie wurden spät zu Analytikerinnen ausgebildet: Lou Andreas-Salomé, Marie Bonaparte, Ruth Brunswick, Helene Deutsch, Anna Freud, Hermine Hug-Hellmuth, Karen Horney, Edith Jacobssohn, Marianne Kris, Melanie Klein, Jeanne Lampl-de Groot, Mira Oberholzer, Tatjana Rosenthal, Eugenia Sokolnicka, Sabina Spielrein. «Überhaupt sind Diejenigen von uns Frauenzimmern», schrieb Lou Andreas-Salomé im Mai 1934 zu Freuds 78. Geburtstag, «die in den letzten 10 Jahren bei Ihnen lernen und aufnehmen durften, ganz herrlich eingeschlagen und werden noch ganz viel von sich reden machen.»[165] Es dauerte allerdings einige Zeit, ehe diese Frauen mit eigenständigen Ansätzen hervortraten. Manche von ihnen, wie Anna Freud, Karen Horney und Edith Jacobssohn, widmeten sich der Kinderanalyse und der weiblichen Adoleszenz, andere, wie Sabina Spielrein gingen von hier aus weiter zur Arbeit an klinischen Themen, etwa der Erforschung der Psychosen. Helene Deutsch befaßte sich in künftigen Jahren, angeregt durch Vorüberlegungen Horneys, mit der Grundfrage einer weiblichen Psychologie, für die sie ein wissenschaftliches Eigenrecht reklamierte. Joan Riviere wiederum konzentrierte sich zunächst auf Freud-Übersetzungen, ehe sie, gefördert von Melanie Klein, selbständig Ideen für Projekte entwickelte. Nicht anders als unter den männlichen Schülern gab es im Kreis der Frauen Konservative und Renegatinnen, treue Anhängerinnen und versteckte Kritikerinnen. Zur Gruppe der Loyalen gehörten Lou Andreas-Salomé und Marie Bonaparte, zu den Abweichlerinnen Edith Jacobssohn, Melanie Klein und Sabina Spielrein, zu den geheimen Zweiflerinnen Karen Horney, Eugenia Sokolnicka und Tatjana Rosenthal.[166]

Einen besonderen Fall bildete Hermine Hug-Helmuth, deren Leben tragisch endete. Als Pädagogin arbeitete sie an einem Konzept zur Integration des kindlichen Spielens in die Therapie, das sie in einer Reihe von Vorlesungen in Wien vorstellte.[167] Seit Ende des Krieges behandelte sie angeblich auch ihren Neffen und Adoptivsohn Rudolf, um ausreichend Anschauungsmaterial für den Verlauf der Pubertät zu gewinnen. Nach dem Tod seiner Mutter – ihrer Schwester – brachte sie den labilen Jungen in einem Heim für schwer erziehbare Kinder unter, sah ihn aber sporadisch. Am 9. September 1924 drang Rudolf gewaltsam in ihre Wohnung ein, weil er Geld benötigte, und tötete seine Tante, indem er sie erdrosselte. Als Grund für seine Tat gab er an, er habe sich für die Qualen rächen wollen, die ihm die Analyse bereitete. Nach seiner Entlassung aus der zwölfjährigen Haft, zu der er wegen Totschlags verurteilt wurde, stellte er sich als Opfer Freuds dar und versuchte bei der Wiener Vereinigung Schmerzensgeld zu erstreiten. Der Skandalfall beschäftigte 1924 über Wochen die österreichische Öffentlichkeit und diente zahlreichen Kritikern der Laienanalyse als Indiz, daß eine medizinisch nicht vorgebildete Therapeutin wie Hug-Hellmuth ihre Patienten falsch behandelte. Inwiefern für den traurigen Ausgang der Sache weniger die Qualifikation als die enge familiäre Verbindung verantwortlich war, wurde kaum erörtert. Erst Jahrzehnte später kam ans Licht, daß der Neffe niemals Patient seiner Tante war und dieses nur behauptet hatte, um sich vor Gericht zu entlasten.[168]

Freud wahrte zu seinen Schülerinnen trotz zahlreicher Äußerungen der Sympathie stets eine gewisse Distanz. Das mochte selbst ihm, dem geübten Sublimierungskünstler und Vernunftmenschen, nicht immer leicht fallen. Manche der Adeptinnen umgarnten ihn unverhohlen, wie Marie Bonaparte, Lou Andreas-Salomé oder die flirtfreudige Joan Riviere. Sie suchten seine körperliche Nähe, und wenn sie in die Praxis kamen, waren sie schwer parfümiert, trugen elegante Kleider und üppigen Schmuck. Noch der alternde Arzt wurde von Frauen adoriert und angeschwärmt; sie brachten ihm Blumen mit, Figuren für seine Antikensammlung oder liebevoll ausgesuchte Bücher. Im Gegensatz zu etlichen seiner Kollegen blieb Freud aber stets vorbildlich korrekt, wo es um die Trennung von Privatleben und Beruf ging. Das galt nicht zuletzt für jene Patientinnen, die er selbst einer Lehranalyse unterzog. Man durfte, ja mußte alles bereden, es gab keine Tabus und keine Sprachverbote. Aber der physische Einsatz wurde ausgespart, der Leib förmlich umsteuert, weil er das Land hinter der Grenze bildete, das zu betreten Unheil gebracht hätte. So hielt es Freud bei seinen Vertrauten Lou und Marie Bonaparte, aber auch bei Helene Deutsch und Ruth Mack-Brunswick, denen er unter den jüngeren Analytikerinnen die stärksten Sympathien entgegenbrachte. Das Äußerste, wozu er hier fähig war, blieb das Aufstellen ihrer Photographien in seinem Arbeitszimmer oder das öffentliche Bekenntnis der Freundschaft, wie er es 1934 im Vorwort zu Marie Bonapartes Biographie über Edgar Allen Poe formulierte.[169]

Freud wahrte Abstand zu den Ärztinnen seiner Schule und nahm auch ihre Theorien nur sehr selektiv zur Kenntnis. Sein eigenes Frauenbild, das er in zwei zentralen Aufsätzen von 1925 und 1931 umriß, entsprach nicht mehr unbedingt den Erkenntnissen und Rollenidealen der Zeit. Im Kern war es so reduktionistisch wie die von ihm vertretene psychoanalytische Kunstauffassung. Schon im Januar 1905 hatte Freud in einem Brief an Emma Eckstein gestanden, er müsse als Arzt stets mit dem «elementar-Frauenzimmerlichen» kämpfen.[170] Das «Geschlechtsleben des erwachsenen Weibes» sei «ein *dark continent* für die Psychologie», bemerkte er nun 1926.[171] Bezogen war diese Formulierung auf die Ursprünge der weiblichen Libido und die Entwicklung der Trieborientierung. Das kleine Mädchen erforsche die eigene Sexualität, so lautete seine Ansicht, nur im Vergleich mit der Anatomie des Knaben – was Abraham bereits 1921 vorsichtig angezweifelt hatte.[172] Die Entdeckung, daß es keinen Penis besitzt, blieb für Freud der wesentliche Auslöser seiner tiefen Selbstdistanz. Parallel dazu erfolgt ein komplizierter Übertragungsprozeß, der mit der Ablösung von der Mutter als zentraler Bezugsperson beginnt, die eigene Rolle stärker hervortreten läßt und in eine inzestuöse Bindung an den Vater mündet. Freud gestand dem Mädchen, anders als es Jung 1912 in seinen amerikanischen Einführungsvorträgen getan hatte, keinen eigenen «Elektrakomplex» zu, weil der weibliche Inzestwunsch für ihn nur ein sekundäres Produkt war.[173] Denn zuerst erkenne die Tochter am Penismangel ihre eigene körperliche Defizienz, danach erst entfalte sie ihre libidinöse Liebe zum Vater.

So bildete die weibliche Sexualität das Ergebnis eines Ödipus-Komplexes zweiter Stufe, wie in der Studie über *Einige psychische Folgen des anatomischen Geschlechtsunterschieds* zu lesen war, die 1925 nach der letzten analytischen Behandlung Annas entstand: «Während der Ödipus-Komplex des Knaben am Kastrationskomplex zugrunde geht, wird der des Mädchens durch den Kastrationskomplex ermöglicht und eingeleitet.»[174] Diese Unterscheidung führte Freud zu der These, daß die weibliche Sexualität, weil sie sich über Umwege entwickelte, mit schwächerer Intensität, aber direkter zutage trete als beim Jungen. Wo die Kastrationsangst den Knaben frühzeitig zu einer Desexualisierung und zur Bildung eines Über-Ich führte, war das Mädchen, wie er fand, nach der Umleitung der ersten Lustgefühle auf den Vater in seinem Trieb fester aufgehoben, ohne daß es zu Sublimierungen kam. «Das Über-Ich wird niemals so unerbittlich, so unpersönlich, so unabhängig von seinen affektiven Ursprüngen, wie wir es vom Manne fordern.»[175] Freud schrieb damit der Frau eine schwächere Gewissensprägung zu, was im Grundsatz an die Sexualtheorien eines Nordau oder Weininger erinnerte – und bald den erbitterten Widerspruch der Ärztinnen, etwa von Edith Jacobssohn und Jeanne Lampl-de Groot, auslöste.[176] Trotz des hohen methodischen Aufwands, mit dem Freud das Bild der weiblichen Libido entwarf, mutete das Ergebnis ähnlich an wie bei vielen misogynen Forschern der Jahrhundertwende: feminine Sexualität ist aufgrund ihrer Entstehung komplizierter, im Resultat allerdings stärker identitätsstiftend als beim Mann; die Frau lebt in ihrem Trieb, während der Mann ihn kulturell zu verfeinern sucht. Unter der elaborierten Oberfläche der Theorie lauerte eine sehr alte Vorurteilsstruktur, die einen überraschend konservativen Freud zeigte. Schon 1909 hatte er in einem Brief an Pfister von jenen Frauen gesprochen, die allein materielle Glücksvorstellungen auf der Basis physischer Befriedigung hegten und nur «Suppenlogik mit Knödelargumenten» kannten – ein freies Zitat aus Heines spätem Gedicht *Die Wanderratten* (1855), das aber mit dieser Doppelformel den allgemeinen Zustand des Hungers und keine weibliche Disposition umriß.[177]

Zugleich zog Freud eine klare Grenze, wo es um die zeittypische Abwertung des weiblichen Intellekts ging. Möbius' fatale Theorie vom «physiologischen Schwachsinn des Weibes» lehnte er entschieden ab, weil sie einzig dazu diente, den Frauen die Beschäftigung mit ihrer Sexualität zu verbieten und das Denken ‹zu verleiden›.[178] Schon 1908 hatte er gegen Möbius die Überzeugung geäußert, daß sie nicht aufgrund ihrer physiologischen Anlage, sondern durch Erziehung daran gehindert werden, sich mit ihren Trieben intellektuell auseinanderzusetzen.[179] «Vom Charakter des Kulturweibes», schrieb er am 10. Januar 1910 an Ferenczi, «wird ein großes Stück Sexualverdrängung unablösbar sein.»[180] Das bildete die Präambel für eine Theorie der femininen Sexualität, die sich nicht auf die Klischees eines Möbius reduzieren ließ. Den männlichen Mythos vom geistig anspruchslosen ‹Weib› entzauberte Freud keineswegs, nur erklärte er ihn aus der geltenden Sexualmoral und damit aus gesellschaftlichen Ursachen. Vermeintliche Gewißheiten, die nicht durch Erkenntnisse der Forschung, sondern durch chauvinistische Selbstherrlichkeit und Vorurteile produziert wurden, stellte er regelmäßig in Frage. Das führte selten zu einer revolutionären Umdeutung weiblicher Rollenmuster, aber doch zu sehr ehrlichen Einschränkungen klischeehafter Geschlechterbilder.

Am Ende stand bei Freud eine gewisse Ratlosigkeit, wo es um die Sexualität der Frau und ihre Ursprünge ging. «Alles was wir von der weiblichen Frühentwicklung wissen, kommt mir unbefriedigend und unsicher vor», schrieb er am 22. Februar 1928 an Jones. Die einzigen Konstanten, die er anerkenne, seien die Aufgabe der Masturbation als Einstieg in die reifere Sexualität und die Sehnsucht nach dem «Saugen am Penis» als auf ein neues Objekt übertragene Lust an der Mutterbrust.[181] Jenseits dieser Bereiche lag für ihn, wie er befand, der ‹dunkle Kontinent›, der ihn aussperrte, so daß er seine wissenschaftliche Neugierde zu unterdrücken hatte: «Über alles andere muß ich mein Urteil zurückhalten.»[182] Als sich Helene Deutsch, Karen Horney und Edith Jacobssohn Anfang der 30er Jahre mit Themen wie dem vaginalen Orgasmus und den Aspekten einer spezifisch weiblichen Sexualität zu befassen begannen, äußerte sich Freud zu ihren Versuchen aus prinzipiellen Gründen nicht.

Der 1931 verfaßte Aufsatz *Über die weibliche Sexualität* richtete sein Augenmerk auf eine besonders dunkle Stelle, den Ablösungsprozeß, der das Mädchen von der Mutter zum Vater führt. Ausdrücklich hob er hervor, daß das inzestuöse Begehren des Mädchens kein primärer, sondern ein auf zweiter Stufe entwickelter Triebimpuls sei, weshalb hier weder von einem eigenen Elektra-, noch von einem Ödipuskomplex gesprochen werden dürfe. Im Wechsel der Bezugsobjekte offenbart sich ein eigenes Zwischenreich homosexueller Prägung. Nachdem das kleine Mädchen sich als kastriert wahrgenommen hat, gibt es seine infantile Masturbation sporadisch auf und ‹vermännlicht› sich, um das eigene Defizit zu vertuschen. In manchen Fällen, so betonte Freud, bleibt die Phantasie, ein Mann zu sein, «gestaltend für lange Lebensperioden.»[183] Im Hintergrund schwangen hier auch die Einblicke mit, die er durch die Analyse seiner Tochter und die Erkenntnis ihrer homosexuellen Prägung gewonnen hatte. Die Fortdauer gleichgeschlechtlicher Liebesneigungen wertete er als Versuch, die vorübergehend gewonnene Fixierung auf den Vater als Ausgangspunkt einer eigenen weiblichen Sexualität aus Schuldgefühlen aufzugeben. Als Ersatz bot sich dann die homoerotische Ebene an, weil sie das Inzestproblem behob, wobei Freud unerklärt ließ, aus welchem Grund die Wahl eines Liebespartners vom anderen Geschlecht hier nicht erfolgte. Grundsätzliche Ablehnung erfuhr die moderne Sexualwissenschaft auf naturwissenschaftlicher Basis. Die Erwartung, «daß uns die Biochemie eines Tages einen Stoff darstellen wird, dessen Gegenwart die männliche und einen, der die weibliche Sexualität hervorruft», sei, so heißt es, naiv.[184] Im übrigen komme es auf solche materiellen Begründungen nicht an, denn weniger die chemische Architektur als die psychologische Herleitung des Triebs bilde das Fundament aller Erklärungen. Erneut sprach Freud hier als Theoretiker, der den naturwissenschaftlichen Beschreibungsmustern seine eigene Libido-Lehre als methodisches Prinzip entgegenhielt. Seine Position wurde durch die biochemische Forschung der 30er Jahre, etwa die Arbeiten Adolf Butenandts, nur scheinbar widerlegt, denn deren Zuschreibung von eindeutig männlichen und weiblichen Geschlechtshormonen erwies sich als kurzschlüssig.[185]

Freud zitierte auf dem Gebiet der Sexuallehre bisweilen Studien, die ihm anregend schienen, selbst wenn sie nicht mit seinen orthodoxen Meinungen übereinstimmten. Einige stammten von Rebellinnen wie Karen Horney, Melanie Klein und Sabina Spielrein, die aber seine Beachtung fanden, da sie ihn intellektuell herausforderten.[186] Das zeigte, daß er Analytikerinnen für wissenschaftlich absolut gleichberechtigt hielt. Auch in praktischer Hinsicht galten Freud die Therapeutinnen seines Kreises als zuverlässig und seriös; wichtige Patienten überwies er an Ruth Mack-Brunswick oder an Helene Deutsch, weil er ihnen besonders vertraute. Auf den großen nationalen und internationalen Konferenzen waren die Analytikerinnen meist stärker als vor dem Krieg präsent, wobei die Teilnahme allerdings schwankte. 1920 in Den Haag sprachen fünf Frauen, 1925 trug in Bad Homburg dagegen nur Anna Freud vor; sie bot nichts Eigenes, sondern verlas ein Manuskript ihres Vaters – bemerkenswerterweise jene Studie über die psychischen Folgen des anatomischen Geschlechtsunterschieds, die das Resultat ihrer Analyse bei ihm war. Auf dem elften Internationalen Kongreß, der vom 27. bis zum 31. Juli 1929 in Oxford stattfand, wandelte sich das Bild wieder; hier traten neben Anna auch Helene Deutsch, Melanie Klein und die Engländerin Ella Sharpe als Rednerinnen mit eigenen Referaten auf. Das Gruppenphoto der Konferenz zeigt 106 Teilnehmer, darunter 43 Frauen – manche begleitende Ehepartnerinnen, die meisten jedoch aktive Analytikerinnen. Die Atmosphäre war in Oxford übrigens harmonisch wie selten zuvor, auch wenn Jones als Veranstalter die Gelegenheit nutzte, um ein altes Streitthema aufzugreifen und gegen die Laienanalyse zu polemisieren. Freud erklärte in einem Schreiben an Anna lakonisch, sie solle sich freuen, daß sie ihn nicht geheiratet habe.[187] Am Ende waren es erstaunlicherweise die Amerikaner, die einlenkten und ihre dogmatische Position an diesem Punkt relativierten.[188] In einem Telegramm aus Oxford notierte Anna wiederum, mit Blick auf die krankheitsbedingte Abwesenheit des Vaters: «All feeling lonely».[189]

Daß Freud ab Beginn der 20er Jahre trotz seiner konservativen Theorie durchaus moderne Auffassungen vertrat, wo es um die weibliche Selbstbestimmung ging, verriet sein Brief an Arthur Lippmann, den Internisten am Allgemeinen Krankenhaus St. Georg in Hamburg, wo Sophie am 25. Januar 1920 gestorben war. Freud betonte in seinem Schreiben, das vom 15. Februar 1920 stammte, daß die unerwünschte Schwangerschaft seiner Tochter auf ihren physischen Gesamtzustand offenbar sehr negativen Einfluß genommen habe. «Angesichts eines inhumanen und einsichtslosen Gesetzes, welches auch der unwilligen Mutter die Fortsetzung der Schwangerschaft aufzwingt, wird es offenbar Pflicht des Arztes, die geeigneten unschädlichen Wege zur Verhütung unerwünschter – ehelicher – Schwangerschaften zu weisen.»[190] Hier kam die andere Seite zum Vorschein – ein moderner Freud, der das Elend der Frau und ihren Mangel an Selbstbestimmung mit klaren Worten artikulierte. Paradoxerweise offenbarte er diese Seite aber als Beobachter sozialer Mißstände, nicht als Psychologe.

Wie offen Freud mit seinen Schülerinnen über sexuelle Prägungen sprach, zeigte der Austausch, den er mit Lou Andreas-Salomé über seinen kurzen Fetischismus-Aufsatz führte. Im November 1927 bemerkte sie, daß sie Freuds Hypothese von der Nachbildung des Penis und der Wiederholung der weiblichen Kastration im Fetisch bezwingend finde, weil sie erkläre, daß die meisten Fetischisten Männer seien. Zugleich aber mache seine Annahme verständlich, aus welchem Grund Männer ‹phantasietiefer› als Frauen wirkten – ihre sexuelle Prägung werde stärker von der Imagination bestimmt.[191] Solche Debatten erweiterten Freuds theoretisches und empirisches Wissen gleichermaßen, wie er immer wieder betonte. Insgesamt wuchs in den 20er Jahren sein Verständnis der sexuellen ‹Abnormitäten›, die er ohne jegliches Vorurteil untersuchte. Einer indignierten Amerikanerin, die ihn aufgrund der Neigungen ihres Sohnes konsultiert hatte, erklärte er gelassen, Homosexualität sei kein Grund zur Scham und kein Anlaß zur Herabsetzung, auch wenn sie im modernen Leben gewiß keinen Vorteil bedeute.[192] Solche nüchternen Einschätzungen verrieten Toleranz wie Realismus gleichermaßen, und sie waren nicht üblich in einer Zeit, in der die gleichgeschlechtliche Sexualpraxis bei Männern unter Strafe stand.

SECHZEHNTES KAPITEL

Spiegelungen der Lehre
(1924–1933)

Charismatiker, Magier, Scharlatane

Kaum ein moderner Roman verzichte, so erklärte Freud 1932, auf die ausdrückliche Erwähnung der Psychoanalyse, wo er «Menschen und Zustände von heute» schildere.[1] Der Gestus, in dem das geschehe, sei jedoch zumeist spöttisch oder durch mangelnde Kenntnis bestimmt. Dieser Befund betraf Autoren wie Thomas Mann und Robert Musil, die seine Lehre prinzipiell zu würdigen wußten, aber auch solche wie Alfred Döblin, Hermann Hesse und Franz Werfel, die ihr einige Reserven entgegenbrachten. Neben oberflächlichen Reaktionen gab es eine literarische Nachwirkung psychoanalytischer Erkenntnisse, die schwerer greifbar war. Die Texte eines Gottfried Benn, Franz Kafka, Robert Müller, Ernst Weiß oder Hermann Broch – um nur wenige zu nennen –, übernahmen Freuds Anregungen im Einsatz von Erzählperspektive und Leitmotivik, indem sie die Dezentrierung des Menschen, den Verlust eines festen Mittelpunkts, den Zerfall der Wahrnehmungseinheit und die monotone, immer wiederkehrende Macht des Triebes in suggestiven Bildern darstellten.[2] Freud hielt sich allerdings von den Arbeiten der Avantgarde fern, weil die ungewöhnlichen Formen, in denen sie psychoanalytisches Wissen spiegelten, seinem literarischen Konservatismus widersprachen. Für die Neuerungen, die seine Lehre im Bereich künstlerischer Strukturen auslöste, hatte er keinen Sinn.

Die öffentliche Wirkung, die der Psychoanalyse nach 1920 zuteil wurde, war fraglos ambivalent. In Zeitungen, Journalen, Literatur und Film zirkulierten sehr unterschiedliche Freud-Bilder, schwankend zwischen Verklärung und Polemik. Gemeinsam blieb ihnen jedoch die Neigung, seine Wissenschaft zu dämonisieren, wie es etwa Franz Werfel im Drama *Schweiger* (1922) tat, das Kafka wegen seiner denunziatorischen Tendenz als «dreiaktigen Schlamm» bezeichnete.[3] Nicht selten wurde auch dort, wo das

Lob vorherrschte, grob vereinfacht, ohne daß Zeit für eine genauere Würdigung blieb. «In England und Amerika», so schrieb Freud am 17. Februar 1921 an Eitingon, «gibt es jetzt einen großen psychoanalytischen Rummel, der mir aber nicht lieb ist und mir nichts bringt als Zeitungsausschnitte und Besuche von Interviewern.»[4] Immer häufiger kam es zu populären Verkürzungen seiner wissenschaftlichen Hypothesen; es entstand ein Markt mit Kompendien und Lexika, die Freuds Lehre für Anfänger und Eilige, für Abendessen und Partys der gehobenen Kreise erklärten. Vereinfachungen und Verzerrungen, Fehlinterpretationen und Mißverständnisse waren die Folge. Als Jones 1929 aus den USA die Offerte erhielt, eine Art Readers Digest-Version wichtiger psychoanalytischer Theorien zusammenzustellen, erklärte der indignierte Freud, er könne ihm «nur abraten», diese Aufgabe zu übernehmen.[5]

Freud war skeptisch, wo es um moderne Werbung und neue Formen der Kulturindustrie ging. Die Psychoanalyse durfte, so befand er, ihr schwer erkämpftes Renommee nicht leichtfertig aufs Spiel setzen, indem sie sich populärer Medien bediente, um größere Akzeptanz zu gewinnen. An Angeboten fehlte es seit Mitte der 20er Jahre nicht, denn die modernen Medien zeigten sich für Fragen der Seelenforschung und der menschlichen Sexualität zunehmend aufgeschlossen. Der Hollywood-Produzent Samuel Goldwyn schlug Freud im Januar 1925 vor, an einem Drehbuch mitzuwirken, das Liebesgeschichten und Varianten erotischer Verstrickung aus unterschiedlichen Kulturepochen arrangieren sollte. Er schickte ein Telegramm in die Berggasse mit der Anfrage, wann er empfangen werden könne. Freuds Antwort lautete lakonisch, daß er für ein Gespräch nicht zur Verfügung stehe. Dabei war Goldwyns Honorarangebot äußerst attraktiv – es belief sich auf 100 000 Dollar. Der heftig Umworbene trauerte dem nicht nach, denn seine wissenschaftliche Reputation bedeutete ihm mehr als das leicht verdiente Geld. Die *New York Times* titelte am 25. Januar 1925: «Freud Refuses Goldwyn.»[6]

Wenige Monate später, im Juni 1925, erfuhr Freud durch Abraham von den Plänen der Neumann-Produktion, die einen «populär-wissenschaftlichen psychoanalytischen Film» vorbereitete.[7] Die finanzielle Dimension des Projekts war durchaus lukrativ, denn für beratende Mitwirkung wurden eine Gewinnbeteiligung von zehn Prozent und eine Garantiesumme von 10 000 Mark avisiert. Auch hier blieb Freud jedoch standhaft, denn er fürchtete Vereinfachungen, gerade im Fall der Sexualtheorie, und entsprechende Sensationseffekte.[8] Gegenüber Ferenczi erklärte er am 14. August 1925: «Der Film läßt sich so wenig vermeiden wie, scheint es, der Bubikopf. Aber ich lasse mir selbst keinen schneiden und will auch mit keinem Film in persönliche Verbindung gebracht werden.»[9] Nachdem Freud die Mitwirkung kategorisch abgelehnt hatte, übernahmen Abraham und Sachs die, wie es später im Vorspann hieß, «technische Beratung» bei der Entstehung des Skripts. Irrtümlich berichtete die New Yorker *Times*, Freud führe bei diesem Film selbst Regie; die Londoner Presse sprach vorsichtiger davon, er sorge für die wissenschaftliche Absicherung des Projekts – was gleichfalls nicht stimmte.[10] Stattdessen war er nachhaltig verärgert über Abrahams Alleingang, in dem er nach dem Dissens über die angemessenen Sanktionen gegen Rank ein weiteres Zeichen von Unabhängigkeitsstreben sah, das ihm mißfiel.

Die Dreharbeiten begannen im September 1925 und dauerten zwölf Wochen. Der fertige Film, der künstlerisch von Georg Wilhelm Pabst verantwortet wurde, trug den Titel *Geheimnisse einer Seele*. Er bot in der Tat eine sehr simple Anwendung der Psychoanalyse, deren Erfinder auf den beiden Texttafeln des Vorspanns ausdrücklich die Reverenz erwiesen wurde. Auf die ursprüngliche Idee einer zweigliedrigen Komposition mit einem einführenden Lehrteil und einer nachfolgenden Spielhandlung, von der Abraham noch im Juni 1925 sprach, wurde mit Rücksicht auf die kommerzielle Wirkung verzichtet.[11] Im Zentrum steht ein fiktiver Fall, der Schulcharakter für die psychoanalytische Therapie beansprucht. Der Film erzählt die Geschichte einer Messer-Phobie, hinter der ein Minderwertigkeitsgefühl aufgrund infantiler Prägungen steckt. Die Neurose des Protagonisten, der kinderlos verheiratet ist, wird durch einen Analytiker geheilt, der Patient findet zu seiner Frau zurück und genießt am Ende, befreit von seiner Sexualhemmung, erfüllte Vaterfreuden. Die relativ belanglose Handlung gewinnt enorm durch die Traumszenen am Anfang, in der Bilder der Angst, der geheimen Sehnsucht und des Triebs auf expressive Weise, technisch avanciert, aneinandergereiht werden. In diesen Sequenzen, in denen der Kameramann Guido Seeber Ungewöhnliches leistet, ist Pabsts Film ein Vorläufer des *Chien andalou*, mit dem Luis Buñuel vier Jahre später den filmischen Surrealismus einläutete. Siegfried Kracauer bescheinigte Pabst, daß er ein «vollendeter Psychologe» mit «Finesse» sei, der aber seinem Thema vorwiegend technische Nuancen abgewinne und zur existentiellen Tiefe des Konflikts nicht wirklich vorstoße. «Als Kunstgewerbe ist sein Film bemerkenswert», notierte Kracauer süffisant.[12]

Eine private Probevorführung von *Geheimnisse einer Seele* fand am 29. Dezember 1925 in Berlin statt. Karl Abraham, dem die Tantiemen für die Drehbuchberatung in der letzten Phase einer schweren Lungenkrankheit halfen, ausfallende Praxiseinnahmen zu kompensieren, erlebte sie nicht mehr: er starb vier Tage zuvor. An der Präsentation der Produktionsgesellschaft nahmen Eitingon, Ferenczi, Jones und Sachs teil, die eben von der Beerdigung ihres Kollegen kamen. Am 24. März 1926 erfolgte die Premiere des Films im Berliner Gloriapalast. Über die Mitwirkung von Sachs erklärte Freud wenige Monate danach sein völliges Unverständnis; ihm mißfalle «seine neuerliche Entwicklung zum Kino».[13] Daß er Pabsts Werk jemals sah, ist unwahrscheinlich. Auch die surrealistischen Adaptionen eines Buñuel – Walter Benjamin nannte sie «Traumkitsch» – dürfte er ignoriert haben.[14] Gleiches galt für die Gemälde eines René Magritte oder Max Ernst, die er, obwohl sie ihn zu ihrem «Schutzpatron» erkoren, als ‹Narren› betrachtete, wie er Stefan Zweig gestand.[15] Parallel zu Pabst planten Siegfried Bernfeld und Adolf Josef Storfer, der Leiter des Wiener Psychoanalytischen Verlages, einen wissenschaftlichen Film über Freuds Lehre. In kurzer Zeit entstand ein Skript, aber zu einer Verwirklichung des Projekts kam es nie, weil sich keine Finanziers fanden. Freud lehnte auch dieses Vorhaben ab und erklärte Jones, die «Filmgeschichte» sei ihm «von Anfang an unsympathisch» gewesen.[16]

Nach dem Krieg bedienten sich zahlreiche Filme psychoanalytischer Motive, wobei jedoch bevorzugt ihre frühen Elemente – Hypnose, Suggestion, Hysteriebehandlung, manchmal auch die Traumdeutung – im Mittelpunkt standen. Robert Wienes *Das Cabinet des Doktor Caligari* behandelte 1920 einen Fall hypnotischer Suggestion, in dem ein Somnambuler so manipuliert wird, daß er mehrere Morde verübt. Freud hatte bereits 1889 in einer Rezension von Forels Hypnotismus-Studien auf diese Möglichkeit verwiesen, eine wissenschaftliche Beschäftigung mit den moralischen Hintergründen des Themas jedoch für schwierig gehalten.[17] Dezidiert lehnte er nach 1900 die Zusammenarbeit mit Medizinern ab, die weiterhin auf die Praktiken Mesmers und Puységurs setzten. Als ihn im Januar 1917 eine ungarische Gesellschaft, die auch Hypnose-Vorführungen veranstaltete, durch Ferenczis Vermittlung zu einem Vortrag einlud, sagte er in typischer Schroffheit ab, weil er nicht in die Nähe zu unwissenschaftlichen

Methoden gerückt werden wollte.[18] Nach dem Krieg war es das populäre Medium des Films, das Suggestion und Hypnose zu Leitmotiven der Schauerdramaturgie erhob. Aber auch die Psychoanalyse spielte in den kinematographischen Sensationsgeschichten der frühen 20er Jahre eine wichtige Rolle.

Fritz Langs Verfilmung von Norbert Jacques' *Mabuse*-Roman nach dem Drehbuch Thea von Harbous bot 1922 ein Beispiel für diese Tendenz. Der Roman war zwischen Herbst 1921 und Januar 1922 in der *Berliner Illustrirten Zeitung* erschienen. Er zeichnete sich durch den mißglückten Versuch einer unterkühlt-sachlichen Darstellung seines ambitiösen Sujets aus. Die Geschichte des größenwahnsinnigen Verwandlungskünstlers und Machtspielers Mabuse, der vom Staatsanwalt Wenk gejagt wird, verbindet das Grundmuster eines Kriminalromans mit der Allegorie einer modernen Teufelsfigur. Doch fehlten Jacques die sprachlichen Register, um sein Ziel umzusetzen; über den kühlen Ton legte sich ein schwüles Pathos, das Morbidität im Stil des späten 19. Jahrhunderts zu inszenieren suchte. Besser als die Form des Romans war sein Stoff, der alten Mythos und moderne psychotechnische Strategien auf eigene Weise zusammenführte. Mabuses hypnotische Fähigkeiten lieferten bei Jacques die Grundlage für seine manipulativen Absichten. Daß dabei auch die Psychoanalyse zum Versatzstück einer trivialen Varietéästhetik geriet und sensationsheischend als Element des Bösen disqualifiziert wurde, haben Margit Freud – eine Tochter Maria Freuds – und Curt Thomalla in ihren Rezensionen der Verfilmung zu Recht verübelt.[19] Mabuse operierte nach dem Vorbild des berühmten Albert Schrenck-Notzing als Magier, der seine Opfer durch Hypnose verhexte und anschließend zu seinen Zwecken steuerte. In Langs Verfilmung erklärt eine Russin, die er am Spieltisch manipulierte, seinen Blick zum Medium des Teuflischen: er habe, so lesen wir auf einer Texttafel der Kasinoszene, ‹böse Augen›. Film und Buch spielen an diesem Punkt mit Momenten der alten Schadenszauber-Tradition, wie sie seit dem Mittelalter vertraut war. Mabuse bewirkt durch seinen Blick, was der Teufel durch seinen Bann evoziert: den Zusammenbruch des Vertrauens in den natürlichen Lauf der Dinge. Freud soll später einer Überlieferung Ernst Simmels zufolge den Vorwurf, seine Lehre sei ‹böse›, mit der witzigen Bemerkung kommentiert haben, dabei handle es sich um ein Plagiat, denn das behaupte er selbst schon seit langem.[20]

Derart gelassen reagierte er auf Adaptionen wie die des *Mabuse*-Films allerdings nicht. Wenn die Psychoanalyse hier mit einer magischen Praxis identifiziert wurde, mußte ihm das zutiefst mißfallen. Als Bleuler 1930 eine kleine Studie *Vom Okkultismus und seinen Kritikern* publizierte, bemängelte Freud, daß er nicht noch entschiedener Einspruch gegen den Irrationalismus geführt habe, obwohl er doch eine so große «Nüchternheit» des Geistes besitze.[21] Bedenkt man, wie oft Bleuler umgekehrt Freud einen Hang zur Spekulation vorgeworfen hatte, so besaß diese Bemerkung eine gewisse Pikanterie. Sein Widerwillen speiste sich vermutlich gerade aus seiner inneren Affinität zur mystischen Welt, die man aber, wie er fand, rational erklären mußte, wenn man sie wissenschaftlich bewältigen wollte. Daß Zeitung und Film zuweilen Psychoanalyse und Okkultismus fahrlässig vermischten, verärgerte Freud außerordentlich, weil für ihn die Beschäftigung mit phantastischen Phänomenen nur strikt vernunftbezogen und nicht suggestiv stattfinden durfte.

In einer 1922 publizierten Studie über *Traum und Telepathie* betonte Freud, daß er in seiner 27jährigen Tätigkeit als Analytiker noch keinen einzigen Patienten erlebt habe, der ihm von einem telepathischen Traum berichten konnte. In sämtlichen Fällen erwies sich die scheinbar prophetische Dimension als Ausdruck eines Wunsches, weshalb ihre Erfüllung Zeichen für die Macht des Begehrens, nicht aber irrationaler Zufall war.[22] Daß er spezifische Erscheinungen, die schon Jung unter dem Begriff des Okkulten rubriziert hatte, prinzipiell anerkannte, ließ Freud dabei außer Zweifel. Nur mochte er sie nicht als ‹dunkel› bezeichnen, sondern, wie er Edoardo Weiss im April 1932 schrieb, durch «Beweise aus Beobachtungen im Tageslicht» erhärtet sehen.[23] Jones setzte er im Januar 1933 auseinander, daß auch die Telepathie kein simples Phantasma bilde und sich vielfach im Alltag wiederhole.[24] Wenn manche Menschen ein ‹zweites Gesicht› besaßen, so fand Freud das nicht ganz unwahrscheinlich, doch fehlten ihm für eine wissenschaftliche Theorie letzthin die stimmigen Beweise. Okkulte und im besonderen telepathische Phänomene waren existent, ohne daß man sie als unbegreiflich bezeichnen durfte. Durchweg erwiesen sie sich als Produkte starker Wünsche, die zu entsprechenden Effekten in der Wirklichkeit führten. Der Film verhinderte nun solche Aufklärung des Mystischen, weil er im Dienste der Spannungssteigerung verschleierte statt aufzudecken. «Ein unerfreuliches Kapitel», schrieb Freud am 8. Mai 1932 an Weiss, «ist aber die Medienwirtschaft. Die unzweifelhaften Schwindeleien der Medien, der einfältige und kunststückhafte Charakter ihrer Leistungen, die Schwierigkeiten, die der Nachprüfung durch die Bedingungen der Produktion bereitet werden, die offenbare Unmöglichkeit ihrer Behauptungen, das alles mahnt doch zur äußersten Vorsicht.»[25]

Andere Aspekte der ‹Medienwirtschaft› sah Freud dagegen mit größerer Gelassenheit. Als Charlie Chaplin im März 1931 Wien besuchte, wäre es fast zu einer Verabredung gekommen, doch der Filmstar fand das Wetter in Österreich zu ungemütlich und reiste daher schnell ab. Am 26. März 1931 beschrieb ihn Freud in einem Brief an Max Schiller, einen Cousin Eva Rosenfelds, überraschend wohlinformiert: «Er ist unzweifelhaft ein großer Künstler, gewiß, er spielt immer nur eine und dieselbe Figur, den schwächlichen, armen, hilflosen, ungeschickten Jungen, dem es aber am Ende gut ausgeht. Nun glauben Sie, daß er für diese Rolle an sein eigenes Ich vergessen muß? Im Gegenteile, er spielt immer nur sich selbst, wie er in seiner trübseligen Jugend war.»[26] Das detaillierte Wissen über Chaplin stammte offenkundig aus eigener Kino-Anschauung, nicht nur aus dem Feuilleton. In der Tat ging Freud zuweilen ins Filmtheater, auch wenn er die populären Künste nicht liebte. Schon 1919 hatte er in einer Fußnote des Aufsatzes über *Das Unheimliche*, belehrt durch Ranks Beitrag, auf Hans Heinz Ewers' Vorlage zu Stellan Ryes Film *Der Student von Prag* (1912) hingeweisen, der seinerseits eine Erzählung Chamissos – *Peter Schlemihls wundersame Geschichte* (1813) – adaptierte.[27] Ob Freud, der Chamisso schätzte, Ryes Film jemals sah, wissen wir nicht; Hinweise auf Kinoerfahrungen fehlen in den Briefen. Aber für den traurig-komischen Tramp, den Chaplin darstellte, hegte er spürbar Sympathien. Gerade die infantile Seite seiner Rollen sprach Freud an, weil in ihr die Prägung durch frühkindliche Erfahrungen und Sehnsüchte sichtbar wurde, deren Bann die Kunst niemals entkommen konnte. Hier zeigten sich Möglichkeiten des neuen Genres, die er insgeheim anerkennen mußte. «Vielleicht sind wir alle in der Sache zu konservativ», schrieb er ungewöhnlich abwägend im Dezember 1925 an Jones, «irgendeine Konzession hätte man dem Filmfieber doch machen müssen.»[28] Im öffentlichen Auftreten blieb es aber bei konsequenter Ablehnung, denn nichts fand Freud so überflüssig wie Zugeständnisse in einer Sache, die er prinzipiell für falsch hielt.

Wer wissenschaftlich mit scheinbaren Modephänomenen sympathisierte, geriet bei Freud in Ungnade. Bei Sachs war es der Film, im Fall Jungs der Okkultismus, bei Rank die Suggestion der schnellen Heilung, bei anderen der «Hochstapler Steiner», dessen Anthroposophie als ganzheitliches

Erziehungsmodell die Psychoanalyse ergänzen sollte, aber durch ihren spekulativen Charakter in Mißkredit brachte.[29] Ferenczi wurde mit drohendem Unterton davor gewarnt, sich intensiver mit dem Phänomen der Gedankenübertragung zu befassen, weil das im Haus der orthodoxen Therapie wie eine «Bombe» zünden könne.[30] Bei Wilhelm Reich wiederum sah Freud die Gefahr, daß die Sexualtheorie den Ausgangspunkt für eine gesellschaftspolitische Liberalisierung des Eros bieten sollte, die er ebenfalls als Erscheinung des Zeitgeists betrachtete. Reich hatte eine Lehranalyse bei Sadger und Federn absolviert und war Anfang der 20er Jahre gelegentlich als Gast in der Berggasse zugelassen («Sie sind der Jüngste, würden Sie bitte die Tür schließen», so soll ihn Freud begrüßt haben).[31] Reich leitete nach einer Tätigkeit im Ambulatorium seit 1924 das Wiener Seminar für Psychoanalytische Therapie. Im August 1926 äußerte sich Freud noch lobend über seine Arbeiten zur «Bedeutung der Genitalität», die sich recht orthodox in den Bahnen seiner Sexualauffassung bewegten.[32] Im Mai 1928 nannte er Reich bereits «einen braven, aber impetuösen jungen passionierten Steckenpferdreiter».[33] Er sei ein monokausaler Denker, der «jetzt im genitalen Orgasmus das Gegengift jeder Neurose verehrt».[34] Ähnlich wie Otto Fenichel und dessen Vertraute Edith Jacobssohn suchte der so Gescholtene wenig später die Psychoanalyse mit dem Marxismus zu verheiraten – ein Vorstoß, der ihm in der Kritischen Theorie, zumal bei Erich Fromm, Herbert Marcuse und Alfred Lorenzer, und in den weltweiten Studentenbewegungen der 60er Jahre große Resonanz verschaffte.[35]

1928 trat Reich in die Kommunistische Partei ein und gründete wenig danach den *Deutschen Reichsverband für proletarische Sexualpolitik*. Freud sah in solchen Initiativen unseriöse Versuche, seine Lehre politisch «für bolschewistische Propaganda» zu instrumentalisieren, wie er am 9. Januar 1932 an Eitingon schrieb. Reichs Weg zur Ideologisierung sei ein Zeichen dafür, «daß unter dem ätzenden Einfluß dieser Zeiten sich die Charaktere rasch zersetzen.»[36] Am Ende machte Freud zwischen Aktivisten wie Reich und den Trivialisierungen von Film und Literatur keinen Unterschied. Die Annahme, daß man die Gesellschaftsordnung umstürzen müsse, um den Sexus aus seinen Fesseln zu befreien, fand er doppelt falsch. Weder ging es ihm um eine Loslösung des Triebs noch um soziale Revolution. Das Äußerste, was dem Einzelnen erreichbar war, blieb gebunden an mühevolle Aufklärung. Seinen Trieb zu akzeptieren, mit ihm zu leben, ohne in seelische Krankheit zu geraten – das war die Aufgabe, die sich jedem Menschen stellte.

Neugierde

Ende Dezember 1926 traf Freud in Berlin Albert Einstein, der eben im Begriff stand, sich mit der Psychoanalyse vertraut zu machen. Als Naturwissenschaftler besaß er in diesem Punkt keine klare Meinung, denn ihm fehlten die Beweise und die konkreten Anknüpfungspunkte für die Evidenz der Lehre. Freud konstatierte jedoch halbwegs beruhigt, daß in der mehrstündigen Unterhaltung weitaus mehr «über Analyse als über Relativitätstheorie» die Rede war.[37] Das entsprach auch den jeweiligen Kenntnissen, denn Einstein dürfte vermutlich, obwohl er erst in den Anfängen der Lektüre steckte, über Freuds Wissenschaft genauere Informationen besessen haben als sein Gesprächspartner über moderne Physik. Die ungleiche Rollenverteilung befriedigte Freud, denn noch immer verspürte er schnell das Gefühl der Zurücksetzung, das aus jahrzehntelanger Kränkung resultierte. Daß die Errungenschaften der Analyse Einstein nicht wirklich überzeugten, wußte er allerdings. Im Mai 1936 schrieb Freud an den 23 Jahre Jüngeren, er hoffe ihn als «Anhänger» zu gewinnen, wenn er erst sein eigenes Alter erreicht habe.[38]

Treffen wie jenes mit Einstein zogen meist öffentliche Aufmerksamkeit nach sich, denn Freud besaß mittlerweile den Status eines Prominenten. Als er im Oktober 1926 den indischen Dichter und Nobelpreisträger Tagore, der eine Lesereise durch Europa unternahm, in seinem Wiener Hotel besuchte, titelte die *Neue Freie Presse*: «Fürstenbegegnung von heute».[39] Wichtiger als solche flüchtigen Kontakte waren Freud jedoch Bekanntschaften, die ein kontinuierliches Geben und Nehmen erlaubten. In diese Kategorie gehörte die durchaus freundschaftliche Beziehung zu Thomas Mann. In seinem 1924 publizierten Roman *Der Zauberberg* hatte Mann noch ein konventionell-vorurteilsbehaftetes Bild der Psychoanalyse gezeichnet, geprägt von ironischer Abwehr und Oberflächlichkeit. Doktor Krokoswki, der stellvertretende Leiter des Sanatoriums Berghof, lädt hier regelmäßig zu Abendvorträgen, in denen er schwärmerisch über Krankheit als «verwandelte Liebe» spricht.[40] Letzthin dient die Beschäftigung mit dem Thema nur amourösen Interessen, denn der Arzt versucht, seine sich langweilenden Patientinnen zu verführen, indem er ihre Aufmerksamkeit auf den Zusammenhang von Eros und Krankheit lenkt. Derart vereinfachende Konstruktionen entsprachen dem, was Freud am Kino gerügt hatte: sie bedienten eine simple Sensationsgier, ohne seiner Lehre annähernd gerecht zu werden. Thomas Mann kannte zur Zeit der Entstehung des Romans nur wenige seiner Schriften, darunter die Abhandlungen zur Sexualtheorie und den *Gradiva*-Aufsatz, der ihn im Herbst 1911 während der Arbeit an der Novelle *Der Tod in Venedig* beeinflußte und die dort entfaltete Leitmotivik der Wiederholung prägte.[41] Bei den Positionen des *Zauberbergs* blieb er allerdings nicht stehen, weil er sich nach 1924 intensiver als zuvor mit psychoanalytischen Themen, vor allem mit der Kulturphilosophie von *Totem und Tabu* befaßte.

Am 16. Mai 1929 hielt Mann im prachtvollen Auditorium Maximum der Münchner Universität einen Vortrag mit dem Titel *Die Stellung Freuds in der modernen Geistesgeschichte*, der wenig später in der Zeitschrift *Die psychoanalytische Bewegung* publiziert wurde. Er bemühte sich hier um eine gerechte Würdigung, die freilich nur über Umwege und versteckte Anspielungen zutage trat. Erst im letzten Drittel des Essays ging es um Freud, nachdem Mann zuvor ausführlich über das Denkmuster einer ‹rückwärtsgewandten Revolution› und deren Bedeutung für das 19. Jahrhundert gesprochen hatte. Freud wurde in die Reihe der großen Antirationalisten von Novalis über Schopenhauer bis zu Nietzsche eingemeindet, zugleich aber gegen Dunkelmänner wie Alfred Baeumler, den künftigen Adepten Hitlers, positioniert. Seine Nähe zur Nachtseite unserer Seelennatur verbinde ihn, fand Mann, mit der deutschen Romantik, die keine ideologische Hinwendung zu den Mythen, sondern, gemäß Freud, Fortschritt im Sinne geistiger Auflösung konventioneller Antithesen ermöglicht habe. Die Psychoanalyse war für ihn «diejenige Erscheinungsform des modernen Irrationalismus, die jedem reaktionärem Mißbrauch unzweideutig widersteht.»[42] Lou Andreas-Salomé kritisierte den Text nach erster Lektüre als Indiz für den Narzißmus des Verfassers, der die Analyse lobe, sich aber selbst meine. Freud nahm den Essay gegen diese bei Thomas Mann nie ganz unberechtigte Kritik in Schutz und erklärte, er habe wie alles, was aus der Feder dieses Autors komme, «Hand und Fuß». Allerdings gestand er ein, daß die irrationale Seite seiner Lehre ungebührlich stark betont werde. Vermutlich habe Mann gerade an einem Aufsatz über die Romantik gearbeitet, als er gebeten wurde, etwas über ihn zu schreiben.[43] Sehr geschmeichelt zeigte er sich, als der Schriftsteller ihm Ende November 1929 einen Essayband, der auch den Münchner Vortrag enthielt, mit der Widmung «in grosser Verehrung» zusendete. Die *Chronik*, die er ab diesem Jahr zu führen begann, vermerkte das Ereignis eigens und unterstrich dadurch, wie wichtig ihm solche Anerkennung war.[44]

Ende März 1932 stattete Mann in der Berggasse einen Besuch ab, was auch für Martha und Minna ein besonderes Vorkommnis bedeutete, sahen sie doch den geborenen Lübecker als «halben Landsmann».[45] In einem Brief an Eitingon nannte Freud die Visite «erfreulich», man «war sofort mit ihm vertraut, und was er sagte, war verständig und klang nach Hintergrund.»[46] Geschmeichelt registrierte er bei seinem Gast gediegen wirkende Kenntnisse der Analyse, die den Eindruck vermittelten, als ob er sich ausführlich mit seinem Werk befaßt habe. Allzu lang dauerte das Gespräch zu Freuds Bedauern nicht, weil Martha und Minna bald hinzukamen, um den bewunderten Schriftsteller zu begrüßen. Für Thomas Mann mochte die Intervention zur rechten Zeit erfolgt sein, hätte eine ausgedehnte Unterredung doch offenbart, daß es mit seinem psychoanalytischen Wissen keineswegs so gut stand, wie der Hausherr vermutete. Zu Manns 60. Geburtstag am 6. Juni 1935 schickte der 19 Jahre ältere Freud in ungewohnter Direktheit «einen herzlichen Liebesgruß» – das verriet ungebrochenen Respekt vor der schriftstellerischen Leistung, aber auch private Sympathie, wie er sie selten artikulierte.[47] Die persönliche Zuneigung fand eine überraschende Parallele in der familiären Lebenssituation Freuds und Thomas Manns, über die sie jedoch kaum gesprochen haben dürften. Beide hatten sechs Kinder, jeweils drei Jungen und drei Mädchen, alle in recht kurzem Abstand zur Welt gekommen. Und beide verzichteten nach der Geburt des letzten Kindes auf sexuellen Verkehr mit ihrer Ehefrau, freilich aus unterschiedlichen Motiven: was bei Freud Furcht vor den neurotischen Folgen des *Coitus interruptus* war, blieb bei Mann homoerotisch begründet.

Trotz aller Reserven gegenüber dem Film und den popularisierenden Tendenzen der Zeit zeigte sich Freud aufgeschlossen für Neues, wo es um das praktische Alltagsleben ging. Er nutzte, wenn er sich in Berlin aufhielt, das Automobil und ließ sich leidenschaftlich gern chauffieren. Technische Erfindungen fesselten ihn, und mit Begeisterung las er in Zeitungen oder Journalen über Entdeckungsreisen, Expeditionen und wissenschaftliche Pioniertaten. Der Schriftstellerin Annie Winifred Ellermann, die unter dem Pseudonym ‹Bryher› publizierte und mit seiner Patientin Hilda Doolittle zusammenlebte, verriet er im Mai 1927 bei ihrem Besuch in der Berggasse, wie sehr ihn das Fliegen fasziniere.[48] Damals fehlten ihm noch eigene Erfahrungen auf diesem Gebiet, und das Geständnis blieb rein theoretischer Natur. Eineinhalb Jahre später, am 29. Oktober 1928, änderte sich das; Freud bestieg ein ‹Aeroplan›, wie man üblicherweise sagte, und

Freuds erster Flug

nahm an einem zwanzigminütigen Rundflug über Berlin teil. Die Zeitung *Tempo* berichtete am selben Tag darüber, daß der «große Psycho-Analytiker» sich als Siebzigjähriger erstmals in die Luft gewagt habe, und dokumentierte das Ereignis mit einem großen Photo, das ihn auf der Passagiertreppe zeigte. An seinen Neffen Sam, den Sohn Philipp Freuds, schrieb er über seine Flugerfahrung, er habe sie ‹aufregend› und ‹erfreulich› zugleich gefunden.[49] Brill meldete er zwei Monate nach dem Erlebnis zum Neujahrstag 1930: «Weder Schwindel noch Unsicherheit oder Angst, nur die sonderbaren Gefühle im Unterleib bei raschen Senkungen, wie man sie auch vom Lift oder von der scenic railway kennt. Daran müßte man sich doch bald gewöhnen.»[50] Als in der Nacht des 21. Juni 1930, während seines längeren Berlinaufenthalts, ein Zeppelin die Stadt überquerte, registrierte er das mit größtem Interesse und vermerkte es eigens in seinem Tagebuch. Das Thema blieb zumindest am Rande präsent, denn unter Freuds späteren Patienten war auch ein leidenschaftlicher Pilot, der theosophisch geprägte Autor Johannes van der Leeuw. Bei der Rückkehr von einer Konferenz in

Johannesburg stürzte er im August 1934 mit seiner Maschine über Ostafrika ab. Seinen Tod nannte Freud gegenüber Hilda Doolittle, die van der Leeuw durch Gespräche im Treppenhaus der Berggasse 19 kannte, einen ‹persönlichen Verlust›. Als Therapeut machte er sich Vorwürfe, daß er seinem Abenteurertum im Rahmen der Analyse nicht hatte Einhalt bieten können.[51] Er selbst bestieg nach dem Berliner Experiment vom Oktober 1928 kein Flugzeug mehr.

Zu den überraschenden Vorlieben, die Freud im Alter noch pflegte, gehörte die Bewunderung für das französische Chanson. Im Herbst 1927 besuchte er in Wien zwei Auftritte der Diseuse Yvette Guilbert; ein signiertes Photo der Sängerin schmückte neben den Porträts seiner großen Freundinnen Lou Andreas-Salomé und Marie Bonaparte seinen Schreibtisch.[52] Schon im August 1889 hatte er sie in Paris gehört, an einem Abend nach dem Ende des Hypnosekongresses, an dem er teilnahm. Die persönliche Bekanntschaft mit ihr kam durch Annas Freundin Eva Rosenfeld zustande, die eine Cousine Max Schillers, des Ehemanns der Guilbert war.[53] Ende November 1929 besuchte er trotz stark beeinträchtigter Gesundheit, unter Herzbeschwerden, zwei Wiener Konzerte der Sängerin. Er ließ ihr Blumen in die Garderobe schicken und traf sich danach mit ihr zum Abendessen – in Gegenwart seiner Frau, wie es ihm schicklich erschien. Ein knappes Jahr vor seinem Tod, im Oktober 1938, rief er sich den Reiz dieser Begegnung wieder in Erinnerung. «Es ist Entbehrung genug, daß ich in den letzten Jahren nicht mehr eine Stunde wieder jung werden durfte unter dem Zauber von Yvette.»[54]

Daß Freud trotz konservativer Überzeugungen offen für Neues war, spiegelte sich auch in seinen Lektüren. Seine 3500 Bände umfassende Bibliothek enthielt neben medizinisch Fachlichem – mehr als die Hälfte des Bestands – und vielen Büchern zur Archäologie, antiken Kultur und Kunsthistorie diverse Werke der modernen Unterhaltungsliteratur.[55] Der alte Freud las mit Vorliebe Zeitgenössisches, darunter zahlreiche Kriminalromane und Detektivgeschichten. Georg Hermanns *Rosenemil*, eine Studie aus dem Berliner Verbrechermilieu der Jahrhundertwende, fand er so faszinierend, daß er das Buch, wie er dem Autor am 28. Februar 1936 gestand, «kaum genug loben» konnte.[56] Seinem Sohn Ernst empfahl er im Dezember 1928 Thornton Wilders ein Jahr zuvor publizierten Roman *The Bridge of San Luis Rey*, noch ehe die deutsche Übersetzung erschien; daß ihn Wilder im Oktober 1935 in Wien persönlich besuchte, erfüllte ihn mit Stolz.[57] Von

Vita Sackville-West, der Freundin Virginia Woolfs, schätzte er *The Edwardians*, ein nuanciertes Porträt der britischen Oberschicht. Im März 1934 riet er Ernst zur Lektüre von Feuchtwangers neuem Roman *Geschwister Oppermann*, der einen Passus enthielt, in dem Hitlers *Mein Kampf* und Freuds Schrift *Das Unbehagen in der Kultur* im Blick auf das intellektuelle Niveau der Autoren verglichen wurden: «‹Ein Anatom des nächsten Jahrhunderts müßte an den Gehirnen der beiden einen Unterschied von wenigstens dreißigtausend Jahren demonstrieren können.›»[58] Wenn Freud den Roman irrtümlich ‹Familie Oppenheim› nannte, wurde das dadurch aufgewogen, daß Feuchtwanger seine Studie gleichfalls falsch – und sogar sinnentstellend – zitierte: ‹Das Unbehagen *an* der Kultur›.

Die nach dem Krieg schleppend anlaufende Praxis florierte ab 1922 wieder. Devisen brachten zusätzliche Einnahmen; amerikanische und englische Patienten – häufig Lehranalysanden – hatten in ihrer Währung zu zahlen, weil die Krone durch die Inflation entwertet war. Freud lebte jedoch auch in den mittleren 20er Jahren trotz vorzüglicher Einkünfte ohne Luxus. Ein wesentlicher Grund dafür war, daß er seine Großfamilie weiterhin finanziell abzusichern hatte. Die Mutter, der Sohn Martin, die Schwiegersöhne in Wien und Hamburg erhielten von ihm regelmäßige Zuwendungen. Seine vier in Österreich lebenden Schwestern – die ledig gebliebene Adolfine, die Witwen Rosa, Maria und Pauline – mußten weiterhin versorgt werden. Die attraktive Lilly, mittlere der drei Töchter Marias, war Schauspielerin und bezog vom Onkel während diverser Phasen ohne Engagement großzügige Finanzhilfen; sie galt übrigens als Vorbild für den berühmten Schlager *Lili Marleen*, dessen Komponist Hans Leip sich vor dem Krieg in sie verliebt, sie aber an einen Nebenbuhler verloren hatte. Zusätzliche Geldmittel gab es schließlich für Paulines unglückliche Tochter Beatrice, bei der sich frühzeitig nach der Rückkehr aus New York eine Schizophrenie bemerkbar gemacht hatte – hier war Freud, der die klinischen Symptome seiner Nichte mit Ratlosigkeit registrierte, von Zeit zu Zeit materiell behilflich. Die Beladenen und Kranken, die vom Leben Gestraften und die Traurigen verdienten nicht nur als Patienten Unterstützung. Freud handelte auch als Familienoberhaupt mit bemerkenswertem Altruismus und gab, was er geben konnte, damit allen der Alltag leichter wurde.

Die finanziellen Lasten blieben erheblich, und es existierten keine Anzeichen dafür, daß sie sich mit den Jahren verringern würden. An Binswanger schrieb Freud im Januar 1929: «In materieller Hinsicht hat die Familie die Schäden des großen Krieges nicht überwunden. Mit sinkender Kraft muß ich noch für eine Anzahl jüngerer Leute miterwerben.»[59] So war es nicht nur Ausdruck des asketischen Programms, wenn er im persönlichen Lebensstil bescheiden blieb. Die einzige Ausnahme bildeten die teuren Havanna-Zigarren, von denen sich Freud ab 1924 wieder mehrere am Tag gönnte, und die Exponate der wachsenden Antikensammlung. Die Wohnung wurde weiterhin sparsam geheizt, die Einrichtung nicht erneuert. Nippes, Decken, Teppiche, das alte Messing: man zeigte wenig Interesse daran, das Inventar zu ersetzen, und lebte, wie früher, in konventioneller Umgebung ohne großen Luxus. Das Grammophon, das Anna ihrer Tante Minna zu deren 65. Geburtstag am 18. Juni 1930 geschenkt hatte, blieb unbenutzt, weil Freud Musik bei der Arbeit störte.[60] Einziges Zeichen der Moderne war das Telefon, das man aber bereits seit Ende der 90er Jahre besaß. Freud selbst verwendete es nur ungern und überließ diesen Weg der Kommunikation den Frauen im Haushalt.[61] Hier hatte seine Neugierde Grenzen, weil die Technik authentisches Erleben ausschloß – ein direkter Austausch blieb für ihn das Maß aller Dinge.

Jüdische Identität?

Am 25. Dezember 1925 war Karl Abraham in Berlin mit nur 47 Jahren an den Spätfolgen eines sechs Monate zuvor durch eine Fischgräte verursachten Lungenabszesses gestorben. Die Ärzte konnten die fortschreitende Blutvergiftung, der eine Bronchopneumonie vorangegangen war, nicht verhindern, da es noch keine Antibiotika gab. In Berlin, Budapest, Wien, London und Amsterdam fanden Gedenkfeiern für den Toten statt, und auch das publizistische Echo war enorm – Nachrufe erschienen in Zeitungen und Zeitschriften überall auf der Welt.[62] Freud verlor mit Abraham seinen treuesten Schüler, der stets zu ihm gehalten und seine Autorität niemals in Frage gestellt hatte. Zwar war die Beziehung zu ihm seit Beginn der 20er Jahre im Hinblick auf den Fall Rank und die Filmfrage nicht frei von Meinungsunterschieden, aber das persönliche Vertrauen litt darunter kaum. In seiner kurzen Trauernotiz formulierte er kunstvoll paradox, mit Abraham begrabe die Psychoanalyse «ein uneinbringliches Stück ihrer Zukunft».[63] Er, der sich als Konservativster unter den Gralshütern der Analyse erwies, werde, schrieb Freud an Pfister, «kaum zu ersetzen sein.»[64] Ein

Nachfolger, der «seine wissenschaftliche Leistung» sichere, dürfte sich, so hieß es am 3. Januar 1926 gegenüber Joan Riviere, «am allerschwersten» finden lassen.[65] Jones räumte noch sieben Jahre später ein, mit Abraham sei der eigentliche ‹Anführer› unter den Schülern gegangen («our last leader»),[66] der Kronprinz, der das Zeug dazu besaß, nach dem Tod des Vaters an die Spitze der analytischen Bewegung zu treten. Abrahams Zuverlässigkeit wog schwer, wie Freud wußte, denn nach dem Bruch mit Rank und angesichts der schwelenden Konflikte mit dem zunehmend eigenwilligen Ferenczi wurde der Kreis der loyalen Anhänger deutlich kleiner. Das Vertrauen zu ihnen schwand, und Abrahams Tod zerstörte das Fundament, das er selbst im Interesse kontinuierlicher Erbfolge errichtet hatte. Gab es Ersatz für die Freundschaften, die jetzt zerbrachen? Der alternde Freud erinnerte sich an einen Anker, den er in früheren Jahren zumeist ignoriert hatte: die jüdische Herkunft. Aber es war eine zwiespältige Beziehung, die sich hier entwickelte. Sie ruhte auf fragilen Grundlagen, besaß durchaus emotionalen Charakter und entzog sich gerade deshalb einer klaren Zuordnung.

Am stärksten lebte Freud seine jüdische Identität durch die Mitgliedschaft in der Loge B'nai B'rith aus, der er seit 1897 angehörte. Bis in die Nachkriegszeit besuchte er regelmäßig ihre Treffen, hielt Vorträge, beteiligte sich an den Diskussionen und blieb zum gemeinsamen Abendessen. Daß einige seiner Mitbrüder orthodoxen Prinzipien folgten, störte ihn nicht, denn das Selbstbild der Gruppe war säkular geprägt. Glaubensdiskussionen spielten hier keine Rolle, und im Vordergrund standen Themen aus dem Kreis der Ideen- und Naturgeschichte, der Medizin und Ethik. Nirgendwo sonst redete Freud so freimütig über sein Judentum wie hier, denn er wußte, daß er nicht fehlinterpretiert wurde. Keiner seiner Mitbrüder erwartete ein Bekenntnis zur Religion, niemand wollte ihn bekehren, aber jedem blieb klar, daß er einer der ihren war. In seinen Vorträgen machte Freud keinen Hehl daraus, daß er seine Wissenschaft durchaus mit jüdischen Denktraditionen in Verbindung brachte. Als er im Februar 1915 über das Verhältnis des Menschen zum Tod sprach, betonte er, daß das Judentum das Thema, womöglich aus Distanz zur Metaphysik, besonders hartnäckig ignoriere. Seine fünf Jahre später fixierten Überlegungen zum Todestrieb entsprangen dem Wunsch, diese spezifische Anlage, die auch seine persönliche war, zu überwinden und den letzten Wahrheiten ins Gesicht zu sehen. Wenn Freud die Libido nun als Kraft interpretierte, die nicht nur Fortpflanzung und Zukunft, sondern auch Verbrauch von Zeit und damit Sterben bedeutete, dann kommentierte er zugleich die Verdrängung des Todes, die er als Produkt der jüdischen Metaphysikfeindschaft betrachtete. Niemand hat die hier aufscheinende Verbindung zwischen Erkenntnis und Angst, unerfreulichen Wahrheiten und Affekt so treffend charakterisiert wie Franz Kafka. Im Blick auf Werfels schon genanntes Drama *Schweiger*, das eine oberflächliche Abrechnung mit Freuds Lehre bot, schrieb er im Dezember 1922: «Es ist keine Freude sich mit der Psychoanalyse abzugeben und ich halte mich von ihr möglichst fern, aber sie ist zumindest so existent wie diese Generation. Das Judentum bringt seit jeher seine Leiden und Freuden fast gleichzeitig mit dem zugehörigen Raschi-Kommentar hervor, so auch hier.»[67]

Wenn es Freud um jüdische Fragen ging, dann ausschließlich im Blick auf weltliche Inhalte. Die Religion blieb ein Tabu, kein Thema, das er neu durchdenken wollte. 1927, im Jahr des Illusionsaufsatzes, erklärte er in einem Interview ausdrücklich, daß er sich ein ewiges Leben nicht vorstellen könne. In einem Brief an einen amerikanischen Arzt, der ihm darauf von seinem eigenen Erweckungserlebnis berichtete, nannte er sich einen «infedel jew», einen ‹ungläubigen Juden›.[68] Als der Korrespondenzpartner ihm ankündigte, er werde zu Gott beten, ihm den «rechten Glauben» zu schenken, erwiderte Freud lakonisch, der «Erfolg dieser Fürbitte» stehe offenbar noch aus.[69] Daß er dem religiösen Vertrauen der Väter nicht folgen könne, war eine Position, die ihn, wie er 1938 schrieb, «von der Mehrzahl unserer Genossen absondert.»[70] Beharrlich hielt er an seinem Agnostizismus fest, dessen rationale Wurzeln er niemals aufgeben mochte. Freuds Annäherung an das Judentum vollzog sich auf einer anderen Stufe, jenseits der Religion. Sein Weg zur jüdischen Identität führte nicht über den Glauben, sondern über das Gefühl von Heimat und Herkunft, das gemischt war mit der bitteren Erfahrung gesellschaftlicher Isolation.

Das öffentliche Bekenntnis zum Judentum wurde in diesem Sinne von einer affektiven Bindung getragen. Im Vorwort für die hebräische Ausgabe von *Totem und Tabu* schrieb Freud 1930, er habe als Autor «die Zugehörigkeit zu seinem Volk nie verleugnet», auch wenn er von Tradition und sozialer Ordnung des Judentums getrennt lebe. Und in einer Art Rollenspiel fuhr er über sich in der dritten Person fort: «Fragte man ihn: Was ist an dir noch jüdisch, wenn du alle diese Gemeinsamkeiten mit deinen Volksgenossen aufgegeben hast?, so würde er antworten: Noch sehr viel, wahrscheinlich die Hauptsache. Aber dieses Wesentliche könnte er gegenwärtig nicht in klare Worte fassen. Es wird sicherlich später einmal wissenschaftlicher Einsicht zugänglich sein.»[71] Das sind vage, im Grunde unsichere Formulierungen, die jedoch keinesfalls unterschätzt werden dürfen. Denn Freud hätte sich auch hinter den Gewohnheiten der Assimilation verstecken und jeden Zusammenhang mit dem Judentum leugnen können. Das widersprach allerdings seinem Verständnis der eigenen intellektuellen und kulturellen Rolle, zu der die Herkunft trotz fehlender religiöser Identität unabdingbar gehörte. Er sei, so schrieb er 1931 dem Arzt Siegfried Fehl, der ihn um Erinnerungsstücke für ein Kulturmuseum gebeten hatte, «ein Jude aus Mähren, dessen Eltern aus dem österreichischen Galizien stammten.»[72]

In das klar umrissene Selbstbild paßte, daß Freud, von der europäischen Öffentlichkeit wenig beachtet, schon im März 1925 seine allgemeinen Sympathien für den Zionismus bekundete. Er formulierte sie in einem Grußwort zur Eröffnung der Hebräischen Universität Jerusalem, zu deren externem Kuratoriumsmitglied er gewählt worden war.[73] Angesichts des über Jahrhunderte unglücklichen Schicksals der Juden sei eine Universität der richtige Ort, um die eigene Identität im Anspruch der Wissenschaften zu verankern. Er selbst bedauere, daß er an der Eröffnungszeremonie aufgrund seines Gesundheitszustands nicht teilnehmen könne. Aber er zeigte sich überzeugt, daß die neue Hochschule am richtigen Ort gegründet werde: «We are now living in a time when this people has a prospect of again winning the land of its fathers with the help of a Power that dominates the world, and it celebrates the occasion by the foundation of a University in its ancient capital city.»[74] Ganz überraschend waren solche Worte nicht, wenn man sich erinnert, daß Freud schon 23 Jahre vorher, im Februar 1902, Theodor Herzl seine Reverenz erwiesen und ihn als «Kämpfer für die Menschenrechte unseres Volkes» gepriesen hatte.[75] Welchen praktischen Vorbehalten seine Einstellung zum Zionismus unterlag, offenbarte sich dann freilich in den 30er Jahren. Die Lösung der jüdischen Frage sah Freud durch Palästina und den «heiligen Wahnwitz» der Siedlerbewegung nicht gelöst, wie er im Mai 1932 Arnold Zweig schrieb.[76] Grundsätzliche Sympathie und handfeste Skepsis schlossen sich im Fall des Zionismus bei ihm nicht aus. Wo wiederum, wie bei Martin Buber, Franz Rosenzweig und Gershom Scholem, der zionistische Gedanke mit dem alten Glauben verbunden werden sollte, wahrte Freud deutlichste Distanz: von hier mochte er keine Klärungen erwarten.

Wenn die Religion ein versperrtes Gebiet und der Zionismus eine illusionäre Lösung blieb, stellte sich die Frage, welche anderen Wege es gab, Herkunft und Zugehörigkeit zum Ausdruck zu bringen. Die verbreitete Antwort, daß die Psychoanalyse eine jüdische Wissenschaft sei, trägt problematische Züge.[77] Über Jahrzehnte sah Freud sich als Gründer einer neuen Forschungsrichtung, die möglichst breit wirken und daher keine Merkmale einer wie immer gearteten kulturellen Prägung aufweisen sollte. An Abraham schrieb er am 3. Mai 1908 im Blick auf sein sich anbahnendes Bündnis mit Jung: «Ich hätte beinahe gesagt, daß erst sein Auftreten die Psychoanalyse der Gefahr entzogen hat, eine jüdisch nationale Angelegenheit zu werden.»[78] Diese Position behielt er auch in späteren Jahren bei, obwohl nun seine Bereitschaft wuchs, sich öffentlich als jüdischer Wissenschaftler auszuweisen. Im Dezember 1929 informierte Freud den Vorstand des vier Jahre zuvor durch Simon Dubnow eingerichteten *Yiddish Scientific Institute* in Wilna, er habe nichts dagegen, seinen Namen für eine formelle Mitwirkung im Präsidium zur Verfügung zu stellen.[79] Mit derartigen Zugeständnissen war er äußerst sparsam, so daß der Brief ein eigenes Gewicht erhielt. Freud bekannte sich durch sein Engagement zur Gemeinschaft jüdischer Gelehrter und zeigte seine Zugehörigkeit öffentlich. Allerdings wurde jenseits dieser Geste noch nicht klar, was man inhaltlich darunter zu verstehen hatte.

Falls ‹jüdische Wissenschaft› mehr und anderes meint als eine Wissenschaft, die von Juden betrieben wird, stellt sich die Frage nach ihrer besonderen Identität. In einem Gespräch mit Lou Andreas-Salomé unternahm Viktor Tausk bereits im Dezember 1912 den Versuch, das Jüdische der Freudschen Lehre zu erklären. Es bestehe darin, so sagte er, «daß an uralten, zerfallenden Palästen durch Mauerschäden die innere Struktur sichtbarer würde und zu Einsichten auffordere, die an schönen neuen Häusern mit glatten Fassaden verdeckt bleiben, weshalb diese nur auf Farbe und Linie betrachtet würden.»[80] Eine jüdische Wissenschaft wäre die Psychoanalyse also im Blick auf die Lage der Assimilation; ihre Befunde sicherte sie dort, wo ein Verlust an Kraft und Authentizität die Zerfallslinien der Moderne offenbart. Die Affinität des assimilierten Juden zur Neurose entspringt nach Tausk seiner Heimatlosigkeit, sie ist das Ergebnis seines Exillebens und insofern Ausdruck der Diaspora. Die Lehre vom Ich, das nicht mehr Herr im eigenen Haus ist, spiegelt mithin die Entwurzelung der europäischen Juden, ihr Leben auf Wanderschaft, ihr Ahasver-Dasein. Die

Pychoanalyse ist eine Wissenschaft, die dem leeren Zentrum des modernen Individuums und seiner Epochenkrankheit der Nervosität gilt. Genuin jüdisch erscheint sie im Sinne von Tausk, weil sie ein Gespür für den inneren Bruch mitbringt, der den modernen Menschen zum Neurotiker oder Schizophrenen werden läßt.

Wie gefährlich eine solche Deutung der Psychoanalyse als jüdische Wissenschaft ist, liegt offen zutage. Es gab zahlreiche Beispiele für den Mißbrauch der von Tausk formulierten Hypothese. 1934 schrieb der zum Anhänger des Nationalsozialismus gewandelte C. G. Jung voller Aggressivität über Freud: «Meines Erachtens ist es ein schwerer Fehler der bisherigen medizinischen Psychologie gewesen, daß sie jüdische Kategorien, die nicht einmal für alle Juden verbindlich sind, unbesehen auf den christlichen Germanen und Slawen verwandte. Damit hat sie nämlich das kostbarste Geheimnis des germanischen Menschen, seinen schöpferisch ahnungsvollen Seelengrund als kindisch-banalen Sumpf erklärt, während meine warnende Stimme durch Jahrzehnte des Antisemitismus verdächtigt wurde. Diese Verdächtigung ist von Freud ausgegangen. Er kannte die germanische Seele nicht, so wenig wie alle seine germanischen Nachbeter sie kannten.»[81] Was aber besagen diese haßerfüllten Worte im Blick auf Freuds Identität? Jungs Tirade unterstrich nur, daß er das Jüdische generell zur Diffamierung freigab. Gerade die Verfallsmetaphorik, mit der Tausk seine Vermutungen über die Beziehung zwischen Judentum und Psychoanalyse illustriert hatte, barg also das Risiko des Mißbrauchs. Denn sie bediente das Stereotyp des lebensfernen, schwachen Judentums, das eine besondere Verbindung zur seelischen Krankheit unterhält. Wohin dieser Vergleich führt, zeigte nicht nur das Beispiel Jungs. Und er widersprach im übrigen Freuds fester Überzeugung, daß der jüdische Bürger sich wehren und seine Vitalität wiedergewinnen müsse, wolle er nicht in antisemitischem Haß untergehen. Statt sich wie sein Vater demütigen zu lassen, habe er Courage zu beweisen, so fand Freud, und in diesem Sinn sah er sich als Jude, der auf seine Herkunft stolz war. Die Dekadenz-Diagnose Tausks konnte ihm so wenig gefallen wie Jungs widerwärtiger Angriff auf seine psychologische Zergliederungskunst.

Was bleiben auf der Ebene der jüdischen Identität für Selbstdeutungen übrig, wenn die meisten nicht mißbrauchssicher sind? Je konkreter und pointierter die Analogien ausfallen, desto zweifelhafter wirken sie. Thesen wie jene, daß die Psychoanalyse das Motiv der Kastrationsfurcht hervorgebracht habe, weil ihr Erfinder als Jude selbst das Ritual der Beschneidung durchlief, sind nicht nur banal, sondern auch gefährlich.[82] Ähnlich verhält es sich mit Überlegungen zur Neurose als Krankheit der assimilierten Juden oder zum Ödipus-Komplex als Widerschein einer semitisch-matriarchalischen Gesellschaft. Eine vernünftige Zuordnung gelingt nur, wenn sie außerhalb der Klischees über den Zusammenhang von Judentum und Psychologie angesiedelt ist. Für Freud führte sie zurück zum Bewußtsein der eigenen intellektuellen Sonderstellung, die er ausdrücklich mit seiner Herkunft verband, als er 1925 schrieb: «Es ist vielleicht auch kein bloßer Zufall, daß der erste Vertreter der Psychoanalyse ein Jude war. Um sich zu ihr zu bekennen, brauchte es ein ziemliches Maß von Bereitwilligkeit, das Schicksal der Vereinsamung in der Opposition auf sich zu nehmen, ein Schicksal, das dem Juden vertrauter ist als einem anderen.»[83] Noch diese Verknüpfung berührte ein Stereotyp, aber es war authentischer und weniger zweideutig als die Vergleiche, die Tausk bemühte. Wie unsicher Freud selbst in diesem Punkt blieb, verrät das schwebende ‹vielleicht›, mit dem er seine Würdigung einleitete.

Anna Freud gab 1977 im Rahmen einer – durch Arthur F. Valenstein vorgetragenen – Vorlesung an der Jerusalemer Hebrew University aus Anlaß der Einrichtung des Freud-Lehrstuhls zu Protokoll, daß sie die Bezeichnung der Psychoanalyse als «jüdische Wissenschaft» für einen ‹Ehrentitel› («a title of honour») halte.[84] Diese Wendung, wirkungssicher am Ende der Lecture plaziert, überraschte das Auditorium, ließ es aber auch, wie Zeugen sich erinnern, ratlos zurück.[85] Eine Klärung lieferte Anna Freuds Satz aus gutem Grund nicht, weil jeder Versuch einer Zuschreibung simplifizierende Formeln und Verkürzungen hätte liefern müssen. Letzthin reduziert sich das Problem auf das öffentliche Bekenntnis zur eigenen Identität, das Freud besonders wichtig war. Die Psychoanalyse verbindet sich mit dem Attribut des Jüdischen nur im Allgemeinen, unter Bezug auf die Herkunft ihres Schöpfers und vieler seiner Schüler. Sie ist, um eine glückliche Formel von Yosef Yerushalmi zu zitieren, ‹historisch jüdisch›.[86] Alles andere – spekulative Details und vage Mutmaßungen – führt zu unerquicklichen Mischungen von Vorurteilen. Jenseits einer pauschalen Verortung gibt es keinen wissenschaftlichen Grund, der es uns erlaubt, einzelne Motive der Lehre Freuds als jüdisch zu bezeichnen.

Ruhm und Enttäuschung

Die öffentliche Anerkennung zeigte sich an Würdigungen verschiedener Art. 1924 publizierte Fritz Wittels, der bis 1910 zum Mittwochskreis gezählt hatte, die erste Biographie Freuds. Wittels Porträt, das den ambitionierten Untertitel *Der Mann, die Lehre, die Schule* trug, mißfiel Freud in diversen Details. Verzerrungen sah er vor allem dort, wo es um die Schilderung seiner schwierigen Beziehung zu Stekel ging, dem Wittels eng verbunden war. In einem Schreiben vom 18. Dezember 1923 reagierte er auf die Übersendung eines Vorabexemplars mit einer ambivalenten Formel: er könne das Buch «nicht billigen», schätze es aber auch nicht gering. Als Anlage des Briefes schickte er 23 Korrekturen, die vor allem spekulative Momente der Darstellung betrafen: «Das Wahrscheinliche ist nicht immer das Wahre.»[87] Jones veröffentlichte im Herbst 1924 einen Verriß des ‹schlechten, irreführenden und unzuverlässigen Pamphlets', den Freud ausdrücklich lobte.[88] Zehn Jahre später betonte er gegenüber Arnold Zweig, daß die Biographie, wo Lücken der Überlieferung bestünden, spekulieren, niemals aber gegen vorliegendes Material die Fakten brechen dürfe. Immer gehe es um «Ähnlichkeit» mit dem Vorbild, auch im Fall literarischer Lebensbeschreibungen, deren Porträts keine freien Erfindungen duldeten.[89] Als Jones 1929 einen knappen biographischen Artikel über Freud für die 14. Edition der *Encyclopaedia Britannica* verfaßte, fiel die Reaktion erheblich positiver aus. Freud korrigierte kleinere Datierungsfehler, verzichtete jedoch auf jede Form der Kritik.[90] Wie sehr es ihm bei der Dokumentation der eigenen Entwicklung um die intellektuelle Prägung ging, zeigt seine schon erwähnte *Selbstdarstellung*, die 1925 im Rahmen einer beim Leipziger Verlag Felix Meiner publizierten Serie von Wissenschaftler-Autobiographien erschien. Freuds Beitrag eröffnete den vierten Band der Mediziner-Reihe, in der die Psychiatrie mit Artikeln von Wladimir Bechterew, August Forel, Alfred Erich Hoche und Konrad Rieger zu Wort kam. Daß es sich durchweg um geschworene Gegner der Psychoanalyse handelte, mochte Freud als Zeichen der Anerkennung werten: man gab ihm Raum für eine Selbstbeschreibung, auch wenn er nicht unumstritten war.

Öffentliche Auszeichnungen stellten sich ab Beginn der 20er Jahre immer häufiger ein, und Freud genoß sie in seiner typischen Haltung aus Befriedigung und Selbstironie. Eindeutig mißfiel ihm jedoch die Neigung zur Monumentalisierung, die manche der Lobredner an den Tag legten.

Schon 1921 schrieb er Ferenczi, man solle seinen 65. Geburtstag gefälligst nicht so begehen, «als wäre es mein letzter».[91] Er allein hatte das Recht, seine Angst vor dem Tod und die Ambivalenz irdischer Erfolge zu reflektieren. Sobald andere sich diese Rolle anmaßten, wurden sie streng getadelt. Im Mai 1924 erhielt Freud die Ehrenbürgerwürde der Stadt Wien, was gleichsam den Auftakt zu weiteren Auszeichnungen bildete.[92] Der 70. Geburtstag am 6. Mai 1926, den man aufgrund des schlechten Gesundheitszustands des Jubilars nur im engsten Kreis beging, brachte zahlreiche Zeitungsartikel und Glückwünsche. An Marie Bonaparte schrieb Freud vier Tage später: «Die jüdischen Vereine in Wien und draußen, die Universität in Jerusalem (zu deren Kuratorium ich gehöre), kurz die Juden überhaupt haben mich wie einen Nationalheros gefeiert, obwohl mein Verdienst um die jüdische Sache sich auf einen Punkt beschränkt, daß ich mein Judentum nie verleugnet habe.»[93] Während die gesellschaftlich ehrgeizige, auf formale Reputation bedachte Martha solche Würdigungen sehr genoß, waren Anna und er, gleich fühlend in ihrem Purismus, «peinlich» berührt, weil sie jedes Festspektakel übertrieben fanden.[94] Wirklich freuen konnte Freud sich dagegen über die zahlreichen Äußerungen der Wertschätzung, die seinem Werk galten. Eines ihrer Leitmotive war das Lob seiner Darstellungskunst, deren literarische Qualität man allenthalben pries. Alfred Döblin etwa erklärte in seinem Geburtstagsartikel: «Man beachte den einfachen klaren Stil, es ist gar kein Stil; er sagt ungekünstelt und phrasenlos, was er meint; so spricht einer, der etwas weiß.»[95] Und Theodor Reik schrieb wenig später über Freuds Sprache: «Sie reicht von der zartesten Andeutung bis zu einem Klang, als ob alle Glocken läuteten. Ihre persönliche Prägung ist in der langen, schweren Periode ebenso stark wie im epigrammatischen Satz.»[96]

Im Frühjahr 1927 erbat Arnold Zweig von Freud das Recht, ihm seinen Essayband *Caliban oder Politik und Leidenschaft* zu widmen, da er von seiner Kulturtheorie ebenso stark profitiert habe wie praktisch durch eine analytische Behandlung. Freud, der Zweigs Novelle *Claudia* (1912) gelesen hatte, stimmte der Widmung zu und zeigte sich erfreut über die Zuneigung des geschätzten Schriftstellers. So begann eine freundschaftliche, bis 1939 dauernde Korrespondenz, deren Partner sich bald respektvoll «Vater Freud» und «Meister Arnold» titulierten.[97] Ein vergleichbar offenes Verhältnis entwickelte Freud zum Namensvetter Stefan Zweig, dessen Annäherung an die Psychoanalyse langsam, aber stetig erfolgte. Seinen ersten Besuch in der

Berggasse stattete Zweig am 26. Dezember 1925, einen Tag nach Abrahams Tod ab. Während er sich bei diesem Treffen noch als Laie zu erkennen geben mußte, wuchs seine Kenntnis der Analyse seit Mitte der 20er Jahre. Im Februar 1931 kommentierte Freud Zweigs Essay *Die Heilung durch den Geist*, in dem auch sein Lebenswerk gerühmt wurde, mit großer Zustimmung. Es paßte jedoch zu seinem Habitus, daß er bei dieser Gelegenheit andeutete, wie wenig ihn Zweigs subjektive Charakteristik überzeugt hatte. «Sonst könnte ich beanstanden, daß Sie das kleinbürgerlich korrekte Element an mir allzu ausschließlich betonen, der Kerl ist doch etwas komplizierter».[98] Und als Beweis führte er seine Neigung zu Kopfschmerzen, seine Abhängigkeit vom Nikotin, das fragile Gleichgewicht zwischen Arbeiten und Rauchen an – Indizien für eine in sich spannungsvolle Natur, die durch den Hinweis auf sein Ordnungsethos nicht angemessen beschrieben war. Trotz solcher Einwände schätzte Freud Zweigs Essay, ebenso wie sein erzählerisches Werk, das er ‹fesselnd› fand.[99] Der schriftliche Austausch der beiden nahm in den folgenden Jahren intime Züge an, erreichte aber nicht dieselbe Frequenz wie Freuds Briefwechsel mit langjährigen Schülern und Kollegen. Stefan Zweig war seinerseits zu stark gebunden durch publizistische Pflichten, Lesungen und Vorträge, eine ausgedehnte Reisetätigkeit und ein enormes Netzwerk von Kontakten mit Intellektuellen aus aller Welt.

Persönliche Würdigung durch ihm Wohlgesonnene zog Freud den symbolischen Zeichen der Anerkennung vor. Auf Anfragen, die ihn als öffentlichen Gelehrten ins Scheinwerferlicht stellten, reagierte er mit bemerkenswerter Schroffheit. Vor allem dann, wenn ihm die Personen, von denen die Initiative ausging, unbekannt waren, oder der Zweck der Huldigung fremd blieb, verhielt er sich distanziert, ja unfreundlich. Die in Österreich so geschätzten Formen unverbindlicher Höflichkeit verachtete er, weil er sie für Varianten der Lüge hielt. Als ihn die Hebräische Universität in Jerusalem im Frühjahr 1929 bat, ihr seinen handschriftlichen Nachlaß testamentarisch zuzudenken, erklärte er, er wundere sich über das Interesse an seinen «Lappen», zeigte sich aber zugleich geschäftstüchtig: er sei gern bereit, der Universität seine Manuskripte zu hinterlassen, wenn sie mehrere Jahre nach seinem Tod keinen Käufer gefunden hätten.[100]

Ähnlich lautete Freuds Antwort auf eine Initiative seines hartnäckigen New Yorker Neffen Edward Bernays («ein guter Kerl» nannte er ihn gegenüber Rank), der 1929 im Auftrag eines Verlags nachfragte, ob der berühmte Onkel sich vorstellen könne, seine Autobiographie zu verfassen.[101] Für

Freud war das «ein ganz unmöglicher Vorschlag», weil er fand, sein Leben sei zu «inhaltslos verlaufen», als daß es die «Indiskretionen» verdiene, die das Genre fordere. Im übrigen hielt er das angebotene Honorar von 5000 Dollar für läppisch: «Die Versuchung würde für mich bei der hundertfachen Summe beginnen, aber auch dann nach einer halben Stunde abgewiesen werden.»[102] Erfreulicher als solche Boten des Zeitgeists blieben für Freud die akademischen Ehrungen dieser Jahre. Anfang 1931 lud ihn die London University auf Vermittlung seines früheren Patienten David Forsyth dazu ein, die jährliche *Huxley Lecture* zu übernehmen. Mit Rücksicht auf seine begrenzte Artikulationsfähigkeit mußte Freud das Angebot ausschlagen, jedoch vermerkte er erfreut, daß er seit Rudolf Virchow der erste ‹Deutsche› sei, der diese «Aufforderung erhalten» habe.[103] Im März desselben Jahres wurde ihm die Ehrenmitgliedschaft der *Wiener Ärztlichen Gesellschaft* angetragen, was eine Genugtuung bedeutete, wenn man an die schroffe Ablehnung denkt, mit der ihm seine Kollegen früher begegneten.[104] Hinzu kam mancherlei Kurioses, das wiederum seiner gewachsenen Reputation zuzuschreiben war. Am 28. September 1927 informierte das Berliner *8 Uhr-Abendblatt der National-Zeitung* seine Leser, die ‹New Yorker Psychoanalytische Gesellschaft› setze Freud ein Legat von 100 000 Dollar aus, das ihn von materiellen Sorgen befreien und für die Forschung freistellen solle. Schon nach wenigen Stunden erwies sich, daß die Nachricht völlig aus der Luft gegriffen war. Freud dementierte sie am 2. Oktober in einer kurzen Notiz für die Wiener *Illustrierte Kronenzeitung.* Die Redaktion fügte verbittert hinzu: «Wenn schon einmal die Meldung auftaucht, daß ein österreichischer Gelehrter eine verdiente Würdigung seiner Lebensarbeit findet, stellt sich dann bedauerlicherweise heraus, daß sie falsch ist.»[105]

Ähnlich unerfüllt blieb die lange gehegte Hoffnung auf den Nobelpreis. Freud wartete Jahr für Jahr im Oktober auf gute Nachrichten aus Stockholm, doch stets vergebens. «Im Nobelpreis übergangen», vermerkte er am 31. Oktober 1929, womöglich enttäuschter als sonst, weil einer, dessen Leistung er durchaus anerkannte, in diesem Jahr auf dem Gebiet der Literatur bedacht wurde: Thomas Mann.[106] Auch Wagner-Jauregg, der frühere Kommilitone, hatte die begehrte Würdigung bereits erhalten; 1927 zeichnete man ihn für seine wegweisenden Arbeiten zur Syphilis-Therapie aus. Ernest Jones versuchte 1930 ein eigenes Komitee auf die Beine zu stellen, das sich für Freud in Stockholm einsetzen sollte, aber wieder ging er leer aus – «endgiltig», wie er vermutete.[107] Arnold Zweig fand im Januar 1932, es sei ein «Skandal», daß man ihm den Preis niemals verliehen habe.[108] Die Psychoanalyse war auch zu dieser Zeit weder akademisch noch im Bereich symbolischer Anerkennung hoffähig. Das änderte sich selbst nach Freuds Tod nicht – bis heute wurde kein orthodoxer Analytiker beim Nobelpreis berücksichtigt.[109]

Immerhin gab es Tröstungen, die sich sehen lassen konnten. Im Juli 1930 erreichte Freud die Mitteilung, daß die Stadt Frankfurt ihm den drei Jahre zuvor gestifteten Goethe-Preis zuerkannt habe. Er folgte damit einer respektablen Reihe von Stefan George über Albert Schweitzer bis zum Kulturkritiker Leopold Ziegler. Die Entscheidung war denkbar knapp mit sieben zu fünf Stimmen zustande gekommen, wobei ausgerechnet die Vertreter der Goethephilologie, an der Spitze der konservative Germanist Ernst Beutler und der Berliner Ordinarius Julius Petersen, stramm gegen die Auszeichnung Freuds votierten. Solche Details drangen allerdings nicht an die Öffentlichkeit, die überwiegend Zustimmung zur Auswahl bekundete. «Dieser Goethepreis ist noch nicht verschandelt durch leichtfertige Vergebung», lobte Arnold Zweig am 18. August 1930.[110] Rudolf Kayser erklärte in der *Neuen Rundschau*: «Während die literarische Zunft die Verantwortung für die Sprache immer mehr verliert und in Gestaltung und Gegenständen täglich mehr in billigen Journalismus hinabgleitet, schreibt dieser Forscher eine Prosa, die zum edelsten deutschen Sprachgut gehört.»[111]

Freud selbst sah die Auszeichnung gewohnt skeptisch und ambivalent. So ärgerten ihn manche Presseartikel, in denen zu lesen war, er liege, an Zungenkrebs erkrankt, auf dem Sterbebett. Zudem fand er, die Würdigung komme zur Unzeit, weil sie in seinem Lebensalter «weder viel praktischen Wert noch große affektive Bedeutung» habe.[112] Mit der symbolischen Patronage durch Goethe, dessen Naturphilosophie er seit dem Studium schätzte, war er dagegen zufrieden. Schon am 4. April 1915 schrieb ihm Ferenczi, er sehe große Übereinstimmung zwischen Goethes und seiner «Arbeitsweise, Interessen, Weltanschauung, Gemütsart».[113] Nachdem Freud diesen Vergleich abgewehrt hatte, ließ Ferenczi Details folgen, die intellektuelle Gemeinsamkeit belegen sollten: «die große Bedeutung Italiens in Ihrer beider Entwicklungsgang; der Sinn für Archäologie (bei Goethe für Paläontologie, bei Ihnen mehr für antike Geschichte und Kunst, in neuester Zeit auch für die Phylogenese). Die vollkommen analoge Einstellung in bezug auf religiöse Fragen (großes – auch gemütliches – Interesse dafür, doch

Abneigung gegen jede Dogmatik und metapsychologische Auffassung dieser Dinge); die wohlwollende und doch strenge Behandlung junger Adepten; die Fähigkeit, lange an Freundschaften festzuhalten, doch auch rücksichtslose Lösung von Beziehungen, sobald deren Unbrauchbarkeit erwiesen ist (so zum Schweizerischen Prediger Lavater, zu Herder etc.); die kühle Abweisung jeder Metaphysik, unerschütterlicher Glaube an der [!] Kausalität; die fatalistische Ergebenheit vor der Notwendigkeit des Todes.»[114] Das war eine recht bunte, ja eigentümliche Aufstellung, aber sie schien Freud nach einigem Zögern zu gefallen. Jedenfalls wehrte er sich in seinem nächsten Schreiben nicht mehr gegen den Vergleich, sondern gab nur zu Protokoll, Goethe sei im Gegensatz zu ihm ein Verächter des Tabaks gewesen. Die intellektuellen Verwandtschaften wurden nun akzeptiert, innerlich abgewogen und mit einigem Ernst durchgespielt. Freud war uneitel, aber er kannte seinen Wert und wußte, mit wem er sich messen durfte.

«Der Goethepreis hat mir viel Schreibereien gemacht», bemerkte er am 23. August 1930 gegenüber seinem Sohn Ernst.[115] Gemeint war damit nicht nur der Dank für Glückwünsche, sondern auch die Rede, die er zu verfassen hatte. Vortragen mußte sie an seiner Stelle, mit Rücksicht auf seine Artikulationsprobleme, Anna, die den Preis am 28. August – Goethes Geburtstag – für ihn in der Frankfurter Paulskirche entgegennahm: «sie ist gewiß angenehmer anzusehen und anzuhören als ich.»[116] Die Tochter erledigte die ihr übertragene Aufgabe mit Ernst und Souveränität. Sie konnte ihrem Vater von einer ‹würdigen Feier› berichten, in deren Verlauf man «Respekt und Sympathie für die Analyse» äußerte.[117] Das Preisgeld in Höhe von 10 000 Reichsmark ging teilweise an die Enkelkinder, 1000 Mark flossen an Lou Andreas-Salomé.[118] In seiner Rede betonte Freud, daß Goethe die Psychoanalyse keinesfalls «unfreundlichen Sinnes abgelehnt» hätte, wäre sie ihm bekannt geworden.[119] Zahlreiche Motive seines Werks und Lebens zeigten eine enge Verbindung mit den Mächten des Unbewußten: die Annahme, daß Charlotte von Stein in einem früheren Leben seine Schwester oder Ehefrau gewesen sei, die Bedeutung des Heilschlafs in der *Iphigenie* und im zweiten Teil des *Faust*, die Gewalt des Eros in den *Wahlverwandtschaften*. Freuds Ansprache schloß mit einem subtilen Bekenntnis zur Gattung der Lebensbeschreibung: «Nicht herabsetzen zwar will der Biograph den Heros, sondern ihn uns näherbringen. Aber das heißt doch die Distanz, die uns von ihm trennt, verringern, wirkt doch in der Richtung einer Erniedrigung. Und es ist unvermeidlich, wenn wir vom Leben eines

Großen mehr erfahren, werden wir auch von Gelegenheiten hören, in denen er es wirklich nicht besser gemacht hat, uns menschlich wirklich nahe gekommen ist.»[120] Die Psychoanalyse leiste in diesem Sinne Erhebliches für ein neues Verständnis der Künstlerexistenz. Im Fall Goethes aber stehe sie noch vor zahlreichen Rätseln, habe der Genius doch sehr genau darauf geachtet, die wahren Geheimnisse in seiner Autobiographie zu verhüllen.

Freuds kurze Rede war derart ein Präludium, das neugierig machen sollte auf die biographischen Leistungen seiner Methode. Zu diesem Vorspiel gehörte allerdings auch sein Bekenntnis, daß Goethes Entzauberung eine Aufgabe sei, der selbst er sich nicht unbefangen stellen könne. Das war psychoanalytische Klugheit, gemischt mit der üblichen Skepsis – eine Ankündigung, die zugleich die Erwartungen dämpfte; Kurt Eisslers umfassendes Goethe-Buch von 1963, Schulexempel einer therapeutischen Lektüre, ignorierte solche Vorbehalte unglücklicherweise.[121] Was die Frankfurter Würdigung betraf, so überwog am Ende das Positive. Nur fünf Jahre später waren, im Rückblick auf das Ereignis, die letzten Zweifel zerstreut; 1935 nannte Freud die Zuerkennung des Preises den «Höhepunkt meines bürgerlichen Lebens».[122]

Seit der zweiten Hälfte der 20er Jahre verschlechterte sich Freuds körperlicher Zustand rapide. Der 70jährige alterte schnell, litt zunehmend unter einem Verlust seiner Spannkraft und war verstärkt von Infekten aller Art betroffen. Mitte Februar 1926 traten bei ihm Atemnot und Brustschmerz auf, die Anzeichen einer akuten Angina. Am 17. Februar traf ihn während des nachmittäglichen Spaziergangs ein heftiger Schmerzanfall, der in der linken Hand begann, zur Schulter wanderte, auf den Thorax übergriff und schließlich im Magen endete. «Ich kroch langsam nach Hause zurück», so berichtete er dem Internisten Lajos Lévy.[123] Nachdem sich dieselbe Attacke zwei Tage später wiederholte, konsultierte er seinen Hausarzt Ludwig Braun, der als Nebenwirkung der nicht ausgeheilten Angina eine Herzmuskelentzündung feststellte. Braun verordnete absolute Nikotinabstinenz und einen längeren Klinikaufenthalt. Freud verschwieg seine Erkrankung den meisten Freunden und wiegelte gutgemeinte Ratschläge der engsten Vertrauten ab. Ähnlich wie im Fall der Myokarditis, die ihn 30 Jahre zuvor quälte, verdrängte er den Gedanken an mögliche seelische Hintergründe seines Leidens. Inwieweit Todesangst, Furcht vor dem Krebs, vor dem allgemeinen Altern eine Rolle spielte, mochte er nicht diskutieren. Ferenczi ärgerte sich über die Beharrlichkeit, mit der ausgerechnet Freud die möglichen psychischen Ursprünge seines Herzleidens leugnete: «Vielleicht ist das der Anlaß, bei dem ich Ihnen sagen kann, daß ich es eigentlich tragisch finde, daß Sie, der Sie die Welt mit der Psychoanalyse beschenkten, so schwer – ja gar nicht – in der Lage sind, sich jemandem anzuvertrauen.»[124]

Ab Anfang 1926 unterzog sich Freud einer mehrwöchigen Bädertherapie im Wiener Cottage-Sanatorium, das sein in Fachkreisen umstrittener Analytiker-Kollege Rudolf von Urbantschitsch Anfang der 20er Jahre zu einer Luxusheilstätte ausgebaut hatte.[125] Begleitet wurde er von Anna, die ihn rührend umsorgte und nicht von seiner Seite wich. Gemeinsam mit ihrem Vater sah sie Jones' Nachruf auf Abraham durch, den sie übersetzte und für den Druck vorbereitete.[126] Die Atmosphäre war von Komfort und Ruhe geprägt, der technische Standard der Bäder und Zimmer hatte ein deutlich höheres Niveau, als es Freud aus seinem heimischen Domizil kannte. Zu den Patienten, die hier Entspannung suchten, zählten Schriftsteller, Opernsänger und Schauspieler. Einestags kam, überraschend, Arthur Schnitzler zu Besuch, der ganz in der Nähe wohnte. Man hatte sich bereits vier Jahre zuvor, nach langem Nebeneinander-Leben, am 16. Juni 1922 in der Berggasse zu einem Abendessen getroffen, seitdem aber den Kontakt nicht fortgeführt. Es sollte die letzte Begegnung der beiden ‹Doppelgänger› sein, die sich selbst als Wahlverwandte auf dem Gebiet der Psychologie wahrnahmen, aber so wenig Persönliches miteinander austauschten.

Das Leben im Sanatorium sagte Freud zu, er erholte sich langsam, genoß die Ruhe und zog sich in seine geschlossene Gedankenwelt zurück – das Sprechen bereitete wachsende Schwierigkeiten. Gegenüber Jones spottete er, man werde ihn, da man eine günstige kardiologische Prognose stelle, bald wieder «freilassen».[127] Die Zigarre war ärztlich verboten, ähnlich wie zu Zeiten der Krise 1895, als Freud mit schweren Herzrhythmusstörungen zu kämpfen hatte. Weil der Druck des Arbeitens entfiel, ertrug er das Leben ohne Nikotin überraschend leicht. Nach der Rückkehr an den Schreibtisch fiel Freud bald ins alte Laster zurück – Filmaufnahmen aus dieser Zeit zeigen ihn wieder mit Havanna –, aber er fühlte sich insgesamt gekräftigt und optimistischer als zuvor. Der Erholungseffekt war so gut, daß er im April 1927 den Aufenthalt im Sanatorium wiederholte, jetzt ohne Anna, die mit Dorothy Burlingham eine Italienreise unternahm. Anders als im Jahr zuvor fehlte es nun an Gesellschaft, und der Familienmensch Freud litt ohne seine häuslichen Gesprächspartnerinnen unter Einsamkeit, so daß der Rückzug zur klaustrophobischen Erfahrung geriet. «Die Kuren sind langweilig», schrieb er der Tochter am 16. April 1927, «durch ihre Häufung ermüdend, man muß sehr gesund sein, um alles durchzumachen.»[128] Im April 1930 kehrte er dennoch ins Cottage-Sanatorium zurück, jetzt wegen schwerer Darmkoliken, die eine Diät erforderlich machten. Erneut mißfiel ihm das isolierte Leben ohne vertrauten Umgang, so daß er den Versuch nicht mehr wiederholte. Wenige Wochen später unternahm er einen Ausflug zur Insel Hiddensee, wo Ernst ein Ferienhaus besaß – Erholung in der Familie zog er einsamer Entspannung stets vor.

Zwischen 1928 und 1930 fuhr Freud wiederholt nach Berlin, um in Hermann Schröders zahnärztlicher Universitätsklinik seine Prothese richten zu lassen. Nachdem der Chirurg Hans Pichler in den vorangehenden Jahren vergebens versucht hatte, die «Empfindlichkeit» des Restkiefers zu reduzieren, sah Freud in der Konsultation Schröders an der Charité einen letzten Ausweg.[129] 49 Eingriffe nahm Pichler seit 1923 vor, um «mit wahrer Engels- oder Eselsgeduld» (so im Juli 1925 an Abraham) eine Besserung von Eß- und Sprechtätigkeit herbeizuführen.[130] Während er bei direkten Eingriffen erfahren und sicher war, agierte er auf dem Gebiet der Prothetik zumindest in diesem Fall erfolglos. Als Freud im Januar 1928 mitten in der Behandlung sitzengelassen wurde, weil der urlaubsbedürftige Arzt sich entschieden hatte, «14 Tage lang Schnee- und Eissport zu treiben», war sein Vertrauen endgültig erschöpft.[131] Für den Frühherbst beschloß er einen Aufenthalt in Berlin, wo er sich der allgemein gerühmten Modellierungskunst Schröders anzuvertrauen gedachte. Pichler erhielt im November 1928 einstweilen den Laufpaß – eine Entscheidung, die jedoch nicht von Dauer sein sollte.[132]

Die Berliner Unterbrechung des Alltags nutzte Freud, soweit die Quälerei der medizinischen Prozedur das erlaubte, für einen Urlaub auf Zeit. Er nahm sein Domizil im psychoanalytischen Sanatorium in Tegel, das «auf Humboldtschem Besitz» stand, direkt neben dem Schloß.[133] 1927 hatte Abrahams Schüler Ernst Simmel diese Einrichtung eröffnet, die keine Konkurrenz zu Eitingons Klinik bedeutete, weil hier überwiegend Langzeitbehandlungen stattfanden – ähnlich wie in der Psychiatrie am Westend-Krankenhaus, die der frühere Kraepelin-Assistent von Gebsattel, ein Bekannter Rilkes und Lous, leitete. Die architektonische Planung des Tegeler Instituts und insbesondere der Entwurf der Innenräume für 30 Patienten stammten von Ernst Freud, so daß man sich gleichsam *en famille* fühlen konnte. Anna mietete ein Boot und schwamm morgens im schon kühlen Tegeler See. Freud ließ sich im offenen Automobil zu Schröders Klinik in der Invalidenstraße chauffieren und genoß bei gutem frühherbstlichem Wetter den Weg durch die ausgedehnten Waldgebiete im Norden der Stadt. Den unangenehmen Anlaß – die Anpassung der Prothese war schmerzhaft und langwierig – milderte er, indem er sich im Alltag belohnte. Er besuchte Ernst mit seinen drei Kindern in der Tiergartener Regentenstraße und traf auch Oliver, der in Tempelhof wohnte. Am Kupfergraben gegenüber der Museumsinsel erwarb er beim Antiquitätenhändler Philipp Lederer, einem promovierten Archäologen, kostbare antike Schätze, für die er einen Teil des Frankfurter Preisgeldes verausgabte. Insbesondere in jenen Wochen, da ihm das Rauchen untersagt war, kaufte er bei Lederer ohne Rücksicht auf dessen meist überhöhte Forderungen ein. Hinzu kamen leibliche Genüsse als Ausgleich für die Schmerzen der Prothesenarbeit: auf dem Rückweg nach Tegel erstand man in einer Filiale des Feinkostgeschäfts Rollenhagen regelmäßig italienische Delikatessen, wie sie Freud seit seinen ersten Reisen in den Süden schätzte.[134] Als Folge der Berliner Kur nahm er jedes Jahr erheblich an Gewicht zu, nach dem dritten Aufenthalt immerhin sechs Kilo.[135]

Der anfängliche Optimismus, mit dem Freud die neue Prothese Schröders lobte, erwies sich rasch als trügerisch. Schon im Spätherbst stellten sich die gewohnten Beschwerden wieder ein – Nervenschmerz, Probleme bei Artikulation und Essen, Mühsal des Einsetzens. «Wahrscheinlich könnte keine Prothese Besseres leisten», erklärte er im Dezember 1928 resigniert. «Man soll eben sein Organ nicht überleben.»[136] Im März 1929 wiederholte er den Tegel-Besuch für weitere Behandlungen an der Charité, was nebenbei Gelegenheit zu einem ersten persönlichen Treffen mit Arnold Zweig bot. Die Leiden dauerten jedoch an, und bald mußte auch Pichler wieder konsultiert werden, weil die Gefahr von Wucherungen drohte. Die Abstände, in denen Eingriffe erfolgten, verringerten sich nun. Die Beobachtung der unberechenbaren Krankheit war auf der Tagesordnung; das Dasein vollzog sich im Schatten von Sorge und Vorsorge. Seine wohlmeinenden Freunde rieten ihm, so spottete Freud, «für den Ausgang des Lebens lieber einen anderen Weg auszuwählen» als gerade einen Krebs an dieser Stelle; aber er sei «ohne Einfluß auf das weitere Geschehen».[137]

Am 12. September 1930 starb Freuds Mutter mit 95 Jahren, bis zum Ende gepflegt von ihrer Tochter Adolfine, die als einzige der Schwestern unverheiratet geblieben war. Die hochbetagte Amalia Freud, die noch vor dem Regierungsantritt des Kaisers, inmitten der Metternich-Ära, geboren wurde, litt unter zahlreichen Gebrechen. Aufgrund von Abszessen an den Beinen war sie zu völliger Bewegungslosigkeit verurteilt und verbrachte ihre letzten Monate, ähnlich wie 34 Jahre zuvor ihr Mann, in quälendem Siechtum. Zahlreiche Bekundungen der Trauer erreichten den Sohn, der im Blick auf seine jüngsten Erfahrungen mit dem Goethe-Preis grimmig feststellte: «Es scheint, daß die Menschen doch noch lieber kondolieren als gratulieren.»[138] Für Freud war dieser Tod eine Erleichterung, weil er nun wußte, daß er dem eigenen Ende getrost ins Auge blicken konnte.[139] Während sein Bruder Alexander unter dem Verlust der Mutter litt, verspürte er eine innere Entlastung. Beim «Leichenbegängnis» vertrat ihn, der Friedhöfe mied, die pflichtbewußte Anna. «Kein Schmerz, keine Trauer», schrieb er an Ferenczi, «was sich wahrscheinlich aus den Nebenumständen, dem hohen Alter, dem Mitleid mit ihrer Hilflosigkeit am Ende, erklärt». Und düster fügte er, der von Ödipus' Leidenschaft Geplagte, hinzu: «Ich durfte ja nicht sterben, solange sie am Leben war, und jetzt darf ich.»[140]

Späte Vorlesungen, unveränderte Grundsätze

Im Herbst 1931 herrschte in ganz Österreich hohe Arbeitslosigkeit; mehr als 350 000 Menschen waren zu dieser Zeit ohne Beschäftigung. Die Zahl der Firmenkonkurse wuchs täglich, und die Gewerkschaften besaßen keine Mittel, ihre Interessen angesichts schwindender wirtschaftlicher Sicherheiten durchzusetzen. Ödön von Horváths im November 1932 uraufgeführtes Volksstück *Kasimir und Karoline*, ein literarisches Zeitdokument par excellence, handelt von den Nöten der Arbeitslosen und dem Verlust ihrer Hoffnungen – ein Spiegel der sozialen Lage, die sich seit dem New Yorker Börsenkrach vom Herbst 1929 in ganz Europa stetig verschlechterte. «Da fliegen droben zwanzig Wirtschaftskapitäne», sagt Kasimir beim Anblick des Zeppelins über den Festwiesen der Stadt, «und herunten verhungern derweil einige Millionen.»[141] Der Anatom Julius Tandler, Wiener Stadtrat für Wohlfahrtswesen, richtete angesichts der bedrohlichen Situation eine ‹Winterhilfe› für die Armen ein. Die *Neue Freie Presse* forderte ihre Leser zu praktischen Vorschlägen für die Umsetzung des Programms auf, und Freud beteiligte sich mit einem Artikel, der am 29. November 1931 erschien. Seine Empfehlung lautete, daß Vermögende wöchentlich einen Betrag von

20 Schilling einzahlen sollten, um dauerhaft zu helfen. Ein Amt hatte die Aufgabe, die Beträge regelmäßig bei den Spendern abholen zu lassen, was ihnen die Entscheidung über ihr soziales Engagement abnahm. Die «tägliche Selbstbesteuerung der Erwerbenden» gewinne dadurch Konstanz und man erspare «die Wiederholung der Entschließungen, die dem Geben nicht günstig ist.»[142] Die Zeitung lobte Freuds Inititiative als vorbildlich, jedoch unterblieb ihre großflächige Verwirklichung.

Freud spürte die Last des Altwerdens, und erstmals bemerkte er jetzt, daß sich seine einstmals so große Konzentrationskraft verringerte. Sein Arbeitsrhythmus, so beklagte er im Mai 1928, sei weniger dynamisch als früher, denn «der Stoff formt sich nicht mehr zu Konstruktionen, unterwirft sich nicht mehr Ideen, die unbekannt-woher aufgetaucht sind.»[143] Geduldiger als früher mußte er auf Inspirationen warten, wobei er merkte, daß eine übergeordnete Perspektive auf seine Wissenschaft ihm auch neue Einsichten zuspielte. Die Folgen waren mehrere Abhandlungen über die allgemeinen Leistungen seines Denkystems, die seine theoretischen und schriftstellerischen Fähigkeiten nochmals in glänzendem Licht zeigten. Einen frühen Auftakt bildete der Aufsatz über *Widerstände gegen die Psychoanalyse*, der 1925 erschien. Freud suchte hier, nicht zum ersten Mal, zu erklären, aus welchen Ursachen seine Lehre vor allem in den Anfangsjahren einen «besonders übeln Empfang» und, wie es Ferenczi schon 1913 ausdrückte, so erhebliche «Feindseligkeit» erfahren habe.[144] Wieder argumentierte er mit der irritierenden Wirkung desillusionierender Erkenntnisse, die den unter allen Menschen verbreiteten Widerwillen gegen das Neue verstärkt entfachten. Die Psychoanalyse bot, so Freud, nicht nur unbekannte, sondern auch unerfreuliche Einsichen, was ihre Aufnahme in eigener Weise erschwert habe. Zwei Formen des Widerstands wurden unterschieden: während die Philosophen gegen die These rebellieren, daß der größte Teil des menschlichen Seelenlebens unbewußt ist, weil damit die Regie der Vernunft ausfällt, wehren sich die Mediziner gegen den vermeintlich spekulativen Grundzug der Triebtheorie, deren empirischen Gehalt sie in Frage stellen. Am Ende begründete Freud mit diesem knappen Resümee wieder seine Position als Einzelkämpfer, der sich durch einen Dschungel von Vorurteilen arbeiten mußte, um zumindest bei freien Geistern Gehör zu finden.

Das größte Projekt auf didaktischem Gebiet war in jenen Jahren die *Neue Folge der Vorlesungen zur Einführung in die Psychoanalyse*, die 1932 auf dem Land in Pötzleinsdorf, im 18. Wiener Bezirk, fern der Innenstadt entstanden. Anna hatte dort ein Jahr zuvor eine schöne Ferienvilla entdeckt, die man ab Juni mietete. Die Vorlesungen, die 1933 erschienen, waren für ein imaginäres Publikum, einen erdachten Hörsaal geschrieben: der alte Freud predigte nur im Arbeitszimmer, weil er für ein großes Auditorium nach seiner Kieferoperation nicht mehr die erforderliche Artikulationsfähigkeit besaß. «Der Darstellung wird man», prognostizierte er, «die Ungunst der Entstehungsgeschichte anmerken.»[145] Was er zu sagen hatte, war nicht allein eine «Ergänzung» der Vorlesungen von 1915–1917, wie er Reik am 8. September 1932 schrieb, sondern auch Vertiefung, Modifikation und Nachtrag.[146] Das Moment der Kontinuität wurde unterstrichen durch die fortlaufende Numerierung: Freud begann mit der 29. Vorlesung und führte so die 1917 abgebrochene Reihe direkt weiter. Begonnen wurden die sieben Vorträge mit einer «Revision der Traumlehre», die allerdings keine Korrektur, sondern primär Erläuterungen bot. Zur Klärung von Mißverständnissen verwies Freud darauf, daß der Traum wesentlich über die Rückübersetzung des ‹Traumtextes› (ein neuer Begriff für den ‹Trauminhalt›) in den Traumgedanken, vom Manifesten ins Latente gedeutet werden mußte. Überlegungen zu den Bedingungen der Interpretation lieferten wichtige Ergänzungen, wobei Freud nochmals gegen Jung und Stekel betonte, daß Symbole keine zentrale Rolle in seiner Theorie spielten. Hinzu kamen Vertiefungen zur Idee der Wunscherfüllung, die nochmals erklärt wurde, zur Kausalität des Traumgedankens und seiner Verbindung mit der Libido.[147]

Eine zweite Vorlesung befaßte sich mit dem Zusammenhang von ‹Traum und Okkultismus›. Freud vertiefte seine kritischen Überlegungen zu dunklen Phänomenen, indem er daran erinnerte, daß vermeintlich übersinnliche Erfahrungen in der Regel durch Übertragungsakte und Wunschphantasien begründbar sind. Der psychoanalytische Deutungsapparat wurde hier eingesetzt, um das irrational Scheinende auf eine systematische Ebene zu übertragen. Das entsprach der Auffassung, daß an der Analyse selbst «nichts Okkultes» sei, wie Freud schon im Juli 1921 in einem Brief an den in Amerika arbeitenden Parapsychologen Herward Carrington geäußert hatte.[148] Letzthin lieferte die Vorlesung eine Fortführung jener überraschenden Fallbeispiele, die bereits die *Psychopathologie des Alltagslebens* bot. Nicht alle waren gleichermaßen überzeugend, zumal sich Freud bisweilen in seinen Assoziationen sehr weit treiben ließ und schier endlose Ketten von Gedankenverbindungen ohne letzte Stimmigkeit produzierte.[149]

Die dritte Vorlesung lieferte eine prägnante Zusammenfassung der Theorie von Es, Ich und Über-Ich. Dabei grenzte sich die Darstellung gegen den 1920 entstandenen Aufsatz zum Thema dadurch ab, daß die Triebabhängigkeit von Ich und Über-Ich deutlicher hervorgehoben wurde.[150] Pointierter als zuvor machte Freud am Ende sichtbar, wie wichtig die Kultivierung der Meeres- und Sumpflandschaft des Es für die Psychotherapie war. Der Hinweis auf die Landgewinnung, die der Analytiker anzustreben habe, erklärte nicht nur den hohen Anspruch, sondern zugleich die Schwierigkeit dieser Aufgabe. Die Macht des Es konnte nicht gebrochen, sein morastiger Grund aber bearbeitet und bewohnbar gemacht werden.[151] Verdeutlichung war auch das Prinzip der vierten Vorlesung, die der Gemeinschaft von Angst und Trieb, mithin einem alten Gegenstand der Analyse galt. Freud näherte sich dem Sujet gewissermaßen auf einer Hochebene, indem er, anders als ihm das in den Hysterie-Studien oder den Abhandlungen zur frühkindlichen Sexualität möglich war, die universelle Funktion des Angst-Theorems für die Trieblehre aufzeigte. Das berühmtgewordene Diktum, die Trieblehre sei die «Mythologie» der Psychoanalyse und die Triebe selbst seien «großartig in ihrer Unbestimmtheit», unterstrich, daß Freud hier eine übergreifende Perspektive bezog, um seinen imaginären Zuhörern die Rolle der Libido zu erläutern.[152] Dabei zeigte sich ein Grad der Freiheit, wie ihn Jones oder Ferenczi in ihren zusammenfassenden Darstellungen niemals erreichten. Freud entblößte sich von allen Zwängen der Methodik, indem er von oben auf den Grund seiner Lehre blickte.

Die Vorlesung über ‹Weiblichkeit› ging nochmals den Weg der Rekonstruktion frühkindlicher Sexualität. Auch hier haben wir es nicht mit einer Revision zu tun, sondern mit einer Erläuterung. Festgehalten wurde an der zentralen Bedeutung des Ödipuskomplexes, aus der sich die weiteren Elemente der Interpretation ableiteten: Kastrationsangst, Penisneid, Liebe der Tochter zum Vater, Übertragung und Gebärphantasie. Eine eigenständige Prägung der Frau durch ein autonomes Sozialisationsmuster gestand Freud trotz entsprechender Interventionen von Helene Deutsch, Karen Horney und Jeanne Lampl-de Groot nicht zu. Die weibliche Sexualität blieb an den Ausgangspunkt einer Defizit-Wahrnehmung und die Erkenntnis des Mangels gebunden, ein Elektra-Komplex im Sinne Jungs wurde nicht akzeptiert. Freuds Lehre war auch in dieser finalen Phase der durch ihn vorangetriebenen Entwicklung, wie es die Schule Lacans und die feministische Kritik der 1970er Jahre formulierten, ‹phallozentrisch› ausgerichtet.

Die vorletzte Vorlesung galt therapeutischen Überlegungen, die mit einem durchaus kritischen Realismus vorgetragen wurden. Er schloß die Einsicht in die Grenzen der Analyse ein, die Freud hier deutlich markierte: während sie neurotische Störungen aller Art erfassen konnte, ließ sie sich auf psychotische Erkrankungen nicht anwenden.[153] Er selbst sei, so gestand Freud, kein «Enthusiast», wo es um die Therapie gehe, weil er ihre Schranken kenne.[154] Sowohl Zeit- als auch Energieaufwand waren erheblich, wenn eine Analyse erfolgreich sein sollte. Die Schwierigkeiten, die eine solche Praxis aufwarf, entsprachen der akademischen Aufgabenteilung, wie Freud sie sah: die Psychoanalyse beschäftigte sich, so erklärte er Leon Magnes, dem Kanzler der Hebräischen Universität Jerusalem, mit den unbewußten Seelenvorgängen, die Psychologie mit dem Bewußtsein.[155] Es stand außer Frage, welcher Part der komplexere war.

Die letzte Vorlesung beschäftigte sich mit dem Problem der Weltanschauung. Nochmals wurden, nun sogar zugespitzt, die Argumente gegen die Religion aktiviert. Ihr Illusionscharakter, ihr unerfüllbares Erlösungsversprechen, ihren Totemismus beschrieb Freud pointiert als Merkmale einer Täuschungsinszenierung. Zwar gestand er die Bedeutung des Glaubens für den persönlichen Trost zu, aber er mochte das nicht als Argument zur Rettung des ganzen Systems gelten lassen. Gegen die religiöse wurde die wissenschaftliche Weltanschauung als Produkt der Vernunft gesetzt. Das 19. Jahrhundert pries Freud als Epoche des technisch-wissenschaftlichen Fortschritts, dessen Errungenschaften ein rationales Fundament für eine optimistische Zukunftserwartung schufen.[156] Während die Religion ihre Zuversicht aus metaphysischen Täuschungen gewinnt, ist die wissenschaftliche Antizipation dessen, was kommen wird, belastbar, weil sie aus nachvollziehbaren logischen Grundannahmen entsteht.

Am Ende der letzten Vorlesung führte Freud eine für ihn ungewöhnliche Auseinandersetzung mit dem Thema des Marxismus. Sie fiel prinzipiell kritisch aus, ließ aber auch jene Sympathien erkennen, die er als Student sozialistischen Ideen entgegenbracht hatte. Falsch fand er die Reduktion der Klassengegensätze auf rein ökonomische Konstellationen und Ursprünge, denn die Kulturgeschichte zeige, daß gesellschaftliche

Antagonismen wesentlich durch «Stammes- oder Rassenunterschiede», durch die sich hierin auslebende menschliche Aggressivität und den mit ihr verbundenen Zerstörungstrieb entstünden. «Schon die unzweifelhafte Tatsache, daß verschiedene Personen, Rassen, Völker unter den nämlichen Wirtschaftsbedingungen sich verschieden benehmen, schließt die Alleinherrschaft der ökonomischen Momente aus.»[157] Das Zukunftsbild des Marxismus sei selbst illusionär, weil es von einer zu optimistischen Erwartung an das Handeln der Menschen ausgehe. Gleichwohl verhehlte Freud nicht, daß er die «Neuordnung» in der Sowjetunion wohlwollend betrachtete, wobei er seine Position letzthin irrational, nämlich durch den Affekt gegen die Religion begründete: «In einer Zeit, da große Nationen verkünden, sie erwarten ihr Heil nur vom Festhalten an der christlichen Frömmigkeit, wirkt die Umwälzung in Rußland – trotz aller unerfreulichen Einzelzüge – doch wie die Botschaft einer besseren Zukunft.»[158] Freud relativierte damit keineswegs die Skepsis, mit der er eineinhalb Jahre zuvor den kommunistischen Weg in einem Brief an Arnold Zweig kommentiert hatte. Die erkennbare Sympathie, die hier durchschimmerte, entsprang der Kritik der Religion, die der alte Atheist durch den Sowjetstaat praktisch verwirklicht sah. Vertrauen in seine revolutionären Leistungen mochte er an diese Leistung aber nicht knüpfen.

Im Hinblick auf die Ideologie-Katastrophen des 20. Jahrhunderts war Freuds Schlußbemerkung, die Psychoanalyse forme keine Weltanschauung aus, überaus hellsichtig. Seine Wissenschaft erhebe auch keinen Anspruch auf «Geschlossenheit und Systembildung» – was ein freundlicher Sympathisant wie Arthur Schnitzler durchaus in Frage stellte –, suche vielmehr geistige Offenheit, da sie die Dynamik unserer Lebenswelt reflektiere.[159] Diese Erkenntnis spiegelte keine Skepsis, sondern die Einsicht in die Wandelbarkeit der eigenen Lehre. Die Psychoanalyse war gewachsen, hatte stetig neue Themenfelder in sich aufgenommen und schien im Begriff zu sein, eine neue Universaldisziplin zu werden. Hinter der bescheiden wirkenden Formel stand das Vertrauen in die expansive Kraft des hier versammelten Wissens.

SIEBZEHNTES KAPITEL

Endzeit in Wien (1930–1937)

Unbehagliches Altern

Im Oktober 1930 wurde bei einer medizinischen Kontrolle durch den Leibarzt Schur festgestellt, daß sich in Freuds restlichem Kiefer eine neue Geschwulst gebildet hatte. Pichler nahm darauf eine gründliche Untersuchung vor und vermerkte in seinem Protokoll eine «präkanzeröse Epithelwucherung» am Gaumenbogen, die entfernt werden mußte.[1] Die erforderliche Operation führte er selbst am 14. Oktober durch, indem er die Geschwulst schnitt und Gewebe durch ein Transplantat aus Freuds Oberarm ersetzte. Der Patient mußte seine Prothese danach für mehrere Tage ohne Unterbrechung tragen, damit das Hautstück anwachsen konnte. Ein halbes Jahr später – Frühling 1931 – war erneut ein Eingriff fällig, der im Sanatorium Auersperg in der Josefstadt erfolgte, wo Pichler ebenfalls operieren durfte. In der letzten Aprilwoche hatte Freud das Bett zu hüten, am 5. Mai, einen Tag vor seinem Geburtstag, konnte er das Sanatorium wieder verlassen. Die Gewebeprobe lieferte einen Befund, der aktuell Entwarnung, allerdings weitere Sorge bedeutete: «Die histologische Untersuchung hat behauptet noch gutartig, aber in zwölfter Stunde beseitigt. Das nimmt also etwaige Zuversicht für die Zukunft weg, hoffen kann man immer.»[2] Die Rekonvaleszenz verlief quälend langsam, «Müdigkeit und Erschöpfung» begleiteten den Patienten über Wochen.[3] Die Praxis mußte für einige Zeit ruhen, auch, weil eine neue Anpassung der Prothese nötig war. «Ich schlafe ohne Narkotika, spreche recht mühselig und kann gar nicht kauen», wurde Eitingon gemeldet.[4] Er sei «kraftlos, kampfunfähig und sprachgehemmt», so erklärte er Arnold Zweig: «gar kein erfreulicher Rest von Realität».[5] Die Wirklichkeit, das war nun das Leiden, nicht die sublimierte Libido, die Therapie und Forschung galt. Die alten Zeiten, da er bis zu acht Analysanden am Tag behandelte, las, schrieb, stundenlange Vorträge hielt, erschienen ihm wie Schemen, deren Linien am Horizont des Lebens verblaßten. Mit der Diagnose vom Herbst 1930 trat Freuds Krankengeschichte in ihr letztes Stadium ein: das Karzinom ruhte nicht mehr.

Der 75. Geburtstag am 6. Mai 1931 rückte angesichts der Sorge um das Krebsrezidiv für die Familie in den Hintergrund, auch wenn das öffentliche Interesse enorme Ausmaße annahm. Freuds Geburtsstadt Freiberg plante die Anfertigung einer Gedenktafel für das kleine Haus, in dem er zur Welt gekommen war; die Enthüllung erfolgte dann ein halbes Jahr später, am 25. Oktober, in Gegenwart seines Bruders Alexander, Martins und Annas, die auch ein Dankschreiben des Geehrten vortrug.[6] Zwischen den beiden Fenstern im Obergeschoß brachte man ein Relief mit Freuds Porträt an, das der tschechische Bildhauer František Juráò geschaffen hatte. Angesichts der zahlreichen Glückwünsche konstatierte der Jubilar «diskrete und mit wenigen Ausnahmen nicht unsinnige Äußerungen in den Zeitungen, Telegramme und Briefe von solchen, an denen am meisten gelegen».[7] Besonders hervorgehoben wurden die originell formulierten Gratulationen von Romain Rolland und Walter Muschg, dem Züricher Ordinarius für Germanistik, der ein Jahr zuvor seine Antrittsvorlesung über *Psychoanalyse und Literaturwissenschaft* gehalten hatte. Stefan Zweig wiederum würdigte Freud in seinem pünktlich zum Geburtstagsjahr erscheinenden Essayband *Die Heilung durch den Geist* als brillanten Schriftsteller: «Klarheit ist ihm wie in allen menschlichen Äußerungen auch im sprachlichen Ausdruck das Optimum und Ultimum; dieser höchsten Lichthaftigkeit und Deutlichkeit ordnet er alle Kunstwerte als nebensächlich unter, und einzig der so erzielten Diamantschärfe der Umrisse dankt seine Sprache ihre unvergleichliche vis plastica. Völlig prunklos, straff sachlich, eine römische, eine lateinische Prosa, umschweift sie niemals dichterisch ihren Gegenstand, sondern sagt ihn hart und kernig aus.»[8]

Derartiges Lob, das fast schon wie ein Leitmotiv wirkte, erbaute Freud, verschaffte aber kaum Genugtuung. Wichtiger als Komplimente von Schriftstellern waren ihm die Stimmen aus den eigenen Reihen. Nicht zum ersten Mal konnte er im Mai 1931 feststellen, daß die alten Ressentiments der Ärzteschaft sich relativierten: «Meine Wiener Feinde stellenweise weich geworden.»[9] Solche versöhnlichen Tendenzen hielten ihn nicht davon ab, die Welt weiterhin in Antipoden und Loyale einzuteilen. Im Juli 1931 gestand er Eitingon, er habe sich eine «Haßliste» angelegt, auf der sich allerdings nur «7–8 Namen» befänden. Darunter war der Publizist Theodor

Lessing, der ihm eben seine Studie über den vermeintlichen jüdischen Minderwertigkeitskomplex zugeschickt hatte, versehen mit der Widmung: «verehrungsvoll übersendet von seinem Gegner».[10] Zu Freuds Konsequenz im Umgang mit den geschworenen Feinden der Psychoanalyse gehörte es, daß er alle Schüler dazu verpflichtete, öffentlich keine Rechtfertigungsposition einzunehmen. Seine Lehre sollte durch Argumente überzeugen, aber nicht zu apologetischen Abwehrversuchen veranlassen. Hilda Doolittle erklärte er, daß eine falsche Einschätzung allein «von innen her, von unten» zu bekämpfen sei. «‹Bitte versuchen Sie niemals», so sagte er, «mich zu verteidigen, wenn Sie Zeuge mißgünstiger Bemerkungen über mich und meine Arbeit werden.›» Und er fügte erläuternd hinzu: «Jedes zu meiner Verteidigung gesprochene Wort, ich meine bereits befangenen Personen gegenüber, dient nur dazu, die Wurzel tiefer einzugraben.»[11] Das war Freuds Resümee aus vier Jahrzehnten des ununterbrochenen wissenschaftlichen Streits, der ihn abgehärtet und seine Prinzipientreue stetig verstärkt hatte.

Mitte Mai 1931 versuchte Freud sich wieder «in die Arbeit einzuschleichen», zunächst für jeweils eine Stunde am Vor- und Nachmittag.[12] Den Sommer verbrachte er ab den ersten Junitagen als Rekonvaleszent in der von Anna entdeckten Pötzleinsdorfer Villa außerhalb der Stadt. Anders als die Wohnung in der Berggasse, die unmodern und dunkel, technisch überholt und unbequem war, bot dieses Domizil angenehmsten Komfort. «Jedenfalls, wenn ich meine Tür öffne, bin ich in einem weitläufigen, parkartigen Garten (...) Akazien duften noch, Linden fangen eben an, Amseln und Lerchen gehen oder fliegen spazieren, kein Lautsprecher oder Autogehupe stört die Ruhe.»[13] Zu diesem Szenario gehörten auch die Hunde, deren Gegenwart Freud gerade im Sommer nicht mehr missen wollte, obwohl er kaum noch die Kraft für weite Spaziergänge besaß. In Pötzleinsdorf hielt er sogar seine Praxis ab, bestellte Patientinnen – Dorothy Burlingham, Irma Putnam und Marie Bonaparte – in die Sommerfrische und suchte mit ihnen zu arbeiten. Aus dem Studierzimmer konnte er direkt in den riesigen Garten treten und die Ruhe genießen. Im Oktober 1931 erwarb Anna gemeinsam mit Dorothy Burlingham, die für die Kosten weitgehend allein aufkam, einen Bauernhof in der Nähe Breitenfurts, westlich von Wien. Das ‹Landgut›, wie es tituliert wurde, sollte auch dazu dienen, daß Freud seine ewige Sehnsucht nach Ruhe und Abgeschiedenheit stillen konnte. Es lag 45 Autominuten von der Berggasse entfernt und empfahl sich, so bemerkte er befriedigt, als «Weekend-Villa» für die gesamte Familie.[14]

Die Idylle von Pötzleinsdorf wirkte reizvoll und nahezu perfekt, aber Freud fühlte sich körperlich elend, litt unter den Nachwirkungen der Frühjahrsoperation und der noch fehlenden Prothese. Es waren wirklich die Qualen Hiobs, die ihn verfolgten, nun schon im achten Jahr, ohne Aussicht auf Besserung. Besonders bedrückte ihn, daß er mit Rücksicht auf den Zustand seines Kiefers nicht rauchen konnte. Gerade die besten Zigarren – vor allem Havannas – kamen nicht mehr in Frage, weil ihre Konsistenz zu hart war.[15] Im August 1931 sammelte Freud neue Hoffnung, als ihm Ruth Mack Brunswick und Marie Bonaparte von dem armenischen Zahnarzt Kazanjian berichteten, der eine Professur in Harvard innehatte und auf einem Kongreß in Paris über neueste Techniken der Kieferprothetik referierte. Der «Zauberer», ein «scheuer Mann mit einem Lächeln wie Charlie Chaplin», wurde gegen den Widerstand seiner Ehefrau, die Sehnsucht nach der amerikanischen Heimat hatte und Europa so schnell wie möglich verlassen wollte, nach Wien geladen, um dort Freuds Behandlung zu übernehmen.[16] Die Kontaktaufnahme erwies sich als äußerst schwierig, das verlangte Honorar war hoch – immerhin 6000 Dollar –, aber der verzweifelte Freud suchte jede Chance zu nutzen, um sein quälendes Kieferleiden zu mildern. Der kapriziöse Kazanjian – «Charakter und Geschicklichkeit» seien bei «Zahnkünstlern eher umgekehrt proportional» – fertigte drei neue Prothesen, die das Sprechvermögen verbesserten.[17] Nur waren sie in der Handhabung ebenso schwergängig wie die früheren Modelle, so daß sich die Hoffnung auf Erleichterung schnell zerschlug.

Die Geschicke der *Internationalen Psychoanalytischen Vereinigung*, der Zeitschrift und des Verlags steuerte auch der kranke Freud mit beträchtlicher Tatkraft. Obwohl er selbst an Konferenzen und Arbeitsrunden nicht mehr teilnehmen konnte, blieb er stets Herr des Geschehens. Er allein bestimmte, wer im Verlag und in der Vereinigung Verantwortung tragen durfte. Er und niemand sonst entschied über personelle Wechsel, die ihm vor allem dann notwendig schienen, wenn Kollegen und frühere Vertraute die Prinzipien der Loyalität verletzten. Als die Planung des Verlags zu Beginn der 30er Jahre zunehmend schwieriger und finanziell unwägbarer geriet, beschloß Freud, daß Storfer, mit dem Eitingon gern weitergearbeitet hätte, als Prokurist durch seinen Sohn Martin ersetzt wurde. Im Januar 1931 vollzog man den Wechsel, nachdem das jährliche Verlagsdefizit auf 100 000 Schilling angewachsen war. «Storfer soll am Tag nach seinem Sturz von tadelloser Gefügigkeit gewesen sein», meldete Freud nach Berlin.[18] Für Martin, den studierten Juristen ohne größere berufliche Fortüne, bedeutete die neue Funktion eine erhebliche Belastung: «Mein armer Junge geht mit sorgenschweren Minen herum, nimmt sich seiner Aufgabe tüchtig an.»[19] Im Herbst 1931 unterbreitete der Verleger Gustav Kiepenheuer das Angebot, Freuds gutverkäufliche *Vorlesungen* in sein Portfolio zu übernehmen. Für die «Propaganda» sei eine solche Übernahme günstig, für das sonstige Programm aber «Selbstmord», schrieb Freud am 10. Dezember 1931 an Arnold Zweig. Ihm bleibe nichts als den Verlag «durch Spenden und erhebliche eigene Geldopfer vom Abgrund des Bankrotts zurückzureißen».[20]

Im Juni 1932 entschloß sich Freud, einen Aufsichtsrat – ein «Überwachungskomitee» – zu schaffen, der die Geschäfte des Verlags kontrollieren sollte.[21] Auf ihrer Tagung in Wiesbaden entschied die *Internationale Psychoanalytische Vereinigung* im September 1932, Jones mit dem Vorsitz des Gremiums zu betrauen. Außerdem wurde für alle Mitglieder ein Pflichtbeitrag festgelegt, der dem Verlag zufloß. Freud nahm es Jones zwar übel, daß er in London Melanie Klein, Annas Feindin, protegierte, aber er schätzte sein Organisationstalent und baute auf seine praktischen Fähigkeiten. Ihm traute er daher auch zu, die Geschäfte des Verlags zu überwachen und seine Wirtschaftlichkeit zu prüfen. Am Ende erwies sich der Einsatz des Komitees allerdings als wirkungslos, weil ein halbes Jahr später Hitlers Machtübernahme den Abbruch sämtlicher psychoanalytischer Aktivitäten in Deutschland erzwang. So wurde die Berliner Poliklinik 1936 in das *Reichsinstitut für Seelenheilkunde* umgewandelt, das Freuds Lehre durch eine rassistische Doktrin mit dem ideologischen Auftrag für die Verbesserung der ‹Volksgesundheit› ersetzte.[22] In München gründeten die neuen Machthaber unter der Ägide des früheren Adler-Anhängers Leonhard Seif ein *Institut für psychologische Forschung und Psychotherapie*, wo man demselben Programm folgte.

Nicht nur der Verlag, sondern auch die *Internationale Psychoanalytische Vereinigung* blieb ein Unruheherd. Freud war entschlossen, seine Autorität mit allem Nachdruck zur Geltung zu bringen, sobald kleinliche Konflikte auftraten. Als Eitingon beim Versuch scheiterte, die unterschiedlichen Fraktionen zu versöhnen, mußte 1932 ein Nachfolger gefunden werden. Gemäß dem Anciennitätsprinzip wäre Ferenczi der richtige Kandidat für die Präsidentschaft gewesen, aber am Ende entschied sich Freud auch hier für Jones, obwohl er seine menschliche Zuverlässigkeit bisweilen anzweifelte. Am 21. August teilte Ferenczi mit, daß er von einer Kandidatur absehen werde, da er sich auf neuen methodischen Wegen befinde und nicht wisse, wohin sie ihn führten. Am 4. September 1932 wurde Jones auf dem 12. Internationalen Kongreß in Wiesbaden zum Präsidenten gewählt – ein Amt, das er bis zum Jahr 1949 ausüben sollte. Für Freud schien dieses Votum das kleinere Übel zu sein, denn er mißtraute Ferenczis wissenschaftlichen Volten in zunehmendem Maße. Er experimentierte seit Ende der 20er Jahre, ähnlich wie sein Schüler Balint, mit kathartischen Methoden und stützte sich auf ein Verfahren, bei dem die Patienten emotional stimuliert werden sollten, um sich seelisch zu entspannen. Das schloß auch zärtliche Berührungen und den Austausch von Küssen ein – ein Szenario, das sich aufs äußerste vom Distanzgebot der klassischen Therapie unterschied.

Freud warnte in regelmäßigen Abständen vor den Risiken dieses Ansatzes, der Verschärfung von Übertragungsproblemen und der gesteigerten psychischen Abhängigkeit der Kranken. Nachdem sich Clara Thompson, eine seiner amerikanischen Schülerinnen, öffentlich damit gebrüstet hatte, sie dürfe «Papa Ferenczi» küssen, so oft sie wolle, war Freuds Geduld erschöpft.[23] Die Vermengung von privater Intimität und therapeutisch-ärztlicher Haltung fand er höchst unerquicklich. «Er hat zugegeben», so berichtete er Eitingon im November 1931 über ein Treffen mit Ferenczi, «daß seine Art, sich von den Patienten küssen zu lassen, ein bedenkliches Stück der Technik ist, und versprochen, eine Arbeit über die Gefahren der Neokatharsis zu schreiben. Man stelle sich diese Technik bei jugendlichen Anfängern vor! Was er mit seinem Spiel zärtlicher Rollen erreicht, scheint mir therapeutisch nicht bedeutsam.»[24] An Ferenczi selbst schrieb er am 13. Dezember 1931 im Hinblick auf die möglichen Gefahren seines Vorgehens mit mahnendem Ton: «Nun malen Sie sich [aus], was die Folge der Veröffentlichung Ihrer Technik sein wird. Es gibt keinen Revolutionär, der nicht von einem noch Radikaleren aus dem Feld geschlagen würde. Soundso viele unabhängige Denker in der Technik werden sich sagen: Warum beim Kuß stehenbleiben? Gewiß erreicht man noch mehr, wenn man das ‹Abtätscheln› dazunimmt, das ja auch noch keine Kinder macht. Und dann werden Kühnere kommen, die den weiteren Schritt machen werden zum Beschauen und Zeigen, und bald werden wir das ganze Repertoire des Demiviergetums [Halbjungfräulichkeit] und der petting parties in die Technik der Analyse aufgenommen haben, mit dem Erfolg einer großen Steigerung des Interesses in der Analyse bei den Analytikern und Analysierten.»[25]

Freud sah Ferenczi in einer Art von intellektueller Regression, die sich dadurch bekundete, daß er Verfahren aus der Frühzeit der Bewegung wiederbelebte.[26] Er habe sich auch von ihm selbst niemals freigemacht und verharre stets in der Rolle des Schülers, der seinen Übertragungen nicht entkommen könne. Solche Urteile adressierte er nicht nur an Dritte, sondern an Ferenczi direkt, so in einem Brief vom 11. Januar 1930, der in grobem, unfreundlichem Ton gehalten war. Ferenczi zeigte sich zwar getroffen, folgte aber seinem therapeutischen Kurs unbeirrt. Er vertraute darauf, daß seine Patienten nach einer Phase der emotionalen Öffnung in kathartischer Prozedur auf ihre infantilen Prägungen zurückgeführt werden könnten. Freud warf ihm vor, er nehme diese Prägungen ernst, ohne die Möglichkeit der Täuschung, Simulation oder offenen Lüge zu erwägen. Aus seiner Sicht wiederholte Ferenczi den gleichen Fehler, den er selbst beging, als er Mitte der 90er Jahre frühkindliche Mißbrauchserfahrungen für den entscheidenden Auslöser der Neurose hielt. Tatsächlich aber sei diese Annahme ein «ätiologischer Irrtum», weil die Erzählung der Patienten oftmals ein Resultat der Phantasie darstelle.[27] Ferenczi hörte die Einwände Freuds an, aber er setzte sich über sie hinweg. Kurz vor dem internationalen Wiesbadener Kongreß, der im September 1932 stattfand, besuchte er ihn in der Berggasse, um ihm sein geplantes Referat über die affektive Dimension der Therapie vorzulesen. Von «ihm ging eisige Kälte aus», notierte Freud nach dem unerquicklichen Treffen.[28] Obgleich er erneut massive Kritik geltend machte, war Ferenczi nicht von seinen Thesen abzubringen. Im übrigen deutete er an, daß er trotz seiner offiziellen Verzichtserklärung die Hoffnung auf die Präsidentschaft nicht aufgegeben habe.[29]

In Wiesbaden sprach Ferenczi Anfang September 1932 über *Die Leidenschaften der Erwachsenen und deren Einfluß auf die Sexual- und Charakterentwicklung der Kinder*, ohne die Vorbehalte Freuds zu berücksichtigen. Der saß, während die Konferenz tagte, in Wien und ließ mißvergnügt die Argumente seines Besuchers Revue passieren. An Eitingon telegraphierte er seine Einschätzung: «harmlos dumm sonst unzugaenglich eindruck unerfreulich».[30] Der wiederum kabelte zurück, Ferenczis Referat habe den Zuhörern «keinen besonderen Eindruck gemacht».[31] Daß der Kongreß am Ende, wie von ihm vorgeschlagen, Jones und nicht Ferenczi wählte, beruhigte Freud, auch wenn er ein gewisses Mitleid empfand. «Seit drei Jahren beobachte ich eine persönliche Feindseligkeit gegen mich», schrieb er am 12. September über Ferenczi. Er habe zu dieser Haltung niemals konkreten

Anlaß gegeben, betonte er, außer «durch den Umstand, daß ich noch immer da bin.»[32] Der Vater sollte sterben, aber er weigerte sich abzutreten, und manche der Söhne ertrugen diese Tatsache nur schwer. Inwiefern das Unterstellung, Projektion oder objektive Wahrheit war, wußte sogar Freud selbst nicht.

Auch im Fall der *Zeitschrift* standen dauerhaft Konflikte auf der Tagesordnung. Nachdem der hochbegabte Radó 1932 die Redaktionsleitung aufgegeben hatte und in die USA gegangen war, übernahm dessen Aufgabe zunächst Otto Fenichel, der sich seit 1931 eng an Wilhelm Reichs Positionen anschloß. Freud begegnete ihm mit Mißtrauen, weil er sein politisches Engagement bedenklich fand. Ähnlich wie schon bei Otto Groß sah er die Verknüpfung zwischen Analyse und Gesellschaftskritik skeptisch, da er selbst von der individuellen Besonderheit jeder seelischen Erkrankung ausging. Als Fenichel für die *Zeitschrift* einen Aufsatz Reichs zum Masochismus akzeptierte, den Freud als rein politisches Manifest betrachtete, kam es zum Bruch. Eitingon wurde gezwungen, sich von Fenichel zu trennen, obwohl er gern an ihm festgehalten hätte. Auch aus der Ferne regierte Freud mit Kraft und, wo nötig, autoritärer Härte. Wer seine Rolle als Meister der reinen Lehre in Frage stellte, mußte selbstverständlich gehen – das blieb noch in den 30er Jahren der eiserne Grundsatz der analytischen Politik.

Gewitterwolken der Politik

Im Sommer 1932 hatte das *Comité permanent des Lettres et des Arts de la Societé des Nations* einen Briefwechsel zwischen den herausragenden Vertretern des europäischen Geisteslebens angeregt, der Themen der gemeinsamen Geschichte und der Friedenspolitik gelten sollte. Der zweite Band der Serie enthielt einen Aufsatz Albert Einsteins und eine Antwort Freuds zur Frage *Warum Krieg?* Einstein formulierte die These, daß die künftige Friedenssicherung eine Sache der Psychologie sei. Freud stimmte dem zu, ohne aber konkrete Umsetzungsvorschläge bieten zu können. Er suchte zunächst zu zeigen, daß die Geschichte der Zivilisation in einer Umwandlung von Gewaltstrukturen in Rechtsverhältnisse bestehe – eine Ansicht, die zehn Jahre zuvor auch schon Walter Benjamin bezogen hatte.[33] Gewalt ist in der modernen Gesellschaft ein Phänomen, das bestenfalls sublimiert, eingefroren oder beruhigt, aber niemals aufgehoben werden kann. Der Destruktionstrieb, so erklärte Freud, lasse sich nicht bezähmen, und die Psychoanalyse habe folglich als Beitrag zu einer Politik der Kriegsverhütung wenig mehr zu bieten als eine düstere Typologie der dem Menschen eigentümlichen Aggressionen.[34] Gegen die Gewalttätigkeit des Individuums helfe nur die Liebe, der Destruktionstrieb müsse durch Eros überwunden werden. Allein die Zuneigung zwischen den Völkern erlaube es, die Gefahr des Krieges zu bannen: «Hier wäre anzuknüpfen, man müßte mehr Sorge als bisher aufwenden, um eine Oberschicht selbständig denkender, der Einschüchterung unzugänglicher, nach Wahrheit ringender Menschen zu erziehen, denen die Lenkung der unselbständigen Massen zufallen würde.»[35] Zugleich warnte Freud davor, den unter Intellektuellen wachsenden Pazifismus für ein Breitenphänomen zu halten. Man dürfe sich nicht darüber täuschen, daß die Mehrheit der Menschen gewaltlüstern und aggressiv sei – das war die dunkle Botschaft einer Trieblehre, die als Theorie des archaischen Unbewußten keine erfreulichen Aussichten anbot. Auch wenn Physik und Psychologie nicht zusammengehörten, wie Freud im August 1916 an Josef Popper-Lynkeus geschrieben hatte, gab es also durchaus Berührungspunkte zwischen Einstein und ihm, die sich auf die Rolle der Analyse für eine moderne Friedensforschung und deren skeptische Grundlegung bezogen.[36]

Ein Exemplar der Kriegsschrift schenkte Freud im April 1933 dem italienischen Theaterautor Giovacchino Forzano, mit einer befremdlichen Widmung an ihn und Mussolini («Benito Mussolini mit dem ergebenen Gruß eines alten Mannes, der im Machthaber den Kulturheros erkennt»).[37] Selbst wenn man unterstellen muß, daß Forzano, der Freud im April 1933 in Wien besuchte, eine solche Widmung sehr nachdrücklich erbeten hatte, verwundert die Formulierung. Sie ist erklärbar aus Freuds politischen Hoffnungen während der ersten Jahre der Hitler-Herrschaft. Von Mussolini erwartete er ein Gegengewicht zum NS-Staat und zugleich eine Schutzgarantie für Österreich. Daß er den Duce als das geringere Übel betrachtete, weil seine Politik den aggressiven Antisemitismus Hitlers vorderhand mied, führte offenbar zu einem grundlegenden Fehlurteil. Freud verharmloste Mussolini, und er überschätzte den Einfluß der italienischen Faschisten auf den Nationalsozialismus. Das war keine ungewöhnliche Position – Rudolf Borchardt etwa, der frühere Freund Hofmannsthals und seit Jahrzehnten in Italien lebend, unterstellte dem Duce eine mäßigende Rolle im Verhältnis zu Hitler. Anfang April 1933, zur selben Zeit, da Freud seine Widmung formulierte, übergab er Mussolini im Rahmen einer Privataudienz seine Übertragung von Dantes *Comedia* und unterstrich damit die Hoffnung, daß der Diktator den Nationalsozialisten ein humanistisches Anti-Programm entgegensetzen werde. Ähnlich verhielt sich selbst ein erfahrener Staatsmann wie Churchill, der seine «sentimentale Schwäche» für Mussolini erst Ende der 30er Jahre ablegte.[38] Illusionen waren damals an der Tagesordnung, wo es um die künftige Entwicklung des europäischen Faschismus ging.

Daß Freud im Allgemeinen über ein gutes politisches Urteilsvermögen verfügte, zeigte eine andere Episode. Im Jahr 1930 hatte er ein Vorwort zu einer Studie über den früheren amerikanischen Präsidenten Woodrow Wilson verfaßt. Die kritische Schrift stammte von William Christian Bullitt, dem aus Philadelphia kommenden Journalisten und Diplomaten, der ebenso wie seine Ehefrau in der Berggasse zur Behandlung war. Er hatte Freud mehrfach in Berlin getroffen und ihn dort zu einem kleinen Beitrag für sein Wilson-Psychogramm gedrängt. Als der Text fertig vorlag, schickte ihm Bullitt im Januar 1932 2500 Dollar, die als Honorar gedacht waren.[39] In seiner Einleitung verhehlte Freud nicht, daß er den ehemaligen Präsidenten für einen Scharlatan der Politik, einen arroganten Egomanen und rücksichtslosen Ehrgeizling hielt. Seine allgemeine Charakteristik las sich wie eine visionäre Prophezeiung, die 1930 bereits Hitlers aufhaltsamen Aufstieg ahnen ließ: «Narren, Phantasten, Wahnbesessene, schwere Neurotiker und Geisteskranke im psychiatrischen Sinne haben in der Geschichte der Menschheit zu allen Zeiten große Rollen gespielt und nicht nur dann, wenn der Zufall der Geburt ihnen die Machtvollkommenheit geschenkt hatte.»[40] Daß Freud neben seinem Vorwort auch noch weitere Abschnitte zu dem Buch beisteuerte, wie zuweilen behauptet wird, dürfte nicht den Tatsachen entsprochen haben. Mit Rücksicht auf die Witwe Wilsons blieb die scharf argumentierende Studie einstweilen unveröffentlicht; sie erschien erst 1967, kurz nach Bullitts Tod.

Bis zum Jahr 1932 waren die Verhältnisse in Wien für Freud durchaus erfreulich, obgleich seit den Wahlen vom 9. November 1930 die rechten Kräfte erhebliche Stimmengewinne erzielten. Die sozialdemokratische Stadtregierung schätzte ihn, die Psychoanalyse galt als moderne Wissenschaft mit wichtigem gesellschaftlichem Auftrag, keineswegs nur als Luxus für die Oberschicht. Die wachsende Judenfeindschaft warf jedoch deutliche Drohzeichen an die Wand. «Antisemit. Unruhen», vermerkte die *Chro-*

nik am 7. November 1929, als nationalsozialistische Studenten an der Technischen Universität ihre jüdischen Kommilitonen in einem Hörsaal offen angriffen und verprügelten.[41] Mit Blick auf die zahlreichen kleinen Konflikte um die Sicherung des Psychoanalytischen Verlags schrieb Freud im April 1932 an Jones: «Vielleicht wiederholen wir nur die lächerliche Aktion, ein Vogelbauer zu retten, während das Haus niederbrennt.»[42] Das waren keineswegs wohlfeile Metaphern, sondern Worte, die einen sehr ernsten Gehalt besaßen. Freud las die Zeitungen gründlich und mußte kein Prophet sein, um vorherzusehen, daß in Deutschland die Demokratie zu zerfallen drohte. Und er wußte auch, was ein Sieg der Nationalsozialisten für seine eigene Lehre auslösen würde. Immer häufiger vermerkte sein Tagebuch in den Jahren nach 1930 die Anzeichen des politischen Rechtstrends und Übergriffe gegen jüdische Mitbürger. Solche bedrückenden Beobachtungen stärkten, ähnlich wie es der Schauspieler und Regisseur Fritz Kortner in seinen Erinnerungen schilderte, das Bewußtsein der eigenen Herkunft.[43] Schon 1926 hatte Freud in einem Interview mit dem amerikanischen Schriftsteller George Sylvester Viereck zu Protokoll gegeben: «Meine Sprache ist deutsch. Meine Kultur, meine Erziehung sind deutsch. Ich hielt mich geistig für einen Deutschen, bis ich das Anwachsen des Antisemitismus in Deutschland und Deutsch-Österreich beobachtete. Seitdem ziehe ich es vor, mich einen Juden zu nennen.»[44]

Nach Hitlers Ernennung zum Reichskanzler am 30. Januar 1933 bestätigten sich Freuds Befürchtungen schneller als erwartet. Der spätere Propagandaminister Goebbels schrieb am Abend in sein Tagebuch: «Uns allen stehen die Tränen in den Augen. Wir drücken Hitler die Hand. Er hat's verdient. Großer Jubel. Unten randaliert das Volk. Gleich an die Arbeit. Reichstag wird aufgelöst.»[45] In den kommenden Wochen vollzog sich die nationalsozialistische Politik der Gleichschaltung in atemberaubender Schnelligkeit: die Aufhebung von Versammlungs- und Pressefreiheit, die Aufrüstung der Wehrmacht und das Ermächtigungsgesetz mit der faktischen Zerstörung der parlamentarischen Demokratie wurden innerhalb weniger Wochen beschlossen. Am 10. Mai 1933 fanden im gesamten Reich Bücherverbrennungen statt, die das *Hauptamt für Aufklärung und Werbung* der deutschen Studentenschaft organisierte. Die gesamte Aktion wurde an 22 unterschiedlichen Orten – neben Berlin bevorzugt Universitätsstädten wie Bonn, Göttingen oder Würzburg – nach fast identischem Muster durchgeführt. SA-Männer, Parteimitglieder, Professoren und Studenten marschierten «unter wehenden Fahnen», wie Stefan Zweig schrieb, zu einem «öffentlichen Platz» und warfen die Werke jüdischer Autoren verteilt auf zehn Gruppen in die Flammen.[46] Dazu wurden sogenannte ‹Feuersprüche› vorgetragen, die das *Hauptamt* einheitlich festgelegt hatte. Freuds Bücher vernichtete man an vierter Stelle nach Marx, Heinrich Mann und dem Pädagogen Friedrich Wilhelm Foerster (er sei also «in bester Gesellschaft», soll er später zu Reik gesagt haben).[47] Man begleitete das durch einen Ausruf, der auf dürftigste Weise die Einwände zusammenfaßte, mit denen Kritiker seit nahezu 40 Jahren sein Denken zu disqualifizieren suchten: «Gegen die seelenzerfasernde Überschätzung des Trieblebens, für den Adel der menschlichen Seele!» Freud nahm die Aktion durch die Zeitungen und das neu angeschaffte Radio zur Kenntnis; «Verbrennung in Berlin», so lautete am 11. Mai 1933 sein bewußt doppeldeutiger Tagebucheintrag.[48] Er mochte sich zurückerinnern an die Debatten mit seinem Vater, die dem Thema des jüdischen Widerstands gegolten hatten. War jetzt der Zeitpunkt gekommen, um zu zeigen, daß die Juden keine Opfer mehr sein wollten? Freud ahnte, daß man den Moment für einen wirksamen Selbstschutz verpaßt hatte.

Was sich auf den Straßen und Plätzen in Deutschland nach Hitlers Machtübernahme zutrug, konnte Freud täglich lesen. Welche psychischen Mechanismen sich im Inneren der Menschen abspielten, die dem Diktator in großen Gruppen öffentlich zujubelten, hatte er schon zehn Jahre zuvor wissenschaftlich erforscht. Sie waren für ihn weder «rätselhaft» noch «erstaunlich», wie Elias Canetti es ausdrückte, sondern ein klarer Widerschein der sexuellen Antriebe, die der Einzelne im Kollektiv auslebt.[49] Freuds Interesse an der Psychologie der Masse wurde in der Zeit kurz nach dem Weltkrieg geweckt. Den Ausgangspunkt bildete ein Vortrag, den Paul Federn im März 1919 in der Wiener Psychoanalytischen Vereinigung hielt. Es ging um die Frage, inwiefern die Arbeiterbewegung in der Lage sein könne, neue Formen der kollektiven Teilhabe am gesellschaftlichen Geschehen zu organisieren. Federn, der sich als Sozialist verstand, betonte, daß die Arbeiterräte gleichsam als ‹Brüderhorde› fungierten, die nach dem Zusammenbruch des autoritären Staates bisher unbekannte Ausprägungen politischer Gemeinschaft ermöglichten. Freud, der Federns Vortrag hörte, vermochte den hier spürbaren Optimismus nicht zu teilen. Als er sich Anfang der 20er Jahre mit dem Thema der Massenpsychologie befaßte, erwähnte er auch Federns Thesen, die 1919 in der Studie *Die vaterlose Gesell-*

schaft erschienen waren.[50] Allerdings orientierte er sich bei seiner Untersuchung, die der seelischen Konfiguration der Masse galt, nicht an seinem Wiener Schüler, sondern an einer französischen Autorität – Gustave Le Bon.

Der Mediziner und Soziologe Le Bon hatte 1895 seine *Psychologie des foules* veröffentlicht, die unter dem Titel *Psychologie der Massen* bald auch ins Deutsche übersetzt wurde. Freud, der die 1912 publizierte zweite Auflage in der Übertragung des Philosophen Rudolf Eisler benutzte, profitierte von der Vorarbeit Le Bons erheblich.[51] Von ihm übernahm er die Annahme, daß in der Masse regressive Tendenzen wirken, die sich in Hysterie und Gewalthandlungen bekunden. Wie Le Bon hielt Freud, hier skeptischer als Federn, die Masse für eine bedrohliche Kraft, die das Urteilsvermögen des Einzelnen aufhebt und die Aggressionsschwelle senkt. Im Gegensatz zu Le Bon versuchte er jedoch, diesen Effekt aus der Entfesselung libidinöser Motive im Kollektivkörper abzuleiten. In der Masse arbeitet eine doppelt gerichtete Triebenergie, die den Einzelnen an den ‹Führer› und an das Kollektiv gleichermaßen bindet. Freud verknüpfte diese These mit der Annahme, daß der Einzelne in der Masse sein Ich-Ideal dem großen Ganzen abtrete. Auf einer dritten Ebene bettete Freud seine Analyse der Masse in die Kulturtheorie ein, die *Totem und Tabu* bereits vorgelegt hatte. Die Urhorde konstituiert sich als Gruppe durch einen Akt, der Schuld begründet, die Tötung des Hordenvaters. In der Masse nun ist die libidinöse Energie, die diesen Akt antreibt, entfesselt sichtbar. Sie war für Freud, der hier wieder Le Bon folgte, allein regressiv, insofern in ihr archaische Instinkte aufbrechen. Dieser Ansatz erlaubte es, die Bildung von kollektiven Organisationsformen, zu denen nicht nur Massenaufmärsche, sondern auch propagandistische Maßnahmen und Institutionen zählen, mit Hilfe der Libidotheorie zu deuten.

Wenn in der Masse das Stadium der ‹primitiven› Entwicklungsstufe gespiegelt wird, lag es nahe, dieses, wie es *Totem und Tabu* tat, auf die Ebene der sexuellen Energien zu beziehen. «Die Masse ist impulsiv, wandelbar und reizbar. Sie wird fast ausschließlich vom Unbewußten geleitet.»[52] Aus dieser Orientierung folgte für Le Bon die Anfälligkeit, die das Kollektiv gegenüber charismatischen Führerfiguren zeigt – eine These, die auch der britische Psychologe William McDougall in seinem Buch *The Group Mind* (1920) aufgriff. Freud übernahm die Diagnose, vertiefte aber ihre Grundlage. Wie kommt es, so fragte er sich, daß die Masse in derart hohem Maße auf Suggestion reagiert? Die Antwort lautete, daß die Affekterregung bei der Masse leichter als beim Einzelnen in Gang gesetzt werden kann, weil ihre Libido keinen künstlichen Grenzen untersteht. Die erotische Stimulation erfolgt bei ihr schneller, denn die Schwellen der Konvention sind hier gesenkt.[53] Hermann Broch, der vor Beginn seiner Schriftstellerlaufbahn Mathematik und Philosophie in Wien studiert hatte, konstatierte später in seiner zwischen 1939 und 1948 entworfenen *Massenwahntheorie* eine Form der «Superbefriedigung» für das Kollektiv, das als Ausbeute seiner entfesselten Libido zu betrachten sei.[54] Weder Broch noch Canetti – in *Masse und Macht* (1960) – folgten jedoch Freuds sexualwissenschaftlichen Erkenntnissen, wenn sie derartige Triebdynamiken im Detail beschrieben.

Kirche und Heer dienten Freud als Beispiele für die Enthemmung im Kollektiv. Sowohl die bewegende Predigt als auch die Ansprache des charismatischen Generals können Affekte mobilisieren, die in jedem Individuum schlummern, aber normalerweise nicht an die Oberfläche dringen. Im Kollektivkörper der Masse, den Canetti als ‹leblose› Gewalt beschrieb, verliert die zivilisatorische Hemmung ihre Bedeutung, und die Furcht vor Sanktionen fällt aus.[55] Allerdings handelte es sich bei der libidinösen Energie, die in der Masse wirkt, nicht um eine herkömmliche Form der Sexualkraft mit dem Ziel der Fortpflanzung. «Wir haben es hier», schrieb Freud, «mit Liebestrieben zu tun, die, ohne darum minder energisch zu wirken, doch von ihren ursprünglichen Zielen abgelenkt sind.»[56] Die Libido der Masse entsprang der Identifizierung mit der Führergestalt. Freud mußte bloß an das Prinzip der Vaterbindung erinnern, das erklärte, warum die Masse dem Wink ihrer Leitgestalten unbedacht folgt. Alle Kräfte richtet sie auf den Anführer, dessen charismatische Züge sie nicht nur verehrt, sondern erotisch begehrt. Freud sprach hier vom «Ichideal», das auf das Kollektiv einwirkt, indem es ihm seine eigenen Ziele vorschreibt. Die Analogie zur Hypnose war offenkundig, und Freud betonte ausdrücklich, daß es sich um dasselbe Prinzip der Willensübertragung handele.[57] In seiner 1930 publizierten Erzählung *Mario und der Zauberer* hat Thomas Mann diesen Zusammenhang vor dem Gewitterhorizont des heraufziehenden Nationalsozialismus hellsichtig dargestellt. Der Magier Cipolla ist Hypnotiseur und Charismatiker, er verführt sein Publikum und seine Opfer, denen er auf offener Bühne seinen Willen aufzwingt. Die politische Botschaft der Geschichte war klar, ebenso der Bezug zu Freuds Analyse der Massensuggestion und ihrer entfesselnden Wirkung.

Im gemeinsamen Ziel, das die Vater-Imago setzt, vereint sich die Masse. Hier wirkte ein zweites Prinzip, nämlich der Genuß an der Gemeinschaft, der Herdentrieb, der dem Menschen phylogenetisch eigentümlich ist. «Die Masse erscheint uns so als ein Wiederaufleben der Urhorde. So wie der Urmensch in jedem Einzelnen virtuell erhalten ist, so kann sich aus einem beliebigen Menschenhaufen die Urhorde wieder herstellen; soweit die Massenbildung die Menschen habituell beherrscht, erkennen wir den Fortbestand der Urhorde in ihr.»[58] An der Spitze dieser Urhorde agierte immer schon eine charismatische Gestalt, ein ‹Übermensch›, wie ihn Nietzsche von der Zukunft erwartete, obgleich er doch, so Freuds kritische Anmerkung, schon am Beginn unserer Kulturgeschichte erschienen war.[59] Die Wiederholung der Urhorden-Konstellation garantierte nun jene libidinöse Entfesselung, die sonst unter den Zwängen der Zivilisation ausgeschlossen ist. Die völlige Identifizierung mit dem Ich-Ideal gestattete es dem Einzelnen, seinen Trieben zu folgen, weil er seinen freien Willen delegiert und aller Kontrolle entzieht. Solange dieses Ich-Ideal, das sich in der Führergestalt manifestiert, dem Trieb den Weg ebnet, gelten keine rationalen Regeln mehr. Typisch sind dionysische Feste, in denen die Masse ihren Libidoenergien ungehinderten Lauf läßt: «Die Saturnalien der Römer und unser heutiger Karneval treffen in diesem wesentlichen Zug mit den Festen der Primitiven zusammen, die in Ausschweifungen jeder Art mit Übertretung der sonst heiligen Gebote auszugehen pflegen.»[60]

Alles, «was allgemein erregt», so schrieb Freud im März 1922 an Lou Andreas-Salomé, schaffe «auch Sexualerregung».[61] Das war eine Formel, die für das Jahrhundert der Demagogen und Ideologen, für die Epochen des Massenwahns und der Aufmärsche ein eigenes Gewicht gewann. Weitsichtig und klar hatte Freud hier den Grund bezeichnet, auf dem der Faschismus wenige Jahre später seinen fatalen Siegeszug organisieren konnte. Die sexuelle Dimension kollektiver Erregung bildete die Basis für die Herrschaft des Nationalsozialismus; ohne sie wären aber auch die Masseninszenierungen von Bolschewismus und Kommunismus nicht erfolgreich gewesen. Selbst zu den kleingeistigen Hintergründen menschenverachtender Ideologien hielt Freud einen Kommentar parat. «Fanatiker», so hieß es im November 1920, «Leute, die imstande sind ihre Beschränktheit feierlich ernst zu nehmen, vertrage ich nicht.»[62] Im März 1923 schickte er seine *Massenpsychologie* an den großen Pazifisten Romain Rolland, dessen Werk er außerordentlich schätzte. Das war ein Zeichen dafür, daß ihm die politische Bedeutung der Schrift, die spätere Studien von Simmel und Adorno unterstrichen, genau bewußt war.[63] Rolland antwortete sehr freundlich und sandte ihm seine Dramen *Liluli* (1919) und *Léonides* (1928) zu. «Man ist immer erstaunt, daß nicht alle Leute Gesindel sind», bemerkte Freud sarkastisch gegenüber seinem Sohn Ernst.[64]

Die österreichische Politik vollzog parallel zu Hitlers Gleichschaltung eine Wende mit bedrohlichen Konsequenzen. Ab dem 5. März 1933 regierte Engelbert Dollfuß als Kanzler diktatorisch auf der Grundlage einer Einparteienherrschaft. Freud sagte vier Wochen nach dem Machtwechsel einen weiteren Rechtsruck voraus, ohne seine möglichen Wirkungen in Gänze zu erahnen. So genau er die psychologischen Quellen des Nationalsozialismus durchschaute, so naiv war er, wo es um die politische Einschätzung im Konkreten ging: «Man kann mit Sicherheit erwarten, daß die Hitlerbewegung nach Österreich übergreifen wird, ja sie ist schon da, aber es ist sehr unwahrscheinlich, daß sie eine ähnliche Gefahr wie in Deutschland bedeuten wird.»[65] Und er begründete auch, weshalb er die Situation in Wien als weniger bedrohlich einschätzte: «Eine gesetzliche Judenverfolgung bei uns würde das sofortige Einschreiten des Völkerbundes zur Folge haben. Daß sich aber Österreich Deutschland anschließt, in welchem Fall die Juden hier ebenso rechtlos wären, das wird Frankreich mit seinen Verbündeten nie zugeben. Außerdem ist dem Österreicher die deutsche Brutalität nicht gelegen.»[66] Der österreichische Faschismus sei, so schrieb er beschwichtigend, im Zweifelsfall als kleineres Übel vorzuziehen, da er uns «kaum so schlecht behandeln würde wie sein deutscher Vetter.»[67] Gravierende Fehleinschätzungen waren das sämtlich: weder vollzog sich das ‹Übergreifen› der Hitlerbewegung sofort, noch kam es, als vier Jahre danach der ‹Anschluß› erfolgte, zur Intervention der Westalliierten und des Völkerbundes. Auch die Hoffnung, daß Österreicher zu vergleichbaren Barbareien wie die deutschen Nationalsozialisten nicht fähig sein würden, erwies sich als trügerisch. Im März 1938 jubelten fanatisierte Massen auf dem Wiener Heldenplatz vor dem Balkon der Neuen Burg Hitler zu, bereit, die von ihm anbefohlenen Verbrechen unverzüglich ins Werk zu setzen. Seine Theorie der Gewaltentfesselung galt, wie Freud widerwillig anerkennen mußte, auch für Österreich und den Kollektivwahn, den die nationalsozialistische Politik hier auslöste.

Vor dem Vater verließen die Söhne in Sorge vor antisemitischen Ressentiments ihre Heimat. Ernst und seine Familie reisten schon im September

1933 nach London aus. Dort wohnten sie im vornehmen Bezirk Mayfair in der Clarges Street nahe Piccadilly, mitten im Zentrum, wie Freud voller Stolz Hilda Doolittle berichtete.[68] Oliver, der als Ingenieur beruflich in Berlin nur schwer Fuß fassen konnte, ging zur selben Zeit ins Exil nach Südfrankreich. In Österreich blieb es im Anschluß an Dollfuß' Putsch ein knappes Jahr äußerlich ruhig. Erst im Februar 1934 änderte sich das Bild, als sich die sozialdemokratischen Schutzbünde in Linz gegen ihre durch die Regierung angeordnete Entwaffnung wehrten. Es kam zu Unruhen und Straßenschlachten, die vor allem in Wien mehrere Wochen andauerten. Die Einwohner durften ohne Paß ihre Wohnung nicht verlassen, das Elektrizitätssystem fiel aus, die Stadt befand sich im politischen Ausnahmezustand. Ende Februar unterdrückte das Bundesheer mit schweren Waffen in brutaler Weise die Unruhen; auf beiden Seiten gab es insgesamt 1600 Tote und Verletzte. Die Schutzbund-Putschisten verhaftete man, etliche von ihnen ließ die Dollfuß-Regierung später hinrichten, die Linksparteien wurden verboten. Die meisten Einwohner blieben jedoch von direkten Auswirkungen des Bürgerkriegs verschont und mußten lediglich ihre persönliche Bequemlichkeit einschränken. Stefan Zweig, der die Februargeschehnisse als ‹Selbstmord der österreichischen Unabhängigkeit› charakterisierte, gab zu, er habe von den Straßenkämpfen, obwohl er sich in der inneren Stadt aufhielt, nichts gesehen und seine Informationen nur aus der Zeitung bezogen.[69] An Hilda Doolittle, die Wien im Sommer 1933 verlassen hatte, sendete Freud einen knappen Rapport zur Lage, der Ähnliches besagte: «Not much personal suffering, just one day without electric light, but the ‹Stimmung› was awful».[70] Die Rebellen, so konzedierte er, gehörten zwar zum ‹besten Teil der Bevölkerung›, doch hätte ihr Sieg nur eine militärische Intervention Hitlers und damit eine Verschlimmerung der Situation provoziert. Außerdem könne er den Bolschewisten nicht trauen, weil sie neuen Terror brächten: «I expect no salvation from Communism.»[71] Gegenüber Arnold Zweig äußerte er am 25. Februar 1934, daß ihm beide Seiten mißfielen, Rechte wie Linke, weshalb er die Konstellation mit den Worten Mercutios aus Shakespeares *Romeo und Julia* beschreiben müsse: «‹A plague on both your houses.›»[72]

Wie schon im Jahr zuvor erwartete Freud, daß die Lage bald zu einem radikalen politischen Umbruch führen werde. «So kann es nicht bleiben, etwas muß geschehen. Ob die Nazis kommen oder unser heimgebackener Faschismus fertig wird, oder ob der Otto v. Habsburg naht, wie man jetzt vermutet.»[73] Nur wenige Wochen später, am 11. März 1934, wiederholte er gegenüber seinem Sohn Ernst die Einschätzung, der österreichische Totalitarismus sei «wahrscheinlich humaner und gemäßigter» als der deutsche. Aber er fügte besorgt hinzu, daß man in jedem Fall Repressionen erwarten müsse: «Als Juden werden wir nichts zu lachen haben.»[74] Freuds Furcht galt weniger der eigenen Sicherheit als der seiner Familie, und seine Sorge speiste sich aus der Verantwortung für Ehefrau, Schwägerin und Schwestern. Daß er als «alter, braver, hochverdienter und hilfloser Mann» starr vor Angst seine Vertreibung erwartet habe, wie ein Zeitungsartikel des Schnitzler-Freundes Ludwig Bauer Ende des Jahres 1933 nach einem kurzen Interview mit ihm suggerierte, entsprach nicht den Tatsachen.[75] Freud war über diesen «Appell an das europäische Mitleid» erbost und schwor sich, Journalisten künftig keine Auskünfte über seine inneren Befindlichkeiten mehr zu geben.[76] Er, der es als junger Mann mutig mit antisemitischen Randalierern aufgenommen hatte, zeigte sich nicht gewillt, die Rolle des ängstlichen Juden zu spielen. Als Hermann Nunberg, der bereits 1933 in die USA ausgereist war, ihn anläßlich eines Besuchs im Frühjahr 1934 drängte, er müsse Österreich verlassen, reagierte er daher ablehnend. Die hier lebenden Juden würden, so behauptete er, niemals an Deutschland ausgeliefert, und im übrigen habe er in Wien seine Ärzte, denen er vertraue.[77] Nur wenn ein «Hitlerscher Statthalter» die Regierung übernehme, müsse er, schrieb er Arnold Zweig, «wohl fortziehen, gleichgültig wohin.»[78]

Am 25. Juli 1934 wurde Dollfuß durch den österreichischen Nationalsozialisten Otto Planetta im Zuge eines Umsturzversuchs erschossen. Das Heer blieb jedoch loyal, die Putschisten kamen zügig in Arrest, und der bisherige Justizminister Kurt Schuschnigg konnte eine neue Regierung aufbauen. Sie setzte Dollfuß' Kurs fort, ohne irgendeine Form der politischen Stabilität zu schaffen. Wien war zwischen 1934 und 1938 ein Ort der mühsam gesicherten Kräftebalance, permanent bedroht durch Hitlers großdeutsche Machtgelüste, abhängig von Mussolinis Schutz und damit nicht wirklich handlungsfähig. Schuschnigg stützte sein diktatorisches System auf die Einheitspartei *Nationale Front*, die einen klerikal beherrschten Ständestaat zu organisieren suchte. Obwohl ihr Austrofaschismus nicht offen judenfeindlich auftrat, gewannen antisemitische Tendenzen zunehmend an Einfluß. Auch in der Berggasse häuften sich, wie Hilda Doolittle berichtet, die auf das Pflaster gemalten Hakenkreuzsymbole, und nicht selten war der Boden mit Flugblättern der Hitler-Anhänger bedeckt.[79] Fast schien es, als ob Karl Luegers Saat aufging und die Ressentiments des späten Habsburgerreichs nun ihre aggressive Fortsetzung fanden. Zahlreichen Bürgern jüdischen Glaubens war die Gefahr bewußt, in der sie schwebten. 25 000 von ihnen kehrten Wien in den frühen 30er Jahren den Rücken, weil sie um ihre Sicherheit fürchteten und kein Vertrauen in die nationalistische Regierung hatten.[80]

1938 schrieb Freud unter dem Titel *Ein Wort zum Antisemitismus* einen kurzen Artikel für Arthur Koestlers Pariser Exilzeitschrift *Die Zukunft*. Der Text, so behauptete er, bestand nahezu komplett aus einem Zitat, das einem Aufsatz entstammte, dessen Titel ihm entfallen sei. Diese Argumentation ist angesichts der Länge des Passus und der Detailliertheit seiner Ausführungen keineswegs überzeugend. Die Vermutung liegt nahe, daß es sich nicht um ein Zitat, sondern um seine eigenen Gedanken handelte, die Freud durch eine Fiktion kaschieren wollte. Die Grundaussage des Textes war einfach, aber wirklichkeitsfremd: nicht die Solidarität der Juden, sondern die humanistische Selbstverpflichtung derjenigen, die antisemitischen Gedanken nahestünden, sei jetzt erforderlich. Gerade der nichtjüdische Bürger mit der Neigung zum Antisemitismus müsse sich daran erinnern, daß Vorurteile niemals in politische Verbrechen münden dürften. Die entscheidenden Grenzen lägen dort, wo gegen die Gesetze der Menschlichkeit verstoßen werde. Hier nutze nur die klare Stellungnahme der Christen selbst, und unter ihnen besonders die Hilfe derjenigen, die keine Freunde des Judentums seien. Freuds Argumentation ist pragmatisch, doch zugleich naiv, denn gerade der ‹normale› Antisemitismus erwies sich als Ursprung der schweren Verbrechen, die Deutsche und Österreicher auf Hitlers Befehl bereitwillig verübten. Die Grenze zwischen Vorurteil und Völkermord war ins Wanken geraten, und der Appell an christliche Humanität fruchtete überhaupt nichts mehr. Freud sprach aus einer vergangenen Zeit zu seinen Lesern, ohne daß er von denen, die er erreichen wollte, gehört wurde.

Bilanzen, auch für die Zukunft

Am 22. Mai 1933 starb Ferenczi knapp 60jährig in Budapest an einer Atemlähmung. Er befand sich in längerem Siechtum aufgrund einer schweren Anämie, die mit motorischen Störungen einherging. In seinem letzten Brief an ihn formulierte Freud wehmütig, sie beide habe über Jahrzehnte «eine innige Lebens-, Gefühls- und Interessengemeinschaft» verbunden. Daß die «technische Inkorrektheit» von Ferenczis Behandlungsformen diese Gemeinschaft aufkündigte, schmerzte ihn, aber es gab keinen Weg zurück.[81] In seinem Nachruf, der ihm schwerfiel, weil er Trauer und Enttäuschung aufwirbelte, schrieb er: «Das Bedürfnis zu heilen und zu helfen war in ihm übermächtig geworden.»[82] Das klang wie ein versteckter Hinweis auf die wachsende Empathie Ferenczis und dessen Versuch, therapeutische Arbeit durch direkte Liebesbeweise für seine Patienten zu ergänzen. Dennoch fiel das Resümee versöhnlich und die Würdigung herzlich aus. «Er wird in unserem Gedächtnis bleiben», hieß es gegenüber Pfister, «wie er die zwanzig Jahre vorher war».[83] Sein wissenschaftliches Verdienst überdauere ihn, so erklärte Eitingon: «Ein sehr wesentliches persönliches und nicht nur persönliches Kapitel unserer Bewegung ist nun zu Ende.»[84] Daß Ferenczi – nach einer Behauptung mißgünstiger Kollegen – zuletzt schizophren geworden sei, hat Freud niemals unterstellt. Auch wo er irrte, hielt er ihn für einen Enthusiasten, einen Liebenden und Wissenschaftler von Rang. Er nahm, so schrieb Freud prophetisch an Jones, «ein Stück der alten Zeit mit sich, dann wird wohl mit meinem Abtreten eine andere beginnen, in die Sie noch hineinragen werden.»[85] Ferenczis Verlust war, so fühlte er, ein Zeichen für das Vergehen der Stunden, die, als seien sie Sand, durch die Finger rannen.

Eine konstant bleibende Trauer lag in den kommenden Jahren wie ein Flor über allem, was Freuds privates Leben betraf. Im Juli 1933 beging er den sechzigsten Jahrestag seiner Matura gemeinsam mit Wilhelm Knöpfmacher, seinem Paukgefährten in langen Nächten vor der Prüfung. Es lebten nur noch wenige der ehemaligen Klassenkameraden, und die Runde, die sich in Unterdöbling zur Feier traf, hatte überschaubare Ausmaße.[86] Freud hegte tiefen Widerwillen gegen persönliche Jubiläen, die ihn an das fortschreitende Alter erinnerten. Er notierte sie in seinem Tagebuch – so wie regelmäßig das Datum der Praxiseröffnung –, aber er mochte sie nicht zelebrieren. Schon zehn Monate vor seinem 80. Geburtstag, im Juli 1935, schrieb er an Jones, er wünsche keine «besondere Veranstaltung» zu diesem Anlaß, bestenfalls vom früheren Komitee «ein Album mit den Photographien der Mitglieder.» Grund zum Feiern bestehe nicht, denke man an die Weltlage, aber auch an sein hohes Alter, das eher ein «Kondolenztelegramm» rechtfertige.[87] Ein solcher Geburtstag sei nur dann öffentlich zu begehen, wenn «der Überlebende trotz aller Wunden und Narben als ein ganzer Kerl mittun kann», um zu zeigen, daß er «die feindlichen Einwirkungen des Lebens siegreich bestanden hat.» In seinem Fall sei das anders, er selbst ein «Invalide», den man nicht mehr vorzeigen dürfe.[88] Freud konnte allerdings nicht verhindern, daß neben den Mitgliedern seiner Familie auch Vertreter der Öffentlichkeit das festliche Ereignis ernst nahmen und gebührend vorbereiteten.

Den eigentlichen Höhepunkt des 80. Geburtstags bildete der Festvortrag, den Thomas Mann am 8. Mai 1936 im Wiener *Akademischen Verein* hielt. Weil der Gefeierte mit Rücksicht auf seinen gebrechlichen Zustand an der öffentlichen Veranstaltung nicht teilnehmen mochte, besuchte ihn der Autor am 14. Juni in Grinzing persönlich, überreichte ihm eine Mappe mit mehr als zweihundert Gratulationen und las ihm seine Rede vor.[89] Es war eine denkwürdige Szene: der alte Gelehrte, am Sprechen gehindert und in sich eingesunken, saß sichtbar gerührt vor dem straff im Sessel vortragenden Großschriftsteller, dessen Annäherung weit mehr bot als nur Huldigungsrhetorik. Der Text, später auch an anderen Orten referiert und im selben Jahr unter dem Titel *Freud und die Zukunft* in der *Imago* abgedruckt, war, wie so oft, ein verstecktes Selbstporträt des Verfassers. Thomas Mann deutete Freud als ‹geistigen Künstler› und entwickelte daraus ein Bild, das Dichter und Forscher zusammenführte.[90] Stolz gab er zu, daß ihn die Gelegenheit zu einer Festrede für Freud ehre, weil sie zeigen könne, wie verwandt Literatur und Seelenkunde seien. Manns Text traf wichtige Züge der Psychoanalyse, verschob sie allerdings auf eine Sichtweise, in der nationale Färbung und Irrationalismus dominierten. Als «Ritter zwischen Tod und Teufel» geriet Freud zum Nachfahren von Novalis und Nietzsche, zum psychologisch geschulten Metaphysiker, der es mit den Nachtseiten der Seele aufnahm.[91] So entstand ein sehr deutsches Porträt im Zeichen einer geistesgeschichtlichen Eingemeindung, die selbst romantische Züge trug. Der Aufsatz beeindruckte durch intellektuelle Brillanz, aber hinterließ auch einen merkwürdigen Beigeschmack von gezieltem Mißverstehen.

Ähnlich wie in seinem ersten Freud-Essay von 1929 sah Mann die Psychoanalyse als Kind der deutschen Romantik, deren Linie vorläufig bei Nietzsche endete. Ihre Sympathie mit der Schattenseite der Seele führe zu einer, wie es unnachahmlich hieß, «saturnalischen Umkehrung der Dinge», zu einer Arbeit an den Tiefenstrukturen des Bewußtseins, die den Abschied von den alten Dualismen erzwang.[92] Indem Freud Schopenhauers Metaphysik «ins Psychologische» übersetze, führe er das Projekt einer romantischen Aufklärung fort.[93] Zu diesem Vorhaben gehörte für den Verfasser auch die Idee, daß das Ich mehr als nur Ausdruck des Individuellen, stattdessen Produkt kollektiver Formierungen war – ein Gedanke, den Thomas Mann in einer 1935 veröffentlichten *Imago*-Studie von Ernst Kris zum Thema der Biographie gefunden hatte (wobei er nur den Titel, nicht den Autor erwähnte).[94] Daraus leitete der Essay die Annahme ab, daß die seelischen Kräfte des Einzelnen und die des Kollektivs in einander entsprechenden Bahnen verliefen. Der Mythos, so Mann, sei das historisch typische Beispiel für diesen Zusammenhang, denn in ihm zeige sich die Logik seelischer Prägungen, wie sie auch das Individuum auszeichneten. Im Willen, den Mythos durch die Erkenntnis seiner psychologischen Grundzüge zu humanisieren, liege eine Gemeinsamkeit zwischen Psychoanalyse und Dichtkunst. «Der Mythos», so hieß es vage und pathetisch zugleich, «ist die Legitimation des Lebens; erst durch ihn und in ihm findet es sein Selbstbewußtsein, seine Rechtfertigung und Weihe.»[95] In diesem humanistischen Projekt sah der Essay die wichtigste Funktion der Psychoanalyse für das spätere 20. Jahrhundert und für die Stillstellung der Gewalt, die es beherrscht. Freud werde man ehren «als Wegbegleiter eines künftigen Humanismus, den wir ahnen, und der durch vieles hindurchgegangen sein wird, von dem frühere Humanismen nichts wußten – eines Humanismus, der zu den Mächten der Unterwelt, des Unbewußten, des ‹Es› in einem keckeren, freieren und heitereren, einem kunstreiferen Verhältnis stehen wird, als einem in neurotischer Angst und zugehörigem Haß sich mühenden Menschtum von heute vergönnt ist.»[96] Daß Mann durch solche Überlegungen auch seinen *Joseph*-Roman adelte, der sich den biblischen Mythos mithilfe der Psychologie dienstbar machte, lag auf der Hand. Wie schon im Essay von 1929 verbarg sich, vom Autor freimütig zugegeben, hinter dem Lob des Anderen ein Preislied auf das Eigene.

Freud hat später die Deutung seines Laudators, die loyale Anhänger wie Ludwig Binswanger allzu egoistisch fanden, sehr originell beantwortet.[97] Jetzt war er es, der auf das fremde Terrain wechselte, um von dort aus seinen persönlichen Denkhaushalt zu beleuchten. In einem Brief vom 29. November 1936 unterbreitete er Mann die Hypothese, daß der Josephsmythos auch auf Napoleon gewirkt und seine Biographie beeinflußt habe. Napoleon nämlich litt unter der in der Familie gängigen Bevorzugung eines – allerdings älteren – Bruders, der Joseph hieß. Seine Vermählung mit Josephine und der Feldzug in Ägypten seien Indizien für den Versuch, die negative Prägung des Namens zu überwinden. Napoleon habe sich von der Last seiner persönlichen Josephsgeschichte befreit, indem er deren Erbe annahm und in den Handlungsplan seines Lebens einbaute.[98] Nachdem Freud seine Überlegungen zu Papier gebracht hatte, ließ er den Brief jedoch in der Schublade liegen. Der Grund, weshalb er auf eine Versendung verzichtete, beleuchtet das eigentliche Motiv des Schreibens. Anna Freud machte ihren Vater nämlich darauf aufmerksam, daß er Thomas Mann seine Interpretation schon im Mai 1936 in Wien mitgeteilt habe. Offenbar handelte es sich um einen Fall von Vergessen, der Freud hier unterlaufen war. Solche Dinge geschahen ihm niemals ohne Grund, und so darf man vermuten, daß er durch seine Auslegung der Josephslegende einen eigenen Komplex kaschierte. Im Hintergrund stand sein starker Ehrgeiz, mit dem er zeitlebens versuchte, seine Brüder im Geiste zu überflügeln. Auch gegenüber Thomas Mann bestand dieser Ehrgeiz, wie die eigensinnige Erklärung der Josephsfigur nahelegte. Mann war der vom Glück besonnte Joseph, dem alles scheinbar spielend gelang, während Freud sich als hart arbeitenden Napoleon sah, der den anderen insgeheim übertreffen wollte. Seine Interpretation bildete mithin eine Form der Selbstauslegung, bezogen auf den Wettbewerb der Geister, der hier unter der Oberfläche förmlicher Sympathie herrschte. Thomas Mann wußte spätestens seit dem Wiener Treffen im Mai 1936 von der Josephsdeutung, und womöglich konnte er sich denken, daß sie im Grunde ein Konkurrenzverhältnis zwischen ihnen unterstellte. Am Ende schickte Freud den Brief nicht ab, weil er eine Mitteilung enthielt, die seinen Adressaten schon erreicht hatte. Das «Satyr-Spiel» zum Treffen in Grinzing, wie Hans Blumenberg das Gedankenexperiment nannte, fand offiziell nicht statt, die psychoanalytische «Selbstparodie», in der das Ganze kulminierte, blieb ein unveröffentlichtes Postskriptum.[99]

Zum 80. Geburtstag gab es neben Thomas Manns Festrede auch «Ablehnung und Haß» in den Zeitungen, was Freud als «Aufrichtigkeit» verbuchte.[100] Von Lob ließ er sich nicht bestechen, und er wußte genau, daß er weiterhin zahlreiche Gegner hatte. Zu den tieferen Enttäuschungen des Jahres gehörte es, daß die renommierte Harvard Universität C. G. Jung und nicht ihm einen Ehrendoktor verlieh. Als Grund gab man an, daß Freud selbst, wie Erik Erikson, ein Schüler Annas, gegenüber dem Ausschuß spekulierte, zu einer möglichen Verleihung des Grades nicht persönlich werde kommen können. Das Komitee, das an einem wirkungsvollen öffentlichen Festakt interessiert war, entschied sich daher für Jung. Freud nahm das frustriert zur Kenntnis, aber recht besehen paßte die Nachricht in die Stimmung, die ihn umgab.[101] Über seinen 80. Geburtstag schrieb er nüchtern an Arnold Zweig: «Für mich bedeutete das Datum natürlich keine Epoche; ich bin derselbe wie vorher.»[102] Zu dieser Kontinuität des Ich gehörten auch die Ängste und Prognosen, die sich aus dem Glauben an die Macht der Zahlen ergaben. Am 2. April 1937 verkündete Freud dem überraschten Zweig, sein ererbter «Lebensanspruch» laufe im November des Jahres ab.[103] Er wäre dann 81 Jahre und sechs Monate alt gewesen – im selben Alter, in dem sein Vater starb (wobei er als Geburtsdatum nach großzügig berechnetem jüdischem Kalender den 1. April 1815 zugrunde legte). Um dem Irrationalismus dieser Behauptung die Spitze zu nehmen, fügte er hinzu, er akzeptiere gern bis zu diesem Datum Garantien, danach wolle er aber seinen Abgang nicht «verzögern», denn allzu dunkel erscheine ihm die Welt, die ihn umgebe.[104] Vom Aberglauben blieb am Ende der Pessmismus als harter Kern übrig. So unterschiedlich beide Einstellungen sein mögen, so eigentümlich eng verbunden sind sie in Freuds intellektuellem Haushalt. Die skeptische Gesinnung des Analytikers paart sich mit den erratischen Zügen eines spekulativen Geistes im besonderen Charakter einer Wissenschaft, die diese Gegensätze methodisch vereint.

Die unabschließbare Analyse

Auch der greise Freud arbeitete kontinuierlich, wenngleich die Frequenz der Ordination zurückging. Schon Ende der 20er Jahre hatte er aus eigenem Antrieb die Zahl der täglichen Therapiestunden reduziert.[105] Am 28. Januar 1937 schrieb er an Bleuler, daß das allgemeine Interesse an seiner Praxis schwinde: «Man drängt sich nicht mehr zu einem so alten Mann.»[106] Freud erklärte diese Entwicklung insgeheim damit, daß gerade jüngere Patientinnen einen Arzt auswählten, den sie auch erotisch anziehend fanden. Noch als 70jähriger durfte er sich von seinen Analysandinnen umschwärmt, ja begehrt und geliebt fühlen. Nun jedoch, da er gebrechlich und krank in seinem Stuhl saß, bot er, so spürte er, keine Projektionsfläche mehr für ihre sexuellen Übertragungen. Belegt wird eine solche Deutung durch eine Episode, die Hilda Doolittle in ihrem Erinnerungsbuch berichtete. Mitten in einer Sitzung – während des Frühsommers 1933 – bekam Freud einen Wutanfall, schlug «vorschriftswidrig» mit der Faust auf die Lehne seines Sessels und rief aus: «‹Das Schlimme ist – ich bin ein alter

Mann –, *Sie halten es nicht für der Mühe wert, mich zu lieben.*»[107] Über Jahrzehnte lang hatte er die Verführungsversuche seiner Patientinnen erfolgreich abgewehrt und sein asketisches Programm konsequent durchgehalten. Aber jetzt fehlten ihm die Avancen und Koketterien der Frauen, die seine Praxis besuchten, um sich von ihm aus dem Kerker ihrer Neurosen befreien zu lassen.

Nicht nur der Verlust seiner erotischen Attraktivität machte Freud zu schaffen, während er praktizierte. Er spürte seit längerem eine Einschränkung seiner früher so herausragenden Konzentrationsfähigkeit und bemerkte zudem ein Nachlassen des Gehörs auf einem Ohr. Über solche Verfallserscheinungen, die das ärztliche Gespräch erheblich erschwerten, hatte er schon zehn Jahre zuvor bemerkt: «Daran ist nichts Tragisches, in meinem Alter soll man nicht mehr arbeiten müssen.»[108] Ab 1927 behandelte er höchstens fünf Patienten täglich, und die Stunden mußte er nicht selten aus sich ‹herauspressen›.[109] Der Anteil der ausländischen Analysanden – zumeist aus den Vereinigten Staaten, Großbritannien oder Frankreich – war weiterhin beträchtlich. Für diese internationalen Klienten blieb die Therapie bei Freud, wie schon in der Zeit nach dem Krieg, eine kostspielige Angelegenheit. Zu Beginn der 30er Jahre forderte er von ihnen pro Sitzung 25 Dollar, was dem Wocheneinkommen eines mittleren Beamten entsprach. Ab 1934 akzeptierte er nur noch Zahlungen in österreichischer Währung, da sich der Kurs stabilisiert hatte; das einheitliche Honorar lag jetzt, schrieb er Hilda Doolittle, bei 100 Schilling für jede Stunde.[110]

Die längste Zeit des Tages und des Abends saß Freud am Schreibtisch. In der Mittagspause ruhte er, das Ausgehen mit dem Hund überließ er immer häufiger Anna. Nach einer Herzthrombose im Herbst 1933 fürchtete er das Treppensteigen und mied ausgedehnte Bewegung. Die alte Angst vor dem finalen Infarkt hatte sich angesichts der Qualen, die der Krebs bereitete, in Gelassenheit verwandelt. «Ich meine, diesmal habe ich mir das Anrecht auf einen plötzlichen Herztod erworben, keine üble Chance», schrieb er Arnold Zweig am 25. Oktober 1933.[111] Nur ein Jahr später meldete sich das Karzinom wieder, so daß Pichler entschied, es mit einer Strahlentherapie zu versuchen. «Man gibt mir Radium ins Maul, und ich reagiere auf das Teufelszeug mit den greulichsten [!] Beschwerden», berichtete er im Dezember 1934 lapidar dem Freund Zweig.[112] Im Juli 1936 war dann eine erneute Kieferoperation wegen eines Plattenepithel-Karzinoms erforderlich, das Pichler diagnostizierte. «Aus schwerem Kranksein», so lautete der *Chronik*-Eintrag am 23. Juli, fünf Tage nach dem Eingriff.[113] Körperliche Schwäche und Resignation begleiteten einen langwierigen Heilungsprozeß, der anzeigte, daß die Lebensgeister geschwunden waren.

Trotz der zunehmenden gesundheitlichen Einschränkungen blieb der Alltag von Pflichten und festen Ordnungsmustern bestimmt. Die Korrespondenz war weiterhin aufwendig und Freud ein akkurater Schreiber, der auf Briefe regelmäßig antwortete. Keinen seiner Briefwechsel ließ er einschlafen, stets hielt er seine Partner auf dem Laufenden. Das schriftliche Kommunizieren ersetzte zusehends die wissenschaftliche Arbeit, für die meist die Inspiration fehlte. Dennoch nahm Freud neue Entwicklungen seines Fachs gewohnt aufmerksam zur Kenntnis. Die Lektüre der analytischen Zeitschriften und Jahrbücher gab er auch in schwierigen Krankheitsphasen nicht auf. Freud, der seine Schule streng im Griff behalten wollte, mußte wissen, was in seiner Forschungsfamilie geschah. Lediglich die Sommerfrische, früher sechs Wochen dauernd, wurde nochmals ausgedehnt. Das schöne Domizil in Pötzleinsdorf am Rande von Wien mietete die Familie nun meist für vier Monate. Zahlreiche Freunde kamen zu Besuch, darunter der Archäologe Emanuel Löwy, der seine Wiener Professur 1928 aufgegeben hatte. Eine ohne ihr Wissen produzierte Filmaufnahme zeigt die beiden im vertrauten Gespräch, Freud fließend und lebhaft gestikulierend, fast jugendlich und voller Konzentration auf die Sache, die er gerade verhandelt. Ab 1934 ging die Familie im Sommer nach Grinzing, wo sie eine Villa in der Strassergasse 47 bewohnte. Der Aufbruch dorthin, im April oder Mai, glich einem regelrechten Umzug. Freud ließ fast hundert Bücher einpacken, schon Wochen zuvor schichtete man Geschirr und Besteck.[114] Anna und ihre Freundin Dorothy Burlingham mit ihren Kindern begleiteten sie. «Ihre Bedeutung für mich», schrieb er schon im September 1930 über die Tochter, «ist kaum mehr zu steigern.»[115]

In den letzten Wiener Jahren kam noch einmal die britische Ader in Freud zum Vorschein, und fast wirkte das wie ein Prolog zur späteren Emigration. Er blieb England treu, als Kulturbürger, aber auch auf akademischem Feld. Abends verbrachte Freud seine Zeit mit dem Lesen englischer Romane, wobei er Detektivgeschichten bevorzugte, etwa von Agatha Christie und Dorothy Sayers, in deren Klassiker *Gaudy Night* (1935) er sogar mehrfach erwähnt wurde.[116] Nicht zuletzt spielte die institutionelle Verbindung eine wichtige Rolle, wie er Jones im Mai 1935 zu verstehen gab: «Wir – London und Wien – müssen zusammenhalten, die anderen europäischen Gruppen spielen kaum eine Rolle, und die zentrifugalen Tendenzen sind derzeit stark in unserer Internationalen Vereinigung. Und es wäre schade, wenn sie meine persönliche Existenz nicht überleben sollte.»[117] Im Frühsommer 1935 wurde Freud externes Mitglied der *Royal Society of Medicine* in London, die höchste Ehre, die ein Wissenschaftler in England erfahren konnte, wie Jones ihm erläuterte.[118] In zwei Dankesbriefen vom Mai und Juni 1935 versicherte er, daß ihn die Auszeichnung außerordentlich erfreue. Auf seinen neuen Status als Fellow der königlichen Gesellschaft war er, der sonst nicht zu Eitelkeit neigte, enorm stolz, denn Großbritannien bedeutete ihm alles. Er überschätzte es in dem Maße, in dem er Amerika unterschätzte, mit jenem leicht verbohrten Zug, zu dem er fähig sein konnte, wenn sich Leidenschaften in sein sonst rationales Urteil mischten. Der alte Freud war endgültig zum Engländer geworden, er trug täglich seine dicken Tweed-Anzüge im Pfeffer-und-Salz-Muster, dazu eine karierte Sportmütze, pflegte seinen schwarzen Humor, las *Detective Stories* und träumte nicht mehr von Rom, sondern vom Alterssitz in einer britischen Grafschaft.

Im Jahr 1937 veröffentlichte Freud zwei Studien zur Behandlungsmethode, die charakteristisch für seinen Altersstil waren. Sie begannen wie eine Einführung in Kernelemente seiner Lehre, steigerten dann das Tempo der Argumentation, führten in die Höhen mutigster Hypothesen, brachen sich allerdings mehrfach in Exkursen und Abirrungen. Daß Freud massiv vom Thema abwich, entsprach einer gewissen Tendenz seiner späteren Arbeiten, denen die Tendenz zum Sprunghaften innewohnte. Zugleich aber spiegelte sich darin der Wunsch, noch einmal das Nötigste zu sagen, das Vielschichtige in ein Ganzes zu stecken, auch wenn dabei die Geschlossenheit des Textes litt. *Konstruktionen der Analyse*, die erste der beiden Studien, beschrieb in beeindruckender Klarheit die Probleme des therapeutischen Verfahrens, das einer archäologischen Sicherung fragmentarischer Formen vergleichbar ist. Wie bei einer Grabung erscheinen im Gespräch mit dem Patienten Bruchstücke von Erinnerungen und Wiederholungen affektiver Zustände, ohne daß sie ein komplettes Bild ergeben. Der Analytiker soll versuchen, aus dem Gehörten einen Rahmen zu bauen, der es ihm erlaubt, die psychischen Fragmente durch eigene Überlegungen zu ergänzen. Das ist keine ‹irrationale› Arbeit, was Reik behauptete, sondern eher, wie Fenichel 1935 schrieb, ein technischer Vorgang, bei dem der Arzt eine Art ‹Relais› für das Unbewußte des Kranken darstellt.[119] Ziel muß es sein, die

Lücken im mitgeteilten Material durch Elemente zu schließen, die auf dieselben Ursachen und Quellen zurückgeführt werden können wie die vorhandenen psychischen Erinnerungen. In einem nächsten Schritt berichtet der Analytiker dem Patienten von seinen Konstruktionen, um an seiner Reaktion zu erkennen, ob er auf dem richtigen Weg ist. Hier nun beginnt die eigentliche Schwierigkeit, weil es kein einfaches Rezept für die Auslegung entsprechender Zeichen gibt. Antwortet der Patient mit Zustimmung, so kann das Einverständnis, aber auch bewußte Täuschung im Sinne der Konfliktvermeidung anzeigen. Ein direktes ‹Nein› zu den Ergänzungen des Analytikers «ist ebenso vieldeutig und eigentlich noch weniger verwendbar als sein ‹Ja›. In seltenen Fällen erweist es sich als Ausdruck berechtigter Ablehnung; ungleich häufiger ist es Äußerung eines Widerstandes, der durch den Inhalt der mitgeteilten Konstruktion hervorgerufen wird, aber ebensowohl von einem anderen Faktor der komplexen analytischen Situation herrühren kann.»[120] Zustimmung und Opposition bedürfen mithin wie alle psychischen Regungen der Auslegung, so daß der Analytiker sich in einem ständigen Zirkel des Interpretationszwangs befindet. Seine Arbeit ist archäologischer, aber auch detektivischer Natur, und die Zeichen besagen in den meisten Fällen nicht, was sie direkt anzeigen.

Leichter wird es für den Arzt, wenn die Mitteilung seiner Konstruktion beim Patienten einen Erinnerungsschub auslöst. Das nämlich heißt, daß die Mutmaßungen eine psychische Dynamik in Gang setzen, die zur Quelle des Leidens zurückführt und mit ihr verbundene, lange vergessene Erfahrungen aufdeckt. Dabei kommt es zuweilen auch zur Verschiebung auf entfernte Objekte, weil die Verdrängung weiter wirksam ist. «Der ‹Auftrieb› des Verdrängten, durch die Mitteilung der Konstruktion rege geworden, hatte jene bedeutsamen Erinnerungsspuren zum Bewußtsein tragen wollen; einem Widerstand war es gelungen, zwar nicht die Bewegung aufzuhalten, aber wohl sie auf benachbarte, nebensächliche Objekte zu verschieben.»[121] Aus dieser Einsicht leitete Freud die Forderung ab, daß man Psychose und Neurose in ihren Phantasmen ernstnehmen, die hier geleisteten Verlagerungen als direkte Aussagen über den seelischen Zustand auffassen und nicht als Wahnbildungen abtun dürfe. Die Kreationen des Psychotikers, der sich in einer zweiten Welt bewegt, entsprechen, so folgerte Freud mit einer überraschenden Konsequenz, den Konstruktionen des Analytikers, denn beide füllen Lücken mit Elementen eines geschlossenen Deutungssystems, das seine innere Plausibilität hat.

Das war eine nachgerade subversive Auffassung, die von der inneren Einheit zwischen rationaler Analyse und Wahnbildung ausging. Die Macht der Verdrängung erzeugte Ersatzformen, wie sie nicht nur das Individuum, sondern die ganze Geschichte der Menschheit prägen. Der Wahn, mit dem einzelne Epochen gärende, gewaltige Phantasmen «aus der Verdrängung vergessener Urzeiten» hervorholten, beeinflußt unsere gesamte Historie.[122] Die Psychose ist eine Krankheit, aber zugleich, wie die Fälle Schrebers und Pankejeffs zeigten, eine kreative Macht, die das Verdrängte zur eigenen Welt gestaltet: im Kopf des Einzelnen und im Kollektivbewußtsein der Menschheit. Freud wagte sich hier an die äußerste Klippe vor, die zu betreten ihm als Analytiker noch erlaubt schien. Es ging um nichts weniger als die Verteidigung der Psychose und deren Nähe zu produktiv-phantastischen Entwürfen, wie sie schon Kraepelin und Bleuler durch ihre Fallstudien angedeutet hatten. Daß die Verdrängung nicht allein kulturstiftend, sondern auch direkt kreativ wirkt, gestand Freud nie zuvor mit solcher Konsequenz ein. Leichter wurde ihm dieser Schritt, weil er, wie er bekannte, auf Erinnerungen, nicht auf direkten Eindrücken aus der Praxis beruhte. Das Ordinationszimmer hatte sich geleert, und zurück blieben Reminiszenzen, aus denen die Kraft eines von allen Konventionen befreiten Denkens trat.

Auch der zweite Aufsatz des Jahres 1937, *Die endliche und die unendliche Analyse,* führte zu ungewöhnlichen Schlüssen. Erneut bildeten Überlegungen zur Behandlungspraxis den Ausgangspunkt, in diesem Fall Fragen der zeitlichen Begrenzbarkeit einer Therapie. Freud kritisierte noch einmal Ranks Theorie des Geburtstraumas und die damit verknüpfte Idee, daß durch eine hinreichende Aufklärung einer «‹Urfixierung›» auf die Mutter eine zügige Heilung möglich sei.[123] Derart einfache kausale Erklärungen bewirkten oberflächliche Erfolge, langfristig aber ein Fortdauern unerkannter Symptome. Wer eine zeitliche Begrenzung der Behandlung für sinnvoll halte, der müsse, so erklärte Freud, dem Patienten in dafür geeigneten Fällen eine Terminierung ausdrücklich ankündigen, um seine Gesprächsbereitschaft zu steigern. «Das Urteil über den Wert dieser erpresserischen Maßregel kann nicht zweifelhaft sein. Sie ist wirksam, vorausgesetzt, daß man die richtige Zeit für sie trifft. Aber sie kann keine Garantie für die vollständige Erledigung der Aufgabe geben.»[124]

Generell stellte sich Freud die Frage, was denn das Ende einer Analyse überhaupt sei, wenn wir doch wissen, daß Symptome wiederkehren können, weil sie unentdeckt blieben oder nicht wirkungsvoll genug besprochen wurden. Der Erfolg hing von der Bewältigung dreier zentraler Konfliktfelder ab: den Traumatisierungen, der Triebstärke und der Ichveränderung. Während Freud selbst in den frühen Jahren seiner Praxis die Behandlung aus innerer Ungeduld und mangels Erfahrung gern abkürzte, nahm er sich in fortgeschrittenem Alter deutlich mehr Zeit für die Therapie. Das lag zum einen an der Tatsache, daß nach dem Krieg ein steigender Anteil seiner Patienten bei ihm eine Lehranalyse durchlief und Fälle wie die von Helene Deutsch, Marie Bonaparte oder auch Ruth Mack-Brunswick geduldigstes Arbeiten verlangten. Es resultierte aber auch aus der Einsicht in die übergreifende Rolle, die ein jedes Symptom im seelischen Haushalt spielte, und aus der Erkenntnis, daß es hier keine unwichtigen Details gab. Es war die «Hexe Metapsychologie», die diese Ebene erschloß – ein Blickwinkel, der theoretische Schulung und praktische Erfahrung zugleich verlangte.[125] Freud suchte die Behandlung so durchzuführen, daß er seine eigenen Beobachtungen immer wieder auf zweiter Stufe selbst observierte. Dabei mußten die Reaktionen der Patienten im Blick auf Widerstand und Übertragung geprüft, aber auch wie Puzzlesteine in den biographischen Zusammenhang eingefügt werden.

Neben den dynamischen und den topischen Aspekten – also dem Kräftespiel und der Organisation im seelischen Apparat – durfte die ökonomische Ebene nicht außer acht gelassen werden. Sie schloß die Tatsache ein, daß Verdrängungsprozesse im Individuum seit dem infantilen Stadium, wie auch Ferenczi nachwies, zu jeweils ähnlichen Kontrollmechanismen führen. «Alle Verdrängungen geschehen in früher Kindheit; es sind primitive Abwehrmaßregeln des unreifen, schwachen Ichs. In späteren Jahren werden keine neuen Verdrängungen vollzogen, aber die alten erhalten sich und ihre Dienste werden vom Ich weiterhin zur Triebbeherrschung in Anspruch genommen.»[126] In pathologischen Fällen können solche Mechanismen, wie der Fall Schrebers offenbarte, auch Neurosen oder Wahnbildungen hervorrufen, die in bestimmten Abständen unter äußerem Druck wiederkehren. Hier zeigt sich, daß die therapeutische Arbeit einen gewaltigen Drachen zu bekämpfen hatte: ein Ungetüm, dessen Kopf man abschlagen konnte, ohne sicher zu sein, ob er nicht bald nachwachsen würde.

Die hypnotische Methode kannte das von Bernheim entwickelte Verfahren der Suggestion. Es rief absichtlich einen Anfall hervor, der dazu führte, daß die ihn tragenden seelischen Energien abgeführt werden konnten. Die Psychoanalyse verfügte als Gesprächstherapie über vergleichbare

Techniken nicht und blieb in ihren Mitteln, wo es um Vorbeugung ging, äußerst beschränkt. Einen Triebkonflikt durfte man behandeln, wenn er auftrat; ihm präventiv zu begegnen war für die Therapie schwierig, allerdings, wie Freud betonte, nicht ganz unmöglich. Alternative Wege boten sich für eine prophylaktische Behandlung an: die Erzeugung einer seelischen Krise auf einem Nebenschauplatz des eigentlichen Triebkonflikts und die gesprächsweise Erörterung einer solchen Krise im Sinne einer hypothetischen Erfahrung. Freud ließ keinen Zweifel daran, daß das erste Verfahren risikoreich war, weil es im ungünstigen Fall zur Schaffung einer neurotischen Symptomatik führen konnte. Aber auch der zweite Weg schien ungeeignet, da der Patient auf fiktive Seelenkonflikte, die der Analytiker mit ihm erörtern möchte, meist desinteressiert reagiert, folglich die gewünschte Mitarbeit bloß halbherzig leistet, so daß die erhoffte Prävention ausbleibt.

Was war in diesem Dilemma zu tun? Freud schlug vor, daß der Arzt mit dem Patienten ein Bündnis schließen müsse, um sein Es dem Ich zu unterwerfen und in seinen Wirkkreis einzubeziehen. Ein solcher Pakt bleibt allerdings nur möglich, wenn das Ich nicht psychotisch, sondern lediglich neurotisch gestört ist. In seiner Grundbeschaffenheit muß es berechenbar sein, damit das Projekt einer Disziplinierung des Es gelingen kann.[127] Gegen die erfolgreiche Bewältigung dieser Aufgabe stehen die Abwehrmechanismen, die das Ich seit der Kindheit ausgebildet hat. Sie werden motiviert durch den Wunsch, den Triebimpulsen Widerstand entgegenzusetzen, führen aber zu einer neuen Abhängigkeit von ihnen. Das Ich, das die Libido wegdrängen möchte, verschiebt in der Regel seine sexuelle Fixierung auf Ersatzobjekte, liefert sich aber damit dem Trieb weitaus unmittelbarer aus. Denn die Welt, die das Abwehr-Ich durchstreift, besteht nun allein aus libidinös gefärbten, vom Sexualimpuls geprägten Elementen. Ein unvorsichtiges therapeutisches Vorgehen wie Ferenczis und Ranks Technik der Trauma-Wiederholung zum Zweck der kathartischen Abfuhr kann genau diese Konstellation nochmals steigern, den verdrängten Trieb stärken, das Es ermächtigen und das Ich weiter schwächen. Die Studie griff hier auf Überlegungen zurück, die Anna Freud in ihrem 1936 veröffentlichten Buch *Das Ich und die Abwehrmechanismen* angestellt hatte. Dort hieß es über die eben beschriebene Sachlage: «Wenn wir uns schließlich in einen Abwehrvorgang mischen, der von der Angst vor der Triebgröße angeregt war, so ereignet sich auch wieder genau das, was das Ich verhüten wollte: die bis dahin niedergehaltenen Es-Abkömmlinge dringen ungehinderter in das Gebiet des Ichs vor.»[128]

Während das «Normal-Ich» dem Therapeuten «unerschütterliche Bündnistreue zusichert, ist das von Kontroll- und Defensivreflexen geprägte Ich gänzlich unberechenbar und unzuverlässig.[129] Die Abwehr verändert das Ich, lenkt seine Energien auf neue Schauplätze und Objekte, damit die Leistungen der Verdrängung nicht gefährdet werden. Da Freud, anders als Reich und Fenichel, niemals das Ziel verfolgte, die unterdrückten Triebe von ihren Fesseln zu befreien, konnte er den hier entstehenden Konflikt nur als Krieg der Medizin gegen die Libido beschreiben. Der Arzt hat es mit einem furchtbaren Feind zu tun, keinem Drachen in diesem Fall, sondern einem Proteus, einem Fabelwesen, das ständig seine Gestalt verändert. Der Kampf gegen das Es droht zu scheitern, weil das Ich die Mithilfe verweigert und sich dem Therapeuten in wechselnden Figurationen entzieht. «Es gibt keinen stärkeren Eindruck von den Widerständen während der analytischen Arbeit als den von einer Kraft, die sich mit allen Mitteln gegen die Genesung wehrt und durchaus an Krankheit und Leiden festhalten will.»[130] Diese Einstellung beruht im Schuldbewußtsein des Über-Ich und im Destruktionsimpuls als Ableger des Todestriebs. Beide sorgen für einen schwierigen Konflikt zwischen Patienten-Ich und Arzt, indem sie den therapeutischen Pakt verhindern. Angesichts dessen sei, so forderte Freud, nicht Abkürzung der Behandlung, sondern Gründlichkeit das Ziel, stetige «Vertiefung» der Methoden und genaue Überprüfung des Erreichten.[131] Aus einer interessant abgewandelten Perspektive variierte er diese Einschätzung, als er 1933 zu Hilda Doolittle sagte: «‹In der Analyse ist man tot, wenn die Analyse vorbei ist.›»[132]

Die unendliche Therapie war ein Kind der Skepsis, jenes Prinzips, das Freud zeitlebens als einen der höchsten Werte wissenschaftlicher Arbeit verehrte. Es blieb ein Gebot des Zweifels, daß auch der Arzt sich in regelmäßigen Abständen, «etwa nach Verlauf von fünf Jahren», wieder «zum Objekt der Analyse» machte, «ohne sich dieses Schrittes zu schämen.»[133] Die Supervision, wie derartige Selbstprüfung heute heißt, war erforderlich, weil nur sie sicherstellte, daß der Therapeut seine Methoden ausreichend reflektierte, seine Verfahren kritisch genug betrachtete und mögliche Fehler offen ansprach. Allein im Austausch mit Kollegen konnte das geschehen, was Freud noch durch die Selbstuntersuchung leisten mußte: das eigene Wissen aus den Steinchen eines Mosaiks zusammenzusetzen und mit immer neuen Fragmenten der Erfahrung zum Ganzen zu kombinieren. Im Sinne solcher Überlegungen war die Analyse nicht nur ‹unendlich›, sondern auch ein offener Prozeß, in dem Therapeut und Patient sich stärker ähnelten, als es den Anschein hatte. Franz Kafkas vieldeutige Erzählung *Ein Landarzt* aus dem Jahr 1919 spiegelt diese Konstellation auf plastisch-ironische Weise, wenn dort Arzt und Kranker ins selbe Bett gelegt werden. Der Autor zog aus derartiger Nähe der Rollen allerdings andere Folgerungen als Freud: 1920 erklärte er seiner Freundin Milena Pollak, er halte den «therapeutischen Teil» der Psychoanalyse für einen «hilflosen Irrtum», weil er dort zu heilen suche, wo die Krankheit des Menschen tiefere Wurzeln jenseits der Neurose habe.[134]

Die Arbeit der Psychoanalyse war unabschließbar und führte stets zu relativen Ergebnissen, zu einer Verbesserung der Lebensmöglichkeiten, selten zu dauerhafter Heilung. An dieser Position hielt Freud beharrlich fest, auch wenn Schüler wie Ferenczi widersprachen und schnelle Erfolge in Aussicht stellten.[135] Gerade die Offenheit des Prozesses verlangte jedoch von denen, die praktizierten und lehrten, ein hohes Maß an Geduld und Sensibilität. Freud lieferten solche Erwartungen zugleich Argumente für die Laienanalyse und gegen eine rein medizinische Begründung der Psychoanalyse. Gab es zukünftig eine Chance für ihre akademische Ansiedlung an den Universitäten? Freud ließ offen, wo er sich seine Disziplin im Spektrum der Fächer wünschte. Seine Tochter war vier Jahrzehnte später entschiedener, was die institutionelle Zuordnung betraf. Eine Professur für Psychoanalyse gehöre, so erklärte Anna Freud 1977 aus Anlaß der Schaffung eines Freud-Lehrstuhls in Jerusalem, zur medizinischen Fakultät. Als Teilgebiet der Psychiatrie könne sie dort im breiter gewordenen Spektrum der dynamischen Psychotherapie sinnvoll wirken und die Isolation überwinden, in die man sie stets gezwungen habe.[136] Annas Einschätzung blieb allerdings ohne akademische Konsequenzen, denn bis heute verweigern die meisten Universitäten der Welt der Psychoanalyse einen Platz im Reigen ihrer Fächer.

Die Aufsätze der 30er Jahre verrieten Freuds Zurückhaltung bei der Bewertung neuer Behandlungsformen, zumal Erweiterungen wie Ferenczis Bioanalyse und ihre Verbindung mit organischen Heilverfahren ihm fremd blieben. Er sei «nie ein therapeutischer Enthusiast» gewesen, schrieb er 1932. Seine praktischen Erfolge bedeuteten weder Triumphe noch gäben sie Grund, «sich ihrer zu schämen».[137] Das klang nüchtern und zeugte kaum von Begeisterung. Sein Urteil über die Zukunft seiner Lehre bewegte sich in den letzten Jahren, schwankend, zwischen Sorge und Skepsis. Die einzige Quelle für Optimismus war die jüngste Tochter, die das Fortdauern seiner Arbeit garantierte. Wenn er sie betrachtete, mischte sich der Stolz auf die wissenschaftliche Lebensleistung mit der Gewißheit darüber, daß er auch als Vater bestehen durfte. Sie, die strenge Antigone der Psychoanalyse, garantierte das Festhalten an den wissenschaftlichen Gesetzen, die er aufgestellt hatte. «Was an mir noch erfreulich ist, heißt Anna», so schrieb Freud am 6. Januar 1935 an Lou Andreas-Solomé.[138] Und im Mai 1936, vier Monate vor seinem 50. Hochzeitstag, dessen familiäre Feierlichkeiten Ruth Mack-Brunswick filmte, bilanzierte er gegenüber Stefan Zweig: «Denn ich bin ungewöhnlich glücklich in meinem Haus gewesen, mit Frau und Kindern und einer Tochter besonders, die in seltenem Ausmaß alle Ansprüche eines Vaters befriedigt».[139]

ACHTZEHNTES KAPITEL

Emigration und Tod (1938–1939)

Vertreibung aus dem Gefängnis

Über Wien hat Freud zeitlebens ohne jede Sentimentalität und Liebe gesprochen. Die geistige Stimmung fand er mittelmäßig, das soziale Klima erstickend, die akademische Welt verlogen. «Es ist ein Elend hier zu leben», schrieb er schon im September 1898, «und keine Atmosphäre, in der die Hoffnung, etwas Schweres zu Ende zu bringen, sich erhalten kann.»[1] Mediokrität, Opportunismus und Ressentiments lagen, so meinte er, wie Blei über der Stadt. Noch vor dem Abschluß der *Traumdeutung* hieß es in einem Brief an Fließ: «Wien und die Verhältnisse hier sind mir beinahe schon physisch zuwider.»[2] Solche Sätze bezogen sich auch auf den latenten Antisemitismus und die soziale Borniertheit des Bürgertums, aber es handelte sich um private Äußerungen, die Freud nie öffentlich machte. Und vor allem: sie waren folgenlos, denn aus ihnen resultierte kein konsequentes Handeln. Freud lebte über Jahrzehnte in Wien, ohne einen Wechsel seines Wohnortes ernsthaft zu erwägen. Der Traum von der Villa auf dem Land, dem Gut in Rom, dem Erwerb eines englischen Cottage – das waren vage Phantasien, denen keine wirklichen Planungen entsprachen. Freud gehörte in die lange Reihe der Wien-Hasser von Gustav Klimt und Karl Kraus über Robert Musil bis zu Gustav Mahler, die schimpften und dennoch blieben.

Auch in den Jahren nach 1934, als sich in Österreich ein massiver Rechtsruck vollzog, wollte Freud Wien zunächst nicht verlassen. Den Austria-Faschismus hielt er für ungefährlicher als die Nationalsozialisten, wenngleich er ahnte, daß die Situation sich schnell ändern konnte. In seinem Umfeld teilte man diese relativ gelassene Auffassung nicht. Der Kreis der Vertrauten wurde stetig kleiner, zahlreiche Bekannte reisten aus und kehrten nicht zurück. Die meisten Analytiker wandten Wien den Rücken; nur vier der über hundert, die hier Anfang der 30er Jahre zugelassen waren, praktizierten 1938 noch. Als Hitler das Land gleichschaltete und die Wiener Vereinigung in ein ideologisch gelenktes Reichsinstitut umwandeln ließ, blieben von ihren einstmals 88 Mitgliedern lediglich zwei übrig.[3] Zwar gab es noch einen kleinen Kreis von jüngeren Schülern, die wie Viktor Frankl oder Heinz Hartmann die Psychoanalyse vertraten, doch ihre Zahl schwand zunehmend. Freud erhielt wöchentlich Anfragen der von ihren Ärzten zurückgelassenen Patienten, die um Aufnahme in seine Ordination baten. Es war unschwer zu erkennen, daß man die Krisensymptome ernstzunehmen hatte. Aber der alte Starrkopf ignorierte die Zeichen an der Wand und harrte aus, im Glauben, daß die humane Welt von Gestern noch zu retten sei.

Als im Februar 1938 eine weitere Entfernung von Gewebe in der Mundpartie nötig war, stand Freud das mit der gewohnt stoischen Haltung durch. Die Beschwerden dauerten, wie es nun nach kleineren Eingriffen häufiger der Fall war, lange über die Operation hinaus an. Freud mußte dort Platz nehmen, wo sich eigentlich seine Patienten befanden, er lag «mit Schmerzen und Wärmflaschen auf der Couch, die für andere bestimmt ist.»[4] Anna half ihm, so gut sie konnte, bei der Rekonvaleszenz. Sie versah nicht nur die aktuelle Fürsorge, sondern achtete auch auf verdächtige Veränderungen der Gesichtshaut, die Gewebeveränderungen anzeigten. Als «Pflegerin» sei sie, so fand der Vater «ebenso vortrefflich» wie «als Analytikerin, Schneiderin, Landwirtin oder was immer sie anfaßt».[5] Er denke bei ihr oft an einen Vers Mephistos aus dem zweiten Teil von Goethes *Faust*: «‹Am Ende hängen wir doch ab / von Kreaturen, die wir machten.›»[6]

Es waren die letzten Wochen vor der Besetzung Österreichs durch Hitler und seine Schergen. «Ob die Deutschen die Freiheit behalten, in Mitteleuropa nach ihrem Willen zu verfahren, ob sie selbst nicht umkippen, ob die Westmächte sich weiterhin einschüchtern lassen», so räsonierte Freud am 22. Februar 1938, «darüber kann derzeit kein Mensch etwas mit Sicherheit oder auch nur größerer Wahrscheinlichkeit sagen.»[7] Es sei die Absicht der österreichischen Regierung, auf Zeit zu spielen, und das zwinge alle zur Geduld. Trotz der ernsten Lage hatte Freud seine Ironie nicht eingebüßt. An Eitingon schrieb er am 6. Februar 1938 nach Jerusalem: «Haben Sie gelesen, daß es den Juden in Deutschland verboten werden soll, ihren Kindern deutsche Namen zu geben? Sie werden nur mit der Forderung antworten können, daß die Nazi auf die beliebten Vornamen Johann, Josef und Marie verzichten.»[8] Noch Ende Februar hielt Freud seine Auswanderung für unrealistisch, schließlich sei er invalide, und ebensowenig komme das Exil für die «zwei alten Frauen» in Betracht: Martha war 76, Minna 72 Jahre alt.[9]

Nach dem von Hitler erzwungenen Berchtesgadener Abkommen, zu dessen Unterzeichnung der Kanzler Schuschnigg am 12. Februar 1938 auf den Obersalzberg zitiert worden war, gehörte dem österreichischen Kabinett mit Arthur Seyß-Inquart ein nationalsozialistischer Innenminister an. Als Schuschnigg am 9. März eine kurzfristige Volksabstimmung über die Unabhängigkeit des Landes in Aussicht stellte, ordnete Hitler aus Furcht vor einer Niederlage die sofortige Mobilmachung der achten Armee an. Am 11. März trat der Kanzler nach telefonischen Drohungen Görings auf Anraten des Bundespräsidenten Wilhelm Miklas zurück. In seiner letzten Rede erklärte er abends im Rundfunk, seine Regierung weiche der Gewalt und habe die österreichischen Truppen angewiesen, jeglichen Widerstand einzustellen, damit kein ‹deutsches Blut› vergossen werde. Am nächsten Tag überschritt die Wehrmacht, unterstützt von SS und Polizeieinheiten, in dichten Verbänden mit insgesamt 65 000 Bewaffneten die Grenze. «Finis Austriae», notierte Freud in seiner *Chronik*; «Hitler in Wien», hieß es am 14. März.[10] Churchill, ein scharfer Kritiker der britischen Beschwichtigungspolitik Chamberlains, die Frieden um jeden Preis wollte, sprach im Londoner Unterhaus davon, daß die Nazis Österreich «verschlungen» hätten.[11]

Schon am Tag des Einmarschs der Reichswehr rollte eine Welle der Verhaftungen über das ganze Land. Antisemitische Attacken, Folterungen, Plünderungen und Demütigungen standen fortan auf der Tagesordnung. Hitler setzte mit erschreckendem Tempo um, was er über Jahre hinweg angedroht hatte. Während am 15. März auf dem Wiener Heldenplatz vor der Hofburg tausende fanatisierter Menschen dem Führer zujubelten, wurden die ersten Maßnahmen zur Gleichschaltung des Landes vollzogen. Kein jüdischer Bürger war mehr sicher vor den brutalen Übergriffen der neuen Staatsmacht, die sich auf eine nennenswerte Zahl österreichischer Helfer stützen konnte. Stefan Zweig schrieb in seinen Erinnerungen über diese Tage der antisemitischen Gewalt und des Schreckens: «Mit nackten Händen mußten Universitätsprofessoren die Straßen reiben, fromme weißbärtige Juden wurden in den Tempel geschleppt und von johlenden Burschen gezwungen, Kniebeugen zu machen und im Chor ‹Heil Hitler› zu schreien. Man fing unschuldige Menschen auf der Straße wie Hasen zusammen und schleppte sie, die Abtritte der SA-Kasernen zu fegen; alles, was krankhaft schmutzige Haßphantasie in vielen Nächten sich orgiastisch ersonnen, tobte sich am hellen Tage aus.»[12] Carl Zuckmayer verglich die Stimmung mit einem «Hexensabbath des Pöbels» und nannte das, was sich hier vollzog, «ein Begräbnis aller menschlichen Würde.»[13]

Bereits am 15. März erschien ein Trupp mit sieben SA-Männern in Freuds Wohnung, entschlossen, Antiquitäten und Kunstschätze zu konfiszieren. Martha stellte sich den Eindringlingen resolut entgegen und verhinderte so das Schlimmste. Sie händigte ihnen den Inhalt ihrer Börse in Höhe von 6000 Schilling aus, worauf sie verschwanden – allerdings mit der Ankündigung, sie kämen bald wieder.[14] Zur selben Zeit wurde auch das Büro des Psychoanalytischen Verlags geplündert, wie Martin seiner Schwester Anna berichtete.[15] Freud mußte eine sogenannte ‹Judenvermögensabgabe› entrichten, die willkürlich veranlaßt wurde. Derartige Zwangsmaßnahmen gehörten fortan zum Alltag; jüdische Geschäftsinhaber hatten sie ebenso zu erdulden wie Akademiker. Der SA-Überfall auf die Wohnung in der Berggasse sprach sich rasch herum und löste spontane Reaktionen im Freundeskreis aus. Schon am 16. März traf Jones aus London ein, am 17. März kam Marie Bonaparte aus Paris – beide in der Absicht, Freud so schnell wie möglich von der Notwendigkeit einer sofortigen Emigration zu überzeugen.

Freud saß seit dem 13. März täglich am Radio und hörte angewidert den Jubelreden der Kundgebungen zu. Trotz der bedrohlichen Lage wollte er ausharren, denn eine Ausreise, so wußte er, bedeutete den Verlust aller seiner Lebenswurzeln. In dieser Stimmung traf ihn Jones an, der fest entschlossen war, ihm den Ernst seiner Situation und die Erfordernis einer unverzüglichen Emigration einzuschärfen. Nur mühsam gelang es ihm, den alten Herrn aus seiner Lethargie zu reißen und ihm klar zu machen, daß er nicht nur sein eigenes Leben, sondern auch das seiner Familie aufs Spiel setzte, wenn er den Entschluß zur Abreise weiter hinauszögerte. Freud blieb zunächst stoisch, er sah sich, wie er seinem Schüler erklärte, als Kapitän, der bis zuletzt auf der Kommandobrücke bleiben mußte. Jones konterte das mit der Anekdote von Charles Lightoller, dem Zweiten Offizier der *Titanic*, der durch eine Explosion des Kessels ins Meer geschleudert worden war. Vor der britischen Untersuchungskommission, die den Ablauf der Katastrophe klären sollte, gab er auf die Frage, wann er von Bord gegangen sei, die Antwort: Nicht er habe das Schiff verlassen, sondern das Schiff ihn.[16] Vor diesem Argument kapitulierte Freud, denn es war klar, daß der Vergleich paßte: da das alte Österreich schon vorher verschwunden war –

‹Finis Austriae› –, blieb ihm nichts, als nun seine Koffer zu packen. Nachdem er prinzipiell in eine Ausreise eingewilligt hatte, diskutierte er mit Jones über mehrere Stunden die Frage, wo man Asyl beantragen sollte. Die Vereinigten Staaten entfielen, weil er sie seit dem Ende des letzten Krieges für ein Paradies der geistlosen Dollarbarone hielt. Paris galt als emigrantenfreundlich, schied allerdings aufgrund der für Martha und Anna bestehenden Sprachbarriere aus. England wiederum bot sich als idealer Fluchtort an, war Freud seit frühester Jugend nahe und lange schon der insgeheim erträumte Alterssitz. Aber die restriktiven britischen Einreisegesetze bildeten eine erhebliche Hürde, und Jones mußte ihm zusagen, seine bis ins Innenministerium reichenden Beziehungen spielen zu lassen, um ein Visum für alle zu erwirken. Am frühen Abend des 16. März setzte sich Freud mit Martha und Minna zusammen, um ihnen seine Entscheidung mitzuteilen. Wie beiläufig fragte er wenig später auch die Haushälterin Paula Fichtl, ob sie bereit sei, mit ihnen auszureisen. Für sie, die unbedingt Pflichtbewußte, war es selbstverständlich, Wien zu verlassen, denn ihre Heimat lag dort, wo ‹der Professor› lebte.[17] An Arnold Zweig schrieb Freud am 21. März, es sei «die Weltgeschichte im Wasserglas», die nun seine Existenz verändere.[18]

Am 22. März stand die Geheime Staatspolizei in der Berggasse 19 vor der Wohnungstür und forderte Freud auf, sich für eine Vernehmung bereitzuhalten. Anna intervenierte, erklärte, ihr Vater sei nicht mehr gehfähig, und stellte sich an seiner Statt zur Verfügung. Nach kurzen Verhandlungen wurde sie ohne nähere Angabe von Gründen im Auto zum Polizeirevier gefahren, wo man sie stundenlang verhörte. In ihrer Tasche führte sie für den schlimmsten Fall Veronal mit sich, das aus den Beständen Schurs stammte. Freud saß unterdessen im Arbeitszimmer und rauchte, wie sich der Hausarzt erinnerte, eine Zigarre nach der nächsten.[19] Durch die Intervention von Dorothy Burlingham schaltete sich der amerikanische Botschaftssekretär John Wiley ein; er konnte dafür sorgen, daß Anna am frühen Abend nach Hause entlassen wurde. Marie Bonaparte bewachte persönlich die Wohnung der Freuds, indem sie sich, so Paula Fichtls Erinnerung, elegant in Pelzmantel und Wildlederhandschuhen, umhüllt von Parfümwolken, wie eine kampfbereite Furie vor die Tür ins Treppenhaus setzte, um unliebsame Störungen rechtzeitig melden zu können. Sie nutzte in den kommenden Tagen ihre vorzüglichen Botschaftskontakte, um das Schlimmste zu verhindern.[20] Spät in der Nacht stellte Anna ihrem Vater die Frage, ob es angesichts der akuten Bedrohung nicht besser sei, sich das

Leben zu nehmen. Er widersprach entschieden, indem er darauf hinwies, daß die braunen Machthaber sich genau das wünschen würden.[21]

Jones verließ Wien schon am 17. März, kurz nach Marie Bonapartes Ankunft, um gemeinsam mit Ernst in London die Vorbereitungen für Freuds Einreise zu treffen. Er intervenierte bei Sir Samuel Hoare im Innenministerium und erwirkte dort eine Arbeitserlaubnis für ihn, seine Ärzte und die Dienstboten. Freuds Mitgliedschaft in der britischen *Royal Society of Medicine* erwies sich dabei als äußerst förderlich und unterstützte die diplomatischen Bemühungen. «Aufnahme in England gesichert», hieß es am 28. März in der *Chronik*.[22] Freud gestand Jones Ende April, wie schwer ihm die Entscheidung für die Emigration gefallen sei. Ausdrücklich entschuldigte er sich bei ihm für sein Zaudern und seine üble Laune, für seine Zweideutigkeit und die bei ihm untypischen Zeichen des Schwankens. Er habe, so Freud, nie Zweifel an Jones' Aufrichtigkeit gehegt, vielmehr schätze er ihn für seinen Rat außerordentlich. Auch später sollte er ihm nicht vergessen, daß er ihm die richtige Entscheidung für die sofortige Ausreise verdankte. Jones, der Pragmatiker, freute sich über diese Klärung und die anerkennenden Worte. Mit Stolz las er in einem Brief vom 28. April 1938 nach seiner Rückkehr aus Wien, wie wertvoll und einzigartig er für Freud sei: «Es ist dies ein einmaliger Gefühlsausdruck von meiner Seite, denn unter geliebten Freunden soll vieles selbstverständlich und unausgesprochen sein.»[23] Von den früheren Zweifeln an der charakterlichen Festigkeit des Schülers war keine Rede mehr; Freud wußte endgültig, daß er auf ihn bauen konnte.

Die Wohnungsauflösung hatte man bereits Wochen vor der Abreise begonnen, sie wurde für alle Beteiligten ein schmerzlicher Akt. Wie immer in solchen Krisensituationen, bemerkte Freud lakonisch, waren die Frauen besonders tüchtig, den ganzen Tag auf den Beinen und unaufhörlich arbeitend. Martha und Minna organisierten die Abläufe, unterstützten die Dienstmädchen und packten trotz ihres fortgeschrittenen Alters entschieden an, während die Männer – Martin, Lampl, der Schwiegersohn Robert Hollitscher – sich als «unbrauchbar, halb närrisch» erwiesen.[24] Die vom Spediteur in Kisten eingelagerte Antikensammlung sollte zunächst wie die Bibliothek in Wien zurückbleiben, ohne daß man wußte, ob sie je wieder ihren Weg zum Besitzer finden würde. Hans Ritter von Demel, der Direktor des ägyptischen Museums, hatte den Wert der Exponate bewußt niedrig auf 30 000 Reichsmark geschätzt, damit man keine Ausfuhrsteuer zahlen mußte.[25] Einige besonders schöne Stücke und mehrere Manuskripte, die der verzweifelte Freud bereits in den Mülleimer geworfen hatte, nahm Marie Bonaparte an sich. In ihrem Gepäck befand sich auch die Sammlung von Freuds Fließ-Briefen, die sie Anfang des Jahres 1937 für 12 000 Francs von dem Kunsthändler Reinhold Stahl gekauft hatte, in dessen Besitz sie 1933 durch Fließ' Witwe gelangt waren. Freud wußte von dieser Schmuggelware, und er versuchte die Prinzessin bereits im Winter 1937 zu überzeugen, daß es richtig sei, ihm das Konvolut für die Hälfte des Kaufpreises abzutreten. Weil Marie Bonaparte ahnte, daß er die Briefe vernichtet hätte, weigerte sie sich standhaft, sie ihm herauszugeben. Stattdessen ließ sie sich in den hektischen Tagen der Abreise zur Rothschild-Bank an der Freyung fahren, wo sie das kostbare Konvolut dem Safe entnahm. Die sorgfältig verpackten Fließ-Briefe begleiteten sie nach Paris, sicher vor der Willkür der Deutschen, aber auch vor den Zerstörungsabsichten ihres Verfassers.

Die Mai-Feierlichkeiten der Nationalsozialisten filmte Marie Bonaparte für ihr privates Archiv. An der Fassade des Hauses in der Berggasse 19 hing ein Plakat mit der – von der Wirklichkeit konterkarierten – Parole: «Dieser erste Mai soll dokumentieren, daß wir nicht stören wollen, sondern aufzubauen gedenken.»[26] Am Abend kam die Prinzessin zu Besuch, begleitet vom Schriftsteller Richard Beer-Hofmann aus dem Freundeskreis Schnitzlers, der gleichfalls seine Ausreise vorbereitete.[27] An den letzten Maitagen ließ sich Freud noch einmal mit dem Cabriolet in die Wiener Umgebung fahren, zum Kobenzl, dem Hausberg im Norden, und in die Strassergasse im 19. Bezirk, wo sein letztes Sommerdomizil lag. Aber die Erinnerungen an die schönen Tage der Vergangenheit wurden durch die häßliche Gegenwart getrübt: in die große Villa gegenüber dem früheren Urlaubsdomizil war der berüchtigte Gauleiter Josef Bürckel gezogen, der dort seine ausschweifenden Feste feierte.[28] Freud nahm aus naheliegenden Gründen davon Abstand, nochmals den Garten in der Strassergasse zu besuchen – zu groß war seine Furcht, Bürckels vulgäre Entourage auf sich aufmerksam zu machen. So kehrte er im offenen Wagen wieder in die Berggasse zurück, einen Strauß Maiglöckchen auf dem Schoß, den ihm die wehmütige Hausbesitzerin geschenkt hatte. Als er sich in der Wohnung an den Schreibtisch setzte, um Minna diese anrührende Episode zu schildern, bemerkte er, wie dunkel sein Zimmer aufgrund des starken Laubwuchses der im Hof stehenden Bäume in der hellsten Jahreszeit war. Er hatte diesen Umstand vergessen, weil er seit langem den Juni außerhalb Wiens verbrachte, und nun fühlte er sich unter dem Zwielicht seiner Arbeitslampe wie ein Fremder in den eigenen Räumen.[29]

Freud trennte sich ohne Sentimentalität von vielen Dingen, die ihm liebgeworden waren. Nicht nur Manuskripte und Briefschaften wanderten in den Abfall. Auch die Tarockkarten, mit denen er jahrelang gespielt hatte, warf er in den Papierkorb, wo sie aber Paula Fichtl sicherstellte – so konnten sie später den Weg ins Museum finden. Freud wollte sich auf das Nötigste beschränken und mit reduziertem Gepäck reisen, denn das gehörte seiner Meinung nach zur Rationalität einer schmerzlichen, unumkehrbaren Entscheidung. Er selbst sah die Emigration in für seine Wien-Beziehung typischer Ambivalenz als Verlassen eines Gefängnisses, das er geliebt hatte. An seinen Sohn Ernst in London schrieb er unter Bezug auf die *Josephs*-Tetralogie am 12. Mai 1938: «Ich vergleiche mich manchmal mit dem alten Jakob, den seine Kinder auch im hohen Alter nach Ägypten mitgenommen haben, wie uns Thomas Mann im nächsten Roman schildern wird. Hoffentlich folgt nicht darauf wie dereinst ein Auszug aus Ägypten. Es ist Zeit, daß Ahasver irgendwo zur Ruhe kommt.»[30]

Minna konnte Wien bereits am 5. Mai verlassen, Martin folgte am 14. Mai, Mathilde und ihr Mann bestiegen zehn Tage später den Zug. Ehe Freud die Ausreise endgültig genehmigt wurde, verlangte die Gestapo eine Art Kopfsteuer für die Ausstellung der Reisedokumente, die sich auf horrende 33 325 Reichsmark belief. Man schaltete den Anwalt Alfred Indra ein, der eine Ausnahmeregelung beantragte, aber nicht durchdrang. Erst nach Zahlung der Zwangsabgabe waren die Nazi-Behörden bereit, eine sogenannte ‹Unbedenklichkeitsbescheinigung› zu erteilen, die den Weg zur Emigration freimachte. Andere wie der Analytiker Ernst Kris, der Mann von Annas Freundin Marianne und Redakteur der *Imago*, mußten in dieser Phase quälend lange auf eine Bearbeitung ihrer Anträge warten; oder sie waren wie Heinz Hartmann und Kurt Eissler gezwungen, bei Nacht und Nebel zu fliehen, weil sie Verhaftung, Folter und Konzentrationslager fürchteten. Auch Freud wußte, daß er ein hohes Risiko einging, wenn er den Betrag nicht zahlte. Seine Konten waren jedoch seit Wochen gesperrt, und sein Verlagsvermögen hatte man widerrechtlich eingezogen, weshalb er keine Möglichkeit fand, weitere finanzielle Mittel einzusetzen. Erneut intervenierte hier Marie Bonaparte, indem sie die Zahlung des Betrags übernahm. «Unbedenklichkeitserklärung», lautete der Eintrag in Freuds *Chronik* unter dem 2. Juni 1938.[31] Am selben Tag ging Anna ins Reisebüro Thomas

Cook, reservierte Schlafwagenplätze nach Paris und die Überfahrt nach Dover. Marie Bonaparte verschaffte ihr über die Rothschild-Bank die erforderlichen Devisen, so daß man für die ersten Tage des Aufenthalts in der neuen Heimat versorgt war. Eine letzte Bedingung für die Ausreise bestand darin, daß Freud ein von der Gestapo vorgefertigtes Formular unterzeichnete, dessen Text lautete: «Ich bestätige gerne, dass bis heute, den 4. Juni 1938, keinerlei Behelligung meiner Person oder meiner Hausgenossen vorgekommen ist. Behörden und Funktionäre der Partei sind mir und meinen Hausgenossen ständig korrekt und rücksichtsvoll entgegen getreten.» Ein häufig kolportiertes Gerücht besagt, Freud habe dieser erpreßten Stellungnahme handschriftlich hinzugefügt: «Ich kann die Gestapo jedermann auf das beste empfehlen.»[32]

Am Morgen des 4. Juni 1938 verließ Freud Wien. In seiner Begleitung waren Martha, Anna und die Haushälterin Paula Fichtl, der die erste größere Reise ihres Lebens bevorstand (sie sorgte in London bis in die 70er Jahre für Anna Freuds Alltag). Der Leibarzt Schur mußte sich Anfang Juni einer eiligen Blinddarmoperation unterziehen, folgte aber am 15. Juni nach. An seiner Stelle reiste Josefine Stroß, eine junge Kinderärztin und Freundin Annas, mit der Familie – sie übernahm später neben Schur die medizinische Versorgung Freuds. Minna, Mathilde und ihr Mann Robert, sein Bruder Alexander und seine Frau sowie Martin hatten Wien einige Tage zuvor verlassen. Oliver lebte seit 1933 bereits in Südfrankreich, wo er ein Fotoatelier betrieb. Ernst war im selben Jahr, wie erzählt, nach London übergesiedelt und arbeitete dort zunächst als Architekt, ohne allerdings an seine Berliner Aufträge anknüpfen zu können. Seine begabten Söhne wurden in vorzüglichen Privatschulen erzogen, was den Gepflogenheiten der britischen Oberschicht entsprach. «Ich höre gern», schrieb Freud schon im Juli 1936 an Gabriel, Ernsts Ältesten, «daß Du ein Engländer geworden bist.»[33]

Lediglich die vier betagten Schwestern Freuds blieben in Wien zurück. Ihnen setzte der Bruder eine Apanage von 160 000 Schilling – rund 22 000 Dollar – aus, damit sie sich materiell erhalten konnten.[34] Geplant war noch im Herbst 1938, für sie eine Ausreise nach Frankreich zu organisieren, was aber aus der Ferne in England scheiterte. Die Sorge um die vier begleitete Freud während der ihm zugemessenen Zeit im Exil. Sie war berechtigt, aber er selbst erlebte die grausame Bestätigung seiner Furcht nicht mehr. Im Sommer 1942 wurden die Schwestern von der Gestapo ins Konzentrationslager deportiert. Am 26. Juni holte die Geheimpolizei Maria,

Pauline und Adolfine in ihrer Wohnung ab und transportierte sie in einem Güterwaggon nach Osten; im August wurde auch Rosa festgenommen und verschleppt. Maria und Pauline kamen Ende September 1942, drei Jahre nach dem Tod ihres Bruders, in Maly Trostinec um, getötet durch Gift. Rosa wurde in Treblinka ermordet, Adolfine starb einige Monate später, am 5. Februar 1943, in Theresienstadt an inneren Blutungen aufgrund von Unterernährung.[35] Die Frauen waren 82, 81, 80 und 78 Jahre alt; die Gewalt des braunen Regimes schreckte vor Kindern und Greisen nicht zurück. Freuds Schwester Anna überlebte das Kriegsende; sie starb 1955, mit 97 Jahren, in den USA. Die frühe Emigration nach Amerika – sie erfolgte schon 1892 – rettete sie vor dem Nazi-Terror.

Refugium London

Für die Ausreise bestieg Freud am 4. Juni 1938 um halb vier Uhr nachmittags am Wiener Westbahnhof den Orientexpreß, der ihn über Salzburg führte, von dort weiter nach München Richtung Frankreich. Die naive Paula Fichtl hatte ihre gesamte Familie zum Abschied an den Zug bestellt, was für größeres Aufsehen sorgte.[36] Noch einmal wuchs die Angst, daß es zu einer Intervention der Gestapo kommen könnte. Am Ende war man erleichtert, als die Türen des Abteils sich schlossen und die Reise begann, ohne daß SA oder Polizei einschritten. Man passierte nachts unbehelligt die Grenze nach Deutschland, halbwegs beruhigt, weil es keine weiteren Kontrollen gab. Über Kehl ging es dann nach Paris, wo Marie Bonaparte die Emigranten morgens in Empfang nahm und in ihrem Rolls Royce nach St. Cloud in die Familienvilla chauffieren ließ. Der Empfang am Gare de l'Est war, wie Freud fand, «etwas lärmend mit Journalisten und Photographen».[37] In milchig verschwimmenden Bildern zeigt ein kurzer Film ihn im Zugabteil bei der Ankunft in der französischen Metropole. Der amerikanische Botschafter William Bullitt, in den 20er Jahren Patient in der Berggasse, empfing ihn persönlich am Bahnhof, charmant plaudernd und liebenswürdig. Auf einem Photo sieht man Freud, leicht gebückt, aber mit lebhaftem Gesichtsausdruck, am Arm der Prinzessin, neben ihm Bullitt, elegant mit Hut, Handschuhen, eine Zigarette rauchend. Der alte Mann mochte sich in diesem Moment daran erinnert haben, wie er im Oktober 1885 hier ankam, als mittelloser Stipendiat, der die Metropole der europäischen Neurologie als Olymp der Forschung betrachtete.

Freud mit Marie Bonaparte und William Bullitt, Paris 1938

Der Aufenthalt in Paris dauerte nur wenige Stunden, in denen Freud sich auf Marie Bonapartes Dachterrasse kurz von den Strapazen der Fahrt erholen konnte. Ein Farbfilm zeigt ihn mit der Gastgeberin und der gesamten Entourage, in Decken gehüllt auf einem Liegestuhl, in Gesellschaft der geliebten Hunde. Bereits am Abend bestieg die Gruppe den Zug nach Calais, wo er auf die Fähre nach Dover umgeladen wurde. In den Morgenstunden des 6. Juni 1938 erreichte Freud London; die Einreise in die Victoria Station konnte ohne Paßformalitäten erfolgen, weil Jones für ihn einen Diplomatenstatus beim Ministerium ausgehandelt hatte. Die Wochenschau und die gesamte Presse waren informiert – erneut gab es einen lauten, hektischen Empfang für den berühmten Gast. Jones fuhr Freud dann, gefolgt von zwei Taxis mit Gepäck, im eigenen Wagen vom Bahnhof zum neuen Haus, das im nördlichen Nobelviertel Camden lag.

Das erste Domizil, das Ernst für seinen Vater gemietet hatte, befand sich an der Elsworthy Road 39: ein kompaktes Gebäude in typisch englischem Stil. Martin, Mathilde und ihr Mann begrüßten Freud, der allerdings so schwach war, daß man ihn zur Besichtigung der oberen Räume ins erste Stockwerk tragen mußte. Minna, die sich schon einen Monat in England aufhielt, hatte sich nach der Überfahrt eine schwere Lungenentzündung zugezogen und hütete das Bett. Das aber bildete die einzige Eintrübung der Stimmung, in die sich Erleichterung und Freude über die wiedergewonnene Freiheit mischten. Einer der ersten Gäste im neuen Haus war Freuds Neffe Sam, der aus Manchester kam, um den berühmten Onkel zu treffen, den er Mitte September 1908 letztmals gesehen hatte.[38] Zumindest für einen Moment wirkten auch die Krankheitssorgen weniger drückend als in den Wochen zuvor – das blieb freilich nur ein kurzer, glücklicher Augenblick. Freud beschränkte in den kommenden Tagen seinen Lebenskreis auf die Speise-, Studier- und Schlafzimmer im Erdgeschoß, von wo aus er den Ausblick in den Garten genoß. Die Umstellung vom ‹horizontalen› Wohnstil in Wien auf ein Domizil mit verschiedenen Etagen fiel ihm nicht leicht, wie er Jeanne Lampl-de Groot am 13. Juni berichtete, aber das Haus bot durch seine schöne Ausstattung viele Vorzüge, die er schnell zu schätzen lernte.[39] «Es ist so», schrieb er Eitingon, «als ob wir in Grinzing lebten, wo jetzt der ‹Gauleiter› Bürckel uns gegenüber eingezogen ist.»[40] Verglichen mit den Erfahrungen zahlreicher Exilanten – man denke an Benjamin, Döblin, Anna Seghers, Werfel oder Stefan Zweig – schien das ein fast idyllischer Anfang. Freud benötigte, anders als es Brecht 1937 in seinen *Svendborger Gedichten* sagte, kein Haus mit «vier Türen, daraus zu fliehn», weil er wußte, daß er sich in Sicherheit befand.[41] Wien war verloren, doch das neue Leben eröffnete genügend Komfort, um die endgültige Trennung von der Heimat zu erleichtern.

Man blieb nicht lange in der Elsworthy Road, denn es konnte bald ein eigenes Domizil erworben werden. Nur wenige Wochen nach der Ankunft ergab sich die günstige Möglichkeit, eine wunderschöne Villa im benachbarten Hampstead, Maresfield Gardens 20, zu kaufen. Sie lag in einer der feinsten Gegenden Londons mit prachtvollen Anwesen und ruhigen Alleen, die von gutgewachsenen Laubbäumen gesäumt wurden. Das in klassisch englischem Stil gehaltene Haus hatte 18 Zimmer, umfaßte zwei Etagen und ein ausgebautes Dachgeschoß. Es besaß einen symmetrischen Baukörper, den ein zentraler Erker mit der von einem Rundbogen gesäumten Eingangstür in zwei gleiche Hälften teilte. Die Fenster wiesen weiße Sprossen auf, die gut zur hellroten Klinkerfassade paßten und freundlicheinladend wirkten. An der Rückseite erstreckte sich ein kleiner, von Büschen gesäumter Garten, den man über eine hinter dem Eßzimmer liegende Veranda betrat. Das Haus bot sich auf ideale Weise zum Wohnen für die gesamte Verwandtschaft an. Hier würden neben Freud und Martha auch Anna, Minna und Paula Fichtl genügend Platz finden. Zwei Praxisräume ließen sich ebenfalls ohne Mühen unterbringen, so daß die Doppel-Ordination von Vater und Tochter wie in Wien unter einem Dach stattfinden konnte. Jones und der Sohn Ernst rieten zu einer zügigen Kaufentscheidung, da die Gelegenheit günstig war. Freud mußte nicht lange überredet werden, denn er wußte, daß eine Rückkehr nach Österreich außerhalb jeder Wahrscheinlichkeit lag. Ihm blieb nur noch eine begrenzte Lebensspanne, und er wollte sie in England verbringen – die alte Heimat lockte nicht mehr, solange Terror und Gewalt sie entstellten.

Der Kaufpreis betrug 6500 Pfund Sterling, eine durchaus moderate Summe für ein derartiges Anwesen.[42] Die seit Mitte der 20er Jahre in ganz Großbritannien explodierende Bautätigkeit – allein 1936 entstanden 365 000 neue Häuser – sorgte für fallende Immobilienwerte, wovon auch die Erwerber eines Luxusobjekts erheblich profitierten. Das Vermögen Freuds, transferiert durch Marie Bonaparte, befand sich inzwischen auf einem Londoner Konto, was in Zeiten, da die meisten Flüchtlinge ihre Werte komplett verloren hatten, einem kleinen Wunder glich. Nahezu zwei Drittel der Kaufsumme, 4000 Pfund, wurden als Darlehen bei der Barclays Bank aufgenommen, weil man Freuds Ersparnisse nicht komplett einsetzen wollte und sich die Zinsen seit Mitte der 30er Jahre auf einem historischen Tiefstand bei unter einem Prozent befanden.[43] Haus und Eigenmittel boten genügend Sicherheit für die Hypothek, und so konnte der Erwerb schnell realisiert werden. Ernst plante einige architektonische Umbauten, die ganz auf Freuds Alltagsbedürfnisse zugeschnitten wurden. Ein größeres Arbeitszimmer sollte entstehen, außerdem eine Loggia; im Dachgeschoß schuf er drei Gauben, die für mehr Licht und bessere Nutzbarkeit der obersten Etage sorgen sollten. Am 13. August besichtigte Freud die Villa erstmals, in stiller Freude über das, was hier auf ihn wartete. An Jeanne Lampl-de Groot schrieb er neun Tage später enthusiastisch: «Ein eigenes Haus! Sie können sich vorstellen, mit welchen Ansprüchen an unser eingeschrumpftes Vermögen angekauft. Und viel zu schön für uns; nicht weit von hier und von Ernst, der das Haus in eine Ruine verwandelt, um es für uns besser passend neu entstehen zu lassen. Er baut einen Lift ein, macht aus zwei Zimmern eines oder umgekehrt, das reine Hexeneinmaleins ins Architektonische übersetzt.»[44]

Die Tatsache, daß er seinen Häschern entkommen war, konnte Freud nur unvollständig verarbeiten. «Die Affektlage dieser Tage», erklärte er kurz nach der Ankunft in London, «ist schwer zu fassen, kaum zu beschreiben. Das Triumphgefühl der Befreiung vermengt sich zu stark mit der Trauerarbeit, denn man hat das Gefängnis, aus dem man entlassen wurde, immer noch sehr geliebt, in das Entzücken über die neue Umgebung, das einen zum Ausruf ‹Heil Heitler› [!] drängen möchte, mengt sich störend das Unbehagen über kleine Eigentümlichkeiten der fremden Umwelt ein».[45] Dem Bruder Alexander, der mit seiner Familie ein vorübergehendes Exil in der Schweiz gefunden hatte, meldete er am 22. Juni: «Dieses England – Du wirst es ja bald selbst erfahren – ist trotz allem, was hier fremd, sonderbar und beschwerlich ist – und es ist nicht wenig – ein gesegnetes, glückliches Land von wohlwollenden gastfreundlichen Menschen bewohnt, das ist wenigstens der Eindruck der ersten Wochen. Unsere Aufnahme war über die Maßen liebenswürdig.»[46]

Bald stellten sich interessierte Besucher ein, die Freud angesichts seiner körperlichen Schwäche allerdings nur in großen Abständen empfing. Der Schriftsteller Richard Bermann (der unter dem Pseudonym Arnold Höllriegel publizierte), Stefan Zweig und der an der London School of Economics lehrende Ethnologe Bronislaw Malinowski gehörten zu den ersten Gästen.[47] In Begleitung des englischen Millionärs Edward James kamen, auf Empfehlung Zweigs, Salvador Dalí und seine Ehefrau Gala. Sie präsentierten Freud das 1937 entstandene Gemälde *Die Metamorphose des Narziß*, dessen Visionen der menschlichen Selbstverdoppelung ähnlich wie zahlreiche Arbeiten von Max Ernst und René Magritte eine assoziative Phantasie über Freuds Theorien des Unbewußten darstellten. Während des Gesprächs entwarf Dalí eine Porträtskizze, die Freuds Kopf mit überproportional großer Denkerstirn zeigte – das Bildnis eines mächtigen, ausgreifenden Verstandes, gebannt in die Gesichtszüge eines von Alter und Krankheit Gezeichneten. Stefan Zweig wurde Ende Juli 1938 berichtet: «Wirklich, ich darf Ihnen für die Einführung danken, die die gestrigen Besucher zu mir gebracht hat. Denn bis dahin war ich geneigt, den Surrealisten, die mich scheinbar zum Schutzpatron gewählt haben, für absolute (sagen wir 95 Prozent wie beim Alkohol) Narren zu halten. Der junge Spanier mit seinen treuen fanatischen Augen und seiner unleugbar technischen Meisterschaft hat mir eine andere Schätzung nahegelegt. Es wäre in der Tat sehr interessant, die Entstehung eines solchen Bildes analytisch zu erforschen.»[48]

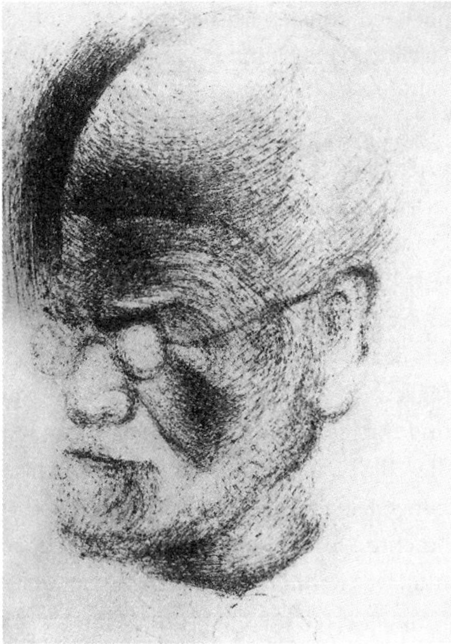

Freuds Kopf, gezeichnet von Dalí

Zu einem weiteren Treffen kam es trotz Freuds neuen Interesses am Surrealismus nicht, denn die Familie – vor allem die hanseatische Martha – fand Dalí so exzentrisch, daß man ihn nie wieder einlud. Und Stefan Zweig wiederum verhinderte, daß der Moribunde Dalís Zeichnung je zu Gesicht bekam; mit ihrer suggestiven Kraft hätte sie ihn, so fand er, unnötig erschreckt und beunruhigt.

Es blieb keine längere Zeit für die Eingewöhnung in der neuen Heimat mehr, zumal der Krebs, dieser alte und zähe Feind, unaufhörlich arbeitete. Im Herbst 1938 mußte sich Freud auf Anraten seines englischen Kieferchirurgen George Exner, den ihm Pichler empfohlen hatte, einer weiteren Operation – der 31. in 15 Jahren – unterziehen, weil das Karzinom wieder aktiv geworden war. Pichler selbst kam aus Wien nach London, um den Eingriff in einer Klinik am Devonshire Place durchzuführen. Da sich die Geschwulst in den hinteren Bereich der Mundhöhle ausgedehnt hatte, sollte ein Zugang über die Nase versucht werden. Pichler setzte zunächst einen Schnitt durch die Lippe, führte einen Tubus ein und kratzte dann neben der Nase das im Wangenraum entstandene Gewebe aus.[49] Es war die «schwerste» Operation seit jener von 1923, wie der Patient Anfang November rückblickend konstatierte.[50] Sie kostete ihn die stolze Summe von 325 Pfund Sterling, wobei ein nennenswerter Honoraranteil auf die Vollnarkose entfiel, die man mit vergleichbarer technischer Qualität zu dieser Zeit nur noch in den USA durchführen konnte.[51] An Brill schrieb er am 18. Oktober 1938, zu den ärgerlichen Nebenwirkungen der Operation gehöre es, daß er jetzt in London, wo er dauerhaft unter öffentlicher Beobachtung stehe, als kranker Mann gelte, was zwangsläufig zu einem Rückgang seiner Patientenzahlen führen müsse.[52]

Nach wenigen Tagen wurde Freud, der sich überraschend gut erholte, aus der Klinik entlassen. Am 16. September stand der Umzug in das Haus Maresfield Gardens an. Ende August waren die Umbauarbeiten im Erd- und Dachgeschoß abgeschlossen, danach hatten Paula Fichtl und Martha die Villa bewohnbar gemacht. Minna litt noch immer an den Folgen ihrer Lungenentzündung, so daß man sie während dieser Zeit in ein Pflegeheim brachte, wo sie allerdings sehr schlecht betreut wurde – «Tante Minna, ein trauriges Kapitel», notierte Freud.[53] Schon im August, rechtzeitig für den Umzug, erreichte die große Sendung mit 3600 Büchern und den Exponaten der Antikensammlung London.[54] Freuds Lieblingsstücke, seine Bücher, seine Möbel für das mit Gartenblick ausgestattete Studierzimmer und die Ordination standen nun, äußerlich unverändert, in den neuen, größeren und helleren Räumen des herrlichen Hauses. Schon am 3. September war Freud als Eigentümer ins Grundbuch eingetragen worden, jetzt durfte er sein Domizil in Besitz nehmen. Als Rekonvaleszent, ohne Bart, mit genähter Lippe, noch sichtbar geschwächt ließ er sich durch das gesamte Haus führen.[55] Der langjährige Traum vom englischen Cottage als Altersruhesitz hatte sich erfüllt, aber das volle Glücksgefühl blieb angesichts der Krankheit aus. «‹Alles ist wieder da›», soll er gesagt haben, «‹nur ich nicht.›»[56]

In London wurde Freuds Lehre breitenwirksam praktiziert. «Die Ausübung der Analyse ist in England uneingeschränkt, unsere englische Gruppe hat uns sehr freundlich aufgenommen», vermeldete er an Binswanger.[57] Das neue Domizil avancierte bald zu einem Ort lebendigsten Verkehrs. Freud selbst sah, soweit es seine Kräfte erlaubten, eigene Patienten. Unter dem Dach empfing Anna die ihren, häufig acht pro Tag.[58] Neben der therapeutischen Tätigkeit und der Pflege des Vaters fand sie noch Zeit für psychoanalytische Vorträge, die wegen ihrer wissenschaftlichen Prägnanz und ihres glänzenden Englisch gelobt wurden.[59] Dorothy Burlingham kam regelmäßig zu ihr, auch sie seelisch beladen, denn ihr Mann hatte sich im Mai 1938 nach langem psychischem Leiden das Leben genommen. So waren Ärzte und Patienten, Gesunde und Kranke in Maresfield Gardens schwer unterscheidbar, vereint im Exil von Körper und Geist.

Freud verließ sein Arbeitszimmer selten, nahm hier seine Mahlzeiten ein und schlief auf der Couch, um Martha nicht durch seine nächtlichen Schmerzattacken aufzustören. Völlige Absperrung blieb aber unmöglich, denn der Emigrant war in der englischen Metropole eine öffentliche Person – die Taxifahrer kannten seine Adresse, und über sein neues Domizil schrieben die Zeitungen. «Wir sind mit einem Schlag populär in London geworden», so berichtete Freud an Eitingon. «Der bankmanager sagt: I know all about you; der Chaffeur, der Anna herfährt, bemerkt: Oh, it's Dr. Frud's place. Wir ersticken in Blumen.»[60] Seinem Bruder erzählte er, daß er Fluten von Briefen zu beantworten habe, in denen auch vollkommen Fremde ihre Freude über seine gelungene Flucht zum Ausdruck brachten. «Außerdem natürlich die Schar von Autographenjägern, Narren, Verrückten und Frommen, die Traktate und Evangelien schicken, das Seelenheil retten, die Wege Christi weisen und über die Zukunft Israels aufklären wollen.»[61] Presseanfragen und Interviewbitten, Terminwünsche der Wochenschauen und Agenturen häuften sich. Die BBC lud ihn zu einer kurzen Radioaufnahme ins Studio, wo er am 7. Dezember 1938 in wenigen Minuten auf der Grundlage eines sorgfältig vorformulierten englischen Manuskripts sein wissenschaftliches Lebensprojekt schilderte. Zahlreiche gelehrte Sozietäten und jüdische Vereine buhlten schon wenige Tage nach Freuds Ankunft um seine Mitgliedschaft. «Kurz, zum ersten Mal und spät im Leben habe ich erfahren, was Berühmtsein heißt.»[62]

Das Telefon – mit dem Anschluß ‹Hampstead 2002› – klingelte an manchen Tagen ohne Unterlaß, und der Postbote lieferte täglich ganze Stapel von Briefen mit Empfehlungsschreiben, Anfragen und Anmeldungen. Nach einer längeren Pause während der Rekonvaleszenz im Herbst sah Freud bald wieder Besucher. Zahlreiche seiner Gäste hatte er nie zuvor getroffen, viele waren neugierig auf den berühmten Exilanten und wollten sich persönlich bei ihm vorstellen. Geladen wurde jedoch nur, wer eine gewisse Prominenz besaß und interessante Gespräche verhieß. Ende November schaute der Sciencefiction-Schriftsteller H. G. Wells vorbei, mit dem man über Religionsfragen debattierte. Am 28. Januar 1939 erschienen Virginia Woolf und ihr Ehemann Leopold, Freuds Londoner Verleger, beide von ihrem Gastgeber auf altmodisch-höfliche Weise mit Blumen empfangen. Wenig später kamen Chaim Weizmann, der Zionist und künftige israelische Staatspräsident, und der Autor Arthur Koestler – um Beiträge für seine Pariser Exilzeitschrift werbend – in Maresfield Gardens zu Besuch.[63] Trotz körperlicher Labilität nahm Freud, der überzeugte Leistungsethiker, die Arbeit wieder auf. Er las Zeitschriftenartikel, korrespondierte und entwarf eine letzte Einführung in das analytische Lehrsystem. Sporadisch fanden sich Patienten ein, und während der Behandlung lag der Chow-Chow, wie es in der Berggasse üblich war, zu Füßen seines Herrn. Wäre da nicht der unaufhörlich fortschreitende Zerfall seiner Mundhöhle mit wachsenden Schmerzen und zunehmender Behinderung beim Essen gewesen – alles hätte wie eine durchaus heitere Altersidylle gewirkt.

Die Moses-Akte

1925 antwortete Freud den Herausgebern der *Jüdischen Pressezentrale Zürich* auf ihre Frage, wie er es mit dem Glauben halte: «Ich kann sagen, daß ich der jüdischen Religion so fern stehe wie allen anderen Religionen, d. h., sie sind mir als Gegenstand wissenschaftlichen Interesses hochbedeutsam, gefühlsmäßig bin ich an ihnen nicht beteiligt.»[64] Religion blieb ein geeignetes Objekt für die Forschung, war aber keine Sache des Herzens. Daß die Dinge sich nicht so schlicht scheiden ließen, wie Freud es hier suggerierte, sollte sich allerdings einige Jahre später erweisen. Wo der Glaube endete und die Wissenschaft begann – dieses Problem stellte sich ihm mit wachsender Intensität. Die Lösung lag nicht auf einer einfachen Ebene psychologischen Verstehens, sondern bot sich in einem Reich an, in dem beide Felder zusammenwirken: im Mythos.

Freud war schon seit Jahrzehnten auf der Spur der Moses-Figur und ihrer Bedeutung. Bereits die erste Romreise hatte ihn 1901 zu Michelangelos Statue geführt, über die er 1913 seine Studie mit verstecktem psychoanalytischem Hintergrund verfaßte. Erinnern wir uns an die Wendung aus dem Brief an Jung vom 17. Januar 1909, die das Ziel seiner Auslegung vorwegnahm: «So kommen wir doch unzweifelhaft vorwärts, und Sie werden als Joshua, wenn ich der Moses bin, das gelobte Land der Psychiatrie, das ich nur aus der Ferne erschauen darf, in Besitz nehmen.»[65] In der Rolle des Moses sah sich Freud also selbst, und in diesem Sinne interpretierte er im Essay von 1913 auch den prägnanten Moment der von Michelangelo gestalteten Situation nach dem Abstieg des Propheten vom Berg Sinai. Er, der Gründer der Psychoanalyse, fühlte sich von seinen Anhängern verraten, von entlaufenen Adepten wie Adler und Jung. Sein Zorn galt ihrem Ungehorsam, so wie der biblische Moses wütend über die Feier des goldenen Kalbs und die Insubordination seines Volkes war. Diese Analogie muß man im Gedächtnis behalten, wenn man die Moses-Schrift der letzten Lebensjahre angemessen bewerten möchte.

Im August 1934 entstand die frühe Fassung einer Studie über Moses, den Propheten und Religionsstifter. Der Untertitel lautete ‹historischer Roman› – eine Einschränkung, die, wie Freud mutmaßte, die kritischen Reaktionen auf den Text kaum abschwächen würde.[66] «Das Zeug», so schrieb er Arnold Zweig am 30. September 1934 in aufgesetzt wirkender Lässigkeit, «gliederte sich in drei Abschnitte, der erste romanhaft interessant, der zweite langwierig, der dritte gehalt- und anspruchsvoll.» Ausgangspunkt sei die Frage, «wie der Jude geworden ist und warum er sich diesen unsterblichen Haß zugezogen hat.»[67] Der Grundgedanke besagte, daß die Religion nicht nur, dem Illusionsaufsatz folgend, Suggestionskraft, sondern auch ‹historische Wahrheit› besitze. Freud verwarf das Projekt jedoch rasch, weil er die Verbindung zwischen Psychoanalyse und Glaubenstradition nicht stimmig herzustellen vermochte. Die geschichtliche «Konstruktion» machte ihm nach der Lektüre «keinen bestechenden Eindruck» mehr, so daß er den Entwurf liegen ließ.[68] Eitingon meldete er am 13. November 1934: «Meinem ‹Moses› ist wirklich nicht zu helfen. Bedenklicher noch als die äußere Gefahr ist die Unzufriedenheit mit der historischen Schwäche des ersten Teils. Ich bin doch nicht gut für historische Romane. Es bleibt für Thomas Mann.»[69] Weniger burschikos äußerte sich Freud gegenüber Arnold Zweig: «Daß dieser wahrscheinlich letzte Versuch, etwas zu schaffen, gescheitert ist, deprimiert mich genug.»[70] Weil man gerüchteweise von seinem Moses-Projekt erfuhr, erreichten ihn Angebote mehrerer amerikanischer Verlage für die Veröffentlichung. Aus London kam der Vorschlag, er möge eine «‹Psychoanalyse der Bibel›» schreiben. Lakonisch kommentierte er am 20. Dezember 1937 in einem Brief an Arnold Zweig: «Ich erkenne es, ich bin nicht berühmt, aber ich bin ‹notorious›.»[71]

Die Problematik des ersten Entwurfs bestand nicht auf der Ebene der geschichtlichen Begründung, sondern im Bereich der Form. Freud betrachtete Moses als historische Gestalt, ohne daß er ein angemessenes Arrangement für ihre Darstellung fand. In diesem Zusammenhang setzte er sich kritisch mit Hugo Gressmanns Studie *Mose und seine Zeit* (1913) auseinander, die den Typus der Erzählung mit wissenschaftlichem Anspruch vertrat.[72] Vor allem tadelte er, daß Gressmann die phantastischen Elemente der religiösen Überlieferung – zumal die Wanderung durch das Rote Meer – wie ein Romancier schilderte und dem Mythos einen Wahrheitsgehalt unterschob, der gänzlich spekulativ blieb. Freud erkannte aber auch, wie bedenklich nahe seine eigene Abhandlung dem Typus der Geschichtsfiktion kam. Gerade weil er die Moses-Figur historisch und psychologisch beglaubigen wollte, mußte er eine Beschreibungsform finden, die weder reine Erzählung noch pure Analyse war. Im Entwurf einer Einleitung zum 1934 entstandenen Manuskript erklärte er, es sei sein Ziel, «eine Kenntnis der Person des Moses zu gewinnen». Da aber die Quellenlage keine eindeutigen Befunde zulasse, bleibe nur die Gattung des Geschichtsromans – eine «Vereinigung von Pferd und Esel» –, die Wahrscheinlichkeiten, bloß keine sicheren Befunde produziere.[73] Diese in älteren Editionen fehlenden Selbstkommentare erklären, aus welchem Grund Freud sein Projekt abbrach. Und sie erschließen den tieferen Sinn der Bemerkung aus dem Brief an Eitingon, er sei ‹nicht gut für historische Romane›. Weniger die innere Distanz zum Erzählen als das Unbehagen angesichts seiner suggestiven Wirkung speiste Freuds Abwehr gegenüber dem eigenen Versuch.

In den folgenden Jahren spielte er immer wieder mit der Möglichkeit, die Studie fortzuführen, da er wußte, daß sie eine richtige Hypothese enthielt – den Gedanken, daß der Monotheismus eine Vater-Religion war, die den Neid und Haß der Söhne, am Ende die Tötung des Stifters mit sich brachte. Das Problem bestand in der methodischen Herausforderung, diese Annahme geschichtlich abzusichern. «Es fehlt mir an der historischen Beglaubigung für meine Konstruktion», schrieb er Jones am 3. März 1936.[74] Die spätere Veröffentlichung, so prognostizierte er Ende Dezember 1937, werde «Aufsehen machen in einer nach Sensationen lüsternen Welt».[75] Gerade weil das Buch provozieren müsse, sei es aber erforderlich, die geschichtliche Basis gründlich zu stützen. Freud, der seit *Totem und Tabu* mit gewagteren historischen Thesen zu arbeiten gewohnt war, scheute hier das Risiko einer religionswissenschaftlichen Zuspitzung. Nicht zuletzt fürchtete er die Verärgerung jüdischer Leser, deren Glauben er mit zahlreichen seiner pointierten Aussagen erschüttern mußte.

Eine neue Version der Moses-Schrift entstand nach dreijährigem Moratorium erst 1937. Sie erschien in zwei Folgen in der *Imago*, unter den Titeln

Moses, ein Ägypter und *Wenn Moses ein Ägypter war.* 1938 begann Freud dann für die Buchfassung einen ausführlichen Schlußteil zu schreiben, der die psychoanalytische Grundlegung durch die Neurosenlehre, die Traumtheorie und einen Rückgriff auf *Totem und Tabu* sicherstellen sollte. Allerdings blieb sein letztes Projekt in den Monaten der Hitler-Bedrohung ein paradoxes Vorhaben – ein Buch, das, wie er glaubte, nicht für die Öffentlichkeit, sondern für die Schublade produziert wurde. In einer Einleitung erklärte er noch wenige Wochen vor dem deutschen Einmarsch am 12. März 1938, er verzichte auf eine Publikation, weil er seine jüdischen Glaubensbrüder ebenso wie die österreichischen Katholiken, auf deren politischen Schutz er angewiesen sei, nicht vor den Kopf stoßen wolle. Ein zweites Vorwort entwarf er im Juni 1938, nun schon an sicherem Ort in London, und jetzt lautete die Absicht des Autors anders: «Ich fand die freundlichste Aufnahme in dem schönen, freien, großherzigen England. Hier lebe ich nun, ein gern gesehener Gast, atme auf, daß jener Druck von mir genommen ist und daß ich wieder reden und schreiben – bald hätte ich gesagt: denken darf, wie ich will oder muß. Ich wage es, das letzte Stück meiner Arbeit vor die Öffentlichkeit zu bringen.»[76] Die gesamte Studie mit den beiden *Imago*-Teilen und dem abschließenden, während des Sommers 1938 entstandenen Kapitels erschien Mitte März 1939 in Amsterdam beim Verlag Allert de Lange. Auch wenn seine Untersuchung «viele Lücken» im Hinblick auf die «Urzeiten des Volkes Israel gelassen» hatte, wie er am 27. April 1939 dem niederländischen Journalisten Cornelis de Dood schrieb, war er mit dem Ergebnis zufrieden.[77] «Ein ganz würdiger Abgang», erklärte er in einem Brief an Hanns Sachs, nachdem er die ersten beiden Belegexemplare erhalten hatte.[78] Eine englische Ausgabe mit einer Übersetzung durch Katerina Jones folgte wenig später für den amerikanischen Markt.

Das Buch wies jedoch eine erhebliche Inkonsistenz auf, unter der Freud selbst litt. In der zweiten Vorbemerkung notierte er, er vermisse «das Bewußtsein der Einheit und Zusammengehörigkeit, das zwischen dem Autor und seinem Werk bestehen soll.»[79] Die Ursachen für dieses Gefühl der Fremdheit liegen in einer wenig stringenten Anlage. Argumente der beiden ersten Teile werden im dritten Stück an unterschiedlichen Stellen wiederholt, außerdem faßte Freud seine Thesen zur Verbindung zwischen Individual- und Massenpsychologie, zur Rolle des Verdrängten in der Geschichte der Religionen und zur Einheit von Neurose und Glauben detailliert zusammen, ohne Neues zu bieten.[80] Leser mit analytischen Vorkenntnissen lernen hier wenig, und wer die beiden *Imago*-Fassungen studiert hat, stößt im dritten Teil kaum noch auf überraschende Einsichten. Trotzdem ist Freuds *Moses* ein großartiges Buch, das, inmitten seiner gescheiterten Form, höchst originelle Thesen zum Wechselspiel von Religion und Individualpsychologie zu bieten hat. Sie rücken den Ursprung des jüdisch-christlichen Monotheismus in geändertes Licht, erlauben eine grundsätzliche Neubewertung des Sühnegedankens und korrigieren unseren Blick auf das Miteinander der Weltreligionen, indem sie überraschende Verbindungen zwischen ihnen aufzeigen. Hinzu kommen zwei weitere Sinnebenen, eine offensichtliche und eine verborgene. Das Buch lieferte, besonders klar in der ersten Vorbemerkung zum dritten Teil, eine zeitgenössische Reflexion des Judentums, die am Ende in die Bilanz der Argumentation einging. Und schließlich bot Freuds vorletzte Arbeit eine heimliche Selbstdeutung seiner eigenen Rolle, die noch nicht ausreichend wahrgenommen worden ist. Hinter der Untersuchung des Moses stand die geschichtliche Bewertung der Psychoanalyse, beleuchtet aus dem Blickwinkel ihrer Gründungsmythologie.

Der Text der ersten *Imago*-Studie begann mit einem Akt der Zerstörung; zertrümmert wurde der Glaube an die hebräische Identität des Moses. Das Einbekenntnis des Unbehagens, das sich daran knüpft, klang weniger demütig als selbstbewußt: «Einem Volkstum den Mann abzusprechen, den es als den größten unter seiner Söhnen rühmt, ist nichts, was man gern oder leichthin unternehmen wird, zumal wenn man selbst diesem Volke angehört.»[81] Der jüdische Religionsstifter sei ein Ägypter vornehmer Herkunft gewesen, den seine Familie aufgrund dynastischer Spannungen als Kind ausgestoßen habe. «Seine Geburt war unordentlich», so hieß das in den Worten von Thomas Manns Moses-Erzählung *Das Gesetz*, die 1943 entstand.[82] Freud begründete seine Vermutung etymologisch, denn der Name ‹Mose› verwies auf das ägyptische ‹Amen-mose›, was so viel wie ‹Amon-Kind› heißt. Quelle dieser These ist James Henry Breasteds *A History of Egypt from the earliest times to the Persian conquest* (1905), die Arbeit eines weltweit anerkannten, außerordentlich produktiven Altorientalisten.[83] Moses, der Ägypter, wuchs in einer Zeitperiode auf, in der Pharao Amenophis IV., genannt Echnaton, die polytheistische Naturreligion zu einem monotheistischen Glauben verwandelte, dessen Mittelpunkt die Verehrung Atons, des Sonnengottes bildete. Als Führer des hebräischen Volks vermittelte Moses später diesen monotheistischen Glauben, den er auf den alten Gott Jahwe übertrug und mit drei weiteren Elementen verknüpfte: dem Verbot des Ritualwesens, der ethischen Fundierung der Religion im Sinne eines strengen Verhaltenskodex und der Negation konkreter Jenseitsvorstellungen. Das Motiv für diesen Rollenwechsel, der den Sohn einer ägyptischen Oberschichtfamilie zum jüdischen Religionsgründer verwandelte, war der Zusammenbruch der Herrschaft Echnatons. Als dieser von seinem Volk ermordet wurde, entschloß sich Moses, die Mission des Pharaos zu seiner eigenen zu machen und ein Volk auszuwählen, das er zum richtigen Glauben anleiten wollte.

Nach Freud suchte Moses den Israeliten einen neuen Gott nahezubringen, der an den Platz des alten, blutgierigen Jahwe trat. Die Charakteristika, die Jahwe auszeichnen – Freud nutzte hier eine Arbeit des Orientalisten Eduard Meyer – wurden von Moses kassiert und durch ein neues Bild des strengen, aber liebenden Gottes ersetzt.[84] Die Stiftung des Glaubens stützte sich auf den Import des ägyptischen Monotheismus, der Jahwe als alleinigen Schöpfer ‹installiert›, wie Freud bemerkte.[85] Hinzu kamen das Verbot einer ausgedehnten rituellen Praxis und die ethische Aufladung des Glaubens durch strikte Verhaltensregeln, darunter das Prinzip der Monogamie. Diese Kernelemente der mosaischen Religionsstiftung hatte bereits ein Essay untersucht, der 140 Jahre vor Freuds Studie entstand; er trug den Titel *Die Sendung Moses*, erschien 1790 in der Zeitschrift *Thalia* und stammte von Schiller. Freud erwähnte ihn nicht, dürfte ihn aber mit Sicherheit gekannt haben; das einzige Schiller-Zitat, das die Moses-Schrift bot, bezog sich auf die Elegie *Die Götter Griechenlands* und die dort entfaltete Dialektik von Tod und Erinnerung.[86] Nach Schiller übermittelte Moses den Hebräern in einem Akt von Geheimnisverrat sein exklusives Wissen über die Symbolwelt der ägyptischen Priestergemeinde und die monotheistische Lehre ihrer Mysterien. Schillers Moses war ein Demagoge, der das lethargische Volk durch phantastische Erzählungen von seiner bedeutenden historischen Rolle zu überzeugen und auf den Weg der Emanzipation zu führen suchte.[87] Es liegt auf der Hand, daß hier Parallelen bestehen: Schillers psychologisch geschulte Darstellung galt dem Charismatiker Moses und dem Verstoß, den er beging, als er die Hebräer in die ägyptischen Mysterien einweihte. Daraus wurde bei Freud die Hypothese der fremden Herkunft des Moses und die Annahme, daß er den Monotheismus der Echnaton-Herrschaft adaptierte.

In der Religionsgründung traten laut Freud zwei Mythen zusammen: der des ägyptischen Monotheismus und jener der hebräischen Religionsstiftung. Moses war für Freud eine doppelte Gestalt, zum einen Ägypter, zum anderen ein Midianiter aus dem Geschlecht Abrahams.[88] Beide Figuren überlagerten sich, sie näherten sich in einem Akt der «Verlötung», wie Freud mit einer ‹kühnen Metapher› sagte.[89] Der Blickwinkel, aus dem er Moses betrachtete, blieb dabei ein historischer. Die Vielfalt der Zuschreibungen war ein Resultat der verschiedenen geschichtlichen Überlieferungen, gab aber keinen Anlaß zur Frage, ob Moses tatsächlich existierte. Freuds Interesse galt der Komplexität der Tradition – das zentrale Thema seiner Studie – und zugleich dem gemischten Bild des Propheten, das sich aus sehr diversen Quellen speiste. Freuds Moses war, wie Jan Assmann bemerkte, gleichermaßen eine «Figur der Erinnerung und eine Figur der Geschichte».[90] Sie entstammte jenem «Brunnen der Vergangenheit», den der Eingangssatz von Thomas Manns Josephsroman als «tief» und «unergründlich» bezeichnete.[91]

Am Ende teilte Moses das Schicksal des Echnaton, denn auch er wurde von seinem Volk verraten und schließlich getötet. Freuds Interpretation übernahm diese Darstellung von Ernst Sellin, einem Theologen und Archäologen, der 1922 in seinem Buch *Mose und seine Bedeutung für die israelitisch-jüdische Religionsgeschichte* zu beweisen suchte, daß der geistige Vater des neueren hebräischen Glaubens vom Volk ermordet worden sei.[92] «Ein christlicher Forscher Sellin», schrieb Freud schon am 6. Januar 1935 an Lou Andreas-Salomé, «hat es wahrscheinlich gemacht, daß Moses wenige Jahrzehnte später in einem Volksaufstand erschlagen und seine Lehre abgeworfen wurde.»[93] Über Sellins reichhaltige Arbeit sagte Jan Assmann, sie führe heute «wie eine Mücke im Bernstein ein Schattendasein in Fußnoten zu Freuds Mosesbuch».[94] Die auf eine Passage beim Propheten Hosea (9,7) bezogene Vermutung, daß Moses von seinem Volk ermordet worden sei, blieb aber nicht die einzige These, die Freud aus Sellins Studie bezog.[95] Sie beschrieb bereits, was zu den wesentlichen religionspsychologischen Konsequenzen der Moses-Tötung gehörte: das Schuldgefühl der Israeliten und die daraus abgeleitete Hoffnung auf den befreienden Messias.

Nach Moses' Tod begann eine Latenzperiode, in der das hebräische Volk seinen Glauben verriet und zur alten Naturreligion zurückkehrte. Aber dieser Abfall wirkte wie eine Verdrängung des ursprünglichen Impulses in der Seele, denn er führte dazu, daß sich das Unterdrückte mit großer Intensität erneut meldete. Freud verglich den Vorgang mit der Traumatisierung neurotischer Patienten, die von ihren libidinösen Besetzungen nicht loskommen und am Ende in rituellen Wiederholungen dessen, was sie auszuschließen suchen, heimgesucht werden. Eine «Erinnerungsspur» – der Begriff entstammte der *Traumdeutung* – blieb stets zurück und gemahnte an das Verdrängte, indem sie es über bestimmte Anzeichen präsent hielt.[96] Hinzu kam ein ödipales Motiv, denn der Verrat des einen Gottes war vorrangig der Verrat der Söhne, die vom Vater abfallen. Freud griff hier auf Überlegungen aus *Totem und Tabu* zurück, indem er den Vatermord als Antrieb für die Entwicklung des Glaubens interpretierte – ein Ansatz, der sich auch schon in Reiks 1919 veröffentlichter *Religionspsychologie* ausgeführt fand.[97]

Die Idee eines Messias, der das Volk erlösen werde, stellte den Versuch dar, die Furcht vor der göttlichen Bestrafung im Gedanken eines Jüngsten Gerichts aufzuheben. Für die, die zum echten Glauben zurückfanden, bestand die Möglichkeit der Sühne und damit auch die Aussicht auf Befreiung von der Last des Irdischen. Die christliche Fortführung des Messiasmotivs durch das Prinzip des Opfers und den von Paulus entwickelten Gedanken der Erbsünde bedeutete dann eine konquentente Verlängerung dieser Sühnehaltung (auf den Apostel als Religionsstifter hatte Freud schon 1912 in einer kurzen Notiz für Steckels *Zentralblatt* hingewiesen).[98] Die Sicherung des Glaubens geschah, so war zu folgern, aus dem schlechten Gewissen der Söhne gegenüber dem Gottvater. Hier kam die Analogie zwischen Kollektiv- und Individualpsychologie zum Tragen: der Monotheismus erwuchs aus der Furcht vor Bestrafung wie die Neurose aus der vergeblich unterdrückten Libido. In beiden Fällen erzeugte das Verdrängte eine Konstellation, in der das, was unterdrückt wurde, machtvoller als zuvor präsent war. Der Glaube an den Vatergott entsprang der Schuld der Söhne, die in der religiösen Praxis gesühnt wurde. Die Beschneidung bildete schließlich die symbolische Inszenierung jener Kastration, mit der ein strenger Vater seinem Sohn drohte, wenn er sich gegen sein Gesetz stellte. Sie wiederholte die Bestrafung des Sohnes durch den Vater auf einer im jüdischen Glauben sonst strikt eingeschränkten rituellen Ebene. Daher ging es auch nicht um die Ermordung des Familienoberhaupts, sondern um das Scheitern der Verdrängung und die Bedeutung, die aus der Wiederkehr der Schuld resultierte.[99] Der heilige Text war die elegische Form der Erinnerung an den Frevel, der Gott durch den Verrat der Israeliten zugefügt wurde, wie Freud bemerkte: «Die poetisch ausgeschmückten Darstellungen, die wir dem Jahvisten und seinem späteren Konkurrenten, dem Elohisten, zuschreiben, waren wie die Grabbauten, unter denen die wahre Kunde von jenen frühen Dingen, von der Natur der mosaischen Religion und von der gewaltsamen Beseitigung des großen Mannes dem Wissen der späteren Generationen entzogen, gleichsam ihre ewige Ruhe finden sollte.»[100]

Die Summe der hier entfalteten Religionskritik bestand in der Übertragung der dynamischen Psychologie auf die Genese des kollektiven Glaubens. Die Verbindung von Trauma und Neurose mit der Geschichte des Monotheismus bildete das eigentliche Skandalon der Schrift, wie Freud selbst einräumte.[101] Genau diesen Punkt hatte er im Blick, wenn er Eitingon im März 1939 schrieb, er sei «auf den jüdischen Ansturm vorbereitet», der das Buch treffen werde.[102] Eine zweite, unter der Religionskritik liegende Schicht darf jedoch nicht vergessen werden: es ist jene der Selbstdeutung, in der Freud seine eigene Lehre reflektierte. Eine Vielzahl von sachlichen Hinweisen stützt diesen versteckten Bezug. Im Zentrum stand die Figur des ‹großen Mannes›, mit der sich Freud näher befaßte. Das Mosesbild, das hier entworfen wurde, war unschwer als Selbstporträt zu durchschauen. Die beiden Aspekte charismatischer Wirkung, die Freud aufführte, charakterisierten auch seine eigene Lebensleistung. «Lassen wir also gelten, daß der große Mann seine Mitmenschen auf zwei Wegen beeinflußt, durch seine Persönlichkeit und durch die Idee, für die er sich einsetzt.»[103] Wie Moses, der gebürtige Ägypter, der unter den Israeliten ein ‹großer fremder Mann› blieb, kam auch Freud aus der Ferne, aus Mähren nach Wien, einem «landfremden Eroberer» gleich.[104] Das Wissen, das der Religionsstifter zu den Israeliten brachte, «folgt vielleicht Anregungen, die durch Vermittlung seiner Mutter» ans Licht gelangten – ein Motiv, das wiederum eine Brücke zu Freud und den autobiographischen Dimension seiner Sexualtheorie schlägt, zur Lehre vom Ödipuskomplex und seinem eigenen Inzestverlangen.[105]

Wenn er schließlich dem jüdischen Glauben bescheinigte, daß er ‹installiert› worden sei, weil man «die Spuren früherer Religionen verwischen» wollte, dann erinnerte auch das an die Psychoanalyse und deren Durchsetzung gegen alle Formen alter Denktraditionen.[106] Über diesen Vorgang hieß es, wiederum auf Freuds Doktrin und ihre Wirkungsgeschichte übertragbar: «Die neue Wahrheit hat affektive Widerstände wachgerufen, diese lassen sich durch Argumente vertreten, mit denen man die Beweise zu Gunsten der unliebsamen Lehre bestreiten kann, der Kampf der Meinungen nimmt eine gewisse Zeit in Anspruch, von Anfang an gibt es Anhänger und Gegner, die Anzahl wie die Gewichtigkeit der ersteren nimmt immer zu, bis sie am Ende die Oberhand haben».[107] Zwar ist, so könnte man aus der Perspektive der Studie sagen, der Religionsstifter von seinen Anhängern erschlagen worden, aber die durch ihn verbreitete Lehre bestand, dem Widerstand der Ungläubigen zum Trotz, unbezweifelbar und kontinuierlich fort. Daß der alte Agnostiker Freud zu einer derartigen Diagnose gelangte, die der Religion ein Recht auf Dauer bescheinigte, war paradox genug. Yosef Yerushalmi hat sie mit einer ebenso einschlägigen wie schönen Anekdote veranschaulicht. Freud argumentiere im Moses-Buch als der atheistische jüdische Vater, der seinem heranwachsenden Sohn erklärt: «Es gib nur einen einzigen Gott, und wir glauben nicht an ihn.»[108]

Sprach Freud mit einer befremdlich klingenden Formulierung vom «Endsieg des mosaischen Gottes über Jahwe», dann ließ sich das auch als Wunschbild in eigener Sache deuten.[109] Die Psychoanalyse, deren Geschichte die Moses-Arbeit spiegelte, bezwingt ihre Gegner und überlebt ihren Gründer. Darin bekundete sich ein zentrales Credo Freuds, das er in seinen religionstheoretischen Versuch einschrieb wie ein letztes Vermächtnis. Trotz solcher Bekundungen des Selbstbewußtseins blieb ihm aber präsent, wie angreifbar er sich machte, wenn er seine eigene Lehre in dieser doppelten Form als Methode der Untersuchung und unterschwelligen Kommentartext vorführte. Am 5. März 1939 verglich er in einem Brief an Eitingon die Religionsstudie mit der *Traumdeutung*, die das Autobiographische auf ähnlich riskante Weise zum wissenschaftlichen Material gemacht hatte. Die Moses-Arbeit sei aber, so urteilte er, noch «weit vulnerabler» als das Traumbuch.[110] Diese erhöhte Angreifbarkeit bestand darin, daß sie unter den Schichten ihrer Analyse sein ganzes Lebenswerk und nicht nur die Splitter seines Unbewußten offenbarte. Aus dem ‹historischen Roman› war eine Detektiv-Novelle geworden, die in eine Ebene der Selbstreflexion mit autobiographischen Offenbarungen führte.

Zwischen der religionstheoretischen und der psychoanalytischen Dimension der Studie befand sich als drittes das Bild des Judentums. Die Darstellung begann mit einem Akt der Umwertung, der auch Konsequenzen für die jüdische Geschichte hat. Freud beseitigte den Vater der israelitischen Religion, indem er ihn zum Teil der ägyptischen Tradition machte. Schon die Einleitung gestand diesen Raub am Glauben eines Volkes in relativ entspanntem Tonfall, unter Hinweis darauf, daß verinnerlichte Überzeugungen nichts zählen, wenn die Wahrheit der Wissenschaft gegen sie spricht.

Die Neudeutung der israelitischen Religionsstiftung bezeichnete jedoch keine Schwächung der Tradition, sondern begründete die Besonderheit des hebräischen Volkes, das Menschen unterschiedlichster Herkunft und Heimat versammelt. Im Ursprung des jüdischen Monotheismus aus der fremden Welt des ägyptischen Glaubens spiegelte sich so die Vielfalt des Judentums. An diesem Punkt kam Freud auf den Haß zu sprechen, der seinem eigenen Volk seit Jahrhunderten entgegenschlug. Er machte fünf Ursachen ausfindig, die ihn motivierten: die Tatsache, daß Juden «zumeist als Minoritäten unter an deren Völkern leben» und selbst aus verschiedensten Teilen der Welt stammen; der Umstand, «daß sie allen Bedrückungen trotzen, daß es den grausamsten Verfolgungen nicht gelungen ist, sie auszurotten, ja, daß sie vielmehr die Fähigkeit zeigen, sich im Erwerbsleben zu behaupten und, wo man sie zuläßt, wertvolle Beiträge zu allen kulturellen Leistungen» erbringen; das Faktum, daß sie sich für Auserwählte Gottes halten, was «aus dem Unbewußten» anderer Gemeinschaften Eifersucht und Neid erzeugt; weiterhin die Furcht vor der Beschneidung, die als symbolische Form der Kastration auf Fernstehende «einen unliebsamen, unheimlichen Eindruck gemacht» habe; und am Ende, als jüngstes «Motiv dieser Reihe», das Phänomen, daß gerade die «Völker, die sich heute im Judenhaß hervortun, erst in späthistorischen Zeiten Christen geworden sind, oft durch blutigen Zwang dazu getrieben», mithin über eine unsichere Identität verfügen, deren innere Schwäche sie durch Anfeindung der ihnen am nächsten stehenden, historisch vorausgehenden Religionsgemeinschaft zu kompensieren suchten.[111]

Freud bewegte sich hier auf dünnem Eis, denn er adaptierte nicht nur die jahrhundertealten Vorurteile aus der Geschichte der Judenverfolgung, sondern auch deren Sprachrepertoire. In der Sache war er natürlich weit davon entfernt, den Feinden seines Volks das Wort zu reden, obgleich er ihre stilistischen Register zu Illustrationszwecken nutzte. Freud war im Gegenteil überzeugt, daß gerade die Geschichte der jüdischen Religionsgründung eine besondere Stärke der Israeliten demonstrierte, nämlich die Fähigkeit, sich durch neue Impulse lebendig zu erhalten. Zugleich rief er aber in Erinnerung, daß der Judenhaß nicht selten auch Christenhaß war, Abwehr gegenüber einer Religion, die vielen ‹aufgedrängt› und gegen Zwang oktroyiert wurde. Es sei kein Zufall, so erklärte Freud, wenn «in der deutschen nationalsozialistischen Revolution diese innige Beziehung der zwei monotheistischen Religionen in der feindseligen Behandlung beider so deutlichen Ausdruck findet.»[112] Die Idee des Monotheismus bildete die Ursache für den Judenhaß, der im 20. Jahrhundert seine furchtbarste Steigerung fand. Gegen ihn, so lautete Freuds Credo, halfen nur die wissenschaftliche Analyse der Geschichte, die ihn begründete, und die Untersuchung der Quellen, aus denen er sich speiste.[113] Zwar rettete diese «Art von Analyse», wie Hans Blumenberg schrieb, die Opfer des Antisemitismus nicht, aber zum «Absolutismus der Wahrheit» gab es keine Alternative.[114]

Die Anspielung auf die Zeitsituation führte zurück zu den beiden Vorbemerkungen der Buchfassung, die im Spätwinter und Sommer 1938 in Wien und London entstanden. Das erste Vorwort formulierte das Unbehagen des Autors angesichts der «besonders merkwürdigen» Epoche, die Europa im Zeichen der politischen Unterdrückung durchlaufe.[115] Die Diktaturen, die seit dem Ende des Weltkriegs auf dem Kontinent errichtet wurden, bedienten sich höchst unterschiedlicher Mittel, indem sie entweder Fortschritt oder Nationalismus für ihre Zwecke nutzen. Der Sowjetstaat führte nach Freud ein altes Projekt der Aufklärung weiter, wenn er dem Volk das Opium der Religion, wie es Marx nannte, erfolgreich entzog, aber er schuf neue Barbarei, die er an die Stelle der alten Repressionen setzte.[116] Die nationalsozialistische Ideologie kam wiederum, wie es lapidar hieß, «ohne Anlehnung an irgendeine fortschrittliche Idee» aus.[117] Gegen beide stand der Konservatismus und mit ihm der Katholizismus, der für Freud allerdings ein schwieriger Garant der Zukunft war. Sehr offen gab er zu Protokoll, daß er Sorge habe, sich ausgerechnet denen anzuvertrauen, deren Glauben er durch seine Schriften als Spielart der Neurose decouvrierte. Am Vorabend der Okkupation Österreichs schrieb er: «Wir leben hier in einem katholischen Land unter dem Schutz dieser Kirche, unsicher, wie lange er vorhalten wird. Solange er aber besteht, haben wir natürlich Bedenken, etwas zu tun, was die Feindschaft der Kirche erwecken muß. Es ist nicht Feigheit, sondern Vorsicht; der neue Feind, dem zu Dienst zu sein wir uns hüten wollen, ist gefährlicher als der alte, mit dem uns zu vertragen wir bereits gelernt haben.»[118] Freud variierte hier, vermutlich sehr bewußt, die Sätze des Goetheschen Mephisto, der im *Faust*-Prolog seine Beziehung zu Gott auffallend ähnlich charakterisierte: «Von Zeit zu Zeit seh ich den Alten gern, | und hüte mich mit ihm zu brechen. | Es ist gar hübsch von dem großen Herrn, | so menschlich mit dem Teufel selbst zu sprechen.»[119] Weil Freud es sich mit den katholischen Autoritäten aus Angst vor Hitler nicht verderben wollte, verzichtete er darauf, seine Schrift zum Druck zu geben. Als er sie im Februar 1939 veröffentlichte, hatte er seine Heimat, aber mit ihr auch die Angst vor einer möglichen Verärgerung der christlichen Schutzmacht verloren. Es blieb allein die Sorge, wie das jüdische Publikum sein schwieriges Buch aufnehmen werde.

Der Glaube war nur eine Schimäre, und der Monotheismus ein Import des großen Mannes Moses. Was blieb nach dieser Zertrümmerung der Tradition noch übrig? Gab es andere Wege zum Judentum als die der Religion? Existierte die Chance auf eine jüdische Identität jenseits des Glaubens, der doch bloß Produkt neurotischer Angst und mißglückter Verdrängung war? Die Antwort hätte zum Zionismus führen können, aber auch hier lag keine Lösung bereit. Für Freud bedeutete Herzls Staatsidee trotz prinzipieller Sympathien eine Sackgasse, weil sie die Fehler anderer Sammlungsbewegungen nur wiederholte. Am Tag seines 70. Geburtstags erläuterte er den Wiener Logenbrüdern des Vereins B'nai B'rith: «Ein nationales Hochgefühl habe ich, wenn ich dazu neigte, zu unterdrücken mich bemüht, als unheilvoll und ungerecht, erschreckt durch die warnenden Beispiele der Völker, unter denen wir Juden leben.»[120] 1925 schrieb er zwar in einem Geleitwort zur Eröffnung der Hebräischen Universität in Jerusalem, er wünsche, daß nun der Weg aus dem Unglück in eine bessere Zukunft gebahnt sei.[121] Aber Palästina galt Freud nicht als Hoffnungsort, an den sich eine programmatische Utopie knüpfen ließ. Die wahren Verhältnisse, so erklärte er, würden allen bald die Augen öffnen. «Palästina hat nichts gebildet als Religionen, heiligen Wahnwitz, vermessene Versuche, die äußere Scheinwelt durch die innere Wunschwelt zu bewältigen», so schrieb er am 8. Mai 1932 an Arnold Zweig, der gerade das Gelobte Land bereist hatte und sich nach 1933 dort ansiedelte.[122]

Die Schwierigkeiten in Palästina sah Freud ohne Illusionen: «Die Geschichte hat dem Judenvolk keinen Anlaß gegeben, seine Fähigkeit zur Bildung eines Staates und einer Gesellschaft zu entwickeln», hieß es im Februar 1936. Weil jeder aus Europa seine eigenen «Mängel und Laster» importiere, komme es zu einer Verbindung des Schlechten, die aus dem neuen Staat ein bedenkliches Gefüge mache.[123] Zweig, der die Schwierigkeiten der Akklimatisierung in Palästina beklagt hatte, konnte diese lakonische Bemerkung kaum als Trost verbuchen. Wer die Reise ins Land der biblischen Väter antrat, mußte wissen, auf welche Risiken er sich einließ. Freud war weit davon entfernt, die Zukunft der Siedlerbewegung leichtfertig zu verklären. Daß er über den Zionismus zuweilen positiver dachte, verrieten seine Äußerungen zur Courage, die das israelitische Volk einstmals kennzeichnete, bevor sie ihm im Verlauf der Geschichte verlorenging. An den englischen Medizinhistoriker Charles Singer schrieb er am 31. Oktober 1938: «Nun, man wirft uns Juden vor, daß wir im Laufe der Zeiten feige geworden sind. (Wir waren einmal eine tapfere Nation.) An dieser Verwandlung habe ich keinen Anteil erworben.»[124] Für Freud schien, so besehen, das Palästinaprojekt nicht vollends ohne Hoffnung, denn es bot den Juden Gelegenheit, jene ‹Tapferkeit› wiederzugewinnen, die sie im Prozeß der Assimilation eingebüßt hatten. Jeder Zionist hätte dieser Einschätzung zugestimmt, auch wenn Freud sie nicht als Teil eines politischen Programms formulieren mochte.

Ein Testament des Exils

Am 22. Juli 1938, wenige Tage nach der Beendigung des Moses-Projekts, begann Freud, noch in der Elsworthy Road, den *Abriß der Psychoanalyse* niederzuschreiben, seine letzte Zusammenfassung der eigenen Lehre. Neben den amerikanischen Vorträgen von 1909, den Vorlesungen der Kriegsjahre und den *Neuen Vorlesungen* hatte er vielfach Skizzen seiner Wissenschaft vorgelegt. Unter ihnen waren die 1926 veröffentlichte Broschüre zur Laienanalyse und der 1928 entstandene *Kurze Abriß der Psychoanalyse*, auf den sich die zehn Jahre später geschriebene Darstellung im Titel bezog. Zum «soundsovielten Male», klagte Freud schon im Februar 1924 gegenüber Jones, habe er eine Einführung in sein Denksystem entworfen.[125] Die Ausdauer, die er bei der Abfassung solcher Kompendien an den Tag legte, war enorm. Jeden Leser mußte die Geduld beeindrucken, mit der er seine Grundsätze ausführlich erklärte und in ihrer Entwicklung präsentierte. Nicht nur die Lehrschriften, sondern nahezu sämtliche seiner großen Texte und Fallstudien boten regelmäßig eine Zusammenfassung leitender methodischer Prinzipien. Daß Freud sie immer wieder neu erläuterte, entsprach seinem ureigensten Wissenschaftsverständnis. Wenn er die Psychoanalyse in ständigen Modifikationen vorstellte, als sei sie unbekanntes Terrain, so hatte das auch den Effekt der Selbstaufklärung. Wo Freud in seine Forschung einführte, schrieb er sie zugleich fort, indem er sie auf ein höheres Niveau der Durchdringung hob. Er lernte durch das Lehren, wie es das ihm vertraute, von Seneca stammende Sprichtwort – ‹docendo discimus› – besagte; er gelangte zu gereifteren Einsichten, indem er sich täglich mit seinen wissenschaftlichen Überzeugungen beschäftigte, sie aus verschiedenen Blickwinkeln betrachtete und stets grundlegend weiterentwickelte.

Trotz der erkenntnistheoretischen Leistung, die hier zutage trat, schimpfte Freud rituell über die Mühsal, die es bereitete, umfassende Kompendien herzustellen. Das schien jetzt, im Sommer 1938, anders zu sein. «Meine Ferienarbeit erweist sich als eine amüsante Beschäftigung», schrieb er am 3. August zufrieden an Anna.[126] In nur wenigen Wochen schritt die neue Einführung voran, ehe das Vorhaben Anfang September aus gesundheitlichen Gründen zum Erliegen kam. Ein wirklicher Abschluß gelang nicht mehr – der ‹Abriß› blieb gleichzeitig eine Skizze und ein abgebrochenes Buch, ein Faden, der nicht zu Ende gesponnen wurde. Freuds letzte Schrift erscheint wie ein Fragment, das zum intellektuellen Haushalt der Psychoanalyse paßt: eine wohlgegliederte Studie, die in ihren einzelnen Teilen bestens balanciert und in sich gerundet, aber dennoch nicht abgeschlossen ist. Sie zeigt sich unvollständig und bruchstückhaft, ohne deshalb ihren Charakter als mustergültiges Lehrbuch zu verlieren. Der *Abriß der Psychoanalyse* ist Unterrichtswerk und zugleich unendliches Projekt, hineingeschrieben in den offenen Horizont einer im Wortsinn dynamischen Wissenschaft.

Am Beginn der *Elementary Lessons in Psycho-Analysis*, einer nicht veröffentlichten fragmentarischen Notizensammlung, hatte Freud 1938 zwei für Einführungstexte denkbare Formvarianten benannt. Die Darstellung eines Lehrbuchs könne entweder ‹genetisch›, durch Erschließung der einzelnen Erkenntnisschritte und über eine transparente Dokumentation der wissenschaftlichen Suchbewegung erfolgen, oder ‹dogmatisch›, durch knappe Beschreibung der wichtigsten Grundsätze und Methoden.[127] Beide Verfahren weisen, wie es hieß, Nachteile auf: die erste führt zu Verunsicherung, die zweite erzeugt zu starke Gewißheit beim Schüler. Freud entschloß sich daher, eine Kombination beider Wege zu wählen. Gelegentlich griff er auf Beispiele zurück, die seine eigene Suche und seine früheren Irrtümer belegten; zuweilen konzentrierte er sich auf Grundsätzliches, das er knapp und pointiert beschrieb. Dieser Wechsel der Methoden, den Anna Freud in ihren Arbeiten der 30er Jahre nachzuahmen suchte, begründete die Spannkraft der schmalen Studie, die bis heute nichts von ihrer Wirkungsmacht verloren hat. Der *Abriß* zeigte den Autor in ganzer Meisterschaft, nüchtern und zugleich beredt, dogmatisch und offen, neugierig und souverän. Wer immer eine Einführung in die Psychoanalyse benötigt, sollte als erstes Freuds letztes Buch lesen.

Vor allem bildete die Arbeit ein Vermächtnis, das deutlich machen sollte, wie gefährlich Stillstand für die analytische Lehre wäre. In Zukunft werde man, so prognostizierte Freud, womöglich Medikamente nutzen, um die Seele zu heilen, einstweilen sei jedoch die Analyse das richtige Mittel, auch wenn man ihre Beschränkungen kenne.[128] Schon zehn Jahre zuvor hatte er an Pfister geschrieben, man müsse die Grenzen der Therapie sehen: «Ihr Hauptmangel liegt darin, daß die Energiequantitäten, die wir durch die Analyse mobilisieren, nicht immer von der Größenordnung jener Faktoren sind, die im neurotischen Konflikt miteinander streiten.»[129] Am Horizont erschien hier die Epoche der Psychopharmaka, von denen Freud annahm, daß sie das analytische Geschehen fundamental verändern würden. Die Verbindung zwischen Heilung und Abhängigkeit, die mit den neuen Medikamenten entstand, kannte er selbst längst. Die Kokain-Episode und die Erfahrungen mit Fleischl hatten ihm schließlich die Gefahren einer vermeintlich befreienden Droge in ganzer Konsequenz vor Augen geführt.

Der *Abriß* ist in neun Kapitel geteilt. Er begann mit einer Schilderung des seelischen Apparates, beschrieb danach die allgemeine Trieb- und die besondere Sexualfunktion, ging auf die Dimension psychischer Qualitäten und deren Einfluß auf das Seelenleben ein, kam auf die Traumdeutung und die analytische Technik zu sprechen und brach dort ab, wo es um die Beziehung zwischen Ich, Es und Über-Ich ging. Die kulturtheoretischen Teile der Lehre wurden ausgeblendet, die Argumentation konzentrierte sich auf den therapeutischen Kern und die Folgerungen für die Ich-Struktur. Allein dieser Nucleus interessierte, weil alles andere Ableitung und Ergebnis der Grundannahmen einer ausbaufähigen Doktrin war. Seine Hypothesen seien komplex, behauptete Freud, aber sie auszulegen überlasse er den Philosophen – eine indirekte Aufforderung, der vor allem die Frankfurter Schule um Adorno und Horkheimer nachkommen sollte.[130] Primär ging es ihm um eine Bestimmung des Seelischen selbst, so daß sein Kapitel über den psychischen Apparat als Schlüssel zum Verständnis des ganzen Textes gelten kann. Hier begann er mit einer Definition der «Provinzen oder Instanzen», die diesen Apparat erst begründen: Ich, Es und Über-Ich. Freud historisierte die Biographie der Seele, indem er erklärte, das Es gehöre zu den ältesten Zonen, danach habe sich das Ich, erst zum Schluß das Über-

Ich konstituiert.[131] Die so beschriebene Landschaft blieb nicht allein ein Raum der Beziehungen, sondern auch ein Produkt diachroner Prozesse – die Seele hat eine Geschichte.

Das psychische System bildete für Freud, anders als der späte Ferenczi unterstellte, ein durchaus technisches Konstrukt: «Wir nehmen an, dass das Seelenleben die Funktion eines Apparates ist, dem wir räumliche Ausdehnung und Zusammensetzung aus mehreren Stücken zuschreiben, den wir uns also ähnlich vorstellen wie ein Fernrohr, ein Mikroskop u. dgl. Der konsequente Ausbau einer solchen Vorstellung ist ungeachtet gewisser bereits versuchter Annäherung eine wissenschaftliche Neuheit.»[132] Die technische Dimension des Vergleichs mag überraschen, war aber konsequent, wenn man die Bedeutung der hier verwendeten Metaphern genauer würdigt. Fernrohr und Mikroskop sind Medien, die nicht zufällig dem optischen Bereich entstammen. Der seelische Apparat erfüllt eine ähnliche Aufgabe wie sie, indem er eine Form bereitstellt, die mediale Leistungen erbringt. Er funktioniert nicht im Sinne eines technischen Werkzeugs, sondern als Vermittlungsinstanz, die Informationen speichern und weitergeben, verarbeiten und kombinieren kann.

An späterer Stelle hieß es über den seelischen Apparat, daß er gleichermaßen Ermöglicher und Gegenstand der psychologischen Forschung sei. Diese Doppelfunktion, die auch für das Gehirn der modernen Neurowissenschaften gilt, erregte das besondere Interesse des alten Freud. «Alle Wissenschaften ruhen auf Beobachtungen und Erfahrungen, die unser psychischer Apparat vermittelt. Da aber unsere Wissenschaft diesen Apparat selbst zum Objekt hat, findet hier die Analogie ein Ende. Wir machen unsere Beobachtungen mittels desselben Wahrnehmungsapparats, gerade mit Hilfe der Lücken im Psychischen, indem wir das Ausgelassene durch naheliegende Schlussfolgerungen ergänzen und es in bewusstes Material übersetzen. Wir stellen so gleichsam eine bewusste Ergänzungsreihe zum unbewussten Psychischen her. Auf der Verbindlichkeit dieser Schlüsse ruht die relative Sicherheit unserer psychischen Wissenschaft. Wer sich in diese Arbeit vertieft, wird finden, dass unsere Technik jeder Kritik standhält.»[133] Der gesamte Passus ist von erheblicher Bedeutung, weil er die ambivalente Funktion des seelischen Apparates, Bedingung und Objekt der Forschung zu sein, klar beschreibt. Daneben charakterisiert er aber auch die alltäglichen Mühen der analytischen Therapie, die Lücken entdecken und systematisch schließen muß. Das Verschwiegene und Vergessene, das Verlorengegangene und das Verschüttete bilden keine Nullgrößen, sondern Zeichen mit eigenem Sinn. Die Psychoanalyse will ihrem wissenschaftlichen Anspruch nach die leeren Stellen füllen, die im Raum der Seele dort entstehen, wo die gesunde Balance der Kräfte verfehlt wird. Sie darf daher nach Freuds Überzeugung nicht, wie es Reich und Fenichel versuchten, auf die Befreiung der unterdrückten Triebe zielen; vielmehr sollte sie eine möglichst große innere Harmonie zwischen Libido und Ratio beim Patienten anstreben, ohne einseitige Akzentuierungen vorzunehmen.

Zahlreiche Themen früherer Arbeiten erörterte Freuds *Abriß* mit lakonischer Brillanz. Die Traumlehre, die Neurosentheorie, die Beziehung von Triebverdrängung und Kulturleistung wurden in großer Souveränität abgehandelt. Besonders prägnant geriet die Beschreibung des Dreiecks von Ich, Es und Über-Ich. Freud machte deutlich, was schon die Moses-Studie betonte: das Es bildet die früheste Schicht des psychischen Apparates und repräsentiert in sämtlichen Punkten das Gegenstück zum Ich. «Das Es kennt keine Fürsorge für die Sicherung des Fortbestandes, keine Angst, oder vielleicht sagen wir richtiger, es kann zwar die Empfindungselemente der Angst entwickeln, aber nicht sie verwerten.»[134] Während das Es blind und bewußtlos, ohne Zeit und ohne Orientierung nur die Triebe und Affekte verwaltet, indem es sie auf einem energetischen Spannungsniveau hält, versucht das Ich die Reize der Außenwelt und die Forderungen des seelischen Apparates möglichst harmonisch aufeinander zu beziehen. Wo das Es konfliktfrei einen einzigen Weg verfolgt, ist das Ich zerrissen zwischen einander widerstreitenden Impulsen. Freud formulierte diese Einschätzung mit größter Lakonie, noch prägnanter als in seiner Abhandlung von 1923. Illusionslos faßte er das Ich als Instanz, die in ständigem Streit mit externen und internen Mächten liegt. Seine Freiheit ist eine Schimäre, denn es befindet sich im permanenten Kriegszustand, unfähig, seine Position stabil zu halten: «Das Ich kämpft also auf zwei Fronten, es hat sich seiner Existenz zu wehren gegen eine mit Vernichtung drohende Aussenwelt wie gegen eine allzu anspruchsvolle Innenwelt.»[135] Diese skeptische Grundaussage bezog sich auch auf jene Schüler, die glaubten, die Psychoanalyse könne dauerhaft heilen, wie es Ferenczi, Pfister und die Berliner Marxisten um Reich aus unterschiedlichsten Motiven annahmen.

Das Über-Ich beschrieb Freud stets als eine Instanz, die das Ich normativ prägt, zugleich aber biographisch aufgeladen und Teil der Geschichte des jeweiligen Individuums ist. Im Über-Ich wird die Beziehung zum Vater, die Entwicklung von Schuldgefühlen und Projektionen, von Sehnsucht und Ehrgeiz manifest, welche das Ich begründet. Der letzte Satz, den Freud als Wissenschaftler formulierte, galt dieser Konstellation: «In der Einsetzung des Überichs erlebt man gleichsam ein Beispiel davon, wie Gegenwart in Vergangenheit umgesetzt wird.»[136] Das Über-Ich verarbeitet die historische Dimension der individuellen Psyche, indem es Erfahrungen speichert und in Handlungsmaximen überträgt. Gerade diese Leistung aber kann es nur vollbringen, weil es mit dem Bereich des Triebs eng verbunden ist. Kein Über-Ich existiert ohne die Welt der Libido, denn sie erst bestimmt unser moralisches Wollen. Was wie eine Spielart des kategorischen Imperativs Kants anmutete, war in Wahrheit eine unschöne Verbindung gemischter Impulse.

Blickt man zurück auf die knappe Darstellung des *Abrisses*, so zeichnen sich die Kernbereiche ab, die bis heute in der Psychoanalyse Bestand haben: die Ableitung des Traums aus der Wunschproduktion, die Trieblehre, die Theorie der frühkindlichen Sexualität, die Bedeutung des Unbewußten für den Überbau der Zivilisation, der daraus resultierende pessimistische Kulturbegriff, die Annahme eines Todestriebs und die Metapsychologie mit ihren Ausweitungen in die Distrikte des Mythos. Auf der anderen Seite stehen Aspekte und Sektoren, die heute als umstritten, zweifelhaft oder historisch überlebt gelten dürfen: die strenge Trennung zwischen Neurose und Psychose, die Herleitung der Perversionen, der Ödipuskomplex als monokausales Erklärungsmuster, die Auffassung der weiblichen Sexualität. Es ist aufschlußreich, daß Freuds finale Summe seiner Lehre gerade diese letztgenannten Bereiche – fast hellsichtig – außer acht ließ.

Gegen Ende des *Abrisses* kam auch Gott ins Spiel: er erschien als der eigentliche Widersacher, der verhinderte, daß der Kampf gegen die Beharrungskraft der Libido erfolgreich ausging, weil er mit «stärkeren Bataillonen» aufwartete.[137] Für die Psychoanalyse war Gott der Teufel, der die Triebe des Menschen in die tiefsten Verließe seines Inneren, einem Dämon gleich, einschloß, zugleich aber dafür sorgte, daß sie jederzeit mit Macht ausbrechen konnten. Freud offerierte seinen Lesern ein wahrhaft häretisches Gottesbild, wenn er den Schöpfer als Prinzip des Bösen auswies, das die Welt krank machte, indem es die sexuellen Begierden der Menschen permanent entfachte. Wer hier heilen wollte, konnte auf höhere Instanzen nicht setzen – eine Position, wie sie im Briefwechsel mit Pfister immer wieder kontrovers diskutiert wurde. Wenn Gott und Teufel eins sind, bleibt dem Menschen nur die Vernunft, nämlich eine Annäherung an die Dunkelheit im Zeichen jenes provisorischen Lichts, das die Wissenschaft wirft. Denn die Psychoanalyse, so hatte Freud zur Verärgerung von Reich und Fenichel schon 1928 geschrieben, könne «ein vollständiges Weltbild nicht liefern».[138] Es ist dem Betrachter vorbehalten, sich seine eigene Lehre aus ihren Einsichten abzuleiten. Sie konnte pessimistisch sein wie die Theorie des Todestriebs oder optimistisch wie der Anspruch des therapeutischen Projekts. Nuancen waren Sache der Individuen, die sich mit der Analyse beschäftigten.

Ob aus dem Trieb Gott oder Teufel wird, liegt allein in der Hand des einzelnen Menschen. Hoffnung ist möglich, aber sie kommt nicht vom Glauben, sondern entspringt einem kritischen Verstand. Der alte Atheist Freud, der Überzeugungen ungern opferte, war sich damit auf bemerkenswerte Weise treu geblieben. Nur hatte er den strikten Agnostizismus des materialistisch denkenden Naturforschers, der ihn in jungen Jahren prägte, gegen einen spekulativen Pessimismus eingetauscht. Eine solche Weltsicht eröffnete genügend Raum für die Trockenlegung der Zuydersee, für die Kultivierung des Es und die kleinen Freiheiten, die man aus dem nie versiegenden Vertrauen in die Selbstheilungskraft des Menschen gewinnen konnte. Daß er dieses Vertrauen auch nach sechs Jahrzehnten praktischer Erfahrung mit den schwarzen Krankheiten der Psyche nicht aufgab, machte Freuds eigentliche Größe aus. Womöglich ging es dabei weniger um Vernunft als um Liebe – um jene Zuneigung, die der Arzt aufbringen muß, damit er helfen kann. «Die Analyse ist eine Frau, die erobert werden will, aber weiß, daß sie gering geschätzt wird, wenn sie nicht Widerstand leistet», so schrieb Freud mit einer Mischung aus Weisheit und Koketterie am 20. Juli 1938 an Stefan Zweig.[139]

Im Harnisch sterben?

Freuds Karzinom ließ sich auf Dauer in seiner Ausdehnung nicht aufhalten. Schon im Dezember 1938 beobachtete Schur erste Anzeichen für eine neue Schwellung in der hinteren Mundhöhle, die er als krebsartig einstufte. Im Januar und Februar folgten zahlreiche Konsultationen, wobei die englischen Ärzte uneins über den Befund waren. Exner, der Kieferchirurg, hielt die Neubildung für eine gutartige Leukoplakie; Wilfried Trotter, ein Neurochirurg, Schwager von Jones und bekennender Anhänger der Psychoanalyse, war schwankend. Antoine Lacassagne, ein auf Anraten Marie Bonapartes zugezogener französischer Spezialist vom Institut Curie in Paris, untersuchte Freud am 26. Februar und ordnete eine Probeexzision sowie Röntgenaufnahmen an. Die histologische Analyse bestätigte Schurs Verdacht: es handelte sich um eine Krebsgeschwulst, die bereits den Wangenknochen unterhalb des Auges erfaßte. Im Grunde war ein neuer Eingriff unvermeidlich, aber Trotter lehnte eine Operation als zu risikoreich ab, weil die Gefahr bestand, daß der Sehnerv getroffen wurde. Anstelle einer ursprünglich geplanten Radiumbehandlung, die nur in Paris sachkundig hätte durchgeführt werden können, blieb als letztes Mittel die äußerliche Röntgenbestrahlung. «Es ist kein Zweifel mehr», schrieb Freud am 5. März 1939 an Arnold Zweig, «daß es sich um einen neuen Vorstoß meines lieben alten Carcinoms handelt, mit dem ich jetzt seit 16 Jahren die Existenz teile. Wer damals der Stärkere sein würde, konnte man natürlich nicht vorher sagen.»[140]

Die Röntgentherapie, die der Londoner Radiologe Neville Finzi durchführte, dämmte Freuds Geschwulst in ihrem Wachstum nicht ein. Statt dessen waren die Nebenwirkungen erheblich; es kam zu Schwindelanfällen, Blutungen, das Barthaar fiel aus. An Marie Bonaparte schrieb Freud am 28. April 1939 verbittert: «Man hat versucht, mich in eine Atmosphäre von Optimismus zu ziehen: das Carcinom ist in Schrumpfung, die Reaktionserscheinungen sind vorübergehend. Ich glaube nicht daran und mag es nicht betrogen zu werden.»[141] Eine Woche später besuchte ihn ein letztes Mal Yvette Guilbert, aus Anlaß seines 83. Geburtstags. Sie schenkte ihm eine neue Photographie – die erste hatte auch im englischen Domizil einen Ehrenplatz erhalten. Filmaufnahmen zeigen Freud, von der Therapie gezeichnet, an der Seite Annas im Garten, vor einem Gabentisch mit seinem 55 Jahre alten Jugend-Bildnis, das Martha ganz besonders liebte; «es hat mich im Bann», schrieb sie ihm schon am 31. Juli 1884 aus Wandsbeck über dieses Porträt.[142] Paula versah die Hunde nach Familienbrauch mit großen Schleifen, an denen Glückwunschkarten befestigt waren – eine Prozedur, die beide Tiere haßten, wie sich Anna erinnerte.[143] Unter den zahlreichen Grüßen, die in Hampstead eintrafen, fielen zwei besonders ins Gewicht. Brill, den alten Groll hinter sich lassend, hatte eine sehr warmherzige Gratulation geschickt, für die sich Freud am 16. Mai 1939 bedankte.[144] Aus dem Exil in Princeton grüßte Albert Einstein mit einem Brief, der nochmals den großen Stilisten Freud und die Kraft seiner «gedanklichen Konstruktionen» beschwor: «Ganz besonders bewundere ich Ihre Leistung, wie alle Ihre Schriften, vom schriftstellerischen Standpunkt aus. Ich kenne keinen Zeitgenossen, der in deutscher Sprache seine Gegenstände so meisterhaft dargestellt hat.»[145]

Im Spätsommer 1939 traten weitere Geschwulstbildungen am Kieferknochen auf, die sich durch dunkle Verfärbungen der Haut im Wangenbereich anzeigten. Das Karzinom war nun eine schwärende Wunde mit übler Eiterung, deren Fäulnisgeruch Schur auch durch peinlich genaue Mundhygiene nicht zu unterbinden vermochte. Da man 1939 noch keine Antibiotika kannte, die eine solche Entzündung hätten punktuell eindämmen können, litt Freud furchtbare Schmerzen. Wie ein Aussätziger fühlte er sich aber, als er bemerken mußte, daß sein Hund den Geruch in seinem Arbeitszimmer nicht ertrug und sich von seinem Herrn abwendete. Um die Fliegen fernzuhalten, die von der Fäulnis angezogen wurden, spannte man, so erinnert sich Schur, ein Netz über Freuds Bett.[146] Anna verbrachte die Nächte in der Nähe des Fiebernden, um bei starken Anfällen mit Aspirin oder Pyramidon zu helfen. Lucie Freud schrieb gerührt, das Bewundernswürdige an ihrer Pflege bestehe darin, daß sie sich den Schlaf «völlig abgewöhnt» habe und ihrem Vater trotz aller Mühen stets «mit einem glücklichen Gesichtsausdruck» begegnet sei.[147]

Am 1. August beendete Freud seine Ordination auch offiziell: «Auflösung d Praxis».[148] Nach 53 Jahren Arbeit mit Verzweifelten, Bedrückten und Beladenen zog er sich nun zurück, um das zu tun, was ihm noch blieb – sich auf das Sterben vorzubereiten. Der Kranke lag in seinem Studierzimmer, bei durchweg geöffnetem Fenster, mit Blick auf den blühenden Garten, in balsamischer Luft. Er hielt trotz aller Leiden willensstark an einem geregelten Tagesablauf fest. Morgens zog er seine Taschenuhr auf und setzte sich zumindest für kurze Zeit an den Schreibtisch. Selbst die regelmäßige Lektüre, ohne die er seit frühester Jugend nicht existieren konnte, wurde beharrlich fortgeführt. Das letzte Buch, das er las, war Balzacs 1831 veröffentlichter Roman *La peau de chagrin* (*Das Chagrin-Leder*), die düster-romantische Geschichte eines faustischen Teufelspaktes. Der verzweifelte, vom Leben enttäuschte Held Raphaël erwirbt in einem Antiquariat eine ‹Eselshaut›, die ihm seine Wünsche erfüllt, aber zugleich fortwährend schrumpft und damit die verrinnende Zeit seines Daseins anzeigt. Freud fühlte sich durch die Lektüre in das Paris der Juli-Revolution entführt, das er durch die Schriften Börnes und Heines besser kannte als jenes der Gegenwart. Zugleich sah er, wie er Schur sagte, die Allegorie der schwindenden Haut als Sinnbild seines eigenen Lebens, das unwiderruflich dahinschmolz.[149]

Freud wahrte nach außen Contenance und Ruhe. Wie gewöhnlich pflegte er einen ironischen Ton, wenn es um seine Krankheit ging. Doch die Schmerzen wuchsen, ja sie dehnten sich hartnäckig über das gesamte Gesicht aus. Die Geschwulst wucherte und fraß sich durch das noch gesunde Gewebe. Ende August riß die Haut über dem Backenknochen, so daß ein Loch zur Mundhöhle entstand. Das schuf immerhin einen einfacheren Zugang zur Wunde im Kieferbereich. Schur verabreichte Orthoform als Lokalanästhetikum gegen die Schmerzen, um dem Kranken das Schlucken zu erleichtern. Aber die beschleunigte Ausbreitung des Karzinoms konnte nun niemand mehr verhindern. Es war das finale Stadium der Leidensgeschichte erreicht – der Krebs, dieser hartnäckige Gegner, hatte triumphiert. Das Messer des Chirurgen, Bestrahlungen, Medikamente reichten nicht aus, um den hinterhältigen Feind dauerhaft zu bekämpfen.

«Kriegspanik», so lautete am 25. August 1939 der letzte Eintrag, den Freud in seiner *Chronik* vornahm.[150] Am 1. September 1939 fiel Hitlers Wehrmacht um 4.45 Uhr in Polen ein, ohne daß es zuvor zu einer formellen Ankündigung militärischer Aktionen gekommen war. Die Politik des ‹Friedens für unsere Zeit›, die der englische Premierminister Neville Chamberlain vertrat, mußte endgültig als gescheitert gelten – ihr Idealismus lieferte Europa, wie Henry Kissinger später formulierte, dem ruchlosesten Mitglied der Staatengemeinschaft aus.[151] Drei Tage nach dem Einmarsch der deutschen Truppen erklärten Großbritannien und Frankreich Hitler den Krieg. Jones schrieb sofort an Freud, daß er tief befriedigt darüber sei, sich mit ihm, anders als 1914, gegen einen gemeinsamen Feind verbündet zu wissen. Die Freundschaft habe damals trotz der weltpolitischen Katastrophen gehalten, und nun scheine die Lage erheblich einfacher. Als Londoner Nachbarn teilten sie ihre ‹militärischen Sympathien› und dazu die Hoffnung, daß Hitler besiegt werde. Aber, so hieß es elegisch, niemand könne das Ende dieses Krieges abschätzen, geschweige denn die Frage entscheiden, ob sie ihn überlebten: «but in any case it has been a very interesting life and we have both made a contribution to human existence – even in very different measure.»[152]

Anfang September zog Max Schur in Freuds Haus, indessen seine Frau und seine Kinder aus Angst vor deutschen Luftangriffen zur Sicherheit auf dem Land untergebracht wurden.[153] Der Arzt plante die Ausreise aus England, weil er sich als Jude sogar hier unsicher fühlte. Freud ließ sich von Anna und ihm berichten, wie sie die politischen Nachrichten einschätzten. Täglich hörte er Radio, nur wurden die Phasen, in denen er folgen konnte, beständig kürzer. Daß wieder, wie 1914, ein Weltbrand aufzog, wußte man, aber das ganze Ausmaß der Schrecken, die Hitler über Europa bringen würde, war im September 1939 nicht erahnbar. Während Freud im Wechsel von Wachen und Dämmern lag, wälzten sich die deutschen Truppen durch Polen, in unerhörtem Tempo, mit schwerer Bewaffnung. Der Widerstand, auf den die Wehrmacht stieß, war zu schwach, um ihren Vormarsch aufzuhalten. Schon am 13. September wurde Warschau von Hitlers Armee gänzlich eingeschlossen. Freud hörte im Radio, daß sich Polen kurz vor der Kapitulation befand. Am 3. September begann die deutsche Kriegsmarine ihre Angriffe auf englische Schiffe, mit dem Ziel, die britischen Seehandelsverbindungen zu unterbrechen. Als ein BBC-Sprecher die These vertrat, dieser Krieg sei der letzte der Menschheit, fragte Schur, ob Freud dem zustimme. Die Antwort lautete knapp: ‹*mein* letzter Krieg.›[154]

Freud lag unheilbar, und jeder Tag bedeutete nur eine Verlängerung seiner Qual. Mit Schur hatte er, wie erinnerlich, verabredet, daß er ihm Morphium verabreichen würde, wenn die letzte Hoffnung verloren war. Dieser Moment schien nun, Mitte September 1939, gekommen. 29 Jahre zuvor hatte sich Freud bereits auf Macbeths Ankündigung berufen, er werde in der Rüstung sterben: «At least wee'l dye with Harnesse on our backe.»[155] Es wäre vermutlich am besten, so erklärte er im März 1910 Pfister, nicht siechend, sondern im «Harnisch» abzutreten.[156] Ähnlich äußerte er gegenüber Jung am 1. September 1911, sein Motto sei «to die in harness».[157] So hatte Freud, der große Kämpfer, sich früher das Ende gedacht: Sterben in der Schlacht, in scharfem Ritt, unterwegs eigentlich zu fernen Zielen und nun durch den Tod aus dem Sattel gehoben, fortgerissen in jenseitige Reiche.

Das Bild paßte jetzt nicht mehr: das Alter hatte ihm das Pferd genommen, der Harnisch war längst abgelegt, die letzte Schlacht geschlagen. Aber Freud wollte zumindest den Zeitpunkt seines Todes in der Hand behalten. Von der Metapher blieb der Kern, die Idee des autonomen Sterbens ohne Furcht. Selbstbestimmt zu entscheiden, wann es zu Ende sei, diesen Anspruch konnte er nicht aufgeben. Deshalb hatte er Schur beschworen, ihn gehen zu lassen, wenn keine Aussicht auf Rettung mehr bestehe. Der Leibarzt, loyal und pflichtbewußt zugleich, nahm diese Bitte ernst, aber er wartete auf ein Signal, «bis er mich auffordern würde.» Am 21. September war es soweit, Freud bat ihn zu sich, ergriff seine Hand und sagte: «Lieber Schur, Sie erinnern sich wohl an unser erstes Gespräch. Sie haben mir damals versprochen, mich nicht im Stich zu lassen, wenn es soweit ist. Das ist jetzt nur noch Quälerei und hat keinen Sinn mehr.»[158]

Im Grundsatz war die Lage also klar. Aber Schur befand sich dennoch in einer schwierigen Situation, weil er bereits die Karten für die Schiffspassage nach New York in der Tasche hatte und die Uhr tickte.[159] Er war tief zerrissen, innerlich schon in Amerika, nervös besorgt um seine Familie, angespannt zum Letzten wegen des Kranken. Wie lange konnte er noch die Aufsicht führen über den Sterbenden und entscheiden, was geschehen sollte? Nachdem Freud mit ihm gesprochen hatte, informierte er, gemäß der alten Verabredung, Anna. Sie zögerte zuerst, fragte besorgt, ob es wirklich unausweichlich sei, gab dann aber ihr Einverständnis.[160] Schur entschloß sich, den ersten Schritt selbst einzuleiten, um dann alles Weitere in die Hände der jungen Ärztin Josefine Stroß zu legen. Am 21. September 1939 verabreichte er Freud, der sich im Dämmerschlaf befand, eine relativ leichte Dosis Morphium. Einen Tag später wiederholte er die Injektion, als sich bei Freud Anzeichen von Unruhe zeigten. Danach verließ er das Haus in Hampstead und begab sich zum Bahnhof, um von dort die Fähre nach Amerika zu erreichen. Das Licht des dämmernden Morgens zeigte ein merkwürdiges Bild: zwei Reisende, der eine auf dem Weg ins nächste Exil, der andere im Begriff, die letzte Fahrt anzutreten.

An Schurs Stelle wachte Josefine Stroß am Bett des Sterbenden, bereit, ihm beim Erwachen eine stärkere Dosis Morphium zu injizieren. Das aber war nicht mehr notwendig. Freud verblieb in einem leichten Schlaf und glitt am Morgen des 23. September in den Tod hinüber. Nicht in der Rüstung auf dem Feld, wie Macbeth, starb er, sondern friedlich umhüllt von den Nebeln der Droge, die sein Bewußtsein lahmlegten. Am Ende mag er zurückgestiegen sein in die Tiefen des ‹Höhlenkönigreichs›,[161] das er wie keiner zuvor erforscht hatte, um es noch einmal zu inspizieren, ehe er in andere Gefilde aufbrach.

Anhang

Siglen für Freud-Texte (Werke, Briefe)

I–XVIII	Sigmund Freud: Gesammelte Werke
A	Sigmund Freud – Karl Abraham: Briefe 1907–1926
A I, II	Sigmund Freud – Karl Abraham: Briefwechsel 1907–1925
AF	Sigmund Freud – Anna Freud: Briefwechsel 1904–1938
Aph	Sigmund Freud: Zur Auffassung der Aphasien
AS	Sigmund Freud – Lou Andreas-Salomé: Briefwechsel
B	Sigmund Freud: Briefe 1873–1939
Bi	Sigmund Freud – Ludwig Binswanger: Briefwechsel 1908–1938
Bl	Sigmund Freud – Eugen Bleuler: Briefwechsel 1904–1937
Ch	Sigmund Freud: Tagebuch 1929–1939. Kürzeste Chronik
DK	Sigmund Freud: Zur Kenntniss der cerebralen Diplegien des Kindesalters
E I, II	Sigmund Freud – Max Eitingon: Briefwechsel 1906–1939
Fe I/1–III/2	Sigmund Freud – Sándor Ferenczi: Briefwechsel
F	Sigmund Freud: Briefe an Wilhelm Fließ 1887–1904
G	Sigmund Freud – Georg Groddeck: Briefwechsel
H	Josef Breuer u. Sigmund Freud: Studien über Hysterie
Jo	Sigmund Freud – Ernest Jones: The Complete Correspondence
JoD	Sigmund Freud – Ernest Jones: Briefwechsel 1908–1939
J	Sigmund Freud – C. G. Jung: Briefwechsel
K	Sigmund Freud: Schriften über Kokain
Ki	Sigmund Freud: Briefe an die Kinder
MB I, II, III	Sigmund Freud – Martha Bernays: Die Brautbriefe
Mi	Sigmund Freud – Minna Bernays: Briefwechsel 1882–1938
O	Sigmund Freud – Nikolaj J. Ossipow: Briefwechsel 1921–1929
P	Sigmund Freud – Oskar Pfister: Briefe 1909–1939
Pu	Letters between Putnam and Sigmund Freud, Ernest Jones, William James, Sándor Ferenczi, and Morton Prince
R	Sigmund Freud: Reisebriefe 1895–1923
Ra	Sigmund Freud und Otto Rank. Ihre Beziehung im Spiegel des Briefwechsels 1906–1925
Se	Sigmund Freud: «Selbstdarstellung»
S	Sigmund Freud: Jugendbriefe an Eduard Silberstein 1871–1881
Ve	Sigmund Freuds Briefe an seine Patientin Anna von Vest
W	Sigmund Freud – Edoardo Weiss: Briefe zur psychoanalytischen Praxis
Z	Sigmund Freud – Arnold Zweig: Briefwechsel

Anmerkungen

Vorwort

1 Ki 444. Vgl. Ernest Jones, Das Leben und Werk von Sigmund Freud. 3 Bände, übers. v. Katherine Jones (Bd. I) bzw. von Gertrud Meili-Dworetzki u. Katherine Jones (Bd. II u. III), Bern u. Stuttgart, 1960–62 (= The Life and Work of Sigmund Freud, 1953–57), Bd. III, S. 267.

2 George Steiner, Gedanken dichten. Aus dem Englischen von Nicolaus Bornhorn, Frankfurt/M. 2011 (= The poetry of thought, 2011), S. 200.

3 Freuds Schriften werden unter Angabe von Band (römische Ziffer) und Seite (arabische Ziffer) zitiert nach der Edition der Gesammelten Werke, hg. v. Anna Freud, Frankfurt/M. 1999; zuerst London 1940–1952. Hier: I, 285.

4 VIII, 381 f.

5 Michel Foucault, Der Wille zum Wissen. Sexualität und Wahrheit 1. Übers. v. Ulrich Raulff u. Walter Seitter, 3 Bde., Frankfurt/M. 1976–84 (= Histoire de la sexualité, 1976–84), S. 136.

6 Das genau ignorieren jene Kritiker, die glauben, mit dem Nachweis von Freuds intellektuellen Abhängigkeiten (die er selbst gern verschwieg) bereits die Originalität seiner Lehre in Frage stellen zu können. Vgl. zuletzt Michel Onfray, Anti-Freud. Die Psychoanalyse wird entzaubert. Aus dem Französischen v. Stephanie Singh, München 2010 (= Le crépuscule d'une idole. L'affabulation freudienne, 2010), bes. S. 45 ff. (Verhältnis zu Nietzsche).

Familienroman (1856–1873)

1 B 136.

2 Siegfried Bernfeld, Suzanne Cassirer Bernfeld, Bausteine der Freud-Biographik, eingel., hg. u. übers. v. Ilse Grubrich-Simitis, Frankfurt/M. 1988, S. 80.

3 Freud Archive, London: Birth Certificate 1856 DOC R.

4 Vgl. Marianne Krüll, Freud und sein Vater. Die Entstehung der Psychoanalyse und Freuds ungelöste Vaterbindung. Mit einem Geleitwort v. Helm Stierlin, München 1979, S. 132 f.

5 F 351, Z 149.

6 XIV, 34.

7 B 391.

8 II/III, 201.

9 Marianne Krüll, Freud und sein Vater, S. 116.

10 Anna Freud-Bernays, Eine Wienerin in New York. Die Erinnerungen der Schwester Sigmund Freuds, hg. v. Christfried Tögel, Berlin 2004, S. 9 spricht davon, daß der Vater Besitzer einer «Tuchfabrik» gewesen sei.

11 Michael A. Meyer (Hg.), Deutsch-Jüdische Geschichte in der Neuzeit. Dritter Band. 1871–1918, München 1997, S. 14 f.

12 II/III, 203.

13 VII, 231.

14 J 20.

15 Marie Bonaparte, Edgar Poe. Eine psychoanalytische Studie. Mit einem Vorwort von Sigmund Freud. 3 Bde., Wien 1934, Bd. 3, S. 34 ff. (Hinweis auf das Rachemotiv).

16 B 446.

17 Zur Frage, ob Freuds Vater davor nochmals verheiratet war, vgl. Marianne Krüll, Freud und sein Vater, S. 122 f.

18 Vgl. Kurt R. Eissler, Creativity and Adolescence – The Effect of Trauma in Freud's Adolescence, in: The Psychoanalytic Study of the Child 33 (1978), S. 461–517, S. 464.

19 Vgl. Ernest Jones, Das Leben und Werk von Sigmund Freud, Bd. I, S. 18 (nur ein Hinweis auf den Namen ‹Schlomo›); Peter Gay, Freud. Eine Biographie für unsere Zeit. Aus dem Amerikanischen v. Joachim A. Frank, Frankfurt/M. 2006 (2. Aufl., zuerst 1989), S. 14; vgl. ders.: «Ein gottloser Jude». Sigmund Freuds Atheismus und die Entwicklung der Psychoanalyse, Frankfurt/M. 1986, S. 114 ff. Zum fehlenden Hebräisch vgl. den Brief an Jehuda Dwossis vom 15. Dezember 1930. Freud Archive, London, Bf [K] (1 S).

20 Ilse Grubrich-Simitis, Michelangelos Moses und Freuds «Wagstück». Eine Collage, Frankfurt/M. 2004, S. 14. Dazu auch Joel Whitebook, Jakob Freuds ambivalentes Vermächtnis, in: Psyche 62 (2008). Hft. 12, S. 1187–1203.

21 Se 114.

22 Max Schur, Sigmund Freud. Leben und Sterben. Aus dem Englischen v. Gert Müller, Frankfurt/M. 1982 (= Freud: Living and Dying, 1972), S. 37.

23 Paul Roazen, Freud and his Followers, New York 1975, S. 26 f.

24 F 204.

25 F 245.

26 Vgl. Harry Stroeken, Freud und seine Patienten. Aus dem Niederländischen v. Dieter Becker, Frankfurt/M. 1992 (= Freud en zijn Patiënten, 1985), S. 127.

27 XIV, 550.

28 XIV, 241.

29 Ernest Jones, Das Leben und Werk von Sigmund Freud, Bd. II, S. 493.

30 Martin Freud, Mein Vater Sigmund Freud. Aus dem Englischen v. Brigitte Janus-Stanek, Heidelberg 1999 (= Sigmund Freud – Man and Father, 1957), S. 19, 33.

31 F 288 f.

32 Fe I,2, 165.

33 XII, 25.

34 Franz Maciejewski, Freud in Maloja. Die Engadiner Reise mit Minna Bernays, Berlin 2008, S. 17 ff.

35 MB III 58.

36 Dazu erstmals: Siegfried Bernfeld, Suzanne Cassirer Bernfeld, Bausteine der Freud-Biographik, S. 85 f.

37 II/III, 427.

38 Ernest Jones, Das Leben und Werk von Sigmund Freud, Bd. 1, S. 17, Peter Gay, Freud, S. 13.

39 Fragwürdig hier Michel Onfray, Anti-Freud, S. 108 f. Onfray behauptet, daß Freuds Mutter ein Verhältnis mit seinem Halbbruder hatte; wie so oft läßt der Autor die nötigen Beweise für seine Thesen fehlen.

40 F 290; F 291 f. – Vgl. Marianne Krull, Freud und sein Vater, S. 77 f., 145 f.

41 IV, 59.

42 IV, 58.

43 II/III, 269.

44 XIII, 561.

45 F 289.

46 F 289.

47 Vgl. das Material bei: Christfried Tögel u. Michael Schröter, Jacob Freud mit Familie in Leipzig (1859). Erzählung und Dokumente, in: Lucifer-Amor 23 (2004), S. 8–32.

48 F 310. Vgl. dazu Marie Bonaparte, Anna Freud u. Ernst Kris (Hg.), Aus den Anfängen der Psychoanalyse, London 1950, S. 252.

49 V, 103.

50 F 288.

51 P 18.

52 F 289.

53 Se 107 ff.

54 Siegfried Bernfeld, An Unknown Autobiographical Fragment by Freud, in: American Imago 4 (1946), S. 3–19. Deutsche Übersetzung in: Siegfried Bernfeld, Suzanne Cassirer Bernfeld, Bausteine der Freud-Biographik, S. 93–111.

55 I, 539.

56 Se 110.

57 S 28.

58 Anna Freud-Bernays, Eine Wienerin in New York, S. 15 ff.; Eva Gesine Baur, Freuds Wien. Eine Spurensuche, München 2009, S. 29 ff. Vgl. MB III 47.

59 Martin Freud, Mein Vater Sigmund Freud, S. 19.

60 MB III 58.

61 XIV, 239.

62 Vgl. Statistik Austria: Bevölkerung nach dem Religionsbekenntnis und Bundesländern 1951 bis 2001, ferner Peter G. J. Pulzer, The Rise of Political Anti-Semitism in Germany and Austria, New York 1964, S. 10 (Tafel 3).

63 So Martin Freud, Mein Vater Sigmund Freud, S. 23 f.

64 Marianne Krüll, Freud und sein Vater, S. 192.

65 II/III, 144.

66 I, 497.

67 Dazu Carl E. Schorske, Wien. Geist und Gesellschaft im Fin de siècle. Deutsch v. Horst Günther, Frankfurt/M. 1982 (= Fin de siècle Vienna, 1980), S. 23 f.

68 Carl E. Schorske, Wien, S. 78 f.

69 Jürgen Osterhammel, Die Verwandlung der Welt. Eine Geschichte des 19. Jahrhunderts, München 2010 (5. Aufl., zuerst 2009), S. 365.

70 Robert Musil, Der Mann ohne Eigenschaften (1930–1942), in: Gesammelte Werke. 9 Bde., hg. v. Adolf Frisé, Reinbek b. Hamburg 1978, Bd. 1, S. 32 ff.

71 S 20.

72 Se 115.

73 Se 116.
74 Jürgen Osterhammel, Die Verwandlung der Welt, S. 286.
75 Anna Freud-Bernays, Eine Wienerin in New York, S. 17.
76 Se 115.
77 S 63.
78 Arthur Schnitzler, Jugend in Wien. Eine Autobiographie, hg. v. Therese Nickl u. Heinrich Schnitzler. Mit einem Nachwort v. Friedrich Torberg, Frankfurt/M. 1992, S. 272.
79 Oswald Spengler, Der Untergang des Abendlandes. Umrisse einer Morphologie der Weltgeschichte (1918/1922). Sonderausgabe in einem Band, München 1923, S. 1072.
80 XV, 187.
81 XV, 188.
82 Josef u. Renée Gicklhorn (Hg.), Sigmund Freuds akademische Laufbahn im Lichte der Dokumente, Wien, Innsbruck 1960, S. 65.
83 II/III, 217.
84 Vgl. Ronald W. Clark, Sigmund Freud. Leben und Werk. Aus dem Englischen v. Joachim W. Frank, Frankfurt/M. 1985 (= Freud. The Man and the Cause, 1980), S. 29 f.
85 IV, 149.
86 X, 205.
87 Heinrich Schliemann, Ithaka, der Peleponnes und Troja, Leipzig 1869.
88 XIV, 86.
89 Gustav A. Lindner, Lehrbuch der empirischen Psychologie nach genetischer Methode, Wien 1858. Im Unterricht Freuds wurde die dritte Auflage verwendet; vgl. Wilhelm H. Hemecker, Vor Freud. Philosophiegeschichtliche Voraussetzungen der Psychoanalyse, München u. a. 1991, S. 12.
90 Anna Freud-Bernays, Eine Wienerin in New York, S. 17.
91 B 391. Vgl. Renate Schlesier, Jerusalem mit der Seele suchen. Mythos und Judentum bei Freud, in: Mythos in mythenloser Gesellschaft. Das Paradigma Roms, hg. v. Fritz Graf, Stuttgart, Leipzig 1993, S. 230–267, S. 249 f. (Anm. 77 u. 78).
92 XVII, 52.
93 Vgl. Jacques Le Rider, Freud, de l'Acropole au Sinaï. Le retour à l'Antique des Modernes viennois, Paris 2002, S. 60 f.
94 Nachtragsband, 733.
95 II/III, 217.
96 XIV, 34.
97 II/III, 199.
98 II/III, 198.
99 B 196.
100 Vgl. Renée Gicklhorn, Eine Episode aus Freuds Mittelschulzeit, in: Unsere Heimat 36 (1965), S. 18–24. Wieder aufgegriffen (allerdings mit falscher Namensschreibung) von Eva Gesine Baur, Freuds Wien, S. 27.
101 Abgedruckt in: Sigmund Freud, Curriculum Vitae (1885) in: «Selbstdarstellung». Schriften zur Geschichte der Psychoanalyse, hg. v. Ilse Grubrich-Simitis, Frankfurt/M. 1971, S. 107 ff.
102 S 214.
103 MB III 131.

104 S 26, 32.
105 Vgl. dazu das Nachwort von Walter Boehlich in: Sigmund Freud, Jugendbriefe an Eduard Silberstein 1871–1881, Frankfurt/M. 1989, S. 233 f. sowie mit erster Erwähnung der Scheffel-Bezüge: Kurt R. Eissler, Creativity and Adolescence – The Effect of Trauma in Freud's Adolescence, S. 470 f.
106 I, 542.
107 S 18.
108 S 22.
109 Vgl. MB III 67.
110 Alois Pokorny (Hg.), Siebenter Jahresbericht des Leopoldstätter Communal-Real und Obergymnasiums in Wien, Wien 1871, S. 84.
111 II/III, 202.
112 Vgl. XII, 311 f. Zu Börne auch der Brief an Ferenczi vom 9. April 1919 (Fe II/2, 225).
113 B 268.
114 F 368.
115 Vgl. Ch 270, auf der Basis von Knoepfmachers Erinnerungen.
116 B 5.
117 S 25.
118 B 5.
119 B 6.
120 B 6.
121 Johann Gottfried Herder, Ueber die neuere Deutsche Litteratur. Erste Sammlung. Zweite, völlig umgearbeitete Ausgabe (1768), in: Sämmtliche Werke, hg. v. Bernhard Suphan, Berlin 1877–1913, Bd. 2, S. 44.
122 Gustav Schwab, Die Sagen des klassischen Altertums, Frankfurt/M. 1975, Bd. I, S. 233 f. Vgl. Marianne Krüll, Freud und sein Vater, S. 81 f.
123 Se 114.
124 B 7.

Im Labyrinth des Studiums (1873–1881)

1 XIV, 34.
2 Nachtragsband, 763.
3 Zunächst erwähnt bei: Heinz Stanescu, Unbekannte Briefe des jungen Sigmund Freud, in: Neue Literatur 16 (1965), S. 123–129, S. 127 (dort auch Erstabdruck einiger Silberstein-Briefe, allerdings irrtümlich einem Namensvetter zugeschrieben). Vgl. dagegen Kurt R. Eissler, Creativity and Adolescence – The Effect of Trauma in Freud's Adolescence, S. 465.
4 XIV, 290.
5 XIV, 34.
6 XIV, 290.
7 Se 116.
8 II/III, 443.
9 XIV, 34. Vgl. Bernd Nitzschke, «Wir und der Tod». Essays über Sigmund Freuds Leben und Werk, Göttingen, Zürich 1996, S. 14 ff.
10 Johann Wolfgang Goethe, Die Natur (1782), in: Sämtliche Werke nach Epochen sei-

nes Schaffens. Münchner Ausgabe. 21 in 33 Bänden, hg. v. Karl Richter in Zusammenarbeit mit Herbert G. Göpfert, Norbert Miller, Gerhard Sauder und Edith Zehm, München 1985–1998 (= MA), Bd. 2.2, S. 478. Zur Verfasserfrage vgl. MA 2.2, S. 872.

11 S 30.

12 II/III, 443.

13 Theodor Billroth, Über das Lehren und Lernen der medicinischen Wissenschaften an den Universitäten der deutschen Nation, nebst allgemeinen Bemerkungen über Universitäten. Eine culturhistorische Studie, Wien 1876, S. 263.

14 Theodor Billroth, Über das Lehren und Lernen der medicinischen Wissenschaften an den Universitäten der deutschen Nation, S. 150, 148.

15 Arthur Schnitzler, Jugend in Wien, S. 77.

16 MB II 504.

17 Brief an Jehuda Dwossis, 15. Dezember 1930, Ch 77.

18 XIV, 35.

19 Vgl. Peter Gay, «Ein gottloser Jude», S. 48 ff.

20 S 82.

21 Dazu die Erinnerung in der *Traumdeutung*, wo von einer «heute überwundenen deutschnationalen Periode» die Rede ist (II/III, 328 f.).

22 Zum Curriculum die Aufstellung in: Siegfried Bernfeld, Suzanne Cassirer-Bernfeld, Bausteine der Freud-Biographik, S. 178 ff.

23 S 59 f.

24 Nachtragsband, 764.

25 XI, 268.

26 B 165.

27 P 12.

28 Vgl. dazu Ilse Grubrich-Simitis in: Se 74.

29 Ernest Jones, Das Leben und Werk von Sigmund Freud, Bd. III, S. 109 f.

30 Kurt R. Eissler, Creativity and Adolescence – The Effect of Trauma in Freud's Adolescence, S. 481 f.; vgl. Carl Claus, Autobiographie bis 1893, vollendet von Prof. v. Alth in Wien, Marburg 1899, S. 24.

31 Sigmund Freud, Curriculum Vitae (1885) in: S. F., «Selbstdarstellung», S. 125.

32 S 162. Vgl. Kurt R. Eissler, Creativity and Adolescence – The Effect of Trauma in Freud's Adolescence, S. 479.

33 S 133, 136.

34 S 103.

35 S 29.

36 Siegfried Bernfeld, Suzanne Cassirer-Bernfeld, Bausteine der Freud-Biographik, S. 179 f.

37 Ungenau hier Ernest Jones, Das Leben und Werk von Sigmund Freud, Bd. I, S. 79 f., der die ‹zweite Wiener Schule› verkürzt darstellt.

38 Vgl. zum Folgenden die Angaben in: Julius Leopold Pagel (Hg.): Biographisches Lexikon hervorragender Ärzte des neunzehnten Jahrhunderts, Berlin, Wien 1901. Ferner Erna Lesky, Die Wiener medizinische Schule im 19. Jahrhundert, Graz 1978 (zuerst 1965), S. 135 f.

39 Theodor Billroth, Über das Lehren und Lernen der medicinischen Wissenschaften an den Universitäten der deutschen Nation, S. 148.

40 F 60.
41 S 147.
42 II/III, 453.
43 S 133.
44 Sigmund Freud, Curriculum vitae, in: S. F., «Selbstdarstellung», S. 125.
45 S 100.
46 S 121 f., 188.
47 Freud's Library. A Comprehensive Catalogue, compiled and ed. by J. Keith Davies and Gerhard Fichtner, London 2006, S. 100. – Zum Traum: II/III, 175 f.
48 Thomas Mann, Freud und die Zukunft (1936), in: Reden und Aufsätze I, Frankfurt/M. 1974 (= Gesammelte Werke, Bd. IX), S. 478–501, S. 484.
49 S 75, 82.
50 S 59.
51 Zit. nach Carl E. Schorske, Wien, S. 220.
52 S 60, 82, 121.
53 S 78, 117. – Zur Hume-Rezeption Wilhelm H. Hemecker, Vor Freud, S. 51.
54 S 82 f. (zum Philosophie-Kreis); S 116, vgl. Bi 202 f., Se 122 (zur Lektüre).
55 Ludwig Feuerbach, Das Wesen des Christentums (1841, 3. Aufl. 1849), Stuttgart 1969, S. 27.
56 S 111.
57 S 47.
58 II/III, 218.
59 Das ursprüngliche Wohnhaus hatte Adler geerbt; es wurde aber um 1890 abgerissen und durch einen Neubau ersetzt.
60 S 98.
61 S 109.
62 S 117.
63 Ernst Haeckel, Natürliche Schöpfungsgeschichte. Gemeinverständliche wissenschaftliche Vorträge über die Entwicklungslehre im Allgemeinen und diejenige von Darwin, Goethe und Lamarck im Besonderen, Berlin 1870 (2. Aufl., zuerst 1868).
64 S 126. Vgl. hier auch Frank J. Sulloway, Freud. Biologie der Seele. Jenseits der psychoanalytischen Legende, Köln-Lövenich 1982 (= Freud, Biologist of the Mind. Beyond the Psychoanalytic Legend, 1979), S. 41 ff.
65 XIV, 123.
66 John Stuart Mill, Gesammelte Schriften, hg. v. Theodor Gomperz. Bd. 12, Leipzig 1880; vgl. Wilhelm H. Hemecker, Vor Freud, S. 37 ff.
67 II/III, 497.
68 S 144.
69 S 158 ff.
70 Karl Pusman, Die «Wissenschaft vom Menschen» auf Wiener Boden. Die anthropologische Gesellschaft in Wien und die anthropologischen Disziplinen im Fokus von Wissenschaftsgeschichte, Wissenschafts- und Verdrängungspolitik, Münster 2008, S. 38. Brücke war keineswegs der erste protestantische Klinikdirektor, wie Eva Gesine Baur (Freuds Wien, S. 45) vermutet, sondern der erste nicht-katholische Rektor.
71 Peter Gay, Freud, S. 136 f.

72 Vgl. Kurt R. Eissler, Creativity and Adolescence – The Effect of Trauma in Freud's Adolescence, S. 484 f.

73 Vgl. Henry F. Ellenberger, Die Entdeckung des Unbewußten. 2 Bde., ins Deutsche übertragen v. Gudrun Theusner-Stampa, Bern, Stuttgart, Wien 1973 (= The Discovery of the Unconscious. The History and Evolution of Dynamic Psychiatry, 1970), Bd. I, S. 366.

74 Georg Büchner, Probevorlesung Über Schädelnerven (1836), in: Werke und Briefe. Münchner Ausgabe, hg. v. Karl Pörnbacher, Gerhard Schaub, Hans-Joachim Simm u. Edda Ziegler, München 1988, S. 257–269, S. 261.

75 Siegfried Bernfeld, Suzanne Cassirer-Bernfeld, Bausteine der Freud-Biographik, S. 64 f.

76 VIII, 413.

77 XIV, 35.

78 Sigmund Freud, Beobachtungen über Gestaltung und feineren Bau der als Hoden beschriebenen Lappenorgane des Aals, in: Sitzungsberichte der kaiserlichen Akademie der Wissenschaften (Wien). Mathematisch-Naturwissenschaftliche Classe. Bd. 75, 1. Abtheilung, Wien 1877, S. 419–430.

79 Sigmund Freud, Über den Ursprung der hinteren Nervenwurzeln im Rückenmarke von Ammocoetes (Petromyzon Planeri), in: Sitzungsberichte der kaiserlichen Akademie der Wissenschaften (Wien). Mathematisch-Naturwissenschaftliche Classe. Bd. 75, 3. Abtheilung, Wien 1877, S. 15–27. Ders.: Über Spinalganglien und Rückenmark des Petromyzon, in: Sitzungsberichte der kaiserlichen Akademie der Wissenschaften (Wien). Mathematisch-Naturwissenschaftliche Classe. Bd. 78, 3. Abtheilung, Wien 1878, S. 81–167. Kurze Zusammenfassung in: I, 464.

80 B 9.

81 S 199.

82 XIV, 290.

83 Wichtig vor allem der zweite Teil: Josef Breuer, Beiträge zur Lehre vom statischen Sinne (Gleichgewichtsorgan, Vestibularapparat des Ohrlabyrinths). Zweite Mittheilung, in: Medizinisches Jahrbuch, Wien 1875, S. 87–156. Vgl. auch ders., Über die Function der Bogengänge des Ohrlabyrinths, in: Medizinisches Jahrbuch, Wien 1874, S. 72–124.

84 Vgl. Siegfried Bernfeld, Suzanne Cassirer-Bernfeld, Bausteine der Freud-Biographik, S. 67.

85 Vgl. Marianna Brentzel, Anna O – Bertha Pappenheim. Biographie, Göttingen 2014, S. 35.

86 Irvin D. Yalom, Und Nietzsche weinte. Aus dem Amerikanischen übers. v. Uda Strätling, Hamburg 1994 (= When Nietzsche Wept, 1992).

87 Dazu Frank J. Sulloway, Freud. Biologie der Seele, S. 93 ff. – Brentano hatte 1880 sein Ordinariat, das vom Bistum finanziert wurde, wegen seiner Eheschließung aufgeben müssen.

88 Vgl. den unveröffentlichten Brief Freuds an Victor Richard Rubens v. 12. Februar 1929 (Sigmund Freud, Digitale Edition).

89 S 198. Zu den Noten vgl. das Rigorosumszeugnis: Freud Archive, London: University Reports 1878–81, DOC R.

90 S 156. – Vgl. Franz Maciejewski, Freud in Maloja, S. 172 ff.

91 S 201.
92 Eine Konstellation, die an die Biographie des von ihm bewunderten Schiller und dessen Arrest im Jahr 1782 erinnern mag.
93 IV, 271 f.
94 Freud Archive, London: University Reports 1878–81, DOC R.
95 S 206. Freud Archive, London: University Reports 1878–81, DOC R. Falsche Datierung des zweiten Rigorosums bei Ernest Jones, Das Leben und Werk von Sigmund Freud, Bd. I, S. 80.
96 II/III, 281.
97 S 206.
98 IV, 149. Vgl. das Zeugnis des dritten Rigorosums, Freud Archive, London: University Reports 1878–81, DOC R.
99 Fe I/1 208.
100 XVI, 92.
101 XI, 352.
102 Freud Archive, London: University Graduation, Absolutorium 1879 DOC R.
103 Ernest Jones, Das Leben und Werk von Sigmund Freud, Bd. I, S. 81.
104 II/III, 281 f.
105 A II 779.

Arzt auf der Suche (1881–1885)

1 MB I 142.
2 MB I 242.
3 Anna Freud-Bernays, Eine Wienerin in New York, S. 29 ff.
4 Genau neunzehn Monate später erinnerte sich Martha an die Szene und beschrieb sie nochmals in einem Brief an Freud: MB III 81.
5 Mi 325 ff.
6 Katja Behling, Martha Freud. Die Frau des Genies. Mit einem Nachwort von Anton W. Freud, Berlin 2002, S. 24.
7 Katja Behling, Martha Freud, S. 26.
8 Mi 342 f.
9 MB I 85 f.
10 MB I 342.
11 MB I 210.
12 MB I 244.
13 MB I 217.
14 MB I 390.
15 MB I 115.
16 XIII, 195.
17 MB I 436.
18 MB I 97, 108.
19 MB I 142, 225, 107.
20 MB I 549.
21 MB I 477.
22 MB I 531.

23 MB I 540.
24 S 107.
25 MB II 424 f.
26 MB II 425.
27 MB I 338.
28 MB II 94.
29 MB II 48.
30 MB II 364.
31 MB II 93; MB II 379.
32 MB II 114.
33 MB II 31; MB II 493.
34 MB II 99.
35 MB II 221 f.
36 MB II 22.
37 MB III 311.
38 Mi 102.
39 Mi 111 f.
40 Mi 43.
41 Vgl. Mi 74, 61 u. ö.
42 Mi 84.
43 MB I 258.
44 II/III, 425.
45 Sigmund Freud, Über den Bau der Nervenfasern beim Flußkrebs, in: Sitzungsberichte der Kaiserlichen Akademie der Wissenschaften. Mathematisch-Naturwissenschaftliche Classe. Bd. 85, 3. Abtheilung, Wien 1882, S. 9–46. Vgl. I, 467. Dazu Ernst Haeckel, Über die Gewebe des Flußkrebses, in: Müllers Archiv für Anatomie und Physiologie (1857), S. 469–568.
46 XIV, 290.
47 Max Weber, Wissenschaft als Beruf (1919), in: Schriften 1894–1922, ausgew. u. hg. v. Dirk Kaesler, Stuttgart 2002, S. 474–511, S. 477.
48 Friedrich Adolf Paneth (1887–1958) hatte bis 1933 Professuren in Hamburg, Berlin und Königsberg inne, wurde von den Nationalsozialisten seines Lehrstuhls beraubt, war von 1939 bis 1953 Professor in Durham und kehrte danach als Direktor des Max-Planck-Instituts für Chemie in Mainz nach Deutschland zurück.
49 II/III, 424 ff., 487 f.
50 MB I 238.
51 MB I 238.
52 MB I 262.
53 MB II 20.
54 MB III 331 f.; vgl. Eva Gesine Baur, Freuds Wien, S. 46.
55 MB II 458; vgl. MB III 266.
56 MB I 367.
57 MB I 367.
58 MB I 368.
59 MB I 375.
60 MB I 377.

61 MB I 422.
62 MB II 117.
63 MB I 494.
64 Vgl. MB II 301 (Anm.6). Vgl. dazu die profunde Untersuchung von Albrecht Hirschmüller, Freuds Begegnung mit der Psychiatrie. Von der Himmelsmythologie zur Neurosenlehre, Tübingen 1991, S. 132 ff.
65 MB II 405.
66 MB III 104.
67 Vgl. Ulrike Hoffmann-Richter, Freuds Seelenapparat. Die Geburt der Psychoanalyse aus dem Wiener Positivismus und der Familiengeschichte Freuds, Bonn 1994, S. 16. Zu Meynert Henry F. Ellenberger, Die Entdeckung des Unbewußten, Bd. 1, S. 393 f.
68 XIV, 36 – Vgl. Frank J. Sulloway, Freud. Biologie der Seele, S. 54.
69 MB I 497.
70 XIV, 36; vgl. MB I 503.
71 MB II 227.
72 Sigmund Freud, Eine neue Methode zum Studium des Faserverlaufs im Centralnervensystem, in: Centralblatt für die medicinischen Wissenschaften, Bd. 22 (1884), S. 161–163. Vgl. ferner die Langfassung in: Archiv für Anatomie und Physiologie. Anatomische Abtheilung (1884), 5./6. Hft., S. 453–460. Englische Übersetzung: A New Histological Method for the Study of Nerve-Tracts in the Brain and Spinal Chord, in: Brain: A Journal of Neurology. Bd. 7 (1884), S. 86–88. – Vgl. die literarisch ausgeschmückte, aber in der Sache treffende Beschreibung der Technik bei Irving Stone, Der Seele dunkle Pfade. Ein Roman um Sigmund Freud. Deutsch von Norbert Wölfl, Hamburg 2001 (= The Passions of the Mind, 1971), S. 170 f.
73 MB II 325.
74 F 19.
75 MB II 360.
76 Vgl. das Vorwort der Herausgeber, MB III, 19.
77 MB III 278. Vgl. Theodor Aschenbrandt, Die physiologische Wirkung des Cocain muriat auf den menschlichen Organismus, in: Deutsche Medicinische Wochenschrift 9 (1883), S. 730–732.
78 MB III 288.
79 MB III 300.
80 F 335.
81 MB III 284 f.
82 MB III 319.
83 Mi 82.
84 MB III 381.
85 MB III 387; vgl. MB III 327 f., 333.
86 MB III 465, 517; Mi 108.
87 MB III 517, 524.
88 F 127, 134.
89 MB III 318, 320; vgl. Frank J. Sulloway, Freud. Biologie der Seele, S. 56.
90 K 43. Dazu auch Peter Swales, Freud, the Cocaine, and Sexual Chemistry: The Role of Cocaine in Freud's Conception of the Libido, in: Sigmund Freud. Critical Assessments, ed. by Laurence Spurling. Vol. I, London, New York 1989, S. 273–302.

91 Sigmund Freud, Über Coca, in: Zentralblatt für die gesamte Therapie 2 (1884), S. 289–314.
92 Vgl. dazu das Vorwort von Albrecht Hirschmüller in: K14 f.
93 B 351.
94 Mi 96.
95 II/III, 175.
96 II/III, 176 f.
97 K 56 f.
98 K 63.
99 K 79.
100 K 87 ff.
101 K 102.
102 K 109 ff.
103 Albrecht Erlenmeyer, Über Cocainsucht. Vorläufige Mitteilung, in: Deutsche Medizinal-Zeitung 7 (1886), S. 483–484, hier S. 483.
104 Albrecht Erlenmeyer, Über Cocainsucht. Vorläufige Mitteilung, in: Deutsche Medizinal-Zeitung 7 (1886), S. 483.
105 K 125.
106 K 130.
107 II/III, 120.
108 Überzogen hier die Unterstellung der Unwahrhaftigkeit bei Michel Onfray, Anti-Freud, S. 228.
109 Arthur Schnitzler, Jugend in Wien, S. 172 f.; Stefan Zweig, Die Welt von Gestern. Erinnerungen eines Europäers, Frankfurt/M. 1986 (zuerst 1944), S. 101 f.
110 VII, 157.
111 Vgl. Kurt R. Eissler, Creativity and Adolescence – The Effect of Trauma in Freud's Adolescence, S. 501 f.
112 VII, 160.
113 MB II 189.
114 MB II 193.
115 I, 501.
116 J 322.
117 F 192; E II 597, wortgleich in Bi 218.
118 MB III 35.
119 MB III 76.
120 Thomas Mann, Der Zauberberg (1924). Stockholmer Gesamtausgabe, Frankfurt/M. 1959, S. 353.
121 VIII, 67.
122 IX, 120.
123 MB II 408.
124 MB II 421.
125 MB II 88.
126 MB II 131.
127 MB II 52.
128 MB III 178.
129 MB II 245 ff., 260.

130 MB II 285.
131 MB II 361.
132 MB III 394.
133 MB III 58, 245.
134 MB II 308.
135 MB II 307.
136 MB II 335.
137 Mi 77.
138 MB II 336.
139 MB II 415.
140 Anna Freud-Bernays, Eine Wienerin in New York, S. 37 f.
141 Mi 223. – Katja Behling, Martha Freud, S. 61, Eva Gesine Baur, Freuds Wien, S. 39.
142 F 23.
143 Zit. in E I 197.
144 MB III 401.
145 MB II 140.
146 MB II 84.
147 MB II 517.
148 MB II 552.
149 MB III 430.
150 MB III 340, 432, 410; vgl. Breuers Brief (21. Juni 1884, MB III 555) sowie B 113 f.
151 MB II 177.

Von der Klinik zur Praxis (1885–1892)

1 Sigmund Freud, Die Structur der Elemente des Nervensystems, in: Jahrbücher für Psychiatrie. Bd. 5 (1884), S. 221–229. Ders., Eine neue Methode zum Studium des Faserverlaufs im Centralnervensystem, in: Centralblatt für die medicinischen Wissenschaften, Bd. 22 (1884), S. 161–163. Langversion unter demselben Titel in: Archiv für Anatomie und Physiologie. Anatomische Abtheilung (1884), 5./6. Hft., S. 453–460. Englische Übersetzung: A New Histological Method for the Study of Nerve-Tracts in the Brain and Spinal Chord, in: Brain: A Journal of Neurology. Bd. 7 (1884), S. 86–88. Ders., Ein Fall von Hirnblutung mit indirekten basalen Herdsymptomen bei Scorbut, in: Wiener medicinische Wochenschrift. Bd. 34 (1884), Sp. 244–246, 276–279. Ders., The bacillus of syphilis, in: Medical News (Philadelphia). Bd. 45 (1884), S. 673–674.
2 XIV, 36; vgl. B125.
3 Genau diese Offenheit, die wiederum erst die Möglichkeit einer kritischen Reflexion über Freuds Grenzen als Arzt eröffnete, unterschlägt die Abrechnung von Michel Onfray, Anti-Freud, S. 522 f. (zu den Fehldiagnosen des Klinikers).
4 MB III 110.
5 MB III 31.
6 MB III 354, 372.
7 MB III 223 f.
8 Nachtragsband, 48.
9 Josef u. Renée Gicklhorn (Hg.), Sigmund Freuds akademische Laufbahn im Lichte der Dokumente, S. 70.

10 Aph 101.

11 Josef u. Renée Gicklhorn (Hg.), Sigmund Freuds akademische Laufbahn im Lichte der Dokumente, S. 73.

12 Nachtragsband, 48.

13 P 99.

14 I, 471.

15 B 196.

16 B 128.

17 II/III, 198.

18 Katja Behling, Martha Freud, S. 74.

19 B 166.

20 B 165.

21 B 181.

22 B 168 f.

23 Mi 119.

24 B 168.

25 B 168.

26 Mi 119. Zu Nordaus psychiatrischen Frühschriften, vor allem seiner Dissertation vgl. Stephanie Catani, Das fiktive Geschlecht. Weiblichkeit in anthropologischen Entwürfen und literarischen Texten zwischen 1885 und 1925, Würzburg 2005, S. 30 f.

27 I, 27.

28 Georges Didi-Huberman, Die Erfindung der Hysterie. Die photographische Klinik von Jean-Martin Charcot, Paderborn 1997, S. 94. Vgl. Frank O. Sulloway, Freud. Biologie der Seele, S. 58 ff.

29 B 169 f.

30 B 170.

31 I, 23.

32 I, 23.

33 Georges Didi-Huberman, Die Erfindung der Hysterie, S. 22. Eher beschönigend hier Henry F. Ellenberger, Die Entdeckung des Unbewußen, Bd. I, S. 152 ff.

34 I, 28 f.

35 Otto Weininger, Geschlecht und Charakter. Eine prinzipielle Untersuchung (1903), München 1980, S. 277. Vgl. Andreas Mayer, Die Mikroskopie der Psyche. Die Anfänge der Psychoanalyse im Hypnose-Labor, Göttingen 2002, S. 19 ff.

36 Georges Didi-Huberman, Die Erfindung der Hysterie, S. 149 f.; Elisabeth Bronfen, Das verknotete Subjekt. Hysterie in der Moderne, Berlin 1998, S. 257 ff., Priska Pytlik, Okkultismus und Moderne. Ein kulturhistorisches Phänomen und seine Bedeutung für die Literatur um 1900, Paderborn u. a. 2005, S. 32 ff., Grégory Quin u. Anaïs Bohuon, Muscles, Nerves, and Sex: The Contradictions of the Medical Approach to Female Bodies in Movement in France, 1847–1914, in: Gender & History 24/1 (2012), S. 172–186.

37 Georges Didi-Huberman, Die Erfindung der Hysterie, S. 150 f. Vgl. Cecilia Tasca, Mariangela Rapetti, Mauro Giovanni Carta, Bianca Fadda, Women and hysteria in the history of mental health, in: Clinical practice and epidemiology in mental health 8 (2012), S. 110–119.

38 XIII, 102 f.

39 B 170.

40 Vgl. Toby Gelfand, Sigmund-sur-Seine: Fathers and Brothers in Charcot's Paris, in: Freud and the History of Psychoanalysis, ed. by Toby Gelfand and John Kerr, New York 1992, S. 29–57, S. 41.

41 Franz Anton Mesmer, Mesmerismus oder System der Wechselwirkungen. Theorie und Anwendung des thierischen Magnetismus als die allgemeine Heilkunde zur Erhaltung des Menschen, hg. v. Karl Christian Wolfart. Nachdruck der Ausgabe Berlin 1814, Amsterdam 1966, S. 23 f.; vgl. auch S. 198 ff.

42 V, 304.

43 Nachtragsband, 339.

44 XIV, 40.

45 Vgl. Thomas Medicus, Das Theater der Nervosität. Freud, Charcot, Sarah Bernhard und die Salpêtrière, in: Freibeuter 41 (1989), S. 93–103, ferner Henry F. Ellenberger, Die Entdeckung des Unbewußten, Bd. I, S. 149 ff. Zum Verhältnis von Experiment und Therapie Andreas Mayer, Sites of the Unconscious. Hypnosis and the Emergence of the Psychoanalytic Setting, Chicago 2013, S. 3 ff.

46 Georges Didi-Huberman, Die Erfindung der Hysterie, S. 29. Vgl. zur Forschungsgeschichte D. Corydon Hammond, A Review of the History of Hypnosis through the late 19th Century, in: American Journal of Clinical Hypnosis, 2014, Vol. 56/2, S. 174–191. Informativ dazu Juana Schröter, Die Entwicklung des Hypnotismus und Sigmund Freud. Eine Analyse mit überraschenden Ergebnissen, Heidelberg 2014, bes. S. 13 ff.

47 Albert Moll, Der Rapport der Hypnose. Untersuchungen über den tierischen Magnetismus, Leipzig 1892. Vgl. Andreas-Holger Maehle, The powers of suggestion: Albert Moll and the debate on hypnosis, in: History of Psychiatry Vol. 25/1 (2014), S. 3–19. Ferner Kim Hajek, Imperceptible signs: Remnants of *Magnétisme* in scientific discourses on hypnotism in late nineteenth-century France, in: Journal of the History of the Behavioral Sciences, 2015, Vol. 51/4, S. 366–386.

48 V, 305.

49 V, 306.

50 V, 306.

51 Nachtragsband, 39, 156.

52 B 179. Vgl. Julien Bogousslavsky, Sigmund Freud's evolution from neurology to psychiatry: Evidence from his La Salpêtrière library, in: Neurology Vol. 77/14 (2011), S. 1391–1394.

53 Mi 129.

54 II/III, 472 f.

55 I, 29.

56 X, 453.

57 B 191.

58 Nachtragsband, 40.

59 Michel Foucault, Wahnsinn und Gesellschaft. Eine Geschichte des Wahns im Zeitalter der Vernunft. Aus dem Französischen v. Ulrich Köppen, Frankfurt/M. 1973 (= Histoire de la folie, 1961), S. 291. Vgl. generell William Hughes, That devil's trick. Hypnotism and the Victorian popular imagination, Manchester 2015.

60 VII, 235.
61 Nachtragsband, 53.
62 Nachtragsband, 156.
63 I, 32 ff.
64 Nachtragsband, 343.
65 Fe III/2 43, Anm. 2.
66 Mi 119.
67 B 173.
68 B 173.
69 B 176.
70 B 182.
71 Mi 124.
72 B 179.
73 B 182.
74 B 183.
75 B 189.
76 B 190.
77 B 193.
78 B 196.
79 B 201 ff.
80 B 203.
81 E I 243.
82 B 206.
83 B 209.
84 Nachtragsband, 131.
85 Vgl. E II 722.
86 Ernest Jones, Das Leben und Werk von Sigmund Freud, Bd. I, S. 175.
87 Mi 144.
88 Mi 154 f.
89 Das zweiseitige Schreiben liegt im Freud Archive London.
90 Mi 169.
91 Mi 169.
92 B 213.
93 B 213 f.
94 Wilhelm Erb, Ueber die wachsende Nervosität unserer Zeit, Heidelberg 1893, S. 36.
95 So etwa Mi 126 f., 140 f.
96 Mi 161.
97 MB II 139.
98 Freud Archive, London, F 8112.
99 Vgl. Katja Behling, Martha Freud, S. 90 f.
100 MB I 540.
101 Ki 410.
102 IX, 21.
103 F 7.
104 MB III 389.
105 Mi 173 f.

106 Mi 180; vgl. Ernest Jones, Das Leben und Werk von Sigmund Freud, Bd. I, S. 184.
107 Mi 174.
108 Fe II/2 229.
109 Mi 172.
110 B 205.
111 Mi 179.
112 Mi 186.
113 Mi 185.
114 B 215.
115 B 216.
116 V, 176.
117 F 47.
118 Wilhelm Erb, Handbuch der Elektrotherapie, Leipzig 1882, bes. S. 407 ff. (Lähmungen), 635 ff. (Bewegungsapparat).
119 Nachtragsband, 174.
120 In der Forschung wird sie konstant als ‹Madame Benvenisti› bezeichnet, ohne daß man bisher ihre nähere Identität erschlossen hätte. Meine Recherchen im Sterberegister der Stadt Wien ergaben, daß es sich nur um Marianne Benvenisti (27. 9. 1851–10. 1. 1918) handeln kann. Sie war jüdischen Glaubens und mit dem 22 Jahre älteren Alexander Benvenisti verheiratet, der am 12. April 1890 starb; es ist nicht auszuschließen, daß sie während der Trauerzeit als Patientin zu Freud kam, um sich von ihm behandeln zu lassen. Ihr Grab findet sich auf dem Wiener Zentralfriedhof (I. Tor – Gruppe 7 – Reihe 5 – Grab 22).
121 Karlheinz Rossbacher, Literatur und Bürgertum. Fünf Wiener jüdische Familien von der liberalen Ära zum Fin de siècle, Wien, Köln, Weimar 2003, S. 437 ff.
122 I, 11 ff.
123 XI, 266.
124 F 10.
125 Mi 214.
126 F 411.
127 B 222.
128 XIV, 39.
129 Nachtragsband, 60 ff.
130 Nachtragsband, 65.
131 Nachtragsband, 127. Auguste Forel, Der Hypnotismus. Seine Bedeutung und seine Handlung. In kurzgefasster Darstellung, Stuttgart 1889.
132 Nachtragsband, 127 f., 130.
133 II/III, 439.
134 XIV, 41.
135 Nachtragsband, 111 f. Vgl. zur Differenz der Positionen bei Bernheim und Charcot Andreas Mayer, Die Mikroskopie der Psyche, S. 65 ff.
136 XIII, 410.
137 Nachtragsband, 134. Dazu neuerdings: Mirjam Bugmann, Hypnosepolitik. Der Psychiater August Forel, das Gehirn und die Gesellschaft (1870–1920), Köln, Wien 2015, vor allem S. 44 ff.
138 Nachtragsband, 138.

139 Nachtragsband, 168.
140 Nachtragsband, 173.
141 Nachtragsband, 150.

Geburt der Psychoanalyse (1891–1898)

1 Hierzu Lilli Gast, Einheit und Spaltung. Zu den Metamorphosen einer Freundschaft, in: Jahrbuch der Psychoanalyse 47 (2003), S. 169–193, S. 171.
2 Mi 195.
3 Wilhelm Fließ, Die Beziehungen zwischen Nase und weiblichen Geschlechtsorganen, Leipzig, Wien 1897.
4 F 17.
5 Gerhard Fichtner, Freuds Briefe als historische Quelle, in: Psyche 43 (1989), S. 803–829. Vgl. Ernst Falzeder, Wem eigentlich gehört Freud? Anmerkungen zur Herausgabe von Freuds Briefen, in: Jahrbuch der Psychoanalyse 38 (1997), S. 197–220.
6 F 390.
7 F 91.
8 F 452.
9 F 33.
10 F 151.
11 Lilli Gast, Einheit und Spaltung, S. 176 ff. deutet die Beziehung der beiden im Sinne René Girards als ‹mimetische Spiegelung›: Fließ verkörpert für Freud ein Ideal, das aber in seiner Differenz ihm selbst gegenüber zugleich sein eigenes Inneres öffnet.
12 F 33 f.
13 E I 484.
14 F 186; F 247.
15 Mi 232.
16 F 35.
17 F 237.
18 F 186.
19 Wilhelm Fließ, Neue Beiträge zur Klinik und Therapie der nasalen Reflexneurose, Leipzig, Wien 1893. Vgl. Frank J. Sulloway, Freud. Biologie der Seele, S. 216 ff.
20 Jules Michelet, La Femme, Paris 1860, S. 17 ff. (zur Ovulation). Vgl. auch Henry F. Ellenberger, Die Entdeckung des Unbewußten, Bd. I, S. 408 f.
21 F 222.
22 F 151.
23 IV, 271 ff.
24 J 242.
25 Vgl. Peter Sprengel, Geschichte der deutschsprachigen Literatur 1870–1900. Von der Reichsgründung bis zur Jahrhundertwende, München 1998, S. 96 ff.
26 Vgl. den Brief an Martha Bernays vom 8. März 1884; MB III 187.
27 Fe I/1 339.
28 Fe I/1 342.
29 A II 774. – Karl Abraham, Zwei Beiträge zur Symbolforschung. Zur symbolischen Bedeutung der Dreizahl; Der «Dreiweg» in der Ödipussage, in: Imago IX (1923), S. 122–127.

30 Vgl. Max Schur, Sigmund Freud. Leben und Sterben, S. 74 ff.
31 Vgl. Marianne Krüll, Freud und sein Vater, S. 32.
32 F 61.
33 F 61. – Max Schur, Sigmund Freud. Leben und Sterben, S. 81 f.
34 F 134.
35 F 61 f.
36 F 78.
37 F 116; vgl. F 64, 79.
38 F 128.
39 F 153.
40 F 134.
41 Ernest Jones, Das Leben und Werk von Sigmund Freud, Bd. I, S. 356 f.
42 F 298.
43 Vgl. Wolfgang J. A. Huber, Emma Ecksteins Feuilleton zur *Traumdeutung*, in: Jahrbuch der Psychoanalyse 19 (1986), S. 90–106, S. 102 ff.
44 F 117.
45 Ki 51.
46 F 122.
47 F 124.
48 F 126 f.
49 F 195.
50 XVI, 66.
51 XVI, 66.
52 Vgl. dazu Michael Schröter im Vorwort zum Briefwechsel zwischen Freud und Bleuler: Bl 19.
53 Fe II/2 107.
54 Vgl. erstmals dazu Wolfgang J. A. Huber, Emma Ecksteins Feuilleton zur *Traumdeutung*, S. 104 f.
55 Freud an Emma Eckstein, 23. März 1903 bzw. 17. April 1904 (jeweils unpubl.), Library of Congress, Washington, C21F24 bzw. C21F25.
56 Freud an Emma Eckstein, 16. Januar 1902 (unpubl.), Library of Congress, Washington, C21F24. Diese Briefe sind derzeit auch abrufbar unter: freud-edition.net, einem Portal, in dem die digitale Edition der Schriften Freuds vorbereitet wird. Es handelt sich um ein Gemeinschaftsprojekt der Wiener Psychoanalytischen Akademie und der Wiener Psychoanalytischen Vereinigung mit der International Psychoanalytic University.
57 Freud an Emma Eckstein, 30. Januar 1905 (unpubl.), Library of Congress, Washington, C21F25.
58 F 14.
59 Pierre Janet, L'anaesthesie hystérique, in: Archive de Neurologie. Bd. 23 (1892), S. 323–352. Zu Janet sehr detailliert Henry F. Ellenberger, Die Entdeckung des Unbewußten, Bd. I, S. 472 ff.
60 Sigmund Freud, Zur Kenntniss der cerebralen Diplegien des Kindesalters (im Anschluss an die Little'sche Krankheit), Leipzig, Wien 1893.
61 DK, 64 f.
62 Aph 39.
63 Aph 97.

64 Aph 101.
65 Aph 103 f.
66 Aph 90 f.
67 Aph 122.
68 Aph 149.
69 Mi 218.
70 Eugen Bleuler, Zur Auffassung der subcorticalen Aphasien, in: Neurologisches Zentralblatt 11 (1892), S. 562–563.
71 Ernest Jones, Das Leben und Werk von Sigmund Freud, Bd. I, S. 257.
72 F 129.
73 F 130. Vgl. Paul Leuzinger, Katharsis. Zur Vorgeschichte eines therapeutischen Mechanismus und seiner Weiterentwicklung bei J. Breuer und S. Freud, Wiesbaden 1997, S. 192 ff.
74 F 149.
75 I, 387.
76 I, 417. Ein sozial dazu komplementäres Modell ist die klandestine Triebbefriedigung. Vgl. hier Steve Marcus, The Other Victorians. A Study of Sexuality and Pornography in Mid-Nineteenth-Century England, New York 1966, bes. S. 276 (zum Wunschbild der Allverfügbarkeit des Sexualobjekts).
77 I, 431.
78 MB I 377.
79 Dazu die vorzügliche Arbeit von Andreas Mayer, Sites of the Unconscious, S. 3 ff., ders., Zur Genealogie des psychoanalytischen Settings, in: Psychoanalytisches Wissen, hg. v. Lydia Marinelli, Wien 2003, S. 11–42.
80 Nachtragsband, 195.
81 XIV, 562, vgl. 290.
82 VIII, 3.
83 X, 46. – Vgl. dazu Albrecht Hirschmüller, Physiologie und Psychoanalyse in Leben und Werk Josef Breuers, Wien 1978, S. 190 ff., 239 ff.
84 XI, 289.
85 IX, S. 45 ff. – Das Folgende stützt sich auf meinen älteren Beitrag: Katharsis und Ekstasis. Die Restitution der Tragödie als Ritual aus dem Geist der Psychoanalyse (Hofmannsthal, Werfel), in: Die Tragödie der Moderne. Interferenzen zwischen Kulturtheorie, Epochendiagnose und Gattungsgeschichte, hg. v. Daniel Fulda u. Thorsten Valk, Tübingen 2009, S. 177–205, S. 180 ff.
86 F 181. Dazu auch Elisabeth Bronfen, Das verknotete Subjekt, S. 27 f.
87 X, 46.
88 X, 47.
89 XIII, 409. Vgl. Jakob Hessing, Der Fluch des Propheten. Drei Abhandlungen zu Sigmund Freud, Frankfurt/M. 1993, S. 63.
90 F 223.
91 XIII, 406.
92 I, 91.
93 I, 97; vgl. I, 89, 91.
94 V, 8.
95 F 174.

96 I, 311.
97 I, 264 ff.
98 X, 126.
99 I, 264.
100 XIII, 214.
101 X, 131 f.
102 Aristoteles, Poetik. Griechisch/Deutsch, übers. u. hg. v. Manfred Fuhrmann, Stuttgart 1982, Kap. 6, 1449b (S. 19). Die Frage, ob es sich um eine Reinigung von diesen Zuständen oder der Zustände selbst handelt, wird seit der Renaissance kontrovers diskutiert.
103 Ki 424.
104 Jacob Bernays, Zwei Abhandlungen über die aristotelische Theorie des Drama, Berlin 1880 (zuerst 1857), bes. S. 8 f. Als erste nahmen, soweit zu sehen, Albrecht Hirschmüller und Wilhelm Hemecker den Nexus zwischen Bernays' Katharsisdeutung und dem Begriff der ‹kathartischen› Behandlungsmethode in der frühen Psychoanalyse wahr. Albrecht Hirschmüller, Physiologie und Psychoanalyse in Leben und Werk Josef Breuers, S. 206 ff., Wilhelm H. Hemecker, Vor Freud, S. 48 f. Vgl. auch Peter-André Alt, Katharsis und Ekstasis, S. 182 ff.
105 Zu den Rezeptionsspuren Wilhelm H. Hemecker, Vor Freud, S. 48, Anm. 180.
106 Jacob Bernays, Zwei Abhandlungen über die aristotelische Theorie des Drama, S. 8. Vgl. auch Günter Gödde, Therapeutik und Ästhetik – Verbindungen zwischen Breuers und Freuds kathartischer Therapie und der Katharsis-Konzeption von Jacob Bernays, in: Grenzen der Katharsis. Transformationen des aristotelischen Modells seit Bernays, Nietzsche und Freud, hg. v. Martin Vöhler u. Dirk Linck, Berlin, New York 2009, S. 63–92.
107 Aristoteles, Politik, hg. u. übers. v. Paul Gohlke, Paderborn 1959, VIII, 7 (42 a).
108 Jacob Bernays, Zwei Abhandlungen über die aristotelische Theorie des Drama, S. 11.
109 Jacob Bernays, Zwei Abhandlungen über die aristotelische Theorie des Drama, S. 12. – Zur Tradition der medizinischen Katharsisdeutung in der griechischen Antike vgl. die Arbeit von Fortunat Hoessly, Katharsis. Reinigung als Heilverfahren. Studien zum Ritual der archaischen und klassischen Zeit sowie zum Corpus Hippocraticum, Göttingen 2001 (zur homoöpathischen Dimension bes. S. 198 ff.). Vgl auch Jacques Le Rider, Freud, de l'Acropoleau Sinaï, S. 177 ff.
110 X, 47.
111 Friedrich Nietzsche, Die Geburt der Tragödie, Sämtliche Werke. Kritische Studienausgabe, hg. v. Giorgio Colli u. Mazzino Montinari, Berlin, New York 1999, Bd. 1, S. 61 f.
112 F 438.
113 X, 53.
114 II/III, 554. Vgl. Friedrich Nietzsche, Menschliches, Allzumenschliches I, Nr. 13 und Nr. 223 (Sämtliche Werke, Bd. 2, S. 32, 186). Dazu Reinhard Gasser, Nietzsche und Freud, Berlin 1997, S. 103 ff.; bei Gasser auch wichtige Hinweise auf den Erwerb der Nietzsche-Ausgabe (S. 34).
115 B 339.
116 Z 88.
117 Alfred Freiherr von Berger, Wahrheit und Irrtum in der Katharsistheorie des Ari-

stoteles, in: Aristoteles' Poetik, übers. u. eingel. v. Theodor Gomperz, Leipzig 1897, S. 69–98.

118 F 179.

119 Alfred Freiherr von Berger, Wahrheit und Irrtum in der Katharsistheorie des Aristoteles, in: Aristoteles' Poetik, übers. u. eingel. v. Theodor Gomperz, S. 69–98, S. 81 (der einzige Passus des Aufsatzes, der diese Analogie hervorhebt). Zum Kontakt mit Gomperz, der Freud bisweilen konsultierte, vgl. den Brief vom 13. November 1899 (B 235 f.).

120 XIII, 409.

121 Nachtragsband, 72 f.

122 Nachtragsband, 74.

123 XVII, 5.

124 Max Dessoir, Das Doppel-Ich, Leipzig 1890.

125 XVII, 10.

126 VII, 194.

127 VII, 238.

128 Nachtragsband, 187 ff.

129 Nachtragsband, 158.

130 F 25, F 27.

131 F 101. Dazu Michael Schröter, Freud und Fließ im wissenschaftlichen Gespräch. Das Neurasthenieprojekt von 1893, in: Jahrbuch der Psychoanalyse 22 (1988), S. 141–183.

132 X, 453.

133 Vgl. Jeffrey Moussaieff Masson, The Assault on Truth. Freud and Child Sexual Abuse, London 1992 (First Edition 1984), S. 32 ff.

134 F 193.

135 XV, 128.

136 F 283.

137 F 284.

138 I, 509.

139 XIV, 59 f.

140 XIV, 60.

141 Ralph Blumenthal, Did Freud's Isolation Lead Him To Reverse Theory On Neurosis?, in: New York Times, 25. August 1981, S. C1–2.

142 Jeffrey Moussaieff Masson, The Assault on Truth, S. 107 ff.; zur Vorgeschichte der durch Masson ausgelösten Debatte vgl. Janet Malcolm, In the Freud Archives, New York 1984, S. 16 ff. Wenig überzeugend Marianne Krüll, Freud und sein Vater, S. 102 (Aufgabe der Hypothesen aufgrund der Loyalität gegenüber dem moralisch zweifelhaften Jakob Freud). Klärend: Benigna Gerisch, Thomas Köhler, Freuds Aufgabe der ‹Verführungstheorie›: Eine quellenkritische Sichtung zweier Rezeptionsversuche, in: Psychologie und Geschichte 5 (1993), Nr. 4, S. 229–246, bes. S. 235 ff.

143 F 285 f. – Es ist bezeichnend, daß Masson auf diesen Aspekt, der am Ende des Briefes an Fließ (21. September 1897) thematisiert wird, nicht näher eingeht. Vgl. dagegen Frank O. Sulloway, Freud. Biologie der Seele, S. 168 ff.

144 VIII, 97.

145 A I 57.

146 XI, 385.

147 Vgl. dazu Siegfried Bernfeld, Suzanne Cassirer-Bernfeld, Bausteine der Freud-Biographik, S. 55 ff.
148 Nachtragsband, 252.
149 Nachtragsband, 269.
150 Nachtragsband, 284.
151 Nachtragsband, 305.
152 Pierre Janet, Der Geisteszustand der Hysterischen. Mit einer Vorrede v. Jean-Martin Charcot, übers. v. Max Kahane, Leipzig, Wien 1894.
153 F 131.
154 [Breuer-Fließ] Briefe Josef Breuers an Wilhelm Fließ, hg. v. Albrecht Hirschmüller, in: Jahrbuch der Psychoanalyse 18 (1986), S. 239–261, S. 253.
155 Nachtragsband, 325 f.
156 F 155.
157 [Breuer-Fließ] Briefe Josef Breuers an Wilhelm Fließ, S. 251.
158 Erwin H. Ackerknecht, Josef Breuer über seinen Anteil an der Psychoanalyse, in: Gesnerus 14 (1957), S. 169–171, S. 171.
159 B 406.
160 I, 227.
161 VII, 191.
162 F 34.
163 I, 227.
164 Nachtragsband, 299.
165 Hugo v. Hofmannsthal, Aufzeichnungen aus dem Nachlaß, in: H. v. H., Gesammelte Werke in zehn Einzelbänden, hg. Bernd Schoeller, Frankfurt/M. 1979, Reden und Aufsätze III, S. 359. Vgl. dazu Peter Sprengel, Geschichte der deutschsprachigen Literatur 1870–1900, S. 92 f.
166 Hermann Bahr, Glossen. Zum Wiener Theater (1903–1906), Berlin 1907, S. 272 f.; Hugo v. Hofmannsthal, Elektra, Gesammelte Werke. Dramen II, S. 185–234. Vgl. Peter-André Alt, Katharsis und Ekstasis, S. 180 ff.
167 Johann Peter Eckermann, Gespräche mit Goethe in den letzten Jahren seines Lebens, hg. v. Fritz Bergemann, Frankfurt/M. 1981, S. 208.
168 Steve Marcus, Freud and Dora: Story, History, Case History (1974), in: Literature and Psychoanalysis, ed. by Edith Kurzweil and William Phillips, New York 1983, S. 153–174, S. 168.
169 Vgl. die Angaben bei Ola Anderson, A Supplement to Freud's Case History of ‹Frau Emmy v. N.›, in: Scandinavian Psychoanalytic Review, 2 (1979), S. 5–16, ferner Nachtragsband, S. 200. – XIV, 41 (ohne Namensnennung).
170 I, 201.
171 Nachtragsband, 200. – Zu den nur partiell möglichen Aufschlüsselungen der Namenschiffren vgl. Harry Stroeken, Freud und seine Patienten, S. 37 ff.
172 Nachtragsband, 217.
173 I, 245.
174 F 243.
175 E I 246. – Immer noch lesenswert dazu: Michael Worbs, Nervenkunst. Literatur und Psychoanalyse im Wien der Jahrhundertwende, Frankfurt/M. 1988 (zuerst 1983), S. 139 ff., 280 ff. Vgl. auch das Material bei Thomas Anz u. Oliver Pfohlmann (Hg.),

Psychoanalyse in der literarischen Moderne. Eine Dokumentation. Bd. I: Einleitung und Wiener Moderne, Marburg 2006, bes. S. 61 ff., 101 ff.

176 Marianna Brentzel, Anna O – Bertha Pappenheim, S. 22 ff.

177 Nachtragsband, 224.

178 Nachtragsband, 225.

179 Nachtragsband, 228.

180 Nachtragsband, 239. Dazu auch Paul Leuzinger, Katharsis, S. 187 f.

181 Ernest Jones, Das Leben und Werk von Sigmund Freud, Bd. I, S. 266 f. Vgl. dagegen Richard A. Skues, Sigmund Freud and the History of Anna O. Reopening a Closed Case, London, New York 2006 (mit der These, daß die Behandlung kein absoluter Fehlschlag war, S. 36 f.).

182 B 406; Breuers Bericht verschweigt diese Episode, deutet aber die psychotische Störung immerhin an; Nachtragsband, 241 ff. Albrecht Hirschmüller, Physiologie und Psychoanalyse in Leben und Werk Josef Breuers, S. 171 ff. hält die Geschichte für eine komplette Erfindung Freuds.

183 Vgl. Albrecht Hirschmüller, Physiologie und Psychoanalyse in Leben und Werk Josef Breuers, S. 152 ff., Richard A. Skues, Sigmund Freud and the History of Anna O., S. 5.

184 MB II 391.

185 Sándor Ferenczi, Relaxationsprinzip und Neokatharsis (1930), in: Schriften zur Psychoanalyse. Auswahl in zwei Bänden, hg. u. eingel. v. Michael Balint, Frankfurt/M. 1970–72, Bd. II, S. 257–273, S. 258.

186 MB II 103. Freud verwechselte das Sanatorium mit Groß-Enzersdorf.

187 Library of Congress, Washington; zit bei Richard A. Skues, Sigmund Freud and the History of Anna O., S. 35, 178 (Anm. 6).

188 Das Schreiben ist hier durch das Lesen vermittelt; exemplarisch zur Auseinandersetzung mit der Detektiverzählung Michael Rohrwasser, Freuds Lektüren. Von Arthur Conan Doyle bis zu Arthur Schnitzler, Gießen 2005, S. 33 ff.

189 XV, 42 f., vgl. 51.

190 Jürgen Habermas, Erkenntnis und Interesse, Frankfurt/M. 1968, S. 300.

191 Jürgen Habermas, Erkenntnis und Interesse, S. 304 f.

192 I, 285.

193 I, 426 f.

194 I, 427.

195 F 300.

196 XV, 89.

197 I, 71 ff.

198 I, 67.

199 I, 342.

200 XI, 284.

201 I, 338.

202 I, 387 f.

203 I, 338.

204 Albert Moll, Untersuchungen über die Libido Sexualis. Bd. I, Berlin 1898. – Vorgeschichte bei Henry F. Ellenberger, Die Entdeckung des Unbewußten, Bd. I, S. 421 f.

205 XI, 323.

206 I, 391.
207 I, 392.
208 XV, 167.
209 I, 499.
210 I, 434.
211 I, 86. – Hierzu auch Frank J. Sulloway, Freud. Biologie der Seele, S. 104 f.
212 I, 443.
213 I, 444.
214 I, 452 f.
215 I, 496.
216 I, 448.
217 I, 458.
218 Anna Freud, Das Ich und die Abwehrmechanismen (1936). Wiederabdruck in: A. F., Die Schriften der Anna Freud. Bd. I. 1922–1936, Frankfurt/M. 1987, S. 205.
219 Nachtragsband, 354 f.
220 Nachtragsband, 358. Vgl. Stephanie Catani, Das fiktive Geschlecht, S. 31 ff.
221 F 155.
222 F 152.
223 Die Umbenennung der Zeitschrift erfolgte 1895. Schnitzler veröffentlichte hier seit 1887 Rezensionen aller Art, die seine große wissenschaftliche Befähigung erahnen lassen. Unter den zahllosen Arbeiten aus Schnitzlers Feder war jedoch nur ein einziger eigenständiger Forschungsbeitrag, der 1889 erschien: *Über funktionelle Aphonie und deren Behandlung durch Hypnose und Suggestion*.
224 Henry F. Ellenberger, Die Entdeckung des Unbewußen, Bd. II, S. 645.
225 Nachtragsband, 331.
226 Nachtragsband, 338 ff.
227 Nachtragsband, 351.
228 Eugen Bleuler, Rezension von: Josef Breuer/Sigmund Freud, Studien über Hysterie, Leipzig, Wien 1895, in: Münchener Medicinische Wochenschrift 22 (1896), S. 524 f.
229 Adolf von Strümpell, Rezension zu: Josef Breuer u. Sigmund Freud, Studien über Hysterie, in: Zeitschrift für Nervenheilkunde 8 (1896), S. 159–161.
230 I, 493.
231 I, 495.
232 I, 508.
233 F 330; Pierre Janet, Névroses et idées fixes, Paris 1898. Freud zitiert den Titel orthographisch und inhaltlich falsch als *Hysterie et idées fixes* (F 330).
234 I, 505.
235 I, 507.
236 I, 551.
237 I, 538.
238 4. Jahrgang, Heft 6; I, 418.
239 I, 381.
240 F 178. – Vgl. Ernest Jones, Das Leben und Werk von Sigmund Freud, Bd. I, S. 290.
241 I, 514.
242 F 15, 55. Vgl. Lily Freud-Marlé, Mein Onkel Sigmund Freud. Erinnerungen an eine große Familie, hg. v. Christfried Tögel, Berlin 2006, S. 109.

243 P 27.
244 Mi 223.
245 F 16.
246 Mi 230.
247 Ki 552.
248 A I 82.
249 F 159.
250 XI, 206.
251 F 187.
252 XIV, 117.
253 Vgl. auch Katja Behling, Martha Freud, S. 156 f.
254 F 328.
255 F 298.
256 II/III, 135.
257 AF 164.
258 Martin Freud, Mein Vater Sigmund Freud, S. 30.
259 F 214.
260 Vgl. dazu die Schilderung in II/III, 244.
261 B 224.
262 Heimito v. Doderer, Die Strudlhofstiege oder Melzer und die Tiefe der Jahre (1951), München 1996, S. 42.
263 So Martin Freud, Mein Vater Sigmund Freud, S. 45.
264 Elisabeth Young-Bruehl, Anna Freud. A Biography, New Haven, London 2008 (Second Edition, first published 1988), S. 32.
265 Mi 234, Anm. 9
266 F 226.
267 F 380.
268 Zu Freuds Tagesablauf Ernest Jones, Das Leben und Werk von Sigmund Freud, Bd. II, S. 446 ff. u. Ronald W. Clark, Sigmund Freud, S. 323 f.
269 IX, 164.
270 F 206; vgl. Mi 220.
271 VI, 209 f.
272 F 336.
273 II/IIII, 307.
274 F 443.
275 Dazu auch die von Marie Bonaparte übermittelte Anekdote, daß er sie nicht in seine Runde aufgenommen habe, weil es dort «zu intim» vorgehe (Eva Gesine Baur, Freuds Wien, S. 90).
276 F 404.
277 F 217.
278 F 244.
279 F 331.
280 F 361, 365.
281 F 201.
282 F 123.
283 F 195.

284 F 321.
285 F 322. – Vgl. Paul Roazen, Freud and his Followers, S. 78.
286 IV, 151.
287 Frank J. Sulloway, Freud. Biologie der Seele, S. 153.
288 F 55, B 218. – Kurt R. Eissler, Sigmund Freud und die Wiener Universität. Über die Pseudo-Wissenschaftlichkeit der jüngsten Wiener Freud-Biographik, Bern, Stuttgart 1966, S. 44 f.
289 Kurt R. Eissler, Sigmund Freud und die Wiener Universität, S. 37 ff.
290 F 114.
291 Mi 233.
292 F 321.
293 F 180, F 200.
294 J 396.
295 F 178.
296 F 331.
297 MB III 388, F 270.
298 F 331.
299 F 134, 406.
300 F 139.
301 F 271.
302 Fe II/2 169.
303 F 47.
304 Stefan Goldmann, Eine Kur aus der Frühzeit der Psychoanalyse. Kommentar zu Freuds Briefen an Anna von Vest, in: Jahrbuch der Psychoanalyse 17 (1985), S. 296–337, S. 307.
305 Martin Freud, Mein Vater Sigmund Freud, S. 67.
306 F 357; vgl. AF 67.
307 Martin Freud, Mein Vater Sigmund Freud, S. 59.
308 F 289, 430.
309 S 145.
310 F 393.
311 F 282. – Daß Freuds Halbbruder Emanuel im Oktober 1914 starb, als er während der Bahnfahrt aus einem Waggon stürzte, mochte Freud wie eine Bestätigung seiner Ängste deuten. Zu diesem Zeitpunkt hatte sich seine Bahnfurcht allerdings schon deutlich verringert.
312 XII, 249.
313 Martin Freud, Mein Vater Sigmund Freud, S. 21.
314 F 140.
315 R 88.
316 F 462.
317 R 164.
318 Martin Freud, Mein Vater Sigmund Freud, S. 65.
319 Martin Freud, Mein Vater Sigmund Freud, S. 115 f.
320 Zum Laufstil Ernest Jones, Das Leben und Werk von Sigmund Freud, Bd. II, S. 460.
321 F 402.
322 Das berichtet Paula Fichtl auch für die späteren Jahre des Umgangs mit Enkeln und

erwachsenen Kindern; vgl. Detlef Berthelsen, Alltag bei Familie Freud. Die Erinnerungen der Paula Fichtl, Hamburg 1987, S. 52.

323 F 207, 260.

324 VIII, 63.

325 Ki 25.

326 F 362.

327 Ki 103, 220, 257.

328 Elisabeth Young-Bruehl, Anna Freud, S. 48.

329 J 361.

330 J 504.

Die Dunkelkammer des Traums (1895–1900)

1 F 204.

2 F 205.

3 F 212.

4 F 213.

5 II/III, 233. Zum Zeitpunkt der Niederschrift dieser Passage aus der *Traumdeutung* lag der Tod des Vaters etwa zwei Jahre zurück. – Vgl. Marianne Krüll, Freud und sein Vater, S. 56 f., die wohl zu weit geht, wenn sie den Passus als unbewußte Reflexion der Verfehlungen Jakob Freuds auslegt.

6 Vorrede zur zweiten Auflage der *Traumdeutung*: II/III, X.

7 Fe I/2 234.

8 F 272.

9 F 281.

10 F 310.

11 V, 272.

12 F 180.

13 V, 143.

14 F 430.

15 F 293.

16 F 305. Vgl. dazu Marianne Leuzinger-Bohleber, Nachträgliches Verständnis eines psychoanalytischen Prozesses, in: Erinnerung von Wirklichkeiten. Psychoanalyse und Neurowissenschaften im Dialog, hg. v. Martha Koukkou, Marianne Leuzinger-Bohleber u. Wolfgang Mertens. Bd. I, Stuttgart 1998, S. 36–95.

17 XVII, 81.

18 F 271.

19 F 331.

20 Ludwig Binswanger, Erinnerungen an Sigmund Freud, Tübingen 2014 (zuerst 1956), S. 7.

21 F 322.

22 F 298.

23 I, 538 f.

24 F 294.

25 Friedrich Nietzsche, Also sprach Zarathustra, Sämtliche Werke, Bd. 4, S. 45 f.; Freuds Hinweis in: X, 391.

26 F 290.
27 Janet Malcolm, In the Freud Archives, S. 23.
28 X, 210.
29 Vgl. Max Schur, Sigmund Freud. Leben und Sterben, S. 126 ff.
30 Hans Blumenberg, Arbeit am Mythos, Frankfurt/M. 1984 (5.Aufl., zuerst 1979), S. 64.
31 F 273.
32 F 325.
33 F 324.
34 F 330.
35 F 332 f.
36 F 345.
37 IV, 118, F 412 (dort heißt Ruths «ein weitläufiger Narr»).
38 F 391.
39 F 399.
40 F 410.
41 So auch schon Peter Gay, Freud, S. 124.
42 Nachtragsband, 364.
43 F 410.
44 Nachtragsband, 125.
45 IV, 112.
46 Nachtragsband, 125.
47 Fritz Wittels, Sigmund Freud. Der Mann, die Lehre, die Schule, Leipzig, Wien, Zürich 1924, S. 62.
48 Friedrich Nietzsche, Menschliches, Allzumenschliches, Sämtliche Werke, Bd. 2, S. 611 (Nr. 136).
49 II/III, 203: Hasdrubal und Hamilkar werden verwechselt; 425: falsches Zitat des Mottos unter dem Kaiserdenkmal vor der Hofburg; 459: Schillers Geburtsort ist nicht «Marburg», sondern «Marbach».
50 F 406.
51 F 418.
52 F 396.
53 Julius Leopold Pagel, Biographisches Lexikon hervorragender Ärzte des neunzehnten Jahrhunderts, Berlin, Wien 1901, Sp. 545.
54 II/III, 456.
55 F 396. Auf die Lassalle-Parallele verweist Carl E. Schorske, Wien, S. 187, allerdings ohne zu wissen, daß Freud das Motto schon früher ausgewählt hatte.
56 Fe I/2 234.
57 Johann Wolfgang Goethe, Faust. Texte, hg. v. Albrecht Schöne, Frankfurt/M. 1999 (= Bd. 7/I der Goethe-Ausgabe des Klassiker Verlages), S. 11 (v. 1 f.). Freud erwähnt die *Zueignung* in Briefen an Fließ mehrfach (F 217, 396). Vgl. zu den werkbiographischen Aspekten der Mottofrage und zur genaueren Zuordnung des Goethe-Zitats Walter Schönau, Sigmund Freuds Prosa. Literarische Elemente seines Stils, Stuttgart 1968, S. 73 ff.
58 I, 201, F 430, XVI, 45 (Archäologie); V, 173 (Strom, Meerfahrt); X, 44 (Schöpfung); II/III, 102 (Dechiffriermethode). Vgl. zur Funktion der Topik Walter Schönau, Sig-

mund Freuds Prosa, S. 132 ff. Kritik an Schönaus manchmal schematischer Trennung von rhetorischer Form und Denkstruktur bei Patrick J. Mahony, Der Schriftsteller Sigmund Freud. Aus dem Englischen von Helmut Junker (= Freud as a writer, 1982), Frankfurt/M. 1989, S. 21 f.

59 II/III, 515.

60 F 415.

61 F 398.

62 F 400. Vgl. dazu Karl Stockreiter, Traumrede. Der Bruch mit der klassischen Rhetorik, in: Die Lesbarkeit der Träume. Zur Geschichte von Freuds Traumdeutung, hg. v. Lydia Marinelli u. Andreas Mayer, Frankfurt/M. 2000, S. 251–275, S. 252.

63 II/III, 186 ff., 284 ff.

64 II/III, 516.

65 Walter Muschg, Freud als Schriftsteller, in: W. M., Die Zerstörung der deutschen Literatur, Bern 1956, S. 153–197, S. 183.

66 Die immer noch lesenswerte Studie von Walter Schönau, Sigmund Freuds Prosa, bes. S. 122 ff. übersieht, daß Freuds Texte häufig in einem Spannungsfeld zwischen klarer Diktion und dunkler Argumentation stehen.

67 II/III, 593.

68 VII, 32; vgl. Lydia Marinelli u. Andreas Meyer, Träume nach Freud. *Die Traumdeutung* und die Geschichte der psychoanalytischen Bewegung, Wien 2002, S. 127.

69 II/III, Vorwort zur zweiten Auflage, IX.

70 F 20.

71 F 388 f.

72 F 325.

73 II/III, 5.

74 Interviews mit Helene Deutsch, 11. Juni 1966 u. 21. Januar 1967: Paul Roazen, Freud and his Followers, S. 200.

75 XIII, 405.

76 F 325.

77 II/III, 541.

78 II/III, 541 f.

79 Bi 202; vgl. XIV, 86.

80 Karl Albert Scherner, Das Leben des Traums, Berlin 1861, Johannes Volkelt, Die Traum-Phantasie, Stuttgart 1875, Ludwig Strümpell, Die Natur und Entstehung der Träume, Leipzig 1874, Wilhelm Wundt, Grundzüge der physiologischen Psychologie. Bd. II, Leipzig 1880 (2. Aufl., zuerst 1874). Vgl. zur Situierung um 1900 Lydia Marinelli u. Andreas Mayer, Träume nach Freud, S. 27 ff., ferner Alexandre Métraux, Räume der Traumforschung vor und nach Freud, in: Die Lesbarkeit der Träume, hg. v. Lydia Marinelli u. Andreas Mayer, S. 127–187, hier S. 134 ff.

81 II/III, 42 f.

82 II/III, 99; XVI, 264 f.

83 Nachtragsband, 784.

84 II/III, 100.

85 Vgl. dazu Peter-André Alt, Der Schlaf der Vernunft. Literatur und Traum in der Kulturgeschichte der Neuzeit, München 2002, S. 56 ff., ferner grundlegend zur Traum-

theorie seit der Romantik Stefan Goldmann, Via regia zum Unbewußten. Freud und die Traumforschung im 19. Jahrhundert, Gießen 2003.

86 Friedrich Wilhelm Hildebrandt, Der Traum und seine Verwerthung für's Leben. Eine psychologische Studie, Leipzig 1875, S. 41.

87 X, 83.

88 II/III, 108.

89 Mi 233.

90 Hier Peter-André Alt, Der Schlaf der Vernunft, S. 317 ff.

91 F 345.

92 Karl Albert Scherner, Das Leben des Traums, S. 193 ff.

93 Ludwig Strümpell, Die Natur und Entstehung der Träume, S. 109 ff., Johannes Volkelt, Die Traum-Phantasie, Stuttgart 1875, S. 102 ff. Dazu auch Georg Braungart, Leibhafter Sinn. Der andere Diskurs der Moderne, Tübingen 1995, S. 176 ff.

94 II/III, 615.

95 X, 394 f.

96 XI, 152.

97 F 458.

98 So Marianne Krüll, Freud und sein Vater, S. 37. Vgl. zum autobiographischen Hintergrund der Träume Didier Anzieu, Freuds Selbstanalyse und die Entdeckung der Psychoanalyse. Aus dem Französischen v. Eva Moldenhauer. 2 Bde., München, Wien 1990 (= L'auto-analyse de Freud et la découverte de la psychanalyse, 1959/1988), Bd. I (1895–1898), S. 129 ff.

99 II//III, 121. – Dieses die These von Elisabeth Young-Bruehl, Anna Freud, S. 28.

100 II/III, 116.

101 II/III, 114.

102 II/III, 179 ff.; vgl. II/III, 223 ff., 278.

103 Vgl. hier Carl E. Schorske, Wien, S. 171 ff., der in der *Traumdeutung* Freuds Wechsel von einem politischen zum psychologischen Weg bezeichnet sieht: aus dem Hannibal, der erobern wolle, werde der Psychologe, der zu verstehen suche.

104 II/III, 112.

105 II/III, 121.

106 II/III, 123.

107 II/III, 126.

108 Karl Albert Scherner, Das Leben des Traums, S. 162 ff.; vgl. Paul Radestock, Schlaf und Traum. Eine physiologisch-psychologische Untersuchung, Leipzig 1879, S. 57 ff. (von Freud erwähnt: II/III, 59).

109 Friedrich Wilhelm Hildebrandt, Der Traum und seine Verwerthung für's Leben, S. 52.

110 II/III, 170. Ausführlich kommt Hildebrandts Arbeit im Forschungsbericht zur Sprache: II/III, 9 ff., 19 f., 27, 29, 59, 65, 70 ff.

111 II/III, 140.

112 II/III, 109.

113 F 190.

114 II/III, 281 ff.

115 II/III, 157.

116 II/III, 166.

117 II/III, 688.

118 Wilhelm Fließ, Die Beziehungen zwischen Nase und weiblichen Geschlechtsorganen, S. 198. Vgl. Frank O. Sulloway, Freud. Biologie der Seele, S. 249 f.

119 II/III, 268. Vgl. Georges Devereux, Why Oedipus Killed Laios: A Note on the Complementary Oedipus Complex, in: International Journal of Psychoanalysis 34 (1953), S. 132–141.

120 Friedrich Nietzsche, Die Geburt der Tragödie, Sämtliche Werke, Bd. 1, S. 65 f.

121 II/III, 268.

122 Friedrich Schiller Werke. Nationalausgabe, begr. v. Julius Petersen, fortgeführt v. Lieselotte Blumenthal u. Benno v. Wiese, hg. im Auftrag der Stiftung Weimarer Klassik und des Schiller-Nationalmuseums Marbach v. Norbert Oellers, Weimar 1943 ff. (=NA), Bd. 29, S. 141.

123 II/III, 269.

124 II/III, 269.

125 II/III, 270. Es handelt sich um die Verse 955 f. aus Sophokles' Tragödie, die Freud nach folgender Ausgabe zitiert: Sophokles. In den Versmaßen der Urschrift I. Übersetzt von Johann Jakob Donner. 7. Aufl., Leipzig, Heidelberg 1873 (König Ödipus: S. 1–88).

126 Heinrich Spitta, Die Schlaf- und Traumzustände der menschlichen Seele. Mit besonderer Berücksichtigung ihres Verhältnisses zu den psychischen Alienationen, Tübingen 1878, S. 111; II/III, 37, 49, 53, 58 ff.

127 Otto Rank, Das Inzest-Motiv in Dichtung und Sage, Beiträge zu einer Psychologie des dichterischen Schaffens, Leipzig, Wien 1912, S. 15. Vgl. Paul Ricœur, Die Interpretation, S. 526.

128 F 294; II/III, 271 f.

129 II/III, 272.

130 Alfred Döblin, Hamlet oder Die lange Nacht nimmt ein Ende (1956), München 1987, bes. S. 115 ff.

131 II/III, 313, 282 («Bilderschrift»).

132 II/III, 284. Vgl. Alfred Maury, Le sommeil et les rêves, Paris 1861, S. 97 ff.

133 II/III, 301 f.

134 Peter Willers Jessen, Versuch einer wissenschaftlichen Begründung der Psychologie, Berlin 1855, S. 518 f.

135 II/III, 310.

136 II/III, 317.

137 II/III, 318, 324 ff., 447. Wilhelm Weygandt, Beiträge zur Psychologie des Traumes, in: Festschrift – Wilhelm Wundt zum siebzigsten Geburtstag überreicht von seinen Schülern. 2. Theil (= Philosophische Studien, hg. v. Wilhelm Wundt, Bd. 20), Leipzig 1902, S. 456–486.

138 V, 250.

139 II/III, 329, 421. Vgl. Susanne Lüdemann, Mythos und Selbstdarstellung. Zur Poetik der Psychoanalyse, Freiburg i. Br. 1994, S. 126 ff., ferner Karl Stockreiter, Traumrede, in: Die Lesbarkeit der Träume, hg. v. Lydia Marinelli u. Andreas Mayer, S. 260 f.

140 II/III, 499.

141 II/III, 351.

142 Karl Albert Scherner, Das Leben des Traums, S. 193 ff.

143 II/III, 361 f.; vgl. XI, S. 150 ff.
144 II/III, 392.
145 So das allerdings erst 1919 in die fünfte Auflage integrierte Beispiel aus Bismarcks Memoiren (II/III, 383 ff.). Vgl. Otto v. Bismarck, Gedanken und Erinnerungen (1898), Köln 2015, S. 474.
146 II/III, 425. Freud zitiert falsch «patriae» statt «publicae», was Fritz Wittels in seiner Biographie von 1924 als sprechendes Versehen im Sinne einer Furcht vor der Öffentlichkeit deutet (Sigmund Freud. Der Mann, die Lehre, die Schule, S. 100 f.). Freud übernimmt Wittels' Korrektur dann in der achten Auflage der *Traumdeutung* von 1929 im Rahmen einer Fußnote, ohne aber das unrichtige Zitat im Text zu ändern.
147 Erstmals zu dieser Sammlung, deren Manuskript in der Freud Collection der *Library of Congress* (Washington) liegt, Lydia Marinelli u. Andreas Mayer, Träume nach Freud, S. 73 f.
148 VIII, 352 f.
149 Didier Anzieu, Freuds Selbstanalyse, Bd. II (1898–1902), S. 428 ff.
150 X, 19.
151 II/III, 195.
152 VII, 193.
153 XIII, 415.
154 II/III, 495 f.
155 Ernst Bloch, Das Prinzip Hoffnung. Drei Bände, Frankfurt/M. 1976 (3. Aufl., zuerst 1959), Bd. I, S. 96.
156 XVII, 97.
157 XI, 216.
158 Ludwig Strümpell, Die Natur und Entstehung der Träume, S. 27.
159 II/III, 510.
160 Ludwig Strümpell, Die Natur und Entstehung der Träume, S. 109 ff.
161 VIII, 395.
162 II/III, 289.
163 II/III, 346.
164 II/III, 286.
165 II/III, 674 f.
166 II/III, 539. Vgl. Karl Stockreiter, Traumrede, in: Die Lesbarkeit der Träume, hg. v. Lydia Marinelli u. Andreas Mayer, S. 267 f.
167 II/III, 412.
168 Friedrich Nietzsche, Kritische Gesamtausgabe, hg. v. Giorgio Colli u. Mazzino Montinari, Berlin, New York 1967 ff., 3. Abt., Bd. II, S. 381.
169 Seine Bibliothek enthielt später, neben der im Januar 1900 angeschafften Kleinoktav-Edition, die zwischen 1920 und 1929 erschienene Nietzsche-Ausgabe von Richard und Max Oehler sowie Friedrich Würzbach (Musarion-Ausgabe), die ihm Otto Rank zum 70. Geburtstag geschenkt hatte (Freud's Library. A Comprehensive Catalogue, compiled and ed. by J. Keith Davies and Gerhard Fichtner, London 2006, Nr. 2607).
170 Vgl. hier Hans Blumenberg, Paradigmen zu einer Metaphorologie, in: Archiv für Begriffsgeschichte 6 (1960), S. 7–142.

171 V, 289.
172 VIII, 404.
173 VIII, 221.
174 XV, 20.
175 XI, 168.
176 Friedrich Schiller, NA 25, S. 149.
177 II/III, 107 f.
178 XV, 6.
179 II/III, 521.
180 II/III, 530.
181 I, 433.
182 II/III, 541.
183 Paul Ricœur, Die Interpretation, S. 131.
184 Vgl. das Schema bei Henry F. Ellenberger, Die Entdeckung des Unbewußten, Bd. II, S. 677 sowie die darauf aufbauende Darstellung bei Frank J. Sulloway, Biologie der Seele, S. 473 f.
185 II/III, 543.
186 F 166 ff.
187 II/III, 546.
188 Paul Ricœur, Die Interpretation, S. 131.
189 XI, 305.
190 XVI, 262 f.
191 II/III, 547 ff.
192 II/III, 552.
193 II/III, 602.
194 II/III, 607. Jean Laplanche u. Jean-Bertrand Pontalis, Das Vokabular der Psychoanalyse. Aus dem Französischen v. Emma Moersch, Frankfurt/M. 1973, S. 396 ff.
195 II/III, 613.
196 II/III, 558.
197 II/III, 573.
198 Alfred Maury, Le sommeil et les rêves, S. 98 ff.; Johannes Volkelt, Die Traum-Phantasie, S. 166 ff.
199 II/III, 573.
200 II/III, 586.
201 II/III, 575.
202 F 378.
203 F 378.
204 VIII, 397.
205 Jacques Lacan, Das Ich in der Theorie Freuds und in der Technik der Psychoanalyse, in: Das Seminar von Jacques Lacan. Buch II (1954–1955). Übers. v. Hans-Joachim Metzger, Olten u. Freiburg 1980, S. 160.
206 VIII, 435.
207 Paul Ricœur, Die Interpretation, S. 133 f.
208 II/III, 615.
209 Vgl. Homi K. Bhabha, The Location of Culture, London, New York 2004 (First edition 1994), S. 156.

210 Georg Simmel, Philosophie des Geldes (1900), in: Gesamtausgabe in 24 Bänden. Bd. 6, hg. v. David P. Frisby u. Klaus Christian Köhnke, Frankfurt/M. 1989, S. 95.

211 II/III, 241.

212 VIII, 406.

213 Johannes Volkelt, Die Traum-Phantasie, S. 166 f.; Eduard v. Hartmann, Philosophie des Unbewussten. 3 Bände, Leipzig 1923 (12. Aufl., zuerst 1869), bes. Bd. I, S. 51 ff.

214 II/III, 583.

215 II/III, 617 f.

216 VIII, 434. Vgl. Dazu Heinrich Deserno, Freuds *Traumdeutung* und spätere Traumauffassungen, in: Traum-Expeditionen, hg. v. Stephan Hau, Wolfgang Leuschner u. Heinrich Deserno, Tübingen 2000, S. 47–70.

217 XI, 232.

218 II/III, 584.

219 II/III, 620.

220 II/III, 625.

221 II/III, 626.

222 F 329. Vgl. Frank J. Sulloway, Biologie der Seele, S. 472, ferner Ernst K. Specht, Der wissenschaftstheoretische Status der Psychoanalyse, in: Psyche 35 (1981), S. 761–787.

223 F 469.

224 II/III, 668.

225 II/III, 671 f.

226 II/III, 690.

227 AS 197. Zu einfach hier Rolf Vogt, Psychoanalyse zwischen Mythos und Aufklärung oder das Rätsel der Sphinx, Frankfurt/M., New York 1986, S. 144 f., der von einer ‹Dialektik› des Rationalismus bei Freud spricht.

228 Theodor W. Adorno, Minima Moralia. Reflexionen aus dem beschädigten Leben, Frankfurt/M. 1981 (zuerst 1951), S. 71 f.

229 Nachtragsband, 493; vgl. V, 24.

230 VIII, 400.

231 II/III, 144.

232 Vgl. F 47.

233 Vgl. Lydia Marinelli u. Andreas Mayer, Träume nach Freud, S. 52 (Anm. 86), 121 ff.

234 Vgl. Gerd Kimmerle (Hg.), Freuds *Traumdeutung*. Frühe Rezensionen 1899–1903, Tübingen 1986. Generell zur Wirkung des Textes: Heike Brodthage u. Sven Olaf Hoffmann, Die Rezeption der Psychoanalyse in der Psychologie, in: Die Rezeption der Psychoanalyse in Soziologie, Psychologie und Theologie im deutschsprachigen Raum, hg. v. Johannes Cremerius, Frankfurt/M. 1981, S. 135–253, S. 154.

235 Wilhelm Weygandt, Sigmund Freud: Die Traumdeutung, in: Centralblatt für Nervenheilkunde und Psychiatrie 1901, S. 548–549. Wiederabdruck in: Gerd Kimmerle (Hg.), Freuds *Traumdeutung*, S. 78–80, hier S. 78. Vgl. zu Freuds Rezeption der Arbeit Weygandts II/III, S. 62.

236 Paul Näcke, Freed [!]. Die Traumdeutung, in: Archiv für Kriminal-Anthropologie und Kriminalistik 7, Hft. 2 (6. 8. 1901), S. 168. Wiederabdruck in: Gerd Kimmerle [Hg.], Freuds *Traumdeutung*, S. 57–58, hier S. 58.

237 Paul Mentz, Rezension von Sigmund Freud, *Die Traumdeutung*, in: Vierteljahresschrift für wissenschaftliche Philosophie 25 (1901), S. 112 f.; William Stern, S. Freud.

Die Traumdeutung, in: Zeitschrift für Psychologie und Physiologie der Sinnesorgane 26 (1901), S. 130–133. Wiederabdruck in: Gerd Kimmerle (Hg.), Freuds *Traumdeutung*, S. 60–64, hier S. 64. Hierzu näher Lydia Marinelli u. Andreas Mayer, Träume nach Freud, S. 36 ff.

238 II/III, Vorwort zur zweite Auflage, IX.

239 Abdruck der Rezension in: Wolfgang J. A. Huber, Emma Ecksteins Feuilleton zur *Traumdeutung*, S. 92. Vgl. Lydia Marinelli u. Andreas Mayer, Träume nach Freud, S. 58, Anm. 101.

240 Wolfgang J. A. Huber, Emma Ecksteins Feuilleton zur *Traumdeutung*, S. 97.

241 So die Überlegungen bei Wolfgang J. A. Huber, Emma Ecksteins Feuilleton zur *Traumdeutung*, S. 104 f.

242 Lydia Marinelli u. Andreas Mayer, Träume nach Freud, S. 31 ff.

243 Carl Metzentin, Über wissenschaftliche Traumdeutung, in: Die Gegenwart 56 (1899), S. 386–389. Wiederabdruck in: Gerd Kimmerle (Hg.), Freuds *Traumdeutung*, S. 9–19, hier S. 19. – Vgl. F 430.

244 [Wilhelm Stekel] The Autobiography of Wilhelm Stekel – The Life Story of a Pioneer Psychoanalyst, hg. v. Emil Gutheil, New York 1950, S. 105.

245 Wilhelm Stekel, Traumleben und Traumdeutung, in: Neues Wiener Tagblatt 29./30. Januar 1902. Wiederabdruck in: Gerd Kimmerle (Hg.), Freuds *Traumdeutung*, S. 106–122.

246 Vgl. Edith Kurzweil, Freud und die Freudianer. Geschichte und Gegenwart der Psychoanalyse in Deutschland, Frankreich, England, Österreich und den USA. Aus dem Amerikanischen übers. v. Max Looser, München 1995 (= The Freudians. A Comparative Perspective, 1989), S. 32.

247 F 444.

248 Abdruck in: Lydia Marinelli u. Andreas Mayer, Träume nach Freud, S. 147 ff., hier S. 148.

249 F 453.

250 F 286.

251 F 411.

252 F 421.

253 F 429.

254 F 244.

255 Kurt R. Eissler, Sigmund Freud und die Wiener Universität, S. 19 f.

256 F 241.

257 F 326.

258 F 210.

259 F 178.

260 F 247.

261 F 463.

262 Erstmals abgedruckt in: Yosef Hayim Yerushalmi, Freud's Moses, Judaism Terminable and Interminable, New Haven, London 1993, S. 107.

263 Vgl. zur Logenmitgliedschaft Bernd Nitzschke, Freuds Vortrag vor dem Israelitischen Humanitätsverein ‹Wien› des Ordens B'nai B'rith: *Wir und der Tod* (1915). Ein wiedergefundenes Dokument, in: Psyche 45 (1991), S. 97–131, S. 102 ff., S. 120.

264 XVII, 51, B 363.

265 Wilhelm Knöpfmacher, Entstehungsgeschichte und Chronik der Vereinigung ‹Wien› B'nai B'rith in Wien, 1895–1935, Wien 1935, S. 64; Bernd Nitzschke, Freuds Vortrag vor dem Israelitischen Humanitätsverein ‹Wien› des Ordens B'nai B'rith: *Wir und der Tod* (1915), S. 103.

266 F 311. Wilhelm Knöpfmacher, Zwei Beiträge zur Biographie Sigmund Freuds, in: Jahrbuch der Psychoanalyse (1979), S. 51–72, S. 66.

267 Bernd Nitzschke, Freuds Vortrag vor dem Israelitischen Humanitätsverein ‹Wien› des Ordens B'nai B'rith: *Wir und der Tod* (1915), S. 105.

268 F 443, 450.

269 Freud's Library. A Comprehensive Catalogue, S. 98.

270 Freud's Library. A Comprehensive Catalogue, S. 99. – Die Verschreibung ‹Siegmund› statt ‹Sigmund› auch zuweilen bei Rezensionen; vgl. Carl Metzentin, Über wissenschaftliche Traumdeutung, in: Die Gegenwart 56 (1899), S. 386–389. Wiederabdruck in: Gerd Kimmerle (Hg.), Freuds *Traumdeutung*, S. 9–19, hier S. 10.

271 J 488.

272 Elisabeth Young-Bruehl, Anna Freud, S. 29. Vgl. Ernest Jones, Das Leben und Werk von Sigmund Freud, Bd. I, S. 186.

273 Fe I/2 202. Vgl. Elisabeth Young-Bruehl, Anna Freud, S. 30.

274 Detlef Berthelsen, Alltag bei Familie Freud, S. 41.

275 John M. Billinsky, Jung and Freud (The End of a Romance), in: Andover Newton Quarterly X (1969), S. 39–43. In seinen Ende der 50er Jahre diktierten Memoiren deutet Jung das Thema kurz an, ohne explizit auf eine vermeintliche Affaire Freuds einzugehen (C. G. Jung, Erinnerungen, Träume, Gedanken, aufgez. u. hg. v. Aniela Jaffé, Olten, Freiburg 1976, S. 162 f.). Vgl. Peter Gay, Freud, S. 837 f. Zuletzt sehr spekulativ Michel Onfray, Anti-Freud, S. 146 ff. (mit falscher Wiedergabe der Äußerung Jungs; S. 149). Zu Jung klärend Élisabeth Roudinesco, Doch warum so viel Hass? Eine Erwiderung auf Michel Onfrays ‹Anti-Freud›. Aus dem Französischen v. Hans-Dieter Gondek, Wien, Berlin 2011 (= Mais pourquoi tant de haine?), S. 52 f.

276 So auch Ernest Jones, Das Leben und Werk von Sigmund Freud, Bd. 1, S. 186, Peter Gay, Freud, S. 232, 431 f., 837 f. Anders Franz Maciejewski, Freud in Maloja, S. 9 f., 213 ff.

277 Vgl. Franz Maciejewski, Freud in Maloja, S. 179 f.

278 Vgl. unter Bezug auf eine von Paul Roazen 1976 kolportierte Aussage Franz Maciejewski, Freud in Maloja, S. 180.

279 MB I 435.

280 R 100.

281 Mi 235.

282 Mi 161.

283 Hierzu Christfried Tögel, Berggasse – Pompeji und zurück. Sigmund Freuds Reisen in die Vergangenheit, Tübingen 1989, S. 61 ff.

284 R 101.

285 R 100.

286 Vgl. das Faksimile des Gästebuchs in der Studie des Finders: Franz Maciejewski, Freud in Maloja, S. 28.

287 R 109.

288 R 131.

289 XI, 357.

Landschaften im Unbewußten (1901–1905)

1 II/III, 516.

2 F 398.

3 F 418.

4 Elias Canetti, Die Fackel im Ohr. Lebensgeschichte 1921–1931, Frankfurt/M. 1985 (zuerst 1980), S. 116.

5 F 354.

6 I, 519 ff.

7 F 473.

8 Harald Weinrich, Lethe. Kunst und Kritik des Vergessens, München 1997, S. 171.

9 IV, 150.

10 Rudolf Meringer u. Karl Mayer, Versprechen und Verlesen. Eine psychologisch-linguistische Studie, Stuttgart 1895.

11 IV, 62.

12 IV, 69. – Wilhelm Wundt, Völkerpsychologie. Eine Untersuchung der Entwicklungsgesetze von Sprache, Mythos und Sitte. 10 Bde., Leipzig 1900–1920.

13 George Steiner, Gedanken dichten, S. 201.

14 IV, 163.

15 Vgl. J 592 f.

16 IV, 227. – Freud nannte Ibsens Drama nicht explizit, jedoch ist es bei seiner Beschreibung naheliegend, an die Hedda Gabler zu denken, in der die Duse große Erfolge – übrigens auch vor Wiener Publikum – feierte.

17 IV, 268 f.

18 VII, 10.

19 IV, 287. Vgl. Christa Rohde-Dachser, Art. Zur Psychopathologie des Alltagslebens, in: Freud-Handbuch. Leben – Werk – Wirkung, hg. v. Hans-Martin Lohmann u. Joachim Pfeiffer, Stuttgart, Weimar 2006, S. 118–119, S. 119.

20 IV, 293.

21 IV, 307.

22 P 67.

23 Freud an Abraham Brill, 21. Mai 1912 (unpubl.), Library of Congress, Washington, C18F24.

24 AS 57.

25 F 416.

26 F 427.

27 V, 32. Vgl. Volkmar Sigusch, Freuds *Drei Abhandlungen zur Sexualtheorie* und die Sexualwissenschaft seiner Zeit, in: Freud und das Sexuelle. Neue psychoanalytische und sexualwissenschaftliche Perspektiven, hg. v. Ilka Quindeau u. Volkmar Sigusch, Frankfurt/M., New York 2005, S. 15–36.

28 F 371. Vgl. zumal Havelock Ellis, Studies in the Psychology of Sex. Vol. I: The Evolution of Modesty; The Phenomena of Sexual Periodicity; Auto-Erotism, Philadelphia 1899; Studies in the Psychology of Sex. Vol. II: Sexual Inversion, Philadelphia 1901.

29 Jo 225.

30 Richard v. Krafft-Ebing, Psychopathia sexualis (1886). Nachdruck der 14. Aufl. von 1912, München 1993, bes. S. 347 ff. (zur Pathologie der Perversionen).

31 V, 278.

32 Sándor Ferenczi, Versuch einer Genitaltheorie, Wien, Leipzig, Zürich 1924, S. 7.

33 V, 37 f., XI, 317. Vgl. Iwan Bloch, Beiträge zur Aetiologie der Psychopathia sexualis, Dresden 1902; vgl. mit eher traditioneller Tendenz und im Blick auf das Degenerationsmodell Albert Moll, Die konträre Sexualempfindung, Berlin 1891.

34 Bi 183.

35 J 152.

36 Magnus Hirschfeld, Der urnische Mensch, Leipzig 1903; ders., Geschlechtsübergänge, Leipzig 1905.

37 Hans Blüher, Die Rolle der Erotik in der männlichen Gesellschaft. Bd. I. Der Typus inversus, Leipzig 1917.

38 V, 43.

39 V, 46.

40 V, 48.

41 V, 47.

42 V, 49. Alfred Binet, Le fétichisme dans l'amour, in: Revue Philosophique 12 (1887), S. 143–167, Richard v. Krafft-Ebing, Psychopathia sexualis, S. 134 ff., 214 ff.

43 F 229.

44 XI, 213.

45 V, 67. – Vgl. dazu später Isidor Sadger, Über den sado-masochistischen Komplex, in: Jahrbuch für psychoanalytische und psychopathologische Forschungen 5 (1913), S. 157–232.

46 V, 65.

47 Vgl. nur A 93, AS 78, J 293.

48 F 237.

49 XIV, 237.

50 Wilhelm Fließ, Die Beziehungen zwischen Nase und weiblichen Geschlechtsorganen, S. 198 ff.

51 Vgl. Albert Moll, Untersuchungen über die Libido Sexualis, Bd. I, S. 44 ff.; vgl. Henry F. Ellenberger, Die Entdeckung des Unbewußten, Bd. I, S. 421.

52 V, 71 f.

53 V, 83.

54 XI, 384.

55 V, 89 f.

56 V, 78. Vgl. Mario Erdheim, Psychoanalyse, Adoleszenz und Nachträglichkeit, in: Psyche 47 (1993), S. 934–950.

57 V, 98.

58 V, 99.

59 II/III, 250.

60 V, 103; XIII, 399.

61 Vgl. Karl Bühler, Die geistige Entwicklung des Kindes, Jena 1918.

62 Albert Moll, Das Sexualleben des Kindes, Leipzig 1908, S. 172.

63 J 246 f.; vgl. A I 176. Vgl. Albert Moll, Ein Leben als Arzt der Seele. Erinnerungen, Dresden 1936, S. 54 f.

64 VII, 21.

65 VII, 26. – Auguste Forel, Die sexuelle Frage. Eine naturwissenschaftliche, psychologische, hygienische und soziologische Studie für Gebildete, München 1907.
66 VII, 177.
67 VII, 181.
68 VIII, 147.
69 V, 109.
70 Richard Krafft-Ebing, Psychopathia sexualis, S. 227 f.
71 AS 81.
72 Nachtragsband, 490.
73 V, 112.
74 V, 122.
75 Vgl. Protokolle der Wiener Psychoanalytischen Vereinigung, hg. v. Hermann Nunberg u. Ernst Federn, Bd. I (1906–1908), Frankfurt/M. 1976, S. 266. Vgl. ferner das Referat von Paul Federn in: Die Onanie. Vierzehn Beiträge zu einer Diskussion der «Wiener Psychoanalytischen Vereinigung», Wiesbaden 1912, S. 68–82.
76 V, 123.
77 V, 117 f.
78 V, 118.
79 V, 120.
80 V, 130.
81 V, 128.
82 Vgl. Martin Freud, Mein Vater Sigmund Freud, S. 87 sowie K 108. Steiners Name wird nicht explizit genannt, jedoch kommt nur er in Frage, denn er war im Schülerkreis der einzige Hautarzt.
83 V, 140.
84 V, 159.
85 Michel Foucault, Sexualität und Wahrheit. Übers. v. Ulrich Raulff u. Walter Seitter, 3 Bde., Frankfurt/M. 1976–84 (= Histoire de la sexualité, 1976–84), Bd. 1, S. 11.
86 C. G. Jung, Erinnerungen, Träume, Gedanken, S. 157.
87 Peter Sloterdijk, Kritik der zynischen Vernunft. Frankfurt/M. 2003 (zuerst 1983), S. 485.
88 VIII, 59.
89 Fe II/1 89.
90 VIII, 73 f.
91 Paul Möbius, Über den physiologischen Schwachsinn des Weibes, Halle 1900, bes. S. 5 ff.; Otto Weininger, Geschlecht und Charakter, bes. S. 282 ff. Vgl. Bernd Nitzschke, Freuds Vortrag vor dem Israelitischen Humanitätsverein ‹Wien› des Ordens B'nai B'rith: Wir und der Tod (1915), S. 105.
92 VII, 82.
93 VIII, 85.
94 VIII, 87.
95 Johann Wolfgang Goethe, Unterredung mit Napoleon, MA, Bd. XII, S. 579.
96 VIII, 90; vgl. XIII, 400.
97 VIII, 91.
98 VIII, 121.
99 XII, 163 ff.

100 XII, 177.
101 F 507. Es sollte die letzte persönliche Begegnung der Freunde sein.
102 II/III, 346.
103 VI, 29. Vgl. Richard Gray, Economics as a Laughing Matter: Freud's Jokes and Their Relation to the Economic and Rhetorical Unconscious, in: Germanic Review, 2013, Vol. 88/1, S. 97–120; Siegfried Zepf, The Relations between Language, Consciousness, the Preconscious, and the Unconscious: Freud's Approach Conceptually Updated, in: The Scandinavian Psychoanalytic Review, 2011, Vol. 34/1, S. 50–61.
104 Immanuel Kant, Kritik der Urteilskraft, in: Werkausgabe in zwölf Bänden, hg. v. Wilhelm Weischedel, Bd. X, S. 273 (§ 54).
105 Jean Paul, Vorschule der Ästhetik, in: Sämtliche Werke, hg. v. Norbert Miller, München 1959–1987, Bd. I,5, S. 173 (§44).
106 VI, 86.
107 VI, 95.
108 VI, 200.
109 Vgl. Thomas Anz, Literatur und Lust. Glück und Unglück beim Lesen, München 2002 (zuerst 1998), S. 173.
110 VI, 123.
111 Theodor Reik, Dreißig Jahre mit Freud. Mit bisher unveröffentlichten Briefen von Sigmund Freud an Theodor Reik. Aus dem Amerikanischen v. Dieter Dörr, München 1976 (= From thirty years with Freud, 1956), S. 48.
112 VI, 143.
113 VIII, 225.
114 Henri Bergson, Das Lachen. Ein Essay über die Bedeutung des Komischen. Aus dem Französischen v. Roswitha Plancherel-Walter. Nachwort v. Karsten Witte, Darmstadt 1988 (= Le rire, 1900), S. 64 ff.
115 Henri Bergson, Das Lachen, S. 70.
116 VI, 176.
117 VI, 237 f. Vgl. Henri Bergson, Das Lachen, S. 28 ff.
118 VI, 204.
119 VI, 267 ff.
120 Hugo v. Hofmannsthal, Gesammelte Werke, Dramen IV, S. 104.
121 XIV, 383.
122 XIV, 385.
123 XIV, 387.
124 XIV, 389.
125 V, 314.
126 V, 5.
127 VIII, 467.
128 F 442.
129 V, 289.
130 Paul Roazen, Freud and his Followers, S. 121.
131 P 13.
132 X, 450.
133 Heinz Kohut, Narzißmus. Eine Theorie der psychoanalytischen Behandlung narzißtischer Persönlichkeitsstörungen. Übers. v. Lutz Rosenkötter, Frankfurt/M. 1973

(= The Analysis of the Self. A Systematic Approach to the Psychoanalytic Treatment of Narcistic Personality Disorders, 1971), S. 112 (Anm.).

134 Hilda Doolittle, Huldigung an Freud. Rückblick auf eine Analyse. Mit den Briefen von Sigm. Freud an H. D.. Übers. und mit einer Einleitung. v. Michael Schröter, Frankfurt/M., Berlin, Wien 1976 (= Tribute to Freud, 1956), S. 111.

135 V, 290.

136 Vgl. Perry Meissel u. Walter Kendrick (Ed.), Bloomsbury/Freud: The Letters of James and Alice Strachey, New York 1985, S. 29 f.; dazu Edith Kurzweil, Freud und die Freudianer, S. 133 f.

137 V, 301.

138 V, 304.

139 V, 304.

140 Zu Moritz Freuds Gabe R 263. Vgl. Andreas Mayer, Shadow of a Couch, in: American Imago 66 (2009), S. 137–147. Ferner zum Hintergrund Christfried Tögel, Freuds Berliner Schwester Maria (Mitzi) und ihre Familie, in: Lucifer-Amor 33 (2004), S. 33–50.

141 Hilda Doolittle, Huldigung an Freud, S. 46.

142 Vgl. Lily Freud-Marlé, Mein Onkel Sigmund Freud, S. 220.

143 Vgl. Paul Roazen, Freud and his Followers, S. 120. Zur wachsenden Düsternis in Freuds Ordinationszimmer Andreas Mayer, Gradiva's gait, S. 554; vgl. auch ders., Objektwelten des Unbewußten. Fakten und Fetische in Charcots Museum und Freuds Behandlungspraxis, in: Wissen als Sammeln. Das Sammeln und seine wissenschaftsgeschichtliche Bedeutung, hg. v. Anke Heesen u. Emma Spary, Göttingen 2001, S. 169–198.

144 XI, 253.

145 Ra 37; Fe I/1 199, 222.

146 Hilda Doolittle, Huldigung an Freud, S. 72 f.

147 AF 161.

148 V, 18 f.

149 V, 5; vgl. IV, 279 (zur ‹somnambulen› Diagnostik).

150 IV, 150.

151 VIII, 377.

152 IV, 162.

153 II/III, 116.

154 Das ignoriert wiederum die Philippika von Michel Onfray, Anti-Freud, S. 296 ff. Man darf Freud diagnostisches Versagen, aber nicht die Unfähigkeit zur Selbstkritik vorwerfen. – Freuds Distanz schloß in diesem Punkt auch die Behandlung Todkranker ein. Grundlegend hier Kurt R. Eissler, Der sterbende Patient. Zur Psychologie des Todes. Aus dem Englischen übers. v. Hans Lobner, Stuttgart-Bad-Cannstatt 1978 (= The Psychiatrist and the Diying Patient, 1955).

155 VIII, 458.

156 VIII, 464 f.

157 XIII, 192.

158 VIII, 466 f.

159 Ve 282.

160 E I 49.

161 So Ernest Jones, Das Leben und Werk von Sigmund Freud, Bd. II, S. 457; vgl. Elisabeth Roudinesco, Doch warum so viel Hass?, S. 12 (Anm. 2).

162 A I 306.

163 Peter Eigner, Andrea Helige, Österreichische Wirtschafts- und Sozialgeschichte im 19. und 20. Jahrhundert, Wien 1999, S. 13. – Unzuverlässig hier Michel Onfray, Anti-Freud, S. 350 f. Onfray behauptet, Freuds Vermögen habe sich nach der Kaufkraft auf annähernd 8 Millionen Euro belaufen. Das ist ebenso falsch wie die These, von ihm seien nach 1914 umgerechnet 450 Euro als Honorar für eine Sitzung verlangt worden. Statt ohne transparente Maßstäbe zu spekulieren, ist es sinnvoller, Vergleiche mit Einkommen aus Freuds eigener Zeit heranzuziehen.

164 F 320.

165 Ki 46.

166 Harry Stroeken, Freud und seine Patienten, S. 17 f.

167 Hilda Doolittle, Huldigung an Freud, S. 48.

168 VIII, 460.

169 XVII, 99.

170 VIII, 355.

171 X, 40.

172 VIII, 377; Technik der Niederschrift: VII, 385 (Anm. 2).

173 Sándor Ferenczi, Die Elastizität der psychoanalytischen Technik (1928), in: Schriften zur Psychoanalyse, Bd. II, S. 237–250, S. 245.

174 XVI, 199.

175 XVI, 199.

176 XVII, 99.

177 VIII, 384.

178 F 362.

179 V, 9.

180 W 48.

181 G 31.

182 V, 14, 16.

183 F 109.

184 IV, 239.

185 X, 306 f.

186 XI, 459.

187 F 449.

188 V, 279 f.

189 VIII, 371 f. – Vgl. dazu auch Sándor Ferenczi, Introjektion und Übertragung. Eine psychoanalytische Studie. In: Jahrbuch für psychoanalytische und psychopathologische Forschungen 1 (1909), S. 422–457.

190 Bi 126.

191 W 62.

192 Erinnerung von Helene Deutsch, Interview v. 13. 8. 1966; Paul Roazen, Freud and his Followers, S. 153.

193 Paul Ricœur, Die Interpretation, S. 102 ff.

194 VIII, 478.

195 XVI, 52 f.

196 Sándor Ferenczi, Die Elastizität der psychoanalytischen Technik (1928), in: Schriften zur Psychoanalyse, Bd. II, S. 237–250, S. 244. Vgl. VIII, 108; VIII, 445.
197 Heinz Kohut, Narzißmus, S. 116.
198 V, 261.
199 Bi 249.
200 IV, 247.
201 Hugo v. Hofmannsthal, Briefe 1900–1909, Wien 1937, S. 155.
202 Hierzu Christfried Tögel, Berggasse – Pompeji und zurück, S. 45 ff.
203 Fe I/2 74.
204 R 120.
205 Fe I/1 187.
206 Vgl. die genaue Rekonstruktion bei Franz Maciejewski, Freud in Maloja, S. 83 ff.
207 F 465.
208 R 203.
209 R 205.
210 R 206.
211 Freud an Emma Eckstein, 4. August 1906 (unpubl.), Library of Congress, Washington, C2F25.
212 Vgl. Mi 263, 267 u. ö.
213 In diesem Sinne auch eine Charakteristik aus den 20er Jahren: Detlef Berthelsen, Alltag bei Freud. Die Erinnerungen der Paula Fichtl, Hamburg 1987, S. 29.
214 A I 325.
215 R 29, 57.
216 R 155 f.
217 F 372.
218 R 80.
219 R 157.
220 R 159.
221 R 161.
222 R 169.
223 Ki 309.
224 Vgl. Christfried Tögel, Berggasse – Pompeji und zurück, S. 31 ff.
225 R 190.
226 Vgl. Kurt R. Eissler, Sigmund Freud und die Wiener Universität, S. 60.
227 F 453.
228 VIII, 104.
229 VIII, 105.
230 VIII, 115.
231 Martin Freud, Mein Vater Sigmund Freud, S. 171 ff.
232 F 500.
233 F 501.
234 B 240. – Gelegentlich wird auch auf die Baronin Marie Ferstel als Unterstützerin verwiesen; vgl. Martin Freud, Mein Vater Sigmund Freud, S. 81.
235 F 503.
236 P 99.
237 F 413.

238 F 437.
239 F 452.
240 F 463 f. – Vgl. Lilli Gast, Einheit und Spaltung, S. 187.
241 Wilhelm Fließ, In eigener Sache. Gegen Otto Weininger und Hermann Swoboda, Berlin 1906, S. 16.
242 F 492.
243 F 491.
244 F 505.
245 F 505 f.
246 F 507.
247 F 508.
248 B 248 f.
249 F 515 f.
250 F 513 f.
251 J 134.
252 A I 230.
253 A I 234. Über Abrahams Verhältnis zu Fließ Karin Zienert-Eilts, Karl Abraham. Eine Biografie im Kontext der psychoanalytischen Bewegung, Gießen 2013, S. 245 ff.
254 A I 371.

Unerhörte Entdeckungen (1903–1913)

1 Vgl. Gerhard Fichtner, Freuds Briefe als historische Quelle, in: Psyche 43 (1989), S. 803–829, S. 810. Zu neueren Briefeditionen vgl. Ernst Falzeder, Psychoanalytic Filiations: Mapping the Psychoanalytic Movement, London 2015, S. 154 f.
2 Fe I/2 128; J 390.
3 Fe I/1 186.
4 Vgl. Fe I/1 189.
5 Bl 181.
6 Bi 218.
7 Ernest Jones, Das Leben und Werk von Sigmund Freud, Bd. II, S. 460 f.
8 Paul Roazen, Freud and his Followers, S. 121.
9 Vgl. mit Blick auf die Lebenssituation in den 20er Jahren Detlef Berthelsen, Alltag bei Familie Freud, S. 34.
10 Hilda Doolittle, Huldigung an Freud, S. 205 («Regina ist sehr gut und man kennt mich dort.»)
11 AF 228.
12 AS 169.
13 X, 172.
14 Ernest Jones, Das Leben und Werk von Sigmund Freud, Bd. I, S. 384; Peter Gay, Freud, S. 194.
15 Vgl. Bruno Walter, Theme and Variation: An Autobiography, London 1946, S. 164 f. Dazu Emanuel E. Garcia, Somatic Interpretation in a Transference Cure: Freud's Treatment of Bruno Walter, in: International Review of Psycho-Analysis 17 (1990), S. 83–88.
16 Detlef Barthelsen, Alltag bei Familie Freud, S. 54.

17 Fe II/2 156.
18 Ernest Jones, Das Leben und Werk von Sigmund Freud, Bd. I, 36.
19 Fe I/1 79.
20 Martin Freud, Mein Vater Sigmund Freud, S. 13.
21 F 443.
22 R 368.
23 F 22; AF 235; XV, 52.
24 F 327.
25 B 177; Ludwig Binswanger, Erinnerungen an Sigmund Freud, S. 50 f.; F 326. – Vgl. Ernest Jones, Das Leben und Werk von Sigmund Freud, Bd. III, S. 495.
26 Lily Freud-Marlé, Mein Onkel Sigmund Freud, S. 138.
27 E I 59.
28 F 381.
29 Arthur Schnitzler, Paracelsus, in: Das dramatische Werk, Frankfurt/M. 1978, Bd. 2, S. 226.
30 Arthur Schnitzler, Paracelsus, Das dramatische Werk, Bd. 2, S. 240.
31 Nachtragsband, 658.
32 Nachtragsband, 669. Vgl. dazu Samuel Weber, Psychoanalysis and Theatricality, in: S. W.: Theatricality as a Medium, New York 2004, S. 251–276.
33 V, 203.
34 B 249 f.
35 B 339.
36 B 339.
37 B 392.
38 B 392.
39 F 349. – Zu Freuds Meyer-Lektüren vgl. auch Franz Maciejewski, Freud in Maloja, S. 73 ff.
40 Vgl. Zvi Lothane, The Lessons of a Classic Revisited: Freud on Jensen's ‹Gradiva›, in: Psychoanalytic Review 97 (2010), S. 789–817, S. 814 (Hinweis auf das gemeinsame ‹humanistische› Interesse von Psychoanalyse und Philologie). Ferner Andreas Mayer, Gradiva's gait. Tracing the Figure of a Walking Woman. Critical Inquiry 38/3 (2012), S. 554–578.
41 Vgl. den Brief Stekels an Jensen in: Klaus Schlagmann, Gradiva. Wahrhafte Dichtung und wahnhafte Deutung, Saarbrücken 2012, S. 234 (Abb. 42). Jones' Behauptung, daß es C. G. Jung gewesen sei, der Freud die *Gradiva* nahegebracht habe (Ernest Jones, Das Leben und Werk von Sigmund Freud, Bd. II, S. 402), beruht auf einer Verwechslung mit Jensens Novellenband *Übermächte* (J 106).
42 VII, 115.
43 VII, 118.
44 VII, 69.
45 Robert Musil, Skizze der Erkenntnis des Dichters (1918), Gesammelte Werke, Bd. 8, S. 1025–1030.
46 Wilhelm Stekel, Dichtung und Neurose. Bausteine zur Psychologie des Künstlers und des Kunstwerkes, Wiesbaden 1909, S. 13. Vgl. dazu auch Klaus Schlagmann, Gradiva. Wahrhafte Dichtung und wahnhafte Deutung, S. 37 ff.
47 J 54.

48 Sigmund Freud, Der Wahn und die Träume in W. Jensens *Gradiva*, mit dem Text der Erzählung v. Wilhelm Jensen, hg. u. eingel. v. Bernd Urban u. Johannes Cremerius, Frankfurt/M. 1973, S. 12.

49 Sigmund Freud, Der Wahn und die Träume in W. Jensens *Gradiva*, S. 14.

50 VII, 81. Vgl. Johannes Cremerius, Der Einfluß der Psychoanalyse auf die deutschsprachige Literatur, in: Psyche 41 (1987), S. 39–54.

51 Friedrich Schiller, NA 20, S. 360 ff.

52 VII, 215.

53 VII, 216.

54 Protokolle, Bd. I, S. 247.

55 Winfried Menninghaus, Ekel. Theorie und Geschichte einer starken Empfindung, Frankfurt/M. 1999, S. 328.

56 Friedrich Wilhelm Hildebrandt, Der Traum und seine Verwerthung für's Leben, S. 42.

57 VII, 223.

58 VII, 223. Vgl. Thomas Anz, Literatur und Lust, S. 75 f.

59 Protokolle, Bd. II, S. 169.

60 Niklas Luhmann, Die Behandlung von Irritationen. Abweichung oder Neuheit?, in: Gesellschaftsstruktur und Semantik. Studien zur Wissenssoziologie der modernen Gesellschaft, Bd. IV, Frankfurt/M. 1999 (zuerst 1995), S. 55–100, S. 92. Vgl. dazu Johannes Türk, Freuds Immunologien des Psychischen, in: Poetica 38 (2006), Hft. 1/2, S. 167–188, S. 175.

61 Dazu Peter-André Alt, Einführung, in: Sigmund Freud und das Wissen der Literatur, hg. v. Peter-André Alt u. Thomas Anz, Berlin, New York 2008, S. 1–13.

62 Theodor W. Adorno, Ästhetische Theorie, hg. v. Gretel Adorno u. Rolf Tiedemann, Frankfurt/M. 1974 (2. Aufl., zuerst 1970), S. 20.

63 Bl 203.

64 XI, 390.

65 Nachtragsband, 656.

66 A II 699.

67 XI, 350. – Vgl. Otto Rank, Das Inzest-Motiv in Dichtung und Sage. Beiträge zu einer Psychologie des dichterischen Schaffens, Leipzig, Wien 1912.

68 B 248.

69 Karl Kraus, Pro domo et mundo, in: Die Fackel 13 (1911), Nr. 333, S. 7.

70 Karl Kraus, Nachts, in: Die Fackel 15 (1913), Nr. 381–383, S. 71–74, S. 72.

71 Protokolle, Bd. I, S. 106.

72 XV, 401 ff.

73 Nachtragsband, 669.

74 XV, 113.

75 Theodor W. Adorno, Ästhetische Theorie, S. 20.

76 X, 377 f.

77 Nachtragsband, 666.

78 X, 386.

79 Hanns Sachs (mit Otto Rank), Die Bedeutung der Psychoanalyse für die Geisteswissenschaften, Wiesbaden 1913, bes. S. 30 ff. (Symbolik und Ausdrucksqualität des Unbewußten).

80 VIII, 407.

81 VIII, 415. Vgl. Nicholas Rand, Psychoanalytische Literaturbetrachtung am Beispiel von *König Ödipus*, in: Psyche 55 (2001), S. 1307–1328.

82 F 437.

83 Die Bedeutung der astronomischen Tatmetaphorik hat systematisch untersucht: Hans Blumenberg, Die Genesis der kopernikanischen Welt. 3 Bde., Frankfurt/M. 1989 (zuerst 1975), Bd. 2, S. 336 ff. Vgl. Peter-André Alt, Aufklärung über den Himmel. Aspekte literarischer Himmelsbilder im 18. Jahrhundert, in: Euphorion 89 (1995), 4. Hft., S. 367–391, S. 374 ff.

84 Vgl. Hartmut Böhme, Fetischismus und Kultur. Eine andere Theorie der Moderne, Reinbek b. Hamburg 2006, S. 408.

85 Fe I/1 166; Protokolle, Bd. II, S. 314 ff.

86 Fe I/1 228; Bi 36.

87 J 381.

88 J 281.

89 VIII, 141.

90 VIII, 150.

91 VIII, 154.

92 P 32.

93 VIII, 156 f.

94 VIII, 167.

95 VIII, 180 ff.

96 VIII, 187.

97 Marie Bonaparte, Edgar Poe, Bd. I, S. 3.

98 VIII, 201.

99 VIII, 207.

100 VIII, 207.

101 P 69.

102 Bi 236 f. Dazu Manfred Clemenz, Freud und Leonardo. Eine Kritik psychoanalytischer Kunstinterpretation, Frankfurt/M. 2003, S. 101 ff.; vgl. Han Israel, Freuds Phantasien über Leonardo da Vinci, in: Lucifer-Amor 5 (1992), Hft. 10, S. 8–42.

103 Karl Kraus, Pro domo et mundo, in: Die Fackel 11 (1910), Nr. 300, S. 26–28, S. 27.

104 Die Aktion, Bd. I, 28. Juli 1910, S. 174.

105 XIV, 550.

106 AS 100.

107 X, 198.

108 II/IIII, 199.

109 F 309.

110 II/III, 202.

111 Vgl. Carl E. Schorske, Wien, S. 179 ff.

112 F 493.

113 F 494.

114 R 136.

115 R 142. Vgl. Ilse Grubrich-Simitis, Michelangelos Moses und Freuds «Wagstück», S. 13 ff.

116 Ernest Jones, Das Leben und Werk von Sigmund Freud, Bd. II, S. 430. – Die im Lon-

doner Freud-Archiv lagernde Original-Postkarte bestätigt eindeutig, daß es sich um eine Fehllesung handelt.

117 Ilse Grubrich-Simitis, Michelangelos Moses und Freuds «Wagstück», S. 14 f. (Abb. S. 15).

118 Jo 177.

119 2 Mos, 32.

120 Hans Blumenberg, Rigorismus der Wahrheit. ‹Moses der Ägypter› und weitere Texte zu Freud und Arendt, hg., kommentiert u. mit einem Nachwort v. Ahlrich Meyer, Berlin 2015, S. 10.

121 X, 198 f.

122 Theodor Herzl, Der Judenstaat, Leipzig, Wien 1896, S. 93.

123 X, 192.

124 Gotthold Ephraim Lessing, Laokoon, in: Werke. 8 Bde., hg. v. Herbert G. Göpfert u. a., München 1970–1979, Bd. VI, bes. S. 102 f.

125 X, 175.

126 W 85.

127 Grundlegend hier: Joachim Radkau, Das Zeitalter der Nervosität. Deutschland zwischen Bismarck und Hitler, München 1998, bes. S. 19 ff.

128 George Miller Beard, American Nervousness, with its Causes and Consequences. A Supplement to Nervous Exhaustion (Neurasthenia), New York 1881, bes. VI f. (Nervosität als Phänomen der Zivilisation).

129 Vgl. zu den verschiedenen Heilverfahren Joachim Radkau, Das Zeitalter der Nervosität, S. 87 ff.

130 VIII, 54. George Miller Beard, American Nervousness, VI f.

131 VIII, 461.

132 XI, 395.

133 XVII, 151.

134 F 27.

135 Nachtragsband, 498. – Leopold Löwenfeld, Die psychischen Zwangserscheinungen. Auf klinischer Grundlage dargestellt, Wiesbaden 1904.

136 VIII, 444.

137 A I 269.

138 XI, 397.

139 X, 219.

140 X, 223.

141 X, 227.

142 Christian von Ehrenfels, Sexualethik, Wiesbaden 1907, S. 31 ff.; vgl. George Miller Beard, American Nervousness, S. 96 ff.

143 Wilhelm Erb, Ueber die wachsende Nervosität unserer Zeit, S. 23; vgl. das (nicht immer ganz korrekte) Zitat dieser Passage in: VII, 145 f.

144 VII, 146.

145 Paul Lindau, Der Andere. Schauspiel in vier Aufzügen, New York, 1893. S. 21 f. (I, 9).

146 Georg Simmel, Die Großstadt und das moderne Geistesleben (1903), in: Gesamtausgabe in 24 Bänden. Bd. 7, hg. v. Rüdiger Kramme, Angela Rammstedt u. Otthein Rammstedt, Frankfurt/M. 1995, S. 116–131, S. 119. Vgl. Joachim Radkau, Das Zeitalter der Nervosität, S. 92 ff.

147 Max Nordau, Entartung. Zwei Bände, Berlin 1892–93, Bd. I, S. 64.
148 Wilhelm Erb, Ueber die wachsende Nervosität unserer Zeit, S. 29.
149 Vgl. Joachim Radkau, Das Zeitalter der Nervosität, S. 207.
150 VII, 159.
151 VII, 159.
152 VII, 165.
153 VII, 165.
154 Max Nordau, Entartung, Bd. I, S. 64.
155 Protokolle, Bd. II, S. 522.
156 VIII, 233 f.
157 VIII, 233.
158 X, 402.
159 VIII, 235.
160 Friedrich Schiller, Ueber die ästhetische Erziehung des Menschen, Nationalausgabe, Bd. 20, S. 344.
161 VIII, 236 f.
162 VIII, 342.
163 VIII, 417.
164 XI, 387.
165 VII, 137.
166 Bi 203.
167 Ludwig Feuerbach, Das Wesen des Christentums (1841), S. 26 (Vorrede zur zweiten Auflage).
168 IX, 91.

Wahn und Methode (1900–1914)

1 Lou Andreas-Salomé, In der Schule bei Freud. Tagebuch eines Jahres (1912/1913), Frankfurt/M., Berlin, Wien 1983 (zuerst 1958), S. 55.
2 Steve Marcus, Freud and Dora: Story, History, Case History, S. 154; George Steiner, Gedanken dichten, S. 201.
3 V, 165 f.
4 V, 165.
5 Hannah S. Decker, Freud, Dora, and Vienna 1900, New York 1991, S. 14.
6 Peter Gay, Freud, S. 281; Steve Marcus, Freud and Dora, S. 170. Vgl. auch Hannah S. Decker, Freud, Dora, and Vienna 1900, S. 41 ff.
7 Harry Stroeken, Freud und seine Patienten, S. 48 ff.
8 V, 176.
9 V, 181.
10 V, 187.
11 F 469.
12 V, 225 ff.
13 V, 265.
14 Sándor Ferenczi, Die Psychoanalyse eines Falles von hysterischer Hypochondrie (1919), in: Schriften zur Psychoanalyse, Bd. II, S. 33–38.
15 XVI, 49; vgl. Peter Gay, Freud, S. 284 f.

16 F 449.
17 V, 282.
18 V, 268.
19 F 469.
20 V, 284; vgl. Harry Stroeken, Freud und seine Patienten, S. 59, ferner Vera King, Die Urszene der Psychoanalyse. Adoleszenz und Geschlechterspannung im Fall Dora, Stuttgart 1995, S. 119 f.
21 Steve Marcus, Freud and Dora, S. 169.
22 IV, 269. Das Kindermädchen von Freuds Schwester Rosa, das selbst Rosa hieß, wurde, um Verwechslungen auszuschließen, ‹Dora› genannt. Näher zur Namensgebung Hannah S. Decker, Freud, Dora, and Vienna 1900, S. 131 ff.
23 V, 175. Vgl. Horst Thomé, Freud als Erzähler. Zu literarischen Elementen im *Bruchstück einer Hysterie-Analyse*, in: Darstellungsformen der Wissenschaften im Kontrast: Aspekte der Methodik, Theorie und Empirie, hg. v. Lutz Danneberg u. Jürg Niederhauser, Tübingen 1998, S. 471–493.
24 Steve Marcus, Freud and Dora, S. 163.
25 Paul Sollier, Le problème de la mémoire: essai de psycho-mécanique. Leçons faites à l'Université nouvelle de Bruxelles, 1898–99, Paris 1900; Vgl. auch ders., Les troubles de la mémoire, Paris 1892. Dazu Julien Bogousslavsky u. Oliver Walunski, Marcel Proust and Paul Sollier: The Involuntary Connection, in: Schweizer Archiv für Neurologie und Psychiatrie 160 (2009), Nr. 4, S. 130–136.
26 V, 169 f.
27 Ernest Jones, Das Leben und Werk von Sigmund Freud, Bd. I, S. 419, Bd. II, S. 304. Vgl. Fe I/1 95.
28 V, 286. Zu Ida Bauers weiterem Weg vgl. Harry Stroeken, Freud und seine Patienten, S. 60 f., ferner Hannah S. Decker, Freud, Dora, and Vienna 1900, S. 152 ff.
29 W 16.
30 Jo 51.
31 Jo 26.
32 VII, 278.
33 VII, 244 f. – Zum Objekt der Phobie und dessen «Doppelnatur» zwischen Ich und Es vgl. Ulrich Raulff, Das letzte Jahrhundert der Pferde. Geschichte einer Trennung, München 2015, S. 276 f.
34 VII, 322 f.
35 VII, 340.
36 Sándor Ferenczi, Psychoanalyse und Pädagogik (1908), in: Schriften zur Psychoanalyse, Bd. I, S. 1–11, S. 1.
37 VII, 373.
38 VII, 375 f.
39 VII, 231.
40 XIV, 157.
41 XIII, 431.
42 Zit. nach Harry Stroeken, Freud und seine Patienten, S. 76.
43 Nachtragsband, 513 f. Freud verzichtete in seiner späteren Publikation des Falls aus Diskretionsgründen auf die Erwähnung Wagner-Jaureggs, dessen Name sich nur in den Notizen findet.

44 Nachtragsband, 509. Vgl. Patrick J. Mahony, Freud and the Rat Man, New Haven 1986, S. 90 ff., 115 ff.
45 Harry Stroeken, Freud und seine Patienten, S. 80.
46 Octave Mirbeau, Le jardin des supplices, Paris 1908 (zuerst 1899). Vgl. die deutsche Übersetzung: Octave Mirbeau, Der Garten der Qualen. Aus dem Französischen übertragen v. Friedrich Brock, in: Die Blumen des Bösen / Tief unten / Der Garten der Qualen, Erftstadt 2004, S. 619–800, hier S. 745 f.
47 VII, 394.
48 VII, 405.
49 VII, 426.
50 Nachtragsband, 545, 553.
51 Heinz Kohut, Narzißmus, S. 116.
52 Nachtragsband, 553.
53 VII, 382.
54 VII, 381.
55 Sándor Ferenczi, Soziale Gesichtspunkte bei Psychoanalysen (1922), in: Schriften zur Psychoanalyse, Bd. II, S. 127–131, S. 129.
56 VII, 385; Nachtragsband, 506 ff.
57 Protokolle, Bd. I, S. 213.
58 VII, 381. Zu den technischen ‹Fehlern› der Therapie und Freuds überstürztem Vorgehen vgl. Patrick J. Mahony, Freud and the Rat Man, S. 90 ff.
59 J 150.
60 J 159.
61 J 280.
62 Harry Stroeken, Freud und seine Patienten, S. 100.
63 VII, 457.
64 J 36.
65 Harry Stroeken, Freud und seine Patienten, S. 103 f.
66 Fe I/1, 214.
67 XII, 67. Vgl. Carlo Ginzburg, Freud, the Wolf-Man, and the Werewolves, in: C. G., Clues, Myths, and the Historical Method. Translated by John and Anne C. Tedeschi, Baltimore 1989, S. 146–155.
68 XII, 138.
69 E I 249.
70 E I 266.
71 Harry Stroeken, Freud und seine Patienten, S. 108 f.
72 Harry Stroeken, Freud und seine Patienten, S. 109 ff.
73 F 108 f.
74 Protokolle, Bd. I, S. 101.
75 F 451.
76 VIII, 390.
77 XIII, 198.
78 XI, 439.
79 Fe I/1 338.
80 VIII, 261, 265, 291.
81 VIII, 279, 283.

82 VIII, 285.

83 Eugen Bleuler, Dementia praecox oder Gruppe der Schizophrenien (1911). Mit einer Einführung v. Manfred Bleuler u. Gaetano Benedetti, Nijmwegen 2001, S. 68 ff. Vgl. Yvonne Wübben, Verrückte Sprache. Psychiater und Dichter in der Anstalt des 19. Jahrhunderts, Konstanz 2012, S. 242 ff.

84 VIII, 296 f.

85 VIII, 307 f. – Johann Wolfgang Goethe, Faust. Texte, hg. v. Albrecht Schöne. Bd. I, S. 74 (v. 1621). Vgl. Zvi Lothane, Schreber as Interpreter and Thinker, in: Schweizer Archiv für Neurologie und Psychiatrie 161 (2010), Hft. 1, S. 42–45.

86 VIII, 311 ff.

87 VIII, 314.

88 VIII, 324 f.

89 XIII, 363.

90 Heinz Kohut, Narzißmus, S. 27.

91 A I 458.

92 Eugen Bleuler, Dementia praecox, S. 15 ff., Karl Jaspers, Allgemeine Psychopathologie. Ein Leitfaden für Studierende, Ärzte und Psychologen, Berlin 1913, S. 150 (Freud-Referenz). Vgl. Yvonne Wübben, Verrückte Sprache, S. 264 ff.

93 X, 235 f.

94 X, 295.

95 VIII, 316.

96 VIII, 316.

97 XV, 167.

98 Heinz Kohut, Narzißmus, S. 31.

99 Theodor Reik, Dreißig Jahre mit Freud, S. 24.

100 XIII, 388 ff.

101 Vgl. Benedict Augustin Morel, Traité des dégénérescences physiques, intellectuelles et morales de l'espace humaine et des causes qui produisent ces variétés maladives, Paris 1857.

102 XI, 268.

103 Bi 16.

104 Fe I/1 365.

105 Ludwig Binswanger, Erinnerungen an Sigmund Freud, S. 6.

106 Ki 61.

107 Paul Roazen, Freud and his Followers, S. 306.

108 Fe I/1 348 ff.

109 XIV, 270.

110 XI, 209.

111 AF 73; AF 62.

112 Fe I/2 248.

113 AF 63.

114 XI, 189.

115 P 32.

116 A I 260.

117 J 488.

118 A I 86.

119 XI, 450.
120 Protokolle Bd. II, S. 37.
121 A I 82.
122 VIII, 330.
123 X, 121 f. – Sándor Ferenczi, Zur Psychoanalyse von Sexualgewohnheiten (1925), in: Schriften zur Psychoanalyse, Bd. II, S147–189, S. 170.
124 X, 131.
125 Sándor Ferenczi, Die Psyche als Hemmungsorgan. Einige Bemerkungen zu Dr. F. Alexanders Aufsatz: ‹Metapsychologische Betrachtungen› (1922), in: Schriften zur Psychoanalyse, Bd. II, S. 118–121.
126 V, 219.
127 XVI, 49.
128 X, 315.
129 X, 319.
130 Heinz Kohut, Narzißmus, S. 261.
131 X, 320.
132 Ludwig Binswanger, Erinnerungen an Sigmund Freud, S. 50.
133 VIII, 374; James Strachey, Die Grundlagen der therapeutischen Wirkung der Psychoanalyse, in: Internationale Zeitschrift für Psychoanalyse 21 (1935), S. 486–516.
134 XI, 464.
135 Ernst Kris, Ego Psychology and Interpretation in Psychoanalytic Therapy, in: The Psychoanalytic Quarterly 20 (1951), S. 15–30. Vgl. Heinz Kohut, Narzißmus, S. 236.
136 VIII, 371 f. Vgl. Sándor Ferenczi, Introjektion und Übertragung (1909), in: Schriften zur Psychoanalyse, Bd. I, S. 12–47.
137 Kurt R. Eissler, The Effect of the Structure of the Ego on Psychoanalytic Technique, in: Journal of the American Psychoanalytic Association 1 (1953), S. 104–153.
138 P 159.
139 J 98.
140 R 220 ff.
141 R 224.
142 R 253 f.
143 Emmeline Bernays' Todesdatum wird zuweilen falsch angegeben; vgl. Fe I/1, 282, Anm. 2 (27. Oktober 1910).
144 R 326; vgl. Fe I/1 277.
145 Fe I/2 242.
146 Fe I/1 312.
147 P 41.
148 R 320. Abdruck in: Theodor Reik, Sigmund Freud y Gustav Mahler. Revista de Psicoanálisis 1 (1944), S. 315–320; zu dieser Episode Ernest Jones, Das Leben und Werk von Sigmund Freud, Bd. II, S. 103 f.
149 Alma Mahler-Werfel, Mein Leben, Frankfurt/M. 1995 (zuerst 1960), S. 46 f.
150 R 320.
151 AF 67.
152 Fe I/1 292 f.
153 Freud an Abraham Brill, 17. Oktober 1910 (unpubl.), Library of Congress, Washington, C18F23.

154 R 348 f.
155 R 358.
156 J 390.
157 E 63.
158 R 337.
159 Freud an Abraham Brill, 17. Oktober 1910 (unpubl.), Library of Congress, Washington, C18F23.
160 Fe I/1 308.
161 Fe I/2 133.
162 Fe I/1 321.
163 J 390; R 337.
164 Fe I/2 78.
165 AF 88, Anm. 4.
166 P 57, Jo 153.
167 R 365 f.
168 Bi 110.
169 Jo 159.
170 R 368.

Bewegte Forschung (1902–1914)

1 XI, 219.
2 Vgl. Richard v. Krafft-Ebing, Grundzüge der Criminalpsychologie, Stuttgart 1882 (2. Aufl., zuerst 1872); Cesare Lombroso, Der Verbrecher in anthropologischer, ärztlicher und juristischer Beziehung. In deutscher Bearbeitung v. Moritz O. Fraenkel. Erster Band, Hamburg 1894.
3 J 86.
4 VIII, 110.
5 A I 127.
6 Vgl. C. G. Jung, Erinnerungen, Träume, Gedanken, S. 156, der von «Bitterkeit» explizit spricht, ohne allerdings zu erklären, aus welchen Erfahrungen sie sich speiste.
7 XIII, 102.
8 Lou Andreas-Salomé, In der Schule bei Freud, S. 45.
9 F 453.
10 A I 254.
11 Frank J. Sulloway, Freud. Biologie der Seele, S. 148. – Vgl. Edith Kurzweil, Freud und die Freudianer, S. 28 ff.
12 E II 624.
13 Fe I/1 319.
14 Ki 39.
15 Bi 210.
16 Vgl. Alfred Adler, Studie über Minderwertigkeit von Organen, Berlin, Wien 1907. Ausführlicher Henry F. Ellenberger, Die Entdeckung des Unbewußten, Bd. II, S. 766 ff.
17 Vgl. Lydia Marinelli u. Andreas Mayer, Träume nach Freud, S. 50.
18 Wilhelm Stekel, Ueber Coitus im Kindesalter. Eine hygienische Studie, in: Wiener medizinische Blätter 18 (1895), S. 247–249. Vgl. Bernd Nitzschke, Willhelm Stekel,

ein Pionier der Psychoanalyse – Anmerkungen zu ausgewählten Aspekten seines Werkes, in: Aus dem Kreis um Sigmund Freud. Zu den Protokollen der Wiener Psychoanalytischen Vereinigung, hg. v. Ernst Federn u. Gerhard Wittenberger, Frankfurt/M. 1992, S. 176–191.

19 Jo 8; Ludwig Binswanger, Erinnerungen an Sigmund Freud, S. 9.

20 Wilhelm Stekel, Die Sprache des Traumes. Eine Darstellung der Symbolik und Deutung des Traumes in ihren Beziehungen zur kranken und gesunden Seele, für Ärzte und Psychologen, Wiesbaden 1911.

21 Protokolle, Bd. I, S. 6.

22 Ludwig Binswanger, Erinnerungen an Sigmund Freud, S. 8.

23 Max Graf, Reminiscences of Professor Sigmund Freud, in: Psychoanalytic Quarterley 11, Nr. 4 (1942), S. 471–475, S. 474.

24 Federn etwa hatte internistisch gearbeitet und war mit einem ständepolitischen Beitrag hervorgetreten: P. F., Zur Reform des ärztlichen Spitaldienstes, in: Wiener klinische Rundschau 15 (1902), S. 276–278.

25 Ludwig Binswanger, Erinnerungen an Sigmund Freud, S. 9.

26 Protokolle, Bd. I, S. 7 ff.

27 Später publiziert: Otto Rank, Der Künstler. Ansätze zu einer Sexualpsychologie, Wien 1907.

28 Ra 113.

29 Vgl. exemplarisch Ra 34; ferner Ra 59.

30 Fe I/2 1.

31 Fe I/1 70.

32 Martin Freud, Mein Vater Sigmund Freud, S. 119.

33 Vgl. B 273.

34 Detlef Berthelsen, Alltag bei Familie Freud, S. 29 (der Tod des Schwagers irrtümlich auf 1907 datiert).

35 Protokolle, Bd. II, S. 107 ff. Gustav Roskoff, Die Geschichte des Teufels (1869), Nördlingen 1987, bes. S. 89 ff. (zur Symbolik der äußeren Erscheinung).

36 Zusammenfaßt jeweils in: Otto Rank, Das Inzest-Motiv in Dichtung und Sage. Grundzüge einer Psychologie des dichterischen Schaffens, Leipzig, Wien 1912; Isidor Sadger, Heinrich von Kleist. Eine pathographisch-psychologische Studie, Wiesbaden 1910. Vgl. Isidor Sadger, Über Nachtwandeln und Mondsucht. Eine medizinisch-literarische Studie, Leipzig 1914.

37 Ludwig Binswanger, Erinnerungen an Sigmund Freud, S. 7.

38 Fe I/1 320.

39 Protokolle, Bd. II, S. 365, 423 f.

40 Protokolle, Bd. I, S. 334 f.

41 Protokolle, Bd. I, S. 338. Auf dieses Diktum verweist schon, allerdings mit der problematischen Weiterung, Freud habe Nietzsche im Grunde ausgebeutet, Michel Onfray, Anti-Freud, S. 53 f.

42 Protokolle, Bd. II, S. 28. Vgl. auch Paul Roazen, Freud and his Followers, S. 199 f.

43 Vgl. dazu Harold Bloom, Einfluss-Angst. Eine Theorie der Dichtung. Aus dem amerikanischen Englisch v. Angelika Schweikhart, Basel 1995 (= The Anxiety of Influence, 1973).

44 Protokolle, Bd. II, S. 169.

45 Protokolle, Bd. II, S. 346 ff.
46 Zit. nach Edwin Hartl, Karl Kraus und die Psychoanalyse. Versuch einer Klarstellung, in: Merkur 31 (1977), Hft.2, S. 144–162, hier S. 162.
47 Karl Kraus, Tagebuch, in: Die Fackel 10 (1908), Nr. 256, S. 19–23, S. 21.
48 Fe I/1 213.
49 Karl Kraus, Pro domo et mundo, in: Die Fackel 12 (1910), Nr. 309–310, S. 31–40, hier S. 31.
50 Fe I/1 242.
51 Protokolle, Bd. II, S. 439.
52 Protokolle, Bd. II, S. 441; A 99; Fe I/1 336.
53 Thomas Mann, Der Zauberberg, S. 181.
54 Thomas Mann, Die Stellung Freuds in der modernen Geistesgeschichte (1929), in: Reden und Aufsätze II, Frankfurt/M. 1974 (= Gesammelte Werke, Bd. X), S. 256–281, S. 274.
55 Protokolle, Bd. II, S. 422.
56 Protokolle, Bd. II, S. 434 ff.
57 Protokolle, Bd. II, S. 438.
58 Fe I/2 215.
59 Vgl. Heinz Böker (Hg.), Psychoanalyse und Psychiatrie. Geschichte, Krankheitsmodelle und Therapiepraxis, Heidelberg, New York 2007, S. 34 ff. Zur Patientenzahl Ronald W. Clark, Sigmund Freud, S. 272.
60 Eugen Bleuler, Rezension von ‹Josef Breuer/Sigmund Freud, Studien über Hysterie, Leipzig, Wien 1895, in: Münchener Medicinische Wochenschrift 22 (1896), S. 524 f.
61 Wilhelm Weygand, Beiträge zur Psychologie des Traumes, S. 460.
62 Dazu John Kerr, Eine höchst gefährliche Methode. Freud, Jung und Sabina Spielrein. Aus dem Amerikanischen v. Christa Broermann u. Ursel Schäfer, München 1996 (= A Most Dangerous Method, 1993), S. 59; vgl. Lydia Marinelli u. Andreas Mayer, Träume nach Freud, S. 39 f.
63 Henri Bergson, Materie und Gedächtnis (dt. 1908, zuerst 1896). Deutsch v. Julius Frankenberger, in: H. B., Materie und Gedächtnis und andere Schriften, Frankfurt/M. 1964, S. 43–245.
64 Vgl. Yvonne Wübben, Verrückte Sprache, 246 ff. Zu Bleuler auch Henry F. Ellenberger, Die Entdeckung des Unbewußten, Bd. I, S. 397 ff.
65 Bl 71.
66 Bl 161.
67 Eduard Hitschmann, Freuds Neurosenlehre nach ihrem gegenwärtigen Stande. Zweite, erg. Auflage, Wien, Leipzig 1913 (zuerst 1911).
68 Protokolle, Bd. I, S. 30 ff.
69 Nachtragsband, 728.
70 A I 122.
71 J 494.
72 P 15.
73 Richard v. Krafft-Ebing, Lehrbuch der Psychiatrie auf klinischer Grundlage für praktische Ärzte und Studirende. 3 Bde., Stuttgart 1879–80. C. G. Jung, Erinnerungen, Träume, Gedanken, S. 115.
74 C. G. Jung, Erinnerungen, Träume, Gedanken, S. 113 f.

75 C. G. Jung, Experimentelle Untersuchungen über die Assoziationen Gesunder (1904), in: Gesammelte Werke, Bd. 1, Olten 1966, S. 54 ff., 66 f. Vgl. John Kerr, Eine höchst gefährliche Methode, S. 77.
76 C. G. Jung, Erinnerungen, Träume, Gedanken, S. 152 f.
77 Ki 58.
78 C. G. Jung, Erinnerungen, Träume, Gedanken, S. 120.
79 J 8.
80 J 14 f.
81 C. G. Jung, Über die Psychologie der Dementia praecox (1906), in: Gesammelte Werke, Bd. 3, Olten 1971, S. 3.
82 J 15 f., 18 f.
83 C. G. Jung, Über die Psychologie der Dementia praecox (1906), in: Gesammelte Werke, Bd. 3, S. 3.
84 J 178.
85 Bl 256.
86 J 61.
87 Vgl. zu Pfister die sehr ausführliche Darstellung bei Peter Gay, Freud, S. 218 f.
88 P 11.
89 So im Vorwort zur Korrespondenz Freud – Pfister, P 10.
90 Fe I/1, 114.
91 P 159.
92 Joseph Roth, Radetzkymarsch, in: Romane und Erzählungen. Bd. II, Köln 1982, S. 185 f.; vgl. Bi XIII.
93 Bi XIII.
94 Dazu die gedruckte Fassung der Dissertation: Ludwig Binswanger, Diagnostische Assoziationsstudien. XI. Beitrag: Über das Verhalten des psychogalvanischen Phänomens beim Assoziationsexperiment, in: Journal für Psychologie und Neurologie 10 (1907/08), S. 149–181, S. 171 f. Vgl. dazu John Kerr, Eine höchst gefährliche Methode, S. 153 ff.
95 Niederschlag fand dieses Wirken in der frühen Arbeit: Ludwig Binswanger, Über Entstehung und Verhütung geistiger Störungen, Romanshorn 1910.
96 Bi XVIII.
97 Bi 141.
98 Vgl. Karl Abraham, Beiträge zur Kenntnis des Delirium tremens der Morphinisten, in: Centralblatt für Nervenheilkunde und Psychiatrie 25 (1902), S. 369–380. – Zum Berliner Kreis Abrahams A 12, A I 14.
99 Karl Abraham, Über die Bedeutung sexueller Jugendtraumen für die Symptomatologie der Dementia praecox, in: Centralblatt für Nervenheilkunde und Psychiatrie. Neue Folge 18 (1907), S. 409–416. Gründliche Darstellung der Burghölzli-Phase bei Karin Zienert-Eilts, Karl Abraham, S. 57 ff.
100 A I 89.
101 A I 68.
102 A I 102.
103 Ludwig Binswanger, Erinnerungen an Sigmund Freud, S. 43.
104 A I 271.
105 Vgl. als Beispiel für Abrahams empirischen Weg: Ansätze zur psychoanalytischen

Erforschung und Behandlung des manisch-depressiven Irreseins und verwandter Zustände (1912), in: K. A.:, Psychoanalytische Studien, hg. v. Johannes Cremerius, Bd. 2, Frankfurt/M. 1971, S. 146–162.

106 A I 79.

107 E I 2 ff.

108 E I 47 f.

109 Emil Kraepelin, Psychiatrie. Ein kurzes Lehrbuch für Studirende und Aerzte. Sechste, vollständig umgearbeitete Auflage, Leipzig 1899.

110 Emil Kraepelin, Über Sprachstörungen im Traume, Leipzig 1906. Der Begriff des ‹Wunsches› taucht an drei Stellen auf, allerdings außerhalb eines möglichen Bezugs zu Freuds Theorie.

111 J 76, J 140.

112 Vgl. die insgesamt sechs Aufsätze von Otto Groß in: Die Aktion Nr. 14, S. 384–387; Nr. 20, S. 506–507; Nr. 26, S. 632–634; Nr. 47, S. 1091–1095; Nr. 49, S. 1141–1143; Nr. 49, S. 1180–1181.

113 Fe II/2 169.

114 Vgl. Helmut Johach, Von Freud zur Humanistischen Psychologie. Therapeutisch-biographische Profile, Bielefeld 2009, S. 98 f.

115 Vgl. Sándor Ferenczi, Psychoanalyse und Pädagogik, in: Bausteine zur Psychoanalyse. Band III, Leipzig, Wien, Zürich 1908, S. 9–22.

116 Fe I/1 62 ff. – Sándor Ferenczi, Analytische Deutung der psychosexuellen Impotenz des Mannes, in: Psychiatrisch-Neurologische Wochenschrift 10 (1908), S. 298–301; S. 305–309.

117 Fe I/1 284.

118 Sándor Ferenczi, Versuch einer Genitaltheorie, bes. S. 20 ff.

119 Fe I/1 221, 237.

120 J 304. Vgl. Michael Schröter, Freud und Ferenczi. Zum ersten Band ihres Briefwechsels, in: Psyche 48 (1994), S. 746–774.

121 Fe I/1 249.

122 J 390.

123 Sándor Ferenczi – Georg Groddeck, Briefwechsel 1921–1933, Frankfurt/M. 1986, S. 36 f.

124 Die Anrede erstmals am 6. Oktober 1909 nach der Rückkehr von der gemeinsamen USA-Reise, Fe I/1 142; J 320, vgl. Fe I/1 208.

125 Fe I/1 153.

126 Fe I/1 426 ff.

127 Fe I/1 430 ff., I/2 29 ff.

128 Fe I/2 234, Anm. 3.

129 Fe II/1 179.

130 Fe II/2 47 f.

131 Fe II/2 213.

132 Fe II/1 172.

133 XIII, 444 f.

134 Fe I/1 88.

135 Ernest Jones, Free Associations: Memories of a Psycho-Analyst. Epilogue by Mervyn Jones, London 1990 (zuerst 1959), S. 159.

136 Jo 94.

137 JoD 48 f.
138 Vgl. dazu Jones' Bericht an Freud vom 8. Februar 1911, Jo 87 f.
139 JoD 15.
140 Ernest Jones, Papers on Psycho-Analysis, London 1913.
141 A I 313.
142 Fe I/2 224.
143 Fe I/2 230.
144 Fe I/2 240.
145 Hier auch das Jones-Porträt bei Peter Gay, Freud, S. 210 ff.
146 J 181 f.
147 Ernest Jones, The Elements of Figure Skating, London 1931.
148 Brief zit. nach Ernest Jones, Das Leben und Werk von Sigmund Freud, Bd. II, S. 127.
149 Jo 360.
150 Freud an Abraham Brill, 20. März 1911 (unpubl.), Library of Congress, Washington, C18F24.
151 Ernest Jones, Der Albtraum in seiner Beziehung zu gewissen Formen des mittelalterlichen Aberglaubens (1912). Deutsch v. E. H. Sachs, Leipzig, Wien 1912.
152 Vgl. dazu die Diskussion vom 15. Mai 1907 im Mittwochszirkel, Protokolle, Bd. I, S. 182 ff.
153 Protokolle, Bd. II, S. 440 f.
154 XVI, 270.
155 A I 263.
156 Fe I/2 210.
157 Protokolle, Bd. IV, S. 103.
158 Lou Andreas-Salomé, In der Schule bei Freud, S. 18.
159 Fe I/2 145.
160 AS 12.
161 AS 14.
162 Vgl. den Abriß der Biographie bei Paul Roazen, Brudertier. Sigmund Freud und Viktor Tausk. Die tragische Geschichte eines Konflikts. Aus dem Amerikanischen übers. v. Friedhelm Herborth, Hamburg 1973, S. 21 ff.
163 Lou Andreas-Salomé, In der Schule bei Freud, S. 188.
164 Lou Andreas-Salomé, In der Schule bei Freud, S. 45.
165 Protokolle, Bd. II, S. 303 (24. November 1909); Protokolle, Bd. III, S. 346 (10. Mai 1911).
166 Lou Andreas-Salomé, In der Schule bei Freud, S. 102.
167 Hierzu Eva Gesine Baur, Freuds Wien, S. 112 ff.
168 Lou Andreas-Salomé, In der Schule bei Freud, S. 189.
169 AS 52.
170 AS 53.
171 Vgl. Lou Andreas-Salomé, In der Schule bei Freud, S. 93, 143.
172 AS 17.
173 Vgl. die Liste in: Protokolle, Bd. I, S. 366 f.; zur englischen Beteiligung Ronald W. Clark, Sigmund Freud, S. 284 f.
174 So seine Erinnerung 25 Jahre später, am 13. Januar 1933, in einem Brief an Jones (JoD 85). Vgl. John Kerr, Eine höchst gefährliche Methode, S. 224.
175 R 245.

176 Protokolle, Bd. I, S. 368.
177 Protokolle, Bd. II, S. 424.
178 VIII, 104, 109, 115.
179 Fe I/1 234.
180 Fe II/1 187.
181 Ernest Jones, Das Leben und Werk von Sigmund Freud, Bd. II, S. 89.
182 Otto Rank, Bericht über die II. private Psychoanalytische Vereinigung in Nürnberg am 30. und 31. März 1910, in: Zentralblatt für Psychoanalyse I (1910), S. 129–135, hier S. 132.
183 Vgl. J 641.
184 Ausführlich Fritz Wittels, Sigmund Freud, S. 122 f.; vgl. Ronald W. Clark, Sigmund Freud, S. 337, Peter Gay, Freud, S. 249 ff.
185 Fritz Wittels, Sigmund Freud, S. 123. Zu vereinfachend hier Hans Blumenberg, Höhlenausgänge, Frankfurt/M. 1996 (zuerst 1989), S. 693, der Freud im Anschluß an Wittels unterstellt, er habe einen allmächtigen Präsidenten mit der Freiheit ausstatten wollen, Analytiker zu ernennen und abzusetzen. Vgl. dagegen den Gründungstext J 641.
186 Fe I/1, 235.
187 Fe I/1 234.
188 Protokolle, Bd. II, S. 423.
189 Fe I/1 225.
190 Bl 107.
191 Bl 132.
192 Bl 115.
193 Bl 123.
194 Bl 254. – Der Begriff ‹Psychoanalyse› wurde von Bleuler, in bewußter Abgrenzung gegenüber Freud, kontinuierlich beibehalten. Die meisten der Schweizer Psychiater folgten hier, zumindest in den ersten Jahren, der Wortwahl Bleulers.
195 Fe I/1 342.
196 Bl 255.
197 Bl 144.
198 J 486; vgl. Freuds Antwort J 488 (die Wiener könnten der «holden Weiblichkeit» aus Zürich noch nichts entgegensetzen).
199 Nachtragsband, 766.
200 Bl 147. – Der betreffende Brief Freuds ist verloren, jedoch zitiert Bleuler den Satz in seiner Replik. Zum Exemplar Freuds die Fußnote des Herausgebers, S. 147 (Anm. 1).
201 Bl 150.
202 J 518.
203 Vgl. dazu die Informationen von Michael Schröter in der Einleitung zum Briefwechsel zwischen Bleuler und Freud, S. 32.
204 Eugen Bleuler, Dementia praecox oder Gruppe der Schizophrenien (1911). bes. S. 70 ff.
205 Bl 73.
206 Bl 77.
207 Bl 101, 135.

208 Bl 88. Bleulers Argument richtet sich also gegen die These von der kindlichen Homosexualität.

209 Bl 153.

210 Bl 182.

211 Bl 167.

212 Bl 171.

213 Bl 189. Darin liegt auch eine interessante Modifikation des von Freud behaupteten Pionieranspruchs, der hier mit einer spekulativen Tendenz gleichgesetzt wird.

214 Bl 154; J 494.

215 Bl 161.

216 Bl 172.

217 Bl 183.

218 Bl 189. Solche Kritik galt der vermeintlich privaten Begründung des Systems und dem Fehlen eines ‹harten› wissenschaftlichen Kerns. Auch Ferenczis späterer Versuch einer Verbindung von Psychoanalyse und Biologie mißfiel Bleuler allerdings.

219 Bl 199.

220 Bl 201.

221 Bl 213.

222 J 548.

223 Fe I/2 216.

224 J 440.

225 Fe I/1 239.

226 Fe I/1 260.

227 Nachtragsband, 501.

228 A I 177.

229 Sándor Ferenczi, Zur Organisation der psychoanalytischen Bewegung, in: Schriften. Bd.I, S. 48–58, S. 52.

Expansion und Verrat (1907–1914)

1 J 29, 186, 241, 218, 135.

2 J 32.

3 C. G. Jung, Erinnerungen, Träume, Gedanken, S. 153.

4 Ernest Jones, Das Leben und Werk von Sigmund Freud, Bd. II, S. 49.

5 Bl 103.

6 J 62.

7 J 105.

8 C. G. Jung, Erinnerungen, Träume, Gedanken, S. 167; vgl. J 135.

9 Ludwig Binswanger, Diagnostische Assoziationsstudien. XI. Beitrag: Über das Verhalten des psychogalvanischen Phänomens beim Assoziationsexperiment, in: Journal für Psychologie und Neurologie 10 (1907/08), S. 149–181, S. 171 f.

10 J 249 f.

11 Bl 152.

12 J 181, 165 f., 244.

13 J 289, 320.

14 J 174 f.

15 J 255.
16 J 88. Vgl. Johann Wolfgang Goethe, Faust. Texte, hg. v. Albrecht Schöne. Bd. I., S. 38 (v.521).
17 Freud an Abraham Brill, 11. Oktober 1908 (unpubl.), Library of Congress, Washington, C18F23.
18 A I 128. Vgl. Karin Zienert-Eilts, Karl Abraham, S. 85 f.
19 Fe I/1 182.
20 J 190.
21 R 264.
22 J 220 f., 229 f., 235.
23 J 320, vgl. J 318, 469.
24 J 241.
25 Vgl. zu dieser Episode auch Micha Brumlik, Sigmund Freud. Der Denker des 20. Jahrhunderts, Weinheim, Basel 2006, S. 64 f.
26 XIII, 186.
27 J 241.
28 J 242 f.
29 A I 125.
30 John Kerr, Eine höchst gefährliche Methode, S. 40.
31 J 8 f.; VII, 203 ff. (*Charakter und Analerotik*).
32 C. G. Jung, Die Freudsche Hysterietheorie, in; Gesammelte Werke, Bd. 4, Olten u. Freiburg i. Br. 1971, S. 13–28; zur Vortragsfassung vgl. Sabina Spielrein, Tagebuch einer heimlichen Symmetrie. Sabina Spielrein zwischen Jung und Freud, hg. v. Aldo Carotenuto, Freiburg i. Br. 1986, S. 250 f.
33 Auszüge aus dem Brief Jungs an die Mutter, in: Sabina Spielrein, Tagebuch, S. 92 f. Vgl. John Kerr, Eine höchst gefährliche Methode, S. 249 ff.
34 Sabina Spielrein, Tagebuch, S. 89.
35 J 249 f.
36 J 252.
37 Sabina Spielrein, Tagebuch, S. 116.
38 J 259.
39 J 261 f.
40 J 261.
41 Sabina Spielrein, Tagebuch, S. 91. Vgl. John Kerr, Eine höchst gefährliche Methode, S. 266.
42 Sabina Spielrein, Tagebuch, S. 117.
43 Fe I/1 225.
44 Sabina Spielrein, Sämtliche Schriften, Freiburg i. Br. 1987, S. 91.
45 J 493.
46 J 519.
47 Sabina Spielrein, Tagebuch, S. 120.
48 Sabina Spielrein, Tagebuch, S. 107. Falsch hier die Angabe bei John Kerr, Eine höchst gefährliche Methode, S. 377, der das Zitat dem Brief Spielreins an Freud vom 20. Juni 1909 zuordnet.
49 Protokolle, Bd. III, S. 303 f. Vgl. Theodor Reik, Über Tod und Sexualität, in: Zentralblatt für Psychoanalyse und Psychotherapie 2 (1912), S. 477–478.

50 Sabina Spielrein, Die Destruktion als Ursache des Werdens, in: Jahrbuch für psychoanalytische und psychopathologische Forschungen. Bd. IV (1912), 1. Hälfte, S. 465–503. Zit. nach: Sabina Spielrein, Sämtliche Schriften, S. 98–143, hier S. 99.

51 Vgl. die spätere Erwähnung in *Jenseits des Lustprinzips*: XIII, 59, (Anm. 2). Zur Differenz der Ansätze Benigna Gerisch, Suizidalität bei Frauen. Mythos und Realität. Eine kritische Analyse, Tübingen 1998, S. 170 f. (Anm. 108).

52 Fe I/1 234.

53 J 455.

54 J 456.

55 J 249.

56 J 297.

57 A I 122.

58 J 465, 471. Diesen Unterschied versucht Robert Aziz in seinen Arbeiten wieder in Frage zu stellen; vgl. etwa: The Syndetic Paradigm: The Untrodden Path Beyond Freud and Jung, New York 2007, S. 19 ff. (mit dem Ansatz, die übergreifende, gemeinsame Perspektive der unterschiedlichen Libido-Theorien zu betonen).

59 C. G. Jung, Erinnerungen, Träume, Gedanken, S. 154.

60 J 307.

61 J 331.

62 J 142.

63 J 402.

64 P 27.

65 J 213, J 215.

66 J 215.

67 Freud an Abraham Brill, 29. März 1909 (unpubl.), Library of Congress, Washington, C18F23.

68 Fe I/1 123.

69 Fe I/1 134.

70 R 286.

71 C. G. Jung, Erinnerungen, Träume, Gedanken, S. 160 f.

72 Paul Roazen, Freud and his Followers, S. 375.

73 R 292.

74 R 291.

75 C. G. Jung, Erinnerungen, Träume, Gedanken, S. 164.

76 C. G. Jung, Erinnerungen, Träume, Gedanken, S. 164.

77 Jacques Lacan, Écrits. Tome I, Paris 1966, S. 403. Kritisch und nachvollziehbar dazu Élisabeth Roudinesco, Michel Plon (Hg.), Wörterbuch der Psychoanalyse. Namen, Länder, Werke, Begriffe. Übers. v. Christoph Eissing-Christophersen, Heidelberg, New York 2004 (= Dictionnaire de la psychoanalyse, 1997), S. 781.

78 Wiederabdruck von Sterns 1901 veröffentlichter Rezension in: Gerd Kimmerle [Hg.], Freuds *Traumdeutung*, S. 60–64, hier S. 60.

79 Jo 360.

80 R 297.

81 R 313.

82 Vgl. den Brief von Jung an seine Ehefrau vom 6. September 1909 in: C. G. Jung, Erinnerungen, Träume, Gedanken, S. 364.

83 Fe I/1 225 f.
84 VIII, 3.
85 Fe I/1 91; vgl. J 217.
86 VIII, 45 ff.
87 VIII, 59.
88 XVI, 267 f.
89 Jung an seine Ehefrau, 16. September 1909, in: C. G. Jung, Erinnerungen, Träume, Gedanken, S. 365.
90 Fe I/1 176; JoD 1.
91 Freud an Abraham Brill, 2. Dezember 1909 (unpubl.), Library of Congress, Washington, C18F23.
92 VIII, 35.
93 Fe I/1 176.
94 Certificate: Clark University, 1909 Sept. 10; Freud-Museum London.
95 Hall Papers (1844–1924) Clark University Archive. Zit. nach Rand B. Evans, William A. Koelsch, Psychoanalysis Arrives in America. The 1909 Psychology Conference at Clark University, in: American Psychologist Vol. 40 (1985), S. 942–948, S. 946. Vgl. George Prochnik, Putnam Camp. Sigmund Freud, James Jackson Putnam, and the Purpose of American Psychology, New York 2006, S. 144 f. (mit falschem Zitat des Widmungstextes).
96 William Stern, S. Freud. *Die Traumdeutung*, in: Zeitschrift für Psychologie und Physiologie der Sinnesorgane 26 (1901), S. 130–133.
97 Originalurkunde im Freud-Museum, London (Arbeitszimmer Anna Freud, erste Etage).
98 R 309. Vgl. George Prochnik, Putnam Camp S. 15 ff.
99 JoD 12; vgl. Fe I/1 196.
100 Ernest Jones, Das Leben und Werk von Sigmund Freud, Bd. II, S. 110. Vgl. George Prochnik, Putnam Camp, S. 155 ff.
101 Pu 89.
102 Jung an seine Ehefrau, 18. September 1909, in: C. G. Jung, Erinnerungen, Träume, Gedanken, S. 368.
103 Jo 139.
104 Fe I/1 141; J 274 – Ernest Jones, Das Leben und Werk von Sigmund Freud, Bd. II, S. 75 ff., C. G. Jung, Erinnerungen, Träume, Gedanken, S. 162 ff.
105 R 314.
106 J 281; Protokolle, Bd. II, S. 249 f.
107 Fe I/1, 368.
108 Jo 101.
109 P 47.
110 Fe I/2 129.
111 XI, 359.
112 VIII, 410.
113 J 442.
114 Henry F. Ellenberger, Die Entdeckung des Unbewußten, Bd. II, S. 784.
115 Fe I/1 223.
116 Protokolle, Bd. II, S. 391.

117 Lou-Andreas Salomé, In der Schule bei Freud, S. 15.

118 Lou Andreas-Salomé, In der Schule bei Freud, S. 51.

119 Pu 146.

120 Fe I/1 358.

121 Bi 81.

122 J 472 f.

123 Fe I/1 398.

124 AS 8.

125 A I 305. – Max Graf, Reminiscences of Professor Sigmund Freud, in: Psychoanalytic Quarterley 11, Nr. 4 (1942), S. 471–475, S. 473.

126 Fe I/2 49.

127 Fe I/2 145. Hartmut Binder (Hg.), Kafka-Handbuch. Bd. I, Stuttgart 1979, S. 410 f.

128 Henry F. Ellenberger, Die Entdeckung des Unbewußten, Bd. II, S. 785 f.

129 Ernst Jones, Das Leben und Werk von Sigmund Freud, Bd. II, S. 186 ff. Dazu Michael Schröter, Freuds Komitee 1912–1914. Ein Beitrag zur psychoanalytischen Gruppenbildung, in: Psyche 49 (1995), S. 513–563.

130 Alfred Adler, Der nervöse Charakter. Grundzüge einer vergleichenden Individual-Psychologie und Psychotherapie, Wiesbaden 1912. – Jo 147. Vgl. Ernest Jones, Das Leben und Werk von Sigmund Freud, Bd. II, S. 187.

131 Vgl. Gerhard Wittenberger, Das «Geheime Komitee» Sigmund Freuds. Institutionalisierungsprozesse in der «psychoanalytischen Bewegung» zwischen 1912 und 1927, Tübingen 1995, bes. S. 48 ff. (zur Gründungsphase).

132 Gerhard Wittenberger u. Christfried Tögel (Hg.), Die Rundbriefe des «Geheimen Komitees». Band 1 (1913–1920); Band 2 (1921); Band 3 (1922) Band 4 (1923–1927), Tübingen 1999–2006, Bd. 1, S. 31.

133 XIII, 418.

134 J 186, 506. – Arthur Schnitzler, Tagebuch 1923–1926. Unter Mitwirkung v. Peter Michael Braunwarth, Susanne Pertlik u. Reinhard Urbach hg. v. der Kommission für literarische Gebrauchsformen der österreichischen Akademie der Wissenschaften, Wien 1997, S. 90 f.

135 Ra 51.

136 J 285, Nachtragsband 755, AS 145.

137 Bi 134, J 356 ff., Fe I/1 260.

138 Fe I/1 355.

139 Fe I/2 139.

140 Freud an Abraham Brill, 14. November 1912 (unpubl.), Library of Congress, Washington, C18F24. Vgl. Fe I/2 139 ff., A I 283. Dagegen Stekels Sichtweise: The Autobiography of Wilhelm Stekel – The Life Story of a Pioneer Psychoanalyst, hg. v. Emil Gutheil, New York 1950, S. 142 ff. Vgl. wiederum Ernest Jones, Das Leben und Werk von Sigmund Freud, Bd. II, S. 168 f. u. Peter Gay, Freud, S. 264 f.

141 Bi 115; dieselbe Formulierung gegenüber Abraham, A I 283.

142 B 347.

143 Wilhelm Stekel, Nervöse Angstzustände und ihre Behandlung, München, Wien 1908.

144 II/III, 355, 358, 362.- Freud bezog sich dabei nicht allein auf Stekels Studie zur Traumsymbolik, sondern auch auf sein Buch *Die Träume der Dichter. Eine vergleichende Unter-*

suchung der unbewußten Triebkräfte bei Dichtern, Neurotikern und Verbrechern (Wiesbaden 1912), das den Hang zum Feuilletonistischen kultivierte.

145 E I 539.

146 Vgl. Brief an Theodor Reik vom 1. Januar 1914: Theodor Reik, Dreißig Jahre mit Freud, S. 99; Fe II/1 199.

147 Theodor Reik, Dreißig Jahre mit Freud, S. 8.

148 Freud an Abraham Brill, 9. April 1913 (unpubl.), Library of Congress, Washington, C18F25.

149 Bl 108.

150 J 263, 265. Vgl. Manfred Schneider, Über den Grund des Vergnügens an neurotischen Gegenständen. Freud, C. G. Jung und die Mythologie des Unbewußten, in: Mythos und Moderne. Bild und Begriff einer Rekonstruktion, hg. v. Karl Heinz Bohrer, Frankfurt/M. 1983, S. 197–216.

151 J 280, 311.

152 J 505.

153 Fe I/1 417.

154 Carl Gustav Jung, Symbole der Wandlung. Analyse des Vorspiels zu einer Schizophrenie (1912), in: Gesammelte Werke. Bd. 5, Olten u. Freiburg i. Br. 1991 (6. Aufl., zuerst 1973), S. 174 ff. Vgl. zur Schopenhauer-Rezeption auch C. G. Jung, Erinnerungen, Träume, Gedanken, S. 174 f. Nachwirkung bei Eugen Drewermann, Tiefenpsychologie und Exegese. Bd. I. Die Wahrheit der Formen. Traum, Mythos, Märchen, Sage und Legende, Olten, Freiburg i. Br. 1984, bes. S. 422 ff.

155 J 328.

156 J 508; J 558.

157 C. G. Jung, Erinnerungen, Träume, Gedanken, S. 167.

158 Fe I/2 39 f.

159 Peter Gay, Freud, S. 257 ff. Anders Linda Donn, Freud und Jung. Biographie einer Auseinandersetzung. Aus dem Amerikanischen v. Michael Benthack, Hamburg 1990 (= Freud and Jung. Years of Friendship, Years of Loss, 1988), S. 209 ff.

160 J 544; Friedrich Nietzsche, Sämtliche Werke. Kritische Studienausgabe, hg. v. Giorgio Colli u. Mazzino Montinari, Berlin, New York 1999, Bd. 4, S. 101. Dazu auch Martin Liebscher, Libido und Wille zur Macht. C. G. Jungs Auseinandersetzung mit Nietzsche, Basel 2012, S. 31 ff.

161 J 544 f.

162 Ludwig Binswanger, Erinnerungen an Sigmund Freud, S. 50.

163 Fe I/2 90.

164 Fe I/2 117.

165 Ra 39.

166 J 566 f.

167 J 569.

168 A I 278.

169 Fe I/2 157.

170 J 579.

171 C. G. Jung, Erinnerungen, Träume, Gedanken, S. 161 (dort auch der Bericht über das Tischgespräch); vgl. Ernest Jones, Das Leben und Werk von Sigmund Freud, Bd. I, S. 370.

172 Franz Kafka, Das Urteil, in: Ein Landarzt und andere Drucke zu Lebzeiten. Gesammelte Werke in zwölf Bänden. Nach der Kritischen Ausgabe hg. v. Hans-Gerd Koch, Frankfurt/M. 1994, Bd. 1, S. 48.

173 Franz Kafka, Tagebücher 1912–1914, in: Gesammelte Werke, Bd. 10, S. 101.

174 Franz Kafka, Tagebücher 1909–1911, in: Gesammelte Werke, Bd. 9, S. 29 ff.

175 Daß es sich kaum um einen Akt der Nachahmung des literarischen Textes in der Erinnerung handelte, wird durch Ernest Jones bestätigt, dessen Biographie ein Jahr vor Jungs Memoiren erschien; bei ihm findet sich dieselbe Szene, allerdings knapper, beschrieben (Das Leben und Werk von Sigmund Freud, Bd. I, S. 370).

176 Fe I/2 159. Vgl. zur ganzen Episode auch George Prochnik, Putnam Camp, S. 311 ff.

177 Ernest Jones, Das Leben und Werk von Sigmund Freud, Bd. I, S. 370; vgl. J 581.

178 J 583.

179 Bi 123.

180 Jo 182.

181 J 20.

182 Fe I/2 165.

183 J 592 f. Umgekehrt hatte auch Jung Freud bereits eine Fehlleistung zu attestieren versucht (J 217), dabei aber nicht richtig gelesen.

184 J 594 f.

185 J 600.

186 Fe I/2 172.

187 J 599.

188 J 600.

189 Jo 190.

190 Freud an Abraham Brill, 20. Januar 1913 (unpubl.), Library of Congress, Washington, C18F25.

191 E I 81.

192 B 296.

193 A 144.

194 J 614.

195 Freud an Abraham Brill, 30. Oktober 1913 (unpubl.), Library of Congress, Washington, C18F25.

196 Freud an Abraham Brill, 30. Oktober 1913 (unpubl.), Library of Congress, Washington, C18F25.

197 Rainer Maria Rilke – Lou Andreas-Salomé, Briefwechsel, hg. v. Ernst Pfeiffer, Frankfurt/M. u. Leipzig 1989, S. 250.

198 Rainer Maria Rilke, Briefe. 2 Bde., hg. v. Rilke-Archiv in Weimar, in Verbindung mit Ruth Sieber-Rilke u. Carl Sieber. Bd. I: 1897–1914, Wiesbaden 1950, S. 350.

199 Ki 483.

200 R 373.

201 X, 88.

202 Fe I/2 261.

203 A I 420.

204 II/III, 487.

205 Bi 127.

206 A I 305, A I 312.

207 A I 308.

208 A I 420.

209 P 44.

210 Vgl. dazu die sehr stimmige Darstellung bei John Kerr, Eine höchst gefährliche Methode, S. 550 ff.

211 Pu 177.

212 X, 95.

213 X, 113.

214 Wilhelm Stekel, Zur Geschichte der analytischen Bewegung, in: Fortschritte der Sexualwissenschaft und Psychoanalyse 2 (1926), S. 539–575.

215 Ilse Grubrich-Simitis, Michelangelos Moses und Freuds «Wagstück», S. 22 f. (dort ein Faksimile der Handschrift).

216 Jo 256.

217 A I 367.

218 Theodor Reik, Probleme der Religionspsychologie. I. Teil: Das Ritual. Mit einem Vorwort v. Sigmund Freud, Leipzig, Wien 1919, S. 262 f.; Eva Rosenfeld, The Pan-Headed Moses – A Parallel, in: The International Journal of Psycho-Analysis 32 (1951), S. 83–96. – Zu den etymologischen Hintergründen des Hörner-Motivs Ilse Grubrich-Simitis, Michelangelos Moses und Freuds «Wagstück», S. 60 ff.

219 Vgl. Ilse Grubrich-Simitis, Michelangelos Moses und Freuds «Wagstück», S. 59 ff.

220 Fe I/2 244 f. Vgl. die Abbildung der Postkarte bei Ilse Grubrich-Simitis, Michelangelos Moses und Freuds «Wagstück», S. 17.

221 J 218.

222 X, 194.

223 Vgl. auch Ilse Grubrich-Simitis, Michelangelos Moses und Freuds «Wagstück», S. 47 ff. (weniger überzeugend die Gedanken zur latent homoerotischen Bindung Freuds an Jung, die sich im invertierten Künstler Michelangelo spiegele, S. 55 f.), ferner Edith Kurzweil, Freud und die Freudianer, S. 148.

224 Thomas Mann, Freud und die Zukunft (1936), in: Reden und Aufsätze I, S. 488.

225 C. G. Jung, Erinnerungen, Träume, Gedanken, S. 171.

226 Ernst Freud starb nur wenige Wochen später, am 7. April 1970, und hat das Erscheinen des Bandes nicht mehr erlebt.

Psychologische Grenzgänge (1912–1919)

1 VIII, 209.

2 Jo 113.

3 X, 399.

4 F 311.

5 F 311.

6 Gerhart Hauptmann, Aus einer griechischen Reise (Zweite Folge), in: Die neue Rundschau 19 (1908), S. 584–599, S. 599.

7 Fe I/1 59.

8 Nachtragsband, 601.

9 Nachtragsband, 600.

10 VIII, 320.

11 F 295.

12 Herbert Marcuse, Psychoanalyse und Politik, Frankfurt/M., Wien 1964, S. 13.

13 Jo 125.

14 Fe I/2 79.

15 Thomas Mann, Die Stellung Freuds in der modernen Geistesgeschichte, in: Reden und Aufsätze II, Frankfurt/M. 1974 (= Gesammelte Werke, Bd. X), S. 256–281.

16 Fe I,2, 331.

17 Nachtragsband, 745.

18 IX, 3. Allerdings wurde zugestanden, daß Jungs Arbeiten auf ihn als «Anregung» wirkten. Vgl. zur Verbindung von Mythos und Psychoanalyse Gilles Deleuze, Félix Guattari, Anti-Ödipus. Kapitalismus und Schizophrenie I. Übers. v. Bernd Schwibs, Frankfurt/M. 1975 [= L'Anti-Œdipe, 1972], S. 392 f.

19 Vgl. Editz Kurzweil, Freud und die Freudianer, S. 150 f.

20 Pu 133.

21 IX, 30.

22 Bronislaw Malinowski, Sex and Repression in Savage Society, New York 1927; Margaret Mead, Sex and Temperament in Three Primitive Societies, New York 1935.

23 IX, 38.

24 X, 455.

25 IX, 72.

26 IX, 71. Anders hier Yigal Blumenberg, «Vatersehnsucht» und «Sohnestrotz» – ein Kommentar zu Sigmund Freuds *Totem und Tabu*, in: Psyche 54 (2002), S. 97–136, S. 102 ff. (mit der irritierenden These, daß die Tabuisierung den Regeln der therapeutischen Arbeit entspreche).

27 Émile Durkheim, Die elementaren Formen religiösen Lebens. Deutsch v. Ludwig Schmidts, Frankfurt/M. 1981 (= Les formes élémentaires de la vie religieuse, 1912), S. 17 ff.; Max Weber, Wirtschaft und Gesellschaft. Grundriß der verstehenden Soziologie (1922), hg. v. Johann Winckelmann, Tübingen 1985 (4. Aufl., zuerst 1972), S. 245 ff.

28 IX, 191 f.

29 IX, 83.

30 IX, 85.

31 IX, 89.

32 IX, 97, 105.

33 IX, 111; VII, 450. – Michel Foucault, Die Ordnung der Dinge. Eine Archäologie der Humanwissenschaften. Aus dem Französischen v. Ulrich Köppen, Frankfurt/M. 1974 (= Les mots et les choses, 1966), S. 46 ff.

34 IX, 112.

35 Géza Róheim, Spiegelzauber, Leipzig, Wien 1919, bes. S. 260 ff.

36 F 490.

37 IX, 126.

38 So auch schon Andreas Hamburger, Art. *Totem und Tabu*, in: Freud-Handbuch. S. 168–171, S. 168.

39 Claude Lévi-Strauss, Das Ende des Totemismus, aus dem Französischen übers. v. Hans Naumann, Frankfurt/M. 1965 (= Le Totémisme aujourd'hui, 1962), S. 9 ff.

40 IX, 159.

41 Fe I/2 105. – Otto Rank, Das Inzest-Motiv in Dichtung und Sage. Grundzüge einer Psychologie des dichterischen Schaffens, Leipzig, Wien 1912.

42 IX, 171.

43 IX, 172.

44 IX, 175. Vgl. Hartmut Böhme, Von Affen und Menschen. Zur Urgeschichte des Mordes, in: Mythos Neanderthal. Ursprung und Zeitenwende, hg. v. Dietmar Kamper, Dirk Matejovski und Gerd-C. Weniger, Frankfurt/M., New York 2001, S. 69–86.

45 XVI, 6 f.; Johann Wolfgang Goethe, MA, Bd. 1,1, S. 229 f.

46 Theodor Reik, Dreißig Jahre mit Freud, S. 104.

47 IX, 178.

48 X, 160.

49 Vgl. Karl Abraham, Traum und Mythus. Eine Studie zur Völkerpsychologie, Leipzig, Wien 1909, S. 69 f.

50 Johann Jakob Bachofen, Das Mutterrecht. Eine Untersuchung über die Gynaikokratie der Welt nach ihrer religiösen und rechtlichen Natur (1861). Eine Auswahl hg. v. Hans-Jürgen Heinrichs, Frankfurt/M. 1975, bes. S. 17 ff. (zur Methodik).

51 J 180.

52 XV, 101.

53 A I 325.

54 Albert Camus, Literarische Essays. Dt. v. Guido G. Meister, Peter Gan, Monique Lang, Hamburg 1959, S. 159.

55 Vgl. Hugo v. Hofmannsthal, Gesammelte Werke. Reden und Aufsätze III, S. 361.

56 XII, 8 f.

57 XII, 35.

58 Otto Rank, Mythos und Psychoanalyse (1913), in: O. R.: Psychoanalytische Beiträge zur Mythenforschung, Leipzig, Wien, Zürich 1922 (2. Aufl., zuerst 1917), S. 1–20, S. 13.

59 Karl Abraham, Traum und Mythus, S. 70 ff.

60 F 356.

61 Fe I/2 311.

62 Christopher Clark, Die Schlafwandler. Wie Europa in den Ersten Weltkrieg zog. Aus dem Englischen v. Norbert Juraschitz, München 2013 (= The Sleepwalkers. How Europe Went to War in 1914, 2013), S. 601.

63 Romain Rolland, Über den Gräbern. Aus den Tagebüchern 1914–1919. Mit einem Nachwort v. Julia Encke, hg. v. Hans Peter Buohler, München 2015, S. 5.

64 A I 421. – Erfunden, da zu pathetisch wirkt dagegen der von Jones kolportierte Satz «Meine ganze Libido gehört Österreich-Ungarn.» (Ernest Jones, Das Leben und Werk von Sigmund Freud, Bd. II, S. 207).

65 Martin Freud, Mein Vater Sigmund Freud, S. 34.

66 II/1 65.

67 E I 105.

68 Freud an Abraham Brill, 15. September 1914 (unpubl.), Library of Congress, Washington, C18F25.

69 A I 426. – «England hat sich wirklich infam benommen»: Freud an Abraham Brill, 15. September 1913 (unpubl.), Library of Congress, Washington, C18F25.

70 Fe I/2 224 f.

71 Jo 201.
72 Jo 164.
73 Jo 201.
74 Jo 285.
75 II/1 53.
76 AF 125.
77 AF 124.
78 Jo 294.
79 Jo 295.
80 Elisabeth Young-Bruehl, Anna Freud, S. 65 f.
81 A I 430.
82 JoD 17.
83 Fe II/1 86.
84 JoD 20.
85 Jo 326.
86 Fe II/1 83.
87 Ki 501, Fe II/1 82.
88 AS 22 f.
89 X, 360.
90 E I 109.
91 Vgl. die biographischen Angaben in: Sigmund Freud, Briefe an die Kinder (im Text unter der Sigle «Ki»), S. 108 ff. (Martin), 220 f. (Oliver), 257 ff. (Ernst).
92 A I 430.
93 Ki 137.
94 A I 454, A II 474, A II 504.
95 Ki 503 f.
96 Fe II/1 149.
97 P 66.
98 Fe II/1 162.
99 Ki 224.
100 Ki 224.
101 Ki 258.
102 AS 40.
103 Ki 523.
104 Ki 157.
105 II/III, 136.
106 A II 477.
107 Ki 338.
108 Ki 51.
109 Ki 474, Ki 470, Fe I/2 116.
110 AF 100.
111 AF 108.
112 Ki 478.
113 Fe I/2 291.
114 Ki 476.
115 Ki 472.

116 Fe II/2 63.
117 JoD 18.
118 JoD 18.
119 Ki 501.
120 Fe II/1 91, 128; Fe II/1 120.
121 A II 494.
122 Ki 134.
123 Fe II/1, 116. – Irreführend Michel Onfray, Anti-Freud, S. 115, der das Diktum von Peter Gay, Freud, S. 396 übernimmt, aber den Kontext nicht erklärt.
124 Fe II/2 23.
125 Ki 530.
126 Fe II/2 112.
127 Fe II/2 108.
128 Ki 526.
129 Fe II/1 135.
130 A II 537.
131 E I 98 f., Bi 152, Fe II/2 154.
132 Fe II/1 229.
133 Fe II/1 73, II/1 163.
134 Fe II/1 181.
135 Bi 144.
136 JoD 17.
137 Fe III/1 67.
138 A I 453.
139 Fe II/1 94.
140 Sándor Ferenczi, Freuds Einfluß auf die Medizin (1933), Schriften zur Psychoanalyse. Bd. II, S. 290–302, S. 292.
141 Vgl. Paul Näcke, Die sexuellen Perversitäten in der Irrenanstalt, in: Wiener klinische Rundschau 13 (1899), S. 478–481, S. 496–497. Vgl. Ulrike May-Tolzmann, Zu den Anfängen des Narzißmus: Ellis – Näcke – Sadger – Freud, in: Lucifer-Amor 4 (1991), S. 50–89.
142 XI, 432.
143 XI, 433.
144 Lou Andreas-Salomé, Narzißmus als Doppelrichtung, in: Imago 8 (1921), S. 361–386.
145 X, 138 ff.
146 X, 155.
147 X, 155.
148 Heinz Hartmann, Understanding and Explanation. Essays on Ego Psychology, New York 1964, bes. S. 369 ff.; Heinz Kohut, Narzißmus, bes. S. 17 ff.; Ursprung der neueren Diskussion bei Thomas Ziehe, Pubertät und Narzißmus, Köln 1975, bes. S. 77 ff. Der von Ziehe beschriebene ‹Neue Sozialisationstypus› spielt bis heute in der Diskussion über narzißtische Verhaltensmuster eine Schlüsselrolle.
149 Isidor Sadger, Neue Forschungen zur Homosexualität, Berlin 1915; Wilhelm Reich, Zwei narzißtische Typen (1922), in: W. R., Frühe Schriften I. Aus den Jahren 1920 bis 1925, Frankfurt/M. 1977, S. 144–152.
150 Jean Laplanche, Jean-Bertrand Pontalis, Das Vokabular der Psychoanalyse, S. 318.

151 J 519.

152 Lou Andreas-Salomé, In der Schule bei Freud, S. 61.

153 X, 250.

154 X, 250; vgl. XIV, 121. Sándor Ferenczi, Analyse von Gleichnissen (1915), in: Schriften zur Psychoanalyse. Bd. I, S. 210–219, S. 215.

155 X, 256.

156 X, 259.

157 Sándor Ferenczi, Über passagère Symptombildungen während der Analyse (1912), in: Schriften zur Psychoanalyse. Bd. I, S. 103–114.

158 X, 260.

159 Ludwig Binswanger, Erinnerungen an Sigmund Freud, S. 11.

160 Sigmund Freud, Wir und der Tod (1915), in: Psyche 45 (1991), S. 132–142, S. 139.

161 X, 266 f. Vgl. dagegen Jean Paul, Vorschule der Ästhetik (1804), in: Sämtliche Werke, Bd. I/5, S. 59 f.; Friedrich Wilhelm Joseph Schelling, Philosophie der Kunst (1802), Ausgewählte Schriften, Frankfurt/M. 1985, Bd. 2, S. 590 f. Zur wissenschaftsgeschichtlichen Entwicklung des Begriffs des Unbewußten Eric Kandel, The Age of Insight: The Quest to Understand the Unconscious in Art, Mind, and Brain, from Vienna 1900 to the Present, New York 2012.

162 X, 281.

163 X, 273.

164 X, 273.

165 Pierre Janet, L'automatisme psychologique. Essai de psychologique expérimentale sur les formes inférieur de l'activité humaine, Paris 1889; Max Dessoir, Das Doppel-Ich, Leipzig 1890; Richard Hennig, Beiträge zur Psychologie des Doppel-Ich, in: Zeitschrift für Psychologie 49 (1908), S. 1–55. Dazu auch Henry F. Ellenberger, Die Entdeckung des Unbewußten, Bd. I, S. 214 ff. Vgl. James Phillips, Freud and the cognitive unconscious, in: Philosophy, Psychiatry and Psychology, 2013, Vol. 20/3, S. 247–249.

166 Vgl. XIV, 227.

167 XIV, 225.

168 Ernst Bloch, Philosophische Aufsätze, Frankfurt/M. 1969, S. 110.

169 X, 276, 278.

170 Carl Gustav Carus, Psyche. Zur Entwicklungsgeschichte der Seele. Zweite, verbesserte und vermehrte Auflage, Pforzheim 1860 (zuerst 1846). Nachdruck, Darmstadt 1964, Vorwort, S. XIVff. Dazu Peter-André Alt, Der Schlaf der Vernunft, S. 273 ff.

171 II/III, 546.

172 Sándor Ferenczi, Über passagère Symptombildungen während der Analyse (1912), in: Schriften zur Psychoanalyse. Bd. I, S. 103–114.

173 X, 281 f.

174 X, 285.

175 X, 286.

176 Georg Wilhelm Friedrich Hegel, Phänomenologie des Geistes (1807), in: Werke. Bd. 3, hg. v. Eva Moldenhauer u. Karl Markus Michel, Frankfurt/M. 1986, S. 163.

177 X, 294.

178 X, 292.

179 X, 295 f.

180 X, 300.
181 Eugen Bleuler, Dementia praecox oder Gruppe der Schizophrenien, S. 13 ff.
182 Nachtragsband, 628.
183 Nachtragsband, 640.
184 Nachtragsband, 641. Vgl. dazu Ilse Grubrich-Simitis, Metapsychologie und Metabiologie. Zu Sigmund Freuds Entwurf einer ‹Übersicht der Übertragungsneurosen›, in: Sigmund Freud, Übersicht der Übertragungsneurosen. Ein bisher unbekanntes Manuskript, hg. v. Ilse Grunrich-Simitis, Frankfurt/M. 1985, S. 83–119.
185 Nachtragsband, 642 f.
186 Nachtragsband, 646.
187 Nachtragsband, 650.
188 Josef u. Renée Gicklhorn (Hg.), Sigmund Freuds akademische Laufbahn im Lichte der Dokumente, S. 190.
189 Fe II/1 152.
190 Fe II/1 162.
191 XI, 170, 482.
192 Nachtragsband, 700 f. Vgl. André Green, Psychoanalysis: A Paradigm for Clinical Thinking, London 2005, S. 9 f. (sieht die klinische als die eigentlich rationale Perspektive der modernenen Psychoanalyse an).
193 Franz Kafka, Briefe 1902–1924 [hg. v. Max Brod und Klaus Wagenbach], Frankfurt/M. 1975 (zuerst 1958), S. 196 f.
194 Dazu schon Walter Muschg, Freud als Schriftsteller, in: Die Zerstörung der deutschen Literatur, Bern 1956, S. 153–197, S. 170 («Geduld» als Stiltugend).
195 XI, 366.
196 XI, 395.
197 XI, 9.
198 X, 12.
199 X, 62.
200 XI, 326.
201 XI, 262.
202 XI, 295; Modifikation der Kränkungstheorie: XIV, 109.
203 Friedrich Wilhelm Hildebrandt, Der Traum und seine Verwerthung für's Leben, S. 55, vgl. S. 16. Freud wiederholte die Metapher Anfang 1917 in seinem Artikel *Eine Schwierigkeit der Psychoanalyse* (XII, 11). Auf Hildebrandt als Quelle des berühmten Diktums verweist erstmals die verdienstvolle Arbeit von Stefan Goldmann, Via regia zum Unbewußten, S. 212.
204 Friedrich Nietzsche, Zur Genealogie der Moral, Sämtliche Werke, Bd. 5, S. 404.
205 Friedrich Nietzsche, Zur Genealogie der Moral, Sämtliche Werke, Bd. 5, S. 404.
206 Ernst Mach, Die Analyse der Empfindungen und das Verhältnis des Physischen zum Psychischen, Jena 1900 (2. Aufl., zuerst 1886), S. 20 ff.
207 Z 35.
208 Z 96.
209 Vgl. Harold Bloom, Einfluss-Angst, S. 12 ff.
210 XI, 147.
211 XI, 147.
212 XI, 147 f.

213 A II 534.
214 Lou Andreas-Salomé, In der Schule bei Freud, S. 62.
215 Fe II/1 153.
216 A II 530.
217 A II 575.
218 Sigmund Freud, Wir und der Tod (1915), S. 132. Vgl. Bernd Nitzschke, Freuds Vortrag vor dem Israelitischen Humanitätsverein ‹Wien› des Ordens B'nai B'rith: *Wir und der Tod* (1915), S. 118.
219 Sigmund Freud, Wir und der Tod (1915), S. 139 f.
220 X, 324.
221 X, 325.
222 X, 327.
223 X, 337.
224 X, 332 ff.
225 Nachtragsband, 697.
226 X, 344.
227 X, 344.
228 Georg Heym, Der Krieg, in: G. H., Dichtungen und Schriften. 4 Bde., hg. v. Karl Ludwig Schneider u. Gunter Marten, Hamburg, München 1960–1968, Bd. I, S. 346 f.
229 XII, 323.
230 Fe II/1 178; Fe II/2 133.
231 AS 36.
232 X, 361.
233 Vgl. dazu Hans-Jürgen Schings, Melancholie und Aufklärung. Melancholiker und ihre Kritiker in Erfahrungsseelenkunde und Literatur des 18. Jahrhunderts, Stuttgart 1977, S. 59 ff.
234 X, 430.
235 X, 431.
236 X, 436.
237 Theodor W. Adorno, Kierkegaard. Konstruktion des Ästhetischen (1933), Frankfurt/M. 1974, S. 55; Georg Lukács, Die Theorie des Romans. Ein geschichtsphilosophischer Versuch über die Formen der großen Epik (1916/1920), Frankfurt/M. 1981 (6. Aufl., zuerst 1971), S. 75.
238 X, 440. Vgl. Benigna Gerisch, Suizidalität, S. 133 ff.
239 Sándor Ferenczi, Ohne Sympathie keine Heilung. Das klinische Tagebuch von 1932, hg. v. Judith Dupont, Frankfurt/M. 1988, S. 202.
240 X, 446.
241 XII, 185.
242 XII, 186.
243 XII, 192.
244 XII, 193.
245 XII, 194.
246 AS 36.
247 Fe II/2 247.
248 Ernst Jentsch, Zur Psychologie des Unheimlichen, in: Psychiatrisch-Neurologische Wochenschrift 22 (1906), S. 203–205.

249 Friedrich Wilhelm Joseph Schelling, Philosophie der Mythologie (1842), in: Ausgewählte Schriften, Bd. 6, S. 661 f.; Eduard v. Hartmann, Philosophie des Unbewußten, 3 Bände, Leipzig 1923 (12. Aufl., zuerst 1869), S. 311. So unterschiedlich diese Ansätze sind, so sehr eint sie die Tendenz, das Unbewußte nur als Komplement des Bewußtseins zu fassen.

250 XII, 254, vgl. 236.

251 B 339.

252 E. T. A. Hoffmann, Der Sandmann, in: Werke. 4 Bde., Frankfurt/M. 1967, Bd. 2, S. 7–40.

253 XII, 245.

254 XII, 246.

255 Otto Rank, Das Inzest-Motiv in Dichtung und Sage, bes. S. 28 ff. (zur Methodik im Verhältnis zwischen therapeutischer und literarischer Sichtweise).

256 XII, 249. Hierzu Hélène Cixous, La fiction et ses fantômes. Une lecture de l'Unheimliche de Freud, in: Poétique III (1972), S. 199–216, Neil Hertz, Freud und der Sandmann, in: N. H., Das Ende des Weges. Die Psychoanalyse und das Erhabene. Aus dem Amerikanischen übers. v. Isabella König, Frankfurt/M. 2007, S. 127–156 (= The End of the Line, 1985).

257 XII, 249.

258 XII, 253.

259 XII, 259.

260 XVI, 73.

261 XII, 267; Arthur Schnitzler, Die Weissagung, in: Das erzählerische Werk, Frankfurt/M. 1978–1979, Bd. 3, S. 36–58.

262 Übersicht bei Homi K. Bhabha, The Location of Culture, S. 14 f.

263 XIV, 171.

264 XIV, 202.

265 XII, 317.

266 Paul Roazen, Brudertier, S. 73.

267 Paul Roazen, Brudertier, S. 80.

268 Viktor Tausk, Über die Entstehung des ‹Beeinflussungsapparates› in der Schizophrenie, in: Internationale Zeitschrift für Psychoanalyse 5 (1919), S. 1–33. Poetische Weiterwirkung bei: Peter Cole, The Invention of Influence, Chicago 2014.

269 Paul Roazen, Brudertier, S. 86.

270 Originalfassung des Briefs in: Paul Roazen, Brudertier, S. 129. Vgl. Paul Roazen, Brother Animal. The Story of Freud and Tausk, New York 1969, S. 127.

271 Paul Roazen, Freud and his Followers, S. 339. Silberer tötete sich im Januar 1923, indem er sich am Fensterkreuz seiner Wohnung erhängte und ein elektrisches Licht auf sein Gesicht richtete.

272 Paul Roazen, Brudertier, S. 134.

273 Paul Roazen, Brudertier, S. 16.

274 XII, 316 ff.

275 Im vollständigen Wortlaut abgedruckt bei Paul Roazen, Brudertier, S. 145 f. Mit Auslassung der wertenden Passagen AS 108 f.

276 Zur Auskunft Anna Freuds Ronald W. Clark, Sigmund Freud, S. 450, 634.

277 AS 109.

278 Zit. nach Paul Roazen, Brudertier, S. 157 f. Vgl. die Diskussion der Schuldfrage bei Kurt Eissler, Talent and Genius: The Fictitious Cause of Tausk contra Freud, New York 1971, S. 283 f.

Thanatos-Vorahnungen (1919–1924)

1 AS 83.
2 E I 140.
3 JoD 23.
4 Fe II/2 179.
5 Fe II/2 187. Tisza wurde allerdings nicht ‹erschlagen›, wie Freud archaisierend formulierte, sondern von Aufständischen erschossen.
6 Fe II/2 185.
7 Ki 179 f.
8 Fe II/2 187.
9 Elias Canetti, Die Fackel im Ohr, S. 115.
10 Fe II/2 214.
11 Robert Musil, Der Mann ohne Eigenschaften (1930–1942), Gesammelte Werke, Bd. 1, S. 35.
12 Fe II/2 186 f.
13 P 66.
14 P 66; zum Brief an Jones: Jo 345.
15 E I, 213.
16 Ve 285.
17 E I 178.
18 Ki 316.
19 AF 417.
20 Bi 163.
21 P 67.
22 A II 602.
23 XII, 336.
24 Nachtragsband, 711.
25 AF 309, 384.
26 E I 13.
27 G 46.
28 J 242.
29 A II 592. – Dazu Ernest Jones, Das Leben und Werk von Sigmund Freud, Bd. III, S. 444 ff.
30 Library of Congress, Text vom 31. Januar 1919; zit. nach Fe II/2 11.
31 Ki 215.
32 Ki 187.
33 E I 152.
34 Ki 300.
35 Fe III/1 47.
36 E I 187.
37 Ki 280, 552.

38 Ki 554 ff.
39 P 77.
40 Fe III/1 50.
41 Vgl. Hilda Doolittle, Huldigung an Freud, S. 146.
42 Bi 169.
43 Fe III/1 51.
44 E I 189.
45 Ki 304.
46 XIV, 205
47 Bi 208.
48 AF 291.
49 Fe III/1 161.
50 Ki 29.
51 Jo 340.
52 A II 629.
53 Vgl. Paul Roazen, Freud and his Followers, S. 120.
54 E I 165.
55 AF 307.
56 Vgl. die Rechnungsbelege in: Library of Congress, Washington, Archive Riviere.
57 AF 288. Dort keine nähere Zuordnung, jedoch erscheint die Annahme, daß es sich um Leopold de Rothschild handelte, am wahrscheinlichsten.
58 G 47; vgl. AF 293.
59 Freud an Abraham Brill, 5. Januar 1920 (unpubl.), Library of Congress, Washington, C18F26.
60 AF 314.
61 Ve 288.
62 P 86.
63 Pu 189.
64 Vgl. E. James Lieberman, Robert Kramer (Hg.), Sigmund Freud und Otto Rank, S. 141. Über die Lehranalysen jener Jahre Ve 288 (Brief v. 3. Juli 1922).
65 Paul Roazen, Freud and his Followers, S. 378 f.; Nathan Hale, Rise and Crisis of Psychoanalysis in the United States: Freud and the Americans 1917–1985, New York 1995, S. 25 ff.
66 Vgl. Elisabeth Roudinesco u. Michel Plon (Hg.), Wörterbuch der Psychoanalyse, S. 316 f.
67 E I 219.
68 Fe III/1 86: Ki 315; A II 672.
69 AF 407.
70 AF 416.
71 Bl 181.
72 Fe III/1 147.
73 Bl 215.
74 Jo 552.
75 Vgl. Freuds Postkarte vom 5. Februar 1922, in der er den ersten Termin ankündigt. Library of Congress, Washington, Archive Riviere.
76 Jo 465 ff., 484 f.

77 Franz Kafka, Amtliche Schriften, hg. v. Klaus Hermsdorf und Benno Wagner, Frankfurt/M. 2004, S. 503 ff.
78 Walter Benjamin, Der Erzähler (1936), in: Gesammelte Schriften, hg. v. Rolf Tiedemann u. Hermann Schweppenhäuser, Frankfurt/M. 1972–1999, Bd. II/2, S. 438–465, S. 439.
79 Nachtragsband, 708 f.
80 Kurt R. Eissler, Freud und Wagner-Jauregg vor der Kommission zur Erhebung militärischer Pflichtverletzungen, Wien 1979, bes. S. 29 ff.
81 E I 168.
82 A II 645 f.; vgl. Ernest Jones, Das Leben und Werk von Sigmund Freud Bd. III, S. 32.
83 E I 215.
84 G 20.
85 Wolfgang Martynkewicz, Georg Groddeck. Der wilde Analytiker, Frankfurt/M. 1997, S. 268.
86 G 43.
87 Nachtragsband, 730.
88 Jean Laplanche, Die unvollendete kopernikanische Revolution in der Psychoanalyse. Aus dem Französischen v. Udo Hock, Frankfurt/M. 1996 (= La révolution copernicienne inachevée, 1992), S. 126.
89 Ki 346.
90 Protokolle, Bd. I, S. 191; vgl. Max Schur, Sigmund Freud. Leben und Sterben, S. 416.
91 Anna Freud an Ernest Jones, 16. März 1955 (Jones Papers, Archives of the British Psychoanalytical Society, London); zit. bei Peter Gay, Freud, S. 473.
92 Max Schur, Sigmund Freud. Leben und Sterben, S. 413 ff.
93 Ki 346.
94 AS 136.
95 Fe III/1 163.
96 Internationale Zeitschrift für Psychoanalyse. Bd. 9 (1923), S. 119.
97 AF 429.
98 Fe III/1 161.
99 B 344.
100 JoD 60.
101 Max Schur, Sigmund Freud. Leben und Sterben, S. 426.
102 Fe III/1 169.
103 Bi 208.
104 AF 433.
105 AF 433.
106 Ki 348.
107 E I 329.
108 E I 333.
109 Max Schur, Sigmund Freud. Leben und Sterben, S. 431.
110 A II 729.
111 B 345.
112 Freud an Joan Riviere, 3. Dezember 1923 (unpubl.). Library of Congress, Washington, Archive Riviere.
113 Fe III/1 186.

114 Fe III/1 259, Fe III/2 34.
115 AS 128.
116 G 92.
117 So am 26. November 1934; Ch 311.
118 A II 783.
119 E I 528.
120 A II 619.
121 A II 760.
122 Ki 374.
123 Detlef Berthelsen, Alltag bei Familie Freud, S. 31.
124 Fe II/1 243.
125 A II 567.
126 A II 701.
127 AF 384.
128 AF 364.
129 O 63.
130 A II 779.
131 A II 782.
132 III/1 227.
133 AS 148.
134 Vgl. Katja Behling, Martha Freud, S. 176.
135 X, 26 f.
136 AF 167.
137 XI, 345.
138 Vgl. Elisabeth Young-Bruehl, Anna Freud, S. 52.
139 So Elisabeth Young-Bruehl, Anna Freud, S. 53.
140 Fe II/1 117.
141 Fe II/2 149.
142 B 319.
143 XV, 157.
144 JoD 22.
145 Jo 404. – Ernest Jones, Treatment of Neuroses, London 1920. Übersetzung: Therapie der Neurosen, Leipzig 1921.
146 AF 278, 354.
147 AF 313.
148 Fe II/2, 176.
149 Fe II/2 89.
150 XIII, 400.
151 XII, 212.
152 Richard Krafft-Ebing, Psychopathia sexualis, S. 104 ff.
153 AS 123.
154 XII, 210.
155 XII, 210.
156 XI, 459.
157 XII, 278.
158 XII, 278.

159 XII, 278.
160 XII, 285.
161 XII, 288.
162 Paul Roazen, Freud and his Followers, S. 327 (verwechselt Margarete und Marianne).
163 Hermann Nunberg, Allgemeine Neurosenlehre auf psychoanalytischer Grundlage, Bern 1932.
164 Paul Roazen, Freud and his Followers, S. 306.
165 Elisabeth Young-Bruehl, Anna Freud, S. 97.
166 Fe III/1 142.
167 Jo 499.
168 Ki 329, AF 370.
169 AF 387.
170 AF 390.
171 R 375.
172 AS 139, R 378.
173 Z 77. – Vgl. dazu auch Harry Stroeken, Freud und seine Patienten, S. 127.
174 O 20.
175 Ve 291.
176 Anna Freud, Schlagephantasie und Tagtraum, in: Imago VIII (1922), S. 317–332. Wiederabdruck in: A. F., Die Schriften Anna Freuds. Bd. I. 1922–1936, S. 141–159, hier S. 141.
177 E I 286.
178 Elisabeth Young-Bruehl, Anna Freud, S. 121 f.

Letzte Fragen (1920–1930)

1 G 57.
2 XIV, 20.
3 XIV, 20.
4 G 78.
5 VIII, 232 ff.
6 XI, 370.
7 A 105.
8 X, 214.
9 XIII, 233.
10 Herbert Marcuse, Psychoanalyse und Politik, S. 13.
11 X, 215.
12 X, 216.
13 X, 232.
14 Vgl. Sándor Ferenczi, Entwicklungsstufen des Wirklichkeitssinnes (1913), in: Schriften zur Psychoanalyse, Bd. I, S. 148–163, bes. S. 156 ff.
15 AF 217.
16 Sigmund Freud, Wir und der Tod (1915), S. 132.
17 Vgl. Ilse Grubrich-Simitis, Zurück zu Freuds Texten. Stumme Dokumente sprechen machen, Frankfurt/M. 1993, S. 242.
18 E I 214.

19 XIII, 3.

20 XIII, 4. Vgl. John E. Gedo, Überlegungen zur Metapsychologie, theoretischen Kohärenz, zur Hermeneutik und Biologie, in: Psyche 52 (1998), S. 1014–1040.

21 XIII, 53.

22 Lou Andreas-Salomé, In der Schule bei Freud, S. 106.

23 Thomas Mann, Freud und die Zukunft (1936), in: Reden und Aufsätze I, S. 480. Vgl. zu dieser Frage auch Rolf Vogt, Psychoanalyse zwischen Mythos und Aufklärung oder das Rätsel der Sphinx, S. 144 ff.

24 XII, 312. Dazu A. C. Elms, Sigmund Freuds berühmteste ‹Zitate› und ihre wahren Quellen, in: Lucifer-Amor 18 (2005), S. 82–108.

25 Harold Bloom, Einfluss-Angst, S. 16 ff.

26 XIII, 13. Vgl. Samuel Weber, Die Freud-Legende. Vier Studien zum psychoanalytischen Denken. Aus dem Amerikanischen v. Michael Scholl, Georg Christoph Tholen u. Theo Waßner, Wien 2002 (= The Legend of Freud, 1982), S. 157 ff.

27 Samuel Weber, Die Freud-Legende, S. 141 ff.

28 XVII, 108. – Vgl. Homi K. Bhabha, The Location of Culture, S. 189.

29 XIII, 17. Vgl. dagegen Sándor Ferenczi, Weiterer Ausbau der ‹aktiven Technik› in der Psychoanalyse (1921), in: Schriften zur Psychoanalyse, Bd. II, S. 74–91, bes. S. 78 ff.; Georg Groddeck, Psychische Bedingtheit und psychoanalytische Behandlung organischer Leiden, Leipzig 1917, S. 28 ff.

30 Henri Bergson, Materie und Gedächtnis, S. 125 ff.

31 XIII, 6 f.

32 XIII, 21.

33 XIII, 23.

34 XIII, 40. – Vgl. dazu Frank J. Sulloway, Freud. Biologie der Seele, S. 553 ff. Ferner Günter Gödde, Freud and nineteenth-century philosophical sources on the Unconscious, in: Thinking the Unconscious: Nineteenth-Century German Thought, ed. by Angus Nicholls, and Martin Liebscher, Cambridge 2010, S. 261–286.

35 Vgl. Ilse Grubrich-Simitis, Zurück zu Freuds Texten, S. 242 f.

36 Georg Wilhelm Friedrich Hegel, Phänomenologie des Geistes (1807), Werke, Bd. 3, S. 169.

37 Hans Blumenberg, Arbeit am Mythos, S. 104.

38 XIII, 60. Vgl. auch Kurt R. Eissler, Todestrieb, Ambivalenz, Narzißmus. Aus dem Englischen übers. v. Elke v. Scheidt u. Karl H. Schütz, München 1980 (= Death Drive, Ambivalence, and Narcissm, 1971), S. 18 ff.

39 Sabina Spielrein, Die Destruktion als Ursache des Werdens, in: Sämtliche Schriften, S. 98–143.

40 Jean Laplanche, Der (sogenannte) Todestrieb: ein sexueller Trieb, in: Zeitschrift für psychoanalytische Theorie und Praxis 11 (1996), S. 10–26.

41 XIII, 59 (Anm. 2). Zu Freuds Spielrein-Rezeption John Kerr, Eine höchst gefährliche Methode, S. 585.

42 XIII, 383.

43 XIII, 479.

44 XVI, 92.

45 XVI, 92.

46 Alfred Adler, Der Aggressionstrieb im Leben und in der Neurose (1908), in: A. A.,

Persönlichkeit und neurotische Entwicklung. Frühe Schriften (1904–1912). Studienausgabe. Bd. 1, hg. v. Almuth Bruder-Bezzel, Göttingen 2007, S. 64–76.

47 Otto Fenichel, Zur Kritik des Todestriebs (1935), in: Aufsätze. Bd. I, hg. v. Klaus Laermann, Frankfurt/M., Berlin, Wien 1985, S. 361–371.

48 Zit. nach Frank J. Sulloway, Biologie der Seele, S. 539. Zur kritischen Rezeption mit zahlreichen Vereinfachungen und Überspitzungen vgl. Todd Dufresne, Tales from the Freudian Crypt: The Death Drive in Text and Context, Stanford 2000, S. 80 ff.

49 Nachtragsband, 770.

50 XIII, 53.

51 XIII, 65.

52 B 372. Vgl. zu der hier geleugneten Traditionslinie Matt Ffytche, The Foundation of the Unconscious. Schelling, Freud and the Birth of the Modern Psyche, Cambridge 2011.

53 O 24.

54 AF 232.

55 Vgl. Arthur Schopenhauer, Transscendente Spekulation über die anscheinende Absichtlichkeit im Schicksale des Einzelnen (1850), in: Zürcher Ausgabe. Werke in zehn Bänden, hg. v. Arthur Hübscher unter Mitarbeit v. Angelika Hübscher, Zürich 1977, Bd. VII (= Parerga und Paralipomena I) S. 219–245, hier S. 224.

56 Arthur Schopenhauer, Werke, Bd. VII, S. 245.

57 XIII, 53.

58 XV, 115.

59 Fe III/1 82.

60 XI, 403.

61 X, 250.

62 XV, 79.

63 XIV, 223; XIV, 124.

64 XIII, 285.

65 XIII, 241.

66 XIII, 244; XIII 251.

67 XIII, 243.

68 XIII, 253.

69 Platon, Phaidros 253d-254e; Sämtliche Werke, nach der Übers. v. Friedrich Schleiermacher mit der Stephanus-Numerierung hg. v. Walter F. Otto, Ernesto Grassi, Gert Plamböck, Reinbek b. Hamburg 1958, Bd. IV, S. 34 f.

70 XV, S. 81.

71 Z 81.

72 XV, 80.

73 XIV, 15.

74 Bi 202.

75 XIII, 423.

76 XIII, 254.

77 XIII, 257 f., XV, 84.

78 XIII, 256 f., XV, 85.

79 XIII, 258.

80 XIII, 260.

81 XIII, 278.
82 XIII, 282.
83 XIII, 380.
84 P 62.
85 C. G. Jung, Der Gegensatz Freud und Jung (1931), in: Gesammelte Werke, Bd. 4, Freiburg u. Olten 1969, S. 385–393, S. 391 f.
86 XIII, 281.
87 XIII, 284.
88 JoD 58.
89 XIII, 264.
90 Wilhelm Reich, Der triebhafte Charakter. Eine psychoanalytische Studie zur Pathologie des Ich, Wien 1925, bes. S. 30 ff. (Über-Ich als auch sozial determinierte Bezugsgröße). Ansätze schon bei Otto Fenichel, Die Identifizierung (1926), in: Aufsätze. Bd. I, S. 91–109.
91 XIII, 276; vgl. XIII, 270.
92 XVII, 138.
93 XIII, 265.
94 Otto Fenichel, Die Identifizierung (1926), in: Aufsätze. Bd. I, S. 91–109.
95 Fe III/2 49.
96 Anna Freud, Das Ich und die Abwehrmechanismen (1936). Wiederabdruck in: A. F., Die Schriften der Anna Freud. Bd. I., S. 234.
97 XIV, 187.
98 XIV, 149.
99 XIV, 117.
100 Fe III/1 139.
101 XIII, 251.
102 G 86.
103 G 86.
104 Michel Foucault, Die Ordnung der Dinge, S. 448.
105 XIII, 226.
106 XV, 86. – Thomas Mann, Freud und die Zukunft (1936), in: Reden und Aufsätze I, S. 501. Nachwirkung des Konzepts bei Jacques Derrida, Freud und der Schauplatz der Schrift, in: Die Schrift und die Differenz, übers. v. Rodolphe Gasché, Frankfurt/M. 1976 (= L'écriture et la difference, 1967), S. 302–350, S. 312 f.
107 Johann Wolfgang Goethe, Faust. Texte, hg. v. Albrecht Schöne, Bd. I., S. 445 (v. 11555 f.).
108 F 487.
109 B 305.
110 P 38.
111 G 49.
112 Zum Folgenden Peter-André Alt, Freuds Exorzismen. Der Teufel in der Psychoanalyse, in: Archiv für Begriffsgeschichte. Bd. 47 (2007), S. 165–194, ders., Ästhetik des Bösen, München 2011 (2. Aufl. zuerst 2010), S. 133 ff.
113 F 240.
114 F 239 f.
115 Ernest Jones, Das Leben und Werk von Sigmund Freud, Bd. 3, S. 489. Vgl. Günter

Jerouschek, Hexenangst und Hexenverfolgung. Zu Traumatisierung und Kriminalisierung in der Frühen Neuzeit, in: Freiburger literaturpsychologische Gespräche. Jahrbuch für Literatur und Psychoanalyse. Bd. 19 (2000), S. 79–97, hier S. 80. Freud kannte vermutlich die deutsche Übersetzung: De praestigiis daemonvm: Von Teuffelgespenst Zauberern vnd Giffbereytern / Schwartzkuenstlern / Hexen vnd Vnholden (...). Erstlich durch Johannem Weier in Latein beschrieben / nachmals von Johann Fuglino verteutscht, Franckfurt am Mayn 1586. – Zu Weyer vgl. Carl Binz, Doctor Johannes Weyer, ein rheinischer Arzt, der erste Bekämpfer des Hexenwahns. Ein Beitrag zur Geschichte der Aufklärung und der Heilkunde, Berlin 1896 (2. Aufl.).

116 F 488.

117 VII, 207 f.

118 E I 305.

119 XIII, 317. Zum Folgenden auch mein hier zugrunde gelegter Aufsatz: Freuds Exorzismen. Der Teufel in der Psychoanalyse, in: Archiv für Begriffsgeschichte. Bd. 47 (2007), S. 165–194.

120 XIII, 326.

121 Zur Lektüre Freuds als ‹Fehlleistung› Günter Jerouschek, Hexenangst und Hexenverfolgung, S. 81.

122 XIII, 335.

123 XIII, 336.

124 XIII, 346.

125 XIII, 327.

126 Paul Ricœur, Die Interpretation, S. 261.

127 VIII 207 f. Ähnlich später Otto Rank, Psychoanalytische Beiträge zur Mythenforschung, Leipzig, Wien 1922 (2. Aufl., zuerst 1917), S. 117: der Teufel, der Mist in Gold verwandelt, als Motiv von Sagen und Träumen.

128 Ernest Jones, Der Albtraum in seiner Beziehung zu gewissen Formen des mittelalterlichen Aberglaubens (1912). Deutsch v. E. H. Sachs, Leipzig, Wien 1912, S. 70.

129 Ernest Jones, Der Albtraum, S. 71.

130 JoD 34.

131 XIII, 331

132 Theodor Reik, Der eigene und der fremde Gott. Zur Psychoanalyse der religiösen Entwicklung (1923). Mit einem Vorwort zur Neuausgabe v. Alexander Mitscherlich, Frankfurt/M. 1975, S. 137.

133 Zur Kritik Eugen Drewermann, Tiefenpsychologie und Exegese. Bd. I. Die Wahrheit der Formen. Traum, Mythos, Märchen, Sage und Legende, Olten, Freiburg i. Br. 1984, bes. S. 422 ff.

134 Franz Kafka, Briefe an Milena. Erw. und neu geordnete Ausgabe, hg. v. Jürgen Born und Michael Müller, Frankfurt/M. 1982, S. 292 f.

135 VIII, 109.

136 P 64.

137 Ludwig Feuerbach, Das Wesen des Christentums, S. 10.

138 XIV, 330.

139 XIV, 334.

140 XIV, 340.

141 XIV, 348.

142 Auf Metschnikow verweist John Kerr, Eine höchst gefährliche Methode, S. 583 f., allerdings nur in Bezug auf *Jenseits des Lustprinzips*, obgleich die Parallele zum Religionsaufsatz weitaus deutlicher ist.

143 Von «schneidender Rationalität» spricht Herbert Will in: Freud-Handbuch, S. 176.

144 Ludwig Feuerbach, Das Wesen des Christentums, S. 223 ff.

145 XIV, 354. Vgl. Paul Ricœur, Der Atheismus der Psychoanalyse Freuds, in: Concilium 2 (1966), S. 430–435.

146 XIV, 361.

147 Friedrich Schiller, Resignation, Nationalausgabe, Bd. I, S. 166 ff.

148 XIII, 372; vgl. Karl Marx, Zur Kritik der Hegelschen Rechtsphilosophie (1844), in: Karl Marx u. Friedrich Engels, Werke, Berlin 1956–1990, Bd. I, S. 378–391, hier S. 378.

149 XIV, 373.

150 XIV, 374; Heinrich Heine, Deutschland. Ein Wintermärchen, in: Historisch-kritische Gesamtausgabe der Werke. In Verbindung mit dem Heinrich-Heine-Institut hg. v. Manfred Windfuhr, Hamburg 1973–1997, Bd. 4, S. 92.

151 XIV, 379.

152 VIII, 111.

153 P 120, XIV, 359.

154 P 131.

155 XV, 181.

156 MB II 535.

157 XV, 58.

158 P 139 f.

159 X, 256.

160 XII, 225 f.

161 XIV, 121. – Sándor Ferenczi, Analyse von Gleichnissen (1915), in: Schriften zur Psychoanalyse. Bd. I, S. 210–219, S. 215.

162 XIII, 36.

163 Z 14.

164 Bl 216.

165 AS 198.

166 JoD 71.

167 E II 646.

168 Vgl. Oswald Spengler, Der Untergang des Abendlandes, bes. S. 1058 ff.

169 B 380.

170 XIV, 422.

171 XIV, 427 f.

172 XIV, 428; F 374.

173 Georg Groddeck, Unbewußtes und Sprache (1926), in: Psychoanalytische Schriften zur Literatur und Kunst, neu ausgew. u. hg. v. Helmut Siefert, Frankfurt/M. 1978, S. 98–104.

174 XIV, 106.

175 XIV, 442.

176 Oswald Spengler, Der Untergang des Abendlandes, S. 1186.

177 XIV, 442.

178 XIV, 448 f. Vgl. Reimut Reiche, Total Sexual Outlet. Eine Zeitdiagnose, in: R. R.,

Triebschicksal und Gesellschaft. Über den Strukturwandel der Psyche, Frankfurt/M., New York 2004, S. 147–176.

179 Arnold Gehlen, Der Mensch. Seine Natur und seine Stellung in der Welt, Wiesbaden 1986 (zuerst 1940), bes. S. 33 f.

180 XIV, 451.

181 Vgl. mit knappem Freud-Bezug Alexander Honold, Einsatz der Dichtung. Literatur im Zeichen des Ersten Weltkriegs, Berlin 2015, S. 550 f.

182 Georg Lukács, Die Theorie des Romans, S. 28.

183 XIV, 457.

184 XIV, 465, 462.

185 XIV, 475.

186 Friedrich Schiller, Die Thaten der Philosophen, Nationalausgabe, Bd. 1, S. 269; XIII 476.

187 Johann Wolfgang Goethe, Faust. Texte, hg. v. Albrecht Schöne. Bd. I., S. 65 (v. 1338 ff.).

188 XIV, 481.

189 XIV, 483.

190 XIV, 486, 490.

191 XIV, 106.

192 Theodor W. Adorno, Minima Moralia, S. 72.

193 XIV, 506.

194 XIV, 506.

195 Z 33.

196 B 380.

197 XIII, 228.

198 XIV, 123.

199 XIV, 217.

200 C. G. Jung, Der Gegensatz Freud und Jung (1931), in: Gesammelte Werke, Bd. 4, S. 387.

201 Nachtragsband, 671.

202 Sándor Ferenczi, Philosophie und Psychologie (1912), in: Schriften zur Psychoanalyse. Bd. I, S. 116–124. Vgl. John Burnham (Ed.), After Freud Left: A Century of Psychoanalysis in America, Chicago 2012; Lawrence R. Samuel, Shrink: A Cultural History of Psychoanalysis in America, Nebraska 2013, S. 20 ff.

203 G 56.

204 Fe III/1 92.

205 Fe III/1 133.

206 Fe III/1 139.

207 P 92.

208 P 74.

209 Fe II/2 258.

210 Ki 494.

211 E 218, 225.

212 AF 451.

213 Ki 436.

214 Bl 215.

215 Ki 303.

216 Fe III/1 76.

217 E I 286.
218 Fe III/2 60.
219 Vgl. Hilda Doolittle, Huldigung an Freud, S. 70.
220 Vgl. dazu Eva Gesine Baur, Freuds Wien, S. 122 ff.
221 Detlef Berthelsen, Alltag bei Familie Freud, S. 30. Zum Thema der bei Marie Bonaparte auftretenden vaginalen Störungen arbeitete später Karen Horney, Die Psychologie der Frau. Aus dem Amerikanischen übers. v. Ursula Joel, Frankfurt/M. 1984 (= Feminine Psychology, 1967), S. 96 ff.
222 B 393.
223 Max Schur, Freud. Leben und Sterben, S. 484.
224 P 126.
225 P 143.
226 B 377.
227 AF 288.
228 Detlef Berthelsen, Alltag bei Familie Freud, S. 38 f. Vgl. dazu auch die Katzenepisode, die Lou Andreas-Salomé, In der Schule bei Freud, S. 88 f. erzählt.
229 AS 169.

Wissenschaft auf der Weltbühne (1923–1930)

1 XIII, 225.
2 XIV, 572.
3 Nachtragsband, 716.
4 XIV, 215.
5 XIV, 235.
6 XIV, 225.
7 XIV, 213.
8 XIV, 232.
9 XIV, 249.
10 XIV, 260.
11 Sándor Ferenczi, Zur psychoanalytischen Technik (1919), in: Schriften I, S. 272–283.
12 Sándor Ferenczi, Zum 70. Geburtstage Freuds (1926), in: Schriften II, S. 194–199.
13 XIV, 262 ff.
14 XIV, 281 f.
15 XIV, 283.
16 E II 597.
17 E I 415.
18 Theodor Reik, Dreißig Jahre mit Freud, S. 119.
19 JoD 38.
20 Freud an Abraham Brill, 20. September 1927 (unpubl.), Library of Congress, Washington, C18F27.
21 XV, 76.
22 XIV, 283.
23 XVI, 32.
24 XIII, 223.
25 XIII, 110.

26 Jo 385.
27 Fe III/1 97.
28 Fe III/1 139.
29 Fe III/2 111.
30 Freud an Abraham Brill, 7. Januar 1923 (unpubl.), Library of Congress, Washington, C18F26; vgl. auch den Brief vom 20. September 1927, C18F27.
31 Freud wechselte erst in seinem neunten Brief am 23. Februar 1923 ins Deutsche; vgl. Library of Congress, Washington, Archive Riviere.
32 Jo 562 f. Vgl. zur Wirkung der Ausgabe Peter Gay, Freud, S. 523.
33 Freud an Joan Riviere, 16. November 1924 (unpubl.), Library of Congress, Washington, Archive Riviere.
34 Freud an Joan Riviere, 23. November 1927 (unpubl.), Library of Congress, Washington, Archive Riviere.
35 Freud an Abraham Brill, 20. September 1927, Library of Congress, Washington, C18F27.
36 Kernthese Ferenczis war es, daß sämtliche Organe des Menschen die Spuren der Verdrängungsarbeit spiegeln; vgl. Sándor Ferenczi, Versuch einer Genitaltheorie, S. 15 ff.
37 E I 364.
38 Paul Roazen, Freud and his Followers, S. 345 f.
39 Fe III/2 120.
40 Vgl. dazu Gerhard Wittenberger u. Christfried Tögel (Hg.), Die Rundbriefe des «Geheimen Komitees», Band 4 (1923–1927), S. 60.
41 Gerhard Wittenberger u. Christfried Tögel (Hg.), Die Rundbriefe des «Geheimen Komitees», Band 4 (1923–1927), S. 21 ff., 196 f.
42 J 300, JoD 14.
43 W 77, 52.
44 JoD 62; vgl. XIV, 330.
45 JoD 29.
46 AF 383.
47 JoD 38. Das Projekt scheiterte später an institutionellen Querelen und am Findungsprozeß.
48 Ch 120.
49 AS 125.
50 XIII, 418.
51 XVI, 34.
52 Typisch hier Ludwig Binswanger, Wandlungen in der Auffassung und Deutung des Traums, Berlin 1928 sowie ders., Traum und Existenz, Bern 1930.
53 Bi 191.
54 Théodore Flournoy, Dr. Sigm. Freud, Die Traumdeutung, in: Archives de psychologie 2 (1903), S. 72–73. Wiederabdruck in: Gerd Kimmerle [Hg.], Freuds *Traumdeutung*, S. 123–124. Vgl. Frank J. Sulloway, Biologie der Seele, S. 782; Peter Gay, Freud, S. 272 f., Edith Kurzweil, Freud und die Freudianer, S. 49.
55 Brief Freuds v. 26. Februar 1911 an Samuel Jankélévitch (unpubl., Freud-Collection, Library of Congress, Washington); zit. bei Lydia Marinelli u. Andreas Meyer, Träume nach Freud S. 127.

56 AF 284, Fe III/1 119. – Vgl. dazu (ab den Anfängen von Freuds Charcot-Rezeption) Elisabeth Roudinesco, Histoire de la Psychanalyse en France. 1. 1885–1939, Paris 1994, bes. S. 30 ff. Generell zur Rezeption in Frankreich Edith Kurzweil, Freud und die Freudianer, S. 44 ff.

57 E I 299.

58 Nachtragsband, 752.

59 E II 552.

60 E I 490.

61 W 72.

62 Fe III/1 216.

63 P 82.

64 Siegfried Bernfeld, Sisyphos oder die Grenzen der Erziehung (1925), Frankfurt/M. 1967, bes. S. 141 ff. (Plädoyer für eine pädagogische Praxis, die gegen konservative Strukturen gerichtet ist). Vgl. für die spätere Entwicklung Erich Fromm, Analytische Sozialpsychologie und Gesellschaftstheorie, übers. v. Renate u. Rolf Wiggershaus u. Hilde Weller, Frankfurt/M. 1970 (= The Crisis of Psychoanalysis, 1970).

65 AS 151.

66 Lou Andreas-Salomé, In der Schule bei Freud, S. 98; Ra 317.

67 Vgl. Sándor Ferenczi, Zur Psychoanalyse von Sexualgewohnheiten (1925), in: Schriften zur Psychoanalyse, Bd. II, S. 147–181, hier S. 181.

68 E I 341 f.

69 Sándor Ferenczi, Otto Rank, Entwicklungsziele der Psychoanalyse. Zur Wechselbeziehung von Theorie und Praxis, Wien 1924, bes. S. 23 ff. (zum Verhältnis zwischen infantilem Trauma und analytischer Situation).

70 Otto Rank, Das Trauma der Geburt und seine Bedeutung für die Psychoanalyse, Leipzig, Wien, Zürich 1924, S. 188 ff.

71 XIV, 161 f., 167, 180, 194.

72 Fe III/1 198.

73 Fe III/1 184.

74 A II 735, Fe III/1 185.

75 A II 737 f. (Kritik an Rank), A II 740 f., A II 748 f. Vgl. Karin Zienert-Eilts, Karl Abraham, S. 182 ff.

76 Fe III/1 205.

77 Freud an Joan Riviere, 7. April 1924 (unpubl.). Library of Congress, Washington, Archive Riviere.

78 Fe III/1 189.

79 Fe III/1 201.

80 Gerhard Wittenberger u. Christfried Tögel (Hg.), Die Rundbriefe des «Geheimen Komitees», Band 4 (1923–1927), S. 210 ff. Vgl. dazu E. James Lieberman, Otto Rank. Leben und Werk. Aus dem Amerikanischen übers. v. Anni Pott, Gießen 2014 (zuerst 1997), S. 362 ff.

81 Gerhard Wittenberger u. Christfried Tögel (Hg.), Die Rundbriefe des «Geheimen Komitees», Band 4 (1923–1927), S. 314.

82 Ra 223.

83 E I 362.

84 Ra 113.

85 Fe III/1 241.

86 AS 157.

87 So kolportiert von Rudolf v. Urbantschitsch in einem unpublizierten Brief an Jones v. 28./29. 2. 1956 (Jones-Archives) zit. nach Paul Roazen, Freud and his Followers, S. 401.

88 Fe III/1 243.

89 Ra 241.

90 JoD 31; Fe III/1 254.

91 Jo 555.

92 Freud an Abraham Brill, 6. Januar 1925 (unpubl.), Library of Congress, Washington, C18F27

93 JoD 33, E I 452.

94 JoD 31.

95 E I 525.

96 E I 519.

97 Freud an Joan Riviere, 29. Dezember 1924 (unpubl.), Library of Congress, Washington, Archive Riviere.

98 JoD 31.

99 JoD 32.

100 Gerhard Wittenberger u. Christfried Tögel (Hg.), Die Rundbriefe des «Geheimen Komitees», Band 4 (1923–1927), S. 179.

101 Ra 219.

102 Paul Roazen, Freud and his Followers, S. 506.

103 Nachtragsband, 713.

104 AS 157 f.

105 E I 362.

106 Ra 281 f.

107 Sándor Ferenczi, Zum 70. Geburtstage Freuds (1926), in: Schriften zur Psychoanalyse, Bd. II, S. 194–199, S. 199.

108 Interviews mit Helene Deutsch v. 28. 11. 1964 u. 18. 6. 1966; Paul Roazen, Freud and his Followers, S. 308.

109 Vgl. auf der Grundlage von Helene Deutschs eigenen Berichten Paul Roazen, Freud and his Followers, S. 462 f., ferner Edith Kurzweil, Freud und die Freudianer, S. 254 ff.

110 Vgl. den Eintrag vom 9. November 1921, AS 269.

111 Elisabeth Young-Buehl, Anna Freud, S. 110 ff.

112 AS 128.

113 AS 169, 225.

114 AS 133.

115 XIV, 565. – August Aichhorn, Verwahrloste Jugend. Die Psychoanalyse in der Fürsorgeerziehung, Leipzig, Zürich, Wien 1925.

116 E I 487.

117 Anna Freud, Einführung in die Technik der Kinderanalyse, Leipzig, Wien, Zürich 1927.

118 JoD 53. Vgl. Melanie Klein, Eine Kinderentwicklung, in: Imago 7 (1921), S. 222–259; dies., Frühstadien des Ödipuskomplexes (1928), in: M. K., Frühstadien des Ödipus-

komplexes. Frühe Schriften 1927–1945, Frankfurt/M. 1985, S. 7–21; Edward Glover, Examination of the Klein System of Child Psychology, in: The Psychoanalytic Study of the Child 1 (1945), S. 75–118. Ferner: Donald W. Winnicott, Die therapeutische Arbeit mit Kindern. Aus dem Englischen übers. v. Elisabeth Vorsphol, München 1973 (= Therapeutic Consultations in Child Psychiatry, 1971).

119 Freud an Joan Riviere, 9. Oktober 1927 (unpubl.), Library of Congress, Washington, Archive Riviere.

120 E II 573.

121 JoD 37.

122 JoD 55.

123 JoD 56.

124 Phyllis Grosskurth, Melanie Klein. Her World and Her Work, New York 1986, S. 325; vgl. Edith Kurzweil, Freud und die Freudianer, S. 219.

125 Elisabeth Young-Buehl, Anna Freud, S. 137.

126 E II 583.

127 Elisabeth Young-Buehl, Anna Freud, S. 132 ff.

128 Mi 298.

129 Peter Gay, Freud, S. 521

130 Paul Roazen, Freud and his Followers, S. 422 ff.

131 Ch 124 f.

132 Hilda Doolittle, Huldigung an Freud, S. 204, 146.

133 Hilda Doolittle, Huldigung an Freud, S. 35.

134 E II 603.

135 Ch 105.

136 AF 516.

137 Ch 105.

138 E I 340.

139 AF 301.

140 E I 67.

141 E I 184.

142 E I 321.

143 E I 444; vgl. die Zahlen bei Peter Gay, Freud, S. 519, ferner Edith Kurzweil, Freud und die Freudianer, S. 75.

144 E I 11, E I 185.

145 Fe II/1 199.

146 E I 205.

147 F III/1 67.

148 E I 10 ff.

149 Fe III/2 286.

150 E I 419.

151 E I 458.

152 JoD 40.

153 Fe III/2 282; vgl. E II 766 f.

154 E I 31 f.

155 JoD 44, 48 f.

156 A II 746.

157 Gerhard Wittenberger u. Christfried Tögel (Hg.), Die Rundbriefe des «Geheimen Komitees», Band 4 (1923–1927), S. 8. Vgl. Elisabeth Roudinesco u. Michel Plon (Hg.), Wörterbuch der Psychoanalyse, S. 561.

158 A II 746.

159 A II 783 f.

160 G 60, 88, 74. Vgl. Johann Wolfgang Goethe, Faust. Texte, hg. v. Albrecht Schöne, Bd. I., S. 28 (v.339).

161 Fe III/2 67.

162 G 54.

163 AS 191.

164 G 102.

165 AS 219.

166 Vgl. exemplarisch Karen Horney, The Neurotic Personality of our Time, New York 1937, bes. S. 19 f. (Erweiterung der Freudschen Neurosenlehre durch Aspekte der individuellen kulturellen Sozialisation). Dazu Jean-Bertrand Pontalis, Nach Freud. Aus dem Französischen v. Peter Assion u. a., Frankfurt/M. 1976 (= Après Freud, 1965), S. 176 ff.

167 Hermine Hug-Hellmuth, Neue Wege zum Verständnis der Jugend. Psychoanalytische Vorlesungen für Eltern, Lehrer, Erzieher, Schulärzte, Kindergärtnerinnen und Fürsorgerinnen, Leipzig, Wien 1924.

168 So auf der Grundlage der Prozeßberichte Wolfgang J. A. Huber, Die erste Kinderanalytikerin, in: Psychoanalyse als Herausforderung. Festschrift [Igor Alexander] Caruso, hg. v. Heimo Gastager u. a., Wien 1980, S. 125–134.

169 Marie Bonaparte, Das Leben Edgar Poes. Mit einem Vorwort von Sigm. Freud. Bd. I, S. 5.

170 Freud an Emma Eckstein, 30. Januar 1905 (unpubl.), Library of Congress, Washington, C21F25.

171 XIV, 241.

172 Karl Abraham, Äußerungsformen des weiblichen Kastrationskomplexes (1921), in: K. A., Psychoanalytische Studien, Bd. 2, S. 69–99.

173 XIV, 521. C. G. Jung, Versuch einer Darstellung der psychoanalytischen Theorie (1912/13), in: Gesammelte Werke. Bd. 4, S. 107–111. – Vgl. Zenia O. Fliegel, Die Entwicklung der Frau in der psychoanalytischen Theorie: Sechs Jahrzehnte Kontroversen, in: Psychoanalyse der Frau jenseits von Freud, Berlin, Heidelberg, New York 1991, S. 11–40; Griselda Pollock, Beyond Oedipus. Feminist Thought, Psychoanalysis, and Mythical Figurations of the Feminine, in: Laughing with Medusa, ed. by Vando Zajko and Miriam Leonard, Oxford 2006, S. 67–117.

174 XIV, 28.

175 XIV, 29.

176 Edith Jacobssohn, Wege der weiblichen Über-Ich-Bildung, in: Internationale Zeitschrift für Psychoanalyse 23 (1937), S. 402–412; Jeanne Lampl-de Groot, On the Development of the Ego and the Superego, in: International Journal of Psychoanalysis 28 (1947), S. 7–11.

177 P 21.

178 So noch eineinhalb Jahre vor seinem Tod in einem Brief an Jones vom 13. Mai 1938; JoD 106.

179 VII, 162.
180 Fe I/1 195.
181 JoD 59.
182 JoD 59.
183 XIV, 522. Vgl. dagegen Margarete Mitscherlich, Die friedfertige Frau. Eine psychoanalytische Untersuchung zur Aggression der Geschlechter, Frankfurt/M. 1985, S. 84 ff.
184 XIV, 534.
185 Einerseits ergaben biochemische Analysen klar zuschreibbare Geschlechtshormone, andererseits eine Vielzahl von ähnlichen Konstellationen bei Männern und Frauen, weshalb die moderne Genderforschung an diesem Punkt durchaus der Position Freuds zuneigt. Vgl. zur feministischen Intervention Helga Satzinger, Differenz und Vererbung. Geschlechterordnungen in der Genetik und Hormonforschung 1890–1950, Köln u. a. 2009, bes. S. 243 ff. (mit Blick auf die Vererbungslehre).
186 XIV, 536, XIV, 30.
187 AF 302.
188 JoD 69.
189 AF 509.
190 Ki 643.
191 AS 185.
192 B 416.

Spiegelungen der Lehre (1924–1933)

1 XV, 146.
2 Vgl. dazu Peter Sprengel, Geschichte der deutschsprachigen Literatur 1900–1918. Von der Jahrhundertwende bis zum Ende des Ersten Weltkriegs, München 2004, S. 92 ff.
3 Franz Werfel, Die Dramen. Erster Band, hg. v. Adolf D. Klarmann, Frankfurt/M. 1959, S. 319–383; Franz Kafka, Briefe 1902–1924, S. 424.
4 E I 243.
5 JoD 67.
6 Peter Gay, Freud. A Life for Our Time, New York 1987, S. 454.
7 A II 818.
8 A II 820 ff.
9 Fe III/2 49.
10 Fe III/2 51.
11 A II 818.
12 Siegfried Kracauer, Von Caligari zu Hitler. Eine psychologische Geschichte des Films. Übers. v. Ruth Baumgarten u. Karsten Witte, Frankfurt/M. 1979 (= From Caligari to Hitler. A Psychological History of the German Film, 1947), S. 182.
13 E I 467.
14 Walter Benjamin, Traumkitsch, in: Gesammelte Schriften, Bd. II/2, S. 620 ff.
15 Brief an Stefan Zweig v. 20. Juli 1938; B 441.
16 JoD 40.
17 Nachtragsband, 138 f.

18 Fe II/2 24 ff. Auf Drängen Ferenczis folgte allerdings zwei Wochen später eine Zusage für das Frühjahr.

19 Vgl. die Dokumentation in: Norbert Jacques, Dr. Mabuse, der Spieler (1922), Hamburg 1994, S. 343 ff.

20 Ernst Simmel, Sigmund Freud. The Man and his Work, in: Psychoanalytic Quarterley 9 (1940), Nr. 1, S. 163–176, S. 172.

21 Bl 223.

22 XIII, 188.

23 W 80.

24 JoD 85.

25 W 82.

26 B 401.

27 XII, 248. Vgl. Otto Rank, Der Doppelgänger, in: Imago 3 (1914), S. 97–164, S. 101.

28 JoD 40.

29 E I 502.

30 Fe III/2 34.

31 Paul Roazen, Freud and his Followers, S. 504.

32 E I 467. Vgl. Wilhelm Reich, Trieb und Libidobegriff von Forel bis Jung, in: Zeitschrift für Sexualwissenschaft 9 (1922), S. 17–19, 44–50, 75–85.

33 AS 191.

34 AS 191.

35 Vgl. neben Herbert Marcuses *Triebstruktur und Gesellschaft* vor allem: Alfred Lorenzer, Die Wahrheit der psychoanalytischen Erkenntnis. Ein historisch-materialistischer Entwurf, Frankfurt/M. 1974. Weiterhin fortlebend in neueren Ansätzen, z. B. bei: Filip Kovacevic, «Liberating Oedipus?» Psychoanalysis as Critical Theory, Lanham 2007.

36 E II 778.

37 AF 455.

38 B 421.

39 Ve 293.

40 Thomas Mann, Der Zauberberg, S. 181.

41 Vgl. Manfred Dierks, Der Wahn und die Träume im *Tod in Venedig*, in: Psyche 44 (1990), S. 240–268.

42 Thomas Mann, Die Stellung Freuds in der modernen Geistesgeschichte (1929), in: Reden und Aufsätze II, S. 280.

43 AS 196 ff.

44 Ch 80.

45 E II 791. Vgl. Ernest Jones, Das Leben und Werk von Sigmund Freud, Bd. 3, S. 204 f.

46 E II, 791.

47 B 418.

48 Bryher, The Heart to Artemis, London 1963, S. 245; vgl. Ch 128 f.

49 Ch 128.

50 Freud an Abraham Brill, 1. Januar 1930 (unpubl.), Library of Congress, Washington, C18F27.

51 Hilda Doolittle, Huldigung an Freud, S. 212, vgl. S. 35 f.

52 Ki 211; Detlef Berthelsen, Alltag bei Familie Freud, S. 30 f.

53 Ch 79; vgl. Katja Behling, Martha Freud, S. 147.
54 B 445.
55 Freud's Library. A Comprehensive Catalogue, S. 95 ff.
56 Nachtragsband, 677.
57 Ki 381, Ch 339.
58 Lion Feuchtwanger, Die Geschwister Oppermann, Frankfurt/M. 1989, S. 114; Ki 428.
59 Bi 220.
60 Mi 306.
61 Detlef Berthelsen, Alltag bei Familie Freud, S. 32 f.
62 Gerhard Wittenberger u. Christfried Tögel (Hg.), Die Rundbriefe des «Geheimen Komitees», Band 4 (1923–1927), S. 293.
63 XIV, 546. Vgl. zur Spätwirkung der Filmdebatte Karin Zienert-Eilts, Karl Abraham, S. 255 ff.
64 P 106.
65 Freud an Joan Riviere, 3. Januar 1926 (unpubl.), Library of Congress, Washington, Archive Riviere.
66 Jo 701.
67 Franz Kafka, Gesammelte Werke, Bd. 8, S. 130.
68 XV, 393.
69 XV, 394.
70 Nachtragsband, 775.
71 XIV, 569.
72 Lily Freud-Marlé, Mein Onkel Sigmund Freud, S. 161.
73 E I 394.
74 XIV, 557.
75 Yosef Hayim Yerushalmi, Freud's Moses, S. 107.
76 Z 51.
77 Vgl. Yosef Hayim Yerushalmi, Freud's Moses, bes. S. 51 ff., 95 f.; Jacques Derrida, Dem Archiv verschrieben. Eine Freudsche Impression, Berlin 1997; Frank Maciejewski, Psychoanalytisches Archiv und jüdisches Gedächtnis. Freud, Beschneidung und Monotheismus, Wien 2002; Morris Vollmann, ‹Jüdische Wissenschaft›? Psychoanalyse im Fokus von Fremdzuschreibung und Entstehungskontext, in: Deutsch-jüdische Wissenschaftsschicksale. Studien über Identitätskonstruktionen in der Sozialwissenschaft, hg. Christoph Henning, Bielefeld 2006, S. 95–128.
78 A I 107.
79 Yosef Hayim Yerushalmi, Freud's Moses, S. 107 f.
80 Lou Andreas-Salomé, In der Schule bei Freud, S. 67.
81 C. G. Jung, Zur gegenwärtigen Lage der Psychotherapie (1934), Gesammelte Werke, Bd. 10, S. 181–199, hier S. 190 f.
82 Zusammenfassung solcher Ansätze bei: Samuel Salzborn, Monotheismus und antisemitische Angst, in: Tribüne. Zeitschrift zum Verständnis des Judentums 190 (2009), S. 134–140.
83 XIV, 110.
84 Anna Freud, Inaugural Lecture for the Sigmund Freud Chair at the Hebrew University, Jerusalem, in: International Journal of Psychoanalysis 59 (1978), S. 145–148, hier S. 148.

85 Vgl. Peter Gay, «Ein gottloser Jude», S. 184 (Anm. 3), der zu Recht darauf hinweist, daß Anna Freuds Rede keine Kehrtwende, sondern ein intellektuelles Experiment mit offenem Ausgang bezeichne.
86 Yosef Hayim Yerushalmi, Freud's Moses, S. 99. Vgl. auch die sehr abgewogene Darstellung bei Jakob Hessing, Der Fluch des Propheten, S. 262 ff.
87 Nachtragsband, 756 ff.
88 Jo 557.
89 Z 88.
90 JoD 65 f. Vgl. Ernest Jones, Freud, Sigmund, in: Encyclopaedia Britannica. Vol 9, S. 836–837.
91 Fe III/1 86.
92 Ki 242.
93 B 365.
94 B 366.
95 Alfred Döblin, Zum siebzigsten Geburtstag Sigmund Freuds, in: Almanach für das Jahr 1927, Wien 1927, S. 28–39, S. 33.
96 Theodor Reik, Zu Freuds Kulturbetrachtung (Das Unbehagen in der Kultur), in: Imago 16 (1930), S. 232–245, S. 344.
97 Z 9 f.
98 B 398.
99 B 398.
100 B 384.
101 Ra 235.
102 B 388.
103 E II 708.
104 E II 719.
105 E II 557 ff.
106 Ch 73.
107 Ch 149.
108 Z 46.
109 Die Auszeichnung Eric R. Kandels im Jahr 2000 galt seinen neurowissenschaftlichen Forschungen, die zwar punktuell von der Psychoanalyse ausgehen, diese aber aus einer biologischen bzw. biochemischen Perspektive methodisch neu begründen.
110 Z 18.
111 Rudolf Kayser, Siegmund [!] Freud und der Goethe-Preis, in: Die neue Rundschau XXXXI (1930), S. 423.
112 Z 27, 21.
113 Fe II/1 115.
114 Fe II/1 118.
115 B 394.
116 B 394.
117 JoD 75.
118 AS 207.
119 XIV, 547.
120 XIV, 550.

121 Kurt R. Eissler, Goethe: A psychoanalytic study 1775–1876, Detroit 1963.
122 XVI, 33.
123 Brief an Lajos Lévy vom 24. Februar 1926, Library of Congress, Washington; auszugsweise abgedruckt in Fe III/2 82, Anm. 2.
124 Fe III/2 80.
125 E I 443. – Urbantschitsch hatte mehrfach Affären mit seinen Patientinnen, von denen sich zwei das Leben nahmen. Diese Skandale führten dazu, daß er nicht in die Wiener *Psychoanalytische Vereinigung* aufgenommen wurde.
126 JoD 44.
127 JoD 42.
128 AF 473.
129 Ki 384, E I 495.
130 Max Schur, Sigmund Freud. Leben und Sterben, S. 479; A II 826.
131 E II 575.
132 E II 610.
133 Nachtragsband, 677.
134 Nachtragsband, 677.
135 JoD 77.
136 E II 614.
137 Z 40.
138 E II 690.
139 A II 591.
140 Fe III/2, 246; vgl. JoD 76.
141 Ödön von Horváth, Kasimir und Karoline (1932), in: Geschichten aus dem Wiener Wald und andere Dramen, hg. v. Traugott Krischke und Dieter Hildebrandt, Frankfurt/M. 1970, S. 99–171, S. 102.
142 Nachtragsband, 719.
143 B 377.
144 XIV, 100. Sándor Ferenczi, Glaube, Unglaube und Überzeugung, in: Schriften zur Psychoanalyse. Bd. I, S. 135–147, hier S. 135.
145 E II 818.
146 Theodor Reik, Dreißig Jahre mit Freud, S. 114.
147 XV, 13 ff.
148 B 333.
149 XV, 42 ff.
150 XV, 83 ff.
151 XV, 86.
152 XV, 101.
153 XV, 167.
154 XV, 163.
155 B 409.
156 XV, 187.
157 XV, 192 f.
158 XV, 196.
159 XV, 197. Vgl. Arthur Schnitzler, Über Psychoanalyse (1921), in: Psychoanalyse in der literarischen Moderne, Bd. 1, S. 159.

Endzeit in Wien (1930–1937)

1 Ch 146.
2 E II 732.
3 E II 732.
4 E II 732.
5 Z 39.
6 E II 759.
7 E II 732 f.
8 Stefan Zweig, Die Heilung durch den Geist. Mesmer, Mary Baker-Eddy, Freud, Leipzig 1931, S. 348 f.
9 E II 733.
10 E II 747.
11 Hilda Doolittle, Huldigung an Freud, S. 110.
12 Z 40.
13 E II 739.
14 Z 51; E II 897.
15 E II 748.
16 E II 752.
17 E II 755.
18 E II 779.
19 E II 779.
20 Z 41.
21 JoD 81, 84.
22 Edith Kurzweil, Freud und die Freudianer, S. 78.
23 Sándor Ferenczi, Ohne Sympathie keine Heilung, S. 17.
24 E II 765.
25 Fe III/2 273. ‹Demiviergetum› – bezogen auf das französische Wort ‹Demivierge› – meint junge Frauen, die bereits über sexuelle Erfahrungen verfügen, ohne Geschlechtsverkehr ausgeübt zu haben.
26 E II 765, 822.
27 E II 826.
28 AF 527.
29 AF 528.
30 E II 829.
31 E II 830.
32 JoD 84.
33 Walter Benjamin, Zur Kritik der Gewalt, Gesammelte Schriften, Bd. II, S. 179–203, bes. S. 182.
34 XVI, 22.
35 XVI, 24.
36 B 314. Dazu Ernest Jones, Das Leben und Werk von Sigmund Freud, Bd. 3, S. 242 f.
37 Vgl. Ernest Jones, Das Leben und Werk von Sigmund Freud, Bd. 3, S. 216 (Widmung ungenau rückübersetzt), ferner Roberto Zapperi, Freud und Mussolini, in: Zeitschrift für Ideengeschichte VI/1 (2012), S. 53–64.
38 Zur Mussolini-Episode Peter Sprengel, Rudolf Borchardt. Der Herr der Worte. Eine

Biographie, München 2015, S. 353 ff. Zu Churchill Volker Hentschel, Hitler und seine Bezwinger. Churchill, Roosevelt, Stalin und de Gaulle. Bd. I (1870–1939), Berlin u. a. 2013, S. 532.

39 Ch 209.

40 Nachtragsband, 691.

41 Ch 76.

42 JoD 80.

43 Fritz Kortner, Aller Tage Abend, München 1959, S. 411 ff. – Kortner gibt übrigens an, daß seine Mutter Helene Lunzer mit der Familie Freuds verwandt gewesen sei, wofür sich aber keine Belege finden (S. 41).

44 «My language is German. My culture, my attainments are German. I considered myself German intellectually, until I noticed the growth of anti-Semitic prejudice in Germany and German Austria. Since that time, I prefer to call myself a Jew.» (George S. Viereck, Glimpses of the Great, London 1930, S. 34).

45 Ralf Georg Reuth (Hg.), Joseph Goebbels Tagebücher. Bd. 2, München 2000, S. 757.

46 Stefan Zweig, Die Welt von Gestern, S. 417.

47 Theodor Reik, Dreißig Jahre mit Freud, S. 28.

48 Ch 261.

49 Elias Canetti, Die Fackel im Ohr, S. 78.

50 XIII, 107. Paul Federn, Zur Psychologie der Revolution: Die verlorene Gesellschaft (1919), in: Analytische Sozialpsychologie. Bd. I, hg. v. Helmut Dahmer, Frankfurt/M. 1980, S. 65–87.

51 Gustave Le Bon, Psychologie der Massen. Aus dem Französischen übers. v. Rudolf Eisler, Leipzig 1912 (= Psychologie des foules, 1895).

52 XIII, 82.

53 XIII, 98 ff.

54 Hermann Broch, Massenwahntheorie. Beiträge zur einer Psychologie der Politik, in: Kommentierte Werkausgabe. Bd. 12, hg. v. Paul Michael Lützeler, Frankfurt/M. 1979, S. 298.

55 Elias Canetti, Die Fackel im Ohr, S. 78.

56 XIII, 113.

57 XIII, 126.

58 XIII, 137.

59 XIII, 138.

60 XIII, 147.

61 AS 125.

62 G 49.

63 Ernst Simmel, Anti-Semitism and Mass-Psychopathology, in: Anti-Semitism – A Social Disease. With a Preface by Gordon Allport, ed. by Ernst Simmel, New York 1946, S. 33–78; darin auch der Beitrag von Theodor W. Adorno, Anti-Semitism and Fascist Propaganda, S. 125–137.

64 Ch 93, Ki 345.

65 JoD 87.

66 JoD 88.

67 Ki 425.

68 Hilda Doolittle, Huldigung an Freud, S. 206.

69 Stefan Zweig, Die Welt von Gestern, S. 437.
70 Hilda Doolittle, Huldigung an Freud, S. 211. Vgl. Peter Gay, Freud, S. 668.
71 Hilda Doolittle, Huldigung an Freud, S. 211.
72 Z 77.
73 Z 76.
74 Ki 428.
75 Z 70.
76 Z 70.
77 Hermann Nunberg, Memories, Recollections, Ideas, Reflections, New York 1969, S. 60.
78 Z 77.
79 Hilda Doolittle, Huldigung an Freud, S. 84.
80 Vgl. Statistik Austria: Bevölkerung nach dem Religionsbekenntnis und Bundesländern 1951 bis 2001.
81 Fe III/2 300.
82 XVI, 267, Ch, 267.
83 P 152.
84 E II 861.
85 JoD 89.
86 Ch 270.
87 JoD 98.
88 JoD 99.
89 Ch 359; Lily Freud-Marlé, Mein Onkel Sigmund Freud, S. 179.
90 Thomas Mann, Freud und die Zukunft, in: Reden und Aufsätze I, Frankfurt/M. 1974 (= Gesammelte Werke, Bd. IX), S. 478–501.
91 Thomas Mann, Freud und die Zukunft (1936), in: Reden und Aufsätze I, S. 480.
92 Thomas Mann, Freud und die Zukunft (1936), in: Reden und Aufsätze I, S. 478.
93 Thomas Mann, Freud und die Zukunft (1936), in: Reden und Aufsätze I, S. 487. Vgl. Rolf Vogt, Psychoanalyse zwischen Mythos und Aufklärung, S. 144 f.
94 Thomas Mann, Freud und die Zukunft (1936), in: Reden und Aufsätze I, S. 494; Ernst Kris, Zur Psychologie älterer Biographik (dargestellt an der des bildenden Künstlers), in: Imago XXI (1935), Hft. 3, S. 320–344.
95 Thomas Mann, Freud und die Zukunft (1936), in: Reden und Aufsätze I, S. 496.
96 Thomas Mann, Freud und die Zukunft (1936), in: Reden und Aufsätze I, S. 500.
97 Vgl. Ludwig Binswanger, Erinnerungen an Sigmund Freud, Bern 1956, S. 114.
98 Nachtragsband, 681.
99 Hans Blumenberg, Arbeit am Mythos, S. 561.
100 Z 137.
101 Paul Roazen, Freud and his Followers, S. 296.
102 Z 138.
103 Z 149.
104 Z 149.
105 E I 483.
106 Bl 225.
107 Hilda Doolittle, Huldigung an Freud, S. 47.
108 E I 532.

109 Z 71.
110 Hilda Doolittle, Huldigung an Freud, S. 214.
111 Z 65.
112 Z 109.
113 Ch 362.
114 Detlef Barthelsen, Alltag bei Familie Freud, S. 45 f.
115 JoD 76.
116 Dorothy Sayers, Gaudy Night (1935), London 2003, S. 332, 357. Zur Lektüre auch Detlef Berthelsen, Alltag bei Familie Freud, S. 38.
117 JoD 97.
118 Jo 752; Ch 327.
119 Theodor Reik, New Ways in Psychoanalytic Technique, in: Journal of Psychoanalysis XIV (1933), S. 321–334; Otto Fenichel, Zur Theorie der psychoanalytischen Technik (1935), in: Aufsätze. Bd. I, S. 325–344, S. 325.
120 XVI, 49.
121 XVI, 53.
122 XVI, 56.
123 XVI, 61.
124 XVI, 62.
125 XVI, 69.
126 XVI, 71. – Zur Ökonomie als dritter Kategorie der Metapsychologie Paul Ricœur, Die Interpretation, S. 127 ff.
127 XVI, 79 f.
128 Anna Freud, Das Ich und die Abwehrmechanismen, Wien 1936, S. 74.
129 XVI, 85.
130 XVI, 88.
131 XVI, 93.
132 Hilda Doolittle, Huldigung an Freud, S. 158.
133 XVII, 96.
134 Franz Kafka, Briefe an Milena, S. 292; ders., Gesammelte Werke, Bd. 7, S. 161.
135 Sándor Ferenczi, Das Problem der Beendigung der Analysen (1928), In: Schriften. Bd. II, S. 227–236.
136 Anna Freud, Inaugural Lecture for the Sigmund Freud Chair at the Hebrew University, Jerusalem, in: The International Journal of Psycho-Analysis 59 (1978), S. 145–148, hier S. 146.
137 XV, 163 f.
138 AS 222.
139 B 422: vgl. Ch 367.

Emigration und Tod (1938–1939)

1 F 357.
2 F 369.
3 Detlef Berthelsen, Alltag bei Familie Freud, S. 72; Edith Kurzweil, Freud und die Freudianer, S. 79.
4 Z 167.

5 Ki 439.
6 Johann Wolfgang Goethe, Faust. Texte, hg. v. Albrecht Schöne, S. 284 (II, v.7003 f.).
7 Ki 439.
8 E II 999.
9 Ki 440.
10 Ch 408 f.
11 Winston S. Churchill, Reden in Zeiten des Kriegs. Ausgewählt, eingeleitet u. erläutert v. Klaus Körner. Aus dem Englischen v. Walther Weibel, Hamburg, Wien 2002, S. 45.
12 Stefan Zweig, Die Welt von Gestern, S. 460.
13 Carl Zuckmayer, Als wär's ein Stück von mir. Horen der Freundschaft, Hamburg 1966, S. 89.
14 Ch 410 f. – Ernest Jones, Das Leben und Werk von Sigmund Freud, Bd. III, S. 260; Detlef Berthelsen, Alltag bei Familie Freud, S. 71.
15 Elisabeth Young-Bruehl, Anna Freud, S. 225.
16 Ernest Jones, Das Leben und Werk von Sigmund Freud, Bd. III, S. 261.
17 Detlef Berthelsen, Alltag bei Familie Freud, S. 76.
18 Z 167.
19 Max Schur, Sigmund Freud. Leben und Sterben, S. 585; Detlef Berthelsen, Alltag bei Familie Freud, S. 79 f.
20 So bei Detlef Berthelsen, Alltag bei Familie Freud, S. 79. Vgl. Ernest Jones, Das Leben und Werk von Sigmund Freud, Bd. III, S. 265.
21 Elisabeth Young-Bruehl, Anna Freud, S. 227.
22 Ch 414; vgl. Ernest Jones, Das Leben und Werk von Sigmund Freud, Bd. III, S. 264.
23 JoD 105.
24 Mi 311.
25 Mi 314.
26 Sichtbar in einem kurzen Privatfilm, den Marie Bonaparte während dieser Tage in Wien drehte.
27 Ch 419.
28 Mi 313.
29 Mi 320.
30 Ki 443 f.
31 Ch 423, ferner Eva Gesine Baur, Freuds Wien, S. 199.
32 Saul Friedländer, Das Dritte Reich und die Juden. Die Jahre der Verfolgung 1933–1939. Die Jahre der Vernichtung 1939–1945, München 2007, S. 262.
33 Ki 437.
34 B 447; vgl. Ronald W. Clark, Freud, S. 585.
35 Vgl. dazu die sehr genau recherchierten Angaben bei Christfried Tögel, Bahnstation Treblinka. Zum Schicksal von Sigmund Freuds Schwester Rosa Graf, in: Psyche 44 (1990), Hft. 11, S. 1019–1024. Ferner Eva Gesine Baur, Freuds Wien, S. 219 ff. – Abweichende Informationen, die Todesorte betreffend, bei Marianne Krüll, Freud und sein Vater, S. 254, Peter Gay, Freud, S. 731, Katja Behling, Martha Freud, S. 212.
36 Detlef Berthelsen, Alltag bei Familie Freud, S. 85.
37 E II 902.
38 Ch 428.
39 Zit. CH 427.

40 E II 902.

41 Bertolt Brecht, Zufluchtsstätte (1937), in: Gesammelte Werke. 20 Bde., hg. v. Suhrkamp-Verlag in Verbindung mit Elisabeth Hauptmann, Frankfurt/M. 1967, Bd. 9, S. 720.

42 20 Maresfield Gardens: A Guide to the Freud Museum, London, S. 6.

43 20 Maresfield Gardens: A Guide to the Freud Museum, London, S. 6.

44 Ch 441.

45 E II 903.

46 B 440.

47 Z 173.

48 B 441; vgl. Ch 435.

49 Max Schur, Sigmund Freud. Leben und Sterben, S. 598.

50 E II 907.

51 Max Schur, Sigmund Freud. Leben und Sterben, S. 598; zu den Kosten vgl. Ch 443.

52 Freud an Abraham Brill, 18. Oktober 1938 (unpubl.), Library of Congress, Washington, C19F2.

53 Ch 445.

54 Detlef Berthelsen, Alltag bei Familie Freud, S. 91.

55 E II 905.

56 Detlef Berthelsen, Alltag bei Familie Freud, S. 94.

57 Bi 242.

58 Elisabeth Young-Bruehl, Anna Freud, S. 234.

59 B 447.

60 E II 903.

61 B 440.

62 B 440.

63 Ch 449. Vgl. Paul Roazen, Freud and his Followers, S. 540; Detlef Berthelsen, Alltag bei Familie Freud, S. 94 f.

64 XIII, 556.

65 J 218.

66 E II 883.

67 Z 102.

68 E II 883.

69 E II 886.

70 Z 108.

71 Z 163 f. – Sehr viel später wurde das Projekt realisiert: Christoph Türcke, Jesu Traum. Psychoanalyse des Neuen Testaments, Springe 2009.

72 Vgl. zu diesem Anhang Yosef Hayim Yerushalmi, Freud's Moses S. 24 ff., S. 101 ff. (Text des Appendix). Zur Spannung zwischen Fiktion und Analyse Jan Assmann, Exodus. Die Revolution der Alten Welt, München 2015, S. 389 ff.

73 Abdruck bei Yosef Hayim Yerushalmi, Freud's Moses, S. 101 ff.

74 JoD 101.

75 Z 163.

76 XVI, 159.

77 Brief an Cornelis de Dood v. 27. April 1939 (unpubl., vgl. Katalog J. A. Stargardt Nr. 62, Januar 2016).

78 Ch 462. Vgl. Ernest Jones, Das Leben und Werk von Sigmund Freud, Bd. III, S. 286.
79 XVI, 160.
80 Zu den Fassungen Jan Assmann, Moses der Ägypter. Entzifferung einer Gedächtnisspur, Frankfurt/M. 2007 (6. Aufl., zuerst 2000), S. 216.
81 XVI, 103.
82 Thomas Mann, Das Gesetz, in: Die Erzählungen. Bd. 2, Frankfurt/M. 1979, S. 621. Manns Moses-Geschichte ist deutlich von den Spuren seiner Freud-Lektüre geprägt.
83 XVI, 104 f.; Freud datiert Breasteds Studie irrtümlich auf 1906, sie ist aber 1905 erschienen.
84 Eduard Meyer, Die Israeliten und ihre Nachbarstämme, Halle 1906; vgl. XVI, 133 ff.
85 XVI, 144.
86 XVI, 208.
87 Friedrich Schiller, Die Sendung Moses, NA 18, S. 377–397.
88 1 Mos. 25, 2–4.
89 Harald Weinrich, Semantik der kühnen Metapher, in: Deutsche Vierteljahrsschrift für Literaturwissenschaft und Geistesgeschichte 37 (1963), S. 325–344; XVI, 141.
90 Jan Assmann, Moses der Ägypter, S. 218. Vgl. Jan Assmann, Sigmund Freud und das kulturelle Gedächtnis, in: Psyche 58 (2004), S. 1–25.
91 Thomas Mann, Joseph und seine Brüder. Die Geschichte Jaakobs. Der junge Joseph (1933), Frankfurt/M. 1986, S. 5.
92 Ernst Sellin, Mose und seine Bedeutung für die israelitisch-jüdische Religionsgeschichte, Leipzig 1922; vgl. XVI, 136 f.
93 AS 223.
94 Jan Assmann, Exodus, S. 334.
95 Ernst Sellin, Mose, S. 114; vgl. Jan Assmann, Exodus, S. 332 ff. (mit Hinweisen auf weitere Bibelstellen, die eine Tötung des Moses andeuten).
96 XVI, 183 ff., 201; II/III, 543.
97 Theodor Reik, Probleme der Religionspsychologie. I. Teil: Das Ritual. Mit einem Vorwort v. Sigmund Freud, Leipzig, Wien 1919, S. 269 f.
98 Unter dem Titel *Gross ist die Diana der Epheser*, GW VIII, 360 f.
99 So Michel Onfray, Anti-Freud, S. 199.
100 XVI, 165.
101 XVI, 186 f.
102 E II, 921.
103 XVI, 216.
104 XVI, 147, 155.
105 XVI, 218.
106 XVI, 144.
107 XVI, 170.
108 Yosef Hayim Yerushalmi, Freud's Moses, S. 55.
109 XVI, 152. – Der Begriff ‹Endsieg› tauchte im letzten Jahr des Ersten Weltkriegs erstmals in der Propagandasprache der deutschen Heeresleitung auf. Hitler verwendet ihn in *Mein Kampf* aus antisemitischer Perspektive: «Als ich so durch lange Perioden menschlicher Geschichte das Wirken des jüdischen Volkes forschend betrachtete, stieg mir plötzlich die bange Frage auf, ob nicht doch vielleicht das unerforschliche

Schicksal aus Gründen, die uns armseligen Menschen unbekannt, den *Endsieg* dieses kleinen Volkes in ewig unabänderlichem Beschlusse wünsche?» (Adolf Hitler, Mein Kampf, München 1933 [zuerst 1925/26], S. 169).

110 E II 921.

111 XVI, 197 f.

112 XVI, 198.

113 Zu diesem Gedanken auch Jan Assman, Moses der Ägypter, S. 242.

114 Hans Blumenberg, Rigorismus der Wahrheit, S. 11.

115 XVI, 156.

116 Karl Marx, Zur Kritik der Hegelschen Rechtsphilosophie (1844), Marx/Engels, Werke, Bd. I, S. 378.

117 XVI, 157.

118 XVI, 157.

119 Johann Wolfgang Goethe, Faust. Texte, hg. v. Albrecht Schöne, S. 28 (v. 350 ff.).

120 B 363.

121 XIII, 557.

122 Z 51.

123 Z 132.

124 B 446.

125 JoD 27.

126 AF 548.

127 XVII, 141 f.

128 XVII, 108.

129 P 129.

130 XVII, 67.

131 XVII, 67 f.

132 XVII, 67.

133 XVII, 81. Zu dieser Verbindung von Objekt und Subjekt der Psychoanalyse Hartmut Böhme, Fetischismus und Kultur. Eine andere Theorie der Moderne, Reinbek b. Hamburg 2006, S. 408.

134 XVII, 128.

135 XVII, 130.

136 XVII, 138.

137 XVII, 108.

138 XIII, 427.

139 B 441.

140 Z 186; zur Behandlung vgl. E II 920 f. sowie Max Schur, Sigmund Freud. Leben und Sterben, S. 607 ff.

141 B 451.

142 MB III 502.

143 Kommentar zu den Filmaufnahmen vom 6. Mai 1939, Freud-Museum, London.

144 Freud an Abraham Brill, 16. Mai 1939 (unpubl.), Library of Congress, Washington, C19F2.

145 Freud Archive, London (unpubl.). Abdruck bei Ernest Jones, Das Leben und Werk von Sigmnd Freud, Bd. III, S. 287.

146 Max Schur, Sigmund Freud. Leben und Sterben, S. 617 f.

147 AF 551.

148 Ch 470.

149 Max Schur, Sigmund Freud. Leben und Sterben, S. 619 f.

150 Ch 472.

151 So die einprägsame Formulierung in der Einleitung seiner Dissertation über das Metternich-System: eine Staatengemeinschaft, deren oberstes politisches Ziel der Friedenserhalt sei, liefere sich automatisch dem ‹ruchlosesten› Mitglied der ganzen Gruppe aus (Henry A. Kissinger, A World Restored. Metternich, Castlereagh, and the Problems of Peace, Boston 1957, S. 1).

152 Jo 770.

153 Max Schur, Sigmund Freud. Leben und Sterben, S. 618.

154 Max Schur, Sigmund Freud. Leben und Sterben, S. 618; ebenso zitiert bei: Ernest Jones, Das Leben und Werk von Sigmund Freud, Bd. III, S. 289.

155 William Shakespeare, Macbeth, v.2376 f.

156 P 33.

157 J 488.

158 Max Schur, Sigmund Freud, Leben und Sterben, S. 619 f.

159 Detlef Berthelsen, Alltag bei Familie Freud, S. 99.

160 Elisabeth Young-Bruehl, Anna Freud, S. 239.

161 Die Formulierung bei Hugo v. Hofmannsthal, Briefe 1900–1909, S. 155.

Bibliographie

I Werke, Lebenszeugnisse und Korrespondenzen Sigmund Freuds

Freud, Sigmund: Gesammelte Werke, hg. v. Anna Freud, Frankfurt/M. 1999 (zuerst 1940–1952) (= in den Anmerkungen unter alleiniger Angabe von Bandnummer in römischer Ziffer und Seite in arabischer Ziffer)

Freud, Sigmund: Beobachtungen über Gestaltung und feineren Bau der als Hoden beschriebenen Lappenorgane des Aals, in: Sitzungsberichte der kaiserlichen Akademie der Wissenschaften (Wien). Mathematisch-Naturwissenschaftliche Classe. Bd. 75, 1. Abtheilung, Wien 1877, S. 419–430

Freud, Sigmund: Über den Ursprung der hinteren Nervenwurzeln im Rückenmarke von Ammocoetes (Petromyzon Planeri) (1877), in: Sitzungsberichte der kaiserlichen Akademie der Wissenschaften (Wien). Mathematisch-Naturwissenschaftliche Classe. Bd. 75, 3. Abtheilung, Wien 1877, S. 15–27

Freud, Sigmund: Über Spinalganglien und Rückenmark des Petromyzon, in: Sitzungsberichte der kaiserlichen Akademie der Wissenschaften (Wien). Mathematisch-Naturwissenschaftliche Classe. Bd. 78, 3. Abtheilung, Wien 1878, S. 81–167

Freud, Sigmund: Über den Bau der Nervenfasern beim Flußkrebs, in: Sitzungsberichte der Kaiserlichen Akademie der Wissenschaften. Mathematisch-Naturwissenschaftliche Classe. Bd. 85, 3. Abtheilung, Wien 1882, S. 9–46

Freud, Sigmund: Die Structur der Elemente des Nervensystems, in: Jahrbücher für Psychiatrie. Bd. 5 (1884), S. 221–229

Freud, Sigmund: The bacillus of syphilis, in: Medical News (Philadelphia). Bd. 45 (1884), S. 673–674

Freud, Sigmund: Ein Fall von Hirnblutung mit indirekten basalen Herdsymptomen bei Scorbut, in: Wiener medicinische Wochenschrift. Bd. 34 (1884), Sp. 244–246, 276–279

Freud, Sigmund: Eine neue Methode zum Studium des Faserverlaufs im Centralnervensystem, in: Centralblatt für die medicinischen Wissenschaften, Bd. 22 (1884), S. 161–163 [Englische Übersetzung: A New Histological Method for the Study of Nerve-Tracts in the Brain and Spinal Chord, in: Brain: A Journal of Neurology. Bd. 7 (1884), S. 86–88]

Freud, Sigmund: Eine neue Methode zum Studium des Faserverlaufs im Centralnervensystem, in: Archiv für Anatomie und Physiologie. Anatomische Abtheilung (1884), 5./6. Hft., S. 453–460

Freud, Sigmund: Über Coca, in: Zentralblatt für die gesamte Therapie 2 (1884), S. 289–314

Freud, Sigmund: Zur Auffassung der Aphasien. Eine kritische Studie (1891), hg. v. Paul Vogel. Bearbeitet v. Ingeborg Meyer-Palmedo. Einleitung v. Wolfgang Leuschner, Frankfurt/M. 1992 (= Aph)

Freud, Sigmund: Zur Kenntniss der cerebralen Diplegien des Kindesalters (im Anschluss an die Little'sche Krankheit), Leipzig, Wien 1893 (= DK)

Freud, Sigmund: Schriften über Kokain, hg. u. eingel. v. Albrecht Hirschmüller, Frank furt/M. 2004 (3. korrigierte Ausgabe, zuerst 1996) (= K)

Breuer, Josef, Freud, Sigmund: Studien über Hysterie, Frankfurt/M. 1987 (= H)

Sigmund Freud: Der Wahn und die Träume in W. Jensens *Gradiva*, mit dem Text der Erzählung v. Wilhelm Jensen, hg. u. eingel. v. Bernd Urban u. Johannes Cremerius, Frankfurt/M. 1973

Freud, Sigmund: Wir und der Tod (1915), in: Psyche 45 (1991), S. 132–142

Freud, Sigmund: Tagebuch 1929–1939. Kürzeste Chronik, hg. u. eingel. v. Michael Molnar, Frankfurt/M. 1996 (= Ch)

Freud, Sigmund: «Selbstdarstellung». Schriften zur Geschichte der Psychoanalyse, hg. v. Ilse Grubrich-Simitis, Frankfurt/M. 1971 (= Se)

Freud's Library. A Comprehensive Catalogue, compiled and ed. by J. Keith Davies and Gerhard Fichtner, London 2006

[Freud] Sigmund Freud: Briefe 1873–1939, ausgew. u. hg. v. Ernst L. Freud, Frankfurt/M. 1960 (= B)

[Freud] Sigmund Freud: Unser Herz zeigt nach dem Süden. Reisebriefe 1895–1923, hg. v. Christfried Tögel unter Mitarbeit v. Michael Molnar, Berlin 2003 (= R)

[Freud-Abraham] Sigmund Freud – Karl Abraham. Briefe 1907–1926, hg. v. Hilda C. Abraham u. Ernst L. Freud, Frankfurt/M. 1980 (2. Aufl., zuerst 1965) (= A)

[Freud-Abraham] Sigmund Freud – Karl Abraham. Briefwechsel 1907–1925. Vollständige Ausgabe. 2 Bde., hg. v. Ernst Falzeder u. Ludger Hermanns, Wien 2009 (= A I u. A II)

[Freud-Andreas-Salomé] Sigmund Freud – Lou Andreas-Salomé. Briefwechsel, hg. v. Ernst Pfeiffer, Frankfurt/M. 1966 (= AS)

[Freud-Martha Bernays] Sigmund Freud – Martha Bernays. Sei mein, wie ich mirs denke. Die Brautbriefe. Bd. 1. Juni 1882-Juli 1883, hg. v. Gerhard Fichtner, Ilse Grubrich-Simitis u. Albrecht Hirschmüller, Frankfurt/M. 2011 (= MB I)

[Freud-Martha Bernays] Sigmund Freud – Martha Bernays. Unser ‹Roman in Fortsetzungen›. Die Brautbriefe. Bd. 2. Juli 1883 – Dezember 1883, hg. v. Gerhard Fichtner, Ilse Grubrich-Simitis u. Albrecht Hirschmüller unter Mitwirkung v. Wolfgang Kloft, Frankfurt/M. 2013 (= MB II)

[Freud-Martha Bernays] Sigmund Freud – Martha Bernays. Warten in Ruhe und Ergebung, Warten in Kampf und Erregung. Die Brautbriefe. Bd. 3. Januar 1884–September 1884, hg. v. Gerhard Fichtner, Ilse Grubrich-Simitis u. Albrecht Hirschmüller unter Mitwirkung v. Wolfgang Kloft, Frankfurt/M. 2015 (= MB III)

[Freud-Minna Bernays] Sigmund Freud – Minna Bernays. Briefwechsel 1882–1938, hg. v. Albrecht Hirschmüller, Tübingen 2005 (= Mi)

[Freud-Binswanger] Sigmund Freud – Ludwig Binswanger. Briefwechsel 1908–1938, hg. v. Gerhard Fichtner, Frankfurt/M. 1992 (= Bi)

[Freud-Bleuler] Sigmund Freud – Eugen Bleuler. «Ich bin zuverlässig, wir erobern bald die Psychiatrie.» Briefwechsel 1904–1937, hg. v. Michael Schröter. Mit einem Geleitwort v. Tina Joos-Bleuler u. einem Beitrag v. Bernhard Küchenhoff, Basel 2012 (= Bl)

[Freud-Eitingon] Sigmund Freud – Max Eitingon. Briefwechsel 1906–1939. 2 Bände, hg. v. Michael Schröder, Tübingen 2004 (= E I u. E II)

[Freud-Ferenczi] Sigmund Freud – Sándor Ferenczi. Briefwechsel. 6 Bände, hg. v. Ernst Falzeder, Eva Brabant u. Patrizia Giamperi-Deutsch, Wien 1993–2005 (= Fe)

[Freud-Fließ] Briefe an Wilhelm Fließ 1887–1904. Ungekürzte Ausgabe, hg. v. Jeffrey

Moussaieff Masson. Bearbeitung der deutschen Fassung von Michael Schröter. Transkription von Gerhard Fichtner, Frankfurt/M. 1986 (= F)

[Freud-Anna Freud] Sigmund Freud – Anna Freud. Briefwechsel 1904–1938, hg. v. Ingeborg Meyer-Palmedo, Frankfurt/M. 2006 (= AF)

[Freud-Groddeck] Sigmund Freud – Georg Groddeck. Briefwechsel, Wiesbaden, München 1985 (zuerst 1970) (= G)

[Freud-Jones] The Complete Correspondence of Sigmund Freud and Ernest Jones 1908–1939. Edited by Andrew Paskauskas. Introduction by Ricardo Steiner, Cambridge (Mass.), London 1993 (= Jo)

[Freud-Jones] Briefwechsel Sigmund Freud – Ernest Jones 1908–1939. Originalwortlaut der in Deutsch verfaßten Briefe Freuds. Transkription u. editorische Bearbeitung v. Ingeborg Meyer-Palmedo, Frankfurt/M. 1993 (= JoD)

[Freud-Jung] Sigmund Freud – C. G. Jung. Briefwechsel, hg. v. William McGuire u. Wolfgang Sauerländer, Frankfurt/M. 1974 (= J)

[Freud] Sigmund Freud. Unterdeß halten wir zusammen. Briefe an die Kinder, hg. v. Michael Schröter, unter Mitwirkung v. Ingeborg Meyer-Palmedo u. Ernst Falzeder, Berlin 2010 (= Ki)

[Freud-Ossipow] Sigmund Freud – Nikolaj J. Ossipow. Briefwechsel 1921–1929, hg. v. Eugenia Fischer, René Fischer, Hans-Heinrich Otto, Hans-Joachim Rothe, Frankfurt/M. 2009 (= O)

[Freud-Pfister] Sigmund Freud – Oskar Pfister. Briefe 1909–1939, hg. v. Ernst L. Freud u. Heinrich Meng, Frankfurt/M. 1980 (= P)

[Freud-Putnam et al.] Letters between Putnam and Sigmund Freud, Ernest Jones, William James, Sándor Ferenczi, and Morton Prince. Edited with an introductory essay by Nathan G. Hale, Cambridge 1971 (= Pu)

[Freud-Rank] Sigmund Freud und Otto Rank. Ihre Beziehung im Spiegel des Briefwechsels 1906–1925, hg. v. E. James Lieberman u. Robert Kramer. Aus dem Englischen von Antje Becker, Gießen 2014 (= The Letters of Sigmund Freud and Otto Rank: Inside Psychoanalysis, 2012) (= Ra)

[Freud-Silberstein] Sigmund Freud. Jugendbriefe an Eduard Silberstein 1871–1881, hg. v. Walter Boehlich, Frankfurt/M. 1989 (= S)

[Freud-von Vest] Sigmund Freuds Briefe an seine Patientin Anna von Vest, hg. v. Stefan Goldmann, in: Jahrbuch der Psychoanalyse 17 (1985), S. 269–295 (= Ve)

[Freud-Weiss] Sigmund Freud – Edoardo Weiss. Briefe zur psychoanalytischen Praxis. Mit den Erinnerungen eines Pioniers der Psychoanalyse. Vorbemerkung u. Einleitung v. Martin Grotjahn, Frankfurt/M. 1973 (= W)

[Freud-Zweig] Sigmund Freud – Arnold Zweig. Briefwechsel, hg. v. Ernst L. Freud, Frankfurt/M. 1968 (= Z)

II *Psychoanalytische und psychologische Quellenliteratur aus der Zeit Freuds*

Abraham, Karl: Beiträge zur Kenntnis des Delirium tremens der Morphinisten, in: Centralblatt für Nervenheilkunde und Psychiatrie 25 (1902), S. 369–380

Abraham, Karl: Über die Bedeutung sexueller Jugendtraumen für die Symptomatologie der Dementia praecox, in: Centralblatt für Nervenheilkunde und Psychiatrie. Neue Folge 18 (1907), S. 409–416

Abraham, Karl: Traum und Mythus. Eine Studie zur Völkerpsychologie, Leipzig, Wien 1909

Abraham, Karl: Ansätze zur psychoanalytischen Erforschung und Behandlung des manisch-depressiven Irreseins und verwandter Zustände (1912), in: K. A.: Psychoanalytische Studien, hg. v. Johannes Cremerius. Bd. 2, Frankfurt/M. 1971, S. 146–162

Abraham, Karl: Äußerungsformen des weiblichen Kastrationskomplexes (1921), in: K. A.: Psychoanalytische Studien, hg. v. Johannes Cremerius. Bd. 2, Frankfurt/M. 1971, S. 69–99

Abraham, Karl: Zwei Beiträge zur Symbolforschung. Zur symbolischen Bedeutung der Dreizahl; Der «Dreiweg» in der Ödipussage, in: Imago IX (1923), S. 122–127

Adler, Alfred: Studie über Minderwertigkeit von Organen, Berlin, Wien 1907

Adler, Alfred: Der Aggressionstrieb im Leben und in der Neurose (1908), in: A. A.: Persönlichkeit und neurotische Entwicklung. Frühe Schriften (1904–1912). Studienausgabe. Bd. 1, hg. v. Almuth Bruder-Bezzel, Göttingen 2007, S. 64–76.

Adler, Alfred: Der nervöse Charakter. Grundzüge einer vergleichenden Individual-Psychologie und Psychotherapie, Wiesbaden 1912

Aichhorn, August: Verwahrloste Jugend. Die Psychoanalyse in der Fürsorgeerziehung, Leipzig, Zürich, Wien 1925

Andreas-Salomé, Lou: In der Schule bei Freud. Tagebuch eines Jahres (1912/1913), Frankfurt/M., Berlin, Wien 1983 (zuerst 1958)

Andreas-Salomé, Lou: Narzißmus als Doppelrichtung, in: Imago 8 (1921), S. 361–386

Anz, Thomas u. Pfohlmann, Oliver (Hg.): Psychoanalyse in der literarischen Moderne. Hermann Bahr, Hugo von Hofmannsthal, Arthur Schnitzler, Karl Kraus, Marburg 2006

Aschenbrandt, Theodor: Die physiologische Wirkung des Cocain muriat auf den menschlichen Organismus, in: Deutsche Medicinische Wochenschrift 9 (1883), S. 730–732

Beard, George Miller: American Nervousness, with its Causes and Consequences. A Supplement to Nervous Exhaustion (Neurasthenia), New York 1881

Bergson, Henri: Materie und Gedächtnis (dt. 1908, zuerst 1896). Deutsch v. Julius Frankenberger, in: H. B.: Materie und Gedächtnis und andere Schriften, Frankfurt/M. 1964, S. 43–245

Bernfeld, Siegfried: Sisyphos oder die Grenzen der Erziehung (1925), Frankfurt/M. 1967

Binet, Alfred: Le fétichisme dans l'amour, in: Revue Philosophique 12 (1887), S. 143–167

Binswanger, Ludwig: Diagnostische Assoziationsstudien. XI. Beitrag: Über das Verhalten des psychogalvanischen Phänomens beim Assoziationsexperiment, in: Journal für Psychologie und Neurologie 10 (1907/08), S. 149–181

Binswanger, Ludwig: Über Entstehung und Verhütung geistiger Störungen, Romanshorn 1910

Binswanger, Ludwig: Wandlungen in der Auffassung und Deutung des Traums, Berlin 1928

Binswanger, Ludwig: Traum und Existenz, Bern 1930

Bonaparte, Marie: Edgar Poe. Eine psychoanalytische Studie. Mit einem Vorwort von Sigmund Freud. 3 Bde., Wien 1934

Breuer, Josef: Über die Function der Bogengänge des Ohrlabyrinths, in: Medizinisches Jahrbuch, Wien 1874, S. 72–124

Breuer, Josef: Beiträge zur Lehre vom statischen Sinne (Gleichgewichtsorgan, Vestibularapparat des Ohrlabyrinths). Zweite Mittheilung, in: Medizinisches Jahrbuch, Wien 1875, S. 87–156

[Breuer-Fließ] Briefe Josef Breuers an Wilhelm Fließ, hg. v. Albrecht Hirschmüller, in: Jahrbuch der Psychoanalyse 18 (1986), S. 239–261

Bleuler, Eugen: Zur Auffassung der subcorticalen Aphasien, in: Neurologisches Zentralblatt 11 (1892), S. 562–563

Bleuler, Eugen: Rezension von: Josef Breuer/Sigmund Freud, Studien über Hysterie, Leipzig, Wien 1895, in: Münchener Medicinische Wochenschrift 22 (1896), S. 524–525

Bleuler, Eugen: Dementia praecox oder Gruppe der Schizophrenien (1911). Mit einer Einführung v. Manfred Bleuler u. Gaetano Benedetti, Nijmwegen 2001

Bloch, Iwan: Beiträge zur Aetiologie der Psychopathia sexualis, Dresden 1902

Bonaparte, Marie, Freud, Anna, Kris, Ernst (Hg.): Aus den Anfängen der Psychoanalyse, London 1950

Bühler, Karl: Die geistige Entwicklung des Kindes, Jena 1918

Claus, Carl: Autobiographie bis 1893, vollendet von Prof. v. Alth in Wien, Marburg 1899

Dessoir, Max: Das Doppel-Ich, Leipzig 1890

Ehrenfels, Christian von: Sexualethik, Wiesbaden 1907

Ellis, Havelock: Studies in the Psychology of Sex. Vol. I: The Evolution of Modesty; The Phenomena of Sexual Periodicity; Auto-Erotism, Philadelphia 1899

Ellis, Havelock: Studies in the Psychology of Sex. Vol. II: Sexual Inversion, Philadelphia 1901

Erb, Wilhelm: Handbuch der Elektrotherapie, Leipzig 1882

Erb, Wilhelm: Ueber die wachsende Nervosität unserer Zeit, Heidelberg 1893

Erlenmeyer, Albrecht: Über Cocainsucht. Vorläufige Mitteilung, in: Deutsche Medizinal-Zeitung 7 (1886), S. 483–484

Federn, Paul: Zur Reform des ärztlichen Spitaldienstes, in: Wiener klinische Rundschau 15 (1902), S. 276–278

Federn, Paul: Artikel in: Die Onanie. Vierzehn Beiträge zu einer Diskussion der «Wiener Psychoanalytischen Vereinigung», Wiesbaden 1912, S. 68–82

Federn, Paul: Zur Psychologie der Revolution: Die verlorene Gesellschaft (1919), in: Analytische Sozialpsychologie. Bd. I, hg. v. Helmut Dahmer, Frankfurt/M. 1980, S. 65–87

Fenichel, Otto: Die Identifizierung (1926), in: Aufsätze. Bd. I, hg. v. Klaus Laermann, Frankfurt/M., Berlin, Wien 1985, S. 91–109

Fenichel, Otto: Zur Kritik des Todestriebs (1935), in: Aufsätze. Bd. I, hg. v. Klaus Laermann, Frankfurt/M., Berlin, Wien 1985, S. 361–371

Ferenczi, Sándor: Psychoanalyse und Pädagogik, in: Bausteine zur Psychoanalyse. Band III, Leipzig, Wien, Zürich 1908, S. 9–22

Ferenczi, Sándor: Analytische Deutung der psychosexuellen Impotenz des Mannes, in: Psychiatrisch-Neurologische Wochenschrift 10 (1908), S. 298–301; S. 305–309

Ferenczi, Sándor: Introjektion und Übertragung. Eine psychoanalytische Studie, in: Jahrbuch für psychoanalytische und psychopathologische Forschungen. Bd. I (1909), S. 422–457

Ferenczi, Sándor: Versuch einer Genitaltheorie, Wien, Leipzig, Zürich 1924

Ferenczi, Sándor, Rank, Otto: Entwicklungsziele der Psychoanalyse. Zur Wechselbeziehung von Theorie und Praxis, Wien 1924

Ferenczi, Sándor: Schriften zur Psychoanalyse. Auswahl in zwei Bänden, hg. u. eingel. v. Michael Balint, Frankfurt/M. 1970–72

Ferenczi, Sándor: Ohne Sympathie keine Heilung. Das klinische Tagebuch von 1932, hg. v. Judith Dupont, Frankfurt/M. 1988
Ferenczi, Sándor, Groddeck, Georg: Briefwechsel 1921–1933, Frankfurt/M. 1986
Fließ, Wilhelm: Neue Beiträge zur Klinik und Therapie der nasalen Reflexneurose, Leipzig, Wien 1893
Fließ, Wilhelm: Die Beziehungen zwischen Nase und weiblichen Geschlechtsorganen, Leipzig, Wien 1897
Fließ, Wilhelm: In eigener Sache. Gegen Otto Weininger und Hermann Swoboda, Berlin 1906
Forel, Auguste: Der Hypnotismus. Seine Bedeutung und seine Handlung. In kurzgefasster Darstellung, Stuttgart 1889
Forel, Auguste: Die sexuelle Frage. Eine naturwissenschaftliche, psychologische, hygienische und soziologische Studie für Gebildete, München 1907
Freud, Anna: Schlagephantasie und Tagtraum, in: Imago VIII (1922), S. 317–332
Freud, Anna: Einführung in die Technik der Kinderanalyse, Leipzig, Wien, Zürich 1927
Freud, Anna: Das Ich und die Abwehrmechanismen, Wien 1936
Freud, Anna: Die Schriften der Anna Freud. Bd. I. 1922–1936, Frankfurt/M. 1987
Gicklhorn, Josef u. Renée (Hg.): Sigmund Freuds akademische Laufbahn im Lichte der Dokumente, Wien, Innsbruck 1960
Graf, Max: Reminiscences of Professor Sigmund Freud, in: Psychoanalytic Quarterley 11, Nr. 4 (1942), S. 471–475
Groddeck, Georg: Psychische Bedingtheit und psychoanalytische Behandlung organischer Leiden, Leipzig 1917
Groddeck, Georg: Psychoanalytische Schriften zur Literatur und Kunst, neu ausgew. u. hg. v. Helmut Siefert, Frankfurt/M. 1978
Groß, Otto: Zur Überwindung der kulturellen Krise, in: Die Aktion Jg. 3 (1913), Nr. 14, S. 384–387
Groß, Otto: Anmerkungen zu einer neuen Ethik, in: Die Aktion Jg. 3 (1913), Nr. 49, S. 1141–1143
Hennig, Richard: Beiträge zur Psychologie des Doppel-Ich, in: Zeitschrift für Psychologie 49 (1908), S. 1–55
Hildebrandt, Friedrich Wilhelm: Der Traum und seine Verwerthung für's Leben. Eine psychologische Studie, Leipzig 1875
Hirschfeld, Magnus: Der urnische Mensch, Leipzig 1903
Hirschfeld, Magnus: Geschlechtsübergänge, Leipzig 1905
Hitschmann, Eduard: Freuds Neurosenlehre nach ihrem gegenwärtigen Stande. Zweite, erg. Auflage, Wien, Leipzig 1913 (zuerst 1911)
Horney, Karen: The Neurotic Personality of our Time, New York 1937
Horney, Karen: Die Psychologie der Frau. Aus dem Amerikanischen übers. v. Ursula Joel, Frankfurt/M. 1984 (= Feminine Psychology, 1967)
Hug-Hellmuth, Hermine: Neue Wege zum Verständnis der Jugend. Psychoanalytische Vorlesungen für Eltern, Lehrer, Erzieher, Schulärzte, Kindergärtnerinnen und Fürsorgerinnen, Leipzig, Wien 1924
Jacobssohn, Edith: Wege der weiblichen Über-Ich-Bildung, in: Internationale Zeitschrift für Psychoanalyse 23 (1937), S. 402–412

Janet, Pierre: L'automatisme psychologique. Essai de psychologique expérimentale sur les formes inférieur de l'activité humaine, Paris 1889

Janet, Pierre: L'anaesthesie hystérique, in: Archive de Neurologie. Bd. 23 (1892), S. 323–352

Janet, Pierre: Der Geisteszustand der Hysterischen. Mit einer Vorrede v. Jean-Martin Charcot, übers. v. Max Kahane, Leipzig, Wien 1894

Janet, Pierre: Névroses et idées fixes, Paris 1898

Jaspers, Karl: Allgemeine Psychopathologie. Ein Leitfaden für Studierende, Ärzte und Psychologen, Berlin 1913

Jentsch, Ernst: Zur Psychologie des Unheimlichen, in: Psychiatrisch-Neurologische Wochenschrift 22 (1906), S. 203–205

Jessen, Peter Willers: Versuch einer wissenschaftlichen Begründung der Psychologie, Berlin 1855

Jones, Ernest: Der Albtraum in seiner Beziehung zu gewissen Formen des mittelalterlichen Aberglaubens (1912). Deutsch v. E. H. Sachs, Leipzig, Wien 1912

Jones, Ernest: Papers on Psycho-Analysis, London 1913

Jones, Ernest: Treatment of Neuroses, London 1920

Jones, Ernest: Behandlung der Neurosen, Leipzig 1921

Jones, Ernest: The Elements of Figure Skating, London 1931

Jung, Carl Gustav: Gesammelte Werke, Olten u. Freiburg i. Br. 1958–1983

Jung, Carl Gustav: Erinnerungen, Träume, Gedanken, aufgez. u. hg. v. Aniela Jaffé, Olten u. Freiburg 1976 (8. Aufl., zuerst 1971)

Klein, Melanie: Eine Kinderentwicklung, in: Imago 7 (1921), S. 222–259

Klein, Melanie: Frühstadien des Ödipuskomplexes (1928), in: M. K., Frühstadien des Ödipuskomplexes. Frühe Schriften 1927–1945, Frankfurt/M. 1985, S. 7–21

Kraepelin, Emil: Psychiatrie. Ein kurzes Lehrbuch für Studirende und Aerzte. Sechste, vollständig umgearbeitete Auflage, Leipzig 1899

Kraepelin, Emil: Über Sprachstörungen im Traume, Leipzig 1906

Krafft-Ebing, Richard von: Grundzüge der Criminalpsychologie, Stuttgart 1882 (2. Aufl., zuerst 1872)

Krafft-Ebing, Richard von: Psychopathia sexualis (1886). Nachdruck der 14. Aufl. von 1912, München 1993

Kris, Ernst: Zur Psychologie älterer Biographik (dargestellt an der des bildenden Künstlers), in: Imago XXI (1935), Hft.3, S. 320–344

Lampl-de Groot, Jeanne: On the Development of the Ego and the Superego, in: International Journal of Psychoanalysis 28 (1947), S. 7–11

Le Bon, Gustave: Psychologie der Massen. Aus dem Französischen übers. v. Rudolf Eisler, Leipzig 1912 (= Psychologie des foules, 1895)

Lindner, Gustav A.: Lehrbuch der empirischen Psychologie nach genetischer Methode, Wien 1858

Loewenfeld, Leopold: Die psychischen Zwangserscheinungen. Auf klinischer Grundlage dargestellt, Wiesbaden 1904

Lombroso, Cesare: Der Verbrecher in anthropologischer, ärztlicher und juristischer Beziehung. In deutscher Bearbeitung v. Moritz O. Fraenkel. Erster Band, Hamburg 1894

Maury, Alfred: Le sommeil et les rêves, Paris 1861

Meringer, Rudolf u. Mayer, Karl: Versprechen und Verlesen. Eine psychologisch-linguistische Studie, Stuttgart 1895

Michelet, Jules: La Femme, Paris 1860
Möbius, Paul: Über den physiologischen Schwachsinn des Weibes, Halle 1900
Moll, Albert: Die konträre Sexualempfindung, Berlin 1891
Moll, Albert: Der Rapport der Hypnose. Untersuchungen über den tierischen Magnetismus, Leipzig 1892
Moll, Albert: Untersuchungen über die Libido Sexualis. Bd. I, Berlin 1898
Moll, Albert: Das Sexualleben des Kindes, Leipzig 1908
Moll, Albert: Ein Leben als Arzt der Seele. Erinnerungen, Dresden 1936
Morel, Benedict Augustin: Traité des dégénérescences physiques, intellectuelles et morales de l'espace humaine et des causes qui produisent ces varitétés maladives, Paris 1857
Näcke, Paul: Die sexuellen Perversitäten in der Irrenanstalt, in: Wiener klinische Rundschau 13 (1899), S. 478–481, S. 496–497
Nunberg, Hermann: Memories, Recollections, Ideas, Reflections, New York 1969
Nunberg, Hermann: Allgemeine Neurosenlehre auf psychoanalytischer Grundlage, Bern 1932
Nunberg, Hermann u. Federn, Ernst (Hg.): Protokolle der Wiener Psychoanalytischen Vereinigung. Bd. I (1906–1908), Frankfurt/M. 1976
Nunberg, Hermann u. Federn, Ernst (Hg.): Protokolle der Wiener Psychoanalytischen Vereinigung. Bd. II (1908–1910), Frankfurt/M. 1977
Nunberg, Hermann u. Federn, Ernst (Hg.): Protokolle der Wiener Psychoanalytischen Vereinigung. Bd. III (1910–1911), Frankfurt/M. 1979
Nunberg, Hermann u. Federn, Ernst (Hg.): Protokolle der Wiener Psychoanalytischen Vereinigung. Bd. IV (1912–1918), Frankfurt/M. 1981
Radestock, Paul: Schlaf und Traum. Eine physiologisch-psychologische Untersuchung, Leipzig 1879
Rank, Otto: Der Künstler. Ansätze zu einer Sexualpsychologie, Wien 1907
Rank, Otto: Das Inzest-Motiv in Dichtung und Sage. Beiträge zu einer Psychologie des dichterischen Schaffens, Leipzig, Wien 1912
Rank, Otto: Mythos und Psychoanalyse (1913), in: O. R.: Psychoanalytische Beiträge zur Mythenforschung, Leipzig, Wien, Zürich 1922 (2. Aufl., zuerst 1917), S. 1–20
Rank, Otto: Der Doppelgänger, in: Imago 3 (1914), S. 97–164
Rank, Otto: Das Trauma der Geburt und seine Bedeutung für die Psychoanalyse, Leipzig, Wien, Zürich 1924
Reich, Wilhelm: Trieb und Libidobegriff von Forel bis Jung, in: Zeitschrift für Sexualwissenschaft 9 (1922), S. 17–19, 44–50, 75–85
Reich, Wilhelm: Zwei narzißtische Typen (1922), in: W. R., Frühe Schriften I. Aus den Jahren 1920 bis 1925, Frankfurt/M. 1977, S. 144–152
Reich, Wilhelm: Der triebhafte Charakter. Eine psychoanalytische Studie zur Pathologie des Ich, Wien 1925
Reik, Theodor: Über Tod und Sexualität, in: Zentralblatt für Psychoanalyse und Psychotherapie 2 (1912), S. 477–478
Reik, Theodor: Probleme der Religionspsychologie. I. Teil: Das Ritual. Mit einem Vorwort v. Sigmund Freud, Leipzig, Wien 1919
Reik, Theodor: Der eigene und der fremde Gott. Zur Psychoanalyse der religiösen Entwicklung (1923). Mit einem Vorwort zur Neuausgabe v. Alexander Mitscherlich, Frankfurt/M. 1975

Reik, Theodor: Zu Freuds Kulturbetrachtung (Das Unbehagen in der Kultur), in: Imago 16 (1930), S. 232–245
Reik, Theodor: New Ways in Psychoanalytic Technique, in: Journal of Psychoanalysis XIV (1933), S. 321–334
Reik, Theodor: Sigmund Freud y Gustav Mahler. Revista de Psicoanálisis 1 (1944), S. 315–320
Reik, Theodor: Dreißig Jahre mit Freud. Mit bisher unveröffentlichten Briefen von Sigmund Freud an Theodor Reik. Aus dem Amerikanischen v. Dieter Dörr, München 1976 (= From thirty years with Freud, 1956)
Riklin, Franz: Wunscherfüllung und Symbolik im Märchen, Wien, Zürich 1908
Róheim, Géza: Spiegelzauber, Leipzig, Wien 1919
Sachs, Hanns: Traumdeutung und Menschenkenntnis, in: Jahrbuch für psychoanalytische Forschungen III (1911), S. 568–587
Sachs, Hanns (mit Otto Rank): Die Bedeutung der Psychoanalyse für die Geisteswissenschaften, Wiesbaden 1913
Sadger, Isidor: Heinrich von Kleist. Eine pathographisch-psychologische Studie, Wiesbaden 1910
Sadger, Isidor: Über den sado-masochistischen Komplex, in: Jahrbuch für psychoanalytische und psychopathologische Forschungen. Bd. V (1913), S. 157–232
Sadger, Isidor: Über Nachtwandeln und Mondsucht. Eine medizinisch-literarische Studie, Leipzig 1914
Sadger, Isidor: Neue Forschungen zur Homosexualität, Berlin 1915
Scherner, Karl Albert: Das Leben des Traums, Berlin 1861
Simmel, Ernst: Sigmund Freud. The Man and his Work, in: Psychoanalytic Quarterley 9 (1940), Nr. 1, S. 163–176
Sollier, Paul: Les troubles de la mémoire, Paris 1892
Sollier, Paul: Le problème de la mémoire: essai de psycho-mécanique. Leçons faites à l'Université nouvelle de Bruxelles, 1898–99, Paris 1900
Spielrein, Sabina: Die Destruktion als Ursache des Werdens, in: Jahrbuch für psychoanalytische und psychopathologische Forschungen. Bd. IV Band (1912), 1. Hälfte, S. 465–503
Spielrein, Sabina: Sämtliche Schriften, Freiburg i. Br. 1987
Spielrein, Sabina: Tagebuch einer heimlichen Symmetrie. Sabina Spielrein zwischen Jung und Freud, hg. v. Aldo Carotenuto, Freiburg i. Br. 1986
Spitta, Heinrich: Die Schlaf- und Traumzustände der menschlichen Seele. Mit besonderer Berücksichtigung ihres Verhältnisses zu den psychischen Alienationen, Tübingen 1878
Stekel, Wilhelm: Ueber Coitus im Kindesalter. Eine hygienische Studie, in: Wiener medizinische Blätter 18 (1895), S. 247–249
Stekel, Wilhelm: Nervöse Angstzustände und ihre Behandlung, München, Wien 1908
Stekel, Wilhelm: Dichtung und Neurose. Bausteine zur Psychologie des Künstlers und des Kunstwerkes, Wiesbaden 1909
Stekel, Wilhelm: Die Sprache des Traumes. Eine Darstellung der Symbolik und Deutung des Traumes in ihren Beziehungen zur kranken und gesunden Seele, für Ärzte und Psychologen, Wiesbaden 1911
Stekel, Wilhelm: Die Träume der Dichter. Eine vergleichende Untersuchung der unbewußten Triebkräfte bei Dichtern, Neurotikern und Verbrechern, Wiesbaden 1912

Stekel, Wilhelm: Zur Geschichte der analytischen Bewegung, in: Fortschritte der Sexualwissenschaft und Psychoanalyse 2 (1926), S. 539–575

[Stekel, Wilhelm] The Autobiography of Wilhelm Stekel – The Life Story of a Pioneer Psychoanalyst, hg. v. Emil Gutheil, New York 1950

Stern, William: S. Freud. *Die Traumdeutung*, in: Zeitschrift für Psychologie und Physiologie der Sinnesorgane 26 (1901), S. 130–133

Strümpell, Adolf von: Rezension zu: Josef Breuer u. Sigmund Freud, Studien über Hysterie, in: Zeitschrift für Nervenheilkunde 8 (1896), S. 159–161

Strümpell, Ludwig: Die Natur und Entstehung der Träume, Leipzig 1874

Tausk, Viktor: Über die Entstehung des ‹Beeinflussungsapparates› in der Schizophrenie, in: Internationale Zeitschrift für Psychoanalyse 5 (1919), S. 1–33

Volkelt, Johannes: Die Traum-Phantasie, Stuttgart 1875

Weygand, Wilhelm: Beiträge zur Psychologie des Traumes, in: Festschrift – Wilhelm Wundt zum siebzigsten Geburtstag überreicht von seinen Schülern. 2. Theil (= Philosophische Studien, hg. v. Wilhelm Wundt, Bd. 20), Leipzig 1902, S. 456–486

Wittenberger, Gerhard u. Tögel, Christfried (Hg.): Die Rundbriefe des «Geheimen Komitees». Band 1 (1913–1920); Band 2 (1921); Band 3 (1922); Band 4 (1923–1927), Tübingen 1999–2006

Wundt, Wilhelm: Grundzüge der physiologischen Psychologie. Bd. II, Leipzig 1880 (2. Aufl., zuerst 1874)

Wundt, Wilhelm: Völkerpsychologie. Eine Untersuchung der Entwicklungsgesetze von Sprache, Mythos und Sittte. 10 Bde., Leipzig 1900–1920

III Literarische, philosophische und historische Quellen

Adorno, Theodor W.: Kierkegaard. Konstruktion des Ästhetischen (1933), Frankfurt/M. 1974

Adorno, Theodor W.: Minima Moralia. Reflexionen aus dem beschädigten Leben, Frankfurt/M. 1981 (zuerst 1951)

Adorno, Theodor W.: Ästhetische Theorie, hg. v. Gretel Adorno u. Rolf Tiedemann, Frankfurt/M. 1974 (2. Aufl., zuerst 1970)

Aristoteles, Politik, hg. u. übers. v. Paul Gohlke, Paderborn 1959

Aristoteles: Poetik. Griechisch/Deutsch, übers. u. hg. v. Manfred Fuhrmann, Stuttgart 1982

Bachofen, Johann Jakob: Das Mutterrecht. Eine Untersuchung über die Gynaikokratie der Welt nach ihrer religiösen und rechtlichen Natur (1861). Eine Auswahl hg. v. Hans-Jürgen Heinrichs, Frankfurt/M. 1975

Bahr, Hermann: Glossen. Zum Wiener Theater (1903–1906), Berlin 1907

Benjamin, Walter: Gesammelte Schriften, hg. v. Rolf Tiedemann u. Hermann Schweppenhäuser, Frankfurt/M. 1972–1999

Bergson, Henri: Das Lachen. Ein Essay über die Bedeutung des Komischen. Aus dem Französischen v. Roswitha Plancherel-Walter. Nachwort v. Karsten Witte, Darmstadt 1988 (= Le rire, 1900)

Bernays, Jacob: Zwei Abhandlungen über die aristotelische Theorie des Drama, Berlin 1880 (zuerst 1857)

Billroth, Theodor: Über das Lehren und Lernen der medicinischen Wissenschaften an den Universitäten der deutschen Nation, nebst allgemeinen Bemerkungen über Universitäten. Eine culturhistorische Studie, Wien 1876

Bismarck, Otto v.: Gedanken und Erinnerungen (1898), Köln 2015

Bloch, Ernst: Das Prinzip Hoffnung. Drei Bände, Frankfurt/M. 1976 (3. Aufl., zuerst 1959)

Bloch, Ernst: Philosophische Aufsätze, Frankfurt/M. 1969

Blüher, Hans: Die Rolle der Erotik in der männlichen Gesellschaft (1917). Neuausgabe, hg. v. Hans Joachim Schoeps, Stuttgart 1962

Blumenberg, Hans: Die Genesis der kopernikanischen Welt. 3 Bde., Frankfurt/M. 1989 (zuerst 1975)

Blumenberg, Hans: Arbeit am Mythos, Frankfurt/M. 1984 (5. Aufl., zuerst 1979)

Blumenberg, Hans: Höhlenausgänge, Frankfurt/M. 1996 (zuerst 1989)

Brecht, Bertolt: Gesammelte Werke. 20 Bde., hg. v. Suhrkamp-Verlag in Verbindung mit Elisabeth Hauptmann, Frankfurt/M. 1967

Broch, Hermann: Massenwahntheorie. Beiträge zur einer Psychologie der Politik, in: Kommentierte Werkausgabe. Bd. 12, hg. v. Paul Michael Lützeler, Frankfurt/M. 1979

Bryher (d.i. Annie Winifred Ellermann): The Heart to Artemis, London 1963

Büchner, Georg: Werke und Briefe. Münchner Ausgabe, hg. v. Karl Pörnbacher, Gerhard Schaub, Hans-Joachim Simm u. Edda Ziegler, München 1988

Camus, Albert: Literarische Essays. Dt. v. Guido G. Meister, Peter Gan, Monique Lang, Hamburg 1959

Canetti, Elias: Die Fackel im Ohr. Lebensgeschichte 1921–1931, Frankfurt/M. 1985 (zuerst 1980)

Carus, Carl Gustav: Psyche. Zur Entwicklungsgeschichte der Seele. Zweite, verbesserte und vermehrte Auflage, Pforzheim 1860 (zuerst 1846). Nachdruck, Darmstadt 1964

Eckermann, Johann Peter: Gespräche mit Goethe in den letzten Jahren seines Lebens, hg. v. Fritz Bergemann, Frankfurt/M. 1981

Döblin, Alfred: Hamlet oder Die lange Nacht nimmt ein Ende (1956), München 1987

Doderer, Heimito v.: Die Strudlhofstiege oder Melzer und die Tiefe der Jahre (1951), München 1996

Durkheim, Emile: Die elementaren Formen religiösen Lebens. Deutsch v. Ludwig Schmidts, Frankfurt/M. 1981 (= Les formes élémentaires de la vie religieuse, 1912)

Feuchtwanger, Lion: Die Geschwister Oppermann, Frankfurt/M. 1989

Feuerbach, Ludwig: Das Wesen des Christentums (1841, 3. Aufl. 1849), Stuttgart 1969

Gehlen, Arnold: Der Mensch. Seine Natur und seine Stellung in der Welt, Wiesbaden 1986 (zuerst 1940)

Goethe, Johann Wolfgang: Sämtliche Werke nach Epochen seines Schaffens. Münchner Ausgabe. 21 in 33 Bänden, hg. v. Karl Richter in Zusammenarbeit mit Herbert G. Göpfert, Norbert Miller, Gerhard Sauder und Edith Zehm, München 1985–1998 (= MA)

Goethe, Johann Wolfgang: Faust. Texte, hg. v. Albrecht Schöne, Frankfurt/M. 1999 (= Bd. 7/1 der Goethe-Ausgabe des Klassiker Verlages)

Haeckel, Ernst: Über die Gewebe des Flußkrebses, in: Müllers Archiv für Anatomie und Physiologie (1857), S. 469–568

Haeckel, Ernst: Natürliche Schöpfungsgeschichte. Gemeinverständliche wissenschaftliche Vorträge über die Entwicklungslehre im Allgemeinen und diejenige von Darwin, Goethe und Lamarck im Besonderen, Berlin 1870 (2. Aufl., zuerst 1868)

Hartmann, Eduard v.: Philosophie des Unbewussten. 3 Bände, Leipzig 1923 (12. Aufl., zuerst 1869)
Hauptmann, Gerhart: Aus einer griechischen Reise (Zweite Folge), in: Die neue Rundschau 19 (1908), S. 584–599
Hegel, Georg Wilhelm Friedrich: Phänomenologie des Geistes (1807), in: Werke. Bd. 3, hg. v. Eva Moldenhauer u. Karl Markus Michel, Frankfurt/M. 1986
Heine, Heinrich: Historisch-kritische Gesamtausgabe der Werke. In Verbindung mit dem Heinrich-Heine-Institut hg. v. Manfred Windfuhr, Hamburg 1973–1997
Herder, Johann Gottfried: Sämmtliche Werke, hg. v. Bernhard Suphan, Berlin 1877–1913
Herzl, Theodor: Der Judenstaat, Leipzig, Wien 1896
Heym, Georg: Dichtungen und Schriften. 4 Bde., hg. v. Karl Ludwig Schneider u. Gunter Marten, Hamburg, München 1960–1968
Hoffmann, Ernst Theodor Amadeus: Werke. 4 Bde., Frankfurt/M. 1967
Hofmannsthal, Hugo. v.: Gesammelte Werke in zehn Einzelbänden, hg. Bernd Schoeller, Frankfurt/M. 1979
Hofmannsthal, Hugo v.: Briefe 1900–1909, Wien 1937
Horváth, Ödön von: Kasimir und Karoline (1932), in: Geschichten aus dem Wiener Wald und andere Dramen, hg. v. Traugott Krischke und Dieter Hildebrandt, Frankfurt/M. 1970, S. 99–171
Kafka, Franz: Briefe 1902–1924 [hg. v. Max Brod und Klaus Wagenbach], Frankfurt/M. 1975 (zuerst 1958)
Kafka, Franz: Briefe an Milena. Erweiterte und neu geordnete Ausgabe, hg. v. Jürgen Born und Michael Müller, Frankfurt/M. 1982
Kafka, Franz: Gesammelte Werke in zwölf Bänden. Nach der Kritischen Ausgabe hg. v. Hans-Gerd Koch, Frankfurt/M. 1998
Kafka, Franz: Amtliche Schriften, hg. v. Klaus Hermsdorf und Benno Wagner, Frankfurt/M. 2004
Kant, Immanuel: Werkausgabe in 12 Bänden, hg. v. Wilhelm Weischedel, Frankfurt/M. 1977
Kortner, Fritz: Aller Tage Abend, München 1959
Kraus, Karl: Tagebuch, in: Die Fackel 10 (1908), Nr. 256, S. 19–23
Kraus, Karl: Pro domo et mundo, in: Die Fackel 11 (1910), Nr. 300, S. 26–28
Kraus, Karl: Pro domo et mundo, in: Die Fackel 12 (1910), Nr. 309–310, S. 31–40
Kraus, Karl: Pro domo et mundo, in: Die Fackel 13 (1911), Nr. 333, S. 7.
Kraus, Karl: Nachts, in: Die Fackel 15 (1913), Nr. 381–383, S. 71–74
Lessing, Gotthold Ephraim: Werke. 8 Bde., hg. v. Herbert G. Göpfert u. a., München 1970–1979
Lindau, Paul: Der Andere. Schauspiel in vier Aufzügen, New York 1893
Lukács, Georg: Die Theorie des Romans. Ein geschichtsphilosophischer Versuch über die Formen der großen Epik (1916/1920), Frankfurt/M. 1981 (6. Aufl., zuerst 1971)
Mach, Ernst: Die Analyse der Empfindungen und das Verhältnis des Physischen zum Psychischen, Jena 1900 (2. Aufl., zuerst 1886)
Mahler-Werfel, Alma: Mein Leben. Biographie, Frankfurt/M. 1995 (zuerst 1960)
Mann, Thomas: Der Zauberberg (1924). Stockholmer Gesamtausgabe, Frankfurt/M. 1959
Mann, Thomas: Joseph und seine Brüder. Die Geschichte Jaakobs. Der junge Joseph (1933), Frankfurt/M. 1986
Mann, Thomas: Die Erzählungen. Bd. 2, Frankfurt/M. 1979

Marx, Karl: Zur Kritik der Hegelschen Rechtsphilosophie (1844), in: Marx, Karl u. Engels, Friedrich: Werke, Berlin 1956–90, Bd. I, S. 378–391
Marx, Karl: Der achtzehnte Brumaire des Louis Bonaparte, in: Marx, Karl u. Engels, Friedrich: Werke, Berlin 1956 ff., Bd. VIII, S. 111–207
Meissel, Perry u. Kendrick, Walter (Ed.): Bloomsbury/Freud: The Letters of James and Alice Strachey, New York 1985
Mesmer, Franz Anton: Mesmerismus oder System der Wechselwirkungen. Theorie und Anwendung des thierischen Magnetismus als die allgemeine Heilkunde zur Erhaltung des Menschen, hg. v. Karl Christian Wolfart. Nachdruck der Ausgabe Berlin 1814, Amsterdam 1966
Meyer, Eduard: Die Israeliten und ihre Nachbarstämme, Halle 1906
Mirbeau, Octave: Le jardin des supplices, Paris 1908 (zuerst 1899)
Mirbeau, Octave: Der Garten der Qualen. Aus dem Französischen übertragen v. Friedrich Brock, in: Die Blumen des Bösen / Tief unten / Der Garten der Qualen, Erftstadt 2004, S. 619–800
Musil, Robert: Gesammelte Werke. 9 Bde., hg. v. Adolf Frisé, Reinbek b. Hamburg 1978
Nietzsche, Friedrich: Kritische Gesamtausgabe, hg. v. Giorgio Colli u. Mazzino Montinari, Berlin, New York 1967 ff.
Nietzsche, Friedrich: Sämtliche Werke. Kritische Studienausgabe, hg. v. Giorgio Colli u. Mazzino Montinari, Berlin, New York 1999
Nordau, Max: Entartung. Zwei Bände, Berlin 1892–93
Paul, Jean (d.i. Jean Paul Friedrich Richter): Sämtliche Werke, hg. v. Norbert Miller, München 1959–1987
Platon: Sämtliche Werke, nach der Übers. v. Friedrich Schleiermacher mit der Stephanus-Numerierung hg. v. Walter F. Otto, Ernesto Grassi, Gert Plamböck, Reinbek b. Hamburg 1958
Reuth, Ralf Georg (Hg.): Joseph Goebbels Tagebücher. Bd. 2, München 2000
[Rilke-Andreas-Salomé] Rainer Maria Rilke – Lou Andreas-Salome, Briefwechsel, hg. v. Ernst Pfeiffer, Frankfurt/M. u. Leipzig 1989
Rilke, Rainer Maria: Briefe. 2 Bde., hg. v. Rilke-Archiv in Weimar, in Verbindung mit Ruth Sieber-Rilke u. Carl Sieber. Bd. I: 1897–1914, Wiesbaden 1950
Rolland, Romain: Über den Gräbern. Aus den Tagebüchern 1914–1919. Mit einem Nachwort v. Julia Encke, hg. v. Hans Peter Buohler, München 2015
Roskoff, Gustav: Die Geschichte des Teufels (1869), Nördlingen 1987
Roth, Joseph: Romane und Erzählungen. Bd. II, Köln 1982
Sayers, Dorothy: Gaudy Night (1935), London 2003
Schelling, Friedrich Wilhelm Joseph: Philosophie der Mythologie (1842), in: Ausgewählte Schriften, Frankfurt/M. 1985
Schiller, Friedrich: Werke. Nationalausgabe, begr. v. Julius Petersen, fortgeführt v. Lieselotte Blumenthal u. Benno v. Wiese, hg. im Auftrag der Stiftung Weimarer Klassik und des Schiller-Nationalmuseums Marbach v. Norbert Oellers, Weimar 1943 ff.
Schnitzler, Arthur: Das dramatische Werk, Frankfurt/M. 1978
Schnitzler, Arthur: Das erzählerische Werk, Frankfurt/M. 1978–1979
Schnitzler, Arthur: Jugend in Wien. Eine Autobiographie, hg. v. Therese Nickl u. Heinrich Schnitzler. Mit einem Nachwort v. Friedrich Torberg, Frankfurt/M. 1992
Schnitzler, Arthur: Tagebuch 1923–1926. Unter Mitwirkung v. Peter Michael Braunwarth,

Susanne Pertlik u. Reinhard Urbach hg. v. der Kommission für literarische Gebrauchsformen der österreichischen Akademie der Wissenschaften, Wien 1997
Schliemann, Heinrich: Ithaka, der Peloponnes und Troja, Leipzig 1869
Schopenhauer, Arthur: Zürcher Ausgabe. Werke in zehn Bänden, hg. v. Arthur Hübscher unter Mitarbeit v. Angelika Hübscher, Zürich 1977
Schwab, Gustav: Die Sagen des klassischen Altertums. 2 Bde., Frankfurt/M. 1975
Simmel, Georg: Philosophie des Geldes (1900), in: Gesamtausgabe in 24 Bänden. Bd. 6, hg. v. David P. Frisby u. Klaus Christian Köhnke, Frankfurt/M. 1989
Simmel, Georg: Die Großstadt und das moderne Geistesleben (1903), in: Gesamtausgabe in 24 Bänden. Bd. 7, hg. v. Rüdiger Kramme, Angela Rammstedt u. Otthein Rammstedt, Frankfurt/M. 1995, S. 116–131
[Sophokles]: Sophokles. In den Versmaßen der Urschrift I. Übersetzt von Johann Jakob Donner. 7. Aufl., Leipzig, Heidelberg 1873
Spengler, Oswald: Der Untergang des Abendlandes. Umrisse einer Morphologie der Weltgeschichte (1918/1922). Sonderausgabe in einem Band, München 1923
Stone, Irving: Der Seele dunkle Pfade. Ein Roman um Sigmund Freud. Deutsch von Norbert Wölfl, Hamburg 2001 (= The Passions of the Mind, 1971)
Walter, Bruno: Theme and Variation: An Autobiography, London 1946
Weber, Max: Wissenschaft als Beruf (1919), in: Schriften 1894–1922, ausgew. u. hg. v. Dirk Kaesler, Stuttgart 2002, S. 474–511
Weber, Max: Wirtschaft und Gesellschaft. Grundriß der verstehenden Soziologie (1922), hg. v. Johann Winckelmann, Tübingen 1985 (4. Aufl., zuerst 1972)
Weininger, Otto: Geschlecht und Charakter. Eine prinzipielle Untersuchung (1903), München 1980
Werfel, Franz: Die Dramen. Erster Band, hg. v. Adolf D. Klarmann, Frankfurt/M. 1959
Yalom, Irvin D.: Und Nietzsche weinte. Aus dem Amerikanischen übers. v. Uda Strätling, Hamburg 1994 (= When Nietzsche Wept, 1992)
Zuckmayer, Carl: Als wär's ein Stück von mir. Horen der Freundschaft, Hamburg 1966
Zweig, Stefan: Die Heilung durch den Geist. Mesmer, Mary Baker-Eddy, Freud, Leipzig 1931
Zweig, Stefan: Die Welt von Gestern. Erinnerungen eines Europäers, Frankfurt/M. 1986 (zuerst 1944)

IV Freud-Biographien und Gesamtdarstellungen

Balogh, Penelope: Freud: A Biographical Introduction, London 1971
Bankston, John: Sigmund Freud. Exploring the Mysteries of the Mind, Berkeley Heights (N. Y.), 2006
Breger, Louis: Freud. Darkness in the Midst of Vision, New York u. a. 2000
Clark, Ronald W.: Freud. The Man and the Cause, London 1980 [Dt. Ausgabe: Sigmund Freud. Leben und Werk. Aus d. Engl. von Joachim A. Frank, Frankfurt/M. 1985]
Costigan, Giovanni: Sigmund Freud: A Short Biography, New York 1965
Edmundson, Mark: The Death of Sigmund Freud. Fascism, Psychoanalysis and the Rise of Fundamentalism, London 2007
Dadoun, Roger: Freud, Paris 1982
Eicke, Dieter (Hg.): Sigmund Freud: Leben und Werk, Weinheim 1982

Ferris, Paul: Dr Freud. A Life, London 1997

Freud, Ernst u. a. (Hg.): Sigmund Freud. Sein Leben in Bildern und Texten, Frankfurt/M. 1976

Flem, Lydia: L' homme Freud. Une biographie intellectuelle, Paris 1995

Garnier-Dupré, Jacqueline: Sigmund Freud. Une vie à l'œuvre, Ramonville-Saint-Agne 1999

Gay, Peter: Freud. A Life for Our Time, New York 1987 [Dt. Ausgabe: Freud. Eine Biographie für unsere Zeit. Aus d. Amerikanischen von Joachim A. Frank, Frankfurt/M. 1989]

Gogerly, Liz: Sigmund Freud. The Founder of Psychoanalysis, London u. a. 2003

Huber, Gérard: Si c'était Freud. Biographie psychanalytique, Lormont 2009

Isbister, J. N.: Freud: An Introduction to his Life and Work, Oxford 1985

Jones, Ernest: Sigmund Freud. Life and Work. 3 Volumes, London 1956–1958 [Dt. Ausgabe: Das Leben und Werk von Sigmund Freud. Übers. von Katherine Jones. (Bd. I) bzw. von Gertrud Meili-Dworetzki u. Katherine Jones (Bd. II u. III), Bern, Stuttgart 1960–1962]

Kahn, Laurence: Sigmund Freud, Paris 2000

Kornbichler, Thomas: Die Entdeckung des siebten Kontinents. Der bürgerliche Revolutionär Sigmund Freud, Frankfurt/M. 1989

Kramer, Peter D.: Freud. Inventor of the Modern Mind, New York 2006

Lahann, Birgit: Als Psyche auf die Couch kam. Die rätselvolle Geschichte des Sigmund Freud, Berlin 2006

Levin, Gerald: Sigmund Freud, Boston 1975

Lohmann, Hans-Martin: Sigmund Freud, Reinbek b. Hamburg 1998

Major, René u. Talagrand, Chantal: Freud, Paris 2006

Marcuse, Ludwig: Sigmund Freud, Zürich 1972

Markus, Georg: Sigmund Freud. Die Biographie, München 2006

McGlashan, Agnes M., Reeve, Christopher J.: Sigmund Freud, Founder of Psychoanalysis, London 1970

Meyhöfer, Annette: Eine Wissenschaft des Träumens. Sigmund Freud und seine Zeit, München 2006

Miller, Jonathan (Hg): Freud. The Man, His World, His Influence, London 1972

Muckenhoupt, Margaret: Sigmund Freud. Explorer of the Unconscious, New York 1997

Newton, Peter M.: Freud. From Youthful Dream to Mid-Life Crisis, New York, London 1995

Noland, Richard W.: Sigmund Freud Revisited, New York 1999

Reef, Catherine: Sigmund Freud. Pioneer of the Mind, New York 2001

Roazen, Paul: Freud and his Followers, New York 1975 [Dt. Ausgabe 1976: Freud und sein Kreis. Eine biographische Geschichte der Psychoanalyse. Aus dem Amerikanischen von G. H. Müller, Gießen 2006]

Robert, Marthe: La révolution psychanalytique. La vie et L'œuvre de Sigmund Freud, Paris 1964 [Dt. Ausgabe: Die Revolution der Psychoanalyse. Leben und Werk von Sigmund Freud. Aus d. Franz. von Elisabeth Wiemers u. Elisabeth Mahler, Frankfurt/M., Hamburg 1967]

Roudinesco, Élisabeth: Sigmund Freud en son temps et dans le nôtre, Paris 2014

Ruitenbeek, Hendrik: Freud As We Knew Him, Detroit 1973

Sachs, Hanns: Freud. Master and Friend, Cambridge 1946 [Dt. Ausgabe: Freud. Meister und Freund, Frankfurt/M. 1982]

Schneider, Peter: Sigmund Freud, München 2003

Schöpf, Alfred: Sigmund Freud, München 1982

Schur, Max: Freud: Living and Dying, London 1972 [Dt. Ausgabe: Sigmund Freud. Leben und Sterben. Aus dem Engl. von Gert Müller, Frankfurt/M. 1982]

Sternthal, Barbara: Sigmund Freud. Leben und Werk 1856–1939, Wien 2006

Storr, Anthony: Freud, Oxford 1989

Tögel, Christfried: »... und gedenke die Wissenschaft auszubeuten«. Sigmund Freuds Weg zur Psychoanalyse, Tübingen 1994

V Weitere Arbeiten zu Freud und zur Psychoanalyse

Ackerknecht, Erwin H.: Josef Breuer über seinen Anteil an der Psychoanalyse, in: Gesnerus 14 (1957), S. 169–171

Alt, Peter-André: Der Schlaf der Vernunft. Literatur und Traum in der Kulturgeschichte der Neuzeit, München 2002

Alt, Peter-André: Freuds Exorzismen. Der Teufel in der Psychoanalyse, in: Archiv für Begriffsgeschichte. Bd. 47 (2007), S. 165–194

Alt, Peter-André: Einführung in: Sigmund Freud und das Wissen der Literatur, hg. v. Peter-André Alt u. Thomas Anz, Berlin, New York 2008, S. 1–13

Anderson, Ola: A Supplement to Freud's Case History of ‹Frau Emmy v. N.›, in: Scandinavian Psychoanalytic Review 2 (1979), S. 5–16

Anzieu, Didier: Freuds Selbstanalyse und die Entdeckung der Psychoanalyse. Aus dem Französischen v. Eva Moldenhauer. 2 Bde., München, Wien 1990 (= L'auto-analyse de Freud et la découverte de la psychanalyse, 1959/1988)

Aziz, Robert: The Syndetic Paradigm: The Untrodden Path Beyond Freud and Jung, New York 2007

Baur, Eva Gesine: Freuds Wien. Eine Spurensuche, München 2009

Behling, Katja: Martha Freud. Die Frau des Genies. Mit einem Nachwort von Anton W. Freud, Berlin 2002

Bernfeld, Siegfried: An Unknown Autobiographical Fragment by Freud, in: American Imago 4 (1946), S. 3–19

Bernfeld, Siegfried u. Cassirer Bernfeld, Suzanne: Bausteine der Freud-Biographik, eingel., hg. u. übers. v. Ilse Grubrich-Simitis, Frankfurt/M. 1988

Berthelsen, Detlef: Alltag bei der Familie Freud. Die Erinnerungen der Paula Fichtl, Hamburg 1987

Binswanger, Ludwig: Erinnerungen an Sigmund Freud, Tübingen 2014 (zuerst 1956)

Blumenberg, Hans: Rigorismus der Wahrheit. ‹Moses der Ägypter› und weitere Texte zu Freud und Arendt, hg., kommentiert u. mit einem Nachwort v. Ahlrich Meyer, Berlin 2015

Blumenberg, Yigal: «Vatersehnsucht» und «Sohnestrotz» – ein Kommentar zu Sigmund Freuds *Totem und Tabu*, in: Psyche 54 (2002), S. 97–136

Blumenthal, Ralph: Did Freud's Isolation Lead Him To Reverse Theory On Neurosis?, in: New York Times, 25. August 1981, S. C1–2

Böhme, Hartmut: Von Affen und Menschen. Zur Urgeschichte des Mordes, in: Mythos

Neanderthal. Ursprung und Zeitenwende, hg. v. Dietmar Kamper, Dirk Matejovski und Gerd-C. Weniger, Frankfurt/M., New York 2001, S. 69–86

Böker, Heinz (Hg.): Psychoanalyse und Psychiatrie. Geschichte, Krankheitsmodelle und Therapiepraxis, Heidelberg, New York 2007

Bogousslavsky, Julien u. Walunski, Oliver: Marcel Proust and Paul Sollier: The Involuntary Connection, in: Schweizer Archiv für Neurologie und Psychiatrie 160 (2009), Nr. 4, S. 130–136

Bogousslavsky, Julien: Sigmund Freud's evolution from neurology to psychiatry: Evidence from his La Salpêtrière library, in: Neurology Vol. 77/14 (2011), S. 1391–1394

Brentzel, Marianna: Anna O – Bertha Pappenheim. Biographie, Göttingen 2014

Brodthage, Heike u. Hoffmann, Sven Olaf: Die Rezeption der Psychoanalyse in der Psychologie, in: Die Rezeption der Psychoanalyse in Soziologie, Psychologie und Theologie im deutschsprachigen Raum, hg. v. Johannes Cremerius, Frankfurt/M. 1981, S. 135–253

Bronfen, Elisabeth: Das verknotete Subjekt. Hysterie in der Moderne, Berlin 1998

Brumlik, Micha: Sigmund Freud. Der Denker des 20. Jahrhunderts, Weinheim, Basel 2006

Bugmann, Mirjam: Hypnosepolitik. Der Psychiater August Forel, das Gehirn und die Gesellschaft (1870–1920), Köln, Wien 2015

Burnham, John (Ed.): After Freud Left: A Century of Psychoanalysis in America, Chicago 2012

Cixous, Hélène: La fiction et ses fantômes. Une lecture de l'Unheimliche de Freud, in: Poétique III (1972), S. 199–216

Clemenz, Manfred: Freud und Leonardo. Eine Kritik psychoanalytischer Kunstinterpretation, Frankfurt/M. 2003

Cremerius, Johannes: Der Einfluß der Psychoanalyse auf die deutschsprachige Literatur, in: Psyche 41 (1987), S. 39–54

Decker, Hannah S.: Freud, Dora, and Vienna 1900, New York 1991

Deleuze, Gilles, Guattari, Félix: Anti Ödipus. Kapitalismus und Schizophrenie I. Übers. v. Bernd Schwibs, Frankfurt/M. 1975 (= L'Anti-Œdipe, 1972)

Derrida, Jacques: Freud und der Schauplatz der Schrift, in: Die Schrift und die Differenz, übers. v. Rodolphe Gasché, Frankfurt/M. 1976 (= L'écriture et la difference, 1967), S. 302–350

Deserno, Heinrich: Freuds *Traumdeutung* und spätere Traumauffassungen, in: Traum-Expeditionen, hg. v. Stephan Hau, Wolfgang Leuschner u. Heinrich Deserno, Tübingen 2000, S. 47–70

Devereux, Georges: Why Oedipus Killed Laios: A Note on the Complementary Oedipus Complex, in: International Journal of Psychoanalysis 34 (1953), S. 132–141

Dierks, Manfred: Der Wahn und die Träume im *Tod in Venedig*, in: Psyche 44 (1990), S. 240–268

Döblin, Alfred: Zum siebzigsten Geburtstag Sigmund Freuds, in: Almanach für das Jahr 1927, Wien 1927

Donn, Linda: Freud und Jung. Biographie einer Auseinandersetzung. Aus dem Amerikanischen v. Michael Benthack, Hamburg 1990 (= Freud and Jung. Years of Friendship, Years of Loss, 1988)

Doolittle, Hilda: Huldigung an Freud. Rückblick auf eine Analyse. Mit den Briefen von Sigm. Freud an H. D. Übers. und mit einer Einleitung. v. Michael Schröter, Frankfurt/M., Berlin, Wien 1976 (= Tribute to Freud, 1956)

Drewermann, Eugen: Tiefenpsychologie und Exegese. Bd. I. Die Wahrheit der Formen. Traum, Mythos, Märchen, Sage und Legende, Olten, Freiburg i. Br. 1984

Dufresne, Todd: Tales from the Freudian Crypt: The Death Drive in Text and Context, Stanford 2000

Eissler, Kurt R.: The effect of the structure of the ego on psychoanalytic technique, in: Journal of the American Psychoanalytic Association 1 (1953), S. 104–153

Eissler, Kurt R.: Der sterbende Patient. Zur Psychologie des Todes. Aus dem Englischen übers. v. Hans Lobner, Stuttgart-Bad-Cannstatt 1978 (= The Psychiatrist and the Dying Patient, 1955)

Eissler, Kurt R.: Goethe: A psychoanalytic study 1775–1876, Detroit 1963

Eissler, Kurt R.: Sigmund Freud und die Wiener Universität. Über die Pseudo-Wissenschaftlichkeit der jüngsten Wiener Freud-Biographik, Bern, Stuttgart 1966

Eissler, Kurt R.: Talent and Genius: The Fictitious Cause of Tausk contra Freud, New York 1971

Eissler, Kurt R.: Todestrieb, Ambivalenz, Narzißmus. Aus dem Englischen übers. v. Elke v. Scheidt u. Karl H. Schütz, München 1980 (= Death Drive, Ambivalence, and Narcissm, 1971)

Eissler, Kurt R.: Creativity and Adolescence – The Effect of Trauma in Freud's Adolescence, in: The Psychoanalytic Study of the Child 33 (1978), S. 461–517

Eissler, Kurt R.: Freud und Wagner-Jauregg vor der Kommission zur Erhebung militärischer Pflichtverletzungen, Wien 1979

Ellenberger, Henry F.: Die Entdeckung des Unbewußten. 2 Bde., ins Deutsche übertragen v. Gudrun Theusner-Stampa, Bern, Stuttgart, Wien 1973 (= The Discovery of the Unconscious. The History and Evolution of Dynamic Psychiatry, 1970)

Elms, Alan C.: Sigmund Freuds berühmteste ‹Zitate› und ihre wahren Quellen, in: Lucifer-Amor 18 (2005), S. 82–108

Erdheim, Mario: Psychoanalyse, Adoleszenz und Nachträglichkeit, in: Psyche 47 (1993), S. 934–950

Evans, Rand B., Koelsch, William A.: Psychoanalysis Arrives in America. The 1909 Psychology Conference at Clark University, in: American Psychologist Vol. 40 (1985), S. 942–948

Falzeder, Ernst: Wem eigentlich gehört Freud? Anmerkungen zur Herausgabe von Freuds Briefen, in: Jahrbuch der Psychoanalyse 38 (1997), S. 197–220

Falzeder, Ernst: Psychoanalytic Filiations: Mapping the Psychoanalytic Movement, London 2015

Ffytche, Matt: The Foundation of the Unconscious. Schelling, Freud and the Birth of the Modern Psyche, Cambridge 2011

Fichtner, Gerhard: Freuds Briefe als historische Quelle, in: Psyche 43 (1989), S. 803–829

Fliegel, Zenia O.: Die Entwicklung der Frau in der psychoanalytischen Theorie: Sechs Jahrzehnte Kontroversen, in: Psychoanalyse der Frau jenseits von Freud, Berlin, Heidelberg, New York 1991, S. 11–40

Foucault, Michel: Die wissenschaftliche Forschung und die Psychologie (1957), in: Dits et Écrits. Schriften in vier Bänden, hg. v. Daniel Defert u. François Ewald. Aus dem Französischen übers. v. Michael Bischoff, Hans-Dieter Gondek u. Hermann Kocyba, Bd. I, Frankfurt/M. 2001, S. 196–222

Freud, Anna: Inaugural Lecture for the Sigmund Freud Chair at the Hebrew University, Jerusalem, in: The International Journal of Psychoanalysis 59 (1978), S. 145–148

Freud, Martin: Mein Vater Sigmund Freud. Aus dem Englischen v. Brigitte Janus-Stanek, Heidelberg 1999 (= Sigmund Freud – Man and Father, 1957)

Freud-Bernays, Anna: Eine Wienerin in New York. Die Erinnerungen der Schwester Sigmund Freuds, hg. v. Christfried Tögel, Berlin 2004

Freud-Marlé, Lilly: Mein Onkel Sigmund Freud. Erinnerungen an eine große Familie, hg. v. Christfried Tögel, Berlin 2006

Fromm, Erich: Analytische Sozialpsychologie und Gesellschaftstheorie, übers. v. Renate u. Rolf Wiggershaus u. Hilde Weller, Frankfurt/M. 1970 (= The Crisis of Psychoanalysis, 1970)

Garcia, Emanuel E. Somatic Interpretation in a Transference Cure: Freud's Treatment of Bruno Walter, in: International Review of Psycho-Analysis 17 (1990), S. 83–88

Gasser, Reinhard: Nietzsche und Freud, Berlin 1997

Gast, Lilli: Einheit und Spaltung. Zu den Metamorphosen einer Freundschaft, in: Jahrbuch der Psychoanalyse 47 (2003), S. 169–193

Gay, Peter: «Ein gottloser Jude». Sigmund Freuds Atheismus und die Entwicklung der Psychoanalyse, Frankfurt/M. 1986

Gedo, John E.: Überlegungen zur Metapsychologie, theoretischen Kohärenz, zur Hermeneutik und Biologie, in: Psyche 52 (1998), S. 1014–1040

Gelfand, Toby: Sigmund-sur-Seine: Fathers and Brothers in Charcot's Paris, in: Freud and the History of Psychoanalysis, ed. by Toby Gelfand and John Kerr, New York 1992, S. 29–57

Gerisch, Benigna u. Köhler, Thomas: Freuds Aufgabe der ‹Verführungstheorie›: Eine quellenkritische Sichtung zweier Rezeptionsversuche, in: Psychologie und Geschichte 5 (1993), Nr. 4, S. 229–246

Gerisch, Benigna: Suizidalität bei Frauen. Mythos und Realität. Eine kritische Analyse, Tübingen 1998

Gicklhorn, Renée: Eine Episode aus Freuds Mittelschulzeit, in: Unsere Heimat 36 (1965), S. 18–24

Ginzburg, Carlo: Freud, the Wolf-Man, and the Werewolves, in: C. G., Clues, Myths, and the Historical Method. Translated by John and Anne C. Tedeschi, Baltimore 1989, S. 146–155

Glover, Edmund: Examination of the Klein System of Child Psychology, in: The Psychoanalytic Study of the Child 1 (1945), S. 75–118

Gödde, Günter: Therapeutik und Ästhetik – Verbindungen zwischen Breuers und Freuds kathartischer Therapie und der Katharsis-Konzeption von Jacob Bernays, in: Grenzen der Katharsis. Transformationen des aristotelischen Modells seit Bernays, Nietzsche und Freud, hg. v. Martin Vöhler u. Dirk Linck, Berlin, New York 2009, S. 63–92

Gödde, Günter: Freud and nineteenth-century philosophical sources on the Unconscious, in: Thinking the Unconscious: Nineteenth-Century German Thought, ed. by Angus Nicholls, and Martin Liebscher, Cambridge 2010, S. 261–286

Goldmann, Stefan: Eine Kur aus der Frühzeit der Psychoanalyse. Kommentar zu Freuds Briefen an Anna von Vest, in: Jahrbuch der Psychoanalyse 17 (1985), S. 296–337

Goldmann, Stefan: Via regia zum Unbewußten. Freud und die Traumforschung im 19. Jahrhundert, Gießen 2003

Gray, Richard: Economics as a Laughing Matter: Freud's Jokes and Their Relation to the Economic and Rhetorical Unconscious, in: Germanic Review, 2013, Vol. 88/2, S. 97–120

Green, André: Psychoanalysis: A Paradigm for Clinical Thinking, London 2005

Grosskurth, Phyllis: Melanie Klein. Her World and Her Work, New York 1986

Grubrich-Simitis, Ilse: Metapsychologie und Metabiologie. Zu Sigmund Freuds Entwurf einer ‹Übersicht der Übertragungsneurosen›, in: Sigmund Freud, Übersicht der Übertragungsneurosen. Ein bisher unbekanntes Manuskript, hg. v. Ilse Grunrich-Simitis, Frankfurt/M. 1985, S. 83–119

Grubrich-Simitis, Ilse: Zurück zu Freuds Texten. Stumme Dokumente sprechen machen, Frankfurt/M. 1993

Grubrich-Simitis, Ilse: Michelangelos Moses und Freuds «Wagstück». Eine Collage, Frankfurt/M. 2004

Hajek, Kim: Imperceptible signs: Remnants of *Magnétisme* in scientific discourses on hypnotism in late nineteenth-century France, in: Journal of the History of the Behavioral Sciences, 2015, Vol. 51/4, S. 366–386

Hale, Nathan: Rise and Crisis of Psychoanalysis in the United States: Freud and the Americans 1917–1985, New York 1995

Hammond, D. Corydon: A Review of the History of Hypnosis through the late 19th Century, in: American Journal of Clinical Hypnosis, 2014, Vol. 56/2, S. 174–191

Hartmann, Heinz: Understanding and Explanation. Essays on Ego Psychology, New York 1964

Hemecker, Wilhelm H.: Vor Freud. Philosophiegeschichtliche Voraussetzungen der Psychoanalyse, München u. a. 1991

Hertz, Neil: Freud und der Sandmann, in: N. H.: Das Ende des Weges. Die Psychoanalyse und das Erhabene. Aus dem Amerikanischen übers. v. Isabella König, Frankfurt/M. 2007, S. 127–156 (= The End of the Line, 1985)

Hessing, Jakob: Der Fluch des Propheten. Drei Abhandlungen zu Sigmund Freud, Frankfurt/M. 1993

Hirschmüller, Albrecht: Physiologie und Psychoanalyse in Leben und Werk Josef Breuers, Wien 1978

Hirschmüller, Albrecht: Freuds Begegnung mit der Psychiatrie. Von der Himmelsmythologie zur Neurosenlehre, Tübingen 1991

Hoffmann-Richter, Ulrike: Freuds Seelenapparat. Die Geburt der Psychoanalyse aus dem Wiener Positivismus und der Familiengeschichte Freuds, Bonn 1994

Huber, Wolfgang J. A.: Die erste Kinderanalytikerin, in: Psychoanalyse als Herausforderung. Festschrift [Igor Alexander] Caruso, hg. v. Heimo Gastager u. a., Wien 1980, S. 125–134

Huber, Wolfgang J. A.: Emma Ecksteins Feuilleton zur *Traumdeutung*, in: Jahrbuch der Psychoanalyse 19 (1986), S. 90–106

Hughes, William: That devil's trick. Hypnotism and the Victorian popular imagination, Manchester 2015

Israel, Han: Freuds Phantasien über Leonardo da Vinci, in: Lucifer-Amor 5 (1992), Hft. 10, S. 8–42

Johach, Helmut: Von Freud zur Humanistischen Psychologie. Therapeutisch-biographische Profile, Bielefeld 2009

Jones, Ernest: Free Associations: Memories of a Psycho-Analyst. Epilogue by Mervyn Jones, London 1990 (zuerst 1959)

Kandel, Eric: The Age of Insight: The Quest to Understand the Unconscious in Art, Mind, and Brain, from Vienna 1900 to the Present, New York 2012

Kerr, John: Eine höchst gefährliche Methode. Freud, Jung und Sabina Spielrein. Aus dem Amerikanischen v. Christa Broermann u. Ursel Schäfer, München 1996 (= A Most Dangerous Method, 1993)

Kimmerle, Gerd (Hg.): Freuds *Traumdeutung*. Frühe Rezensionen 1899–1903, Tübingen 1986

Kimmerle, Gerd: Hysterie und Hexerei, in: Hysterisierungen, hg. v. Gerd Kimmerle, Tübingen 1998, S. 77–187

King, Vera: Die Urszene der Psychoanalyse. Adoleszenz und Geschlechterspannung im Fall Dora, Stuttgart 1995

Knöpfmacher, Wilhelm: Entstehungsgeschichte und Chronik der Vereinigung ‹Wien› B'nai B'rith in Wien, 1895–1935, Wien 1935

Knöpfmacher, Wilhelm: Zwei Beiträge zur Biographie Sigmund Freuds, in: Jahrbuch der Psychoanalyse (1979), S. 51–72

Kris, Ernst: Ego Psychology and Interpretation in Psychoanalytic Therapy, in: The Psychoanalytic Quarterly 20 (1951), S. 15–30

Kohut, Heinz: Narzißmus. Eine Theorie der psychoanalytischen Behandlung narzißtischer Persönlichkeitsstörungen. Übers. v. Lutz Rosenkötter, Frankfurt/M. 1973 (= The Analysis of the Self. A Systematic Approach to the Psychoanalytic Treatment of Narcistic Personality Disorders, 1971)

Kovacevic, Filip: «Liberating Oedipus?» Psychoanalysis as Critical Theory, Lanham 2007

Krüll, Marianne: Freud und sein Vater. Die Entstehung der Psychoanalyse und Freuds ungelöste Vaterbindung. Mit einem Geleitwort v. Helm Stierlin, München 1979

Kurzweil, Edith: Freud und die Freudianer. Geschichte und Gegenwart der Psychoanalyse in Deutschland, Frankreich, England, Österreich und den USA. Aus dem Amerikanischen übers. v. Max Looser, München 1995 (= The Freudians. A Comparative Perspective, 1989)

Lacan, Jacques: Écrits. Tome I, Paris 1966

Lacan, Jacques: Die Resonanz der Interpretation und die Zeit des Subjekts in der psychoanalytischen Technik, in: Schriften I. Ausgewählt und hg. v. Norbert Haas, Frankfurt/M. 1975, S. 131–169

Lacan, Jacques: Das Ich in der Theorie Freuds und in der Technik der Psychoanalyse, in: Das Seminar von Jacques Lacan. Buch II (1954–1955). Übers. v. Hans-Joachim Metzger, Olten u. Freiburg 1980

Lacan, Jacques: Die vier Grundbegriffe der Psychoanalyse. Übers. v. Norbert Haas, Olten, Freiburg 1980 (2. Aufl., zuerst 1978)

Laplanche, Jean u. Pontalis, Jean-Bertrand: Das Vokabular der Psychoanalyse. Aus dem Französischen v. Emma Moersch, Frankfurt/M. 1973

Laplanche, Jean: Die unvollendete kopernikanische Revolution in der Psychoanalyse. Aus dem Französischen v. Udo Hock, Frankfurt/M. 1996 (= La révolution copernicienne inachevée, 1992)

Laplanche, Jean: Der (sogenannte) Todestrieb: ein sexueller Trieb, in: Zeitschrift für psychoanalytische Theorie und Praxis 11 (1996), S. 10–26

Lesky, Erna: Die Wiener medizinische Schule im 19. Jahrhundert, Graz 1978 (zuerst 1965)

Leuzinger, Paul: Katharsis. Zur Vorgeschichte eines therapeutischen Mechanismus und seiner Weiterentwicklung bei J. Breuer und S. Freud, Wiesbaden 1997

Leuzinger-Bohleber, Marianne: Nachträgliches Verständnis eines psychoanalytischen Prozesses, in: Erinnerung von Wirklichkeiten. Psychoanalyse und Neurowissenschaften im Dialog, hg. v. Martha Koukkou, Marianne Leuzinger-Bohleber u. Wolfgang Mertens. Bd. I, Stuttgart 1998, S. 36–95

Lieberman, E. James: Otto Rank. Leben und Werk. Aus dem Amerikanischen übers. v. Anni Pott, Gießen 2014 (zuerst 1997)

Liebscher, Martin: Libido und Wille zur Macht. C. G. Jungs Auseinandersetzung mit Nietzsche, Basel 2012

Lohmann, Hans-Martin u. Pfeiffer, Joachim (Hg.): Freud-Handbuch. Leben – Werk – Wirkung, Stuttgart, Weimar 2006

Lorenzer, Alfred: Die Wahrheit der psychoanalytischen Erkenntnis. Ein historisch-materialistischer Entwurf, Frankfurt/M. 1974

Lothane, Zvi: Schreber as Interpreter and Thinker, in: Schweizer Archiv für Neurologie und Psychiatrie 161 (2010), Hft. 1, S. 42–45

Lothane, Zvi: The Lessons of a Classic Revisited: Freud on Jensen's ‹Gradiva›, in: Psychoanalytic Review 97 (2010), S. 789–817

Lüdemann, Susanne: Mythos und Selbstdarstellung. Zur Poetik der Psychoanalyse, Freiburg i. Br. 1994

Maciejewski. Franz: Psychoanalytisches Archiv und jüdisches Gedächtnis. Freud, Beschneidung und Monotheismus, Wien 2002

Maciejewski, Franz: Freud in Maloja. Die Engadiner Reise mit Minna Bernays, Berlin 2008

Maehle, Andreas-Holger: The powers of suggestion: Albert Moll and the debate on hypnosis, in: History of Psychiatry, Vol.25/1 (2014), S. 3–19

Mahony, Patrick J.: Der Schriftsteller Sigmund Freud. Aus dem Englischen von Helmut Junker, Frankfurt/M. 1989 (= Freud as a writer, 1982)

Mahony, Patrick J.: Freud and the Rat Man, New Haven 1986

Malcolm, Janet: In the Freud Archives, New York 1984

Mann, Thomas: Die Stellung Freuds in der modernen Geistesgeschichte (1929), in: Reden und Aufsätze II, Frankfurt/M. 1974 (= Gesammelte Werke, Bd. X), S. 256–281

Mann, Thomas: Freud und die Zukunft (1936), in: Reden und Aufsätze I, Frankfurt/M. 1974 (= Gesammelte Werke, Bd. IX), S. 478–501

Marcus, Steven: Freud and Dora: Story, History, Case History (1974), in: Literature and Psychoanalysis, ed. by Edith Kurzweil and William Phillips, New York 1983, S. 153–174

Marcuse, Herbert: Psychoanalyse und Politik, Frankfurt/M., Wien 1964

Marinelli, Lydia u. Mayer, Andreas: Träume nach Freud. Die *Traumdeutung* und die Geschichte der psychoanalytischen Bewegung, Wien 2002

Marquard, Odo: Transzendentaler Idealismus – Romantische Naturphilosophie – Psychoanalyse, Köln 1987

Martynkewicz, Wolfgang: Georg Groddeck. Der wilde Analytiker, Frankfurt/M. 1997

Masson, Jeffrey Moussaieff: The Assault on Truth. Freud and Child Sexual Abuse, London 1992 (First Edition 1984)

May-Tolzmann, Ulrike: Zu den Anfängen des Narzißmus: Ellis – Näcke – Sadger – Freud, in: Lucifer-Amor 4 (1991), S. 50–89

Mayer, Andreas: Objektwelten des Unbewußten. Fakten und Fetische in Charcots Museum und Freuds Behandlungspraxis, in: Wissen als Sammeln. Das Sammeln und seine wissenschaftsgeschichtliche Bedeutung, hg. v. Anke Heesen u. Emma Spary, Göttingen 2001, S. 169–198

Mayer, Andreas: Die Mikroskopie der Psyche. Die Anfänge der Psychoanalyse im Hypnose-Labor, Göttingen 2002

Mayer, Andreas: Zur Genealogie des psychoanalytischen Settings, in: Psychoanalytisches Wissen, hg. v. Lydia Marinelli, Wien 2003, S. 11–42

Mayer, Andreas: Shadow of a Couch, in: American Imago 66 (2009), S. 137–147.

Mayer, Andreas: Gradiva's gait. Tracing the Figure of a Walking Woman. Critical Inquiry 38/3 (2012), S. 554–578

Mayer, Andreas: Sites of the Unconscious. Hypnosis and the Emergence of the Psychoanalytic Setting, Chicago 2013

Medicus, Thomas: Das Theater der Nervosität. Freud, Charcot, Sarah Bernhard und die Salpêtrière, in: Freibeuter 41 (1989), S. 93–103

Métraux, Alexandre: Räume der Traumforschung vor und nach Freud, in: Die Lesbarkeit der Träume. Zur Geschichte von Freuds Traumdeutung, hg. v. Lydia Marinelli u. Andreas Mayer, Frankfurt/M. 2000, S. 127–187

Mitscherlich, Margarete: Die friedfertige Frau. Eine psychoanalytische Untersuchung zur Aggression der Geschlechter, Frankfurt/M. 1985

Muschg, Walter: Freud als Schriftsteller, in: Die Zerstörung der deutschen Literatur, Bern 1956, S. 153–197

Nitzschke, Bernd: Freuds Vortrag vor dem Israelitischen Humanitätsverein ‹Wien› des Ordens B'nai B'rith: *Wir und der Tod* (1915). Ein wiedergefundenes Dokument, in: Psyche 45 (1991), S. 97–131

Nitzschke, Bernd: Wilhelm Stekel, ein Pionier der Psychoanalyse – Anmerkungen zu ausgewählten Aspekten seines Werkes, in: Aus dem Kreis um Sigmund Freud. Zu den Protokollen der Wiener Psychoanalytischen Vereinigung, hg. v. Ernst Federn u. Gerhard Wittenberger, Frankfurt/M. 1992, S. 176–191

Nitzschke, Bernd: «Wir und der Tod». Essays über Sigmund Freuds Leben und Werk, Göttingen, Zürich 1996

Onfray, Michel: Anti-Freud. Die Psychoanalyse wird entzaubert. Aus dem Französischen v. Stephanie Singh, München 2010 (= Le crépuscule d'une idole. L'affabulation freudienne, 2010)

Pagel, Julius Leopold (Hg.): Biographisches Lexikon hervorragender Ärzte des neunzehnten Jahrhunderts, Berlin, Wien 1901

Pokorny (Hg.), Alois: Siebenter Jahresbericht des Leopoldstätter Communal-Real und Obergymnasiums in Wien, Wien 1871

Phillips, James: Freud and the cognitive unconscious, in: Philosophy, Psychiatry and Psychology, 2013, Vol. 20/3, S. 247–249

Pollock, Griselda: Beyond Oedipus. Feminist Thought, Psychoanalysis, and Mythical Figurations of the Feminine, in: Laughing with Medusa, ed. by Vando Zajko and Miriam Leonard, Oxford 2006, S. 67–117

Pontalis, Jean-Bertrand: Nach Freud. Aus dem Französischen v. Peter Assion u. a., Frankfurt/M. 1976 (= Après Freud, 1965)

Prochnik, George: Sigmund Freud, James Jackson Putnam, and the Purpose of American Psychology, New York 2006

Quin, Grégory u. Bohuon, Anaïs: Muscles, Nerves, and Sex: The Contradictions of the Medical Approach to Female Bodies in Movement in France, 1847–1914, in: Gender & History 24/1 (2012), S. 172–186

Rand, Nicholas: Psychoanalytische Literaturbetrachtung am Beispiel von *König Ödipus*, in: Psyche 55 (2001), S. 1307–1328

Reiche, Reimut: Total Sexual Outlet. Eine Zeitdiagnose, in: R. R., Triebschicksal und Gesellschaft. Über den Strukturwandel der Psyche, Frankfurt/M., New York 2004, S. 147–176

Ricœur, Paul: Die Interpretation. Ein Versuch über Freud. Übers. v. Eva Moldenhauer, Frankfurt/M. 1974 (= De l 'Interprétation. Essai sur Freud, 1965)

Ricœur, Paul: Der Atheismus der Psychoanalyse Freuds, in: Concilium 2 (1966), S. 430–435

Roazen, Paul: Brother Animal. The Story of Freud and Tausk, New York 1969

Roazen, Paul, Brudertier. Sigmund Freud und Viktor Tausk. Die tragische Geschichte eines Konflikts. Aus dem Amerikanischen übers. v. Friedhelm Herborth, Hamburg 1973

Rohrwasser, Michael: Freuds Lektüren. Von Arthur Conan Doyle bis zu Arthur Schnitzler, Gießen 2005

Rosenfeld, Eva: The Pan-Headed Moses – A Parallel, in: The International Journal of Psycho-Analysis 32 (1951), S. 83–96

Roudinesco, Élisabeth: Histoire de la Psychanalyse en France. 1. 1885–1939, Paris 1994

Roudinesco, Élisabeth u. Plon, Michel (Hg.): Wörterbuch der Psychoanalyse. Namen, Länder, Werke, Begriffe. Übers. v. Christoph Eissing-Christophersen, Heidelberg, New York 2004 (= Dictionnaire de la psychoanalyse, 1997)

Roudinesco, Élisabeth: Doch warum so viel Hass? Eine Erwiderung auf Michel Onfrays ‹Anti-Freud›. Aus dem Französischen v. Hans-Dieter Gondek, Wien, Berlin 2011 (= Mais pourquoi tant de haine?, 2010)

Salzborn, Samuel: Monotheismus und antisemitische Angst, in: Tribüne. Zeitschrift zum Verständnis des Judentums 190 (2009), S. 134–140

Samuel, Lawrence R.: Shrink: A Cultural History of Psychoanalysis in America, Nebraska 2013

Schlagmann, Klaus: Gradiva. Wahrhafte Dichtung und wahnhafte Deutung, Saarbrükken 2012

Schlesier, Renate: Jerusalem mit der Seele suchen. Mythos und Judentum bei Freud, in: Mythos in mythenloser Gesellschaft. Das Paradigma Roms, hg. v. Fritz Graf, Stuttgart, Leipzig 1993, S. 230–267

Schneider, Manfred: Über den Grund des Vergnügens an neurotischen Gegenständen. Freud, C. G. Jung und die Mythologie des Unbewußten, in: Mythos und Moderne. Begriff und Bild einer Rekonstruktion, hg. v. Karl Heinz Bohrer, Frankfurt/M. 1981, S. 197–216

Schönau, Walter: Sigmund Freuds Prosa. Literarische Elemente seines Stils, Stuttgart 1968

Schröter, Juana: Die Entwicklung des Hypnotismus und Sigmund Freud. Eine Analyse mit überraschenden Ergebnissen, Heidelberg 2014

Schröter, Michael: Freud und Fließ im wissenschaftlichen Gespräch. Das Neurasthenieprojekt von 1893, in: Jahrbuch der Psychoanalyse 22 (1988), S. 141–183

Schröter, Michael: Freud und Ferenczi. Zum ersten Band ihres Briefwechsels, in: Psyche 48 (1994), S. 746–774

Schröter, Michael: Freuds Komitee 1912–1914. Ein Beitrag zur psychoanalytischen Gruppenbildung, in: Psyche 49 (1995), S. 513–563

Sigusch, Volkmar: Freuds *Drei Abhandlungen zur Sexualtheorie* und die Sexualwissenschaft seiner Zeit, in: Freud und das Sexuelle. Neue psychoanalytische und sexualwissenschaftliche Perspektiven, hg. v. Ilka Quindeau u. Volkmar Sigusch, Frankfurt/M., New York 2005, S. 15–36

Simmel, Ernst: Anti-Semitism and Mass-Psychopathology, in: Anti-Semitism – A Social Disease. With a Preface by Gordon Allport, ed. by Ernst Simmel, New York 1946, S. 33–78

Skues, Richard A.: Sigmund Freud and the History of Anna O. Reopening a Closed Case, London, New York 2006

Specht, Ernst K.: Der wissenschaftstheoretische Status der Psychoanalyse, in: Psyche 35 (1981), S. 761–787

Stanescu, Heinz: Unbekannte Briefe des jungen Sigmund Freud, in: Neue Literatur 16 (1965), S. 123–129

Steiner, George: Gedanken dichten. Aus dem Englischen von Nicolaus Bornhorn, Frankfurt/M. 2011 (= The poetry of thought, 2011)

Stockreiter, Karl: Traumrede. Der Bruch mit der klassischen Rhetorik, in: Die Lesbarkeit der Träume. Zur Geschichte von Freuds Traumdeutung, hg. v. Lydia Marinelli u. Andreas Mayer, Frankfurt/M. 2000, S. 251–274

Strachey, James: Die Grundlagen der therapeutischen Wirkung der Psychoanalyse, in: Internationale Zeitschrift für Psychoanalyse 21 (1935), S. 486–516

Stroeken, Harry: Freud und seine Patienten. Aus dem Niederländischen v. Dieter Becker, Frankfurt/M. 1992 (= Freud en zijn Patiënten, 1985)

Sulloway, Frank J.: Freud. Biologie der Seele. Jenseits der psychoanalytischen Legende, Köln-Lövenich 1982 (= Freud, Biologist of the Mind. Beyond the Psychoanalytic Legend, 1979)

Swales, Peter: Freud, the Cocaine, and Sexual Chemistry: The Role of Cocaine in Freud's Conception of the Libido, in: Sigmund Freud. Critical Assessments, ed. by Laurence Spurling. Vol. I, London, New York 1989, S. 273–302

Tasca, Cecilia, Rapetti, Mariangela, Carta, Mauro Giovanni u. Fadda, Bianca: Women and hysteria in the history of mental health, in: Clinical practice and epidemiology in mental health 8 (2012), S. 110–119

Thomé, Horst: Freud als Erzähler. Zu literarischen Elementen im *Bruchstück einer Hysterie-Analyse*, in: Darstellungsformen der Wissenschaften im Kontrast: Aspekte der Methodik, Theorie und Empirie, hg. v. Lutz Danneberg u. Jürg Niederhauser, Tübingen 1998, S. 471–493

Tögel, Christfried: Berggasse – Pompeji und zurück. Sigmund Freuds Reisen in die Vergangenheit, Tübingen 1989

Tögel, Christfried: Bahnstation Treblinka. Zum Schicksal von Sigmund Freuds Schwester Rosa Graf, in: Psyche 44 (1990), Hft. 11, S. 1019–1024

Tögel, Christfried u. Schröter, Michael: Jacob Freud mit Familie in Leipzig (1859). Erzählung und Dokumente, in: Lucifer-Amor 23 (2004), S. 8–32

Tögel, Christfried: Freuds Berliner Schwester Maria (Mitzi) und ihre Familie, in: Lucifer-Amor 33 (2004), S. 33–50

Türcke, Christoph: Jesu Traum. Psychoanalyse des Neuen Testaments, Springe 2009

Türk, Johannes: Freuds Immunologien des Psychischen, in: Poetica 38 (2006), Hft. 1/2, S. 167–188

Urban, Bernd: Hofmannsthal, Freud und die Psychoanalyse. Quellenkundliche Untersuchungen, Bern, Frankfurt/M. 1978

Viereck, George S.: Glimpses of the Great, London 1930

Vogt, Rolf: Psychoanalyse zwischen Mythos und Aufklärung oder das Rätsel der Sphinx, Frankfurt/M., New York 1986

Vollmann, Morris: ‹Jüdische Wissenschaft›? Psychoanalyse im Fokus von Fremdzuschreibung und Entstehungskontext, in: Deutsch-jüdische Wissenschaftsschicksale. Studien über Identitätskonstruktionen in der Sozialwissenschaft, hg. Christoph Henning, Bielefeld 2006, S. 95–128

Weber, Samuel: Die Freud-Legende. Vier Studien zum psychoanalytischen Denken. Aus dem Amerikanischen v. Michael Scholl, Georg Christoph Tholen u. Theo Waßner, Wien 2002 (= The Legend of Freud, 1982)

Weber, Samuel: Psychoanalysis and Theatricality, in: S. W.: Theatricality as a Medium, New York 2004, S. 251–276

Whitebook, Joel: Jakob Freuds ambivalentes Vermächtnis, in: Psyche 62 (2008). Hft. 12, S. 1187–1203

Winnicott, Donald W.: Die therapeutische Arbeit mit Kindern. Aus dem Englischen übers. v. Elisabeth Vorsphol, München 1973 (= Therapeutic Consultations in Child Psychiatry, 1971)

Wittels, Fritz: Sigmund Freud. Der Mann, die Lehre, die Schule, Leipzig, Wien, Zürich 1924

Wittenberger, Gerhard: Das «Geheime Komitee» Sigmund Freuds. Institutionalisierungsprozesse in der «psychoanalytischen Bewegung» zwischen 1912 und 1927, Tübingen 1995

Worbs, Michael: Nervenkunst. Literatur und Psychoanalyse im Wien der Jahrhundertwende, Frankfurt/M. 1988 (zuerst 1983)

Yerushalmi, Yosef Hayim: Freud's Moses, Judaism Terminable and Interminable, New Haven, London 1993

Young-Bruehl, Elisabeth: Anna Freud. A Biography, New Haven, London 2008 (Second Edition, first published 1988)

Zapperi, Roberto: Freud und Mussolini, in: Zeitschrift für Ideengeschichte VI/1 (2012), S. 53–64

Zepf, Siegfried: The Relations between Language, Consciousness, the Preconscious, and the Unconscious: Freud's Approach Conceptually Updated, in: The Scandinavian Psychoanalytic Review, 2011, Vol. 34/1, S. 50–61

Ziehe, Thomas: Pubertät und Narzißmus, Köln 1975

Zienert-Eilts, Karin: Karl Abraham. Eine Biografie im Kontext der psychoanalytischen Bewegung, Gießen 2013

VI Sonstige Forschung

Adorno, Theodor W.: Anti-Semitism and Fascist Propaganda, in: Anti-Semitism – A Social Disease. With a Preface by Gordon Allport, ed. by Ernst Simmel, New York 1946, S. 125–137

Alt, Peter-André: Aufklärung über den Himmel. Aspekte literarischer Himmelsbilder im 18. Jahrhundert, in: Euphorion 89 (1995), 4. Hft., S. 367–391

Alt, Peter-André: Katharsis und Ekstasis. Die Restitution der Tragödie als Ritual aus dem Geist der Psychoanalyse (Hofmannsthal, Werfel), in: Die Tragödie der Moderne. Interferenzen zwischen Kulturtheorie, Epochendiagnose und Gattungsgeschichte, hg. v. Daniel Fulda u. Thorsten Valk, Tübingen 2009, S. 177–205

Alt, Peter-André: Ästhetik des Bösen, München 2011 (2. Aufl., zuerst 2010)

Assmann, Jan: Sigmund Freud und das kulturelle Gedächtnis, in: Psyche 58 (2004), S. 1–25

Assmann, Jan: Moses der Ägypter. Entzifferung einer Gedächtnisspur, Frankfurt/M. 2007 (6. Aufl., zuerst 2000)

Assmann, Jan: Exodus. Die Revolution der Alten Welt, München 2015

Anz, Thomas: Literatur und Lust. Glück und Unglück beim Lesen, München 2002 (zuerst 1998)

Berger, Alfred Freiherr von: Wahrheit und Irrtum in der Katharsistheorie des Aristoteles, in: Aristoteles' Poetik, übers. u. eingel. v. Theodor Gomperz, Leipzig 1897

Bhabha, Homi K.: The Location of Culture, London, New York 2004 (First edition 1994)

Binder (Hg.), Hartmut: Kafka-Handbuch. Bd. I, Stuttgart 1979

Binz, Carl: Doctor Johannes Weyer, ein rheinischer Arzt, der erste Bekämpfer des Hexenwahns. Ein Beitrag zur Geschichte der Aufklärung und der Heilkunde, Berlin 1896 (2. Aufl.)

Bloom, Harold: Einfluss-Angst. Eine Theorie der Dichtung. Aus dem amerikanischen Englisch v. Angelika Schweikhart, Basel 1995 (= The Anxiety of Influence, 1973)

Blumenberg, Hans: Paradigmen zu einer Metaphorologie, in: Archiv für Begriffsgeschichte 6 (1960), S. 7–142

Böhme, Hartmut: Fetischismus und Kultur. Eine andere Theorie der Moderne, Reinbek b. Hamburg 2006

Braungart, Georg: Leibhafter Sinn. Der andere Diskurs der Moderne, Tübingen 1995

Catani, Stephanie: Das fiktive Geschlecht. Weiblichkeit in anthropologischen Entwürfen und literarischen Texten zwischen 1885 und 1925, Würzburg 2005

Clark, Christopher: Die Schlafwandler. Wie Europa in den Ersten Weltkrieg zog. Aus dem Englischen v. Norbert Juraschitz, München 2013 (= The Sleepwalkers. How Europe Went to War in 1914, 2013)

Cole, Peter: The Invention of Influence, Chicago 2014

Eigner, Peter u. Helige, Andrea: Österreichische Wirtschafts- und Sozialgeschichte im 19. und 20. Jahrhundert, Wien 1999

Foucault, Michel: Wahnsinn und Gesellschaft. Eine Geschichte des Wahns im Zeitalter der Vernunft. Aus dem Französischen v. Ulrich Köppen, Frankfurt/M. 1973 (= Histoire de la folie, 1961)

Foucault, Michel: Die Ordnung der Dinge. Eine Archäologie der Humanwissenschaften.

Aus dem Französischen v. Ulrich Köppen, Frankfurt/M. 1974 (= Les mots et les choses, 1966)

Foucault, Michel: Sexualität und Wahrheit. Übers. v. Ulrich Raulff u. Walter Seitter, 3 Bde., Frankfurt/M. 1976–84 (= Histoire de la sexualité, 1976–84)

Friedländer, Saul: Das Dritte Reich und die Juden. Die Jahre der Verfolgung 1933–1939. Die Jahre der Vernichtung 1939–1945, München 2007

Habermas, Jürgen: Erkenntnis und Interesse, Frankfurt/M. 1968

Hartl, Edwin: Karl Kraus und die Psychoanalyse. Versuch einer Klarstellung, in: Merkur 31 (1977), Hft. 2, S. 144–162

Hentschel, Volker: Hitler und seine Bezwinger. Churchill, Roosevelt, Stalin und de Gaulle. Bd. I (1870–1939), Berlin u. a. 2013

Hoessly, Fortunat: Katharsis. Reinigung als Heilverfahren. Studien zum Ritual der archaischen und klassischen Zeit sowie zum Corpus Hippocraticum, Göttingen 2001

Honold, Alexander: Einsatz der Dichtung. Literatur im Zeichen des Ersten Weltkriegs, Berlin 2015

Jerouschek, Günter: Hexenangst und Hexenverfolgung. Zu Traumatisierung und Kriminalisierung in der Frühen Neuzeit, in: Freiburger literaturpsychologische Gespräche. Jahrbuch für Literatur und Psychoanalyse. Bd. 19 (2000), S. 79–97

Kissinger, Henry A.: A World Restored. Metternich, Castlereagh, and the Problems of Peace, Boston 1957

Kracauer, Siegfried: Von Caligari zu Hitler. Eine psychologische Geschichte des Films. Übers. v. Ruth Baumgarten u. Karsten Witte, Frankfurt/M. 1979 (= From Caligari to Hitler. A Psychological History of the German Film, 1947)

Le Rider, Jacques: Freud, de l'Acropole au Sinaï. Le retour à l'Antique des Modernes viennois, Paris 2002

Lévi-Strauss, Claude: Das Ende des Totemismus, aus dem Französischen übers. v. Hans Naumann, Frankfurt/M. 1965 (= Le Totémisme aujourd'hui, 1962)

Luhmann, Niklas: Die Behandlung von Irritationen. Abweichung oder Neuheit?, in: Gesellschaftsstruktur und Semantik. Studien zur Wissenssoziologie der modernen Gesellschaft, Bd. IV, Frankfurt/M. 1999 (zuerst 1995), S. 55–100

Malinowski, Bronislaw: Sex and Repression in Savage Society, New York 1927

Marcus, Steve: The Other Victorians. A Study of Sexuality and Pornography in Mid-Nineteenth-Century England, New York 1966

Mead, Margaret: Sex and Temperament in Three Primitive Societies, New York 1935

Menninghaus, Winfried: Ekel. Theorie und Geschichte einer starken Empfindung, Frankfurt/M. 1999

Meyer, Michael A. (Hg.): Deutsch-Jüdische Geschichte in der Neuzeit. Dritter Band. 1871–1918, München 1997

Osterhammel, Jürgen: Die Verwandlung der Welt. Eine Geschichte des 19. Jahrhunderts, München 2010 (5. Aufl., zuerst 2009)

Pulzer, Peter G. J.: The Rise of Political Anti-Semitism in Germany and Austria, New York 1964

Pusman, Karl: Die «Wissenschaft vom Menschen» auf Wiener Boden. Die anthropologische Gesellschaft in Wien und die anthropologischen Disziplinen im Fokus von Wissenschaftsgeschichte, Wissenschafts- und Verdrängungspolitik, Münster 2008

Pytlik, Proska: Okkultismus und Moderne. Ein kulturhistorisches Phänomen und seine Bedeutung für die Literatur um 1900, Paderborn u. a. 2005

Radkau, Joachim: Das Zeitalter der Nervosität. Deutschland zwischen Bismarck und Hitler, München 1998

Raulff, Ulrich: Das letzte Jahrhundert der Pferde. Geschichte einer Trennung, München 2015

Rossbacher, Karlheinz: Literatur und Bürgertum. Fünf Wiener jüdische Familien von der liberalen Ära zum Fin de siècle, Wien, Köln, Weimar 2003

Satzinger, Helga: Differenz und Vererbung. Geschlechterordnungen in der Genetik und Hormonforschung 1890–1950, Köln u. a. 2009

Schings, Hans-Jürgen: Melancholie und Aufklärung. Melancholiker und ihre Kritiker in Erfahrungsseelenkunde und Literatur des 18. Jahrhunderts, Stuttgart 1977

Schorske, Carl E.: Wien. Geist und Gesellschaft im Fin de siècle. Deutsch v. Horst Günther, Frankfurt/M. 1982 (= Fin de siècle Vienna, 1980)

Sellin, Ernst: Mose und seine Bedeutung für die israelitisch-jüdische Religionsgeschichte, Leipzig 1922

Sloterdijk, Peter: Kritik der zynischen Vernunft. Frankfurt/M. 2003 (zuerst 1983)

Sprengel, Peter: Geschichte der deutschsprachigen Literatur 1870–1900. Von der Reichsgründung bis zur Jahrhundertwende, München 1998

Sprengel, Peter: Geschichte der deutschsprachigen Literatur 1900–1918. Von der Jahrhundertwende bis zum Ende des Ersten Weltkriegs, München 2004

Sprengel, Peter: Rudolf Borchardt. Der Herr der Worte. Eine Biographie, München 2015

Weinrich, Harald: Semantik der kühnen Metapher, in: Deutsche Vierteljahrsschrift für Literaturwissenschaft und Geistesgeschichte 37 (1963), S. 325–344

Weinrich, Harald: Lethe. Kunst und Kritik des Vergessens, München 1997

Wübben, Yvonne: Verrückte Sprache. Psychiater und Dichter in der Anstalt des 19. Jahrhunderts, Konstanz 2012

Verzeichnis der Abbildungen

S. *23* (Imagno), *31*, *33* (Imagno), *75* (IAM) *78* (Imagno), *93* (Imagno), *100* (Imagno), *138* (Imagno), *179* (Imagno), *239*, *304* (National Library of Medicine/Science Photo Library), *351*, *402* (Album/E. Viader/Prisma), *481*, *487* (Imagno), *516*, *542* (Pictures from History), *553* (Imagno), *592* (Imagno), *639* (Max Halberstadt/Imagno), *649* (Imagno), *720* (Imagno): akg-images, Berlin

S. *49*: Walter Boehlich (Hg.): Sigmund Freud. Jugendbriefe an Eduard Silberstein 1871–1881, Frankfurt am Main 1989

S. *79*, *311*, *365* (TMaresch Nachlaß), *585*, *781*: Freud Museum London

S. *89* (histopics), *364*, *382* (Süddeutsche Zeitung Photo/Scherl), *489* (Sigmund Freud Copyrights), *855* (Sigmund Freud Copyrights): ullstein bild, Berlin

S. *185* Sigmund Freud Collection (Reproduktionsnummer: LC-USZ62–120561): Library of Congress, Prints & Photographs Division, Washington, D. C. (USA)

S. *216*: Gidal-Bildarchiv im Steinheim-Institut, Essen

S. *303* (Mary Evans Picture Library/SIGMU), *469* (Mary Evans Picture Library/SIGMU), *497* (Mary Evans Picture Library/SIGMU), *503* (Mary Evans Picture Library/SIGMU): Picture-Alliance/dpa, Frankfurt/Main

S. *492* (Aladar Szekely 1922/Photo © Collection Bourgeron), *726* (Photo © Collection Bourgeron): Bridgeman Images, Berlin

S. *851* Hulton Archive: Getty Images

Leider war es nicht in allen Fällen möglich, die Inhaber der Rechte zu ermitteln. Wir bitten deshalb gegebenenfalls um Mitteilung. Der Verlag ist bereit, berechtigte Ansprüche abzugelten.

Personenregister

(ohne Namen im Anmerkungsteil)

Fertig gelesen am 24.03.2018